AF656541

Golden®

हिंदी

कक्षा 10

(कोर्स A)

Based on NCERT Textbooks

निवेदन

गोल्डन हिंदी पाठ्यक्रम के साँचे में ढली एक सर्वांगपूर्ण पुस्तक है। इसकी सामग्री इतनी प्रामाणिक, स्तरीय और मानक है कि आप इसे 'उत्तरित पाठ्यपुस्तक' कह सकते हैं। सभी शिक्षकों और विद्यार्थियों से आग्रह है कि वे 'सब तज हरि भज' की कहावत को अपनाते हुए केवल इसी पुस्तक को अपनाएँ। कक्षा में पढ़ने-पढ़ाने के लिए इसी को आधार सामग्री बनाएँ। यह पुस्तक आपकी समझ और स्तर को बढ़ाएगी। इस पर भरोसा रखें।

इस पुस्तक को खरीदने के बाद आपको एन.सी.ई.आर.टी. की पाठ्यपुस्तकों को छोड़कर अन्य किसी सहायक सामग्री—अपठित-बोध, रचना-भाग, व्यावहारिक-व्याकरण, गत वार्षिक प्रश्न-पत्र, आदर्श प्रश्न-पत्र आदि खरीदने की आवश्यकता नहीं रह जाएगी।

गोल्डन हिंदी पढ़ें-पढ़ाएँ।

इसे कक्षा में पाठ्यपुस्तक के रूप में अपनाएँ।

Golden®

हिंदी

कक्षा 10

(कोर्स A)

[एन.सी.ई.आर.टी. की पाठ्यपुस्तकों और सी.बी.एस.ई. के नवीनतम पाठ्यक्रम पर आधारित]

क्षितिज तथा कृतिका

लेखक

डॉ. अशोक बत्रा

पूर्व प्राचार्य, श्री लालनाथ हिंदू कॉलेज

रोहतक, हरियाणा

☞ प्रमुख विशेषताएँ-

- अपठित गद्यांश एवं काव्यांश
- सभी कविताओं के अर्थग्रहण संबंधी प्रश्नोत्तर
- परीक्षोपयोगी सभी गद्यांशों के अर्थग्रहण संबंधी प्रश्नोत्तर
- पाठ्यपुस्तकों के सभी प्रश्नों के उत्तर
- अन्य महत्त्वपूर्ण परीक्षोपयोगी प्रश्नोत्तर
- पूरकपुस्तक कृतिका पर आधारित सभी प्रश्न-अभ्यास, अतिलघु, लघु एवं दीर्घ प्रश्नोत्तर
- व्याकरण, अनुच्छेद-लेखन, पत्र-लेखन, विज्ञापन-लेखन, संदेश-लेखन, ई-मेल लेखन तथा स्ववृत्त-लेखन परीक्षा की दृष्टि से उपयोगी
- सरल तथा सरस भाषा का प्रयोग

Committed to Educate the Nation

NEW AGE

Publishing Globally

IN INDIA

NEW AGE INTERNATIONAL (P) LIMITED, PUBLISHERS

LONDON • NEW DELHI

Bengaluru • Chennai • Cochin • Guwahati

Hyderabad • Kolkata • Mumbai

Visit us at www.newagegolden.com

Published by New Age International (P) Ltd., Publishers
New Edition

GLOBAL OFFICES

• New Delhi **NEW AGE INTERNATIONAL (P) LIMITED, PUBLISHERS**
7/30 A, Daryaganj, New Delhi-110002, (INDIA), **Tel.:** (011) 23253472, 23253771, **Mob.:** 9315905300
E-mail: contactus@newagepublishers.com **• Visit us at** www.newagepublishers.com

• London **NEW AGE INTERNATIONAL (UK) LTD.**
27 Old Gloucester Street, London, WC1N 3AX, UK
E-mail: info@newacademicscience.co.uk **• Visit us at** www.newacademicscience.co.uk

BRANCHES

• Bengaluru 167, 1st Floor, 11th Cross, Mulkatamma Temple Road,Near Rajiv Gandhi Sports Complex, Vittal Nagar
Bengaluru – 560026, **Tel.:** (080) 26756823, **Mob.:** 9315905288
E-mail: bangalore@newagepublishers.com

• Chennai 26, Damodaran Street, T. Nagar, Chennai-600 017, **Tel.:** (044) 24353401, **Mob.:** 9315905309
E-mail: chennai@newagepublishers.com

• Cochin CC-39/1016, Carrier Station Road, Ernakulam South, Cochin-682 016
Tel.: (0484) 4051304, **Mob.:** 9315905289, **E-mail:** cochin@newagepublishers.com

• Guwahati Hemsen Complex, Mohd. Shah Road, Paltan Bazar, Near Starline Hotel
Guwahati-781 008, **Tel.:** (0361) 2513881, **Mob.:** 9315905296, **E-mail:** guwahati@newagepublishers.com

• Hyderabad 105, 1st Floor, Madhiray Kaveri Tower, 3-2-19, Azam Jahi Road, Near Kumar Theater
Nimboliadda Kachiguda, Hyderabad-500 027, **Tel.:** (040) 24652456, **Mob.:** 9315905326
E-mail: hyderabad@newagepublishers.com

• Kolkata RDB Chambers (Formerly Lotus Cinema) 106A, 1st Floor, S N Banerjee Road
Kolkata-700 014, **Tel.:** (033) 22273773, **Mob.:** 9315905319, **E-mail:** kolkata@newagepublishers.com

• Mumbai 142C, Victor House, Ground Floor, N.M. Joshi Marg, Lower Parel, Mumbai-400 013
Tel.: (022) 24927869, 24915415, **Mob.:** 9315905282, **E-mail:** mumbai@newagepublishers.com

• New Delhi 22, Golden House, Daryaganj, New Delhi-110 002, **Tel.:** (011) 23262368, 23262370
Mob.: 9315905300, **E-mail:** sales@newagepublishers.com

C-25-12-15242

Printed in India at A. P. Offset, Delhi.
Typeset at In-house, Delhi.

NEW AGE INTERNATIONAL (P) LIMITED, PUBLISHERS
7/30 A, Daryaganj, New Delhi - 110002
Visit us at www.newagegolden.com
(CIN: U74899DL1966PTC004618)

दो शब्द

प्रिय पाठकगण!

गोल्डन हिंदी की पहचान पिछले 50 वर्षों से नित-नूतन बनी हुई है। समय की हर धड़कन और बदलाव को गोल्डन हिंदी ने पूरी जिम्मेदारी और गंभीरता के साथ निभाया है। इसलिए शिक्षा जगत ने इसके साथ अपना अटूट रिश्ता बनाए रखा है। हमें यह कहते हुए गर्व है कि अधिकतर हिंदी अध्यापक अपने मार्गदर्शन के लिए इस पुस्तक पर भरोसा करते हैं।

गोल्डन हिंदी पर यह भरोसा यूँ ही नहीं बना है। उसके लिए हमारी ये विशेषताएँ उल्लेखनीय हैं–

- यह पुस्तक सदा पाठ्यक्रम के अनुसार लिखी जाती है।
- जैसे ही सी.बी.एस.ई. द्वारा कोई परिवर्तन किया जाता है, गोल्डन में वह परिवर्तन तत्काल कर दिया जाता है।
- इस पुस्तक को हर वर्ष संशोधित और परिवर्धित किया जाता है।
- पिछले दस वर्षों में पूछे गए प्रश्नोत्तरों को पूरे विस्तार के साथ इसमें संकलित किया जाता है। इस तरह गोल्डन हिंदी एक प्रकार से दस वर्षीय प्रश्नपत्रों के संकलन का भी काम करता है।
- गोल्डन में विषय को समझाने पर पूरा ध्यान दिया जाता है। इसके लिए पाठ्यपुस्तक के हर कठिन और नए शब्द का अर्थ भी दिया जाता है। इस प्रकार विद्यार्थी बिना शब्दकोश के ही सभी शब्दों के ठीक अर्थ जान लेता है।
- गोल्डन हिंदी के अनुच्छेद, पत्र, रचनात्मक लेखन के अंश – विज्ञापन और संदेश लेखन आदि अत्यंत सरल, सुगम और प्रभावी हैं।
- गोल्डन की भाषा और शैली विद्यार्थियों को ही नहीं, अध्यापकों को भी मनभावन लगती है।

आशा है, गोल्डन हिंदी का यह संस्करण आपको पहले की तरह समृद्ध और प्रभावी लगेगा।

आपकी सम्मतियों और टिप्पणियों का स्वागत है।

–लेखक

विषय-सूची

खंड 'क'

अपठित गद्यांश एवं काव्यांश

(1-74)

खंड 'ख'

व्यावहारिक व्याकरण

(75-128)

खंड 'ग'

क्षितिज (भाग-2)

काव्य-खंड

(129–203)

गद्य-खंड

(205–308)

कृतिका (पूरक पुस्तक)

(309–335)

खंड 'घ'

लेखन-कार्य

(337-465)

2. अनुच्छेद-लेखन 385-418

अतिरिक्त सामग्री

Scan to Download

1. **CBSE पाठ्यक्रम 2026-27**
2. **CBSE प्रतिदर्श प्रश्न-पत्र 2026-27 (उत्तर सहित)**
3. **CBSE बोर्ड परीक्षा प्रश्न-पत्र 2026 (उत्तर सहित)**
4. **CBSE अंक योजना 2026-27**
5. **CBSE बोर्ड परीक्षा प्रश्न-पत्र 2024 (उत्तर सहित)**
6. **CBSE बोर्ड परीक्षा प्रश्न-पत्र उत्तर सहित (पिछले वर्ष) और अन्य महत्वपूर्ण अध्ययन सामग्री**

आप

गोल्डन की पुस्तकें

ही क्यों खरीदें

?

क्योंकि—

1. गोल्डन की पुस्तकें पूर्णतया पाठ्यक्रमानुसार लिखी गई हैं।
2. सी.बी.एस.ई. के नवीनतम पाठ्यक्रम पर आधारित।
3. बहुवैकल्पिकता के आधार पर निर्मित विशेष प्रश्न।
4. परीक्षा की दृष्टि से आवश्यक तथा संभावित सभी प्रश्नों को पुस्तक में यथास्थान अपेक्षित विस्तार के साथ दिया गया है।
5. पुस्तकों में विषय वस्तु का प्रतिपादन तथा विवेचन सर्वत्र विद्यार्थियों के बौद्धिक स्तर को ध्यान में रखकर किया गया है।

SYLLABUS*
Issued by CBSE

हिंदी पाठ्यक्रम-'अ' (कोड संख्या 002)

कक्षा 10वीं हिंदी 'अ'–परीक्षा हेतु पाठ्यक्रम विनिर्देशन 2025-2026

खंड		भारांक
क	अपठित बोध	14
ख	व्यावहारिक व्याकरण	16
ग	पाठ्यपुस्तक एवं पूरक पाठ्यपुस्तक	30
घ	रचनात्मक लेखन	20

भारांक- 80 (वार्षिक बोर्ड परीक्षा) +20 (आंतरिक परीक्षा)

निर्धारित समय : 3 घंटे　　　　भारांक 80

वार्षिक बोर्ड परीक्षा हेतु भार विभाजन

			विषयवस्तु	उप भार	कुल भार
	खंड-क (अपठित बोध)				
1	अपठित गद्यांश व काव्यांश पर बोध, चिंतन, विश्लेषण, सराहना आदि पर बहुविकल्पीय, अतिलघूत्तरात्मक एवं लघूत्तरात्मक प्रश्न				14
	अ		एक अपठित गद्यांश लगभग 250 शब्दों का इसके आधार पर एक अंकीय तीन बहुविकल्पी प्रश्न (1 × 3 = 3), अतिलघूत्तरात्मक एवं लघूत्तरात्मक प्रश्न (2 × 2 = 4) पूछे जाएँगे	7	
	ब		एक अपठित काव्यांश लगभग 120 शब्दों का इसके आधार पर एक अंकीय तीन बहुविकल्पी प्रश्न (1 × 3 = 3), अतिलघूत्तरात्मक एवं लघूत्तरात्मक प्रश्न (2 × 2 = 4) पूछे जाएँगे	7	
2	व्याकरण के लिए निर्धारित विषयों पर विषयवस्तु का बोध, भाषिक बिंदु/संरचना आदि पर अतिलघूत्तरात्मक एवं लघूत्तरात्मक प्रश्न (1 × 16) (कुल 20 प्रश्न पूछे जाएँगे, जिनमें से केवल 16 प्रश्नों के उत्तर देने होंगे)				16
			खंड-ख (व्यावहारिक व्याकरण)		
	1		रचना के आधार पर वाक्य भेद (1 × 4 = 4) (5 में से 4 प्रश्न करने होंगे)	4	
	2		वाच्य (1 × 4 = 4) (5 में से 4 प्रश्न करने होंगे)	4	
	3		पद परिचय (1 × 4 = 4) (5 में से 4 प्रश्न करने होंगे)	4	
	4		**अलंकार–** (अर्थालंकार: उपमा, रूपक, उत्प्रेक्षा, अतिशयोक्ति, मानवीकरण) (1 × 4 = 4) (5 में से 4 प्रश्न करने होंगे)	4	
3			**खंड-ग (पाठ्यपुस्तक एवं पूरक पाठ्यपुस्तक)**		
	अ		गद्य खंड पाठ्यपुस्तक (क्षितिज भाग-2)	11	
		1	क्षितिज (भाग 2) से निर्धारित पाठों में से गद्यांश के आधार पर विषयवस्तु का ज्ञान, बोध, अभिव्यक्ति आदि पर एक अंकीय पाँच **बहुविकल्पी प्रश्न** पूछे जाएँगे। (1 × 5)	5	

* यह पाठ्यक्रम शैक्षणिक सत्र 2025-26 के अनुसार है। शैक्षणिक सत्र 2026-27 का पाठ्यक्रम अभी उपलब्ध नहीं हुआ है। कृपया अप्रैल माह के अंत में पुस्तक में दिए गए QR Code को स्कैन करके नया पाठ्यक्रम प्राप्त करें।

		2	क्षितिज (भाग 2) से निर्धारित पाठों में से विषयवस्तु का ज्ञान, बोध, अभिव्यक्ति आदि पर तीन प्रश्न पूछे जाएँगे। (विकल्प सहित 25-30 शब्द-सीमा वाले 4 में से 3 प्रश्न करने होंगे) (2 × 3)	6	
	ब	काव्य खंड (पाठ्यपुस्तक) (क्षितिज भाग 2)		**11**	
		1	क्षितिज (भाग 2) से निर्धारित कविताओं में से काव्यांश के आधार पर एक अंकीय पाँच **बहुविकल्पीय प्रश्न** पूछे जाएँगे। (1 × 5)	5	**30**
		2	क्षितिज (भाग 2) से निर्धारित कविताओं के आधार पर विद्यार्थियों का काव्यबोध परखने हेतु तीन प्रश्न पूछे जाएँगे। (विकल्प सहित 25-30 शब्द-सीमा वाले 4 में से 3 प्रश्न करने होंगे। (2 × 3)	6	
	स	पूरक पाठ्यपुस्तक (कृतिका भाग 2)		**8**	
		कृतिका (भाग 2) से निर्धारित पाठों पर आधारित दो प्रश्न पूछे जाएँगे। (4 × 2) (विकल्प सहित 50-60 शब्द-सीमा वाले 3 में से 2 प्रश्न करने होंगे)		8	
4		खंड-घ (रचनात्मक लेखन)			
	i	विभिन्न विषयों और संदर्भों पर विद्यार्थियों के तर्कसंगत विचार प्रकट करने की क्षमता को परखने के लिए संकेत-बिंदुओं पर आधारित समसामयिक एवं व्यावहारिक जीवन से जुड़े हुए तीन विषयों में से किसी एक विषय पर लगभग 120 शब्दों में अनुच्छेद लेखन (6 × 1 = 6)		6	
	ii	अभिव्यक्ति की क्षमता पर केंद्रित औपचारिक अथवा अनौपचारिक विषयों में से किसी एक विषय पर लगभग 100 शब्दों में पत्र (5 × 1 = 5)		5	
	iii	रोजगार से संबंधित रिक्तियों के लिए लगभग 80 शब्दों में स्ववृत्त लेखन (5 × 1 = 5) अथवा विविध विषयों पर आधारित लगभग 80 शब्दों में ई-मेल लेखन (5 × 1 = 5)		5	**20**
	iv	विषय से संबंधित लगभग 40 शब्दों के अंतर्गत विज्ञापन लेखन (4 × 1 = 4) अथवा संदेश लेखन लगभग 40 शब्दों में (शुभकामना, पर्व-त्योहारों एवं विशेष अवसरों पर दिए जाने वाले संदेश) (4 × 1 = 4)		4	
		कुल			**80**
		आंतरिक मूल्यांकन		अंक	20
	अ	सामयिक आकलन		5	
	ब	बहुविध आकलन		5	
	स	पोर्टफ़ोलियो		5	
	द	श्रवण एवं वाचन		5	
		कुल			100

निर्धारित पुस्तकें :

1. **क्षितिज, भाग-2**, एन.सी.ई.आर.टी., नई दिल्ली द्वारा प्रकाशित नवीनतम संस्करण
2. **कृतिका, भाग-2**, एन.सी.ई.आर.टी., नई दिल्ली द्वारा प्रकाशित नवीनतम संस्करण

खंड 'क'

अपठित गद्यांश एवं काव्यांश

प्रिय विद्यार्थियो!

'अपठित गद्यांश तथा काव्यांश' के अंतर्गत किसी अपठित अनुच्छेद को पढ़कर उससे संबंधित प्रश्नों के उत्तर देने होते हैं। ध्यान यह रखना होता है कि उत्तर वही दिए जाएँ जो उस अनुच्छेद में दिए गए हों। छात्र को अपनी ओर से नई जानकारी नहीं देनी चाहिए।

हल करने की विधि–

- सबसे पहले आपको चाहिए कि आप अपठित गद्यांश/काव्यांश को सावधानीपूर्वक पढ़ें। यदि कुछ शब्द या वाक्य समझ न आए, तो भी घबराने की आवश्यकता नहीं।
- अब आप नीचे दिए गए प्रश्नों को पढ़ें।
- इसके पश्चात आप प्रश्नों को ध्यान में रखते हुए अनुच्छेद को फिर से पढ़ें। जिन-जिन प्रश्नों के उत्तर मिलते चले जाएँ, उन पर निशान लगाते चले जाएँ तथा उत्तरों को रेखांकित करते चले जाएँ।
- जिन प्रश्नों के उत्तर अस्पष्ट रह गए हों, उन्हें फिर से सावधानीपूर्वक पढ़ें। सोचने पर उनके उत्तर अवश्य मिल जाएँगे। बार-बार पढ़ने से आपकी सारी समस्याएँ हल हो जाएँगी।

शीर्षक का चुनाव–शीर्षक चुनते समय ध्यान रखें–

1. शीर्षक मूल विषय से संबंधित होना चाहिए।
2. शीर्षक संक्षिप्त, आकर्षक तथा सार्थक होना चाहिए।
3. शीर्षक में अनुच्छेद से संबंधित सारी बातें आ जानी चाहिए।
4. शीर्षक का व्याप मूल विषय से अधिक नहीं होना चाहिए।

1. अपठित गद्यांश

निम्नलिखित गद्यांशों को पढ़कर उनसे संबंधित प्रश्नों के उचित उत्तर दीजिए–

1 छठ इस संसार में अपनी तरह का ऐसा पर्व है, जो अपनी व्यंजना में बहुआयामी है। सूर्य इस त्योहार का केंद्र है। सूर्य जीव-जगत के आधार हैं। सूर्य के बिना कोई भी भोग-उपभोग संभव नहीं है। अतः सूर्य के प्रति आभार प्रदर्शन के लिए छठ या सूर्य षष्ठी व्रत मनाया जाता है, तो कोई आश्चर्य नहीं। सूर्य उन क्षेत्रों के लिए सबसे उपयोगी है, जहाँ पानी की उपलब्धता ज्यादा है। पूर्वांचल में नदियों का जाल बिछा है, ऐसे में सूर्य का ताप लेना जीवन के लिए सबसे जरूरी हो जाता है। हमारी सूर्य-केंद्रित संस्कृति कहती है कि वही उगेगा, जो डूबेगा। अतः छठ में पहले दिन डूबते और फिर दूसरे दिन उगते सूर्य की पूजा स्वाभाविक है।

नीरोग रहने के लिए भी सूर्य की बड़ी जरूरत है। सूर्य के ताप में रोगनाशक शक्ति है। अक्सर लोग छठ महापर्व के समय स्वास्थ्य को लेकर भी प्रार्थना करते हैं। जब कोरोना का उभार हुआ था, तब लोग आश्वस्त थे कि एक बार सूर्य की तपन बढ़ेगी, तो कोरोना वायरस नष्ट हो जाएगा। यह जो भ्रम था, वह सूर्य के प्रति हमारी आस्था का ही परिणाम था। यह भी सत्य है कि सूर्य के प्रति हमारी आशा का कोई विकल्प भी नहीं है। सूर्य के बिना भारत की जैव-विविधता, जीवन और स्वास्थ्य का मेल नहीं बन सकता। आधुनिक जीवन की मज़बूरी में जब अक्षय-ऊर्जा की बात होती है, तब लोगों की नजर सूर्य की ओर ही जाती है। अर्थात् किन्हीं अर्थों में सूर्य हमारा अतीत ही नहीं, भविष्य भी है। *(CBSE 2023)*

प्रश्न–

1. *सूर्य षष्ठी व्रत क्यों मनाया जाता है?*
   (क) भगवान सूर्य के प्रति आभार व्यक्त करने के लिए
   (ख) प्रकृति के प्रति आभार व्यक्त करने के लिए
   (ग) नदियों के प्रति आभार व्यक्त करने के लिए
   (घ) देवी-देवताओं के प्रति आभार व्यक्त करने के लिए
2. *'वही उगेगा, जो डूबेगा' पंक्ति का आशय है:*
   (क) उदय और अस्त होना एक-दूसरे से जुड़े हैं।
   (ख) उदय होने के लिए अस्त होना जरूरी है।
   (ग) असफलताओं का भी सफलता में महत्त्वपूर्ण योगदान होता है।
   (घ) सफलता का महत्त्व असफल व्यक्ति ही समझ सकता है।
3. *ताप के अतिरिक्त भी सूर्य की आवश्यकता क्यों है?*
   (क) प्रकृति के लिए (ख) लंबे जीवन के लिए
   (ग) नीरोगी जीवन के लिए (घ) प्रकाश के लिए
4. *कोरोना वायरस के नष्ट होने के संदर्भ में लोगों का क्या विश्वास था?*
   (क) वैज्ञानिक कोरोना वायरस की औषधि ढूँढ़ लेंगे।
   (ख) सूर्य के बढ़ते ताप से कोरोना वायरस नष्ट हो जाएगा।
   (ग) सूर्य के बढ़ते ताप से कोरोना वायरस अप्रभावित रहेगा।
   (घ) कोरोना वायरस धीरे-धीरे स्वयं ही नष्ट हो जाएगा।

5. *'अक्षय ऊर्जा' से क्या अभिप्राय है?*

(क) ऊर्जा का ऐसा स्रोत जो कभी नष्ट न हो

(ख) ऊर्जा का ऐसा स्रोत जो लंबे समय तक चले

(ग) ऊर्जा का ऐसा स्रोत जो कम खर्चीला हो

(घ) ऊर्जा का ऐसा स्रोत जो प्रकृति-प्रदत्त हो

उत्तर– 1. (क) 2. (ख) 3. (ग) 4. (ख) 5. (क)

2 एशिया के उच्च पर्वतीय क्षेत्र को सेंट्रल एशियन माउंटेन रीजन भी कहा जाता है। इसमें हिमालयन, कराकोरम और और हिंदुकुश पर्वत श्रृंखलाएँ आती हैं जो चीन से लेकर अफगानिस्तान तक फैली हैं। इस क्षेत्र में करीब 55 हजार हिमनद हैं, जिनमें पेयजल का जितना भंडार है उतना उत्तरी और दक्षिणी ध्रुवों के अतिरिक्त पृथ्वी पर एक साथ पेयजल कहीं नहीं है। इन हिमनदों से पिघला हुआ जल एशिया की दस सबसे बड़ी नदियों को जीवन देता है, जिन पर करीब दो करोड़ लोगों की आबादी निर्भर रहती है।

बढ़ते तापमान की वजह से इन सभी पर ख़तरा मंडरा रहा है। संयुक्त राष्ट्र विकास कार्यक्रम यानी यूएनडीपी के मुताबिक शेष दुनिया के मुकाबले हिमालयी क्षेत्र में तापमान करीब दोगुनी रफ़्तार से बढ़ रहा है जिसकी वजह से पर्वतों पर जमी बर्फ पिघल रही है और बर्फबारी हो रही है। यदि समय रहते वैश्विक तापमान में लगभग 1.5 फीसदी की कमी नहीं की गई तो इस शताब्दी के अंत तक दक्षिण एशिया के पहाड़ों पर जो बर्फ जमा है, उसका आधा या फिर दो-तिहाई हिस्सा गायब हो जाएगा।

पिघलते हिमनदों की वजह से बिजली आपूर्ति भी प्रभावित हो रही है। पिछले साल भारत ने गंगा नदी पर नए पनबिजली संयंत्रों के निर्माण पर रोक लगा दी थी, ताकि निचले इलाकों में नदियों के पानी के बहाव को बनाए रखा जा सके और नदियाँ सूखने न पाएँ। ग्लेशियरों के पिघलने की दर को कम करने के तरीके ढूँढ़ने के बावजूद तमाम वैज्ञानिक भविष्य को लेकर बहुत चिंतित हैं। जीवाश्म-ईंधनों के जरिए लोग उन गैसों को वायुमंडल में छोड़ते हैं जो पृथ्वी के चारों ओर ग्रीनहाउस की तरह काम करती हैं और धरती गर्म होने लगती है। कोयला, तेल और गैस जलाने पर कालिख और पार्टिकुलेट मैटर छोड़ते हैं। हवा के जरिए ये प्रदूषक बर्फ पर जम जाते हैं और बर्फ तेजी से गर्म होकर पिघलने लगती है। *(CBSE 2023)*

प्रश्न–

1. *सेंट्रल एशियन माउंटेन रीजन कहाँ है?*

(क) ऑस्ट्रेलिया में (ख) अफ्रीका में

(ग) साऊथ अमेरिका में (घ) एशिया में

2. *विश्व में सर्वाधिक पीने योग्य जल का भंडार कहाँ उपलब्ध है?*

(क) नदियों में (ख) दोनों ध्रुवों पर

(ग) हिमालय पर (घ) हिंदुकुश पर्वत पर

3. *जीवनदायिनी नदियों पर ख़तरे के बादल क्यों मंडरा रहे हैं?*

(क) तापमान में वृद्धि के कारण (ख) जनसंख्या वृद्धि के कारण

(ग) अज्ञानता के कारण (घ) वैमनस्यता के कारण

4. *गंगा नदी पर नए पनबिजली संयंत्रों के निर्माण पर प्रतिबंध क्यों लगाना पड़ा?*

(क) नदियाँ प्रदूषित न हों (ख) वर्षा समय पर हो

(ग) बाढ़ को रोका जा सके (घ) नदियों का प्रवाह बना रहे

5. *गद्यांश के आधार पर ग्लेशियरों को पिघलने से कैसे रोका जा सकता है?*

(क) जल प्रदूषण में कमी लाकर (ख) जीवाश्म ईंधनों का सीमित प्रयोग कर

(ग) प्लास्टिक पर रोक लगाकर (घ) विकास कार्यों पर लगाम लगा कर

उत्तर– 1. (घ) 2. (ख) 3. (क) 4. (घ) 5. (ख)

3 आदमी बनने की तमीज़ सीखने के बाद आदमी ने कैसे-कैसे वाद्य बनाए! उमड़ते मेघों के मुखर गुस्से को मृदंग की चर्म-पट्टियों से बाँधा, बारिश के गिरने को सितार के तार दिए, देवताओं को दुख हुआ तो उन्हें वायलिन थमाया, पानी के बहने को बाँसुरी दी। मानव स्वर के सबसे निकट पहुँचने वाले कितने ही वाद्य बनाए। उसके सबसे नज़दीक पहुँची सागर वीणा के निर्माण को पचास साल भी नहीं हुए हैं। दुनिया में हज़ारों तरह के वाद्य और उनको बज़ाने के और भी हज़ारों तरीके हैं। तब भी किसी ऐसे वाद्य का निर्माण होना बाकी है जिससे निकलने वाला सुर आपके कंधे पर हाथ रखकर कहे–"घबराओ मत, मैं हूँ।" यह काम तो किसी प्रिय मनुष्य की वाणी ही कर सकती है।

आदमी की आवाज़ का कोई विकल्प नहीं। गीत उस आवाज़ का सबसे बड़ा हासिल है। बड़े गवैये का एक सुर संसार भर की भावनाओं को ज़बान दे सकता है। चरवाहों-मछुआरों के गीत प्रकृति को ऋचाओं में बदल देते हैं। गीतों की एक पंक्ति के भीतर बड़े उपन्यासों में आने वाली विशाल और जटिल दुनिया छिपाई जा सकती है। ध्वनि रिकॉर्डिंग का इतिहास डेढ़ सौ साल का भी नहीं है इसलिए हमें कभी मालूम नहीं पड़ सकेगा कि तानसेन और बैजू बावरा का वह मुकाबला कैसा रहा होगा जिसमें उन्होंने अपने गानों से दिया जला दिया, संगमरमर पिघला दिया। *(CBSE 2022)*

प्रश्न–

1. *वाद्य-यंत्र और आवाज़ का कौन-सा युग्म सही है?*
   (क) सितार : पानी के बहने की आवाज़
   (ख) मृदंग : बारिश के गिरने की आवाज़
   (ग) वायलिन : मेघों की गर्जना की आवाज़
   (घ) सागर वीणा : मनुष्य की आवाज़ के निकट
2. *उपरोक्त गद्यांश के आधार पर नीचे दिए गए विकल्पों में से कौन-सा विकल्प सही है?*
   (*i*) मनुष्य को सांत्वना प्रिय की वाणी दे सकती है।
   (*ii*) वाद्य-यंत्र से भी कंधे पर हाथ रखने का भाव व्यक्त किया जा सकता है।
   (*iii*) दुनिया में संगीत के अनगिनत रूप हैं।
   (क) (*i*), (*ii*) और (*iii*) तीनों सही हैं।
   (ख) (*i*) और (*ii*) सही हैं, परन्तु (*iii*) ग़लत है।
   (ग) (*i*) और (*iii*) ग़लत हैं, परंतु (*ii*) सही है।
   (घ) (*i*) और (*iii*) सही हैं, परन्तु (*ii*) ग़लत है।
3. *गद्यांश में प्रमुख रूप से किसे महत्त्व दिया गया है?*
   (क) वाद्यों को
   (ख) मनुष्य के स्वर को
   (ग) वीणा के आविष्कार को
   (घ) चरवाहों के गीत को
4. *गीतों की एक पंक्ति के भीतर उपन्यासों की विशाल और जटिल दुनिया कैसे समा सकती है?*
   (क) संगीत के जादू से
   (ख) शब्दों की संक्षिप्तता से
   (ग) भावनाओं की गहराई से
   (घ) वाद्य-यंत्रों के कौशल से

5. *प्रस्तुत गद्यांश का केंद्रीय विषय क्या है?*
   (क) संगीत का इतिहास
   (ख) मनुष्य और संगीत का संबंध
   (ग) बड़े गवैयों का परिचय
   (घ) तानसेन और बैजू बावरा का मुकाबला

6. *तर्क-विश्लेषण संबंधी प्रश्न*
   कथन (A) – *भरोसा देने वाली सबसे बड़ी वाणी मनुष्य के पास है।*
   कारण (R) – *वाणी में सभी वाद्य-यंत्रों का प्रभाव पैदा करने की शक्ति है।*
   (क) कथन सत्य है किंतु कारण गलत है।
   (ख) कथन गलत है किंतु कारण सही है।
   (ग) कथन और कारण दोनों सही हैं।
   (घ) कथन और कारण दोनों गलत हैं।

उत्तर– 1. (घ) 2. (क) 3. (ख) 4. (क) 5. (ख) 6. (ग)

4 लाखों वर्षों से मधुमक्खी जिस तरह छत्ता बनाती आई है वैसे ही बनाती है। उसमें फेर-बदल करना उसके लिए संभव नहीं है। छत्ता तो त्रुटिहीन बनता है लेकिन मधुमक्खी अपने अभ्यास के दायरे में आबद्ध रहती है। इस तरह सभी प्राणियों के संबंध में प्रकृति के व्यवहार में साहस का अभाव दिखाई पड़ता है। ऐसा लगता है कि प्रकृति ने उन्हें अपने आँचल में सुरक्षित रखा है, उन्हें विपत्तियों से बचाने के लिए उनकी आंतरिक गतिशीलता को ही प्रकृति ने घटा दिया है।

लेकिन सृष्टिकर्ता ने मनुष्य की रचना करने में अद्‌भुत साहस का परिचय दिया है। उसने मानव के अंत:करण को बाधाहीन बनाया है। हालाँकि बाह्य रूप से उसे विवस्त्र, निरस्त्र और दुर्बल बनाकर उसके चित्त को स्वच्छंदता प्रदान की है। इस मुक्ति से आनंदित होकर मनुष्य कहता है–"हम असाध्य को संभव बनाएँगे।" अर्थात जो सदा से होता आया है और होता रहेगा, हम उससे संतुष्ट नहीं रहेंगे। जो कभी नहीं हुआ, वह हमारे द्वारा होगा। इसीलिए मनुष्य ने अपने इतिहास के प्रथम युग में जब प्रचंडकाय प्राणियों के भीषण नखदंतों का सामना किया तो उसने हिरण की तरह पलायन करना नहीं चाहा, न कछुए की तरह छिपना चाहा। उसने असाध्य लगने वाले कार्य को सिद्ध किया – पत्थरों को काटकर भीषणतर नखदंतों का निर्माण किया। प्राणियों के नखदंत की उन्नति केवल प्राकृतिक कारणों पर निर्भर होती है। लेकिन मनुष्य के ये नखदंत उसकी अपनी सृष्टि क्रिया से निर्मित थे। इसलिए आगे चलकर उसने पत्थरों को छोड़कर लोहे के हथियार बनाए। इससे यह प्रमाणित होता है कि मानवीय अंत:करण संधानशील है। उसके चारों ओर जो कुछ है उस पर ही वह आसक्त नहीं हो जाता। जो उसके हाथ में नहीं है उस पर अधिकार जमाना चाहता है। पत्थर उसके सामने रखा है पर वह उससे संतुष्ट नहीं। लोहा धरती के नीचे है, मानव उसे वहाँ से बाहर निकालता है। पत्थर को घिसकर हथियार बनाना आसान है लेकिन वह लोहे को गलाकर, साँचे में डाल ढालकर, हथौड़े से पीटकर, सब बाधाओं को पार करके, उसे अपने अधीन बनाता है। मनुष्य के अंत:करण का धर्म यही है कि वह परिश्रम से केवल सफलता ही नहीं बल्कि आनंद भी प्राप्त करता है। *–352 शब्द (CBSE 2021)*

प्रश्न–(क) *'असाध्य को संभव' बनाने का क्या अर्थ है? स्पष्ट कीजिए।*
(ख) *मनुष्य ने लोहे के हथियार पाने के लिए क्या मेहनत की और क्यों?*
(ग) *मनुष्य की भीतरी और बाहरी बनावट किस प्रकार की है?*
(घ) *मनुष्येतर प्राणियों की रचना में 'प्रकृति के साहस का अभाव' का क्या आशय है? सोदाहरण स्पष्ट कीजिए।*

उत्तर–(क) 'असाध्य' का अर्थ है–जिसे साधा नहीं जा सकता या किया नहीं जा सकता। 'असाध्य को संभव' बनाने का आशय है–असंभव से लगने वाले कठिन कार्य को कर दिखाना।

(ख) मनुष्य ने लोहे के हथियार बनाने के लिए उसे धरती की कोख से निकाला। उसे गला कर साँचों में ढाला और हथौड़ा आदि औज़ार बनाए।

क्यों–वह नए-नए साधनों की खोज करने में आनंद अनुभव करता है।

(ग) मनुष्य की बाहरी बनावट निरस्त्र और दुर्बल है, परंतु आंतरिक बनावट बहुत शक्तिशाली, मुक्त और स्वच्छंद है। उसका मन नई-से-नई युक्तियाँ खोजकर अपनी बाधाओं पर विजय पा लेता है।

(घ) मनुष्येतर प्राणी का अर्थ है–अन्य जीव-जंतु। अन्य जीव-जंतु प्रकृति द्वारा दी गई शक्तियों और आदतों में ही जीते हैं। जैसे मधुमक्खी लाखों वर्षों से उसी प्रकार अपना छत्ता बुनती है। वह प्रकृति की रचना से परे जाकर नया कुछ करने का साहस नहीं कर पाती।

बहुविकल्पी प्रश्नोत्तर

1. *प्रकृति ने मधुमक्खियों को एक ही दायरे में बंद क्यों रखा है?*
   (*i*) साहस की कमी के कारण (*ii*) कौशल विकसित करने के लिए
   (*iii*) उसे बाहरी संकटों से बचाने के लिए (*iv*) प्रतिभा की कमी के कारण।
2. *मनुष्य ने नखदंत कैसे विकसित किए?*
   (*i*) नुकीले पत्थरों से (*ii*) पत्थरों को काटकर
   (*iii*) नाखूनों से पत्थर तराश कर (*iv*) दाँतों से पत्थर तराश कर।
3. *मनुष्य को संतोष किससे मिलता है?*
   (*i*) नई-नई वस्तुएँ पाकर (*ii*) साधनों का उपयोग करके
   (*iii*) नए साधन विकसित करके (*iv*) जो मिले, उसी में।
4. *मनुष्य की सफलता–*
   (*i*) परिश्रम में है (*ii*) आनंद में है
   (*iii*) परिश्रम और आनंद में है (*iv*) मालिक होने में है।
5. *अन्य प्राणियों की तुलना में मनुष्य में कौन-सा गुण अधिक है?*
   (*i*) शक्तिशाली होना (*ii*) चित्त की स्वच्छंदता
   (*iii*) प्राणियों को अधीन बनाना (*iv*) असंतुष्ट रहना
6. **कथन (A)** – *मनुष्य मधुमक्खी की तुलना में नई रचना करने में समर्थ है।*
   कारण (R) – *प्रकृति ने मनुष्य को अधिक साहसी और रचनाशील बनाया है।*
   विकल्प – (*i*) कथन और कारण दोनों ठीक हैं। (*ii*) कथन और कारण दोनों गलत हैं।
   (*iii*) कथन ठीक किंतु कारण गलत है। (*iv*) कथन गलत किंतु कारण ठीक है।

उत्तर– 1. (*iii*) 2. (*ii*) 3. (*iii*) 4. (*iii*) 5. (*ii*) 6. (*i*)

5 पड़ोस सामाजिक जीवन के ताने-बाने का महत्त्वपूर्ण आधार है। दरअसल पड़ोस जितना स्वाभाविक है, हमारी सामाजिक सुरक्षा के लिए तथा सामाजिक जीवन की समस्त आनंदपूर्ण गतिविधियों के लिए वह उतना ही आवश्यक भी है। यह सच है कि पड़ोसी का चुनाव हमारे हाथ में नहीं होता, इसलिए पड़ोसी के साथ कुछ-न-कुछ सामंजस्य तो बिठाना ही पड़ता है। हमारा पड़ोसी अमीर हो या गरीब, उसके साथ संबंध रखना सदैव हमारे हित में होता है। पड़ोसी से परहेज करना अथवा उससे कटे-कटे रहने में अपनी ही हानि है, क्योंकि किसी भी आकस्मिक आपदा अथवा आवश्यकता के समय अपने रिश्तेदारों तथा परिवारवालों को बुलाने में समय लगता है। ऐसे में पड़ोसी ही सबसे अधिक विश्वस्त सहायक हो सकता है। पड़ोसी चाहे कैसा भी हो, उससे अच्छे

संबंध रखने चाहिए। जो अपने पड़ोसी से प्यार नहीं कर सकता, उससे सहानुभूति नहीं रख सकता, उसके साथ सुख-दुख का आदान-प्रदान नहीं कर सकता तथा उसके शोक और आनंद के क्षणों में शामिल नहीं हो सकता, वह भला अपने समाज अथवा देश के साथ भावनात्मक रूप से कैसे जुड़ेगा। विश्व-बंधुत्व की बात भी तभी मायने रखती है, जब हम अपने पड़ोसी से निभाना सीखें।

–194 शब्द (CBSE 2020)

प्रश्न–(क) *सामाजिक जीवन में पड़ोस का क्या महत्त्व है?*

(ख) *'विश्वस्त सहायक' से क्या अभिप्राय है? पड़ोसी को विश्वस्त सहायक क्यों कहा गया है?*

(ग) *लेखक ने विश्व-बंधुत्व की बात किस संदर्भ में की है?*

(घ) *उपर्युक्त गद्यांश के लिए उपयुक्त शीर्षक लिखिए।*

उत्तर–(क) पड़ोस सामाजिक जीवन की सुरक्षा और आपसी आनंदपूर्ण गतिविधियों के लिए अनिवार्य है।

(ख) 'विश्वस्त सहायक' का अर्थ है–ऐसा सहायक, जिस पर भरोसा किया जा सके। पड़ोसी हमारे लिए विश्वस्त सहायक होते हैं। हम सुख-दुख में उनके सहयोग का भरोसा रख सकते हैं।

(ग) 'विश्व-बंधुत्व' का अर्थ है–सारे संसार को अपना बंधु मानना। पड़ोस इस विश्व-बंधुत्व की पहली सीढ़ी है। जो व्यक्ति अपने पड़ोस से नहीं निभा सकता, वह सारे संसार को कुटुंब नहीं बना सकता।

(घ) पड़ोस-धर्म का महत्त्व।

बहुविकल्पी प्रश्नोत्तर

1. *पड़ोस हमारे जीवन के लिए आवश्यक है, क्योंकि–*

(*i*) वह स्वाभाविक संबंध है (*ii*) वह सामाजिक सुरक्षा देता है
(*iii*) वह आनंदपूर्ण गतिविधियों में सहायक है (*iv*) तीनों।

2. *पड़ोसी के साथ कुछ-न-कुछ सामंजस्य बिठाना पड़ता है, क्योंकि–*

(*i*) कुछ पड़ोसी बहुत खराब होते हैं (*ii*) उनका चयन हमारे हाथ में नहीं होता
(*iii*) उसके बिना संबंध नहीं बनते (*iv*) यह अनिवार्य है।

3. *पड़ोस से कटे रहने में किसकी हानि होती है?*

(*i*) अपनी (*ii*) मोहल्ले की (*iii*) देश की (*iv*) पड़ोसी की।

4. *हमें पड़ोसी से अच्छे संबंध रखने चाहिए, चाहे–*

(*i*) वह कैसा भी हो (*ii*) वह बहुत अमीर हो
(*iii*) वह बहुत गरीब हो (*iv*) वह बहुत झगड़ालू हो।

5. *विश्वबंधुता के लिए क्या आवश्यक है?*

(*i*) अपने समाज से प्रेमपूर्ण संबंध रखना (*ii*) अपने देश से प्रेमपूर्ण संबंध रखना
(*iii*) अपने पड़ोस से प्रेमपूर्ण संबंध रखना (*iv*) पूरे विश्व से प्रेमपूर्ण संबंध रखना।

6. **कथन (A)** – *विश्व-बंधुत्व तभी संभव है जबकि हम पड़ोसी से निभाना जानते हों।*

कारण (R) – *पड़ोसी से निभाना सामाजिक व्यवहार सीखने की पहली सीढ़ी है।*

विकल्प – (*i*) कथन सही है किंतु कारण गलत है। (*ii*) कथन और कारण दोनों गलत हैं।
(*iii*) कथन और कारण दोनों सही हैं। (*iv*) कथन गलत किंतु कारण सही है।

उत्तर– 1. (*iv*) 2. (*ii*) 3. (*i*) 4. (*i*) 5. (*iii*) 6. (*iii*)

6 दार्शनिक अरस्तू ने कहा है– "प्रत्येक व्यक्ति को उचित समय पर, उचित व्यक्ति से, उचित मात्रा में, उचित उद्देश्य के लिए, उचित ढंग से व्यवहार करना चाहिए।" वास्तव में प्रत्येक प्राणी का संबंध एक-एक क्षण से रहता है, किंतु व्यक्ति उसका

महत्त्व नहीं समझता। अधिकतर व्यक्ति सोचते हैं कि कोई अच्छा समय आएगा तो काम करेंगे। इस दुविधा और उधेड़बुन में वे जीवन के अनेक अमूल्य क्षणों को खो देते हैं। किसी व्यक्ति को बिना हाथ-पाँव हिलाए संसार की बहुत बड़ी संपत्ति छप्पर फाड़कर कभी नहीं मिलती। समय उन्हीं के रथ के घोड़ों को हाँकता है, जो भाग्य के भरोसे बैठना पौरुष का अपमान समझते हैं। जो व्यक्ति श्रम और समय का पारखी होता है, लक्ष्मी भी उसी का वरण करती है। समय की कीमत न पहचानने वाले समय बीत जाने पर सिर धुनते रह जाते हैं। समय निरंतर गतिमान है। इसलिए हमें समय का मूल्य समझना चाहिए। साथ ही समयानुसार काम भी करना चाहिए। सफल जीवन की यही कुंजी है। *–161 शब्द (CBSE 2019)*

प्रश्न–(क) *जीवन के अमूल्य क्षणों को किस प्रकार के व्यक्ति खो देते हैं?*

(ख) *भाग्य के भरोसे बैठना पौरुष का अपमान क्यों कहा गया है?*

(ग) *दार्शनिक अरस्तू के कथन का आशय लिखिए।*

(घ) *लक्ष्मी किसे प्राप्त होती है?*

उत्तर–(क) जो व्यक्ति अच्छे समय की प्रतीक्षा में खाली बैठे रहते हैं, वे जीवन के अमूल्य क्षणों को खो देते हैं।

(ख) संपत्ति सदा पौरुष से मिलती है। अतः जो व्यक्ति परिश्रम छोड़कर भाग्य के भरोसे बैठे रहते हैं, वे पौरुष का अपमान करते हैं।

(ग) दार्शनिक अरस्तू के कथन का आशय है– प्रत्येक व्यक्ति को उचित समय पर, उचित व्यक्ति से, उचित उद्देश्य के लिए उचित व्यवहार करना चाहिए।

(घ) जो व्यक्ति समय और परिश्रम दोनों का जानकार होता है, लक्ष्मी उसी को प्राप्त होती है।

बहुविकल्पी प्रश्नोत्तर

1. *हाथ-पाँव हिलाने से क्या आशय है?*

(*i*) कुछ कार्य करना (*ii*) हाय-हाय करना (*iii*) संघर्ष करना (*iv*) नाटक करना।

2. *लक्ष्मी किसके पास जाती है?*

(*i*) जो रथ के घोड़ों को हाँकता है। (*ii*) जो भाग्य के भरोसे रहता है।

(*iii*) जो श्रम और समय का जानकार होता है। (*iv*) जो परिश्रमी होता है।

3. *लोग जीवन के अमूल्य क्षणों को क्यों खो देते हैं?*

(*i*) लापरवाही के कारण (*ii*) उचित समय की प्रतीक्षा में

(*iii*) उचित समय की दुविधा और उधेड़बुन में (*iv*) दुर्भाग्यवश।

4. *कौन लोग सिर धुनते रह जाते हैं?*

(*i*) असफल लोग (*ii*) निठल्ले लोग

(*iii*) समय का मूल्य न जानने वाले लोग (*iv*) भाग्यवादी लोग।

5. *इस अनुच्छेद का उचित शीर्षक लिखिए–*

(*i*) समय की महिमा (*ii*) समय की प्रतीक्षा

(*iii*) सफल जीवन (*iv*) परिश्रम ही जीवन है।

6. **कथन (A)** – *सफलता की कुंजी है–उचित समय पर काम करना।*

कारण (R) – *काम तभी सफल होता है जब उसके लिए उचित अवसर आ जाए।*

विकल्प – (*i*) कथन सही है किंतु कारण गलत है। (*ii*) कथन गलत है किंतु कारण सही है।

(*iii*) कथन गलत है और कारण भी गलत है। (*iv*) कथन सही है और कारण भी सही है।

7. **कॉलम 1 और कॉलम 2 को सुमेलित कीजिए तथा उचित विकल्प चुनिए–**

कॉलम 1	कॉलम 2
1. हाथ पाँव हिलाना	(*i*) अचानक प्राप्त होना
2. छप्पर फाड़कर मिलना	(*ii*) पछताना
3. सिर धुनना	(*iii*) परिश्रम करना

विकल्प – (क) 1–(*ii*), 2–(*iii*), 3–(*i*) (ख) 1–(*i*), 2–(*ii*), 3–(*iii*)

(ग) 1–(*iii*), 2–(*ii*), 3–(*i*) (घ) 1–(*iii*), 2–(*i*), 3–(*ii*)

उत्तर– 1. (*i*) 2. (*iii*) 3. (*iii*) 4. (*i*) 5. (*i*) 6. (*iii*) 7. (*iv*)

7 हमारा शिक्षित युवा वर्ग शारीरिक श्रमपरक कार्य करने से परहेज करता है। श्रम की अवज्ञा के परिणाम का सबसे ज्वलंत उदाहरण है, हमारे देश में व्याप्त शिक्षित वर्ग की बेकारी। युवा यह नहीं सोचता कि शारीरिक श्रम परिणामत: कितना सुखदायी होता है। पसीने से सिंचित वृक्ष में लगने वाला फल हमेशा मधुर होता है। महात्मा ईसा मसीह ने अपने अनुयायियों को यह परामर्श दिया था कि तुम सदा अपने पसीने की कमाई खाना। पसीना टपकाने के बाद मन को संतोष और तन को सुख मिलता है। हमारे समाज में शारीरिक श्रम न करना सामान्यत: उच्च सामाजिक स्तर की पहचान मानी जाती है। यही कारण है कि जैसे-जैसे आर्थिक स्थिति में सुधार होता जाता है, वैसे-वैसे बीमारों और बीमारियों की संख्या में वृद्धि होती जाती है। जिस समाज में शारीरिक श्रम के प्रति हेय दृष्टि नहीं होती है, वह समाज अपेक्षाकृत अधिक स्वस्थ एवं सुखी दिखाई देता है। विकसित देशों के निवासी शारीरिक श्रम को जीवन का आवश्यक अंग समझते हैं। *–160 शब्द (CBSE 2019)*

प्रश्न–(क) *शिक्षित युवा वर्ग की बेकारी के क्या-क्या कारण हो सकते हैं?*

(ख) *'पसीने की कमाई' का क्या अर्थ है?*

(ग) *स्वस्थ समाज की क्या पहचान बताई गई है? इसका क्या परिणाम होता है?*

उत्तर–(क) शिक्षित युवा वर्ग की बेकारी का सबसे बड़ा कारण है– परिश्रम की अवज्ञा करना।

(ख) पसीना बहाकर की गई कमाई।

(ग) स्वस्थ समाज की पहचान है– शारीरिक परिश्रम के प्रति सम्मान रखना। जो समाज शारीरिक श्रम करने वालों को सम्मान देता है, वह स्वस्थ और सुखी रहता है।

बहुविकल्पी प्रश्नोत्तर

1. *उचित शीर्षक लिखिए–*

(*i*) श्रम की अवज्ञा (*ii*) श्रमहीन जीवन

(*iii*) श्रम की महत्ता (*iv*) श्रम का परामर्श।

2. *'पसीने की कमाई खाना' का आशय है–*

(*i*) लोगों से परिश्रम करवाना (*ii*) अपना पसीना बेचना

(*iii*) श्रम की कमाई खाना (*iv*) लोगों के पसीने की कमाई खाना।

3. *कौन-सा समाज स्वस्थ और सुखी दिखाई देता है?*

(*i*) जिसमें धन-धान्य होता है। (*ii*) जो शारीरिक श्रम से बचते हैं।

(*iii*) जो श्रम के प्रति हेय भाव नहीं रखते। (*iv*) जो हँसता-खेलता हो।

4. *कौन-सा फल मधुर होता है?*

(*i*) बिना मसाले का फल (*ii*) पेड़ की डाल पर पका फल

(*iii*) पसीने से सिंचित वृक्ष का फल (*iv*) बिना परिश्रम का फल।

5. *आर्थिक स्थिति में सुधार होने पर क्या होता है?*

(*i*) लोग सुखी होते हैं। (*ii*) लोग बीमार पड़ते हैं।

(*iii*) लोग स्वस्थ होते हैं। (*iv*) लोग खुश रहते हैं।

6. **कथन (A)** – *भारत में समृद्ध लोग अधिक अस्वस्थ होते हैं।*

कारण (R) – *यहाँ शारीरिक परिश्रम को हेय मानकर उससे बचा जाता है।*

विकल्प – (*i*) कथन सही है और कारण भी सही है। (*ii*) कथन गलत है और कारण भी गलत है।

(*iii*) कथन गलत है किंतु कारण सही है। (*iv*) कथन सही है किंतु कारण गलत है।

उत्तर– 1. (*iii*) 2. (*iii*) 3. (*iii*) 4. (*iii*) 5. (*ii*) 6. (*i*)

8 महात्मा गाँधी ने अनेकों साल पहले कहा था– मैं बुराई करने वालों को सजा देने का उपाय ढूँढ़ने लगूँ तो मेरा काम होगा उनसे प्यार करना और धैर्य तथा नम्रता के साथ उन्हें समझाकर सही रास्ते पर ले आना। इसलिए असहयोग या सत्याग्रह घृणा का गीत नहीं है। असहयोग का मतलब बुराई करने वाले से नहीं, बल्कि बुराई से असहयोग करना है।

आपके असहयोग का उद्देश्य बुराई को बढ़ावा देना नहीं है। अगर दुनिया बुराई को बढ़ावा देना बंद कर दे तो बुराई अपने लिए आवश्यक पोषण के अभाव में अपने-आप मर जाए। अगर हम यह देखने की कोशिश करें कि आज समाज में जो बुराई है, उसके लिए खुद हम कितने ज़िम्मेदार हैं तो हम देखेंगे कि समाज से बुराई कितनी जल्दी दूर हो जाती है। लेकिन हम प्रेम की एक झूठी भावना में पड़कर इसे सहन करते हैं। मैं उस प्रेम की बात नहीं करता, जिसे पिता अपने गलत रास्ते पर चल रहे पुत्र पर मोहांध होकर बरसाता चला जाता है, उसकी पीठ थपथपाता है; और न मैं उस पुत्र की बात कर रहा हूँ जो झूठी पितृभक्ति के कारण अपने पिता के दोषों को सहन करता है। मैं उस प्रेम की चर्चा नहीं कर रहा हूँ। मैं तो उस प्रेम की बात कर रहा हूँ जो विवेकयुक्त है और जो बुद्धियुक्त है और जो एक भी गलती की ओर से आँख बंद नहीं करता। यह सुधारने वाला प्रेम है।

–232 शब्द (CBSE 2018)

प्रश्न– (क) *गाँधी जी बुराई करने वालों को किस प्रकार सुधारना चाहते हैं?*

(ख) *बुराई को कैसे समाप्त किया जा सकता है?*

(ग) *'प्रेम' के बारे में गाँधी जी के विचार स्पष्ट कीजिए।*

(घ) *असहयोग से क्या तात्पर्य है?*

उत्तर– (क) गाँधी जी बुराई करने वालों को प्रेम, धैर्य और नम्रता के साथ सुधारकर सही रास्ते पर लाना चाहते हैं। वे बुरे का नहीं, बुराई का विरोध करना चाहते हैं।

(ख) बुराई को समाप्त करने का सर्वोत्तम उपाय यह है कि उसे बढ़ावा देना बंद कर दें। यदि मनुष्य झूठे मोह या पुत्रमोह में पड़कर बुरे कामों की प्रशंसा करना बंद कर दें तो बुराई अपनी मौत आप मर जाएगी।

(ग) गाँधी जी मोहांधता को प्रेम नहीं मानते। उनके अनुसार विवेक और बुद्धि से युक्त प्रेम ही सच्चा प्रेम है जो गलतियों की अनदेखी नहीं करता।

(घ) असहयोग का अर्थ है– बढ़ावा न देना, प्रोत्साहन न देना।

बहुविकल्पी प्रश्नोत्तर

1. *गाँधी जी बुराई करने वालों को किस प्रकार सुधारना चाहते हैं?*

(*i*) प्यार से (*ii*) उपदेश से (*iii*) दंड से (*iv*) क्षमा से।

2. *बुराई को समाप्त करने का कौन-सा उपाय सुझाया गया है?*
(*i*) कठोर दंड (*ii*) बुराई से असयोग (*iii*) पुरस्कार (*iv*) नैतिक शिक्षा।

3. *गाँधी जी प्रेम किसे मानते हैं?*
(*i*) जो बिना शर्त अपना माने (*ii*) जो हर हाल में स्नेह करे
(*iii*) जो बुद्धि और विवेक से युक्त हो (*iv*) जो बुराई का ख्याल न करे।

4. *'असहयोग' से क्या तात्पर्य है?*
(*i*) विरोध करना (*ii*) बुरे आदमी का विरोध करना
(*iii*) बुराई का विरोध करना (*iv*) बुराई को समर्थन न देना।

5. *आँख बंद करने का क्या आशय है?*
(*i*) ध्यान न देना (*ii*) विचार न करना
(*iii*) महत्त्व न देना (*iv*) उपेक्षा करना।

6. **कथन (A)** – *अपने पुत्र की गलतियों का समर्थन करते रहना प्रेम नहीं मोह है।*
कारण (R) – *यह समर्थन विवेकयुक्त नहीं है।*
विकल्प – (*i*) कथन सत्य है किंतु कारण असत्य है।
(*ii*) कथन असत्य है किंतु कारण सत्य है।
(*iii*) कथन असत्य है और कारण भी असत्य है।
(*iv*) कथन सत्य है और कारण भी सत्य है।

उत्तर– 1. (*i*) 2. (*ii*) 3. (*iii*) 4. (*iii*) 5. (*ii*) 6. (*iv*)

9 यदि हमारे वृक्ष स्वस्थ हैं तो निश्चित मानिए हम भी स्वस्थ हैं। हमें तो प्राणवायु उन्हीं से मिलती है। हम कार्बन डाई ऑक्साइड छोड़ते हैं या उन्हें देते हैं और वे बदले में ऑक्सीजन देते हैं, जो हमारे जीवन की हर गतिविधि के लिए आवश्यक है। हमारे स्वास्थ्य का हर बिंदु ऑक्सीजन की उपलब्धता से अनुप्राणित है। भले ही यह बात हमें कल्पना लोक की लगती हो लेकिन यह वैज्ञानिक प्रामाणिकता भी रखती है, इसमें रत्ती भर भी संदेह करने की गुंजाइश नहीं है। हम यदि अपने आस-पास खड़े वृक्षों की रक्षा का जिम्मा अपने कंधों पर उठा लें तो निश्चित मानिए हमने अपने स्वास्थ्य को लंबे समय तक स्वस्थ रखने की गारंटी प्राप्त कर ली है। वृक्षों की रक्षा में ही हमारे जीवन की सुरक्षा का राज़ छिपा है। कहा जाता है "एक स्वस्थ मन हजारों सोने के सिंहासनों से कहीं अधिक मूल्यवान होता है क्योंकि स्वस्थ मन ही समाज और स्वस्थ देश की रचना करने में समर्थ है। कुत्सित विचारों वाले लोग अपना जीवन तो चला सकते हैं लेकिन समाज और देश को नहीं चला सकते। करोड़ों परिवारों के सुनहरे भविष्य के बारे में वही चिंतन, मनन और सृजन कर सकता है जो व्यर्थ के लालच, लोभ और षड्यंत्रों से मुक्त हो और जिस पर किसी भी प्रकार का कोई अनुचित दबाव न हो।"
–216 शब्द (CBSE 2018)

प्रश्न– **(क)** *गद्यांश में किस बात की वैज्ञानिक प्रामाणिकता की बात की गई है?*
(ख) *स्वस्थ मन सोने के सिंहासन से अधिक मूल्यवान है ऐसा क्यों कहा गया है?*
(ग) *इस गद्यांश से क्या सीख मिलती है?*
(घ) *एक उपयुक्त शीर्षक दीजिए।*

उत्तर– (क) यह बात वैज्ञानिक रूप से प्रमाणित है कि हमारा स्वास्थ्य वातावरण में व्याप्त ऑक्सीजन की उपलब्धता पर निर्भर है।
(ख) स्वस्थ मन ही स्वस्थ देश और समाज का निर्माण करते हैं, न कि सोने के सिंहासन।
(ग) इस गद्यांश से हमें सीख मिलती है कि हम अपने आस-पास वृक्षों की देखभाल और वृद्धि में सहयोग करें।
(घ) वृक्षों का महत्त्व।

बहुविकल्पी प्रश्नोत्तर

1. *हमारा स्वाथ्य वृक्षों पर क्यों निर्भर है?*
   (*i*) वे हमें लकड़ी देते हैं। (*ii*) वे हमें फल-फूल देते हैं।
   (*iii*) वे हमारी अर्थव्यवस्था का आधार हैं। (*iv*) वे हमें प्राणवायु देते हैं।
2. *हम अपने जीवन को किस प्रकार स्वस्थ रख सकते हैं?*
   (*i*) वृक्षों के बीच रहकर (*ii*) वृक्षों को स्वस्थ रखकर
   (*iii*) लंबी साँसें लेकर (*iv*) स्वस्थ वातावरण में रहकर।
3. *'अनुप्राणित' में कौन-सा प्रत्यय है?*
   (*i*) अ (*ii*) अनु (*iii*) नित (*iv*) इत।
4. *सबके सुनहरे भविष्य की चिंता कौन कर सकते हैं?*
   (*i*) जो कल्पनाशील हो। (*ii*) जो समर्थ हो।
   (*iii*) जो लालच और लोभ से मुक्त हो। (*iv*) जो भगवान हो।
5. *इसका उचित शीर्षक दीजिए–*
   (*i*) स्वस्थ वृक्ष (*ii*) वृक्ष और स्वास्थ्य
   (*iii*) वृक्षों का महत्त्व (*iv*) प्राणवायु और वृक्ष।
6. **कथन (A)** – *लोभ-लालच से मुक्त व्यक्ति ही जनकल्याण कर सकता है।*
   कारण (R) – *जनकल्याण के लिए अनुचित दबावों से मुक्त होना आवश्यक है।*
   विकल्प – (*i*) कथन सत्य है किंतु कारण असत्य है।
   (*ii*) कथन सत्य है और कारण भी सत्य है।
   (*iii*) कथन असत्य है और कारण भी असत्य है।
   (*iv*) कथन असत्य है किंतु कारण सत्य है।

उत्तर– 1. (*iv*) 2. (*ii*) 3. (*iv*) 4. (*i*) 5. (*iii*) 6. (*ii*)

10 हम मनुष्यों का कुछ-न-कुछ बनने का स्वप्न होता है। हम अपने स्वप्न को साकार रूप प्रदान करने के लिए उसे अपना आधार और लक्ष्य बना लेते हैं। अपने सपने के आधार पर अपने भविष्य की नींव रखना आरंभ करते हैं। हमारा लक्ष्य कुछ भी हो सकता है। हम चिकित्सक, इंजीनियर, राजनेता, अभिनेता, सरकारी कर्मचारी, अध्यापक कुछ भी बनने की सोच सकते हैं। हमारी शिक्षा का स्तर भी लक्ष्य के आधार पर बढ़ने लगता है। शिक्षा एक ऐसा माध्यम है, जो लक्ष्य तक पहुँचने का मार्ग है। शिक्षा ही लक्ष्य तक पहुँचाकर सपने को साकार करती है। यह मनुष्य के जीवन में बहुमूल्य रत्न के समान है, जो किसी के द्वारा चुराया व मिटाया नहीं जा सकता है। यक्ष द्वारा पूछे गए प्रश्न कि विदेश में मनुष्य का साथी कौन होता है? युधिष्ठिर द्वारा इसका उत्तर दिया गया 'विद्या'। महाभारत में युधिष्ठिर और यक्ष के इस संवाद से स्पष्ट हो जाता है कि शिक्षा प्राचीनकाल से मनुष्य के जीवन में महत्त्वपूर्ण रही है। *–162 शब्द (CBSE 2018)*

प्रश्न– (क) *गद्यांश को पढ़कर बताइए कि मनुष्य के स्वप्न का क्या महत्व होता है?*
(ख) *शिक्षा का क्या कार्य होता है?*
(ग) *यक्ष द्वारा क्या प्रश्न पूछा गया था? युधिष्ठिर ने उसका क्या उत्तर दिया था?*
(घ) *प्रस्तुत गद्यांश का उपयुक्त शीर्षक लिखें।*

उत्तर– (क) मनुष्य का स्वप्न ही उसके जीवन का आधार होता है। अपने स्वप्न को आधार बनाकर ही वह अपने जीवन की योजना करता है और लक्ष्य निर्धारित करता है।

(ख) शिक्षा का कार्य है– मनुष्य को उसके ध्येय तक पहुँचाना। शिक्षा ही मनुष्य को ध्येयपथ पर बढ़ने के रास्ते बताती है तथा उसे प्रेरित करती है।

(ग) यक्ष ने युधिष्ठिर से प्रश्न किया था कि विदेश में मनुष्य का साथी कौन होता है? युधिष्ठिर ने उत्तर दिया था कि विद्या ही विदेश में उसकी साथी होती है।

(घ) शिक्षा का महत्त्व।

बहुविकल्पी प्रश्नोत्तर

1. *मनुष्य के सपनों का क्या लाभ है?*
   (*i*) आनंद मिलता है। (*ii*) उसी से लक्ष्य बनता है।
   (*iii*) उसी से रोजगार मिलता है। (*iv*) उसी से जीवन सफल होता है।
2. *शिक्षा का कार्य है–*
   (*i*) रोजगार दिलाना (*ii*) सभ्य बनाना (*iii*) ध्येय-पथ पर बढ़ाना (*iv*) ईश्वर-प्राप्ति।
3. *युधिष्ठिर ने विदेश में किसे मनुष्य का मित्र कहा?*
   (*i*) देशवासी को (*ii*) स्वधर्म वालों को (*iii*) उदार लोगों को (*iv*) विद्या को।
4. *'राजनेता' में कौन-सा समास है?*
   (*i*) तत्पुरुष (*ii*) द्वंद्व (*iii*) अव्ययीभाव (*iv*) बहुव्रीहि
5. *उचित शीर्षक दीजिए–*
   (*i*) शिक्षा और स्वप्न (*ii*) स्वप्नों का महत्व (*iii*) शिक्षा का महत्त्व (*iv*) यक्ष-प्रश्न।
6. **कथन (A)** – *जीवन में शिक्षा सबसे महत्त्वपूर्ण है।*
   कारण (R) – *शिक्षा ही हमारे स्वप्नों को सच बनाती है।*
   विकल्प – (*i*) कथन और कारण दोनों सत्य हैं। (*ii*) कथन और कारण दोनों असत्य हैं।
   (*iii*) कथन सत्य किंतु कारण असत्य है। (*iv*) कथन असत्य किंतु कारण सत्य है।

उत्तर– 1. (*ii*) 2. (*iii*) 3. (*iv*) 4. (*i*) 5. (*iii*) 6. (*i*)

11 मन की शक्ति वैसे तो प्रकृति की देन होती है परंतु बालक को चरित्रवान, साहसी, निर्भीक और स्वच्छ सोच वाला बनाना माता-पिता पर निर्भर करता है। बचपन से ही बच्चे को उच्च चरित्र और साहस की कहानियाँ सुनाकर उसको अच्छे व्यक्ति के रूप में ढाला जा सकता है। बाहरी वातावरण का प्रभाव भी बच्चे के मन पर पड़ता है। हमें ऐसा वातावरण बनाना चाहिए, जिससे बच्चे का मन सशक्त बन सके। कठिन परिस्थितियाँ मनुष्य को झुकने पर विवश कर देती हैं। मुसीबतों के सामने तो बड़े-से-बड़े व्यक्ति भी साहस खो बैठते हैं। लक्ष्मण को मूर्च्छित होते देखकर राम भी घबरा गए। बच्चों को भूख से बिलखते देखकर राणा प्रताप ने भी साहस खो दिया था। परंतु वे इस पर काबू पा गए। इसी कारण वे महापुरुष कहलाए। मन के हारने के पीछे डर की भावना होती है। मनुष्य स्वभाव से शांति-प्रिय है। वह सुख चाहने वाला है। लगातार संघर्ष झेलने के बाद उसका मन हारने लगता है।

मन को हमेशा आशावान बनाए रखना चाहिए। 'किंग ब्रूस एंड स्पाइडर' की कहानी हमें बताती है कि मकड़ी अनेक बार असफल होने पर भी अंत में ऊपर चढ़ने में सफल हो जाती है। *–190 शब्द (CBSE 2018)*

प्रश्न–(क) *इस गद्यांश से हमें क्या शिक्षा मिलती है?*

(ख) *'किंग ब्रूस एंड स्पाइडर' की कहानी हमें क्या करने को कहती है?*

(ग) *इस गद्यांश का उचित शीर्षक लिखिए।*

(घ) *कौन-सा गुण मनुष्य को महापुरुष बनाता है?*

उत्तर–(क) इस गद्यांश से हमें कठिन परिस्थितियों में भी साहस से जूझने की प्रेरणा मिलती है।

(ख) यह कहानी हमें निरंतर संघर्ष और कर्म करने की प्रेरणा देती है।

(ग) साहस का महत्त्व।

(घ) विपत्ति में साहस न खोना।

बहुविकल्पी प्रश्नोत्तर

1. *बालक को चरित्रवान और निर्भीक कौन बनाता है?*

   (*i*) उसके संस्कार (*ii*) उसकी शिक्षा (*iii*) माता-पिता (*iv*) प्रकृति।

2. *बच्चे को किस प्रकार उच्च चरित्रवान बनाया जा सकता है?*

   (*i*) माता-पिता के प्यार से (*ii*) गुरुजनों की शिक्षा से

   (*iii*) नित्य उपदेश से (*iv*) साहसिक और चारित्रिक कहानियाँ सुनाकर।

3. *कठिन परिस्थितियों का क्या परिणाम होता है–*

   (*i*) साहसी मनुष्य उनसे डर जाता है। (*ii*) लोग दुबक जाते हैं।

   (*iii*) मनुष्य परास्त हो जाता है। (*iv*) लोग संघर्षशील बन जाते हैं।

4. *मनुष्य का मूल स्वभाव कैसा है?*

   (*i*) चरित्रवान (*ii*) साहसी (*iii*) शांति-प्रिय (*iv*) सुखी।

5. *शीर्षक दीजिए–*

   (*i*) साहसी मनुष्य (*ii*) साहसी कैसे बनें

   (*iii*) मानसिक शक्ति (*iv*) निर्भीक मनुष्य।

6. **कथन (A)** – *महापुरुष कभी घबराते नहीं।*

   कारण (R) – *वे अपनी घबराहट पर नियंत्रण कर लेते हैं।*

   विकल्प – (*i*) कथन सही है किंतु कारण गलत है। (*ii*) कथन गलत है किंतु कारण सही है।

   (*iii*) कथन और कारण दोनों सही हैं। (*iv*) कथन और कारण दोनों गलत हैं।

उत्तर– 1. (*iii*) 2. (*iv*) 3. (*iii*) 4. (*iii*) 5. (*ii*) 6. (*ii*)

12 वास्तव में, हृदय वही है जो कोमल भावों और स्वदेश प्रेम से ओत-प्रोत हो। प्रत्येक देशवासी को अपने वतन से प्रेम होता है। चाहे उसका देश सूखा गर्म या दलदलों से युक्त हो। देश-प्रेम के लिए किसी आकर्षण की आवश्यकता नहीं होती, बल्कि वह तो अपनी भूमि के प्रति मनुष्य मात्र की स्वाभाविक ममता है। मानव ही नहीं, पशु-पक्षियों तक को अपना देश प्यारा होता है। संध्या-समय पक्षी अपने नीड़ की ओर उड़े चले जाते हैं। देश-प्रेम का अंकुर सभी में विद्यमान होता है। कुछ लोग समझते हैं कि मातृभूमि के नारे लगाने से ही देश-प्रेम व्यक्त होता है। दिनभर वे त्याग, बलिदान और वीरता की कथा सुनाते नहीं थकते, लेकिन परीक्षा की घड़ी आने पर भाग खड़े होते हैं। ऐसे लोग स्वार्थ त्यागकर, जान जोखिम में डालकर देश की सेवा क्यों करेंगे? आज ऐसे लोगों की आवश्यकता नहीं है। *–140 शब्द (CBSE 2018)*

प्रश्न–(क) *देश-प्रेम के लिए क्या आवश्यक है?*

(ख) *आज किस तरह के देश-प्रेमियों की आवश्यकता नहीं है?*

(ग) *प्रस्तुत गद्यांश को पढ़कर क्या प्रेरणा मिलती है?*

(घ) *गद्यांश का कोई उपयुक्त शीर्षक बताइए।*

उत्तर–(क) देश-प्रेम के लिए अपने देश से लगाव होना आवश्यक है। देश-प्रेमी अपने देश के किसी गुण या आकर्षण से बँधा नहीं होता, अपितु उसके मन में स्वाभाविक रूप से अपने देश के प्रति ममता होती है।

(ख) जो लोग दिनभर देश-प्रेम के नारे लगाते हैं, त्याग, बलिदान और वीरता की कहानियाँ सुनाते हैं किंतु अवसर आने पर मैदान छोड़कर भाग खड़े होते हैं, हमें ऐसे देशप्रेमियों की आवश्यकता नहीं है।

(ग) इस गद्यांश को पढ़कर हमें देश-सेवा की प्रेरणा मिलती है। हमें लगता है कि हम जान संकट में डालकर भी अपने देश की सेवा करें।

(घ) सच्चा देश-प्रेम।

बहुविकल्पी प्रश्नोत्तर

1. *देश-प्रेम किसे कहते हैं?*
   (*i*) देश की सुंदरता से प्रेम (*ii*) देश के लोगों से प्रेम
   (*iii*) देश की प्रकृति से प्रेम (*iv*) देश से स्वाभाविक लगाव
2. *आज कैसे लोगों की आवश्यकता नहीं है?*
   (*i*) जो देश-प्रेमी नहीं हैं। (*ii*) जो संकट में भाग खड़े होते हैं।
   (*iii*) जो बलिदानी और वीर नहीं हैं। (*iv*) जिन्हें पशु-पक्षियों से प्रेम नहीं है।
3. *सच्चा देश-प्रेम कैसे प्रकट होता है?*
   (*i*) मातृभूमि के नारे लगाने से (*ii*) बलिदान होने से
   (*iii*) देशहित जान संकट में डालने से (*iv*) देश के नागरिकों से प्रेम करने से
4. *इस गद्यांश का उपयुक्त शीर्षक दीजिए।*
   (*i*) बलिदान की आवश्यकता (*ii*) सच्चा देश-प्रेम
   (*iii*) देश-प्रेम की आवश्यकता (*iv*) देश-प्रेम आवश्यक।
5. *'देशवासी' में कौन-सा समास है?*
   (*i*) तत्पुरुष (*ii*) अव्ययीभाव (*iii*) बहुव्रीहि (*iv*) द्वंद्व
6. **कथन (A)** – *प्रत्येक देशवासी को अपने देश से प्रेम होता है।*
   कारण (R) – *प्रत्येक देश में कोई-न-कोई आकर्षण अवश्य होता है।*
   विकल्प – (*i*) कथन सत्य है और कारण भी सत्य है।
   (*ii*) कथन असत्य है और कारण भी असत्य है।
   (*iii*) कथन सत्य है किंतु कारण भ्रामक है।
   (*iv*) कथन असत्य है किंतु कारण सत्य है।

उत्तर– 1. (*iv*) 2. (*ii*) 3. (*iii*) 4. (*ii*) 5. (*i*) 6. (*iii*)

13 जीवन में सफल वही है, जो उपयुक्त समय पर उपयुक्त चुनाव करना जानता है। गलत चुनाव करते ही हानि सुनिश्चित हो जाती है। कुछ चुनाव हमारे वश में नहीं हैं, जैसे माता-पिता का, जन्म-मृत्यु का; कुछ हमारे वश में हैं, जिन पर हमारी सफलता-असफलता निर्भर है– जैसे संगति का चुनाव, आलस्य या परिश्रम का चुनाव आदि। संगति का चुनाव इन सबमें सर्वाधिक महत्त्वपूर्ण है क्योंकि इस चुनाव पर हमारा आचरण, कर्म, विचार, भाषा-स्तर, मनुष्यता और हमारी सफलता-असफलता निर्भर करती है। मनुष्य का चित्त बुराइयों की ओर जल्दी आकृष्ट हो जाता है। जिस प्रकार पानी सदा नीचे की ओर बहता है, उसी प्रकार मनुष्य का मन भी बुराइयों की ओर शीघ्र भागता है। हम विवेक से काम लेकर अच्छे और बुरे का चुनाव कर सकते हैं और इसी विवेक के आधार पर सफलता प्राप्त कर सकते हैं। *–136 शब्द (CBSE 2018)*

प्रश्न–(क) *हम किस प्रकार सही चुनाव करके सफलता प्राप्त कर सकते हैं?*

(ख) *जीवन में कौन सफलता प्राप्त करता है?*

(ग) *उपर्युक्त गद्यांश का उचित शीर्षक दीजिए।*

(घ) *जीवन में सफल कौन कहलाता है?*

उत्तर–(क) हम अपने विवेक से अच्छे और बुरे में भेद करके अच्छे का चुनाव कर सकते हैं और सफलता पा सकते हैं।

(ख) जीवन में विवेकशील मनुष्य सफलता प्राप्त करता है।

(ग) सफलता का रहस्य– विवेक।

(घ) जीवन में सफल वही कहलाता है जो उपयुक्त समय पर उपयुक्त चुनाव करना जानता है।

बहुविकल्पी प्रश्नोत्तर

1. *संगति का चुनाव महत्त्वपूर्ण क्यों है?*

   (*i*) संगति से जीवन की सफलता निश्चित होती है। (*ii*) संगति से हमें आत्मबल मिलता है।
   (*iii*) संगति से हम बुराइयों से बचते हैं। (*iv*) संगति से जीवन में आनंद मिलता है।

2. *मानव-मन का स्वाभाविक झुकाव किस ओर होता है?*

   (*i*) अच्छाई की ओर (*ii*) बुराई की ओर
   (*iii*) परमात्मा की ओर (*iv*) सफलता की ओर।

3. *जीवन में सफलता कौन प्राप्त करता है?*

   (*i*) जो परिश्रम करता है। (*ii*) जो अच्छी संगति का चुनाव कर सकता है।
   (*iii*) जो विवेकवान है। (*iv*) जो बुराइयों पर नियंत्रण रख सकता है।

4. *इस गद्यांश का उपयुक्त शीर्षक लिखिए।*

   (*i*) सफलता का रहस्य–परिश्रम (*ii*) सफलता का रहस्य–सही चुनाव
   (*iii*) सफलता का रहस्य-विवेक (*iv*) सफलता में समय का महत्त्व।

5. *मन और पानी के स्वभाव में क्या समानता है?*

   (*i*) दोनों निर्मल होते हैं। (*ii*) दोनों शीतल होते हैं।
   (*iii*) दोनों नीचे की ओर बहते हैं। (*iv*) दोनों गतिशील होते हैं।

6. **कथन (A)** – *प्रायः हमारा चुनाव गलत होता है।*

   कारण (R) – *मन बुराइयों की ओर शीघ्र भागता है।*

   विकल्प – (*i*) कथन और कारण दोनों सत्य हैं। (*ii*) कथन और कारण दोनों असत्य हैं।
   (*iii*) कथन सत्य है किंतु कारण असत्य है। (*iv*) कथन असत्य है किंतु कारण सत्य है।

उत्तर– 1. (*i*) 2. (*ii*) 3. (*ii*) 4. (*ii*) 5. (*iii*) 6. (*iv*)

14 महिला सशक्तीकरण शारीरिक, मानसिक, आर्थिक एवं सामाजिक सभी स्तर पर महिलाओं में आत्मविश्वास पैदा कर उन्हें सशक्त बनाने की प्रक्रिया है। महिलाओं के सामाजिक सशक्तीकरण में शिक्षा की अहम भूमिका है। ग्रामीण महिलाएँ सदियों से घरों एवं खेतों में पुरुषों के बराबर ही काम करती आई हैं, किंतु वहाँ उन्हें सामंती सोच के कारण दूसरे दर्जे का नागरिक ही माना जाता है। ग्रामीण समाज की सोच में परिवर्तन लाने का समय अब आ गया है। महिलाओं की बेहतरी के लिए गाँवों में भी पहल की जाने लगी है।

नारी सशक्तीकरण के इस वर्तमान दौर में महिलाएँ न केवल आर्थिक रूप से सशक्त हुई हैं, अपितु समाज एवं परिवार की सोच में भी सकारात्मक परिवर्तन दिखाई देने प्रारंभ हो गए हैं। आज महिलाएँ सामाजिक, राजनीतिक, शैक्षिक आदि सभी क्षेत्रों में उच्च स्तर की सफलता प्राप्त कर रही हैं। वर्तमान समय में लोग बेटियों को बोझ नहीं समझें और दुनिया में आने से पहले

मारें नहीं, इसलिए सरकार ने बहुत सारी योजनाओं जैसे–लाडली योजना, बेटी बचाओ-बेटी पढ़ाओ, उड़ान आदि की शुरुआत की है। *–171 शब्द (CBSE 2018)*

प्रश्न–(क) *महिला सशक्तीकरण से क्या तात्पर्य है?*

(ख) *ग्रामीण क्षेत्रों में महिलाओं को किस तरह का नागरिक माना जाता रहा है?*

(ग) *महिलाओं के विकास हेतु वर्तमान समय में सरकार ने कौन-कौन सी योजनाएँ चलाई हैं?*

(घ) *आर्थिक शब्द में से मूल शब्द और प्रत्यय को अलग करके लिखिए।*

उत्तर–(क) महिलाओं को शारीरिक, मानसिक, आर्थिक और सामाजिक स्तर पर आत्मविश्वासी और स्वावलंबी बनाना महिला सशक्तीकरण कहलाता है।

(ख) ग्रामीण क्षेत्रों में महिलाओं को दूसरे दर्जे का नागरिक माना जाता है। उन्हें पुरुषों की तुलना में हीन माना जाता है।

(ग) वर्तमान सरकार ने महिलाओं के विकास हेतु लाडली योजना, बेटी बचाओ-बेटी पढ़ाओ, उड़ान आदि योजनाओं की शुरुआत की है।

(घ) मूल शब्द - अर्थ

प्रत्यय – इक

बहुविकल्पी प्रश्नोत्तर

1. *महिला सशक्तीकरण का क्या अर्थ है?*
   (*i*) महिला को शारीरिक रूप से शक्तिशाली बनाना।
   (*ii*) महिला को राजनीतिक शक्ति देना।
   (*iii*) महिला को आर्थिक दृष्टि से स्वतंत्र बनाना।
   (*iv*) महिला को हर दृष्टि से विकास के अवसर देना।
2. *महिलाओं को कैसे सशक्त बनाया जा सकता है?*
   (*i*) आरक्षण से (*ii*) शिक्षा से (*iii*) सहयोग से (*iv*) सहारे से।
3. *महिलाओं को दूसरे दर्जे का नागरिक क्यों माना जाता है?*
   (*i*) महिलाओं की कमज़ोरी के कारण (*ii*) महिलाओं की अनपढ़ता के कारण
   (*iii*) पुरुषों की सामंती सोच के कारण (*iv*) समाज की धारणा के कारण।
4. *महिला के सशक्तीकरण का सबसे बड़ा प्रमाण क्या है?*
   (*i*) महिलाएँ सभी क्षेत्रों में उच्च सफलता पा रही हैं।
   (*ii*) महिलाएँ गाँवों में भी विकास कर रही हैं।
   (*iii*) गाँवों के लोग भी महिलाओं के विकास को महत्त्व दे रहे हैं।
   (*iv*) सरकार ने महिलाओं के लिए अनेक योजनाएँ बनाई हैं।
5. *ग्रामीण महिलाएँ घरों और खेतों में पुरुषों की तुलना में कितना काम करती रही हैं?*
   (*i*) कम (*ii*) बराबर (*iii*) अधिक (*iv*) नगण्य।
6. **कथन (A)** – *महिलाएँ दूसरे दर्जे की नागरिक मानी जाती हैं।*
   कारण (R) – *ऐसा सामंती सोच वाले लोग मानते हैं।*
   विकल्प – (*i*) कथन तथा कारण दोनों सत्य हैं। (*ii*) कथन तथा कारण दोनों असत्य हैं।
   (*iii*) कथन सत्य किंतु कारण असत्य है। (*iv*) कथन असत्य किंतु कारण सत्य है।

उत्तर– 1. (*iv*) 2. (*ii*) 3. (*iii*) 4. (*i*) 5. (*ii*) 6. (*i*)

15 एक यूनानी विद्वान कहता है कि सदा अपने कर्मों पर खीझने वाला हेरी क्लेस बहुत कम जिया, पर प्रसन्न मन डेमाक्रीट्स 101 वर्ष तक जिया। हँसी-खुशी ही का नाम जीवन है। जो रोते हैं, उनका जीवन व्यर्थ है। कवि कहता है–ज़िंदगी ज़िंदादिली का नाम है, मुर्दादिल क्या खाक जिया करते हैं। हँसी शरीर के स्वास्थ्य का शुभ संवाद देने वाली है। वह एक साथ ही शरीर और मन को प्रसन्न करती है। पाचन-शक्ति बढ़ाती है, रक्त को चलाती है और अधिक पसीना लाती है। हँसी एक शक्तिशाली दवा है। एक डॉक्टर कहता है कि वह जीवन की मीठी मदिरा है। डॉक्टर ह्यूड कहता है कि आनंद से बढ़कर बहुमूल्य वस्तु मनुष्य के पास और नहीं है। कारलाइल एक राजकुमार था। संसार त्यागी हो गया था। वह कहता है कि जो जी से हँसता है, वह कभी बुरा नहीं होता। जी से हँसो, तुम्हें अच्छा लगेगा। अपने मित्र को हँसाओ, वह अधिक प्रसन्न होगा। शत्रु को हँसाओ, तुमसे कम घृणा करेगा। एक अनजान को हँसाओ, तुम पर भरोसा करेगा। उदास को हँसाओ, उनका दुख घटेगा। निराश को हँसाओ, उसकी आशा बढ़ेगी।

–180 शब्द [CBSE 2017]

प्रश्न–(क) *हेरी क्लेस के कम दिनों तक जीवित रहने का क्या कारण था?*

(ख) *शत्रु को हँसाने से उस पर क्या प्रभाव पड़ता है?*

(ग) *कारलाइल के जीवन का अनुभव क्या था?*

(घ) *इस गद्यांश का उपयुक्त शीर्षक लिखिए।*

उत्तर–(क) हेरी क्लेस खुश रहने की बजाय सदा अपने कर्मों पर खीझता रहता था। इस कारण उसकी उम्र कम हो गई।

(ख) शत्रु को हँसाने से शत्रु हमारे प्रति घृणा कम कर देता है।

(ग) कारलाइल के जीवन का अनुभव यह था कि जो भी व्यक्ति दिल से हँसता है, वह कभी बुरा नहीं हो सकता।

(घ) हँसी-एक वरदान।

बहुविकल्पी प्रश्नोत्तर

1. *इस गद्यांश का उपयुक्त शीर्षक लिखिए।*

(*i*) हँसी–एक वरदान (*ii*) हँसी और खुशी
(*iii*) हँसी और जिंदादिली (*iv*) हँसी और उदासी

2. *कौन लोग अधिक समय तक जीते हैं?*

(*i*) शांत रहने वाले (*ii*) प्रसन्न रहने वाले
(*iii*) सुख-दुख में समान रहने वाले (*iv*) सदा हँसते रहने वाले।

3. *'मुर्दादिल' किन्हें कहते हैं?*

(*i*) दिल के मरीज (*ii*) जिनके दिल के द्वार बंद हो जाते हैं।
(*iii*) जो सदा उदास रहते हैं। (*iv*) जो सदा मुर्दों की बातें करते हैं।

4. *हँसी का अनजान लोगों पर क्या प्रभाव पड़ता है?*

(*i*) वह तुमसे प्रेम करेगा (*ii*) वह तुम पर प्रसन्न होगा
(*iii*) उसका दुख कम होगा (*iv*) वह तुम पर भरोसा रखेगा।

5. *सही-सफल जीवन कौन लोग जीते हैं?*

(*i*) मुर्दादिल (*ii*) जिंदादिल
(*iii*) मदिरा पीने वाले (*iv*) प्रेम करने वाले

6. **कथन (A)** – *जो दिल से हँसता है, वह सबका उपकार ही करता है।*

कारण (R) – *हँसी के प्रभाव से शत्रु और मित्र दोनों प्रसन्न होते हैं।*

विकल्प – (*i*) कथन गलत किंतु कारण सत्य है। (*ii*) कथन सही किंतु कारण गलत है।
(*iii*) कथन और कारण दोनों गलत हैं। (*iv*) कथन और कारण दोनों सही हैं।

उत्तर– 1. (*i*) 2. (*ii*) 3. (*iii*) 4. (*iv*) 5. (*ii*) 6. (*ii*)

16 जीवन का अर्थ है–जोश, उत्साह, साहस, हिम्मत और ज़िंदादिली। कहते हैं–ज़िंदगी ज़िंदादिली का नाम है, मुर्दादिल क्या ख़ाक जिया करते हैं। हलचल, हिम्मत, साहस जीवन की निशानी है। जो लोग हर क्षण उत्साह की तरंग में रहते हैं, उनकी जीवन जीने की शैली मनोरम होती है। जो जीवन के हर खतरे को चुनौती समझकर झेलते हैं, उनका जीवन उत्सव-जैसा बन जाता है। उन्हें हर क्षण नया काम मिला रहता है। वे अपने मन में स्फूर्ति और नवीनता का अनुभव करते हैं। वे कभी मन में निराशा और ग्लानि अनुभव नहीं करते। बल्कि उन्हें खतरों से जूझते हुए भी हर्ष और संतोष प्राप्त होता है। सुभाषचंद्र बोस ने ज़िंदादिली से जीवन जिया, इसलिए उनके जीवन का क्षण-क्षण प्रेरणामय बन गया। इसके विपरीत कायर, आलसी और निकम्मे लोग हर रोज़ कई बार मरते हैं। उन्हें पग-पग पर अपमान सहना पड़ता है। यदि मनुष्य यह सोच ले कि उसे एक-न-एक दिन मरना ही है तो वह खुलकर जिएगा, हिम्मत से जिएगा। *–164 शब्द [CBSE 2017]*

प्रश्न–(क) *मनोरम जीवन-शैली किनकी होती है?*

(ख) *सुभाषचंद्र बोस के जीवन का हर क्षण प्रेरणामय क्यों था?*

(ग) *पग-पग पर कैसे लोगों को अपमान सहना पड़ता है?*

(घ) *इस गद्यांश का उपयुक्त शीर्षक लिखिए।*

उत्तर–(क) उन लोगों की जीवन-शैली मनोरम होती है जो सदा उत्साह की तरंग में जिया करते हैं; जो जीवन को हिम्मत, साहस और ज़िंदादिली से जीते हैं।

(ख) सुभाषचंद्र बोस के जीवन का हर क्षण प्रेरणामय इसलिए था क्योंकि वे जीवन-भर ज़िंदादिली से जिए। उन्होंने एक-से-एक खतरे उठाने में कोई कोर-कसर नहीं रखी।

(ग) जो लोग कायर, आलसी और निकम्मे होते हैं उन्हें पग-पग पर अपमान सहना पड़ता है।

(घ) साहसी जीवन।

बहुविकल्पी प्रश्नोत्तर

1. *साहसी लोगों की जीवन-शैली को क्या कहा गया है?*
   (*i*) सुखद (*ii*) मनोरम (*iii*) सफल (*iv*) उत्तम।
2. *इस गद्यांश का शीर्षक लिखिए–*
   (*i*) मुर्दादिली (*ii*) जीवन का उत्साह (*iii*) उमंग-भरा जीवन (*iv*) सफल जीवन।
3. *हमें खतरों को किस प्रकार जीना चाहिए?*
   (*i*) उत्सव की तरह (*ii*) चुनौती की तरह (*iii*) अवसर की तरह (*iv*) युद्ध की तरह।
4. *सुभाषचंद्र बोस का जीवन प्रेरणामय क्यों बन गया?*
   (*i*) वे त्यागमय जीवन जिए (*ii*) वे खतरों के खिलाड़ी थे।
   (*iii*) वे जिंदादिली से जिए (*iv*) वे सोच-समझ कर जिए।
5. *हिम्मत से जीने के लिए क्या सोच जरूरी है?*
   (*i*) हिम्मत से सफलता मिलेगी (*ii*) इसके सिवा कोई रास्ता नहीं
   (*iii*) एक-न-एक दिन मरना है तो जूझकर जियो। (*iv*) जीवन मूल्यवान है।
6. **कथन (A)** – *मृत्यु का बोध मन में उदासी भर देता है।*
   कारण (R) – *उत्साह और उमंग के लिए जिंदादिली आवश्यक है।*
   विकल्प – (*i*) कथन सत्य किंतु कारण असत्य है। (*ii*) कथन असत्य किंतु कारण सत्य है।
   (*iii*) कथन और कारण दोनों सत्य हैं। (*iv*) कथन और कारण दोनों असत्य हैं।

उत्तर– 1. (*ii*) 2. (*iii*) 3. (*ii*) 4. (*iii*) 5. (*iii*) 6. (*ii*)

17 भाग्यवादी लोग प्राय: कहा करते हैं कि जब भाग्य में नहीं तो सभी परिश्रम व्यर्थ हो जाते हैं। थोड़ी देर के लिए यदि उनकी विचारधारा को ही मान लिया जाए तो भी भाग्य के भरोसे बैठने वाले व्यक्ति की अपेक्षा कर्मशील व्यक्ति ही कहीं अधिक श्रेष्ठ है। कर्म करने के उपरांत यदि असफलता भी मिलती है तो भी व्यक्ति को यह सोचकर विशेष पछतावा नहीं होगा कि उसने प्रयत्न और चेष्टा तो की, सफलता का निर्णय परमात्मा के अधीन है। दूसरी ओर ऐसे लोग जो भाग्य के सहारे बैठे रहते हैं और प्रतीक्षा करते रहते हैं कि अलीबाबा की सिम-सिम वाली गुफा का द्वार कब खुलता है, उन्हें अब असफलता का अँधेरा अपने चारों ओर घिरता दिखाई देता है, तब वे प्राय: पछतावा करते हैं कि उन्होंने व्यर्थ ही समय गँवाया। हो सकता था कि उनका परिश्रम और यत्न सफल रहता, किंतु अब बीते समय को लौटाया नहीं जा सकता। इस रत्नगर्भा धरती में हीरे-मणि-माणिक्य का अभाव नहीं है। धरती का विस्तीर्ण अतल गर्भ अनंत धनराशि से भरा पड़ा है। आवश्यकता है, इसके वक्ष को चीरकर उन्हें उगलवा लेने वाले दृढ़ संकल्प और साहस की। धरती की कामधेनु तो उन्हें ही अमृतरस बाँटती है जो अपने लौह करों से उसका दोहन करते हैं।

–207 शब्द [CBSE 2017]

प्रश्न–(क) *कर्मशील व्यक्ति को पछतावा क्यों नहीं होता?*

(ख) *भाग्यवादी कर्मशील से किस तरह अलग होते हैं?*

(ग) *धरती में छिपे रत्नों को कौन निकालकर लाते हैं और कैसे?*

(घ) *इस गद्यांश का उपयुक्त शीर्षक लिखिए।*

उत्तर–(क) कर्मशील व्यक्ति को पछतावा इसलिए नहीं होता क्योंकि यदि उसे असफलता भी मिले तो भी उसे यह पछतावा नहीं होता कि उसने ठीक समय पर परिश्रम नहीं किया।

(ख) भाग्यवादी कर्मशील से अलग होते हैं। वे किसी भी काम को करने की बजाय अपने भाग्य का सिम-सिम खुलने की प्रतीक्षा में हाथ पर हाथ रखे बैठे रहते हैं। जब समय पर अँधेरा दूर नहीं होता तो वे पछताते हैं कि समय पर उन्होंने काम क्यों नहीं किया।

(ग) धरती में छिपे रत्नों को वही निकाल लाते हैं जो उन रत्नों को निकाल लाने के लिए दृढ़ संकल्प करते हैं और साहस के साथ प्रयत्न करते हैं।

(घ) भाग्यवाद नहीं कर्मठता अपनाएँ।

बहुविकल्पी प्रश्नोत्तर

1. *उपयुक्त शीर्षक चुनिए–*

   (*i*) भाग्यवाद-एक छलावा (*ii*) कर्म और भाग्य

   (*iii*) भाग्य नहीं, कर्म अपनाओ (*iv*) पश्चात्ताप का कारण।

2. *भाग्यवादी सफलता का श्रेय किसे देते हैं?*

   (*i*) भाग्य को (*ii*) कर्म को (*iii*) भगवान को (*iv*) अवसर को।

3. *धरती को रत्नगर्भा क्यों कहा गया है?*

   (*i*) इसके अंदर हीरे-जवाहरात समाए हैं। (*ii*) इसके अंदर नदियाँ हैं।

   (*iii*) इसके भीतर सारी समृद्धियाँ हैं। (*iv*) इसमें फसलें हैं।

4. *भाग्यवादी को किस बात का पछतावा होता है?*

   (*i*) उसने परिश्रम क्यों किया। (*ii*) उसने परिश्रम क्यों नहीं किया।

   (*iii*) उसने परमात्मा का ध्यान नहीं किया। (*iv*) उसने परमात्मा पर भरोसा नहीं किया।

5. *धरती अपना अमृतरस किन्हें देती है?*

   (*i*) जो भाग्यवादी हैं (*ii*) जो परमात्मा पर भरोसा रखते हैं

   (*iii*) जो घोर परिश्रम करते हैं (*iv*) जो फल की प्रतीक्षा करते हैं।

6. **कथन (A)** – *भाग्यवादियों को भी कर्म करना चाहिए।*
   कारण (R) – *कर्म करने से उन्हें कभी पछतावा नहीं होगा।*
   विकल्प – (*i*) कथन और कारण दोनों सत्य हैं। (*ii*) कथन और कारण दोनों असत्य हैं।
   (*iii*) कथन सत्य है किंतु कारण असत्य है। (*iv*) कथन असत्य है किंतु कारण सत्य है।

उत्तर– 1. (*iii*) 2. (*i*) 3. (*iii*) 4. (*ii*) 5. (*iii*) 6. (*i*)

18 दरअसल हम अपनी समस्याओं की चर्चा बहुत बढ़ा-चढ़ा कर करते हैं। समस्याएँ आने पर हम दूसरों की सहानुभूति चाहते हैं। लेकिन सहानुभूति या दया से कोई समस्या हल नहीं होती। दरअसल हम मुश्किलों का रोना रोते हैं, लेकिन कभी समाधान के बारे में नहीं सोचते। हम हथियार डालते हुए यह मान लेते हैं, जैसे बड़ी भारी मुसीबत आ गई हो। दिन-रात इसी मुसीबत के बारे में सोचते रहते हैं, समस्या दिलो-दिमाग पर पूरी तरह छा जाती है। इस पूरी प्रक्रिया में स्वयं द्वारा किए गए कार्यों का मूल्यांकन करना भूल जाते हैं। यदि हम ऐसा करें, तो हो सकता है कि ऐसी स्थिति से बाहर निकलने में मदद मिल जाए। परिस्थितियों का ठीक-ठीक मूल्यांकन करके आप आसानी से समाधान तक पहुँच सकते हैं। किसी भी समस्या का हल उसकी जड़ में होता है। यदि आप गलत नहीं हैं तो हताशा से उबरने के लिए साहस से काम लीजिए। सफलता की सड़क पर चलने के दौरान केवल एक पत्थर का टुकड़ा उठाकर नहीं फेंकते, बल्कि एक तरह से पहाड़ तोड़ने का काम करते हैं।

–173 शब्द [CBSE 2015]

प्रश्न–1. *हम अपनी समस्याओं की बढ़ा चढ़ाकर चर्चा क्यों करते हैं?*
2. *मुश्किलों का समाधान किस प्रकार होता है?*
3. *मुश्किलों के बारे में सोचते रहने का क्या दुष्प्रभाव होता है?*
4. *इस गद्यांश का उपयुक्त शीर्षक लिखिए।*

उत्तर–1. हम अपनी समस्याओं की बढ़ा चढ़ाकर चर्चा इसलिए करते हैं क्योंकि हम दूसरों की दया और सहानुभूति पाना चाहते हैं। इस प्रकार हम उनकी सहायता की याचना करते हैं।
2. मुश्किलों का समाधान अपनी समस्याओं की चर्चा करते रहने से नहीं होता। समाधान के लिए अपने द्वारा किए जाने वाले कार्यों पर ध्यान देना होता है। हमें निराशा से बचकर साहसपूर्वक काम लेना होता है।
3. मुश्किलों के बारे में सोचते रहने से हम निराशा और हताशा के जाल में फँस जाते हैं। हम कुछ कार्य करने की बजाय हिम्मत हार बैठते हैं और कष्टों का रोना रोने लगते हैं।
4. समस्याओं से संघर्ष।

बहुविकल्पी प्रश्नोत्तर

1. *हम समस्याओं को बढ़ा-चढ़ाकर चर्चा क्यों करते हैं?*
   (*i*) दुखी होने के कारण (*ii*) समाधान चाहने की इच्छा से
   (*iii*) सहानुभूति पाने की इच्छा से (*iv*) दया और करुणा पाने के लिए।
2. *समस्या का समाधान कैसे निकलता है?*
   (*i*) दूसरों के सामने बात करने से (*ii*) केवल समाधान पर सोचने-विचारने से
   (*iii*) केवल अपने कामों का मूल्यांकन करने से (*iv*) समाधान के लिए साहसपूर्वक काम करने से।
3. *समस्या के सामने हार जाने का क्या दुष्परिणाम होता है?*
   (*i*) समस्या दिलो-दिमाग पर छा जाती है। (*ii*) हम निराश हो जाते हैं।
   (*iii*) हम रोने-धोने लगते हैं। (*iv*) हम भगवान को याद करते हैं।

4. *समाधान तक पहुँचने के लिए क्या जरूरी नहीं है?*

(*i*) परिस्थितियों का मूल्यांकन (*ii*) साहसपूर्वक कर्म

(*iii*) स्वयं का मूल्यांकन (*iv*) समस्या की चर्चा

5. *समस्या के दौरान हताशा होने पर आप कैसे उबर सकते हैं?*

(*i*) समस्या की चर्चा करके (*ii*) भगवान का नाम लेकर

(*iii*) समाधान पर विचार करके (*iv*) साहसपूर्वक कर्म करके।

6. **कथन (A)** – *समस्याओं की चर्चा बढ़ा-चढ़ाकर नहीं करनी चाहिए।*

कारण (R) – *चर्चा से केवल सहानुभूति मिलती है, समाधान नहीं।*

विकल्प – (*i*) कथन और कारण दोनों असत्य हैं। (*ii*) कथन और कारण दोनों सत्य हैं।

(*iii*) कथन सत्य है किंतु कारण भ्रामक है। (*iv*) कथन असत्य है किंतु कारण सत्य है।

उत्तर– 1. (*iii*) 2. (*iv*) 3. (*i*) 4. (*iv*) 5. (*iii*) 6. (*ii*)

19 महात्मा जी ने एक दिन प्रार्थना में कहा था कि–"मुझे जितना ज्ञान ज्यादा होता जाता है, उससे मैं तो यह जानता हूँ कि शहरी लोगों का देहातियों से घनिष्ठ संबंध है। मैं तो कहूँगा कि जो कुछ हिंदुस्तान में मिलता है, वह किसानों के ही मार्फत मिलता है"। यदि वे लोग इनकार कर जाएँ, आपके लिए कार्य नहीं करें तो आपको भूखा मरना पड़ेगा और उसमें महाराजा साहब का भी नंबर आ जाए और सेठ हुकुमचंद का भी नंबर आ जाए क्योंकि कोई भी चाँदी या सोने से पेट नहीं भर सकता। वह मेरी तरह सत्याग्रह करके नहीं, किंतु यह कहकर इनकार करें कि हमें भरपेट भोजन नहीं मिलता तो हम भूखे रहकर काम कैसे करें तो शहरी लोगों को बड़ी मुसीबत उठानी पड़े।" अतएव यह परम आवश्यक है कि किसानों को उनके परिश्रम का उचित मूल्य मिले। ऐसा किए बिना सभी एक दिन परेशानी में पड़ जाएँगे। इसलिए मूल्य सुधार करो और ज़मीनों को हड़पना बंद करो। यही मेरा सुझाव है, अन्यथा भूखे मरने को तैयार हो जाओ शहरवासियो। *–171 शब्द [CBSE 2014]*

प्रश्न–1. *आप कैसे कह सकते हैं कि शहरवासी किसानों पर निर्भर हैं?*

2. *गाँधी जी किसानों की भलाई किसलिए चाहते थे?*

3. *गाँधी जी किसानों की भलाई के लिए कौन-सा उपाय चाहते थे?*

4. *महाराजा साहब किस कारण भूखे मर सकते हैं?*

उत्तर–1. शहरवासी लोग जिस प्रकार सोने-चाँदी और ऐशो-आराम में जीते हैं, उसके पीछे किसानों की मेहनत है। यदि किसान परिश्रम करना बंद कर दें तो शहरवालों के सारे आराम धरे के धरे रह जाएँ।

2. गाँधी जी जानते थे कि किसानों की मेहनत से ही आज की सभ्यता फल-फूल रही है। अन्न-धान उपजाने वाला और सबका पेट भरने वाला दाता किसान ही है। अत: वे उन किसानों को सुखी और समृद्ध देखना चाहते थे।

3. गाँधी जी चाहते थे कि किसानों को उनकी उपज का उचित मूल्य मिलना चाहिए। दूसरे, उनकी जमीनें उन्हीं के पास रहनी चाहिए। साहूकार लोग उनकी जमीनों पर कब्जा न करें।

4. महाराजा साहब के घर में भी जो अन्न, सब्जी आदि आते हैं, वे किसानों की मेहनत के कारण आते हैं। यदि सभी किसान हाथ पर हाथ रखकर बैठ जाएँ तो महाराजा साहब को भी भूखे मरना पड़ेगा।

बहुविकल्पी प्रश्नोत्तर

1. *शहरवासियों और देहातियों में कैसा संबंध है?*

(*i*) संघर्षपूर्ण (*ii*) शोषणपूर्ण (*iii*) घनिष्ठ (*iv*) प्रेमपूर्ण

2. *शहरवासी किसानों पर किसलिए निर्भर हैं?*

(*i*) व्यापार के लिए (*ii*) जमीन के लिए (*iii*) परिश्रम के लिए (*iv*) अन्न के लिए।

3. *महाराजा और धन्ना सेठ भी किसलिए भुखमरी के शिकार हो सकते हैं?*

(*i*) किसानों के विद्रोह के कारण (*ii*) अन्न न मिलने के कारण

(*iii*) किसान-आंदोलन के कारण (*iv*) किसानों की भूख के कारण।

4. *किसान किसलिए काम करने से इनकार कर सकते हैं?*

(*i*) भूखे रहने के कारण (*ii*) सत्याग्रह करने के कारण

(*iii*) विद्रोह के कारण (*iv*) विरोध के कारण।

5. *उचित शीर्षक दीजिए–*

(*i*) किसान-जीवन की व्यथा (*ii*) किसानों का महत्त्व

(*iii*) किसानों का ध्यान आवश्यक (*iv*) किसानों की चिंताएँ।

6. **कथन (A)** – *शहरी लोग देहाती किसानों के बल पर जीवित हैं।*

कारण (R) – *देहाती ही शहरियों की सुरक्षा करते हैं।*

विकल्प – (*i*) कथन सत्य और कारण भी सत्य है। (*ii*) कथन असत्य और कारण भी असत्य है।

(*iii*) कथन सत्य किंतु कारण भ्रामक है। (*iv*) कथन असत्य है किंतु कारण सत्य है।

उत्तर– 1. (*iii*) 2. (*iv*) 3. (*ii*) 4. (*i*) 5. (*iii*) 6. (*iii*)

20 प्रकृति सदैव प्रस्तुत रहती है औरों के लिए। यह हमें सिखाती है कि हम भी बिना किसी भेदभाव के औरों के लिए प्रस्तुत रहें, उपलब्ध रहें। नदियाँ बहती हैं औरों के लिए। वृक्ष फलते-फूलते हैं, छाया देते हैं–औरों के लिए। सूरज प्रकाश देता है, जीवन देता है। चाँद शीतलता देता है। इन्होंने कहाँ अपना प्रकाश-पुंज समेटा है? नदियाँ कहाँ अपने को बाँधकर रखती हैं? फिर हम क्यों अपने को बाँधे रखते हैं? यह कृपणता तो मेरी समझ में अपराध है। यह भीषण आत्मस्वार्थ है। हम समझते हैं कि हम जो कर रहे हैं, वह अच्छा कर रहे हैं। लेकिन, यह भारी भूल है। अगर हम किसी को अपनी ज्ञान-सम्पदा, सदाशयता सम्पदा से सहायता नहीं पहुँचा रहे हैं तो कुछ पलों के लिए उसे कष्ट होगा। संसार विशाल है, कहीं-न-कहीं उसका काम हो जाएगा। कोई-न-कोई उसकी सहायता कर ही देगा। लेकिन हममें कृपणता, असहायता, अदया की ग्रंथि विकसित होती रहेगी, जो अंततः मनोरोग के रूप में परिणत हो जाएगी। *–163 शब्द* [*CBSE 2014*]

प्रश्न–1. *लेखक ने किस चीज को कृपणता और आत्मस्वार्थ कहा है?*

2. *मनुष्य की कौन-सी सोच उसकी भूल है?*

3. *मनुष्य के स्वार्थ का क्या दुष्परिणाम होता है?*

4. *इस गद्यांश का उपयुक्त शीर्षक दीजिए।*

उत्तर–1. लेखक ने अपने ज्ञान, अपनी सदाशयता, अपने गुण और प्रतिभा को अपने में समेटकर रखने को कृपणता और आत्मस्वार्थ कहा है। अपने आपको समाज हित के लिए अर्पित न कर पाना महास्वार्थ है।

2. मनुष्य का यह सोचना कि उसने अपने गुणों को अपने हित में उपयोग करके अच्छा किया है और उससे खूब कमाई की है, उसकी भूल है।

3. मनुष्य के स्वार्थ का दुष्परिणाम यह होता है कि उसके मन में यह पाप-बोध बैठ जाता है कि वह घोर स्वार्थी है, पापी है। वह अपनी ही हीनता-ग्रंथि का शिकार हो जाता है।

4. प्रकृति की सीख–परोपकार।

बहुविकल्पी प्रश्नोत्तर

1. *प्रकृति हमें क्या संदेश देती है?*

(*i*) अपना सर्वस्व सबको दान कर दो। (*ii*) खूब फलो-फूलो।

(*iii*) भेदभाव न करो। (*iv*) अपने को रोको मत।

2. *लेखक ने महास्वार्थ किसे कहा है?*

(*i*) अपने लाभ की सोचने को।
(*ii*) अपने फल खुद खाने को।
(*iii*) अपने लाभ दूसरों को न देने को।
(*iv*) हर चीज़ के बदले धन पाने को।

3. *किस स्वभाव को मनोरोग कहा गया है–*

(*i*) कंजूसी को
(*ii*) दूसरों की सहायता न करने को
(*iii*) दया न करने को
(*iv*) इन तीनों को।

4. *वृक्ष और सूरज किसके लिए जीते हैं?*

(*i*) अपने लिए
(*ii*) सबके लिए
(*iii*) अच्छे लोगों के लिए
(*iv*) बुरे लोगों के लिए।

5. *उचित शीर्षक दीजिए–*

(*i*) वृक्षों की महिमा
(*ii*) दान की महिमा
(*iii*) प्रकृति की महिमा
(*iv*) आत्मस्वार्थ।

6. **कथन (A)** – *मनोरोगों की जड़ है–स्वार्थ और कंजूसी।*

कारण (R) – *अपने सद्‌गुणों को रोककर रखने से विकार पैदा होते हैं।*

विकल्प – (*i*) कथन सत्य किंतु कारण असत्य है।
(*ii*) कथन असत्य किंतु कारण सत्य है।
(*iii*) कथन असत्य और कारण भी असत्य है।
(*iv*) कथन सत्य और कारण भी सत्य है।

उत्तर– 1. (*i*) 2. (*iii*) 3. (*iv*) 4. (*ii*) 5. (*ii*) 6. (*iv*)

21 आजकल दूरदर्शन पर आने वाले धारावाहिक देखने का प्रचलन बढ़ गया है। बाल्यावस्था में यह शौक अच्छा नहीं है। दूरदर्शन पर दिखाए जाने वाले धारावाहिकों का स्तर बहुत ही घटिया होता है। उनमें अश्लीलता, अनास्था, फैशन तथा नैतिक बुराइयाँ ही अधिक देखने को मिलती हैं। अभी बालक मानसिक रूप से परिपक्व नहीं होते। इस उम्र में जो भी वे देखेंगे उसका प्रभाव निश्चित ही उनके दिमाग पर अंकित हो जाएगा। बुरी आदतों को वे शीघ्र ही अपना लेंगे। समाजशास्त्रियों के एक वर्ग का मानना है कि समाज में चारों ओर फैली बुराइयों का एक बड़ा कारण दूरदर्शन तथा चलचित्र ही हैं। सब इस बात से भली भाँति परिचित हैं। इतना सब ज्ञान होने के बाद भी यदि वे इसी राह पर आगे बढ़ते रहें तो उनसे बड़ा मूर्ख और कोई नहीं है। बिना समय की पाबंदी के घंटों दूरदर्शन के साथ चिपके रहना बिल्कुल गलत है। इससे मानसिक विकास रुक जाता है। दृष्टि में कमज़ोरी आ सकती है और तनाव बढ़ सकता है।

–163 शब्द [*CBSE 2014*]

प्रश्न–(क) *दूरदर्शन से चिपके रहने से क्या-क्या हानियाँ होती हैं?*

(ख) *किस व्यक्ति को मूर्ख कहा गया है?*

(ग) *दूरदर्शन पर दिखाए जाने वाले धारावाहिक कैसे होते हैं?*

(घ) *समाजशास्त्री समाज में फैली बुराइयों का दोषी किसे मानते हैं?*

उत्तर–(क) दूरदर्शन से चिपके रहने से बच्चों का मानसिक विकास रुक जाता है। उनकी आँखों में कमज़ोरी आ जाती है तथा मानसिक तनाव बढ़ जाता है।

(ख) उस व्यक्ति को मूर्ख कहा गया है जो जानता है कि दूरदर्शन पर दिखाए जाने वाले धारावाहिक बहुत घटिया, अश्लील, अनास्थावान और अपरिपक्व होते हैं। फिर भी वे उन्हें देखते चले जाते हैं तथा बच्चों को भी देखने देते हैं।

(ग) दूरदर्शन पर दिखाए जाने वाले धारावाहिक फैशन और अनैतिकता को बढ़ा चढ़ाकर दिखाते हैं। वे आस्था की बजाय अनास्था को बढ़ावा देते हैं। उनमें अश्लीलता को भी बढ़ावा दिया जाता है। इस प्रकार उनमें बुराइयाँ अधिक होती हैं।

(घ) समाजशास्त्री समाज में फैली बुराइयों का एक बड़ा दोषी दूरदर्शन और चलचित्र को मानते हैं।

बहुविकल्पी प्रश्नोत्तर

1. *उचित शीर्षक दीजिए–*
   (*i*) दूरदर्शन की हानियाँ (*ii*) धारावाहिकों के कुफल
   (*iii*) चलचित्र की हानियाँ (*iv*) हानिकर धारावाहिक।
2. *बचपन से धारावाहिक देखने का शौक अच्छा क्यों नहीं?*
   (*i*) आदतें खराब होती हैं। (*ii*) समय नष्ट होता है।
   (*iii*) धारावाहिकों का स्तर घटिया होता है। (*iv*) आँखों पर कुप्रभाव होता है।
3. *धारावाहिकों में कौन-सी बुराइयाँ दिखाई देती हैं?*
   (*i*) अश्लीलता (*ii*) अनास्था (*iii*) नैतिक पतन (*iv*) तीनों
4. *कौन सामाजिक बुराइयों का बड़ा कारण दूरदर्शन और चलचित्र को मानते हैं?*
   (*i*) माता-पिता (*ii*) राजनेता (*iii*) शिक्षक (*iv*) समाजशास्त्री।
5. *सबसे बड़ी मूर्खता किसे कहा गया है?*
   (*i*) *जानबूझकर धारावाहिकों की बुराइयों पर रोक न लगाना।*
   (*ii*) दूरदर्शन से लोगों का समय खराब करना।
   (*iii*) अपराधों को बढ़ते देखना।
   (*iv*) दूरदर्शन को बंद करना।
6. **कथन (A)** – *दूरदर्शन के धारावाहिक बच्चों को नहीं देखने चाहिए।*
   कारण (R) – *इनसे उनका कीमती समय नष्ट होता है।*
   विकल्प – (*i*) कथन सही किंतु कारण गलत है। (*ii*) कथन गलत किंतु कारण सही है।
   (*iii*) कथन और कारण दोनों सही हैं। (*iv*) कथन और कारण दोनों गलत हैं।

उत्तर– 1. (*ii*) 2. (*iii*) 3. (*iv*) 4. (*iv*) 5. (*i*) 6. (*i*)

22 मुल्ला नसीरुद्दीन को अरब के सुल्तान हमेशा अपने साथ रखते थे। उनकी हाजिर ज़वाबी सुल्तान को बहुत भाती थी। वह सदा दूसरों को हँसाते थे। वे कहते थे एक मुसकराहट से हम दूसरे व्यक्ति के मुख पर मुसकराहट ला सकते हैं। अनजान को भी अपना बना सकते हैं। हँसना, मुस्कराना मनुष्य का प्राकृतिक स्वभाव है। नन्हा शिशु बिना किसी कारण के मुसकराता है। उसकी हँसी निर्मल और स्वार्थहीन होती है; लेकिन जैसे-जैसे शिशु बालपन और किशोरावस्था की ओर बढ़ता है उसकी हँसी कम होती जाती है। युवावस्था आते-आते चेहरे पर तनाव अपनी जगह बनाने लगता है। फिर मुस्कान ईद का चाँद बन जाती है। एक शेर है–'खुल के हँसना तो सबको आता है लोग तरसते हैं इक बहाने को।' लोगों को वह बहाना ही नहीं मिल पाता जिसकी वजह से वे हँसें और मुस्कराएँ। काम की अधिकता और समय सीमा वाले लक्ष्य तनाव को बढ़ावा देते हैं। लेकिन यदि मुस्कराते रहें तो तनाव को पराजित कर सकते हैं। मुस्कराने वाला व्यक्ति सकारात्मक सोच वाला होता है।

–168 शब्द [*CBSE 2012*]

प्रश्न–1. *मुल्ला नसीरुद्दीन किस बात के लिए जाने जाते थे?*

2. *छोटे बच्चों के स्वभाव में कौन-सी विशेष बात होती है?*

3. *बचपन, किशोरावस्था और जवानी में क्या अंतर आने लगता है?*

उत्तर–1. मुल्ला नसीरुद्दीन अपनी हाजिर जवाबी और हँसी-विनोद के लिए जाने जाते थे। वे अपनी मुस्कराहट से दूसरों के मुख पर भी मुस्कराहट ले आते थे।

2. छोटे बच्चे स्वभाव से ही निर्मल और निश्छल होकर हँसते हैं। वे प्राकृतिक जीवन जीते हैं। बिना बात हँसना-मुस्कराना उनका स्वभाव होता है।

3. मनुष्य बचपन में बिना बात स्वाभाविक रूप से हँसता-मुस्कराता है। किशोरावस्था में उसकी हँसी कम होने लगती है। जवान होते-होते उसके चेहरे पर तनाव आने लगता है।

बहुविकल्पी प्रश्नोत्तर

1. *उचित शीर्षक दीजिए–*

   (*i*) मुस्कराहट (*ii*) मुस्कराहट के वरदान

   (*iii*) मुल्ला नसीरूद्दीन (*iv*) मूर्खता के उपयोग।

2. *'हाजिर जवाबी' का क्या अर्थ है?*

   (*i*) तुरंत उत्तर देना (*ii*) उत्तर देने के लिए हाजिर रहना

   (*iii*) हाजिर होकर उत्तर देना (*iv*) सही उत्तर देना।

3. *नन्हा बच्चा किसलिए मुस्कराता है?*

   (*i*) सबको हँसाने के लिए (*ii*) स्वभाव-वश

   (*iii*) माता-पिता की खुशी के लिए (*iv*) तनाव से बचने के लिए।

4. *बड़े होने पर हँसी क्यों गायब हो जाती है?*

   (*i*) तनाव के कारण (*ii*) निर्मल स्वभाव से दूर होने के कारण

   (*iii*) समझदारी के कारण (*iv*) व्यस्त रहने के कारण।

5. *'ईद का चाँद' बनने का क्या अर्थ है?*

   (*i*) बहुत दूर (*ii*) बहुत कम दीखना (*iii*) बहुत सुंदर (*iv*) बहुत मूल्यवान।

6. **कथन (A)** – *बड़े लोग हँसना-मुस्कराना भूल जाते हैं।*

   कारण (R) – *वे काम और लक्ष्य के तनाव से घिर जाते हैं।*

   विकल्प – (*i*) कथन सत्य किंतु कारण गलत है। (*ii*) कथन असत्य किंतु कारण सत्य है।

   (*iii*) कथन और कारण दोनों असत्य हैं। (*iv*) कथन और कारण दोनों सत्य हैं।

उत्तर– 1. (*ii*) 2. (*i*) 3. (*ii*) 4. (*i*) 5. (*ii*) 6. (*iv*)

23 चलना मनुष्य का स्वभाव है। पानी भी चलता है, हवा भी चलती है, समय भी चलता है और मनुष्य भी चलता है। प्राचीन समय में एक स्थान से दूसरे स्थान पर पहुँचने के लिए मनुष्य मीलों पैदल यात्रा करता था। कई बार यात्रा इतनी लंबी हो जाती थी कि वर्षों लग जाते थे, मार्ग में यात्री बीमार होकर मर भी जाते थे। फिर पालकियों का प्रयोग किया जाने लगा। इन्हें चार लोग उठाते थे। मगर रास्ते में चलते-चलते थके लोगों की जगह लेने के लिए आठ या बारह लोग साथ में चलते थे। पालकियों का प्रयोग स्त्रियों के लिए किया जाता था। पहिए के आविष्कार ने मनुष्य का जीवन ही बदल दिया। इसके आविष्कार से सर्वप्रथम बैलगाड़ी द्वारा यात्रा सुगम व सस्ती होने लगी। धीरे-धीरे इसी पहिए से मशीन से चलने वाली गाड़ियाँ सड़कों पर दौड़ने लगी।

–139 शब्द

प्रश्न–1. *चलना किस-किसका स्वभाव है?*

2. *प्राचीन समय में मनुष्य कैसे चलता था? उसे कौन-सी कठिनाइयों का सामना करना पड़ता था?*

3. *पालकियों का प्रयोग किसलिए किया जाता था? उसमें क्या कठिनाइयाँ थीं?*

उत्तर–1. चलना मनुष्य का, पानी का, हवा का और समय का भी स्वभाव है।

2. प्राचीन समय में मनुष्य पैदल यात्रा करता था। मीलोंमील की यात्रा भी पैदल की जाती थी। कई बार लंबी यात्रा करते-करते वर्षों लग जाते थे और मृत्यु भी हो जाती थी।

3. पालकियों का प्रयोग मनुष्य को ढोने के लिए किया जाता था। विशेषकर स्त्रियों को एक स्थान से दूसरे स्थान पर ले जाने के लिए पालकियों का प्रयोग किया जाता था। पालकियों को उठाने के लिए चार-चार या उससे भी अधिक आदमियों की जरूरत पड़ती थी।

बहुविकल्पी प्रश्नोत्तर

1. *इस अनुच्छेद का उपयुक्त शीर्षक लिखिए।*
   (*i*) चलना ही जीवन है। (*ii*) गति-प्रगति
   (*iii*) यातायात में प्रगति (*iv*) यात्रा-साधनों की प्रगति।
2. *प्राचीन काल में मनुष्य यात्राएँ कैसे करता था?*
   (*i*) वायुयान से (*ii*) बैलगाड़ी से (*iii*) साइकिल से (*iv*) पैदल।
3. *पालकियों का प्रयोग किनके लिए किया जाता था?*
   (*i*) सेठों के लिए (*ii*) स्त्रियों के लिए (*iii*) बीमारों के लिए (*iv*) साथियों के लिए।
4. *किस साधन ने मनुष्य की यात्रा सरल और तीव्र कर दी?*
   (*i*) बैलगाड़ी ने (*ii*) पशुओं ने (*iii*) पहिए ने (*iv*) पालकी ने।
5. *पहिए के आविष्कार से क्या लाभ हुआ?*
   (*i*) यात्रा तेज हो गई। (*ii*) यात्रा सुगम हो गई।
   (*iii*) यात्रा सस्ती हो गई। (*iv*) यात्रा सुगम और सस्ती हो गई।
6. **कथन (A)** – *प्रगति का मूल कारण है—चलने का स्वभाव।*
   कारण (R) – *हमारी उन्नति चलने के तीव्र साधनों के बल पर ही हुई है।*
   विकल्प – (*i*) कथन और कारण दोनों असत्य हैं। (*ii*) कथन और कारण दोनों सत्य हैं।
   (*iii*) कथन सत्य है किंतु कारण गलत है। (*iv*) कथन गलत है किंतु कारण सत्य है।

उत्तर– 1. (*iv*) 2. (*iv*) 3. (*ii*) 4. (*iii*) 5. (*iv*) 6. (*ii*)

24 महात्मा गाँधी अपना काम अपने हाथ से करने पर बल देते थे। वे प्रत्येक आश्रमवासी से आशा करते थे कि वह अपने शरीर से संबंधित प्रत्येक कार्य, सफाई तक स्वयं करेगा। उनका कहना था कि जो श्रम नहीं करता है, वह पाप करता है और पाप का अन्न खाता है। ऋषि-मुनियों ने कहा है—बिना श्रम किए जो भोजन करता है, वह वस्तुतः चोर है। महात्मा गाँधी का समस्त जीवन दर्शन श्रम सापेक्ष था। उनका समस्त अर्थशास्त्र यही बताता था कि प्रत्येक उपभोक्ता को उत्पादनकर्ता होना चाहिए। उनकी नीतियों की उपेक्षा करने के परिणाम हम आज भी भोग रहे हैं। न गरीबी कम होने में आती है, न बेरोजगारी पर नियंत्रण हो पा रहा है और न अपराधों की वृद्धि हमारे वश की बात हो रही है। दक्षिण कोरिया वासियों ने श्रमदान करके ऐसे श्रेष्ठ भवनों का निर्माण किया है, जिनसे किसी को भी ईर्ष्या हो सकती है। *–149 शब्द*

प्रश्न–1. *गाँधी जी के आश्रम में रहने वाले लोग कैसा जीवन जीते थे?*

2. *हमारे ऋषियों-मुनियों ने चोर किसे कहा है और क्यों?*

3. *इस गद्यांश का उपयुक्त शीर्षक दीजिए।*

उत्तर–1. गाँधी जी के आश्रम में रहने वाले सभी लोग अपने सब काम स्वयं करते थे। भोजन के बाद बर्तन साफ करना और शौच के बाद उसकी सफाई के काम भी स्वयं किया करते थे।

2. हमारे ऋषियों-मुनियों ने कहा है—जो व्यक्ति बिना श्रम किए भोजन करता है, वह चोर है।
   क्यों—उनके अनुसार, प्रत्येक फल को प्राप्त करने के लिए खुद पसीना भी बहाना चाहिए।

3. गाँधी जी के श्रम संबंधी विचार।

बहुविकल्पी प्रश्नोत्तर

1. *इस गद्यांश का उपयुक्त शीर्षक लिखिए।*

   (*i*) गाँधी जी के विचार　　(*ii*) गाँधी जी के श्रम संबंधी विचार

   (*iii*) देश की समस्याओं का कारण　　(*iv*) श्रम की आवश्यकता।

2. *गाँधी जी श्रम के बारे में क्या कहते थे?*

   (*i*) हाथ से श्रम करो　　(*ii*) अपने कार्य स्वयं करो

   (*iii*) आश्रम के लिए श्रम करो　　(*iv*) दूसरों के हिम में श्रम करो।

3. *चोर किसे कहा गया है?*

   (*i*) जो चोरी करके अन्न खाता है।　　(*ii*) जिसका धंधा चोरी करना है।

   (*iii*) जो बिना श्रम के अन्न खाता है।　　(*iv*) जो मौज करता है।

4. *गाँधी जी के अनुसार उत्पादन करने की जिम्मेदारी किसकी है?*

   (*i*) उत्पादक की　(*ii*) किसान की　(*iii*) उपभोक्ता की　(*iv*) उद्योगपति की।

5. *परिश्रम न करने के कारण देश में कौन-सी समस्या बढ़ती जा रही है?*

   (*i*) गरीबी　(*ii*) बेरोजगारी　(*iii*) अपराध　(*iv*) तीनों।

6. **कथन (A)** – *श्रम से बचने वाला व्यक्ति ही सारी समस्याओं का कारण है।*

   कारण (R) – *महात्मा गांधी इस बात पर बल देते थे।*

   विकल्प – (*i*) कथन सत्य किंतु कारण अपर्याप्त है।　(*ii*) कथन असत्य किंतु कारण सत्य है।

   (*iii*) कथन और कारण दोनों सत्य हैं।　(*iv*) कथन और कारण दोनों असत्य हैं।

उत्तर– 1. (*ii*)　2. (*ii*)　3. (*iii*)　4. (*iii*)　5. (*iv*)　6. (*i*)

25 सत्संग से लौकिक और पारलौकिक दोनों प्रकार के सुख प्राप्त होते हैं। यदि कोई मनुष्य इस जीवन में दुखी रहता है तो कम से कम कुछ समय के लिए श्रेष्ठ पुरुषों की संगति में वह अपने सांसारिक दुखों को विस्मरण कर देता है। महापुरुषों के उपदेश सदैव सुख-शांति प्रदान करते हैं। दुख के समय मनुष्य उनका स्मरण करके धैर्य प्राप्त करता है। सत्संग में लीन रहने वाले मनुष्य को दैवी दुखों का कोई भय नहीं रहता। वह अपने को ईश्वर में लीन समझता है, जिससे दुखों का कोई कारण ही शेष नहीं रह जाता।

सत्संग के प्रभाव से धैर्य-लाभ होता है, जिससे मन में क्षमा की शक्ति अपने आप आ जाती है। क्षमा सभी प्रकार के दुर्गुणों को विनष्ट कर देती है और मन को शांति और संतोष प्रदान करती है। इसी प्रकार अन्य अनेक लाभ सत्संग द्वारा प्राप्त होते हैं। संगति का प्रभाव मन पर अनिवार्यतः पड़ता है, अतः सत्संग में संलग्न रहने वाला मनुष्य अनिवार्य रूप से सदाचारी होता है। हमें भी सदैव सज्जनों की संगति करनी चाहिए और दुर्जनों से दूर रहना चाहिए। दुर्जनों के संग से उत्कृष्ट गुणों वाला मनुष्य भी बिगड़ जाता है। कहा भी है–

काजर की कोठरी में कैसो हू सयानो जाए
एक रेख काजर की लागि है पै लागि है।

–210 शब्द

प्रश्न–(क) *दुख के समय मनुष्य धैर्य कैसे प्राप्त करता है?*

(ख) *लेखक के अनुसार क्षमा का क्या अर्थ है?*

(ग) *लेखक दुर्जनों से दूर रहने को क्यों कहता है?*

उत्तर–(क) दुख के समय मनुष्य को महापुरुषों के उपदेश सुख-शांति प्रदान करते हैं जिनसे उसे धैर्य प्राप्त होता है। सत्संगति से ही उसके मन में दूसरों के प्रति क्षमा और उदारता आ जाती है। परिणामस्वरूप वह धैर्य प्राप्त करता है।

(ख) क्षमा का अर्थ है दूसरों की गलतियों का बुरा न मानना तथा उनके प्रति सद्भावना में कमी न आने देना।

(ग) लेखक दुर्जनों से दूर इसलिए रहना चाहता है क्योंकि उनके संग रहकर गुणी व्यक्ति भी बिगड़ जाता है। एक दोहे में स्पष्ट कहा गया है कि काजल की कोठरी में रहने वालों पर काजल का असर अवश्यमेव होता है। वह अपनी कुसंगति से बच नहीं पाता।

बहुविकल्पी प्रश्नोत्तर

1. *इस अनुच्छेद का उपयुक्त शीर्षक लिखिए।*
   (*i*) सत्संगति की महिमा। (*ii*) कुसंगति के दोष
   (*iii*) सत्संगति और कुसंगति (*iv*) सत्संगति।
2. *सत्संग करने वालों को दैवीय दुख क्यों नहीं सताते? क्योंकि वे–*
   (*i*) निर्भय होते हैं। (*ii*) ईश्वर में लीन होते हैं।
   (*iii*) वे सद्विचारों में लीन होते हैं। (*iv*) सत्संग में लीन हो जाते हैं।
3. *लेखक दुर्जनों से दूर रहने को क्यों कहता है?*
   (*i*) दुर्जनों से हानि होती है। (*ii*) दुर्जन विश्वास के पात्र नहीं होते।
   (*iii*) दुर्जनों से सज्जन भी बिगड़ जाता है। (*iv*) दुर्जन किसी काम के नहीं होते।
4. *मनुष्य को धैर्य कैसे प्राप्त होता है?*
   (*i*) सद्विचारों से (*ii*) सत्संगति से (*iii*) भक्ति से (*iv*) महापुरुषों से।
5. *हमारे सभी दुर्गुणों को नष्ट करने वाली शक्ति कौन-सी है?*
   (*i*) भक्ति (*ii*) नीति (*iii*) सदाचार (*iv*) सत्संगति।
6. **कथन (A)** – *सत्संग से सांसारिक दुख नष्ट हो जाते हैं।*
   कारण (R) – *सज्जन साथी दुख दूर करने में सहयोग देते हैं।*
   विकल्प – (*i*) कथन और कारण दोनों सत्य हैं। (*ii*) कथन और कारण दोनों असत्य हैं।
   (*iii*) कथन सही किंतु कारण गलत है। (*iv*) कथन गलत किंतु कारण सही है।

उत्तर– 1. (*i*) 2. (*iii*) 3. (*iii*) 4. (*ii*) 5. (*iv*) 6. (*ii*)

26 दुनिया के अनेक देशों की तरह हमारे देश का भी दुर्भाग्य है कि आम, केला, सेब, अंगूर, अनन्नास, अनार, पपीता सरीखे लोकप्रिय और प्रचुर मात्रा में पैदा होने वाले फलों के सामने बेर, करौंदा, जामुन, बेल, खिरनी, फालसा, आँवला, अंजीर, कोकम, बड़हल, शरीफा जैसे फल कम मात्रा में पैदा होते हैं और बाज़ार में आसानी से उपलब्ध नहीं होते हैं। इसलिए लोग इनका स्वाद भूलते जा रहे हैं। अनुपलब्धता की व्यावसायिक वजह यही बताई जाती है कि संगठन कम या नहीं के बराबर होने के कारण थोक व्यापारी इनमें रुचि नहीं लेता। इसी तरह आम का उदाहरण लें। सुदूर दक्षिण से लेकर उत्तर-पूर्व तक फैले विशाल-भाग में इसकी लगभग एक हज़ार प्रजातियाँ उगाई जाती रही हैं जिनके रंग, रूप, गंध और स्वाद एक-दूसरे से बढ़कर रहे हैं। पर आज की तारीख में दशहरी, लँगड़ा, अल्फ़ांसो उसी भारी माँग वाली प्रजातियों ने इतने आदर्श ढंग से बाज़ार को अपनी गिरफ़्त में ले लिया है कि अन्य प्रजातियाँ कुछ सालों बाद हाथ में दीया लेकर ढूँढ़ने पर भी नहीं मिलेंगी। कहते हैं कि पुरी के भगवान जगन्नाथ को साल के तीन सौ पैंसठ दिन तीन सौ पैंसठ प्रजातियों के भात का भोग लगाया जाता था, ताकि साल में किसी किस्म के भात की पुनरावृत्ति न हो, पर आज तो यह किसी परी-कथा जैसा किस्सा लगता है। *–218 शब्द*

प्रश्न–(क) *लेखक ने किस बात को देश का दुर्भाग्य माना है?*

(ख) *बेर, जामुन जैसे फलों का स्वाद भूलने के कारणों को स्पष्ट कीजिए।*

(ग) *आम की विशेषता को स्पष्ट कीजिए।*

(घ) *बाजार को गिरफ़्त में लेने का क्या अभिप्राय है?*

उत्तर–(क) लेखक ने बेर, करौंदा, जामुन, बेल, खिरनी, फालसा, आँवला, अंजीर, कोकम, बड़हल, शरीफा आदि फलों के बाजार से गायब होने को देश का दुर्भाग्य माना है।

(ख) बेर, जामुन जैसे फलों का स्वाद भूलने का मुख्य कारण यह है कि ये फल आज आसानी से बाजार में उपलब्ध नहीं हैं। इनका उत्पादन भी कम होता है।

(ग) आम की विशेषता है कि यह पूरे देश में पैदा होता है और इसकी लगभग 1000 प्रजातियाँ पाई जाती हैं। सभी प्रजातियाँ रंग, रूप, गंध और स्वाद में एक-दूसरे से बढ़कर हैं।

(घ) बाजार को अपनी गिरफ्त में लेने का अर्थ है कि वे बाजार में छा गए हैं। बड़े-बड़े व्यापारियों ने सारा ध्यान उन्हें बेचने में लगा दिया है।

बहुविकल्पी प्रश्नोत्तर

1. *इस अनुच्छेद का उपयुक्त शीर्षक लिखिए–*
   (*i*) फलों की विभिन्न जातियाँ (*ii*) तरह-तरह के फल
   (*iii*) लुप्त होते फलों की कहानी (*iv*) फलों की व्यापार-नीति।
2. *बेर, जामुन आदि फल बाज़ार से गायब क्यों हो रहे हैं?*
   (*i*) स्वाद न होने के कारण (*ii*) उपलब्ध न होने के कारण
   (*iii*) व्यापारियों द्वारा प्रोत्साहन न देने के कारण (*iv*) माँग न होने के कारण।
3. *व्यापारी कुछ फलों में रुचि क्यों नहीं लेते?*
   (*i*) स्वाद न होने के कारण (*ii*) माँग न होने के कारण
   (*iii*) उत्पादकों में संगठन न होने के कारण (*iv*) महँगे होने के कारण।
4. *दीया लेकर ढूँढ़ने का क्या आशय है?*
   (*i*) कठिनाई से मिलना (*ii*) गायब होना (*iii*) नष्ट होना (*iv*) समाप्त होना।
5. *पुरी के जगन्नाथ मंदिर में 365 प्रजातियों का भोग क्यों लगाया जाता था?*
   (*i*) भगवान को प्रसन्न करने के लिए (*ii*) भोजनों की विविधता बनाए रखने हेतु
   (*iii*) भगवान स्वादप्रिय हैं। (*iv*) भक्तों के प्रसन्न करने के लिए।
6. **कथन (A)** – *जामुन, बेर, करौंदा जैसे फल बाज़ार में कम मिलते हैं।*
   कारण (R) – *ये स्वाद में आम, केला, सेब आदि से कमतर हैं।*
   विकल्प – (*i*) कथन सत्य और कारण भी सत्य है। (*ii*) कथन असत्य और कारण भी असत्य है।
   (*iii*) कथन सत्य किंतु कारण असत्य है। (*iv*) कथन असत्य किंतु कारण सत्य है।

उत्तर– 1. (*iv*) 2. (*iii*) 3. (*iii*) 4. (*i*) 5. (*ii*) 6. (*iii*)

27 इस संसार में जितने बड़े-बड़े लोग हो गए हैं उन्होंने संसार का उपकार किया है और उसके लिए सदा आदर और सत्कार पाया है। सभी ने अपने कर्तव्य को सबसे श्रेष्ठ माना है, क्योंकि जितने कर्म उन्होंने किए उन सभी में अपने कर्तव्य पर ध्यान देकर न्याय का बर्ताव किया। जिन जातियों में यह गुण पाया जाता है वे ही संसार में उन्नति करती हैं और संसार में उनका नाम आदर से लिया जाता है।

एक समय इंग्लैंड के किसी जहाज़ में जब वह बीच समुद्र में था, एक छेद हो गया। जहाज़ में पानी भरने लगा। उसके डूबने की पूरी संभावना थी। उसको बचाने का पूरा-पूरा उपाय किया गया। पर जब कोई उपाय सफल न हुआ तब जितनी स्त्रियाँ उस पर थीं। सब नावों पर चढ़ाकर विदा कर दी गईं और जितने मनुष्य उस पोत पर बच गए थे उन्होंने उसकी छत पर इकट्ठे होकर ईश्वर को धन्यवाद दिया कि वे अपना कर्तव्य-पालन कर सके और स्त्रियों की प्राण-रक्षा में सहायक हो सके। इसके विपरीत फ्रांस देश के रहने वालों ने डूबते जहाज़ पर से अपने तो प्राण बचाए, किंतु उस पोत पर जितनी स्त्रियाँ और बच्चे थे, उन सभी को उसी पर छोड़ दिया। इस नीच कर्म की सारे संसार में निंदा हुई। इस प्रकार जो लोग स्वार्थी होकर अपने कर्तव्य पर ध्यान नहीं देते, वे संसार में लज्जित होते हैं और सब लोग उनसे घृणा करते हैं। *–234 शब्द (CBSE 2015)*

प्रश्न–(क) *संसार में किसका नाम आदर से लिया जाता है तथा क्यों? स्पष्ट कीजिए।*

(ख) *डूबते जहाज़ में बैठे पुरुषों ने क्या किया था? आप उसे कैसा मानते हैं तथा क्यों?*

(ग) *अपने कर्तव्य पर ध्यान देने वाले लोग समाज में कैसे माने जाते हैं तथा उनको किस दृष्टि से देखा जाता है?*

(घ) *गद्यांश से हमें क्या शिक्षा मिलती है?*

उत्तर–(क) संसार में उन लोगों के नाम आदर से लिए जाते हैं जो उपकार करते हैं और अपने कर्तव्य को सबसे अधिक महत्त्व देते हैं।

(ख) डूबते जहाज पर बैठे फ्रांसवासी पुरुषों ने अपने प्राण तो बचा लिए किंतु अपनी स्त्रियों और बच्चों को डूबने के लिए जहाज पर छोड़ दिया।

हम उनके इस कृत्य को निंदा के योग्य मानते हैं।

(ग) अपने कर्तव्य पर ध्यान देने वाले लोग समाज में सम्माननीय माने जाते हैं। उनको आदर की दृष्टि से देखा जाता है।

(घ) इस गद्यांश से हमें प्रेरणा मिलती है कि हमें हर हाल में अपने कर्तव्य का पालन करना चाहिए। हमें अपने प्राणों की परवाह न करके न्याय और परोपकार की राह पर चलना चाहिए।

बहुविकल्पी प्रश्नोत्तर

1. *इस संसार में किनका नाम आदर से लिया जाता है?*

(*i*) जो स्त्रियों का आदर करते हैं। (*ii*) जो स्त्री-रक्षा करते हैं।

(*iii*) जो परोपकार के कर्तव्य का पालन करते हैं। (*iv*) जो उन्नति करते हैं।

2. *कौन-सी जातियाँ संसार में उन्नति करती हैं?*

(*i*) जो न्याय और कर्तव्य का व्यवहार करती हैं। (*ii*) जो स्त्रियों का सम्मान करती हैं।

(*iii*) जिसमें बड़े-बड़े लोग हुए हैं। (*iv*) जिन्होंने संसार में बड़ा नाम कमाया है।

3. *अंग्रेज़ नाविकों ने समुद्री पोत में डूबने से पहले क्या किया?*

(*i*) सभी बूढ़ों और बच्चों को नावों पर बिठाकर सुरक्षित भेज दिया।

(*ii*) सभी स्त्रियों को सुरक्षित नावों पर भेज दिया।

(*iii*) सभी कमजोरों को नावों में छोड़ दिया।

(*iv*) स्त्रियों को समुद्र में अकेला छोड़ दिया।

4. *फ्रांस के पुरुषों ने विपत्ति में क्या किया?*

(*i*) स्त्रियों और बच्चों को डुबो दिया।

(*ii*) स्वयं डूब गए।

(*iii*) स्त्रियों और बच्चों को संकट में छोड़कर स्वयं अपने प्राण बचा लिए।

(*iv*) सभी मिलकर जल में डूब गए।

5. *शीर्षक दीजिए।*

(*i*) परोपकार की महिमा (*ii*) स्त्री-रक्षा

(*iii*) त्याग और बलिदान (*iv*) नैतिक आचरण

6. **कथन (A)** – *कर्तव्यनिष्ठ लोग आदर पाते हैं।*

कारण (R) – *कर्तव्यनिष्ठा से जाति और समाज की उन्नति होती है।*

विकल्प – (*i*) कथन और कारण दोनों सत्य हैं। (*ii*) कथन और कारण दोनों असत्य हैं।

(*iii*) कथन सत्य किंतु कारण असत्य है। (*iv*) कथन असत्य किंतु कारण सत्य है।

उत्तर– 1. (*iii*) 2. (*i*) 3. (*ii*) 4. (*iii*) 5. (*i*) 6. (*i*)

प्रश्न-अभ्यास

निम्नलिखित गद्यांशों को पढ़कर संबंधित प्रश्नों के उचित उत्तर दीजिए–

28 निर्माण-क्षेत्र के लिए रेत अनिवार्य सामग्री है। यह देश का एक फलता-फूलता उद्योग है, इसलिए रेत बाज़ार से गायब हो जाए यह तो कतई वांछित नहीं। लेकिन यह भी आवश्यक है कि रेत की आपूर्ति और नदियों के संरक्षण के बीच उचित तालमेल बने। नदियों में रेत आने की एक सीमा है। एक अनुमान के मुताबिक नदियाँ जिस रफ़्तार से रेत की पूर्ति करती हैं, उसकी तुलना में 40 गुणा अधिक रेत निकाले जाने के कारण पर्यावरण संबंधी समस्या पैदा होती है। रेत की नदियों में जलवाही स्तर कायम रखने और विभिन्न प्रजातियों के परिवास के रूप में अहम भूमिका है। उसके क्षरण से नदियों की जल धारण क्षमता कमज़ोर होती है, जिसका भीषण परिणाम उत्तराखंड में देखने को मिला। एक तरफ जहाँ तेज़ी से होते शहरीकरण की माँग है, वहीं नदियों की प्राकृतिक संरचना को बचाने की चुनौती है। इन परस्पर विरोधी तकाज़ों में संतुलन कैसे बने? एक सुझाव है कि तटीय विनियमन क्षेत्र की तर्ज पर सारे देश के लिए नदी विनियमित क्षेत्र का गठन किया जाए, जिससे नदियों के किनारे की गतिविधियों को नियंत्रित एवं नियमित किया जा सके। मुद्दे की बात यह है कि समाधान हेतु उचित कदम उठाए जाएँ। *–196 शब्द*

प्रश्न–(क) *रेत की आवश्यकता क्यों बढ़ रही है?*

(ख) *रेत और नदी के तालमेल के लिए क्या आवश्यकता है? स्पष्ट कीजिए।*

(ग) *आज देश के सामने क्या चुनौती है?*

(घ) *रेत नदी में क्या काम करता है? उसको निकालने के क्या परिणाम होते हैं?*

बहुविकल्पी प्रश्न

1. *इस अनुच्छेद का उचित शीर्षक लिखिए–*
   (*i*) नदी और रेत का संतुलन (*ii*) रेत का दोहन
   (*iii*) रेत संबंधी समस्याएँ (*iv*) रेत की आपूर्ति।
2. *पर्यावरण की समस्या तब पैदा होती है, जब–*
   (*i*) नदियों से रेत निकाली जाती है।
   (*ii*) नदियों से आवश्यकता से अधिक रेत निकाली जाती है।
   (*iii*) नदियाँ रेत की आपूर्ति नहीं कर पातीं।
   (*iv*) रेत बाज़ार से गायब हो जाती है।
3. *नदियों में रेत की आपूर्ति बनाए रखने के लिए क्या सुझाव दिया गया है?*
   (*i*) सारे देश में रेत-उत्पादन पर रोक लगे। (*ii*) रेत का नियम बने
   (*iii*) नदी विनियमित क्षेत्र का गठन हो। (*iv*) नदियों के किनारों की देखभाल हो।
4. *नदियों से अधिक मात्रा में रेत निकालने का क्या दुष्परिणाम होता है?*
   (*i*) नदियों में बाढ़ आती है। (*ii*) नदियाँ सूख जाती हैं।
   (*iii*) नदियों की जल-धारण क्षमता कम होती है। (*iv*) नदियाँ लुप्त हो जाती हैं।
5. *रेत किसके लिए अनिवार्य है?*
   (*i*) नदियों के लिए (*ii*) निर्माण-कार्य के लिए
   (*iii*) उद्योगों के लिए (*iv*) बाजार के लिए।
6. **कथन (A)** – *नदियों से रेत नहीं निकाली जानी चाहिए।*

   कारण (R) – *रेत निकालने से नदी की जल-धारण क्षमता कमज़ोर होती है।*

   विकल्प – (*i*) कथन और कारण दोनों सत्य हैं। (*ii*) कथन और कारण दोनों असत्य हैं।
   (*iii*) कथन सत्य किंतु कारण गलत है। (*iv*) कथन असत्य किंतु कारण सत्य है।

29 जनता के पास लोकतंत्र में चुनाव ही वह अस्त्र हुआ करता है जिसके द्वारा वह शासक दल और विरोधी दल दोनों पर अपना अंकुश और नियंत्रण लगाए रख सकती है, पर अपने इस अचूक अस्त्र के प्रयोग के लिए लोकतंत्रीय व्यवस्था वाले देशों में जनता का सभी प्रकार से जागरूक तथा सावधान होना बहुत आवश्यक हुआ करता है। सामाजिक, राजनीतिक आदि सभी पहलुओं से जागरूक जनता ही चुनाव के माध्यम से देश या प्रांतों के प्रशासन में ऐसे व्यक्तियों को भेज सकती है जो वास्तव में निहित स्वार्थों से ऊपर उठकर जनसेवा के कार्यों में रुचि रखने वाले हों, त्याग और बलिदान की भावना से भर कर जनता और राष्ट्रहित को ही सर्वोच्च माननेवाले हों और उनमें ऐसा सब कर सकने की शक्ति और क्षमता भी पूर्ण रूप से विद्यमान हो। इस जागरूकता और सावधानी के अभाव में चुनावों का नाटक और लोकतंत्र खिलवाड़ बनकर रह जाया करते हैं। जनता के लिए यह आवश्यक है कि वह अपने प्रतिनिधि विवेक और ईमानदारी से चुनें। इस चुनाव में जनता को जात-पात, अमीर-गरीब में फँसे बिना सच्चे प्रतिनिधि चुनने चाहिए जिससे लोकतंत्र सफल होगा। *–184 शब्द*

प्रश्न–(क) *जनता के पास कौन-सा अस्त्र होता है? यह अस्त्र क्या काम करता है?*

(ख) *जागरूक जनता क्या-क्या कर सकती है?*

(ग) *अच्छे शासक के गुणों का वर्णन करें।*

(घ) *लोकतंत्र सफल कब कहा जाता है?*

बहुविकल्पी प्रश्न

1. *इस अनुच्छेद का उपयुक्त शीर्षक लिखिए–*

(*i*) लोकतंत्र और चुनाव (*ii*) लोकतंत्र की सफलता

(*iii*) सही चुनाव का महत्त्व (*iv*) लोकतंत्र में सही चुनाव का महत्त्व।

2. *चुनाव किस पर नियंत्रण रखता है?*

(*i*) नेताओं पर (*ii*) जनता पर

(*iii*) शासकों पर (*iv*) सभी राजनैतिक दलों पर।

3. *लोकतंत्रीय देशों में जनता के लिए क्या आवश्यक है?*

(*i*) जनता का जागरूक होना (*ii*) नेताओं का जागरूक होना

(*iii*) शासकों का जागरूक होना (*iv*) देशभक्त होना।

4. *जागरूक जनता को कैसे नेता चुनकर भेजने चाहिए?*

(*i*) जो राष्ट्रहित करने वाले हों। (*ii*) जो त्यागी-बलिदानी हों।

(*iii*) जिनमें जनसेवा का भाव हो। (*iv*) सभी कुछ।

5. *लोकतंत्र कब खिलवाड़ बन जाता है? जब–*

(*i*) जनता सावधान नहीं रहती। (*ii*) शासक मनमानी करते हैं।

(*iii*) नेता लापरवाह होते हैं। (*iv*) नेता स्वार्थी हों।

30 हम जब भगवान की बात करते हैं तो प्रत्येक व्यक्ति तुरंत ऊपर की ओर देखता है। ऊपर वहाँ क्या है? प्रत्येक वस्तु हमारे अंदर है। न ऊपर है, न नीचे है। अंदर की तरफ देखना या अपने अंदर रहना ही ध्यान है। जब तुम अपने किसी नज़दीकी व्यक्ति, मित्र या किसी अन्य की तरफ देखते हो तो तुम्हारे अंदर कुछ-कुछ होता है। तुम्हें ऐसा अनुभव होता है कि मानो कोई नई ऊर्जा तुम्हारे अंदर से प्रवाहित हो रही है। उन महान क्षणों को पकड़ो। यह वही महान क्षण है जो समय-शून्य क्षण होते हैं। ठीक है, तुमने उस व्यक्ति की उपस्थिति के कारण उन समय शून्य क्षणों को अनुभव किया होगा, तो क्या हुआ? उस व्यक्ति विशेष में रुचि रखने की बजाय बस तुम केवल अपने अंदर हो रहे ऊर्जा-स्रोत के प्रवाह के साथ ही रहो। ईश्वर ने तुमको दुनिया में सभी छोटे-बड़े सुखों को प्रदान किया है, लेकिन उसने चरम आनंद को अपने पास ही रखा है। चरम आनंद को प्राप्त करने के लिए तुम्हें उस ईश्वर और केवल ईश्वर के पास ही जाना होगा। *–180 शब्द*

प्रश्न–(क) *भगवान की बात सुनकर व्यक्ति ऊपर क्यों देखता है?*

(ख) 'प्रत्येक वस्तु हमारे अंदर है'–*में निहित भाव को स्पष्ट कीजिए।*

(ग) *अपनों को देखकर नई ऊर्जा का आभास क्यों होता है?*

(घ) *चरम आनंद को कैसे प्राप्त किया जा सकता है?*

बहुविकल्पी प्रश्न

1. *ईश्वर ने कौन-सा सुख अपने पास रखा है?*
   (*i*) मृत्यु (*ii*) जीवन (*iii*) चरम आनंद (*iv*) सुख-दुख।
2. *ध्यान किसे कहा गया है?*
   (*i*) परमात्मा में मन रमाना (*ii*) किसी वस्तु में खो जाना
   (*iii*) अपने मन के भीतर देखना (*iv*) आँखें बंद करना।
3. *लोग भगवान का नाम लेने पर ऊपर क्यों देखते हैं?*
   (*i*) भगवान ऊपर निवास करता है। (*ii*) उन्हें भगवान के ऊपर होने का भ्रम है।
   (*iii*) वे भगवान के ऊपर होने का विश्वास करते हैं। (*iv*) आदतवश।
4. *समय-शून्य क्षण कौन-से होते हैं?*
   (*i*) जब हम किसी अनुभव से गुजरते हैं। (*ii*) जब समय ठहर जाता है।
   (*iii*) जब हमारे भीतर नई ऊर्जा प्रवाहित होती है। (*iv*) जब समय का सदुपयोग होता है।
5. *जीवन का चरम आनंद पाने के लिए क्या आवश्यक है?*
   (*i*) भक्ति करना (*ii*) ईश्वर की शरण में जाना
   (*iii*) खुश रहना (*iv*) मौज में रहना।
6. **कथन (A)** – *जीवन का चरम आनंद ईश्वर की शरण में जाने पर मिलेगा।*
   कारण (R) – *यह आनंद संसार में और कहीं नहीं है।*
   विकल्प – (*i*) कथन और कारण दोनों सत्य हैं। (*ii*) कथन और कारण दोनों असत्य हैं।
   (*iii*) कथन सत्य किंतु कारण असत्य है। (*iv*) कथन असत्य किंतु कारण सत्य है।

31 शिक्षा का अभाव भी बेकारी का कारण बताया जाता है, किंतु भारत में यह बात सर्वथा सत्य नहीं है। यहाँ बेकारी की संख्या में शिक्षित लोगों का प्रतिशत अधिक है। व्यवसायप्रद या उचित शिक्षा के अभाव में यहाँ शिक्षित लोग ही बेकार ज्यादा हैं। प्रतिवर्ष विश्वविद्यालयों से स्नातकों और स्नातकोत्तरों की बड़ी संख्या परीक्षाएँ उत्तीर्ण करके रोजगार दफ्तर के सामने कतारों में खड़ी रहती है। दो वर्ष, चार वर्ष और कभी-कभी आठ से दस वर्ष तक भी किसी को नौकरी नहीं मिलती, क्योंकि क्लर्की के अतिरिक्त कुछ करना उनके बूते की बात नहीं होती और दफ्तरों में क्लर्कों या बाबुओं की उतनी जगह रिक्त नहीं होती। विविध योजनाओं को कार्यान्वित करने के लिए प्रतिवर्ष सहस्त्रों नए तकनीशियनों की आवश्यकता रहती थी पर वहाँ भी अब पढ़े-लिखे इंजीनियरों तथा अन्य प्रकार से प्रशिक्षित युवक-युवतियों की संख्या दिनोंदिन बढ़ती जा रही है। जब तक व्यावसायिक शिक्षा के साथ उद्योग व व्यवसाय लगाने का हुनर व आवश्यक धन न होगा तब तक इस समस्या का समाधान न होगा। अत: युवकों को नए कारोबार खोलने चाहिए।

–176 शब्द (CBSE 2016)

प्रश्न–(क) *भारत में कौन-सी बात सर्वथा असत्य होती जा रही है?*

(ख) *भारत में अधिकतर शिक्षित लोग बेकार क्यों हैं?*

(ग) *अधिकांश विश्वविद्यालयों से किस स्तर की डिग्रियाँ दी जाती हैं?*

(घ) *आज इंजीनियरों की भारत में क्या स्थिति है?*

बहुविकल्पी प्रश्न

1. *उचित शीर्षक दीजिए–*

(*i*) भारत में बेकारी की समस्या (*ii*) भारत में बेरोजगारी का मूल कारण

(*iii*) बेरोजगारी दूर करने के उपाय (*iv*) बेरोजगारी और शिक्षा।

2. *भारत में बेरोजगारी किस कारण अधिक बढ़ रही है?*

(*i*) अशिक्षा के कारण (*ii*) शिक्षा के कारण

(*iii*) अत्यधिक तकनीकी शिक्षा के कारण (*iv*) उद्योग लगाने पर ध्यान न देने के कारण।

3. *भारत में किस प्रकार के लोगों में बेरोजगारी अधिक है?*

(*i*) शिक्षित लोगों में (*ii*) अनपढ़ लोगों में (*iii*) तकनीकी शिक्षितों में (*iv*) सब वर्गों में।

4. *शिक्षित लोगों में बेरोजगारी अधिक क्यों है?*

(*i*) वे दफ्तरों में बाबूगिरी के सिवा कुछ नहीं जानते। (*ii*) दफ्तरों में अब क्लर्कों की उतनी माँग नहीं है।

(*iii*) आवश्यकता से अधिक क्लर्क पैदा हो गए हैं। (*iv*) सभी।

5. *बेरोजगारी कम करने का अब क्या उपाय शेष है?*

(*i*) व्यवसाय और उद्योग-धंधे लगाना (*ii*) व्यावसायिक शिक्षा

(*iii*) व्यावसायिक हुनर और धन उपलब्ध कराना (*iv*) नई दुकानें खोलना।

6. **कथन (A)** – *भारत में शिक्षित लोगों की बेरोजगारी अधिक है।*

कारण (R) – *यहाँ जनसंख्या विस्फोट एक समस्या है।*

विकल्प – (*i*) कथन और कारण दोनों सत्य हैं। (*ii*) कथन और कारण दोनों असत्य हैं।

(*iii*) कथन सत्य किंतु कारण असत्य है। (*iv*) कथन असत्य किंतु कारण सत्य है।

32 कला-कौशल तथा दस्तकारी भी देश की उन्नति के प्रमुख स्तंभ हैं। अतः प्रत्येक युवक का कर्तव्य है कि वह स्वयं कलाकार या दस्तकार बने और दूसरों को भी इस ओर प्रेरित करे। दैनिक व्यवहार में स्वदेशी वस्तुओं का प्रयोग करना चाहिए। इससे अपने देश के कारीगरों तथा दस्तकारों को लाभ होगा और उनकी दशा में सुधार होगा। देश का धन देश में रहेगा, देश की निर्धनता दूर होगी। नवयुवकों को चाहिए कि अन्य लोगों को भी देशी वस्तुओं के प्रयोग का महत्त्व समझाएँ और हर क्षेत्र में स्वदेशी का प्रचलन बढ़ाएँ।

स्वदेशी के अधिक प्रचलन के लिए उत्पादन-वृद्धि भी आवश्यक है। अधिक उत्पादन होने से उन वस्तुओं का अधिक प्रयोग होगा। अधिक उत्पादन से ही देश में संपन्नता आएगी। अतः खेत, फैक्टरी, कारखाने व मिल हर क्षेत्र में उत्पादन वृद्धि के लिए युवकों को निष्ठापूर्वक प्रयत्न करना चाहिए तभी औद्योगिक शांति स्थापित होगी। माल की बहुतायत से महँगाई कम होगी और अन्न, वस्त्र एवं अन्य जीवनोपयोगी वस्तुओं के बाहुल्य से देश समृद्ध होगा और अधिकांश क्षेत्रों में आत्मनिर्भर बनेगा।

–171 शब्द (CBSE 2016)

प्रश्न–(क) *दैनिक व्यवहार में स्वदेशी वस्तुओं का प्रयोग करने से क्या लाभ है?*

(ख) *लेखक ने नवयुवकों के लिए क्या संदेश दिया है?*

(ग) *देश की उन्नति के प्रमुख स्तंभ क्या हैं?*

(घ) *औद्योगिक शांति कैसे स्थापित होगी?*

बहुविकल्पी प्रश्न

1. *उपयुक्त शीर्षक लिखिए–*
   (*i*) कला-कौशल और दस्तकारी (*ii*) स्वदेशी उत्पादन
   (*iii*) स्वदेशी के लाभ (*iv*) देश की समृद्धि
2. *युवकों का क्या कर्तव्य है?*
   (*i*) स्वदेशी अपनाना (*ii*) कला-कौशल व दस्तकारी सीखना
   (*iii*) भारत में उत्पादन करना (*iv*) देश का विकास करना।
3. *महँगाई कम करने का क्या उपाय बताया गया है?*
   (*i*) अधिक उत्पादन (*ii*) स्वदेश में अधिक उत्पादन
   (*iii*) माल का आयात करना (*iv*) स्वदेशी वस्तुओं का उपयोग करना।
4. *भारत कब आत्मनिर्भर बनेगा?*
   (*i*) जब सभी को रोजगार मिलेगा (*ii*) जब भारतीय समृद्ध होंगे।
   (*iii*) जब भारत में ही वस्तुओं का उत्पादन होगा (*iv*) जब हम स्वाभिमानी होंगे।
5. *भारत कब समृद्ध होगा?*
   (*i*) जब नवयुवक धन कमाएँगे (*ii*) जब विदेशी नौकरियाँ मिलेंगी
   (*iii*) जब स्वदेशी उत्पादन होगा। (*iv*) जब स्वदेशी का उपयोग बढ़ेगा।
6. **कथन (A)** – *स्वदेशी वस्तुओं का प्रयोग देश को समृद्ध बनाएगा।*
   कारण (R) – *इससे अपने देश के कारीगरों, उपभोक्ताओं और उत्पादकों को लाभ होगा।*
   विकल्प – (*i*) कथन और कारण दोनों सत्य हैं। (*ii*) कथन और कारण दोनों असत्य हैं।
   (*iii*) कथन सत्य किंतु कारण भ्रामक है। (*iv*) कथन असत्य किंतु कारण सत्य है।

33 महात्माओं और विद्वानों का सबसे बड़ा लक्षण है–आवाज़ को ध्यान से सुनना। यह आवाज़ कुछ भी हो सकती है। कौओं की कर्कश आवाज़ से लेकर नदियों की छलछल तक। मार्टिन लूथर किंग के भाषण से लेकर किसी पागल के बड़बड़ाने तक। अमूमन ऐसा होता नहीं। सच यह है कि हम सुनना चाहते ही नहीं। बस बोलना चाहते हैं। हमें लगता है कि इससे लोग हमें बेहतर तरीके से समझेंगे। हालाँकि ऐसा होता नहीं। हमें पता ही नहीं चलता और अधिक बोलने की कला हमें अनसुना करने की कला में पारंगत कर देती है। एक मनोवैज्ञानिक ने अपने अध्ययन में पाया कि जिन घरों के अभिभावक ज्यादा बोलते हैं, वहाँ बच्चों में सही-गलत से जुड़ा स्वाभाविक ज्ञान कम विकसित हो पाता है, क्योंकि ज्यादा बोलना बातों को विरोधाभासी तरीके से सामने रखता है और सामने वाला बस शब्दों के जाल में फँसकर रह जाता है। बात औपचारिक हो या अनौपचारिक, दोनों स्थितियों में हम दूसरे की न सुन, बस हावी होने की कोशिश करते हैं। खुद ज्यादा बोलने और दूसरों को अनसुना करने से जाहिर होता है कि हम अपने बारे में ज्यादा सोचते हैं और दूसरों के बारे में कम। *–192 शब्द*

प्रश्न–(क) *अनसुना करने की कला क्यों विकसित होती है?*
(ख) *अधिक बोलने वाले अभिभावकों का बच्चों पर क्या प्रभाव पड़ता है और क्यों?*
(ग) *अधिक बोलना किन बातों का सूचक है?*
(घ) *विद्वान-महात्माओं का क्या गुण होता है?*

बहुविकल्पी प्रश्न

1. *इस अनुच्छेद का उपयुक्त शीर्षक लिखिए–*
   (*i*) अनसुना करना (*ii*) सुनने की कला
   (*iii*) मौन के लाभ (*iv*) अधिक बोलने के दोष।
2. *महात्माओं का विशेष लक्षण क्या है?*
   (*i*) सोच समझकर बोलना (*ii*) ध्यानपूर्वक व्यवहार करना
   (*iii*) ध्यानपूर्वक आवाज़ सुनना। (*iv*) ध्यानपूर्वक बोलना।
3. *अधिक बोलने वाले क्या चाहते हैं?*
   (*i*) दूसरों की सहायता करना (*ii*) दूसरों को मार्गदर्शन देना
   (*iii*) दूसरों का अगुआ होना (*iv*) दूसरों पर हावी होना।
4. *अधिक बोलने वाले अभिभावकों के बच्चे–*
   (*i*) समझदार हो जाते हैं। (*ii*) विवेकी हो जाते हैं।
   (*iii*) भ्रम के शिकार हो जाते हैं। (*iv*) वाचाल हो जाते हैं।
5. *दूसरों को अनसुना करने वाले लोग–*
   (*i*) दूसरों को मूर्ख मानते हैं। (*ii*) दूसरों का मार्गदर्शन करते हैं।
   (*iii*) दूसरों की सहायता करते हैं। (*iv*) दूसरों को महत्त्व नहीं देते।
6. **कथन (A)** – *बच्चों के विकास के लिए कम बोलना अधिक अच्छा है।*
   कारण (R) – *कम बोलने से बच्चा स्वयं ही समझने का प्रयत्न करेगा।*
   विकल्प – (*i*) कथन असत्य किंतु कारण सत्य है। (*ii*) कथन सत्य किंतु कारण असत्य है।
   (*iii*) कथन और कारण दोनों सत्य हैं। (*iv*) कथन और कारण दोनों असत्य हैं।

34 श्वेत क्रांति का पशुपालन से निकट का संबंध है। श्वेत क्रांति का अर्थ है–डेयरी विकास कार्यक्रमों के द्वारा दूध के उत्पादन में वृद्धि। इसमें ग्रामीण क्षेत्रों में दूध का उत्पादन बढ़ाने पर विशेष बल दिया गया है। इसे 'ऑपरेशन फ्लड' के नाम से भी जाना जाता है। सरकार ने विदेशी नस्लों की गायों तथा स्थानीय गायों के संकरण से नई जातियों का विकास किया है। ये गायें अधिक दूध देती हैं। ग्रामीण क्षेत्रों में सहकारी समितियों का गठन इस क्रांति की सफलता की कुंजी है। गाँवों में दूध उत्पादकों ने अपने हितों की रक्षा के लिए इन समितियों का गठन किया है। ये समितियाँ दूध और उसके उत्पादों को इकट्ठा करके उसे बेचने का प्रबंध करती हैं। ये समितियाँ ऋण देती हैं तथा पशुओं की चिकित्सा भी करती हैं। यह आंदोलन गुजरात के खेड़ा जिले से प्रारंभ हुआ था, जहाँ से यह बड़ी तेजी से सारे राज्यों में फैल गया। इससे दूध की वितरण-व्यवस्था भी सुधरी है।

–159 शब्द [*CBSE 2017*]

प्रश्न–(क) *श्वेत क्रांति का प्रारंभ कहाँ से हुआ?*
(ख) *'ऑपरेशन फ्लड' किसे कहा जाता है?*
(ग) *श्वेत क्रांति किससे संबंधित है और इसका क्या अभिप्राय है?*
(घ) *कौन-सी गायें अधिक दूध देती हैं?*

बहुविकल्पी प्रश्न

1. *श्वेत क्रांति द्वारा भारत में क्या किया गया?*
   (*i*) ग्रामीण विकास (*ii*) दुग्ध-उत्पादन में वृद्धि
   (*iii*) खेती की उन्नति (*iv*) उत्पादन में वृद्धि।

2. *कौन-सी गायें अधिक दूध देती हैं?*

(*i*) स्वदेशी (*ii*) विदेशी

(*iii*) विदेशी और स्वेदशी के मेल से बनी गायें (*iv*) गुजराती।

3. *सहकारी समितियाँ क्या कार्य करती हैं?*

(*i*) दूध-उत्पादन (*ii*) दूध और उसके उत्पादों का संग्रह

(*iii*) ऋण देना और पशु-चिकित्सा (*iv*) ये सभी कार्य।

4. *सहकारी समितियों का कार्य किसने किया?*

(*i*) राज्य सरकारों ने (*ii*) केंद्र सरकार ने

(*iii*) ग्रामीण दुग्ध-उत्पादकों ने (*iv*) बड़ी-बड़ी कंपनियों ने।

5. *आपरेशन फ्लड का क्या लाभ हुआ है?*

(*i*) दूध-उत्पादन बढ़ा है। (*ii*) दूध-वितरण-व्यवस्था सुधरी है।

(*iii*) दूध-उत्पादकों के हितों की रक्षा हुई है। (*iv*) दूध अधिक बिकने लगा है।

6. **कथन (A)** – *गायों की नस्लों का मिश्रण लाभकारी है।*

कारण (R) – *इससे दूध का उत्पादन और वितरण सही होता है।*

विकल्प – (*i*) कथन और कारण दोनों सत्य हैं। (*ii*) कथन और कारण दोनों असत्य हैं।

(*iii*) कथन सत्य किंतु कारण भ्रामक है। (*iv*) कथन असत्य किंतु कारण सही है।

35 पुरुषार्थ मनुष्य का सर्वप्रथम कर्तव्य है। जो पुरुषार्थी हैं, जिसमें साहस, धैर्य, दृढ़ता, उत्साह, अध्यवसाय एवं संकल्प है, सफलता उसी को प्राप्त होती है। भाग्य भी ऐसे ही वीर पुरुषों का साथ देता है। पुरुषार्थ के अभाव में वह निरीह एवं कातर हो जाता है। भाग्य के भरोसे बैठना, मानव-प्रकृति के प्रतिकूल है। ऐसे व्यक्तियों को पग-पग पर कठिनाइयों एवं असफलताओं को मुँह देखना पड़ता है। भाग्यवादियों का तर्क है–'होइहिं सोइ जो राम रचि राखा।' ऐसे व्यक्ति मानते हैं कि भाग्य के लिखे को कोई भी मिटा नहीं सकता। भाग्यवादी कहते हैं कि एक ही क्षेत्र में समान परिश्रम करने पर भी दो व्यक्तियों को भिन्न-भिन्न फल केवल भाग्य के कारण ही प्राप्त होते हैं।

इसके विपरीत पुरुषार्थवादी ऐसे तर्कों को नहीं मानते। यदि अदृश्य की लिपि भाग्य है, तो लक्ष्य पूरा करने के लिए समस्त शक्तियों द्वारा किया गया परिश्रम पुरुषार्थ है। अथर्ववेद के अनुसार–'पुरुषार्थ मेरे दाएँ हाथ में है और सफलता बाएँ हाथ में।' 'अजगर करे न चाकरी पंछी करे न काम' के इस सिद्धांत को वे नहीं मानते। *–175 शब्द* [*CBSE 2016*]

प्रश्न–(क) *किस प्रकार के व्यक्ति को सफलता प्राप्त होती है?*

(ख) *भाग्य के भरोसे बैठना, मानव-प्रकृति के प्रतिकूल क्यों है?*

(ग) *'होइहिं सोइ जो राम रचि राखा' पंक्ति से क्या आशय है?*

(घ) *पुरुषार्थवादी किस सिद्धांत को नहीं मानते?*

बहुविकल्पी प्रश्न

1. *पुरुषार्थी का अर्थ स्पष्ट कीजिए।*

(*i*) कठोर (*ii*) पुरुषों से संबंधित (*iii*) मर्यादा पुरुषोत्तम (*iv*) परिश्रमी।

2. *मनुष्य कब बेचारा और दीन-हीन हो जाता है?*

(*i*) असफल होने पर (*ii*) पुरुषार्थ छोड़ने पर (*iii*) भाग्यवादी होने पर (*iv*) कठिनाइयों में।

3. *'होइहिं सोइ जो राम रचि राखा'–कौन ऐसा सोचते हैं?*

(*i*) भाग्यवादी (*ii*) भक्तजन (*iii*) पुरुषार्थी (*iv*) रामभक्त।

4. *अथर्ववेद किस बात पर बल देता है?*

(*i*) भाग्य पर (*ii*) विश्वास पर (*iii*) कर्म-फल पर (*iv*) भक्ति पर।

5. *यह तर्क कौन देते हैं?*

'अजगर करै न चाकरी, पंछी करे न काम'

(*i*) भाग्यवादी (*ii*) कर्मवादी (*iii*) पुरुषार्थवादी (*iv*) पुरुषार्थहीन।

6. **कथन (A)** – *भाग्यवादी परिश्रम करने से बचते हैं।*

कारण (R) – *फल भाग्य से ही मिलता है।*

विकल्प – (*i*) कथन और कारण सत्य हैं। (*ii*) कथन और कारण असत्य हैं।

(*iii*) कथन सत्य किंतु कारण असत्य है। (*iv*) कथन असत्य किंतु कारण सत्य है।

36 भारत में जनतंत्र की व्यवस्था प्राचीन है। बौद्ध साहित्य में बज्जियों की सभ्यता और शासन-प्रणाली का वर्णन है। वहाँ जनतंत्र की व्यवस्था थी। मालवा आदि प्रदेशों में भी इसी प्रकार की शासन-प्रणाली थी। चाणक्य के 'कौटिल्य अर्थशास्त्र' में पंचायती-राज और ग्राम-पंचायतों का वर्णन मिलता है। ग्राम-पंचायतों की यह व्यवस्था अंग्रेजों के आगमन तक रही। प्रेमचंद की 'पंच परमेश्वर' कहानी अंग्रेजों के समय में लिखी गई। उसमें भी पंचायती राज व्यवस्था का चित्रण है। उस समय की जनतंत्री भावना और आज की जनतंत्री व्यवस्था में मौलिक अंतर है। उस समय राजा भी होते थे। राजतंत्र को ठीक से चलाने के लिए निचले स्तरों पर पंचायतों की व्यवस्था होती थी। उनमें निर्वाचित प्रतिनिधि होते थे। वे प्रायः धनी परिवारों के होते थे। फिर भी पंचायतों में बिना भेदभाव कार्य होते थे। वह प्राचीन भारतीय जनतंत्र का रूप था। आज उस निर्वाचन की प्रथा का रूप बदल गया है। आज कोई भी व्यक्ति निर्वाचन में भाग ले सकता है? *–160 शब्द [CBSE 2016]*

प्रश्न–(क) *प्राचीन भारत में जनतंत्र की व्यवस्था होने का एक प्रमाण दीजिए।*

(ख) *चाणक्य के समय में जनतंत्र किस रूप में विद्यमान था?*

(ग) *सिद्ध कीजिए कि अंग्रेजों के राज में भी पंचायत प्रणाली विद्यमान थी?*

(घ) *पहले की जनतंत्र प्रणाली और आज की प्रणाली में मौलिक अंतर क्या है?*

बहुविकल्पी प्रश्न

1. *भारत की सबसे प्राचीन जनतंत्र व्यवस्था कहाँ थी?*

(*i*) बौद्धकाल में (*ii*) चाणक्य-काल में

(*iii*) मालवा प्रदेशों में (*iv*) अंग्रेजों से पहले।

2. *इसका क्या प्रमाण है कि अंग्रेज़ों के काल में भारत में पंचायत-व्यवस्था थी?*

(*i*) इतिहास (*ii*) चाणक्य

(*iii*) प्रेमचंद के कथन (*iv*) प्रेमचंद की कहानी 'पंच परमेश्वर'।

3. *प्राचीन पंचायती व्यवस्था को कौन चलाते थे?*

(*i*) राजा (*ii*) धनी लोग (*iii*) आम लोग (*iv*) शिक्षित जन।

4. *वर्तमान में पंचायती राज-व्यवस्था का संचालन कौन करते हैं?*

(*i*) आम लोग (*ii*) राजा (*iii*) धनी लोग (*iv*) सुशिक्षित लोग।

5. *पहले की पंचायती व्यवस्था में निर्णय किस प्रकार के हुआ करते थे?*

(*i*) धनियों के पक्ष में (*ii*) भेदभाव-रहित (*iii*) भेदभावपूर्ण (*iv*) अन्यायपूर्ण।

6. **कथन (A)** – *भारत में प्रजातंत्र बहुत प्राचीन है।*

कारण (R) – *यहाँ निर्वाचित पंचों वाली पंचायतें होती थीं।*

विकल्प – (*i*) कथन और कारण दोनों असत्य हैं। (*ii*) कथन और कारण दोनों सत्य हैं।
(*iii*) कथन सत्य किंतु कारण असत्य है। (*iv*) कथन असत्य किंतु कारण सत्य है।

37 शिक्षा व्यक्ति और समाज दोनों के विकास के लिए अनिवार्य है। अज्ञान के अंधकार में जीना तो मृत्यु से भी अधिक कष्टकर है। ज्ञान के प्रकाश से ही जीवन के रहस्य खुलते हैं और हमें अपनी पहचान मिलती है। शिक्षा मनुष्य को मस्तिष्क और देह का उचित प्रयोग करना सिखाती है। वह शिक्षा जो मानव को पाठ्य-पुस्तकों के ज्ञान के अतिरिक्त कुछ गंभीर चिंतन न दे, व्यर्थ है। यदि हमारी शिक्षा सुसंस्कृत, सभ्य, सच्चरित्र एवं अच्छे नागरिक नहीं बना सकती, तो उससे क्या लाभ? सहृदय, सच्चा परंतु अनपढ़ मजदूर उस स्नातक से कहीं अच्छा है जो निर्दय व चरित्रहीन है। संसार के सभी वैभव व सुख साधन भी मनुष्य को तब तक सुखी नहीं बना सकते जब तक कि मनुष्य को आत्मिक ज्ञान न हो। हमारे कुछ अधिकार व उत्तरदायित्व भी हैं। शिक्षित व्यक्ति को अपने उत्तरदायित्वों और कर्तव्यों का उतना ही ध्यान रखना चाहिए जितना कि उत्तरदायित्वों का; क्योंकि उत्तरदायित्व निभाने और कर्तव्य करने के बाद ही हम अधिकार पाने के अधिकारी बनते हैं। –165 शब्द [*CBSE 2015*]

प्रश्न–(क) *शिक्षा मनुष्य को क्या लाभ प्रदान करती है?*
(ख) *कौन-सी शिक्षा व्यर्थ है?*
(ग) *किस स्थिति में एक मजदूर भी शिक्षित स्नातक से बेहतर हो जाता है?*
(घ) *शिक्षित व्यक्ति को किस बात का सदा ध्यान रखना चाहिए?*

बहुविकल्पी प्रश्न

1. *शिक्षा मनुष्य को क्या देती है?*

(*i*) आजीविका (*ii*) सम्मान (*iii*) गुण (*iv*) संस्कार।

2. *कौन अधिक अच्छा है?*

(*i*) सुशिक्षित किंतु बेईमान (*ii*) सुशिक्षित किंतु लोभी
(*iii*) अनपढ़ किंतु लोभी (*iv*) अनपढ़ किंतु सच्चरित्र।

3. *व्यक्ति को किसका ध्यान अधिक रखना चाहिए?*

(*i*) अधिकारों का (*ii*) कर्तव्यों का
(*iii*) दोनों का (*iv*) अपने संस्कारों का।

4. *कौन-सी शिक्षा व्यर्थ है, जो–*

(*i*) रोटी न दे सके। (*ii*) पुस्तकीय ज्ञान न दे सके।
(*iii*) नौकरी न दे सके। (*iv*) गंभीर चिंतन न दे।

5. *संसार के सभी सुख किसके बिना सुख नहीं दे सकते?*

(*i*) संस्कार के बिना (*ii*) शिक्षा के बिना
(*iii*) आत्मिक ज्ञान के बिना (*iv*) आजीविका के बिना।

6. **कथन (A)** – *सच्ची शिक्षा रोजगार पर केंद्रित होती है।*

कारण (R) – *शिक्षा का लक्ष्य मनुष्य को सच्चरित्र बनाना है।*

विकल्प – (*i*) कथन और कारण दोनों सत्य हैं। (*ii*) कथन और कारण दोनों असत्य हैं।
(*iii*) कथन सत्य किंतु कारण असत्य है। (*iv*) कथन असत्य किंतु कारण सत्य है।

2. अपठित काव्यांश

अपठित काव्यांश का अर्थ है—कविता का ऐसा अंश जिसे आपने अपनी हिंदी की पाठ्यपुस्तक में नहीं पढ़ा है। इसके अंतर्गत परीक्षार्थियों को कोई कविता दी जाएगी। उसके नीचे उससे संबंधित प्रश्न पूछे जाएँगे।

☞ हमने यहाँ दोनों प्रकार के प्रश्नोत्तर दे दिए हैं ताकि विद्यार्थियों को गत परीक्षाओं का स्वरूप पता चल जाए और वे अपेक्षित उत्तरों के अनुमान कर सकें। हमने अधिक ध्यान नई परीक्षा-प्रणाली पर दिया है। उसके अनुसार, गत परीक्षाओं में पूछे गए काव्यांशों के नए प्रश्नोत्तर बना दिए हैं। हमें विश्वास है कि विद्यार्थी इनके अभ्यास से वार्षिक परीक्षा अधिक आत्मविश्वास से दे पाएँगे।

हल करने की विधि— पहले कविता को पूरे मनोयोग से पढ़िए। उसका आनंद लीजिए। दूसरी बार उसके अर्थ को ध्यान में रखते हुए पढ़िए। यदि कविता कुछ कठिन जान पड़े तो उसे बार-बार पढ़िए, ताकि उसका अर्थ समझ में आ जाए।

इस दौरान कविता के नीचे दिए हुए प्रश्नों को पढ़िए। अब फिर से कविता पर ध्यान दीजिए। जिस-जिस प्रश्न का उत्तर मिलता चला जाए, उस प्रश्न पर ✓ तथा उसके उत्तर को रेखांकित कर दीजिए।

अब देखिए कि कितने प्रश्नों के उत्तर देने रह गए। ये प्रश्नोत्तर जरूर कुछ कठिन, अस्पष्ट तथा सांकेतिक होंगे। इन्हें हल करने के लिए फिर-से कविता को पूरी तरह पढ़िए तथा उनके उत्तर खोजिए।

ध्यान करें— • आवश्यक नहीं कि आपको पूरी कविता का एक-एक शब्द समझ में आए। अगर आपको मुख्य भाव समझ में आ जाए तो भी काम चल सकता है।

• यदि कविता समझ ही न आ रही हो तो आप स्वयं से प्रश्न करें कि—

मैं क्या पढ़ रहा हूँ?
किसके बारे में पढ़ रहा हूँ?

• प्रश्नों के उत्तर बिल्कुल सटीक तथा स्पष्ट दें। कई बार कविता में प्रतीकों का प्रयोग होता है। उनके अर्थ अनेक होते हैं। अतः प्रतीकों का अर्थ देते समय एक से अधिक शब्दों का प्रयोग भी कर सकते हैं। *उदाहरणतया—*

सामने कुहरा घना है
और मैं सूरज नहीं हूँ।

इस काव्यांश में 'कुहरा' कुहरा न होकर प्रतीक है। यह प्रतीक निराशा, संकट, समस्या, युद्ध आदि किसी का भी हो सकता है। इसी प्रकार 'सूरज' प्रतीक है। यह आशा, उत्साह, ज्ञान, समाधान आदि किसी का प्रतीक हो सकता है। ऐसे स्थलों पर आप लिख सकते हैं—

यहाँ कुहरा निराशा अर्थात् घनघोर समस्याओं का प्रतीक है।
यहाँ सूरज आशा अर्थात् समस्याओं के समाधान का प्रतीक है।

निम्नलिखित अपठित काव्यांशों को पढ़कर नीचे दिए गए प्रश्नों के उत्तर दीजिए–

1

सँभलो कि सुयोग न जाय चला,
कब व्यर्थ हुआ सदुपाय भला
समझो जग को न निरा सपना
पथ आप प्रशस्त करो अपना
अखिलेश्वर है अवलंबन को
नर हो, न निराश करो मन को।
जब प्राप्त तुम्हें सब तत्त्व यहाँ
फिर जा सकता वह सत्त्व कहाँ
तुम स्वत्त्व सुधा रस पान करो
उठके अमरत्व विधान करो
दवरूप रहो भव कानन को
नर हो न निराश करो मन को।
निज गौरव का नित ज्ञान रहे
हम भी कुछ हैं यह ध्यान रहे
मरणोत्तर गुंजित गान रहे
सब जाय अभी पर मान रहे
कुछ हो न तजो निज साधन को
नर हो, न निराश करो मन को।
प्रभु ने तुमको कर दान किए,
सब वांछित वस्तु विधान किए
तुम प्राप्त करो उनको न अहो
फिर है यह किसका दोष कहो
समझो न अलभ्य किसी धन को
नर हो, न निराश करो मन को।

(*CBSE 2023*)

प्रश्न–

1. *प्रस्तुत पद्यांश में मनुष्य को किस हेतु प्रेरित किया गया है?*
   (क) मन को एकाग्र करने हेतु
   (ख) शरीर को स्वस्थ रखने हेतु
   (ग) मन को आशान्वित रखने हेतु
   (घ) ईश्वर के शरण में जाने हेतु
2. *'पथ आप प्रशस्त करो अपना' का आशय है–*
   (क) जीवन का मार्ग ईश्वर दिखाएँ
   (ख) जीवन का मार्ग माता-पिता सुझाएँ
   (ग) जीवन का मार्ग स्वयं बनाएँ
   (घ) जीवन का मार्ग मित्र बताएँ
3. *पद्यांश में 'मृत्यु के उपरांत भी कीर्ति बनी रहे'*
   इस भाव को व्यक्त करने वाली पंक्ति है–
   (क) निज गौरव का नित ज्ञान रहे
   (ख) सब जाय अभी पर मान रहे
   (ग) हम भी कुछ हैं यह ध्यान रहे
   (घ) मरणोत्तर गुंजित गान रहे
4. *पद्यांश में किन चीज़ों को प्राप्त नहीं करने के लिए मनुष्य को दोषी माना गया है?*
   (क) प्रकृति से उपलब्ध सुविधाओं को
   (ख) भाग्य से प्राप्त वरदानों को
   (ग) मनोवांछित वस्तुओं को
   (घ) अलभ्य, परिश्रम से प्राप्त वस्तुओं को
5. *'प्रभु ने तुमको कर दान किए' पंक्ति के द्वारा कवि क्या प्रेरणा देता है?*
   (क) आलसी बने रहने के लिए
   (ख) परिश्रम करने के लिए
   (ग) भाग्य पर आश्रित रहने के लिए
   (घ) चलने-फिरने के लिए

उत्तर– 1. (ग) 2. (ग) 3. (घ) 4. (घ) 5. (ख)

2

प्यारे बच्चो! हम तुम्हारे काम नहीं आ सके।
तुम चाहते थे हमारा कीमती समय तुम्हारे
खेलों में व्यतीत हो।
तुम चाहते थे
हम तुम्हें अपने खेलों में शामिल करें।
तुम चाहते थे कि हम तुम्हारी तरह मासूम बन जाएँ।
प्यारे बच्चो! हमने ही तुम्हें बताया था।
जीवन एक युद्ध स्थल है
जहाँ लड़ते ही रहना होता है।
हम ही थे जिन्होंने हथियार पैने किए।
हमने ही छेड़ा युद्ध।
हम ही थे जो क्रोध और घृणा से बौखलाते थे।
प्यारे बच्चो! हमने तुमसे झूठ कहा था।
प्यारे बच्चो! जीवन एक उत्सव है
जिसमें तुम हँसी की तरह फैले हो
जीवन एक हरा पेड़ है जिस पर तुम
चिड़ियों की तरह फड़फड़ाते हो
जैसा कि कुछ कवियों ने कहा है
जीवन एक उछलती गेंद है और
तुम उसके चारों ओर एकत्र
चंचल पैरों की तरह हो
प्यारे बच्चो! अगर ऐसा नहीं है तो
होना चाहिए। *(CBSE 2022)*

प्रश्न–

1. *कवि को क्यों लगता है कि बड़े बच्चों के काम नहीं आ सके?*
   (क) वे बच्चों की अपेक्षाओं पर खरे नहीं उतरे।
   (ख) वे बच्चों के खेल में शामिल नहीं हो सके।
   (ग) उन्होंने बच्चों को अपने खेलों में शामिल नहीं किया।
   (घ) वे बच्चों की तरह मासूम नहीं बन सके।
2. *बड़ों ने बच्चों से क्या झूठ कहा था?*
   (क) समय कीमती है खेलों में नहीं व्यतीत करो।
   (ख) जीवन एक युद्ध स्थल है जहाँ लड़ते रहना होता है।
   (ग) हम सब एक समान मासूम और भोले हैं।
   (घ) दुनिया में जीने के लिए युद्ध जरूरी है।
3. *कवि जीवन को किस-किस रूप में देख रहा है?*
   (*i*) उत्सव (*ii*) हरा पेड़ (*iii*) उछलती गेंद
   उपरोक्त विकल्पों के लिए नीचे दिए गए विकल्पों में से सही विकल्प का चयन कीजिए–
   (क) (*i*), (*ii*) और (*iii*) (ख) (*i*) और (*iii*)
   (ग) (*ii*) और (*iii*) (घ) (*i*) और (*ii*)
4. *कवि बच्चों के लिए कैसी दुनिया चाहता है?*
   (क) प्रसन्नता और संभावनाओं की सीमा वाली (ख) युद्ध और संघर्ष से भरी हुई
   (ग) प्रसन्नता, संभावनाओं और मासूमियत से भरी-पूरी (घ) आनंद, उत्सव और गेंद के खेल वाली
5. *बड़ों की दुनिया बच्चों की दुनिया से भिन्न किस प्रकार है?*
   (क) बड़ों की दुनिया में जिम्मेदारियाँ हैं जबकि बच्चे खेल-कूद में मगन होते हैं।
   (ख) बड़ों की दुनिया के खेल जटिल हैं और बच्चों की दुनिया के बेहद सरल।
   (ग) बड़ों की दुनिया ख़तरों से भरी है जबकि बच्चों की मासूमियत से।
   (घ) बड़ों की दुनिया स्वार्थ के संघर्षों से भरी है जबकि बच्चों की दुनिया मासूमियत से।

6. *तार्किक क्षमता वाले प्रश्नोत्तर*

कथन (A) – *हम लोग बच्चों को सही दिशा नहीं दे रहे।*

कारण (R) – *हमने बच्चों को आनंद की बजाय युद्ध में झौंका।*

(क) कथन असत्य है और कारण भी असत्य है। (ख) कथन सत्य है और कारण भी सत्य है।

(ग) कथन सत्य है किंतु कारण असत्य है। (घ) कथन असत्य है किंतु कारण सत्य है।

उत्तर– 1. (क) 2. (ख) 3. (क) 4. (घ) 5. (घ) 6. (ख)

3 बहुत घुटन है बंद घरों में, खुली हवा तो आने दो
संशय की खिड़कियाँ खोल, किरनों को मुस्काने दो।

ऊँचे-ऊँचे भवन उठ रहे, पर आँगन का नाम नहीं
चमक-दमक, आपा-धापी है, पर जीवन का नाम नहीं
लौट न जाए सूर्य द्वार से, नया संदेशा लाने दो।

हर माँ अपना राम जोहती, कटता क्यों वनवास नहीं
मेहनत की सीता भी भूखी, रुकता क्यों उपवास नहीं।
बाबा की सूनी आँखों में चुभता तिमिर भगाने दो।

हर उदास राखी गुहारती, भाई का वह प्यार कहाँ?
डरे-डरे रिश्ते भी कहते, अपनों का संसार कहाँ?
गुमसुम कलियों को मिलने दो, खुशबू तो बिखराने दो। *–99 शब्द (CBSE 2019)*

प्रश्न–(क) *'ऊँचे-ऊँचे भवन उठ रहे, पर आँगन का नाम नहीं'*– पंक्ति का आशय स्पष्ट कीजिए।

(ख) *सूर्य द्वार से ही क्यों लौट जाएगा?*

(ग) *आज रिश्तों के डरे-डरे होने का कारण आप क्या मानते हैं?*

(घ) *'तिमिर' शब्द का अर्थ लिखिए।*

उत्तर–(क) आज बहुमंजिली इमारतें बन रही हैं जिनमें लोगों के पास खेलने-कूदने और इकट्ठे बैठने के लिए आँगन नहीं है। परिणामस्वरूप घरों से आत्मीयता समाप्त हो रही है।

(ख) बहुमंजिली इमारतों में अनेक घर ऐसे हैं जिनमें सूरज की रोशनी नहीं पहुँच पाती। अतः सूरज को बेबस होकर घर से वापस लौटना पड़ता है।

(ग) रिश्तों के डरे-डरे होने का कारण यह है कि आज परिवारों में आपसी प्यार और लगाव नहीं रहा। हर किसी को डर लगा रहता है कि इस सीमित संसार में कहीं उसके प्यारे मुँह न मोड़ ले।

(घ) अंधकार।

बहुविकल्पी प्रश्नोत्तर

1. *'खुली हवा' से क्या आशय है?*

(क) प्रेम संबंध (ख) उदार भावनाएँ

(ग) मानवतावादी विचार (घ) आनंद के अवसर।

2. *कवि आँगन न होने से क्यों चिंतित है?*

(क) खुलापन नहीं रहता (ख) पारिवारिक स्नेह नहीं रहता

(ग) खेलने का स्थान नहीं रहता (घ) हवा नहीं आती।

3. *'हर माँ अपना राम जोहती' से क्या आशय है?*

(क) हर व्यक्ति अपनी प्रिय आकांक्षा पूरी करना चाहता है (ख) हर माँ को अपने बेटे का सुख चाहिए

(ग) हर माँ अपने बेटे को राम बनाना चाहती है (घ) हर माँ राम की भक्ति करती है।

4. *'मेहनत की सीता भी भूखी' का प्रतीकार्थ स्पष्ट कीजिए–*

(क) सीता मेहनत करके भी भूखी है (ख) मेहनती सीता अभी तक भूखी है

(ग) मेहनत करने वाले लोग भूखे और बेबस हैं (घ) सीता उपवास के कारण भूखी है।

5. *सखी उदास क्यों हैं?*

(क) बहन का भाई उससे दूर है (ख) भाई उसके पास आ नहीं पा रहा

(ग) बहन के मन में भाई के प्रति प्रेम नहीं है (घ) भाई के मन में बहन के प्रति प्रेम नहीं है।

6. **कथन (A)** – *'बहुत घुटन है बंद घरों में' प्रतीकात्मक पंक्ति है।*

कारण (R) – *इसका मूल भाव बंद मकान न होकर, पारिवारिक संबंधों के लिए है।*

विकल्प – (क) कथन सही है किंतु कारण गलत है। (ख) कथन गलत है किंतु कारण सही है।

(ग) कथन और कारण दोनों सही हैं। (घ) कथन और कारण दोनों गलत हैं।

उत्तर– 1. (ख) 2. (ख) 3. (क) 4. (ग) 5. (घ) 6. (ग)

4 मेरा माँझी मुझसे कहता रहता था
बिना बात तुम नहीं किसी से टकराना।
पर जो बार-बार बाधा बन के आएँ
उनके सिर को वहीं कुचल कर बढ़ जाना।
जानबूझ जो मेरे पथ में आती हैं
भवसागर की चलती-फिरती चट्टानें।
मैं इनसे जितना ही बचकर चलता हूँ
उतनी ही मिलती हैं, ये ग्रीवा ताने।
रख अपनी पतवार, कुदाली को लेकर
तब मैं इनका उन्नत भाल झुकाता हूँ।
राह बनाकर नाव चढ़ाए जाता हूँ
जीवन की नैया का चतुर खिवैया मैं
भवसागर में नाव बढ़ाए जाता हूँ।

–85 शब्द (CBSE 2019)

प्रश्न–(क) *राह में आने वाली बाधाओं के साथ कवि कैसा व्यवहार करता है?*

(ख) *कवि ने हमें क्या प्रेरणा दी है? स्पष्ट कीजिए।*

(ग) *कवि ने अपना माँझी किसे कहा है?*

(घ) *'उन्नत भाल' का क्या आशय है?*

उत्तर–(क) कवि राह में आने वाली बाधाओं को कुचलकर आगे बढ़ जाता है। वह बाधाओं से बचने की बजाय उन्हें नष्ट करता है।

(ख) कवि ने हमें यह प्रेरणा दी है कि जीवन में किसी का बिना बात विरोध मत करो; किंतु अपने रास्ते में आने वाली बाधाओं को पूरी तरह नष्ट करके आगे बढ़ जाओ।

(ग) कवि ने अपनी अंतरात्मा को अपना माँझी अर्थात पथ-प्रदर्शक कहा है।

(घ) 'उन्नत भाल' का आशय है– बढ़ा हुआ अभिमान; शत्रुओं का घमंड।

बहुविकल्पी प्रश्नोत्तर

1. *यहाँ माँझी कौन है?*

(क) मल्लाह (ख) गुरु (ग) अंतरात्मा (घ) माता-पिता

2. *पथ के बाधकों के लिए कवि ने क्या कहा है?*

(क) उन्हें कुचल देना चाहिए

(ख) उनसे बचकर चलना चाहिए

(ग) उनसे टकराना नहीं चाहिए

(घ) वे रास्ता न दें तो उन्हें कुचलकर आगे बढ़ जाना चाहिए।

3. *बाधाओं से बचकर चलने की क्या हानि होती है?*

(क) बाधाएँ मुँहजोर हो जाती हैं (ख) बाधाएँ ठहाका मारकर हँसती हैं

(ग) बाधाएँ पथिक का उपहास करती हैं (घ) बाधाएँ निराश हो जाती हैं।

4. *पतवार और कुदाली किस-किसके प्रतीक हैं?*

(क) विकास के साधन (ख) विनाश के साधन

(ग) उपचार के साधन (घ) विकास और विनाश के साधन।

5. *कुदाली किस काम आती है?*

(क) तोड़-फोड़ के (ख) निर्माण के (ग) खुदाई के (घ) आगे बढ़ने के।

6. **कथन (A)** – *कवि हिंसा का समर्थक है।*

कारण (R) – *दुष्टों की दुष्टता से निपटने का यही उपाय है।*

विकल्प – (क) कथन सही है और कारण भी सही है।

(ख) कथन गलत है और कारण भी गलत है।

(ग) कथन गलत है और किंतु कारण सही है।

(घ) कथन सही है किंतु कारण गलत है।

उत्तर– 1. (ग) 2. (घ) 3. (क) 4. (घ) 5. (क) 6. (ग)

5 मैं तो मात्र मृत्तिका हूँ–
जब तुम
मुझे पैरों से रौंदते हो
तथा हल के फाल से विदीर्ण करते हो
तब मैं–

धन-धान्य बनकर मातृरूपा हो जाती हूँ।
जब तुम
मुझे हाथों से स्पर्श करते हो
तथा चाक पर चढ़ाकर घुमाने लगते हो
तब मैं–
कुंभ और कलश बनकर
जल लाती तुम्हारी अंतरंग तुम्हारी प्रिया हो जाती हूँ।
जब तुम मुझे मेले में मेरे खिलौने रूप पर
आकर्षित होकर मचलने लगते हो
तब मैं–
तुम्हारे शिशु हाथों में पहुँच प्रजारूपा हो जाती हूँ।
पर जब भी तुम
अपने पुरुषार्थ-पराजित स्वत्व से मुझे पुकारते हो
तब मैं–
अपने ग्राम्य देवत्व के साथ चिन्मयी शक्ति हो जाती हूँ
(प्रतिमा बन तुम्हारी आराध्या हो जाती हूँ)
विश्वास करो
यह सबसे बड़ा देवत्व है, कि–
तुम पुरुषार्थ करते मनुष्य हो
और मैं स्वरूप पाती मृत्तिका। *–131 शब्द* (*CBSE 2019*)

प्रश्न–(क) *मिट्टी मातृरूपा बनने से पहले क्या-क्या कष्ट उठाती है?*

(ख) *मिट्टी के प्रिया रूप किन्हें माना है? इनमें कौन माध्यम बनता है?*

(ग) *सबसे बड़ा देवत्व किसे माना गया है?*

उत्तर–(क) मिट्टी मातृरूपा बनने के लिए पहले परिश्रमी मानवों द्वारा रौंदी जाती है, कुचली जाती है। तभी वह माँ के रूप में अपनी फसलें उपजाती है।

(ख) मिट्टी की सुराही और कलश उसके प्रिया रूप हैं। इन्हें प्रिया रूप में ढालने का काम कुम्हार करता है। वह मिट्टी को प्यार से स्पर्श करके मोहक रूप प्रदान करता है।

(ग) सबसे बड़ा देवत्व है– मनुष्य का पुरुषार्थ करना और प्रकृति का नित नूतन सृजन करना।

बहुविकल्पी प्रश्नोत्तर

1. *'मृत्तिका' किसकी प्रतीक है?*

(क) मिट्टी की (ख) निर्माण की (ग) निर्माता की (घ) साधन की।

2. *इस कविता का 'तुम' कौन है?*

(क) मनुष्य (ख) अत्याचारी (ग) निर्माता (घ) पुरुषार्थी मनुष्य।

3. *'मृत्तिका' 'मातृरूपा' कब बनती है?*

(क) जब उसे पैरों से रौंदा जाता है (ख) जब उसे हल की फाल से विदीर्ण किया जाता है

(ग) जब वह धन-धान्य से परिपूर्ण हो जाती है। (घ) जब वह दूध पिलाने लगती है।

4. *कलश बनाने में कवि मृत्तिका का कौन-सा रूप देखता है?*

(क) माँ का (ख) प्रिया का (ग) पत्नी का (घ) देवी का।

5. *मनुष्य का सबसे बड़ा देवत्व किसमें है?*

(क) श्रद्धा में (ख) स्नेह में (ग) पुरुषार्थ में (घ) प्रार्थना में।

6. **कथन (A)** – *फसल प्राप्त करने के लिए परिश्रम ही अनिवार्य है।*

कारण (R) – *परिश्रम के बिना फसलें नहीं पैदा हो सकतीं।*

विकल्प – (क) कथन और कारण दोनों सत्य हैं। (ख) कथन और कारण दोनों असत्य हैं।

(ग) कथन सत्य है किंतु कारण भ्रामक है। (घ) कथन भ्रामक है किंतु कारण सत्य है।

उत्तर– 1. (घ) 2. (घ) 3. (ग) 4. (ख) 5. (ग) 6. (घ)

6

ज्यों निकल कर बादलों की गोद से
थी अभी इक बूँद कुछ आगे बढ़ी।
सोचने फिर-फिर यही जी में लगी
आह! क्यों घर छोड़कर मैं यों बढ़ी।
देव! मेरे भाग्य में है क्या बदा
मैं बचूँगी या मिलूँगी धूल में।
या जलूँगी गिर अँगारे पर किसी
चू पड़ूँगी या कमल के फूल में।

बह गई उस काल इक ऐसी हवा
वह समंदर ओर आई अनमनी
एक सुंदर सीप का मुँह था खुला
वह उसी में जा पड़ी, मोती बनी।
लोग यों ही हैं झिझकते सोचते
जबकि उनको छोड़ना पड़ता है घर
किंतु घर का छोड़ना अक्सर उन्हें
बूँद सम कुछ और ही देता है कर।

–105 शब्द (CBSE 2019)

प्रश्न–(क) *बादलों से निकलते समय बूँद के मन में क्या-क्या विचार उठ रहे थे?*

(ख) *बूँद के माध्यम से कवि ने किन लोगों का वर्णन किया है?*

(ग) *काव्यांश में 'आह' शब्द किस भाव को प्रकट करता है?*

(घ) *बूँद समुद्र की ओर अनमने भाव से क्यों आई?*

उत्तर–(क) बादलों से निकलते समय बूँद के मन में भय और आशंका के भाव थे। उसे डर था कि कहीं धरती पर जाकर उसे असहनीय कष्ट न उठाने पड़ें।

(ख) बूँद के माध्यम से कवि ने उन लोगों का वर्णन किया है जो पहली बार घर से बाहर निकल कर अनजाने कार्य-क्षेत्र में निकलते हैं।

(ग) 'आह' शब्द कष्टवाचक है। बूँद जीवन में आने वाली मुसीबतों से घबराकर कल्पना ही कल्पना में आह करने लगती है।

(घ) बूँद के मन में इतने विशाल समुद्र में मिल जाने की कोई चाह नहीं थी। इसलिए वह हवा के झोंके के कारण अनमने ढंग से समुद्र की ओर बढ़ी।

बहुविकल्पी प्रश्नोत्तर

1. *आह! शब्द किस भाव को व्यक्त करता है?*

(क) दुःख का भाव (ख) खुशी का भाव (ग) सुख का भाव (घ) बुझे मन का भाव।

2. *बूँद की चिंता का विषय क्या है?*

(क) गिरने का डर (ख) अतीत के बुरे ख्याल (ग) वर्तमान स्थिति (घ) भविष्य की चिंता।

3. *बूँद के साथ किन लोगों की समानता दिखाई देती है?*

(क) जो अनिश्चय की स्थिति में रहते हैं। (ख) जो निराश हैं।

(ग) जो वर्तमान से घिरे रहते हैं। (घ) जो आलसी हैं।

4. *कवि ने किस सोच पर बल दिया है?*

(क) डर की सोच (ख) गलत विचारों की सोच

(ग) सकारात्मक सोच (घ) दुःख मनाने की सोच।

5. *मोती बनने का क्या आशय है?*

(क) सुखद अहसास होना (ख) लक्ष्य मिलना

(ग) जीवन का अंत होना (घ) अधूरी मंजिल मिलना।

6. **कथन (A)** – *खतरा मोल लेने वालों को मोती मिलते हैं।*

कारण (R) – *मोती किसी परिश्रमी की प्रतीक्षा करते हैं।*

विकल्प – (क) कथन सत्य है किंतु कारण असत्य है।

(ख) कथन असत्य है किंतु कारण सत्य है।

(ग) कथन सत्य है और कारण भी सत्य है।

(घ) कथन असत्य है और कारण भी असत्य है।

उत्तर– 1. (क) 2. (घ) 3. (क) 4. (ग) 5. (ख) 6. (क)

7 लहरों में हलचल होती है....
कहीं न ऐसी आँधी आए
जिससे दिवस रात हो जाए
यही सोचकर चकवी बैठी तट पर धीरज खोती है।
लहरों में हलचल होती है....

लो, वह आई आँधी काली
तम-पथ पर भटकने वाली
अभी गा रही थी जो कलिका पड़ी भूमि पर सोती है।
लहरों में हलचल होती है....
चक्र-सदृश भीषण भँवरों में
औ' पर्वताकार लहरों में
एकाकी नाविक की नौका अंतिम चक्कर लेती है।
लहरों में हलचल होती है....

–75 शब्द (CBSE 2019)

प्रश्न–(क) *चकवी तट पर बैठकर अपना धैर्य क्यों खो रही है?*

(ख) *लहरों में हलचल होने का क्या तात्पर्य है?*

(ग) *कोमल कली बेसुध होकर धरती पर क्यों पड़ी है?*

उत्तर–(क) चकवी दिन में ही अपने चकवे से मिलती है। रात होने पर वह चकवे से बिछुड़ जाती है। इसलिए वह लहरों की हलचल और आँधी को आता देखकर धैर्य खो बैठती है।

(ख) लहरों में हलचल होने का आशय है– आँधी आने की आशंका या कुछ अनहोनी होने का डर।

(ग) आँधी के तेज झोंके का धक्का खाकर कोमल कली अपनी डाल से कट गई और धरती पर गिर पड़ी।

बहुविकल्पी प्रश्नोत्तर

1. *लहरों में हलचल किसकी प्रतीक है?*

   (क) उमंग की (ख) खुशी की (ग) दुख की (घ) विजय की।

2. *चकवी रात होने से क्यों डर रही है?*

   (क) उसे दीखना बंद हो जाएगा। (ख) वह चकवे से बिछुड़ जाएगी।

   (ग) उसका आवागमन बंद हो जाएगा। (घ) उस पर आक्रमण हो जाएगा।

3. *कलिका भूमि पर क्यों सोई पड़ी है?*

   (क) रात हो जाने के कारण (ख) दुख के कारण (ग) वियोग के कारण (घ) मृत्यु के कारण।

4. *'चक्र-सदृश भीषण भँवरों में' में कौन-सा अलंकार है?*

   (क) उपमा (ख) अनुप्रास

   (ग) रूपक (घ) उपमा और अनुप्रास।

5. *पर्वताकार लहरें किसकी प्रतीक हैं?*

   (क) विनाश की (ख) नए प्रभात की (ग) नए विकास की (घ) भीषण भय की।

6. **कथन (A)** – *लहरों में हलचल होना अशुभ का लक्षण है।*

   कारण (R) – *उसके कारण चारों ओर भय, निराशा और मृत्यु का वातावरण है।*

   विकल्प – (क) कथन और कारण दोनों सत्य हैं। (ख) कथन और कारण दोनों असत्य हैं।

   (ग) कथन सत्य किंतु कारण असत्य है। (घ) कथन असत्य किंतु कारण सत्य है।

7. **कथन (A)** – *अंतिम चक्कर लेने का आशय है–अब वह पार उतर जाएगी।*

   कारण (R) – *नाव का काम ही पार उतारना है।*

   विकल्प – (क) कथन और कारण दोनों सत्य हैं। (ख) कथन और कारण दोनों असत्य हैं।

   (ग) कथन सत्य किंतु व्याख्या गलत है। (घ) कथन असत्य किंतु व्याख्या सत्य है।

उत्तर– 1. (ग) 2. (ख) 3. (क) 4. (घ) 5. (क) 6. (क) 7. (ख)

8 वीर जवानो, सुनो तुम्हारे सम्मुख एक सवाल है।
जिस धरती को तुमने सींचा
अपने खून-पसीनों से
हार गई दुश्मन की गोली
वज्र सरीखे सीनों से।
जब-जब उठीं तुम्हारी बाँहें, होता वश में काल है।
जिस धरती के लिए सदा
तुमने सब कुछ कुर्बान किया
शूली पर चढ़-चढ़ हँस-हँस कर
कालकूट का पान किया।
जब-जब तुमने कदम बढ़ाया, हुई दिशाएँ लाल हैं।
उस धरती को टुकड़े-टुकड़े
करना चाह रहे दुश्मन
बड़े गौर से अजब तुम्हारी
चुप्पी थाह रहे दुश्मन
जाति-पाँति, वर्गों-फिरकों के वह फैलाता जाल है।
कुछ देशों की लोलुप नजरें
लगी तुम्हारी ओर हैं
कुछ अपने ही जयचंदों के
मन में बैठा चोर है।
सावधान कर दो उसको जो पहने कपटी खाल है। *—113 शब्द (CBSE 2018)*

प्रश्न– (क) *सीनों को किसके समान बताया गया है?*
(ख) *काल वश में कब होता है?*
(ग) *दुश्मन किस धरती के टुकड़े करना चाह रहे हैं?*
(घ) *'लोलुप' का क्या अर्थ है?*

उत्तर– (क) सीनों को व्रज के समान कठोर बताया गया है।
(ख) जब भारतीय सैनिक युद्ध में शत्रुओं के सामने मोर्चा सँभालते हैं तो वे काल को भी वश में कर लेते हैं। वे मृत्यु पर भी विजय पा लेते हैं।
(ग) दुश्मन हमारे देश भारत के टुकड़े करना चाह रहे हैं।
(घ) ललचाया हुआ, लालच से भरा हुआ।

बहुविकल्पी प्रश्नोत्तर

1. *आशय स्पष्ट कीजिए–*

जब-जब उठीं तुम्हारी बाँहें, होता वश में काल है।

(क) जब भी तुम जय-जयकार करते हो, सब कुछ तुम्हारे वश में हो जाता है।
(ख) जब भी तुम संघर्ष करने को तैयार होते हो, मौत भी घबरा जाती है।
(ग) जब तुम समर्पण कर देते हो तो मृत्यु भी वरदान देती है।
(घ) जब तुम समर्थन करते हो तो मौत भी गुलाम हो जाती है।

2. *देश के शत्रु क्या करना चाहते हैं?*

(क) हिंसा फैलाना (ख) देश पर कब्जा करना

(ग) देश को तोड़ना (घ) भेदभाव फैलाना।

3. *'जयचंद' का आशय है–*

(क) मूर्ख (ख) गुलाम (ग) विदेशी शत्रु (घ) देश के गद्दार।

4. *अपने ही जयचंद किन्हें कहा गया है?*

(क) ऐसे लोग जो देश में रहते हुए भी विदेशी इशारों पर देशद्रोह कर रहे हैं।

(ख) ऐसे लोग जो देश को तोड़ रहे हैं।

(ग) ऐसे लोग जो अपने स्वार्थवश शत्रुओं को भारत में बुला रहे हैं।

(घ) ऐसे लोग जो विदेश में रहकर भारत के विरुद्ध षड्यंत्र कर रहे हैं।

5. *कोई एक विशेषण शब्द ढूँढ़िए।*

(क) धरती (ख) दुश्मन (ग) कदम (घ) लोलुप।

6. **कथन (A)** – *जयचंद वे हैं जो विदेशी धरती से आए हैं।*

कथन (R) – *उनकी आस्था देश में नहीं, विदेश में है।*

विकल्प – (क) कथन सत्य किंतु कारण असत्य है। (ख) कथन असत्य किंतु कारण सत्य है।
(ग) कथन और कारण दोनों सत्य हैं। (घ) कथन और कारण दोनों असत्य हैं।

उत्तर– 1. (ख) 2. (ख) 3. (क) 4. (क) 5. (घ) 6. (ख)

9

एक दिन भी जी मगर
तू ताज बनकर जी
अटल विश्वास बनकर जी।
अमर युग-गान बनकर जी
आज तक तू समय के
पद-चिह्न-सा खुद को मिटाकर
कर रहा निर्माण जग-हित
एक सुखमय स्वर्ग सुंदर
स्वार्थी दुनिया मगर
बदला तुझे यह दे रही है–
भूलता युग-गीत तुझको ही
सदा तुझसे निकलकर
'कल' न बन तू जिंदगी का
'आज' बनकर जी
जगत सरताज बनकर जी
एक दिन भी जी मगर
तू ताज बनकर जी।।

–72 शब्द (CBSE 2018)

प्रश्न– (क) *कवि ने मनुष्य को एक दिन ही जीने की प्रेरणा क्यों दी है?*

(ख) *दुनिया को स्वार्थी क्यों कहा गया है?*

(ग) *'कल' और 'आज' शब्द किसके प्रतीक हैं?*

उत्तर– (क) कवि ने मनुष्य को 'एक दिन' अर्थात संक्षिप्त जीवन जीने की प्रेरणा इसलिए दी है ताकि वह उस जीवन को सुंदर, प्रभावी और आनंदमय बनाकर जी सके। लोग उसके यशस्वी जीवन को याद करके प्रेरणा ग्रहण करें।

(ख) दुनिया किसी की प्रतिभा और योगदान का सुख तो ले लेती है, किंतु बाद में उन्हें भूल जाती है, इसलिए दुनिया को स्वार्थी कहा गया है।

(ग) 'कल' भविष्य का प्रतीक है और 'आज' वर्तमान का।

बहुविकल्पी प्रश्नोत्तर

1. *'ताज बनकर जी' का क्या आशय है?*
(क) राजा बनकर जी (ख) नेता बनकर जी (ग) धनी बनकर जी (घ) प्रभावी बनकर जी।
2. *यहाँ 'तू' किसे कहा गया है?*
(क) अबला नारियों को (ख) दीन-हीन मज़दूरों को
(ग) भोले-भाले मनुष्यों को (घ) किसानों को
3. *स्वार्थी दुनिया कैसा व्यवहार करती है?*
(क) वह बेचारों को भूल जाती है (ख) वह निर्माण करने वालों को भूल जाती है
(ग) वह बलिदानियों को याद रखती है (घ) वह बड़ों-बड़ों को याद रखती है।
4. *ज़िंदगी का 'आज' बनकर जीने का क्या अर्थ है?*
(क) ठोस जीवन जीना (ख) सपनों में जीना
(ग) भविष्य उज्ज्वल बनाना (घ) वर्तमान को सुखी बनाना।
5. *कवि क्या संदेश देता है?*
(क) क्षण-भर जियो (ख) सर्वोच्च बनो
(ग) थोड़ा किंतु प्रभावी जियो (घ) दीर्घायु बनो।
6. **कथन (A)** – *'ताज बनकर जी' का आशय है–महत्त्वपूर्ण बनकर जी।*
कारण (R) – *दुनिया असली निर्माताओं को भुला देती है।*
विकल्प – (क) कथन सत्य है और कारण भी सत्य है।
(ख) कथन असत्य है और कारण भी असत्य है।
(ग) कथन सत्य है किंतु कारण असत्य है।
(घ) कथन असत्य है किंतु कारण सत्य है।

उत्तर– 1. (घ) 2. (ग) 3. (ख) 4. (क) 5. (ग) 6. (क)

10 तुम बना सकोगे भूतल का इतिहास नया
मैं गिरे हुओं को बढ़कर गले लगाऊँगा।।
क्यों नीच, ऊँच, कुल, जाति, रंग का भेदभाव
मैं रूढ़िवाद का कल्मष महल ढहाऊँगा।।
तुम बढ़ा सकोगे कदम ज्वलित अंगारों पर
मैं काँटों पर बिंधते-बिंधते बढ़ जाऊँगा।
सागर की विस्तृत छाती पर हो ज्वार नया
मैं कूद स्वयं पतवार हाथ में थामूँगा।।
है अगर तुम्हें यह भूख मुझे भी जीना है
तो आओ मेरे साथ नींव में गड़ जाओ।
ऊपर से निर्मित होना है आनंद महल
मरते-मरते भी दुनिया में कुछ कर जाओ।। *–87 शब्द (CBSE 2018)*

प्रश्न– (क) *कवि भूतल का नया इतिहास कैसे बनाएगा?*

(ख) *देश और समाज के कल्याण के लिए किन-किन चुनौतियों से लड़ना होगा?*

(ग) *कविता में आए ज्वार शब्द का क्या आशय है?*

(घ) *रूढ़िवादी महल कैसे ढहाया जाएगा?*

उत्तर– (क) कवि दलित-पीड़ित लोगों को गले लगाकर उनका उत्थान करेगा। इस प्रकार वह एक उन्नत समतावादी समाज की रचना कर नया इतिहास रचेगा।

(ख) देश और समाज के कल्याण के लिए ऊँच-नीच, कुल-जाति और रंगभेद की रूढ़ियों से लड़ना होगा। इनसे लड़े बिना समाज का कल्याण नहीं हो सकता।

(ग) उत्साह और जोश।

(घ) रूढ़िवादी महल को ढहाने के लिए ऊँच-नीच, कुल-जाति और रंगभेद की रूढ़ियों को त्यागना होगा। इसके लिए समाज का हर विरोध सहना पड़ेगा।

बहुविकल्पी प्रश्नोत्तर

1. *'गिरे हुओं' से कवि का क्या आशय है?*

   (क) पतित (ख) चरित्रहीन (ग) दीन-हीन (घ) साधारण।

2. *समाज की पुरानी रूढ़ियाँ क्या हैं?*

   (क) ऊँच-नीच (ख) जातिवाद (ग) रंग-भेद (घ) ये सभी।

3. *कवि रूढ़िवाद को कल्मष महल क्यों कहता है?*

   (क) रूढ़ियों के कारण महल में कालिख जम गई है। (ख) रूढ़ियों के कारण व्यवस्था नष्ट हो गई है।

   (ग) रूढ़ियों के कारण व्यवस्था बिगड़ गई है। (घ) रूढ़ियों के कारण सब कुछ नष्ट हो गया है।

4. *ज्वलित अंगारों पर कदम बढ़ाने का क्या आशय है–*

   (क) कष्टों पर विजय पाना (ख) संकटों के पथ पर चलना

   (ग) संकटों को कुचलना (घ) संकटों को नष्ट करना।

5. *'नींव में गड़ने' का अर्थ है?*

   (क) आधार बनना (ख) निस्वार्थ भाव से समर्पण करना

   (ग) स्वयं को नष्ट करना (घ) मर जाना

6. **कथन (A)** – *कवि शोषित है जो महल के लिए नींव में गड़ जाना चाहता है।*

   कारण (R) – *वह और किसी के महल के लिए खुद मर जाना चाहता है।*

   विकल्प – (क) कथन असत्य है और उसकी व्याख्या भी भ्रामक है।

   (ख) कथन सत्य है और उसकी व्याख्या भी सत्य है।

   (ग) कथन सत्य है किंतु व्याख्या गलत है।

   (घ) कथन असत्य है किंतु व्याख्या सत्य है।

उत्तर– 1. (ग) 2. (घ) 3. (ग) 4. (ख) 5. (ख) 6. (क)

11 कोशिश करने वालों की हार नहीं होती।
लहरों से डरकर नौका पार नहीं होती।

नन्हीं चींटी जब दाना लेकर चलती है।
चढ़ती दीवारों पर सौ बार फिसलती है।

मन का विश्वास रगों में साहस भरता है।
चढ़कर गिरना, गिरकर चढ़ना न अखरता है।

आखिर उसकी मेहनत बेकार नहीं होती।
कोशिश करने वालों की हार नहीं होती।

डुबकियाँ सिंधु में गोताखोर लगाता है।
जा-जाकर खाली हाथ लौट वह आता है।

मिलते न सहज ही मोती गहरे पानी में
बढ़ता दूना उत्साह इसी हैरानी में।

मुट्ठी उसकी खाली हर बार नहीं होती।
कोशिश करने वालों की हार नहीं होती।

—97 शब्द (CBSE 2018)

प्रश्न– (क) *चींटी की मेहनत क्यों बेकार नहीं होती?*

(ख) *गोताखोर को मोती कब प्राप्त होता है?*

(ग) *किसकी हार नहीं होती?*

(घ) *उपर्युक्त काव्यांश का उचित शीर्षक दीजिए।*

उत्तर– (क) चींटी दीवार पर चढ़ते हुए अनेक बार गिरती है। फिर भी वह प्रयत्न नहीं छोड़ती। एक दिन वह दीवार पर चढ़ ही जाती है। इस प्रकार उसकी मेहनत बेकार नहीं जाती। वह एक-न-एक दिन रंग अवश्य लाती है।

(ख) गोताखोर कई बार खाली हाथ वापस आता है, किंतु एक-न-एक दिन उसकी मुट्ठी में मोती आ ही जाता है। इस प्रकार निरंतर प्रयत्न करने से वह मोती प्राप्त कर लेता है।

(ग) प्रयत्न करने वालों की हार नहीं होती।

(घ) कोशिश कर।

बहुविकल्पी प्रश्नोत्तर

1. *नौका पार कैसे होती है?*

(क) लहरों पर चलकर (ख) लहरों से जूझकर

(ग) लहरों से डरकर (घ) लहरों से अनदेखी कर।

2. *नन्हीं चींटी की सफलता हमें क्या सीख देती है?*

(क) असफलता से सीख लो (ख) प्रयत्न करना मत छोड़ो

(ग) गिरते-चढ़ते रहो। (घ) भाग्य पर भरोसा रखो।

3. *गोताखोर सिंधु में डुबकी किसलिए लगाता है?*

(क) आनंद के लिए (ख) मोतियों के लिए

(ग) खेल के लिए (घ) सफलता के लिए।

4. *इस कविता की मुख्य प्रेरणा क्या है?*
   (क) प्रयत्न करना न छोड़ें   (ख) प्रयत्न निरंतर न करें
   (ग) प्रयत्न एक ही झटके में करें   (घ) प्रयत्न अवश्य करें।
5. *बार-बार फिसलने पर भी चींटी फिर-फिर प्रयत्न क्यों करती है?*
   (क) लालच के कारण   (ख) सफलता की इच्छा से
   (ग) आत्मविश्वास जगने के कारण   (घ) आदत के कारण।
6. **कथन (A)** – *गोताखोर को अचानक मोती मिल जाता है।*
   कारण (R) – *परिश्रम करने पर तो वह खाली हाथ ही आता है।*
   विकल्प – (क) कथन और कारण दोनों सत्य हैं।
   (ख) कथन और कारण दोनों असत्य हैं।
   (ग) कथन गलत है और व्याख्या भी भ्रामक है।
   (घ) कथन सही है किंतु व्याख्या भ्रामक है।

उत्तर– 1. (ख)   2. (ख)   3. (ख)   4. (क)   5. (ग)   6. (ग)

12 इस समाधि में छिपी हुई है, एक राख की ढेरी।
जलकर जिसने स्वतंत्रता की, दिव्य आरती फेरी।।
यह समाधि यह लघु समाधि है, झाँसी की रानी की।
अंतिम लीला-स्थली यही है, लक्ष्मी मरदानी की।।
यहीं-कहीं पर बिखर गई वह, भग्न विजय-माला-सी।
उसके फूल यहाँ संचित हैं, है यह स्मृति-शाला-सी।।
सहे वार पर वार अंत तक, लड़ी वीर बाला-सी।
आहुति-सी गिर चढ़ी चिता पर, चमक उठी ज्वाला-सी।।
बढ़ जाता है मान वीर का, रण में बलि होने से।
रानी से भी अधिक हमें अब, यह समाधि है प्यारी।।
यहाँ निहित है स्वतंत्रता की, आशा की चिनगारी।
इससे भी सुंदर समाधियाँ हम जग में हैं पाते ।।
उनकी गाथा पर निशीथ में, क्षुद्र जंतु ही गाते।।
पर कवियों की अमिट गिरा में, इसकी अमिट कहानी।
स्नेह और श्रद्धा से गाती, है वीरों की बानी।
बुंदेले हर बोलों के मुख, हमने सुनी कहानी।
खूब लड़ी मरदानी वह थी, झाँसी वाली रानी।।

–148 शब्द (CBSE 2018)

प्रश्न– (क) *उपर्युक्त पद्यांश में किसकी समाधि का वर्णन किया गया है?*
(ख) *'अंतिम लीला-स्थली' किसे और क्यों कहा गया है?*
(ग) *'आहुति-सी गिर चढ़ी चिता पर, चमक उठी ज्वाला-सी' में कौन-सा अलंकार है?*

उत्तर– (क) इसमें झाँसी की रानी की समाधि का वर्णन किया गया है।

(ख) जिस स्थल पर झाँसी की रानी अंग्रेजों से लड़ते-लड़ते वीरगति को प्राप्त हुई थी, उसे 'अंतिम लीला-स्थली' कहा गया है।

क्यों–बलिदान के बाद झाँसी की रानी की जीवन-लीला समाप्त हो गई थी। वह सदा-सदा के लिए सो गई थीं।

(ग) 'आहुति-सी' और 'ज्वाला-सी' में उपमा अलंकार है।

बहुविकल्पी प्रश्नोत्तर

1. *इस कविता का शीर्षक दीजिए।*

(क) झाँसी की रानी (ख) अमर समाधि

(ग) वीर समाधि (घ) समाधि रानी झाँसी की।

2. *लक्ष्मी को 'मरदानी' क्यों कहा गया है?*

(क) वह पुरुष थी (ख) उसने पुरुषार्थ किया

(ग) वह पुरुषों की भाँति साहसी थी (घ) उसने मरदों को पराजित किया।

3. *किसी वीर का सम्मान कब बढ़ जाता है?*

(क) जब वह देश के लिए लड़ता है। (ख) जब वह रण में विजयी होता है।

(ग) जब वह युद्ध में बलिदान होता है। (घ) जब वह वीरता दिखलाता है।

4. *कवियों के लिए रानी झाँसी की समाधि का महत्त्व क्यों है?*

(क) कवियों को यह समाधि प्रिय है। (ख) कवियों ने रानी झाँसी पर बहुत लिखा है।

(ग) इस समाधि में कवियों का सम्मान होता है। (घ) यहाँ कवि-सम्मेलन होते रहते हैं।

5. *कवि को रानी झाँसी की समाधि स्वयं रानी से भी अधिक प्रिय क्यों है?*

(क) यह समाधि सबसे सुंदर है। (ख) यह समाधि अमर है।

(ग) इस समाधि से स्वतंत्रता की भावना जगती है। (घ) यह समाधि स्वतंत्र है।

6. **कथन (A)** – *मरदानी शब्द बताता है कि झाँसी की रानी में वीर पुरुषों जैसी वीरता थी।*

कारण (R) – *वे झाँसी के लिए लड़ते-लड़ते वीरगति को प्राप्त हुई।*

विकल्प – (क) कथन और कारण दोनों असत्य हैं। (ख) कथन और कारण दोनों सत्य हैं।

(ग) कथन सत्य किंतु कारण गलत है। (घ) कथन असत्य किंतु कारण सही है।

उत्तर– 1. (घ) 2. (ग) 3. (ग) 4. (ख) 5. (ग) 6. (ख)

13 जिस-जिससे पथ पर स्नेह मिला उस-उस राही को धन्यवाद!
जीवन अस्थिर, अनजाने ही हो जाता पथ पर मेल कहीं
सीमित पग-डग, लंबी मंजिल, तय कर लेना कुछ खेल नहीं
दाएँ-बाएँ सुख-दुख चलते सम्मुख चलता पथ पर प्रमाद
जिस-जिससे पथ पर स्नेह मिला उस-उस राही को धन्यवाद!

जो साथ न मेरा दे पाए, उनसे कब सूनी हुई डगर
मैं भी न चलूँ यदि तो भी क्या राही मर, लेकिन राह अमर
इस पथ पर वे ही चलते हैं जो चलने का पा गए स्वाद
जिस-जिससे पथ पर स्नेह मिला उस-उस राही को धन्यवाद।

–100 शब्द [CBSE 2017]

प्रश्न–(क) *कवि के अनुसार जीवन कैसा है?*

(ख) *जीवन रूपी डगर पर कौन चलते हैं?*

(ग) *कवि किसका धन्यवाद करता है?*

(घ) *जीवन रूपी यात्रा में कैसे अनुभव होते हैं?*

उत्तर–(क) कवि के अनुसार जीवन अस्थिर है। यह कभी भी नष्ट हो सकता है। इस पर मिलने वाले भी क्षण-दो-क्षण के लिए मिलते हैं और फिर अलग हो जाते हैं।

(ख) जीवन रूपी डगर पर वे ही चल पाते हैं जिन्हें चलने का स्वाद आ जाता है।

(ग) कवि उन-उन साथियों का धन्यवाद करता है जिन्होंने जीवन-पथ पर चलते हुए उनसे स्नेह का व्यवहार किया।

(घ) जीवन रूपी यात्रा में चलते हुए सुख-दुख के अनुभव आते ही रहते हैं। कभी चलते रहने से थकावट आ जाती है, तब प्रमाद भी आ जाता है। इस प्रकार जीवन में अनेक प्रकार के अनुभव आते हैं।

बहुविकल्पी प्रश्नोत्तर

1. *कवि किस राही को धन्यवाद कहता है?*

(क) जिसने प्रेम दिया (ख) जिसने प्रेम स्वीकार किया

(ग) जो प्रेम में जिया (घ) जो सबसे प्रिय था।

2. *कवि के अनुसार, जीवन कैसा है?*

(क) संर्घषमय (ख) स्नेहमय (ग) चंचल (घ) व्यर्थ।

3. *जीवन जीने में सबसे बड़ा संकट नहीं है–*

(क) पथिक के छोटे कदम (ख) मंजिल की दूरी (ग) राही का स्नेह (घ) आलस्य।

4. *कवि ने सच्चा राही किसे कहा है?*

(क) जो अन्य राहियों को स्नेह दे (ख) जो चलने में आनंद ले।

(ग) जो कवि को प्रेम करे (घ) जो संकटों से न घबराए।

5. *इस कविता का शीर्षक दीजिए।*

(क) राही को धन्यवाद! (ख) अमर राही (ग) अमर राह (घ) राह के साथी।

6. *(i) जीवन के पथ पर वे चलते हैं जो प्रगतिशील हैं।*

(ii) जीवन के पथ पर वे चलते हैं जो गतिशील हैं।

(iii) जीवन के पथ पर वे चलते हैं जो चलने को अपना ध्येय मानते हैं।

(iv) जीवन के पथ पर वे चलते हैं जो चलने में आनंद अनुभव करते हैं।

सही विकल्प है–

(क) *(i)* और *(ii)* (ख) *(iii)* और *(iv)*

(ग) *(iii)* (घ) *(iv)*

7. **कथन (A)** – *कवि अपने जीवन साथी को धन्यवाद देना चाहता है।*

कारण (R) – *जीवन साथी से ही उसे पग-पग पर स्नेह मिला।*

विकल्प – (क) कथन और कारण दोनों गलत हैं। (ख) कथन और कारण दोनों सत्य हैं।
(ग) कथन सत्य है किंतु कारण गलत है। (घ) कथन असत्य है किंतु कारण सत्य है।

उत्तर– 1. (क) 2. (ग) 3. (ग) 4. (ख) 5. (क) 6. (घ) 7. (क)

14

साक्षी है इतिहास हमीं पहले जागे हैं
जाग्रत सब हो रहे हमारे ही आगे हैं।
शत्रु हमारे कहाँ नहीं भय से भागे हैं?
कायरता से प्राण कहाँ हमने त्यागे हैं?
हैं हमीं प्रकंपित कर चुके, सुरपति तक का भी हृदय
फिर एक बार हे विश्व! तुम गाओ भारत की विजय।।
कहाँ प्रकंपित नहीं रहा है तेज हमारा
दलित कर चुके शत्रु सदा हम पैरों द्वारा।
बतलाओ तुम कौन नहीं जो हमसे हारा
पर शरणागत हुआ कहाँ, कब हमें न प्यारा।
बस युद्धमात्र को छोड़कर, कहाँ नहीं है हम सदय।
फिर एक बार हे विश्व! तुम गाओ भारत की विजय।

–100 शब्द [*CBSE 2017*]

प्रश्न–(क) *कवि विश्व से क्या आग्रह कर रहा है?*
(ख) *'पहले जागे हैं' से कवि का क्या तात्पर्य है?*
(ग) *हमारी दयालुता कहाँ प्रकट नहीं होती?*
(घ) *शत्रु के साथ हमारा व्यवहार कैसा होता है?*

उत्तर–(क) कवि विश्व से आग्रह कर रहा है कि वह भारत के शौर्य और उसकी उदारता की यशगाथा कहे।

(ख) इसका आशय है–विश्व में सबसे पहले हम भारतीयों ने ज्ञान और सभ्यता-संस्कृति का विकास किया। सबसे पहले ईश्वर के बारे में हमने ज्ञान पाया।

(ग) हमारी दयालुता युद्ध के मैदान में प्रकट नहीं होती। वहाँ हम शत्रुओं को कुचलकर ही मानते हैं।

(घ) शत्रुओं के साथ हमारा व्यवहार बहुत निर्मम विजेता का होता है। हम शत्रुओं को कठोरता से कुचल देते हैं। किंतु जब वह शत्रु हमारी शरण में आ जाता है, तो हम उसे बहुत स्नेह से अपने गले लगाते हैं।

बहुविकल्पी प्रश्नोत्तर

1. *'पहले जागे हैं' का भाव है–*

(क) हम सोकर उठे हैं (ख) हमने कार्य पूर्ण किया है
(ग) हमने विजय पाई है (घ) हमने सर्वप्रथम ज्ञान पाया है।

2. *'हैं हमीं प्रकंपित कर चुके, सुरपति तक का हृदय' से हमारी किस विशेषता का बोध होता है?*

(क) वीरता, साहस (ख) युद्ध-कौशल (ग) हारकर जीतना (घ) उपर्युक्त सभी।

3. *हमारी दयालुता प्रकट होती है–*
   (क) शत्रु को दलित करना (ख) शरणागत को आश्रय देना
   (ग) अपने तेज दिखाकर (घ) विश्व में जयजयकार करवाकर।

4. *'हमारे आगे सबका जाग्रत होना' का भाव है?*
   (क) हमारे पश्चात ज्ञानी होना (ख) हमारे बाद सोकर उठना
   (ग) हमारे पीछे चलना (घ) हमारे सामने झुकना।

5. *कवि किसे भारत की जयजयकार करने को कह रहा है?*
   (क) भारतवासियों को (ख) शत्रुओं को (ग) विश्व को (घ) सेना को।

6. (*i*) *भारतीय लोग दया करके युद्ध छोड़ देते हैं।*
   (*ii*) *भारतीय लोग युद्ध में दया छोड़ देते हैं।*
   (*iii*) *भारतीय लोग केवल युद्ध में दया त्यागते हैं।*
   (*iv*) *भारतीय लोग युद्ध में भी दया नहीं छोड़ते।*

   सही विकल्प है–
   (क) (*ii*) ठीक है। (ख) (*iii*) ठीक है।
   (ग) (*ii*) और (*iii*) ठीक हैं। (घ) (*i*) तथा (*iv*) ठीक हैं।

उत्तर– 1. (घ) 2. (क) 3. (ख) 4. (क) 5. (ग) 6. (ग)

15 जून का महीना झुलसते दिन रात, और उधर मसूरी में रिमझिम बरसात!
मैं व्यंग्य से मुस्कराया और पास बैठे बेटे को समझाया
बेटा ! तू भी मसूरी सा बन, जलते रेगिस्तान में नंदनवन सा तन
लोगों की आहों से एक फव्वारा बना और उसमें खूब नहा!
पानी के खेल खेल, झरने बहा, घर सजा, शृंगार कर
झुलसने दे अभागों को, तू अपना घर भर!

सुनकर यह व्यंग्य की बोली, मसूरी चीखकर बोली–
सुन ! न तो मैं आग बरसाती हूँ, न किसी को तपाती हूँ
ये तो तुम्हारी ही आहें हैं, जो किसी बड़े का कंधा खोजती हैं
जिस पर सर रखकर वे रो सकें!
और मैं ! जिसे तुम अपनी आहों का शोषक कहते हो
मैं तुम्हारी आहों को आँखों में बसाती हूँ
उनमें डूबती हूँ छटपटाती हूँ
उनमें बसे आँसुओं को अपनी आँखों में लिए बरस जाती हूँ।
फिर भी तुम मेरे वक्ष पर मँडराते मेघों को कहते हो मेरा शृंगार।
दरअसल जब भी कोई किसी के दुख-दर्द को गले लगाता है
बहुत प्यारा हो जाता है, उसके नयनों का पोर-पोर उज्ज्वल हो जाता है।
और फिर मैं तुम्हारे जल को खुद कहाँ पीती हूँ
पूरा का पूरा झर जाती हूँ, तुम्हारे लिए एक नदी बनाती हूँ
झरने बहाती हूँ, पेड़, पत्तियाँ और फूल उगाती हूँ
फिर भी अपनी महिमा कहाँ गाती हूँ!

–214 शब्द [CBSE 2016]

प्रश्न–(क) *कवि किस दृश्य को देखकर व्यंग्य करता है?*

(ख) *मसूरी आरोपों के जवाब किस प्रकार देती है?*

(ग) *व्यक्ति किस प्रकार प्रिय बनता है?*

(घ) *झरने कहाँ से पैदा होते हैं?*

उत्तर–(क) जून के महीने में चारों ओर घनघोर गर्मी और ताप का वातावरण था और मसूरी पर शीतल जल की वर्षा हो रही थी। इस असमान व्यवहार को देखकर कवि व्यंग्य करने लगा।

(ख) मसूरी आरोपों के जवाब में कहती है कि वह किसी को ताप नहीं देती बल्कि औरों के तापों को खुद पर सहकर औरों के लिए एक नदी बनाती है और झरना बनाती है। यह बारिश उसी उदारता का परिणाम है।

(ग) व्यक्ति तब प्रिय बनता है जब वह औरों के दुख-दर्द को गले लगाता है।

(घ) झरने पहाड़ों की छाती से पैदा होते हैं।

बहुविकल्पी प्रश्नोत्तर

1. *कवि किस स्थिति को देखकर व्यंग्य करता है?*

   (क) मसूरी के मौसम को देखकर (ख) मसूरी की गर्मी को देखकर

   (ग) भीषण गर्मी में मसूरी की ठंडक देखकर (घ) मसूरी का शोषण देखकर।

2. *कवि ने अपने बेटे को क्या प्रेरणा दी?*

   (क) शोषक बनकर आनंद मनाने की (ख) शोषण नष्ट करने की

   (ग) शोषण से दूर रहने की (घ) मसूरी का शोषक रूप समझने की।

3. *आशय स्पष्ट कीजिए।*

   'मैं तुम्हारी आहों को आँखों में बसाती हूँ'

   (क) मैं तुम्हारी पीड़ाओं को निहारती हूँ। (ख) मैं तुम्हारी पीड़ाओं को प्रेम करती हूँ।

   (ग) मैं तुम्हारी पीड़ाओं को अपने हृदय में धारण करती हूँ। (घ) मैं तुम्हारी पीड़ाओं को समझती हूँ।

4. *बड़ा व्यक्ति कौन होता है, जो–*

   (क) दुखियों को गले लगाता है। (ख) दुखियों की सुनता है।

   (ग) दुखियों का नेतृत्व करता है। (घ) दुखियों को प्रेरित करता है।

5. *आपकी नज़रों में मसूरी क्या है?*

   (क) शोषक (ख) शोषित

   (ग) शोषितों की सहायक (घ) शोषितों की नेता।

6. **कथन (A)** – *मसूरी जन-शोषक नहीं, जग पालक है।*

   कारण (R) – *वह दूसरों की पीड़ा से द्रवित होकर सबकी प्यास बुझाती है।*

   विकल्प – (क) कथन सत्य है किंतु कारण असत्य है। (ख) कथन असत्य है किंतु कारण सत्य है।

   (ग) कथन और कारण दोनों असत्य हैं। (घ) कथन और कारण दोनों सत्य हैं।

उत्तर– 1. (ग) 2. (क) 3. (ग) 4. (क) 5. (ग) 6. (घ)

16 थका-हारा सोचता मन-सोचता मन।
उलझती ही जा रही है एक उलझन।
अँधेरे में अँधेरे से कब तलक लड़ते रहें
सामने जो दिख रहा है, वह सच्चाई भी कहें।
भीड़ अंधों की खड़ी खुश रेवड़ी खाती
अँधेरे के इशारों पर नाचती-गाती।

थका-हारा सोचता मन-सोचता मन।
भूखी-प्यासी कानाफूसी दे उठी दस्तक
अंधा बन जा झुका दे तम द्वार पर मस्तक।
रेवड़ी की बाँट में तू रेवड़ी बन जा
तिमिर के दरबार में दरबान-सा तन जा।
थका-हारा, उठा गर्दन-जूझता मन

दूर उलझन ! दूर उलझन, दूर उलझन !
चल खड़ा हो पैर में यदि लग गई ठोकर
खड़ा हो संघर्ष में फिर रोशनी होकर
मृत्यु भी वरदान है संघर्ष में प्यारे
सत्य के संघर्ष में क्यों रोशनी हारे।
देखते ही देखते तम तोड़ता है दम
और सूरज की तरह हम ठोकते हैं खम।

–136 शब्द [CBSE 2016]

प्रश्न–(क) *इस कविता में कवि क्या प्रेरणा देना चाहता है?*

(ख) *थके-हारे मन में क्या बातें आती हैं?*

(ग) *अंधों की भीड़ किसे कहा गया है?*

उत्तर–(क) इस कविता में कवि मनुष्य को अंधकार के विरुद्ध संघर्ष की प्रेरणा देना चाहता है। वह नहीं चाहता कि मनुष्य अँधेरों से लड़ते-लड़ते स्वयं अँधेरों का पोषक बन जाए। निरंतर संघर्ष ही उसकी प्रेरणा होनी चाहिए।

(ख) जब मनुष्य संघर्ष करते-करते थक-हार जाता है तो उसके मन में अँधेरों से हारकर पराजय का जीवन जीने की कामना जाग जाती है।

(ग) अंधों की भीड़ ऐसे लोगों को कहा गया है जो अँधेरों के पोषक हैं। जो गलत रास्तों पर चलने वाले हैं।

बहुविकल्पी प्रश्नोत्तर

1. *इस कविता का शीर्षक दीजिए।*

(क) संघर्ष कर (ख) संघर्ष का द्वंद्व (ग) दो रास्ते (घ) अंतर्द्वंद्व।

2. *अंधों की भीड़ किस प्रकार खुश होती है?*

(क) रेवड़ी पाकर (ख) आँखें खोलकर
(ग) संघर्ष करके (घ) मालिक का विरोध करके।

3. *'तम-द्वार' का क्या अर्थ है?*

(क) अँधेरा (ख) निराशा (ग) शोषक (घ) पराजय।

4. *इस कविता में कवि क्या प्रेरणा देता है?*

(क) सत्ता से मिल जाने की (ख) सत्ता-सुख पाने की
(ग) अन्याय के सामने झुकने की (घ) अन्याय के विरुद्ध संघर्ष करने की।

5. *कैसी मृत्यु वरदान के समान होती है?*

(क) जो सफलता पाकर मिले (ख) जो आनंदपूर्वक जीते-जीते मिले
(ग) जो लड़ते हुए मिले (घ) जो अँधेरे से लड़ते हुए मिले।

6. **कथन (A)** – *'तिमिर के दरबार में दरबान-सा तन जा'*

(*i*) में सुझाव है। (*ii*) में प्रेरणा है।

(*iii*) में व्यंग्य है। (*iv*) में तिरस्कार है।

विकल्प– (क) (*i*) तथा (*ii*) ठीक हैं। (ख) (*iii*) ठीक है।

(ग) (*ii*) तथा (*iii*) ठीक हैं। (घ) (*iii*) तथा (*iv*) ठीक हैं।

उत्तर– 1. (क) 2. (क) 3. (ग) 4. (घ) 5. (घ) 6. (घ)

प्रश्न-अभ्यास

निम्नलिखित अपठित काव्याशों को पढ़कर नीचे दिए गए प्रश्नों के उत्तर दीजिए–

17 नींद ना आई मुझे रात भर, याद बहुत तू आयी माँ।
याद तुझे कर आँखें मेरी, सारी रात नहायी माँ।
वह आँचल की मीठी खुशबू, थपकी तेरी याद आयी
तेरी लोरी के संग मुझको, बीती झपकी याद आयी
फिर से तेरी गोद को पाने, बाँहें हैं अकुलाई माँ।
तेरे सीने से लगते ही, सारे दुख मिट जाते थे
तेरी बाँहों के पलने में, सारे सुख मिल जाते थे
जो खुशियाँ पायी थीं तुझमें, सारी हुई परायी माँ।
तेरे छूते ही पलकें, कितनी बोझिल हो जाती थीं
पहरों से जागी ये आँखें, सपनों में खो जाती थीं
तेरी ममता से न बढ़कर जग में कोई दवाई माँ।
आ फिर-से बाँहों का पलना, ममता का आँचल दे जा
तू, अपनी लोरी-थपकी से, आँखों को सपने दे जा
क्या तुझको भी आँसू मेरे, देते नहीं दिखाई माँ।

–136 शब्द [*CBSE 2017*]

प्रश्न–(क) *कवि को रातभर नींद न आने का कारण बताइए?*

(ख) *कवि के सारे दुख कब दूर हो जाते थे?*

(ग) *कवि माँ की ममता के समक्ष किसे तुच्छ बताता है?*

बहुविकल्पी प्रश्न

1. *इस कविता का उचित शीर्षक दीजिए।*

(क) माँ (ख) माँ-एक वरदान

(ग) याद बहुत तू आई माँ (घ) माँ की यादें।

2. *आँखों के नहाने का क्या आशय है?*

(क) खुशी से छलछला उठना (ख) करुणा से छलछला आना

(ग) प्रेम से छलछला उठना (घ) वियोग की पीड़ा से छलछलाना।

3. *माँ के सीने से लगकर कवि को क्या अनुभव होता है?*
(क) सुख (ख) शांति (ग) निर्भयता (घ) सुरक्षा।

4. *कवि ने माँ की ममता को 'दवाई' क्यों कहा है?*
(क) माँ की ममता से सारे सुख मिलते हैं। (ख) माँ की ममता सारे दुख दूर कर देती है।
(ग) माँ की ममता बीमार नहीं पड़ने देती। (घ) माँ की ममता वरदान है।

5. *कवि किस मनोदशा में है?*
(क) सुख (ख) उल्लास (ग) भक्ति (घ) पीड़ित।

6. **कथन (A)** – (*i*) *यह कविता माँ के अभिनंदन में लिखी गई है।*
(*ii*) *यह कविता माँ के वियोग में लिखी गई है।*
(*iii*) *यह कविता माँ के प्रेम में लिखी गई है।*
(*iv*) *यह कविता माँ के महत्त्व पर लिखी गई है।*

विकल्प – (क) (*i*) तथा (*iv*) ठीक हैं। (ख) (*ii*) तथा (*iii*) ठीक हैं।
(ग) (*i*) तथा (*ii*) ठीक हैं। (घ) (*iii*) तथा (*iv*) ठीक हैं।

18 धर्मराज यह भूमि किसी की नहीं क्रीत है दासी
है जन्मता समान परस्पर इसके सभी निवासी।
सबको मुक्त प्रकाश चाहिए सबको मुक्त समीरण
बाधा रहित विकास, मुक्त आशंकाओं से जीवन।
लेकिन विघ्न अनेक अभी इस पथ में पड़े हुए हैं,
मानवता की राह रोककर पर्वत अड़े हुए हैं।
न्यायोचित सुख सुलभ नहीं जब तक मानव-मानव को
चैन कहाँ धरती पर तब तक शांति कहाँ इस भव को?
जब तक मनुज-मनुज का यह सुख भाग नहीं सम होगा
शमित न होगा कोलाहल संघर्ष नहीं कम होगा। *–87 शब्द* [*CBSE 2017*]

प्रश्न–(क) *यह कविता किसको संबोधित है?*
(ख) *इस धरती पर सभी को क्या अधिकार प्राप्त हैं?*
(ग) *इस पथ पर किसने राह रोक रखी है?*

बहुविकल्पी प्रश्न

1. *यह कविता किसे कही गई है?*
(क) धार्मिक लोगों को (ख) युधिष्ठिर को
(ग) यमराज को (घ) धर्मात्मा पुरुषों को।

2. *कवि के अनुसार, इस धरती पर किसका अधिकार है?*
(क) धर्मराज का (ख) भू-स्वामी का (ग) सबका (घ) राजा का।

3. *पर्वत अड़ने का क्या आशय है?*
(क) कुछ चट्टानों को पार करना कठिन है। (ख) पर्वत बहुत ऊँचे हैं।
(ग) पर्वतों को पार करना असंभव है। (घ) कुछ बड़ी बाधाएँ सामने हैं।

4. *धरती पर शांति कब स्थापित होगी?*

(क) जब ऊँच-नीच नहीं रहेगा (ख) जब सुखों पर सबका समान अधिकार होगा।

(ग) जब संघर्ष समाप्त होगा। (घ) जब राजा-प्रजा एक हो जाएँगे।

5. *सब प्रकार के संघर्ष क्यों पैदा होते हैं–*

(क) राक्षसों के कारण (ख) विद्रोह के कारण

(ग) दीन-हीनों के कारण (घ) सुखों पर समान अधिकार न होने के कारण।

6. **कथन (A)** – *शांति के लिए समानता आवश्यक है।*

कारण (R) – *समानता न होने पर बेचैनी रहती है।*

विकल्प – (क) कथन और कारण दोनों सत्य हैं। (ख) कथन और कारण दोनों असत्य हैं।

(ग) कथन सत्य किंतु कारण गलत है। (घ) कथन असत्य किंतु कारण सत्य है।

19 जन्म दिया माता-सा जिसने, किया सदा लालन-पालन
जिसके मिट्टी जल से ही है रचा गया हम सबका तन।
गिरिवर नित रक्षा करते हैं, उच्च उठा के शृंग महान
जिसके लता-द्रुमादिक करते हमको अपनी छाया दान।
माता केवल बाल-काल में निज अंक में धरती है
हम अशक्त जब तलक तभी तक पालन-पोषण करती है।
मातृभूमि करती है सबका लालन सदा मृत्यु पर्यंत
जिसके दया-प्रवाहों का होता न कभी सपने में अंत।
मर जाने पर कण देहों के इसमें भी मिल जाते हैं,
हिंदू जलते, यवन-ईसाई शरण इसी में पाते हैं,
ऐसी मातृभूमि मेरी है स्वर्गलोक से भी प्यारी,
उसके चरण-कमल पर मेरा तन-मन-धन सब बलिहारी।। *–113 शब्द* [*CBSE 2017*]

प्रश्न–(क) *जन्म दिया माता-पिता जिसने–यहाँ 'जिसने' से क्या तात्पर्य है?*

(ख) *गिरिवर हमारी रक्षा किस प्रकार करते हैं?*

(ग) *मातृभूमि माँ से बढ़कर क्यों है?*

बहुविकल्पी प्रश्न

1. *उपयुक्त शीर्षक लिखिए।*

(क) मेरी मातृभूमि (ख) मेरी माँ (ग) जन्मदायिनी माता (घ) माँ की महिमा।

2. *'जन्म दिया माता-सा जिसने' में कौन-सा अलंकार है?*

(क) उपमा (ख) उत्प्रेक्षा (ग) रूपक (घ) मानवीकरण।

3. *इस कविता में से रूपक अलंकार का उदाहरण छाँटिए–*

(क) जन्म दिया माता-सा जिसने (ख) लता-द्रुमादिक

(ग) चरण-कमल (घ) स्वर्गलोक से भी प्यारी।

4. *मातृभूमि मनुष्यों का कब तक लालन-पालन करती है?*

(क) बचपन तक (ख) यौवन तक (ग) बुढ़ापे तक (घ) मृत्यु तक

5. *मनुष्य का तन किस तत्त्व से निर्मित है–*

(क) माँ की कोख से (ख) मातृभूमि के भू-जल से

(ग) मातृभूमि के पेड़-पौधों से (घ) पर्वतों की ऊँची चोटियों से।

6. **कथन (A)** – *मातृभूमि हमारी माँ से भी महान है।*

कारण (R) – *मातृभूमि मृत्यु-पर्यंत सेवा करती है, जबकि माँ कुछ समय तक।*

विकल्प – (क) कथन और कारण दोनों सत्य हैं। (ख) कथन और कारण दोनों असत्य हैं।

(ग) कथन सत्य है किंतु कारण गलत है। (घ) कथन असत्य है किंतु कारण सत्य है।

20

देश हमें देता है सब कुछ
हम भी तो कुछ देना सीखें
सूरज हमें रोशनी देता
हवा नया जीवन देती है
भूख मिटाने को हम सबकी
धरती पर होती खेती है
औरों का भी हित हो जिसमें
हम ऐसा कुछ करना सीखें।
पथिकों को जलती दुपहर में
पेड़ सदा देते हैं छाया।
खुशबू भरे फूल हैं देते
हमको नव फूलों की माला
त्यागी तरुओं के जीवन से
हम भी तो कुछ देना सीखें।

–73 शब्द [CBSE 2016]

प्रश्न–(क) *देश हमें क्या-क्या देता है?*

(ख) *हम किस-किससे देना सीख सकते हैं?*

(ग) *कवि ने किसे त्यागी कहा है और क्यों?*

(घ) *कवि हमें क्या सिखाना चाहता है?*

बहुविकल्पी प्रश्न

1. *इस कविता का शीर्षक दीजिए?*

(क) देश और हम (ख) आत्म-बलिदान

(ग) देशभक्ति (घ) हम भी तो कुछ देना सीखें।

2. *इस कविता के माध्यम से कवि क्या प्रेरणा देना चाहता है?*

(क) दान की महिमा (ख) उपकार करने की (ग) बदला देने की (घ) त्याग करने की।

3. *हमें किस भावना से दान करना चाहिए?*

(क) उपकार का बदला देने हेतु (ख) परस्पर सहायता पाने के लिए

(ग) निस्वार्थ भाव से (घ) यश पाने के लिए।

4. *तरुओं को त्यागी क्यों कहा गया है?*

(क) वे बिना कुछ पाए अपनी छाया देते हैं।

(ख) वे सबको फल-फूल दान करते हैं।

(ग) वे अपने फलों पर अपना अधिकार नहीं जमाते।

(घ) वे स्वभाव से ही अपना सर्वस्व न्योछावर कर देते हैं।

5. *धरती पर खेती किसलिए की जाती है?*

(क) दान के लिए (ख) धन कमाने के लिए

(ग) आर्थिक उन्नति के लिए (घ) सबकी भूख मिटाने के लिए।

6. **कथन (A)** – (*i*) *यह कविता परिश्रम का संदेश देती है।*
(*ii*) *यह कविता निष्काम कर्म का संदेश देती है।*
(*iii*) *यह कविता सेवा का संदेश देती है।*
(*iv*) *यह कविता देशप्रेम का संदेश देती है।*

विकल्प – (क) (*i*), (*ii*), (*iv*) ठीक हैं। (ख) (*i*), (*ii*), (*iii*) ठीक हैं।
(ग) (*ii*), (*iii*), (*iv*) ठीक हैं। (घ) (*iii*), (*iv*) ठीक हैं।

21 मैं बढ़ा ही जा रहा हूँ, पर तुम्हें भूला नहीं हूँ,
चल रहा हूँ, क्योंकि चलने से थकावट दूर होती
चाहता तो था कि रुक लूँ पार्श्व में क्षण-भर तुम्हारे
किंतु अगणित स्वर बुलाते हैं, मुझे बाँहें पसारे
अनसुनी करना उन्हें भारी प्रवंचन, कापुरुषता
मुँह दिखाने योग्य रखेगी न मुझको स्वार्थपरता।
इसलिए ही आज युग की देहली को लाँघकर मैं
पथ नया अपना रहा हूँ–
पर तुम्हें भूला नहीं हूँ।
आज शोषक-शोषितों में हो गया जग का विभाजन
अस्थियों की नींव पर अकड़ा खड़ा प्रासाद का तन।

–88 शब्द [*CBSE 2016*]

प्रश्न–(क) *इस कविता का एक शीर्षक दीजिए।*
(ख) *कवि किसे नहीं भूला है?*
(ग) *कवि अपने प्रिय को किसलिए छोड़कर जाना चाहता है?*

बहुविकल्पी प्रश्न

1. *इस कविता का शीर्षक लिखिए।*
(क) मैं तुम्हें भूला नहीं हूँ (ख) मैं बढ़ा ही जा रहा हूँ (ग) चल रहा हूँ (घ) चलते चले।

2. *कवि किसे संबोधित कर रहा है?*
(क) प्रिय जनता को (ख) प्रियजनों को (ग) प्रेयसी को (घ) माता को।

3. *कवि को बुलाने वाले स्वर क्यों पुकार कर रहे हैं?*
(क) सहायता के लिए (ख) प्रेम के लिए (ग) कुछ पाने के लिए (घ) बलिदान के लिए

4. *कवि पुकारने वालों की आवाज़ को अनसुना क्यों नहीं करना चाहता?*
(क) सम्मान की रक्षा के लिए (ख) ग्लानि से बचने के लिए
(ग) उनका विश्वास बनाए रखने के लिए (घ) अपना वचन निभाने के लिए।

5. *अर्थ स्पष्ट कीजिए–*
'अस्थियों की नींव पर अकड़ा खड़ा प्रासाद का तन'
(क) महल की नींव में मजदूरों की हड्डियाँ हैं। (ख) महल अत्याचारी हैं।
(ग) पूँजीपतियों ने गरीबों का शोषण किया है। (घ) सब ओर अन्याय है।

6. **कथन (A)** – *कवि प्रेम और कर्तव्य के बीच झूल रहा है।*
कारण (R) – *वह कर्तव्य के समय भी प्रेमिका के मोह में है।*
विकल्प – (क) कथन सत्य और कारण भी सत्य है। (ख) कथन असत्य और कारण भी असत्य है।
(ग) कथन असत्य किंतु कारण सत्य है। (घ) कथन सत्य किंतु कारण असत्य है।

22

चौपाल के चबूतरे पर
पहले एक पेड़ था
एक हुक्का था
दसियों लोग थे
गप्पें हाँकते थे
'हो-हो' करके हँसते थे
पेड़ जीवित था।
कबूतर भी
उनकी हाँ में हाँ मिलाकर
गुटरगूँ करते थे
दसियों का चेहरा एक था।

पेड़ की डालें कट गईं
कबूतर उड़ गए
दस हुक्के हो गए
आवाजें सिमटकर चिलम की तरह बुझ गईं।
अब कोई चेहरा
स्पष्ट नज़र नहीं आता
पेड़ मर गया
सब कुछ बिखर गया
कबूतर कहाँ गए,
क्या पता? *–77 शब्द [CBSE 2016]*

प्रश्न–(क) *इस कविता का एक शीर्षक दीजिए।*

(ख) *चौपाल का जीवन किस प्रकार का हुआ करता था?*

(ग) *हुक्के के कारण जीवन का रंग कैसा होता था?*

बहुविकल्पी प्रश्न

1. *इस कविता का उचित शीर्षक दीजिए–*

   (क) चबूतरे का पेड़ (ख) कहाँ गया वह पेड़ (ग) पेड़ और हुक्का (घ) कहानी हुक्के की।

2. *गाँव में किस कारण लोग इकट्ठे होते थे?*

   (क) गप्पें लड़ाने के कारण (ख) चबूतरे के कारण
   (ग) चबूतरे के पेड़ के कारण (घ) हुक्के के कारण।

3. *पेड़ के साथ क्या हादसा हुआ?*

   (क) वह बिक गया (ख) वह कट गया
   (ग) उसकी पत्तियाँ मुरझा गईं (घ) उसकी डालें कट गईं।

4. *यहाँ पेड़ किस भावना का प्रतीक है?*

   (क) एकता (ख) भाईचारा (ग) उन्नति (घ) प्रजातंत्र।

5. *'दसियों का एक चेहरा' का तात्पर्य स्पष्ट कीजिए।*

   (क) सभी में भाईचारा था। (ख) सभी एकमत थे
   (ग) सभी में सद्भावना थी। (घ) सभी में सहमति थी।

6. **कथन (A)** – *पेड़ गाँव की रौनक हैं।*

   कारण (R) – *पेड़ के नीचे ही गाँव के लोग चहकते-बतियाते थे।*

   विकल्प – (क) कथन और कारण दोनों सत्य हैं। (ख) कथन और कारण दोनों असत्य हैं।
   (ग) कथन सत्य है किंतु कारण असत्य है। (घ) कथन असत्य है किंतु कारण सत्य है।

23

सामने कुहरा घना है
और मैं सूरज नहीं हूँ
क्या इसी अहसास में जिऊँ
या जैसा भी हूँ नन्हा-सा

इक दीया तो हूँ
क्यों न उसी की उजास में जिऊँ?
हर आने वाला क्षण
मुझे यही कहता है–

अरे भई, तुम सूरज तो नहीं हो
और मैं कहता हूँ–
न सही सूरज
एक नन्हा दीया तो हूँ
जितनी भी है लौ मुझ में
उसे लेकर जिया तो हूँ।

कम-से-कम मैं उनमें तो नहीं
जो चाँद दिल के बुझाए बैठे हैं
हर रात को अमावस बनाए बैठे हैं
उड़ते फिर रहे थे जो जुगनू उनके आँगन में
उन्हें भी मुट्ठियों में दबाए बैठे हैं।

–104 शब्द [CBSE 2016]

प्रश्न–(क) *इस कविता में किसकी महिमा गाई गई है?*

(ख) *इस कविता का एक शीर्षक दीजिए।*

(ग) *'कुहरा घना' किसका प्रतीक है?*

बहुविकल्पी प्रश्न

1. *यह कविता क्या प्रेरणा देती है–*
   (क) प्रकाश फैलने की (ख) चलते रहने की
   (ग) शक्ति-भर जीने की (घ) शांत रहने की।
2. *'कुहरा' किसका प्रतीक है?*
   (क) धुंध (ख) अँधेरा (ग) अस्पष्टता (घ) निराशा।
3. *'सूरज' किसका प्रतीक है?*
   (क) सर्वशक्ति संपन्नता (ख) ईश्वर (ग) आशा (घ) आनंद।
4. *'अमावस' किसकी प्रतीक है?*
   (क) घनघोर निराशा (ख) परिवर्तन (ग) विध्वंस (घ) आलस्य।
5. *'मुट्ठियों में जुगनू दबाना' का आशय है–*
   (क) अपनी शक्तियों को अवसर न देना। (ख) अपनी शक्तियों को कुचलना।
   (ग) सब कुछ नियंत्रण में लेना। (घ) शत्रु पर विजय पाना।
6. **कथन (A)** – *कवि प्रखर आशावादी है।*
   कारण (R) – *वह अँधेरे में जुगनू बन जाता है।*
   विकल्प – (क) कथन सत्य है किंतु कारण भ्रामक है।
   (ख) कथन सत्य है और कारण भी सत्य है।
   (ग) कथन असत्य है और कारण भी असत्य है।
   (घ) कथन सत्य है किंतु कारण भी असत्य है।

24 पूरित कर जन-मन अभिलाषा, हिंदी बने देश की भाषा।
परित्याग कर हीन-भावना, घर-घर पहुँचाएँ निज भाषा।।
देख उपेक्षित हिंदी वाणी,
असंतोष का ज्वार उठ रहा।
सम्मानित परदेशी भाषा,
हिंदी का सर्वस्व लुट रहा।।
लड़े युद्ध वीरों ने बढ़-बढ़, क्रांति-गीत हिंदी में गा कर।
राष्ट्र समूचे के दिल जोड़े, रखी एकता पथ पर लाकर।।

हिंदी भाषा विस्तृत सागर,
बढ़ें पोत भावों के प्रति पल।
भाव व्यक्त करने में सक्षम,
पवन वेग धारा सी कल-कल।।
शब्द-कोश का विशद कलेवर, स्वर लय छंद रसों का सरगम।
देवनागरी लिपि है अनुपम, नित नव ताल भाव का उद्‌गम।।

–93 शब्द [CBSE 2015]

प्रश्न–1. *इस कविता का उचित शीर्षक दीजिए।*
2. *कवि के मन में किस कारण असंतोष उपज रहा है?*
3. *हिंदी भाषा ने देश के विकास में क्या योगदान दिया है?*

बहुविकल्पी प्रश्न

1. *इस कविता का उचित शीर्षक लिखिए–*
(क) हिंदी की महत्ता (ख) हिंदी की पहचान
(ग) हिंदी बने देश की भाषा (घ) हिंदी भाषा।
2. *असंतोष का स्वर क्यों उठ रहा है?*
(क) हिंदी का विकास देखकर (ख) हिंदी की प्रतिष्ठा देखकर
(ग) हिंदी का तिरस्कार देखकर (घ) राष्ट्रभाषा न मानने पर।
3. *लोगों के मन में हिंदी के प्रति कैसी भावना है?*
(क) हीन भावना (ख) गौरव की भावना
(ग) भक्ति भावना (घ) सम्मान की भावना।
4. *हिंदी ने देश के लिए क्या काम किया है?*
(क) लड़ाई लड़ी है (ख) समन्वय किया है
(ग) ज्वार उठाया है (घ) एकता स्थापित की है।
5. *हिंदी की लिपि का नाम बताइए–*
(क) देवनागरी (ख) सरगम (ग) अनुपम (घ) शब्दकोश
6. **कथन (A)** – *हिंदी से हीन भावना पैदा होती है।*
कारण (R) – *यहाँ परदेशी भाषा का ही सम्मान है।*
विकल्प – (क) कथन असत्य है किंतु कारण सत्य है। (ख) कथन सत्य है किंतु कारण असत्य है।
(ग) कथन और कारण दोनों सत्य हैं। (घ) कथन और कारण दोनों असत्य हैं।

25 जो बीत गई सो बात गई।
जीवन में एक सितारा था
माना वह बेहद प्यारा था
वह डूब गया तो डूब गया।
अंबर के आनन को देखो
कितने इसके तारे टूटे
कितने इसके प्यारे छूटे
जो छूट गए फिर कहाँ मिले
बोलो इन टूटे तारों पर
कब अंबर शोक मनाता है?
जो बीत गई सो बात गई।

पर जीवन में वह था एक कुसुम
थे उस पर नित्य निछावर तुम
वह सूख गया तो सूख गया
मधुबन की छाती को देखो
सूखी कितनी इसकी कलियाँ
मुरझाई कितनी वल्लरियाँ
जो मुरझाई फिर कहाँ खिली
पर बोलो सूखे फूलों पर
कब मधुबन शोर मचाता है?
जो बीत गई सो बात गई।

–108 शब्द [CBSE 2015]

प्रश्न– 1. *उचित शीर्षक दीजिए।*

2. *सितारे के डूबने पर कवि क्या प्रेरणा देता है?*

3. *'कुसुम' किसका प्रतीक है? कवि उसके मुरझाने पर क्या सोचता है?*

बहुविकल्पी प्रश्न

1. *इस कविता का शीर्षक दीजिए–*
   (क) जो बीत गई सो बात गई (ख) बीती बातें
   (ग) यादें (घ) टूटा तारा।
2. *सितारे के टूटने पर कवि क्या प्रेरणा देता है?*
   (क) उसे भूल जाने की (ख) निराश न होने की (ग) नया तारा ढूँढ़ने की (घ) शांत रहने की।
3. *'कुसुम' किसका प्रतीक है?*
   (क) जीवन का (ख) क्षणिक जीवन का (ग) प्रिय व्यक्ति का (घ) पत्नी का।
4. *मधुबन फूलों के मुरझाने पर शोर क्यों नहीं मचाता?*
   (क) वह निर्मम है (ख) वह उदासीन है
   (ग) वह सुख-दुख से परे है (घ) वह जीवन की नश्वरता को जानता है।
5. *इस कविता का क्या संदेश है?*
   (क) किसी की मृत्यु पर मत रोओ। (ख) संवेदनाहीन बनो।
   (ग) जीवन की नश्वरता को समझो। (घ) प्यारी बातों को भूल जाया करो।
6. **कथन (A)** – *बीती बातों को याद नहीं करना चाहिए।*

   कारण (R) – *प्रकृति कभी बिछुड़ने और टूटने का दुख नहीं मनाती।*

   विकल्प – (क) कथन सत्य है किंतु कारण ठीक नहीं है।
   (ख) कथन असत्य है किंतु कारण सही है।
   (ग) कथन और कारण दोनों सही हैं।
   (घ) कथन और कारण दोनों गलत हैं।

26 संकटों से वीर घबराते नहीं
आपदाएँ देख छिप जाते नहीं,
लग गए जिस काम में पूरा किया,
काम करके व्यर्थ पछताते नहीं,
हो सरल अथवा कठिन हो रास्ता
कर्मवीरों को न इससे वास्ता,
बढ़ चले तो अंत तक ही बढ़ चले,
कठिनतर गिरिशृंग ऊपर चढ़ चले।

कठिन पथ को देख मुस्काते सदा
संकटों के बीच वे गाते सदा,
है असम्भव कुछ नहीं उनके लिए
सरल सम्भव कर दिखाते वे सदा,
यह असंभव कायरों का शब्द है
कहा था नेपोलियन ने एक दिन,
सच बताऊँ जिंदगी ही व्यर्थ है
दर्प बिन; उत्साह बिन और शक्ति बिन।

–95 शब्द [*CBSE 2015*]

प्रश्न– 1. *इस काव्यांश का उचित शीर्षक दीजिए।*

2. *कर्मवीरों की कोई दो विशेषताएँ लिखिए।*

3. *कर्मवीर कठिन पथ देखकर क्यों मुस्कराते हैं?*

बहुविकल्पी प्रश्न

1. *इस काव्यांश का शीर्षक लिखिए–*
   (क) वीर (ख) संकटों में वीर (ग) वीर-धर्म (घ) नेपोलियन
2. *वीर लोग संकट के समय क्या करते हैं?*
   (क) मुस्कराते हैं (ख) गरजते हैं
   (ग) खड़े हो जाते हैं (घ) निर्भय होकर कर्म करते हैं
3. *कर्मवीर संकटों में भी क्यों मुस्कराते हैं?*
   (क) वीरता के कारण (ख) आदत के कारण (ग) शक्ति के कारण (घ) बुद्धि के कारण
4. *'आपदा' का विपरीतार्थक लिखिए।*
   (क) विपदा (ख) सुखदा (ग) संपदा (घ) सुरक्षा
5. *जीवन में कौन-सा गुण अनिवार्य है?*
   (क) दर्प (ख) मुस्कुराहट (ग) उत्साह (घ) सुख
6. **कथन (A)** – *वीर लोग कठिन काम देखकर मुस्कराते हैं।*
   कारण (R) – *उन्हें खतरे उठाने में चुनौती का आनंद मिलता है।*
   विकल्प – (क) कथन सही है किंतु व्याख्या गलत है। (ख) कथन सही है और व्याख्या भी सही है।
   (ग) कथन और कारण दोनों गलत हैं। (घ) कथन गलत है किंतु व्याख्या सही है।

27 चिड़िया को लाख समझाओ
कि पिंजरे के बाहर
धरती बहुत बड़ी है, निर्मम है,
वहाँ हवा में उन्हें
अपने ज़िस्म की गंध तक नहीं मिलेगी
यूँ तो बाहर समुद्र है, नदी है, झरना है,
पर पानी के लिए भटकना है
यहाँ कटोरी में भरा जल गटकना है
बाहर दाने का टोटा है,
यहाँ चुग्गा मोटा है
बाहर बहेलिए का डर है,
निर्द्वंद्व कंठ-स्वर है।
फिर भी चिड़िया
मुक्ति का गाना गाएगी,
मारे जाने की आशंका से भरे होने पर भी
पिंजरे से जितना अंग निकल सकेगा, निकालेगी
हरसूँ जोर लगाएगी
और पिंजरा टूट जाने या खुल जाने पर उड़ जाएगी।

–100 शब्द [CBSE 2014]

प्रश्न–1. *इस कविता में कवि क्या कहना चाहता है?*
2. *चिड़िया के लिए पिंजरे के बाहर कौन-कौन से खतरे हैं?*
3. *पिंजरे में बंद रहने से चिड़िया को क्या-क्या सुविधाएँ प्राप्त हैं?*

बहुविकल्पी प्रश्न

1. *इस कविता का क्या संदेश है?*
   (क) खतरों में जियो (ख) स्वतंत्र जियो
   (ग) मुक्ति खतरनाक है (घ) सुरक्षित जियो।
2. *पिंजरे में कौन-सा सुख है?*
   (क) सुरक्षित जीवन (ख) पर्याप्त जल (ग) पर्याप्त भोजन (घ) ये तीनों

3. *चिड़िया पिंजरे से बाहर क्यों जाना चाहती है?*

(क) स्वतंत्रता-सुख के लिए (ख) उच्छृंखलता के लिए

(ग) मनचाहा भोजन पाने के लिए (घ) खतरों से खेलने के लिए

4. *'धरती बहुत निर्मम है' का अर्थ स्पष्ट कीजिए।*

(क) धरती ममतामयी है। (ख) धरती के मनुष्य क्रूर हैं।

(ग) धरा के जीव बहुत क्रूर हैं। (घ) धरती में सुख बहुत हैं।

5. *'टोटा' का अर्थ स्पष्ट कीजिए।*

(क) मोटा (ख) कमी (ग) बहुतायत (घ) मिठास

6. **कथन (A)** – *स्वतंत्रता का सुख सब सुविधाओं से ऊपर है।*

कारण (R) – *स्वतंत्रता हमारा जन्मसिद्ध अधिकार है।*

विकल्प – (क) कथन सत्य है किंतु व्याख्या गलत है। (ख) कथन असत्य है किंतु व्याख्या सत्य है।

(ग) कथन और कारण सत्य है। (घ) कथन और कारण असत्य है।

खंड 'ख'

व्यावहारिक व्याकरण

1. रचना के आधार पर वाक्य भेद

वाक्य का विभाजन प्रमुखतया दो आधारों पर किया जाता है–

1. रचना के आधार पर
2. अर्थ के आधार पर

☞आपके पाठ्यक्रम में **रचना के आधार पर वाक्य-भेद** निर्धारित हैं। इसलिए यहाँ इस विषय का विस्तृत विवेचन किया जा रहा है।

रचना की दृष्टि से वाक्य के भेद

रचना की दृष्टि से वाक्य के तीन भेद होते हैं–

1. सरल 2. संयुक्त 3. मिश्र

सरल वाक्य

जिस वाक्य में एक क्रिया होती है, उसे सरल वाक्य कहते हैं। सरल वाक्य में एक कर्ता तथा एक क्रिया का होना आवश्यक है। *उदाहरणतया–*

मोहन स्कूल जाता है।

यहाँ 'मोहन' कर्ता है तथा 'जाता है' क्रिया है। एक क्रिया होने के कारण यह सरल वाक्य है।

सरल वाक्य में कर्ता और क्रिया के अतिरिक्त कर्म, पूरक, क्रियाविशेषण, संप्रदान, अधिकरण, करण, अपादान घटक हो सकते हैं। *यथा–*

(क) मोहन हँसता है। (कर्ता-क्रिया)
(ख) राजेश बीमार है। (कर्ता-पूरक-क्रिया)
(ग) पुलिस ने चोर को पीटा। (कर्ता-कर्म-क्रिया)
(घ) माता जी ने शीला को एक साड़ी दी। (कर्ता-कर्म-कर्म-क्रिया)
(ङ) शीला आपको अपना बड़ा भाई मानती है। (कर्ता-कर्म-पूरक-क्रिया)

संयुक्त वाक्य

जिस वाक्य में दो या अधिक मुख्य तथा स्वतंत्र उपवाक्य होते हैं, वे संयुक्त वाक्य कहलाते हैं। ये दोनों पूर्ण अर्थ देने में सक्षम होते हैं। ये और, तथा, फिर, या, अथवा, अन्यथा, किंतु, लेकिन, इसलिए आदि योजकों से जुड़े होते हैं। *जैसे–*

हम लोग पुणे घूमने गए **और** वहाँ चार दिन रहे।

(*i*) हम लोग पुणे घूमने गए। (*ii*) (हम) वहाँ चार दिन रहे।

वह आई तो थी **किंतु** उसने कुछ कहा नहीं था।

(*i*) वह आई थी। (*ii*) उसने कुछ कहा नहीं था।

सत्य बोलो **परंतु** कटु सत्य न बोलो।

(*i*) सत्य बोलो। (*ii*) कटु सत्य न बोलो।

चुपचाप बैठो **या** यहाँ से चले जाओ।

(*i*) चुपचाप बैठो। (*ii*) यहाँ से चले जाओ।

वे बीमार हैं, **अतः** आने में असमर्थ हैं।

(*i*) वे बीमार हैं। (*ii*) (वे) आने में असमर्थ हैं।

पिताजी चाय पिएँगे **या** काफी।

(*i*) पिताजी चाय पिएँगे। (*ii*) पिताजी काफी पिएँगे।

मिश्र वाक्य

मिश्र वाक्य में एक-से अधिक उपवाक्य होते हैं। उनमें एक उपवाक्य प्रधान होता है तथा अन्य एक-या-अधिक उपवाक्य उस पर आश्रित होते हैं। ये उपवाक्य परस्पर व्यधिकरण योजकों (*जैसे* कि, यदि, अगर, तो, तथापि, यद्यपि, इसलिए आदि) से जुड़े हुए होते हैं। *उदाहरणतया–*

यदि मैं न आया होता तो काम न बनता।

इसमें 'काम न बनता' प्रधान उपवाक्य पर 'यदि मैं न आया होता'। उपवाक्य आश्रित है।

अन्य कुछ उदाहरण

(क) अध्यापक ने बताया **कि** कल स्कूल में छुट्टी होगी।

(ख) जो लड़का कमरे में बैठा है, **वह** मेरा भाई है।

(ग) **जब** मैं छोटा था **तब** साइकिल खूब चलाता था।

(घ) **यदि** इस बार वर्षा न हुई **तो** सारी फसल नष्ट हो जाएगी।

मुख्य उपवाक्य	योजक	आश्रित उपवाक्य
(क) अध्यापक ने बताया	कि	कल स्कूल में छुट्टी होगी।
(ख) वह मेरा भाई है।	,	जो लड़का कमरे में बैठा है।
(ग) साइकिल खूब चलाता था।	जब, तब	मैं छोटा था।
(घ) सारी फसल नष्ट हो जाएगी।	यदि, तो	इस बार वर्षा न हुई।

आश्रित उपवाक्यों के भेद–

आश्रित उपवाक्य तीन प्रकार के होते हैं–

(क) संज्ञा उपवाक्य–जो उपवाक्य प्रधान वाक्य की किसी संज्ञा या 'संज्ञा-पदबंध' के बदले में प्रयुक्त हुआ हो, उसे संज्ञा उपवाक्य कहते हैं। *जैसे–*

रहीम बोला कि **मैं कर्नाटक जा रहा हूँ।**

यहाँ 'मैं कर्नाटक जा रहा हूँ' उपवाक्य प्रधान वाक्य 'रहीम बोला' के कर्म के रूप में प्रयुक्त हो रहा है। अतः संज्ञा उपवाक्य है। संज्ञा उपवाक्य से पहले प्रायः 'कि' का प्रयोग होता है। कभी-कभी यह लुप्त भी हो जाता है। *जैसे–*

जान पड़ता है **कि माता जी** कुछ **अस्वस्थ हैं।**

इनसे यह न पूछिए **कि ये कौन हैं?**

तुम नहीं आओगे, मैं जानता था।

(ख) विशेषण उपवाक्य–जो उपवाक्य प्रधान उपवाक्य के किसी संज्ञा या सर्वनाम शब्द की विशेषता बताता है, उसे 'विशेषण उपवाक्य' कहते हैं। *जैसे–*

आपकी वह किताब कहाँ है, **जो आप कल लाए थे।**

–यहाँ 'जो आप कल लाए थे' उपवाक्य 'वह किताब' की विशेषता प्रकट कर रहा है, अतः विशेषण उपवाक्य है।

हिंदी में 'जो', 'जिस', 'जिसे', 'जिसको' से आरंभ होने वाले उपवाक्य विशेषण उपवाक्य कहलाते हैं। ये कभी वाक्य के प्रारंभ में आते हैं और कभी अंत में। *यथा*–

जो पैसे मुझे मिले थे, वे खर्च हो गए। (प्रारंभ में)
वे पैसे खर्च हो गए, जो मुझे मिले थे। (अंत में)

अन्य उदाहरण–

वह घर कौन-सा है, **जहाँ आपके पिताजी रहा करते थे।**

(ग) क्रियाविशेषण उपवाक्य–जो उपवाक्य प्रधान उपवाक्य की क्रिया की कोई विशेषता बताता है, वह क्रियाविशेषण उपवाक्य कहलाता है। इसके पाँच भेद होते हैं–

(*i*) कालवाची उपवाक्य–

ज्योंही मैं स्टेशन पहुँचा, त्योंही गाड़ी ने सीटी बजाई।
जब पानी बरस रहा था, तब मैं घर के भीतर था।

(*ii*) स्थानवाची उपवाक्य–

जहाँ तुम पढ़ते थे वहीं मैं पढ़ता था।
जिधर तुम जा रहे हो, उधर आगे रास्ता बंद है।

(*iii*) रीतिवाची उपवाक्य–

मैंने वैसे ही किया है जैसे आपने बताया था।
वह उसी प्रकार खेलता है जैसा उसके कोच सिखाते हैं।

(*iv*) परिमाणवाची उपवाक्य–

जैसे-जैसे आमदनी बढ़ती जाती है, वैसे-वैसे महँगाई बढ़ती जाती है।
तुम जितना पढ़ोगे, उतना ही तुम्हारा लाभ होगा।

(*v*) परिणाम (कार्य-कारण) वाची उपवाक्य–

वह जाएगा जरूर क्योंकि उसका साक्षात्कार है।
यदि मैंने पढ़ा होता तो अवश्य उत्तीर्ण हो गया होता।

स्पष्ट है कि क्रियाविशेषण उपवाक्य में 'जब', 'जहाँ', 'जैसा', 'ज्यों-ज्यों' आदि समुच्चयबोधक अव्ययों का प्रयोग होता है।

वाक्य-विश्लेषण

प्रश्न–वाक्य विश्लेषण से क्या तात्पर्य है?

उत्तर–किसी वाक्य के अंग-प्रत्यंग (कर्ता, कर्ता-विस्तार, कर्म, कर्म-विस्तार, कारक, क्रियाविशेषण, क्रिया, योजक आदि) को पृथक्-पृथक् करके उनके आपसी संबंधों का अध्ययन-विश्लेषण करना 'वाक्य-विश्लेषण' कहलाता है। इसे वाक्य विग्रह भी कहते हैं।

1. सरल वाक्य का विश्लेषण

सरल वाक्य का विश्लेषण करने के लिए सर्वप्रथम उसको दो भागों में विभाजित किया जाता है–1. उद्देश्य, 2. विधेय।

उद्देश्य–वाक्य में जिसके बारे में कुछ कहा जाए, वह 'उद्देश्य' कहलाता है। इसके अंतर्गत 'कर्ता' तथा 'उसका विस्तार' आते हैं।

विधेय–उद्देश्य के संबंध में जो कुछ कहा जाए, वह 'विधेय' कहलाता है। इसके अंतर्गत निम्नलिखित पद आते हैं–

1. कर्म
2. कर्म का विस्तार (विशेषण पद या पदबंध)
3. क्रिया
4. क्रिया-विस्तार
5. पूरक
6. पूरक-विस्तार
7. अन्य कारकीय पद।

साधारण वाक्य में इन्हीं वाक्यांशों को पृथक्-पृथक् करके स्पष्ट करना होता है। *उदाहरणतया*–

मैदान में चार लड़के फुटबाल खेल रहे हैं।

इसका विश्लेषण इस प्रकार होगा–

उद्देश्य– लड़के (कर्ता)
चार (कर्ता विस्तार 'विशेषण')

विधेय– फुटबाल (कर्म)
खेल रहे हैं। (क्रिया पदबंध)
मैदान में। (अधिकरण कारक)

इस वाक्य को विस्तृत करके यों भी लिखा जा सकता है–

सामने वाले बड़े मैदान में, वे चारों काली नेकर पहने लड़के, बिल्कुल नया फुटबाल, बहुत अच्छा, खेल रहे हैं।

अब इसका विश्लेषण इस प्रकार होगा–

उद्देश्य– **कर्ता**–लड़के
कर्ता-विस्तार–वे चारों काली नेकर पहने

विधेय– **कर्म**–फुटबाल
कर्म-विस्तार–बिल्कुल नया
क्रिया पदबंध–खेल रहे हैं
क्रियाविशेषण–अच्छा
क्रियाविशेषण विस्तार–बहुत
अधिकरण कारक–मैदान में
विस्तार–सामने वाले बड़े

नीचे निम्नलिखित सरल वाक्यों का विश्लेषण उदाहरणस्वरूप दिया जा रहा है–

1. मोहन हिंदी पढ़ने के लिए कल तुम्हारे घर आएगा।
2. मोहन की माँ इस समय पके-पके फल चाकू से काट रही है।
3. बस्ती के सारे बच्चे इस मैदान में शाम को गेंद खेलने के लिए आते हैं।
4. महामना मालवीय जी ने बड़े प्रयत्नों से काशी हिंदू विश्वविद्यालय की स्थापना की।
5. कौत्स ने आशीर्वाद लेने के लिए गुरु के चरणों को अतिविनम्रता से झुककर पकड़ लिया।
6. रमेश के भाई मोहन ने अपने दो मित्रों को दीपावली की मिठाई खिलाई।

क्र.	उद्देश्य		विधेय					
	उद्देश्य	विस्तार	क्रिया	क्रिया विस्तार	कर्म	कर्म विस्तार	पूरक	पूरक विस्तार
1.	मोहन		आएगा	कल	घर	तुम्हारे	पढ़ने के लिए	हिंदी
2.	माँ	मोहन की	काट रही है।	इस समय	फल	पके-पके	चाकू से	
3.	बच्चे	बस्ती के सारे	आते हैं।	इस मैदान में			खेलने के लिए	गेंद
4.	मालवीय जी ने	महामना	की		स्थापना	काशी हिंदू विश्वविद्यालय की	प्रयत्नों से	बड़े
5.	कौत्स ने		पकड़ लिया	अति विनम्रता से झुककर	चरणों को	गुरु के	लेने के लिए	आशीर्वाद
6.	मोहन ने	रमेश के भाई	खिलाई		मिठाई मित्रों को	दीपावली की, अपने दो		

2. संयुक्त वाक्य का विश्लेषण

संयुक्त वाक्य में दो उपवाक्य योजक चिह्नों से जुड़े हुए होते हैं। सर्वप्रथम संयुक्त वाक्य का योजक हटाकर उन्हें साधारण वाक्यों में बदलना चाहिए। उन साधारण वाक्यों का उपर्युक्त रीति से विश्लेषण करना चाहिए। उन साधारण वाक्यों में भी एक मुख्य तथा दूसरा उससे जुड़ा रहता है। इस प्रकार प्रथम उपवाक्य प्रधान तथा दूसरा उपवाक्य समानाधिकरण कहलाता है।

संयुक्त वाक्य का विश्लेषण करते हुए निम्नलिखित बातों का उल्लेख करना चाहिए–

1. प्रधान उपवाक्य
2. समानाधिकरण उपवाक्य
3. समुच्चयबोधक (अव्यय)

उदाहरण–

1. रंजन ने अत्यधिक परिश्रम किया, परंतु वह सफल न हो सका।
2. हमारे मित्र कल यहाँ से जाएँगे और आगरा पहुँचकर वहाँ ताजमहल देखेंगे।
3. गाँव वालों ने बाढ़ के पानी को रोकने का बहुत प्रयत्न किया, परंतु वह रुक न सका।
4. जासूस को अपराधियों का भेद लेना था, इसलिए वह उनके पास ठहर गया।
5. रात्रि हुई और तारे निकले।
6. मेरा मित्र रोज़ विद्यालय जाता है और मन लगाकर पढ़ता है।

विश्लेषण–

(1) रंजन ने अत्यधिक परिश्रम किया। — प्रधान उपवाक्य
वह सफल न हो सका। — समानाधिकरण उपवाक्य
परंतु — योजक

(2) हमारे मित्र कल यहाँ से जाएँगे। — प्रधान उपवाक्य
आगरा पहुँचकर वहाँ ताजमहल देखेंगे। — समानाधिकरण उपवाक्य
और — योजक

(3) गाँव वालों ने बाढ़ के पानी को रोकने का बहुत प्रयत्न किया। — प्रधान उपवाक्य

वह रुक न सका।	समानाधिकरण उपवाक्य
परंतु	योजक
(4) जासूस को अपराधियों का भेद लेना था।	प्रधान उपवाक्य
वह उनके पास ठहर गया।	समानाधिकरण उपवाक्य
इसलिए	योजक
(5) रात्रि हुई।	प्रधान उपवाक्य
तारे निकले।	समानाधिकरण उपवाक्य
और	योजक
(6) मेरा मित्र रोज़ विद्यालय जाता है।	प्रधान उपवाक्य
मन लगाकर पढ़ता है।	समानाधिकरण उपवाक्य
और	योजक

संयुक्त वाक्यों का विश्लेषण

		उद्देश्य		विधेय						
क्र.	उपवाक्य	उद्देश्य	विस्तार	क्रिया	क्रिया विस्तार	कर्म	कर्म विस्तार	पूरक	पूरक विस्तार	अव्यय
1.	उपवाक्य 1.	रंजन ने		परिश्रम किया	अत्यधिक					परंतु
	उप. 2.	वह		सफल हो सका	न					
2.	उप. 1.	मित्र	हमारे	जाएँगे	कल यहाँ से					और
	उप. 2.	(वे)		देखेंगे	आगरा पहुँचकर			ताजमहल		
3.	उप. 1.	गाँव वालों ने		प्रयत्न किया	बहुत रोकने का	पानी को	बाढ़ के			किंतु
	उप. 2.	वह		रुक सका	न					
4.	उप. 1.	जासूसों को		लेना था		अपराधियों का भेद				इसलिए
	उप. 2.	वह		ठहर गया	उनके पास					
5.	उप. 1.	रात्रि		हुई						और
	उप. 2.	तारे		निकले						
6.	उप. 1.	मित्र	मेरा	जाता है	रोज़ विद्यालय					और
	उप. 2.	(वह)		पढ़ता है	मन लगाकर					

3. मिश्र वाक्य का विश्लेषण

मिश्र वाक्य में प्रधान उपवाक्य और गौण उपवाक्य योजक द्वारा संबद्ध रहते हैं। उसके विश्लेषण के लिए पहले प्रधान उपवाक्य की पहचान करनी चाहिए। तत्पश्चात् गौण उपवाक्यों की पहचान करके उनके कार्य का उल्लेख करना चाहिए। योजकों को पृथक् करके साधारण वाक्यों की रीति के अनुसार उनका विश्लेषण करना चाहिए।

मिश्र वाक्य के विश्लेषण में निम्न बातों का उल्लेख करना चाहिए–

1. मुख्य उपवाक्य
2. आश्रित उपवाक्य
3. आश्रित उपवाक्य का प्रकार और मुख्य उपवाक्य से संबंध
4. समुच्चयबोधक अव्यय

उदाहरण–

1. जो छात्र परिश्रमपूर्वक पढ़ते हैं, वे सफलता अवश्य प्राप्त करते हैं।
2. आपको सुनकर प्रसन्नता होगी कि उसने अपना कार्य पूर्ण कर लिया है।
3. हमें चाहिए कि हम वार्ता में ही समय व्यतीत न करें।
4. यहाँ जो दुष्ट लोग रहते हैं, हम उनका संहार करते हैं।
5. जब मैं छोटा लड़का था तब साइकिल खूब चलाता था।

विश्लेषण–

1. वे सफलता अवश्य प्राप्त करते हैं।	प्रधान उपवाक्य
जो छात्र परिश्रमपूर्वक पढ़ते हैं।	विशेषण उपवाक्य
'वे' सर्वनाम की विशेषता प्रकट कर रहा है।	
2. आपको सुनकर प्रसन्नता होगी।	प्रधान उपवाक्य
उसने अपना कार्य पूर्ण कर लिया है।	क्रियाविशेषण उपवाक्य
कि	समुच्चयबोधक अव्यय
3. हमें चाहिए	प्रधान उपवाक्य
हम बातों में ही समय व्यतीत न करें।	संज्ञा उपवाक्य
	'कि' योजक है।
4. हम उनका संहार करते हैं।	प्रधान उपवाक्य
यहाँ जो दुष्ट लोग रहते हैं।	विशेषण उपवाक्य
'उनका' कर्म की विशेषता प्रकट कर रहा है।	
5. साइकिल खूब चलाता था।	प्रधान उपवाक्य
जब मैं छोटा लड़का था	विशेषण उपवाक्य
'तब'	समुच्चयबोधक अव्यय

वाक्य-संश्लेषण

वाक्य-विश्लेषण का विपरीतार्थक है–वाक्य-संश्लेषण। वाक्य-विश्लेषण में एक सुगठित वाक्य को खंड-खंड करके समझा जाता है, जबकि वाक्य-संश्लेषण में खंड-खंड वाक्यों, वाक्यांशों को एक सुगठित रूप प्रदान किया जाता है। दूसरे शब्दों में, एक से अधिक साधारण वाक्यों को एक वाक्य में निबद्ध करना वाक्य-संश्लेषण कहलाता है।

अनेक साधारण वाक्यों का एक साधारण वाक्य में संश्लेषण–

वाक्य-संश्लेषण व्यक्तिगत अभ्यास से आता है। फिर भी इसके लिए कुछ सूत्र हैं–

(1) सभी वाक्यों में से किसी एक वाक्य की क्रिया को मुख्य क्रिया के रूप में चुन लेना चाहिए।

(2) अन्य वाक्यों की क्रियाओं को पूर्वकालिक क्रिया, विशेषण पदबंध अथवा संज्ञा पदबंध में बदल देना चाहिए।

(3) आवश्यकता पड़ने पर उपसर्ग और प्रत्ययों के योग से नए शब्दों का निर्माण कर लेना चाहिए।

उदाहरणतया नीचे आठ सरल वाक्य दिए जा रहे हैं–

1. सामने एक मैदान है। (केवल पृष्ठभूमि स्थान की)
2. मैदान बड़ा है। (मैदान की विशेषता)
3. मैदान में लड़के खेल रहे हैं। (खेलने की क्रिया, खेलने वाले लड़के, स्थान मैदान)
4. लड़के गेंद खेल रहे हैं। (खेलने की क्रिया, कर्ता-लड़के, कर्म-गेंद)
5. लड़के संख्या में दो हैं। (लड़कों की संख्यात्मक विशेषता)
6. लड़के नेकर पहने हैं। (लड़कों की गुणात्मक विशेषता)
7. नेकर का रंग काला है। (नेकर की गुणात्मक विशेषता)
8. गेंद बिल्कुल नई है। (गेंद की गुणात्मक विशेषता)

इन वाक्यों में से मुख्य क्रिया वाले वाक्य का चयन कीजिए। यथा 'खेल रहे हैं'। अब इनके साथ कर्ता, कर्ता विस्तार, कर्म, कर्म विस्तार, क्रियाविशेषण तथा अन्य विशेषण जोड़िए। उपर्युक्त वाक्यों को ही विशेषण आदि में परिवर्तित कीजिए।

सामने वाले बड़े मैदान में काले नेकर पहने दो लड़के नई गेंद खेल रहे हैं।

उदाहरण–1.

आगरा उत्तर प्रदेश में स्थित है।
आगरा में ताजमहल है।
ताजमहल बहुत सुंदर और दर्शनीय है।
पर्यटक विश्व के कोने-कोने से उसे देखने के लिए आते हैं।

इन चारों वाक्यों का एक ही वाक्य में संश्लेषण इस प्रकार होगा–

उत्तर प्रदेश में स्थित आगरा के सुंदर और दर्शनीय ताजमहल को देखने के लिए पर्यटक विश्व के कोने-कोने से आते हैं।

उदाहरण–2.

वहाँ एक गाँव था।
वह गाँव छोटा-सा था।
उसके चारों ओर जंगल था।
उस गाँव में आदिवासियों के दस परिवार रहते थे।

वाक्य संश्लेषण–*वहाँ चारों ओर जंगल से घिरे एक छोटे से गाँव में आदिवासियों के दस परिवार रहते थे।*

उदाहरण–3.

वहाँ एक गाँव था।
वह गाँव छोटा-सा था।
उसके चारों ओर जंगल था।

संश्लेषण–*उस छोटे से गाँव के चारों ओर जंगल था।*

क्रियामूलक विशेषणों का महत्त्व–वाक्य-संश्लेषण की प्रक्रिया में क्रियामूलक विशेषणों का बहुत महत्त्व है। छात्रों को सरल वाक्यों को क्रिया के कृदंती रूप में बदलने का अभ्यास करना चाहिए। कृदंती रूपों की रचना-प्रक्रिया इस प्रकार है–

वर्तमान कृदंत (-ता, -ती, -ते) चलते हुए, गिरता हुआ, खाती हुई
पूर्ण कृदंत (-आ, -ई, -ए) चला, गिरी, उठे
कर्तृ कृदंती (ने वाला) जाने वाला
अन्य कृदंत (खिलाड़ी, पियक्कड़ आदि)

उदाहरण–

1. चिड़िया आकाश में उड़ रही है + चिड़िया कितनी सुंदर है →
   आकाश में **उड़ती हुई** चिड़िया कितनी सुंदर है।

आकाश में **उड़ रही** चिड़िया कितनी सुंदर है।

आकाश में **उड़ने वाली** चिड़िया कितनी सुंदर है।

2. वह लड़का बहुत थक गया है + लड़का अब पेड़ के नीचे बैठा है →

वह बहुत थका हुआ लड़का अब पेड़ के नीचे बैठा है।

3. यह लड़का मैदान में रोज खेला करता था + वह लड़का आज नहीं आया →

मैदान में रोज खेलने वाला लड़का आज नहीं आया।

अनेक साधारण वाक्यों का मिश्र अथवा संयुक्त वाक्य में संश्लेषण–

अनेक साधारण वाक्यों को मिश्र अथवा संयुक्त वाक्यों में भी संश्लिष्ट किया जा सकता है। इसके लिए भी कठोर परिश्रम और अभ्यास आवश्यक है।

उदाहरण–साधारण वाक्य–

1. पुस्तक में एक कठिन प्रश्न था।
2. कक्षा में उस प्रश्न को कोई हल नहीं कर सका।
3. मैंने उस प्रश्न को हल कर लिया।

मिश्र वाक्य में संश्लेषण– *1. पुस्तक के जिस कठिन प्रश्न को कक्षा में कोई भी हल नहीं कर सका, मैंने उसे हल कर लिया।*

अथवा

2. मैंने पुस्तक के उस कठिन प्रश्न को हल कर लिया, जिसे कक्षा में कोई भी हल नहीं कर सका था।

संयुक्त वाक्य में संश्लेषण–पुस्तक के एक कठिन प्रश्न को कक्षा में कोई नहीं हल कर पाया, लेकिन मैंने कर दिया।

प्रश्न-अभ्यास
(उत्तर-सहित)

प्रश्न 1. मिश्र वाक्य की परिभाषा देते हुए एक उदाहरण दीजिए।

उत्तर–मिश्र वाक्य–मिश्र वाक्य में एक-से अधिक उपवाक्य होते हैं। उनमें एक उपवाक्य प्रधान होता है तथा अन्य एक-या-अधिक उपवाक्य उस पर आश्रित होते हैं। ये उपवाक्य परस्पर व्यधिकरण योजकों (*जैसे* **कि, यदि, अगर, तो, तथापि, यद्यपि, इसलिए** आदि) से जुड़े हुए होते हैं। *उदाहरणतया–*

यदि मैं न आया होता तो काम न बनता।

इसमें 'काम न बनता' प्रधान उपवाक्य पर 'यदि मैं न आया होता।' उपवाक्य आश्रित है।

प्रश्न 2. मिश्र वाक्य के उपवाक्यों का विवेचन उदाहरण देकर कीजिए।

उत्तर–आश्रित उपवाक्य तीन प्रकार के होते हैं–

(क) संज्ञा उपवाक्य–जो उपवाक्य प्रधान वाक्य की किसी संज्ञा या 'संज्ञा-पदबंध' के बदले में प्रयुक्त हुआ हो, उसे संज्ञा उपवाक्य कहते हैं। *जैसे–*

रहीम बोला कि **मैं कर्नाटक जा रहा हूँ।**

यहाँ 'मैं कर्नाटक जा रहा हूँ' उपवाक्य प्रधान वाक्य 'रहीम बोला' के कर्म के रूप में प्रयुक्त हो रहा है। अतः संज्ञा उपवाक्य है।

(ख) विशेषण उपवाक्य–जो उपवाक्य प्रधान उपवाक्य के किसी संज्ञा या सर्वनाम शब्द की विशेषता बताता है, उसे 'विशेषण उपवाक्य' कहते हैं। *जैसे–*

आपकी वह किताब कहाँ है, **जो आप कल लाए थे।**

–यहाँ 'जो आप कल लाए थे' उपवाक्य 'वह किताब' की विशेषता प्रकट कर रहा है, अतः विशेषण उपवाक्य है।

(ग) क्रियाविशेषण उपवाक्य–जो उपवाक्य प्रधान उपवाक्य की क्रिया के बारे में कोई सूचना देता है, वह क्रियाविशेषण उपवाक्य कहलाता है। इसके पाँच भेद होते हैं–

(*i*) कालवाची उपवाक्य–

ज्योंही मैं स्टेशन पहुँचा, त्योंही गाड़ी ने सीटी बजाई।

(*ii*) स्थानवाची उपवाक्य–

जहाँ तुम पढ़ते थे वहीं मैं पढ़ता था।

(*iii*) रीतिवाची उपवाक्य–

मैंने वैसे ही किया है जैसे आपने बताया था।

(*iv*) परिमाणवाची उपवाक्य–

जैसे-जैसे आमदनी बढ़ती जाती है, वैसे-वैसे महँगाई बढ़ती जाती है।

(*v*) परिणाम (कार्य-कारण) वाची उपवाक्य–

यदि मैंने पढ़ा होता तो अवश्य सफल होता।

वाक्य-रचनांतरण (रूपांतरण)

एक प्रकार के वाक्य को दूसरे प्रकार के वाक्य में बदलना वाक्य-रचनांतरण कहलाता है।

रचना की दृष्टि से वाक्य-रचनांतरण की प्रक्रिया निम्नलिखित है–

1. रचना की दृष्टि से वाक्य-परिवर्तन

सरल वाक्य को मिश्र अथवा संयुक्त वाक्य में बदलना; मिश्र वाक्य को सरल अथवा संयुक्त वाक्य में बदलना तथा संयुक्त वाक्य को सरल और मिश्र वाक्य में बदलना इस कोटि के अंतर्गत आता है। यह ध्यान रखने योग्य है कि वाक्य-रचना बदलनी चाहिए, किंतु अर्थ नहीं बदलना चाहिए।

रचनांतरण प्रक्रिया–मिश्र और संयुक्त वाक्यों को सरल वाक्य में बदलते हुए वाक्य-संश्लेषण की प्रक्रिया का उपयोग करना पड़ता है। पहले मुख्य क्रिया का चयन; फिर अन्य उपवाक्यों को विशेषण, कृदंती क्रिया आदि रूपों में रखना–यही उचित प्रक्रिया है। सरल वाक्य को मिश्र अथवा संयुक्त वाक्य में बदलते हुए वाक्य-संश्लेषण की विपरीत क्रिया को अपनाना चाहिए। अर्थात् विशेषणों को सरल उपवाक्यों में बदलना चाहिए; कृदंती क्रिया रूपों को गौण उपवाक्यों में बदलना चाहिए। *उदाहरणतया–*

सरल वाक्य से संयुक्त वाक्य

1. उसने घर आकर भोजन किया। (सरल)
   वह घर आया और उसने भोजन किया। (संयुक्त)
2. वह फल खरीदने के लिए बाज़ार गया। (सरल)
   उसे फल खरीदने थे इसलिए वह बाज़ार गया। (संयुक्त)
3. मोहन हिंदी पढ़ने के लिए शास्त्री जी के यहाँ गया है। (सरल)
   मोहन को हिंदी पढ़नी है इसलिए शास्त्री जी के यहाँ गया है। (संयुक्त)
4. रात को आकाश में तारों का मेला लग गया। (सरल)
   रात आई और आकाश में तारों का मेला लग गया। (संयुक्त)

सरल वाक्य से मिश्र वाक्य

1. मोहन शास्त्री जी के यहाँ हिंदी पढ़ने गया है। (सरल)
   मोहन शास्त्री जी के यहाँ गया है, क्योंकि उसे हिंदी पढ़नी है। (मिश्र)

2. देश के लिए मर-मिटने वाला सच्चा देशभक्त होता है। (सरल)
   जो देश के लिए मर मिटता है, वही सच्चा देशभक्त होता है। (मिश्र)
3. शिक्षक के सामने छात्र शांत रहते हैं। (सरल)
   जब तक शिक्षक रहता है, छात्र शांत रहते हैं। (मिश्र)
4. मोहन ने मुझे जल्दी भोजन करने के लिए कहा। (सरल)
   मोहन ने कहा कि मुझे जल्दी भोजन करना है। (मिश्र)

संयुक्त वाक्य से मिश्र वाक्य

1. शीला ने एक पुस्तक माँगी और वह उसे मिल गई। (संयुक्त)
   शीला ने जो पुस्तक माँगी थी, वह उसे मिल गई। (मिश्र)
2. मज़दूर मेहनत करता है, लेकिन उसका लाभ उसे नहीं मिलता। (संयुक्त)
   मज़दूर जितनी मेहनत करता है, उसका उसे उतना लाभ नहीं मिलता। (मिश्र)
3. मोहन बहुत खिलाड़ी है लेकिन फेल कभी नहीं होता। (संयुक्त)
   मोहन ऐसा खिलाड़ी है, जो कभी फेल नहीं होता। (मिश्र)

संयुक्त वाक्य से सरल वाक्य

संयुक्त – मज़दूर मेहनत करता है लेकिन उसका लाभ उसे नहीं मिलता।
साधारण – मज़दूर को अपनी मेहनत का लाभ नहीं मिलता।
संयुक्त – मोहन बहुत खिलाड़ी है, लेकिन फेल कभी नहीं होता →
सरल – मोहन बहुत खिलाड़ी होने पर भी फेल कभी नहीं होता।
मिश्र – यद्यपि मोहन बहुत खिलाड़ी है, तथापि फेल कभी नहीं होता।
संयुक्त – गरीब मेहनत करते हैं परंतु उन्हें भरपेट रोटी नहीं मिलती।
साधारण – मेहनत करने पर भी गरीबों को भरपेट रोटी नहीं मिलती।
संयुक्त – वह बाज़ार गया और संतरे लाया।
साधारण – वह बाज़ार जाकर संतरे लाया।

मिश्र वाक्य से सरल वाक्य

– जब तक मोहन घर पहुँचा तब तक उसके पिता चल चुके थे
  → मोहन के घर पहुँचने से पूर्व उसके पिता चल चुके थे।
– मैंने एक आदमी देखा जो बहुत बीमार था।
  → मैंने एक बहुत बीमार आदमी देखा।
– अध्यापक ने छात्रों से कहा कि तुम परिश्रमपूर्वक पढ़ो और परीक्षा में अच्छी श्रेणी लाओ।
  → अध्यापक ने छात्रों को परिश्रमपूर्वक पढ़कर परीक्षा में अच्छी श्रेणी लाने के लिए कहा।
– उसने कहा कि मैं निर्दोष हूँ।
  → उसने स्वयं को निर्दोष बताया।
– एक व्यक्ति जो सड़क पार कर रहा था, बस से टकराकर मर गया।
  → सड़क पार करता हुआ एक व्यक्ति बस से टकराकर मर गया।

मिश्र वाक्य से संयुक्त वाक्य

– यदि वह तेज दौड़ता तो गाड़ी मिल जाती।
  → वह तेज दौड़ता तो गाड़ी मिल जाती।

– मेरी जो गाय काली है वह खेत में चर रही है
→ मेरी गाय काली है और खेत में चर रही है।
– जब सभा समाप्त हुई तो सब लोग चले गए
→ सभा समाप्त हुई और सब लोग चले गए।
– जो तोता पिंजड़े में है, वह दाल खा रहा है
→ तोता पिंजड़े में है और दाल खा रहा है।

प्रश्न-अभ्यास
(उत्तर-सहित)

प्रश्न 1. निर्देशानुसार वाक्य बदलो (उत्तर-सहित)–

(1) *मंत्री बनने पर भी उसका व्यवहार पूर्ववत् है।* *(मिश्र वाक्य में)*
यद्यपि वह मंत्री बन गया है फिर भी उसका व्यवहार पूर्ववत् है।

(2) *सुषमा बीमार होने के कारण आज स्कूल नहीं गई।* *(मिश्र वाक्य में)*
चूँकि सुषमा बीमार है इसलिए वह स्कूल नहीं गई।

(3) *जो व्यक्ति परिश्रमी होते हैं वे अच्छे लगते हैं।* *(साधारण वाक्य में)*
परिश्रमी व्यक्ति अच्छे लगते हैं।

(4) *सच बोलने वाले व्यक्ति को कोई नहीं डरा सकता।* *(मिश्र वाक्य में)*
जो व्यक्ति सच बोलता है उसे कोई नहीं डरा सकता।

(5) *परिश्रमी व्यक्ति के लिए कुछ भी दुर्लभ नहीं है।* *(मिश्र वाक्य में)*
जो व्यक्ति परिश्रमी होता है उसके लिए कुछ भी दुर्लभ नहीं है।

(6) *जिन बालकों ने शोर मचाया था वे पकड़ लिए गए हैं।* *(साधारण वाक्य में)*
शोर मचाने वाले बालक पकड़ लिए गए हैं।

(7) *प्रातःकाल होने पर चिड़ियाँ चहचहाने लगती हैं।* *(संयुक्त वाक्य में)*
ज्यों ही प्रातःकाल होता है, चिड़ियाँ चहचहाने लगती हैं।

(8) *मालिक ने कहा कि कल छुट्टी रहेगी।* *(साधारण वाक्य में)*
मालिक ने कल छुट्टी रहने के बारे में बताया।

(9) *सोने की चिड़िया कहलाने वाला यह वही भारत देश है।* *(मिश्र वाक्य में)*
यह वही भारत देश है जो सोने की चिड़िया कहलाता था।

(10) *परिश्रमी लोगों को सोच-समझ कर काम करना चाहिए।* *(मिश्र वाक्य में)*
जो लोग परिश्रमी होते हैं, उन्हें सोच-समझ कर काम करना चाहिए।

(11) *अपराधी होने के कारण उसे सज़ा हुई।* *(संयुक्त वाक्य में)*
चूँकि वह अपराधी था इसलिए उसे सज़ा हुई।

(12) *रहीम बोला। मैं कर्नाटक जा रहा हूँ।* *(मिश्र वाक्य में)*
रहीम बोला कि मैं कर्नाटक जा रहा हूँ।

प्रश्न 2. निम्नलिखित वाक्यों को मिश्र वाक्यों में बदलकर लिखिए–

(1) *मोहन ने हरी मिर्च खा ली। मोहन को हिचकियाँ आने लगीं।*
- जब मोहन ने मिर्च खा ली तब उसे हिचकियाँ आने लगीं।

(2) *वह लड़का गाँव गया। वहाँ वह बीमार हो गया।*
- जो लड़का गाँव गया, वह वहाँ बीमार हो गया।

(3) *दो दिन वह गाँव में रहा। सबका प्रिय हो गया।*

- वह, जो दो दिन गाँव में रहा, सबका प्रिय हो गया।

(4) *काली भैंस खेत में चर रही थी। वह भैंस आत्माराम की थी।*

- जो काली भैंस खेत में चर रही थी, वह आत्माराम की थी।

(5) *गली में शोर हुआ। सब लोग बाहर आ गए।*

- जैसे ही गली में शोर हुआ, वैसे ही सब लोग बाहर आ गए।

(6) *मोहन के खेत में गायें चर रही थीं। उसने उन्हें खेत से निकाल दिया।*

- ज्यों ही मोहन ने देखा कि खेत में गायें चर रही हैं, उसने उन्हें खेत से निकाल दिया।

(7) *अध्यापक विद्यालय में आए। सब छात्र इकट्ठे हो गए।*

- ज्यों ही अध्यापक विद्यालय में आए, सब छात्र इकट्ठे हो गए।

(8) (*i*) *परीक्षा में गणित का प्रश्न-पत्र कठिन था।* (*ii*) *विद्यार्थियों ने परीक्षा दी।*

- यद्यपि गणित का प्रश्न-पत्र कठिन था, फिर भी विद्यार्थियों ने परीक्षा दी।

(9) (*i*) *अचानक पुलिस आ गई।* (*ii*) *गली में सन्नाटा छा गया।*

- ज्यों ही अचानक पुलिस आई, त्यों ही गली में सन्नाटा छा गया।

(10) *सभा समाप्त हुई। सब लोग चले गए।*

- जैसे ही सभा समाप्त हुई, सब लोग चले गए।

(11) (*i*) *रमन के खेत में गायें चर रही थीं।* (*ii*) *उसने उन्हें खेत से निकाल दिया।*

- जो गायें रमन के खेत में चर रही थीं, उन्हें उसने निकाल दिया।

(12) (*i*) *कार्यक्रम समाप्त हुआ।* (*ii*) *सब लोग घर चले गए।*

- जैसे ही कार्यक्रम समाप्त हुआ, सब लोग घर चले गए।

(13) (*i*) *पाकिस्तान ने कारगिल में घुसपैठ की।* (*ii*) *भारत ने पाकिस्तान को करारी मात दी।*

- जब पाकिस्तान ने कारगिल में घुसपैठ की तो भारत ने उसे करारी मात दी।

(14) *वर्षा शुरू हुई। मोहन आ गया।*

- जब वर्षा शुरू हुई, तब मोहन आ गया।

(15) *वह मेहनती है। वह पराजय नहीं स्वीकार करता।*

- चूँकि वह मेहनती है, इसलिए पराजय नहीं स्वीकार करता।

प्रश्न 3. मिश्र वाक्य से साधारण वाक्य बनाइए–

(क) *मिश्र*–जब तक मोहन घर पहुँचा तब तक उसके पिता चल चुके थे →
सरल–मोहन के घर पहुँचने से पूर्व उसके पिता चल चुके थे।

(ख) *मिश्र*–मैंने एक आदमी देखा जो बहुत बीमार था।
सरल–मैंने एक बहुत बीमार आदमी देखा।

(ग) *मिश्र*–अध्यापक ने छात्रों से कहा कि तुम परिश्रमपूर्वक पढ़ो और परीक्षा में अच्छी श्रेणी लाओ।
साधारण–अध्यापक ने छात्रों को परिश्रमपूर्वक पढ़कर परीक्षा में अच्छी श्रेणी लाने के लिए कहा।

(घ) *मिश्र*–उसने कहा कि मैं निर्दोष हूँ।
साधारण–उसने स्वयं को निर्दोष बताया।

(ङ) *मिश्र*–एक व्यक्ति जो सड़क पार कर रहा था, बस से टकराकर मर गया।
साधारण–सड़क पार करता हुआ एक व्यक्ति बस से टकराकर मर गया।

प्रश्न 4. निर्देशानुसार वाक्य बदलो (अभ्यास करें)–

(1) *वह आया। उसने कुछ नहीं कहा।* *(मिश्र वाक्य में)*

वह आया तो था परंतु उसने कुछ नहीं कहा।

(2) *वह पुस्तक बहुत अच्छी है। तुम उसकी प्रशंसा कर रहे थे।* *(मिश्र वाक्य में)*

तुम जिस पुस्तक की प्रशंसा कर रहे थे, वह बहुत अच्छी है।

(3) *मुझे वहाँ जाना था। सवेरे उठना पड़ा।* *(मिश्र वाक्य में)*

चूँकि मुझे वहाँ जाना था इसलिए सवेरे उठना पड़ा।

(4) *रात के बारह बजे मैंने पढ़ना बंद कर दिया।* *(मिश्र वाक्य में)*

ज्यों ही रात के बारह बजे, त्यों ही मैंने पढ़ना बंद कर दिया।

(5) *मैंने एक ऐसा व्यक्ति देखा जो बहुत लंबा था।* *(सरल वाक्य में)*

मैंने एक बहुत लंबा व्यक्ति देखा।

(6) *मुझे देखकर वह खिसक गया।* *(मिश्र वाक्य में)*

जैसे ही उसने मुझे देखा, वैसे ही वह खिसक गया।

गत परीक्षाओं में पूछे गए प्रश्न

1. निम्नलिखित वाक्य में आश्रित उपवाक्य अलग करके बताइए कि वह किस प्रकार का है–

CBSE 2018

1. बालगोबिन जानते हैं कि अब बुढ़ापा आ गया है।

CBSE 2019

2. कहा जा चुका है कि मूर्ति संगमरमर की थी।

CBSE 2020

3. मूर्ति की आँखों पर सरकंडे से बना छोटा-सा चश्मा रखा हुआ था, जैसा बच्चे बना लेते हैं।
4. जब पान के पैसे चुकाकर जीप में आ बैठे, तब रवाना हो गए।

उत्तर– 1. अब बुढ़ापा आ गया है।

2. मूर्ति संगमरमर की थी।
3. जैसा बच्चे बना लेते हैं। (विशेषण उपवाक्य)
4. जब पान के पैसे चुकाकर जीप में आ बैठे। (क्रियाविशेषण उपवाक्य)

2. रेखांकित उपवाक्य का नाम बताइए–

(*i*) यही वे सज्जन हैं <u>जिन्होंने विपत्ति में हमारी मदद की थी।</u> *[CBSE 2015]*

(*ii*) मैंने एक फूल देखा <u>जो खिल रहा था।</u> *[CBSE 2016]*

(*iii*) चाणक्य ने कहा था <u>कि देशभक्त बनिए।</u> *[CBSE 2017]*

(*iv*) आज इस बात की आवश्यकता है कि मानव <u>प्रकृति की ओर मुड़े।</u> *[CBSE 2017]*

(*v*) मेरा उद्देश्य है कि <u>मैं मनुष्य-मात्र की सेवा करूँ।</u> *[CBSE 2017]*

(*vi*) माँ ने कहा कि <u>शाम को जल्दी घर आ जाना।</u> *[CBSE 2019]*

(*vii*) अध्यापक ने छात्रों से कहा कि <u>बिना पटाखों के दीपावली मनाएँ।</u> *[CBSE 2019]*

(*viii*) मैं नहीं जानता कि <u>इस संन्यासी ने कभी क्या सोचा था।</u> *[CBSE 2020]*

उत्तर– (*i*) विशेषण उपवाक्य (*ii*) विशेषण उपवाक्य (*iii*) संज्ञा उपवाक्य
(*iv*) संज्ञा उपवाक्य (*v*) संज्ञा उपवाक्य (*vi*) संज्ञा उपवाक्य
(*vii*) संज्ञा उपवाक्य (*viii*) संज्ञा उपवाक्य

3. रचना के आधार पर भेद बताइए–

1. जो प्रतिदिन व्यायाम करते हैं, वे स्वस्थ रहते हैं। [*CBSE 2017*]
2. वर्मा जी की पुत्री ने कहा कि मैं खिलाड़ी बनना चाहती हूँ। [*CBSE 2017*]
3. आशिमा उच्च शिक्षा प्राप्त करना चाहती है लेकिन उसके माता-पिता स्वीकृति नहीं देते। [*CBSE 2017*]
4. कैप्टन नेताजी से क्षमा माँगते हुए चश्मा ग्राहक को दे देता था। [*CBSE 2017*]
5. उसने एक ऐसा कार्य किया है जो अत्यंत प्रशंसा के योग्य है। [*CBSE 2017*]
6. जो अच्छा लेखक होता है वह अपने पाठकों की रुचि को समझता है। [*CBSE 2017*]
7. मुड़कर देखा तो अवाक् रह गए। [*CBSE 2020*]

उत्तर– 1. मिश्र 2. मिश्र 3. संयुक्त 4. सरल
5. मिश्र 6. मिश्र 7. मिश्र

4. सरल वाक्य में बदलिए–

1. जो देश की रक्षा करते हैं, उन्हें राष्ट्रपति द्वारा पुरस्कार दिए जाते हैं। [*CBSE 2016*]
2. उसे साड़ी खरीदनी थी इसलिए वह बाज़ार गई। [*CBSE 2017*]
3. मूर्तिकार ने सुना और जवाब दिया। [*CBSE 2017*]
4. गुरुदेव आरामकुर्सी पर लेटे हुए थे और प्राकृतिक सौंदर्य का आनंद ले रहे थे। [*CBSE 2018*]
5. रात हुई और आकाश में तारों के असंख्य दीप जल उठे। [*CBSE 2019*]
6. एक चश्मेवाला है जिसका नाम कैप्टन है। [*CBSE 2019*]
7. जब मज़दूरों को बोनस नहीं मिला, तो वे हड़ताल पर चले गए। [*CBSE 2020*]
8. फ़सल को एक जगह रखते और उसे पैरों से रौंद डालते। [*CBSE 2020*]
9. नवाब साहब ने तौलिया झाड़ा और सामने बिछा दिया। [*CBSE 2020*]
10. जब हम लोग न मिल सके तब तिवारी जी सीधे पाठशाला में चले गए। [*CBSE 2020*]

उत्तर– 1. देश की रक्षा करने वालों को राष्ट्रपति द्वारा पुरस्कार दिए जाते हैं।
2. वह साड़ी खरीदने के लिए बाज़ार गई।
3. मूर्तिकार ने सुनकर जवाब दिया।
4. गुरुदेव आरामकुर्सी पर लेटे हुए प्राकृतिक सौंदर्य का आनंद ले रहे थे।
5. रात होने पर आकाश में तारों के असंख्य दीप जल उठे।
6. एक चश्मेवाले का नाम कैप्टन है।
7. बोनस न मिलने पर मज़दूर हड़ताल पर चले गए।
8. फ़सल को एक जगह पर रखकर पैरों से रौंद डालते।
9. नवाब साहब ने तौलिया झाड़कर सामने बिछा दिया।
10. हमारे न मिल पाने पर तिवारी जी सीधे पाठशाला में चले गए।

5. संयुक्त वाक्य में बदलिए–

1. हमारे घर से बाहर निकलते ही बारिश होने लगी? [*CBSE 2016*]
2. मैंने पुस्तकालय जाकर प्रेमचंद द्वारा लिखित 'गोदान' पढ़ी। [*CBSE 2016*]
3. खाना जल्दी-जल्दी खाने के कारण गले में अटक गया। [*CBSE 2017*]

4. सूर्य आसमान से धीरे-धीरे उतरकर समुद्र में डूब गया। [CBSE 2017]
5. मुझे अपनी पत्नी और पुत्र की मृत्यु के साथ ही फादर के शब्दों से झरती शांति भी याद आ रही है। [CBSE 2019]
6. नवाब साहब कुछ देर गाड़ी की खिड़की के बाहर देखकर स्थिति पर गौर करते रहे। [CBSE 2019]
7. हालदार साहब का प्रश्न सुनकर वह आँखों ही आँखों में हँसा। [CBSE 2019]
8. फ़िल्म शुरू होते ही दर्शक शांत हो गए। [CBSE 2020]
9. जादूगर का जादू देखकर दर्शक दंग रह गए। [CBSE 2020]
10. जॉर्ज पंचम की नाक की रक्षा के लिए हथियार-बंद पहरेदार तैयार कर दिए गए थे। [CBSE 2020]

उत्तर– 1. हम घर से बाहर निकले और बारिश होने लगी।
2. मैं पुस्तकालय गया और वहाँ प्रेमचंद द्वारा लिखित 'गोदान' पढ़ी।
3. खाना जल्दी-जल्दी खाया, इसलिए गले में अटक गया।
4. सूर्य आसमान से धीरे-धीरे उतरा और समुद्र में डूब गया।
5. मुझे अपनी पत्नी और पुत्र की मृत्यु याद आ रही है और फादर के शब्दों से झरती शांति भी याद आ रही है।
6. नवाब साहब कुछ देर गाड़ी की खिड़की के बाहर देखते रहे और स्थिति पर गौर करते रहे।
7. हालदार साहब का प्रश्न सुना और वह आँखों ही आँखों में हँसा।
8. फ़िल्म शुरू हुई और दर्शक शांत हो गए।
9. जादूगर का जादू देखा तो दर्शक दंग रह गए।
10. जॉर्ज पंचम की नाक की रक्षा करनी थी, इसलिए हथियारबंद पहरेदार तैयार कर दिए गए थे।

6. निम्नलिखित वाक्यों को मिश्र वाक्य में बदलिए–

1. इस नहर को अनेक गुमनाम और अनपढ़ माने गए लोगों ने बनाया था। [CBSE 2016]
2. गाँधी जी ने नमक-कर को साफ़-साफ़ अन्याय की तरह देखा था। [CBSE 2016]
3. यह प्रथम स्थान प्राप्त करने वाली छात्रा है। [CBSE 2017]
4. सुबह हुई और मंदिर की घंटी बजने लगी। [CBSE 2017]
5. मॉरीशस की स्वच्छता देखकर मन प्रसन्न हो उठा। [CBSE 2018]
6. पान वाले के लिए यह मज़ेदार बात थी लेकिन हालदार साहब के लिए चकित कर देने वाली। [CBSE 2019]
7. मूर्ति की आँखों पर सरकंडे से बना छोटा-सा चश्मा रखा हुआ था। [CBSE 2019]
8. अच्छी कविताएँ भविष्य के लिए कुछ संदेश भी देती हैं। [CBSE 2020]
9. खीरे के स्वाद के आनंद में नवाब साहब की पलकें मुँद आईं। [CBSE 2020]

उत्तर– 1. इस नहर को ऐसे अनेक लोगों ने बनाया था जो गुमनाम और अनपढ़ माने गए थे।
2. गाँधी जी देखते थे कि नमक-कर साफ़-साफ़ अन्याय है।
3. यह वही छात्रा है जिसने प्रथम स्थान प्राप्त किया है।
4. जैसे ही सुबह हुई, मंदिर की घंटी बजने लगी।
5. जैसे ही मॉरीशस की स्वच्छता देखी, मन प्रसन्न हो उठा।
6. यद्यपि पान वाले के लिए यह मज़ेदार बात थी लेकिन हालदार साहब के लिए चकित कर देने वाली।

7. जहाँ मूर्ति की आँखें थीं, वहाँ सरकंडे से बना छोटा-सा चश्मा रखा हुआ था।
8. अच्छी कविताएँ वे हैं जो भविष्य के लिए कुछ संदेश भी देती हैं।
9. खीरे के स्वाद में नवाब साहब को इतना आनंद आया कि उनकी पलकें मुँद आईं।

अभ्यास

प्रश्न 1. निम्नलिखित वाक्यों में से आश्रित उपवाक्य छाँटिए और उनके प्रकार लिखिए।

1. रमेश ने कहा कि मैं आज विद्यालय नहीं जाऊँगा।
2. उसने कहा कि मैं कल आगरा जाऊँगा।
3. मेरे जीवन का लक्ष्य है कि डॉक्टर बनूँ।
4. जहाँ-जहाँ वह गया, उसका बहुत सम्मान हुआ।
5. जो व्यक्ति गुणी होता है उसे सभी चाहते हैं।
6. हमें चाहिए कि हम केवल बातों में ही समय नष्ट न करें।

प्रश्न 2. रेखांकित उपवाक्य का नाम बताइए–

1. मुझे विश्वास है कि आप अवश्य आएँगे।
2. रहीम बोला कि मैं कल हैदराबाद जा रहा हूँ।
3. वह पुस्तक कौन-सी है जो आपको बहुत पसंद है।

प्रश्न 3. निम्नलिखित वाक्यों को संयुक्त वाक्य में बदलिए–

1. बाग में मोहन, सोहन को देखकर बहुत आश्चर्यचकित हुआ। *[CBSE 2015]*
2. कलकत्ता जाकर उसने नया कारोबार शुरू किया। *[CBSE 2015]*
3. मुख्य अतिथि के आते ही कार्यक्रम शुरू हो गया। *[CBSE 2015]*

प्रश्न 4. निम्नलिखित वाक्यों को साधारण/सरल वाक्यों में बदलिए–

1. बादल आए और चले गए। *[CBSE 2015]*
2. वह बाज़ार गया और सब्ज़ियाँ खरीदकर लाया। *[CBSE 2015]*
3. वर्षा हुई और लोग घरों की ओर चले गए। *[CBSE 2015]*

प्रश्न 5. निम्नलिखित वाक्य को मिश्र वाक्य में बदलिए–

1. दस बजते ही दरवाज़े की घंटी बजी और अतिथि आए। *[CBSE 2015]*
2. कुछ लोग समाज सेवा वाहवाही प्राप्त करने के लिए करते हैं। *[CBSE 2015]*
3. प्रश्न हल होने के बाद छात्रों ने काम बंद कर दिया। *[CBSE 2015]*

प्रश्न 6. निम्नलिखित सरल वाक्यों को मिलाकर एक मिश्र वाक्य बनाइए–

(क) वहाँ एक गाँव था। वह गाँव छोटा-सा था। उसके चारों ओर जंगल था।
(ख) मोहन कल यहाँ आया। उसने राम से बात की। वह चला गया।
(ग) उसने श्रम नहीं किया। वह परीक्षा में फेल हो गया।

प्रश्न 7. निम्नलिखित में से सरल वाक्य पहचानिए–

(क) वह दो दिन गाँव में रहा और सबका प्रिय हो गया।

(ख) काली भैंस खेत में चर रही थी जोकि आत्माराम की थी।

(ग) जब गली में शोर हुआ, तब सब लोग बाहर आ गए।

(घ) वह लड़का गाँव में जाकर बीमार हो गया।

(ङ) वह दो दिन गाँव में रहकर सबका प्रिय हो गया।

प्रश्न 8. निम्नलिखित में से संयुक्त वाक्य चुनिए–

(क) गली में शांति होने पर सब लोग बाहर आ गए।

(ख) मोहन कल वहाँ गया और सबसे बात करके चला आया।

(ग) जब मैंने बालक को हँसते हुए देखा तो उससे हँसने का कारण पूछा।

(घ) मेरा वह मित्र, जिसका नाम मोहनलाल है, उदार और सरल व्यक्ति है।

(ङ) वह निकम्मा था इसलिए असफल हुआ।

प्रश्न 9. निम्नलिखित में से मिश्र वाक्य चुनिए–

(क) भागते हुए कुत्ते ने बिल्ली को दबोच लिया।

(ख) चूँकि उसने श्रम नहीं किया, सो अनुत्तीर्ण हो गया।

(ग) शेर दहाड़ रहा था और उसने हिरण पर हमला किया।

(घ) उसने श्रम नहीं किया और परीक्षा में फेल हो गया।

(ङ) ज्यों ही पुलिस आई, चोर भाग गया।

बहुविकल्पी प्रश्नोत्तर

1. रचना की दृष्टि से निम्नलिखित वाक्य किस प्रकार का है–

1. *जिनकी आय अधिक है, उन्हें उदारतापूर्वक दान करना चाहिए।*

   (क) सरल वाक्य (ख) संयुक्त वाक्य (ग) मिश्र वाक्य (घ) इनमें से कोई नहीं

2. *वह सब्जी मंडी से केले, संतरे और टमाटर लाया।*

   (क) सरल वाक्य (ख) संयुक्त वाक्य (ग) मिश्र वाक्य (घ) इनमें से कोई नहीं

2. निम्नलिखित दो सरल वाक्यों को एक सरल वाक्य में बदलिए–

- *मैंने एक व्यक्ति देखा।*
- *वह व्यक्ति बहुत गोरा था।*

(क) मैंने एक व्यक्ति देखा जो कि बहुत गोरा था। (ख) मैंने एक ऐसा व्यक्ति देखा जो कि बहुत गोरा था।

(ग) मैंने एक बहुत गोरे व्यक्ति को देखा। (घ) वह व्यक्ति गोरा था जो देख रहा था।

3. निम्नलिखित सरल वाक्यों को एक संयुक्त वाक्य में बदलिए–

- *रास्ते में धुंध थी।*
- *धुंध के कारण मैंने आने का कार्यक्रम रद्द कर दिया।*

(क) रास्ते में धुंध होने के कारण मैंने आने का कार्यक्रम रद्द कर दिया।

(ख) रास्ते में धुंध थी इसलिए मैंने आने का कार्यक्रम रद्द कर दिया।

(ग) चूँकि रास्ते में धुंध थी इसलिए मैंने आने का कार्यक्रम रद्द कर दिया।

(घ) मैंने कार्यक्रम रद्द करने के लिए धुंध करवाई।

4. निम्नलिखित वाक्यों से एक मिश्र वाक्य बनाइए–

- *सिपाही आया।*
- *वह डंडा फटकाकर चला गया।*

(क) सिपाही आकर डंडा फटकाकर चला गया।
(ख) सिपाही आया और डंडा फटकाकर चला गया।
(ग) सिपाही आया तो था किंतु वह डंडा फटकाकर चला गया।
(घ) उसके डंडा फटकारते ही सिपाही आ गया।

5. रचना की दृष्टि से निम्नलिखित वाक्य किस प्रकार का है–

1. *जिन्हें जल्दी जाना है, आगे आ जाएँ।*
(क) सरल वाक्य (ख) संयुक्त वाक्य (ग) मिश्र वाक्य (घ) इनमें से कोई नहीं
2. *वह एक बार सब्जी लेने पर कभी और नहीं माँगता।*
(क) सरल वाक्य (ख) संयुक्त वाक्य (ग) मिश्र वाक्य (घ) इनमें से कोई नहीं
3. *विवाह में चुन्नू, मुन्नू और मैं जाएँगे।*
(क) सरल वाक्य (ख) संयुक्त वाक्य (ग) मिश्र वाक्य (घ) इनमें से कोई नहीं
4. *हॉकी की कमेंटरी में जब लेकिन लगता है तो गोल नहीं हो पाता।*
(क) सरल वाक्य (ख) संयुक्त वाक्य (ग) मिश्र वाक्य (घ) इनमें से कोई नहीं
5. *खेले तो हम बढ़िया, परंतु जीत वे गए।*
(क) सरल वाक्य (ख) संयुक्त वाक्य (ग) मिश्र वाक्य (घ) साधारण वाक्य
6. *सारी दुनिया रिश्वत लेती है, लेकिन मैं नहीं लेता।*
(क) सरल वाक्य (ख) मिश्र वाक्य (ग) जटिल वाक्य (घ) संयुक्त वाक्य

6. निम्नलिखित दो सरल वाक्यों को एक सरल वाक्य में बदलिए–

1. • *मैंने एक व्यक्ति देखा।*
   • *वह व्यक्ति बहुत नटखट था।*
(क) मैंने एक व्यक्ति देखा जो कि बहुत नटखट था। (ख) मैंने एक ऐसा व्यक्ति देखा जो कि बहुत नटखट था।
(ग) मैंने एक बहुत नटखट व्यक्ति को देखा। (घ) वह व्यक्ति नटखट था जो देख रहा था।
2. • *छात्रों ने परिश्रम किया।*
   • *वे सफल हो गए।*
(क) छात्रों ने परिश्रम किया और सफल हो गए। (ख) चूँकि छात्रों ने परिश्रम किया इसलिए सफल हो गए।
(ग) छात्र परिश्रम करके सफल हो गए। (घ) छात्रों ने सफल होकर परिश्रम किया।
3. • *बच्चों ने गेंद खरीदी।*
   • *बच्चे खेलने लगे।*
(क) बच्चे गेंद खरीदने के लिए खेलने लगे। (ख) बच्चों ने खेलने के लिए गेंद खरीदी।
(ग) बच्चों ने गेंद खरीदी और खेलने लगे। (घ) बच्चे गेंद खरीदकर खेलने लगे।

7. निम्नलिखित सरल वाक्यों को एक संयुक्त वाक्य में बदलिए–

1. • *मुझे फल खरीदने थे।*
   • *मैं बाज़ार गया।*
(क) मुझे फल खरीदने के लिए बाज़ार जाना पड़ा।
(ख) मुझे फल खरीदने थे, इसलिए मैं बाज़ार गया।
(ग) चूँकि मुझे बाज़ार जाना था, इसलिए मैंने फल खरीदे।
(घ) मुझे फल खरीदने थे, सो बाज़ार जाना पड़ा।

2. • *हवा चली।*
   • *पतंगें उड़ने लगीं।*

   (क) हवा चली और पतंगें उड़ने लगीं। (ख) पतंगें उड़ाने के लिए हवा चलने लगी।

   (ग) हवा चलने पर पतंगें उड़ने लगीं। (घ) पतंगें उड़ीं और हवा चलने लगी।

3. • *वह अपने स्कूल गया।*
   • *वह अपने काम में लग गया।*

   (क) वह अपने स्कूल गया और अपने काम में लग गया।

   (ख) वह अपने स्कूल जाकर अपने काम में लग गया।

   (ग) जैसे ही वह स्कूल गया वह अपने काम में लग गया।

   (घ) वह काम में लग गया और स्कूल पहुँच गया।

8. निम्नलिखित वाक्यों से एक मिश्र वाक्य बनाइए–

1. • *चौकीदार आया।*
   • *वह सीटी बजाकर सो गया।*

   (क) चौकीदार आया और सीटी बजाकर सो गया।

   (ख) चौकीदार आकर सीटी बजाकर सो गया।

   (ग) चौकीदार आया तो था किंतु सीटी बजाकर सो गया।

   (घ) चौकीदार ने सीटी बजाई और सो गया।

2. • *बालिकाएँ आँगन में हैं।*
   • *वे खेल रही हैं।*

   (क) बालिकाएँ आँगन में खेल रही हैं।

   (ख) बालिकाएँ आँगन में हैं और खेल रही हैं।

   (ग) जो बालिकाएँ आँगन में हैं, वे खेल रही हैं।

   (घ) जो आँगन है उसमें बालिकाएँ खेल रही थीं।

3. • *फूल खिल गए हैं।*
   • *फूल तोड़ लिए जाएँगे।*

   (क) फूल खिलते ही तोड़ लिए जाएँगे। (ख) चूँकि फूल खिल गए हैं, इसलिए तोड़ लिए जाएँगे।

   (ग) फूल खिल गए हैं इसलिए तोड़ लिए जाएँगे। (घ) फूल खिलने पर तोड़ लिए जाएँगे।

9. निम्नलिखित वाक्यों में रेखांकित उपवाक्य का नाम बताइए–

1. *उसने कहा <u>कि मैं बाजार अवश्य जाऊँगा।</u>*

   (क) संज्ञा उपवाक्य (ख) विशेषण उपवाक्य

   (ग) क्रियाविशेषण उपवाक्य (घ) प्रधान उपवाक्य

2. *<u>मैं जब भी आता हूँ,</u> वह खुश हो जाता है।*

   (क) संज्ञा उपवाक्य (ख) विशेषण उपवाक्य

   (ग) क्रियाविशेषण उपवाक्य (घ) प्रधान उपवाक्य

3. *<u>यह वही व्यक्ति है</u> जिसने मुझे परेशान किया था।*

(क) संज्ञा उपवाक्य (ख) विशेषण उपवाक्य

(ग) क्रियाविशेषण उपवाक्य (घ) प्रधान उपवाक्य

4. *<u>सब जानते हैं</u> कि हमारे नेता स्वार्थी हैं।*

(क) संज्ञा उपवाक्य (ख) विशेषण उपवाक्य

(ग) क्रियाविशेषण उपवाक्य (घ) प्रधान उपवाक्य

5. *<u>चाहे कुछ भी कहो</u>, मैं चुप नहीं रहूँगा।*

(क) संज्ञा उपवाक्य (ख) विशेषण उपवाक्य

(ग) क्रियाविशेषण उपवाक्य (घ) प्रधान उपवाक्य

10. निम्नलिखित प्रश्नों के उत्तर निर्देशानुसार दीजिए– *(CBSE 2022)*

1. *हालदार साहब जीप से उतरे और पान वाले की दुकान की ओर चल पड़े। –रचना के आधार पर वाक्य भेद होगा–*

(क) सरल वाक्य (ख) संयुक्त वाक्य (ग) मिश्र वाक्य (घ) जटिल वाक्य

2. *निम्नलिखित में से कौन-सा वाक्य संयुक्त वाक्य नहीं है?*

(क) स्वयं दहेज को ठोकर मारने पर भी पिताजी के सामने झुकना पड़ा।

(ख) मैं तो दहेज को ठोकर मारता हूँ पर पिताजी के सामने झुकना पड़ा।

(ग) पिता के सामने झुकना पड़ा इसलिए दहेज लेना पड़ा।

(घ) पिताजी के सामने मेरी एक न चली और दहेज लेना पड़ा।

3. *हम वहाँ गए थे सारी दौड़-धूप से दूर <u>जहाँ ज़िंदगी सो रही थी</u>–इस वाक्य में रेखांकित आश्रित उपवाक्य का भेद है–*

(क) विशेषण आश्रित उपवाक्य (ख) संज्ञा आश्रित उपवाक्य

(ग) क्रिया-विशेषण आश्रित उपवाक्य (घ) सर्वनाम आश्रित उपवाक्य

4. *जो व्यक्ति देश के लिए मर मिटता है वही सच्चा देशभक्त होता है। –इस वाक्य का सरल वाक्य में रूपांतरण होगा–*

(क) देश के लिए जो मर मिटने वाला वह सच्चा देशभक्त होता है।

(ख) जो भी देश के लिए मर मिटता है वह सच्चा देशभक्त होता है।

(ग) देश के लिए मर मिटने वाला व्यक्ति ही सच्चा देशभक्त होता है।

(घ) वह सच्चा देशभक्त है क्योंकि वह देश पर मर मिटता है।

5. *निम्नलिखित में से कौन-सा वाक्य मिश्र वाक्य का उदाहरण है?*

(क) इस देश को बनाने में अनेक गुमनाम और अनपढ़ माने गए लोगों ने योगदान दिया।

(ख) इस देश को बनाने वाले लोग गुमनाम और गुलाम थे।

(ग) देश को बनाने वाले सारे लोग गुमनाम और गुलाम थे।

(घ) ऐसे लोगों ने इस देश को बनाया, जो गुमनाम और अनपढ़ माने गए।

11. तर्क-विश्लेषण संबंधी नए प्रश्नोत्तर

1. **कथन (A)** – *मिश्र वाक्य में दो या अधिक उपवाक्य होते हैं, जिसमें से एक वाक्य प्रधान होता है।*

कारण (R) – *दूसरा वाक्य प्रधान उपवाक्य के आश्रित होता है।*

विकल्प – (क) कथन एवं कारण दोनों सत्य हैं।
(ख) कथन एवं कारण दोनों असत्य हैं।
(ग) कथन सत्य है किंतु कारण असत्य है।
(घ) कथन असत्य है किंतु कारण सत्य है।

11. सुमेलन संबंधी नए प्रश्नोत्तर

1.

कॉलम–1	कॉलम–2
1. मोहन धीरे चलता है।	(*i*) मिश्र वाक्य
2. सोहन धीरे चलता है और ऊँचा सुनता है।	(*ii*) सरल वाक्य
3. वह जो नीला स्वेटर पहने है, मेरा भाई है।	(*iii*) संयुक्त वाक्य

विकल्प– (क) 1–(*i*), 2–(*ii*), 3–(*iii*) (ख) 1–(*ii*), 2–(*iii*), 3–(*i*)
(ग) 1–(*ii*), 2–(*i*), 3–(*iii*) (घ) 1–(*iii*), 2–(*ii*), 3–(*i*)

2.

कॉलम–1	कॉलम–2
1. सुरेखा मेरी और स्नेहा की बहन है।	(*i*) सरल वाक्य
2. तुम जाओ और उसे पकड़ो।	(*ii*) मिश्र वाक्य
3. वह कहता है कि तुम बेईमान हो।	(*iii*) संयुक्त वाक्य

विकल्प– (क) 1–(*i*), 2–(*ii*), 3–(*iii*) (ख) 1–(*iii*), 2–(*ii*), 3–(*i*)
(ग) 1–(*i*), 2–(*iii*), 3–(*ii*) (घ) 1–(*ii*), 2–(*iii*), 3–(*i*)

3.

कॉलम–1	कॉलम–2
1. यदि तुम आते तो मज़ा आ जाता।	(*i*) संयुक्त वाक्य
2. तुम बहुत सुंदर और गुणवान हो।	(*ii*) सरल वाक्य
3. मैं बाज़ार से केले और संतरे लाऊँगा।	(*iii*) मिश्र वाक्य

विकल्प– (क) 1–(*i*), 2–(*ii*), 3–(*iii*) (ख) 1–(*iii*), 2–(*i*), 3–(*ii*)
(ग) 1–(*ii*), 2–(*iii*), 3–(*i*) (घ) 1–(*iii*), 2–(*ii*), 3–(*i*)

4.

कॉलम–1	कॉलम–2
1. जो करेगा, वो भरेगा।	(*i*) संयुक्त वाक्य
2. रात हुई और तारे खिले।	(*ii*) सरल वाक्य
3. हम धीरे-धीरे रास्ते पर चले।	(*iii*) मिश्र वाक्य

विकल्प– (क) 1–(*ii*), 2–(*i*), 3–(*iii*) (ख) 1–(*iii*), 2–(*ii*), 3–(*i*)
(ग) 1–(*i*), 2–(*ii*), 3–(*iii*) (घ) 1–(*iii*), 2–(*i*), 3–(*ii*)

उत्तर

1. 1. (ग) 2. (क) **2.** (ग) **3.** (ख) **4.** (ग)
5. 1. (ग) 2. (क) 3. (क) 4. (ग) 5. (ग) 6. (घ)
6. 1. (ग) 2. (ग) 3. (घ)
7. 1. (ख) 2. (क) 3. (क)
8. 1. (ग) 2. (ग) 3. (ख)
9. 1. (क) 2. (ग) 3. (घ) 4. (घ) 5. (ग)
10. 1. (ख) 2. (क) 3. (ग) 4. (ग) 5. (घ)
11. 1. (क) **12.** 1. (ख) 2. (ग) 3. (ख) 4. (घ)

2. वाच्य

प्रश्न–वाच्य किसे कहते हैं? उसके भेदों पर प्रकाश डालिए।

उत्तर–'वाच्य' का शाब्दिक अर्थ है–'बोलने का विषय'। **क्रिया के जिस रूपांतर से यह जाना जाए कि क्रिया द्वारा किए गए विधान का केंद्र-बिंदु कर्ता है, कर्म है अथवा क्रिया-भाव, उसे वाच्य कहते हैं।** *उदाहरणतया–*

रमेश खेल रहा है।

–इसमें खेलना क्रिया का कथ्य-बिंदु है–रमेश (कर्ता)। अतः यह कर्तृवाच्य वाक्य है। दूसरा *उदाहरण–*

रमेश द्वारा फुटबाल खेली जा रही है।

–इसमें खेलने का कथ्य-बिंदु है 'फुटबाल' (कर्म)। अतः यह कर्मवाच्य है।

तीसरा *उदाहरण–*

मुझसे खेला नहीं जा रहा।

–इसमें स्वयं 'खेला जाना' (क्रिया-भाव) ही वाक्य का कथ्य-बिंदु है। अतः यह भाववाच्य वाक्य है। उपर्युक्त उदाहरणों से स्पष्ट है कि वाच्य के तीन भेद होते हैं–

वाच्य के भेद

वाच्य के दो भेद हैं

–कर्तृवाच्य

–अकर्तृवाच्य।

1. कर्तृवाच्य– *जिस वाक्य में वाच्य-बिंदु 'कर्ता' है, उसे 'कर्तृवाच्य' कहते हैं। जैसे–*

बच्चे खेल रहे हैं।
अशोक पुस्तक पढ़ता है।
कन्याएँ ढोलक बजाएँगी।

इन तीनों वाक्यों में कथ्य-बिंदु कर्ता (बच्चे, अशोक, कन्याएँ) हैं। अतः ये कर्तृवाच्य वाक्य हैं।

2. अकर्तृवाच्य– जिन वाक्यों में कर्ता गौण अथवा लुप्त होता है, उन्हें अकर्तृवाच्य कहते हैं। इसके दो भेद हैं–

(क) कर्मवाच्य

(ख) भाववाच्य।

(क) कर्मवाच्य– *जहाँ वाच्य-बिंदु कर्ता न होकर 'कर्म' हो, वहाँ कर्मवाच्य होता है।* इन वाक्यों में या तो कर्ता का लोप हो जाता है, या उसके साथ 'से' या 'के द्वारा' का प्रयोग होता है। *जैसे–*

रमेश से अब दूध पिया नहीं जा रहा है। (कर्ता + से)

–इस वाक्य में वाच्य-बिंदु 'दूध' (कर्म) है। अतः यह कर्मवाच्य वाक्य है। कुछ अन्य उदाहरण देखिए–

दवाई दे दी गई है।	(कर्ता का लोप)
पतंग बहुत अच्छी तरह उड़ रही है।	(कर्ता का लोप)
हमसे सुंदर **चित्र** देखे गए।	(कर्ता + से)
रोगी को **भोजन** दिया गया।	(कर्ता का लोप)
यह उपन्यास **प्रेमचंद** द्वारा लिखा गया।	(कर्ता + द्वारा)

(ख) भाववाच्य– *जिस वाक्य में वाच्य-केंद्र क्रिया हो अर्थात् जहाँ न कर्ता की प्रधानता हो, न कर्म की, बल्कि जहाँ 'क्रिया का भाव' ही मुख्य हो, उसे भाववाच्य कहते हैं।* भाववाच्य की क्रिया सदा अन्यपुरुष पुल्लिग एकवचन में रहती है। *उदाहरणतया–*

मुझसे अब **चला** नहीं जाता।

–यहाँ चलने की असमर्थता ही प्रमुख है, कर्ता नहीं। अतः यह **भाववाच्य वाक्य** है। अन्य *उदाहरण*–

गर्मियों में खूब **नहाया** जाता है।
अब **चला** जाए।
थोड़ी देर **सो लिया जाए।**
राधा से रात-भर कैसे **जागा** जाएगा।

टिप्पणी–कर्तृवाच्य में सकर्मक और अकर्मक दोनों प्रकार की क्रियाओं का प्रयोग होता है। कर्मवाच्य में सकर्मक क्रियाओं का प्रयोग होता है। भाववाच्य में केवल अकर्मक क्रिया का प्रयोग होता है।

कर्मवाच्य के प्रयोग-स्थल–

निम्नलिखित स्थलों पर कर्मवाच्य वाक्यों का प्रयोग होता है–

(क) *जब कर्ता का निश्चित रूप से पता न हो या किसी कारणवश उसका उल्लेख न करना चाहते हों। जैसे*–

डाकपेटी में चिट्ठी डाल दी गई है।
उसकी घड़ी मेज पर से चुरा ली गई है।
चिट्ठी भेजी गई।

(ख) *जब आपके बिना चाहे कोई कर्म अचानक हो गया हो। जैसे*–

शीशा गिर गया और टूट गया।
शीशे का गिलास छूट गया।

(ग) *जब कर्ता स्वतंत्र रूप से कोई व्यक्ति न हो बल्कि कोई व्यवस्था या तंत्र (सभा, समिति, सरकार आदि हो, या जहाँ व्यक्ति ने जो किया है, वह व्यक्तिगत रूप से नहीं किया है बल्कि पदेन किया है।) जैसे*–

सरकार द्वारा गरीबों के लिए बहुत से काम किए जा रहे हैं।
आपको सूचित किया जाता है कि ....
दंगाग्रस्त लोगों की आर्थिक सहायता पार्टी द्वारा की जा रही है।
रुपये खर्च किए जा रहे हैं।
सभी द्वारा जनहित के अनेक कार्य किए जा रहे हैं।

(घ) *सूचना विज्ञप्ति आदि में जहाँ कर्ता निश्चित नहीं है, जैसे*–

पटरी पार करने वालों को सजा दी जाएगी।
अभियुक्त को न्यायालय में पेश किया जाए।

(ङ) *असमर्थता बताने के लिए 'नहीं' के साथ। जैसे*–

अब अधिक दूध नहीं पिया जाता।
यह खाना हमसे नहीं खाया जाता।
आजकल गरीब की बात नहीं सुनी जाती।
अब अधिक भोजन नहीं खाया जाएगा।
अब तो पत्र भी नहीं लिखा जाता।

भाववाच्य के प्रयोग-स्थल–

(क) प्रायः असमर्थता या विवशता प्रकट करने के लिए 'नहीं' के साथ भाववाच्य का प्रयोग होता है। *जैसे*–

अब खड़ा तक नहीं हुआ जाता।
अब तो हमसे चला भी नहीं जा रहा।
रातभर कैसे जागा जाएगा?

(ख) जहाँ 'नहीं' का प्रयोग नहीं होता, वहाँ मूल कर्ता जन-सामान्य होता है, *जैसे*–

गर्मियों में छत पर सोया जाता है।
अब तो चला जाए।
आओ, जरा घूमा जाए।

वाच्य-परिवर्तन

कर्तृवाच्य से कर्मवाच्य बनाने की विधि–

(1) कर्तृवाच्य के कर्ता और कर्म की विभक्तियाँ हटाकर कर्ता के साथ 'से', 'के द्वारा' या 'द्वारा' लगाना चाहिए।

(2) कर्तृवाच्य की मुख्य क्रिया को सामान्य भूतकाल की क्रिया में बदलकर उसके साथ 'जाना' क्रिया का (मुख्य क्रिया के लिंग, वचन, पुरुष अनुसार) रूपांतरित रूप जोड़ देना चाहिए।

इन नियमों-विधियों के अनुसार किसी भी कर्तृवाच्य को कर्मवाच्य में सुगमता से बदला जा सकता है। *उदाहरणतया–*

(1) बालक पत्र लिखता है।	बालक से पत्र लिखा जाता है।
(2) माँ ने पुत्र को सुला दिया।	माँ के द्वारा पुत्र सुला दिया गया।
(3) रजिया ने कपड़े धोए।	रजिया से कपड़े धोए गए।
(4) तुम फूल तोड़ोगे।	तुमसे फूल तोड़े जाएँगे।
(5) रमेश अब दूध नहीं पी रहा है।	रमेश से अब दूध नहीं पिया जा रहा है।
(6) रमेश पतंग उड़ा रहा है।	रमेश द्वारा पतंग उड़ाई जा रही है।
(7) रजिया ने पुस्तक पढ़ी।	रजिया से पुस्तक पढ़ी गई।
(8) अशोक पुस्तक पढ़ता है।	अशोक द्वारा पुस्तक पढ़ी जाती है।
(9) मोहन फूल तोड़ता है।	मोहन से फूल तोड़ा जाता है।
(10) तुम लिख नहीं सकते।	तुमसे लिखा नहीं जा सकता।
(11) सोहन फुटबाल नहीं खेलता।	सोहन से फुटबाल नहीं खेली जाती।
(12) मैं खाना नहीं खाऊँगा।	मुझसे खाना नहीं खाया जाएगा।
(13) मैंने खाना खाया।	मुझसे खाना खाया गया।
(14) मैं यह काम नहीं कर सकता।	मुझसे यह काम नहीं हो सकता।

कर्तृवाच्य से भाववाच्य बनाने की विधि–

(क) कर्ता के आगे 'से', 'द्वारा' अथवा 'के द्वारा' विभक्ति लगा दें।

(ख) मुख्य क्रिया को सामान्य भूतकाल की क्रिया के एकवचन में बदलकर उसके साथ 'जाना' धातु के एकवचन, पुल्लिंग, अन्य पुरुष का वही काल लगा दें जो कर्तृवाच्य की क्रिया का है।

इन नियमों के अनुसार किसी भी कर्तृवाच्य को भाववाच्य में आसानी से बदला जा सकता है। *उदाहरणतया–*

(1) बच्चे खेलेंगे।	बच्चों द्वारा खेला जाएगा।
(2) लड़की आँगन में सो रही थी।	लड़की के द्वारा आँगन में सोया जा रहा था।
(3) पक्षी आकाश में उड़ते हैं।	पक्षियों से आकाश में उड़ा जाता है।
(4) मैं अब चल नहीं पाता।	मुझसे अब चला नहीं जाता।
(5) गर्मियों में लोग खूब नहाते हैं।	गर्मियों में (लोगों द्वारा) खूब नहाया जाता है।
(6) बच्चे जागेंगे।	बच्चों द्वारा जागा जाएगा।
(7) राम नहीं सोता।	राम से नहीं सोया जाता।
(8) बच्चा रोता है।	बच्चे से रोया जाता है।

कर्तृवाच्य बनाना–कर्मवाच्य या भाववाच्य से कर्तृवाच्य बनाना उपर्युक्त विधि के विपरीत है। इसके कुछ उदाहरण इस प्रकार हैं–

(1) बच्चों से खेला जाएगा।	बच्चे खेलेंगे।
(2) राम से पढ़ा नहीं जाता।	राम नहीं पढ़ता।
(3) सुरेश द्वारा कल पत्र लिखा जाएगा।	सुरेश कल पत्र लिखेगा।
(4) अमित से दौड़ा नहीं जाता।	अमित दौड़ नहीं सकता।

प्रश्न-अभ्यास
(उत्तर-सहित)

प्रश्न 1. वाच्य का अर्थ स्पष्ट करते हुए उसके भेदों का विवेचन उदाहरण सहित कीजिए।

उत्तर– क्रिया के कथ्य बिंदु को बताने वाले रूप को वाच्य कहते हैं। वाच्य का शाब्दिक अर्थ है–'बोलने का विषय।' अत: क्रिया के जिस रूप से यह जाना जाए कि क्रिया-विधान का कथ्य-बिंदु कर्ता है, कर्म है अथवा क्रिया-भाव, उसे वाच्य कहते हैं।

वाच्य तीन प्रकार के होते हैं–(1) कर्तृवाच्य (2) कर्मवाच्य और (3) भाववाच्य।

(1) **कर्तृवाच्य–** जहाँ क्रिया का केंद्र-बिंदु कर्ता हो। *जैसे–*
मोहन पुस्तक लिखता है।

(2) **कर्मवाच्य–** जहाँ क्रिया का केंद्र-बिंदु कर्म हो। *जैसे–*
राम से **पुस्तक** लिखी गई।

(3) **भाववाच्य–** जहाँ क्रिया का केंद्र-बिंदु स्वयं क्रिया का भाव हो। *जैसे–*
मोहन से अब **चला** नहीं जाता।

प्रश्न 2. निम्नलिखित वाक्यों के वाच्य बताइए–

(क) *मुझ से गलती हो गई।*

(ख) *राम अभी नहीं सोया।*

(ग) *मज़दूरों ने एक साल में यह पुल तैयार किया।*

(घ) *बच्चे से गिलास टूट गया।*

(ङ) *मुझसे चला नहीं जाता।*

उत्तर– (क) कर्मवाच्य
(ख) कर्तृवाच्य
(ग) कर्तृवाच्य
(घ) कर्मवाच्य
(ङ) भाववाच्य।

गत परीक्षाओं में पूछे गए प्रश्न

1. भाववाच्य में बदलिए–

(1) वह तो उठ भी नहीं सकती। *[CBSE 2016]*

(2) अब राष्ट्रपति नहीं आएँगे। *[CBSE 2016]*

(3) मेरी मित्र चल नहीं सकती। *[CBSE 2016]*

(4) बच्चा नहीं पढ़ता। *[CBSE 2017]*

(5) हम इतनी गर्मी में नहीं पढ़ सकते। *[CBSE 2017]*

(6) हम इतनी दूर नहीं रह सकते। *[CBSE 2017]*

(7) खबर सुनकर वह चल भी नहीं पा रही थी। *[CBSE 2018]*

(8) दादा जी प्रतिदिन पार्क में टहलते हैं। *[CBSE 2019]*

(9) मैं इस धूप में नहीं चल सकता। [CBSE 2019]

(10) हम लोग क्लास छोड़कर बाहर नहीं आ सके। [CBSE 2019]

(11) बस की खिड़की से न झाँकें। [CBSE 2020]

(12) चलो, ज़रा घूमें। [CBSE 2020]

उत्तर– (1) उससे तो उठा भी नहीं जाता।

(2) अब राष्ट्रपति का आगमन नहीं होगा।

(3) मेरी मित्र से चला नहीं जाता।

(4) बच्चों द्वारा नहीं पढ़ा जाता।

(5) हमसे इतनी गर्मी में नहीं पढ़ा जा सकता।

(6) हमसे इतनी दूर नहीं रहा जा सकता।

(7) खबर सुनकर उससे चला नहीं जा रहा था।

(8) दादा जी से प्रतिदिन पार्क में टहला जाता है।

(9) मुझसे इस धूप में नहीं चला जाता।

(10) हम लोगों से क्लास छोड़कर बाहर नहीं आया गया।

(11) बस की खिड़की से न झाँका जाए।

(12) चलो, घूमा जाए।

2. कर्मवाच्य में बदलिए–

(1) क्या सुरेंद्र ने सिनेमा देखा? [CBSE 2016]

(2) मुख्यमंत्री जी ने आधारशिला रखी। [CBSE 2016]

(3) महात्मा गाँधी ने राष्ट्र को अहिंसा और शांति का संदेश दिया। [CBSE 2017]

(4) राकेश पुरस्कार प्राप्त करता है। [CBSE 2017]

(5) मई महीने में शीला अग्रवाल को कॉलेज वालों ने नोटिस थमा दिया। [CBSE 2018]

(6) हालदार साहब ने पान खाया। [CBSE 2019]

(7) पान कहीं आगे खा लेंगे। [CBSE 2019]

(8) छात्रों ने विद्यालय में पौधे लगाए। [CBSE 2019]

(9) पतोहू ने आग दी। [CBSE 2020]

(10) धर्मगुरु ने कामिल बुल्के की बात मान ली। [CBSE 2020]

(11) तुम पढ़ क्यों नहीं सकते? [CBSE 2020]

(12) नवाब साहब ने संगति के लिए उत्साह नहीं दिखाया। [CBSE 2020]

उत्तर– (1) क्या सुरेंद्र से सिनेमा देखा गया?

(2) मुख्यमंत्री जी द्वारा आधारशिला रखी गई।

(3) महात्मा गाँधी द्वारा राष्ट्र को अहिंसा और शांति का संदेश दिया गया।

(4) राकेश द्वारा पुरस्कार प्राप्त किया जाता है।

(5) मई महीने में शीला अग्रवाल को कॉलेज वालों द्वारा नोटिस थमा दिया गया।

(6) हालदार साहब द्वारा पान खाया गया।

(7) पान कहीं आगे खा लिया जाएगा।

(8) छात्रों द्वारा विद्यालय में पौधे लगाए गए।

(9) पतोहू द्वारा आग दी गई।

(10) धर्मगुरु द्वारा कामिल बुल्के की बात मान ली गई।
(11) तुमसे पढ़ा क्यों नहीं जाता?
(12) नवाब साहब द्वारा संगति के लिए उत्साह नहीं दिखाया गया।

3. कर्तृवाच्य में बदलिए–

(1) छात्रों द्वारा पत्र लिखा जाता है। [CBSE 2016]
(2) तोते से आकाश में उड़ा जाता है। [CBSE 2016]
(3) मजदूरों द्वारा पेड़ काटा जा रहा है। [CBSE 2016]
(4) आपके द्वारा सुंदर लेख लिखा गया। [CBSE 2017]
(5) पानवाले द्वारा नया पान खाया जा रहा था। [CBSE 2017]
(6) गर्मियों में छत पर सोया जाता है। [CBSE 2017]
(7) देशभक्तों की शहादत को आज भी याद किया जाता है। [CBSE 2018]
(8) भगत की संगीत-साधना का चरम उत्कर्ष देखा गया। [CBSE 2019]
(9) गाँधी जी द्वारा विश्व को सत्य और अहिंसा का संदेश दिया गया। [CBSE 2019]
(10) हरे-भरे पेड़ों को नहीं काटा जा सकता। [CBSE 2020]
(11) इस दिन दालमंडी में शहनाई बजाई जाती थी। [CBSE 2020]
(12) अब सोया नहीं जाता। [CBSE 2020]
(13) उससे उठा-बैठा नहीं जाता। [CBSE 2020]

उत्तर– (1) छात्र पत्र लिखते हैं।
(2) तोते आकाश में उड़ते हैं।
(3) मजदूर पेड़ काट रहे हैं।
(4) आपने सुंदर लेख लिखा।
(5) पानवाला नया पान खा रहा था।
(6) गर्मियों में छत पर सोते हैं।
(7) देशभक्तों की शहादत को आज भी याद करते हैं।
(8) भगत की संगीत-साधना का चरम उत्कर्ष देखा।
(9) गाँधी जी ने विश्व को सत्य और अहिंसा का संदेश दिया।
(10) हरे-भरे पेड़ों को नहीं काट सकते।
(11) इस दिन दालमंडी में शहनाई बजती थी।
(12) अब सो नहीं पाता।
(13) वह उठ-बैठ नहीं सकता।

4. वाच्य का नाम बताइए–

(1) मुझसे अब नहीं चला जाता। [CBSE 2016]
(2) नदियाँ कलकल करती हैं। [CBSE 2016]
(3) मुझसे रात भर सोया न गया। [CBSE 2017]
(4) मजदूरों ने काम पूरा कर लिया। [CBSE 2017]

उत्तर– (1) भाववाच्य (2) कर्तृवाच्य (3) भाववाच्य
(4) कर्तृवाच्य

5. वाच्य के कितने भेद हैं? नाम लिखें। [CBSE 2017]

उत्तर–वाच्य के तीन भेद है–

(1) कर्तृवाच्य (2) कर्मवाच्य (3) भाववाच्य।

6. किस कारक विभक्ति का प्रयोग वाच्यों के परिवर्तन के लिए होता है? [CBSE 2017]

उत्तर–करण कारक।

अभ्यास कीजिए

निर्देशानुसार वाच्य-परिवर्तन कीजिए–

CBSE 2014

(1) मैं उठ नहीं सकता। (भाववाच्य में)
(2) रामलखन पुस्तक पढ़ रहा है। (कर्मवाच्य में)
(3) हलवाई द्वारा मिठाई बनाई गई। (कर्तृवाच्य में)
(4) पक्षी रात को सोते हैं। (भाववाच्य में)

CBSE 2015

(5) आदिवासी लोग प्रकृति की पूजा करते हैं। (कर्मवाच्य में)
(6) मुझसे अब जबलपुर नहीं जाया जा सकेगा। (कर्तृवाच्य में)
(7) हम अब मैदान में खेल नहीं खेलेंगे। (भाववाच्य में)
(8) श्याम के द्वारा ही यह फर्नीचर खरीदा गया था। (कर्तृवाच्य में)

बहुविकल्पी प्रश्नोत्तर

1. निम्नलिखित वाक्यों में से कर्तृवाच्य वाले वाक्य छाँटिए–

(क) मुझसे गमला नहीं टूटा।
(ख) सुभाषचंद्र बोस ने राष्ट्र को बलिदान और त्याग का संदेश दिया।
(ग) हमसे इतने काम नहीं किए जाएँगे।
(घ) इनमें से कोई नहीं

2. निम्नलिखित वाक्यों में से भाववाच्य वाले वाक्य छाँटिए–

(क) लड़कों के द्वारा तोड़फोड़ करवाई गई। (ख) मालती ने खाना खाया।
(ग) लड़की से सोया नहीं गया। (घ) इनमें से कोई नहीं

3. निम्नलिखित वाक्यों में से कर्मवाच्य वाले वाक्य छाँटिए–

(क) रम्या सुबह नहीं उठ सकी। (ख) अमिय द्वारा कहानी पढ़ी गई।
(ग) रीना चित्र बनाती है। (घ) इनमें से कोई नहीं

4. निम्नलिखित वाक्यों से कर्तृवाच्य वाक्य बनाइए–

मुझसे खत नहीं लिखा गया।

(क) मैंने खत नहीं लिखा। (ख) मैंने खत नहीं लिखा था।
(ग) मैं खत नहीं लिखता। (घ) मैं खत नहीं लिख सकता।

5. निम्नलिखित वाक्य से कर्मवाच्य बनाइए–

मैं यह कविता नहीं पढ़ सकूँगा।

(क) मुझ द्वारा यह कविता नहीं पढ़ी जाएगी।
(ख) मुझ द्वारा इस कविता को नहीं पढ़ा जा सकेगा।
(ग) मुझसे यह कविता नहीं पढ़ी जा सकेगी।
(घ) मुझसे यह कविता नहीं पढ़ी जाएगी।

6. निम्नलिखित वाक्य से भाववाच्य वाक्य बनाइए–

हम सर्दी में गर्म पानी से नहाते हैं।

(क) सर्दी में हमसे गर्म पानी से नहाया जाएगा।
(ख) सर्दी में हमसे गर्म पानी से नहाया जाता है।
(ग) सर्दी में हमसे गर्म पानी से नहाया जा रहा है।
(घ) सर्दी में हमसे गर्म पानी से नहाया जाता था।

7. निम्नलिखित वाक्यों का वाच्य बताइए–

बुद्ध ने विश्व को शांति का संदेश दिया।

(क) कर्तृवाच्य
(ख) कर्मवाच्य
(ग) भाववाच्य
(घ) कोई नहीं

8. निम्नलिखित वाक्यों में से कर्तृवाच्य वाले वाक्य छाँटिए–

1. (क) हम स्वामी दयानंद को नहीं भूल सकते।
(ख) छात्रों द्वारा शिकायत की गई।
(ग) हमसे हटा नहीं गया।
(घ) आखिर गिलास टूट गया।

9. निम्नलिखित वाक्यों में से भाववाच्य वाले वाक्य छाँटिए–

1. (क) महेश कबूतर उड़ा रहा है।
(ख) मुझसे कविता नहीं लिखी गई।
(ग) बच्चों से शांत नहीं रहा जाता।
(घ) मैं सो नहीं सका।

10. निम्नलिखित वाक्यों में से कर्मवाच्य वाले वाक्य छाँटिए–

1. (क) सास हँस नहीं सकी।
(ख) राजा द्वारा प्रजा को उपहार दिए गए।
(ग) कलाकार मूर्ति गढ़ता है।
(घ) वे रातभर जागते रहे।

11. निम्नलिखित वाक्यों से कर्तृवाच्य वाक्य बनाइए–

1. *सरकार द्वारा शिक्षा पर बहुत खर्च किया जाता है।*
(क) सरकार ने शिक्षा पर बहुत खर्च किया।
(ख) सरकार शिक्षा पर बहुत खर्च किया करती थी।
(ग) सरकार शिक्षा पर बहुत खर्च करती है।
(घ) सरकार से शिक्षा पर बहुत खर्च किया गया है।

2. *हमसे दो पराँठे नहीं खाए गए।*
(क) हम दो पराँठे नहीं खा सकते।
(ख) हम दो पराँठे नहीं खाएँगे।
(ग) हम दो पराँठे नहीं खा सके।
(घ) हम दो पराँठे नहीं खाते।

3. *उनका सुख मुझसे सहन नहीं होता।*
(क) उनका सुख मुझे सहन नहीं होगा।
(ख) मैं उनका सुख सहन नहीं कर पाता।
(ग) मैं उनका सुख सहन नहीं करता।
(घ) मुझसे उनका सुख सहन नहीं होता।

12. निम्नलिखित वाक्य से कर्मवाच्य बनाइए–

1. *अशोक गीता पढ़ता है।*
(क) अशोक से गीता पढ़ी जा रही है।
(ख) अशोक से गीता पढ़ी जाती है।
(ग) अशोक से गीता पढ़ी जाएगी।
(घ) अशोक ने गीता पढ़ी है।

2. *उन लड़कों ने हमें मूर्ख बना दिया।*
(क) उन लड़कों द्वारा हमें मूर्ख बनाया गया है।
(ख) उन लड़कों द्वारा हमें मूर्ख बनाया गया।
(ग) उन लड़कों द्वारा हम मूर्ख बना दिए गए।
(घ) उन लड़कों से हम मूर्ख बने।

3. *हलवाई ने मिठाई बनाई।*

(क) हलवाई से मिठाई बनाई गई। (ख) हलवाई ने मिठाई बनवाई।
(ग) हलवाई द्वारा मिठाई बनाई गई। (घ) हलवाई द्वारा मिठाई बनवाई गई।

4. *सरकार किसानों को कल पत्र देगी।*

(क) सरकार द्वारा किसानों को कल पत्र दिलवाया जाएगा।
(ख) सरकार द्वारा किसानों को कल पत्र दिया जाएगा।
(ग) सरकार द्वारा किसानों को कल पत्र मिलेगा।
(घ) सरकार किसानों को कल पत्र भेजेगी।

13. निम्नलिखित वाक्य से भाववाच्य वाक्य बनाइए–

1. *मैं बिस्तर से उठ नहीं सकता।*

(क) मेरे से बिस्तर से उठा नहीं जाता। (ख) मुझसे बिस्तर पर उठा नहीं जाता।
(ग) मुझसे बिस्तर से उठा नहीं जाता। (घ) मैं बिस्तर से उठ नहीं पाता।

2. *उमेश हँसा।*

(क) उमेश हँस नहीं सका। (ख) उमेश से हँसा नहीं गया।
(ग) उमेश से हँसा गया। (घ) उमेश से हँसा जाता है।

3. *लोग गर्मियों में खूब नहाते हैं।*

(क) लोगों से गर्मियों में खूब नहाया जाता है। (ख) लोगों को गर्मियों में नहाना बहुत भाता है।
(ग) लोग गर्मियों में खूब नहाया करते हैं। (घ) लोगों से गर्मियों में नहाया नहीं जाता।

14. निम्नलिखित वाक्यों का वाच्य बताइए–

1. *गाँधी जी ने अहिंसा द्वारा शत्रुओं पर विजय प्राप्त की।*

(क) कर्तृवाच्य (ख) कर्मवाच्य (ग) भाववाच्य (घ) कोई नहीं।

2. *एक व्यक्ति द्वारा समाज का सुधार संभव है।*

(क) कर्तृवाच्य (ख) कर्मवाच्य (ग) भाववाच्य (घ) कोई नहीं।

3. *वह चुपचाप नहीं पढ़ सकता।*

(क) कर्तृवाच्य (ख) कर्मवाच्य (ग) भाववाच्य (घ) कोई नहीं।

4. *आज उसे स्वतंत्रता मिल गई।*

(क) कर्तृवाच्य (ख) कर्मवाच्य (ग) भाववाच्य (घ) कोई नहीं।

5. *मुझसे यों नहीं बैठा जाता।*

(क) कर्तृवाच्य (ख) कर्मवाच्य (ग) भाववाच्य (घ) कोई नहीं।

6. *उससे तो खाया भी नहीं जाता।*

(क) कर्तृवाच्य (ख) कर्मवाच्य (ग) भाववाच्य (घ) कोई नहीं।

7. *बूढ़ों से कहाँ चला जाता है?*

(क) कर्तृवाच्य (ख) कर्मवाच्य (ग) भाववाच्य (घ) कोई नहीं।

8. *हम केला नहीं खाते।*

(क) कर्तृवाच्य (ख) कर्मवाच्य (ग) भाववाच्य (घ) कोई नहीं।

15. निम्नलिखित प्रश्नों के उत्तर निर्देशानुसार दीजिए– *(CBSE 2022)*

1. *"मैंने हिमालय को सलामी देनी चाही।" –वाक्य में प्रयुक्त वाच्य पहचानिए:*

(क) कर्मवाच्य (ख) भाववाच्य (ग) कर्तृवाच्य (घ) कर्तावाच्य

2. *निम्नलिखित वाक्यों में कौन-सा वाक्य भाववाच्य का नहीं है?*

(क) चिड़ियों से उड़ा नहीं जाता। (ख) मुझसे जाया नहीं जाता।

(ग) रीता से दौड़ा नहीं जाता। (घ) तुमसे कुछ भी खाया नहीं जाता।

3. *मेले में बच्चों ने कई तरह की पुस्तकें खरीदीं। –इसे कर्मवाच्य में रूपांतरित करने पर होगा–*

(क) मेले में बच्चों द्वारा कई तरह की पुस्तकें खरीदी गईं।

(ख) मेले में बच्चों ने कई तरह की पुस्तकें खरीद ली।

(ग) मेले में बच्चों से पुस्तकें खरीदी जाएँगी।

(घ) बच्चों ने मेले में कई तरह की पुस्तकें लीं।

4. *निम्नलिखित में से कौन-सा कर्तृवाच्य का उदाहरण है?*

(क) कुछ लोगों द्वारा पेड़ काटे जा रहे हैं।

(ख) चोर को मौके पर ही पुलिस ने पकड़ लिया।

(ग) नीले आसमान में पक्षियों से उड़ा जाता है।

(घ) चलो, अब चला जाए।

5. *सो रहे हो क्या? –इस वाक्य का भाववाच्य में सटीक रूपांतरण होगा–*

(क) सोया जा रहा है क्या? (ख) तुम सोओगे क्या?

(ग) क्या सो रहे थे? (घ) तुम सो चुके थे क्या?

16. निम्नलिखित कॉल्मों में सुमेलित कॉलम जोड़िए–

1.

कॉलम–1	कॉलम–2
1. हम हँस नहीं सके।	*(i)* भाववाच्य
2. हमसे हँसा नहीं गया।	*(ii)* कर्मवाच्य
3. हमसे साइकिल नहीं चलाई गई।	*(iii)* कर्तृवाच्य

विकल्प– (क) 1–*(i)*, 2–*(ii)*, 3–*(iii)* (ख) 1–*(iii)*, 2–*(ii)*, 3–*(i)*

(ग) 1–*(ii)*, 2–*(iii)*, 3–*(i)* (घ) 1–*(ii)*, 2–*(i)*, 3–*(iii)*

2.

कॉलम–1	कॉलम–2
1. उससे सोया नहीं जाता।	*(i)* कर्तृवाच्य
2. उसे नींद नहीं आती।	*(ii)* भाववाच्य
3. उससे निबंध नहीं पढ़ा जाएगा।	*(iii)* कर्मवाच्य

विकल्प– (क) 1–*(ii)*, 2–*(i)*, 3–*(iii)* (ख) 1–*(ii)*, 2–*(iii)*, 3–*(i)*

(ग) 1–*(iii)*, 2–*(ii)*, 3–*(i)* (घ) 1–*(i)*, 2–*(iii)*, 3–*(ii)*

3.

कॉलम–1	कॉलम–2
1. आज हम चावल खाएँगे।	(*i*) कर्मवाच्य
2. हमसे चावल नहीं खाए जाएँगे।	(*ii*) कर्तृवाच्य
3. हमसे तो चला भी नहीं जा रहा।	(*iii*) भाववाच्य

विकल्प– (क) 1–(*ii*), 2–(*i*), 3–(*iii*) (ख) 1–(*ii*), 2–(*iii*), 3–(*i*)
(ग) 1–(*iii*), 2–(*ii*), 3–(*i*) (घ) 1–(*i*), 2–(*ii*), 3–(*iii*)

4.

कॉलम–1	कॉलम–2
1. मज़दूर खेत जोत रहे हैं।	(*i*) भाववाच्य
2. मज़दूरों द्वारा खेत जोता गया।	(*ii*) कर्तृवाच्य
3. हमसे तैरा नहीं गया।	(*iii*) कर्मवाच्य

विकल्प– (क) 1–(*ii*), 2–(*iii*), 3–(*i*) (ख) 1–(*ii*), 2–(*i*), 3–(*iii*)
(ग) 1–(*i*), 2–(*ii*), 3–(*iii*) (घ) 1–(*iii*), 2–(*ii*), 3–(*i*)

5.

कॉलम–1	कॉलम–2
1. हरे-भरे पेड़ न कटवाओ।	(*i*) कर्मवाच्य
2. हरे-भरे पेड़ नहीं कटवाए जाएँगे।	(*ii*) भाववाच्य
3. हमसे रोया नहीं गया।	(*iii*) कर्तृवाच्य

विकल्प– (क) 1–(*i*), 2–(*ii*), 3–(*iii*) (ख) 1–(*iii*), 2–(*i*), 3–(*ii*)
(ग) 1–(*i*), 2–(*iii*), 3–(*ii*) (घ) 1–(*ii*), 2–(*iii*), 3–(*i*)

उत्तर

1. (ख) **2.** (ग) **3.** (ख) **4.** (क) **5.** (ग)
6. (ख) **7.** (क) **8.** 1. (क) **9.** 1. (ग) **10.** 1. (ख)
11. 1. (ग) 2. (ग) 3. (ख)
12. 1. (ख) 2. (ख) 3. (ग) 4. (ख)
13. 1. (ग) 2. (ग) 3. (क)
14. 1. (क) 2. (ख) 3. (क) 4. (क) 5. (ग) 6. (ग) 7. (ग) 8. (क)
15. 1. (ग) 2. (घ) 3. (क) 4. (ख) 5. (क)
16. 1. (ग) 2. (क) 3. (क) 4. (क) 5. (ख)

3. पद-परिचय

प्रश्न–पद तथा पद-परिचय की परिभाषा दीजिए।

उत्तर–वाक्य में प्रयुक्त शब्दों को 'पद' कहते हैं। उन पदों का व्याकरणिक परिचय देना 'पद-परिचय' कहलाता है।

पद-परिचय के लिए आवश्यक संकेत

पद-परिचय के अंतर्गत संज्ञा, सर्वनाम आदि पदों का निम्नलिखित व्याकरणिक परिचय देना अपेक्षित होता है–

संज्ञा–संज्ञा के भेद, लिंग, वचन, कारक, क्रिया के साथ संबंध।

सर्वनाम–सर्वनाम के भेद, पुरुष, लिंग, वचन, कारक, क्रिया के साथ संबंध।

विशेषण–विशेषण के भेद, लिंग, वचन, विशेष्य।

क्रिया–अकर्मक, सकर्मक, लिंग, वचन, पुरुष, धातु, काल, वाच्य, प्रयोग, कर्ता और कर्म का संकेत।

क्रियाविशेषण–भेद, जिस क्रिया की विशेषता बताई गई हो उसके बारे में निर्देश।

समुच्चयबोधक, संबंधबोधक, विस्मयादिबोधक–
उन शब्दों के भेद तथा उनका संबंध, निर्देश आदि।

(क) *हम आज भी देश पर प्राण न्योछावर करने के लिए तैयार हो जाते हैं।*

हम–पुरुषवाचक सर्वनाम, बहुवचन, पुल्लिग, उत्तम पुरुष, कर्ता कारक।

देश पर–जातिवाचक संज्ञा, पुल्लिग, एकवचन, अधिकरण कारक।

हो जाते हैं–सकर्मक क्रिया, पुल्लिग, बहुवचन, कर्तृवाच्य, वर्तमान काल, उत्तम पुरुष, 'हम' कर्ता की क्रिया।

(ख) *रमेश वहाँ दसवीं कक्षा में बैठा है।*

रमेश–व्यक्तिवाचक संज्ञा, पुल्लिग, एकवचन, कर्ता कारक, 'पढ़ता था' क्रिया का कर्ता।

वहाँ–स्थानवाचक, क्रियाविशेषण, 'पढ़ता था' क्रिया का स्थान-निर्देश।

दसवीं–विशेषण, क्रमसूचक, संख्यावाचक, स्त्रीलिंग, एकवचन, 'कक्षा' विशेष्य का विशेषण।

कक्षा में–जातिवाचक संज्ञा, स्त्रीलिंग, एकवचन, अधिकरण कारक।

बैठा है–अकर्मक क्रिया, 'बैठ' धातु, एकवचन, अन्य पुरुष, निश्चयार्थ कर्तृवाच्य, कर्तरि प्रयोग, इसका कर्ता रमेश।

(ग) *भागकर जाओ और बाज़ार से कुछ तो लाओ।*

भागकर–पूर्वकालिक क्रिया, रीतिवाचक, क्रियाविशेषण।

बाज़ार–जातिवाचक संज्ञा, पुल्लिग, एकवचन, अपादान कारक।

कुछ–अनिश्चयवाचक सर्वनाम, पुल्लिग, एकवचन, कर्मकारक।

(घ) *काला घोड़ा तेज भागता है।*

काला–गुणवाचक विशेषण, एकवचन, पुल्लिग, 'घोड़ा' विशेष्य है।

घोड़ा–जातिवाचक संज्ञा, पुल्लिग, एकवचन, 'भागता है' क्रिया का कर्ता।

तेज–रीतिवाचक क्रियाविशेषण, 'भागता है' क्रिया की विशेषता प्रकट कर रहा है।

भागता है–अकर्मक क्रिया, कर्तृवाच्य, वर्तमान काल, पुल्लिग, अन्य पुरुष, एकवचन, 'घोड़ा' उसका कर्ता है।

(ङ) *हम बाग में गए परंतु वहाँ कोई आम न मिला।*

हम–पुरुषवाचक सर्वनाम, उत्तम पुरुष, पुल्लिग, बहुवचन, कर्ता कारक, 'गए' क्रिया का कर्ता।

बाग में–जातिवाचक संज्ञा, पुल्लिंग, एकवचन, अधिकरण कारक।

गए– अकर्मक क्रिया, 'जा' धातु, उत्तम पुरुष, पुल्लिंग, बहुवचन, भूतकाल, निश्चयार्थ, कर्तृवाच्य, कर्तरि प्रयोग, 'हमें' सर्वनाम इसका कर्ता है।

परंतु–व्यधिकरण समुच्चयबोधक, दो वाक्यों को जोड़ता है।

वहाँ–स्थानवाचक क्रिया-विशेषण।

कोई–संख्यावाचक विशेषण, पुल्लिंग, एकवचन, 'आम' विशेष्य का विशेषण।

आम–जातिवाचक संज्ञा, पुल्लिंग, एकवचन कर्म कारक।

न–रीतिवाचक क्रिया-विशेषण।

मिला–सकर्मक क्रिया, 'मिल' धातु, अन्य पुरुष, पुल्लिंग, एकवचन, भूतकाल, निश्चयार्थ, कर्तृवाच्य, कर्मणि प्रयोग ('हमें' कर्ता का लोप है) इस क्रिया का कर्म 'आम' है।

(च) *शीत ऋतु में हिमालय का क्षेत्र पूर्णतया बर्फ से ढक जाता है और वहाँ पर जन-जीवन अस्त-व्यस्त हो जाता है।*

शीत–विशेषण, गुणवाचक, स्त्रीलिंग, एकवचन, 'ऋतु' संज्ञा का विशेषण।

ऋतु में–जातिवाचक संज्ञा, स्त्रीलिंग, एकवचन, अधिकरण कारक।

हिमालय का–व्यक्तिवाचक संज्ञा, पुल्लिंग, एकवचन, संबंधकारक।

क्षेत्र–जातिवाचक संज्ञा, पुल्लिंग, एकवचन, कर्ता 'ढक जाना' क्रिया का कर्ता।

पूर्णतया–रीतिवाचक क्रिया-विशेषण, 'ढक जाता है' क्रिया-पद की विशेषता बता रहा है।

बर्फ से–जातिवाचक संज्ञा, एकवचन, स्त्रीलिंग, करण कारक।

ढक जाता है–अकर्मक क्रिया, पुल्लिंग, एकवचन, निश्चयार्थ, वर्तमान काल, कर्तृवाच्य, कर्तरि प्रयोग, इसका कर्ता 'क्षेत्र' है।

और–समानाधिकरण समुच्चयबोधक, दो वाक्यों को जोड़ता है।

वहाँ–स्थानवाचक क्रियाविशेषण।

जन-जीवन–भाववाचक संज्ञा, पुल्लिंग, एकवचन, कर्ता कारक, 'हो जाता है' क्रिया का कर्ता।

अस्त-व्यस्त–रीतिवाचक क्रिया-विशेषण, 'हो जाता है' क्रिया का क्रियाविशेषण।

हो जाता है–अकर्मक क्रिया, पुल्लिंग, एकवचन, निश्चयार्थ, वर्तमान काल, कर्तृवाच्य, कर्तरि प्रयोग।

प्रश्न-अभ्यास (उत्तर-सहित)

प्रश्न 1. निम्नलिखित वाक्यों में मोटे छपे शब्दों का पद-परिचय दीजिए–

(क) ***भूषण*** *वीर रस के* ***कवि*** *थे।*

(ख) ***वह*** *कल आएगा।*

(ग) ***मैं दसवीं*** *कक्षा में* ***पढ़ता हूँ।***

(घ) ***वह अचानक*** *दिखाई पड़ा।*

(ङ) ***यह*** *पुस्तक* ***किसकी*** *है?*

उत्तर– (क) **भूषण** वीर रस के **कवि** थे।

भूषण–संज्ञा, व्यक्तिवाचक, पुल्लिंग, एकवचन, कर्ताकारक, 'थे' क्रिया का कर्ता।

कवि–संज्ञा, जातिवाचक संज्ञा, पुल्लिंग, एकवचन, कर्तृपूरक, 'भूषण' कर्ता का पूरक।

(ख) **वह** कल आएगा।

वह–सर्वनाम, अन्य पुरुषवाचक सर्वनाम, पुल्लिंग, एकवचन, 'आएगा' क्रिया का कर्ता।

(ग) **मैं दसवीं** कक्षा में **पढ़ता हूँ।**

मैं–सर्वनाम, पुल्लिंग, एकवचन, 'पढ़ता हूँ' क्रिया का कर्ता।

दसवीं–विशेषण, संख्यावाची, क्रमसूचक, स्त्रीलिंग, एकवचन, 'कक्षा' विशेष्य का विशेषण।

पढ़ता हूँ–क्रिया, वर्तमान काल, नित्यताबोधक पक्ष, एकवचन, पुल्लिंग, 'मैं' कर्ता की क्रिया, प्रथम पुरुष का अनुसारी रूप कर्तृवाच्य।

(घ) **वह अचानक** दिखाई पड़ा।
वह–सर्वनाम, अन्यपुरुष सर्वनाम, पुल्लिंग, एकवचन, 'दिखाई पड़ा' क्रिया का कर्ता, कर्ता कारक।
अचानक–अव्यय, क्रियाविशेषण, 'दिखाई पड़ना' क्रिया की विशेषता।

(ङ) **यह** पुस्तक **किसकी** है?
यह–विशेषण, सार्वनामिक विशेषण, 'पुस्तक' विशेष्य, एकवचन।
किसकी–सर्वनाम, प्रश्नवाचक सर्वनाम, स्त्रीलिंग, एकवचन।

गत परीक्षाओं में पूछे गए प्रश्न

1. निम्नलिखित वाक्यों में रेखांकित का पद-परिचय लिखिए–

CBSE 2016

1. कब्रिस्तान की भूमि को लेकर छोटे-मोटे तनाव होते हैं। एक ऐसे ही अवसर पर मुझे पंचायत में शामिल होना पड़ा।
2. जिलाधिकारी की पहल पर ही इलाके के कुछ प्रमुख लोगों को बुलाया गया, जिसमें महाविद्यालय का प्रिंसिपल होने के नाते मैं भी शामिल था।
3. हम कक्षा दस में पढ़ते हैं।
4. राम ने श्याम को बुरी तरह मारा।
5. मैं गाय का दूध पीना पसंद करता हूँ।
6. माला पत्र लिखती है।

CBSE 2017

7. हमें अपने भारत पर गर्व है।
8. राधा ने खट्टे अंगूर खाए।
9. काला घोड़ा तेज भागता है।
10. कल मैंने लालकिला देखा।

CBSE 2018

11. अपने गाँव की मिट्टी छूने के लिए मैं तरस गया।

CBSE 2019

12. परिश्रम के बिना सफलता नहीं मिलती।
13. उस गमले में दो गुलाब खिले हैं।
14. सौम्या बगीचे के सामने बैठी है।
15. अविनाश दुकान से गर्म पूड़ियाँ लाया है।
16. वर्षा के बाद धीरे-धीरे हरियाली बढ़ने लगी।
17. राम कहानी पढ़ता है।

CBSE 2020

18. हम पार्क में गए परंतु वहाँ कोई बच्चा न मिला।
19. हम जीवन में सोचते कुछ हैं, परंतु होता कुछ और है।
20. ये बच्चे सुबह-शाम पार्क में व्यायाम करते हैं।
21. कृष्ण की सुंदर आकृति सबको मोह लेती है।
22. भोलानाथ बाकी सभी लड़कों के साथ खेलने लगा।
23. लेकिन आदत से मजबूर आँखें मूर्ति की तरफ उठ गईं।
24. यह सब मैंने केवल सुना।
25. जल्दी चलो, ट्रेन आने ही वाली है।
26. पानवाला नया पान खा रहा था।
27. यह साइकिल मेरे बड़े भाई की है।

28. <u>माँ की</u> याद आती है।

29. मधुर गान तो <u>सदा ही</u> सुनने को मिलते।

30. वहीं घूमते हुए एक <u>सिक्किमी</u> नवयुवक ने मुझे बताया।

उत्तर–

1. **कब्रिस्तान की** – संज्ञा, जातिवाचक, पुल्लिंग, एकवचन, संबंधवाचक अव्यय, 'भूमि' से संबंध।
छोटे-मोटे – गुणवाचक विशेषण, बहुवचन, पुल्लिग, 'तनाव' विशेष्य।
होते हैं – क्रिया, सकर्मक, 'तनाव' कर्म, बहुवचन, पुल्लिग, वर्तमान काल।
मुझे – सर्वनाम, एकवचन, उभयलिंगी, कर्ता कारक, उत्तमपुरुष।
2. **जिलाधिकारी की** – संज्ञा, जातिवाचक, एकवचन, पुल्लिग, संबंधवाचक अव्यय, 'पहल' से संबंध।
प्रमुख – विशेषण, एकवचन, पुल्लिग, गुणवाचक, 'लोगों' विशेष्य।
बुलाया गया – क्रिया, सकर्मक, एकवचन, पुल्लिग, भूतकाल।
मैं – सर्वनाम, एकवचन, उत्तमपुरुष, पुल्लिग, कर्ता कारक।
3. **हम** – सर्वनाम, उत्तमपुरुष, बहुवचन, पुल्लिग, कर्ता कारक।
4. **मारा** – क्रिया, अकर्मक, पुल्लिग, एकवचन, भूतकाल।
5. **मैं** – सर्वनाम, उत्तमपुरुष, एकवचन, पुल्लिग, कर्ता कारक।
6. **माला** – संज्ञा, एकवचन, स्त्रीलिंग, व्यक्तिवाचक, कर्ता कारक।
7. **हमें** – सर्वनाम, उत्तमपुरुष, उभयलिंगी, बहुवचन, कर्ता कारक।
8. **राधा** – संज्ञा, व्यक्तिवाचक, स्त्रीलिंग, एकवचन, कर्ता कारक।
खट्टे – विशेषण, गुणवाचक, पुल्लिग, बहुवचन, 'अंगूर' विशेष्य।
9. **तेज भागता** – क्रिया, वर्तमान काल, पदबंध, एकवचन, पुल्लिग, अकर्मक।
10. **लालकिला** – संज्ञा, व्यक्तिवाचक, पुल्लिग, एकवचन, कर्म कारक।
11. **गाँव की** – जातिवाचक संज्ञा, एकवचन पुल्लिग, संबंधकारक, 'मिट्टी' से संबंध।
मैं – सर्वनाम, उत्तमपुरुष, एकवचन, पुल्लिग, कर्ता कारक।
तरस गया – क्रिया, भूतकाल, अकर्मक, पुल्लिग, एकवचन।
12. **के बिना** – संबंधवाचक अव्यय।
13. **उस** – सार्वनामिक विशेषण, 'गमले' विशेष्य।
14. **बगीचे** – संज्ञा, जातिवाचक, अधिकरण कारक।
15. **अविनाश** – संज्ञा, व्यक्तिवाचक, पुल्लिग, एकवचन, कर्ता कारक।
16. **धीरे-धीरे** – क्रियाविशेषण, रीतिवाचक।
17. **पढ़ता है** – क्रिया, वर्तमान काल, सकर्मक, 'कहानी' कर्म, एकवचन, पुल्लिग।
18. **हम** – पुरुषवाचक सर्वनाम, प्रथम पुरुष, बहुवचन, पुल्लिग, कर्ता कारक।
19. **परंतु** – समुच्चयबोधक अव्यय, व्यधिकरण, दो वाक्यों को जोड़ता है।
20. **पार्क** – संज्ञा, जातिवाचक, एकवचन, पुल्लिंग, अधिकरण कारक।
21. **सुंदर** – विशेषण, गुणवाचक, 'आकृति' विशेष्य, एकवचन।
22. **भोलानाथ** – संज्ञा, व्यक्तिवाचक, पुल्लिग, एकवचन, कर्ता कारक।
23. **मूर्ति** – संज्ञा, जातिवाचक, एकवचन, स्त्रीलिंग, अधिकरण कारक।
24. **सुना** – क्रिया, सकर्मक, एकवचन, पुल्लिग, भूतकाल, 'सब' से संबंध।

25. **जल्दी** – क्रियाविशेषण, रीतिवाचक, 'चलो' विशेष्य।
26. **नया** – विशेषण, गुणवाचक, 'पान' विशेष्य, एकवचन, पुल्लिग।
27. **यह** – सार्वनामिक विशेषण, 'साइकिल' विशेष्य, एकवचन।
28. **माँ की** – संज्ञा, जातिवाचक, एकवचन, स्त्रीलिंग, कर्म कारक।
29. **सदा ही** – क्रियाविशेषण, कालवाचक, 'सुनने' विशेष्य।
30. **सिक्कमी** – विशेषण, 'नवयुवक' विशेष्य, एकवचन, पुल्लिग।

2. 'शब्द' और 'पद' का अंतर बताइए।

अभ्यास कीजिए

निम्न वाक्यों में केवल रेखांकित पद का परिचय दीजिए।

1. हम स्वतंत्रता का स्वागत करते हैं। *[CBSE 2017]*
2. अहा! उपवन में सुंदर फूल खिले हैं। *[CBSE 2017]*
3. आजकल हमारा देश प्रगति के मार्ग पर चल रहा है। *[CBSE 2017]*
4. मैं चाहता हूँ तुम विद्वान बनो। *[CBSE 2017]*
5. शीला ने पुस्तक पढ़ी। *[CBSE 2017]*
6. नौकरानी हमारे घर में काम करती है। *[CBSE 2017]*
7. वह फल खरीदने के लिए बाज़ार गया। *[CBSE 2017]*
8. जो लोग परिश्रम करते हैं, उन्हें अधिक समय तक निराश नहीं होना पड़ता। *[CBSE 2017]*

बहुविकल्पी प्रश्नोत्तर

निम्नलिखित काले (मोटे) शब्दों के सही पद-परिचय पर ✓ लगाइए।

1. ***सीता** खाना बनाती है।*
(क) व्यक्तिवाचक संज्ञा, एकवचन, स्त्रीलिंग, कर्ता कारक। (ख) व्यक्तिवाचक संज्ञा, बहुवचन, स्त्रीलिंग, कर्ता कारक।
(ग) व्यक्तिवाचक संज्ञा, एकवचन, पुल्लिग, कर्ता कारक। (घ) व्यक्तिवाचक संज्ञा, एकवचन, स्त्रीलिंग, कर्म कारक।

2. ***वह** पुस्तक किसकी है।*
(क) सर्वनाम, निश्चयवाचक, एकवचन, पुल्लिग। (ख) सर्वनाम, निश्चयवाचक, एकवचन, स्त्रीलिंग।
(ग) विशेषण, सार्वनामिक, एकवचन, स्त्रीलिंग। (घ) विशेषण, सार्वनामिक, एकवचन, पुल्लिग।

3. ***यह** बोलता रहता है।*
(क) पुरुषवाचक सर्वनाम, अन्य पुरुषवाचक, पुल्लिग, एकवचन, कर्ता कारक।
(ख) पुरुषवाचक सर्वनाम, उत्तम पुरुषवाचक, पुल्लिग, एकवचन, कर्ता कारक।
(ग) पुरुषवाचक सर्वनाम, अन्य पुरुषवाचक, पुल्लिग, एकवचन, कर्म कारक।
(घ) विशेषण, सार्वनामिक, पुल्लिग, एकवचन, कर्ता कारक।

4. *यह **लड़का** बहुत मेधावी है।*
(क) संज्ञा, व्यक्तिवाचक, एकवचन, पुल्लिग, कर्ता कारक। (ख) संज्ञा, जातिवाचक, एकवचन, पुल्लिग, कर्ता कारक।
(ग) संज्ञा, जातिवाचक, बहुवचन, पुल्लिग, कर्ता कारक। (घ) संज्ञा, जातिवाचक, एकवचन, पुल्लिग, कर्म कारक।

5. *मैं **तेज़-तेज़** चलता हूँ।*
(क) क्रियाविशेषण, रीतिवाचक, 'मैं' विशेष्य। (ख) क्रियाविशेषण, रीतिवाचक, 'चलता हूँ' विशेष्य।
(ग) क्रियाविशेषण, परिमाणवाचक, 'चलता हूँ' विशेष्य। (घ) क्रियाविशेषण, परिमाणवाचक, 'मैं' विशेष्य।

निम्नलिखित में रेखांकित पदों के सही परिचय पर ✓ लगाइए–

6. *राखी बहुत तेज चलती है।*
(क) विशेषण (ख) संज्ञा (ग) क्रियाविशेषण (घ) क्रिया।
7. *वह यकायक चल गया।*
(क) विशेषण (ख) भाववाचक संज्ञा (ग) क्रियाविशेषण (घ) क्रिया।
8. *वर्षा में फूल खिल उठते हैं।*
(क) संज्ञा (ख) विशेषण (ग) क्रिया (घ) सर्वनाम।
9. *वहाँ सैकड़ों लोग जमा थे।*
(क) विशेषण (ख) क्रियाविशेषण (ग) संज्ञा (घ) सर्वनाम।
10. *यह मेरा लड़का है।*
(क) सर्वनाम (ख) विशेषण (ग) संज्ञा (घ) क्रियाविशेषण।
11. *वह खेल खेलता है।*
(क) क्रिया (ख) क्रियाविशेषण (ग) संज्ञा (घ) विशेषण।
12. *अपना काम स्वयं करो।*
(क) सर्वनाम (ख) संज्ञा (ग) विशेषण (घ) क्रियाविशेषण।
13. *प्रात:काल सैर पर जाया करो।*
(क) संज्ञा (ख) विशेषण (ग) क्रियाविशेषण (घ) सर्वनाम।
14. *रोगी धीरे-धीरे चल रहा था। रेखांकित पद का परिचय है।*
(क) सर्वनाम, प्रथमपुरुष, पुल्लिग, कर्ता
(ख) संज्ञा, व्यक्तिवाचक, एकवचन, कर्म
(ग) क्रिया, कालवाचक, एकवचन, पुल्लिग
(घ) रीतिवाचक क्रियाविशेषण, 'चल रहा था' क्रिया की विशेषता।
15. *ईमानदारी बड़ी दुर्लभ वस्तु है। रेखांकित का पद-परिचय है।*
(क) भाववाचक संज्ञा, स्त्रीलिंग, एकवचन (ख) सार्वनामिक विशेषण, स्त्रीलिंग, एकवचन
(ग) अकर्मक क्रिया, पुल्लिग, एकवचन (घ) उपर्युक्त में से कोई नहीं
16. *हम अपने देश पर मर मिटेंगे-रेखांकित पद का परिचय है–*
(क) विशेषण, 'देश' विशेष्य का विशेषण, पुल्लिग, बहुवचन
(ख) क्रियाविशेषण, पुल्लिग, बहुवचन, भविष्यत्काल
(ग) अकर्मक क्रिया, पुल्लिग, बहुवचन, कर्तृवाच्य, भविष्यत्काल
(घ) क्रिया-सकर्मक, पुल्लिग, बहुवचन, कर्मवाच्य, भविष्यत्काल
17. *यह छात्र बहुत चतुर है-रेखांकित पद का परिचय है–*
(क) क्रियाविशेषण, 'है' क्रिया का विशेषण, पुल्लिग, एकवचन।
(ख) गुणवाचक विशेषण, पुल्लिग, एकवचन, 'छात्र' विशेष्य का विशेषण।
(ग) सार्वनामिक विशेषण, 'बहुत' विशेष्य का विशेषण, एकवचन।
(घ) क्रियाविशेषण, 'बहुत' क्रिया का विशेषण, एकवचन, पुल्लिग।
18. *उस लड़के ने दो अनुच्छेद लिखे। रेखांकित का परिचय होगा–*
(क) अव्यय, क्रियाविशेषण, संख्यावाचक, कर्म कारक
(ख) निश्चित संख्यावाचक विशेषण, पुल्लिग, बहुवचन, विशेष्य 'निबंध'।
(ग) निश्चित परिणामवाचक विशेषण, एकवचन, पुल्लिग, विशेष्य 'निबंध'।
(घ) निश्चित संख्यावाचक विशेषण, पुल्लिग, बहुवचन, विशेष्य, 'अनुच्छेद'।

बोर्ड परीक्षा में पूछे गए बहुविकल्पी प्रश्नोत्तर

19. *मेरी माँ रोज़ शाम एक किताब से कुछ पन्ने जरूर पढ़ती है। –रेखांकित पद का परिचय होगाः* (*CBSE 2022*)

(क) अकर्मक क्रिया, स्त्रीलिंग, एकवचन, वर्तमान काल, कर्मवाच्य

(ख) सकर्मक क्रिया, पुल्लिंग, एकवचन, वर्तमान काल, कर्तृवाच्य

(ग) सकर्मक क्रिया, स्त्रीलिंग, बहुवचन, वर्तमान काल, कर्तृवाच्य

(घ) सकर्मक क्रिया, स्त्रीलिंग, एकवचन, वर्तमान काल, कर्तृवाच्य

20. *पिताजी यहाँ नहीं आए थे। –रेखांकित पद का परिचय होगाः* (*CBSE 2022*)

(क) स्थानवाचक, क्रिया-विशेषण, 'आए थे' क्रिया की विशेषता

(ख) निश्चयवाचक, सर्वनाम, पुल्लिग, एकवचन, कर्म कारक

(ग) रीतिवाचक, क्रिया-विशेषण, 'आए थे' क्रिया की विशेषता

(घ) स्थानवाचक, क्रिया-विशेषण, 'जाना' क्रिया की विशेषता

21. *निम्नलिखित में से किस वाक्य में समुच्चयबोधक अव्यय का प्रयोग नहीं हुआ है?* (*CBSE 2022*)

(क) बालगोबिन भगत ने कहा कि तुम मायके चली जाओ।

(ख) भादों की अधरतिया भगत के गीतों और बादलों की गरज से गूँजती रही।

(ग) मैंने कहा तो लेकिन उसने मेरी एक न सुनी।

(घ) छत के ऊपर शाम को ढेर सारे रंग-बिरंगे पक्षी आए।

22. *निम्नलिखित में से उस विकल्प को चुनिए जिसमें संज्ञा के तीनों भेद हों–* (*CBSE 2022*)

(क) दुलारी के दिल में गुस्से की आग अभी भी सुलग रही थी।

(ख) कोई और दिन होता तो दुलारी इस समाचार पर हँस पड़ती।

(ग) बनारस में तीज़ के अवसर पर दुलारी के गाने का कार्यक्रम था।

(घ) टुन्नु के गीत को दुलारी मुग्ध होकर सुन रही थी।

23. *यह पुस्तक अत्यंत रोचक है। –रेखांकित पद का परिचय होगा–* (*CBSE 2022*)

(क) निश्चयवाचक, सर्वनाम, एकवचन, स्त्रीलिंग, कर्ता कारक

(ख) गुणवाचक विशेषण, एकवचन, स्त्रीलिंग, 'पुस्तक' विशेष्य

(ग) रीतिवाचक विशेषण, एकवचन, स्त्रीलिंग, 'पुस्तक' विशेष्य

(घ) सार्वनामिक विशेषण, एकवचन, स्त्रीलिंग, 'पुस्तक' विशेष्य

24. तर्क-विश्लेषण संबंधी प्रश्न–

1. **कथन (A)** – *वाक्य की सबसे छोटी इकाई 'पद' होती है।*
   कारण (R) – *वाक्य में प्रयुक्त शब्दों को पद कहते हैं।*
   विकल्प – (क) कथन सही है किंतु कारण अस्पष्ट है। (ख) कथन सही है और कारण भी सही है।
   (ग) कथन गलत है और कारण भी गलत है। (घ) कथन गलत है किंतु कारण सही है।

2. **कथन (A)** – *शब्द वाक्य में प्रयुक्त होने पर पद कहलाता है।*
   कारण (R) – *वाक्य में प्रयुक्त होने पर वह वाक्य की नियम-व्यवस्था का अंग बन जाता है।*
   विकल्प – (क) कथन सही है किंतु कारण अस्पष्ट है। (ख) कथन सही है और कारण भी सही है।
   (ग) कथन गलत है और कारण भी गलत है। (घ) कथन गलत है किंतु कारण सही है।

3. **कथन (A)** – *वाक्य में प्रयुक्त प्रत्येक पद किसी-न-किसी भूमिका में होता है।*
कारण (R) – *प्रत्येक पद कर्ता, कर्म, क्रिया आदि किसी न किसी भूमिका में होता है।*
विकल्प – (क) कथन और कारण दोनों सही हैं। (ख) कथन और कारण दोनों गलत हैं।
(ग) कथन सही किंतु कारण गलत है। (घ) कथन गलत किंतु कारण सही है।

4. **कथन (A)** – *वाक्य में प्रयुक्त कोई भी शब्द स्वयं में स्वतंत्र नहीं होता।*
कारण (R) – *वाक्य में शब्द होता ही नहीं, वह पद कहलाता है।*
विकल्प – (क) कथन और कारण दोनों भ्रामक हैं। (ख) कथन भ्रामक किंतु कारण सही है।
(ग) कथन सही किंतु कारण भ्रामक है। (घ) कथन और कारण दोनों भ्रामक हैं।

5. **कथन (A)** – *मोहन के दादा तेज चला करते हैं–इसमें केवल 'तेज' पद है।*
कारण (R) – *'तेज' क्रियाविशेषण पद है। शेष सभी पद न होकर पदबंध है।*
विकल्प – (क) कथन सही है किंतु कारण सही नहीं है।
(ख) कथन सही है और कारण भी सही है।
(ग) कथन गलत है और कारण भी गलत है।
(घ) कथन गलत है किंतु कारण सही है।

6. **कथन (A)** – *'यहाँ आकर लोग खूब हँसा करते हैं' में मुख्य क्रिया पद है–*
(*i*) *हँसा* (*ii*) *करते*
(*iii*) *हँसा करते* (*iv*) *हँसा करते हैं।*
विकल्प– (क) (*i*) ठीक है। (ख) (*ii*) ठीक है।
(ग) (*iii*) ठीक है। (घ) (*iv*) ठीक है।

25. कॉलम–1 और कॉलम–2 को सुमेलित कीजिए–

1.

कॉलम–1	कॉलम–2
1. लता मधुर गाती हैं।	(*i*) संज्ञा
2. लता मधुर गीत गाती हैं।	(*ii*) क्रियाविशेषण
3. मधुर सुबह उठ जाता है।	(*iii*) विशेषण

विकल्प – (क) 1–(*ii*), 2–(*iii*), 3–(*i*) (ख) 1–(*ii*), 2–(*i*), 3–(*iii*)
(ग) 1–(*iii*), 2–(*ii*), 3–(*i*) (घ) 1–(*i*), 2–(*ii*), 3–(*iii*)

2.

कॉलम–1	कॉलम–2
1. वह लड़की सुंदर है।	(*i*) संज्ञा
2. वह लड़की नहीं है, लड़का है।	(*ii*) विशेषण
3. जो नाच रही है, वह तुम्हारी कौन है?	(*iii*) सर्वनाम

विकल्प – (क) 1–(*ii*), 2–(*iii*), 3–(*i*) (ख) 1–(*iii*), 2–(*ii*), 3–(*i*)
(ग) 1–(*ii*), 2–(*iii*), 3–(*iii*) (घ) 1–(*i*), 2–(*ii*), 3–(*iii*)

3. **कथन (A)** – *'बस रुकी हुई है।' में रेखांकित का पद-परिचय है–*

(i) संज्ञा, व्यक्तिवाचक, एकवचन, स्त्रीलिंग, कर्ता कारक

(ii) संज्ञा, जातिवाचक, एकवचन, स्त्रीलिंग, कर्ता कारक

(iii) संज्ञा, जातिवाचक, बहुवचन, स्त्रीलिंग, कर्ता कारक

(iv) संज्ञा, जातिवाचक, बहुवचन, पुल्लिंग, कर्म कारक

विकल्प– (क) *(i)* ठीक है। (ख) *(ii)* ठीक है।

(ग) *(iii)* ठीक है। (घ) *(iv)* ठीक है।

4.

कॉलम–1	कॉलम–2
1. ओह! बहुत दर्द है।	*(i)* आश्चर्यबोधक
2. वाह! क्या छक्का मारा है?	*(ii)* प्रशंसाबोधक
3. ओहो! बहुत सुंदर लग रही हो।	*(iii)* शोकबोधक

विकल्प– (क) 1–*(i)*, 2–*(ii)*, 3–*(iii)* (ख) 1–*(iii)*, 2–*(ii)*, 3–*(i)*

(ग) 1–*(iii)*, 2–*(i)*, 3–*(ii)* (घ) 1–*(ii)*, 2–*(iii)*, 3–*(i)*

उत्तर

1. (क) **2.** (क) **3.** (क) **4.** (ख) **5.** (ख) **6.** (ग)

7. (ग) **8.** (क) **9.** (क) **10.** (क) **11.** (क) **12.** (क)

13. (ग) **14.** (घ) **15.** (क) **16.** (ग) **17.** (ख) **18.** (घ)

19. (घ) **20.** (क) **21.** (घ) **22.** (क) **23.** (घ)

24. 1. (ख) 2. (ख) 3. (क) 4. (ख) 5. (ख) 6. (क)

25. 1. (क) 2. (ग) 3. (ख) 4. (ग)

4. अलंकार

प्रश्न 1. अलंकार किसे कहते हैं? साहित्य में इनकी क्या उपयोगिता है?

उत्तर–अलंकार का शाब्दिक अर्थ है–सजावट, शृंगार, आभूषण, गहना आदि। साहित्य में अलंकार शब्द का प्रयोग काव्य-सौंदर्य के लिए होता है। संस्कृत के विद्वानों के अनुसार–'अलंकरोति इति अलंकार:' अर्थात् जो अलंकृत करे या शोभा बढ़ाए, उसे अलंकार कहते हैं। दूसरे शब्दों में, काव्य की सुंदरता बढ़ाने वाले गुण-धर्म अलंकार कहलाते हैं।

प्रश्न 2. अलंकारों के कितने भेद हैं? स्पष्ट कीजिए।

उत्तर–मुख्यत: अलंकारों के दो भेद हैं–**शब्दालंकार** और **अर्थालंकार**।

नोट–आपके पाठ्यक्रम में केवल अर्थालंकार हैं। शब्दालंकार नहीं है। फिर भी संक्षेप में उनका परिचय यहाँ दिया जा रहा है।

अर्थालंकार

अर्थालंकार में सौंदर्य 'भाव' से संबंधित होता है, 'शब्द' से नहीं। अर्थालंकार चमत्कार की बजाय भाव की अनुभूति में तीव्रता लाते हैं अथवा भाव संबंधी चमत्कार उत्पन्न करते हैं। **उपमा, उत्प्रेक्षा, मानवीकरण, अतिशयोक्ति, रूपक** आदि अर्थालंकार हैं।

नोट–आपके पाठ्यक्रम में उपमा, रूपक, उत्प्रेक्षा, मानवीकरण और अतिशयोक्ति अलंकार निर्धारित है, उनका वर्णन प्रस्तुत है।

1. उपमा

प्रश्न–'उपमा' की परिभाषा देते हुए उसके तत्त्वों का परिचय दीजिए तथा उदाहरणों द्वारा अलंकार स्पष्ट कीजिए।

उत्तर–उपमा का अर्थ है 'समानता'। जहाँ किसी वस्तु अथवा प्राणी के गुण, धर्म, स्वभाव और शोभा को व्यक्त करने के लिए उसी के समान गुण, धर्म वाली किसी अन्य प्रसिद्ध वस्तु अथवा प्राणी से उसकी समानता की जाए, वहाँ उपमा अलंकार होता है। *जैसे*–'चाँद-सा सुंदर मुख'।

उपमा अलंकार को समझने के लिए निम्नलिखित चार अंगों को समझना आवश्यक है–

(क) उपमेय–जिसकी उपमा दी जाए अर्थात् जिसका वर्णन हो रहा है, उसे उपमेय या प्रस्तुत कहते हैं। 'चाँद-सा सुंदर मुख' में 'मुख' उपमेय है।

(ख) उपमान–वह प्रसिद्ध वस्तु या प्राणी जिससे उपमेय की समानता प्रकट की जाए, उपमान कहलाता है। उसे अप्रस्तुत भी कहते हैं। ऊपर के उदाहरण में 'चाँद' उपमान है।

(ग) साधारण धर्म–उपमेय और उपमान के समान गुण या विशेषता व्यक्त करने वाले शब्द साधारण धर्म कहलाते हैं। ऊपर के उदाहरण में 'सुंदर' साधारण धर्म को बता रहा है।

(घ) वाचक शब्द– जिन शब्दों की सहायता से उपमेय और उपमान में समानता प्रकट की जाती है और उपमा अलंकार की पहचान होती है उन्हें वाचक शब्द कहते हैं। सा, सी, सम, जैसी, ज्यों, के समान–आदि शब्द वाचक शब्द कहलाते हैं।

यदि ये चारों तत्त्व उपस्थित हों तो 'पूर्णोपमा' होती है; परंतु कई बार इसमें से एक या दो लुप्त भी हो जाते हैं, तब उसे 'लुप्तोपमा' कहते हैं।

पूर्णोपमा का उदाहरण–

1. हाय फूल-सी कोमल बच्ची। हुई राख की थी ढेरी। [*CBSE*]

–यहाँ 'फूल' उपमान, 'बच्ची' उपमेय, 'कोमल' साधारण धर्म तथा 'सी' वाचक शब्द है। अतः पूर्णोपमा अलंकार है।

2. रति सम रमणीय मूर्ति राधा की।

–यहाँ 'राधा की मूर्ति' उपमेय, 'रति' उपमान, 'रमणीय' साधारण धर्म तथा 'सम' वाचक शब्द है। अतः पूर्णोपमा अलंकार है।

अन्य उदाहरण–

1. पीपर पात सरिस मन डोला।
2. मुख बाल रवि सम लाल होकर ज्वाल-सा बोधित हुआ।

लुप्तोपमा के उदाहरण–

1. यह देखिए, अरविंद-से शिशुवृंद कैसे सो रहे।

–यहाँ 'शिशुवृंद' उपमेय, 'अरविंद' उपमान तथा 'से' वाचक शब्द है। साधारण धर्म लुप्त है। अतः लुप्तोपमा अलंकार है।

2. पड़ी थी बिजली-सी विकराल।

–यहाँ 'बिजली' उपमान, 'विकराल' साधारण धर्म तथा 'सी' वाचक शब्द है, परंतु 'उपमेय' लुप्त है। अतः लुप्तोपमा अलंकार है।

अन्य उदाहरण–

1. वह नव नलिनी से नयन वाला कहाँ है?
2. नदियाँ जिनकी यशधारा-सी,
   बहती हैं अब भी निशि-बासर।
3. मखमल के झूल पड़े हाथी-सा टीला।
4. असंख्य कीर्ति-रश्मियाँ विकीर्ण दिव्य दाह-सी।
5. जो नत हुआ, वह मृत हुआ, ज्यों वृंत से झरकर कुसुम। [*CBSE*]
6. सूरदास अबला हम भोरी, गुर चाँटी ज्यौं पागी। [*CBSE*]

2. उत्प्रेक्षा

प्रश्न–उत्प्रेक्षा अलंकार की परिभाषा देते हुए दो उदाहरण दीजिए।

उत्तर– जहाँ उपमेय में उपमान की संभावना की जाए, वहाँ उत्प्रेक्षा अलंकार होता है।

दोनों वस्तुओं में कोई समान धर्म होने के कारण ऐसी संभावना करने के लिए कुछ शब्दों का प्रयोग किया जाता है, जो उत्प्रेक्षा के वाचक शब्द कहलाते हैं, *यथा*–

मानो, मनो, मनु, मनहुँ, जानो, जनु आदि।

उदाहरण– कहती हुई यों उत्तरा के, नेत्र जल से भर गए।
हिम के कणों से पूर्ण मानो, हो गए पंकज नए।।

प्रस्तुत पद्यांश में उत्तरा के अश्रु-पूरित नेत्र उपमेय हैं, जिनमें कमल की पंखुड़ियों पर पड़े हुए ओस-कणों की (उपमान की) कल्पना की गई है। इसी प्रकार निम्नलिखित पंक्तियों में भी उत्प्रेक्षा अलंकार देखा जा सकता है–

उस काल मारे क्रोध के, तनु काँपने उनका लगा।
मानो हवा के जोर से सोता हुआ सागर जगा।। *[CBSE]*

अन्य उदाहरण–

- सोहत ओढ़े पीत पट, श्याम सलोने गात।
  मनो नीलमणि सैल पर, आतप पर्‌यौ प्रभात।।

प्रस्तुत दोहे में 'पीत पट' में 'नीलमणि सैल' पर 'प्रभात' के 'आतप' के आरोप की 'मानो' शब्द द्वारा संभावना की गई है, अतः उत्प्रेक्षा अलंकार है।

- पाहुन ज्यों आए हों गाँव में शहर के।
  मेघ आए बड़े बन-ठन के सँवर के।। *[CBSE]*

3. रूपक

प्रश्न–रूपक अलंकार की परिभाषा देते हुए उदाहरण प्रस्तुत कीजिए।

उत्तर–जहाँ गुण की अत्यंत समानता के कारण उपमेय पर उपमान का आरोप किया जाए, वहाँ रूपक अलंकार होता है। यह आरोप कल्पित होता है। इसमें उपमेय और उपमान में अभिन्नता होने पर भी दोनों साथ-साथ विद्यमान रहते हैं। *यथा–*

1. चरण कमल बंदौं हरिराई।

यहाँ सादृश्य के कारण उपमेय 'चरण' पर उपमान 'कमल' का आरोप कर दिया गया है। चरण पर कमल का आरोप कल्पित है। चरण वास्तव में कमल नहीं बन सकता, परंतु सादृश्य के कारण यहाँ चरण को कमल मान लिया गया है। दोनों की अभिन्नता स्थापित होने पर भी दोनों साथ-साथ विद्यमान हैं, अतः रूपक अलंकार है।

2. मैया मैं तो चंद्र खिलौना लैहौं।

–यहाँ चंद्रमा (उपमेय) पर खिलौना (उपमान) का आरोप है।

अन्य उदाहरण–

(क) सब प्राणियों के मत्तमनोमयूर अहा नचा रहा।
(ख) संत-हंस गुन गहहिं पय, परिहर वारि विकार।
(ग) पायो जी मैंने राम-रतन धन पायो।
(घ) सुख चपला-सा दुःख घन में,
उलझा है चंचल मन कुरंग।
(ङ) बीती विभावरी जाग री!
अंबर-पनघट में डुबो रही
तारा-घट ऊषा-नागरी। *[CBSE]*

4. मानवीकरण

जहाँ जड़ प्रकृति या वस्तु पर मानवीय भावनाओं या क्रियाओं का आरोप हो, वहाँ मानवीकरण अलंकार होता है। सरल शब्दों में, जहाँ किसी अचेतन वस्तु को मानव की तरह गतिविधि करता दिखाया जाए, वहाँ मानवीकरण अलंकार होता है।

उदाहरण– मेघ आए बड़े बन-ठन के सँवर के

स्पष्टीकरण–यहाँ मेघों को सजा-सँवरा और बना-ठना दिखाया गया है।

उदाहरण– दिवसावसान का समय
मेघमय आसमान से उतर रही
संध्या-सुंदरी परी-सी धीरे-धीरे

स्पष्टीकरण–यहाँ संध्या को एक सुंदरी के रूप से धीरे-धीरे आसमान से उतरता हुआ दिखाया गया है। अतः मानवीकरण है।

अन्य उदाहरण–

(क) खग-कुल कुल-कुल-सा बोल रहा
किसलय का अंचल डोल रहा।
लो यह लतिका भी भर लाई
मधु मुकुल नवल रस-गागरी।।

(ख) तनकर भाला यह बोल उठा–
राणा मुझको विश्राम न दे!
मुझको शोणित की प्यास लगी
बढ़ने दे, शोणित पीने दे।

(ग) मैं तो मात्र मृत्तिका हूँ।

(घ) कार्तिक की एक हँसमुख सुबह
नदी-तट से लौटती गंगा नहाकर।

5. अतिशयोक्ति

प्रश्न–अतिशयोक्ति अलंकार की परिभाषा दीजिए तथा तत्संबंधी कुछ उदाहरण दीजिए।

उत्तर–जहाँ वर्ण्य वस्तु (उपमेय) की लोक सीमा से बढ़कर प्रशंसा की जाए, वहाँ अतिशयोक्ति अलंकार होता है। अतिशयोक्ति का शाब्दिक अर्थ होता है–बढ़ा-चढ़ाकर कही गई उक्ति। इसमें किसी वस्तु का आवश्यकता से अधिक बढ़ा-चढ़ाकर वर्णन होता है। *यथा–*

उदाहरण– आगे नदिया पड़ी अपार, घोड़ा कैसे उतरे पार।
राणा ने सोचा इस पार, तब तक चेतक था उस पार।।

राणा अभी सोच ही रहे थे कि घोड़ा नदी के पार हो गया। यह यथार्थ में असंभव है। काव्य की इन पंक्तियों में राणा प्रताप के घोड़े की शक्ति और स्फूर्ति का वर्णन बढ़ा-चढ़ाकर किया गया है, अतः अतिशयोक्ति अलंकार है।

अन्य उदाहरण–

1. हनुमान की पूँछ में, लगन न पाई आग।
लंका सिगरी जल गई, गए निसाचर भाग।।

हनुमान की पूँछ में आग लगने से पूर्व ही सारी लंका के जलने की बात अत्यधिक बढ़ा-चढ़ाकर कही गई है, अतः अतिशयोक्ति अलंकार है।

2. देख लो साकेत नगरी है यही।
स्वर्ग से मिलने गगन में जा रही।।

3. कढ़त साथ ही म्यान तें, असि रिपु तन ते प्रान।

यहाँ म्यान से तलवार का बाहर निकलना (कारण) और शत्रु के शरीर से प्राण का निकलना (कार्य) एक साथ वर्णित होने के कारण अतिशयोक्ति अलंकार है।

4. जिस वीरता से शत्रुओं का सामना उसने किया।
   असमर्थ हो उसके कथन में मौन वाणी ने लिया।।

5. तारा सो तरनि धूरि धारा में लगत जिमि,
   थारा पर पारा पारावार यों हलत है।

प्रश्न-अभ्यास
(उत्तर-सहित)

प्रश्न 1. अलंकार किसे कहते हैं? उसके भेद बताइए।

उत्तर–अलंकार का शाब्दिक अर्थ है–सजावट, शृंगार, आभूषण, गहना आदि। साहित्य में अलंकार शब्द का प्रयोग काव्य-सौंदर्य के लिए होता है। संस्कृत के विद्वानों के अनुसार–'अलंकरोति इति अलंकार:' अर्थात् जो अलंकृत करे या शोभा बढ़ाए उसे अलंकार कहते हैं। दूसरे शब्दों में, काव्य की सुंदरता बढ़ाने वाले गुण-धर्म अलंकार कहलाते हैं।

मुख्यत: अलंकारों के दो भेद हैं–शब्दालंकार और अर्थालंकार।

शब्दालंकार–शब्दालंकार शब्द द्वारा काव्य में चमत्कार उत्पन्न करते हैं। यदि जिस शब्द द्वारा चमत्कार उत्पन्न हो रहा है, उसे हटाकर अन्य समान शब्द वहाँ रख दिया जाए, तो वहाँ अलंकार नहीं रहता। **अनुप्रास, यमक, श्लेष** आदि शब्दालंकार हैं। इनमें सौंदर्य 'शब्द' पर आश्रित रहता है।

अर्थालंकार–अर्थालंकार में सौंदर्य भाव से संबंधित होता है, 'शब्द' से नहीं। अर्थालंकार चमत्कार की बजाय भाव की अनुभूति में तीव्रता लाते हैं अथवा भाव संबंधी चमत्कार उत्पन्न करते हैं। **उपमा, रूपक, उत्प्रेक्षा** आदि अर्थालंकार हैं।

गत परीक्षाओं में पूछे गए प्रश्न

1. (क) उत्प्रेक्षा अलंकार का एक उदाहरण दीजिए। *[CBSE 2011]*
(ख) अतिशयोक्ति अलंकार किसे कहते हैं? उदाहरण सहित लिखिए। *[CBSE 2016]*
(ग) अलंकार किसे कहते हैं? उनके कितने भेद हैं? *[CBSE 2015]*
(घ) मानवीकरण अलंकार किसे कहते हैं? *[CBSE 2018]*
(ङ) रूपक अलंकार के उदाहरण लिखिए। *[CBSE 2019]*

2. निम्नलिखित पंक्तियों में अलंकार बताइए–

(1) राणा ने देखा इस पार।
    तब तक चेतक था उस पार।।

(2) देख लो साकेत नगरी है यही।
    स्वर्ग से मिलने गगन में जा रही।।

(3) हनुमान की पूँछ में लगन न पाई आग। *[CBSE 2016]*
    लंका सिगरी जल गई, गए निसाचर भाग।।

CBSE 2014

(4) आगे आगे नाचती गाती बयार चली।

(5) पीपर पात सरिस मन डोला।

CBSE 2015

(6) निर्मल तेरा नीर अमृत के सम उत्तम है।

(7) जो रहीम गति दीप की कुल कपूत गति सोय।
बारे उजियारो करै, बढ़ै अँधेरो होय।।

(8) लघु तरणि हंसिनी-सी सुंदर।

(9) मेघ आए बड़े बन-ठन के सँवर के।

(10) मखमल के झूल पड़े हाथी-सा टीला।

CBSE 2016

(11) विमल वाणी ने वीणा ली।

(12) बोली अकुलाई लता ओट हो किवार की।

(13) देख लो साकेत नगरी है यही।
स्वर्ग से मिलने गगन में जा रही।

(14) प्रात: नभ था बहुत नीला शंख जैसे।

CBSE 2017

(15) दीपक-सा जलना होगा।

(16) हँस रही सखियाँ मटर खड़ी।

(17) बीती विभावरी जाग री।
अंबर पनघट में डुबो रही
तारा-घट उषा नागरी।

(18) तब तो बहता समय शिला-सा जम जाएगा।

CBSE 2018

(19) फूले कास सकल महि छाई।
जनु बरसा रितु प्रकट बुढ़ाई।

(20) कुंद इंदु सम देह।

(21) और सरसों की न पूछो हो गई सबसे सयानी।
हाथ पीले कर लिए हैं, ब्याह मंडप में पधारी।

(22) उषा सुनहले तीर बरसती जय-लक्ष्मी-सी उदित हुई।

(23) मेघमय आसमान से उतर रही
संध्या-सुंदरी परी-सी धीरे-धीरे।

(24) हरिपद कोमल कमल-से।

उत्तर–

1. अतिशयोक्ति	2. अतिशयोक्ति	3. अतिशयोक्ति	4. मानवीकरण-अनुप्रास
5. उपमा	6. उपमा	7. दृष्टांत	8. उपमा
9. मानवीकरण	10. उपमा	11. अनुप्रास	12. मानवीकरण
13. अतिशयोक्ति	14. उपमा	15. उपमा	16. मानवीकरण
17. मानवीकरण, रूपक	18. उपमा	19. उत्प्रेक्षा	20. उपमा
21. मानवीकरण	22. मानवीकरण	23. मानवीकरण, अनुप्रास	24. उपमा

अभ्यास-कीजिए

1. निम्नलिखित काव्य पंक्तियों में से अलंकार छाँटिए तथा उनके नाम लिखिए–

(1) विमल वाणी ने वीणा ली कमल कोमल कर।

(2) जुड़ गई जैसे दिशाएँ।

(3) जिस वीरता से शत्रुओं का सामना उसने किया।
असमर्थ हो उसके कथन में मौन वाणी ने लिया।।

(4) विमल वाणी ने वीणा ली।

(5) लावण्य भार थर-थर
काँपा कोमलता पर सस्वर
ज्यौं मालकोश नव वीणा पर।

(6) मनु दृग फारि अनेक जमुन निरखत ब्रज सोभा।

(7) जरा-से लाल केसर से कि जैसे धुल गई हो।

(8) ले चला साथ में तुझे कनक
ज्यों भिक्षुक लेकर स्वर्ण-झनक

(9) को घटि ये वृषभानुजा वे हलधर के बीर।

(10) नील जल में या किसी की गौर झिलमिल देह जैसे हिल रही हो।

(11) नील जल में या किसी की गौर झिलमिल देह जैसे हिल रही हो।

(12) जरा से लाल केसर से कि जैसे धुल गई हो।

बहुविकल्पी प्रश्नोत्तर

1. *अलंकार का तात्पर्य है–*

(क) सौंदर्य (ख) आभूषण (ग) सौंदर्य-वर्द्धक तत्त्व (घ) काव्य-गुण

2. *किस अलंकार में जड़ या मानवेतर पदार्थों में मानवीय गतिविधियाँ देखी जाती हैं–*

(क) श्लेष (ख) मानवीकरण (ग) रूपक (घ) उत्प्रेक्षा

3. निम्नलिखित काव्य-पंक्ति में कौन-सा अलंकार है?

विमल वाणी ने वीणा ली।

(क) उपमा (ख) उत्प्रेक्षा (ग) मानवीकरण (घ) यमक

4. *निम्नलिखित में से कौन-सी काव्य-पंक्ति में मानवीकरण अलंकार नहीं है?*

(क) मेघमय आसमान से उतर रही संध्या-सुंदरी परी-सी (ख) उषा सुनहले तीर बरसती जयलक्ष्मी-सी उदित हुई।

(ग) यह देखिए अरविंद-से शिशुवृंद कैसे सो रहे। (घ) आए महंत बसंत

5. *निम्न में से उत्प्रेक्षा अलंकार छाँटिए–*

(क) डाल-डाल अलि पिक के गायन का बँधा समाँ (ख) मखमल के झूल पड़े हाथी-सा टीला

(ग) बढ़त-बढ़त संपत्ति सलिल, मन-सरोज बढ़ जाइ। (घ) जरा-से लाल केसर से कि जैसे धुल गई हो।

6. *श्लेष अलंकार ढूँढ़िए–*

(क) उठ-उठ री लघु-लघु लोल लहर।

(ख) बढ़त-बढ़त संपत्ति सलिल, मन सरोज बढ़ जाइ।

(ग) काली घटा का घमंड घटा।

(घ) रहिमन पानी राखिए बिन पानी सब सून।
पानी गए न ऊबरै, मोती मानुस, चून।।

7. तर्क-विश्लेषण संबंधी प्रश्नों के उत्तर दीजिए–

1. **कथन (A)** – (*i*) *अलंकार कविता की आत्मा है।*
(*ii*) *अलंकार कविता में सौंदर्य के मूल कारण हैं।*
(*iii*) *अलंकार कविता के सौंदर्यवर्द्धक हैं।*
(*iv*) *अलंकार कविता के लिए अनिवार्य हैं।*

विकल्प – (क) (*i*) तथा (*ii*) सही हैं। (ख) (*i*), (*ii*), (*iv*) सही हैं।
(ग) (*iii*) सही है। (घ) (*i*), (*ii*), (*iii*), (*iv*) सही हैं।

2. **कथन (A)** – *अतिशयोक्ति झूठ होने पर भी अलंकार है।*

कारण (R) – *अतिशयोक्ति का उद्देश्य झूठ बोलना नहीं बल्कि प्रभाव बढ़ाना होता है।*

विकल्प – (क) कथन और कारण दोनों सत्य हैं। (ख) कथन गलत किंतु कारण सत्य है।
(ग) कथन सही किंतु कारण गलत है। (घ) कथन और कारण दोनों असत्य हैं।

3. **कथन (A)** – *उत्प्रेक्षा में उपमान में उपमेय की संभावना प्रकट की जाती है।*

कारण (R) – *उपमेय प्रभाव में उपमान से अधिक प्रबल होता है।*

विकल्प – (क) कथन और कारण दोनों सत्य हैं। (ख) कथन और कारण दोनों गलत हैं।
(ग) कथन सही किंतु कारण गलत है। (घ) कथन गलत किंतु कारण सही है।

4. **कथन (A)** – *मानवीकरण वास्तविक नहीं, कथन की एक शैली है।*

कारण (R) – *मानवीकरण से कथन सजीव हो उठता है।*

विकल्प – (क) कथन सत्य है और कारण अस्पष्ट है।
(ख) कथन और कारण दोनों भ्रामक हैं।
(ग) कथन सही है और कारण भी सही है।
(घ) कथन और कारण दोनों गलत हैं।

5. **कथन (A)** – (*i*) *श्लेष में एक शब्द दो बार आता है और दोनों बार भिन्न अर्थ देता है।*
(*ii*) *श्लेष में एक शब्द एक बार आता है और एक से अधिक अर्थ देता है।*
(*iii*) *श्लेष में मुख्य अर्थ से अधिक प्रभावी सांकेतिक अर्थ होता है।*

विकल्प – (क) (*i*) तथा (*iii*) ठीक हैं। (ख) (*ii*) तथा (*iii*) ठीक हैं।
(ग) (*iv*) ठीक है। (घ) (*ii*) ठीक है।

6. **कथन (A)** – (*i*) *यह देख लो साकेत नगरी, मिलने गगन को जा रही। 'में' मानवीकरण है।*
(*ii*) *यह देख लो साकेत नगरी, मिलने गगन को जा रही। में अतिशयोक्ति है।*
(*iii*) *यह देख लो साकेत नगरी, मिलने गगन को जा रही। में उत्प्रेक्षा है।*

विकल्प– (क) (*i*), (*ii*) ठीक हैं। (ख) (*i*), (*ii*), (*iii*) ठीक हैं।
(ग) (*i*), (*iii*) ठीक हैं। (घ) (*ii*) ठीक है।

8. **कॉलम-1 एवं कॉलम-2 को सुमेलित कीजिए-**

1.

कॉलम–1	कॉलम–2
1. मानो भास्वर स्वर हों कविता के।	*(i)* मानवीकरण
2. तन कर भाला यों बोल उठा।	*(ii)* श्लेष
3. जा तन की झाईं परै, स्यामु हरित द्युति हरि	*(iii)* उत्प्रेक्षा

विकल्प– (क) 1–*(i)*, 2–*(ii)*, 3–*(iii)* (ख) 1–*(ii)*, 2–*(iii)*, 3–*(i)*
(ग) 1–*(iii)*, 2–*(ii)*, 3–*(i)* (घ) 1–*(iii)*, 2–*(i)*, 3–*(ii)*

2.

कॉलम–1	कॉलम–2
1. राणा ने सोचा इस पार तब तक चेतक था उस पार।	*(i)* मानवीकरण
2. साँझ की बेला उतर आकाश से पास आके मुझसे बतलाने लगी।	*(ii)* श्लेष
3. पानी गए न ऊबरै, मानस, मोती चून	*(iii)* अतिशयोक्ति

विकल्प– (क) 1–*(iii)*, 2–*(ii)*, 3–*(i)* (ख) 1–*(iii)*, 2–*(i)*, 3–*(ii)*
(ग) 1–*(i)*, 2–*(ii)*, 3–*(iii)* (घ) 1–*(ii)*, 2–*(iii)*, 3–*(i)*

3.

कॉलम–1	कॉलम–2
1. बढ़ा-चढ़ाकर वर्णन	*(i)* मानवीकरण
2. जड़ को सजीव बनाना	*(ii)* अतिशयोक्ति
3. एक शब्द के एक से अधिक अर्थ	*(iii)* श्लेष

विकल्प– (क) 1–*(ii)*, 2–*(iii)*, 3–*(i)* (ख) 1–*(ii)*, 2–*(i)*, 3–*(iii)*
(ग) 1–*(iii)*, 2–*(ii)*, 3–*(i)* (घ) 1–*(i)*, 2–*(ii)*, 3–*(iii)*

4.

कॉलम–1	कॉलम–2
1. चली आ रही संध्या मानो मैया हो आँचल फैलाए।	*(i)* अतिशयोक्ति
2. चली आ रही संध्या अपने आँचल को फैला करके।	*(ii)* उत्प्रेक्षा
3. तूने ऐसी लट बिखराई, साँझ जगत में हो गई।	*(iii)* मानवीकरण

विकल्प– (क) 1–*(ii)*, 2–*(i)*, 3–*(iii)* (ख) 1–*(iii)*, 2–*(ii)*, 3–*(i)*
(ग) 1–*(ii)*, 2–*(iii)*, 3–*(i)* (घ) 1–*(i)*, 2–*(ii)*, 3–*(iii)*

उत्तर

1. (घ) 2. (ग) 3. (ख) 4. (ख) 5. (ग) 6. (ख)

7. 1. (ग) 2. (क) 3. (ख) 4. (ग) 5. (घ) 6. (क)

8. 1. (घ) 2. (ख) 3. (ख) 4. (ग)

खंड 'ग'

क्षितिज

काव्य-खंड

☞ मुख्य विशेषताएँ :

- सभी कवियों का परिचय
- संपूर्ण काव्य-भाग के अर्थ, अर्थग्रहण तथा सराहना संबंधी प्रश्नोत्तर
- पाठ्य-पुस्तक के सभी प्रश्नों के उत्तर
- अन्य महत्त्वपूर्ण परीक्षोपयोगी प्रश्नोत्तर
    - संदेश/जीवन-मूल्य संबंधी प्रश्नोत्तर
    - विषय-वस्तु संबंधी प्रश्नोत्तर
- बहुविकल्पी प्रश्नोत्तर पाठ पर आधारित
- भाषा सरल, सरस तथा स्तरीय

1. सूरदास

I. कवि-परिचय

प्रश्न–महाकवि सूरदास का परिचय निम्न शीर्षकों के अंतर्गत दीजिए–

जीवन-परिचय, रचनाएँ, काव्यगत विशेषताएँ, भाषा-शैली।

उत्तर–जीवन-परिचय–सूरदास को हिंदी साहित्य का सूर्य कहा जाता है–

सूर सूर तुलसी ससि उड्गन केसवदास।

उनका जन्म सन् 1478 में 'रुनकता' या रेणुका क्षेत्र में हुआ। कुछ विद्वान उन्हें दिल्ली के पास 'सीही' नामक गाँव का मानते हैं। यह प्रसिद्ध है कि वे छः वर्ष की अल्पायु में ही विरक्त हो गए थे। उन्होंने मथुरा और वृंदावन के बीच 'गऊघाट' नामक स्थान पर निवास बना लिया था। वे विलक्षण गायक थे। उनकी ख्याति शीघ्र ही दूर-दूर तक फैल गई। उसी से खिंचकर महाप्रभु वल्लभाचार्य वहाँ आए। उन्होंने सूरदास को अपना शिष्य बना लिया तथा श्रीनाथ के मंदिर में भजन-कीर्तन के लिए नियुक्त कर दिया।

सूर जन्मांध थे या बाद में अंधे हो गए–इस बारे में विद्वानों में मतभेद हैं। वास्तव में, उन्होंने अपने पदों में यमुना का किनारा, कदंब का पेड़ और रंगों का जैसा वर्णन किया है, उसे देखकर उन्हें जन्मांध नहीं कहा जा सकता। सन् 1583 में पारसोली में उनका देहांत हो गया।

रचनाएँ–सूर की प्रामाणिक रचनाएँ तीन हैं–*सूरसागर, साहित्य लहरी और सूर सारावली।* 'सूरसागर' उनकी कीर्ति का मुख्य आधार है।

काव्यगत विशेषताएँ–सूरदास मूलतः भक्त हैं। उनकी भक्ति में कहीं वात्सल्य की झलक है तो कहीं शृंगार की। शृंगार में भी उन्होंने संयोग और वियोग–दोनों का मनोरम वर्णन किया है। आचार्य रामचंद्र शुक्ल लिखते हैं–*'शृंगार और वात्सल्य के क्षेत्र में जहाँ तक सूर की दृष्टि पहुँची, वहाँ तक और किसी कवि की नहीं।'* उन्होंने कृष्ण के शिशु, बाल, किशोर और तरुण रूप की अनेक झाँकियाँ प्रस्तुत की हैं।

भाषा-शैली–सूर का सारा साहित्य गेय है। वास्तव में उनके पद गाने के लिए लिखे गए हैं। उनमें संगीत और साहित्य का अद्भुत मेल हुआ है। सूर जितने अच्छे गायक हैं, उतने ही श्रेष्ठ कवि। इस कारण सूर के समानांतर दूसरा कवि दूर-दूर तक दिखाई नहीं देता। उनके पद सीधे हृदय को छूते हैं।

सूर की भाषा ब्रज है। उनके पदों में अद्भुत मिठास, मधुरता और कोमलता है। उन्होंने उपमा, उत्प्रेक्षा, उदाहरण, दृष्टांत, रूपक और वक्रोक्ति अलंकारों का अत्यंत मनोरम प्रयोग किया है। अनुप्रास तो उनकी हर पंक्ति में बिखरा पड़ा है। सूर सचमुच सूर्य हैं।

पद

II. कविता का सार

प्रश्न–सूर द्वारा रचित पदों का सार लिखिए।

उत्तर–सूर के पदों में श्रीकृष्ण के प्रति गहरा अनुराग प्रकट हुआ है। कृष्ण वृंदावन छोड़कर मथुरा चले गए हैं। गोपियाँ उनके वियोग में व्याकुल हैं। वे कृष्ण के मित्र ऊधौ को प्रेम-भरा उलाहना देती हैं। कभी-कभी वे व्यंग्य करने लगती हैं।

पहले पद में गोपियाँ ऊधौ से कहती हैं कि तुम बड़े सौभाग्यशाली हो जो प्रेम-वेम के चक्कर में नहीं पड़े हो। तुमने कभी कृष्ण के प्रेम का स्वाद नहीं चखा है। ये तो हमीं मूर्खा हैं जो उसके प्रेम में ऐसे लिपट गई हैं जैसे गुड़ से चींटी लिपट जाती है।

दूसरे पद में गोपियाँ कृष्ण को निष्ठुर कहती हुई ऊधौ से कहती हैं–हमारे मन की आस मन में ही रह गई है। जिस कृष्ण के आने की प्रतीक्षा में हमारी साँसें अटकी हुई थीं, वहीं से योग-साधना का संदेश सुनकर हम बहुत निराश हो गई हैं। हमसे कृष्ण के वियोग में धैर्य नहीं रखा जाता।

तीसरे पद में गोपियाँ कहती हैं कि कृष्ण उनके लिए वैसे ही जीवनाधार हैं जैसे कि हारिल पक्षी के मुँह में तिनका। वे दिन-रात कन्हैया का नाम रटती रहती हैं। उन्हें योग का नाम कड़वी ककड़ी के समान कड़वा प्रतीत होता है। योग-मार्ग तो उन्हीं के लिए ठीक है जिनके मन में कृष्ण के प्रति प्रेम नहीं होता।

चौथे पद में गोपियाँ व्यंग्य करती हुई कहती हैं–लगता है, कृष्ण हमसे राजनीति खेल रहे हैं। वे चतुर तो पहले ही थे। अब राजनीति के दाँव-पेच भी सीख गए हैं। पहले ऐसे लोग राजनीति में होते थे जो जनता की भलाई हेतु भागे-भागे फिरते थे। परंतु अब तो वे नीतिवान स्वयं अन्याय करने लगे हैं। वे हमें योग-मार्ग अपनाने की बात कहकर हम पर अन्याय ही कर रहे हैं। कृष्ण का यह व्यवहार राजधर्म के विपरीत है।

III. अर्थग्रहण संबंधी प्रश्नोत्तर

प्रश्न–निम्नलिखित पदों को ध्यानपूर्वक पढ़िए तथा संबंधित प्रश्नों के उत्तर दीजिए–

☞ 1 ऊधौ, तुम हौ अति बड़भागी।
अपरस रहत सनेह तगा तैं, नाहिन मन अनुरागी।
पुरइनि पात रहत जल भीतर, ता रस देह न दागी।
ज्यौं जल माहँ तेल की गागरि, बूँद न ताकौं लागी।
प्रीति-नदी मैं पाउँ न बोर्‌यौ, दृष्टि न रूप परागी।
'सूरदास' अबला हम भोरी, गुर चाँटी ज्यौं पागी।। **[Imp.]** *(पृष्ठ 5)*

शब्दार्थ : **बड़भागी**–भाग्यशाली। **अपरस**–अछूता, अलिप्त, दूर। **तगा**–धागा, बंधन। **नाहिन**–नहीं। **अनुरागी**–प्रेम में डूबा हुआ। **पुरइनि पात**–कमल का पत्ता। **देह**–शरीर। **दागी**–दाग, धब्बा। **माहँ**–में। **ताकौं**–उसको। **प्रीति**–प्रेम। **पाउँ**–पाँव। **बोर्‌यौ**–डुबोया। **परागी**–मुग्ध हुई, मोहित हुई। **अबला**–नारी। **भोरी**–भोली। **गुर**–गुड़। **चाँटी**–चींटी। **पागी**–पगी हुई, लिपटी हुई।

भावार्थ–गोपियाँ ऊधौ पर व्यंग्य कसती हुई कहती हैं–हे ऊधौ! तुम तो बड़े भाग्यवान हो। तुम हमेशा प्रेम रूपी बंधन से दूर रहे हो। तुमने कभी प्रेम के खिंचाव को जाना नहीं है। तुम्हारा मन कभी कृष्ण के प्रेम में डूबा नहीं है। तुम तो जल में पलने वाले कमल के पत्तों के समान हो जो जल में रहकर भी उसके दाग-धब्बों से बचा रहता है। आशय यह है कि तुमने कृष्ण के संग रहकर भी कभी उससे प्रेम नहीं किया। जिस प्रकार जल की मटकी में तेल की बूँद रहती है। वह जल में रहकर भी अपने ऊपर जल का प्रभाव नहीं आने देती, उसी प्रकार तुम भी कृष्ण के संग रहकर उससे अछूते रहे हो। तुमने कभी उसके प्रेम को अपने मन में आने नहीं दिया। यह अच्छा ही किया ऊधौ कि तुमने कभी प्रेम की नदी में पाँव नहीं रखा। न ही तुम्हारी दृष्टि कृष्ण के रूप-सौंदर्य पर मुग्ध हुई। यह तो हमीं भोली अबला गोपियाँ हैं जो कृष्ण-प्रेम में इस प्रकार लिपट गई हैं जैसे गुड़ के साथ चींटियाँ लिपट जाती हैं।

प्रश्न *(Set I)*– [*CBSE*]

(क) *गोपियाँ किसे बड़भागी कहती हैं और क्यों?*

(ख) *'अपरस रहत सनेह तगा तैं' का क्या आशय है?*

(ग) *पुरइनि पात और तेल की गागर के उदाहरण क्यों दिए गए हैं?*

(घ) *प्रीति नदी क्या है? इसमें किसने पैर नहीं डुबोए?*

(ङ) *इस काव्यांश में किस भाषा का प्रयोग हुआ है?*

उत्तर–

(क) गोपियाँ व्यंग्य में ऊधौ को भाग्यवान कहती हैं। उनके अनुसार, ऊधौ सौभाग्यशाली रहे। न उन्होंने कृष्ण से प्रेम किया और न ही प्रेम की पीड़ा में तड़पे।

(ख) ऊधौ प्रेम रूपी धागे से दूर ही रहे। उन्होंने कभी प्रेम को नहीं जाना।

(ग) जिस प्रकार कमल का पत्ता और तेल की गागर क्रमशः जल एवं तेल में रहकर भी उनसे दूर रहते हैं। उसी प्रकार ऊधौ कृष्ण के साथ रहकर भी उनके प्रेम में बँधे नहीं। वे वैरागी ही रहे।

(घ) प्रेम में नदी जैसा बहाव होता है। यहाँ कृष्ण प्रेम को प्रीति-नदी कहा गया है। ऊधौ ने इस नदी में अपने पैर नहीं डुबोए।

(ङ) ब्रज भाषा।

प्रश्न *(Set-II)*–

1. गोपियाँ ऊधव को बड़भागी क्यों कहती हैं?

(क) क्योंकि ऊधव कृष्ण के सखा हैं। (ख) क्योंकि ऊधव ने कभी प्यार नहीं किया।
(ग) क्योंकि ऊधव ने कृष्ण का छल नहीं सहा। (घ) क्योंकि ऊधव ज्ञानमार्गी हैं।

2. कमल के पत्ते और ऊधव में क्या समानता है?

(क) दोनों बहुत कोमल होते हैं। (ख) दोनों अपनों के बहुत निकट रहते हैं।
(ग) दोनों अपनों से दूरी बनाए रखते हैं। (घ) दोनों बहुत उदासीन रहते हैं।

3. *'प्रीति-नदी में पाउँ न बोरयौ'* **में कौन-सा अलंकार है?**

(क) उपमा (ख) उत्प्रेक्षा (ग) रूपक (घ) मानवीकरण

4. गोपियाँ स्वयं को भोली क्यों कहती हैं? क्योंकि–

(क) वे बिना परिणाम जाने प्रेम में मग्न हो गईं। (ख) वे कृष्ण के छल को समझ नहीं सकीं।
(ग) वे कृष्ण की बातों में आ गईं। (घ) वे ऊधव की बातों में आ गईं।

5. अलंकार बताइए– *'गुर चाँटी ज्यौं पागी'*

(क) उत्प्रेक्षा (ख) उपमा (ग) रूपक (घ) उदाहरण

उत्तर– 1. (ख) 2. (ग) 3. (ग) 4. (क) 5. (ख)

2 मन की मन ही माँझ रही।
कहिए जाइ कौन पै ऊधौ, नाहीं परत कही।
अवधि अधार आस आवन की, तन मन बिथा सही।
अब इन जोग सँदेसनि सुनि-सुनि, बिरहिनि बिरह दही।
चाहति हुतीं गुहारि जितहिं तैं, उत तैं धार बही।
'सूरदास' अब धीर धरहिं क्यौं, मरजादा न लही।। *(पृष्ठ 6)*

शब्दार्थ : **माँझ**–में, अंदर। **अवधि**–समय। **अधार**–आधार। **आस**–आशा। **आवन की**–आने की। **बिथा**–व्यथा, दुख। **जोग**–योग। **बिरह**–वियोग, बिछोह, बिछुड़न। **दही**–जली। **हुतीं**–थीं। **गुहारि**–रक्षा के लिए पुकारना। **जितहिं तैं**–जहाँ से। **उत तैं**–वहाँ से। **धार**–योग की धारा। **धीर**–धीरज, धैर्य। **धरहिं**–रखें, धारण करें। **क्यौं**–कैसे। **मरजादा**–मर्यादा, प्रतिष्ठा। **लही**–नहीं रही, नहीं रखी।

भावार्थ–विरह-व्यथित गोपियाँ कृष्ण के मित्र ऊधौ को उलाहना देती हुई कहती हैं–ऊधौ! हमारे मन की प्रेम-भावना मन में ही रह गई है। हमें कृष्ण से प्रेम नहीं मिला, न ही उसके अभाव में हम अपनी भावना व्यक्त कर सकीं। अब तुम्हीं बताओ, हम अपनी यह व्यथा किसे जाकर कहें? प्रेम की पीड़ा को कहा भी तो नहीं जा सकता। हम अब तक कृष्ण के आने की अवधि को अपने प्राणों का आधार बनाए हुए थीं। इसी आशा से हम तन और मन की व्यथा सह रही थीं। परंतु अब तुम्हारे द्वारा दिए गए इस योग-संदेश को सुन-सुन हमारी विरह-व्यथा और अधिक भड़क उठी है। हम विरह की ज्वाला में जली जा रही हैं। हमारा दुर्भाग्य देखो, हम जिधर से अपनी रक्षा के लिए सहारा चाह रही थीं, उधर से ही योग-साधना की धारा बही चली आ रही है। अर्थात् हम चाह रही थीं कि कृष्ण हमसे आकर मिलेंगे और हमारी प्रेम-भावना संतुष्ट होगी, परंतु उन्होंने तो उलटे हमारे लिए योग-मार्ग का सिद्धांत भेज दिया, जो हमें सदा-सदा के लिए कृष्ण से दूर करना चाहता है। सूरदास गोपियों के माध्यम से कह रहे हैं–अब तो कृष्ण ने सारी लोक-मर्यादाएँ तज दी हैं। उन्होंने हमारा प्रेम निभाने की बजाय हमें धोखा दिया है। भला हम धैर्य कैसे धारण करें?

प्रश्न *(Set I)*– *[CBSE 2014]*

(क) *किसके मन की बात मन में रह गई और क्यों?*

(ख) *गोपियाँ क्या व्यथा सह रही थीं और किसके बल पर सह रही थीं?*

(ग) *गोपियों की विरहाग्नि और अधिक क्यों बढ़ गई?*

(घ) *'धार बही' का क्या आशय है?*

(ङ) *गोपियाँ धीरज धारण क्यों नहीं कर पा रहीं?*

उत्तर–

(क) गोपियों के मन की प्रेम-भावना मन में ही रह गई।
क्यों–उनके प्रिय कृष्ण उनसे दूर मथुरा में चले गए।

(ख) गोपियाँ कृष्ण के वियोग की व्यथा सह रही थीं। वे यह सोचकर व्यथा सह रही थीं कि कुछ समय बाद कृष्ण ब्रज में अवश्य लौट आएँगे।

(ग) योग के संदेश को सुनकर गोपियों की विरह-व्यथा और अधिक तीव्र हो गई।

(घ) यहाँ 'धार बही' का अर्थ है–योग-संदेश की धारा बह चली।

(ङ) गोपियाँ धीरज इसलिए नहीं धारण कर पा रहीं क्योंकि कृष्ण ने उनके साथ प्रेम में धोखा किया। वे उनसे दूर चले गए।

प्रश्न *(Set-II)*–

1. वह कौन-सी बात है जो मन ही मन में रह गई?

(क) कृष्ण-प्रेम की प्यास (ख) योग-अभ्यास की बात
(ग) वियोग-वेदना (घ) कृष्ण को माखन खिलाने की बात

2. योग-संदेश का गोपियों पर क्या प्रभाव हुआ?

(क) वे प्रसन्न हो उठीं (ख) उन्हें कृष्ण का प्रेम मिल गया।
(ग) वे खिन्न हो उठीं (घ) वे विरह से व्यथित हो उठीं।

3. गोपियाँ योग-संदेश को अपने लिए क्या मानती हैं?

(क) एक सहारा (ख) अपना सहायक (ग) कृष्ण का उपहार (घ) एक जंजाल

4. किसने कौन-सी मर्यादा तोड़ी है?

(क) उद्धव ने लोकव्यवहार की मर्यादा (ख) गोपियों ने विरह की मर्यादा

(ग) कृष्ण ने प्रेम की मर्यादा (घ) अपनी मातृभूमि की मर्यादा।

5. यह संवाद कौन किसे कह रहा है?

(क) गोपियाँ अन्य सखियों से (ख) गोपियाँ ऊधो से

(ग) गोपियाँ कृष्ण से (घ) गोपियाँ ब्रजवासियों से

उत्तर– 1. (क) 2. (घ) 3. (घ) 4. (ग) 5. (ख)

☞ **3** हमारैं हरि हारिल की लकरी।
मन क्रम बचन नंद-नंदन उर, यह दृढ़ करि पकरी।
जागत सोवत स्वप्न दिवस-निसि, कान्ह-कान्ह जक री।
सुनत जोग लागत है ऐसौ, ज्यौं करुई ककरी।
सु तौ ब्याधि हमकौं लै आए, देखी सुनी न करी।
यह तौ 'सूर' तिनहिं लै सौंपौ, जिनके मन चकरी।। **[Imp.]** *(पृष्ठ 6)*

शब्दार्थ : **हरि**–भगवान कृष्ण। **हारिल**–एक पक्षी जो सदैव अपने पंजों में एक लकड़ी थामे रहता है। **लकरी**–लकड़ी। **क्रम**–कर्म। **नंद-नंदन**–कृष्ण, नंद का बेटा। **उर**–हृदय। **पकरी**–पकड़ी। **निसि**–रात। **कान्ह-कान्ह**–कन्हैया-कन्हैया। **जक री**–रटती रहती है। **जोग**–योग-संदेश। **करुई**–कड़वी। **सु**–वह। **ब्याधि**–रोग, पीड़ा पहुँचाने वाली वस्तु। **तिनहिं**–उन्हें। **मन चकरी**–मन में चक्कर या दुविधा बनी रहती है।

भावार्थ–गोपियाँ ऊधौ को कहती हैं–ऊधौ! हमारे लिए हरि हारिल के पंजों में थामी हुई लकड़ी के समान हैं। जिस प्रकार हारिल पक्षी लकड़ी को किसी हाल में नहीं छोड़ता, उसी भाँति हम भी कृष्ण को दृढ़ता से थामे हुए हैं। हमने मन से, कर्म से, वचनों से कृष्ण को हृदय में दृढ़ता से बसाया हुआ है। हम जागते-सोते, रात-दिन, यहाँ तक कि सपने में भी कन्हैया-कन्हैया नाम की रट लगाए रहती हैं। हम जब तुम्हारे मुँह से योग-साधना की बात सुनती हैं तो हमें तुम्हारा यह संदेश कड़वी ककड़ी के समान कड़वा और अरुचिकर लगता है। तुम तो हमारे लिए ऐसी बीमारी ले आए हो, जो हमने न तो कभी देखी, न सुनी और न कभी इसका व्यवहार करके देखा। गोपियाँ कहने लगीं–ऊधौ! तुम यह योग-साधना का संदेश उन लोगों को दो जिनके हृदय भटकन में हैं, जिनकी कहीं कोई आस्था नहीं है। हम तो पूर्ण रूप से कृष्ण की दीवानी हैं। हम यह योग-संदेश लेकर क्या करेंगी?

प्रश्न *(Set I)*– *[CBSE 2017]*

(क) *गोपियाँ अपने को 'हारिल की लकरी' क्यों बताती हैं?*

(ख) *पद के आधार पर गोपियों की मनोदशा का वर्णन कीजिए।*

(ग) *योग को किसके समान बताया गया है?*

(घ) *उद्धव के मुँह से योग की बातें सुनकर गोपियों को कैसा लगता है?*

(ङ) *'हारिल की लकरी' का अर्थ लिखिए।*

उत्तर–

(क) गोपियाँ कृष्ण को हारिल की लकड़ी के समान अपना अटूट अंग मानती हैं। जैसे हारिल हर हाल में तिनके को अपनी चोंच में लिए फिरता है, उसी प्रकार गोपियाँ कृष्ण को दिन-रात अपने हृदय में रखती हैं।

(ख) कृष्ण के वियोग में गोपियाँ बावली हो गई हैं। वे दिन-रात कृष्ण के नाम की रट लगाए रहती हैं।

(ग) योग को कड़वी ककड़ी के समान कटु बताया गया है।

(घ) उद्धव के मुँह से योग की बातें सुनकर गोपियों को ऐसा लगता है मानो उन्होंने कड़वी ककड़ी खा ली हो। आशय यह है कि उन्हें योग की बातें बहुत बुरी लगती हैं।

(ङ) हारिल की लकरी का अर्थ है–जीने का सहारा या अनन्य लगाव।

प्रश्न *(Set-II)*–

1. *'हरि हारिल की लकरी'* **का क्या आशय है?**
   (क) हरि हारिल पक्षी का सहारा है। (ख) हरि हारिल को भगाने वाली लकड़ी है।
   (ग) हरि हारे हुए के लिए सहारा है। (घ) हरि हारिल की लकड़ी के समान सहारा है।
2. **योग का संदेश किन्हें बुरा प्रतीत होता है?**
   (क) ऊधव को (ख) राधा को (ग) गोपियों को (घ) कृष्ण को
3. **कौन-सा अलंकार है**–*सुनत जोग लागत है ऐसौ ज्यौं करुई ककरी।*
   (क) उत्प्रेक्षा (ख) उपमा (ग) उदाहरण (घ) दृष्टांत
4. *'जिनके मन चकरी'* **से क्या आशय है?**
   (क) जिनके मन में अन्य किसी से प्रेम बसा है। (ख) जिनके मन भटके हुए हैं।
   (ग) जिनके मन दुविधा से ग्रस्त हैं। (घ) जिनके मन में प्रेम का चक्कर चला हुआ है।
5. **इस पद का विषय क्या है?**
   (क) मन की भटकन (ख) योगविद्या का महत्त्व
   (ग) योग की व्यर्थता (घ) कृष्ण के प्रति अटूट निष्ठा

उत्तर– 1. (घ) 2. (ग) 3. (ख) 4. (ग) 5. (घ)

4

हरि हैं राजनीति पढ़ि आए।
समुझी बात कहत मधुकर के, समाचार सब पाए।
इक अति चतुर हुते पहिलैं ही, अब गुरु ग्रंथ पढ़ाए।
बढ़ी बुद्धि जानी जो उनकी, जोग-सँदेस पठाए।
ऊधौ भले लोग आगे के, पर हित डोलत धाए।
अब अपनै मन फेर पाइहैं, चलत जु हुते चुराए।
ते क्यौं अनीति करैं आपुन, जे और अनीति छुड़ाए।
राज धरम तौ यहै 'सूर', जो प्रजा न जाहिं सताए।। *(पृष्ठ 6)*

शब्दार्थ : **हरि**–कृष्ण। **पढ़ि आए**–सीख आए। **मधुकर**–भ्रमर, भँवरा, यहाँ ऊधौ। **हुते**–थे। **पठाए**–भेजे। **आगे के**–पहले के। **पर हित**–दूसरों की भलाई। **डोलत धाए**–दौड़ते फिरते थे। **फेर पाइहैं**–फिर से पा लेंगी। **अनीति**–अन्याय। **आपुन**–स्वयं, खुद। **जे**–जो। **जाहिं सताए**–सताया जाए।

भावार्थ–गोपियाँ ऊधौ से कहती हैं–ऊधौ! लगता है, श्रीकृष्ण राजनीति पढ़ आए हैं। अरे भँवरे ऊधौ! मैं तो तुम्हारी बात कहते (सुनते) ही समझ गई थी कि दाल में कुछ काला है। हम सब समाचार जान गई हैं। हम कृष्ण की छल-भरी राजनीति समझ गई हैं। अरे भँवरे! एक तो तुम पहले-से ही चतुर-चालाक थे। अब तुम अपने गुरु कृष्ण से राजनीति के ग्रंथ भी पढ़ आए हो। अत: तुम्हारी हर बात में छल-कपट भर गया है। वाह! हम कृष्ण की बुद्धि का बड़प्पन भी मान गए। उन्होंने हमारे लिए योग का संदेश भेजकर कितनी समझदारी की है। (क्या उन्हें लगता है कि हम योग-संदेश सुनकर कृष्ण को भूल जाएँगी। यह सोचना मूर्खता है।)

ऊधौ! पहले बड़े लोगों की यह रीति होती थी कि वे औरों की भलाई के लिए दौड़े-दौड़े फिरते थे। परंतु अब न हमें तुम पर विश्वास है, न कृष्ण पर। चलो, कम-से-कम अब हमें हमारा मन तो वापस मिल जाएगा, जिसे श्रीकृष्ण यहाँ से जाते समय चुरा ले गए थे। परंतु हमें यह समझ नहीं आता कि जो कृष्ण औरों को अन्याय से बचाते रहे हैं, वे स्वयं हम पर अन्याय क्यों कर रहे हैं? वे हमें अपना प्रेम न देकर योग-संदेश क्यों भेज रहे हैं। सूर के शब्दों में गोपियाँ कहती हैं–ऊधौ! राजधर्म तो यही कहता है कि प्रजा को सताया न जाए। अत: कृष्ण को चाहिए कि वे अपना योग-संदेश वापस लें और अपने दर्शन दें।

प्रश्न *(Set I)*– [*CBSE 2012*]

(क) *गोपियों ने यह क्यों कहा कि हरि अब राजनीति के प्रकांड पंडित हो गए हैं?*

(ख) *गोपियों को ऐसा क्यों लगता है कि वे अब अपना मन वापस पा सकती हैं?*

(ग) *प्राचीन राजाओं को भला बताकर गोपियाँ क्या बताना चाहती हैं?*

(घ) *गोपियों ने सच्चे राजधर्म को कैसे परिभाषित किया है?*

(ङ) *'ते क्यौं अनीति करैं आपुन, जे और अनीति छुड़ाए'–में निहित व्यंग्य को स्पष्ट कीजिए।*

उत्तर–

(क) गोपियाँ कृष्ण से आशा कर रही थीं कि वे उनसे आकर मिलेंगे। परंतु उन्होंने तो उन्हें वैराग्य और योग के भूलभुलैये में डाल दिया। प्रेम की दीवानी गोपियों को यह उनकी चालाकी या चालबाजी लगती है।

(ख) गोपियों को लगता है कि योग-वैराग्य से उनका कृष्ण से मोह छूट जाएगा। इस प्रकार कृष्ण के प्रेम में रँगा उनका मन उन्हें वापस मिल जाएगा।

(ग) प्राचीन राजा इसलिए भले होते थे क्योंकि वे प्रजा के हित के लिए मारे-मारे फिरते थे। यह कहकर वे बताना चाहती हैं कि कृष्ण ने उन्हें प्रेम के बदले योग का संदेश भेजकर अच्छा नहीं किया।

(घ) सच्चा राजधर्म वही है जिसमें प्रजा को दुख न हो।

(ङ) इसमें कृष्ण पर व्यंग्य है। उन्होंने जीवन-भर औरों के अन्याय के विरुद्ध संघर्ष किया। परंतु अब वे स्वयं उनसे प्रेम न रखकर उनके साथ अन्याय कर रहे हैं।

प्रश्न *(Set-II)*–

1. **इस पद में किस पर व्यंग्य किया गया है?**
   (क) कृष्ण पर (ख) ऊधव पर (ग) कृष्ण और ऊधव पर (घ) राजनीतिज्ञों पर
2. **गोपियाँ किस बात को राजनीति मानती हैं?**
   (क) योगविद्या सिखाने को (ख) प्रेम-प्रसंग भुलाने को
   (ग) ऊधव के संदेश को (घ) प्रेम भुलाकर योग सिखाने को
3. *इक अति चतुर हुते पहिलैं ही*–**किसे उलाहना दिया गया है?**
   (क) कृष्ण को (ख) ऊधव को (ग) कृष्ण और ऊधव को (घ) गोपियों को
4. **भले लोगों की क्या पहचान होती थी?**
   (क) वे अपने काम से काम रखते थे। (ख) वे दूसरों के कामों में अड़ंगा नहीं डालते थे।
   (ग) वे दूसरों के हित में भागदौड़ किया करते थे। (घ) वे परहित के काम से भागते थे।
5. *'सूर'* **के अनुसार राजधर्म क्या है?**
   (क) राजा को प्रजा से कोई कष्ट न हो। (ख) प्रजा को राजा से कोई कष्ट न हो।
   (ग) प्रजा को किसी प्रकार का कोई कष्ट न हो। (घ) कोई प्रजा के पास जाकर न सताए।

उत्तर– 1. (क) 2. (घ) 3. (क) 4. (ग) 5. (ग)

IV. पाठ्यपुस्तक के प्रश्न-अभ्यास

(पृष्ठ 7)

प्रश्न 1. गोपियों द्वारा उद्धव को भाग्यवान कहने में क्या व्यंग्य निहित है? *[CBSE 2021]*

उत्तर–गोपियों द्वारा उद्धव को भाग्यवान कहने में वक्रोक्ति है। वे दीखने में प्रशंसा कर रही हैं किंतु वास्तव में कहना चाह रही हैं कि तुम बड़े अभागे हो कि प्रेम का अनुभव नहीं कर सके। न किसी के हो सके, न किसी को अपना बना सके। तुमने प्रेम का आनंद जाना ही नहीं। यह तुम्हारा दुर्भाग्य है।

☞**प्रश्न 2. उद्धव के व्यवहार की तुलना किस-किस से की गई है?** *[CBSE 2015]*

उत्तर–उद्धव के व्यवहार की तुलना निम्नलिखित से की गई है–

1. कमल के पत्तों से, जो जल में रहकर भी उससे प्रभावित नहीं होते।
2. जल में पड़ी तेल की बूँद से, जो जल में घुलती-मिलती नहीं।

उद्धव भी इनके समान हैं। वे कृष्ण के संग रहकर भी उसके प्रेम से प्रभावित नहीं हो सके।

☞**प्रश्न 3. गोपियों ने किन-किन उदाहरणों के माध्यम से उद्धव को उलाहने दिए हैं? [Imp.]** *[CBSE 2019]*

उत्तर–गोपियों ने निम्नलिखित उदाहरणों के माध्यम से उद्धव को उलाहने दिए हैं–

1. उन्होंने कहा कि उनकी प्रेम-भावना उनके मन में ही रह गई है। वे न तो कृष्ण से अपनी बात कह पाती हैं, न अन्य किसी से।

2. वे कृष्ण के आने की इंतज़ार में ही जी रही थीं, किंतु कृष्ण ने स्वयं न आकर योग-संदेश भिजवा दिया। इससे उनकी विरह-व्यथा और अधिक बढ़ गई है।

3. वे कृष्ण से रक्षा की गुहार लगाना चाह रही थीं, वहाँ से प्रेम का संदेश चाह रही थीं। परंतु वहीं से योग-संदेश की धारा को आया देखकर उनका दिल टूट गया।

4. वे कृष्ण से अपेक्षा करती थीं कि वे उनके प्रेम की मर्यादा को रखेंगे। वे उनके प्रेम का बदला प्रेम से देंगे। किंतु उन्होंने योग-संदेश भेजकर प्रेम की मर्यादा ही तोड़ डाली।

प्रश्न 4. उद्धव द्वारा दिए गए योग के संदेश ने गोपियों की विरहाग्नि में घी का काम कैसे किया? *[CBSE]*

उत्तर–ब्रज की गोपियाँ इस प्रतीक्षा में बैठी थीं कि देर-सवेर कृष्ण उनसे मिलने अवश्य आएँगे, या अपना प्रेम-संदेश भेजेंगे। इसी से वे तृप्त हो जाएँगी। इसी आशा के बल पर वे वियोग की वेदना सह रही थीं। परंतु ज्यों ही उनके पास कृष्ण द्वारा भेजा गया योग-संदेश पहुँचा, वे तड़प उठीं। उनकी विरह-ज्वाला तीव्रता से भड़क उठी। उन्हें लगा कि अब कृष्ण उनके पास नहीं आएँगे। वे योग-संदेश में ही भटकाकर उनसे अपना पीछा छुड़ा लेंगे। इस भय से उनकी विरहाग्नि भड़क उठी।

प्रश्न 5. *'मरजादा न लही'* के माध्यम से कौन-सी मर्यादा न रहने की बात की जा रही है? *[CBSE 2012]*

उत्तर–प्रेम की यही मर्यादा है कि प्रेमी और प्रेमिका दोनों प्रेम को निभाएँ। वे प्रेम की सच्ची भावना को समझें और उसकी मर्यादा की रक्षा करें। परंतु कृष्ण ने गोपियों से प्रेम निभाने की बजाय उनके लिए नीरस योग-संदेश भेज दिया, जो कि एक छलावा था, भटकाव था। इसी छल को गोपियों ने मर्यादा का उल्लंघन कहा है।

☞**प्रश्न 6. कृष्ण के प्रति अपने अनन्य प्रेम को गोपियों ने किस प्रकार अभिव्यक्त किया है?**

[Imp.] *[CBSE 2015, 2017]*

उत्तर–गोपियों ने कृष्ण के प्रति अपने अनन्य प्रेम को निम्नलिखित युक्तियों से व्यक्त किया है–

- वे स्वयं को कृष्ण रूपी गुड़ पर लिपटी हुई चींटी कहती हैं।
- वे स्वयं को हारिल पक्षी के समान कहती हैं जिसने कृष्ण-प्रेम रूपी लकड़ी को दृढ़ता से थामा हुआ है।
- वे मन, वचन और कर्म से कृष्ण को मन में धारण किए हुए हैं।
- वे जागते-सोते, दिन-रात और यहाँ तक कि सपने में भी कृष्ण का नाम रटती रहती हैं।
- वे कृष्ण से दूर ले जाने वाले योग-संदेश को सुनते ही व्यथित हो उठती हैं।

प्रश्न 7. गोपियों ने उद्धव से योग की शिक्षा कैसे लोगों को देने की बात कही है? [*CBSE*]

उत्तर–गोपियों ने उद्धव को कहा है कि वे योग की शिक्षा ऐसे लोगों को दें जिनके मन स्थिर नहीं हैं। जिनके हृदयों में कृष्ण के प्रति सच्चा प्रेम नहीं है। जिनके मन में भटकाव है, दुविधा है, भ्रम है और चक्कर हैं।

☞**प्रश्न 8. प्रस्तुत पदों के आधार पर गोपियों का योग-साधना के प्रति दृष्टिकोण स्पष्ट करें।**

[Imp.] [*CBSE*]

उत्तर–सूरदास के पठित पदों के आधार पर स्पष्ट है कि गोपियाँ योग-साधना को नीरस, व्यर्थ और अवांछित मानती हैं। उनके अनुसार योग-साधना प्रेम का स्थान नहीं ले सकती। प्रेमीजन योग-मार्ग द्वारा नहीं, प्रेमपूर्ण समर्पण के बल पर ही ईश्वर को पा सकते हैं। उनके अनुसार, योग-साधना तो उनके प्रेम की दीवानगी में बाधा है। यह उन्हें उनके कृष्ण से दूर ले जाती है। इसीलिए योग का नाम सुनते ही उनकी विरह-ज्वाला और अधिक भड़क उठती है। उन्हें योग-साधना एक बला प्रतीत होती है। उन्हीं के शब्दों में–

सुनत जोग लागत है ऐसौ, ज्यौं करुई ककरी।

गोपियाँ प्रेम के बदले योग-संदेश भेजने को कृष्ण की मूर्खता या चालाकी मानती हैं। कभी वे कृष्ण को बुद्धू बनाती हुई कहती हैं–**'बढ़ी बुद्धि जानी जो उनकी, जोग-सँदेस पठाए।'** कभी वे आरोप लगाती हुई कहती हैं–**'हरि हैं राजनीति पढ़ि आए।'**

प्रश्न 9. गोपियों के अनुसार राजा का धर्म क्या होना चाहिए? [*CBSE 2012, 2015, 2017*]

उत्तर–गोपियों के अनुसार, राजा का धर्म यह होना चाहिए कि वह प्रजा को अन्याय से बचाए। उन्हें सताए जाने से रोके।

प्रश्न 10. गोपियों को कृष्ण में ऐसे कौन-से परिवर्तन दिखाई दिए जिनके कारण वे अपना मन वापस पा लेने की बात कहती हैं? [*CBSE*]

उत्तर–गोपियों को लगा कि कृष्ण मथुरा में जाकर बदल गए हैं। वे अब गोपियों से प्रेम नहीं करते। इसलिए वे स्वयं उनसे मिलने नहीं आए। दूसरे, उन्हें लगा कि अब कृष्ण राजा बनकर राजनीतिक चालें चलने लगे हैं। छल-कपट उनके स्वभाव का अंग हो गया है। इसलिए वे वहाँ से अपना प्रेम-संदेश भेजने की बजाय योग-संदेश भेज रहे हैं।

इन परिवर्तनों को देखते हुए गोपियों को लगा कि अब उनका कृष्ण-प्रेम में डूबा हुआ मन वापस उन्हें मिल पाएगा।

☞**प्रश्न 11. गोपियों ने अपने वाक्चातुर्य के आधार पर ज्ञानी उद्धव को परास्त कर दिया, उनके वाक्चातुर्य की विशेषताएँ लिखिए?** **[V. Imp.]**

उत्तर–गोपियाँ वाक्चतुर हैं। वे बात बनाने में किसी को भी पछाड़ देती हैं। यहाँ तक कि ज्ञानी उद्धव उनके सामने गूँगे होकर खड़े रह जाते हैं। कारण यह है कि गोपियों के हृदय में कृष्ण-प्रेम का सच्चा ज्वार है। यही उमड़ाव, यही जबरदस्त आवेग उद्धव की बोलती बंद कर देता है। सच्चे प्रेम में इतनी शक्ति है कि बड़े-से-बड़ा ज्ञानी भी उसके सामने घुटने टेक देता है।

प्रश्न 12. संकलित पदों को ध्यान में रखते हुए सूर के भ्रमरगीत की मुख्य विशेषताएँ बताइए।

[*CBSE 2015*]

उत्तर–सूरदास के भ्रमरगीत की प्रमुख विशेषताएँ निम्नलिखित हैं–

- इनमें गोपियों का निर्मल कृष्ण-प्रेम प्रकट हुआ है। वे कृष्ण की दीवानी हैं। उनका प्रेम अनन्य है, संपूर्ण है और अनूठा है।
- गोपियाँ गाँव की चंचल, अल्हड़ और वाक्चतुर बालाएँ हैं। वे चुपचाप आँसू बहाने वाली नहीं अपितु अपने भोले-निश्छल तर्कों से सामने वाले को परास्त करने की क्षमता रखती हैं।
- भ्रमरगीत में व्यंग्य, कटाक्ष, उलाहना, निराशा, प्रार्थना, गुहार आदि अनेक-अनेक मनोभाव तीखे तेवरों के साथ प्रकट हुए हैं।
- इसमें योग और प्रेम मार्ग का द्वंद्व दिखाया गया है। प्रेम के सम्मुख योग-साधना को तुच्छ दिखलाया गया है।
- इसमें कृष्ण के ज्ञानी मित्र उद्धव को निरुत्तर, मौन और भौंचक्का-सा दिखाया गया है।
- ये पद संगीत की दृष्टि से बहुत मनोहारी हैं। हर पद पहले गाया गया है, फिर लिखा गया है। ये शास्त्रीय रागों पर आधारित हैं।

- इनमें ब्रजभाषा की कोमलता, मधुरता और सरसता के दर्शन होते हैं। श्रृंगार रस के अनुरूप शब्द कोमल बन पड़े हैं।
- इनकी भाषा अलंकार-युक्त है। जो भी अलंकार आए हैं, वे सहज जनजीवन से आए हैं। उनका प्रयोग स्वाभाविक है। कहीं-कहीं अलंकार न के बराबर हैं तो भी सरसता में कोई कमी नहीं आई है। ऐसे अलंकारहीन पदों में सूरदास की रसमयी भावना ही आकर्षण का कारण है।
- इन पदों में कृष्ण परदे के पीछे रहते हैं। गोपियाँ ऊधौ के सामने खुलकर अपना उलाहना प्रकट करती हैं।

रचना और अभिव्यक्ति

प्रश्न 13. *गोपियों ने उद्धव के सामने तरह-तरह के तर्क दिए हैं,* **आप अपनी कल्पना से और तर्क दीजिए।**

उत्तर–गोपियाँ–ऊधौ! यदि यह योग-संदेश इतना ही प्रभावशाली है तो कृष्ण इसे कुब्जा को क्यों नहीं देते? तुम यों करो, यह योग कुब्जा को जाकर दो।

और बताओ! जिसकी जुबान पर मीठी खाँड का स्वाद चढ़ गया हो, वह योग रूपी निबौरी क्यों खाएगा? फिर यह भी तो सोचो कि योग-मार्ग कठिन है। इसमें कठिन साधना करनी पड़ती है। हम गोपियाँ कोमल शरीर वाली और मधुर मन वाली हैं। हमसे यह कठोर साधना कैसे हो पाएगी। हमारे लिए यह मार्ग असंभव है।

प्रश्न 14. *उद्धव ज्ञानी थे, नीति की बातें जानते थे;* **गोपियों के पास ऐसी कौन-सी शक्ति थी जो उनके वाक्चातुर्य में मुखरित हो उठी?**

उत्तर–गोपियाँ वाक्चतुर हैं। वे बात बनाने में किसी को भी पछाड़ देती हैं। यहाँ तक कि ज्ञानी उद्धव उनके सामने गूँगे होकर खड़े रह जाते हैं। कारण यह है कि गोपियों के हृदय में कृष्ण-प्रेम का सच्चा ज्वार है। यही उमड़ाव, यही जबरदस्त आवेग उद्धव की बोलती बंद कर देता है। सच्चे प्रेम में इतनी शक्ति है कि बड़े-से-बड़ा ज्ञानी भी उसके सामने घुटने टेक देता है।

प्रश्न 15. गोपियों ने यह क्यों कहा कि हरि अब राजनीति पढ़ आए हैं? क्या आपको गोपियों के इस कथन का विस्तार समकालीन राजनीति में नज़र आता है, स्पष्ट कीजिए।

उत्तर–जब गोपियों ने देखा कि जिस कृष्ण की वे बहुत समय से प्रतीक्षा कर रही थीं, वे नहीं आए। उसकी जगह कृष्ण से दूर ले जाने वाला योग-संदेश आ गया तो उन्हें इसमें कृष्ण की एक चाल नज़र आई। वे इसे अपने साथ छल समझने लगीं। इसीलिए उन्होंने आरोप लगाया कि–

हरि हैं राजनीति पढ़ि आए।

आज की राजनीति तो सिर से पैर तक छल-कपट से भरी हुई है। किसी को किसी भी राजनेता के वायदों पर विश्वास नहीं रह गया है। नेता बातों से नदियाँ, पुल, सड़कें और न जाने क्या-क्या बनाते हैं किंतु जनता लुटी-पिटी-सी नज़र आती है। आज़ादी के बाद से गरीबी हटाओ का नारा लग रहा है किंतु तब से लेकर आज तक गरीबों की कुल संख्या में वृद्धि ही हुई है। इसलिए गोपियों का यह कथन समकालीन राजनीति पर खरा उतरता है।

पाठेतर सक्रियता

- *प्रस्तुत पदों की सबसे बड़ी विशेषता है गोपियों की 'वाग्विदग्धता'। आपने ऐसे और चरित्रों के बारे में पढ़ा या सुना होगा जिन्होंने अपने वाक्चातुर्य के आधार पर अपनी एक विशिष्ट पहचान बनाई; जैसे–बीरबल, तेनालीराम, गोपालभाँड, मुल्ला नसीरुद्दीन आदि।* **अपने किसी मनपसंद चरित्र के कुछ किस्से संकलित कर एक अलबम तैयार करें।**

उत्तर–परीक्षोपयोगी नहीं।

- **सूर रचित अपने प्रिय पदों को लय व ताल के साथ गाएँ।**

उत्तर–परीक्षोपयोगी नहीं।

V. अन्य महत्त्वपूर्ण परीक्षोपयोगी प्रश्नोत्तर

☞प्रश्न 1. *'ऊधौ, तुम हौ अति बड़भागी'* **में किन लोगों पर व्यंग्य है? सूरदास इसके माध्यम से क्या कहना चाहते हैं?** **[Imp.]**

उत्तर–इस काव्यांश में कृष्ण के प्रेम से वंचित लोगों पर व्यंग्य है। जिन लोगों ने भगवान से कभी प्रेम नहीं किया, उनका जीवन व्यर्थ है। वे जीवन के सबसे मूल्यवान अनुभव से वंचित रहे हैं। वे अभागे हैं। प्रभु-प्रेम में चाहे कितनी भी तड़प और साधना हो, किंतु जीवन को सार्थकता उसी से मिलती है।

☞प्रश्न 2. *'सूरदास अबला हम भोरी, गुर चाँटी ज्यौं पागी'* **में गोपियों की कौन-सी मनोदशा प्रकट हुई है?** **[Imp.]**

उत्तर–इस काव्य-पंक्ति में गोपियों की प्रेम-निष्ठा प्रकट हुई है। वे स्वभाव से भोली हैं। वे प्रेम में 'हानि-लाभ' या 'खोए-पाए' की परवाह नहीं करतीं। वे तो सच्चे मन से कृष्ण के प्रेम में लिप्त हो गई हैं। मन-ही-मन उन्हें अपनी इस लीनता पर गर्व भी है।

प्रश्न 3. *'हारिल की लकड़ी'* **का क्या तात्पर्य है? गोपियों ने कृष्ण को** *'हारिल की लकड़ी'* **क्यों कहा है?** *[CBSE 2017]*

अथवा

गोपियाँ कृष्ण को *'हारिल की लकड़ी'* **क्यों मानती हैं?** *[CBSE 2019]*

उत्तर–हारिल की लकड़ी का तात्पर्य है–जीवन का आधार। गोपियाँ कृष्ण से अथाह प्रेम करती हैं। वे उन्हें अपने जीवन का आधार मानती हैं। इसलिए वे कृष्ण को 'हारिल की लकड़ी' कहती हैं।

प्रश्न 4. उद्धव गोपियों को कौन-सी शिक्षा देना चाहते हैं और गोपियाँ उसे किन लोगों को देने के लिए कहती हैं? *[CBSE 2017]*

उत्तर–उद्धव गोपियों को योग की शिक्षा देना चाहते हैं। गोपियाँ उसे उन लोगों को दे आने के लिए कहती हैं जिनके मन में दुविधा है, चकरी है, भ्रम है।

प्रश्न 5. गोपियाँ कृष्ण से क्यों नाराज़ थीं? *[CBSE 2017]*

उत्तर–गोपियाँ कृष्ण से इसलिए नाराज़ थीं क्योंकि कृष्ण ने गोपियों को बहुत प्रतीक्षा कराई। जब आने का समय आया तो वे स्वयं न आकर अपने मित्र उद्धव को भेज दिया जिसने उन्हें कृष्ण की बातें करने की बजाय योग संदेश की बातें करना आरंभ कर दीं।

प्रश्न 6. *'हरि हैं राजनीति पढ़ि आए'–* **में राजनीति से कृष्ण की किस नीति की ओर गोपियों ने व्यंग्य किया है और क्यों?** *[CBSE 2020]*

उत्तर–गोपियाँ लंबे समय से कृष्ण की राह में आँखें बिछाए बैठी थीं। परंतु मथुरा से कृष्ण तो नहीं आए, उनकी जगह योग का संदेश लेकर उद्धव सामने आ गया। यह देखकर उन्हें लगा कि कृष्ण ने उनके साथ छल किया है। दूसरे शब्दों में राजनीतिक चाल खेली है। इसलिए खिन्न होकर वे बोलीं– लगता है भगवान भी राजनीति के कुशल खिलाड़ी हो गए हैं।

प्रश्न 7. *'ऊधो तुम हो अति बड़भागी' –* **में उद्धव को बड़भागी कहने का क्या तात्पर्य है? गोपियाँ खुद को उद्धव से कैसे अलग मानती हैं?** *[CBSE 2020]*

उत्तर–उद्धव को 'बड़भागी' कहने में व्यंग्य है। वे उसे 'भाग्यवान' कहकर भाग्यहीन और दुर्भागा कहना चाहती हैं। उनकी दृष्टि में जिसने प्रेम नहीं किया, वह अभागा है। वे उद्धव को ऐसा-ही प्रेमविहीन अभागा कहती हैं।

गोपियाँ स्वयं को उद्धव से भिन्न मानती हैं। उद्धव ने प्रेम की नदी में पाँव तक नहीं रखा, जबकि गोपियाँ गुड़ पर चिपकी चींटियों जैसी हो गई हैं। उद्धव प्रेमशून्य तथा गोपियाँ प्रेम में सराबोर हैं।

प्रश्न 8. गोपियों के मन की व्यथा क्या है? वह मन में ही क्यों रह गई? [*CBSE 2020*]

उत्तर–गोपियों के मन की व्यथा है–कृष्ण के प्रति अपने प्रेम को प्रकट न कर पाना। कृष्ण उनसे दूर चले गए। वे तड़पती रह गईं। वे यदि अपने वियोग की वेदना को किसी से कहना चाहें तो भी नहीं कह सकतीं। कोई उनके प्रेम को समझने वाला नहीं है।

VI. बहुविकल्पी प्रश्नोत्तर

निम्नलिखित प्रश्नों के सही उत्तर वाले विकल्प चुनिए–

1. *गोपियाँ उद्धव को बढ़भागी क्यों कह रही हैं?* (*CBSE 2022*)
   (क) उनसे ईर्ष्या कर (ख) उनसे खीझकर
   (ग) उन पर व्यंग्यकर (घ) उन पर क्रोध में
2. *"हरि हैं राजनीति पढ़ि आए" का तात्पर्य स्पष्ट कीजिए–* (*CBSE 2022*)
   (क) कृष्ण राजा बन गए और राज्य की नीति सीख लिए।
   (ख) कृष्ण राजनीति के कारण योग का प्रचार कर रहे हैं।
   (ग) कृष्ण अब पहले से ज्यादा बुद्धिमान हो गए हैं।
   (घ) कृष्ण अब और चतुर, छली और धोखा देने में माहिर हो गए हैं।
3. *गोपियों ने उद्धव को भाग्यवान क्यों कहा है?*
   (क) उसे कृष्ण जैसा मित्र मिला।
   (ख) उसे योग का ज्ञान प्राप्त है।
   (ग) वह कृष्ण के साथ रहता है।
   (घ) वह कभी प्रेम के चक्कर में नहीं पड़ा।
4. *'सूरदास' अबला हम भोरी, गुर चाँटी ज्यौं पागी।* में गोपियाँ स्वयं को भोली क्यों कह रही हैं?
   (क) कृष्ण के धोखे को न समझने के कारण (ख) प्रेम के धोखे में पड़ने के कारण
   (ग) कृष्ण के प्रेम में डूबने के कारण (घ) उद्धव के झाँसे में आने के कारण।
5. *कौन-सी बात थी जो 'मन ही मन माँझ रही?'*
   (क) कृष्ण से मिलने का अवसर (ख) कृष्ण के साथ रासलीला करने का अवसर
   (ग) कृष्ण से विवाह करने का अवसर (घ) कृष्ण को माखन खिलाने का अवसर
6. *हारिल की लकड़ी किसे कहा गया है?*
   (क) गोपियों को (ख) उद्धव को
   (ग) कृष्ण-प्रेम को (घ) योग के ज्ञान को
7. *गोपियाँ उद्धव को राजधर्म का उलाहना क्यों दे रही हैं?*
   (क) ताकि कृष्ण गोपियों के कष्ट हरें। (ख) ताकि कृष्ण गोपियों को आकर मिलें।
   (ग) ताकि कृष्ण ब्रज से प्रेम करें। (घ) ताकि कृष्ण ब्रज का पूरा ध्यान रखें।

उत्तर– 1. (ग) 2. (घ) 3. (घ) 4. (ग) 5. (क)
6. (ग) 7. (ख)

प्रश्न-अभ्यास

प्रश्न 1. गोपियों ने उद्धव को भाग्यशाली क्यों कहा है? क्या वे वास्तव में भाग्यशाली हैं? *[CBSE 2012]*

प्रश्न 2. *गोपियाँ कृष्ण के प्रति अनन्य भाव रखती हैं।* इस बात को उन्होंने उद्धव के सामने कैसे रखा? *[CBSE 2019]*

प्रश्न 3. गोपियों के अनुसार प्रीति की नदी में किसने पैर नहीं रखा है और उन्हें उसकी दृष्टि में क्या अभाव दिखाई दे रहा है? *[CBSE 2014]*

प्रश्न 4. गोपियों के लिए हारिल पक्षी के पैरों की लकड़ी के समान कौन अभिन्न है? गोपियों ने मन, वचन और कर्म से किसे मजबूती से पकड़ रखा है? *[CBSE 2014]*

प्रश्न 5. उद्धव गोपियों के लिए कौन-सा रोग लेकर आ गए जैसा न तो उन्होंने सुना, न देखा या अनुभव ही किया? *[CBSE 2014]*

प्रश्न 6. *'जागत सोवत स्वप्न दिवस-निसि, कान्ह-कान्ह जकरी।'* इस पंक्ति द्वारा गोपियों की किस मन:स्थिति का वर्णन किया गया है? *[CBSE 2014]*

प्रश्न 7. गोपियों ने उद्धव से योग की शिक्षा कैसे लोगों को देने की बात कही है? *[CBSE 2015]*

प्रश्न 8. *"ते क्यौं अनीति करैं आपुन, जे और अनीति छुड़ाए"* पंक्ति का भाव स्पष्ट करते हुए बताइए कि यह पंक्ति किसके अनीति करने पर कही गई है और क्यों? *[CBSE 2015]*

प्रश्न 9. गोपियों ने योग की शिक्षा को किस-किस के समान बताया है और क्यों? *[CBSE 2019]*

प्रश्न 10. आशय स्पष्ट कीजिए–

"हरि हैं राजनीति पढ़ि आए।"

2. तुलसीदास

I. कवि-परिचय

प्रश्न–गोस्वामी तुलसीदास का परिचय निम्न शीर्षकों के अंतर्गत दीजिए–
जीवन-परिचय, रचनाएँ, काव्यगत विशेषताएँ, भाषा-शैली।

उत्तर–गोस्वामी तुलसीदास को हिंदी साहित्य का 'सूर्य' कहा जाता है। उनका जन्म सन् 1532 में हुआ। कुछ विद्वान उनका जन्म-स्थल राजापुर (बाँदा जिला) को मानते हैं और कुछ सोरों (एटा जिला) को। उनकी माता का नाम हुलसी तथा पिता का नाम आत्माराम दुबे था।

तुलसी का बचपन घोर कष्टों में बीता। उन्हें माता-पिता से बिछुड़कर अकेले जीना पड़ा। आरंभ में वे भीख माँगकर गुजारा करते थे। उनके गुरु का नाम नरहरि था। उनका विवाह दीनबंधु पाठक की पुत्री रत्नावली से हुआ। उसी के उपदेश से वे भगवान की भक्ति में लगे। उन्होंने अयोध्या, काशी, चित्रकूट आदि नाना तीर्थों की यात्रा की। लंबे समय तक वे राम-गुणगान करते रहे। सन् 1623 में उनका गोलोकवास हुआ।

रचनाएँ–तुलसीदास ने अनेक रचनाएँ लिखीं। उनकी प्रसिद्ध रचनाएँ हैं–

'रामलला नहछू', 'जानकी मंगल', 'पार्वती मंगल', 'रामचरितमानस', 'गीतावली', 'विनयपत्रिका', 'बरवै रामायण', 'दोहावली', 'कवितावली', 'हनुमान बाहुक' और 'वैराग्य संदीपनी'। 'रामचरितमानस' तुलसीदास की प्रसिद्धि और लोकप्रियता का सबसे बड़ा आधार है।

काव्यगत विशेषताएँ–तुलसी के काव्य का एक ही विषय है–मर्यादा पुरुषोत्तम राम की भक्ति। उनके राम शक्ति, शील और सौंदर्य के अवतार हैं। उन्होंने रामचरितमानस में राम के संपूर्ण जीवन की झाँकी प्रस्तुत की है। 'विनयपत्रिका' में उन्होंने अपनी भक्ति-भावना को सुमधुर गीतों में प्रस्तुत किया है।

भाषा-शैली–तुलसी को ब्रज तथा अवधी पर समान अधिकार प्राप्त है। उन्होंने रामचरितमानस की रचना अवधी में की है और विनयपत्रिका ब्रज में। उनकी भाषा इतनी सरस है कि आज भी उनकी कविता पाठकों का कंठहार बनी हुई है। उन्होंने महाकाव्य भी लिखा और मुक्तक छंद भी लिखे। उनके गीत संगीत की कसौटी पर खरे उतरते हैं। तभी ये गायकों को प्रिय हैं।

उपमा, रूपक, उत्प्रेक्षा, अनुप्रास आदि अलंकार उन्हें विशेष रूप से प्रिय हैं। उपमा का एक उदाहरण देखिए–*'कोटि कुलिस सम बचनु तुम्हारा'।*

अनुप्रास तो उनकी प्रत्येक पंक्ति में बिखरा पड़ा है। दोहा, चौपाई, सोरठा, कवित्त और सवैया उनके प्रिय छंद हैं।

राम-लक्ष्मण-परशुराम संवाद

II. कविता का सार

राम-लक्ष्मण-परशुराम संवाद तुलसीदास द्वारा रचित **रामचरितमानस** में से अवतरित है। यह एक रोचक प्रसंग है। जनक के दरबार में सभी राजा-महाराजा इकट्ठे हैं। सीता-स्वयंवर हो चुका है। श्रीराम ने शिव-धनुष तोड़ दिया है। तभी महाक्रोधी

परशुराम सभा में प्रवेश करते हैं और आग-बबूला होने लगते हैं। वे अपने गुरु शिव का धनुष तोड़ने वाले को मार डालने की धमकी देते हैं। श्रीराम परशुराम को मीठे वचन कहकर शांत करते हैं। वे स्वयं को उनका दास बताते हैं किंतु परशुराम का क्रोध बढ़ता ही जाता है। तब लक्ष्मण उन पर व्यंग्य करते हैं कि ऐसे-ऐसे कितने ही धनुष हमने बचपन में तोड़ डाले थे, तब तो आपने कोई क्रोध नहीं किया। इस पर परशुराम का क्रोध भड़क उठता है। वे लक्ष्मण का वध करने की धमकी देते हैं। लक्ष्मण कहते हैं–हमारी नज़रों में तो सारे धनुष एक-जैसे होते हैं। इस धनुष को राम ने थोड़ा-सा निहारा ही था कि यह अपने-आप टूट गया। अत: आप क्रोध न करें। इस पर परशुराम अपने क्रोधी स्वभाव की डींगें हाँकने लगे। स्वयं को क्षत्रिय-कुल द्रोही कहने लगे। अपने फरसे की प्रचंडता बताने लगे। बोले–मैंने सहस्त्रबाहु को मार डाला था। धरती के सारे क्षत्रियों को नष्ट कर डाला था। इसलिए तू मेरे कठोर फरसे से डर!

लक्ष्मण व्यंग्य करते हुए बोले–वाह महावीर परशुराम जी! आप तो फूँक मारकर पहाड़ उड़ाना चाहते हो। मैं भी कोई छुईमुई का पौधा नहीं हूँ जो तर्जनी देखकर डर जाऊँगा। मैं भी आपका जनेऊ देखकर रुक गया। हमारे यहाँ देवता, ब्राह्मण और गाय पर हथियार नहीं उठाया जाता और फिर आप तो बेकार ही फरसा उठाए हुए हैं। आपके तो वचन ही करोड़ों फरसों से अधिक भयंकर हैं।

लक्ष्मण के व्यंग्य-वचन सुनकर परशुराम विश्वामित्र से बोले कि यह बालक वध के योग्य है। इसे रोक लो, वरना मैं इसे क्षण-भर में मार डालूँगा। इस पर लक्ष्मण बोले–मुनिवर! तुम अपनी बड़ाई अपने ही मुँह से कितनी बार कर चुके हो। परंतु सच्चे शूरवीर शब्दों से बड़ाई करने की बजाय युद्ध के मैदान में कुछ करके दिखाते हैं। कायर ही बढ़चढ़कर अपने बारे में बोलने लगते हैं।

इतना सुनकर परशुराम फिर बोले–विश्वामित्र! अब तो यह बालक सचमुच वध-योग्य हो गया है। मैं तो तुम्हारी शर्म से इसे छोड़ रहा था। नहीं तो कब का इसे फरसे से काट डालता। विश्वामित्र मन-ही-मन हँसने लगे कि देखो परशुराम को हरा-ही-हरा सूझ रहा है।

लक्ष्मण ने फिर-से चोट की–मुनि जी! तुमने अपनी माँ का वध करके भी ऋण चुकाया था। अब तुम मुझे मारकर गुरु-ऋण चुकाना चाहते हो। तो जल्दी से किसी हिसाब करने वाले को बुला लो। मैं अपनी थैली खोलकर ब्याज सहित लौटा दूँगा। यह सुनते ही परशुराम ने क्रोधपूर्वक अपना फरसा सँभाला। लक्ष्मण फिर बोले–'आप घर में ही वीर हैं। आपका कभी सच्चे वीरों से पाला नहीं पड़ा है।' लक्ष्मण के ये अनुचित वचन सुनकर श्रीराम ने परशुराम के क्रोध को बुझाते हुए मीठे वचन कहे।

III. अर्थग्रहण तथा सराहना संबंधी प्रश्नोत्तर

प्रश्न–निम्नलिखित पदों को ध्यानपूर्वक पढ़िए तथा संबंधित प्रश्नों के उत्तर दीजिए–

1 नाथ संभुधनु भंजनिहारा। होइहि केउ एक दास तुम्हारा।।
आयेसु काह कहिअ किन मोही। सुनि रिसाइ बोले मुनि कोही।।
सेवकु सो जो करै सेवकाई। अरिकरनी करि करिअ लराई।।
सुनहु राम जेहि सिवधनु तोरा। सहसबाहु सम सो रिपु मोरा।।
सो बिलगाउ बिहाइ समाजा। न त मारे जैहहिं सब राजा।।
सुनि मुनिबचन लखन मुसुकाने। बोले परसुधरहि अवमाने।।
बहु धनुही तोरी लरिकाईं। कबहुँ न असि रिस कीन्हि गोसाईं।।
येहि धनु पर ममता केहि हेतू। सुनि रिसाइ कह भृगुकुलकेतू।।
रे नृपबालक कालबस बोलत तोहि न सँभार।
धनुही सम त्रिपुरारिधनु बिदित सकल संसार।। *(पृष्ठ 12)*

शब्दार्थ : **संभुधनु**–शिव का धनुष। **भंजनिहारा**–तोड़ने वाला। **होइहि**–होगा। **केउ**–कोई। **आयेसु**–आज्ञा। **काह**–क्यों, काहे। **कहिअ**–कहते हो। **किन**–क्यों नहीं। **मोही**–मुझे। **रिसाइ**–क्रोध करके। **कोही**–क्रोधी। **सेवकाई**–सेवा। **अरिकरनी**–शत्रुता का कर्म। **करि**–करके। **लराई**–लड़ाई। **जेहि**–जिसने। **तोरा**–तोड़ा। **सम**–बराबर। **सो**–वह। **रिपु**–शत्रु। **मोरा**-मेरा। **सो**–उसे। **बिलगाउ**–अलग करके। **बिहाइ**–छोड़कर। **जैहहिं**–जाएँगे। **लखन**–लक्ष्मण। **मुसुकाने**–मुसकराने लगा। **परसुधरहि**–परशुराम को, फरसा धारण करने वाले को। **अवमाने**–अपमान करके। **बहु**–बहुत। **धनुही**–धनुष। **तोरी**–तोड़े। **लरिकाईं**–लड़कपन में, बचपन में। **कबहुँ**–कभी। **असि**–ऐसा। **रिस**–क्रोध। **कीन्हि**–किया। **गोसाईं**–स्वामी, महाराज, आदरसूचक संबोधन। **येहि**–इस। **धनु**–धनुष। **ममता**–प्यार। **केहि**–किस। **हेतू**–कारण। **भृगुकुलकेतू**–भृगुकुल के ध्वज अर्थात् भृगुवंश के महान पुरुष। **नृपबालक**–राजपुत्र, राजा का बेटा। **कालबस**–मृत्यु के वश में। **बोलत**–बोलता है। **तोहि**–तुझसे। **सँभार**–सँभलकर। **धनुही**–छोटा धनुष। **त्रिपुरारिधनु**–शिवजी का धनुष। **बिदित**–परिचित। **सकल**–सारा।

भावार्थ–रामचंद्र परशुराम से कहते हैं–हे नाथ! शिवजी के धनुष को तोड़ने वाला आपका कोई एक दास ही होगा। क्या आज्ञा है, मुझसे क्यों नहीं कहते? यह सुनकर क्रोधी मुनि गुस्से में बोले–सेवक वही कहलाता है जो सेवा का काम करे। शत्रुता का काम करके तो लड़ाई ही मोल ली जाती है। जिसने धनुष तोड़ा है वह मेरा सेवक नहीं, शत्रु है। हे राम! सुनो, जिसने शिवजी के धनुष को तोड़ा है, वह सहस्त्रबाहु के समान मेरा शत्रु है। वह इस राजसमाज को छोड़कर अलग हो जाए, नहीं तो सभी राजा मारे जाएँगे।

मुनि के ऐसे क्रोधपूर्ण वचन सुनकर लक्ष्मण मुसकराए और परशुराम जी के प्रति अपमानपूर्ण वचन कहने लगे–हे गोसाईं! लड़कपन में हमने ऐसी-ऐसी बहुत-सी धनुहियाँ तोड़ डालीं; किंतु आपने ऐसा क्रोध कभी नहीं किया। इसी धनुष पर आपकी इतनी ममता किस कारण से है? यह सुनकर भृगुवंश की ध्वजास्वरूप परशुराम जी कुपित होकर बोले–

अरे राजपुत्र! काल के वश में होने के कारण तेरे मुँह से होशपूर्वक वचन नहीं निकल रहे हैं। तू सँभल कर नहीं बोल पा रहा है। यह सारे संसार में विख्यात शिवधनुष क्या धनुही के समान है?

प्रश्न *(Set I)*– *[CBSE 2012]*

(क) *धनुष के टूटने पर क्रुद्ध परशुराम को शांत करने के लिए राम के द्वारा कहे गए वचनों के आधार पर उनके स्वभाव की विशेषताएँ लिखिए।*

(ख) *राम के वचन सुनकर परशुराम ने क्या प्रतिक्रिया की?*

(ग) *लक्ष्मण ने परशुराम की प्रतिक्रिया का क्या उत्तर दिया?*

उत्तर–

(क) राम ने क्रुद्ध परशुराम को शांत करते हुए कहा–इस शिव-धनुष को तोड़ने वाला आपका ही कोई दास है। आप मुझे आज्ञा दें। मैं आपकी सेवा में उपस्थित हूँ। राम के वचनों से उनकी विनय, निडरता और सत्यप्रियता झलकती है।

(ख) परशुराम ने राम की विनयपूर्ण बातों का उत्तर क्रोधपूर्वक दिया। उन्होंने कहा–तुम कैसे सेवक हो? सेवक वही होता है जो सेवा करता है। जो शत्रु-जैसा कार्य करता है, वह तो लड़ाई ही मोल लेता है।

(ग) लक्ष्मण ने परशुराम के बड़बोलेपन पर मुस्कराकर व्यंग्य किया और कहा–अहो मुनि! हमने तो बचपन में ऐसी-ऐसी बहुत-सी धनुहियाँ तोड़ी हैं। तब आपने क्रोध नहीं किया। इस धनुष पर ही आपकी इतनी ममता क्यों है?

प्रश्न *(Set-II)*–

1. **'*संभुधनु*' का अर्थ स्पष्ट कीजिए–**

   (क) शंभुजी जी का धन (ख) शंभु रूपी धन (ग) शंभु जी का धनुष (घ) शंभु जी की गाय

2. **परशुराम किस कारण क्रोध में थे?**

   (क) उनका राम ने अपमान किया था।

   (ख) उनका लक्ष्मण ने अपमान किया था।

   (ग) वे स्वभाव से ही क्रोधी थे।

   (घ) उनके गुरु भगवान शंकर का धनुष किसी ने तोड़ दिया था।

3. कौन-सा शब्द भगवान शंकर का पर्यायवाची नहीं है?

(क) सहसबाहु (ख) शिव (ग) संभु (घ) त्रिपुरारी

4. '*भृगुकुल केतु*' किनके लिए प्रयुक्त हुआ है?

(क) राम के लिए (ख) परशुराम के लिए

(ग) लक्ष्मण के लिए (घ) राजा जनक के लिए

5. लक्ष्मण भरी सभा में किसलिए मुस्कराने लगे?

(क) धनुष तोड़ने की खुशी में (ख) राम की वीरता दिखाने के लिए

(ग) परशुराम की शेखी पर (घ) वहाँ मचे बवाल पर।

उत्तर– 1. (ग) 2. (घ) 3. (क) 4. (ख) 5. (ग)

1(A) सेवक सो जो ....

.... कह भृगुकुलकेतू। *[CBSE 2017]*

प्रश्न–

(क) *काव्यांश में सहस्रबाहु के समान परशुराम का शत्रु कौन है? परशुराम ने उसे क्या निर्देश दिए?*

(ख) *परशुराम की बात पर मुस्कुराते हुए लक्ष्मण ने क्या कहा?*

(ग) *सेवक की पहचान क्या होती है?*

उत्तर–

(क) परशुराम के अनुसार जिस व्यक्ति ने उनके गुरु भगवान शिव का धनुष तोड़ा है, वह सहस्रबाहु के समान परशुराम का शत्रु है। परशुराम ने निर्देश दिए कि उस व्यक्ति को समाज से अलग कर दिया जाए नहीं तो वहाँ उपस्थित सारे राजा मारे जाएँगे।

(ख) परशुराम की बात पर मुस्कराते हुए लक्ष्मण ने कहा–हे परशुराम जी! हमने बचपन में ऐसे-ऐसे अनेक धनुष तोड़ डाले, तब तो आपने ऐसा क्रोध नहीं दिखाया। अब इस धनुष पर आपकी ऐसी ममता क्यों है जिसके कारण आप क्रोध से आग बबूला हो रहे हैं।

(ग) सेवक की पहचान यह है कि वह सेवक जैसा कार्य करता है, अर्थात निष्ठा से सेवा करता है।

2 लखन कहा हसि हमरे जाना। सुनहु देव सब धनुष समाना।।
का छति लाभु जून धनु तोरें। देखा राम नयन के भोरें।।
छुअत टूट रघुपतिहु न दोसू। मुनि बिनु काज करिअ कत रोसू।।
बोले चितै परसु की ओरा। रे सठ सुनेहि सुभाउ न मोरा।।
बालकु बोलि बधौं नहि तोही। केवल मुनि जड़ जानहि मोही।।
बाल ब्रह्मचारी अति कोही। बिस्वबिदित क्षत्रियकुल द्रोही।।
भुजबल भूमि भूप बिनु कीन्ही। बिपुल बार महिदेवन्ह दीन्ही।।
सहसबाहुभुज छेदनिहारा। परसु बिलोकु महीपकुमारा।।
मातु पितहि जनि सोचबस करसि महीसकिसोर।
गर्भन्ह के अर्भक दलन परसु मोर अति घोर।। *(पृष्ठ 13)*

शब्दार्थ : **हसि**–हँसकर। **हमरे**–मेरे। **जाना**–ज्ञान में, जान में। **का**–क्या। **छति**–क्षति, हानि। **जून**–पुराना। **तोरें**–तोड़ने में। **भोरें**–धोखे में। **रघुपतिहु**–राम का। **दोसू**–दोष। **काज**–काम, कार्य। **कत**–क्यों। **रोसू**–रोष, क्रोध, गुस्सा। **चितै**–देखकर। **परसु**–फरसा, कुल्हाड़ी के समान एक शस्त्र। **ओरा**–ओर, दिशा में। **सठ**–मूर्ख। **सुनेहि**–सुना है। **सुभाउ**–स्वभाव। **मोरा**–मेरा। **बोलि**–जानकर। **बधौं**–वध करता हूँ। **तोही**–तुझे। **जड़**–मूर्ख। **जानहि**–जानता है, मानता है। **ब्रह्मचारी**–संयम-नियम का पालन

करने वाला। **कोही**–क्रोधी। **बिस्वबिदित**–संसार में प्रसिद्ध। **क्षत्रियकुल**–क्षत्रियों के कुल का। **द्रोही**–दुश्मन, संहारक। **भुजबल**–बाहों के बल पर। **भूप**–राजा। **बिपुल बार**–अनेक बार। **महिदेवन्ह**–ब्राह्मणों को। **सहसबाहु**–सहस्त्रबाहु नामक राजा जिसका वध परशुराम ने किया था। **भुज**–बाँह। **छेदनिहारा**–काटने वाला। **बिलोकु**–देखो। **महीपकुमारा**–राजा का पुत्र। **जनि**–मत। **सोचबस**–चिंता में। **महीसकिसोर**–राजा का पुत्र। **गर्भन्ह**–गर्भ में पल रहे। **अर्भक**–बच्चे। **दलन**–कुचलने वाला। **मोर**-मेरा। **घोर**–भयंकर।

भावार्थ–लक्ष्मण हँसकर परशुराम से बोले–हे देव! सुनिए, हमारी जान में तो सब धनुष एक-से ही होते हैं। फिर इस पुराने धनुष को तोड़ने में किसी की हानि क्या और लाभ क्या? राम ने भी इसे नए धनुष के धोखे में तोड़ा था। और मुनि जी! यह धनुष तो छूते ही टूट गया। इसमें तो राम का कोई दोष भी नहीं। इसलिए आप बिना बात क्यों गुस्सा करते हैं?

लक्ष्मण के ये व्यंग्य-वचन सुनकर अपने फरसे की ओर देखते हुए परशुराम बोले–अरे मूर्ख! लगता है, तूने मेरे स्वभाव के बारे में कुछ नहीं सुना। मैं तुझे बच्चा मानकर तेरा वध नहीं कर रहा हूँ। तूने मुझे निरा मुनि ही मान लिया है। अरे, मैं बचपन से ही ब्रह्मचारी हूँ। मैं स्वभाव से प्रचंड क्रोधी हूँ। सारे संसार को पता है कि मैं क्षत्रियों के कुल का घोर शत्रु हूँ। मैंने अपनी भुजाओं के बल पर अनेक बार पृथ्वी को सारे राजाओं से रहित कर रखा है, अर्थात् मैं धरती के सारे राजाओं का वध कर चुका हूँ और पृथ्वी को जीतकर ब्राह्मणों को दान कर चुका हूँ। ओ राजकुमार लक्ष्मण! मेरे फरसे की ओर देख। इसने सहस्त्रबाहु की भुजाओं को काट डाला था।

अरे राजा के बालक लक्ष्मण! तू मुझसे भिड़कर अपने माता-पिता को चिंता में मत डाल! अपनी मौत न बुला। मेरा फरसा बहुत भयंकर है। यह गर्भों में पल रहे बच्चों का भी नाश कर डालता है।

प्रश्न *(Set I)*– [*CBSE 2019*]

(क) *परशुराम के क्रुद्ध होने पर लक्ष्मण ने धनुष के टूट जाने के लिए कौन-कौन से तर्क दिए?*

(ख) *प्रस्तुत काव्यांश के आधार पर लिखिए कि परशुराम ने अपने विषय में सभा में क्या-क्या कहा?*

(ग) *परशुराम के बारे में कौन-सी बात विश्व-प्रसिद्ध थी?*

उत्तर–

(क) लक्ष्मण ने धनुष के टूट जाने पर तीन तर्क दिए–

1. हमारे लिए तो सारे धनुष समान हैं। हमारे लिए यह धनुष कोई विशेष नहीं था।
2. धनुष तोड़ने में हमें कोई लाभ-हानि भी नहीं नज़र आई।
3. भैया राम ने उस धनुष को आँख भर देखा ही था कि वह टूट गया। इसमें उनका कोई दोष नहीं है।

(ख) इस काव्यांश में परशुराम ने अपने विषय में कहा कि वह बहुत ही क्रोधी ब्राह्मण है। वह केवल शांत-चित्त मुनि ही नहीं है अपितु क्षत्रियों का सर्वनाश करने वाला बाल ब्रह्मचारी है। उसने अपनी भुजाओं के बल पर अनेक बार धरती के सभी राजाओं को परास्त कर डाला है।

(ग) परशुराम के बारे में यह बात जगत-प्रसिद्ध थी कि वह क्षत्रियों का परम शत्रु है। उसने अनेक बार सभी क्षत्रिय राजाओं का संहार किया था।

प्रश्न *(Set-II)*–

1. लक्ष्मण के अनुसार शिव-धनुष तोड़ने में राम निर्दोष हैं क्योंकि–

(क) इसके लिए राजा जनक ने कहा था। (ख) यह सीता स्वयंवर की शर्त थी।
(ग) राम ने इस धनुष को छुआ भर था। (घ) यह धनुष गला-सड़ा था।

2. परशुराम अपने किस स्वभाव के लिए प्रसिद्ध थे?

(क) परमस्नेही (ख) परम उदार (ग) कृपालु (घ) महाक्रोधी

3. परशुराम ने भूमि जीतकर किन्हें भेंट की?

(क) महादेव को (ख) शंकर को (ग) अपने गुरु को (घ) ब्राह्मणों को

4. सहसबाहु का वध किसने किया था?

(क) परशुराम ने (ख) राम ने (ग) लक्ष्मण ने (घ) महादेव ने

5. *'परसु मोर अति घोर'* का क्या अर्थ है?

(क) परशुराम अत्यंत प्रचंड हैं। (ख) परशुराम का परसा बहुत प्रचंड है।

(ग) परशुराम मोर की भाँति प्रचंड हैं। (घ) परसा देखकर मोर भाग जाते हैं।

उत्तर– 1. (ग) 2. (घ) 3. (घ) 4. (क) 5. (ख)

3

बिहसि लखनु बोले मृदु बानी। अहो मुनीसु महाभट मानी।।
पुनि पुनि मोहि देखाव कुठारु। चहत उड़ावन फूँकि पहारू।।
इहाँ कुम्हड़बतिया कोउ नाहीं। जे तरजनी देखि मरि जाहीं।।
देखि कुठारु सरासन बाना। मैं कछु कहा सहित अभिमाना।।
भृगुसुत समुझि जनेउ बिलोकी। जो कछु कहहु सहौं रिस रोकी।।
सुर महिसुर हरिजन अरु गाई। हमरे कुल इन्ह पर न सुराई।।
बधें पापु अपकीरति हारें। मारतहू पा परिअ तुम्हारें।।
कोटि कुलिस सम बचनु तुम्हारा। ब्यर्थ धरहु धनु बान कुठारा।।
जो बिलोकि अनुचित कहेउँ छमहु महामुनि धीर।
सुनि सरोष भृगुबंसमनि बोले गिरा गंभीर।। **[Imp.]** *(पृष्ठ 13)*

शब्दार्थ : **बिहसि**–हँसकर। **मृदु**–कोमल। **बानी**–वाणी। **मुनीसु**–महामुनि। **महाभट**–महान योद्धा। **मानी**–माना हुआ, प्रसिद्ध। **मोहि**–मुझे। **देखाव**–दिखाता है। **कुठारु**–कुल्हाड़ा। **चहत**–चाहता है। **पहारू**–पहाड़। **इहाँ**–यहाँ। **कुम्हड़बतिया**–बहुत कमज़ोर, निर्बल व्यक्ति, कुम्हड़े का फल, छुईमुई का पौधा। **कोउ**–कोई। **जे**–जो। **तरजनी**–अँगूठे के पास वाली उँगली। **जाहीं**–जाएगा। **सरासन**–धनुष। **भृगुसुत**–भृगु का पुत्र। **जनेउ**–ब्राह्मणों द्वारा धारण किया जाने वाला धागा। **बिलोकी**–देखकर। **कहहु**–कहा। **सहौं**–सहता हूँ। **रिस**–क्रोध। **रोकी**–रोककर। **सुर**–देवता। **महिसुर**–ब्राह्मण। **हरिजन**–भक्त। **गाई**–गाय। **कुल**–परिवार। **सुराई**–वीरता। **बधें**–मारने पर। **अपकीरति**–अपयश। **मारतहू**–मारने पर भी। **पा**–पाँव। **परिअ**–पड़ेंगे। **कोटि**–करोड़। **कुलिस**–कठोर। **बचनु**–वचन, शब्द। **ब्यर्थ**–बेकार। **धरहु**–धारण किए हो। **धनु**–धनुष। **कुठारा**–कुल्हाड़ा। **कहेउँ**–कहता हूँ। **छमहु**–क्षमा करना। **धीर**–धैर्यशाली। **सरोष**–क्रोध-सहित। **भृगुबंसमनि**–भृगवंश के रत्न, परशुराम। **गिरा**–वाणी। **गंभीर**–भारी, गहरी।

भावार्थ–परशुराम की डींगें सुनकर लक्ष्मण कोमल वाणी में हँसकर बोले–ओहो! मुनिराज परशुराम तो बहुत माने हुए योद्धा निकले। आप तो मुझे फिर-फिर अपना कुल्हाड़ा दिखा रहे हैं। मानो फूँक से ही पहाड़ उड़ा डालना चाहते हैं। परंतु मुनि जी! हम भी कोई कुम्हड़े की बतिया या छुईमुई के फूल नहीं हैं जो तर्जनी देखकर ही कुम्हला जाएँगे। मैं आपकी डींगों से डरने वाला नहीं हूँ।

सच कहूँ, मुनि जी! मैंने आपके हाथ में कुल्हाड़ा और कंधों पर धनुष-बाण देखा तो कुछ अभिमानपूर्वक शब्द कह दिए। सोचा कि सामने सचमुच कोई वीर योद्धा है। आपको ऋषि भृगु का वंशज जानकर और कंधे पर जनेऊ देखकर मैंने सब कुछ सहन कर लिया। आपने जो कुछ भी कहा, उसे सहकर क्रोध को पी लिया। हमारे कुल की यह परंपरा है कि हम देवता, ब्राह्मण, भक्त और गाय पर वीरता नहीं दिखाया करते। आप तो ब्राह्मण हैं। यदि मुझसे आपका वध हो जाए तो मुझे पाप लगेगा और आपसे हार जाऊँ तो अपयश मिलेगा। इसलिए यदि आप मुझे मार भी दें तो भी आपके पाँवों में पड़ना पड़ेगा।

महामुनि परशुराम जी! आपके तो वचन ही करोड़ों वज्रों के समान कठोर हैं। आपने यह धनुष-बाण व्यर्थ ही धारण किया हुआ है। इसलिए इन्हें देखकर यदि मैंने आपको कुछ अनुचित कह दिया हो तो हे धैर्यवान महामुनि! मुझे क्षमा कर देना। लक्ष्मण के ये व्यंग्य-वचन सुनकर भृगुवंशमणि परशुराम क्रोध-सहित गंभीर वाणी में बोले।

प्रश्न *(Set I)*– *[CBSE 2015]*

(क) *पद्यांश में वर्णित लक्ष्मण के क्रोध-भाव को प्रतिपादित कीजिए।*

(ख) *कवि के द्वारा किस भाषा का प्रयोग किया गया है?*

(ग) *रघुकुल के लोग किन-किन पर दया करते थे?*

(घ) *पद्यांश में किन छंदों का प्रयोग किया गया है?*

उत्तर–

(क) इसमें लक्ष्मण ने क्रोधी परशुराम की डींगों का मज़ाक उड़ाया है। ऐसा करके उसने परशुराम के क्रोध को और अधिक उत्तेजित किया है। साथ ही चुनौती भी दी है–मैं भी कोई छुईमुई का पौधा नहीं हूँ जो कि उँगली के छूने मात्र से कुम्हला जाऊँगा।

(ख) अवधी।

(ग) रघुकुल के लोग देव जाति पर, ब्राह्मणों पर, भक्तों पर और गाय पर दया किया करते थे।

(घ) चौपाई और दोहा।

प्रश्न *(Set-II)*–

1. लक्ष्मण ने परशुराम को मान्य वीर क्यों कहा?

(क) परशुराम की वीरता के सम्मान में।
(ख) परशुराम के बड़बोलेपन की खिल्ली उड़ाने के लिए।
(ग) अपनी विनम्रता प्रदर्शित करने हेतु
(घ) सभा में अपना प्रभाव जमाने हेतु

2. *'इहाँ कुम्हड़बतिया कोउ नाहीं।'* **का अर्थ लिखिए–**

(क) यहाँ कोई मूर्ख नहीं है।
(ख) यहाँ आप पर विश्वास करने वाला कोई नहीं
(ग) यहाँ भी आपके सामने हम छुईमुई की तरह डरपोक नहीं हैं।
(घ) हम छुईमुई के फूल की तरह कोमल नहीं हैं।

3. रघुकुल की श्रेष्ठ परंपरा क्या है?

(क) रघुकुल में ब्राह्मणों को सुरापान नहीं कराया जाता।
(ख) रघुकुल में ब्राह्मणों, देवताओं, भक्तों और गाय को सुरापान नहीं कराया जाता।
(ग) रघुकुल में ब्राह्मणों, देवों, भक्तों और गायों पर प्रहार नहीं किया जाता।
(घ) रघुकुल में ब्राह्मणों, देवों, भक्तों और गायों से शत्रुता नहीं की जाती।

4. लक्ष्मण ने परशुराम के धनुष-बाण और परसे को व्यर्थ का भार क्यों कहा?

(क) क्योंकि अब परशुराम बूढ़े हो चुके हैं।
(ख) क्योंकि अब परशुराम इन्हें चला नहीं सकते।
(ग) क्योंकि परशुराम के वचन इन शस्त्रों से भी अधिक मारक हैं।
(घ) क्योंकि अब उनसे कोई डरता नहीं है।

5. भृगुबंसमनि किन्हें कहा गया है?

(क) लक्ष्मण को (ख) परशुराम को (ग) राम को (घ) राजा जनक को।

उत्तर– 1. (ख) 2. (ग) 3. (घ) 4. (ग) 5. (ख)

IV. पाठ्यपुस्तक के प्रश्न-अभ्यास

(पृष्ठ 14-15)

☞प्रश्न 1. परशुराम के क्रोध करने पर लक्ष्मण ने धनुष के टूट जाने के लिए कौन-कौन से तर्क दिए?
[Imp.] [*CBSE 2015, 2017*]

उत्तर– परशुराम के क्रोध करने पर लक्ष्मण ने निम्नलिखित तर्क दिए–

- बचपन में हमसे कितने ही धनुष टूटे, परंतु आपने उन पर कभी क्रोध नहीं किया। इस विशेष धनुष पर आपकी क्या ममता है?
- हमारी नज़र में तो सब धनुष एक-समान होते हैं। फिर इस धनुष पर इतना हो-हल्ला क्यों?
- इस पुराने धनुष को तोड़ने से हमें क्या मिलना था?
- राम ने तो इस धनुष को छुआ ही था कि यह अपने-आप टूट गया। इसमें राम का कोई दोष नहीं।

☞प्रश्न 2. परशुराम के क्रोध करने पर राम और लक्ष्मण की जो प्रतिक्रियाएँ हुईं उनके आधार पर दोनों के स्वभाव की विशेषताएँ अपने शब्दों में लिखिए। **[Imp.]**

उत्तर– राम स्वभाव से कोमल और विनयी हैं। उनके मन में बड़ों के प्रति श्रद्धा और आदर है। वे गुरुजनों के सामने झुकना अपना धर्म समझते हैं। वे महाक्रोधी परशुराम के बेबात क्रुद्ध होने पर भी स्वयं को उनका दास कहते हैं। इस प्रकार वे परशुराम का दिल जीत लेते हैं।

लक्ष्मण राम से एकदम विपरीत हैं। वे बहुत उग्र और प्रचंड हैं। उनकी जबान छुरी से भी अधिक तेज़ है। वे व्यंग्य-वचनों से परशुराम को छलनी-छलनी कर देते हैं। उनकी उग्रता और कठोर वचनों को सुनकर न केवल परशुराम भड़क उठते हैं, बल्कि अन्य सभाजन भी उन्हें अनुचित कहने लगते हैं। वास्तव में राम छाया हैं तो लक्ष्मण धूप; राम शीतल जल हैं तो लक्ष्मण आग।

प्रश्न 3. लक्ष्मण और परशुराम के संवाद का जो अंश आपको सबसे अच्छा लगा उसे अपने शब्दों में संवाद शैली में लिखिए।

उत्तर– **लक्ष्मण**–परशुराम जी! हमने बचपन में ऐसे-ऐसे कितने ही धनुष तोड़ डाले। आपने तब तो क्रोध नहीं किया! फिर इस पर इतनी ममता क्यों?

परशुराम–अरे राजकुमार! लगता है तेरी मौत आई है। तभी तो तू सँभलकर बोल नहीं पा रहा। तू शिव-धनुष को आम धनुष के समान समझ रहा है।

लक्ष्मण–हमने तो यही जाना था कि धनुष-धनुष एक-समान होते हैं। फिर राम ने तो इस पुराने धनुष को छुआ भर था कि यह दो टुकड़े हो गया। इसमें राम का क्या दोष?

परशुराम–अरे मूर्ख बालक! लगता है तू मेरे उग्र स्वभाव को नहीं जानता। मैं तुझे बच्चा समझकर छोड़ रहा हूँ। तू क्या मुझे कोरा मुनि समझता है! मैं बाल ब्रह्मचारी हूँ। मैंने कई बार पृथ्वी के सारे राजाओं का संहार किया है। मैंने सहस्रबाहु की भी भुजाएँ काट डाली थीं। मेरा फरसा इतना कठोर है कि इसके डर से गर्भ के बच्चे भी गिर जाते हैं।

लक्ष्मण–वाह मुनि जी! आप तो बहुत बड़े योद्धा हैं। आप बार-बार मुझे कुठार दिखाकर डराना चाहते हैं। आपका बस चले तो फूँक मारकर पहाड़ को उड़ा दें। मैं भी कोई छुईमुई का फूल नहीं हूँ जो तर्जनी देखने-भर से मर जाऊँ। मैं तो आपको ब्राह्मण समझकर चुप रह गया। हमारे वंश में गाय, ब्राह्मण, देवता और भक्तों पर वीरता नहीं दिखाई जाती। फिर आपके तो वचन ही करोड़ों वज्रों से अधिक घातक हैं। आपने शस्त्र तो व्यर्थ ही धारण कर रखे हैं।

परशुराम–विश्वामित्र! यह बालक तो बहुत मूर्ख, कुलनाशक, निरंकुश और कुलकलंक है। मैं तुम्हें कह रहा हूँ कि इसे रोक लो। इसे मेरे प्रताप और प्रभाव के बारे में बताओ। वरना यह मारा जाएगा।

लक्ष्मण–मुनि जी! आपके यश को आपके सिवा और कौन कह सकता है! आप पहले भी अपने बारे में बहुत प्रकार से बहुत कुछ कह चुके हैं। कुछ और रह गया हो तो वह भी कह लीजिए। वैसे सच्चे शूरवीर युद्ध भूमि में अपना गुणगान नहीं करते, वीरता दिखाते हैं।

प्रश्न 4. *परशुराम ने अपने विषय में सभा में क्या-क्या कहा,* **निम्न पद्यांश के आधार पर लिखिए–**

बाल ब्रह्मचारी अति कोही। बिस्वबिदित क्षत्रियकुल द्रोही।।
भुजबल भूमि भूप बिनु कीन्ही। बिपुल बार महिदेवन्ह दीन्ही।।
सहसबाहुभुज छेदनिहारा। परसु बिलोकु महीपकुमारा।।

मातु पितहि जनि सोचबस करसि महीसकिसोर।
गर्भन्ह के अर्भक दलन परसु मोर अति घोर।।

उत्तर–परशुराम ने अपने बारे में कहा–''मैं बाल ब्रह्मचारी हूँ। स्वभाव से बहुत क्रोधी हूँ। सारा संसार जानता है कि मैं क्षत्रियों के कुल का शत्रु हूँ। मैंने अनेक बार अपनी भुजाओं के बल पर धरती के सारे राजा मार डाले हैं और यह पृथ्वी ब्राह्मणों को दान दी है। मेरा फरसा बहुत भयानक है। इसने सहस्रबाहु जैसे राजा को मार डाला था। इसे देखकर गर्भिणी स्त्रियों के गर्भ गिर जाते हैं।''

☞**प्रश्न 5. लक्ष्मण ने वीर योद्धा की क्या-क्या विशेषताएँ बताईं?** **[Imp.]** [*CBSE 2008, 2016, 2015*]

उत्तर–लक्ष्मण ने वीर योद्धा के बारे में बताया कि सच्चा वीर रणभूमि में वीरता दिखलाता है, अपना गुणगान नहीं करता–

सूर समर करनी करहिं कहि न जनावहिं आपु।

प्रश्न 6. *साहस और शक्ति के साथ विनम्रता हो तो बेहतर है।* **इस कथन पर अपने विचार लिखिए।** [*CBSE 2016*]

उत्तर–यह बात सत्य है कि साहस और शक्ति तभी तक अच्छे लगते हैं, जब तक कि साहसी व्यक्ति विनम्र रहे। जैसे ही शक्तिशाली व्यक्ति उद्दंडता करता है, या घमंड दिखाता है, या बढ़-चढ़कर बोलता है, वह बुरा लगने लगता है। परशुराम और लक्ष्मण दोनों के उदाहरण सामने हैं। परशुराम पराक्रमी हैं, किंतु उसका स्वयं को महापराक्रमी, बाल-ब्रह्मचारी, क्षत्रियकुल घातक कहना बुरा लगता है। जैसे-जैसे वह अपने कुठार को सुधारता है और वचन कड़े करता चला जाता है, वैसे-वैसे वह हँसी का पात्र बनता चला जाता है।

लक्ष्मण का साहस हमें भला लगता है। परंतु वह भी सीमाएँ तोड़ देता है। धीरे-धीरे वह बहुत उग्र, कठोर और उद्दंड हो जाता है। इस कारण सभी सभाजन उसके विरुद्ध हो जाते हैं। लक्ष्मण की उद्दंड शक्ति हमें खटकने लगती है। दूसरी ओर, रामचंद्र साहस और शक्ति के साथ विनम्रता का भी परिचय देते हैं। इसलिए वे सबका हृदय जीत लेते हैं।

प्रश्न 7. भाव स्पष्ट कीजिए–

(क) *बिहसि लखनु बोले मृदु बानी। अहो मुनीसु महाभट मानी।।*
पुनि पुनि मोहि देखाव कुठारू। चहत उड़ावन फूँकि पहारू।।

उत्तर–लक्ष्मण हँसकर कोमल वाणी में बड़बोले परशुराम से बोले–अहो मुनिवर! आप तो माने हुए महायोद्धा निकले। आप मुझे बार-बार अपना कुल्हाड़ा इस प्रकार दिखा रहे हैं मानो फूँक मारकर पहाड़ उड़ा देंगे। आशय यह है कि परशुराम का गरज-गरजकर अपनी वीरता का गुणगान करना व्यर्थ है। उनकी वीरता खोखली है। उसमें कोई सच्चाई नहीं।

(ख) *इहाँ कुम्हड़बतिया कोउ नाहीं। जे तरजनी देखि मरि जाहीं।।*
देखि कुठारु सरासन बाना। मैं कछु कहा सहित अभिमाना।।

उत्तर–लक्ष्मण ने परशुराम के वीर-वेश का मज़ाक उड़ाते हुए कहा–मुनि जी! यदि आप भी वीर योद्धा हैं तो हम भी कोई छुईमुई के फूल नहीं हैं जो तर्जनी देखते ही मुरझा जाएँगे। हम आपसे टक्कर लेंगे; और सच कहूँ! मैंने आपके हाथ में धनुष-बाण देखा तो लगा कि सामने कोई ढंग का योद्धा आया है। उससे दो-दो हाथ करूँ। इसीलिए मैंने आपके सामने कुछ अभिमानपूर्वक बातें कही थीं। मुझे पता होता कि आप कोरे मुनि-ज्ञानी हैं तो मैं भला आपसे क्यों भिड़ता। आशय यह है कि परशुराम मुनि-ज्ञानी हैं। उनका वीर-वेश ढोंग है।

प्रश्न 8. पाठ के आधार पर तुलसी के भाषा सौंदर्य पर दस पंक्तियाँ लिखिए।

उत्तर–तुलसी रससिद्ध कवि हैं। उनकी काव्य-भाषा रस की खान है। रामचरितमानस में उन्होंने अवधी भाषा का प्रयोग किया है। इसमें चौपाई-दोहा शैली को अपनाया गया है। दोनों छंद गेय हैं। तुलसी की प्रत्येक चौपाई संगीत के सुरों में ढली हुई जान पड़ती है। उन्होंने संस्कृत शब्दों को विशेष रूप से कोमल और संगीतमय बनाने का प्रयास किया है। भाषा को कोमल बनाने के लिए उन्होंने कठोर वर्णों की जगह कोमल ध्वनियों का प्रयोग किया है। जैसे–'श' की जगह 'स', 'ण' की जगह 'न', 'क्ष' की जगह 'छ', 'य' की जगह 'इ' आदि।

जैसे– • नाथ संभुधनु भंजनिहारा।

• गुरुहि उरिन होतेउँ श्रम थोरे।

इस काव्यांश में उपमा, उत्प्रेक्षा, रूपक, पुनरुक्ति प्रकाश और अनुप्रास आदि अलंकारों का कुशलतापूर्वक प्रयोग हुआ है। कुछ उदाहरण देखिए–

उपमा–लखन उतर आहुति सम।

उत्प्रेक्षा–तुम्ह तौ कालु हाँक जनु लावा।

रूपक–भानुबंस राकेस कलंकू।

अनुप्रास–न तो येहि काटि कुठार कठोरे।

इस काव्यांश में वीर तथा हास्य रस की भी सुंदर अभिव्यक्ति हुई है। मुहावरों और सूक्तियों के साथ-साथ वक्रोक्तियों का प्रयोग भी मनोरम बन पड़ा है। सूक्ति का एक उदाहरण देखिए–

सेवकु सो जो करै सेवकाई।

वक्रोक्ति–अहो मुनीसु महाभट मानी।

इस प्रकार यह काव्यांश भाषा की दृष्टि से अत्यंत मनोरम है।

प्रश्न 9. *इस पूरे प्रसंग में व्यंग्य का अनूठा सौंदर्य है।* **उदाहरण के साथ स्पष्ट कीजिए।**

उत्तर–'परशुराम-लक्ष्मण : संवाद' मूल रूप से व्यंग्य का काव्य है। व्यंग्य के सूत्रधार हैं–वीर एवं वाक्पटु लक्ष्मण। उनके सामने ऐसा योद्धा है जिस पर धनुष-बाण नहीं चलाया जा सकता। परशुराम बूढ़े हैं, मुनि हैं, ब्राह्मण हैं; किंतु बहुत डिंगियल और बड़बोले हैं। इस कारण लक्ष्मण भी उन पर बातों के तीर चलाते हैं। परशुराम जितनी पोल बनाते हैं, लक्ष्मण वह पोल खोल देते हैं। वे परशुराम की खोखली वीरता की धज्जियाँ उड़ा देते हैं।

परशुराम शिव-धनुष तोड़ने वाले का संहार करने की घोषणा करते हैं। लक्ष्मण कहते हैं–हमने तो बचपन में ऐसे कितने ही धनुष तोड़ रखे हैं। परशुराम कहते हैं–शिव-धनुष कोई ऐसा-वैसा धनुष नहीं था। लक्ष्मण कहते हैं–हमारी नज़रों में सब धनुष एक-से होते हैं। परशुराम स्वयं को बाल-ब्रह्मचारी, क्षत्रिय-कुल द्रोही, सहस्रबाहु संहारक कहते हैं। लक्ष्मण व्यंग्य करते हैं–वाह! मुनि जी तो सचमुच महायोद्धा हैं। वे फूँक से ही पहाड़ उड़ा देना चाहते हैं। परंतु यहाँ भी कोई छुईमुई के फूल नहीं हैं। परशुराम विश्वामित्र को कहते हैं कि वे लक्ष्मण को उसकी महिमा का वर्णन करें, वरना यह मारा जाएगा। तब लक्ष्मण व्यंग्य करते हैं–मुनि जी! आपसे बढ़कर आपकी महिमा और कौन बता सकता है। अपने गुण बताते-बताते आपका पेट अभी न भरा हो तो और कह लो। फिर सच्चे वीर युद्ध क्षेत्र में वीरता दिखाते हैं, बातें नहीं बताते। परशुराम क्रोध में आकर विश्वामित्र को कहते हैं कि मैं अभी इसे मारकर गुरु-ऋण से उऋण होता हूँ। इस पर लक्ष्मण चोट करते हुए कहते हैं–हाँ हाँ, माता-पिता का ऋण तो आप उतार चुके। अब गुरु-ऋण भारी पड़ रहा है। लंबे समय से न चुका पाने के कारण ब्याज भी बढ़ गया होगा। लाओ, कोई हिसाब-किताब करने वाला बुलाओ। मैं अभी अपनी थैली खोलकर ऋण चुकाता हूँ।

इस प्रकार यह अंश व्यंग्य से भरपूर है। तुलसी ने सच ही कहा है–

लखन उतर आहुति सरिस भृगुबरकोपु कृसानु।

परशुराम यदि आग हैं तो लक्ष्मण के वचन घी की तरह काम करते हैं।

प्रश्न 10. निम्नलिखित पंक्तियों में प्रयुक्त अलंकार पहचान कर लिखिए–

(क) *बालकु बोलि बधौं नहि तोही।*

उत्तर–'ब' की आवृत्ति के कारण अनुप्रास अलंकार है। 'ह' की भी आवृत्ति है।

(ख) *कोटि कुलिस सम बचनु तुम्हारा।*

उत्तर– **उपमा**–कोटि कुलिश (वज्र) के समान वचन।

अनुप्रास–कोटि कुलिस।

रचना और अभिव्यक्ति

प्रश्न 11. *"सामाजिक जीवन में क्रोध की ज़रूरत बराबर पड़ती है। यदि क्रोध न हो तो मनुष्य दूसरे के द्वारा पहुँचाए जाने वाले बहुत से कष्टों की चिर-निवृत्ति का उपाय ही न कर सके।"*

आचार्य रामचंद्र शुक्ल जी का यह कथन इस बात की पुष्टि करता है कि क्रोध हमेशा नकारात्मक भाव लिए नहीं होता बल्कि कभी-कभी सकारात्मक भी होता है। **इसके पक्ष या विपक्ष में अपना मत प्रकट कीजिए।**

उत्तर–पक्ष में विचार–क्रोध केवल नकारात्मक भाव नहीं है। वह भी निर्माण के काम आता है। जैसे हथौड़ा और बुलडोजर केवल भवन तोड़ने का ही काम नहीं करते, बल्कि वे भवन बनाने में सहयोग करते हैं। उसी भाँति क्रोध बुरी बातों को दूर करने में हमारी सहायता करता है। यदि दुर्योधन द्रौपदी के वस्त्र खींचता रहे और लोग बिना क्रोध किए देखते रहें तो फिर न्याय की रक्षा कैसे होगी? यदि कोई गुंडा आपके घर आकर गालियाँ बकता रहे और आप शांत बने रहें तो गुंडा चुप कैसे होगा? यदि परशुराम बढ़-चढ़कर बकझक करते रहें और लक्ष्मण का सिर उतारने को तैयार हो जाएँ तो फिर उन्हें कौन रोकेगा? इसका एक ही उत्तर है–क्रोध। ऐसे समय में क्रोध रक्षक की भूमिका निभाता है। वह स्वभाव से क्षत्रिय है, सिपाही है।

विपक्ष में विचार–क्रोध चांडाल है। यदि एक चांडाल के विरुद्ध अपना चांडाल खड़ा कर दिया जाए तो भी चांडाल रहेगा तो चांडाल ही। क्रोध ध्वंस का काम तो कर सकता है, किंतु निर्माण नहीं कर सकता। इस पाठ को ही देख लें। लक्ष्मण के क्रोध ने परशुराम के बड़बोलेपन की फूँक तो निकाल दी किंतु स्वयं फूँक में आ गया। वह परशुराम को इतना अधिक भड़का गया कि कुछ भी विध्वंस हो सकता था। अतः क्रोध से बचना चाहिए।

प्रश्न 12. अपने किसी परिचित या मित्र के स्वभाव की विशेषताएँ लिखिए।

उत्तर–परीक्षोपयोगी नहीं।

प्रश्न 13. *दूसरों की क्षमताओं को कम नहीं समझना चाहिए*–**इस शीर्षक को ध्यान में रखते हुए एक कहानी लिखिए।**

उत्तर–एक खरगोश खुद को बहुत तेज और कछुए को बहुत धीमा समझता था। इसी घमंड में उसने उसे दौड़ की चुनौती दे दी। कछुआ हँसते-हँसते मान गया और दौड़ में शामिल हो गया। खरगोश ने एक छपाका मारा और आधा रास्ता पार कर लिया। अब शरारतवश सोचने लगा–बाकी रास्ता तो मैं सुस्ता कर भी पार कर लूँगा। यह सोचकर वह सचमुच सुस्ताने लगा। परंतु उसे नींद आ गई। इधर कछुआ धीमे-धीमे चलता रहा और लक्ष्य तक पहुँच गया। खरगोश जागा तो बहुत देर हो चुकी थी। तब उसे अहसास हुआ कि किसी को भी कम नहीं आँकना चाहिए।

प्रश्न 14. उन घटनाओं को याद करके लिखिए जब आपने अन्याय का प्रतिकार किया हो।

उत्तर–मुझे याद है। मैं पूरे नगर की दौड़ प्रतियोगिता में प्रथम आया। खेल-विभाग के अधिकारी ने मुझे कहा–अगर तुम प्रांतीय प्रतियोगिता में भाग लेना चाहते हो तो मुझे एक हजार रुपये ला देना, वरना दूसरे का नाम आगे भेज दूँगा।

मैंने उस अधिकारी की शिकायत अपने जिलाधीश को कर दी। परिणाम यह हुआ कि मुझे अवसर मिला और मैंने प्रांतीय प्रतियोगिता जीती। उस अधिकारी को खूब खरी-खोटी सुननी पड़ी।

प्रश्न 15. अवधी भाषा आज किन-किन क्षेत्रों में बोली जाती है?

उत्तर–अवधी भाषा आजकल लखनऊ, इलाहाबाद, फैजाबाद, मिर्जापुर, जौनपुर, फतेहपुर और आस-पास के क्षेत्रों में बोली जाती है।

पाठेतर सक्रियता

- **तुलसी की अन्य रचनाएँ पुस्तकालय से लेकर पढ़ें।**

उत्तर–छात्र पढ़ें–विनय-पत्रिका, कवितावली, जानकी-मंगल, पार्वती-मंगल।

- *दोहा और चौपाई के वाचन का एक पारंपरिक ढंग है।* **लय सहित इनके वाचन का अभ्यास कीजिए।**

उत्तर–अभ्यास करें।

- **कभी आपको पारंपरिक रामलीला अथवा रामकथा की नाट्य प्रस्तुति देखने का अवसर मिला होगा उस अनुभव को अपने शब्दों में लिखिए।**

उत्तर–मुझे बचपन में अनेक बार रामलीला देखने का अवसर मिला। मुझे सबसे अधिक मार्मिक प्रसंग लगा–लक्ष्मण-मूर्छा का। श्री राम जब छोटे भाई लक्ष्मण को मूर्छित देखते हैं तो भावुक हो उठते हैं। उनकी आँखों से अश्रुधारा बहने लगती हैं। तब हनुमान सुषेण नामक वैद्य को अपने कंधों पर उठा लाते हैं। सुषेण के कहने पर हनुमान हिमालय जाकर संजीवनी बूटी ले आते हैं। इस अवसर पर राम की अधीरता, विलाप और हनुमान के आने पर खुशी देखकर मैं भावमुग्ध हो जाता हूँ। करुणा भरा यह प्रसंग मुझसे आज भी भुलाए नहीं भूलता।

- **इस प्रसंग की नाट्य प्रस्तुति करें।**

उत्तर–छात्र स्वयं करें।

- *कोही, कुलिस, उरिन, नेवारे*–**इन शब्दों के बारे में शब्दकोश में दी गई विभिन्न जानकारियाँ प्राप्त कीजिए।**

उत्तर– **कोही**–विशेषण, काव्य में प्रयुक्त शब्द, 'क्रोधी' का एक बोली-रूप।

कुलिस–कुलिश का एक रूप, काव्य में प्रयुक्त शब्द, अर्थ–वज्र, पुल्लिंग।

उरिन–काव्य में प्रयुक्त शब्द, उऋण का बदला हुआ रूप, विशेषण।

नेवारे–काव्य में प्रयुक्त शब्द, स. क्रिया, दूर करना।

V. अन्य महत्त्वपूर्ण परीक्षोपयोगी प्रश्नोत्तर

प्रश्न 1. तुलसीदास जी के विचारानुसार कुल-परंपरा का निर्वाह किसने और कैसे किया? 'लक्ष्मण-परशुराम संवाद' पद्य के आधार पर उत्तर दीजिए। *[CBSE 2016]*

उत्तर–तुलसीदास जी के अनुसार रघुकुल में हरिभक्त, गाय, ब्राह्मण और देवता पर हथियार नहीं उठाया करते। लक्ष्मण ने इस परंपरा का निर्वाह भी किया। उन्होंने परशुराम के उद्दंड व्यवहार के बावजूद उन पर हथियार नहीं चलाया।

प्रश्न 2. लक्ष्मण ने अपने कुल की किस विशेषता का उल्लेख किया है और क्यों? *[CBSE 2020]*

उत्तर–लक्ष्मण ने अपने कुल की परंपरा का उल्लेख किया है। उनके कुल में गाय, ब्राह्मण, भक्त और देवता पर हथियार नहीं उठाया करते।

क्यों–परशुराम ब्राह्मण-कुल के थे और बहुत उग्र थे। उन्होंने संयम की सारी मर्यादाओं का उल्लंघन करके राम और लक्ष्मण को कटु वचन कहे। इस पर लक्ष्मण क्रुद्ध हुए। तब उन्होंने परशुराम के सामने अपनी श्रेष्ठ कुल-परंपरा का बखान किया।

प्रश्न 3. पठित अंश के आधार पर परशुराम के स्वभाव की विशेषताएँ लिखिए। *[CBSE 2019]*

उत्तर–परशुराम स्वभाव से बड़बोले हैं। वे अपने क्रोध और आवेश पर नियंत्रण नहीं रख पाते और परिस्थितियों का भी ध्यान नहीं रखते। इस कारण वे हँसी के पात्र बन जाते हैं। उन्होंने राजा जनक की सभा में अपने गुरु शिवजी का धनुष टूटा हुआ देखा तो वे बिना परिस्थिति जाने आग बबूला हो गए। उन्होंने राजाओं के सामने भरी सभा में अपना गुणगान करना शुरू कर दिया जो डींगों के सिवाय कुछ नहीं था। परिणामस्वरूप उन्हें लक्ष्मण के मुँह से खरी-खोटी सुननी पड़ी।

प्रश्न 4. तुलसीदास जी के अनुसार परशुराम ने किसकी तुलना सहस्रबाहू से की थी और किस कारण से? स्पष्ट कीजिए। *[CBSE 2016]*

उत्तर–परशुराम ने अपने गुरु शिवजी के धनुष को तोड़ने वाले गुरुद्रोही की तुलना सहस्रबाहू से की थी। परशुराम अपने गुरु की अवहेलना सहन नहीं कर सकते थे। श्रीराम ने अनजाने में उनके गुरु के धनुष को तोड़कर उनके गुरु का अपमान किया था।

प्रश्न 5. लक्ष्मण के किन तर्कों ने परशुराम के क्रोध की आग को भड़काया? *[CBSE 2019]*

उत्तर–लक्ष्मण ने परशुराम के लिए सम्मानपूर्ण वचन कहने की बजाय उनके लिए व्यंग्य-वचनों का सहारा लिया था। उन्होंने उन्हें बड़बोला, अपनी प्रशंसा खुद ही करने वाला, फरसा दिखाकर पहाड़ को उड़ाने वाला, आदि-आदि कहा। इससे परशुराम जी का क्रोध और अधिक भड़क उठा। वे शांत होने की बजाय और अधिक तिलमिला गए। इस तरह से सभा-भवन में गुलगपाड़ा हो गया। बात बेबात बढ़ती चली गई।

प्रश्न 6. 'राम-लक्ष्मण-परशुराम संवाद' के आधार पर बताइए कि राम ने परशुराम जी को विनम्रता से क्या कहकर संबोधित किया तथा स्वयं के लिए किस शब्द का प्रयोग किया? *[CBSE 2016]*

उत्तर–राम ने परशुराम जी को विनम्रता से नाथ अर्थात स्वामी कहा। उन्होंने स्वयं को परशुराम का एक दास कहा। इससे उनकी विनम्रता प्रकट होती है।

प्रश्न 7. अत्यंत क्रोध में आकर फरसा उठाने के बाद भी परशुराम ने लक्ष्मण को किस कारण से छोड़ दिया? 'लक्ष्मण-परशुराम संवाद' के आधार पर लिखिए। *[CBSE 2016]*

उत्तर–परशुराम ने क्रोध में फरसा उठाने के बाद भी लक्ष्मण को दो कारणों से छोड़ दिया। पहला कारण था लक्ष्मण का बालक होना। दूसरा कारण था–विश्वामित्र का सम्मान।

प्रश्न 8. व्यंग्यपूर्ण मुसकान सहित लक्ष्मण जी ने परशुराम को क्या उत्तर दिया? पठित पद्य के आधार पर स्पष्ट कीजिए। *[CBSE 2016]*

उत्तर–लक्ष्मण ने व्यंग्यपूर्ण मुस्कान के साथ परशुराम को उत्तर दिया–ओहो मुनिवर! आप तो महावीर हैं। आप बार-बार कुठार दिखाकर मुझे यों डरा रहे हैं मानो फूँक मार कर किसी पहाड़ को उड़ा देंगे। परंतु मैं भी कोई छुईमुई का पौधा नहीं हूँ जो कि छूते ही मुरझा जाऊँगा। मैंने तो आपके शरीर पर धनुष-बाण देखकर अनुमान किया कि आप कोई क्षत्रिय हैं इसलिए आपसे अभिमान सहित कुछ कह गया। वरना तो हमारे कुल में गाय, देवता, भक्त और ब्राह्मणों पर हथियार नहीं उठाए जाते। फिर आपका तो एक-एक वचन करोड़ों वज्रों के समान है। आप तो व्यर्थ ही धनुष-बाण उठाए हुए घूम रहे हैं।

प्रश्न 9. 'राम-लक्ष्मण-परशुराम संवाद' कहाँ से उद्धृत है और किस संदर्भ में है? *[CBSE 2017]*

उत्तर–यह संवाद तुलसीदास द्वारा रचित रामचरितमानस के सीता-स्वयंवर प्रसंग से उद्धृत है। प्रसंग यह है कि राजा जनक ने सीता के स्वयंवर के लिए शिव के धनुष को तोड़ने की शर्त रखी थी। श्रीराम ने धनुष को तोड़कर सीता का वरण कर लिया। उसी समय परशुराम वहाँ आ गए। उनकी शिव-धनुष पर गहरी ममता थी। वे शिव-धनुष को टूटा हुआ देखकर क्रोध में आ गए।

प्रश्न 10. परशुराम ने अपनी किन विशेषताओं के उल्लेख के द्वारा लक्ष्मण को डराने का प्रयास किया? *[CBSE 2019]*

उत्तर–परशुराम ने अपने बड़बोलेपन, कथित वीरता, क्षत्रिय-कुल द्रोही की डींगों के बल पर लक्ष्मण को डराने का प्रयास किया।

प्रश्न 11. *परशुराम का क्रोध अकारण नहीं था, न ही निरर्थक था*–**क्यों और कैसे? स्पष्ट कीजिए।** *[CBSE 2020]*

उत्तर–परशुराम ने अपने गुरु का धनुष टूटा हुआ देखा तो उन्हें गुरुभक्ति के कारण स्वाभाविक रूप से क्रोध आया। ऊपर से नन्हे-से बालक लक्ष्मण ने उन्हें जली-कटी सुना दी। अतः उनका क्रोध भड़कना स्वाभाविक था और सार्थक था। अपने गुरु का अपमान देखकर गुरुभक्त को क्रोध आना ही चाहिए। इसमें निरर्थक जैसी कोई बात नहीं।

प्रश्न 12. *"अल्पवयस बालक बुजुर्गों को छेड़कर आनंदित होते हैं"*–**'राम-लक्ष्मण संवाद' के आधार पर स्पष्ट कीजिए।** *[CBSE 2020]*

उत्तर–नन्हे बालकों को बुजुर्गों को छेड़ने में सुख मिलता है। यह उनकी स्वाभाविक प्रवृत्ति है। यही बात लक्ष्मण-परशुराम के संदर्भ में सही सिद्ध होती है। परशुराम जैसे-जैसे उग्र और बड़बोले होते हैं, लक्ष्मण उनके रोष को और अधिक बढ़ाने के लिए उन पर व्यंग्य कसते हैं। इस प्रकार यह संवाद बहुत आनंददायक हो जाता है।

प्रश्न 13. लक्ष्मण ने 'कुम्हड़बतिया' का दृष्टांत क्यों दिया है? इसके द्वारा वे मुनि और सभा को क्या संदेश देना चाहते हैं? *[CBSE 2020]*

उत्तर–लक्ष्मण अपनी वीरता और धीरता का परिचय देने के लिए 'कुम्हड़बतिया' का दृष्टांत देता है। जैसे कुम्हड़बतिया अर्थात छुईमुई का पौधा छूते-ही मुरझा जाता है, परशुराम हमें वैसा-ही समझ रहे हैं। परंतु यह उनका भ्रम है। हम रणवीर हैं। हम युद्ध में घबराया नहीं करते।

VI. बहुविकल्पी प्रश्नोत्तर

निम्नलिखित प्रश्नों के सही उत्तर वाले विकल्प चुनिए–

1. *'सहसबाहु सम मो रिपु मोरा' –यह वाक्य किसने किसे कहा?*
   (क) परशुराम ने विश्वामित्र को (ख) परशुराम ने राम को
   (ग) परशुराम ने लक्ष्मण को (घ) राम ने परशुराम को
2. *'विस्वबिदित क्षत्रियकुल द्रोहीं'–किसे कहा गया है?*
   (क) रावण को (ख) राम को (ग) ब्राह्मणों को (घ) परशुराम को
3. *'इहाँ कुम्हड़बतिया कोउ नाहीं। जे तरजनी देखि मर जाहीं।' –इसमें कौन-सा भाव है?*
   (क) क्रोध (ख) विनय (ग) गिड़गिड़ाहट (घ) व्यंग्य
4. *लक्ष्मण ने परशुराम को क्यों कहा–'ब्यर्थ धरहु धनु बान कुठारा।'*
   (क) करुणा के कारण (ख) व्यंग्य से
   (ग) दया से (घ) कल्याण-कामना से
5. *यह संवाद किसने किसे कहा?*
   'कोटि कुलिस सम बचनु तुम्हारा'
   (क) भृगु ने परशुराम से (ख) परशुराम ने लक्ष्मण से
   (ग) परशुराम ने राम से (घ) लक्ष्मण ने परशुराम से
6. *किसकी समानता 'अयमय' से की गई है?*
   (क) राम की (ख) लक्ष्मण की (ग) परशुराम की (घ) विश्वामित्र की

उत्तर– 1. (ख) 2. (घ) 3. (घ) 4. (ख) 5. (घ) 6. (ख)

प्रश्न-अभ्यास

प्रश्न 1. सीता-स्वयंवर के अवसर पर लक्ष्मण ने क्रोधित परशुराम को धनुष के टूट जाने के कौन-कौन से कारण बताए हैं? *[CBSE]*

प्रश्न 2. लक्ष्मण ने किन तर्कों से सिद्ध करना चाहा कि धनुष टूट जाने में राम का दोष नहीं है? *[CBSE 2019]*

प्रश्न 3. राम-लक्ष्मण-परशुराम संवाद में राम और लक्ष्मण के चरित्र में मुख्य अंतर क्या है? *[CBSE 2012]*

प्रश्न 4. 'राम-लक्ष्मण-परशुराम संवाद' में परशुराम ने अपने विषय में जो कहा, उसे अपने शब्दों में लिखिए। *[CBSE]*

प्रश्न 5. राम-परशुराम-लक्ष्मण संवाद के आधार पर संक्षेप में लिखिए कि परशुराम की क्रोधपूर्ण बातें सुनकर लक्ष्मण ने उन्हें शूरवीर की क्या पहचान बताई? *[CBSE 2017]*

प्रश्न 6. परशुराम के गुरु कौन थे? वे गुरु-ऋण से कैसे उऋण होना चाहते थे? *[CBSE 2015]*

प्रश्न 7. मुनि परशुराम जी के वचनों को सुनकर लक्ष्मण ने क्या प्रतिक्रिया व्यक्त की? पठित पाठ के आधार पर लिखिए। *[CBSE 2015]*

प्रश्न 8. परशुराम के क्रोध का मूल कारण क्या था? स्पष्ट कीजिए। *[CBSE 2015, CBSE 2017]*

प्रश्न 9. टूटे हुए धनुष को देखकर परशुराम जी क्यों नाराज़ हुए थे? उससे उनका क्या संबंध था? *[CBSE 2015]*

प्रश्न 10. धनुष भंग करने वाली सभा में एकत्रित जन *'हाय-हाय'* क्यों पुकारने लगे थे? राम-लक्ष्मण परशुराम संवाद पाठ के आधार पर अपने विचार लिखिए। *[CBSE 2015]*

प्रश्न 11. परशुराम की स्वभावगत विशेषताएँ क्या हैं? पाठ के आधार पर उत्तर दीजिए। *[CBSE 2016, 2017]*

प्रश्न 12. लक्ष्मण के परशुराम के लिए कैसी व्यंग्यवाणी का सहारा लिया था? उसका क्या परिणाम हुआ था? *[CBSE 2016]*

3. जयशंकर प्रसाद

I. कवि-परिचय

प्रश्न–जयशंकर प्रसाद का परिचय इन शीर्षकों के अंतर्गत दीजिए–

जीवन-परिचय, रचनाएँ, भाषा-शैली।

उत्तर–जीवन-परिचय–जयशंकर प्रसाद छायावाद के प्रवर्तक माने जाते हैं। उनका जन्म 1889 में वाराणसी में हुआ। उनके पूर्वज 'सुँघनी साहु' नाम से प्रसिद्ध थे। उनके यहाँ तंबाकू और इत्र का व्यवसाय होता था। प्रसाद के पिता देवी प्रसाद साहु काव्य-प्रेमी थे। उनके यहाँ कलाकारों और विद्वानों का खूब मान-सम्मान होता था।

प्रसाद जी ने अधिकांश अध्ययन घर पर रह कर ही किया। उन्होंने संस्कृत, हिंदी, फ़ारसी तथा उर्दू का गहरा अध्ययन किया। उन्होंने अपनी आँखों के सामने माता-पिता तथा बड़े भाई का निधन देखा। किशोरावस्था में ही उन पर घर का दायित्व आ पड़ा। सन् 1937 में उनका निधन हो गया।

रचनाएँ–प्रसाद जी बहुमुखी प्रतिभा के रचनाकार थे। उनकी प्रसिद्ध रचनाएँ इस प्रकार हैं–

काव्य–चित्राधार, कानन-कुसुम, महाराणा का महत्त्व, झरना, आँसू, लहर, कामायनी। कामायनी आधुनिक युग का सर्वश्रेष्ठ महाकाव्य माना जाता है।

नाटक–अजातशत्रु, चंद्रगुप्त, स्कंदगुप्त, जनमेजय का नागयज्ञ, ध्रुवस्वामिनी।

उपन्यास–तितली, कंकाल, इरावती (अधूरा)

काव्यगत विशेषताएँ–प्रसाद जी प्रेम और सौंदर्य के कवि हैं। उनकी कविताओं में प्रेम, देश-प्रेम, मानवता, प्रकृति-सौंदर्य और करुणा के भाव व्यक्त हुए हैं।

भाषा-शैली–प्रसाद जी की भाषा उच्च स्तर की है। उन्होंने संस्कृतनिष्ठ शब्दों का अधिक प्रयोग किया है। वे सरल नहीं, सांकेतिक भाषा में अभिव्यक्ति करते हैं। उपमा, रूपक, उत्प्रेक्षा, मानवीकरण उनके प्रिय अलंकार हैं। प्रकृति के रोचक चित्र उपस्थित करने में वे कुशल हैं।

आत्मकथ्य

II. कविता का सार

'आत्मकथ्य' नामक कविता जयशंकर प्रसाद द्वारा रचित है। इसे सन् 1932 में **हंस** नामक पत्रिका के आत्मकथा विशेषांक में छापा गया था। लेखक के मित्रों ने उनसे आत्मकथा लिखने का निवेदन किया था। उसी निवेदन के उत्तर में प्रसाद ने यह कविता लिखी थी।

कवि कहता है–यह संसार नश्वर है। हर जीवन एक दिन मुरझाई पत्ती-सा झड़कर गिर जाता है। इस अनंत संसार में जितने जीवन हैं, उतनी ही उनकी कहानियाँ हैं। सबके जीवन दुख से भरे हैं। हर आत्मकथा-वाचक अपनी कहानी सुनाकर मानो स्वयं पर ही व्यंग्य करता प्रतीत होता है। तब मैं अपनी जीवन-कथा कैसे कहूँ? उसमें दुर्बलताएँ ही दुर्बलताएँ हैं। यहाँ तक कि मेरी जीवन-गगरी खाली है।

कवि को लगता है यदि उसने सच बोलना शुरू कर दिया तो मित्र-जन ही स्वयं को अपराधी और दोषी मानने लगेंगे। कवि ने सदा सरलता का जीवन जिया। आज यदि वह आत्मकथा लिखेगा तो लोग उसकी सरलता का मज़ाक उड़ाएँगे। वह अपनी भूलें और मित्रों से खाए धोखों के बारे में क्या लिखे! उसने जीवन में प्रेम के जो उजले क्षण जिए हैं, उनके बारे में कैसे कुछ लिखे? वह अपने प्रिय को कभी पा न सका। उसका प्रेम सदा मिलते-मिलते रह गया। आज तक उसकी वे अधूरी प्रेम-स्मृतियाँ उसके जीवन को चला रही हैं। उन्हीं के आधार पर वह जीवित है। अतः वह आत्मकथा लिखकर उन भूली हुई यादों को फिर-से क्यों उधेड़े? इससे तो अच्छा यही है कि वह औरों की आत्मकथाएँ सुनता रहे और अपनी भोली आत्मकथा को मन में ही छिपाए रहे। और अभी तो उसने ऐसी कोई उपलब्धि भी नहीं पाई कि जिसके बारे में कुछ लिखे। अभी तो उसके जीवन में मौन पीड़ाएँ सोई पड़ी हैं जो आत्मकथा में मुखरित हो पड़ेंगी।

III. अर्थग्रहण संबंधी प्रश्नोत्तर

प्रश्न–निम्नलिखित पद्यांशों से संबंधित प्रश्नों के उत्तर दीजिए–

1 मधुप गुन-गुना कर कह जाता कौन कहानी यह अपनी,
मुरझाकर गिर रहीं पत्तियाँ देखो कितनी आज घनी।
इस गंभीर अनंत-नीलिमा में असंख्य जीवन-इतिहास
यह लो, करते ही रहते हैं अपना व्यंग्य-मलिन उपहास
तब भी कहते हो–कह डालूँ दुर्बलता अपनी बीती।
तुम सुनकर सुख पाओगे, देखोगे–यह गागर रीती। *(पृष्ठ 19)*

शब्दार्थ : **मधुप**–भँवरा। **घनी**–बहुत अधिक। **गंभीर**–गहरा। **अनंत-नीलिमा**–विशाल नीला आकाश। **असंख्य**–बहुत अधिक। **जीवन-इतिहास**–जीवन की कहानी। **व्यंग्य-मलिन**–बुराई के कारण बिगड़ा हुआ, विकृत। **उपहास**–निंदा, मज़ाक, हँसी उड़ाना। **दुर्बलता**–कमज़ोरी। **गागर**–जीवन रूपी घड़ा। **रीती**–खाली।

भावार्थ–कवि का मन रूपी भँवरा गुन-गुन करता हुआ कहता है–अरे! मैं अपनी कौन-सी जीवनगाथा कहूँ? मेरे सामने एक-पर-एक, न जाने कितनी सारी पत्तियाँ मुरझाकर गिर रही हैं। आशय यह है कि मैंने एक-पर-एक कष्ट देखे हैं, दुख देखे हैं, निराशाएँ झेली हैं। मैंने सपनों को मरते देखा है।

इस गहरे नीले आकाश में अनगिनत लोगों ने अपने-अपने जीवन के इतिहास लिखे हैं। उन्हें पढ़कर ऐसा प्रतीत होता है मानो वे स्वयं अपनी बुराइयाँ करके अपने जीवन पर कटाक्ष कर रहे हों और अपना मज़ाक उड़ा रहे हों।

कवि अपने मित्रों से पूछता है–मित्रो! ऐसा देखने पर भी क्या तुम चाहते हो कि मैं अपनी दुर्बलताएँ कह डालूँ? कहीं ऐसा तो नहीं कि तुम्हें मेरे जीवन की खाली गागर देखकर बहुत सुख मिलेगा।

प्रश्न *(Set-I)*– [CBSE]

(क) *कविता में मधुप किसे कहा है?*
(ख) *मुरझाकर गिरती पत्तियाँ किस ओर संकेत करती हैं?*
(ग) *इस अनंत नीले आकाश में क्या होता रहता है?*

उत्तर–

(क) कविता में 'मधुप' कवि का अंतर्मन है।

(ख) 'मुरझाकर गिर रहीं पत्तियाँ' जीवन में आने वाले दुखों और निराशाओं की प्रतीक हैं। इससे जीवन की नश्वरता का भी बोध होता है।

(ग) इस अनंत नीले आकाश में असंख्य तारे जलते और बुझते रहते हैं। वे अपने जीवन की क्षुद्रता पर व्यंग्य करते रहते हैं।

प्रश्न *(Set-II)*–

1. **यहाँ 'मधुप' कौन है?**

(क) कवि का हृदय (ख) रसिक (ग) भँवरा (घ) निंदक

2. **'मुरझाकर गिर रही पत्तियाँ' किसकी प्रतीक हैं?**

(क) मृत्यु की (ख) निराशा की (ग) निराश जीवनों का (घ) पतझड़ की

3. **कवि अपनी जीवनगाथा क्यों नहीं सुनाना चाहता है?**

(क) लोक-निंदा के भय से (ख) औरों की उपेक्षा के भय से

(ग) लोगों के जीवन में खालीपन होने के कारण (घ) रूचि न होने के कारण

4. **कवि किसकी गागर को रीति कहता है?**

(क) लोगों की (ख) अपनी

(ग) श्रोताओं की (घ) अपने प्रिय की

5. **लोग आत्मकथा सुनकर क्या प्रतिक्रिया करते हैं?**

(क) प्रसन्न होते हैं। (ख) दुर्बलताओं पर खुश होते हैं।

(ग) प्रेरणा पाते हैं। (घ) आनंदमग्न होते हैं।

उत्तर– 1. (क) 2. (ग) 3. (क) 4. (ख) 5. (ख)

2

किंतु कहीं ऐसा न हो कि तुम ही खाली करने वाले–
अपने को समझो, मेरा रस ले अपनी भरने वाले।
यह विडंबना! अरी सरलते तेरी हँसी उड़ाऊँ मैं।
भूलें अपनी या प्रवंचना औरों की दिखलाऊँ मैं।
उज्ज्वल गाथा कैसे गाऊँ, मधुर चाँदनी रातों की।
अरे खिल-खिला कर हँसते होने वाली उन बातों की। *(पृष्ठ 19)*

शब्दार्थ : **विडंबना**–दुर्भाग्य। **प्रवंचना**–धोखा। **उज्ज्वल**–उजली, सुख से भरी।

भावार्थ–कवि आत्मकथा लिखने का आग्रह करने वाले मित्रों से कहता है–मुझे भय है कि मेरी आत्मकथा में तुम मेरी खाली गागर देखो तो कहीं स्वयं को दोषी न समझने लगो। कभी तुम मेरे कटु अनुभवों को सुनकर यह न समझने लगो कि तुम्हीं मेरे जीवन को खाली करने वाले हो। तुम्हीं ने मेरे जीवन का रस चुराया है और मुझे हीन बना दिया है।

कवि अपने स्वभाव की सरलता को संबोधित करते हुए कहता है–हे मेरी स्वाभाविक सरलता! यदि मैं तेरी हँसी उड़ाऊँ तो यह मेरा दुर्भाग्य होगा। माना कि मेरी सरलता ही मेरे अनेक कष्टों का कारण है, फिर भी मैं उसका अपमान नहीं करना चाहता। मैं अपनी आत्मकथा में अपनी भूलें गिनवाऊँ या औरों के छल-कपट की कहानियाँ सुनाऊँ–यह मैं नहीं चाहता।

मेरे जीवन में जो प्रेम की मधुर चाँदनी रातें आई हैं। उन रातों में मैंने जो प्रेम के उज्ज्वल क्षण जिए हैं, उनके बारे में सबको कैसे बताऊँ? क्यों बताऊँ? वे तो मेरी निजी अनुभूतियाँ हैं। मैंने अपनी प्रेमिका के साथ खिल-खिलाकर और हँस-हँसकर जो बातें की हैं, उन्हें आत्मकथा में कैसे लिखूँ? वे बातें मेरे निजी जीवन की पूँजी हैं। उन्हें समाज में बाँटने की कोई आवश्यकता नहीं।

प्रश्न *(Set-I)*–

(क) *कौन है जो कवि के रस से अपनी गगरी भर गया?*

(ख) *कवि किस बात को विडंबना कह रहा है और क्यों?*

(ग) *खिल-खिला कर हँसते हुए होने वाली बातों का क्या आशय है?*

उत्तर–

(क) कवि के निजी और साहित्यिक मित्र ही उसके जीवन के रस से अपनी गगरी भरने वाले हैं। कवि का संकेत है कि उनके आस-पास भँवरे की तरह मँडराने वाले मित्रों ने उनके काव्य-रस को सोखकर स्वयं को उन्नत बना लिया।

(ख) कवि अपने स्वभाव की सरलता को दोष नहीं देना चाहता। यदि वह अपनी सरलता को अपने कष्टों का कारण मानता है तो यह उसके लिए विडंबना ही होगी।

क्यों–कवि अपनी सरलता को लेकर प्रसन्न है। यदि उसे सरलता के कारण कई कष्ट भी झेलने पड़े, तो भी वह इसमें बुरा नहीं मानता।

(ग) खिल-खिला कर हँसते हुए होने वाली बातों का आशय है–प्रेम के सुमधुर क्षण; अपनी प्रेमिका के संग जिए हुए प्रेमिल क्षण।

प्रश्न *(Set-II)*–

1. **कवि किनके छल-कपट से बचना चाहता है?**
   (क) अपने मित्रों के (ख) अपने शत्रुओं के (ग) अन्य लोगों के (घ) अपने
2. **कवि किसकी सरलता की हँसी नहीं उड़ाना चाहता?**
   (क) अपनी (ख) अपने मित्रों की (ग) अपने स्वजनों की (घ) लोगों की
3. **मधुर चाँदनी रातों से क्या आशय है?**
   (क) प्रकृति का उज्ज्वल रूप (ख) साफ-स्वच्छ रात
   (ग) प्रेम-भरे क्षण (घ) नीला आकाश
4. **'उज्ज्वल गाथा' किसे कहा गया है?**
   (क) गौरवशाली क्षणों को (ख) महान अनुभवों को
   (ग) प्रेरणादायी क्षणों को (घ) प्रेम के मधुर क्षणों को
5. **इस पद्यांश में किस शैली का प्रयोग है?**
   (क) संवाद शैली (ख) भाषण शैली
   (ग) आत्मकथा शैली (घ) वर्णन शैली

उत्तर– 1. (ग) 2. (क) 3. (ग) 4. (ख) 5. (ग)

☞ **3** मिला कहाँ वह सुख जिसका मैं स्वप्न देखकर जाग गया।
आलिंगन में आते-आते मुसक्या कर जो भाग गया।
जिसके अरुण-कपोलों की मतवाली सुंदर छाया में।
अनुरागिनी उषा लेती थी निज सुहाग मधुमाया में।
उसकी स्मृति पाथेय बनी है थके पथिक की पंथा की।
सीवन को उधेड़ कर देखोगे क्यों मेरी कंथा की? **[V. Imp.]** *(पृष्ठ 19)*

शब्दार्थ : **स्वप्न**–सपना। **आलिंगन**–गले लगाना। **मुसक्या कर**–मुसकराकर। **अरुण**–लाल। **कपोल**–गाल। **मतवाली**–मस्त। **छाया**–शोभा। **अनुरागिनी**–प्रेम करने वाली। **उषा**–सवेरा। **निज**–अपना। **सुहाग**–सुगंध, इत्र। **मधुमाया**–मधुर मोहकता। **स्मृति**–यादें। **पाथेय**–रास्ते का भोजन, सहारा, संबल। **पथिक**–यात्री। **पंथा**–रास्ता, राह। **सीवन**–सिया हुआ। **कंथा**–गुदड़ी, अंतर्मन।

भावार्थ–कवि अपनी आत्मकथा सुनाते हुए कहता है–जिन सुखों के सपने देख-देखकर मैं जाग जाता था, वे मुझे कभी मिल नहीं पाए। मैं जिस भी प्रिय का आलिंगन करने के लिए बाहें आगे बढ़ाता, वह प्रिय मुसकरा कर भाग जाता रहा। मेरी कामनाएँ कभी सफल नहीं हो पाईं।

मेरी प्रेमिका के लाल-लाल गाल इतने मतवाले और सुंदर थे कि प्रेममयी ऊषा भी अपनी सुगंधित मधुर लालिमा उसी से उधार लिया करती थी। आशय यह है कि मेरी प्रेमिका के लाल कपोल ऊषाकालीन लालिमा से भी मनोरम थे।

आज उसी प्रेममयी प्रेमिका की यादें ही मुझ थकित यात्री के लिए संबल बनी हुई हैं। उन्हीं के सहारे मेरा जीवन चल रहा है। तो हे मित्र! क्या तुम मेरी उन यादों को उधेड़-उधेड़ कर उनके भीतर झाँकना चाहते हो? क्या मेरी आत्मकथा पढ़कर मेरे भूले हुए दर्द को फिर-से जगाना चाहते हो? मेरी फटी हुई जिंदगी को तार-तार करके देखना चाहते हो!

प्रश्न *(Set-I)*–

(क) *कवि किस सुख की बात कर रहा है?*

(ख) *वह कौन हो सकता है जो कवि के आलिंगन में आते-आते भाग गया?*

(ग) *'थके पथिक की पंथा' किसके लिए प्रयुक्त हुआ है?*

उत्तर–

(क) कवि अपने प्रणय-सुख की बातें कर रहा है। स्वप्नों में प्रिय का आना, आलिंगन में आते-आते मुसकरा कर भागना, उसके लाल गाल–सब उसके प्रिय की ओर संकेत करते हैं।

(ख) वह कवि की प्रेमिका (या पत्नी) ही है जिसका वह आलिंगन करते-करते रह गया।

(ग) यह पद कवि के लिए प्रयुक्त हुआ है। कवि जीवन में अनेक कष्ट सहते-सहते थक चुका है। उसने अपने जीवन में अनेक मौतें देखी हैं। अपने दांपत्य-जीवन को तीन बार उजड़ते देखा है। इसलिए वह अब थका-हारा यात्री बन चुका है।

प्रश्न *(Set-II)*–

1. **इस पद्यांश में किन स्मृतियों का वर्णन है?**

   (क) जीवन के दुखों का (ख) असफलताओं का

   (ग) दुर्बलताओं का (घ) प्रेम के बीते क्षणों का

2. **कवि अपनी प्रेमिका के .... में डूबा है।**

   खाली स्थान भरिए–

   (क) मोह (ख) दुख (ग) छल-कपट की याद (घ) प्रेम

3. **कवि का प्रिय कवि से दूर क्यों भाग गया?**

   (क) वैराग्य के कारण (ख) घृणा के कारण

   (ग) प्रेम के कारण (घ) लाज के कारण

4. **थका पथिक कौन है?**

   (क) कवि (ख) प्रेमिका (ग) यात्री (घ) निराश व्यक्ति

5. **कवि किस चीज़ से बचना चाहता है?**

   (क) अपने संस्मरण सुनाने से (ख) अपने निजी प्रेम को साझा करने से

   (ग) अपनी कमज़ोरियाँ बतलाने से (घ) अपना खालीपन दिखलाने से

उत्तर– 1. (घ) 2. (घ) 3. (घ) 4. (क) 5. (ख)

☞ **4** छोटे से जीवन की कैसे बड़ी कथाएँ आज कहूँ?
क्या यह अच्छा नहीं कि औरों की सुनता मैं मौन रहूँ?
सुनकर क्या तुम भला करोगे मेरी भोली आत्म-कथा?
अभी समय भी नहीं, थकी सोई है मेरी मौन व्यथा। **[Imp.]** *(पृष्ठ 19)*

शब्दार्थ : **आत्म-कथा**–अपनी कहानी स्वयं लिखना। **मौन व्यथा**–चुपचाप सोए पड़े दुख।

भावार्थ–प्रसाद जी कहते हैं–मेरा जीवन बहुत सामान्य-सा है। मैं तुच्छ-सा मनुष्य हूँ। मैं अपने साधारण जीवन की बड़ी-बड़ी यशगाथाएँ कैसे लिखूँ। इससे तो अच्छा यही है कि मैं औरों की कथाएँ सुनता रहूँ। अपने बारे में मौन रहूँ।

कवि मित्रों को संबोधित करते हुए कहता है–भला तुम मेरी भोली-भाली, सीधी-सादी आत्मकथा को सुनकर क्या करोगे? उसमें तुम्हारे काम की कोई बात नहीं है। और अभी मैंने ऐसी कोई महानता भी अर्जित नहीं की है जिसके बारे में अपने अनुभव लिखूँ। एक बात और है, मेरे जीवन के सारे दुख-दर्द और अभाव अब शांत हैं। इसलिए मेरे मन में कुछ भी लिखने की उमंग नहीं है।

प्रश्न *(Set-I)*–

(क) *कवि ने किस प्रकार विनय प्रकट की है?*

(ख) *'छोटे-से-जीवन' और 'बड़ी कथाएँ' का गूढ़ आशय स्पष्ट कीजिए।*

(ग) *कवि अपनी कथा कहने की बजाय कौन-सा पथ अपनाना चाहता है?*

(घ) *कवि क्यों कहता है–'सुनकर क्या तुम भला करोगे मेरी भोली आत्म-कथा?'*

उत्तर–

(क) कवि ने स्वयं को सामान्य, छोटा-सा और साधारण कहकर अपनी विनय प्रकट की है।

(ख) कवि स्वयं को बहुत सामान्य व्यक्ति कहता है। इसलिए वह अपने जीवन को छोटा-सा जीवन कहता है। 'बड़ी कथाएँ' का आशय है–महान बातें, ऊँची बातें। कवि अपनी सामान्य जिंदगी को बड़ी-बड़ी बातें करके बनावटी रूप से महान नहीं सिद्ध करना चाहता।

(ग) कवि अपनी कथा कहने की बजाय औरों की कथाएँ सुनना चाहता है।

(घ) कवि को लगता है कि उसके जीवन में कुछ भी महान नहीं है। उसे जानकर कुछ नहीं सीखा जा सकता। उसके जीवन में सरलता और भोलेपन के सिवा कुछ भी नहीं है। इसलिए वह कहता है कि ऐसे जीवन के बारे में कुछ जानना व्यर्थ है।

प्रश्न *(Set-II)*–

1. अपने जीवन को छोटा-सा कहने के पीछे का कौन-सा भाव है?

(क) विनम्रता (ख) हीनता (ग) अपराध-भाव (घ) क्षमा-भाव

2. यह कविता किसे संबोधित की गई है?

(क) अपने प्रशंसकों को (ख) अपने निंदकों को

(ग) अपने पाठकों को (घ) अपने देशवासियों को

3. कवि आत्मकथा क्यों नहीं लिखना चाहता?

(क) उसके पास समय नहीं है। (ख) उसकी व्यथाएँ सोई हैं।

(ग) अभी उचित समय नहीं है। (घ) (ख) और (ग) दोनों

4. इस कविता में किस कथन शैली का अधिक प्रयोग हुआ है?

(क) संवाद शैली (ख) प्रश्न शैली (ग) वर्णन शैली (घ) विवरण शैली

5. 'थकी सोई है मेरी मौन व्यथा' में कौन-सा अलंकार है?

(क) अनुप्रास (ख) मानवीकरण (ग) (ख) और (ग) दोनों (घ) अतिशयोक्ति

उत्तर– 1. (क) 2. (क) 3. (घ) 4. (ख) 5. (ग)

IV. पाठ्यपुस्तक के प्रश्न-अभ्यास

(पृष्ठ 20–21)

☞प्रश्न 1. कवि आत्मकथा लिखने से क्यों बचना चाहता है? **[Imp.]** [*CBSE*]

उत्तर– कवि आत्मकथा लिखने से इसलिए बचना चाहता है, क्योंकि–

- उसमें मन की दुर्बलताओं, भूलों और कमियों का उल्लेख करना होगा।
- उसके द्वारा धोखा देने वालों की पोल-पट्टी खुलेगी और फिर-से घाव हरे होंगे।
- उससे कवि के पुराने दर्द फिर-से हरे हो जाएँगे। उसकी सीवन उधड़ जाएगी।
- उसमें निजी प्रेम के अंतरंग क्षणों को भी सार्वजनिक करना पड़ेगा। जबकि ऐसा करना उचित नहीं है। निजी प्रेम के क्षण गोपनीय होते हैं।

प्रश्न 2. आत्मकथा सुनाने के संदर्भ में '*अभी समय भी नहीं*' कवि ऐसा क्यों कहता है? [*CBSE*]

उत्तर– इसके दो कारण हैं–

1. कवि के अनुसार, अभी उसने ऐसी कोई महान उपलब्धि नहीं पाई है कि वह उसके बारे में सबको बताए और कुछ प्रेरणा दे।

2. अभी कवि की व्यथाएँ मन में सोई हुई हैं। वह शांतचित्त है। वह आत्मकथा लिखकर अपनी व्यथाओं को फिर-से ताजा नहीं करना चाहता।

☞प्रश्न 3. स्मृति को '*पाथेय*' बनाने से कवि का क्या आशय है? **[Imp.]** [*CBSE*]

उत्तर– स्मृति को 'पाथेय' अर्थात् रास्ते का भोजन या सहारा या संबल बनाने का आशय यह है कि कवि अपने प्रेम की मधुर यादों के सहारे ही जीवन जी रहा है।

प्रश्न 4. भाव स्पष्ट कीजिए–

(क) *मिला कहाँ वह सुख जिसका मैं स्वप्न देखकर जाग गया।*
आलिंगन में आते-आते मुसक्या कर जो भाग गया।

उत्तर– कवि कहता है–प्रेम के वे मधुर क्षण, जिनके वह सपने लेता रहा, उसे जीवन में कभी नहीं मिल पाए। उसकी पत्नी या प्रेमिका उसके आलिंगन में आते-आते रह गई। वह मानो मुसकरा कर उसकी ओर बढ़ी। कवि ने उसे गले से लगाना चाहा, किंतु वह उसकी पहुँच से दूर चली गई। आशय यह है कि उसका प्रेम कभी सफल न हो सका। उसका दांपत्य जीवन लंबा न चल सका।

(ख) *जिसके अरुण-कपोलों की मतवाली सुंदर छाया में।*
अनुरागिनी उषा लेती थी निज सुहाग मधुमाया में।

उत्तर– कवि की प्रेमिका अतीव सुंदरी थी। उसके गाल इतने लाल, मतवाले और मनोरम थे कि प्रेममयी भोर वेला भी अपनी मधुर लालिमा उसके गालों से लिया करती थी। आशय यह है कि कवि की प्रेमिका का मुख-सौंदर्य ऊषाकालीन लालिमा से भी बढ़कर था।

☞प्रश्न 5. '*उज्ज्वल गाथा कैसे गाऊँ, मधुर चाँदनी रातों की*'–कथन के माध्यम से कवि क्या कहना चाहता है? **[Imp.]** [*CBSE*]

उत्तर– इस कथन के माध्यम से कवि कहना चाहता है कि निजी प्रेम के मधुर क्षण सबके सामने प्रकट करने योग्य नहीं होते। मधुर चाँदनी रात में बिताए गए प्रेम के उजले क्षण किसी उज्ज्वल कहानी के समान होते हैं। यह गाथा बिल्कुल निजी संपत्ति होती है। अत: आत्मकथा में इनके बारे में कुछ लिखना अनावश्यक है।

प्रश्न 6. 'आत्मकथ्य' कविता की काव्यभाषा की विशेषताएँ उदाहरण सहित लिखिए।

उत्तर–'आत्मकथ्य' कविता की काव्यभाषा की विशेषताएँ निम्नलिखित हैं–

संस्कृतनिष्ठ भाषा– इसमें संस्कृत के शब्दों का अधिक प्रयोग हुआ है। *उदाहरणतया–*

इस गंभीर अनंत-नीलिमा में असंख्य जीवन-इतिहास।

सांकेतिकता– इस कविता में संकेतों और प्रतीकों के माध्यम से भावनाएँ व्यक्त की गई हैं। *उदाहरणतया–*

तुम सुनकर सुख पाओगे, देखोगे–*यह गागर रीती।*

यहाँ 'रीती गागर' असफल जीवन की प्रतीक है। कवि ने इस अस्पष्टता या छायावादी शैली का प्रयोग आगे भी किया है। देखिए–

उज्ज्वल गाथा कैसे गाऊँ, मधुर चाँदनी रातों की।

मानवीकरण शैली–छायावाद की प्रमुख विशेषता है–मानवीकरण। यहाँ मानवेतर पदार्थों को मानव की तरह सजीव बनाकर प्रस्तुत किया गया है। *जैसे–*

- *थकी सोई है मेरी मौन व्यथा।*
- *अरी सरलते तेरी हँसी उड़ाऊँ मैं।*

प्राकृतिक उपमान–छायावादी कवि प्रकृति के उपमानों के माध्यम से बात करते हैं। इस कविता में भी मधुप, पत्तियाँ, नीलिमा, चाँदनी रात आदि प्राकृतिक उपमानों का प्रयोग किया गया है।

गेयता और छंदबद्धता–अन्य छायावादी गीतों की भाँति यह गीत भी गेय और छंदबद्ध है। कवि ने सर्वत्र तुक, लय और मात्राओं का पूरा ध्यान रखा है। हर पंक्ति के अंत में दीर्घ स्वर और अंत्यानुप्रास का प्रयोग है। *उदाहरणतया–*

उसकी स्मृति पाथेय बनी है थके पथिक की पंथा की।
सीवन को उधेड़ कर देखोगे क्यों मेरी कंथा की?

प्रश्न 7. कवि ने जो सुख का स्वप्न देखा था उसे कविता में किस रूप में अभिव्यक्त किया है?

उत्तर–कवि ने स्वप्न में अपनी प्रेमिका को आलिंगन में लेने का सुख देखा था। उसने सपना देखा था कि उसकी प्रेमिका उसकी बाहों में है। वे मधुर चाँदनी रात में प्रेम की चुलबुली बातें कर रहे हैं। वे खिलखिला रहे हैं, हँस रहे हैं, मनोविनोद कर रहे हैं। उसकी प्रेमिका के गालों की लाली ऊषाकालीन लालिमा को भी मात देने वाली है।

रचना और अभिव्यक्ति

प्रश्न 8. इस कविता के माध्यम से प्रसाद जी के व्यक्तित्व की जो झलक मिलती है, उसे अपने शब्दों में लिखिए।

उत्तर–इस कविता को पढ़कर प्रसाद जी के व्यक्तित्व की ये विशेषताएँ हमारे सामने आती हैं–

विनयशील–प्रसाद जी अत्यंत विनम्र कवि थे। यद्यपि वे छायावाद के सबसे महान कवि थे, फिर भी उनमें बड़प्पन की बू नहीं थी। वे स्वयं को दुर्बलताओं से भरा सरल-भोला इनसान कहते हैं। इससे उनकी विनम्रता प्रकट होती है।

गंभीर और मर्यादित–प्रसाद जी गंभीर और मर्यादित कवि थे। वे अपने जीवन की एक-एक बात को साहित्य-संसार में प्रचारित नहीं करना चाहते थे। वे निजी जीवन की दुर्बलताओं, भूलों और प्रेम-क्रीड़ाओं को निजी जीवन तक ही सीमित रखना चाहते थे। वे कविता में निजी अनुभूति को नहीं, समाज के दुख-दर्द को स्थान देना चाहते थे। वे कहते भी हैं–

छोटे से जीवन की कैसे बड़ी कथाएँ आज कहूँ?
क्या यह अच्छा नहीं कि औरों की सुनता मैं मौन रहूँ?

सरल और भोले–प्रसाद जी स्वभाव से सरल और भोले थे। उन्होंने कभी अपनी सरलता नहीं छोड़ी। यद्यपि उनके मित्रों ने उनसे छल किया, धोखा दिया, फिर भी वे भोलेपन में जिए। न अपनी सरलता की हँसी उड़ाई।

प्रश्न 9. आप किन व्यक्तियों की आत्मकथा पढ़ना चाहेंगे और क्यों?

उत्तर–हम महान, प्रसिद्ध और कर्मठ लोगों की आत्मकथा पढ़ना चाहेंगे।

क्यों–हमारी रुचि अपने-से महान लोगों में होती है। हम सफल लोगों की जीवन-गाथा पढ़कर जानना चाहते हैं कि उन्होंने सफलता कैसे प्राप्त की? वे विपत्तियों से कैसे जूझे? उनके बारे में पढ़कर हमें कुछ सीखने और आगे बढ़ने की प्रेरणा मिलती है।

प्रश्न 10. *कोई भी अपनी आत्मकथा लिख सकता है। उसके लिए विशिष्ट या बड़ा होना ज़रूरी नहीं। हरियाणा राज्य के गुड़गाँव में घरेलू सहायिका के रूप में काम करने वाली बेबी हालदार की आत्मकथा "आलो आंधारि" बहुतों के द्वारा सराही गई।* **आत्मकथात्मक शैली में अपने बारे में कुछ लिखिए।**

उत्तर–परीक्षोपयोगी नहीं।

पाठेतर सक्रियता

• *किसी भी चर्चित व्यक्ति का अपनी निजता को सार्वजनिक करना या दूसरों का उनसे ऐसी अपेक्षा करना सही है*–**इस विषय के पक्ष-विपक्ष में कक्षा में चर्चा कीजिए।**

उत्तर–पक्ष में विचार–महान लोग समाज की संपत्ति होते हैं। लाखों-करोड़ों लोग उन्हें अपना आदर्श मानते हैं। उनका जीवन सूरज की तरह बहुतों को रोशनी देता है। लोग उनके जीवन पर अपना अधिकार मानते हैं। इसलिए वे उनके एक-से-एक रहस्य को जानना चाहते हैं। यदि समाज उन्हें सम्मान देता है तो उनके बारे में जानना भी उनका सहज अधिकार है। मैं लोगों की इस भावना को उचित मानता हूँ।

विपक्ष में विचार–महान लोग समाज में लोकप्रिय होते हैं। समाज उन पर हक रखता है। परंतु उनका व्यक्तिगत जीवन भी होता है। उनकी पत्नी, बच्चे, मित्र और निजी सुख-दुख भी होते हैं। वह उनके संग अकेले जीना चाहता है। व्यक्तिगत जीवन में वह अन्य लोगों की भाँति होता है। उसके प्रेम-संबंधों में, ईर्ष्या-द्वेष में कोई विशेषता नहीं होती। वहाँ वह साधारण मनुष्य प्रतीत होता है। जबकि उसके प्रशंसक उसके हर व्यवहार में महानता की आशा करते हैं। यदि महान व्यक्ति अपनी आत्मकथा में अपनी एक-एक बात सच्ची लिख दे, अपनी कमज़ोरियों को भी कह दे तो लोग उसे महान मानने से इनकार कर देंगे। उसकी महानता का भ्रम टूट जाएगा। लोगों को उसके जीवन से जो प्रेरणा मिल सकती थी, वह भी नहीं मिल पाएगी। इसलिए आत्मकथा में अपनी हर बात कहने से बचना चाहिए।

• *बिना ईमानदारी और साहस के आत्मकथा नहीं लिखी जा सकती। गाँधी जी की आत्मकथा 'सत्य के प्रयोग'* **पढ़कर पता लगाइए कि उसकी क्या-क्या विशेषताएँ हैं?**

उत्तर–यह सच है कि ईमानदारी और साहस के बिना आत्मकथा नहीं लिखी जा सकती। गाँधी जी ने 'सत्य के प्रयोग' नामक अपनी आत्मकथा में ईमानदारी से अपनी कमजोरियों का वर्णन किया है। उनकी पुस्तक में सच्चाई, साहस और सादगी के दर्शन होते हैं।

V. अन्य महत्त्वपूर्ण परीक्षोपयोगी प्रश्नोत्तर

☞ **प्रश्न 1. 'आत्मकथ्य' कविता में कवि क्या कहना चाहता है?** **[Imp.]**

उत्तर–'आत्मकथ्य' कविता में कवि स्वयं को एक सामान्य मनुष्य कहता है। उसके अनुसार, उसका जीवन दुर्बलताओं, विफलताओं, भूलों और कष्टों से भरा हुआ है। उसके अपनों ने उसे धोखा दिया है। फिर भी उसने सरलता नहीं छोड़ी, भोलापन नहीं त्यागा। यदि वह आत्मकथा लिखेगा तो ये सारी बातें अवश्य लिखी जाएँगी। तब सरलता का मज़ाक उड़ेगा। अपनों की पोल-पट्टी खुलेगी। प्रेम के सुमधुर क्षणों के बारे में भी बताना पड़ेगा। कवि उन क्षणों को उधेड़ना नहीं चाहता। वह अपनी बातें बताने की बजाय औरों की गाथाएँ सुनना चाहता है।

प्रश्न 2. कवि मधुर चाँदनी रातों की उज्ज्वल गाथाएँ क्यों नहीं गाना चाहता?

उत्तर–कवि मधुर चाँदनी रातों में किए गए प्रेम की मधुर कहानियों को अपनी संपत्ति मानता है। वह उनके बारे में लोगों को कुछ नहीं बताना चाहता। उन पर केवल और केवल उसी का अधिकार है। वह उन्हीं सुमधुर यादों के सहारे शेष जीवन जीना चाहता है।

☞प्रश्न 3. *'भोली आत्मकथा'* के माध्यम से कवि क्या कहना चाहता है? **[Imp.]**

उत्तर–कवि 'भोली आत्मकथा' के माध्यम से यह कहना चाहता है कि उसने पूरा जीवन सरलता और भोलेपन में जिया है। उसके जीवन में छल-कपट, चतुराई और धूर्तता नहीं है। अतः उसके जीवन में संतुष्टि तो है लेकिन किसी को कुछ सीख देने की शक्ति नहीं है।

☞प्रश्न 4. इस कविता के आधार पर कवि की प्रेयसी के सौंदर्य का चित्रण कीजिए। **[Imp.]**

उत्तर–कवि की प्रेमिका अतीव सुंदरी थी। उसके गालों की लाली ऐसी सुंदर, मोहक और मतवाली थी कि प्रातःकालीन सूरज की लाली भी उसके सामने फीकी पड़ती थी। उसका व्यक्तित्व प्रसन्नतादायक था। वह कवि के साथ खुलकर हँसती थी, खिलखिलाती थी और मुसकराती थी। इस प्रकार वह तन और मन दोनों से सुंदर थी।

☞प्रश्न 5. 'आत्मकथ्य' कविता की विशेषताएँ लिखिए। *[CBSE]*

उत्तर–'आत्मकथ्य' कविता में कवि की अपनी भावनाएँ व्यक्त हुई हैं। वह आत्मकथा नहीं लिखना चाहता। वह स्वयं को महान नहीं, तुच्छ समझता है। इसमें कवि की विनय प्रकट हुई है।

इस कविता की भाषा अत्यंत सरल खड़ी बोली है। भावों में मधुरता है। मानवीकरण और संवाद शैली का प्रयोग मनोरम बन पड़ा है।

VI. बहुविकल्पी प्रश्नोत्तर

निम्नलिखित प्रश्नों के सही उत्तर वाले विकल्प चुनिए–

1. *'आत्मकथ्य' में किसकी आत्मकथा है?*
   (क) असफल प्रेमी की (ख) मधुप की (ग) स्वयं कवि की (घ) नायक की
2. *कवि अपनी आत्मकथा को किसलिए नहीं लिखना चाहता?*
   (क) उसका जीवन दुर्बलता से भरा है। (ख) उसके जीवन में खालीपन है।
   (ग) उसकी दुर्बलता सुनकर लोग सुख लेंगे। (घ) ये सब
3. *कवि के जीवन में उज्ज्वल गाथा किन क्षणों की है?*
   (क) चाँदनी रातों की (ख) आनंद-विहार की (ग) प्रिय-मिलन की (घ) हँसी-विनोद की
4. *कवि का प्रेम ....*
   (क) अधूरा रह गया (ख) भरपूर है
   (ग) आनंदपूर्ण है (घ) धन्य है
5. *'आत्मकथ्य' का कवि अपनी कथा कहने के लिए–*
   (क) उत्सुक है (ख) उत्सुक नहीं है (ग) निराश है (घ) प्रसन्न है.

उत्तर– 1. (ग) 2. (घ) 3. (ग) 4. (क) 5. (ख)

प्रश्न-अभ्यास

प्रश्न 1. कवि जयशंकर प्रसाद ने आत्मकथा न लिखने के कौन-कौन से कारण गिनाए हैं?

प्रश्न 2. 'आत्मकथ्य' कविता की भाषा पर प्रकाश डालिए। *[CBSE 2016]*

प्रश्न 3. 'आत्मकथ्य' के आधार पर बताइए कि जयशंकर प्रसाद की जीवन-यात्रा कैसी रही?

प्रश्न 4. कवि अपनी सरलता की हँसी उड़ाने से क्यों बचता है? सरलता की हँसी उड़ाने की जरूरत क्यों हुई? **[Imp.]**

प्रश्न 5. कवि निजी जीवन के प्रेम के बारे में क्या कहता है?

4. सूर्यकांत त्रिपाठी 'निराला'

I. कवि-परिचय

प्रश्न–सूर्यकांत त्रिपाठी 'निराला' का परिचय निम्नलिखित शीर्षकों के अंतर्गत दीजिए–

जीवन-परिचय, रचनाएँ, काव्यगत विशेषताएँ, भाषा-शैली।

उत्तर–जीवन-परिचय–सूर्यकांत त्रिपाठी 'निराला' का जन्म पश्चिमी बंगाल की महिषादल रियासत में सन् 1899 में हुआ। इनका परिवार मूलतः उन्नाव जिले का रहने वाला था। निराला की आरंभिक शिक्षा महिषादल राज्य में हुई। उन्होंने संस्कृत तथा अंग्रेज़ी घर पर सीखी। बंगाल में रहने के कारण उनका बंगला पर असाधारण अधिकार था। उन्होंने हिंदी भाषा 'सरस्वती' और 'मर्यादा' पत्रिकाओं से सीखी।

चौदह वर्ष की आयु में उनका विवाह संपन्न हो गया। उनका वैवाहिक जीवन सुखी नहीं रहा। उन्होंने जीवन में मृत्यु के दुख को बड़े नजदीक से देखा। युवावस्था में ही उनकी पत्नी की मृत्यु हो गई। उसके पश्चात पिता, चाचा और चचेरे भाई एक-एक करके चल बसे। अंत में जब उनकी पुत्री सरोज भी काल के गाल में समा गई, तो कवि का हृदय वेदना से टूक-टूक हो गया। जीवन-भर स्नेह के संघर्ष में जूझते-जूझते सन् 1961 में उनका देहावसान हो गया।

काव्य-रचनाएँ–*अनामिका, परिमल, गीतिका, तुलसीदास, कुकुरमुत्ता, अणिमा, नए पत्ते, बेला, अर्चना, आराधना तथा गीतगुंज* उनकी अमर काव्य-कृतियाँ हैं।

कहानी-संग्रह–*लिली, चतुरी चमार, सुकुल की बीवी*

उपन्यास–*अप्सरा, अलका, प्रभावती, निरुपमा*

निबंध-संग्रह–*प्रबंध-पद्म*

काव्यगत विशेषताएँ–निराला जी छायावाद के आधार-स्तंभों में से एक हैं। उन्होंने प्रारंभ में प्रेम, प्रकृति-चित्रण तथा रहस्यवाद से संबंधित कविताएँ लिखीं। बाद में वे प्रगतिवाद की ओर मुड़ गए। प्रगतिवादी साहित्य के अंतर्गत उन्होंने शोषकों के विरुद्ध क्रांति का बिगुल बजा दिया। उनकी 'जागो फिर एक बार', 'महाराज शिवाजी का पत्र', 'झींगुर डटकर बोला', 'मँहगू महँगा रहा' आदि कविताओं में शोषण के विरुद्ध जोरदार आवाज सुनाई देती है। 'विधवा', 'भिक्षुक' और 'वह तोड़ती पत्थर' आदि कविताओं में उन्होंने शोषितों के प्रति करुणा प्रकट की है। उनकी प्रकृति संबंधी कविताएँ अत्यंत सुंदर और प्रभावशाली हैं। उनकी 'बादल राग' कविता में क्रांति का स्वर गूँजा है।

भाषा-शैली–निराला ने भाव के अनुसार शिल्प में भी क्रांति की। उन्होंने परंपरागत छंदों को तोड़ा तथा छंदमुक्त कविताओं की रचना की। पहले उनका बहुत विरोध हुआ। परंतु बाद में हिंदी ने मानो उनकी लीक को अपना लिया। उनकी भाषा में संगीत का सरगम सुनाई देता है। उनकी 'बादल-राग' कविता मुक्त छंद होते हुए भी तबले की थाप-सी गतिशील है। उन्होंने सामान्यतः संस्कृतनिष्ठ शब्दों का प्रयोग किया है। भाषा के कुशल प्रयोग से ध्वनियों के बिंब उठा देने में वे कुशल हैं। एक उदाहरण देखिए–

बादल गरजो
घेर घेर घोर गगन, धाराधर ओ!

निराला की भाषा का प्रवाह दर्शनीय है। उन्होंने मानवीकरण अलंकार का प्रचुर प्रयोग किया है। वे हिंदी के दक्ष कवि हैं।

II. कविता का सार

उत्साह

'उत्साह' छायावादी कविता है। इसमें बादलों के माध्यम से मानव के उत्साह का वर्णन हुआ है। कवि चाहता है कि बादल अपने उत्साह-से सारे गगन को घेर ले। वह काले घुँघराले बालों से सज्जित होकर मन में विद्युत-छवि को धारण कर ले। वह कवि के समान पौरुष की भावना से भर उठे और संसार को नए जोश से भर दे। वह ताप और पीड़ा से व्यथित संसार पर शीतल जल की वर्षा कर दे। वह गरज-गरज कर अपना उत्साह प्रकट करे।

अट नहीं रही है

इस कविता में फागुन मास की मस्ती और शोभा का मनमोहक वर्णन है। फागुन की शोभा इतनी अधिक है कि वह समा नहीं पा रही है। कहीं मादक हवाएँ हैं, कहीं गगन में उड़ते पक्षी हैं, कहीं वृक्षों में लाल-हरे पत्ते उग आए हैं। कहीं रंगबिरंगे फूल उगे हैं। हर जगह शोभा ऐसी खिली है कि वह समाए नहीं समा पा रही, बाहर झलक रही है।

III. अर्थग्रहण तथा सराहना संबंधी प्रश्नोत्तर

उत्साह

प्रश्न–निम्नलिखित पद्यांशों से संबंधित प्रश्नों के उत्तर दीजिए–

1 बादल, गरजो!–
घेर घेर घोर गगन, धाराधर ओ!
ललित ललित, काले घुँघराले,
बाल कल्पना के-से पाले,
विद्युत-छबि उर में, कवि, नवजीवन वाले!
वज्र छिपा, नूतन कविता
फिर भर दो–
बादल, गरजो! *(पृष्ठ 24)*

शब्दार्थ : **घोर**–भयंकर। **गगन**–आकाश। **धाराधर**–बादल। **ललित**–सुंदर, मनोरंजनकारी। **विद्युत-छबि**–बिजली की-सी शोभा। **उर**–हृदय, मन। **वज्र**–कठोर, भीषण। **नूतन**–नई।

भावार्थ–कवि बादल में क्रांति का स्वर सुनता है। वह उसके गड़गड़ाते स्वर पर मोहित होकर कहता है–ओ बादल! तुम खूब गरजो, कड़को, गड़गड़ाओ। तुम अपनी भयंकर गर्जन-तर्जन से इस आकाश को घेर लो। तुम्हारे केश कितने सुंदर, काले और घुँघराले हैं। ये कल्पना के विस्तार के समान घने हैं। कवि बादल को कवि की संज्ञा देते हुए कहता है–अपने हृदय में बिजली की चमक छिपाए हुए ओ कवि! संसार को नया जीवन देने वाले ओ कवि! तुम अपनी भावनाओं में वज्र छिपाकर समूचे संसार में जोश का पौरुषमय स्वर भर दो। हे बादल! तुम गरजो, गड़गड़ाओ।

प्रश्न *(Set I)*– [CBSE 2020]

(क) *कवि बादलों से क्या आग्रह कर रहा है और क्यों?*
(ख) *बादलों का सौंदर्य स्पष्ट करते हुए बताइए कि उसकी तुलना किससे की गई है?*
(ग) *कवि के अनुसार नूतन कविता कैसी होनी चाहिए?*

उत्तर–

(क) कवि बादलों से आग्रह कर रहा है कि वह अपनी पूरी शक्ति से गरजे, घुमड़े, बरसे। वह वज्र के समान प्यासी धरती पर टूट पड़े।

क्यों– वह अन्यायी शोषणकर्ताओं का नाश करके दीन-हीन लोगों के लिए अमृतधारा बरसाना चाहता है।

(ख) बादल घुँघराले बालों जैसे सुंदर, ललित और घने हैं। वे बाल-कल्पना के समान विविध रंगों और आकारों वाले हैं।

(ग) कवि के अनुसार, नूतन कविता नए जोश, नई उमंग और वज्र जैसी भीषण शक्ति से भरपूर होनी चाहिए।

प्रश्न *(Set-II)*–

1. **'*धाराधर*' का क्या अर्थ है?**

(क) आकाश (ख) बादल (ग) सूर्य (घ) घटाएँ

2. **'*घेर घेर घोर मगन*' में कौन-सा अलंकार है?**

(क) अनुप्रास (ख) पुनरुक्ति प्रकाश (ग) उपमा (घ) रूपक

3. **उपमा अलंकार का उदाहरण खोजिए–**

(क) विद्युत-छबि उर में, कवि नवजीवन वाले (ख) ललित ललित काले घुँघराले

(ग) बाल कल्पना के-से पाले (घ) घेर घेर घोर गगन धाराधर ओ।

4. **कवि बादलों का कौन-सा रूप देखना चाहता है?**

(क) कोमल (ख) उदार (ग) घनघोर (घ) सुंदर

5. **कवि बादलों में किसके रूप की कल्पना करता है?**

(क) बाल रूप की (ख) कवि रूप की (ग) कलाकार रूप की (घ) सुंदर रूप की

उत्तर– 1. (ख) 2. (क) 3. (ग) 4. (ग) 5. (ख)

☞ **2** विकल विकल, उन्मन थे उन्मन
विश्व के निदाघ के सकल जन,
आए अज्ञात दिशा से अनंत के घन!
तप्त धरा, जल से फिर
शीतल कर दो–
बादल, गरजो!

[V. Imp.] *(पृष्ठ 24)*

शब्दार्थ : **विकल**–बेचैन। **उन्मन**–अनमना। **निदाघ**–तपती गर्मी। **सकल**–सारे। **जन**–मनुष्य। **अज्ञात**–अनजान। **अनंत**–आकाश। **घन**–बादल। **तप्त**–तपी हुई। **धरा**–पृथ्वी।

भावार्थ–कवि कहता है–चारों ओर बेचैनी थी, व्याकुलता थी। हर मनुष्य परेशान था। लोगों के मन उचटे हुए थे, अनमने थे। विश्व के सभी लोग भीषण गर्मी के कारण दुखी थे। तब न जाने आकाश की किस अनजान दिशा से ये बादल चले आए। कवि बादलों का आह्वान करते हुए कहता है–बादलो! तुम खूब बरसो और गर्मी से झुलसे लोगों को शीतल कर दो। उन्हें ठंडक पहुँचाओ। खूब गरजो।

इस कविता का सांकेतिक अर्थ यह है कि संसार में चारों ओर हिंसा थी, कष्ट थे, दुख थे। लोग परेशान थे, अनमने थे। तब न जाने कौन छाया-सा बनकर आया और दुख से पीड़ित धरती के लिए कल्याण और मंगल की वर्षा कर गया। कवि बादलों से यही प्रार्थना करता है–हे बादलो! तुम खूब गरजो, बरसो और दुख-पीड़ित जनता को सुख प्रदान करो।

प्रश्न *(Set I)*–

(क) *कौन विकल और उन्मन थे और क्यों?*
(ख) *यहाँ 'निदाघ' किसका प्रतीक हो सकता है?*
(ग) *कवि बादल से क्या प्रार्थना करता है?*
(घ) *'तप्त धरा' का संकेतार्थ स्पष्ट कीजिए।*
(ङ) *'जल' का क्या संकेतार्थ हो सकता है?*

उत्तर–

(क) विश्व के सभी लोग व्याकुल और अनमने थे। वे भीषण गर्मी की तपन के कारण दुखी थे।
(ख) यहाँ 'निदाघ' अर्थात् भीषण गर्मी सांसारिक कष्टों की प्रतीक हो सकती है।
(ग) कवि बादल से प्रार्थना करता है कि वे गर्मी से तपती धरती पर खूब बरसें और उसे शीतल कर दें।
(घ) 'तप्त धरा' का शाब्दिक अर्थ है–गर्मी से तपती हुई धरती।
इसका सांकेतिक अर्थ है–दुखों से पीड़ित धरती।
(ङ) 'जल' का संकेतार्थ है–शांति, सुख।

प्रश्न *(Set II)*–

1. **लोग व्याकुल क्यों थे?**
(क) वर्षा के कारण (ख) गर्मी के कारण (ग) धूल के कारण (घ) धूप के कारण
2. ***'निदाघ'* का प्रतीकार्थ स्पष्ट कीजिए–**
(क) वर्षा (ख) सुख (ग) कष्ट (घ) प्यास
3. **कवि शीतलता लाने के लिए किसे कह रहा है?**
(क) प्रभु को (ख) वर्षा को (ग) सकल-जन को (घ) बादल को
4. ***'तप्त धरा'* का क्या आशय है?**
(क) संतुष्ट धरती (ख) प्यासी धरती (ग) दुखी धरती (घ) जलती धरती
5. **कवि बादलों से क्या निवेदन करता है?**
(क) धरती पर गरजो। (ख) धरती को शीतल कर दो।
(ग) धरती को दहला दो। (घ) धरती पर छा जाओ।

उत्तर– 1. (ख) 2. (ग) 3. (घ) 4. (घ) 5. (ख)

अट नहीं रही है

3 अट नहीं रही है
आभा फागुन की तन
सट नहीं रही है।

कहीं साँस लेते हो,
घर-घर भर देते हो,
उड़ने को नभ में तुम
पर-पर कर देते हो,
आँख हटाता हूँ तो
हट नहीं रही है।
पत्तों से लदी डाल
कहीं हरी, कहीं लाल,
कहीं पड़ी है उर में
मंद-गंध-पुष्प-माल,
पाट-पाट शोभा-श्री
पट नहीं रही है। *(पृष्ठ 25)*

शब्दार्थ : **अट**–समाना, प्रवेश पाना। **आभा**–चमक, ज्योति। **फागुन**–होली के बाद वाला सुहावना मास। **नभ**–आकाश। **उर**–हृदय, दिल। **मंद**–धीमा। **पुष्प-माल**–फूलमाला। **पाट-पाट**–जगह-जगह। **शोभा-श्री**–सौंदर्य से भरपूर। **पट**–समाना, भर जाना।

भावार्थ–निराला जी फागुन मास की मादकता का वर्णन करते हुए कहते हैं–फागुन मास की मोहकता इतनी अधिक है कि समा नहीं पा रही है। वह बाहर छलक-छलक पड़ती है। फागुन की कांति तन में समा नहीं पा रही। उसके कारण लोगों के चेहरों पर खुशी झलक-झलक उठती है।

फागुन को संबोधित करते हुए कवि कहता है–हे फागुन! कहीं सुगंधित हवा का झौंका उठता है तो लगता है तुम खुलकर साँस ले रहे हो। तुम्हारी सुंदरता प्रत्येक घर में लहलहा रही है। लोगों के घरों में रंगबिरंगे फूल खिल उठे हैं जिससे उनकी शोभा बढ़ गई है। तुम वातावरण में ऐसी मादकता भर देते हो कि पक्षी आकाश में पंख फड़फड़ाते हुए उड़ने को आतुर हो उठते हैं। लोग भी उत्साह से तरंगित हो उठते हैं। कवि फागुन को कहता है–तुम इतने सुंदर हो कि तुम्हें निरंतर देखते रहने को जी चाहता है। मैं तुम्हारे सौंदर्य पर से आँख नहीं हटा पाता हूँ।

फागुन में वृक्षों पर नए पत्ते लद गए हैं। कहीं हरे-हरे पत्ते उग आए हैं तो कहीं लाल-लाल। कहीं वृक्षों के गले में मंद-मंद सुगंध वाली फूलमाला दिखाई दे रही है। आशय यह है कि किसी वृक्ष पर सुगंधित फूल उग आए हैं। जगह-जगह पर सौंदर्य-राशि इतनी अधिक खिल उठी है कि वह समा नहीं पा रही। वह सब जगह प्रकट हो उठी है।

प्रश्न *(Set I)*– [*CBSE 2015*]

(क) *वह किस समय की शोभा है जिससे कवि की आँख हटाने पर भी नहीं हटती? संक्षेप में बताइए।*

(ख) *फागुन में कौन-सी ऋतु होती है और उसकी क्या विशेषताएँ हैं? दो प्रमुख विशेषताएँ लिखिए।*

(ग) *मानव के तन पर फागुन की आभा का क्या प्रभाव पड़ रहा है?*

उत्तर–

(क) फागुन मास की शोभा ऐसी मोहक होती है कि कवि की आँख उस पर से हटती नहीं है। कहीं सर-सराती, फड़-फड़ाती हवा चल रही है। कहीं डालियाँ पत्तों से भर गई हैं, कहीं सुगंधित फूलों की बहार छा गई है। सब ओर शोभा छा गई है।

(ख) फागुन में वर्षा ऋतु होती है। उस समय आकाश में बादल घुमड़ते हैं। हवाएँ फरफराती हैं। सब ओर सुगंधित फल-फूल खिल उठते हैं।

(ग) फागुन में मानव के तन पर मस्ती छा जाती है।

प्रश्न *(Set-II)*–

1. **इसमें किस ऋतु का वर्णन है?**
   (क) वर्षा (ख) सावन (ग) फागुन (घ) शीत
2. **आँख किस पर से नहीं हटती?**
   (क) फागुन से (ख) वसंत से (ग) प्रकृति से (घ) शोभा-श्री से
3. **फागुन का पक्षियों पर क्या प्रभाव होता है?**
   (क) वे प्रसन्न हो उठते हैं। (ख) वे साँस लेने लगते हैं।
   (ग) वे आकाश में फड़फड़ाने लगते हैं। (घ) वे व्याकुल होकर शोर मचाने लगते हैं।
4. **अनुप्रास अलंकार का एक उदाहरण छाँटिए–**
   (क) उड़ने को नभ में तुम (ख) पत्तों से लदी डाल
   (ग) घर-घर भर देते हो (घ) मंद-गंध-पुष्प-माल
5. **'*मंद-गंध-पुष्प-माल*' में किस प्रकार के शब्दों का प्रयोग हुआ है?**
   (क) विदेशी (ख) देशज (ग) तद्भव (घ) तत्सम

उत्तर– 1. (क) 2. (घ) 3. (ग) 4. (ग) 5. (घ)

IV. पाठ्यपुस्तक के प्रश्न-अभ्यास

(पृष्ठ 26-27)

उत्साह

☞**प्रश्न 1.** *कवि बादल से फुहार, रिमझिम या बरसने के स्थान पर 'गरजने' के लिए कहता है,* **क्यों?**

[Imp.] *[CBSE 2008, 2019]*

अथवा

कवि बादल को गरजने के लिए क्यों कहता है? *[CBSE 2017, 2019]*

अथवा

'उत्साह' कविता में कवि बादल को गरजने के लिए क्यों कहता है? बादल से कवि की अन्य अपेक्षाएँ क्या हैं? *[CBSE 2019]*

उत्तर—कवि बादलों को क्रांति का सूत्रधार मानता है। वह उससे पौरुष दिखाने की कामना करता है। इसलिए वह उसे गरजने-बरसने के लिए बुलाता है, न कि फुहार छोड़ने, रिमझिम बरसने या केवल बरसने के लिए। कवि तापों और दुखों को दूर करने के लिए क्रांतिकारी शक्ति की अपेक्षा करता है।

प्रश्न 2. कविता का शीर्षक उत्साह क्यों रखा गया है? *[CBSE 2017]*

उत्तर—कविता का शीर्षक 'उत्साह' इसलिए रखा गया है क्योंकि यह बादलों की गर्जन और उमड़न-घुमड़न से मेल खाता है। बादलों में भीषण गति होती है। उसी से वह धरती के ताप हरता है। कवि ऐसी ही गति, ऐसी ही भावना और शक्ति चाहता है।

☞**प्रश्न 3. कविता में बादल किन-किन अर्थों की ओर संकेत करता है?** *[CBSE 2015]*

उत्तर—कविता में बादल तीन अर्थों की ओर संकेत करता है—

1. जल बरसाने वाली शक्ति के रूप में
2. उत्साह और संघर्ष के भाव भरने वाले कवि के रूप में
3. पीड़ाओं का ताप हरने वाली सुखकारी शक्ति के रूप में।

प्रश्न 4. *शब्दों का ऐसा प्रयोग जिससे कविता के किसी खास भाव या दृश्य में ध्वन्यात्मक प्रभाव पैदा हो, नाद-सौंदर्य कहलाता है।* **उत्साह कविता में ऐसे कौन-से शब्द हैं जिनमें नाद-सौंदर्य मौजूद है, छाँटकर लिखें।**

उत्तर—निम्नलिखित शब्दों में नाद-सौंदर्य है—

- घेर घेर घोर गगन
- ललित ललित, काले घुँघराले,
  बाल कल्पना के-से पाले।

रचना और अभिव्यक्ति

प्रश्न 5. *जैसे बादल उमड़-घुमड़कर बारिश करते हैं वैसे ही कवि के अंतर्मन में भी भावों के बादल उमड़-घुमड़कर कविता के रूप में अभिव्यक्त होते हैं।* **ऐसे ही किसी प्राकृतिक सौंदर्य को देखकर अपने उमड़ते भावों को कविता में उतारिए।**

उत्तर—

लख ये काले-काले बादल
नील सिंधु में खिले कमल दल
हरित ज्योति चपला अति चंचल
सौरभ के रस के।।

छोड़ गए गृह जब से प्रियतम
बीते कितने दृश्य मनोरम
क्या मैं ऐसी ही हूँ अक्षम
जो न रहे बस के।।

पाठेतर सक्रियता

- *बादलों पर अनेक कविताएँ हैं।* **कुछ कविताओं का संकलन करें और उनका चित्रांकन भी कीजिए।**

उत्तर–सुमित्रानंदन की 'बादल' कविता पढ़ें तथा उसका संकलन करें।

अट नहीं रही है

प्रश्न 1. *छायावाद की एक खास विशेषता है अंतर्मन के भावों का बाहर की दुनिया से सामंजस्य बिठाना।* **कविता की किन पंक्तियों को पढ़कर यह धारणा पुष्ट होती है? लिखिए।**

उत्तर–छायावादी कविता प्रकृति के चित्रण द्वारा मन के भावों को व्यक्त करती है। इसका प्रमाण निम्नलिखित पंक्तियों में मिलता है–

आभा फागुन की तन
सट नहीं रही है।

यहाँ फागुन की शोभा का ही चित्रण नहीं है, अपितु लोगों के मन में उठी उमंग का भी चित्रण है।

कहीं साँस लेते हो,
घर-घर भर देते हो,
उड़ने को नभ में तुम
पर-पर कर देते हो।

यहाँ साँस-लेना, घर-घर भरना, नभ में उड़ने को पर-पर करना–तीनों स्थितियाँ फागुन और मानव-मन दोनों के लिए प्रयुक्त हुई हैं। यहाँ आकर फागुन और मानव-मन मानो एक हो गए हैं। जो फागुन के तन से प्रकट हो रहा है, वही मानव-मन से प्रकट हो रहा है।

☞**प्रश्न 2. कवि की आँख फागुन की सुंदरता से क्यों नहीं हट रही है?** **[Imp.]** [*CBSE 2019*]

अथवा

फागुन की सुंदरता में ऐसा अलग और अनोखा क्या है कि कवि की आँख उससे हट नहीं रही है। **'अट नहीं रही है' कविता के आधार पर बताइए।** [*CBSE 2022*]

उत्तर–फागुन बहुत मतवाला, मस्त और शोभाशाली है। उसका रूप-सौंदर्य रंग-बिरंगे फूलों, पत्तों और हवाओं में प्रकट हो रहा है। फागुन के कारण मौसम इतना सुहाना हो गया है कि उस पर से आँख हटाने का मन नहीं करता।

☞**प्रश्न 3. प्रस्तुत कविता में कवि ने प्रकृति की व्यापकता का वर्णन किन रूपों में किया है?** **[Imp.]** [*CBSE*]

उत्तर–कवि ने प्रकृति की सुंदरता की व्यापकता का वर्णन अनेक प्रकार से किया है। उसे हर जगह छलकता हुआ दिखाया है। घर-घर में फैला हुआ दिखाया है। कवि ने जान-बूझकर उसे किसी एक दृश्य में नहीं बाँधा है, बल्कि असीम दिखाया है। 'कहीं साँस लेते हो' का आशय है कि कहीं मादक हवाएँ चल रही हैं। घर-घर में भरने के भी अनेक रूप हैं। शोभा का भरना, फूलों का भरना, खुशी और उमंग का भरना। 'उड़ने को पर-पर करना' भी ऐसा सांकेतिक प्रयोग है जिसके विस्तृत अर्थ हैं। यह वर्णन पक्षियों की उड़ान पर भी लागू होता है और मन की उमंग पर भी। सौंदर्य से आँख न हटा पाना भी उसके विस्तार की झलक देता है।

प्रश्न 4. फागुन में ऐसा क्या होता है जो बाकी ऋतुओं से भिन्न होता है? [*CBSE*]

उत्तर–फागुन में वातावरण बहुत मीठा और सुहावना होता है। धरती पर सबसे अधिक फूल खिलते हैं। आसमान साफ-स्वच्छ होता है। पक्षियों के समूह आकाश में विहार करते दिखाई देते हैं। वृक्षों पर नए फूल-पत्ते उगते हैं। ये विशेषताएँ अन्य महीनों में नहीं होतीं।

प्रश्न 5. इन कविताओं के आधार पर निराला के काव्य-शिल्प की विशेषताएँ लिखिए।

उत्तर–छायावादी शिल्प की पहली विशेषता है–प्रकृति-चित्रण द्वारा मन के भावों को प्रकट करना। इस कविता में भी फागुन के द्वारा मन की मस्ती और उमंग का चित्रण किया गया है। 'घर-घर भर देते हो' में फूलों की शोभा की ओर भी संकेत है और मन में उठी खुशी की ओर भी।

छायावाद की दूसरी विशेषता है—मानवीकरण। कवि ने फागुन को नायक मानकर उससे वार्ता की है। उसे संबोधित करते हुए कहा है—

कहीं साँस लेते हो,
घर-घर भर देते हो।

छायावाद की तीसरी विशेषता है—गीति-शैली। इसमें भी गीत-शैली के सभी गुण हैं—संक्षिप्तता, अनुभूति, गेयता, प्रवाहपूर्ण भाषा।

छायावाद की सबसे बड़ी विशेषता है—सांकेतिकता। छायावादी शब्द में शब्द से परे बहुत कुछ ध्वनित होता है। यह विशेषता इस कविता में भी है।

संस्कृतनिष्ठ लघु-लघु शब्दों का प्रयोग भी छायावादी शिल्प की विशेषता है जो इस कविता में स्पष्ट दिखाई देती है।

रचना और अभिव्यक्ति

प्रश्न 6. होली के आसपास प्रकृति में जो परिवर्तन दिखाई देते हैं, उन्हें लिखिए।

उत्तर—होली के आसपास वसंत ऋतु होती है। सभी पेड़-पौधे पुराने पत्ते गिरा देते हैं तथा नए-नए पत्ते धारण करते हैं। खेतों में सरसों फूल उठती है। हर तरफ पीले फूल दिखाई देते हैं।

पाठेतर सक्रियता

- **फागुन में गाए जाने वाले गीत जैसे होरी, फाग आदि गीतों के बारे में जानिए।**

उत्तर—मिला बन में मुरलिया वाला सखी मिला बन में मुरलिया वाला।
सखी कोई कहे देखो मोहन है आए, कोई कहे नन्दलाला।
सखी मिला बन में मुरलिया वाला।
सखी धर पिचकारी खड़े ग्वाल सब कोई धरे हैं गुलाला।
सखी मिला बन में मुरलिया वाला।
सखी मोरी साड़ी मेरो तन-मन भिगोए देखो नन्द के लाला।
सखी मिला बन में मुरलिया वाला।

V. अन्य महत्त्वपूर्ण परीक्षोपयोगी प्रश्नोत्तर

प्रश्न 1. *'उत्साह' कविता में सुंदर कल्पना और क्रांति-चेतना दोनों हैं,* **कैसे?** *[CBSE 2019]*

उत्तर—'उत्साह' कविता में बादलों का अत्यंत सुंदर और क्रांतिकारी रूप प्रदर्शित किया गया है। बादलों को काले घुँघराले केशों वाला, नवजीवन की शक्तियों वाला नायक कहा गया है। शब्द उत्साह और सुंदरता दोनों से लबरेज हैं। देखिए—

ललित ललित, काले घुँघराले
बाल कल्पना के-से पाले

जहाँ तक क्रांति-चेतना की बात है— देखिए

वज्र छिपा, नूतन कविता
फिर भर दो—
बादल, गरजो!

बादलों के गर्जन-तर्जन में ही क्रांति की चेतना है।

प्रश्न 2. *"कवि निराला ने बादलों को बाल-कल्पना के से काले"* **क्यों कहा है? स्पष्ट कीजिए।** *[CBSE 2014]*

उत्तर—बादलों का रूप-आकार बालकों के बालों के समान काला और घुँघराला होता है। उनके घनघोर रूप को दिखाने के लिए यह उपमा दी गई है।

प्रश्न 3. *उत्साह कविता में बादल के माध्यम से कवि निराला के जीवन की झलक मिलती है।* **इस कथन से आप कितने सहमत/असहमत हैं? तर्क सहित उत्तर दीजिए।** *[CBSE 2015]*

उत्तर–'उत्साह' कविता में बादल का ओजस्वी रूप प्रकट हुआ है। बादल घुँघराले हैं। उनमें घुमड़न है, जोश है, बिजली है और सौंदर्य है। निराला का जीवन भी जोश, सौंदर्य और पौरुष से भरा था। एक प्रकार से ये बादल उनके जीवन का प्रतिबिंब हैं।

प्रश्न 4. "अट नहीं रही है"–कविता के आधार पर *"उड़ने को नभ में तुम पर-पर कर देते हो"* का आशय स्पष्ट कीजिए। [*CBSE 2015*]

उत्तर–फागुन के आते ही मस्त हवाएँ चलने लगती हैं जिनके कारण वृक्षों के पत्ते फड़फड़ाने लगते हैं।

प्रश्न 5. *"पत्तों से लदी डाल, कहीं हरी, कहीं लाल"* पंक्ति में किस ऋतु और महीने की शोभा का वर्णन है? इस पंक्ति का भाव अपने शब्दों में पठित कविता के आधार पर लिखिए। [*CBSE 2015*]

उत्तर–इस पंक्ति में फागुन मास और वर्षा ऋतु का वर्णन है। भाव यह है कि फागुन मास में वृक्षों की डालियाँ पत्तों से लद जाती हैं। वे पत्तियाँ कहीं लाल हैं तो कहीं हरी।

प्रश्न 6. फागुन की मस्ती का मानव-मन पर क्या प्रभाव पड़ता है? 'अट नहीं रही है' कविता के आधार पर लिखिए। [*CBSE 2015*]

अथवा

'अट नहीं रही है' कविता के आधार पर लिखिए कि 'फागुन' का व्यक्ति के मन मस्तिष्क पर क्या प्रभाव पड़ता है? [*CBSE 2022*]

उत्तर–फागुन की मस्ती के कारण मानव का मन नाच उठता है। उसका मन करता है कि वह भी आकाश में उड़े और हवाओं के साथ विहार करे। प्रकृति की शोभा देखकर वह अपनी आँखें बंद नहीं करना चाहता। वह उसे नित निहारना चाहता है।

प्रश्न 7. फागुन मास की ऋतु का नाम लिखकर उसकी प्रमुख विशेषताओं का उल्लेख कीजिए। [*CBSE 2014*]

उत्तर–फागुन मास में वर्षा ऋतु होती है। उस समय बादल घिर आते हैं। हवाएँ सर-सर करके बहती हैं। वृक्षों की डालियाँ और पत्ते फड़फड़ाने लगते हैं। नए लाल पत्ते उग आते हैं। चारों ओर मस्ती ही मस्ती छा जाती है।

☞प्रश्न 8. 'उत्साह' कविता में *'नवजीवन वाले'* किसे कहा गया है और क्यों? **[Imp.]**

उत्तर–'उत्साह' कविता में 'नवजीवन वाले' विशेषण दो शब्दों के साथ लगा है–बादलों के साथ तथा कवि के साथ। बादलों को नवजीवन वाले इसलिए कहा गया है क्योंकि वे वर्षा करके मुरझाई-सी धरती में नया जीवन फूँक देते हैं। वे धरती को उपजाऊ बना देते हैं और गर्मी से मुक्ति दिलाते हैं।

कवि को 'नवजीवन वाले' इसलिए कहा गया है क्योंकि वह उत्साह का संचार करके निराश-हताश लोगों के जीवन में नई उमंग भरता है।

प्रश्न 9. 'अट नहीं रही है' कविता का क्या संदेश है? [*CBSE 2017*]

उत्तर–इस कविता का संदेश प्रकृति के उल्लास को प्रकट करना है और जीवन को नए रंग और उमंग से भर देना है। कवि वसंत की सुंदरता को दिखाकर मनुष्य के भावों में नए-नए रंग लाना चाहता है, उनमें नया उत्साह भरना चाहता है।

प्रश्न 10. 'उत्साह' कविता में कवि ने बादल के किन रूपों की चर्चा की है? स्पष्ट करके लिखिए। [*CBSE 2022*]

अथवा

किस कविता में कवि ने बादलों के विविध रूपों का चित्रण किया है? उनका वर्णन अपने शब्दों में कीजिए। [*CBSE 2012*]

उत्तर–इस कविता में कवि ने बादल के तीन रूपों की चर्चा की है–

1. कल्पनाओं के समान घने, काले, सुंदर और घुमड़ते बादल।
2. नव-उमंग और वज्र-शक्ति से भरपूर कविता जैसे बादल।
3. प्यासी धरती पर करुणा-जल बरसाने वाले बादल।

प्रश्न 11. प्रकृति की शोभा-श्री फागुन में कैसे अपना रंग-रूप बदलती है? 'अट नहीं रही है' कविता के आधार पर लिखिए। [*CBSE 2022*]

अथवा

'अट नहीं रही है' कविता में प्रकृति में परिवर्तन के जो दृश्य कवि को मंत्रमुग्ध कर रहे हैं, उनका वर्णन अपने शब्दों में कीजिए। [*CBSE 2020*]

उत्तर– फागुन में प्रकृति की शोभा नित्य अपना रंग-रूप सँवार लेती है। हवा सुगंधित हो उठती है। रंग-बिरंगे फूल खिल उठते हैं। वातावरण की मादकता के कारण पक्षी पंख फड़फड़ाकर उड़ने लगते हैं। वृक्षों में नए पत्ते और फल-फूल उग आते हैं।

प्रश्न 12. यदि 'उत्साह' कविता को कोई अन्य शीर्षक देना हो तो आप क्या शीर्षक देना चाहेंगे और क्यों? *[CBSE 2022]*

उत्तर– 'बादल गरजो'

क्यों– यह कविता बादलों को संबोधित है। कवि बादलों को क्रांति का प्रतीक मानता है तथा उसकी गर्जन का आह्वान करना चाहता है।

VI. बहुविकल्पी प्रश्नोत्तर

निम्नलिखित प्रश्नों के सही उत्तर वाले विकल्प चुनिए–

1. *'बादल गरजो' में कवि बादल को गरजने के लिए क्यों कह रहा है?*
   (क) लोगों को डराने के लिए।
   (ख) धरती की प्यास बुझाने और दुष्टों को डराने के लिए
   (ग) बरसने के लिए
   (घ) जो गरजते हैं, वे बरसते नहीं।
2. *'नवजीवन वाले' किसे कहा गया है?*
   (क) बादल को (ख) कवि को (ग) ईश्वर को (घ) धरती को
3. *धरा क्यों तप्त थी?*
   (क) दुखों के कारण (ख) जलमय होने के कारण
   (ग) पानी की प्यास के कारण (घ) दुष्टों के पापों के कारण
4. *'अट नहीं रही है' में किसका वर्णन है?*
   (क) वर्षा का (ख) शरद ऋतु का (ग) सावन का (घ) फागुन मास का।

उत्तर– 1. (ख) 2. (ख) 3. (ग) 4. (घ)

प्रश्न-अभ्यास

प्रश्न 1. बादलों की गर्जना का आह्वान कवि क्यों करना चाहता है? 'उत्साह' कविता के आधार पर स्पष्ट कीजिए। *[CBSE 2018]*

प्रश्न 2. 'उत्साह' कविता में कवि बादलों से क्या अनुरोध करता है? *[CBSE 2017]*

प्रश्न 3. 'उत्साह' कविता का शीर्षक सार्थक है–सहमति में तर्क लिखिए। *[CBSE 2020]*

प्रश्न 4. 'अट नहीं रही है' कविता में चित्रित फागुन के सौंदर्य के विभिन्न चित्र अपने शब्दों में प्रस्तुत कीजिए। *[CBSE 2012]*

प्रश्न 5. 'अट नहीं रही है' कविता के आधार पर फागुन के सौंदर्य का चित्रण कीजिए जिसके आधार पर उसे अन्य ऋतुओं से भिन्न समझा जाता है।

प्रश्न 6. 'अट नहीं रही है' कविता के शीर्षक की सार्थकता पर विचार कीजिए।।

प्रश्न 7. 'अट नहीं रही है' कविता के आधार पर वसंत ऋतु की शोभा का वर्णन कीजिए।

5. नागार्जुन

I. कवि-परिचय

प्रश्न–कविवर नागार्जुन का जीवन-परिचय देते हुए उनकी काव्यगत विशेषताओं की समीक्षा कीजिए।

उत्तर–जीवन-परिचय–नागार्जुन का वास्तविक नाम वैद्यनाथ मिश्र 'यात्री' है। नागार्जुन उनका उपनाम है। उनका जन्म बिहार के दरभंगा ज़िले में स्थित सतलखा गाँव में सन् 1911 में हुआ। उनकी प्रारंभिक शिक्षा स्थानीय संस्कृत पाठशाला में हुई। उच्च शिक्षा ग्रहण करते समय उनकी रुचि राजनीति और साहित्य में बढ़ने लगी। सन् 1936 में वे श्रीलंका गए। वहाँ उन्होंने बौद्ध धर्म की दीक्षा ली। 1938 में वे भारत लौट आए। उन्हें घुमक्कड़ी का बचपन से शौक था। उन्होंने अनेक बार भारत-भ्रमण किया। वे स्वभाव से फक्कड़ थे। अतः कहीं भी टिककर कार्य नहीं किया। उन्होंने मैथिली और हिंदी–दोनों भाषाओं में रचनाएँ कीं। 1935 में दीपक (हिंदी मासिक पत्र) और 1942-43 में विश्वबंधु (साप्ताहिक) का संपादन किया। राजनीतिक गतिविधियों में सक्रिय होने के कारण उन्हें कई बार कारागृह भी जाना पड़ा। जहाँ धर्म के क्षेत्र में उनका संपर्क बौद्ध धर्म से हुआ, वहाँ राजनीति और विचारधारा के क्षेत्र में वे साम्यवाद से प्रभावित रहे। सन् 1998 में वे परलोक वासी हो गए।

रचनाएँ–नागार्जुन की मुख्य काव्य-कृतियाँ हैं–युगधारा, प्यासी पथराई आँखें, सतरंगे पंखों वाली, तालाब की मछलियाँ, हज़ार-हज़ार बाँहों वाली, तुमने कहा था, पुरानी जूतियों का कोरस, आखिर ऐसा क्या कह दिया मैंने, रत्नगर्भा, ऐसे भी हम क्या ऐसे भी तुम क्या, मैं मिलटरी का बूढ़ा घोड़ा, भस्माकुर (खंड काव्य) आदि। उन्होंने उपन्यास भी लिखे।

काव्यगत विशेषताएँ–नागार्जुन प्रगतिवादी काव्यधारा के प्रमुख कवि हैं। वे धरती, जनता और श्रम के गीत गाने वाले संवेदनशील कवि हैं। उन्होंने अपने काव्य में जन-भावनाओं को वाणी दी है; धरती की शुद्ध अनुभूति को स्वर दिया है। उनका जन-प्रेम ड्राइंगरूम में बैठकर टसुए बहाने वाला नहीं है, न ही प्रकृति-प्रेम केवल फूल-पत्तियों तक सीमित है। उन्होंने यथार्थ में इन अनुभूतियों को भोगा है, जिया है। उन्होंने पारिवारिक स्नेह को भी सुंदर शब्दों में व्यक्त किया है। दाँत निकालते शिशु की मुसकान पर मुग्ध होकर वे लिखते हैं–

तुम्हारी यह दंतुरित मुसकान
मृतक में भी डाल देगी जान।

नागार्जुन युगधर्म के कवि हैं। उन्होंने युग की आवाज़ को उठाने के लिए जन-आंदोलन की कविताएँ भी लिखी हैं। ऐसी कविताओं को 'पोस्टर कविता' कहा जाता है।

भाषा-शैली–नागार्जुन संस्कृत पाठशाला से पढ़े थे, इसलिए उनकी भाषा में संस्कृत शब्दों की अधिकता होना स्वाभाविक है। नागार्जुन की भाषा सहज-स्वाभाविक है। उन्होंने खड़ी बोली के लोक-प्रचलित रूप को अपनाया है। वे अलंकारों, प्रतीकों या अन्य काव्य-गुणों के फेर में नहीं पड़े। उनकी अभिव्यक्ति एकदम स्पष्ट, यथार्थ और ठोस है। व्यंग्य उनकी भाषा की जान है। डॉ. *रामविलास शर्मा* कहते हैं–*"भारतेंदु और बालमुकुंद गुप्त ने हमारे साहित्य में जो व्यंग्य और जिंदादिली पैदा की, नागार्जुन उसके समर्थ प्रतिनिधि हैं।"*

II. कविता का सार

यह दंतुरित मुसकान

यह कविता वात्सल्य रस की है। इसमें दाँत निकालते एक शिशु की मुसकान का मनमोहक चित्रण हुआ है। कवि बच्चे की मुसकान पर मुग्ध होकर कहता है कि उसकी मुसकान मुर्दे में भी जान डालने वाली है। उसके धूल से सने शरीर को देखकर लगता है कि मानो झोंपड़ी में कमल खिल उठे हों और बाँस-बबूल के पेड़ों से शेफालिका के फूल झरने लगे हों। उसकी मुसकान को देखकर पत्थर भी पिघलकर जलधारा बन जाए।

दाँत निकालते शिशु ने पहली बार में कवि को नहीं पहचाना। परंतु जब उसकी माँ ने उसे कवि से परिचित कराया तो वह पहले तो कवि को कनखियों से देखने लगा। फिर नज़रें मिलने पर मुसकराने लगा। उसकी मुसकराहट सचमुच प्राणवान थी।

फसल

फसल नामक कविता में कवि ने हवा, पानी, भूमि, धूप और मानव-श्रम के योगदान पर प्रकाश डाला है। कवि कहता है कि फसलों के उगने में किसी एक भूमि का नहीं, बल्कि सभी भूमियों की भिन्न-भिन्न मिट्टियों का योगदान है। इनके उगने में सभी नदियों के जल का तथा करोड़ों किसानों के श्रम का योगदान है। ये फसलें सूर्य की धूप और हवा की थिरकन पाकर फलती-फूलती हैं।

III. अर्थग्रहण तथा सराहना संबंधी प्रश्नोत्तर

यह दंतुरित मुसकान

प्रश्न–निम्नलिखित पद्यांशों से संबंधित प्रश्नों के उत्तर दीजिए–

☞ 1 तुम्हारी यह दंतुरित मुसकान
मृतक में भी डाल देगी जान
धूलि-धूसर तुम्हारे ये गात…
छोड़कर तालाब मेरी झोंपड़ी में खिल रहे जलजात
परस पाकर तुम्हारा ही प्राण,
पिघलकर जल बन गया होगा कठिन पाषाण
छू गया तुमसे कि झरने लग पड़े शेफालिका के फूल
बाँस था कि बबूल? **[V. Imp.]** *(पृष्ठ 30-31)*

शब्दार्थ : **दंतुरित**–नए-नए दाँतों वाली, निकलते हुए दाँतों वाली। **मृतक**–मरा हुआ, बेजान, मुरदा। **धूलि-धूसर गात**–धूल-मिट्टी से सने हुए अंग। **जलजात**–कमल का फूल। **परस**–स्पर्श, छुअन। **प्राण**–जीवन। **पाषाण**–पत्थर। **शेफालिका**–एक पौधे का नाम। **बबूल**–एक काँटेदार पेड़।

भावार्थ–कवि दाँत निकालते नन्हे शिशु पर मुग्ध होकर कहता है–ओ नन्हे-नन्हे उगते दाँतों वाले शिशु! तुम्हारी मुसकान इतनी मनमोहक है कि यह मुर्दे में भी जान डाल सकती है। अगर कोई उदास-निराश, बेजान मनुष्य भी तुम्हारी इस मुसकान को देख ले तो वह प्रसन्नता से खिल उठे। तुम्हारे धूल से सने शरीर को देखता हूँ तो ऐसा लगता है मानो कमल के फूल तालाब में नहीं, बल्कि मेरी झोंपड़ी में खिल उठे हों। आशय यह है कि तुम्हारे धूल-सने शरीर को देख मन कमल के समान खिल उठता है।

ओ शिशु! तुम ऐसे प्राणवान हो कि लगता है, जैसे तुम्हें छूकर ही ये चट्टानें पिघलकर जलधारा बन गई होंगी। आशय यह है कि बच्चे की मुसकान में मनुष्य को पिघला देने की शक्ति है। इस शिशु के सामने चाहे बाँस का पेड़ हो या बबूल का काँटेदार वृक्ष, शेफालिका के फूल बरसाने लगता है। आशय यह है कि बच्चे की मधुर मुसकान को देखकर कठोर-से-कठोर मानव सरस हो उठते हैं।

प्रश्न *(Set I)*– *[CBSE 2015]*

(क) *बच्चे की मुसकान मृतक में भी जान कैसे डाल देती है?*

(ख) *दंतुरित मुसकान किसे कहा जाता है?*

(ग) *'पिघलकर जल बन गया होगा कठिन पाषाण' पंक्ति का आशय स्पष्ट कीजिए।*

(घ) *छंद की दृष्टि से यह कैसी कविता है?*

(ङ) *'परस पाकर तुम्हारा ही प्राण' पंक्ति में कौन-सा अलंकार है?*

उत्तर–

(क) बच्चे की मुसकान इतनी मनमोहक है कि उसे देखकर मृतक के शरीर में भी जान आ जाती है।

(ख) ऐसे बच्चे का मुसकराना जिसके अभी-अभी दाँत निकल रहे हैं।

(ग) बच्चे की मुसकान देखकर पत्थर जैसा कठोर मनुष्य भी जल के समान तरल अर्थात् भावुक हो जाता है।

(घ) मुक्त छंद कविता।

(ङ) अनुप्रास।

प्रश्न *(Set-II)*–

1. यह कविता किसे संबोधित है?

(क) पत्नी को (ख) प्रेमिका को
(ग) बच्ची को (घ) दाँत निकालते बच्चे को

2. यह कविता किस रस से संबंधित है?

(क) शृंगार (ख) भक्ति (ग) वात्सल्य (घ) शांत

3. क्या देखकर मुर्दे में भी जान आ जाती है?

(क) तालाब में कमल खिलते देखकर (ख) शेफालिका के फूल झरते देखकर
(ग) पाषाण के नीचे झाँकते जल को देखकर (घ) दाँत निकालते बच्चे की मुस्कान देखकर

4. निम्नलिखित में कौन-सा अलंकार है?

परस पाकर तुम्हारा ही प्राण
पिघलकर जल बन गया होगा कठिन पाषाण।

(क) उपमा (ख) उत्प्रेक्षा (ग) मानवीकरण (घ) रूपक

5. पाषाण क्यों जल बन गया होगा?

(क) बच्चे की मनमोहक मुस्कान देखकर (ख) मुस्कराते बच्चे का स्पर्श पाकर
(ग) झोंपड़ी में कमल के फूल देखकर (घ) प्रकृति के अनुपम सौंदर्य को देखकर।

उत्तर– 1. (घ) 2. (ग) 3. (घ) 4. (ख) 5. (ख)

2 तुम मुझे पाए नहीं पहचान?
देखते ही रहोगे अनिमेष!
थक गए हो?
आँख लूँ मैं फेर?
क्या हुआ यदि हो सके परिचित न पहली बार?

यदि तुम्हारी माँ न माध्यम बनी होती आज
मैं न सकता देख
मैं न पाता जान
तुम्हारी यह दंतुरित मुसकान *(पृष्ठ 31)*

शब्दार्थ : **अनिमेष**–बिना पलक झपकाए, लगातार, एकटक। **परिचित**–जाना-पहचाना। **माध्यम**–सहारा, दो को मिलाने वाला।

भावार्थ–कवि अपनी ओर एकटक निहारते शिशु को देखकर कहता है–अरे! तुम मुझे इस तरह एकटक देखे जा रहे हो। समझ गया, तुम मुझे पहचान नहीं पाए हो। परंतु क्या तुम मुझे इस तरह लगातार अपलक देखते ही रहोगे? कहीं ऐसा तो नहीं कि तुम थक गए हो। इसलिए हिलना-डुलना छोड़कर एकटक देखने लगे हो। अच्छा, अच्छा! क्या तुम चाहते हो कि मैं अपनी आँखें फेर लूँ। तुम्हें इस तरह न देखूँ?

कवि कहता है–कोई बात नहीं। अगर तुम मुझे पहली बार में नहीं पहचान पाए, तो कोई बात नहीं। मगर यदि तुम्हारी माँ ने हम दोनों को आपस में न मिलाया होता तो आज मैं तुम्हारी यह दंतुरित मुसकान न देख पाता। न ही तुम्हारी इस मनमोहक रूप-छवि के बारे में जान पाता।

प्रश्न *(Set-I)*–

(क) *बच्चे की किस अदा पर कवि कहता है–'तुम मुझे पाए नहीं पहचान'?*

(ख) *कवि को क्यों कहना पड़ा*–देखते ही रहोगे अनिमेष!
थक गए हो?
आँख लूँ मैं फेर?

(ग) *शिशु कवि को क्यों नहीं पहचान पाया?*

(घ) *शिशु ने कवि को किस प्रकार पहचाना?*

(ङ) *'दंतुरित मुसकान' में कौन-सा बिंब है?*

उत्तर–

(क) शिशु अनजान कवि को पहली बार सामने पाकर उसे एकटक निहारने लगा। उसकी आँखों में अपरिचय और उत्सुकता का भाव था। शिशु की इस मोहक अदा पर कवि ने ये शब्द कहे।

(ख) नव-शिशु कवि को न पहचान पाने के कारण एकटक देखे जा रहा था। कवि को लगा कि कहीं यह थका हुआ तो नहीं, जिस कारण इसने हिलना-डुलना बंद कर दिया हो। फिर मन में यह भाव भी आया कि कहीं शिशु कवि को एकटक निहारता देखकर असमंजस में तो नहीं पड़ गया। तभी कवि ने उसे ये शब्द कहे।

(ग) शिशु ने कवि को पहली बार देखा था। सो, वह उसे पहचान नहीं पाया।

(घ) शिशु की माँ ने शिशु को कवि से परिचित कराया। तभी वह मुसकराया और कवि से हिल-मिल गया।

(ङ) चाक्षुष या दृश्य।

प्रश्न *(Set-II)*–

1. *'अनिमेष'* का अर्थ स्पष्ट कीजिए–

(क) आँख झपकाकर (ख) आँखें मूँदकर

(ग) पलकें खोलकर (घ) बिना पलक झपकाए

2. बच्चा कवि को पहचान क्यों नहीं पाया?

(क) कवि बच्चे से पहली बार मिला। (ख) बच्चे को पहचान नहीं है।

(ग) बच्चे की घूरने की आदत है। (घ) अकारण

3. बच्चे को पिता से किसने मिलाया?

(क) कवि की माँ ने (ख) बच्चे की माँ ने (ग) कवि के चित्र ने (घ) दंतुरित मुस्कान ने

4. **बच्चा कवि को अपलक क्यों निहार रहा था?**

(क) वह पिता से बच रहा था। (ख) वह पिता से अनजान था।

(ग) वह पिता से परिचय पाने के प्रयत्न में था। (घ) वह संकोच में था।

5. **इस काव्यांश में कौन-सा रस है?**

(क) वात्सल्य (ख) भक्ति (ग) शांत (घ) श्रृंगार

उत्तर– 1. (घ) 2. (क) 3. (ख) 4. (ग) 5. (क)

2A तुम्हारी यह दंतुरित ....

.... पाता जान (*पृष्ठ 30-31*) [*CBSE 2023, 2020*]

प्रश्न–

1. **काव्यांश में बच्चे की मुस्कान कैसी बताई गई है?**

(I) मासूम और दूधिया दाँतों को दिखाती

(II) कठोर से कठोर व्यक्ति में भी कोमलता के भाव उत्पन्न कर देने वाली

(III) निराश व्यक्ति के मन में भी उत्साह जगाने वाली

उपर्युक्त में सर्वाधिक उपयुक्त उत्तर वाला विकल्प है–

(क) केवल (I) (ख) केवल (I) और (III)

(ग) केवल (II) और (III) (घ) (I), (II) और (III) सभी

2. **कवि ने नवजात शिशु की तुलना किससे की है?**

(क) कमल के पुष्पों से (ख) शेफालिका के पुष्पों से

(ग) बाँस के पुष्पों से (घ) बबूल के पुष्पों से

3. *"कवि को बच्चा अपरिचय की दृष्टि से एकटक देख रहा है।"* - **यह भाव काव्यांश की किन पंक्तियों में व्यक्त हुआ है?**

(क) क्या हुआ यदि हो सके परिचित न पहली बार?

(ख) तुम मुझे पाए नहीं पहचान? देखते ही रहोगे अनिमेष!

(ग) थक गए हो? आँख लूँ मैं फेर?

(घ) परस पाकर तुम्हारा ही प्राण, पिघलकर जल बन गया होगा कठिन पाषाण

4. **प्रस्तुत काव्यांश का मूल भाव है–**

(क) मातृत्व (ख) वात्सल्य (ग) प्रेम (घ) उम्मीद

5. **'*शेफालिका*' के फूलों की क्या विशेषता होती है?**

(क) बच्चे उनके प्रति आकर्षित रहते हैं। (ख) मज़बूती से डालियों में लगे रहते हैं।

(ग) उनको कोई भी तोड़ नहीं पाता है। (घ) हल्की हवा से भी झरने लगते हैं।

उत्तर– 1. (घ) 2. (क) 3. (ख) 4. (ख) 5. (घ)

3 धन्य तुम, माँ भी तुम्हारी धन्य!
चिर प्रवासी मैं इतर, मैं अन्य!
इस अतिथि से प्रिय तुम्हारा क्या रहा संपर्क
उँगलियाँ माँ की कराती रही हैं मधुपर्क
देखते तुम इधर कनखी मार
और होतीं जब कि आँखें चार
तब तुम्हारी दंतुरित मुसकान
मुझे लगती बड़ी ही छविमान! (*पृष्ठ 31*)

शब्दार्थ : **धन्य**–सम्मान के योग्य। **चिर प्रवासी**–लंबे समय तक घर के बाहर दूर देश में रहने वाला। **इतर**–अन्य, अलग, दूसरा। **संपर्क**–संबंध। **मधुपर्क**–दही, घी, शहद, जल और दूध के मिश्रण से बना पेस्ट, जिसे पंचामृत कहा जाता है, आत्मीयता से भरा वात्सल्य। **कनखी मार**–तिरछी निगाह से देखकर आँखें हटा लेना। **आँखें चार होना**–प्यार होना। **छविमान**–बहुत सुंदर।

भावार्थ–कवि नए दाँतों वाले शिशु को संबोधित करके कहता है–तुम अपनी मोहक छवि के कारण धन्य हो। तुम्हारी माँ भी तुम्हें जन्म देकर और तुम्हारी सुंदर रूप-छवि देखने के कारण धन्य है। एक मैं हूँ, जो लगातार लंबी यात्राओं के कारण तुम दोनों से अलग कुछ पराया हो गया हूँ। मैं तुम दोनों की प्यारी दुनिया से पृथक् 'अन्य' व्यक्ति-सा हो गया हूँ।

ठीक भी है प्रिय शिशु! मुझ मेहमान से तुम्हारा संबंध-संपर्क ही कितना है! बहुत कम। यह तो तुम्हारी माँ है जो तुम्हें अपनी उँगलियों से मधुपर्क चटाती रहती है और वात्सल्य-भरा प्यार देती रहती है। तुम जब तिरछी नज़र से मुझे देखकर अपना मुँह फेर लेते हो; और उसके बाद तुमसे आँखें मिलती हैं। तुम्हारा-मेरा स्नेह प्रकट होता है, तब तुम मुसकरा पड़ते हो। सच कहूँ, तुम्हारे उगते हुए दाँतों वाली तुम्हारी मुसकान मुझे बहुत सुंदर लगती है। मैं उस मुसकान पर मुग्ध हो जाता हूँ।

प्रश्न *(Set-I)*– *(CBSE 2014)*

(क) *कवि को बच्चे की दंतुरित मुसकान कब और छविमान लगती है और कैसे?*

(ख) *कवि स्वयं को अतिथि क्यों बताता है तथा शिशु को संबोधित करके क्या कहता है?*

उत्तर–

(क) जब बच्चा कवि को देखकर पहले मुँह फेरता है; फिर चोर नज़रों से उसे निहारने पर उसकी आँखें कवि से मिल जाती हैं, तो बच्चे की मुसकान और भी अधिक सुंदर हो जाती है।

(ख) कवि घुमक्कड़ है। वह बहुत समय बाद घर आया है और अब फिर जाने वाला है। इसलिए वह स्वयं को घर में 'अतिथि' बताता है। वह शिशु को संबोधित करके कहता है कि मैं तुम्हारे लिए अतिथि हूँ। तुम्हारी माँ ही तुम्हारा लालन-पालन कर रही है।

प्रश्न *(Set-II)*– *(CBSE 2023)*

1. **कवि '*धन्य तुम*' किसे कह रहा है और क्यों?**
   (क) पुत्र को, वात्सल्य के कारण
   (ख) किसी बच्चे को उसके सौंदर्य के कारण
   (ग) पत्नी को, प्रेम के कारण
   (घ) पाठक को, स्नेह के कारण
2. **कवि स्वयं को '*चिर प्रवासी*' क्यों कहता है?**
   (क) बालक से दूर रहने के कारण
   (ख) हमेशा घर से बाहर रहने के कारण
   (ग) लंबे समय से घर से बाहर रहने के कारण
   (घ) घर छोड़ देने के कारण
3. **लेखक शिशु के लिए '*अन्य*' क्यों है?**
   (क) अलगाव के कारण
   (ख) परिचय न होने के कारण
   (ग) कोई संबंध न होने के कारण
   (घ) परदेसी होने के कारण
4. **आँखें चार होना का अर्थ लिखिए।**
   (क) परिचय होना (ख) सामना होना (ग) प्रेम होना (घ) धुँधला दिखना
5. **'*दंतुरित मुसकान*' का क्या आशय है?**
   (क) बिना दाँतों वाली मुसकान
   (ख) वह मुसकान जिसमें सारे दाँत दिखाई देते हैं।
   (ग) उगते हुए दाँतों वाली मुसकान
   (घ) पहली-पहली मुसकान

उत्तर– 1. (क) 2. (ग) 3. (ख) 4. (ख) 5. (ग)

3A

क्या हुआ यदि हो सके परिचित न पहली बार?
यदि तुम्हारी माँ न माध्यम बनी होती आज
मैं न सकता देख
मैं न पाता जान
तुम्हारी यह दंतुरित मुसकान

धन्य तुम, माँ भी तुम्हारी धन्य!
चिर प्रवासी मैं इतर, मैं अन्य!
इस अतिथि से प्रिय तुम्हारा क्या रहा संपर्क
उँगलियाँ माँ की कराती रही हैं मधुपर्क
देखते तुम इधर कनखी मार
और होतीं जब कि आँखें चार
तब तुम्हारी दंतुरित मुसकान
मुझे लगती बड़ी ही छविमान! *[CBSE 2012] (पृष्ठ 31)*

प्रश्न–

(क) *काव्यांश के आधार पर लिखिए कि किसका परिचय किसके साथ नहीं है?*
(ख) *मधुपर्क से आप क्या समझते हैं?*
(ग) *कवि किसको धन्य मानता है और क्यों?*
(घ) *शिशु कवि को कनखियों से क्यों देखता है?*
(ङ) *कवि को किसकी मुसकान छविमान लगती है और क्यों?*

उत्तर–

(क) शिशु का परिचय अपने पिता (कवि) के साथ नहीं है।
(ख) दूध, दही, घी, शहद और जल के मिश्रण से बने रसीले खाद्य पदार्थ को 'मधुपर्क' कहते हैं।
(ग) कवि शिशु की माँ को धन्य मानता है।
क्यों–वह इस शिशु के अनंत सौंदर्य का सुख ले रही है।
(घ) शिशु कवि से परिचय बढ़ाना चाहता है किंतु अपरिचित होने के कारण उससे नज़रें चुराता है।
(ङ) कवि को अपने शिशु की मुसकान छविमान लगती है।
क्यों–उसकी नन्हीं-नन्हीं दंतुलियाँ आ गई हैं। इस कारण उसकी मुसकान बहुत मोहक लगने लगी है।

फसल

1 एक के नहीं
दो के नहीं
ढेर सारी नदियों के पानी का जादू:
एक के नहीं
दो के नहीं
लाख-लाख कोटि-कोटि हाथों के स्पर्श की गरिमा:
एक की नहीं
दो की नहीं
हज़ार-हज़ार खेतों की मिट्टी का गुण धर्म: *(पृष्ठ 31-32)*

शब्दार्थ : **कोटि**–करोड़। **स्पर्श**–छुअन। **गरिमा**–गौरव। **गुण धर्म**–स्वभाव और प्रभाव।

भावार्थ–नागार्जुन फसलों की महिमा पर प्रकाश डालते हुए कहते हैं–ये जो खेतों में फसलें फल-फूल रही हैं, इनमें एक नहीं, दो नहीं, अनेक नदियों का पानी समाया हुआ है। न जाने किस-किस पानी से सिंचकर ये फसलें तैयार हुई हैं। इन्हें तैयार करने में एक नहीं, दो नहीं, लाखों-लाखों, करोड़ों-करोड़ों लोगों के हाथों का स्पर्श मिला है। अर्थात न जाने कितने करोड़ किसानों-मज़दूरों ने इन्हें अपने हाथों से तैयार किया है। उन सबके श्रम का गौरव इन फसलों में है। न जाने कितने ही खेतों की मिट्टी का गुण और स्वभाव इन फसलों में आ गया है। आशय यह है कि ये फसलें पूरे देशवासियों की मेहनत का फल हैं।

प्रश्न *(Set I)*– [*CBSE 2015*]

(क) *प्रस्तुत काव्यांश किस भाषा में रचित है?*

(ख) *यह किस काल की रचना है?*

(ग) *भाषा की विशेषता बताइए।*

(घ) *कवि ने 'एक के नहीं, दो के नहीं' शब्दों का प्रयोग बार-बार क्यों किया है?*

(ङ) काव्यांश में प्रयुक्त अलंकार का नाम बताइए।

उत्तर–

(क) खड़ी बोली हिंदी।

(ख) आधुनिक काल।

(ग) प्रवाहमयी भाषा।

(घ) अपनी बात पर बल देने के लिए।

(ङ) पुनरुक्ति प्रकाश।

प्रश्न *(Set-II)*–

1. यह कविता किस शिल्प की है?

(क) गीत (ख) छंदबद्ध (ग) छंदमुक्त (घ) गद्य कविता

2. किसमें पुनरुक्ति प्रकाश अलंकार नहीं है–

(क) लाख-लाख (ख) हजार-हजार

(ग) कोटि-कोटि (घ) एक के नहीं दो के नहीं

3. *'पानी का जादू'* का क्या तात्पर्य है?

(क) पानी का प्रभाव (ख) पानी का रहस्य (ग) पानी का महत्त्व (घ) पानी का होना

4. फ़सल में किसका महत्त्व है?

(क) पानी (ख) परिश्रम (ग) मिट्टी (घ) इन सबका

5. फ़सल को उगाने में कितने लोगों ने योगदान दिया?

(क) किसानों ने (ख) ग्रामीणों ने

(ग) लाखों लोगों ने (घ) लाखों-करोड़ों किसानों ने

उत्तर– 1. (ग) 2. (घ) 3. (क) 4. (घ) 5. (घ)

2 फसल क्या है?
और तो कुछ नहीं है वह
नदियों के पानी का जादू है वह
हाथों के स्पर्श की महिमा है
भूरी-काली-संदली मिट्टी का गुण धर्म है
रूपांतर है सूरज की किरणों का
सिमटा हुआ संकोच है हवा की थिरकन का! *(पृष्ठ 32)*

शब्दार्थ : **जादू**–प्रभाव। **स्पर्श**–छूना, छुअन। **महिमा**–महत्त्व, प्रभाव। **संदली**–एक विशेष प्रकार की मिट्टी। **रूपांतर**–बदला हुआ रूप। **संकोच**–सिकुड़ना, सिमटना। **थिरकन**–नाचना, लहराना, थिरकना।

भावार्थ– कवि प्रश्न करता है–खेतों में उगी हुई ये फसलें आखिर क्या हैं? वह स्वयं उत्तर देता है कि ये फसलें और कुछ नहीं हैं, बल्कि पानी के अमृत-भरे प्रभाव से सिंचकर पुष्ट हुई हैं। इनमें नदियों का जादुई प्रभाव है। ये किसानों के हाथों का स्पर्श और श्रम पाकर इतनी फली-फूली हैं। आशय यह है कि इन फसलों में किसानों की मेहनत छिपी है। ये फसलें कहीं भूरी मिट्टी से उपजी हैं, कहीं काली मिट्टी से उपजी हैं तो कहीं संदली मिट्टी से उपजी हैं। आशय यह है कि इनमें अपनी-अपनी मिट्टी का गुण, स्वभाव, स्वाद और प्रभाव छिपा हुआ है। ये फसलें सूरज की किरणों का बदला हुआ रूप हैं। आशय यह है कि सूरज की किरणों ने ही इन्हें ऊष्मा देकर इस तरह का रूपाकार प्रदान किया है। हवाओं की थिरकन सिमट कर इन फ़सलों में समा गई है। आशय यह है कि इन्हें बड़ा करने में वायु का भी भरपूर योगदान है।

प्रश्न *(Set I)*– *(CBSE 2017)*

(क) *कवि फसल को किस-किस की देन मानता है?*

(ख) *'रूपांतर है सूरज की किरणों का' पंक्ति का आशय स्पष्ट कीजिए।*

(ग) *काव्यांश के कवि का नाम लिखिए।*

उत्तर–

(क) कवि फसल को पानी, खनिज पदार्थ, सूरज की किरण, हवा की थिरकन और मानवीय श्रम का मिला-जुला योगदान मानता है।

(ख) कवि मानता है कि फसलें और कुछ नहीं, सूरज की किरणों के ही बदले हुए रूप हैं। सूरज की किरणों ने ही विभिन्न पदार्थों के योग से इनका निर्माण किया है।

(ग) नागार्जुन।

प्रश्न *(Set II)*– *(CBSE 2023)*

1. **पद्यांश के आधार पर लिखिए कि फ़सल क्या है?**

   (क) प्रकृति और मानव के श्रम का प्रतिफल (ख) खेतों में उगने वाला अन्न आदि

   (ग) नदियों के पानी का जादू आदि (घ) खेतों की मिट्टी से उपजा अन्न आदि

2. **फ़सल उपजाने के उपजाऊ तत्व हैं–**

   (क) नदियों का जादू और मिट्टी (ख) हाथों के स्पर्श की महिमा

   (ग) सिमटा हुआ संकोच हवा की थिरकन का (घ) मिट्टी, पानी, सूर्य, हवा और श्रम

3. **मिट्टी के *'गुण-धर्म'* से क्या अभिप्राय है?**

   (क) मिट्टी के भिन्न-भिन्न प्रकार (ख) मिट्टी के भिन्न-भिन्न रंग

   (ग) मिट्टी की विशेषताएँ जो फ़सल उगाती हैं (घ) अलग-अलग प्रदेशों की मिट्टी से है

4. ***'हाथों के स्पर्श की महिमा है'* – से कवि का क्या अभिप्राय है?**

   (क) हाथों का प्यार पाकर फ़सल उगती है

   (ख) किसान का परिश्रम खेती को शस्य श्यामला बनाता है।

   (ग) हाथों का महान स्पर्श सर्वोत्तम होता है

   (घ) हाथों के स्पर्श की महिमा का गुणगान होता है

5. ***'रूपांतर है सूरज की किरणों का'* – का भाव है:**

   (क) सिमटा हुआ संकोच किरणों में समा जाता है

   (ख) सूरज की किरणों पर हवा थिरकती है और संकोच दूर होता है

   (ग) सूरज की किरणें हवा पर सवार हो नीचे आती हैं

   (घ) सूरज की ऊर्जा अन्न में परिवर्तित होकर हमें पोषित करती है

उत्तर– 1. (ग) 2. (घ) 3. (ग) 4. (ख) 5. (घ)

IV. पाठ्यपुस्तक के प्रश्न-अभ्यास

(पृष्ठ 32-33)

यह दंतुरित मुसकान

☞प्रश्न 1. बच्चे की दंतुरित मुसकान का कवि के मन पर क्या प्रभाव पड़ता है? **[Imp.]**

उत्तर–बच्चे की दंतुरित मुसकान को देखकर कवि का मन प्रसन्न हो उठता है। उसके उदास-गंभीर मन में जान आ जाती है। उसे ऐसे लगता है मानो उसकी झोंपड़ी में कमल के फूल खिल उठे हों। मानो पत्थर जैसे दिल में प्यार की धारा उमड़ पड़ी हो या बबूल के पेड़ से शेफालिका के फूल झरने लगे हों।

क्यों–बच्चे की निश्छलता और पिता की ममता के कारण ही कवि-मन इस तरह प्रभावित होता है।

प्रश्न 2. बच्चे की मुसकान और एक बड़े व्यक्ति की मुसकान में क्या अंतर है? *[CBSE 2012, 2017]*

उत्तर–बच्चे की मुसकान सरल, निश्छल, भोली और निष्काम होती है। उसमें कोई स्वार्थ नहीं होता। वह सहज-स्वाभाविक होती है। बड़ों की मुसकान कुटिल, अर्थपूर्ण, सोची-समझी, सकाम और सस्वार्थ होती है। वे तभी मुसकराते हैं, जबकि वे सामने वाले में कोई रुचि रखते हों। वे अपनी मुसकान को माप-तोलकर, कोई उद्देश्य पूरा करने के लिए, किसी को महत्त्व देने के लिए घटाते-बढ़ाते हैं। बड़ों की मुसकान उनके मन की स्वाभाविक गति न होकर लोक-व्यवहार का अंग होती है।

प्रश्न 3. कवि ने बच्चे की मुसकान के सौंदर्य को किन-किन बिंबों के माध्यम से व्यक्त किया है? *[CBSE 2012]*

उत्तर–कवि ने बच्चे की मुसकान के सौंदर्य को निम्नलिखित बिंबों के माध्यम से व्यक्त किया है–

1. बच्चे की मुसकान से मृतक में भी जान आ जाती है।
2. यों लगता है मानो झोंपड़ी में कमल के फूल खिल उठे हों।
3. यों लगता है मानो चट्टानें पिघलकर जलधारा बन गई हों।
4. यों लगता है मानो बबूल के पेड़ से शेफालिका के फूल झरने लगे हों।

प्रश्न 4. भाव स्पष्ट कीजिए–

☞(क) *छोड़कर तालाब मेरी झोंपड़ी में खिल रहे जलजात।* **[Imp.]**

उत्तर–इसका भावार्थ है–दाँत निकालते शिशु का धूल-से सना शरीर और उसकी निश्छल मुसकान देखकर कवि का मन प्रसन्न हो उठता है। ऐसे लगता है मानो उसकी झोंपड़ी में ही कमल के फूल खिल उठे हों। आशय यह है कि मन में बहुत उल्लास होता है।

☞(ख) *छू गया तुमसे कि झरने लग पड़े शेफालिका के फूल*
बाँस था कि बबूल? *[CBSE 2019]* **[Imp.]**

उत्तर–कवि कहता है–नव-शिशु की छुअन में रोमांच-भरी प्रसन्नता होती है। उसे छूते ही यों लगता है मानो बबूल और बाँस के पेड़ से शेफालिका के फूल झरने लगे हों। आशय यह है कि शिशु को छूने मात्र से रूखे और कठोर लोग भी सरसता अनुभव करने लगते हैं।

रचना और अभिव्यक्ति

प्रश्न 5. *मुसकान और क्रोध भिन्न-भिन्न भाव हैं।* **इनकी उपस्थिति से बने वातावरण की भिन्नता का चित्रण कीजिए।**

उत्तर–मुसकान मन की प्रसन्नता को प्रकट करने वाला भाव है। मुसकान से वातावरण में प्रसन्नता फैल जाती है। मुसकराने वाला तो प्रसन्न होता ही है सामने वाला भी मुसकान देखकर खुश हो जाता है।

क्रोध मन की उग्रता और अप्रसन्नता को प्रकट करने वाला भाव है। क्रोध प्रकट करने से वातावरण में तनाव उत्पन्न हो जाता है। क्रोधी व्यक्ति की आँखों से तो अंगारे निकलते ही हैं, जो भी इस क्रोध का सामना करता है वह भी अशांत हो जाता है।

प्रश्न 6. दंतुरित मुसकान से बच्चे की उम्र का अनुमान लगाइए और तर्क सहित उत्तर दीजिए।

उत्तर–इस कविता से यह अनुमान लगता है कि वह बच्चा 8-9 महीने का रहा होगा। लगभग इसी उम्र में बच्चे के दाँत निकलना शुरू होते हैं।

प्रश्न 7. बच्चे से कवि की मुलाकात का जो शब्द-चित्र उपस्थित हुआ है, उसे अपने शब्दों में लिखिए।

उत्तर–कवि दाँत निकालते बच्चे से मिला तो प्रसन्न हो उठा। शिशु की भोली मुसकान को देखकर उसके निष्प्राण जीवन में प्राण आ गए। उसे लगा मानो आज कमल के फूल तालाब में न खिलकर उसकी झोंपड़ी में उग आए हैं। उसके बूढ़े नीरस शरीर में इस तरह मधुरता छा गई मानो बबूल के पेड़ से शेफालिका के कोमल फूल झरने लगे हों। पहले तो शिशु कवि को पहचान नहीं सका। इसलिए वह उसे एकटक निहारता रहा। जब उसकी माँ ने उसे कवि से परिचित कराया तो वह शर्माने लगा। वह कवि को तिरछी नज़रों से देखकर मुँह फेरने लगा। धीरे-धीरे उनकी नज़रें मिलीं। आपस में स्नेह उमड़ा। तब बच्चा मुसकरा पड़ा। उसके उगते हुए दाँत दीखने लगे।

पाठेतर सक्रियता

• आप जब भी किसी बच्चे से पहली बार मिलें तो उसके हाव-भाव, व्यवहार आदि को सूक्ष्मता से देखिए और उस अनुभव को कविता या अनुच्छेद के रूप में लिखिए।

उत्तर–कल मैं पहली बार अपनी बहन की ससुराल में गया। मुझे देखते ही मेरे भानजे ने एक किलकारी मारी और मुझे निहारने लगा। मैं उसकी आँखों में प्रसन्नता देखकर उसकी ओर लपका। जैसे ही मैंने उसे अपनी बहन से लेना चाहा, उसने बड़े नटखट अंदाज़ में मेरी ओर से मुँह फेर लिया। मैं मुड़कर पीछे गया तो उसने फिर-से मुँह फेर लिया। मैंने हाथों के स्पर्श से उसे गोदी में लेना चाहा तो वह फिर-से माँ की गोदी में छिपने लगा। अब मैंने उसे छोड़ दिया और दूर जाकर खड़ा हो गया। अब वह फिर-से उचककर मेरी ओर देखने लगा और हँसने लगा। सचमुच मेरा भानजा बहुत नटखट है। न आता है, न दूर जाने देता है। उसे आँखमिचौली खेलने में यों ही आनंद आता है।

• एन.सी.ई.आर.टी. द्वारा नागार्जुन पर बनाई गई फ़िल्म देखिए।

उत्तर–छात्र स्वयं देखें।

फसल

प्रश्न 1. कवि के अनुसार फसल क्या है? [*CBSE 2012, 2019*]

उत्तर–कवि के अनुसार फसलें पानी, मिट्टी, धूप, हवा और मानव-श्रम के मेल से बनी हैं। इनमें सभी नदियों के पानी का जादू समाया हुआ है। सभी प्रकार की मिट्टियों का गुण-धर्म निहित है। सूरज और हवा का प्रभाव समाया हुआ है। इन सबके साथ किसानों और मज़दूरों का श्रम भी सम्मिलित है।

प्रश्न 2. कविता में फसल उपजाने के लिए आवश्यक तत्वों की बात कही गई है। वे आवश्यक तत्व कौन-कौन से हैं?

उत्तर–फसल उपजाने के लिए आवश्यक तत्त्व हैं–

1. पानी 2. मिट्टी 3. सूरज की धूप 4. हवा।

प्रश्न 3. फसल को *'हाथों के स्पर्श की गरिमा'* और *'महिमा'* कहकर कवि क्या व्यक्त करना चाहता है? [*CBSE 2009, 2019*]

उत्तर–इसमें कवि कहना चाहता है कि किसानों के हाथों का प्यार भरा स्पर्श पाकर ही ये फसलें इतनी फलती-फूलती हैं। यह किसानों के श्रम की गरिमा और महिमा ही है जिसके कारण फसलें इतनी अधिक बढ़ती चली जाती हैं।

प्रश्न 4. भाव स्पष्ट कीजिए–

(क) *रूपांतर है सूरज की किरणों का*
सिमटा हुआ संकोच है हवा की थिरकन का!

उत्तर–कवि कहना चाहता है कि ये फसलें और कुछ नहीं सूरज की किरणों का बदला हुआ रूप हैं। फसलों की हरियाली सूरज की किरणों के प्रभाव के कारण आती है। फसलों को बढ़ाने में हवा की थिरकन का भी भरपूर योगदान है। मानो हवा सिमट-सिकुड़ कर फसलों में समा जाती है।

रचना और अभिव्यक्ति

प्रश्न 5. कवि ने फसल को हज़ार-हज़ार खेतों की मिट्टी का गुण-धर्म कहा है–

(क) *मिट्टी के गुण-धर्म को आप किस तरह परिभाषित करेंगे?*

(ख) *वर्तमान जीवन शैली मिट्टी के गुण-धर्म को किस-किस तरह प्रभावित करती है?*

(ग) *मिट्टी द्वारा अपना गुण-धर्म छोड़ने की स्थिति में क्या किसी भी प्रकार के जीवन की कल्पना की जा सकती है?*

(घ) *मिट्टी के गुण-धर्म को पोषित करने में हमारी क्या भूमिका हो सकती है?*

उत्तर–(क) मिट्टी के गुण-धर्म का आशय है–मिट्टी में मिले हुए वे प्राकृतिक तत्त्व, खनिज पदार्थ और पोषक तत्त्व, जिनके मेल से किसी मिट्टी का स्वरूप अन्य मिट्टियों से विशेष हो जाता है।

(ख) वर्तमान जीवन-शैली प्रदूषण उत्पन्न करती है। हम कृत्रिम पदार्थों का उत्पादन करके उसका कचरा मिट्टी में छोड़ देते हैं। प्लास्टिक जैसे कृत्रिम पदार्थ मिट्टी में मिलकर उसके गुण-धर्म को नष्ट करते हैं। फैक्टरियों का कचरा और विषैला रसायन धरती के पानी को प्रदूषित करता है। इस कारण उस मिट्टी का मूल स्वभाव बदलकर विकृत हो जाता है।

(ग) यदि मिट्टी अपना मूल गुण-धर्म और स्वभाव छोड़ देगी तो जीवन का स्वरूप विकृत हो जाएगा। शायद जीवन तो नष्ट न हो किंतु वह अपरूप और विद्रूप जरूर हो जाएगा।

(घ) मिट्टी के गुण-धर्म को पोषित करने में हम बहुत कुछ कर सकते हैं। सबसे पहली बात हम सचेत हों। हम मिट्टी के गुण-धर्म को प्रभावित करने वाले कारकों के बारे में जानें। इससे हम स्वयमेव जागरूक हो जाएँगे। हम स्वयं जागकर अन्य लोगों को जगाने का कार्य भी कर सकते हैं।

पाठेतर सक्रियता

• *इलेक्ट्रॉनिक एवं प्रिंट मीडिया द्वारा आपने किसानों की स्थिति के बारे में बहुत कुछ सुना, देखा और पढ़ा होगा।* **एक सुदृढ़ कृषि-व्यवस्था के लिए आप अपने सुझाव देते हुए अखबार के संपादक को पत्र लिखिए।**

उत्तर–

सेवा में
संपादक महोदय
दैनिक भास्कर
नई दिल्ली

15 मार्च, 2024

महोदय

मैं आपके पत्र के माध्यम से अपने विचार पाठकों तक पहुँचाना चाहता हूँ। कृपया इन्हें प्रकाशित कर अनुगृहीत करें।

भारत कृषि-प्रधान देश है। किसान ही भारत की अर्थ-व्यवस्था और कृषि-व्यवस्था की रीढ़ हैं। परंतु दुर्भाग्य से किसान ही खुशहाल नहीं हैं। वे देश को खुशहाल बनाते हैं, अपने हाथों के स्पर्श से फसलें उगाते हैं, सब लोगों का पेट भरते हैं, किंतु वे स्वयं भूखे रह जाते हैं। बाज़ार की शक्तियाँ उनका शोषण करती हैं। पिछले दिनों हज़ारों किसानों ने पैसों की तंगी के कारण आत्महत्या कर ली। यह भारत की कृषि-व्यवस्था पर कलंक है। इसे तुरंत रोका जाना चाहिए। सरकार को किसानों के भले के

लिए ऐसी योजनाएँ लागू करनी चाहिए जिससे वे संकट की स्थिति से उबर सकें। उनकी फसलों का बीमा हो सकता है, उन्हें सस्ता ऋण दिया जा सकता है, ऋण पर ब्याज माफ़ किया जा सकता है। ऐसे अनेक उपायों से उनकी दशा को सुधारा जाना चाहिए।

भवदीय

रमेश चौहान

317, वैशाली

नई दिल्ली।

- *फसलों के उत्पादन में महिलाओं के योगदान को हमारी अर्थव्यवस्था में महत्त्व क्यों नहीं दिया जाता है?* **इस बारे में कक्षा में चर्चा कीजिए।**

उत्तर–फसलों के उत्पादन में किसानों के महत्त्व को बढ़-चढ़ कर प्रचारित किया जाता है। देश के किसानों की चर्चा की जाती है किंतु किसानिनों की नहीं। भारत की कोई महिला अगर सबसे अधिक श्रम करती है, तो वह किसान-महिला है। किसान परिवारों की महिलाएँ पशुओं के चारे की कटाई, पशुओं के चारे की व्यवस्था, खेतों में रोटी पहुँचाना, फसलों को ढोना आदि अनेक कार्य रोज-रोज करती हैं। इन कार्यों को किसी खाते में नहीं डाला जाता। उनकी गिनती नहीं की जाती। इस कारण उन्हें महत्त्व भी नहीं दिया जाता। यह किसान-महिलाओं पर अन्याय है। हमें चाहिए कि हम उनके श्रम की चर्चा करें, उन्हें सम्मानित करें, उनका मूल्य तय करें।

V. अन्य महत्त्वपूर्ण परीक्षोपयोगी प्रश्नोत्तर

प्रश्न 1. कवि नागार्जुन की कविता "दंतुरित मुसकान" के आधार पर बताइए कि वह मृतक में भी जान कैसे डाल देती है? *[CBSE 2015]*

उत्तर–दाँत निकालते हुए बालक की मुसकान को 'दंतुरित मुसकान' कहा गया है। उसकी मुसकान इतनी मनमोहिनी है कि उसे देखकर मुर्दे में भी जान आ जाए।

प्रश्न 2. कवि नागार्जुन ने छोटे बच्चे की मुसकान देखकर क्या कल्पना की है? *[CBSE 2019]*

उत्तर–कवि ने छोटे बच्चे की मुसकान देखकर मनोरम कल्पनाएँ की हैं। उन्होंने लिखा है कि बच्चे की दंतुरित मुसकान देखकर मरे हुए व्यक्ति में भी जान आ जाती है। यों लगता है कि मानो सूनी झोंपड़ी में कमल के फूल खिल आए हों। यों लगता है जैसे उस मुसकान को देखकर पहाड़ पिघलकर जल बन गया होगा और बाँस-बबूल से शेफालिका के फूल झरने लगे होंगे।

प्रश्न 3. नागार्जुन ने बच्चे की मुसकान को 'दंतुरित' क्यों कहा? मुसकान की एक अन्य विशेषता भी लिखिए। *[CBSE 2019]*

उत्तर–नागार्जुन ने दाँत निकालते बच्चे की मुसकान को दंतुरित कहा है। उस दंतुरित मुसकान में प्राण डालने की क्षमता है।

प्रश्न 4. 'यह दंतुरित मुसकान' कविता में *'बाँस और बबूल'* **किसके प्रतीक हैं?** *[CBSE 2020]*

उत्तर–इसमें बाँस और बबूल कठोर-हृदय प्राणियों के प्रतीक हैं। प्रायः घर के पुरुष जो कठोर काम करते-करते मन से भी कठोर हो जाते हैं, बाँस और बबूल के समान हो जाते हैं।

प्रश्न 5. *'शेफालिका के फूल झरने'* **का भाव 'यह दंतुरित मुसकान' कविता के आधार पर स्पष्ट कीजिए।** *[CBSE 2020]*

उत्तर–शेफालिका के फूल झरने का भाव है–मन में वात्सल्य और स्नेह के अति कोमल भावों का जगना। बाँस और बबूल जैसा पिता जब अपने नन्हे बालक की मुसकान को देखता है तो उसका हृदय वात्सल्य के आनंद से भर जाता है। वह अत्यंत कोमल बन जाता है।

प्रश्न 6. मिट्टी की उर्वरा शक्ति को कैसे बढ़ाया जा सकता है? 'फसल' कविता के आधार पर लिखिए। [*CBSE 2020*]

उत्तर–मिट्टी की उर्वरा शक्ति को नदियों के पवित्र जल से, सूरज की किरणों से, हवा की थिरकन से और किसानों के परिश्रम-भरे दुलार से बढ़ाया जा सकता है।

प्रश्न 7. फसल के उत्पन्न एवं फलदायी होने में मनुष्य के हाथों की क्या महिमा है? [*CBSE 2014*]

उत्तर–मनुष्य द्वारा अपने हाथों से परिश्रम करने के कारण ही फसल उत्पन्न होती है तथा फलती-फूलती है।

VI. बहुविकल्पी प्रश्नोत्तर

निम्नलिखित प्रश्नों के सही उत्तर वाले विकल्प चुनिए–

1. *'यह दंतुरित मुसकान' किसे संबोधित करके लिखी गई है?*
   (क) प्रेमिका के लिए (ख) पत्नी के लिए
   (ग) अपने बच्चे के लिए (घ) किसी नन्हें बच्चे के लिए
2. *मृतक में भी जान क्यों आ जाती है?*
   (क) प्रिय का प्रेम पाकर (ख) अपने बच्चे का मनमोहक रूप देखकर
   (ग) सुंदर वातावरण देखकर (घ) अपने बच्चे की दंतुरित मुसकान देखकर
3. *'अनिमेष' का क्या अर्थ है?*
   (क) आँखें फाड़कर (ख) टकटकी लगाकर
   (ग) पलक खोलकर (घ) आँखें मूँदकर
4. *कवि अपने बच्चे से दूर क्यों रहा?*
   (क) कवि होने के कारण (ख) झगड़ा होने के कारण
   (ग) प्रवासी होने के कारण (घ) रूठा होने के कारण
5. *'फसल' कविता में किसे महत्त्व दिया गया है?*
   (क) धूप को (ख) हाथों के स्पर्श को
   (ग) हवा और मिट्टी को (घ) इन सबको
6. *कवि 'फसल' कविता से मनुष्य को क्या प्रेरणा देना चाहता है?*
   (क) परिश्रम की (ख) खेती की
   (ग) फसलें उगाने की (घ) प्रकृति की पूजा करने की।

उत्तर– 1. (ग) 2. (घ) 3. (ख) 4. (ग) 5. (घ)
6. (क)

प्रश्न-अभ्यास

प्रश्न 1. दंतुरित मुसकान कविता के आधार पर शिशु की मुसकान के प्रभाव का वर्णन कीजिए। [*CBSE 2015*]

प्रश्न 2. कवि नागार्जुन के अनुसार फसल का उत्पादन किन-किन तत्वों के संयोग पर निर्भर होता है? स्पष्ट कीजिए। [*CBSE 2015*]

प्रश्न 3. 'यह दंतुरित मुसकान' पाठ में बच्चा कवि को कनखियों से ही देखता हुआ किस स्थिति में चित्रित हुआ है? *[CBSE 2015]*

प्रश्न 4. किसका स्पर्श पाकर पाषाण भी पिघलकर जल बन सकता है? कवि को वह अपनी झोंपड़ी में कैसा प्रतीत हो रहा है? *[CBSE 2014]*

प्रश्न 5. 'यह दंतुरित मुसकान' कविता में *'शेफालिका के फूल'* झरने का क्या आशय है और ऐसा क्यों हुआ? *[CBSE 2014]*

प्रश्न 6. कवि और बच्चे के परस्पर मिलन का माध्यम कौन बनता है और कैसे? स्पष्ट कीजिए। *[CBSE 2018]*

प्रश्न 7. कवि शिशु की दंतुरित मुसकान देख पाने का श्रेय किसको देता है और क्यों? *[CBSE 2017]*

6. मंगलेश डबराल

I. कवि-परिचय

प्रश्न–हिंदी के कवि मंगलेश डबराल का साहित्यिक परिचय दीजिए।

उत्तर–जीवन-परिचय–हिंदी के कवि मंगलेश डबराल का जन्म सन् 1948 में टिहरी गढ़वाल (उत्तराखंड) में काफलपानी नामक गाँव में हुआ। उनकी शिक्षा-दीक्षा देहरादून में हुई। आजीविका के लिए उन्होंने संपादन-कार्य सँभाला। आरंभ में वे हिंदी पेट्रियट, प्रतिपक्ष और आसपास नामक पत्रों से जुड़े। तत्पश्चात् वे दिल्ली से भोपाल पहुँचे। वहाँ भारत भवन से प्रकाशित होने वाले पत्र **पूर्वग्रह** के सहायक संपादक बने। इसके बाद वे इलाहाबाद तथा लखनऊ से प्रकाशित **अमृत प्रभात** में कार्यरत रहे। सन् 1983 ई. में उन्होंने **जनसत्ता** में साहित्य संपादक का पद सँभाला। तत्पश्चात् कुछ समय **सहारा समय** में रहे। इनका निधन 2020 में हुआ।

रचनाएँ–मंगलेश जी की काव्य-रचनाएँ हैं–

पहाड़ पर लालटेन, घर का रास्ता, हम जो देखते हैं, आवाज़ भी एक जगह है।

मंगलेश जी श्रेष्ठ अनुवादक के रूप में भी सम्मानित हैं। उनकी रचनाओं का अनुवाद भारतीय भाषाओं के अतिरिक्त अंग्रेज़ी, रूसी, जर्मन, स्पानी, पोल्स्की और बल्गारी भाषाओं में हो चुका है।

सम्मान–उन्हें साहित्य **अकादमी पुरस्कार** तथा **पहल सम्मान** से सम्मानित किया जा चुका है।

काव्यगत विशेषताएँ–डबराल जी साहित्य की विभिन्न समस्याओं के अतिरिक्त सिनेमा, संचार माध्यम और संस्कृति के प्रश्नों पर नियमित लेखन करते हैं। उनकी कविताओं में पूँजीवादी षड्यंत्र और सामंती बोध–दोनों का स्पष्ट विरोध दिखाई देता है। वे मूलत: व्यवस्था-विरोध अर्थात् प्रतिपक्ष के कवि हैं। वे वंचितों के लिए आवाज़ बुलंद करते हैं।

भाषा-शैली–डबराल जी की भाषा विरोध और प्रतिपक्ष से संबंधित होती हुई भी शांत और सुस्थिर है। उनका बोध सूक्ष्म वैचारिक है। वे बाहरी नारेबाजी, हुल्लड़बाजी और मुट्ठियाँ भींचने से दूर हैं।

संगतकार

II. कविता का सार

'संगतकार' कविता सम्मान से वंचित सहायकों के महत्त्व पर प्रकाश डालती है। जब मुख्य गायक अपनी भारी-भरकम आवाज़ में गाता है तो उसका संगतकार अपनी कमज़ोर काँपती हुई आवाज़ से उसका साथ देता है। वह हमेशा से मुख्य गायक की गरज़ में अपनी गूँज मिलाता आया है। जब कभी मुख्य गायक किसी अंतरे को गाते-गाते जटिल तानों में उलझ जाता है, या अपनी सरगम को लाँघकर अनहद ऊँचे स्वर में भटक जाता है, तब संगतकार ही स्थायी पंक्ति को पकड़े रहता है। जब कभी मुख्य गायक तार सप्तक गाते-गाते स्वर को बहुत ऊँचा उठा देता है और उसकी आवाज़ बिखरने लगती है, तब वह उसका साथ देकर उसकी आवाज़ को बल देता है, उसे बिखराव से सँभालता है। उसके खोए विश्वास को वापस लौटा ले आता है। उसे फिर से गाने की प्रेरणा देता है। वह हमेशा कोशिश करता है कि कहीं उसकी आवाज़ मुख्य गायक की आवाज़ से अधिक प्रभावशाली न हो जाए। उसकी इस कोशिश को उसकी असफलता नहीं, मनुष्यता समझना चाहिए। यह उसका त्याग है।

III. अर्थग्रहण तथा सराहना संबंधी प्रश्नोत्तर

प्रश्न–निम्नलिखित पद्यांशों से संबंधित प्रश्नों के उत्तर दीजिए–

1 मुख्य गायक के चट्टान जैसे भारी स्वर का साथ देती
वह आवाज़ सुंदर कमज़ोर काँपती हुई थी
वह मुख्य गायक का छोटा भाई है
या उसका शिष्य
या पैदल चलकर सीखने आने वाला दूर का कोई रिश्तेदार
मुख्य गायक की गरज़ में
वह अपनी गूँज मिलाता आया है प्राचीन काल से *(पृष्ठ 37)*

शब्दार्थ : **प्राचीन**–पुराना।

भावार्थ–कवि कहता है–जब गायक-मंडली का मुख्य गायक चट्टान जैसी भारी-भरकम आवाज़ में गाता था तो उसका संगतकार सदा उसका साथ देता था। संगतकार की आवाज़ बहुत सुंदर, कमज़ोर तथा काँपती हुई होती थी। वह संगतकार ऐसा जान पड़ता है मानो मुख्य गायक का छोटा भाई हो, या उसका कोई शिष्य हो, या कोई दूर का ऐसा रिश्तेदार हो जो पैदल चलकर उसके पास गीत सीखने आता हो। आशय यह है कि संगतकार मुख्य गायक का कोई बहुत प्रिय अनुज है। ऐसा उनके व्यवहार से जान पड़ता है। यह संगतकार बहुत लंबे समय से मुख्य गायक की गरज़ में अपनी गूँज मिलाता आया है।

प्रश्न *(Set-I)*– *[CBSE 2012]*

(क) *संगतकार की आवाज़ की क्या विशेषता थी?*
(ख) *मुख्य गायक के साथ संगतकार की भूमिका निभाने वाले कौन-कौन होते हैं?*
(ग) *संगतकार क्या कार्य करता है?*

उत्तर–

(क) संगतकार की आवाज़ मनोरम, कमज़ोर तथा काँपती हुई थी।
(ख) मुख्य गायक के साथ संगतकार की भूमिका निभाने वाले होते हैं–हारमोनियम बजाने वाला, तबलावादक, ढोलकवादक, वायलिन-वादक आदि।
(ग) संगतकार मुख्य गायक की भारी आवाज़ में अपनी कोमल मधुर आवाज़ मिलाकर उसे बल देता है।

प्रश्न *(Set-II)*–

1. इस काव्यांश की भाषा में किस-किस भाषा के शब्द हैं?
(क) हिंदी, संस्कृत, उर्दू (ख) संस्कृत और हिंदी (ग) उर्दू और तद्भव (घ) तद्भव और तत्सम

2. इस कविता का शिल्प कैसा है?
(क) गद्य-कविता (ख) छंदमुक्त (ग) गीत (घ) छंदबद्ध

3. निम्नलिखित में अलंकार बताइए–
'मुख्य गायक के चट्टान जैसे भारी स्वर का साथ देती हुई'
(क) मानवीकरण (ख) उत्प्रेक्षा (ग) उपमा (घ) रूपक

4. 'वह' कौन है?
(क) गायक का भाई (ख) गायक का शिष्य (ग) गायक का रिश्तेदार (घ) संगतकार

5. **संगतकार प्राचीनकाल से क्या करता आया है?**

(क) मुख्य गायक का निर्देशन (ख) मुख्य गायक का सहयोग

(ग) मुख्य गायक का प्रभाव-वर्द्धन (घ) मुख्य गायक का विरोध

उत्तर– 1. (क) 2. (ख) 3. (ग) 4. (घ) 5. (ग)

☞ **2** गायक जब अंतरे की जटिल तानों के जंगल में
खो चुका होता है
या अपने ही सरगम को लाँघकर
चला जाता है भटकता हुआ एक अनहद में
तब संगतकार ही स्थायी को सँभाले रहता है
जैसे समेटता हो मुख्य गायक का पीछे छूटा हुआ सामान
जैसे उसे याद दिलाता हो उसका बचपन
जब वह नौसिखिया था **[Imp.]** *(पृष्ठ 37)*

शब्दार्थ : **अंतरा**–पहरा, अनुच्छेद, गीत का चरण। **जटिल तान**–कठिन आलाप। **सरगम**–स, रे, ग, म आदि स्वरों की उठान। **अनहद**–असीमित, बहुत दूर, बहुत ऊँचा। **संगतकार**–मुख्य गायक के साथ उसके पीछे-पीछे या साथ-साथ गाने वाला या कोई वाद्य-यंत्र बजाने वाला सहयोगी कलाकार। **स्थायी**–गीत की मुख्य पहली पंक्ति, टेक। **नौसिखिया**–नया-नया सीखने वाला।

भावार्थ–जब मुख्य गायक किसी गीत की मुख्य पंक्ति को गाने के बाद गाने के चरण को गाने लगता है। जब वह उस चरण के टेढ़े-मेढ़े स्वरों की कठिन तानों में उलझकर खो जाता है, अर्थात् मुख्य स्वर से भटक कर कहीं और लीन हो जाता है। या अपने निश्चित स्वरों की सीमा को पार करके गहरी संगीत-साधना में लीन हो जाता है। असीम मस्ती में डूब जाता है। तब संगतकार ही स्थायी पंक्ति के स्वर को अलापता रहता है और उसे सँभाले रखता है। वह मुख्य गायक को मूल स्वर में वापस लौटा लाता है। मानो वह मुख्य गायक के पीछे छूटे हुए सामान को सँभालने में लगा हो। मानो वह मुख्य गायक को उसके बचपन के दिनों की याद दिला रहा हो, जब वह नया-नया संगीत सीख रहा था और अकसर मूल स्वर को भूल जाया करता था।

प्रश्न *(Set-I)*– *[CBSE 2015]*

(क) *मुख्य गायक जटिल तानों के जंगल में खो जाता है तो संगतकार क्या करता है?*

(ख) *संगतकार मुख्य गायक के लिए किस प्रकार सहायक होता है?*

(ग) *'जैसे समेटता हो मुख्य.....सामान' में कौन-सा अलंकार है?*

उत्तर–

(क) जब मुख्य गायक जटिल तानों के जंगल में खो जाता है तो संगतकार उसके मुख्य स्वर को सँभाले रहता है।

(ख) संगतकार मुख्य गायक के मुख्य स्वर को दोहराता है, उसका साथ देता है तथा भटकने पर उसे पुनः राह पर ले आता है।

(ग) उत्प्रेक्षा अलंकार।

प्रश्न *(Set-II)*–

1. **मुख्य गायक कैसे भटक जाता है?**

(क) गाते-गाते मुख्य लय भूल जाता है (ख) गाते-गाते कहीं चला जाता है

(ग) गाते-गाते लय सोचने लगता है (घ) गाते-गाते रास्ता भूल जाता है।

2. **निम्नलिखित में अलंकार बताइए–**

'गायक जब अंतरे की जटिल तानों के जंगल में'

(क) उपमा (ख) उत्प्रेक्षा (ग) रूपक (घ) मानवीकरण

3. *'अनहद'* **से क्या आशय है?**

(क) अति (ख) ब्रह्म ज्ञान

(ग) ईश्वर की समाधि में (घ) लय की मर्यादा से दूर

4. *'स्थायी'* **किसे कहते हैं?**

(क) हमेशा रहने वाली लय (ख) गीत की टेक पंक्ति की लय

(ग) मूल भाव (घ) मूल गीत

5. **निम्नलिखित में अलंकार बताइए–**

'जैसे समेटता हो मुख्य गायक का पीछे छूटा हुआ सामान।'

(क) रूपक (ख) उत्प्रेक्षा (ग) उपमा (घ) उदाहरण

उत्तर– 1. (क) 2. (ग) 3. (घ) 4. (ख) 5. (ख)

3

तारसप्तक में जब बैठने लगता है उसका गला
प्रेरणा साथ छोड़ती हुई उत्साह अस्त होता हुआ
आवाज़ से राख जैसा कुछ गिरता हुआ
तभी मुख्य गायक को ढाँढ़स बँधाता
कहीं से चला आता है संगतकार का स्वर
कभी-कभी वह यों ही दे देता है उसका साथ
यह बताने के लिए कि वह अकेला नहीं है
और यह कि फिर से गाया जा सकता है
गाया जा चुका राग

(पृष्ठ 37-38)

शब्दार्थ : **तारसप्तक**–सरगम के ऊँचे स्वर। **प्रेरणा**–आगे बढ़ने की इच्छा-शक्ति। **अस्त**–समाप्त, मंद। **राख जैसा कुछ गिरता हुआ**–बुझता हुआ स्वर। **ढाँढ़स बँधाता**–तसल्ली देता, सांत्वना देता। **राग**–लय-ताल से युक्त ध्वनियाँ।

भावार्थ–कवि कहता है–जब कवि तारसप्तक में गाता है, अर्थात् ऊँचे स्वर में गाता है। उसका गला बोलते-बोलते बैठने लगता है। गाने की इच्छा समाप्त हो जाती है। उत्साह भी मंद होने लगता है। आवाज़ डूबने लगती है। तब संगतकार का स्वर मुख्य गायक को तसल्ली देता है। वह उसके गले को शक्ति देता है। उसके डूबते हुए स्वर और उत्साह को बढ़ाता है।

कभी-कभी आवश्यकता न होने पर भी वह उसका साथ यों ही दे देता है। वह मानो मुख्य गायक को कहना चाहता है कि तुम अकेले नहीं हो। मैं भी साथ हूँ। वह मानो मुख्य गायक को कहना चाहता है कि तुम गाए जा चुके गाने को फिर से गा सकते हो। मैं तुम्हारे साथ हूँ।

प्रश्न *(Set-I)*– [CBSE 2015]

(क) *तारसप्तक किसे कहते हैं?*

(ख) *किस कारण गायक की प्रेरणा साथ छोड़ने लगती है?*

(ग) *मुख्य गायक को कौन धीरज बँधाता है?*

(घ) *संगतकार मुख्य गायक का साथ क्यों देता है?*

(ङ) *इस कविता की भाषा कौन-सी है?*

उत्तर–

(क) सरगम के उच्च स्वर को तारसप्तक कहते हैं।

(ख) उच्च स्वर में गाने के कारण गायक की प्रेरणा साथ छोड़ने लगती है।

(ग) संगतकार मुख्य गायक को धीरज बँधाता है।

(घ) संगतकार मुख्य गायक के गायन को प्रभावी बनाने के लिए उसका साथ देता है।

(ङ) हिंदी।

प्रश्न *(Set-II)*–

1. **इस कविता का शिल्प किसके निकट है?**
   (क) गीत के (ख) कहानी के (ग) नाटक के (घ) गद्य के
2. **'*आवाज़*' किस प्रकार का शब्द है?**
   (क) तद्भव (ख) तत्सम (ग) उर्दू (घ) देशज
3. **तारसप्तक किसका नाम हैं?**
   (क) एक वीणा का (ख) एक वाद्ययंत्र का (ग) एक लयतान का (घ) एक संगीत का
4. **'*संगतकार*' किसे कहते हैं?**
   (क) सहायक (ख) निर्देशक (ग) साथी (घ) मित्र
5. **संगतकार मुख्य गायक को कब ढाढ़स बँधाता है?**
   (क) जब मुख्य गायक का गला बैठने लगता है (ख) जब मुख्य गायक का उत्साह मंद पड़ जाता है
   (ग) जब मुख्य गायक की आवाज़ गिरने लगती है (घ) तीनों स्थितियों में।

उत्तर– 1. (घ) 2. (ग) 3. (ग) 4. (क) 5. (घ)

3(A) जब वह नौसिखिया ....

.... जा चुका राग। *[CBSE 2016]*

प्रश्न–

(क) *'वह नौसिखिया' में किसकी ओर संकेत है?*
(ख) *संगतकार का स्वर कब मुख्य गायक के लिए अत्यधिक सहायक सिद्ध होता है?*
(ग) *संगतकार कौन-से राग को पुनः गाता है?*

उत्तर–

(क) 'वह नौसिखिया' में मुख्य गायक के बचपन की ओर संकेत है जब वह गाना सीख रहा था।

(ख) जब मुख्य गायक तारसप्तक में गाते हुए बहुत ऊँचे स्वर में गाता है तो उसका गला बैठने लगता है, या परिश्रम की अधिकता के कारण पराजित और निराश होने लगता है, तब संगतकार उसके स्वर में अपना स्वर मिलाकर उसे ढाढ़स बँधाता है। उसे बाहर से शक्ति देता है।

(ग) संगतकार एक बार फिर-से उसी राग को दोहराता है जिसे पहले मुख्य गायक ने गाया था।

☞ **4** और उसकी आवाज़ में जो एक हिचक साफ़ सुनाई देती है
या अपने स्वर को ऊँचा न उठाने की जो कोशिश है
उसे विफलता नहीं
उसकी मनुष्यता समझा जाना चाहिए। **[Imp.]** *(पृष्ठ 38)*

शब्दार्थ : **हिचक**–संकोच, घबराहट। **विफलता**–असफलता। **मनुष्यता**–मानवता, भलाई की भावना।

भावार्थ–कवि कहता है–संगतकार जब मुख्य गायक के पीछे-पीछे गाता है तो उसकी आवाज़ में स्पष्ट रूप से एक हिचक सुनाई देती है। वह कोशिश करके अपनी आवाज़ को कभी मुख्य गायक की आवाज़ से ऊँचा नहीं उठने देता। उसकी इस कोशिश को उसकी असफलता नहीं मानना चाहिए। यह तो उसकी मनुष्यता है कि वह शक्ति और प्रतिभा के रहते हुए स्वयं को ऊँचा नहीं उठाता, बल्कि अपने गुरु और स्वामी को महत्त्व देने की कोशिश करता है।

प्रश्न *(Set-I)*–

(क) *किसकी आवाज़ में हिचक सुनाई देती है और क्यों?*
(ख) *संगतकार अपने स्वर को ऊँचा क्यों नहीं उठने देता?*
(ग) *कवि किसे मनुष्यता मानता है?*

उत्तर–

(क) मुख्य गायक के संगतकार की आवाज़ में एक हिचक साफ़ सुनाई देती है।
क्यों–वह कभी अपनी आवाज़ को मुख्य गायक की आवाज़ से अधिक ऊँचा नहीं उठाना चाहता। उसका धर्म है–मुख्य गायक की आवाज़ को ऊँचाई और बल देना। वह अपने इसी धर्म का पालन करता है। अपनी श्रेष्ठता दिखाने की कोशिश नहीं करता।

(ख) संगतकार अपने स्वर को ऊँचा इसलिए नहीं उठने देता क्योंकि वह मुख्य गायक के स्वर को ऊँचाई और बल देने की भूमिका निभाता है। मुख्य गायक से अधिक ऊँचे स्वर में गाना उसके लक्ष्य के विरुद्ध है।

(ग) कवि संगतकार द्वारा अपने स्वर को मुख्य गायक के स्वर से कम रखना मनुष्यता मानता है। अपने आपको पीछे रखकर किसी दूसरे के महत्त्व को बढ़ाना निश्चित रूप से मनुष्यता की निशानी है।

प्रश्न *(Set-II)*–

1. किसकी आवाज़ की बात हो रही है?
(क) गायक की (ख) संगतकार की (ग) श्रोता की (घ) संगीतकार की

2. हिचक क्यों रहती है?
(क) गायक के भय के कारण (ख) श्रोताओं के भय के कारण
(ग) नौसिखिया होने के कारण (घ) मुख्य गायक को ऊपर रखने के कारण

3. संगतकार अपनी आवाज़ को ऊँचा क्यों नहीं उठाता?
(क) मुख्य गायक का महत्त्व ऊँचा रखने की इच्छा से (ख) गायकी की शर्त के कारण
(ग) मुख्य गायक का सहायक होने के कारण (घ) गला खराब होने के कारण

4. संगतकार का अपनी आवाज़ कम ऊँची रखना क्या समझा जाए?
(क) संगतकार की विफलता (ख) संगतकार की समझदारी
(ग) संगतकार की मनुष्यता (घ) संगतकार का बलिदान

5. यह कविता किस प्रकार की है?
(क) छंदबद्ध (ख) छंद मुक्त (ग) तुकबंदी (घ) मिश्रित

उत्तर– 1. (ख) 2. (घ) 3. (ग) 4. (ग) 5. (ख)

IV. पाठ्यपुस्तक के प्रश्न-अभ्यास

(पृष्ठ 38-39)

प्रश्न 1. संगतकार के माध्यम से कवि किस प्रकार के व्यक्तियों की ओर संकेत करना चाह रहा है?
[CBSE 2008; 2012, 2016]

उत्तर–संगतकार के माध्यम से कवि किसी भी कार्य अथवा कला में लगे सहायक कर्मचारियों और कलाकारों की ओर संकेत कर रहा है। वे सहायक कलाकार स्वयं को महत्त्व न देकर मुख्य कलाकार और मुख्य व्यक्ति के महत्त्व को बढ़ाने में अपनी शक्ति लगा देते हैं।

प्रश्न 2. संगतकार जैसे व्यक्ति संगीत के अलावा और किन-किन क्षेत्रों में दिखाई देते हैं? *[CBSE 2016]*

उत्तर–संगतकार जैसे व्यक्ति संगीत के अलावा बड़े-बड़े नेताओं, अभिनेताओं, संतों-महात्माओं के साथ भी इसी प्रकार सहयोग करते हैं। नेताओं के इर्द-गिर्द रहने वाले सभी सहायक उपनेता अपने बड़े नेता के महत्त्व को बढ़ाने में लगे रहते हैं। आम कार्यकर्ता, झंडे लगाने वाले, नारे लगाने वाले कार्यकर्ता संगतकार की भूमिका ही निभाते हैं। संतों-महात्माओं के आने से पहले उनकी महिमा का गुणगान करने वाले भक्त और उनके जाने के बाद उनका प्रचार करने वाले भक्त भी संगतकार के समान होते हैं।

☞प्रश्न 3. संगतकार किन-किन रूपों में मुख्य गायक-गायिकाओं की मदद करते हैं?

[Imp.] [*CBSE 2012, 2016*]

उत्तर–संगतकार निम्नलिखित रूपों में मुख्य गायक-गायिकाओं की मदद करते हैं–

- वे अपनी आवाज़ और गूँज को मुख्य गायक की आवाज़ में मिलाकर उनकी आवाज़ का बल बढ़ाते हैं।
- वे गायक द्वारा और कहीं गहरे चले जाने पर उनकी स्थायी पंक्ति को पकड़े रखते हैं तथा मुख्य गायक को वापस मूल स्वर पर ले आते हैं।
- वे मुख्य गायक की थकी हुई, टूटती-बिखरती आवाज़ को बल देकर सहयोग देते हैं। उन्हें अकेला नहीं पड़ने देते, बिखरने नहीं देते।

प्रश्न 4. भाव स्पष्ट कीजिए–

और उसकी आवाज़ में जो एक हिचक साफ़ सुनाई देती है
या अपने स्वर को ऊँचा न उठाने की जो कोशिश है
उसे विफलता नहीं
उसकी मनुष्यता समझा जाना चाहिए।

उत्तर–देखिए अर्थग्रहण संबंधी काव्यांश '4' का 'भावार्थ' भाग।

प्रश्न 5. *किसी भी क्षेत्र में प्रसिद्धि पाने वाले लोगों को अनेक लोग तरह-तरह से अपना योगदान देते हैं।* **कोई एक उदाहरण देकर इस कथन पर अपने विचार लिखिए।**

उत्तर–आज कुमार विशु एक सफल गायक है। कभी वह बिल्कुल बच्चा था। तब उसके कितने ही साथियों, मित्रों, अध्यापकों और प्रशंसकों ने उसके बल को बढ़ाया। वे उसकी प्रतिभा पर मुग्ध थे। इसलिए सभी उसे आगे बढ़ाने की कोशिश किया करते थे। उसका एक मित्र उसके लिए अच्छे-अच्छे गीत और गज़लें लिखा करता था। दूसरा उसे बड़े-बड़े कार्यक्रमों में ले जाता था। कोई ऐसा भी था, जो अपना काम छोड़कर उसके साथ कार्यक्रमों में जाता था तथा उसकी हर सुविधा का ध्यान रखता था। उसके चारों ओर प्रशंसा का वातावरण बनाकर रखता था। इन सबसे उसे मानसिक बल मिला। यदि ये सब सहयोगी उसे बल देने की बजाय चुप रह जाते या रोड़े अटकाते तो वह निराश होकर न जाने कहीं भटक या अटक जाता। अतः किसी भी प्रसिद्ध कलाकार के महत्त्व के पीछे उसके सहायकों का भरपूर योगदान होता है।

प्रश्न 6. *कभी-कभी तारसप्तक की ऊँचाई पर पहुँचकर मुख्य गायक का स्वर बिखरता नज़र आता है उस समय संगतकार उसे बिखरने से बचा लेता है।* **इस कथन के आलोक में संगतकार की विशेष भूमिका को स्पष्ट कीजिए।**

[*CBSE 2009*]

उत्तर–जब मुख्य गायक गीत गाते-गाते अपने स्वर को बहुत ऊँचाई पर ले जाता है, तो कभी-कभी उसका स्वर बिखरने लगता है। उत्साह मंद पड़ने लगता है। रुचि और शक्ति समाप्त होने लगती है। तब संगतकार उसके पीछे मुख्य धुन को दोहराता चलता है। वह अपनी आवाज़ से उसके बिखराव को सँभाल लेता है। उसके उत्साह को वापस लौटा लाता है। इस प्रकार संगतकार की भूमिका बहुत महत्त्वपूर्ण है। वह मुख्य गायक का सहायक ही नहीं, संरक्षक, बलवर्द्धक और आनंददायक साथी है।

☞प्रश्न 7. सफलता के चरम शिखर पर पहुँचने के दौरान यदि व्यक्ति लड़खड़ाता है तब उसे सहयोगी किस तरह सँभालते हैं? **[Imp.]** [*CBSE 2008*]

उत्तर–जब कोई व्यक्ति सफलता के चरम शिखर पर पहुँचकर अचानक लड़खड़ा जाता है तो उसके सहयोगी ही उसे बल, उत्साह, शाबासी और साथ देकर सँभालते हैं। वे अपनी शक्ति उसके लिए लगा देते हैं। वे उसकी कमी को पूरा करने का भरसक प्रयास करते हैं।

रचना और अभिव्यक्ति

प्रश्न 8. *कल्पना कीजिए कि आपको किसी संगीत या नृत्य समारोह का कार्यक्रम प्रस्तुत करना है लेकिन आपके सहयोगी कलाकार किसी कारणवश नहीं पहुँच पाएँ–*

(क) ऐसे में अपनी स्थिति का वर्णन कीजिए।

(ख) ऐसी परिस्थिति का आप कैसे सामना करेंगे?

उत्तर–(क) ऐसी स्थिति में मैं घबरा जाता हूँ। प्रायः तनावग्रस्त हो जाता हूँ। मैं उन्हें फोन पर फोन करने लगता हूँ। कभी आयोजकों से प्रार्थना करता हूँ कि वे किसी तरह कार्यक्रम को थोड़ी देर के लिए टालें। कुछ भी हो, मैं अपने सहायकों के बिना मंच पर गाने नहीं जाता। जब मैं गाना गाने जाता हूँ तो गर्दन हिलाकर झूमने वाला एकाध प्रशंसक भी चाहिए। कोई मंच पर बैठे-बैठे वाह-वाह करने वाला भी चाहिए। जब मैं गायकी करने उतरता हूँ तो अपने सहायक गायक के बिना गाना ही नहीं गाता।

(ख) यदि दुर्भाग्यवश कभी मेरे सहयोगी कलाकार नृत्य-समारोह में न पहुँच पाएँ तो मैं कुछ भी नहीं कर सकता। मैं नर्तक हूँ और गायक कलाकार न आए तो मैं क्या कर लूँगा? हारमोनियम या तबला बजाने वाला न पहुँचे तो मैं क्या कर सकता हूँ। ऐसी स्थिति में मैं मंच पर पहुँचूँगा। श्रोताओं से हाथ जोड़कर क्षमा माँगूँगा। साथ ही आयोजकों से निवेदन करूँगा कि वे कोशिश करके किसी सहायक वादक को बुला लाएँ। मैं उसके साथ संगति करने की भरपूर कोशिश करूँगा। उस समय मैं किसी प्रसिद्ध गीत पर नृत्य प्रस्तुत कर दूँगा।

प्रश्न 9. आपके विद्यालय में मनाए जाने वाले सांस्कृतिक समारोह में मंच के पीछे काम करने वाले सहयोगियों की भूमिका पर एक अनुच्छेद लिखिए।

उत्तर–सांस्कृतिक समारोह में काम करने वाले सहायक लोगों की भूमिका महत्त्वपूर्ण होती है। उनके सहयोग के बिना मंच पर दृश्य अभिनीत नहीं हो सकते। वे ही मंच-सज्जा करते हैं। एक-एक उपकरण को सही जगह पर सजाते हैं। दो ही मिनट में नाटक खेलने की तैयारी करना कोई हँसी-खेल नहीं है। योग्य और कुशल सहायक ही ऐसा कर सकते हैं। अनाड़ी और लापरवाह सहायकों के कारण कई बार बड़े-बड़े नाटक असफल हो जाते हैं। यदि मंच के पीछे खड़ा सहायक ठीक समय पर पृष्ठभूमि में बजने वाला टेप-रिकार्डर न चला सका, या आग का गोला न जला सका, या मटका आदि उपलब्ध न करा सका तो नाटक धरा का धरा रह जाएगा। मंच के पीछे खड़े सहायक ही मंच के सारे सामान को सँभालकर कलाकारों को चिंतामुक्त करते हैं। यदि कलाकारों को अपना सामान आदि उठाने की भी फिक्र हो तो उसका तनाव मंच पर भी दिखाई देने लगेगा। इस प्रकार मंच के सहयोगियों की भूमिका को नज़रअंदाज़ नहीं किया जा सकता।

प्रश्न 10. किसी भी क्षेत्र में संगतकार की पंक्ति वाले लोग प्रतिभावान होते हुए भी मुख्य या शीर्ष स्थान पर क्यों नहीं पहुँच पाते होंगे?

अथवा

'*संगतकार*' कविता के आधार पर स्पष्ट कीजिए कि संगतकार जैसे व्यक्ति सर्वगुण संपन्न होकर भी समाज में अग्रिम पंक्ति में न आकर प्रायः पीछे ही क्यों रहते हैं? *[CBSE 2008, 2016]*

अथवा

संगतकार प्रतिभावान होते हुए भी शीर्ष स्थान पर क्यों नहीं पहुँच पाते होंगे? *[CBSE 2012]*

उत्तर–किसी भी क्षेत्र में संगतकार की पंक्ति वाले लोग मुख्य कलाकार नहीं बन पाते। कारण स्पष्ट है। वे मुख्य गायक के सहायक के रूप में आते हैं। यदि वे जीवन-भर तबला, हारमोनियम आदि वाद्य-यंत्र बजाते रहे तो मुख्य कलाकार कैसे बन सकते हैं। हाँ, यदि कभी उन्हें स्वतंत्र रूप से अपनी प्रतिभा दिखाने का अवसर मिले, उनका गायन सुना जाए, उनका तबला या हारमोनियम ही सुना जाए, तभी वे मुख्य स्थान प्राप्त कर सकेंगे। इस बात के अवसर कम होते हैं।

प्रायः संगतकार द्वितीय श्रेणी की प्रतिभा वाले होते हैं। प्रथम श्रेणी की प्रतिभा वाले कलाकार जल्दी ही संगतकार की भूमिका छोड़कर स्वतंत्र कार्यक्रम करने लगते हैं। यदि नहीं करते, तो इसे उनके प्रयासों की कमी या दुर्भाग्य माना जाना चाहिए।

मुख्य कलाकार बनने में जहाँ प्रतिभा चाहिए, वहाँ लोगों के बीच संबंध भी चाहिए। कुछ लोग उसके प्रशंसक होने चाहिए। उसे ऊपर उठाने वाले होने चाहिए। जो कलाकार गरीब होते हैं, साधनहीन होते हैं, वे प्राय: शीर्ष स्थान से वंचित रह जाते हैं। उन्हें स्वयं को स्थापित करने के अवसर बहुत कम मिलते हैं।

पाठेतर सक्रियता

• *आप फ़िल्में तो देखते ही होंगे।* **अपनी पसंद की किसी एक फ़िल्म के आधार पर लिखिए कि उस फ़िल्म की सफलता में अभिनय करने वाले कलाकारों के अतिरिक्त और किन-किन लोगों का योगदान रहा।**

उत्तर–परीक्षोपयोगी नहीं।

• *आपके विद्यालय में किसी प्रसिद्ध गायिका की गीत प्रस्तुति का आयोजन है–*

(क) इस संबंध पर सूचना पट्ट के लिए एक नोटिस तैयार कीजिए।

(ख) गायिका व उसके संगतकारों का परिचय देने के लिए आलेख *(स्क्रिप्ट)* **तैयार कीजिए।**

उत्तर–(क) *लता का गायन-समारोह*

बड़े हर्ष के साथ सूचित किया जाता है कि भारत की सुर-सम्राज्ञी लता मंगेशकर हमारे विद्यालय के मुख्य भवन में अपने स्वरों का जादू बिखेरने आ रही हैं। कार्यक्रम दिनांक 15 मार्च, 2020, सायं 6.00 बजे आरंभ होगा। सभी छात्र-छात्राएँ आमंत्रित हैं। समारोह-भवन में परिचय-पत्र लेकर आएँ। 5-45 के बाद किसी को अंदर आने की अनुमति नहीं होगी।

(ख) आज जिस स्वर-सम्राज्ञी का गायन आप सुनने जा रहे हैं, वे हैं भारत-कोकिला लता मंगेशकर। लता जी के नाम को कौन नहीं जानता? वे पिछले 50 सालों से भारत के संगीत-जगत और फिल्मी जगत में घटा-सी छाई हुई हैं। 50 साल बाद भी उनका स्वर किसी कुँआरी कन्या-सा पवित्र है। उन्होंने हज़ारों गाने गाए हैं, देश-विदेश में गाया है। आज वे मुख्य रूप से आपको भक्ति-संगीत सुनाएँगी और आपको अध्यात्म के सागर में डुबकी लगवाएँगी।

उनके साथ तबले पर संगति कर रहे हैं–ग्वालियर के संगीत घराने के मशहूर तबलावादक गोपाल महाराज। वे भी पिछले तीस वर्षों से तबले पर संगति कर रहे हैं। जब उनके तबले पर थाप पड़ती है तो बादल गड़गड़ा उठते हैं। कभी बारिश का स्वर भिगोने लगता है तो कभी नदियों में कमल खिल उठते हैं। वे स्वतंत्र रूप से तबलावादन के कई राष्ट्रीय कार्यक्रम प्रस्तुत कर चुके हैं। उन्हें इस क्षेत्र में अनेक पुरस्कार भी प्राप्त हो चुके हैं।

वीणा पर संगति कर रही हैं–श्रीमती सीमा राजदान। सीमा राजदान वीणा-गायन के क्षेत्र में एक नया नाम है।

V. अन्य महत्त्वपूर्ण परीक्षोपयोगी प्रश्नोत्तर

प्रश्न 1. संगतकार की हिचकती आवाज़ उसकी विफलता क्यों नहीं है? *[CBSE 2018]*

उत्तर–'संगतकार' अपना स्वर जानबूझकर दबा हुआ रखता है। वह नहीं चाहता कि उसका प्रभाव मुख्य गायक से अधिक बढ़चढ़कर हो। इसलिए उसका स्वर पराजय का प्रतीक नहीं अपितु सहयोग और समर्पण का प्रतीक है।

प्रश्न 2. संगतकार की मनुष्यता किसे कहा गया है? वह मनुष्यता कैसे बनाए रखता है? *[CBSE 2019]*

उत्तर–संगतकार का काम है मुख्य गायक की प्रस्तुति को प्रभावी बनाना। कभी-कभी ऐसा होता है कि मुख्य गायक अपने गायन की लय से भटक जाता है या कमज़ोर पड़ जाता है, तब संगतकार ही उसकी लय को पकड़े रहते हैं और उसे भटकन से बचाते हैं। वे मुख्य गायक पर कभी भारी नहीं पड़ते। वे पीछे से सँवारते-सँभालते हुए भी उस पर हावी नहीं होते। यह उनकी मनुष्यता है।

प्रश्न 3. संगतकार जैसे व्यक्ति की जीवन में क्या उपयोगिता होती है? स्पष्ट रूप में समझाइए। *[CBSE 2015]*

उत्तर–संगतकार जैसे व्यक्ति सच्चे अर्थों में सहायक होते हैं। वे स्वयं के लिए कुछ नहीं करते अपितु अपने स्वामी के प्रभाव को बढ़ाने में अपना सहयोग देते हैं। ऐसा करते हुए वे कभी मुख्य गायक का स्थान नहीं लेना चाहते। वे सदा अपने स्वामी के प्रभाव को बढ़ाने के लिए स्वयं को दबा कर ही रखते हैं।

प्रश्न 4. संगतकार की आवाज़ में एक हिचक-सी क्यों प्रतीत होती है? *[CBSE 2016, 2020]*

उत्तर–संगतकार की आवाज़ में एक हिचक-सी इसलिए प्रतीत होती है क्योंकि वह जानता है कि उसे मुख्य गायक के स्वर में अपना स्वर मिलाना है, उसी के स्वर को प्रभावी बनाना है। इसके लिए यह भी जरूरी है कि उसका अपना स्वर मुख्य गायक के स्वर से अधिक ऊँचा और प्रभावी न हो।

प्रश्न 5. 'संगतकार' कविता में संगतकार को त्याग की मूर्ति कैसे कहा जा सकता है? *[CBSE 2020]*

उत्तर–'संगतकार' मुख्य गायक का सहायक बनकर आता है। वह मुख्य गायक के स्वर को ऊँचाई, प्रखरता और सफलता प्रदान करने के लिए अपने-आपको खपा देता है। वाहवाही गायक की होती है, सहयोग संगतकार का होता है। एक प्रकार से वह मुख्य गायक का नाम और प्रभाव बढ़ाने के लिए स्वयं को अँधेरे में डुबो देता है। यह उसका सर्वोच्च त्याग है।

प्रश्न 6. 'संगतकार' कविता में मुख्य गायक के संदर्भ में 'नौसिखिया' का प्रयोग क्यों हुआ है? स्पष्ट करके लिखिए। *[CBSE 2020]*

उत्तर–मुख्य गायक बचपन में नौसिखिया था। वह नया-नया संगीत सीखने आया था। तब भी संगतकार ने तबला-हारमोनियम आदि बजाकर तथा उसके सुस्त पड़ते स्वरों को सँभालकर उसके व्यक्तित्व को बढ़ावा दिया था। लेखक कहना चाहता है कि संगतकार मुख्य गायक को आरंभ से अंत तक बढ़ाते-बढ़ाते स्वयं खप गया। अतः उसका त्याग बहुत बड़ा है।

प्रश्न 7. 'संगतकार' मुख्य गायक को किस प्रकार सँभालता है? वह गायक को किसकी याद दिलाता है? *[CBSE 2020]*

उत्तर–संगतकार मुख्य गायक को तब सँभालता है, जब वह संगीत की जटिल तानों में उलझकर मूल स्वर से भटक जाता है। तब संगतकार मूल पंक्ति को मूल स्वर में दोहराता रहता है। इस प्रकार भटका हुआ मुख्य गायक फिर-से अपनी लय-ताल में आ जाता है।

VI. बहुविकल्पी प्रश्नोत्तर

निम्नलिखित प्रश्नों के सही उत्तर वाले विकल्प चुनिए–

1. *'संगतकार' कविता का शिल्प कैसा है?*
   (क) गीत जैसा (ख) निबंध जैसा (ग) नाटक जैसा (घ) इनका मिश्रण
2. *संगतकार का काम क्या है?*
   (क) अपनी आवाज़ को प्रमुखता देना (ख) गायक की आवाज़ को संभालना
   (ग) गायक की आवाज़ को प्रभावी बनाना (घ) गायक की आवाज़ को दबाना
3. *मुख्य गायक कब भटकता है?*
   (क) जब वह अपरिचित मार्ग पर चला जाता है।
   (ख) जब वह जंगलों में भटक जाता है।
   (ग) जब वह अपनी लय को भूल जाता है।
   (घ) जब वह अपनी लय की सीमाओं के पार हो जाता है।
4. *संगतकार मुख्य गायक की लय को कैसे पकड़े रखता है?*
   (क) तबला बजाकर (ख) उसे चेता कर
   (ग) गीत के पीछे बोलकर (घ) गीत की स्थाई पंक्ति दोहरा कर
5. *संगतकार में किस चीज़ की हिचक होती है?*
   (क) मुख्य गायक की बराबरी करने की। (ख) मुख्य गायक से अधिक प्रभावी होने की
   (ग) लक्ष्य से भटकने की (घ) महत्त्व शून्य होने की

6. *संगतकार का आवाज़ को ऊँचा न उठाना है–*

(क) उसकी कमज़ोरी (ख) उसकी मर्यादा

(ग) उसकी मनुष्यता (घ) उसकी मज़बूरी

उत्तर– 1. (ख) 2. (ग) 3. (घ) 4. (घ) 5. (ख)

प्रश्न-अभ्यास

प्रश्न 1. 'संगतकार' किन-किन रूपों में मुख्य गायक की सहायता करता है? कविता के आधार पर उसकी विशेष भूमिका को स्पष्ट कीजिए।

प्रश्न 2. संगतकार की भूमिका क्या होती है? टिप्पणी कीजिए। [*CBSE 2019*]

प्रश्न 3. जब कभी मुख्य गायक अपने लक्ष्य से भटकता या बिखरता है, तो संगतकार की क्या भूमिका होती है? [*CBSE 2016*]

प्रश्न 4. 'संगतकार' कविता के माध्यम से कवि ने किस प्रकार की संवेदनशीलता विकसित करने का प्रयोग किया है? [*CBSE 2015*]

प्रश्न 5. *'संगतकार का दबा हुआ सुर उसकी पराजय का प्रतीक नहीं है,'* क्यों? [*CBSE 2015*]

प्रश्न 6. कवि किसे मनुष्यता मानता है और क्यों? 'संगतकार' कविता के आधार पर लिखिए। [*CBSE 2015*]

प्रश्न 7. *नायक की सफलता में अनेक लोगों की महत्त्वपूर्ण भूमिका होती है।* 'संगतकार' पाठ के आधार पर इस कथन के पक्ष में अपने विचार लिखिए। [*CBSE 2015*]

प्रश्न 8. संगतकार कविता में कवि ने अंतरे को जटिल तानों का जंगल क्यों कहा है? [*CBSE 2016*]

क्षितिज

गद्य-खंड

☞ **प्रमुख विशेषताएँ–**

- सभी लेखकों का साहित्यिक परिचय
- सभी पाठों का सार
- सभी कठिन शब्दों के अर्थ
- सभी महत्त्वपूर्ण गद्यांशों के अर्थग्रहण संबंधी बहुविकल्पी प्रश्नोत्तर
- पाठ्य-पुस्तक के सभी प्रश्नों के उत्तर
- अन्य महत्त्वपूर्ण परीक्षोपयोगी प्रश्नोत्तर
  - विचार/संदेश संबंधी प्रश्नोत्तर
  - विषय-वस्तु संबंधी प्रश्नोत्तर
  - सी.बी.एस.ई. द्वारा प्रेषित सभी सैंपल पेपरों का समावेश

7. नेताजी का चश्मा

(स्वयं प्रकाश)

I. लेखक-परिचय

प्रश्न–स्वयं प्रकाश के जीवन तथा साहित्य पर प्रकाश डालिए।

उत्तर–जीवन-परिचय–स्वयं प्रकाश हिंदी के कहानीकार हैं। उनका जन्म सन् 1947 में इंदौर (मध्यप्रदेश) में हुआ। उन्होंने मैकेनिकल इंजीनियरिंग की शिक्षा प्राप्त की। नौकरी के लिए वे एक औद्योगिक प्रतिष्ठान में नियुक्त होकर राजस्थान आ गए। उनका अधिकांश समय वहीं बीता। वे स्वैच्छिक सेवामुक्ति लेकर भोपाल में रहे। वे वसुधा नामक पत्रिका के संपादक-मंडल में भी रहे। उनका निधन 2019 में हुआ।

रचनाएँ–स्वयं प्रकाश समकालीन कहानी के चर्चित कहानीकार हैं। उनके तेरह कहानी-संग्रह प्रकाशित हैं। कुछ प्रमुख संग्रह इस प्रकार हैं–

सूरज कब निकलेगा, आएँगे अच्छे दिन भी, आदमी जात का आदमी, संधान।

उपन्यास–बीच में विनय, ईंधन।

उनकी कृतियों पर उन्हें पहल सम्मान, बनमाली पुरस्कार, राजस्थान साहित्य अकादमी पुरस्कार आदि प्राप्त हो चुके हैं।

साहित्यिक विशेषताएँ–स्वयं प्रकाश मध्यवर्गीय जीवन-शैली का कुशल चित्रण करते हैं। उनकी कहानियों में कस्बाई बोध बड़ी सजीवता से प्रकट हुआ है। वे देशभक्ति की नारेबाजी के विरुद्ध सामान्य मनुष्य के आचरण में देशप्रेम देखना चाहते हैं। उनकी कहानियों में जातीय भेदभाव के विरुद्ध आक्रोश दिखाई देता है।

भाषा-शैली–स्वयं प्रकाश की भाषा अपने विषय-संसार के अनुरूप होती है। वे वर्ण्य विषय का ऊपरी-ऊपरी वर्णन करने की बजाय सूक्ष्मता पर अधिक ध्यान देते हैं। उनकी कहानियों में व्यंग्य की चेतना स्पष्ट सुनाई देती है।

II. पाठ का सार

प्रश्न–स्वयं प्रकाश द्वारा रचित 'नेताजी का चश्मा' नामक पाठ का सार अपने शब्दों में लिखिए।

उत्तर–कस्बे में सुभाषचंद्र बोस की प्रतिमा–हालदार साहब कंपनी के काम से उस कस्बे में से गुजरा करते थे। कस्बा छोटा था। अधिकतर मकान कच्चे थे। एक नगरपालिका भी थी। लगता है, उस पालिका ने कभी कस्बे के मुख्य बाज़ार के चौराहे पर नेताजी सुभाषचंद्र बोस की संगमरमर की मूर्ति लगवा दी होगी। मूर्ति देखकर लगता था कि जैसे वह मज़बूरियों के कारण किसी स्थानीय कलाकार से बनवाई गई होगी। शायद कस्बे के एकमात्र स्कूल के ड्राइंग मास्टर मोतीलाल ने उस मूर्ति को एक महीने में बनाकर पटकने का वादा किया होगा। मूर्ति टोपी से कोट के दूसरे बटन तक थी। दो फुट ऊँची यह मूर्ति बहुत सुंदर लग रही थी। मूर्ति को देखते ही 'दिल्ली चलो' या 'तुम मुझे खून दो' का नारा याद आने लगता था।

मूर्ति के चश्मे का रहस्य—हालदार साहब को आते-जाते मूर्ति की एक बात खटकती थी। नेताजी की आँखों में चश्मा नहीं था। यानी संगमरमर का नहीं था। उसकी जगह किसी ने एक सचमुच का चौड़ा काला फ्रेम मूर्ति को पहना दिया था। पहली बार उन्होंने देखा था तो उनके होठों पर कौतुक भरी मुसकान फैल गई थी। पत्थर की मूर्ति पर वास्तविक चश्मा। क्या आइडिया है! हालदार जीप पर बैठे-बैठे सोचने लगे—इस कस्बे के नागरिक सचमुच देशभक्त हैं। वे नेताजी को चश्मा पहनाकर कम-से-कम नेताजी के प्रति अपनी भावनाएँ व्यक्त करते हैं।

हालदार का कौतुक तब और भी बढ़ा, जब उन्होंने देखा कि अगली बार मूर्ति पर लगे चश्मे का फ्रेम बदल गया है। तीसरी बार फिर फ्रेम बदला दिखाई दिया। हालदार ने सोचा—सचमुच बढ़िया आइडिया है। मूर्ति के कपड़े नहीं बदले जा सकते। किंतु चश्मा तो बदल सकता है।

चश्मा बदलने का रहस्य—आखिरकार हालदार ने एक बार अपनी जीप रुकवा ली। उन्होंने चौराहे पर बैठे पानवाले से पूछा कि ये नेताजी के चश्मे के फ्रेम कौन बदलता है? पानवाला मोटा-सा खुशमिज़ाज आदमी था। उसने बताया कि ये फ्रेम कैप्टन चश्मेवाला बदलता है। अगर किसी ग्राहक को मूर्ति पर लगा चश्मा पसंद हो तो वह चश्मा ग्राहक को देकर कैप्टन मूर्ति पर नया चश्मा फिट कर देता है। परंतु वह सुभाष की मूर्ति को बिना चश्मे के नहीं रहने देता। मानो इससे उसे कोई चोट लगती हो।

हालदार ने पानवाले से पूछा कि मूर्ति का ओरिजिनल चश्मा कहाँ गया? पानवाले ने हँसते हुए बताया कि उसे मास्टर बनाना भूल गया। हालदार साहब यह सुनकर द्रवित हो गए। उनका अनुमान सही निकला। यह मूर्तिकार सचमुच कस्बे का अध्यापक था। लगता है, वह एक महीने के कम समय में मूर्ति बनाते-बनाते चश्मे के बारे में कुछ तय नहीं कर पाया, या असफल रहा होगा, या चश्मा टूट गया होगा या पत्थर का चश्मा अलग से बनाकर लगाया होगा और वह निकल गया होगा।

कैप्टन चश्मेवाले से भेंट—हालदार साहब को यह सब विचित्र लगा। उन्होंने एक बार फिर-से अपनी जीप पानवाले के पास रुकवा ली। पूछा—यह कैप्टन चश्मेवाला नेताजी का साथी था? या आज़ाद हिंद फौज का भूतपूर्व सिपाही था? इस प्रश्न पर पानवाला हँसा। मुर्सकराकर बोला—वो लंगड़ा क्या फौज में जाएगा। पागल है पागल। वो देखो, वो आ रहा है। उसी से बात कर लो। फोटो-वोटो छपवा दो कहीं उसका।

हालदार साहब को एक देशभक्त का ऐसा मज़ाक अच्छा नहीं लगा। मुड़कर देखा तो एक बेहद बूढ़ा मरियल-सा लंगड़ा सिर पर गाँधी-टोपी और आँखों पर काला चश्मा लगाए आ रहा था। उसके हाथ में एक छोटी-सी संदूकची और दूसरे हाथ में बाँस पर टँगे बहुत-से चश्मे थे। पता चला कि वह फेरी लगाकर चश्मे बेचता है। हालदार पूछना चाहते थे कि फिर इसका नाम कैप्टन कैसे पड़ा? परंतु न तो पानवाले के पास फुर्सत थी, न जीप के ड्राइवर के पास।

उस दिन के बाद कोई दो साल तक लगातार वे आते-जाते मूर्ति की ओर देखते रहे। कभी चश्मा गोल होता, कभी चौकोर; कभी लाल, कभी काला। परंतु कोई-न-कोई चश्मा होता जरूर था।

कैप्टन की मृत्यु—एक बार ऐसा हुआ कि मूर्ति के चेहरे पर कोई भी चश्मा नहीं था। उस दिन पानवाले की तथा चौराहे की सारी दुकानें बंद थीं। अगली बार आकर उन्होंने पानवाले से पूछा—इस बार मूर्ति पर चश्मा क्यों नहीं है? पानवाले ने अपनी आँखें पोंछते हुए उदास स्वर में बताया कि कैप्टन मर गया है। यह सुनकर हालदार साहब उदास होकर जीप में बैठकर चले गए। वे सोचने लगे—उस देश का क्या होगा जहाँ के निवासी देशभक्त बलिदानियों पर हँसते हैं और स्वयं बिकने के लिए मौके ढूँढ़ते हैं।

सरकंडे का चश्मा—हालदार साहब पंद्रह दिन बाद फिर-से उस कस्बे से होकर गुजरे। सोचा कि अब वे बिना चश्मे वाली नेताजी की मूर्ति को नहीं देखेंगे। परंतु जैसे ही चौराहा करीब आया। हालदार साहब ने चीखकर आदेश दिया—जीप रोको। उन्होंने देखा—नेताजी की मूर्ति पर सरकंडे का बना चश्मा रखा हुआ था। हालदार साहब की आँखें नम हो गईं। वे भावुक हो गए।

III. कठिन शब्दों के अर्थ

पृष्ठ 44

हालदार–हवलदार। **कस्बा**–थोड़ी-सी आबादी वाला एक छोटा-सा शहर। **ओपन एयर सिनेमाघर**–बिना छत का सिनेमाघर। **ठो**–कहने को। **प्रशासनिक अधिकारी**–नगरपालिका का काम-काज चलाने वाले अफ़सर। **प्रतिमा**–मूर्ति। **लागत अनुमान**–बनाने में खर्च होने वाली राशि का अंदाज़ा। **उपलब्ध बजट**–खर्च करने के लिए जितनी राशि पास में है। **ऊहापोह**–दुविधा, क्या करें और क्या न करें। **शासनावधि**–शासन करने का समय। **स्थानीय**–उस स्थान का निवासी। **निर्णय**–फैसला। **पटक देने**–जैसे-तैसे पूरी कर देना। **संगमरमर**–सफेद चमकता पत्थर। **मासूम**–भोला। **कमसिन**–सुंदर। **सराहनीय**–प्रशंसा करने योग्य। **प्रयास**–कोशिश। **कसर होना**–कमी होना। **खटकती**–बुरी लगती। **सामान्य**–आम, तुच्छ।

पृष्ठ 45

लक्षित किया–ध्यान किया। **कौतुकभरी**–रहस्य भरी, शरारत-भरी। **आइडिया**–विचार। **रियल**–वास्तविक। **निष्कर्ष**–फैसला, परिणाम। **चौकोर**–चार कोने वाला, वर्गाकार। **दुर्दमनीय**–जिसे दबाना कठिन हो। **खुशमिज़ाज़**–खुश रहने वाला। **तोंद**–पेट। **थिरकी**–हिली, काँपी। **बत्तीसी**–खुले दाँत। **चेंज**–बदल। **गिराक**–ग्राहक, खरीददार। **चौखट**–फ्रेम। **किदर से**–कहाँ से। **उदर**–उधर, वहाँ। **बिठा दिया**–लगा दिया। **आहत**–दुखी। **असुविधा**–परेशानी, क्लेश। **फिट करना**–लगा देना। **दरकार होना**–इच्छा होना।

पृष्ठ 46

ओरिजिनल–मूल, मूर्ति के साथ बना हुआ संगमरमर का चश्मा। **कत्था**–पान में लगने वाला गहरा भूरा पदार्थ। **पीक**–पान की थूक। **चकित**–हैरान। **द्रवित**–पिघलाना, तरल, भावुक। **यानी**–मतलब कि। **वाकई**–सचमुच। **चक्कर में**–कोशिश में। **विचित्र**–हैरानी-भरा, अद्‌भुत। **खयाल**–विचार, ध्यान। **समक्ष**–सामने। **नतमस्तक**–सिर झुकाना। **भूतपूर्व**–पुराना। **अवाक्**–हैरान। **संदूकची**–कुछ रखने का ट्रंक। **फेरी लगाना**–घूम-फिर कर सामान बेचना। **चक्कर में पड़ना**–हैरान होना। **बेचैन**–परेशान।

पृष्ठ 47

प्रफुल्लता–खुशी। **अधिकांश**–अधिकतर। **उदास**–दुखी। **चुकाकर**–देकर। **कौम**–जाति। **होम**–बलिदान। **बिकने के मौके**–खुद स्वार्थ पूरा करने के लिए।

पृष्ठ 48

हृदयस्थली–बीच का मुख्य स्थान, चौराहा। **प्रतिष्ठापित**–स्थापित। **अटेंशन**–सावधान की स्थिति में। **सरकंडा**–एक प्रकार की घास। **भावुक**–कोमल भावनाओं वाले। **आँखें भर आना**–आँसू आ जाना।

IV. अर्थग्रहण संबंधी प्रश्नोत्तर

प्रश्न–निम्नलिखित गद्यांशों से संबंधित प्रश्नों के उत्तर दीजिए–

1 पूरी बात तो अब पता नहीं, लेकिन लगता है कि देश के अच्छे मूर्तिकारों की जानकारी नहीं होने और अच्छी मूर्ति की लागत अनुमान और उपलब्ध बजट से कहीं बहुत ज़्यादा होने के कारण काफ़ी समय ऊहापोह और चिट्ठी-पत्री में बरबाद हुआ होगा और बोर्ड की शासनावधि समाप्त होने की घड़ियों में किसी स्थानीय कलाकार को ही अवसर देने का निर्णय किया गया होगा, और अंत में कस्बे के इकलौते हाई स्कूल के इकलौते ड्राइंग मास्टर–मान लीजिए मोतीलाल जी–को ही यह काम सौंप दिया गया होगा, जो महीने-भर में मूर्ति बनाकर 'पटक देने' का विश्वास दिला रहे थे। *(पृष्ठ 44) [CBSE 2015]*

प्रश्न *(Set-I)*–

(क) *मूर्ति की 'बस्ट' से क्या तात्पर्य है? यह कितनी कड़ी थी?*

(ख) *नेताजी की मूर्ति बनाने वाले व्यक्ति का नाम क्या था तथा उसने मूर्ति किस परिस्थिति में तैयार की थी?*

(ग) *बोर्ड के अधिकारियों का काफी समय क्यों बरबाद हुआ होगा? समझाइए।*

उत्तर–

(क) कंधे से सिर तक की मूर्ति को 'बस्ट' कहते हैं। वह बस्ट मूर्ति संगमरमर पत्थर की बनी थी इसलिए खूब कड़ी थी।

(ख) नेताजी की मूर्ति बनाने वाले व्यक्ति का नाम है–मोतीलाल। उसे बहुत ही कम समय में, शासन की अवधि समाप्त होने से पहले-पहले मूर्ति बनाने के लिए कहा गया। अत: उसने हड़बड़ी और जल्दी में मूर्ति तैयार की।

(ग) बोर्ड के अधिकारियों का बहुत समय इसी दुविधा में बेकार हो गया होगा कि अच्छी मूर्ति की लागत बहुत अधिक है और बजट बहुत कम है। देश के अच्छे मूर्तिकारों की जानकारी के अभाव में भी बहुत-सा समय बर्बाद हो गया होगा।

प्रश्न *(Set-II)*–

1. **लेखक के कथन का आधार क्या है?**
   (क) सच्चाई (ख) तथ्य (ग) अज्ञान (घ) अनुमान
2. **यह सारा निर्णय किसने लिया होगा?**
   (क) सरकार ने (ख) ग्राम-समिति ने (ग) नगरपालिका ने (घ) कलाकार-संघ ने
3. **शहर के प्रमुख बाजार के चौराहे पर नगरपालिका किस नेता की प्रतिमा लगवाना चाहती थी?**
   (क) चंद्रशेखर आजाद की (ख) सरदार भगत सिंह की
   (ग) सुभाषचंद्र बोस की (घ) महात्मा गाँधी की
4. **मोतीलाल जी कौन है?**
   (क) हाईस्कूल के हिंदी मास्टर (ख) हाईस्कूल के अंग्रेजी मास्टर
   (ग) हाईस्कूल के गणित मास्टर (घ) हाईस्कूल के ड्राइंग मास्टर
5. ***'मूर्ति बनाकर पटक देने'* से तात्पर्य है–**
   (क) शानदार मूर्ति तैयार करना (ख) मूर्ति तैयार कर देना
   (ग) जैसे तैसे मूर्ति तैयार कर देना (घ) मूर्ति तैयार करके फेंक देना

उत्तर– 1. (घ) 2. (ग) 3. (ग) 4. (घ) 5. (ग)

2 जीप कस्बा छोड़कर आगे बढ़ गई तब भी हालदार साहब इस मूर्ति के बारे में ही सोचते रहे, और अंत में इस निष्कर्ष पर पहुँचे कि कुल मिलाकर कस्बे के नागरिकों का यह प्रयास सराहनीय ही कहा जाना चाहिए। महत्त्व मूर्ति के रंग-रूप या कद का नहीं, उस भावना का है वरना तो देश-भक्ति भी आजकल मज़ाक की चीज़ होती जा रही है।

दूसरी बार जब हालदार साहब उधर से गुज़रे तो उन्हें मूर्ति में कुछ अंतर दिखाई दिया। ध्यान से देखा तो पाया कि चश्मा दूसरा है। *(पृष्ठ 45)* *[CBSE 2018]*

प्रश्न–

(क) *हालदार साहब को कस्बे के नागरिकों का कौन-सा प्रयास सराहनीय लगा और क्यों?*

(ख) *'देशभक्ति भी आजकल मज़ाक की चीज़ होती जा रही है।'– इस पंक्ति में देश और लोगों की किन स्थितियों की ओर संकेत किया गया है?*

(ग) *दूसरी बार मूर्ति देखने पर हालदार साहब को उसमें क्या परिवर्तन दिखाई दिया?*

उत्तर–

(क) हालदार साहब को कस्बे के नागरिकों द्वारा सुभाषचंद्र बोस की मूर्ति लगाने का प्रयास बहुत सराहनीय लगा।

क्यों– आजकल लोग देशभक्ति को मज़ाक की चीज़ समझने लगे हैं। तब भी कस्बे वालों का देशभक्ति दिखाना प्रशंसनीय है।

(ख) आजकल देशवासियों की भावना बहुत तुच्छ और स्वार्थी होती जा रही हैं। वे देशभक्ति का मज़ाक उड़ाने लगे हैं।

(ग) दूसरी बार मूर्ति देखने पर हालदार साहब को दिखाई दिया कि नेताजी की मूर्ति पर लगा चश्मा बदल गया है।

3 हालदार साहब की आदत पड़ गई, हर बार कस्बे से गुज़रते समय चौराहे पर रुकना, पान खाना और मूर्ति को ध्यान से देखना। एक बार जब कौतूहल दुर्दमनीय हो उठा तो पानवाले से ही पूछ लिया, क्यों भई! क्या बात है? यह तुम्हारे नेताजी का चश्मा हर बार बदल कैसे जाता है?

पानवाले के खुद के मुँह में पान ठुँसा हुआ था। वह एक काला मोटा और खुशमिज़ाज़ आदमी था। हालदार साहब का प्रश्न सुनकर वह आँखों-ही-आँखों में हँसा। उसकी तोंद थिरकी। पीछे घूमकर उसने दुकान के नीचे पान थूका और अपनी लाल-काली बत्तीसी दिखाकर बोला, कैप्टन चश्मेवाला करता है। *(पृष्ठ 45)* [*CBSE 2015*]

प्रश्न *(Set-I)*–

(क) *हालदार साहब को क्या आदत पड़ गई थी?*

(ख) *पानवाला कैसा व्यक्ति था?*

(ग) *चश्मे को बदलने का काम कौन करता था?*

उत्तर–

(क) हालदार साहब कस्बे से गुजरते वक्त चौराहे पर उतरते थे, पान खाते थे और नेताजी की मूर्ति को निहारते थे। यह उनकी आदत पड़ गई थी।

(ख) पानवाला काला, मोटा और खुशमिज़ाज आदमी था।

(ग) चश्मे को बदलने का काम कस्बे का एक चश्मा-विक्रेता करता था। वह नेताजी सुभाषचंद्र बोस का भक्त था। इसलिए वह उनके चश्मे की हमेशा देखभाल किया करता था।

प्रश्न *(Set-II)*–

1. हालदार साहब को किस बात की आदत पड़ गई थी?

(क) चौराहे पर रुकने की (ख) पान खाने की

(ग) मूर्ति को ध्यान से देखने की (घ) दिए गए तीनों

2. क्या हर बार बदल जाता था?

(क) पानवाले की दुकान (ख) नेताजी का चश्मा

(ग) मूर्ति (घ) इनमें से कोई भी नहीं

3. '*दुर्दमनीय*' शब्द का क्या अर्थ होता है?

(क) दमन करने योग्य (ख) जिसे मुश्किल से दबाया जा सके

(ग) शोषण करनेवाला (घ) दबा हुआ

4. पानवाला कैसा आदमी था?

(क) बेरुखा (ख) काला, मोटा और खुशमिज़ाज़

(ग) सहृदय (घ) क्रूर

5. हालदार साहब के प्रश्न का पानवाले ने क्या उत्तर दिया?

(क) पीछे घूमो (ख) कैप्टन चश्मेवाला करता है

(ग) पानवाला करता है (घ) बच्चे करते हैं

उत्तर– 1. (घ) 2. (ख) 3. (ख) 4. (ख) 5. (ख)

4 अब हालदार साहब को बात कुछ-कुछ समझ में आई। एक चश्मेवाला है जिसका नाम कैप्टन है। उसे नेताजी की बगैर चश्मेवाली मूर्ति बुरी लगती है। बल्कि आहत करती है, मानो चश्मे के बगैर नेताजी को असुविधा हो रही हो। इसलिए वह अपनी छोटी-सी दुकान में उपलब्ध गिने-चुने फ्रेमों में से एक नेताजी की मूर्ति पर फिट कर देता है। लेकिन जब कोई ग्राहक आता है और उसे वैसे ही फ्रेम की दरकार होती है जैसा मूर्ति पर लगा है तो कैप्टन चश्मेवाला मूर्ति पर लगा फ्रेम—संभवतः नेताजी से क्षमा माँगते हुए—लाकर ग्राहक को दे देता है और बाद में नेताजी को दूसरा फ्रेम लौटा देता है। वाह! भई खूब! क्या आइडिया है। *(पृष्ठ 45-46)* [*CBSE 2015*]

प्रश्न *(Set-I)*–

(क) *हालदार साहब को पहले कौन-सी बात समझ में नहीं आती थी?*

(ख) *चश्मेवाला नेताजी की मूर्ति पर चश्मा क्यों लगा देता है?*

(ग) *चश्मेवाले को नेताजी की बगैर चश्मे वाली मूर्ति बुरी क्यों लगती है?*

उत्तर–

(क) हालदार को पहले यह बात समझ नहीं आती थी कि नेताजी की मूर्ति पर लगा चश्मा हर बार कौन बदल देता है और क्यों?

(ख) चश्मेवाला नेताजी का भक्त है। उसे नेताजी की बिना चश्मे की मूर्ति देखकर दुख पहुँचता है। अतः वह बिक्री के लिए रखे कई चश्मों में से कोई एक चश्मा उसकी मूर्ति पर लगा देता है।

(ग) चश्मेवाला नेताजी का भक्त था। वह जानता था कि नेताजी चश्मा पहनते थे। परंतु उनकी मूर्ति पर चश्मा नहीं था। इसलिए उसे बिना चश्मे वाली मूर्ति अधूरी जान पड़ती थी।

प्रश्न *(Set-II)*–

1. **कैप्टन कौन था?**
   (क) चश्मा बेचनेवाला (ख) सेना की देखभाल करनेवाला
   (ग) सेना का अधिकारी (घ) मूर्ति बनानेवाला
2. **किसकी बगैर चश्मेवाली मूर्ति बुरी लगती है?**
   (क) जवाहरलाल की (ख) नेता जी की (ग) गाँधी जी की (घ) सरदार जी की
3. **'*आहत*' शब्द का पर्यायवाची शब्द है–**
   (क) मातहत (ख) आहट (ग) घायल (घ) पायल
4. **कैप्टन चश्मेवाला मूर्ति पर लगा फ्रेम किसको दे देता है?**
   (क) दुकानदार को (ख) पथिक को (ग) कृषक को (घ) ग्राहक को
5. **कैप्टन द्वारा बार-बार मूर्ति पर चश्मा लगाना प्रकट करता है कि–**
   (क) उसमें कर्मशीलता थी (ख) उसमें देशभक्ति और त्याग की भावना थी
   (ग) उसमें विद्रोह की भावना थी (घ) उसमें श्रद्धा और सम्मान की भावना थी

उत्तर– 1. (क) 2. (ख) 3. (ग) 4. (घ) 5. (ख)

5 पानवाला मुस्कराकर बोला – नहीं साब! वो लँगड़ा क्या जाएगा फ़ौज में। पागल है पागल! वे देखो, वो आ रहा है। आप उसी से बात कर लो। फ़ोटो-वोटो छपवा दो उसका कहीं।

हालदार साहब को पानवाले द्वारा एक देशभक्त का इस तरह मज़ाक उड़ाया जाना अच्छा नहीं लगा। मुड़कर देखा तो अवाक् रह गए। एक बेहद बूढ़ा मरियल-सा लँगड़ा आदमी सिर पर गांधी टोपी और आँखों पर काला चश्मा लगाए एक हाथ में एक छोटी-सी संदूकची और दूसरे हाथ में एक बाँस पर टँगे बहुत-से चश्मे लिए अभी-अभी एक गली से निकला था और अब एक बंद दुकान के सहारे अपना बाँस टिका रहा था। तो इस बेचारे की दुकान भी नहीं! फेरी लगाता है! हालदार साहब चक्कर में पड़

गए। पूछना चाहते थे, इसे कैप्टन क्यों कहते हैं? क्या यही इसका वास्तविक नाम है? लेकिन पानवाले ने साफ़ बता दिया था कि अब वह इस बारे में और बात करने को तैयार नहीं। ड्राइवर भी बेचैन हो रहा था। काम भी था। हालदार साहब जीप में बैठकर चले गए। *(पृष्ठ 46-47)* *[CBSE 2014, 2015]*

प्रश्न *(Set-I)*–

(क) *कैप्टन कैसा आदमी था और वह हालदार साहब को किस रूप में दिखाई दिया था?*

(ख) *कैप्टन को देखकर हालदार साहब को उसके बारे में क्या अनुमान हुआ था? इससे उन्हें कैसा अनुभव हुआ होगा?*

(ग) *चश्मेवाले को कैप्टन नाम से पुकारे जाने के विषय में हालदार साहब को जानकारी क्यों नहीं मिल सकी?*

उत्तर–

(क) कैप्टन एक बेहद बूढ़ा, मरियल-सा और लंगड़ा आदमी था। उसके सिर पर गाँधी टोपी और आँखों पर काला चश्मा था।

(ख) कैप्टन को देखकर हालदार को अनुमान हुआ कि यह फौज से रिटायर कोई फौजी है जो गरीबी और बुढ़ापे के कारण चश्मे बेचने को मज़बूर हो गया है।

(ग) चश्मेवाले को लोग कैप्टन के नाम से क्यों पुकारते हैं, इस विषय में पानवाले ने बताने से साफ इन्कार कर दिया।

प्रश्न *(Set-II)*– *(CBSE 2023)*

1. **पानवाले ने देशभक्त का मज़ाक क्या कहकर उड़ाया था? निम्नलिखित विशेषणों के आधार पर उचित विकल्प का चयन कर इस प्रश्न का उत्तर दीजिए–**

   (I) लँगड़ा (II) बूढ़ा (III) पागल (IV) मरियल

   विकल्पः

   (क) I, II (ख) I, III (ग) I, IV (घ) II, IV

2. **हालदार साहब अवाक् क्यों रह गए ?**

   (क) एक मरियल से बूढ़े आदमी को देखकर
   (ख) कल्पना से परे 'कैप्टन' नाम के विपरीत उसका हुलिया देखकर
   (ग) एक बूढ़े को लाठी पकड़े चश्मा लगाए गांधी जी के रूप में देखकर
   (घ) एक चश्मे वाले दुकानदार को इस रूप में देखकर

3. **कथन (A) और कारण (R) को पढ़कर उपयुक्त विकल्प चुनिए–**

   कथन (A)– पानवाले ने अपने मित्र कैप्टन के बारे में अनुपयुक्त भाषा का प्रयोग किया।
   कथन (R)– पानवाले में संवेदनशीलता का अभाव था।
   (क) कथन (A) ग़लत है, किंतु कारण (R) सही है।
   (ख) कथन (A) सही है, किंतु कारण (R) ग़लत है।
   (ग) कथन (A) सही है और उसका कारण (R) भी सही है।
   (घ) कथन (A) और कारण (R) दोनों ग़लत हैं।

4. ***'फ़ोटो-वोटो छपवा दो उसका कहीं'*** **– हालदार के सम्मुख पानवाले द्वारा कहा गया यह कथन चश्मे वाले के प्रति दर्शाता है, उसकी–**

   (क) संवेदना (ख) वेदना अनुभूति (ग) सहानुभूति (घ) व्यंग्यात्मकता

5. **ड्राइवर की बेचैनी का कारण था–**

   (क) देशभक्त कैप्टन में कोई रुचि नहीं होना (ख) भूख लगना और घर जाने की जल्दी
   (ग) उमस के कारण बेचैनी बढ़ना (घ) हालदार साहब को गंतव्य पर पहुँचाने की जल्दी

उत्तर– 1. (ख) 2. (ख) 3. (ख) 4. (घ) 5. (क)

6 बार-बार सोचते, क्या होगा उस कौम का जो अपने देश की खातिर घर-गृहस्थी-जवानी-ज़िंदगी सब कुछ होम देनेवालों पर भी हँसती है और अपने लिए बिकने के मौके ढूँढ़ती है। दुखी हो गए। पंद्रह दिन बाद फिर उसी कस्बे से गुज़रे। कस्बे में घुसने से पहले ही खयाल आया कि कस्बे की हृदयस्थली में सुभाष की प्रतिमा अवश्य ही प्रतिष्ठापित होगी, लेकिन सुभाष की आँखों पर चश्मा नहीं होगा। ... क्योंकि मास्टर बनाना भूल गया। ... और कैप्टन मर गया। सोचा, आज वहाँ रुकेंगे नहीं, पान भी नहीं खाएँगे, मूर्ति की तरफ़ देखेंगे भी नहीं, सीधे निकल जाएँगे। ड्राइवर से कह दिया, चौराहे पर रुकना नहीं, आज बहुत काम है, पान आगे कहीं खा लेंगे। *(पृष्ठ 47-48)* *[CBSE 2017]*

प्रश्न *(Set-I)*–

(क) *गद्यांश में कौन दुखी है और क्यों?*

(ख) *कस्बे में प्रवेश करने से पूर्व हालदार साहब क्या सोचने लगे?*

(ग) *गद्यांश में युवा पीढ़ी के लिए निहित संदेश स्पष्ट कीजिए।*

उत्तर–

(क) गद्यांश में हालदार साहब दुखी हैं। वे इस बात को लेकर दुखी हैं कि लोग अपने देश के बलिदानियों और देशभक्तों पर भी हँसते हैं और उनके सहारे कमाई करना चाहते हैं।

(ख) कस्बे में प्रवेश करने से पूर्व हालदार साहब सोचने लगे कि चौराहे पर नेताजी की मूर्ति पर चश्मा नहीं होगा। उनकी मूर्ति पर चश्मा लगाने वाला कैप्टन मर चुका है। अतः अब नेताजी की मूर्ति पर चश्मा कौन लगाएगा? ऐसा सोचकर उन्हें दुख हुआ और उन्होंने निश्चय किया कि इस बार वे चौराहे पर रुकेंगे नहीं और मूर्ति की ओर देखेंगे भी नहीं।

(ग) इस गद्यांश में युवा पीढ़ी के लिए यह संदेश है कि हमें अपने पूर्वजों को भूलना नहीं चाहिए। जिन महान लोगों ने हमारे लिए संघर्ष किया है, उन्हें सदा स्मरण रखना चाहिए।

प्रश्न *(Set-II)*–

1. **हालदार साहब किस सोच में पड़ गए?**
   (क) आज दफ़्तर में क्या कार्य करना है।
   (ख) यदि लोग देशभक्तों का मज़ाक उड़ाएँगे तो यह देश कैसे चलेगा।
   (ग) आज कैप्टन से मिलेंगे।
   (घ) कैप्टन कैसे मर गया?
2. **पंद्रह दिन बाद फिर उसी कस्बे से गुज़रने पर हालदार साहब के मन में क्या ख्याल आया?**
   (क) सुभाष की आँखों पर कौन-सा चश्मा होगा? (ख) सुभाष की आँखों पर चश्मा नहीं होगा।
   (ग) सुभाष की आँखों पर चश्मा होगा। (घ) सुभाष की आँखों पर चश्मा कौन लगाएगा?
3. **कस्बे की हृदयस्थली में क्या था?**
   (क) सुभाष का घर (ख) सुभाष का दफ़्तर (ख) सुभाष की प्रतिमा (घ) पानवाले की दुकान
4. *'सुभाष की आँखों पर चश्मा नहीं होगा।'* **ऐसा ख्याल हालदार साहब को क्यों आया?**
   (क) कैप्टन मर गया था। (ख) मास्टर बनाना भूल गया था।
   (ग) कैप्टन शहर गया था। (घ) सुभाष का चश्मा टूट गया था।
5. **हालदार साहब ने ड्राइवर से क्या कहा?**
   (क) चौराहे पर रुक जाना।
   (ख) पान चौराहे पर खाएँगे।
   (ग) 'चौराहे पर रुकना नहीं...' पान आगे कहीं खा लेंगे।
   (घ) चौराहे पर गाड़ी धीमी चलाना।

उत्तर– 1. (ख) 2. (ख) 3. (ग) 4. (क) 5. (ग)

V. पाठ्यपुस्तक के प्रश्न-अभ्यास

(पृष्ठ 48-50)

☞प्रश्न 1. सेनानी न होते हुए भी चश्मेवाले को लोग कैप्टन क्यों कहते थे? *[CBSE 2019]*

उत्तर–चश्मेवाला कभी सेनानी नहीं रहा। वह तन से बहुत बूढ़ा और मरियल-सा था। परंतु उसके मन में देशभक्ति की भावना प्रबल थी। वह सुभाषचंद्र का सम्मान करता था। वह सुभाष की बिना चश्मे वाली मूर्ति को देखकर आहत था। इसलिए अपनी ओर से एक चश्मा नेताजी की मूर्ति पर अवश्य लगाता था। उसकी इसी भावना को देखकर ही लोगों ने उसे सुभाषचंद्र बोस का साथी या सेना का कैप्टन कहकर सम्मान दिया। चाहे उसका यह नाम व्यंग्य में रखा गया हो, फिर भी वह ठीक नाम था। वह कस्बे का अगुआ था।

प्रश्न 2. *हालदार साहब ने ड्राइवर को पहले चौराहे पर गाड़ी रोकने के लिए मना किया था लेकिन बाद में तुरंत रोकने को कहा–*

(क) हालदार साहब पहले मायूस क्यों हो गए थे?

(ख) मूर्ति पर सरकंडे का चश्मा क्या उम्मीद जगाता है? *[CBSE 2010, 2012, 2017]*

(ग) हालदार साहब इतनी-सी बात पर भावुक क्यों हो उठे? *[CBSE 2012, 2019]*

उत्तर–(क) हालदार साहब यह जानकर मायूस हो गए थे कि कैप्टन की मृत्यु हो चुकी है। अतः अब उस कस्बे में सुभाष की बिना चश्मे वाली मूर्ति को चश्मा पहनाने वाला कोई न रहा होगा। अब मूर्ति बिना चश्मे के ही खड़ी होगी।

(ख) मूर्ति पर लगा सरकंडे का चश्मा यह उम्मीद जगाता है कि यह धरती देशभक्ति से शून्य नहीं हुई है। एक कैप्टन नहीं रहा, तो अन्य लोग उस दायित्व को सँभालने के लिए तैयार हैं। सबसे बड़ी बात यह है कि सरकंडे का चश्मा किसी गरीब बच्चे ने बनाया है। अतः उम्मीद है कि ये बच्चे गरीबी के बावजूद भी देश को ऊपर उठाने का प्रयास करते रहेंगे।

(ग) हालदार साहब के लिए सुभाष की मूर्ति पर चश्मा लगाना 'इतनी-सी' बात नहीं थी। यह उनके लिए बहुत बड़ी बात थी। यह बात उनके मन में आशा जगाती थी कि कस्बे-कस्बे में देशभक्ति जीवित है। देश की नई पीढ़ी में देश-प्रेम जीवित है। इस खुशी और आशा से वे भावुक हो उठे।

प्रश्न 3. आशय स्पष्ट कीजिए–

''बार-बार सोचते, क्या होगा उस कौम का जो अपने देश की खातिर घर-गृहस्थी-जवानी-ज़िंदगी सब कुछ होम देनेवालों पर भी हँसती है और अपने लिए बिकने के मौके ढूँढ़ती है।''

उत्तर–हालदार साहब ने चश्मेवाले कैप्टन की मृत्यु का समाचार सुना तो उदास हो गए। उन्हें लगा कि कैप्टन जैसे लोग ही तो देश के लिए आशा की किरण थे। शेष लोग तो देश के लिए मर-मिटने वालों पर हँसते हैं। नगरपालिका ने क्रांतिकारी सुभाष की मूर्ति बनवाई तो अधूरी बनवाई। उन्हें याद नहीं रहा कि जिस सुभाष की मूर्ति को वे चश्मा तक नहीं दे रहे हैं, उसने अपनी सारी ज़िंदगी देश के लिए लगा दी। उस छोटे-से कस्बे में यदि कैप्टन जैसा चश्मेवाला सुभाष की मूर्ति पर चश्मा लगाता रहा तो लोग उस पर भी हँसते रहे। उसे पागल और सनकी कहते रहे। जहाँ ऐसे स्वार्थी लोग रहते हों, उस देश का भविष्य कैसे सँवरेगा? जिस जाति में लोग स्वयं का प्रचार-प्रसार करने में रुचि लेते हैं, उस देश का भी कोई भविष्य नहीं होता।

☞प्रश्न 4. पानवाले का एक रेखाचित्र प्रस्तुत कीजिए। *[CBSE 2017]*

उत्तर–पानवाला साक्षात् पान-भंडार था। उसकी दुकान पर ही नहीं, मुँह में भी पान ठुँसा था। पान के कारण वह बात तक नहीं कर सकता था। यदि उससे कोई कुछ पूछ ले तो पहले उसे पीछे मुड़कर थूकना पड़ता था। हाँ, स्वभाव से वह बहुत ही रसिया, हँसौड़ और मज़ाकिया था। वह शरीर से मोटा था। उसकी तोंद निकली रहती थी। अतः वह जब भी हँसता था तो उसकी तोंद थिरकने लगती थी। हँसने पर उसके पानवाले लाल-काले दाँत खिल उठते थे। वह बातें बनाने में उस्ताद था। उसकी बोली में हँसी और व्यंग्य का पुट बना रहता था।

प्रश्न 5. *''वो लँगड़ा क्या जाएगा फ़ौज में। पागल है पागल!''*

कैप्टन के प्रति पानवाले की इस टिप्पणी पर अपनी प्रतिक्रिया लिखिए। *[CBSE 2008]*

उत्तर–पानवाले की यह टिप्पणी बहुत दुर्भाग्यपूर्ण है। उसे चाहिए था कि वह चश्मेवाले कैप्टन की भावनाओं का सम्मान करता। उसे पता था कि कैप्टन ही सुभाषचंद्र बोस की आँखों पर अपनी ओर से चश्मा लगाए रहता है। वह भी केवल इसलिए

कि नेताजी की मूर्ति अधूरी न लगे। उसकी इस भावना से देशभक्ति प्रकट होती है। अतः ऐसे व्यक्ति की कमियाँ या कुरूपता नहीं देखनी चाहिए। न ही ऐसे व्यक्ति को पागल कहना चाहिए। अतः पानवाले की यह टिप्पणी गैरजिम्मेदाराना है।

रचना और अभिव्यक्ति

प्रश्न 6. निम्नलिखित वाक्य पात्रों की कौन-सी विशेषता की ओर संकेत करते हैं–

(क) *हालदार साहब हमेशा चौराहे पर रुकते और नेताजी को निहारते।*

(ख) *पानवाला उदास हो गया। उसने पीछे मुड़कर मुँह का पान नीचे थूका और सिर झुकाकर अपनी धोती के सिरे से आँखें पोंछता हुआ बोला–साहब! कैप्टन मर गया।*

(ग) *कैप्टन बार-बार मूर्ति पर चश्मा लगा देता था।* *[CBSE]*

उत्तर– (क) यह वाक्य हालदार साहब की देशभक्ति को प्रकट करता है। उन्हें सुभाषचंद्र बोस की मूर्ति से इसलिए प्रेम था क्योंकि वे देशभक्त थे। उन्हें सुभाष की मूर्ति में गहरी रुचि थी। मूर्ति में चश्मे का न होना, फिर बार-बार चश्मा लगाने वाले के बारे में जानना–इन बातों से पता चलता है कि वे देशभक्त थे।

(ख) पानवाला संवेदनशील व्यक्ति था। उसे चश्मेवाले कैप्टन के मरने पर बेहद अफसोस था। यद्यपि उसके जीते-जी उसने उसका मज़ाक उड़ाया। उसे लंगड़ा और पागल भी कहा। परंतु मरने के बाद उसे उसकी कीमत का पता चला। उसे लगा कि कस्बे में उस जैसा देश-प्रेमी और कोई नहीं है। अतः वह कैप्टन की याद करके उदास हो गया। उसकी आँखों में आँसू आ गए।

(ग) कैप्टन देशभक्त नागरिक था। उसे यह सहन नहीं था कि उसके नेताजी बिना चश्मे के रहें। इसलिए वह अपनी ओर से कोई-न-कोई चश्मा उनकी आँखों पर लगा देता था। इससे उसकी देशभक्ति का परिचय मिलता है।

प्रश्न 7. *जब तक हालदार साहब ने कैप्टन को साक्षात् देखा नहीं था तब तक उनके मानस पटल पर उसका कौन-सा चित्र रहा होगा,* **अपनी कल्पना से लिखिए।** *[CBSE]*

उत्तर–जब तक हालदार साहब ने अपनी आँखों से चश्मेवाले कैप्टन को देखा नहीं था, तब तक उनके मन में कैप्टन की मूर्ति कुछ और थी। उन्होंने सोचा था कि कैप्टन शरीर से हट्टा-कट्टा मजबूत होगा। वह जरूर सिर पर फौजी टोपी पहनता होगा। वह रौबदार, अनुशासित और दबंग मनुष्य होगा। उसकी वाणी में भारीपन होगा।

प्रश्न 8. *कस्बों, शहरों, महानगरों के चौराहों पर किसी न किसी क्षेत्र के प्रसिद्ध व्यक्ति की मूर्ति लगाने का प्रचलन-सा हो गया है–*

(क) इस तरह की मूर्ति लगाने के क्या उद्देश्य हो सकते हैं? *[CBSE]*

(ख) आप अपने इलाके के चौराहे पर किस व्यक्ति की मूर्ति स्थापित करवाना चाहेंगे और क्यों? *[CBSE]*

(ग) उस मूर्ति के प्रति आपके एवं दूसरे लोगों के क्या उत्तरदायित्व होने चाहिए? *[CBSE]*

उत्तर–(क) इस तरह की मूर्ति लगाने का उद्देश्य यही हो सकता है कि लोग उस प्रसिद्ध व्यक्ति के बारे में जानें। उससे प्रेरणा प्राप्त करें। उसके गुणों को अपनाएँ। उसे याद रखें, ताकि समाज में अच्छे कार्य होते रहें।

(ख) हम अपने इलाके के चौराहे पर राष्ट्रीय महापुरुषों, प्रसिद्ध संतों, ऋषियों, साहित्यकारों और वैज्ञानिकों की मूर्ति स्थापित करवाना चाहेंगे।

क्यों–हम उनकी मूर्ति स्थापित करके उनके कामों को याद रखेंगे, उन्हें याद रखेंगे, उनसे प्रेरणा प्राप्त करेंगे और आने वाली पीढ़ियों को भी उनके बारे में बताना चाहेंगे।

(ग) ऐसी मूर्तियों के प्रति हमारा तथा समाज के सभी लोगों का यह दायित्व बनता है कि वे उनकी देखभाल और साज-सँवार करें। उन्हें समय-समय पर सँवारते रहें।

प्रश्न 9. *सीमा पर तैनात फ़ौजी ही देश-प्रेम का परिचय नहीं देते। हम सभी अपने दैनिक कार्यों में किसी न किसी रूप में देश-प्रेम प्रकट करते हैं; जैसे–सार्वजनिक संपत्ति को नुकसान न पहुँचाना, पर्यावरण संरक्षण आदि।*

अपने जीवन-जगत से जुड़े ऐसे और कार्यों का उल्लेख कीजिए और उन पर अमल भी कीजिए।

उत्तर–सामान्य जीवन में देश-प्रेम प्रकट करने के कई प्रकार हो सकते हैं। जैसे, पानी को व्यर्थ न बहने देना, बिजली की तबाही को रोकना। इधर-उधर गंदगी न फैलने देना। प्लास्टिक के प्रयोग को रोकना। देशवासियों को देश और समाज का अपमान करने से रोकना। फिल्मवालों और कलाकारों को अपने संतों, ऋषियों और महापुरुषों की मज़ाक करने से रोकना।

प्रश्न 10. निम्नलिखित पंक्तियों में स्थानीय बोली का प्रभाव स्पष्ट दिखाई देता है, आप इन पंक्तियों को मानक हिंदी में लिखिए–

कोई गिराक आ गया समझो। उसको चौड़े चौखट चाहिए। तो कैप्टन किदर से लाएगा? तो उसको मूर्तिवाला दे दिया। उदर दूसरा बिठा दिया।

उत्तर–मानो कोई ग्राहक आ गया। उसे चौड़ा फ्रेम चाहिए। कैप्टन कहाँ से लाए? तो उसे मूर्तिवाला फ्रेम दे देता है। मूर्ति पर कोई अन्य फ्रेम लगा देता है।

प्रश्न 11. *'भई खूब! क्या आइडिया है।'* **इस वाक्य को ध्यान में रखते हुए बताइए कि एक भाषा में दूसरी भाषा के शब्दों के आने से क्या लाभ होते हैं?**

उत्तर–प्रत्येक भाषा दूसरी भाषा से कुछ शब्द उधार लेती है। कई बार दूसरी भाषा के शब्द ऐसे अर्थ और प्रभाव वाले होते हैं कि अपनी भाषा में नहीं होते। जैसे उपर्युक्त वाक्य में दो शब्द हैं–'खूब' तथा 'आइडिया'। 'खूब' उर्दू शब्द है। 'आइडिया' अंग्रेजी शब्द है। 'खूब' में गहरी प्रशंसा का भाव है। यह भाव हिंदी के 'सुंदर' या 'अद्‌भुत' में नहीं है। इसी प्रकार 'आइडिया' में जो भाव है, वह हिंदी के शब्द 'विचार', 'युक्ति' या 'सूझ' में नहीं है। इससे पता चलता है कि अन्य भाषाओं के शब्द हमारी भाषा को समृद्ध करते हैं। परंतु यदि उनका प्रयोग अनावश्यक हो, दिखावे-भर के लिए हो या जानबूझकर हो तो वे शब्द खलल डालते हैं।

भाषा-अध्ययन

प्रश्न 12. निम्नलिखित वाक्यों से निपात छाँटिए और उनसे नए वाक्य बनाइए–

(क) *नगरपालिका थी तो कुछ न कुछ करती भी रहती थी।*

(ख) *किसी स्थानीय कलाकार को ही अवसर देने का निर्णय किया गया होगा।*

(ग) *यानी चश्मा तो था लेकिन संगमरमर का नहीं था।*

(घ) *हालदार साहब अब भी नहीं समझ पाए।*

(ङ) *दो साल तक हालदार साहब अपने काम के सिलसिले में उस कस्बे से गुज़रते रहे।*

उत्तर–(क) **तो–**तुमने मुझे जो काम करने को दिया था, वह कर **तो** दिया।

भी–तुम्हारे साथ यह **भी** चलेगा।

(ख) **ही–**हमारे देश की रक्षा नौजवानों ने **ही** की।

(ग) **तो–**मेरे पास दस्ताने थे **तो** सही लेकिन मैंने पहने नहीं।

(घ) **भी–**उस मूर्ख को तुम **भी** नहीं समझा पाओगे।

(ङ) **तक–**उसने मेरे कमरे की ओर झाँका **तक** नहीं।

प्रश्न 13. निम्नलिखित वाक्यों को कर्मवाच्य में बदलिए–

(क) *वह अपनी छोटी-सी दुकान में उपलब्ध गिने-चुने फ्रेमों में से नेताजी की मूर्ति पर फिट कर देता है।*

(ख) *पानवाला नया पान खा रहा था।*

(ग) *पानवाले ने साफ़ बता दिया था।*

(घ) *ड्राइवर ने ज़ोर से ब्रेक मारे।*

(ङ) *नेताजी ने देश के लिए अपना सब कुछ त्याग दिया।*

(च) *हालदार साहब ने चश्मेवाले की देशभक्ति का सम्मान किया।*

उत्तर–(क) उसके द्वारा अपनी छोटी-सी दुकान में उपलब्ध गिने-चुने फ्रेमों में से नेताजी की मूर्ति पर फिट कर दिया जाता है।

(ख) पानवाले द्वारा नया पान खाया जा रहा था।

(ग) पानवाले द्वारा साफ़ बता दिया गया था।

(घ) ड्राइवर द्वारा जोर से ब्रेक मारे गए।

(ङ) नेताजी द्वारा देश के लिए अपना सब कुछ त्याग दिया गया।

(च) हालदार साहब द्वारा चश्मेवाले की देशभक्ति का सम्मान किया गया।

प्रश्न 14. नीचे लिखे वाक्यों को भाववाच्य में बदलिए–

जैसे–अब चलते हैं। *–अब चला जाए।*

(क) *माँ बैठ नहीं सकती।*

(ख) *मैं देख नहीं सकती।*

(ग) *चलो, अब सोते हैं।*

(घ) *माँ रो भी नहीं सकती।*

उत्तर–(क) माँ से बैठा नहीं जाता।

(ख) मुझसे देखा नहीं जाता।

(ग) चलो, अब सोया जाए।

(घ) माँ से रोया नहीं जाता।

पाठेतर सक्रियता

- *लेखक का अनुमान है कि नेताजी की मूर्ति बनाने का काम मजबूरी में ही स्थानीय कलाकार को दिया गया–*

(क) मूर्ति बनाने का काम मिलने पर कलाकार के क्या भाव रहे होंगे?

(ख) हम अपने इलाके के शिल्पकार, संगीतकार, चित्रकार एवं दूसरे कलाकारों के काम को कैसे महत्त्व और प्रोत्साहन दे सकते हैं, लिखिए।

उत्तर–(क) मूर्ति बनाने का काम मिलने पर कलाकार के मन में बहुत उत्साह आया होगा। खुशी के मारे उसके पाँव धरती पर न पड़े होंगे। उसे लगा होगा कि अब पूरे कस्बे के लोग उसकी कला को देखेंगे, सराहेंगे। सबकी जुबान पर उसका ही नाम होगा। उसे खूब सराहना मिलेगी, यश मिलेगा।

(ख) हम अपने इलाके के शिल्पकार, संगीतकार, चित्रकार और अन्य कलाकारों को वाहवाही देकर प्रोत्साहन दे सकते हैं। यदि वह शिल्पकार है तो हम उसी से बनी चीज़ें खरीद सकते हैं। यदि वह संगीतकार है तो उसे सार्वजनिक कार्यक्रमों में गाने का अवसर दे सकते हैं। उसका गाना सुनकर खूब तालियाँ बजा सकते हैं। उसे धन-मान देकर सम्मानित कर सकते हैं। उसके लिए पुरस्कार की योजना कर सकते हैं। यदि उसके लिए धन कमाने का कोई अवसर आता है तो वह दिला सकते हैं। इसी भाँति हम समय-समय पर चित्रकारों के चित्रों की प्रदर्शनी लगा सकते हैं। उनसे चित्र खरीद सकते हैं।

- *आपके विद्यालय में शारीरिक रूप से चुनौतीपूर्ण विद्यार्थी हैं।* **उनके लिए विद्यालय परिसर और कक्षा-कक्ष में किस तरह के प्रावधान किए जाएँ, प्रशासन को इस संदर्भ में पत्र द्वारा सुझाव दीजिए।**

सुरेश शर्मा

परीक्षा भवन

अ.ब.स. विद्यालय

नई दिल्ली।

विषय : चुनौतीपूर्ण विद्यार्थियों के लिए प्रबंध।

महोदय

मैं आपका ध्यान हमारे विद्यालय के चुनौतीपूर्ण विद्यार्थियों की ओर दिलाना चाहता हूँ। दुर्भाग्य से हमारे कुछ साथी टाँगों से और कुछ आँखों से लाचार हैं। यद्यपि वे छात्र अपनी इच्छाशक्ति के बल पर सारी मुसीबतों का सामना कर रहे हैं, परंतु विद्यालय का कर्तव्य है कि वह उनके लिए कुछ व्यवस्थाएँ करे। बरामदों पर चढ़ने के लिए जहाँ सीढ़ियाँ हैं, वहाँ बीच में कहीं-कहीं रैंप बनवाया जाए। जो कक्षाएँ ऊपर की मंजिलों पर लगती हैं, उन तक पहुँचने के लिए भी रैंप की व्यवस्था होनी चाहिए। अंधे छात्रों के लिए पुस्तकें उपलब्ध नहीं हैं। उनके लिए ब्रेल लिपि की पुस्तकें मँगवाई जानी चाहिए। आशा है, आप इनकी ओर ध्यान देंगे।

धन्यवाद!

भवदीय

सुरेश शर्मा

कक्षा दशम 'क'

अनुक्रमांक 157

दिनांक : 13-3-2024

- *कैप्टन फेरी लगाता था।*

फेरीवाले हमारे दिन-प्रतिदिन की बहुत-सी ज़रूरतों को आसान बना देते हैं। **फेरीवालों के योगदान व समस्याओं पर एक संपादकीय लेख तैयार कीजिए।**

उत्तर–भारत में परंपरागत व्यापार का एक बहुत बड़ा हिस्सा फेरीवालों के हाथ में रहा है। ये फेरीवाले व्यापारी वर्ग के अंतर्गत आते हैं। परंतु इन्हें व्यापार में सबसे नीचा दर्जा प्राप्त है। यह बात सच है कि फेरीवाले गरीब होते हैं। इसी कारण वे एक जगह टिककर माल नहीं बेचते। घूम-घूम कर माल बेचना उनकी मज़बूरी होती है, शौक नहीं।

हमारी सरकारें समय-समय पर व्यापारियों के कल्याण के लिए बहुत सुविधाएँ जुटाती हैं। परंतु फेरीवाले उपेक्षित रहते हैं। इनकी गिनती दिहाड़ी मज़दूरों में भी नहीं होती। ये बेचारे रोज-रोज अपना माल गठरियों, रेहड़ियों, साइकिलों या अन्य वाहनों पर लादे-लादे घूमते हैं। सुविधाओं के अभाव में ही इन्हें अपने कंधों पर बोझ ढोना पड़ता है। सरकार चाहे तो फेरीवालों के लिए रियायती दर पर वाहनों की व्यवस्था कर सकती है। इन्हें बैंकों से आसान दर पर पैसा उधार मिल सकता है। इनके लिए सामान रखने के सेंटर खुल सकते हैं।

ये फेरीवाले गाँव-गाँव घूमकर उन बड़े-बूढ़ों और सुदूर रहने वालों को माल पहुँचाते हैं जो बाज़ार में जा नहीं पाते। ये चलते-फिरते बाज़ार हैं। गाँववासी हों या शहरवासी–इनकी बहुत-सी ज़रूरतें ये फेरीवाले पूरा करते हैं। इसलिए इनकी समस्याओं पर विचार होना चाहिए।

- **नेताजी सुभाषचंद्र बोस के व्यक्तित्व और कृतित्व पर एक प्रोजेक्ट बनाइए।**

उत्तर–छात्र स्वयं तैयार करें।

- **अपने घर के आस-पास देखिए और पता लगाइए कि नगरपालिका ने क्या-क्या काम करवाए हैं? हमारी भूमिका उसमें क्या हो सकती है?**

उत्तर–नगरपालिका ने हमारे लिए जल, सीवर, बिजली, सफाई और पार्कों की व्यवस्था की है। हमारी गलियों में सदा 'स्ट्रीट लाइट' रहती है। नगरपालिका की जल-आपूर्ति होती है। सीवर की पाइप-लाइन भी नगरपालिका ने डलवाई है। एक जमादार सफाई करने के लिए भी रखा गया है। परंतु वह आता नहीं है। नगरपालिका ने एक पार्क भी बनवा रखा है। जिसे प्रायः हरा-भरा रखा जाता है।

हमारा कर्तव्य बनता है कि हम इन व्यवस्थाओं को बनाए रखने में नगरपालिका का सहयोग करें। कोई व्यवस्था गड़बड़ा जाए तो इसकी उचित शिकायत उचित कार्यालय में करें। पार्क, गलियाँ साफ-स्वच्छ रखें। गलियों में लगे बल्ब, टूटियाँ सुरक्षित रखें।

VI. अन्य महत्त्वपूर्ण परीक्षोपयोगी प्रश्नोत्तर

प्रश्न 1. आपके विचार से *'पानवाला'* या *'कैप्टन'* में से असली लँगड़ा कौन है? पठित पाठ के आधार पर लिखिए। [*CBSE 2017*]

उत्तर–मेरे विचार से परीक्षक 'असली लँगड़ा' शब्द का अर्थ ले रहा है–पंगु या कर्महीन। इस तरह से विचार करें तो पानवाला असली लँगड़ा कहलाएगा। पानवाला जीवन भर बातें ही करता रहा। उसने देश के लिए कोई भी काम नहीं किया। कैप्टन चाहे शरीर से लँगड़ा था, किंतु उसने नेताजी के सम्मान में उससे जो हो सकता था, किया। अत: वह लँगड़ा नहीं, समर्थ है।

प्रश्न 2. कैप्टन की मृत्यु का समाचार देते वक्त पानवाला उदास हो जाता है, क्यों? [*CBSE 2017*]

उत्तर–कैप्टन की मृत्यु का समाचार देते वक्त पानवाला उदास हो जाता है। कारण यह है कि वह भी मन-ही-मन उस कैप्टन का सम्मान करता है।

प्रश्न 3. मूर्ति पर सरकंडे का चश्मा देखकर हालदार साहब को कैसा महसूस हुआ तथा वह किस भाव को इंगित करता है? [*CBSE 2017*]

उत्तर–मूर्ति पर सरकंडे का चश्मा देखकर हालदार साहब को बहुत आनंद हुआ। वे लोगों की देशभक्ति पर रोमांचित हो उठे। उनकी आँखों से खुशी के आँसू उमड़ आए।

प्रश्न 4. *यह क्यों कहा गया कि महत्त्व मूर्ति के रंग-रूप या कद का नहीं, उस भावना का है?* **पाठ 'नेताजी का चश्मा' के आधार पर बताओ।** [*CBSE 2015*]

उत्तर–हालदार साहब ने देखा कि कस्बे के चौराहे पर नेताजी सुभाषचंद्र बोस की मूर्ति लगाई गई है। वह मूर्ति सुंदर तो है किंतु उस पर चश्मा नहीं है। चश्मा है तो एक सामान्य चश्मा है। इन कमियों को नज़र अंदाज करते हुए उन्होंने सोचा–मूर्ति के रंग-रूप, कद पर इतना ध्यान नहीं देना चाहिए। उससे अच्छी बात तो यह है कि कस्बे वालों ने मूर्ति बनाई और अपनी देशभक्ति की भावना का परिचय दिया। महत्त्व भावना का है, मूर्ति के रंग-रूप का नहीं।

प्रश्न 5. नेताजी की मूर्ति लगाने के कार्य को सफल और सराहनीय प्रयास क्यों बताया गया है? दो कारण बताइए। [*CBSE 2015*]

उत्तर–नेताजी की मूर्ति लगाने के कार्य को सफल और सराहनीय बताने के दो कारण थे–

1. मूर्ति संगमरमर की थी और सुंदर थी।
2. उस मूर्ति को देखकर नेताजी के दो नारे 'दिल्ली चलो' और 'तुम मुझे खून दो, मैं तुम्हें आज़ादी दूँगा' की याद आ जाती थी।

प्रश्न 6. नेताजी की मूर्ति को पहनाए गए चश्मों के अंतर का कारण हालदार साहब को किस व्यक्ति से ज्ञात हुआ था, वह व्यक्ति कैसा था? वह चश्मा पहनाने वाले को किस नाम से पुकारता था और क्यों? [*CBSE 2015*]

उत्तर–हालदार साहब को पानवाले द्वारा चश्मेवाले की सारी कारगुजारियों का पता चला। वह पानवाला एक मोटा, काला, खुशमिज़ाज आदमी था। वह चश्मेवाले को पागल कहकर पुकारता था।

क्यों–पानवाले को चश्मेवाले की देशभक्ति कोरी भावुकता और बकवास लगती थी। उसे चश्मेवाले का नेताजी की मूर्ति पर चश्मा लगाना खाली बैठे का काम लगता था। इसलिए वह उसे सनकी और पागल कहता था।

प्रश्न 7. *आप की दृष्टि में किस प्रकार के व्यक्ति सच्चे देशप्रेमी कहे जा सकते हैं?* **'नेताजी का चश्मा' पाठ में चित्रण के आधार पर अपने विचार प्रस्तुत कीजिए।** [*CBSE 2014*]

उत्तर–मेरी दृष्टि में जो भी व्यक्ति तन से, मन से अथवा धन से देशभक्ति का कोई काम करता है या सोचता है, वह सच्चा देशप्रेमी है। अपने देशभक्त नेता की मूर्ति का सम्मान करना, उसके लिए अपनी रोजी-रोटी के साधन का उपयोग करना देशभक्ति का कार्य है। वह उन लोगों से अधिक बड़ा देशभक्त है जो करते-धरते कुछ नहीं, और देशभक्तों का मज़ाक उड़ाते हैं।

प्रश्न 8. हालदार साहब की पानवाले से ज्यादा पूछताछ की हिम्मत क्यों नहीं हुई और फिर वे कितने दिनों तक उस कस्बे से गुजरे और उन्हें प्रतिमा पर किस-किस प्रकार के बदलते हुए चश्मे दिखाई पड़ते रहे? [*CBSE 2015*]

उत्तर– हालदार साहब ने पानवाले से चश्मेवाले कैप्टन के बारे में अधिक पूछना चाहा तो पानवाले ने बताने से इन्कार कर दिया। अतः अब उनकी पानवाले से पूछने की हिम्मत नहीं हुई। उसके बाद वे दो साल तक उस कस्बे से गुजरते रहे। उन्हें नेताजी की प्रतिमा पर तरह-तरह के चश्में लगे दिखाई पड़े-कभी गोल तो कभी चौकोर; कभी लाल तो कभी काला; कभी धूप का चश्मा तो कभी बड़े काँचों वाला गोगो चश्मा।

प्रश्न 9. हालदार साहब द्वारा ड्राइवर को 'नेताजी का चश्मा' पाठ में वर्णित कस्बे में न रुकने का निर्देश कब और किस विचार के कारण दिया गया था? स्पष्ट कीजिए। [*CBSE 2014, 2020*]

उत्तर– हालदार साहब को पता चला कि चश्मेवाला कैप्टन मर गया है। उन्होंने सोचा कि अब उस कस्बे के चौक पर लगी नेताजी की मूर्ति पर चश्मा नहीं होगा। यह सोचकर वे बेचैन हो उठे। उनका उस चौराहे पर जाने का और नेताजी की अधूरी मूर्ति देखने का मन ही नहीं हुआ। अतः उन्होंने अपने ड्राइवर को निर्देश दिया कि वह कस्बे पर जीप न रोके।

प्रश्न 10. कैप्टन मूर्ति का चश्मा बार-बार क्यों बदल देता था? [*CBSE 2015*]

उत्तर– कैप्टन नेताजी सुभाषचंद्र बोस का परम भक्त था। वह चौराहे पर लगी उनकी मूर्ति पर चश्मा न देखकर आहत था। वह स्वयं फेरी लगाकर चश्मे बेचा करता था। अतः वह नेताजी की मूर्ति पर कोई-न-कोई चश्मा लगा दिया करता था। परंतु जब किसी ग्राहक को मूर्ति पर लगा चश्मा पसंद आ जाता था, तो चश्मेवाला उसे बेचकर उसकी जगह कोई दूसरा चश्मा लगा देता था। इस कारण चश्मा बार-बार बदल जाता था।

प्रश्न 11. 'नेताजी का चश्मा' नामक पाठ आपको क्या संदेश देता है? [*CBSE*]

उत्तर– 'नेताजी का चश्मा' एक रोचक कहानी है। इसमें लेखक कहना चाहता है कि देशभक्ति का संबंध मन की भावना से है। देशभक्ति प्रकट करने के लिए न फौजी होना जरूरी है, न शरीर से शक्तिशाली होना। कोई भी मनुष्य, चाहे वह बच्चा हो या बूढ़ा, देश-प्रेमी हो सकता है। यदि कोई मनुष्य अपने महापुरुषों के सम्मान के लिए छोटा-सा भी त्याग करता है, तो वह देशभक्त है। इस कहानी में यह भी दिखाया गया है कि देशभक्ति की भावना छोटे-से-छोटे कस्बे में भी दिखाई देती है।

प्रश्न 12. *हालदार एक भावुक और देशप्रेमी इनसान थे*–**उदाहरण देकर सिद्ध कीजिए।** [*CBSE 2012*]

उत्तर– हालदार एक भावुक और देशप्रेमी इनसान हैं। वे कस्बे के चौक में लगी सुभाषचंद्र बोस की मूर्ति लगे देखकर भावुक हो उठते थे। उस मूर्ति को देखकर उन्हें सुभाषचंद्र बोस की देशभक्ति याद आ जाती थी। जब वे देखते थे कि कस्बे का एक चश्मेवाला उस मूर्ति पर तरह-तरह के चश्मे बदलता रहता है तो वे कौतुहल से भर उठे। उसकी देशभक्ति देखकर श्रद्धा से भर गए। उसके मरने के बाद कस्बे के बच्चों ने सरकंडे का चश्मा लगा दिया तो वे और भी भावुक हो उठे।

प्रश्न 13. *'पानवाला एक हँसमुख स्वभाव वाला व्यक्ति है, परंतु उसके हृदय में संवेदना भी है।'*–**इस कथन पर अपने विचार व्यक्त कीजिए।** [*CBSE 2020*]

उत्तर– पानवाला स्वभाव से हँसोड़ है। इसलिए वह चश्मेवाले की देशभक्ति का मज़ाक उड़ाता है। उसकी हरकतों पर हँसता है। किंतु एक दिन जब वह मर जाता है तो उसे महसूस होता है कि उस कस्बे में अब सुभाषचंद्र बोस की मूर्ति पर चश्मा लगाने वाला कोई नहीं रहा। केवल वही एक देशभक्त था। इस बात को याद करके उसकी आँखों में आँसू आ गए।

प्रश्न 14. हालदार साहब और कैप्टन के चरित्र की दो विशेषताओं का उल्लेख कीजिए। [*CBSE 2020*]

उत्तर– हालदार साहब और कैप्टन दोनों की दो विशेषताएँ निम्नलिखित हैं–

देशभक्त– दोनों देशभक्त और नेताजी सुभाषचंद्र बोस के पक्के भक्त हैं। कैप्टन नेताजी की मूर्ति पर चश्मा लगाकर अपनी श्रद्धा प्रकट करता है और हालदार साहब उसकी प्रशंसा करके।

श्रद्धालु– दोनों परम श्रद्धालु हैं। वे सुभाषचंद्र बोस के प्रति अपनी श्रद्धा को छिपाते नहीं, प्रकट करते हैं। वे अपने व्यस्त समय में से कुछ समय नेताजी के लिए निकालना अपना कर्तव्य समझते हैं।

प्रश्न 15. *'सरकंडे का चश्मा चश्मा-भर नहीं था बल्कि हालदार साहब के लिए उसके कई अर्थ थे'*, उन अर्थों को स्पष्ट कीजिए। *[CBSE 2020]*

उत्तर–कैप्टन की मृत्यु के बाद कस्बे वालों ने नेताजी सुभाषचंद्र बोस की मूर्ति पर सरकंडे का बना हुआ चश्मा लगा दिया। यह चश्मा हालदार साहब के लिए केवल एक चश्मा-भर नहीं था, अपितु देशभक्ति का प्रतीक था। कस्बे वालों ने सरकंडे का चश्मा लगाकर सुभाषचंद्र बोस के प्रति और अपने देश के प्रति श्रद्धा प्रकट की थी।

VII. बहुविकल्पी प्रश्नोत्तर

निम्नलिखित प्रश्नों के सही उत्तर वाले विकल्प चुनिए–

1. *'वो पागल है, पागल....' –किसके बारे में कहा गया?*
(क) पान वाले के बारे में (ख) चश्मेवाले कैप्टन के बारे में
(ग) हालदार साहब के बारे में (घ) लेखक के बारे में।

2. *चश्मेवाले का नाम कैप्टन क्यों पड़ा?*
(क) व्यंग्य में (ख) उसकी निंदा करने के लिए
(ग) उसे सम्मान देने के लिए (घ) उसकी बहादुरी को देखकर

3. *हालदार साहब कैसे आदमी थे?*
(क) ढोंगी (ख) सनकी (ग) देशभक्त (घ) ईमानदार

4. *चश्मेवाला नेताजी की मूर्ति से चश्मा बदल क्यों देता था?*
(क) शौक के कारण (ख) ग्राहक को बेच देने के कारण
(ग) अपने विज्ञापन के लिए (घ) लोगों में चर्चित होने के लिए।

5. *पानवाला कैसा व्यक्ति था?*
(क) हँसौड़ (ख) संवेदनशील (ग) लापरवाह (घ) तीनों

6. *'नेताजी का चश्मा' में लेखक क्या संदेश देना चाहता है?*
(क) नेताओं का सम्मान करो (ख) नेताओं पर गर्व करो
(ग) नेताजी सुभाष का सम्मान करो (घ) देशभक्त बनो।

7. *दूसरी बार कस्बे से गुजरते समय हालदार ने ध्यान से देखने पर क्या पाया?* *(CBSE 2022)*
(क) नेताजी की मूर्ति के कपड़े बदले हुए है। (ख) नेताजी की मूर्ति पर दूसरा चश्मा लगा है।
(ग) नेताजी की मूर्ति पर चश्मा ही नहीं है। (घ) नेताजी की मूर्ति पर चौकोर चश्मा लगा है।

8. *हालदार साहब की नज़र में कस्बे में मूर्ति लगाने का प्रयास सराहनीय क्यों था?* *(CBSE 2022)*
(क) मूर्ति नेताजी की थी, इसलिए। (ख) मूर्ति पर असली चश्मा था।
(ग) मूर्ति लगाने की भावना महत्त्वपूर्ण थी। (घ) मूर्ति में नेताजी मासूम दिख रहे थे।

उत्तर– 1. (ख) 2. (क) 3. (ग) 4. (ख) 5. (घ)
6. (घ) 7. (ख) 8. (ग)

प्रश्न-अभ्यास

प्रश्न 1. कैप्टन के प्रति पानवाले की व्यंग्यात्मक टिप्पणी पर अपनी प्रतिक्रिया लिखिए। [CBSE 2008]

प्रश्न 2. कैप्टन को न देखने तक हालदार साहब के मन में उसकी कौन-सी छवि रही होगी। [CBSE 2017]

प्रश्न 3. *आप अभी फौजी नहीं, विद्यार्थी हैं।* आपका देशप्रेम किन रूपों में प्रकट होता है? 'नेताजी का चश्मा' पाठ के आधार पर उत्तर दीजिए। [CBSE 2019]

प्रश्न 4. *"क्या होगा उस कौम का जो अपने देश की खातिर घर-गृहस्थी-जवानी-ज़िंदगी सब कुछ होम कर देने वालों पर भी हँसती है और अपने लिए बिकने के मौके ढूँढ़ती है।"* हालदार साहब के इस कथन को स्पष्ट करते हुए बताइए कि उनके इस विचार से आप कहाँ तक सहमत हैं? [CBSE 2015]

प्रश्न 5. अपने दैनिक कार्यों में किसी न किसी रूप में हम भी देशप्रेम की भावना को किस प्रकार प्रकट कर सकते हैं? [CBSE 2014]

प्रश्न 6. 'नेताजी का चश्मा' पाठ के अनुसार बताइए कि नगरपालिका ने नेताजी की प्रतिमा क्यों लगवाई थी? इससे नेताजी के जीवन का कौन-सा पहलू उजागर होता है? उनके जीवन पर संक्षिप्त प्रकाश डालिए। [CBSE 2014]

प्रश्न 7. कैप्टन कौन था? वह मूर्ति के चश्मे को बार-बार क्यों बदल देता था? [CBSE 2019]

प्रश्न 8. मूर्ति के पास से गुजरते हुए अंत में हालदार साहब क्यों भावुक हो उठे थे? [CBSE]

प्रश्न 9. नेताजी की मूर्ति लगाने के कार्य को सफल और सराहनीय प्रयास क्यों बताया गया? दो कारण बताइए। मूर्ति में किस चीज़ की कमी थी? [CBSE]

प्रश्न 10. *पानवाला एक हँसोड़ स्वभाव वाला व्यक्ति है, परंतु उसके हृदय में संवेदना भी है।* इस कथन पर अपने विचार व्यक्त कीजिए। [CBSE 2012]

8. बालगोबिन भगत

(रामवृक्ष बेनीपुरी)

I. लेखक-परिचय

प्रश्न– निबंधकार रामवृक्ष बेनीपुरी का जीवन-परिचय देते हुए उनके निबंध-साहित्य की समीक्षा कीजिए।

उत्तर–जीवन-परिचय–रामवृक्ष बेनीपुरी का नाम हिंदी के निबंधकारों में बड़े सम्मान से लिया जाता है। उनका जन्म मुजफ़्फ़रपुर (बिहार) ज़िले के बेनीपुर नामक गाँव में सन् 1899 ई. में हुआ। बचपन में ही उनके माता-पिता का देहांत हो गया था। उन्होंने अनेक कठिनाइयाँ सहकर दसवीं कक्षा उत्तीर्ण की। सन् 1920 ई. में वे गाँधी जी द्वारा चलाए जा रहे असहयोग आंदोलन में कूद पड़े। स्वतंत्रता-संग्राम के दिनों में उन्हें अनेक बार जेल जाना पड़ा। उन्होंने आजीविका के लिए पत्रकारिता और साहित्य-लेखन को अपनाया। सन् 1968 में उनका स्वर्गवास हो गया।

रचनाएँ–उनकी प्रसिद्ध रचनाओं के नाम हैं–माटी की मूरतें (रेखाचित्र), गेहूँ और गुलाब (निबंध), पैरों में पंख बाँधकर (यात्रा-वृत्तांत) तथा जंज़ीरें और दीवारें (संस्मरण), पतितों के देश में (उपन्यास), चिता के फूल (कहानी), नेत्र-दान, अंबपाली (नाटक)। उनकी प्रकाशित पुस्तकों की सूची पचास से ऊपर है।

साहित्यिक विशेषताएँ–बेनीपुरी जी के निबंधों में विचार, कल्पना और भावना का अद्‌भुत संगम दिखाई देता है। उनकी विचारधारा एकदम स्पष्ट है। वे अपनी बात को पाठक के हृदय तक पहुँचाने के लिए विभिन्न उदाहरणों, उद्धरणों, भावुक प्रसंगों और सूक्ति-परक वाक्यों का सहारा लेते हैं। उनमें देश, समाज और राष्ट्र के विकास की तीव्र ललक दिखलाई पड़ती है। वे युवकों को त्याग, बलिदान और कर्म की प्रेरणा देते हैं। 'बालगोबिन भगत' निबंध में उन्होंने सुंदर ढंग से जीने की कला सिखलाने का प्रयत्न किया है।

भाषा-शैली–बेनीपुरी जी की भाषा अपने कलात्मक रूप से पाठकों को चमत्कृत करती है। उनकी भाषा ओजपूर्ण, रोचक और सशक्त है। छोटे-छोटे वाक्य, चुटीले विचार, अल्पविरामों की निरंतर शृंखला आदि से उनके निबंधों में प्रवाह-गुण आ गया है। वे संस्कृत और तद्‌भव शब्दों का मिला-जुला प्रयोग करते हैं। उनकी वाक्य-रचना जितनी सरल है, शब्द-योजना भी उतनी ही सहज है। विचारों की स्पष्टता के कारण उनके वाक्य भी छोटे और स्पष्ट हो गए हैं।

II. पाठ का सार

प्रश्न–रामवृक्ष बेनीपुरी द्वारा रचित 'बालगोबिन भगत' नामक रेखाचित्र का सारांश लिखिए।

उत्तर–'बालगोबिन भगत' एक सजीव रेखाचित्र है। इसमें उन्होंने गाँव के एक सच्चे भक्त के सरल हृदय का मार्मिक चित्रण किया है। रेखाचित्र का सार इस प्रकार है–

लेखक का जातीय अहंकार–न जाने किस प्रेरणा से लेखक के ब्राह्मण होने का गर्व तेली भगत बालगोबिन के सामने झुक जाता था। हालाँकि बचपन से लेखक के मन में खरा ब्राह्मण होने की झक सवार थी। वह संध्या-हवन, तिलक-चंदन आदि सबका पालन करता था। इसी कारण वह तेलियों को नीचा मानकर उनसे पाँ लागन भी नहीं करता था। अज्ञान के कारण बचपन में उसे ज्ञात नहीं था कि ऊँच-नीच का भाव बहुत घृणित है।

बालगोबिन–एक कबीरपंथी भगत–बालगोबिन भगत मँझोले कद के गोरे-चिट्टे आदमी थे। चेहरे पर चमकती सफेद दाढ़ी थी। कपड़े बहुत कम पहनते थे। सिर पर कनफटी टोपी थी। जाड़े में काली कंबली पहने रहते। माथे पर रामानंदी चंदन सुशोभित रहता था। परंतु फिर भी वे गृहस्थ थे। लेखक ने उनके पुत्र-पतोहू को देखा था। थोड़ी-बहुत खेती और मकान भी था।

बालगोबिन खेतीबारी करते हुए भी साधु थे। वे 'साहब' को मानते थे। कभी झूठा व्यवहार नहीं करते थे। सदा साफ़ बोलते थे। किसी की कोई चीज़ नहीं लेते थे। उनकी हर चीज़ 'साहब' की थी। इसलिए वे खेत की फ़सल पहले कबीर-मठ में ले जाते थे। वहीं से प्रसाद रूप में लाकर घर का गुज़ारा करते थे।

मस्त गायक भगत–लेखक बालगोबिन भगत के मधुर गीतों पर मुग्ध था। आषाढ़ की रिमझिम वर्षा में जब सब लोग पानी से भरे खेतों में लथपथ होकर धान रोप रहे होते थे, बालगोबिन भगत अलमस्त होकर गाया करता था। वह कीचड़ में लथपथ होकर एक-एक पौधे को पंक्ति में रोपता चला जाता था। साथ ही अपने भक्ति-स्वर को ऊँचा, और ऊँचा उठाता चला जाता था। उनके संगीत से बच्चे झूमने लगते थे, महिलाएँ गुनगुनाने लगती थीं, हलवाहों के पैर ताल में उठने लगते थे। सब ओर उनके संगीत का जादू छा जाता था।

भादों की अँधेरी रात में भी झिल्ली की झंकार और मेंढकों की टर्र-टर्र के बीच भगत जी की खँजड़ी डिमक-डिमक बज उठती है। वे गाते हैं–"गोदी में पियवा, चमक उठे सखिया, चिहुँक उठे ना!" सारा संसार जब सोया रहता था, तब भगत जी गाते थे–'तेरी गठरी में लागा चोर, मुसाफ़िर जाग ज़रा!'

कातिक और गर्मियों में भगत जी के गीत–कातिक महीना शुरू होते ही फागुन तक भगत जी की प्रभातियाँ शुरू हो जातीं। वे सुबह-सवेरे दो मील दूर जाकर नदी-स्नान करते तथा गाँव के बाहर खँजड़ी बजाकर गाने टेरने लगते। एक दिन घोर काँपती सर्दी में भी भोर के समय लेखक ने उसे गाते-बजाते नाचते देखा। वातावरण भोर के रहस्य से ढका था। बालगोबिन भगत मुँह से लगातार भजन गाए जा रहे थे। वे मस्त होकर खड़े होने को हो जाते थे। कँपकँपाने वाली सर्दी में भी उनके माथे से पसीने झलकने लगते थे।

गर्मियों की साँझ को उनके घर में उनके कुछ प्रेमी भी आ जुटते थे। तब खँजड़ियों और करतालों की भरमार हो जाती थी। उनकी प्रेमी-मंडली भी उनके पीछे-पीछे गीतों को दुहराती थी। धीरे-धीरे भगत जी नाचने लगते थे। उनके साथी भी नृत्यशील हो उठते थे। आँगन में संगीत-नृत्य छा जाता था।

पुत्र की मृत्यु पर नृत्य-गान–बालगोबिन भगत की संगीत-साधना का उत्कर्ष तब देखा गया, जब उनका बेटा मरा। उनका बेटा सुस्त और बोदा-सा था। इसलिए भगत जी उसका विशेष खयाल रखते थे। एक दिन वह चल बसा। लोग उसके घर पहुँचे। लेखक ने देखा कि भगत जी का बेटा सफेद कपड़े से ढँका हुआ है। कुछ फूल और तुलसीदल उसके सिरहाने रखे हैं। सामने जमीन पर आसन लगाए हुए भगत जी तल्लीन होकर गाए जा रहे हैं। पतोहू का रो-रोकर बुरा हाल है। गाँव की स्त्रियाँ उसे सँभाल रही हैं। परंतु भगत जी कह रहे हैं–यह तो आनंद की बात है। आत्मा परमात्मा में लीन हो गई है। उनका यह रूप देखकर लोग दंग थे।

बहू की विदाई–भगत जी ने क्रियाकर्म की रस्में नहीं निभाईं। बेटे को आग भी पतोहू से दिलवाई। श्राद्ध होते-होते उन्होंने पतोहू के भाइयों को बुलाकर उन्हें आदेश दिया–यह जवान है। इसकी और कहीं शादी कर देना। पतोहू रो-रोकर कह रही थी कि वह उन्हीं के साथ रहकर उनकी सेवा करेगी। परंतु भगत जी अटल थे। बोले–अगर यह घर छोड़कर नहीं जाएगी, तो मैं चला जाऊँगा।

भगत जी की मृत्यु–बालगोबिन की मृत्यु भी संगीत-साधना करते-करते हुई। वे हर वर्ष गंगा-स्नान करने जाते थे। गंगा उनके घर से तीस कोस पर थी। वे पैदल ही खँजड़ी पर गाते-गाते जाया करते थे। वे घर से खाकर चलते थे और वापस आकर घर में ही कुछ खाते थे। चार-पाँच दिन की यात्रा थी। इस बार वे वापस लौटे तो तबीयत कुछ सुस्त हो गई। परंतु उन्होंने अपनी नित्य की आदत न छोड़ी। सुबह जल्दी उठकर स्नान-ध्यान और खेतीबारी करते थे। लोगों ने उन्हें आराम के लिए कहा किंतु हँसकर टाल गए। उस संध्या भी उन्होंने खूब गाया। परंतु अब लगता था जैसे–धागा टूट गया हो। भोर हुई तो बालगोबिन भगत नहीं रहे।

III. कठिन शब्दों के अर्थ

पृष्ठ 54

मँझोले—बीच के, न अधिक लंबे न छोटे। **गोरे-चिट्टे**—बहुत गोरे। **जटाजूट**—लंबे-लंबे बालों की जटाएँ। **मात्र**—केवल। **कबीरपंथी**—कबीर के पंथ को मानने वाले। **कनफटी**—ऐसी टोपी जिस पर कान के स्थान पर जगह कटी रहती थी। **जाड़ा**—सर्दी। **कमली**—कंबल। **मस्तक**—माथा। **रामानंदी**—रामानंद द्वारा प्रचलित। **चंदन**—माथे पर किया जाने वाला लेप। **छोर**—किनारा। **बेडौल**—अनगढ़। **गृहस्थ**—संसारी, विवाहित आदमी। **गृहिणी**—घरवाली, पत्नी। **पतोहू**—पुत्रवधू, बहू। **परिभाषा**—नियम, बात। **खरा उतरना**—सही सिद्ध होना। **खरा व्यवहार रखना**—सबसे सच्चा व्यवहार करना। **दो-टूक बात करना**—साफ़-साफ़ बात कहना। **संकोच करना**—शर्माना, बचना। **खामखाह**—व्यर्थ, बेकार का। **झगड़ा मोल लेना**—जानबूझकर लड़ाई करना। **व्यवहार में लाना**—प्रयोग करना। **कुतूहल**—जिज्ञासा, जानने की उत्सुकता। **शौच**—टट्टी करना। **साहब**—भगवान। **दरबार**—मंदिर, घर। **मठ**-आश्रम। **प्रसाद**—बाँट में मिलने वाला पदार्थ। **मुग्ध**—प्रसन्न, खुश। **गान**—गीत, गाना। **सर्वदा**—हमेशा। **कंठ**—गला। **सजीव**—जीवित। **आसाढ़**-आषाढ़ का महीना। **रिमझिम**—धारासार बारिश। **समूचा**—सारा। **रोपनी**—धान के पौधे को खेत में रोपना। **कलेवा**—नाश्ता। **मेंड़**—खेत के किनारे ऊँची मिट्टी के ढेर से बनी जगह।

पृष्ठ 55

पुरवाई—पूर्व की ओर से बहने वाली हवा। **स्वर-तरंग**—स्वर की लहर। **झंकार**—बजती हुई आवाज़। **लिथड़े**—लथपथ किए हुए। **पंक्तिबद्ध**—पंक्ति में बाँधे हुए। **जीने**—सीढ़ी। **हलवाहे**—हल चलाने वाले, किसान। **ताल**—संगीत। **क्रम**—सिलसिला। **भादो**—एक देशी मास का नाम। **अधरतिया**—आधी रात। **मूसलधार वर्षा**—मोटी-मोटी बूँदों वाली लगातार वर्षा। **झिल्ली की झंकार**—गहरी काली रातों में झाड़ियों से उठने वाला झींगुरों का स्वर। **दादुर**—मेंढक। **कोलाहल**—शोर। **खँजड़ी**—डपली के आकार का उससे कुछ छोटा वाद्य-यंत्र। **पियवा**—पिया। **सखिया**—सखी। **चिहुँक**—खुशी से चिल्ला पड़ना। **अकस्मात**—अचानक। **कौंध उठना**—चमक उठना। **निस्तब्धता**—गहरी चुप्पी, सन्नाटा। **कातिक**—कार्तिक का महीना। **प्रभाती**—प्रात:काल गाया जाने वाला गीत। **फागुन**—एक देशी महीने का नाम।

पृष्ठ 56

पोखरे—तालाब। **भिंडे**-ऊँची उठी जगह। **टेरना**—ऊँची आवाज़ में बोलना। **माघ**—एक मास का नाम। **दाँत किटकिटानेवाली**—ठंड के कारण दाँतों को कँपाने वाली। **भोर**—बहुत सुबह। **लोही लगना**—सुबह की लाली। **लालिमा**—लाल रंग का प्रकाश। **कुहासा**—कोहरा। **रहस्य**—छिपी हुई बात। **आवृत**—ढका हुआ। **कुश**—एक प्रकार की नुकीली घास। **ताँता लगना**—लगातार निकलना। **सुरूर**—नशा। **उत्तेजित**—जोश से भड़का हुआ। **मस्तक**—माथा। **श्रमबिंदु**—पसीने की बूँदें। **संझा**—साँझ, शाम। **उमस**—घुटन। **आसन जमा**—चौकड़ी मारकर। **करताल**—तालियाँ। **भरमार**—अधिकता। **तिहराती**—तीसरी बार कहती। **हावी होना**—प्रभावी होना, भारी पड़ना। **नृत्यशील**—नाचने को होना। **ओतप्रोत**—भरा हुआ, लबालब भरा हुआ। **संगीत-साधना**—संगीत में लीन होना। **चरम उत्कर्ष**—सबसे अधिक ऊँचाई। **बोदा**—कमज़ोर। **निगरानी**—देखभाल। **मुहब्बत**—प्यार। **साध**—इच्छा, कामना। **पतोहू**—पुत्रवधू। **सुभग**—सुंदर। **सुशील**—भले व्यवहार वाली। **प्रबंधिका**—प्रबंध करने वाली। **दुनियादारी**—संसार के झंझट, घर-गृहस्थी के काम। **निवृत्त**—आज़ाद, मुक्त, अलग। **कुतूहलवश**—जानने की इच्छा के कारण। **दंग**—हैरान। **सिरहाने**—सिर के पास। **चिराग**—दीपक, दीया।

पृष्ठ 57

तल्लीनता—डूबना, गहराई। **उत्सव मनाना**—त्योहार के समान खुशी मनाना। **क्रिया-कर्म**—मृत्यु के बाद निभाई जाने वाली रस्में। **तूल करना**—अधिक महत्त्व देना। **आग दिलाना**—मुर्दे को आग लगाना। **श्राद्ध**—मृत्यु के बाद पितरों की शांति के लिए किया गया क्रिया-कर्म। **अवधि**—समय। **चुल्लू**—थोड़ा-सा। **निर्णय**—फैसला। **अटल**—जिसे टाला न जा सके। **दलील**—तर्क। **अनुरूप**—अनुसार। **आस्था**—विश्वास। **संत-समागम**—संतों के साथ संगति करना। **लोक-दर्शन**—लोगों के दर्शन। **कोस**—दो मील के बराबर। **संबल**—सहारा। **गृहस्थ**—घरबारी, विवाहित। **भिक्षा**—भीख। **उपवास**—भूखे रहना। **मस्ती**—आनंद। **टेक**—आदत, नियम। **तबीयत**—स्वास्थ्य। **नेम-व्रत**—नियम-व्रत आदि। **जून**—समय। **स्नानध्यान**—स्नान और भगवान का भजन। **छीजने**—कमज़ोर होने। **तागा टूटना**—जीवन की साँसें पूरी होना। **पंजर**—शरीर।

IV. अर्थग्रहण संबंधी प्रश्नोत्तर

प्रश्न–निम्नलिखित गद्यांशों से संबंधित प्रश्नों के उत्तर दीजिए–

1 ऊपर की तसवीर से यह नहीं माना जाए कि बालगोबिन भगत साधु थे। नहीं, बिलकुल गृहस्थ! उनकी गृहिणी की तो मुझे याद नहीं, उनके बेटे और पतोहू को तो मैंने देखा था। थोड़ी खेतीबारी भी थी, एक अच्छा साफ़-सुथरा मकान भी था।

किंतु, खेतीबारी करते, परिवार रखते भी, बालगोबिन भगत साधु थे–साधु की सब परिभाषाओं में खरे उतरनेवाले। कबीर को 'साहब' मानते थे, उन्हीं के गीतों को गाते, उन्हीं के आदेशों पर चलते। कभी झूठ नहीं बोलते, खरा व्यवहार रखते। किसी से भी दो-टूक बात करने में संकोच नहीं करते, न किसी से खामखाह झगड़ा मोल लेते। किसी की चीज़ नहीं छूते, न बिना पूछे व्यवहार में लाते। इस नियम को कभी-कभी इतनी बारीकी तक ले जाते कि लोगों को कुतूहल होता!–कभी वह दूसरे के खेत में शौच के लिए भी नहीं बैठते! वह गृहस्थ थे; लेकिन उनकी सब चीज़ 'साहब' की थी। जो कुछ खेत में पैदा होता, सिर पर लादकर पहले उसे साहब के दरबार में ले जाते–जो उनके घर से चार कोस दूर पर था–एक कबीरपंथी मठ से मतलब! वह दरबार में 'भेंट' रूप रख लिया जाकर 'प्रसाद' रूप में जो उन्हें मिलता, उसे घर लाते और उसी से गुज़र चलाते!

(पृष्ठ 54)

प्रश्न *(Set-I)*–

(क) *बालगोबिन सद्‌गृहस्थ थे–यह आप कैसे कह सकते हैं?*

(ख) *बालगोबिन को गृहस्थ होते हुए भी भगत साधु क्यों कहा गया?*

(ग) *बालगोबिन किनके किन आदर्शों पर चलते थे?*

(घ) *वे अपनी फसलों को लादकर कहाँ ले जाते थे और क्यों?*

(ङ) *मठ भगत जी की फसलों का क्या करता था?*

उत्तर–

(क) बालगोबिन भगत सद्‌गृहस्थ थे। उनके परिवार में एक पुत्र तथा पुत्रवधू भी थे। भगत जी खेतीबारी करते थे। उनके पास एक साफ़-सुथरा मकान भी था। वे लोकव्यवहार में सबसे खरा व्यवहार करते थे। वे किसी को न तो कुछ बुरा कहते थे और न बुरा सुनते थे। किसी की कोई चीज़ लेने से भी बचते थे। यहाँ तक कि वे किसी दूसरे के खेत में शौच तक नहीं करते थे।

(ख) बालगोबिन भगत गृहस्थ थे। परंतु उनका समूचा व्यवहार वैरागियों, भक्तों और साधुओं जैसा था। वे भक्तों की तरह अपने साहब पर असीम श्रद्धा रखते थे। इसलिए उन्हें 'भगत' कहना बिल्कुल सही है। वे वैरागी साधुओं की तरह किसी की कोई चीज़ छूते नहीं थे। सबसे सच्चा और खरा व्यवहार करते थे। उनके मन में लोभ और अहंकार नाममात्र को भी नहीं था। यहाँ तक कि वे अपनी फसलें भी पहले साहब को अर्पित करते थे। इसलिए उन्हें भगत साधु कहना बिल्कुल सही है।

(ग) बालगोबिन भगत महात्मा कबीर के आदर्शों पर चलते थे। उन्होंने कबीर की भाँति न किसी से झगड़ा मोल लिया, न कोई स्वार्थ सिद्ध किया, न किसी की कोई चीज़ छुई। वे सबसे खरा व्यवहार करते थे और सच्ची बात को दो-टूक शब्दों में कह देते थे।

(घ) बालगोबिन भगत अपनी फसलों को सबसे पहले कबीरपंथी मठ में ले जाते थे।

क्यों–वे अपनी फसलों पर पहले 'साहब' का अधिकार मानते थे। इसलिए वे सच्चे मन से उन्हें अपने साहब के मंदिर अर्थात् कबीरपंथी मठ में ले जाते थे।

(ङ) कबीरपंथी मठ भगत जी की फसलों को चढ़ावा समझकर उसमें से कुछ अंश स्वीकार किया करता था। वह शेष फसलों को प्रसाद-रूप में भगत जी को लौटा देता था।

प्रश्न *(Set-II)*–

1. लेखक ने बालगोबिन भगत को क्या माना है?

(क) साधु (ख) नेता

(ग) कृषक (घ) दिए गए तीनों में से कोई नहीं

2. **बालगोबिन भगत के '*साहब*' कौन थे?**

(क) कबीर (ख) पिता (ग) निराकार ईश्वर (घ) कृष्ण

3. **निम्नलिखित में से कौन-सी विशेषता बालगोबिन भगत की नहीं थी?**

(क) वे किसी की चीज नहीं छूते।

(ख) किसी से भी दो टूक बात करने में संकोच नहीं करते।

(ग) कबीर के गीतों को गाते।

(घ) मीरा के भजन गाते।

4. **'*साधु*' का विलोम निम्नलिखित में से होगा–**

(क) मुनि (ख) असाधु (ग) राक्षस (घ) दैत्य

5. **खेत में पैदा हुए अनाज को वे पहले कहाँ ले जाते थे?**

(क) घर (ख) खलिहान (ग) बाज़ार (घ) कबीरपंथी मठ

उत्तर– 1. (क) 2. (क) 3. (घ) 4. (ख) 5. (घ)

2 यह क्या है–यह कौन है! यह पूछना न पड़ेगा। बालगोबिन भगत समूचा शरीर कीचड़ में लिथड़े, अपने खेत में रोपनी कर रहे हैं। उनकी अँगुली एक-एक धान के पौधे को, पंक्तिबद्ध, खेत में बिठा रही है। उनका कंठ एक-एक शब्द को संगीत के जीने पर चढ़ाकर कुछ को ऊपर, स्वर्ग की ओर भेज रहा है और कुछ को इस पृथ्वी की मिट्टी पर खड़े लोगों के कानों की ओर! बच्चे खेलते हुए झूम उठते हैं; मेंड़ पर खड़ी औरतों के होंठ काँप उठते हैं, वे गुनगुनाने लगती हैं; हलवाहों के पैर ताल से उठने लगते हैं; रोपनी करनेवालों की अँगुलियाँ एक अजीब क्रम से चलने लगती हैं! बालगोबिन भगत का यह संगीत है या जादू!

(पृष्ठ 55) [*CBSE 2019*]

प्रश्न *(Set-I)*–

(क) *बालगोबिन अपने खेत में किसकी रोपनी कर रहे हैं?*

(ख) *"उनका कंठ एक-एक शब्द .... कानों की ओर!"– पूरे वाक्य का आशय स्पष्ट कीजिए।*

(ग) *बालगोबिन भगत के संगीत को जादू क्यों कहा गया है?*

उत्तर–

(क) बालगोबिन अपने खेत में धान की रोपनी कर रहे हैं।

(ख) बालगोबिन इतने ऊँचे आरोही स्वर में गीत गा रहे हैं कि मानो वे संगीत के माध्यम से भगवान से बतियाना चाह रहे हैं। दूसरी ओर वे अपने स्वर को इतना सरल और मधुर बना रहे हैं ताकि वह गाँव के लोगों के हृदय में उतर जाए।

(ग) भगत जी के संगीत को जादू इसलिए कहा गया है क्योंकि वह सबके दिलों को छूता था। उसे सुनकर बच्चे मस्त हो जाते थे। स्त्रियाँ गुनगुनाने लगती थीं। किसानों के पैरों में लय आ जाती थी। धान रोपते किसानों की उँगलियाँ क्रम से चलने लगती थीं।

प्रश्न *(Set-II)*–

1. **इस वर्णन में बालगोबिन के किस गुण का वर्णन है?**

(क) भक्ति (ख) लापरवाही (ग) संगीत की मस्ती (घ) प्रदर्शन की भावना

2. **बालगोबिन किसके पद गाया करते थे?**

(क) आषाढ़ के (ख) कबीर के (ग) सूर के (घ) अपने

3. *बालगोबिन भगत का शरीर कीचड़ से लथपथ था,* **क्यों?**

(क) वे कीचड़ में गिर गए थे। (ख) वे मकान बना रहे थे।

(ग) वे कीचड़-स्नान कर रहे थे। (घ) वे खेत में बुवाई कर रहे थे।

4. **औरतों के होंठ क्यों काँप उठते हैं?**

(क) भगत की दुर्दशा देखकर (ख) भगत का संगीत सुनकर

(ग) गीत गाने की उत्सुकता के कारण (घ) ठंड के कारण

5. **'*मुग्ध*' का अर्थ है–**

(क) गुमसुम (ख) उदास (ग) परेशान (घ) प्रसन्न

उत्तर– 1. (ग) 2. (ख) 3. (घ) 4. (ग) 5. (घ)

3 भादो की वह अँधेरी अधरतिया। अभी, थोड़ी ही देर पहले मुसलधार वर्षा खत्म हुई है। बादलों की गरज, बिजली की तड़प में आपने कुछ नहीं सुना हो, किंतु अब झिल्ली की झंकार या दादुरों की टर्र-टर्र बालगोबिन भगत के संगीत को अपने कोलाहल में डुबो नहीं सकतीं। उनकी खँजड़ी डिमक-डिमक बज रही है और वे गा रहे हैं–''गोदी में पियवा, चमक उठे सखिया, चिहुँक उठे ना!'' हाँ, पिया तो गोद में ही है, किंतु वह समझती है, वह अकेली है, चमक उठती है, चिहुँक उठती है। उसी भरे-बादलों वाले भादो की आधी रात में उनका यह गाना अँधेरे में अकस्मात कौंध उठने वाली बिजली की तरह किसे न चौंका देता? अरे, अब सारा संसार निस्तब्धता में सोया है, बालगोबिन भगत का संगीत जाग रहा है, जगा रहा है!–तेरी गठरी में लागा चोर, मुसाफ़िर जाग ज़रा! *(पृष्ठ 55)*

प्रश्न *(Set-I)*–

(क) *भादो की रात का वर्णन अपने शब्दों में कीजिए।*

(ख) *बालगोबिन के संगीत के साथ-साथ और कौन-सी ध्वनियाँ प्रकट हो रही थीं?*

(ग) *बालगोबिन के गीत किस भाव और मस्ती से भरे होते थे?*

(घ) *'गोदी में पियवा' से बालगोबिन का क्या आशय है?*

(ङ) *बालगोबिन का गाना सबको क्यों चौंका देता है?*

उत्तर–

(क) भादो की रात बहुत अँधेरी थी। थोड़ी देर पहले वर्षा हो चुकी थी। अभी भी बारिश का मौसम बना हुआ था। आकाश में बादल अभी भी गरज रहे थे, बिजलियाँ कड़क रही थीं। झाड़ियों से झिल्ली की झंकार आ रही थी। मेंढक टर्र-टर्र कर रहे थे। ऐसे सूने वातावरण में बालगोबिन भगत का संगीत-स्वर वातावरण में गूँजता हुआ मनोरम प्रतीत हो रहा था।

(ख) बालगोबिन के संगीत-स्वर के साथ-साथ आकाश में बादलों की गर्जन, बिजलियों की कड़क, झिल्ली की झंकार और मेंढकों की टर्र-टर्र ध्वनि गुंजरित हो रही थी।

(ग) बालगोबिन के गीत प्रभु-प्रेम की मस्ती से भरे होते थे। उनमें परमात्मा से बिछुड़न की वेदना और भूले हुओं को जगाने की टेर होती थी।

(घ) बालगोबिन 'गोदी में पियवा' के माध्यम से कहना चाहते थे कि परमात्मा हर मनुष्य के पास है। उसकी गोदी में है। बस उसे देखने-परखने और जानने की जरूरत है।

(ङ) बालगोबिन का गाना हर मनुष्य को जगाने और चौंकाने की क्षमता रखता है। रात के सूनेपन में जब लोग अकेले होते हैं, वे बालगोबिन के गीत-स्वर की ओर अवश्य ध्यान देते हैं। वे 'गोदी में पियवा' सुनकर अवश्य चौंक पड़ते हैं। उन्हें अपनी अज्ञानता और अबोधता पर आश्चर्य होता है। वे यह जानकर चौंक उठते हैं कि सचमुच परमात्मा उनके इतने पास है।

प्रश्न *(Set-II)*–

1. **बालगोबिन भगत के संगीत को अपने कोलाहल में कौन नहीं डुबो सकता?**

(क) झिल्ली की झंकार या दादुरों की टर्र-टर्र। (ख) बादलों की गरज।

(ग) बिजली की तड़प। (घ) ढोल-नगाड़ों की आवाज।

2. **यहाँ किस मास की वर्षा का वर्णन है?**

(क) कार्तिक मास की (ख) भादो मास की (ग) आषाढ़ मास की (घ) सावन मास की।

3. *'खँजड़ी डिमक डिमक बज रही है और वे गा रहे हैं'*—**कौन?**

(क) बालगोबिन (ख) बालगोबिन के साथी

(ग) ग्रामीण गायक (घ) लेखक और बालगोबिन।

4. *'नि:स्तब्धता'* **शब्द का अर्थ है—**

(क) सावधान (ख) सचेत (ग) आश्चर्यचकित (घ) सन्नाटा

5. **बालगोबिन भगत के गीतों की क्या विशेषता थी?**

(क) खँजड़ी के ताल पर गाते थे

(ख) रात्रि के समय गीत गाते थे।

(ग) ईश्वर के प्रति आस्था तथा प्रेम पर आधारित गीत गाते थे।

(घ) उपर्युक्त सभी

उत्तर— 1. (क) 2. (ख) 3. (क) 4. (घ) 5. (ग)

3A इन सबके ऊपर, मैं तो मुग्ध था उनके मधुर गान पर-जो सदा-सर्वदा ही सुनने को मिलते। कबीर के वे सीधे-सादे पद, जो उनके कंठ से निकलकर सजीव हो उठते।

आषाढ़ की रिमझिम है। समूचा गाँव खेतों में उतर पड़ा है। कहीं हल चल रहे हैं, कहीं रोपनी हो रही है। धान के पानी-भरे खेतों में बच्चे उछल रहे हैं। औरतें कलेवा लेकर मेंड पर बैठी हैं। आसमान बादल से घिरा; धूप का नाम नहीं। ठंडी पुरवाई चल रही। ऐसे ही समय आपके कानों एक स्वर-तरंग झंकान-सी कर उठी। यह क्या है—यह कौन है। यह पूछना न पड़ेगा। बालगोबिन भगत समूचा शरीर कीचड़ में लिथड़े, अपने खेत में रोपनी कर रहे हैं। उनकी अँगुली एक-एक धान के पौधे को, पंक्तिबद्ध खेत में बिठा रही है। उनका कंठ एक-एक शब्द को संगीत के जीने पर चढ़ाकर कुछ को ऊपर, स्वर की ओर भेज रहा है और कुछ को इस पृथ्वी की मिट्टी पर खड़े लोगों के कानों की ओर! बच्चे खेलते हुए झूम उठते हैं; मेंड पर खड़ी औरतों के होंठ काँप उठते हैं, वे गुनगुनाने लगती हैं; हलवाहों के पैर ताल से उठने लगते हैं, रोपनी करने वालों की अँगुलियाँ एक अज़ीब क्रम से चलने लगती हैं। बालगोबिन भगत का संगीत है या जादू। *(पृष्ठ 54-55)* [CBSE 2022]

प्रश्न—

1. **धान की रोपनी करते वक्त बालगोबिन भगत गाते थे—**

(क) ईश्वर के भजन (ख) सूरदास के पद

(ग) रामचरितमानस की चौपाइयाँ (घ) कबीर के पद

2. **लेखक किस बात पर सबसे अधिक मोहित थे?**

(क) भगत के धान रोपने के कौशल पर (ख) भगत के मधुर गान पर

(ग) भगत के सौम्य व्यवहार पर (घ) भगत के निर्लिप्त स्वभाव पर

3. **भगत और बाकी सब लोग बारिश के दिनों में धान की रोपनी क्यों कर रहे हैं?**

(क) धान की फ़सल छाया में ही होती है।

(ख) धान की रोपनी गीली मिट्टी में की जाती है।

(ग) गर्मी से राहत मिलने पर वे ज्यादा देर तक रोपनी कर सकेंगे।

(घ) बारिश के खुशनुमा मौसम में काम आनंददायक हो जाता है।

4. भगत के गाने का प्रभाव सभी पर अलग-अलग पड़ा। इनमें से किसका उल्लेख गद्यांश में नहीं हुआ है?

(क) बच्चे खेलते-खेलते अचंभित हो उठे।

(ख) हलवाहों के पैर ताल से उठने लगे।

(ग) स्त्रियों के होंठ काँप उठे, वे गुनगुनाने लगीं।

(घ) रोपनी करने वालों की अँगुलियाँ क्रम से चलने लगीं।

5. लेखक ने कहा है कि स्वर-तरंग के गूँजने पर यह पूछना नहीं पड़ेगा कि यह कौन है? सभी बालगोबिन भगत के स्वर को पहचान लेंगे। क्योंकि:

(*i*) भगत के संगीत का जादू सब पर छाया है।

(*ii*) भगत कभी-कभी स्टेज पर कार्यक्रम प्रस्तुत किया करते थे।

(*iii*) भगत का संगीत सदा-सर्वदा सुनने मिलता था।

उपरोक्त लिखित विकल्पों के आधार पर निम्नलिखित विकल्पों में सही विकल्प का चयन कीजिए–

(क) (*i*) सही है, परंतु (*ii*) और (*iii*) ग़लत हैं। (ख) (*ii*) ग़लत है, परन्तु (*i*) और (*iii*) सही हैं।

(ग) (*iii*) ग़लत है, परन्तु (*i*) सही हैं। (घ) (*i*), (*ii*) और (*iii*) तीनों सही हैं।

उत्तर– 1. (घ) 2. (ख) 3. (ख) 4. (क) 5. (ख)

4 कातिक आया नहीं कि बालगोबिन भगत की प्रभातियाँ शुरू हुईं, जो फागुन तक चला करतीं। इन दिनों वह सबेरे ही उठते। न जाने किस वक्त जगकर वह नदी-स्नान को जाते–गाँव से दो मील दूर! वहाँ से नहा-धोकर लौटते और गाँव के बाहर ही, पोखरे के ऊँचे भिंडे पर, अपनी खँजड़ी लेकर जा बैठते और अपने गाने टेरने लगते। मैं शुरू से ही देर तक सोनेवाला हूँ, किंतु, एक दिन, माघ की उस दाँत किटकिटानेवाली भोर में भी, उनका संगीत मुझे पोखरे पर ले गया था। अभी आसमान के तारों के दीपक बुझे नहीं थे। हाँ, पूरब में लोही लग गई थी जिसकी लालिमा को शुक्र तारा और बढ़ा रहा था। खेत, बगीचा, घर–सब पर कुहासा छा रहा था। सारा वातावरण अजीब रहस्य से आवृत मालूम पड़ता था। उस रहस्यमय वातावरण में एक कुश की चटाई पर पूरब मुँह, काली कमली ओढ़े, बालगोबिन भगत अपनी खँजड़ी लिए बैठे थे। उनके मुँह से शब्दों का ताँता लगा था, उनकी अँगुलियाँ खँजड़ी पर लगातार चल रही थीं। गाते-गाते इतने मस्त हो जाते, इतने सुरूर में आते, उत्तेजित हो उठते कि मालूम होता, अब खड़े हो जाएँगे। कमली तो बार-बार सिर से नीचे सरक जाती। मैं जाड़े से कँपकँपा रहा था, किंतु तारे की छाँव में भी उनके मस्तक के श्रमबिंदु, जब-तब, चमक ही पड़ते। *(पृष्ठ 55-56)* [*CBSE 2017*]

प्रश्न *(Set I)*–

(क) *माघ की उस भोर के बारे में लेखक ने क्या बताया है?*

(ख) *भगत जी के शरीर से माघ की ठंड में भी पसीना क्यों बहता था?*

(ग) *लेखक ने अपनी किस आदत का उल्लेख किया है?*

उत्तर–

(क) माघ की उस भोर में किटकिटाने वाली ठंड थी। अभी आसमान में तारे दिखाई दे रहे थे। पूर्व में लालिमा फूटने को थी। चारों ओर कुहासा छा रहा था। खेत, गली, बगीचा–कहीं कुछ दिखाई नहीं दे रहा था। सारा वातावरण एक अजीब से रहस्य से भरा हुआ था।

(ख) भगत जी माघ की ठंड में भी पूरे जोश और आवेग में गाए चले जा रहे थे। उनके शब्दों में उत्साह था। गाने का आवेश इतना था कि उनके माथे पर पसीने की बूँदें झलक आई थीं।

(ग) लेखक ने देर रात तक सोने की अपनी आदत का उल्लेख किया है।

प्रश्न *(Set-II)*–

1. ***'प्रभातियाँ'* का अर्थ है–**

   (क) सवेरा होना (ख) सुबह गाए जाने वाले गीत

   (ग) भजन गाते हुए फेरी लगाना (घ) ईश्वर को प्रसाद चढ़ाना

2. **भगत जी कहाँ बैठकर भजन गाया करते थे?**

   (क) नदी के किनारे (ख) नदी के बीच

   (ग) तालाब के ऊँचे किनारे पर (घ) गाँव की चौपाल पर

3. ***'पूरब में लोही लग गई थी'* में *'लोही'* लगने का आशय क्या है?**

   (क) लाली (ख) लहू (ग) सूरज (घ) भोर

4. ***'सुरूर'* का अर्थ है–**

   (क) नशा (ख) मस्ती (ग) सुर (घ) स्वर

5. **बालगोबिन किस समय भजन गा रहे थे?**

   (क) भोर काल में (ख) आधी रात को (ग) दोपहर को (घ) सूर्योदय बेला में

उत्तर– 1. (ग) 2. (ग) 3. (क) 4. (ख) 5. (क)

5 गर्मियों में उनकी 'संझा' कितनी उमसभरी शाम को न शीतल करती! अपने घर के आँगन में आसन जमा बैठते। गाँव के उनके कुछ प्रेमी भी जुट जाते। खँजड़ियों और करतालों की भरमार हो जाती। एक पद बालगोबिन भगत कह जाते, उनकी प्रेमी-मंडली उसे दुहराती, तिहराती। धीरे-धीरे स्वर ऊँचा होने लगता–एक निश्चित ताल, एक निश्चित गति से। उस ताल-स्वर के चढ़ाव के साथ श्रोताओं के मन भी ऊपर उठने लगते। धीरे-धीरे मन तन पर हावी हो जाता। होते-होते, एक क्षण ऐसा आता कि बीच में खँजड़ी लिए बालगोबिन भगत नाच रहे हैं और उनके साथ ही सबके तन और मन नृत्यशील हो उठे हैं। सारा आँगन नृत्य और संगीत से ओतप्रोत है! *(पृष्ठ 56)* *[CBSE 2015]*

प्रश्न *(Set-I)*–

(क) *बालगोबिन भगत की संझा उमसभरी शाम को किस तरह शीतल करती थी? उस समय उनके साथी लोग कौन होते थे?*

(ख) *संगीत के कार्यक्रम में भगत और उनकी मंडली-किन-किन वाद्यों को बजाया करती थी और उनके वादन-गायन की गति कैसी होती थी?*

(ग) *उनके गायन तथा वादन का श्रोताओं पर कैसा प्रभाव पड़ता था और वे बालगोबिन भगत के साथ क्या करने लगते थे?*

उत्तर–

(क) बालगोबिन भगत संझा के समय भक्ति की ऐसी संगीतधारा बहाया करते थे कि उमसभरी शाम शीतलता देने लगती थी। मौसम का कष्ट अनुभव नहीं होता था और भक्ति की मधुरता आनंद देने लगती थी।

(ख) संगीत के कार्यक्रम में भगतजी और उनकी मंडली के गायक खंजड़ी और करताल नामक वाद्य बजाया करते थे। उनके गायन और वादन लय और ताल के साथ उठते-गिरते थे।

(ग) भगत जी तथा उनकी मंडली के गायन और वादन का श्रोताओं पर अद्‌भुत प्रभाव होता था। सभी श्रोता संगीत की लय और स्वर के साथ समरस हो जाते थे। उनके तन और मन संगीत के साथ-साथ गतिशील हो उठते थे। अंत में वे बालगोबिन भगत के साथ नाचने लगते थे।

प्रश्न *(Set-II)*–

1. **गर्मियों में बालगोबिन भगत क्या करते थे?**

   (क) संगीत गाते थे (ख) नृत्य करते थे (ग) पाठ पढ़ते थे (घ) मौन रहते थे

2. **'*संझा*' से लेखक का क्या आशय है?**

   (क) शाम के समय गाए जाने वाले भक्तिगीत से (ख) सुबह के समय गाए जाने वाले भक्तिगीत से
   (ग) दोपहर के समय गाए जाने वाले भक्तिगीत से (घ) राह चलते समय गाए जाने वाले भक्ति पद से

3. **इस गद्यांश में '*प्रेमी*' किसे कहा गया है?**

   (क) जो भगत को आदर देते एवं गीतों को गाते (ख) जो बालगोबिन भगत से बात करते
   (ग) जो बालगोबिन भगत के साथ घूमते (घ) जो बालगोबिन भगत के पीछे रहते

4. **'*संझा*' शब्द के पर्यायवाची शब्द हैं–**

   (क) प्रातःकाल, उषाकाल (ख) रात, रजनी
   (ग) संध्या, शाम (घ) सुबह, भोर

5. **'*धीरे-धीरे मन तन पर हावी हो जाता*'–इस पंक्ति का आशय है–**

   (क) मन आनंदविभोर हो जाता (ख) तन नाचने लगता
   (ग) मन दुखी हो जाता (घ) तन गाने लगता

उत्तर– 1. (ख) 2. (क) 3. (क) 4. (ग) 5. (ख)

6 बालगोबिन भगत की संगीत-साधना का चरम उत्कर्ष उस दिन देखा गया जिस दिन उनका बेटा मरा। इकलौता बेटा था वह! कुछ सुस्त और बोदा-सा था, किंतु इसी कारण बालगोबिन भगत उसे और भी मानते। उनकी समझ में ऐसे आदमियों पर ही ज़्यादा नज़र रखनी चाहिए या प्यार करना चाहिए, क्योंकि ये निगरानी और मुहब्बत के ज़्यादा हकदार होते हैं। बड़ी साध से उसकी शादी कराई थी, पतोहू बड़ी ही सुभग और सुशील मिली थी। घर की पूरी प्रबंधिका बनकर भगत को बहुत कुछ दुनियादारी से निवृत्त कर दिया था। *(पृष्ठ 56)* [*CBSE 2015*]

प्रश्न *(Set-I)*–

(क) *"बालगोबिन भगत की संगीत साधना का चरम उत्कर्ष उस दिन देखा गया जिस दिन उनका बेटा मरा" लेखक ने ऐसा क्यों कहा है?*

(ख) *बालगोबिन भगत अपने बेटे पर अधिक ध्यान क्यों देते थे?*

(ग) *बालगोबिन भगत की पतोहू की विशेषताएँ लिखिए।*

उत्तर–

(क) जिस दिन बालगोबिन भगत का बेटा मरा, उस दिन भगत जी की संगीत-साधना अपनी चरम ऊँचाई पर थी। वे पूरी तरह तल्लीन होकर गाए जा रहे थे। उन्हें विश्वास था कि उनके बेटे की आत्मा परमात्मा में लीन हो गई है। अतः यह चरम आनंद का अवसर है। वे इस अवसर पर उत्सव की तरह गाए जा रहे थे।

(ख) बालगोबिन भगत का बेटा सुस्त और बोदा था। बालगोबिन मानते थे कि ऐसे बच्चे हमारे प्यार और निगरानी के अधिक बड़े अधिकारी हैं। इस कारण वे उस पर अधिक ध्यान देते थे।

(ग) बालगोबिन भगत की पतोहू बहुत ही सुदंर और सुशील थी। उसने विवाह के बाद ससुराल का सारा कामकाज खुद सँभाल लिया था। वह कुशल प्रबंधिका थी।

प्रश्न *(Set-II)*–

1. **भगत जी का बेटा कैसा था?**
   (क) चुस्त और कर्मठ (ख) होनहार (ग) सुस्त और बोदा (घ) शरीफ और विनम्र
2. **भगत जी की पतोहू कैसी थी?**
   (क) कुशल प्रबंधिका (ख) दुनियादार (ग) भगत-स्वभाव (घ) लड़ाकू
3. **भगत जी अपने सुस्त बेटे पर प्यार क्यों उड़ेलते थे?**
   (क) उसके कमजोर होने के कारण (ख) पुत्र-प्रेम के कारण
   (ग) अपना खून होने के कारण (घ) ईश्वर की देन होने के कारण
4. **संगीत-साधना का चरम उत्कर्ष से क्या आशय है?**
   (क) संगीत-कला का प्रदर्शन (ख) संगीत-कला की ऊँचाई का प्रदर्शन
   (ग) संगीत-सभा का आयोजन (घ) गायन-समारोह
5. *'निगरानी'* **के लिए अन्य उपयुक्त शब्द छाँटिए–**
   (क) सुरक्षा (ख) देखभाल (ग) नज़र (घ) ध्यान

उत्तर– 1. (ग) 2. (क) 3. (क) 4. (ख) 5. (ख)

7 किंतु, बालगोबिन भगत गाए जा रहे हैं! हाँ, गाते-गाते कभी-कभी पतोहू के नज़दीक भी जाते और उसे रोने के बदले उत्सव मनाने को कहते। आत्मा परमात्मा के पास चली गई, विरहिनी अपने प्रेमी से जा मिली, भला इससे बढ़कर आनंद की कौन बात? मैं कभी-कभी सोचता, यह पागल तो नहीं हो गए। किंतु नहीं, वह जो कुछ कह रहे थे उसमें उनका विश्वास बोल रहा था–वह चरम विश्वास जो हमेशा ही मृत्यु पर विजयी होता आया है। *(पृष्ठ 57) [CBSE 2008 C]*

प्रश्न *(Set-I)*–

(क) *बालगोबिन भगत इकलौते पुत्र की मृत्यु पर पतोहू को उत्सव मनाने को क्यों कह रहे थे?*

(ख) *''पुत्र की मृत्यु के अवसर पर भगत का व्यवहार सामाजिक मान्यताओं के प्रति उनके विरोध को दर्शाता है''–टिप्पणी कीजिए।*

(ग) *''मैं कभी-कभी सोचता यह पागल तो नहीं हो गए।'' भगत के विषय में लेखक की यह धारणा क्या उपयुक्त है? तर्कसंगत उत्तर दीजिए।*

उत्तर–

(क) बालगोबिन भगत मानते थे कि उनका पुत्र मरकर ईश्वर की शरण में गया है। अत: यह बहुत खुशी का अवसर है। इसलिए वे अपनी पतोहू को इसके लिए उत्सव मनाने की बात कहते हैं।

(ख) समाज की मान्यता है कि मौत बुरी बला है। इकलौते पुत्र की मौत तो सबसे बुरी बात है। इसके विपरीत, बालगोबिन भगत समाज की इस मान्यता का विरोध करता है। वह अपने पुत्र की मृत्यु को ईश्वर-मिलन का सुनहरा अवसर मानता है। इसलिए वह इसकी खुशी मनाता है।

(ग) लेखक ने भगत जी को पुत्र की मृत्यु पर उत्सव मनाते देखा तो समझा कि शायद वे पागल हो गए हैं। परंतु उसकी यह धारणा सरासर गलत थी। वह भगत जी के मन की गहराई को और उनके विश्वास को ठीक से समझ नहीं पाया था। भगत जी तो मृत्यु को ईश्वर-मिलन का सुनहरा अवसर मानते थे।

प्रश्न *(Set-II)*–

1. **भगत के लिए परम आनंद की बात क्या थी?**

(क) बेटे की मृत्यु (ख) आत्मा का परमात्मा से विछोह

(ग) पुत्रवधू से मुक्ति (घ) आत्मा-परमात्मा का मिलन

2. **पुत्र के शव के सामने बैठे बालगोबिन भगत क्या कर रहे थे?**

(क) रो रहे थे। (ख) गीत गा रहे थे। (ग) चिराग जला रहे थे (घ) फूल बिखेर रहे थे।

3. **बालगोबिन भगत अपनी पतोहू को क्या करने को कह रहे थे?**

(क) रोने को (ख) गाना गाने को (ग) आनंद मनाने को (घ) उत्सव मनाने को

4. **बालगोबिन भगत की विचित्र बातें किस कारण उपजी थीं?**

(क) उनकी पीड़ा के (ख) उनके पागलपन के

(ग) उनके चरम विश्वास के (घ) उनके चरित्र के

5. **'*तल्लीनता*' शब्द से प्रत्यय पृथक कीजिए।**

(क) आ (ख) नता (ग) ता (घ) त

उत्तर– 1. (घ) 2. (ख) 3. (घ) 4. (ग) 5. (ग)

8 बेटे के क्रिया-कर्म में तूल नहीं किया; पतोहू से ही आग दिलाई उसकी। किंतु ज्योंही श्राद्ध की अवधि पूरी हो गई, पतोहू के भाई को बुलाकर उसके साथ कर दिया, यह आदेश देते हुए कि इसकी दूसरी शादी कर देना। इधर पतोहू रो-रोकर कहती–मैं चली जाऊँगी तो बुढ़ापे में कौन आपके लिए भोजन बनाएगा, बीमार पड़े, तो कौन एक चुल्लू पानी भी देगा? मैं पैर पड़ती हूँ, मुझे अपने चरणों से अलग नहीं कीजिए! लेकिन भगत का निर्णय अटल था। तू जा, नहीं तो मैं ही इस घर को छोड़कर चल दूँगा–यह थी उनकी आखिरी दलील और इस दलील के आगे बेचारी की क्या चलती? *(पृष्ठ 57)* [*CBSE 2019*]

प्रश्न *(Set I)*–

(क) *गद्यांश के आधार पर बालगोबिन भगत की दो विशेषताएँ लिखिए।*

(ख) *पतोहू का क्या आग्रह था? क्यों?*

(ग) *भगत का निर्णय क्या था?*

उत्तर–

(क) बालगोबिन भगत को समाज की अंधी रूढ़ियों पर विश्वास नहीं था। उन्होंने अपनी बहू से पुत्र का क्रियाकर्म करवाया। दूसरी विशेषता थी– मानवीय भावना। उन्होंने पुत्र की मृत्यु के बाद अपनी पुत्रवधू की दोबारा शादी करवाने का आग्रह किया ताकि वह सुखी जीवन जी सके।

(ख) पतोहू का आग्रह था कि वह जीवन-भर अपने ससुर की सेवा में लीन रहे। वह पुनर्विवाह नहीं चाहती थी।

(ग) भगत का स्पष्ट निर्णय था कि पतोहू को पुनर्विवाह के लिए उसका घर छोड़ना ही पड़ेगा। यदि न छोड़ा तो वह स्वयं घर छोड़ देंगे।

प्रश्न *(Set-II)*–

1. **बालगोबिन भगत ने बेटे की चिता को किससे आग दिलवाई?**

(क) स्वयं अग्नि दी (ख) पतोहू से आग दिलाई

(ग) अपने भाई से आग दिलाई (घ) पतोहू के भाई से आग दिलाई।

2. **श्राद्ध की अवधि पूरी होने पर बालगोबिन भगत ने क्या किया?**
   (क) पतोहू के भाई को बुलाकर पतोहू की दूसरी शादी करने का आदेश दिया।
   (ख) घर छोड़कर चले गए।
   (ग) पतोहू को घर में कैद कर दिया।
   (घ) पतोहू को घर से बाहर निकाल दिया।
3. **बालगोबिन की पतोहू अपने घर क्यों नहीं जाना चाहती थी?**
   (क) क्योंकि उसकी नजर बालगोबिन की जायदाद पर थी।
   (ख) क्योंकि उसे बालगोबिन के भोजन-पानी और बुढ़ापे की चिंता थी।
   (ग) क्योंकि पतोहू को वह मकान बहुत पसंद था।
   (घ) क्योंकि पतोहू को अपने पति के घर को छोड़कर जाने का मन नहीं था।
4. **भगत ने पतोहू को क्या आखिरी दलील दी?**
   (क) यदि वह नहीं जाएगी तो बालगोबिन घर छोड़कर चले जाएँगे।
   (ख) उन्हें घर बेचना है।
   (ग) उन्हें तीर्थ पर जाना है।
   (घ) पतोहू को देखकर उन्हें अपने बेटे की याद आती है।
5. **इन पंक्तियों के आधार पर बताओ कि बालगोबिन में कौन-सी बात नहीं थी?**
   (क) वे विधवा-विवाह के पक्षधर थे।
   (ख) वे निराधार धार्मिक रूढ़ियों को नहीं मानते थे।
   (ग) वे स्वार्थी थे।
   (घ) वे कबीर के अनुयायी थे।

उत्तर– 1. (ख) 2. (क) 3. (ख) 4. (क) 5. (ग)

V. पाठ्यपुस्तक के प्रश्न-अभ्यास

(पृष्ठ 58-59)

प्रश्न 1. खेतीबारी से जुड़े गृहस्थ बालगोबिन भगत अपनी किन चारित्रिक विशेषताओं के कारण साधु कहलाते थे? *[CBSE 2008, 2010, 2017]*

उत्तर–बालगोबिन भगत खेतीबारी करने वाले गृहस्थ थे। फिर भी उनका आचरण साधुओं जैसा था। सबसे पहली बात यह थी कि वे अपना जीवन 'साहब' को समर्पित किए हुए थे। वे स्वयं को भगवान का बंदा मानते थे। वे अपनी कमाई पर भी पहले भगवान का हक मानते थे। इसलिए फसलों को पहले साहब के दरबार में अर्थात् कबीरपंथी मठ में ले जाते थे। वहाँ से जो प्रसाद रूप में वापस मिलता था, उसी में अपना गुजारा करते थे। वे अपने जीवन को भी भगवान की देन मानते थे। इसलिए वे मृत्यु को दुख नहीं बल्कि उत्सव मानते थे। उन्होंने अपने पुत्र की मृत्यु को उत्सव की तरह मनाया।

भगत जी कभी किसी के साथ झूठ नहीं बोलते थे, झगड़ा नहीं करते थे। किसी की कोई चीज़ नहीं लेते थे। यहाँ तक कि किसी के खेत में शौच तक होने नहीं जाते थे। यह साधु होने के ही लक्षण हैं। वे अपना तन-मन प्रभु-भक्ति और भक्ति-गीत गाने में लगाया करते थे।

☞**प्रश्न 2. भगत की पुत्रवधू उन्हें अकेले क्यों नहीं छोड़ना चाहती थी?** *[CBSE 2010, 2019]*

उत्तर–भगत की पुत्रवधू जानती थी कि भगत जी संसार में अकेले हैं। उनका एकमात्र पुत्र मर चुका है। वे बूढ़े हैं और भक्त हैं। उन्हें घर-बार और संसार में कोई रुचि नहीं है। अतः वे अपने खाने-पीने और स्वास्थ्य की ओर भी ध्यान नहीं दे पाएँगे। इसलिए पुत्रवधू सेवा-भाव से उनके चरणों की छाया में अपने दिन बिताना चाहती थी। वह उनके लिए भोजन और दवा-दारू का प्रबंध करना चाहती थी।

प्रश्न 3. भगत ने अपने बेटे की मृत्यु पर अपनी भावनाएँ किस तरह व्यक्त कीं? *[CBSE]*

उत्तर– भगत ने अपने बेटे की मृत्यु को ईश्वर की इच्छा कहकर उसका सम्मान किया। उन्होंने उस मृत्यु को आत्मा-परमात्मा का शुभ मिलन माना। इसलिए उसे उत्सव की तरह मनाया। उन्होंने पुत्र के शव को सफेद वस्त्र से ढँककर उसे फूलों से सजाया। उसके सिरहाने दीपक रखा। फिर वे उसके सामने प्रभु-भक्ति के गीत गाने लगे। वे खँजड़ी की ताल पर तल्लीन होकर गाते चले गए। उन्होंने विलाप करती हुई पतोहू को भी उत्सव मनाने के लिए कहा।

☞**प्रश्न 4. भगत के व्यक्तित्व और उनकी वेशभूषा का अपने शब्दों में चित्र प्रस्तुत कीजिए।** **[Imp.]** *[CBSE]*

उत्तर–भगत जी गृहस्थ होते हुए भी सीधे-सरल भगत साधु थे। उनकी आयु साठ वर्ष से कुछ ऊपर थी। वे मँझोले कद के गोरे-चिट्टे आदमी थे। उनके बाल सफेद हो गए थे। उनका चेहरा सदा सफेद बालों के कारण जगमगाता रहता था। हाँ, वे लंबी दाढ़ी या जटाएँ नहीं रखते थे। वे कपड़े भी बहुत कम पहनते थे। वे प्रायः कमर में एक लंगोटी-सी पहने रहते थे और सिर पर कबीरपंथियों की भाँति एक कनफटी टोपी पहने रहते थे। सर्दियों में वे काला कंबल ओढ़े रहते थे। उनके माथे पर सदा एक रामानंदी चंदन सुशोभित रहता था जो नाक के एक किनारे से शुरू होता था। उनके गले में तुलसी की माला बँधी रहती थी।

भगत जी का व्यक्तित्व गायक भक्तों जैसा था। वे सदा खँजड़ी की लय पर प्रभु-भक्ति के गाने गाते रहते थे। उनकी तल्लीनता सुनने वालों को बरबस अपनी ओर खींच लेती थी।

☞**प्रश्न 5. बालगोबिन भगत की दिनचर्या लोगों के अचरज का कारण क्यों थी?** **[Imp.]** *[CBSE]*

उत्तर–बालगोबिन भगत की दिनचर्या लोगों को हैरान कर देती थी। वे भगत जी की सरलता, सादगी और निस्वार्थता पर हैरान होते थे। भगत जी भूलकर भी किसी से कुछ नहीं लेते थे। वे बिना पूछे किसी की चीज़ छूते भी नहीं थे। यहाँ तक कि किसी दूसरे के खेत में शौच भी नहीं करते थे। लोग उनके इस खरे व्यवहार पर मुग्ध थे।

लोग भगत जी पर तब और भी आश्चर्य करते थे जब वे भोरकाल में उठकर दो मील दूर-स्थित नदी में स्नान कर आते थे। वापसी पर वे गाँव के बाहर स्थित पोखर के किनारे प्रभु-भक्ति के गीत टेरा करते थे। उनके इन प्रभाती-गानों को सुनकर लोग सचमुच हैरान रह जाते थे।

प्रश्न 6. पाठ के आधार पर बालगोबिन भगत के मधुर गायन की विशेषताएँ लिखिए। *[CBSE]*

उत्तर–बालगोबिन भगत प्रभु-भक्ति के मस्ती-भरे गीत गाया करते थे। उनके गानों में सच्ची टेर होती थी। उनका स्वर इतना मोहक, ऊँचा और आरोही होता था कि सुनने वाले मंत्रमुग्ध हो जाते थे। औरतें उस गीत को गुनगुनाने लगती थीं। खेतों में काम करने वाले किसानों के हाथ और पाँव एक विशेष लय में चलने लगते थे। उनके संगीत में जादुई प्रभाव था। वह मनमोहक प्रभाव सारे वातावरण पर छा जाता था। यहाँ तक कि घनघोर सर्दी और गर्मियों की उमस भी उन्हें डिगा नहीं पाती थी।

प्रश्न 7. *कुछ मार्मिक प्रसंगों के आधार पर यह दिखाई देता है कि बालगोबिन भगत प्रचलित सामाजिक मान्यताओं को नहीं मानते थे।* **पाठ के आधार पर उन प्रसंगों का उल्लेख कीजिए।**

उत्तर–यह सत्य है कि बालगोबिन भगत का अंतर्मन ही उन्हें आदेश देता था। वे समाज की मान्यताओं पर विश्वास नहीं करते थे। समाज की मान्यता है कि पति की चिता को पत्नी आग नहीं दे सकती। पत्नी को चाहिए कि वह पति की मृत्यु के बाद विधवा बनकर सास-ससुर की सेवा में दिन बिताए। बालगोबिन ने इन दोनों मान्यताओं के विरुद्ध व्यवहार किया। उन्होंने अपने बेटे की चिता को पतोहू के हाथों से ही आग दिलवाई। उसके बाद उन्होंने पतोहू को दूसरे विवाह के लिए स्वयं उसके भाइयों के साथ वापस भेज दिया।

बालगोबिन भगत ने समाज की देखादेखी पुत्र की मृत्यु पर शोक भी नहीं मनाया। उन्होंने पुत्र की मृत्यु को परमात्मा से मिलन का उत्सव माना। इसलिए वे शोक मनाने की बजाय प्रभु-भक्ति के गीतों में तल्लीन हो गए। उन्होंने अपनी पुत्रवधू को भी शोक न मनाने की सलाह दी।

प्रश्न 8. *धान की रोपाई के समय समूचे माहौल को भगत की स्वर लहरियाँ किस तरह चमत्कृत कर देती थीं?* **उस माहौल का शब्द-चित्र प्रस्तुत कीजिए।**

उत्तर–खेतों में धान की रोपाई चल रही थी। बालगोबिन भगत भी एक-एक उँगुली से धान के पौधों को पंक्तिबद्ध करके रोप रहे थे। तभी उन्होंने मस्ती भरी तान छेड़ी। उनके गीत का स्वर इतना मनमोहक, ऊँचा और आरोही था कि वह सीधे आकाश में स्थित परमात्मा को टेरता प्रतीत होता था। उसे सुनकर खेतों में उछल-कूद मचाते बच्चों में एक मस्ती आ गई। मेड़ों पर बैठी औरतों के ओंठ गाने के लिए बेचैन हो उठे। किसानों की उँगलियों में भी एक क्रमिक लय आ गई। हल चलाने वाले किसानों के पैर संगीत की थाप पर चलने लगे। इस प्रकार उनके संगीत का जादू सारे वातावरण पर छा गया।

रचना और अभिव्यक्ति

प्रश्न 9. पाठ के आधार पर बताएँ कि बालगोबिन भगत की कबीर पर श्रद्धा किन-किन रूपों में प्रकट हुई है? *[CBSE 2008, 2010]*

उत्तर–बालगोबिन भगत कबीर के प्रति असीम श्रद्धा रखते थे। उन्होंने अपनी श्रद्धा को निम्न रूपों में व्यक्त किया–

- उन्होंने स्वयं को कबीर-पंथ के प्रति समर्पित कर दिया। वे अपना जीवन कबीर के आदेशों पर चलाते थे। कबीर ने गृहस्थी करते हुए संसार के आकर्षणों से दूर रहने की सलाह दी थी। बालगोबिन भगत ने भी यही किया। उन्होंने खेतीबारी करते हुए कभी लोभ-लालच, स्वार्थ या आडंबर-भरा जीवन नहीं जिया। जैसे कबीर अपने व्यवहार में खरे थे, उसी प्रकार बालगोबिन भगत भी व्यवहार में खरे रहे।
- भगत जी ने अपनी फसलों को भी ईश्वर की संपत्ति माना। वे फसलों को कबीरमठ में अर्पित करके प्रसाद रूप में पाई फसलों का भोग करते थे।
- कबीर ने नर-नारी की समानता पर बल दिया। बाहरी आडंबरों पर चोट की। बालगोबिन भगत ने भी कबीर के आदेशानुसार अपनी आत्मा की आवाज़ पर व्यवहार किया। उन्होंने वही किया, जो उन्हें उचित और हितकारी लगा।
- कबीर मनुष्य-शरीर को नश्वर मानते थे। वे जीवन को प्रभु-भक्ति में लगाने की सीख देते थे। बालगोबिन भगत ने उनके इन आदेशों को पूरी तरह माना। उन्होंने अपने पुत्र की मृत्यु को भी उत्सव में बदल दिया। वे अंत तक मस्ती-भरे गीत गाते रहे।

प्रश्न 10. आपकी दृष्टि में भगत की कबीर पर अगाध श्रद्धा के क्या कारण रहे होंगे? *[CBSE]*

उत्तर–मेरी दृष्टि में भगत सच्चे सरल-हृदय किसान थे। वे कबीर की भक्ति से प्रभावित हुए होंगे। उन्हें कबीर की साफ़ आवाज़ में सच्चाई नज़र आई होगी। यह सच्चाई उनके सच्चे हृदय में पैठ गई होगी। उन्होंने तब से अपनी आत्मा को कबीर के चरणों में झुका दिया होगा। उन्होंने कबीर को अपना गुरु मान लिया होगा तथा अपने जीवन को उन्हीं के अनुसार ढाल दिया होगा।

प्रश्न 11. गाँव का सामाजिक-सांस्कृतिक परिवेश आषाढ़ चढ़ते ही उल्लास से क्यों भर जाता है?

उत्तर–भारत कृषि-प्रधान देश है। यहाँ के गाँव कृषि पर आधारित हैं। कृषि वर्षा पर आधारित है। वर्षा आषाढ़ मास में शुरू होती है। इसलिए आषाढ़ मास में गाँववासी बहुत प्रसन्न नज़र आते हैं। वे साल-भर आषाढ़ मास की प्रतीक्षा करते हैं ताकि खेतों में धान रोप सकें। उन दिनों बच्चे भी खेतों की गीली मिट्टी में लथपथ होकर आनंद-क्रीड़ा करते हैं। औरतें नाश्ता परोसकर किसानों का भरपूर सहयोग करती हैं। किसान हल जोतते हैं तथा दिन-भर बुवाई करते हैं। वे सभी फसलों की आशा में उल्लास से भर जाते हैं। इन्हीं दिनों गाँव का सामाजिक वातावरण सांस्कृतिक रंगों से ओतप्रोत हो उठता है।

प्रश्न 12. *''ऊपर की तसवीर से यह नहीं माना जाए कि बालगोबिन भगत साधु थे।''* **क्या 'साधु' की पहचान पहनावे के आधार पर की जानी चाहिए? आप किन आधारों पर यह सुनिश्चित करेंगे कि अमुक व्यक्ति 'साधु' है?**

उत्तर–साधु की पहचान उसके पहनावे से भी होती है। साधु व्यक्ति अगर संसारी आकर्षणों से बँधा नहीं है तो वह सुंदर पहनावे की ओर ध्यान नहीं देता। वह कम-से-कम कपड़े पहनता है। प्रायः वह धोती, कंबल जैसे बिना सिले कपड़े पहनता है और सादगी से रहता है। परंतु साधु की सच्ची पहचान ये कपड़े नहीं हैं। बहुत से ढोंगी लोग साधुओं का वेश धारण करके संसार के सुखों का भोग करते हैं।

मेरे विचार से साधु की सच्ची पहचान उसके व्यवहार से होती है। सच्चा साधु अपना ध्यान संसार की ओर नहीं, प्रभु-भक्ति की ओर लगाता है। वह व्यवहार में सच्चा, सादा, आडंबरहीन, खरा और साफ़ रहता है। वह किसी से झगड़ा मोल नहीं लेता। कभी किसी का अधिकार नहीं छीनता। वह अपनी कमाई को भी प्रभु-चरणों में अर्पित कर देता है।

प्रश्न 13. *मोह और प्रेम में अंतर होता है।* **भगत के जीवन की किस घटना के आधार पर इस कथन का सच सिद्ध करेंगे?** **[Imp.]** [*CBSE 2015*]

उत्तर–मोह और प्रेम में निश्चित रूप से अंतर होता है। मोह में मनुष्य अपने स्वार्थ की चिंता करता है। प्रेम में वह प्रिय का हित देखता है। बालगोबिन भगत ने अपने व्यवहार से यह अंतर सिद्ध किया। उन्होंने अपनी पतोहू के प्रति मोह प्रकट न करके प्रेम प्रकट किया। यदि वे उसे अपनी सेवा के लिए रख लेते तो यह उनका मोह होता। उन्होंने पतोहू के भविष्य की चिंता की। इसलिए उसका जीवन सुधारने के लिए उसे दूसरा विवाह करने की सलाह दी। इससे उनका प्रेम प्रकट हुआ।

भाषा-अध्ययन

प्रश्न 14. इस पाठ में आए कोई दस क्रियाविशेषण छाँटकर लिखिए और उनके भेद भी बताइए।

उत्तर–

1. वह **जब-जब सामने** आता।
   जब-जब–कालवाची क्रियाविशेषण
   सामने–स्थानवाची क्रियाविशेषण
2. **तब तक** मुझमें वह ज्ञान भी नहीं था।
   तब तक–कालवाची क्रियाविशेषण
3. कपड़े **बिल्कुल कम** पहनते।
   बिल्कुल कम–परिमाणवाचक क्रियाविशेषण
4. भोर में लोगों ने गीत **नहीं** सुना।
   नहीं–रीतिवाचक क्रियाविशेषण
5. न किसी से **खामखाह** झगड़ा मोल लेते।
   खामखाह–रीतिवाचक क्रियाविशेषण
6. वे **दिन-दिन** छीजने लगे।
   दिन-दिन–कालवाची क्रियाविशेषण
7. जो **सदा-सर्वदा** सुनने को मिलते।
   सदा-सर्वदा–कालवाची क्रियाविशेषण
8. धान के पौधे को **पंक्तिबद्ध** खेत में बिठा रही है।
   पंक्तिबद्ध–रीतिवाचक क्रियाविशेषण
9. खँजड़ी **डिमक-डिमक** बज रही है।
   डिमक-डिमक–रीतिवाचक क्रियाविशेषण
10. इन दिनों वे **सवेरे ही** उठते।
    सवेरे ही–कालवाची क्रियाविशेषण।

पाठेतर सक्रियता

- *पाठ में ऋतुओं के बहुत ही सुंदर शब्द-चित्र उकेरे गए हैं।* **बदलते हुए मौसम को दर्शाते हुए चित्र/फ़ोटो का संग्रह कर एक अलबम तैयार कीजिए।**

उत्तर–छात्र स्वयं करें।

- *पाठ में आषाढ़, भादो, माघ आदि में विक्रम संवत कलैंडर के मासों के नाम आए हैं।* **यह कलैंडर किस माह से आरंभ होता है? महीनों की सूची तैयार कीजिए।**

उत्तर–यह कलैंडर चैत्र मास से शुरू होता है। इसके महीनों का क्रम इस प्रकार है–

चैत्र, बैशाख, ज्येष्ठ, आषाढ़, श्रावण, भाद्रपद, आश्विन, कार्तिक, मार्गशीर्ष, पौष, माघ, फाल्गुन।

- *कार्तिक के आते ही भगत 'प्रभाती' गाया करते थे। प्रभाती प्रात:काल गाए जाने वाले गीतों को कहते हैं।* **प्रभाती गायन का संकलन कीजिए और उसकी संगीतमय प्रस्तुति कीजिए।**

उत्तर–छात्र स्वयं करें।

- **इस पाठ में जो ग्राम्य संस्कृति की झलक मिलती है वह आपके आसपास के वातावरण से कैसे भिन्न है?**

उत्तर–परीक्षोपयोगी नहीं।

VI. अन्य महत्त्वपूर्ण परीक्षोपयोगी प्रश्नोत्तर

प्रश्न 1. 'बालगोबिन भगत' पाठ में किन सामाजिक रूढ़ियों पर प्रहार किया गया है? *[CBSE 2019]*

उत्तर–'बालगोबिन भगत' में विधवा-विवाह न होने की सामाजिक रूढ़ि पर प्रहार किया गया है। जब भगत जी का पुत्र मरा तो उन्होंने अपनी जवान बहू को पुनर्विवाह के लिए मायके भेज दिया। वह नहीं मानी तो भी उसे हठपूर्वक भेजा।

भगत जी ने इस रूढ़ि पर भी चोट की कि पुत्र की अर्थी को बहू कंधा नहीं दे सकती। उन्होंने पुत्र की मृत्यु पर शोक मनाने की बजाय भगवान का भजन-कीर्तन करके एक और रूढ़ि को तोड़ा।

प्रश्न 2. *लेखक की दृष्टि में बालगोबिन भगत की मौत उन्हीं के अनुरूप हुई।* **बालगोबिन भगत की मृत्यु के कारणों तथा परिस्थितियों के परिप्रेक्ष्य में लेखक की दृष्टि का औचित्य सिद्ध कीजिए।** *[CBSE 2014]*

उत्तर–लेखक के अनुसार, जैसे बालगोबिन का जीवन पवित्र था, उनकी मौत भी ऐसी ही पवित्र थी। वे गंगा-स्नान करके चार-पाँच दिन बाद घर लौटे थे। बुढ़ापे के कारण वापसी पर उनकी तबीयत सुस्त हो गई। परंतु बालगोबिन अपनी धुन के पक्के थे। उन्होंने न स्नान-ध्यान छोड़ा, न गायन छोड़ा और न ही खेतीबाड़ी छोड़ी। अत: वे धीरे-धीरे कमज़ोर पड़ने लगे। आखिरकार एक दिन भोर काल में ही वे मौन हो गए।

लेखक ने ठीक ही कहा है– उनकी मृत्यु भी उनके जीवन के समान पवित्र और गरिमामयी थी।

प्रश्न 3. 'बालगोबिन भगत' पाठ कथा साहित्य की किस विधा में लिखा गया है और इसके माध्यम से किस लोक-संस्कृति को दर्शाया गया है। उसकी प्रमुख विशेषताएँ बताइए। *[CBSE 2015]*

उत्तर–बालगोबिन भगत पाठ संस्मरण शैली में लिखा गया है। इसमें लेखक अपने जीवन के भोगे हुए पलों और अनुभवों को याद करके लिखता है। इस संस्मरण में लेखक ने गाँव की संस्कृति के दर्शन कराए हैं। गाँववासियों का मिलजुलकर गंगा स्नान करना, व्रत-नेम रखना, गीत गाना, खेती बाड़ी करना लोक संस्कृति के विभिन्न रूप हैं। इस संस्मरण को पढ़कर लगता है कि गाँववासी एक-दूसरे के साथ बड़े प्रेम और भाईचारे से रहते हैं। भक्ति और संगीत के माध्यम से वे एक-दूसरे से बहुत अधिक जुड़े रहते हैं।

प्रश्न 4. बालगोबिन भगत की पतोहू किन कारणों से अपने भाई के साथ जाने को तैयार नहीं हो रही थी? *[CBSE 2012, 2019]*

उत्तर–बालगोबिन भगत की पतोहू अपने ससुर के प्रति अगाध श्रद्धा, आत्मीयता और अपनत्व रखती थी। उसने ससुर की सेवा को अपना धर्म मान लिया था। इसलिए वह अपने भाइयों के साथ जाने को तैयार नहीं थी। वह ससुर की सेवा में जीवन बिताना चाहती थी।

प्रश्न 5. गर्मियों की उमस भरी शाम को भी बालगोबिन भगत किस प्रकार शीतल कर देते थे? *[CBSE 2012, 2020]*

उत्तर–गर्मियों की शाम उमस-भरी होती थी। उसमें भी बालगोबिन भगत अपने भक्तों के साथ ऐसी तन्मयता से गीत गाते थे कि वातावरण में भक्ति की शीतलता और संगीत की मधुरता व्याप्त हो जाती थी।

प्रश्न 6. बालगोबिन भगत के जीवन से जुड़ी कौन-सी बातों ने आपको प्रभावित किया और क्यों?

[CBSE 2012]

उत्तर–बालगोबिन भगत अत्यंत सरल और सच्चे भक्त थे। उनकी सच्ची भक्ति ने मुझे प्रभावित किया। उनकी सादगी, संयमी, त्यागी और स्वावलंबी जीवन-शैली ने भी मुझे प्रभावित किया। उन्होंने अपने बेटे की मृत्यु को भी उत्सव की तरह मनाया। उसकी मृत्यु को भी भगवान की कृपा माना। यह अपने-आप में अनोखी और दुर्लभ बात है। जिस तरह उन्होंने अपनी जवान पुत्रवधू के पुनर्विवाह की व्यवस्था की, उससे मैं बहुत ही प्रभावित हुआ। वे सचमुच एक महान संत थे।

प्रश्न 7. 'बालगोबिन भगत' पाठ के आधार पर पुष्टि कीजिए कि भगत सच्चे कबीरपंथी थे।

[CBSE 2020]

उत्तर–बालगोबिन भगत सच्चे कबीरपंथी थे। कबीर के समान वे 'साहब' को ही सर्वस्व मानते थे। गृहस्थी होकर भी साधुओं की भाँति रहते थे। वे कभी किसी के साथ झूठा व्यवहार नहीं करते थे। सदा साफ़ बोलते थे। किसी की कोई चीज़ नहीं लेते थे। यहाँ तक कि किसी के खेत में शौच भी नहीं करते थे। सबसे बड़ी बात यह थी कि वे अपने खेत की फसल पहले कबीर-मठ में ले जाते थे। वहाँ से वापस-प्राप्त फसल को प्रसाद समझकर ग्रहण करते थे।

प्रश्न 8. *'बालगोबिन भगत'* अपनी सब चीज़ें साहब की मानते थे–उदाहरण देकर स्पष्ट कीजिए।

[CBSE 2020]

उत्तर–'बालगोबिन भगत' अपनी सारी चीज़ें साहब अर्थात परमात्मा की मानते थे। इसलिए उन्होंने अपना पूरा जीवन ईश्वर-भक्ति में ही लगा दिया था। वे अपने पुत्र के जन्म, बीमारी और मृत्यु को भी ईश्वर की इच्छा मानते थे। इसलिए उन्होंने पुत्र की मृत्यु पर शोक मनाने की बजाय उसका उत्सव मनाया। वे अपनी फसलों पर भी ईश्वर का अधिकार मानते थे। इसलिए सारी फसलें कबीर-मठ में ले जाते थे। वहाँ से जो प्रसाद रूप में वापस मिले, उसी को स्वीकार करते थे।

प्रश्न 9. *"भगत की पुत्रवधू और भगत दोनों एक-दूसरे की हित-चिंता में जिद्द पर अड़े थे"*–पुष्टि कीजिए।

[CBSE 2020]

उत्तर–भगत चाहते थे कि उनके बेटे की मृत्यु के बाद उनकी युवती बहू विधवा न रहे, अपितु उसकी दूसरी शादी हो जाए। इसके लिए उन्होंने बहू पर दबाव बनाया कि वह फिर-से शादी करे। एक प्रकार से उन्होंने बहू की हित-चिंता की। उधर बहू ने चाहा कि वह जीवन-भर अपने ससुर की सेवा में बिता दे। वह शादी नहीं करना चाहती थी। इस प्रकार दोनों एक-दूसरे के हित की चिंता में अड़े हुए थे।

VII. बहुविकल्पी प्रश्नोत्तर

निम्नलिखित प्रश्नों के सही उत्तर वाले विकल्प चुनिए–

1. *'बालगोबिन भगत' कैसा निबंध है?*
   (क) भावपूर्ण (ख) विचारात्मक (ग) व्यंग्यात्मक (घ) विवरणात्मक
2. *बालगोबिन भगत किसके प्रति श्रद्धा रखते थे?*
   (क) भगवान कृष्ण के प्रति (ख) भगवान राम के प्रति
   (ग) कबीर के प्रति (घ) सूरदास के प्रति
3. *बालगोबिन भगत नारी के प्रति कैसे विचार रखते थे?*
   (क) अत्यंत संकुचित (ख) अत्यंत मर्यादित (ग) अत्यंत उदार (घ) कठोर और निर्मम
4. *बालगोबिन भगत ने अपनी पुत्रवधु को उसके मायके क्यों भेज दिया?*
   (क) स्वयं स्वतंत्र रहने के लिए (ख) बहू को सजा देने के लिए
   (ग) आदर्श स्थापित करने के लिए (घ) बहू के पुनर्विवाह के लिए
5. *बालगोबिन भगत के भजन किस प्रकार के होते थे?*
   (क) शृंगारपूर्ण (ख) मनोरंजक (ग) भक्तिपूर्ण (घ) वीर रस के।

6. *बालगोबिन भगत पुत्र की मृत्यु पर आनंदपूर्वक गा क्यों रहे थे?*

(क) वे उसकी मृत्यु पर प्रसन्न थे। (ख) वे पुत्र का मुँह नहीं देखना चाहते थे।

(ग) उन्हें गाने में आनंद आ रहा था। (घ) वे मृत्यु को परमात्मा की इच्छा मानते थे।

उत्तर– 1. (क) 2. (ग) 3. (ग) 4. (घ) 5. (ग) 6. (घ)

प्रश्न-अभ्यास

प्रश्न 1. बालगोबिन भगत के व्यक्तित्व की दो विशेषताएँ लिखिए। *[CBSE 2019]*

प्रश्न 2. *'बालगोबिन भगत सच्चे साधु थे'* के संदर्भ में उनके चरित्र पर प्रकाश डालिए। *[CBSE]*

प्रश्न 3. बालगोबिन भगत की संक्षिप्त पहचान लिखिए। *[CBSE]*

प्रश्न 4. बालगोबिन के किन गुणों के कारण लोगों को कुतूहल होता था? *[CBSE]*

प्रश्न 5. बालगोबिन भगत का संगीत किस प्रकार लोगों के सिर पर चढ़कर बोलता था? *[CBSE]*

प्रश्न 6. *बालगोबिन भगत प्रचलित सामाजिक मान्यताओं को नहीं मानते थे*–पाठ के आधार पर उन प्रसंगों का संक्षेप में उल्लेख कीजिए। *[CBSE 2017]*

प्रश्न 7. *बालगोबिन भगत कबीर के अनुयायी प्रतीत होते थे*–पाठ के आधार पर स्पष्ट कीजिए। *[CBSE 2017]*

प्रश्न 8. आपकी समझ में बालगोबिन भगत साधु थे या गृहस्थ? पाठ के आधार पर अपने मत को सिद्ध कीजिए। *[CBSE 2014]*

प्रश्न 9. गंगा-स्नान के लिए जाते हुए उनकी दिनचर्या क्या रहती थी तथा वे कितने दिनों में वापस घर लौटते थे? इससे उनकी किस विशेषता का परिचय मिलता है? *[CBSE 2014]*

प्रश्न 10. बालगोबिन भगत ने अपने पुत्र की शादी किस तरह की थी और उनकी पतोहू में कौन-कौन सी विशेषताएँ थीं? *[CBSE 2014]*

प्रश्न 11. बालगोबिन भगत के संगीत को लेखक ने जादू कहा है? पाठ के आधार पर इसका कारण स्पष्ट कीजिए। *[CBSE 2015]*

प्रश्न 12. बालगोबिन भगत के गीतों का खेतों में काम करते हुए या आते-जाते नर-नारियों पर क्या प्रभाव पड़ता था? *[CBSE 2015]*

प्रश्न 13. बालगोबिन भगत की संगीत-लहरी शीतकाल में कहाँ और किस समय तथा ग्रीष्म में किस समय और कहाँ गूँजा करती थी? इस संगीत लहरी में आनन्दमग्न होने वाले प्रायः कौन होते थे? *[CBSE 2014]*

प्रश्न 14. बालगोबिन भगत द्वारा पतोहू को पुनर्विवाह के लिए बाध्य करने में भारतीय समाज की किस समस्या का समाधान निहित है? सोदाहरण स्पष्ट कीजिए। *[CBSE 2014]*

प्रश्न 15. बालगोबिन भगत की पुत्रवधू की ऐसी कौन-सी इच्छा थी जिसे वे पूरा न कर सके? कारण स्पष्ट कीजिए। *[CBSE 2014]*

प्रश्न 16. लड़के के देहांत के बाद बालगोबिन भगत ने पतोहू को किस बात के लिए बाध्य किया? उनका यह व्यवहार उनके किस प्रकार के विचार का प्रमाण है? *[CBSE 2014]*

प्रश्न 17. *'उनका बेटा बीमार है, इसकी खबर रखने की लोगों को कहाँ फुर्सत*–इस कथन द्वारा लेखक क्या कहना चाहता है? *[CBSE 2012]*

प्रश्न 18. गर्मियों की उमस भरी शामें बालगोबिन भगत प्रायः कैसे बिताते थे? *[CBSE 2019]*

9. लखनवी अंदाज़

(यशपाल)

I. लेखक-परिचय

प्रश्न–प्रसिद्ध कहानीकार यशपाल का साहित्यिक परिचय दीजिए।

उत्तर–जीवन-परिचय–कहानीकार यशपाल का जन्म सन् 1903 में पंजाब के फिरोज़पुर छावनी में हुआ। प्रारंभिक शिक्षा काँगड़ा में ग्रहण करने के बाद उन्होंने लाहौर के नेशनल कॉलेज से बी.ए. किया। तभी उनका परिचय सरदार भगतसिंह और सुखदेव से हुआ। उनके संपर्क से वे क्रांतिकारी गतिविधियों में भाग लेने लगे। धीरे-धीरे उनका झुकाव मार्क्सवादी चिंतन की ओर होता चला गया। सन् 1976 ई. में उनका देहांत हो गया।

रचनाएँ–यशपाल हिंदी के यशस्वी कहानीकार हैं। उनके प्रमुख कहानी-संग्रह हैं–ज्ञानदान, तर्क का तूफ़ान, पिंजरे की उड़ान, भस्मावृत्त, चिनगारी, अभिशप्त, वा दुलिया, फूलों का कुर्ता, धर्मयुद्ध, उत्तराधिकारी आदि। उपन्यास के क्षेत्र में भी उनका महत्त्वपूर्ण योगदान रहा है। उनके प्रसिद्ध उपन्यास हैं–दादा कामरेड, दिव्या, झूठा सच, अमिता आदि।

यशपाल मार्क्सवादी विचारधारा से प्रभावित थे। इसलिए उन्होंने आर्थिक दुर्दशा पर अनेक कहानियाँ लिखीं। उनके कथा साहित्य में आधुनिक सामाजिक और राजनीतिक जीवन की विडंबनाओं का मार्मिक चित्रण मिलता है। यथार्थवादी होने के कारण उन्होंने सामाजिक कुरीतियों की कटु आलोचना की है। उनकी 'लखनवी अंदाज़' कहानी झूठी शान पर गहरा कटाक्ष करती है। यशपाल ने समाज के यथार्थ को प्रस्तुत किया है। वे कल्पना, आदर्श और भावना के स्थान पर यथार्थ को महत्त्व देते हैं।

भाषा-शैली–यशपाल की भाषा वातावरण के अनुसार प्रभाव पैदा करने की क्षमता रखती है। विषय के अनुरूप उन्होंने उर्दू और अंग्रेज़ी के शब्दों का भी प्रयोग किया है।

II. कहानी का सार

प्रश्न–'लखनवी अंदाज़' नामक कहानी का सार अपने शब्दों में लिखिए।

उत्तर–'लखनवी अंदाज़' व्यंग्यात्मक कहानी है। यह कहानी शान-शौकत वाली बनावटी जीवन-शैली पर कटाक्ष करती है। कहानी का सार इस प्रकार है–

लेखक द्वारा सेकंड क्लास में रेल-यात्रा–लेखक ने पास के स्टेशन तक ही रेल-यात्रा करनी थी। यद्यपि सेकंड क्लास में पैसे अधिक लगते थे। फिर भी सोचा कि नई कहानी के बारे में सोचने का तथा खिड़की से बाहर के दृश्य देखने का अवसर मिल जाएगा। वे सेकंड क्लास का टिकट लेकर डिब्बे में चढ़ गए। डिब्बे में उनके अतिरिक्त एक सज्जन और थे। वे सफेदपोश लखनवी नवाब थे। वे आराम से सीट पर पालथी मारे बैठे थे। उनके सामने दो ताज़ा-चिकने खीरे तौलिए पर रखे थे। लेखक के आने से उन्होंने थोड़ा विघ्न अनुभव किया। उन्होंने लेखक से बात करने का उत्साह नहीं दिखाया। अत: लेखक ने भी उनसे आँखें चुरा लीं।

नवाब साहब का खीरे को काटना—लेखक अकेले में बैठे-बैठे कल्पना करने लगा कि आखिरकार नवाब साहब ने सेकंड क्लास में सफर करना गवारा कैसे किया। सोचा कि शायद उन्होंने अकेले सफर काटने के लिए दो खीरे खरीदे होंगे। एकाएक नवाब साहब ने लेखक को संबोधित किया और पूछा—'जनाब, खीरे का शौक फरमाएँगे।' लेखक ने शुक्रिया अदा करते हुए मना कर दिया।

अब नवाब साहब ने तौलिया झाड़कर बिछा लिया और उन पर खीरे सजा दिए। उन्होंने अपनी सीट के नीचे से लोटा उठाकर दोनों खीरों को खिड़की से बाहर धोया और तौलिए से पोंछा। चाकू निकालकर खीरों के सिर काटे तथा उनका झाग निकाला। फिर बड़ी सावधानी से छीलकर उसकी फाँकों को बड़े करीने से तौलिए पर सजाते गए।

लेखक से दोबारा पूछना—नवाब साहब ने खीरों पर जीरा और लाल मिर्चें बुरक दीं। साफ़ लग रहा था कि इस दौरान नवाब साहब मन-ही-मन खीरे का स्वाद ले चुके थे। उन्होंने एक बार लेखक को फिर-से निमंत्रण दिया—'वल्लाह, शौक कीजिए, लखनऊ का बालम खीरा है।' परंतु लेखक महोदय भी एक बार इनकार कर चुके थे। सो अड़े रहे।

नवाब साहब का खीरे सूँघकर फेंकना—अब नवाब साहब ने बड़ी प्यासी आँखों से खीरे की फाँकों को देखा। एक लंबी साँस ली। खीरे की एक फाँक उठाकर होठों तक ले गए। फाँक को सूँघा। स्वाद के आनंद से उनकी पलकें मुँद गईं। उन्होंने मुँह में भर आए पानी को गले में उतार लिया। उसके बाद उन्होंने खीरा खिड़की के बाहर छोड़ दिया। इस प्रकार एक-एक खीरे को सूँघकर उसका स्वाद लेते हुए वे बाहर छोड़ते गए।

नवाबी गर्व—सारे खीरे बाहर फेंककर उन्होंने तौलिए से हाथ और होंठ पोंछे! फिर गर्वपूर्वक लेखक की ओर देखा। मानो कह रहे हों—यह है खानदानी रईसों का तरीका। नवाब साहब मानो खीरे की तैयारी और प्रयोग से थककर लेट गए। लेखक को उनके सम्मान में सिर झुकाना पड़ा।

लेखक सोचने लगा कि क्या स्वाद और सुगंध से इस तरह संतुष्ट हुआ जा सकता है? इतने में नवाब साहब ने जोर से डकार लिया। वे लेखक की ओर देखकर बोले—'खीरा लज़ीज़ होता है लेकिन होता है सकील, नामुराद मेदे पर बोझ डाल देता है।' यह सुनते ही लेखक को लगा—ये नवाब साहब ही हैं नई कहानी के लेखक! अगर सुगंध और स्वाद की कल्पना से पेट भर सकता है तो बिना विचार, घटना और पात्र के 'नई कहानी' क्यों नहीं लिखी जा सकती?

III. कठिन शब्दों के अर्थ

पृष्ठ 62

मुफ़स्सिल—केंद्रीय स्थान के इर्द-गिर्द के स्थान। **पैसेंजर ट्रेन**—यात्री गाड़ी। **उतावली**—जल्दी। **फूँकार करना**—तेज़ आवाज़ करना। **दाम**—किराया, पैसे। **एकांत**—अकेला। **नयी कहानी**—सन् 1960 के आसपास लिखी गई ऐसी कहानियाँ जिनमें घटनाओं और पात्रों के बिना काम चला लिया जाता था। **अनुमान**—अंदाज़ा। **प्रतिकूल**—विपरीत, उलटा। **निर्जन**—खाली। **बर्थ**—सीट। **नवाबी नस्ल का**—नवाबों की जाति का, नवाबों के स्वभाव वाला। **सफ़ेदपोश**—भद्र व्यक्ति, भला इनसान। **सुविधा**—आराम। **पालथी मारे**—टाँगें मोड़कर। **सहसा**—अचानक। **कूद जाना**—आ जाना। **एकांत चिंतन**—अकेले में बैठकर सोच-विचार करना। **विघ्न**—बाधा। **असंतोष**—संतोष न होना, बुरा लगना। **सूझ**—विचार। **अपदार्थ वस्तु**—नाचीज़, तुच्छ चीज़। **शौक करना**—आनंद के लिए भोग करना। **संकोच**—शर्म, लज्जा। **संगति**—साथ, दोस्ती। **आत्मसम्मान**—स्वाभिमान। **आँखें चुराना**—नज़रें बचाना। **ठाली बैठना**—खाली बैठना, बिना काम किए बैठना। **असुविधा**—आराम में बाधा होना, परेशानी। **किफ़ायत**—बचत, समझदारी से उपयोग करना। **गवारा न होना**—सहन न होना। **मँझले दर्जे**—बीच का दर्जा। **वक्त काटना**—समय बिताना। **कनखियाँ**—आँख के किनारे से देखना, छिपी नज़रों से देखना। **स्थिति**—हालात। **गौर करना**—ध्यान करना। **संबोधन**—पुकार। **आदाब-अर्ज़**—अभिवादन का एक ढंग। **शौक फ़रमाना**—आनंद लेना, खाना। **भाव-परिवर्तन**—भाव का बदलना। **भाँप लेना**—समझ लेना। **शराफ़त**—सज्जनता। **गुमान**—भ्रम। **हरकत**—कार्य, गतिविधि। **लथेड़ लेना**—सम्मिलित करना। **किबला**—सम्मानपूर्वक संबोधन।

पृष्ठ 63

दृढ़ निश्चय—पक्का इरादा। **गोदकर**—चुभा कर। **एहतियात**—सावधानी। **फाँक**—कटा हुआ टुकड़ा। **हाज़िर करना**—देना।

करीने से–ढंग से, क्रम से, सजाकर। **सुर्खी**–लाली। **बुरकना**–छिड़कना, डालना। **भाव-भंगिमा**–चेहरे पर आते-जाते भाव। **जबड़ा**–मुख। **स्फुरण**–फड़कना, हिलना। **प्रक्रिया**– पूरी विधि। **कल्पना**–सोच। **प्लावित होना**–भर आना। **रईस**–अमीर। **असलियत**–वास्तविकता। **वल्लाह**–खुदा कसम, सचमुच। **शौक कीजिए**–खाइए। **पनियाती**–रसीली। **मुँह में पानी आना**–खाने का मन करना, ललचाना। **निबाहना**–निभाना। **तलब महसूस होना**–इच्छा होना। **मेदा**–पाचन शक्ति। **सतृष्ण**–प्यासी। **संयोग**–मेल। **दीर्घ निश्वास**–लंबी साँस। **पलकें मुँदना**–आँखें बंद होना।

पृष्ठ 64

वासना–कामना, इच्छा, लालसा। **रसास्वादन**–रस का स्वाद लेना। **गर्व**–अभिमान। **गुलाबी आँख**–अभिमान से भरी नजरें। **खानदानी**–परिवार की परंपरा, पारिवारिक। **तसलीम**–सम्मान। **सिर खम करना**–सिर झुकाना। **तहज़ीब**–शिष्टता। **नफ़ासत**–स्वच्छता। **नज़ाकत**–कोमलता। **संतुष्ट**–खुश, तृप्त होना। **सूक्ष्म**–बारीक। **नफ़ीस**–बढ़िया। **एब्स्ट्रैक्ट**–सूक्ष्म, अमूर्त, जिसका स्थूल अस्तित्व न हो, जो दिखाई न दे। **उदर**–पेट। **तृप्ति**–प्यास संतुष्ट होना, पेट भरना। **लज़ीज़**–स्वादिष्ट। **सकील**–भारी, आसानी से न पचने वाला। **नामुराद**–एक अपशब्द, अभागा, जिसकी इच्छा पूरी न हो। **ज्ञान-चक्षु**–ज्ञान रूपी नेत्र।

IV. अर्थग्रहण संबंधी प्रश्नोत्तर

प्रश्न–निम्नलिखित गद्यांशों से संबंधित प्रश्नों के उत्तर दीजिए–

1 मुफ़स्सिल की पैसेंजर ट्रेन चल पड़ने की उतावली में फूँकार रही थी। आराम से सेकंड क्लास में जाने के लिए दाम अधिक लगते हैं। दूर तो जाना नहीं था। भीड़ से बचकर, एकांत में नयी कहानी के संबंध में सोच सकने और खिड़की से प्राकृतिक दृश्य देख सकने के लिए टिकट सेकंड क्लास का ही ले लिया।

गाड़ी छूट रही थी। सेकंड क्लास के एक छोटे डिब्बे को खाली समझकर, ज़रा दौड़कर उसमें चढ़ गए। अनुमान के प्रतिकूल डिब्बा निर्जन नहीं था। एक बर्थ पर लखनऊ की नवाबी नस्ल के एक सफ़ेदपोश सज्जन बहुत सुविधा से पालथी मारे बैठे थे। सामने दो ताज़े-चिकने खीरे तौलिए पर रखे थे। डिब्बे में हमारे सहसा कूद जाने से सज्जन की आँखों में एकांत चिंतन में विघ्न का असंतोष दिखाई दिया। सोचा, हो सकता है, यह भी कहानी के लिए सूझ की चिंता में हों या खीरे-जैसी अपदार्थ वस्तु का शौक करते देखे जाने के संकोच में हों। *(पृष्ठ 62)* [*CBSE 2020*]

प्रश्न *(Set-I)*–

(क) *लेखक ने सेकंड क्लास का टिकट क्यों खरीदा?*

(ख) *लेखक ने जिस अनुमान के लिए सेकंड क्लास का टिकट खरीदा था, वह गलत कैसे निकला?*

(ग) *डिब्बे में बैठे सज्जन ने लेखक के आने पर क्या प्रतिक्रिया व्यक्त की और लेखक ने उनके व्यवहार से क्या अनुमान लगाया?*

उत्तर–

(क) लेखक ने सेकंड क्लास का टिकट यह सोचकर खरीदा कि यह डिब्बा निर्जन होगा। अत: इसमें बैठकर नई कहानी के बारे में सोचने का अवसर मिल जाएगा। साथ ही खिड़की से बाहर के दृश्य भी दिखाई देते रहेंगे।

(ख) लेखक के अनुमान के विपरीत सेकंड क्लास के डिब्बे में एक सज्जन खीरा काटकर खाने की तैयारी में जुटे हुए थे। अत: डिब्बे के खाली होने का उनका अनुमान गलत निकला।

(ग) डिब्बे में बैठे सफ़ेदपोश सज्जन ने लेखक के आने पर विघ्न अनुभव किया तथा उनसे बात करने का उत्साह नहीं दिखाया। लेखक ने उनके व्यवहार से अनुमान लगाया–शायद यह सज्जन भी किसी नई कहानी की सोच में डूबे हुए हैं या खीरा जैसी तुच्छ वस्तु खाते देख संकोच में फँस गए हैं।

प्रश्न *(Set-II)*–

1. **लेखक द्वारा सेकेंड क्लास का टिकट लेने का इनमें से कौन-सा कारण नहीं है–**
   (क) भीड़ से बचना (ख) एकांत में नई कहानी के बारे में सोचना
   (ग) खिड़की से प्राकृतिक दृश्य देखना (घ) अपनी शान दिखाना
2. **लेखक ने डिब्बे के बारे में क्या अनुमान नहीं किया था?**
   (क) डिब्बा खाली मिलेगा (ख) वहाँ किसी नवाब से मुलाकात होगी
   (ग) उसमें सोने की जगह मिलेगी (घ) तीनों ही उत्तर गलत
3. **नवाब साहब के चिंतन में विघ्न क्यों पड़ गया?**
   (क) नवाब साहब के पास टिकट नहीं थी। (ख) अचानक डिब्बे में लेखक के आ जाने से।
   (ग) लेखक को खीरा खिलाना पड़ेगा, यह सोच कर। (घ) उनका सामान लेकर लेखक गायब न हो जाए।
4. **लेखक ने नवाब साहब से आँखें क्यों चुरा लीं?**
   (क) नवाब साहब ने लेखक के प्रति कोई उत्सुकता नहीं दिखाई।
   (ख) लेखक नवाब साहब से परिचित न था।
   (ग) लेखक नवाब साहब के चिंतन में विघ्न नहीं डालना चाहता था।
   (घ) लेखक को वहाँ बैठकर संकोच हो रहा था।
5. **निम्नलिखित में से '*प्रतिकूल*' शब्द का विलोम है–**
   (क) कूल (ख) अनुकूल (ग) सुकूल (घ) अप्रतिकूल

उत्तर– 1. (घ) 2. (ख) 3. (ख) 4. (क) 5. (ख)

2 ठाली बैठे, कल्पना करते रहने की पुरानी आदत है। नवाब साहब की असुविधा और संकोच के कारण का अनुमान करने लगे। संभव है, नवाब साहब ने बिलकुल अकेले यात्रा कर सकने के अनुमान में किफ़ायत के विचार से सेकंड क्लास का टिकट खरीद लिया हो और अब गवारा न हो कि शहर का कोई सफ़ेदपोश उन्हें मँझले दर्जे में सफ़र करता देखे। ··· अकेले सफ़र का वक्त काटने के लिए ही खीरे खरीदे होंगे और अब किसी सफ़ेदपोश के सामने खीरा कैसे खाएँ?

हम कनखियों से नवाब साहब की ओर देख रहे थे। नवाब साहब कुछ देर गाड़ी की खिड़की से बाहर देखकर स्थिति पर गौर करते रहे।

'ओह', नवाब साहब ने सहसा हमें संबोधन किया, 'आदाब-अर्ज़', जनाब, खीरे का शौक फ़रमाएँगे?

नवाब साहब का सहसा भाव-परिवर्तन अच्छा नहीं लगा। भाँप लिया, आप शराफ़त का गुमान बनाए रखने के लिए हमें भी मामूली लोगों की हरकत में लथेड़ लेना चाहते हैं। जवाब दिया, 'शुक्रिया, किबला शौक फरमाएँ।'

(पृष्ठ 62) [*CBSE 2015*]

प्रश्न *(Set-I)*–

(क) *लेखक की कौन-सी पुरानी आदत है?*
(ख) *लेखक नवाब साहब को कनखियों से क्यों देख रहा था?*
(ग) *कनखियों से देखने का क्या अर्थ है?*
(घ) *वार्ता आरंभ करने की सज्जनता किसने दिखाई?*
(ङ) *लेखक को नवाब साहब का पहले बोलना क्यों नहीं भाया?*

उत्तर–

(क) लेखक की पुरानी आदत है– खाली बैठकर कल्पनाएँ करते रहना।

(ख) लेखक नवाब साहब के एक-एक व्यवहार को देखना चाहता था। सीधे देखना अच्छा न लगता। इसलिए उसने उन्हें कनखियों से देखना ही ठीक समझा।

(ग) चोर निगाह से देखना। बिना मुँह फेरे आँखों की पुतली कान की तरफ ले जाकर देखना।

(घ) वार्ता आरंभ करने की सज्जनता नवाब साहब ने दिखाई।

(ङ) लेखक को नवाब का पहले बोलना इसलिए नहीं भाया क्योंकि वे मानते थे कि नवाब साहब ढोंगी हैं। वे बनावटी सज्जनता दिखा रहे हैं।

प्रश्न *(Set-II)*–

1. **लेखक को कौन-सी आदत है?**
   (क) ठाली बैठने की
   (ख) कल्पना करने की
   (ग) ठाली बैठकर कल्पना करने की
   (घ) खाली समय में होने वाली कल्पनाओं पर चिंतन की
2. **लेखक नवाब साहब को कनखियों से क्यों देख रहा था?**
   (क) आत्मसम्मान के कारण
   (ख) चोरी-चोरी नवाब का हाल जानने की इच्छा से
   (ग) शालीनता के कारण
   (घ) सीधे निहारना कठिन था।
3. **कनखियों से देखने का अर्थ है–**
   (क) तिरछी नज़रों से देखना (ख) चोरी-चोरी देखना
   (ग) आँखें मूँदकर देखना (घ) आँखें खोलकर सीधे देखना
4. **वार्ता आरंभ करने की सज्जनता किसने दिखाई?**
   (क) लेखक ने (ख) नवाब साहब ने (ग) दोनों ने (घ) किसी ने नहीं।
5. **लेखक को नवाब साहब का पहले बोलना क्यों नहीं भाया?**
   (क) अहंकार के कारण (ख) नवाब के प्रति गलत धारणा के कारण
   (ग) वह स्वयं चुप रहना चाहता था (घ) उसे नवाब का बोलना ढोंग लग रहा था।

उत्तर– 1. (ग) 2. (ख) 3. (क) 4. (ख) 5. (घ)

3 नवाब साहब ने बहुत करीने से खीरे की फाँकों पर जीरा-मिला नमक और लाल मिर्च की सुर्खी बुरक दी। उनकी प्रत्येक भाव-भंगिमा और जबड़ों के स्फुरण से स्पष्ट था कि उस प्रक्रिया में उनका मुख खीरे के रसास्वादन की कल्पना से प्लावित हो रहा था।

हम कनखियों से देखकर सोच रहे थे, मियाँ रईस बनते हैं, लेकिन लोगों की नज़रों से बच सकने के खयाल में अपनी असलियत पर उतर आए हैं।

नवाब साहब ने फिर एक बार हमारी ओर देख लिया, 'वल्लाह, शौक कीजिए, लखनऊ का बालम खीरा है!'

नमक-मिर्च छिड़क दिए जाने से ताज़े खीरे की पनियाती फाँकें देखकर पानी मुँह में ज़रूर आ रहा था, लेकिन इनकार कर चुके थे। आत्मसम्मान निबाहना ही उचित समझा, उत्तर दिया, 'शुक्रिया, इस वक्त तलब महसूस नहीं हो रही, मेदा भी ज़रा कमज़ोर है, किबला शौक फरमाएँ।' *(पृष्ठ 63)*

प्रश्न *(Set-I)*–

(क) *खीरे पर जीरा और नमक बुरकते हुए नवाब साहब को कैसा लग रहा था?*

(ख) *लेखक नवाब साहब की किस बात को उनकी असलियत मान रहा था?*

(ग) *लेखक और नवाब साहब में से किसका व्यवहार अधिक भला और सामाजिक है?*

(घ) *खीरे को सामने कटा देखकर ललचाते हुए भी लेखक ने खाने से मना क्यों कर दिया?*

(ङ) *लेखक ने क्या कहकर खीरा खाने से मना किया?*

(च) *लेखक नवाब साहब से तना हुआ क्यों है?*

उत्तर–

(क) खीरे की फाँकों पर जीरे और लाल मिर्च की सुर्खी बुरकते हुए नवाब साहब मन-ही-मन खीरे का स्वाद ले रहे थे। उनकी भाव-भंगिमा और जबड़े की स्थिति स्पष्ट बता रही थी कि उन्होंने मन-ही-मन खीरे का पूरा स्वाद ले लिया था। इस कारण उनके मुँह में पानी भर आया था।

(ख) लेखक मान रहा था कि ये नवाब साहब ऊपर से अपने-आपको रईस मानते हैं, किंतु खाते हैं खीरे। वे खीरे, जो बिल्कुल साधारण लोग खाते हैं। इसी से पता चलता है कि ये असल में अमीर और विशेष नहीं हैं। इनका चुपके-चुपके सेकंड क्लास में सफर करना भी उनकी असलियत को प्रकट करता है।

(ग) लेखक और नवाब–दोनों में नवाब का व्यवहार अधिक भला और सामाजिक है। वह अच्छे सहयात्री की भाँति लेखक से बातचीत शुरू करता है। उसे खीरा खाने का निमंत्रण देता है। एक बार मना करने पर फिर से निमंत्रण दोहराता है। लेखक केवल मन में गाँठ रखने के कारण उस निमंत्रण को ठुकराता है। दूसरी बार निमंत्रण इसलिए ठुकराता है क्योंकि वह पहले ठुकरा चुका था। वह अंत तक अपनी जिद पर अड़ा रहता है।

(घ) लेखक के सामने कटा हुआ खीरा रखा था। उस पर नमक, जीरा और मिर्च बुरकी जा चुकी थी। उसे देखकर लेखक के मुँह में पानी भी आ रहा था। परंतु वह पहले एक बार निमंत्रण को ठुकरा चुका था। इसलिए उसी निर्णय पर टिके रहने के लिए वह दोबारा भी निमंत्रण ठुकरा देता है।

(ङ) लेखक ने नवाब को कहा कि इस समय उसे खीरा खाने की इच्छा नहीं है। वैसे भी उसका हाज़मा कमज़ोर है। वह खीरे को आसानी से पचा नहीं पाएगा।

(च) लेखक के मन में ग्रंथि बैठी है कि नवाब लखनवी नस्ल का कोई सफ़ेदपोश इनसान है। इस ग्रंथि के कारण, इस पूर्वधारणा के कारण वह बराबर उससे दूरी बनाए रखता है। वह उसकी हर बात पर व्यंग्य करता है। उसके हर काम में कमी खोजता है। इसलिए वह उससे मिलने की बजाय उससे तना रहता है।

प्रश्न *(Set-II)*–

1. नवाब साहब क्या कर रहे थे?

(क) खीरे धोकर रख रहे थे। (ख) खीरे तौलिए पर रख रहे थे।

(ग) खीरे सूँघकर फेंक रहे थे। (घ) खीरे पर जीरा-मिला नमक-मिर्च बुरक रहे थे।

2. लखनऊ के खीरे का क्या नाम बताया गया है?

(क) लखनवी खीरा (ख) जीरा-नमक मिला खीरा

(ग) बालम खीरा (घ) अपदार्थ खीरा

3. लेखक कनखियों से देखकर सोच रहे थे कि ....

(क) नवाब साहब की पोशाक अच्छी है। (ख) नवाब रईस होने का पूरा ढोंग रच रहे हैं।

(ग) नवाब मुझे भी खीरा काटने दें। (घ) नवाब साहब लखनऊ से आए हैं।

4. *'शुक्रिया'* शब्द का हिंदी अर्थ है ....

(क) शुभचिंतक (ख) आदरणीय (ग) शिष्टता (घ) धन्यवाद

5. *'मेदा भी ज़रा कमजोर हैं'* यह किसने कहा ....

(क) लेखक ने। (ख) नवाब साहब ने।

(ग) खीरा बेचनेवाले ने। (घ) डिब्बे के यात्रियों ने।

उत्तर– 1. (घ) 2. (ग) 3. (ख) 4. (घ) 5. (क)

4 नमक-मिर्च छिड़क दिए जाने से ताज़े खीरे की पनियाती फाँकें देखकर पानी मुँह में ज़रूर आ रहा था, लेकिन इनकार कर चुके थे। आत्मसम्मान निबाहना ही उचित समझा, उत्तर दिया, 'शुक्रिया, इस वक्त तलब महसूस नहीं हो रही, मेदा भी ज़रा कमज़ोर है, किबला शौक फरमाएँ।'

नवाब साहब ने सतृष्ण आँखों से नमक-मिर्च के संयोग से चमकती खीरे की फाँकों की ओर देखा। खिड़की के बाहर देखकर दीर्घ निश्वास लिया। खीरे की एक फाँक उठाकर होंठों तक ले गए। फाँक को सूँघा। स्वाद के आनंद में पलकें मूँद गईं। मुँह में भर आए पानी का घूँट गले से उतर गया। तब नवाब साहब ने फाँक को खिड़की से बाहर छोड़ दिया।

(पृष्ठ 63-64) [*CBSE 2014*]

प्रश्न *(Set-I)*–

(क) *नमक-मिर्च छिड़कने से खीरे की फाँकें कैसी हो जाती हैं? उन्हें देखकर लेखक को कैसा लग रहा था पर उन्होंने खीरा खाने से मना क्यों कर दिया?*

(ख) *नवाब साहब के द्वारा खीरा खाने के अंदाज तथा तरीके को अपने शब्दों में लिखिए तथा बताइए कि उन्होंने मुँह में भरे पानी के घूँट से ही अपनी तसल्ली क्यों कर ली?*

(ग) *"पनियाती" तथा "मेदा" शब्दों के अर्थ लिखिए।*

उत्तर–

(क) नमक-मिर्च छिड़कने से खीरे की फाँके पनियाली हो जाती हैं। उन पनियाली फाँकों को देखकर लेखक के मुँह में पानी आ गया। परंतु वे एक बार खीरा खाने से मना कर चुके थे, अतः आत्मसम्मान बनाए रखने के लिए उन्होंने खीरा खाने से मना कर दिया।

(ख) नवाब साहब ने खीरे को छीला, काटा तथा उस पर नमक बुरक दिया। जब उस पर पानी उतर आया तो उसे सूँघा और लार को पी गए। बाद में खीरे को उठाकर बाहर फेंक दिया। नवाब साहब की तसल्ली सूँघने मात्र से हो गई, इसलिए उन्हें खीरा खाने की जरूरत नहीं रही।

(ग) 'पनियाती' अर्थात् पानी टपकाती। 'मेदा' का अर्थ है–पाचन-शक्ति।

प्रश्न *(Set-II)*–

1. **'*पनियाती*' का अर्थ स्पष्ट कीजिए।**

(क) स्वादिष्ट (ख) लज़ीज़ (ग) पानी से भरी (घ) सुंदर

2. **इस गद्यांश में किस प्रकार के शब्दों का प्रयोग हुआ है?**

(क) अरबी-फारसी (ख) संस्कृत (ग) तद्भव (घ) मिश्रित

3. **लेखक ने खीरा खाने की इच्छा होते हुए भी मना क्यों कर दिया?**

(क) पहले मना कर चुका था (ख) अहंकार के कारण

(ग) स्वास्थ्य के लिए हानिकारक होने के कारण (घ) नवाब पर प्रभाव डालने के लिए

4. **खीरे पर नमक-मिर्च बुरक नवाब ने क्या किया?**

(क) खीरे को बाहर फेंक दिया।

(ख) उसे सूँघ लिया।

(ग) उसे सूँघकर लंबी साँस ली।

(घ) उसे सूँघकर लंबी साँस लेकर बाहर फेंक दिया।

5. **नवाब की पलकें क्यों मुँद गईं?**

(क) खीरे के स्वाद से (ख) पेट-भर खीरा खाने से

(ग) खीरे की सुगंध से (घ) खीरे के रूप को देखकर

उत्तर– 1. (ग) 2. (क) 3. (क) 4. (घ) 5. (ग)

5 नवाब साहब ने सतृष्ण आँखों से नमक-मिर्च के संयोग से चमकती खीरे की फाँकों की ओर देखा। खिड़की के बाहर देखकर दीर्घ निश्वास लिया। खीरे की एक फाँक उठाकर होंठों तक ले गए। फाँक को सूँघा। स्वाद के आनंद में पलकें मुँद गईं। मुँह में भर आए पानी का घूँट गले से उतर गया। तब नवाब साहब ने फाँक को खिड़की से बाहर छोड़ दिया। नवाब साहब खीरे की फाँकों को नाक के पास ले जाकर, वासना से रसास्वादन कर खिड़की के बाहर फेंकते गए।

नवाब साहब ने खीरे की सब फाँकों को खिड़की के बाहर फेंककर तौलिए से हाथ और होंठ पोंछ लिए और गर्व से गुलाबी आँखों से हमारी ओर देख लिया, मानो कह रहे हों—यह है खानदानी रईसों का तरीका!

नवाब साहब खीरे की तैयारी और इस्तेमाल से थककर लेट गए। हमें तसलीम में सिर खम कर लेना पड़ा—यह है खानदानी तहज़ीब, नफ़ासत और नज़ाकत! **[Imp.]** *(पृष्ठ 63-64)*

प्रश्न *(Set-I)*—

(क) *नवाब साहब ने खीरे का स्वाद किस प्रकार लिया?*

(ख) *नवाब साहब ने खीरे को सूँघकर बाहर क्यों फेंक दिया?*

(ग) *नवाब साहब किस कारण गर्व अनुभव कर रहे थे?*

(घ) *नवाब साहब की गुलाबी आँखें लेखक को क्या कह रही थीं?*

(ङ) *लेखक को किस कारण सिर झुका लेना पड़ा?*

(च) *इसमें किस पर क्या व्यंग्य है?*

उत्तर—

(क) नवाब साहब ने खीरे की कटी फाँकों पर नमक-मिर्च बुरक कर उन्हें प्यासी नज़रों से देखा। वे उसके स्वाद और गंध की कल्पना में 'वाह' कह उठे। फिर उसे होठों तक ले गए। उन्होंने एक-एक फाँक को सूँघा। स्वाद के कारण उनकी पलकें मुँद गईं। मुँह में पानी भर आया। वे उस पानी को गटक गए। खीरे को खिड़की के बाहर फेंक दिया।

(ख) नवाब साहब अपनी नवाबी शान, खानदानी तहज़ीब, लखनवी नफ़ासत और नज़ाकत दिखाना चाहते थे। इसलिए उन्होंने आम आदमियों की तरह खीरा खाया नहीं, बल्कि उसकी गंध और स्वाद से ही पेट भर लिया। इसी से वे औरों से ऊँचे सिद्ध हो सकते थे।

(ग) नवाब साहब इस बात पर गर्व अनुभव कर रहे थे कि वे खीरे की गंध और स्वाद-कल्पना से ही संतुष्ट हो जाते हैं। अत: वे आम इनसान नहीं हैं। वे कचर-कचर खाने वालों से ऊँचे हैं। उनकी जीवन-शैली बहुत ऊँची है।

(घ) नवाब साहब की गुलाबी आँखें लेखक को अपने खानदानी शौक और रईसी जीवन-शैली का अहसास करा रही थीं। वे बताना चाह रही थीं कि उनकी बात ही कुछ और है। वे सामान्य किस्म के आदमी नहीं हैं।

(ङ) लेखक को नवाब साहब के तौर-तरीकों और उनके खान-पान को देखकर सिर झुका लेना पड़ा। उन्हें मानना पड़ा कि नवाब साहब इतने कोमल, सभ्य, शिष्ट, ऊँचे और सूक्ष्म जीव हैं कि वे वस्तुओं की गंध से ही पेट भर लेते हैं।

(च) इस गद्यांश में लखनऊ के नवाबों की बनावटी जीवन-शैली पर व्यंग्य है। वे अपनी नज़ाकत और नफ़ासत दिखाने के लिए पूरे नाज़-नखरे करते हैं। अपनी शान दिखाने के लिए और स्वयं को औरों से विशेष दिखाने के लिए खाद्य पदार्थों की सुगंध से पेट भर लेते हैं। यह सब उनका दिखावा-भर है।

प्रश्न *(Set-II)*—

1. *'सतृष्ण आँखों'* **का अर्थ है**—

(क) सूनी आँखें (ख) आनंद-भरी आँखें (ग) प्यासी आँखें (घ) प्यार भरी आँखें

2. **नवाब साहब ने खीरे को खाया क्यों नहीं?**

(क) भूख न होने के कारण (ख) खीरे की गंध से पेट भर जाने के कारण

(ग) अमीरी का रौब झाड़ने के कारण (घ) रईसी तौर-तरीके का पालन करने के कारण

3. नवाब की आँखों में आए गुलाबीपन का क्या कारण था?

(क) अहंकार (ख) प्रसन्नता (ग) झूठी शान (घ) नवाबी गर्व

4. इस अनुच्छेद का मूल स्वर क्या है?

(क) प्रशंसा (ख) स्तुति (ग) निंदा (घ) व्यंग्य

5. *'तसलीम'* किस भाषा का शब्द है?

(क) हिंदी (ख) उर्दू (ग) अंग्रेज़ी (घ) ब्रज

उत्तर– 1. (ग) 2. (ग) 3. (घ) 4. (घ) 5. (ख)

6 नवाब साहब खीरे की तैयारी और इस्तेमाल से थककर लेट गए। हमें तसलीम में सिर खम कर लेना पड़ा-यह है खानदानी तहज़ीब, नफ़ासत और नज़ाकत!

हम गौर कर रहे थे, खीरा इस्तेमाल करने के इस तरीके को खीरे की सुगंध और स्वाद की कल्पना से संतुष्ट होने का सूक्ष्म, नफ़ीस या एब्स्ट्रैक्ट तरीका ज़रूर कहा जा सकता है परंतु क्या ऐसे तरीके से उदर की तृप्ति भी हो सकती है?

नवाब साहब की ओर से भरे पेट के ऊँचे डकार का शब्द सुनाई दिया और नवाब साहब ने हमारी ओर देखकर कह दिया, 'खीरा लज़ीज़ होता है लेकिन होता है सकील, नामुराद मेदे पर बोझ डाल देता है।'

ज्ञान-चक्षु खुल गए! पहचाना–ये हैं नई कहानी के लेखक! *(पृष्ठ 64)* [*CBSE 2015*]

प्रश्न *(Set-I)*–

(क) *नवाब साहब थक कर क्यों लेट गए?*

(ख) *लेखक खीरा इस्तेमाल करने के कौन-से तरीके पर गौर कर रहे थे?*

(ग) *लेखक के ज्ञान-चक्षु किस प्रकार खुल गए?*

उत्तर–

(क) नवाब साहब ने खीरे को धोया, पोंछा, काटा, उस पर नमक-मिर्च बुरका। फिर उसे नाक के पास ले गए। उन्होंने खीरे को सूँघा और फिर बाहर फेंक दिया। इतने बड़े क्रियाकलाप के बाद वे थक गए। इसलिए आराम करके लेट गए।

(ख) लेखक नवाब साहब द्वारा खीरे को खाने की बजाय उसे सूँघकर बाहर फेंकने के तरीके पर गौर कर रहे थे।

(ग) जब नवाब साहब ने खीरे को बिना खाए, केवल सूँघने भर से जोर की डकार मारी तो वे देखते रह गए। नवाब साहब का यह कहना कि खीरे को सूँघने से पाचन शक्ति पर जोर पड़ता है, लेखक को हैरान कर देने वाला था।

प्रश्न *(Set-II)*–

1. लेखक ने किस तरीके को एब्सट्रैक्ट तरीका कहा?

(क) खीरा काटने के तरीके को (ख) खीरा इस्तेमाल करने के तरीके को

(ग) खीरा तौलिये पर रखने के तरीके को (घ) खीरा उठाने के तरीके को

2. *'उदर की तृप्ति'* से लेखक का क्या तात्पर्य है?

(क) हृदय की संतुष्टि से (ख) पेट की भूख शांत होने से

(ग) अन्य लोगों की संतुष्टि से (घ) इनमें से कोई नहीं।

3. *'लज़ीज़'* शब्द का क्या अर्थ है?

(क) स्वादिष्ट (ख) भारी (ग) चटपटा (घ) कड़ुआ

4. नवाब साहब के खीरा खाने के अंदाज का लेखक पर क्या असर पड़ा?

(क) लेखक को खीरा अच्छा लगने लगा।

(ख) लेखक के ज्ञान-चक्षु खुल गए।

(ग) लेखक ने खीरा कभी न खाने की कसम ली।

(घ) लेखक को खीरा खाने का नया अंदाज पता चला।

5. लेखक ने नवाब साहब के खीरा खाने के अंदाज की तुलना किससे की है?

(क) पुरानी कहानी-कला से (ख) नयी कहानी से

(ग) पुराने लेखकों से (घ) नई काव्य-विधा से।

उत्तर– 1. (ख) 2. (ख) 3. (क) 4. (ख) 5. (ख)

V. पाठ्यपुस्तक के प्रश्न-अभ्यास

(पृष्ठ 64-65)

प्रश्न 1. लेखक को नवाब साहब के किन हाव-भावों से महसूस हुआ कि वे उनसे बातचीत करने के लिए तनिक भी उत्सुक नहीं हैं? *[CBSE 2015, 2017]*

उत्तर–लेखक को डिब्बे में आया देखकर नवाब साहब की आँखों में असंतोष छा गया। ऐसे लगा मानो लेखक के आने से उनके एकांत में बाधा पड़ गई हो। उन्होंने लेखक से कोई बातचीत नहीं की। उनकी तरफ़ देखा भी नहीं। वे खिड़की के बाहर देखने का नाटक करने लगे। साथ ही डिब्बे की स्थिति पर गौर करने लगे। इससे लेखक को पता चल गया कि नवाब साहब उनसे बातचीत करने को उत्सुक नहीं हैं।

प्रश्न 2. *नवाब साहब ने बहुत ही यत्न से खीरा काटा, नमक-मिर्च बुरका, अंततः सूँघकर ही खिड़की से बाहर फेंक दिया।* **उन्होंने ऐसा क्यों किया होगा? उनका ऐसा करना उनके कैसे स्वभाव को इंगित करता है?**

[Imp.] *[CBSE]*

उत्तर–नवाबों के मन में अपनी नवाबी की धाक जमाने की बात रहती है। इसलिए वे सामान्य समाज के तरीकों को ठुकराते हैं तथा नए-नए सूक्ष्म तरीके खोजते हैं, जिससे उनकी अमीरी प्रकट हो। नवाब साहब अकेले में बैठे-बैठे खीरे खाने की तैयारी कर रहे थे। परंतु लेखक को सामने देखकर उन्हें अपनी नवाबी दिखाने का अवसर मिल गया। उन्होंने दुनिया की रीत से हटकर खीरे सूँघे और बाहर फेंक दिए। इस प्रकार उन्होंने लेखक के मन पर अपनी अमीरी की धाक जमा दी।

प्रश्न 3. *बिना विचार, घटना और पात्रों के भी क्या कहानी लिखी जा सकती है।* **यशपाल के इस विचार से आप कहाँ तक सहमत हैं?** *[CBSE 2010; 2015, 2017]*

उत्तर–हम यशपाल के विचारों से सहमत हैं। बिना घटना, बिना पात्र और बिना विचार के कहानी नहीं लिखी जा सकती। कहानी का अर्थ ही है–'क्या हुआ' उसे कहना। अत: जब घटना नहीं होगी तो यह कैसे पता चलेगा कि क्या हुआ? बिना पात्रों के कुछ होगा कैसे, घटेगा कैसे? कहानी में कोई-न-कोई विचार, बात या उद्देश्य भी अवश्य होता है।

प्रश्न 4. आप इस निबंध को और क्या नाम देना चाहेंगे? *[CBSE]*

उत्तर– हवाई भोज

या

खयाली भोजन

क्यों–इस निबंध में मुख्य घटना नवाब साहब की है जो कल्पना से ही खीरे का स्वाद ले रहे हैं।

रचना और अभिव्यक्ति

प्रश्न 5. (क) *नवाब साहब द्वारा खीरा खाने की तैयारी करने का एक चित्र प्रस्तुत किया गया है।* **इस पूरी प्रक्रिया को अपने शब्दों में व्यक्त कीजिए।** *[CBSE 2010; 2012; 2015]*

अथवा

खीरा काटने में नवाब साहब की विशेषज्ञता का चित्रण अपने शब्दों में कीजिए। *[CBSE 2019]*

उत्तर–नवाब साहब बड़े आराम के साथ पालथी मारकर बैठे। उनके सामने तौलिए पर कुछ ताजे-कच्चे खीरे रखे हैं। वे ऐसे बैठे हैं मानो दिनभर में उन्हें एक यही महत्त्वपूर्ण काम करना है। धीरे-से उन्होंने तौलिए को उठाया, झाड़ा और बिछाया। अब सीट के नीचे से पानी का लोटा उठाया। उस पानी से खिड़की के बाहर करके खीरे धोए। धोए हुए खीरे तौलिए पर रखे। फिर एक खीरे को उठाया। जेब से चाकू निकाला। चाकू से खीरे का सिर काटा। एक सिरे को चाकू से गोदा। उसकी झाग निकाली।

फिर बड़ी कलाकारी और कोमलता से खीरे को छीला। तत्पश्चात् उसे काटकर उसकी फाँकें बनाईं। उन्हें एक-एक करके बड़े क्रम से सजाकर तौलिए पर रखा। अब उस पर जीरा-नमक और लाल मिर्च की सुर्खी बुरकी। अब ये खीरे खाने के लिए तैयार थे।

(ख) किन-किन चीज़ों का रसास्वादन करने के लिए आप किस प्रकार की तैयारी करते हैं?

उत्तर– परीक्षोपयोगी नहीं।

प्रश्न 6. *खीरे के संबंध में नवाब साहब के व्यवहार को उनकी सनक कहा जा सकता है। आपने नवाबों की और भी सनकों और शौक के बारे में पढ़ा-सुना होगा।* **किसी एक के बारे में लिखिए।** [*CBSE*]

उत्तर– परीक्षोपयोगी नहीं।

प्रश्न 7. क्या सनक का कोई सकारात्मक रूप हो सकता है? यदि हाँ तो ऐसी सनकों का उल्लेख कीजिए। [*CBSE*]

उत्तर– हाँ, सनक का सकारात्मक रूप भी हो सकता है। प्रायः गाँधी, सुभाष, विवेकानंद, मदन मोहन मालवीय आदि महापुरुष भी सनकी हुए हैं। उन्हें जिस चीज़ की सनक सवार हो जाती थी उसे पूरा करके ही छोड़ते थे। कौन नहीं जानता कि गाँधी जी को अहिंसात्मक आंदोलनों की सनक थी। आंदोलन में जरा-सी भी हिंसा हुई तो वे आंदोलन वापस ले लेते थे। विवेकानंद को ईश्वर को जानने की सनक थी। वे जिस किसी संत-महात्मा से मिलते थे, उनसे पूछते–क्या आपने ईश्वर को देखा है। उनकी इसी सनक ने उन्हें ज्ञानी बना दिया। वे रामकृष्ण परमहंस के संपर्क में आ गए। ऐसे अनेक उदाहरण हैं।

भाषा-अध्ययन

प्रश्न 8. निम्नलिखित वाक्यों में से क्रियापद छाँटकर क्रिया-भेद भी लिखिए–

(क) *एक सफ़ेदपोश सज्जन बहुत सुविधा से पालथी मारे बैठे थे।*

(ख) *नवाब साहब ने संगति के लिए उत्साह नहीं दिखाया।*

(ग) *ठाली बैठे, कल्पना करते रहने की पुरानी आदत है।*

(घ) *अकेले सफ़र का वक्त काटने के लिए ही खीरे खरीदे होंगे।*

(ङ) *दोनों खीरों के सिर काटे और उन्हें गोदकर झाग निकाला।*

(च) *नवाब साहब ने सतृष्ण आँखों से नमक-मिर्च के संयोग से चमकती खीरे की फाँकों की ओर देखा।*

(छ) *नवाब साहब खीरे की तैयारी और इस्तेमाल से थककर लेट गए।*

(ज) *जेब से चाकू निकाला।*

उत्तर–

(क)	**बैठे थे**	– अकर्मक क्रिया।
(ख)	**दिखाया**	– सकर्मक।
(ग)	**बैठे**	– अकर्मक।
	कल्पना करना	– अकर्मक।
	है	– अकर्मक।
(घ)	**काटना**	– सकर्मक।
	खरीदे होंगे	– सकर्मक।
(ङ)	**काटा**	– सकर्मक।
	गोदकर	– सकर्मक।
	निकाला	– सकर्मक।
(च)	**देखा**	– अकर्मक (प्रयोग)
(छ)	**लेट गए**	– अकर्मक।
	थककर	– अकर्मक।
(ज)	**निकाला**	– सकर्मक।

पाठेतर सक्रियता

• *'किबला शौक फरमाएँ', 'आदाब-अर्ज़ ··· शौक फरमाएँगे' जैसे कथन शिष्टाचार से जुड़े हैं।* **अपनी मातृभाषा के शिष्टाचार सूचक कथनों की एक सूची तैयार कीजिए।**

उत्तर—परीक्षोपयोगी नहीं।

• *'खीरा ··· मेदे पर बोझ डाल देता है'* **क्या वास्तव में खीरा अपच करता है?** *किसी भी खाद्य पदार्थ का पच-अपच होना कई कारणों पर निर्भर करता है।* **बड़ों से बातचीत कर कारणों का पता लगाइए।**

उत्तर—परीक्षोपयोगी नहीं।

• **खाद्य पदार्थों के संबंध में बहुत-सी मान्यताएँ हैं जो आपके क्षेत्र में प्रचलित होंगी, उनके बारे में चर्चा कीजिए।**

उत्तर—खाद्य पदार्थों के बारे में धारणा है कि गर्म व्यंजनों के बाद ठंडे बर्फीले पदार्थ नहीं खाने चाहिए। खीरे, ककड़ी या तरबूज के बाद पानी नहीं पीना चाहिए। भोजन करने के बाद छाछ तो पी जा सकती है किंतु पानी नहीं पीना चाहिए।

• *पतनशील सामंती वर्ग का चित्रण प्रेमचंद ने अपनी एक प्रसिद्ध कहानी 'शतरंज के खिलाड़ी' में किया था और फिर बाद में सत्यजीत राय ने इस पर इसी नाम से एक फ़िल्म भी बनाई थी।* **यह कहानी ढूँढ़कर पढ़िए और संभव हो तो फ़िल्म भी देखिए।**

उत्तर—छात्र पढ़ें और देखें।

VI. अन्य महत्त्वपूर्ण परीक्षोपयोगी प्रश्नोत्तर

प्रश्न 1. नवाब साहब खीरा खाने के अपने ढंग के माध्यम से क्या दिखाना चाहते थे? *[CBSE 2017]*

उत्तर—नवाब साहब खीरा खाने का नया ढंग अपनाकर यह दिखाना चाहते थे कि वे वास्तव में नवाब हैं, इसलिए वे आम लोगों से ऊँचे हैं।

प्रश्न 2. लेखक के अनुसार नवाब साहब ने सेकंड क्लास का टिकट क्यों खरीदा? *[CBSE 2017, 2022]*

उत्तर—लेखक के अनुसार नवाब साहब ने सेकंड क्लास का टिकट इसलिए खरीदा क्योंकि उन्हें विश्वास था कि उस डिब्बे में और कोई यात्री नहीं होगा। इसलिए वे अकेले ही सफर का आनंद लेंगे और बैठकर खीरा खाएँगे।

प्रश्न 3. *क्या आप नवाब साहब को लेखक की तुलना में अधिक शिष्ट और सामाजिक प्रकृति का व्यक्ति मानते हैं?* **अपने विचार प्रकट कीजिए।** *[CBSE 2015]*

उत्तर—हाँ, नवाब साहब लेखक की तुलना में अधिक शिष्ट और सामाजिक हैं। माना कि पहले उन्होंने लेखक की अनदेखी की, किंतु लेखक ने भी उनका पूरी तरह तिरस्कार किया। नवाब साहब ने तो फिर भी लेखक से बातचीत की, उन्हें खीरा खाने का निमंत्रण दिया। परंतु लेखक शुरू से अंत तक नवाब साहब की उपेक्षा ही करता रहा। मेरी दृष्टि से लेखक अधिक घमंडी है।

प्रश्न 4. 'लखनवी अंदाज' पाठ में किस पर और क्या व्यंग्य किया गया है? *[CBSE 2015]*

उत्तर—'लखनवी अंदाज' में नवाब साहब की नवाबी आदतों पर व्यंग्य किया गया है। लखनऊ के नवाब किस तरह अपने आपको सबसे अलग, विशेष और विनम्र मानते हैं, यह दिखाना लेखक का उद्देश्य है। वे खुद को इतना नाजुक मानते हैं कि खीरा सूँघने भर से उनका पेट भर जाता है।

☞ **प्रश्न 5. 'लखनवी अंदाज़' नामक व्यंग्य का क्या संदेश है?** **[Imp.]** *[CBSE 2022]*

उत्तर—'लखनवी अंदाज़' नामक व्यंग्य में लेखक कहना चाहता है कि जीवन में स्थूल और सूक्ष्म दोनों का महत्त्व है। केवल गंध और स्वाद के सहारे पेट नहीं भर सकता। जो लोग इस तरह पेट भरने और संतुष्ट होने का दिखावा करते हैं, वे ढोंगी हैं, अवास्तविक हैं। इस व्यंग्य का दूसरा संदेश यह है कि कहानी के लिए कोई-न-कोई घटना, पात्र और विचार अवश्य चाहिए। बिना घटना और पात्र के कहानी लिखना निरर्थक है।

प्रश्न 6. 'लखनवी अंदाज़' पाठ का यह शीर्षक क्यों दिया गया? [*CBSE 2017*]

उत्तर–'लखनवी अंदाज़' शीर्षक व्यंग्य से भरपूर है। इसमें सूक्ष्मता, कोमलता और शान-बान के नाम पर जीवन की सहजता को नकारने का विरोध किया गया है। लेखक कहना चाहता है कि ये लखनवी नवाब खीरे के भोग के नाम पर केवल उसकी गंध और स्वाद लेते हैं। वे इसी में अपनी शान और विशिष्टता मानते हैं। परंतु उनका यह अंदाज़ अशरीरी है, अवास्तविक है और जीवन-विरोधी है। इस विरोध को प्रकट करने के लिए 'लखनवी अंदाज़' शीर्षक सार्थक बन पड़ा है।

प्रश्न 7. *नवाब साहब ने खीरों को सूँघा और खिड़की के बाहर फेंक दिया।* नवाब साहब के इस व्यवहार को उचित या अनुचित कैसे ठहराएँगे? [*CBSE 2019*]

उत्तर–नवाब साहब के इस व्यवहार को न उचित कहा जा सकता है, न अनुचित। यह एक महँगाा शौक है जैसे कि लोगों को इत्र-फुलेल या कॉस्मेटिक लगाने पर आनंद मिलता है। न जाने कितने लोग आँखों को ठंडा और त्वचा को मुलायम करने के लिए कितने फल-सब्जी आदि प्रयोग करते हैं। उसी प्रकार नवाब साहब सुगंध का आनंद लेने के लिए यह नवाबी कारनामा कर रहे हैं।

प्रश्न 8. 'लखनवी अंदाज' को रोचक कहानी बनाने वाली कोई दो बातें लिखिए। [*CBSE 2019*]

उत्तर–'लखनवी अंदाज' कहानी को रोचक बनाने वाली दो बातें हैं–

जिज्ञासा– इस कहानी में 'आगे क्या होगा' यह जिज्ञासा अंत तक बनी रहती है।

सजीव वर्णन– इस कहानी का एक-एक वर्णन बहुत सजीव है। उसे पढ़कर ऐसा लगता है कि मानो सारी घटना हमारे सामने घटित हो रही है।

प्रश्न 9. *'नई कहानी'* और *'लखनवी अंदाज़'* में आपको क्या समानता दिखाई देती है? **[Imp.]**

उत्तर–नई कहानी और लखनवी अंदाज़–दोनों अशरीरी, सूक्ष्म और काल्पनिक हैं। दोनों ठोस को नहीं, गंध को महत्त्व देते हैं। नवाब साहब बिना खीरा खाए पेट भरना चाहते हैं तो नए कहानीकार बिना घटना, पात्र और उद्देश्य के कहानी लिखना चाहते हैं। दोनों ही जीवन की वास्तविकता और यथार्थ की उपेक्षा करते हैं और सूक्ष्म की आराधना करते हैं।

प्रश्न 10. नवाब साहब द्वारा लेखक से बातचीत की उत्सुकता न दिखाने पर लेखक ने क्या किया? [*CBSE 2020*]

उत्तर–नवाब साहब द्वारा लेखक से बातचीत की उत्सुकता न दिखाने पर लेखक ने भी अपनी आँखें फेर लीं। उन्होंने भी बातचीत के लिए उत्साह नहीं दिखाया।

प्रश्न 11. *"पतनशील सामंती समाज झूठी शान के लिए जीता है"*–'लखनवी अंदाज़' पाठ के आधार पर स्पष्ट कीजिए। [*CBSE 2020*]

उत्तर–सामंतों जैसे पतनशील लोग समाज में अपनी झूठी शान के लिए जीते हैं। वे स्वयं को सामान्य लोगों से ऊँचा दिखाने के लिए ओछी हरकतें करते हैं। खीरा खाना एक स्वाभाविक क्रिया है। यदि नवाब साहब शौक से खीरा खाते तो यह स्वाभाविक होता किंतु वे खीरे को शानोशौकत के साथ काटते हैं, सजाते-सँवारते हैं, उस पर नमक बुरकते हैं किंतु खाने की बजाय उसे सूँघकर बाहर फेंक देते हैं। इस प्रकार वे लेखक पर अपनी नवाबी शान का रौब जमाते हैं।

प्रश्न 12. नवाब साहब की नवाबी प्रकृति को स्पष्ट करते हुए लिखिए कि उन्होंने खीरा खाना उचित क्यों नहीं समझा? [*CBSE 2020*]

उत्तर–नवाब साहब अपने-आपको रईस और ऊँचा दिखाना चाहते हैं। इसलिए वे खीरे को काटकर और नमक-मसाला लगाकर खाने की बजाय उसकी सुगंध से पेट भरने का नाटक करते हैं। वे खीरे की सुगंध से डकार आने का भी नाटक करते हैं। इस प्रकार वे लेखक के मन में अपने नवाब, रईस और ऊँचे खानदान का होने का रौब जमाते हैं।

प्रश्न 13. यदि लेखक ने खीरा खा लिया होता तो क्या नवाब साहब भी खीरा खा लेते? 'लखनवी अंदाज़' पाठ के आधार पर तर्क-सहित स्पष्ट कीजिए। [*CBSE 2022*]

उत्तर–बिल्कुल नहीं। नवाब साहब अपने जिस नवाबी शौक और शान का सिक्का जमाना चाहते थे, वह तो खीरा सूँघ-कर फेंकने से ही दिखाई जा सकती थी।

प्रश्न 14. खीरा खाने की चाहत होते हुए भी केवल सूँघकर स्वाद का आनंद लेकर नवाब साहब ने खीरा क्यों नहीं खाया? खीरा खिड़की से बाहर फेंक देने के बाद उनकी भाव-भंगिमा कैसी थी? 'लखनवी अंदाज़' पाठ के आधार पर लिखिए। *[CBSE 2022]*

उत्तर–नवाब साहब ने चाहते हुए भी खीरा खाया नहीं, केवल सूँघा। उसका एकमात्र कारण था–लेखक पर अपनी नवाबी शान का रौब दिखाना। खीरा खिड़की से बाहर फेंक देने पर नवाब की आँखों में गर्व का भाव था।

प्रश्न 15. खीरा खाने की चाहत होते हुए भी लेखक ने नवाब साहब के आग्रह पर खीरा क्यों नहीं खाया? उसने खीरा खाने की अपनी अरुचि का क्या कारण बताया? 'लखनवी अंदाज़' पाठ के आधार पर लिखिए।

[CBSE 2022]

उत्तर–लेखक एक बार खीरा खाने से मना कर चुका था। अत: अपनी बात रखने के लिए उसने खीरा खाने से इंकार कर दिया। बताने को उसने बताया कि उसे इस वक्त खाने की इच्छा नहीं है और उसका मेदा भी कमज़ोर है।

प्रश्न 16. 'लखनवी अंदाज़' पाठ के आधार पर लिखिए कि गाड़ी के किस डिब्बे में लेखक चढ़ गए और उनका कौन-सा अनुमान प्रतिकूल निकला? स्पष्ट कीजिए। *[CBSE 2022]*

उत्तर–लेखक महोदय गाड़ी के सेकेंड क्लास के डिब्बे में चढ़ गए। उन्होंने सोचा था कि डिब्बा बिल्कुल खाली मिलेगा और वे आसानी से अपनी कहानी के बारे में सोचेंगे। परंतु वहाँ तो एक नवाब साहब बैठे-बैठे खीरा काटने की तैयारी कर रहे थे।

प्रश्न 17. 'लखनवी अंदाज' पाठ के आधार पर बताइए कि नवाब साहब को खीरे खाने की तैयारी करते देख लेखक ने क्या सोचा? उसके मन में कौन-सी इच्छा जगी और नवाब साहब के पूछने पर उसने खाने से क्यों मना कर दिया? *[CBSE 2022]*

उत्तर–नवाब साहब को खीरा खाने की तैयारी करते देख लेखक ने सोचा कि ये महाशय अपनी नवाबी शान का दिखावा कर रहे हैं। उनके मन में इच्छा जगी कि वे उस स्वादिष्ट खीरे को खा लें। किंतु नवाब के पूछने पर उन्होंने मना कर दिया क्योंकि वे पहले एक बार मना कर चुके थे।

प्रश्न 18. 'लखनवी अंदाज़' पाठ में लेखक ने किस सनक का परिचय दिया है? ऐसी सनक के क्या-क्या परिणाम हो सकते हैं? उदाहरण के साथ स्पष्ट कीजिए। *[CBSE 2022]*

उत्तर–नवाब साहब ने खीरा न खाकर उसकी सुगंध से पेट भरने की सनक दिखाई है। यदि ऐसी सनक का फैशन चल गया तो बाज़ार में सारे खाद्य पदार्थ बेकार फेंक दिए जाएँगे और उनके इत्र बिका करेंगे। इससे दिखावा बढ़ेगा–वास्तविकता कम, दिखावा अधिक।

VII. बहुविकल्पी प्रश्नोत्तर

निम्नलिखित प्रश्नों के सही उत्तर वाले विकल्प चुनिए–

1. *'लखनवी अंदाज़' में एक-दूसरे से न बोलने का नखरा किसमें है?*

   (क) नवाब में (ख) लेखक में (ग) किसी में नहीं (घ) दोनों में

2. *कौन सेकेंड क्लास के डिब्बे में अकेले बैठने की इच्छा से चढ़ा?*

   (क) लेखक (ख) नवाब (ग) कोई भी नहीं (घ) दोनों।

3. *लेखक और नवाब में से आपस में बोलने की शुरुआत कौन करता है?*

   (क) लेखक (ख) नवाब (ग) कोई नहीं (घ) दोनों।

4. *खीरे को काटकर सूँघकर फेंकना कैसा कार्य है?*

(क) मनोरंजक (ख) सामान्य (ग) असामान्य (घ) अमानवीय

5. *नई कहानी और नवाब साहब के खीरे सूँघने में क्या समानता है?*

(क) दोनों काल्पनिक हैं (ख) दोनों अवास्तविक को महत्त्व देते हैं

(ग) दोनों ठोस तथ्य की उपेक्षा करते हैं (घ) दोनों गलत हैं।

6. *कहानी के आधार पर बताइए कि लखनऊ के नवाब किस तरह का जीवन जीते हैं?*

(क) ढोंगी (ख) सनकी (ग) प्रदर्शन-भरा (घ) बड़प्पन वाला

7. *'लखनवी अंदाज़' का संदेश है–*

(क) दिखावे में मत जियो (ख) बड़प्पन त्यागो

(ग) अहंकार छलावा है (घ) सहजता में ही सौंदर्य है।

उत्तर– 1. (घ) 2. (क) 3. (ख) 4. (ग) 5. (ग)
6. (ग) 7. (क)

प्रश्न-अभ्यास

प्रश्न 1. नवाब साहब का खीरे को काटना, नमक-मिर्च बुरकना और सूँघकर फेंक देना, उनके किस स्वभाव को दर्शाता है? *[CBSE 2017]*

प्रश्न 2. *'लखनवी अंदाज' में नवाब साहब के द्वारा खीरे को छीलने और परोसने का जो सूक्ष्म वर्णन लेखक ने किया है,* उसे अपने शब्दों में लिखिए। *[CBSE 2019]*

प्रश्न 3. नवाब साहब ने गर्व से गुलाबी आँखों द्वारा लेखक की तरफ क्यों देखा? *[CBSE 2015]*

प्रश्न 4. नवाब साहब खीरों की फाँकों को खिड़की से बाहर फेंकने से पहले नाक के पास क्यों ले गए? उनके इस कार्यकलाप का क्या उद्देश्य था? *[CBSE 2014]*

प्रश्न 5. लेखक ने, खीरे की फाँकों के कारण नवाब साहब के जबड़ों को स्फुरित होते देखकर क्या सोचा? *[CBSE 2015]*

प्रश्न 6. खानदानी तहज़ीब, नफ़ासत और नज़ाकत आदि शब्द पाठ में किस सभ्यता की विशेषता के सूचक है? नवाब साहब के खीरा खाने के तरीके में इन शब्दों के भावों का कितना समावेश है? *[CBSE 2014]*

प्रश्न 7. 'लखनवी अंदाज़' शीर्षक के औचित्य पर प्रकाश डालिए। **[Imp.]**

प्रश्न 8. *'हमने भी उनके सामने की बर्थ पर बैठकर आत्म-सम्मान में आँखें चुरा लीं।'*–इस वाक्य में किस आत्म-सम्मान की बात कही गई है? *[CBSE 2012]*

10. एक कहानी यह भी

(मन्नू भंडारी)

I. लेखक-परिचय

प्रश्न–प्रसिद्ध कहानी-लेखिका मन्नू भंडारी का साहित्यिक परिचय दीजिए।

उत्तर–जीवन-परिचय–मन्नू भंडारी हिंदी की सुप्रसिद्ध कहानीकार हैं। उनका जन्म सन् 1931 में मध्य प्रदेश के मंदसौर जिले के भानपुरा गाँव में हुआ। उनकी स्नातक-शिक्षा अजमेर (राजस्थान) से हुई। बाद में उन्होंने हिंदी साहित्य में एम.ए. किया तथा दिल्ली के मिरांडा हाउस कॉलेज में अध्यापन किया। अवकाश-प्राप्ति के बाद अब वे स्वतंत्र-लेखन कर रही हैं। हिंदी के प्रसिद्ध कहानीकार राजेंद्र यादव उनके पति हैं।

रचनाएँ–मन्नू जी की प्रमुख रचनाएँ इस प्रकार हैं–

एक प्लेट सैलाब, मैं हार गई, यही सच है, त्रिशंकु (कहानी-संग्रह)

आपका बंटी, महाभोज (उपन्यास)

इनके अतिरिक्त उन्होंने फिल्मों तथा टी.वी. धारावाहिकों के लिए भी लिखा है।

पुरस्कार–मन्नू भंडारी को हिंदी अकादमी का शिखर सम्मान प्राप्त हो चुका है। अन्य पुरस्कारों में प्रमुख हैं–भारतीय भाषा परिषद् पुरस्कार, राजस्थान संगीत नाटक अकादमी पुरस्कार, उत्तर प्रदेश हिंदी संस्थान पुरस्कार।

साहित्यिक विशेषताएँ–मन्नू जी का साहित्य प्रेरणा, गतिशीलता, चिंतन और संस्कार का साहित्य है। उनकी रचनाओं में गली-सड़ी परंपराओं के प्रति विद्रोह के स्वर सुनाई पड़ते हैं। उन्होंने 'आपका बंटी' में तलाकशुदा दंपतियों के बच्चों की समस्या का बहुत मार्मिक चित्रण किया है। महाभोज उपन्यास हमारे राजनीतिक शिखर पर बैठे घुन्ने घाघ राजनेताओं पर व्यंग्य है। उनकी 'सज़ा' कहानी न्याय-व्यवस्था का मज़ाक उड़ाती है। उनकी 'दो कलाकार' कहानी स्पष्ट बताती है कि कला जीवन के लिए है, मनोरंजन या ग्लैमर के लिए नहीं। उन्होंने मानव-मन की पीड़ा और स्त्री-मन के सुलगते विद्रोह को पूरी संवेदना के साथ व्यक्त किया है।

मन्नू भंडारी की भाषा जनता के करीब की भाषा है। उन्हें पढ़कर प्रतीत होता है कि मानो हमारी कोई सखी अपने जीते-जागते और भोगे हुए अनुभवों की पीड़ा व्यक्त कर रही है। वे नगरों-महानगरों में प्रचलित शब्दों का खुलकर प्रयोग करती हैं। उन्हें हम मध्यवर्ग और नगरीय बोध की कहानी-लेखिका कह सकते हैं।

II. पाठ का सार

प्रश्न–मन्नू भंडारी द्वारा रचित 'एक कहानी यह भी' नामक संस्मरण का सार लिखिए।

उत्तर–अजमेर की पुरानी यादें–लेखिका का जन्म मध्य प्रदेश के भानपुरा गाँव में हुआ। परंतु उसे जो घर याद है, वह है अजमेर के ब्रह्मपुरी मोहल्ले का दुमंजिला मकान। इसकी ऊपरी मंजिल पर उसके पिताजी सदा पुस्तकों और पत्र-पत्रिकाओं के ढेर से घिरे रहते थे। नीचे व्यक्तित्व-विहीन अनपढ़ माँ अपने बच्चों की इच्छा और पति की आज्ञा का पालन करने में जुटी रहती थी। पिताजी का समाज में नाम और सम्मान था। वे कांग्रेस और समाज-सुधार के कार्यों में लगे

रहते थे। खुशहाली के दिन थे। अतः वे दरियादिली से आठ-आठ, दस-दस विद्यार्थियों को घर रखकर पढ़ाते थे। वे बहुत कोमल, संवेदनशील किंतु क्रोधी और अहंकारी भी थे।

पिता की बिगड़ी दशा–किसी आर्थिक झटके के कारण पिता इंदौर छोड़कर अजमेर आ गए। उन्होंने अंग्रेज़ी-हिंदी कोश के अधूरे काम को पूरा किया। परंतु उनसे उन्हें यश ही मिला, पैसा नहीं मिला, अतः आर्थिक परेशानी ने उनके गुणों को निचोड़ना शुरू कर दिया। उनका अहं और अधिक नुकीला होता गया। वे अपनी परेशानियाँ बच्चों से बाँटते नहीं थे। नवाबी आदतें, अधूरी इच्छाएँ और महत्त्वहीन होते जाने से उनका क्रोध बढ़ता गया। उनके अपनों द्वारा किए गए विश्वासघात ने उन्हें बहुत शक्की बना दिया। कभी-कभी इसका दंड बच्चों को भी भुगतना पड़ता था।

लेखिका के व्यक्तित्व पर पिता का प्रभाव–लेखिका जानना चाहती है कि पिता के व्यक्तित्व की कौन-कौन-सी विशेषताएँ उसके व्यक्तित्व में समा गई हैं। बचपन में लेखिका मरियल, काली और दुबली थी। उससे दो साल बड़ी बहन खूब गोरी और स्वस्थ थी। प्रायः पिताजी बड़ी बहन की प्रशंसा किया करते थे। इससे उसके मन में हीनता-ग्रंथि बैठ गई। अतः आज भी जब उसे कोई सम्मान या उपलब्धि मिलती है, तो उसे विश्वास नहीं होता। आज अगर लेखिका के विश्वास खंडित हो गए हैं, तो उसके पीछे भी पिताजी का शक्की स्वभाव झलकता है। जिन-जिन बातों पर लेखिका की टक्कर हुआ करती थी, वे सब बातें आज भी उसके व्यक्तित्व में समाई हुई हैं। केवल उनका रूप बदला है। आश्चर्य होता है कि हमारा अतीत किस कदर हमारे व्यक्तित्व पर छाया रहता है।

लेखिका की माँ बहुत ही धैर्यशाली थी। वे पति की हर ज्यादती और बच्चों की हर इच्छा को अपना भाग्य समझती थी। उन्होंने जिंदगी-भर त्याग किया। इसलिए सब भाई-बहनों का लगाव उनकी तरफ था। परंतु वह त्याग लेखिका के लिए आदर्श न बन सका।

पास-पड़ोस का जीवन–लेखिका अपने से दो साल बड़ी बहन सुशीला के साथ बचपन के सारे खेल खेली। यों वह भाइयों के साथ गुल्ली डंडा, पतंग उड़ाना, माँजा सूतना आदि भी करती रही। परंतु उनकी सीमा होती थी–अपना घर। उन दिनों घर का मतलब पूरा मोहल्ला होता था। कुछ घर तो परिवार के हिस्से ही माने जाते थे। लेखिका सोचती है–उन दिनों की तुलना में आज महानगरों के फ्लैटों का जीवन कितना संकुचित, असहाय और असुरक्षित है। लेखिका की सभी कहानियों के पात्र इसी मोहल्ले से हैं। यहाँ तक कि 'दा' साहब भी मौका मिलते ही 'महाभोज' नामक उपन्यास में प्रकट हो गए। तब लेखिका को अहसास हुआ कि बचपन की यादें कितनी गहरी छाप छोड़ जाती हैं।

राजनीतिक चर्चाओं का अनुभव–सन् 1944 में लेखिका की बड़ी बहन सुशीला का विवाह हो गया। दो बड़े भाई भी पढ़ने के लिए बाहर चले गए। तब पिता ने उस पर ध्यान देना शुरू किया। पिताजी को यह पसंद नहीं था कि उसे रसोई में कुशल बनाया जाए। वे रसोई को भटियारखाना कहते थे। उनके अनुसार, रसोई में रहने से प्रतिभा और क्षमता नष्ट हो जाती है। अतः वे उसे राजनीतिक बहसों में शामिल करते थे। उनके घर आए दिन राजनीतिक पार्टियों के जमावड़े होते थे। कभी कांग्रेस, कभी सोशलिस्ट पार्टी, कभी कम्युनिस्ट पार्टी तो कभी आर.एस.एस. के लोग आते थे। पिताजी चाहते थे कि वह देश में हो रहे आंदोलनों के बारे में जाने। लेखिका को राजनीतिक दलों के आपसी विरोध तो समझ नहीं आते थे किंतु क्रांतिकारियों और शहीदों के बलिदान जरूर रोमांचित करते थे।

शीला अग्रवाल से संपर्क–दसवीं के बाद लेखिका को बहसें सुनने और किताबें पढ़ने की आदत लगी। सन् 1945 में उन्होंने कॉलेज में प्रवेश लिया। वहाँ उनका संपर्क हिंदी की प्राध्यापिका श्रीमती शीला अग्रवाल से हुआ। शीला अग्रवाल ने उन्हें चुनी हुई किताबें पढ़ने को दीं। लेखिका ने शरत्-प्रेमचंद से आगे बढ़कर जैनेंद्र, अज्ञेय, यशपाल, भगवतीचरण वर्मा को पढ़ना शुरू किया। इन उपन्यासों पर बहसें होने लगीं। लेखिका को जैनेंद्र के छोटे-छोटे सरल वाक्यों वाली शैली अच्छी लगी। वे 'सुनीता' पढ़ गईं। उन्हीं दिनों उन्हें अज्ञेय के 'शेखर-एक जीवनी' तथा 'नदी के द्वीप' पढ़ने का अवसर मिला। वह युग मूल्यों के मंथन का युग था। बनी-बनाई धारणाएँ टूट रही थीं। नैतिकता और सही-गलत की परिभाषाओं पर प्रश्न चिह्न लग रहे थे।

स्वतंत्रता आंदोलन में सहभागिता–सन् 1946-47 के दिन थे। सब ओर प्रभात-फेरियाँ, जलसे, जुलूस, हड़तालें, भाषण आदि चल रहे थे। हर युवा इस माहौल में शामिल था। फिर लेखिका कैसे पीछे रहती! उधर शीला अग्रवाल की जोशीली बातों ने रगों में लावा भर दिया था। अतः लेखिका भी सड़कों पर घूम-घूमकर नारे लगवातीं, हड़तालें करवातीं और सारी वर्जनाएँ तोड़ डालतीं। तब पिताजी से टक्कर लेने का सिलसिला शुरू हो गया। विवाह के मामले में भी विरोध चलता रहा।

एक बार पिताजी को कॉलेज की प्रिंसिपल का बुलावा आया। उन्होंने पूछा कि क्यों न लेखिका की गतिविधियों के कारण उस पर अनुशासनात्मक कार्यवाही की जाए। पिता आग-बबूला हो गए। बोले-यह लड़की न जाने मुझे कैसे-कैसे दिन दिखलाएगी। गुस्से में भन्नाते हुए कॉलेज गए। वापस आए तो लेखिका डर के मारे पड़ोस में छिपकर बैठ गई। सोचा, पिताजी का गुबार निकल जाए, तब घर जाया जाए। परंतु माँ ने आकर बताया कि पिताजी तो बड़े खुश हैं। जाने पर पता चला कि पिताजी उस पर बहुत गर्व कर रहे थे। उन्हें पता चला था कि कॉलेज की सारी लड़कियाँ उसी की मुट्ठी में हैं। प्रिंसिपल के लिए कॉलेज चलाना मुश्किल हो रहा है। पिताजी बड़े गर्व से कहकर आए-यह आंदोलन तो पूरे देश की पुकार है। इसे कोई नहीं रोक सकता।

पिताजी के विरोध का दूसरा किस्सा-दरअसल पिताजी को अपनी प्रतिष्ठा का बहुत खयाल था। उन दिनों आज़ाद हिंद फौज़ के मुकदमे के कारण देशभर में हड़तालें चल रही थीं। शाम के समय छात्रों का समूह चौराहे पर इकट्ठा हुआ। खूब भाषणबाजी हुई। लेखिका ने भी जोशीला भाषण दिया। पिताजी के एक दकियानूसी मित्र ने आकर पिता को कहा-'तुम्हारी मन्नू की तो मत मारी गई है। आपकी आज़ादी के चलते कैसे-कैसे लड़कों के बीच हुड़दंग मचाती फिरती है। यह लड़कियों को शोभा नहीं देता।' बस यह सुनते ही पिताजी क्रोध से भनभना उठे। उन्होंने लेखिका का घर से बाहर निकलना बंद करने की चेतावनी दे डाली। परंतु तभी शहर के एक प्रतिष्ठित डॉक्टर अंबालाल जी उनके पास आ बैठे। उन्होंने लेखिका को देखते ही प्रशंसा की। बोले-मैं तो चौपड़ पर तुम्हारा भाषण सुनकर ही भंडारी जी को बधाई देने चला आया। मुझे तुम पर गर्व है। बेटी की प्रशंसा सुनकर भंडारी का क्रोध धीरे-धीरे गर्व में बदल गया। इस प्रकार लेखिका की जान बची।

वास्तव में लेखिका के पिताजी अंतर्विरोधों में जी रहे थे। वे विशिष्ट भी बनना चाहते थे और सामाजिक छवि के बारे में भी जागरूक थे। परंतु ये दोनों बातें एक-साथ कभी नहीं निभ पाईं।

कॉलेज से निकाला-मई, 1947 में शीला अग्रवाल को लड़कियों को भड़काने और अनुशासन बिगाड़ने के आरोप में कॉलेज से नोटिस दे दिया गया। जुलाई में थर्ड ईयर की कक्षाएँ बंद करके लेखिका और उसकी दो साथिनों को भी निकाल दिया गया। परंतु लेखिका ने बाहर रहकर भी वह हुड़दंग मचाया कि कॉलेज को अगस्त में थर्ड ईयर खोलना पड़ा। तभी देश को इससे भी बड़ी खुशी मिल गई। भारत आज़ाद हो गया।

III. कठिन शब्दों के अर्थ

पृष्ठ 69

साम्राज्य-अधिकार, राज्य। **निहायत**-बिल्कुल। **अव्यवस्थित**-बिना किसी नियम-व्यवस्था के। **डिक्टेशन**-मुँह से बोलकर लिखवाना। **व्यक्तित्वविहीन**-किसी विशेषता और अधिकार से रहित, ज़रूरत के अनुसार ढल जाने वाली। **सदैव**-हमेशा। **तत्पर**-तैयार। **प्रतिष्ठा**-सम्मान। **उपदेश**-सीख, भाषण। **ओहदा**-पद। **खुशहाली**-अच्छी आर्थिक स्थिति। **दरियादिली**-खुला दिल। **चर्चे**-बातें। **बेहद**-बहुत अधिक। **संवेदनशील**-छोटी-छोटी बातें महसूस करने वाले, भावुक। **अहंवादी**-अहंकारी। **भग्नावशेष**-टूटे हुए अंश। **आर्थिक झटका**-धन संबंधी बड़ी हानि। **बल-बूते**-बल पर। **विषयवार**- विषय के अनुसार। **यश**-प्रसिद्धि। **अर्थ**-धन। **सकारात्मक पहलू**-अच्छी बातें, अच्छे गुण। **निचोड़ना**-समाप्त करना। **सिकुड़ती**-कम होती, तंग होती। **स्थिति**-दशा। **विस्फारित**-फैलता हुआ। **अहं**-अहंकार। **अनुमति**-स्वीकृति। **विवशता**-मज़बूरी। **भागीदार**-हिस्सेदार, बाँटने वाला, सुनने वाला। **नवाबी आदतें**-बहुत खर्चीली आदतें। **महत्त्वाकांक्षाएँ**-महत्त्व पाने की इच्छा, सम्मान पाने की इच्छा। **शीर्ष**-सबसे ऊपर। **हाशिए पर**-महत्त्वहीन स्थान पर। **यातना**-पीड़ा। **विश्वासघात**-विश्वास पर चोट पहुँचना, धोखा होना। **आँख मूँदकर**-बिना जाँचे।

पृष्ठ 70

चपेट में आना-प्रभाव में आना। **पितृ-गाथा**-पिता की कहानी। **गौरव-गान**-सम्मान करना। **खूबी**-अच्छाई। **खामियाँ**-कमियाँ। **ताने-बाने**-रचना। **गुँथी होना**-रची हुई होना। **ग्रंथि**-गाँठ, मन में दबी भावना। **दुबली**-पतली। **कमज़ोरी**

होना–बहुत प्यारा होना। **हीन-भाव**–छोटा होने का भाव। **उबर पाना**–मुक्त होना। **लेखकीय उपलब्धि**–लेखक के रूप में सफलता पाना। **ज़िक्र**–चर्चा। **संकोच**–शर्म। **गड़ने-गड़ने को हो आना**–शर्म से बहुत अधिक संकोच करना। **अचेतन**–मन की सुप्त अवस्था। **पर्त**–चादर, परत। **तुक्का**–भाग्य से प्राप्त। **भन्ना जाना**–क्रोध करना। **एकाएक**–अचानक। **खंडित विश्वास**–टूटे हुए विश्वास। **व्यथा**–दुख। **झलक**–प्रकाश। **उपजा**–पैदा हुआ। **होश सँभालना**–समझदार होना। **टक्कर चलना**–संघर्ष होना। **कुंठा**–मन में दबी और रुकी भावना। **प्रतिक्रिया**–विरोध। **प्रतिच्छाया**–किसी चीज की छाया पड़ना। **भिन्नता**–अलगाव। **परंपरा**–पीछे से चली आती हुई आदतें। **पीढ़ियाँ**–एक समय में रहने वाले लोग। **नकारना**–मना करना, इनकार करना। **अहसास**–अनुभव। **आसन्न**–समीप बैठा हुआ। **अतीत**–इतिहास, बीता हुआ समय। **कदर**–पुकार। **जड़ जमाना**–अंदर तक पैठना। **प्रवाह**–बहाव। **मुक्त**–आज़ाद। **विपरीत**–उलटी। **धैर्य**–धीरज। **ज़्यादती**–अत्याचार। **प्राप्य**–भाग्य, मिलने योग्य वस्तु। **फ़रमाइश**–इच्छा। **फ़र्ज**–कर्तव्य। **सहज**–स्वाभाविक। **सहानुभूति**–दया, किसी के दुख में दुखी होना। **असहाय**–जिसकी सहायता करने वाला कोई न हो, मजबूर। **आदर्श**–अपनाने योग्य बात। **सहिष्णुता**–सहनशीलता। **पैतृक-पुराण**–पिता से संबंधित कहानियाँ।

पृष्ठ 71

धुँधली–हलकी। **सतोलिया**–एक खेल। **माँजा सूतना**–पतंग की डोर तैयार करना। **गतिविधि**–क्रियाशीलता, कार्यव्यापार। **दायरा**–सीमा, घेरा। **पाबंदी**–रोकटोक, मनाही। **शिद्दत**–प्रबलता, कष्ट। **खुद**–स्वयं, अपने-आप। **आधुनिक दबाव**–नए युग की इच्छा। **फ़्लैट**–ऊपर-नीचे बने हुए मकान। **परंपरागत**–पुराने समय से चली आ रही। **पड़ोस-कल्चर**–पड़ोस में रहने की रीति-नीति। **विच्छिन्न**–तोड़। **संकुचित**–तंग, सिमटा हुआ। **असुरक्षित**–जो सुरक्षित न हो। **पात्र**–व्यक्ति, चरित्र। **किशोरावस्था**–बचपन और जवानी के बीच की उम्र। **युवावस्था**–जवानी। **छाप**–असर, प्रभाव। **अंतराल**–दूरी। **भाव-भंगिमा**–भाव प्रकट करने की शैली। **विशेष प्रयास**–खास तौर पर कोशिश करना। **सहज**–स्वाभाविक। **अभिव्यक्ति**–प्रकट करना। **अनुकूल**–सुविधा के अनुसार। **आश्चर्य**–हैरानी। **सुखद**–सुख देने वाला। **अनिवार्य**–हर हाल में, जिसे रोका न जा सके। **छत्र-छाया**–आसरा, सहारा। **नए सिरे से**–नए प्रकार से। **वजूद**–अस्तित्व। **एहसास**–अनुभूति। **केंद्रित होना**–ध्यान लगना। **सुघड़ गृहिणी**–घर चलाने में कुशल। **पाक-शास्त्री**–भोजन पकाने में कुशल। **नुस्खे**–तरीके। **जुटाना**–इकट्ठे करना। **आग्रह**–बल। **भटियारखाना**–भठियारे का निवास, जहाँ बहुत अधिक शोरगुल हो, कमीने लोगों की बस्ती। **क्षमता**–शक्ति। **प्रतिभा**–ईश्वर द्वारा दिए गए गुण। **भट्टी में झोंकना**–नष्ट करना। **आए दिन**–हर रोज। **विभिन्न**–तरह-तरह के। **जमावड़ा होना**–बैठकें होना। **जमकर**–खुलकर, खूब। **बहस होना**–बातचीत होना, तर्क-वितर्क होना।

पृष्ठ 72

शगल–खेल, मन-बहलाव। **खौलना**–उबलना, आंदोलन होना, भड़कना। **नीतियाँ**–सोच, नियम। **मतभेद**–विचार अलग होना। **रोमानी आकर्षण**–रोमांचित करने वाला खिंचाव। **कुर्बानी**–बलिदान। **आक्रांत रहना**–जिस पर हमला किया गया हो, कष्ट ग्रस्त। **सो**–इसलिए। **आलम**–हाल। **अहमियत**–महत्त्व, स्थान। **परिचित**–जानकार। **ककहरा**–क.ख.ग.। **नियुक्त होना**–नौकरी लगना। **बाकायदा**–पूरे नियम से। **मात्र**–केवल। **आकृष्ट करना**–खींचना। **सीमित दायरा**–तंग सीमा, छोटी-सी दुनिया। **बाँधा**–खींचा, रुचा। **झोंक**–मस्ती, दीवानगी, रौ। **मूल्य**–सिद्धांत, आदर्श। **मंथन**–गहराई से सोचना-विचारना। **धारणा**–विचार। **प्रश्नचिह्न लगना**–सोचने के लिए मज़बूर होना, फिर से सोचने के लिए तैयार होना। **ध्वस्त**–टूटा हुआ। **संदर्भ**–प्रसंग। **चारदीवारी**–तंग सीमा। **सक्रिय भागीदारी**–क्रियाशील होकर भाग लेना, बढ़-चढ़कर काम करते हुए भाग लेना। **संभव**–हो सकना। **प्रभात-फेरी**–सुबह-सुबह समूह में गीत गाते हुए लोगों को जगाना। **चरित्र**–स्वभाव। **दमखम**–ताकत। **जोश-खरोश**–उत्साह। **युवा**–जवान। **उन्माद**–पागलपन, नशा। **लावा**–ज्वालामुखी पर्वत से निकलने वाला द्रव।

पृष्ठ 73

बवंडर–हलचल, तूफान, आंदोलन। **सड़कें नापना**–सड़कों पर घूमना। **आधुनिकता**–नए प्रकार से जीने का ढंग। **बर्दाश्त**–सहन। **निषेध**–रोक, मनाही। **वर्जना**–रोकना, मनाही। **यश-कामना**–प्रसिद्धि पाने की इच्छा। **यश-लिप्सा**–प्रसिद्ध होने की लत। **दुर्बलता**–कमज़ोरी, बुरी आदत। **धुरी**–केंद्र, चलाने वाली शक्ति। **सिद्धांत**–नियम। **विशिष्ट**–विशेष, खास। **वर्चस्व**–अधिकार, ऊँचाई, ऊँचा स्थान। **कोप**–क्रोध। **अनुशासनात्मक कार्रवाई**–अनुशासन तोड़ने के विरुद्ध कार्यवाही करना। **आग-बबूला**–बहुत अधिक गुस्से में। **लायक**–योग्य। **कहर बरपा**–मुसीबत टूटना, अन्याय होना, क्रोध प्रकट होना। **अनुमान**–कल्पना, अंदाज़ा। **गुबार निकलना**–गुस्से का दबाव कम होना। **रौब**–दबदबा, प्रभाव। **गर्व**–अभिमान। **गद्गद स्वर**–प्रसन्न आवाज़। **अवाक्**–चुप, मौन। **हकीकत**–यथार्थ, सच। **मुकदमा**–कानूनी कार्यवाही। **आह्वान**–बुलावा।

पृष्ठ 74

समूह–झुंड। **दकियानूसी**–पुराने विचारों वाला। **लू उतारना**–खरी-खोटी सुनाना, गर्मी निकालना। **मत मारी जाना**–बुद्धि नष्ट होना। **हुड़दंग मचाना**–होहल्ला करना, अव्यवस्था फैलाना। **मान-मर्यादा**–इज़्ज़त का खयाल। **आबरू**–सम्मान। **आग लगाना**–भड़काना। **भभकना**–गुस्से में बोलना। **थू-थू करना**–अपमानित करना। **बेखबर**–अनजान। **अंतरंग**–अंदर का, अपना, आत्मीय। **अभिन्न मित्र**–गहरा दोस्त। **प्रतिष्ठित**–सम्मानित। **गर्मजोशी**–उत्साह। **आई एम रिअली प्राउड ऑफ़ यू**–मुझे सचमुच तुम पर गर्व है। **यू हैव मिस्ड समथिंग**–तुमने बहुत कुछ खो दिया है।

पृष्ठ 75

धुआँधार–जोर-शोर से। **राहत की साँस लेना**–तसल्ली महसूस करना। **संकोच**–शर्म। **झिझक**–डर। **मूल**–असल, वास्तव। **अंतर्विरोध**–दो विरोधी स्थितियों के बीच। **प्रबल**–तेज़। **लालसा**–इच्छा। **सामाजिक छवि**–समाज में बनने वाली धारणा। **सजगता**–जागरूकता।

पृष्ठ 76

नोटिस थमाना–नौकरी से निकालने के लिए सूचना-पत्र देना। **थर्ड इयर**–बी.ए. के तीसरे साल की पढ़ाई। **निषिद्ध**–रोक, मना। **चिर प्रतीक्षित**–जिसकी लंबे समय से प्रतीक्षा थी। **बिला जाना**–घुल जाना, गायब हो जाना। **शताब्दी**–सौ वर्ष का समय।

IV. अर्थग्रहण संबंधी प्रश्नोत्तर

प्रश्न–निम्नलिखित गद्यांशों से संबंधित प्रश्नों के उत्तर दीजिए–

☞ **1** पर यह सब तो मैंने केवल सुना। देखा, तब तो इन गुणों के भग्नावशेषों को ढोते पिता थे। एक बहुत बड़े आर्थिक झटके के कारण वे इंदौर से अजमेर आ गए थे, जहाँ उन्होंने अपने अकेले के बल-बूते और हौसले से अंग्रेज़ी-हिंदी शब्दकोश (विषयवार) के अधूरे काम को आगे बढ़ाना शुरू किया जो अपनी तरह का पहला और अकेला शब्दकोश था। इसने उन्हें यश और प्रतिष्ठा तो बहुत दी, पर अर्थ नहीं और शायद गिरती आर्थिक स्थिति ने ही उनके व्यक्तित्व के सारे सकारात्मक पहलुओं को निचोड़ना शुरू कर दिया। सिकुड़ती आर्थिक स्थिति के कारण और अधिक विस्फारित उनका अहं उन्हें इस बात तक की अनुमति नहीं देता था कि वे कम-से-कम अपने बच्चों को तो अपनी आर्थिक विवशताओं का भागीदार बनाएँ। नवाबी आदतें, अधूरी महत्त्वाकांक्षाएँ, हमेशा शीर्ष पर रहने के बाद हाशिए पर सरकते चले जाने की यातना क्रोध बनकर हमेशा माँ को कँपाती-थरथराती रहती थीं। अपनों के हाथों विश्वासघात की जाने कैसी गहरी चोटें होंगी वे जिन्होंने आँख मूँदकर सबका विश्वास करने वाले पिता को बाद के दिनों में इतना शक्की बना दिया था कि जब-तब हम लोग भी उसकी चपेट में आते ही रहते।

[Imp.] *(पृष्ठ 69-70)*

प्रश्न *(Set-I)*–

(क) *'भग्नावशेषों को ढोते पिता' का आशय स्पष्ट कीजिए।*
(ख) *लेखिका का परिवार अजमेर किस कारण आया?*
(ग) *आर्थिक दुरवस्था का घर में क्या दुष्परिणाम हुआ?*
(घ) *पिता को कोश-निर्माण से क्या लाभालाभ हुआ?*
(ङ) *लेखिका के पिता किसलिए क्रुद्ध रहते थे?*
(च) *इस अनुच्छेद के आधार पर लेखकों की दशा पर टिप्पणी कीजिए।*

उत्तर–

(क) इसका अर्थ है–अपने पुराने वैभव के बचे-खुचे अंशों को उनकी यादों के सहारे जीते हुए पिता। इससे पता चलता है कि इस समय वे ज़िंदगी को जैसे-तैसे काट रहे थे। उनकी वर्तमान दशा जर्जर थी। मन में पुराने वैभव के नष्ट होने का दुख था।

(ख) इंदौर में रहते हुए लेखिका के पिता आर्थिक संकट में फँस गए। वह संकट इतना गहरा और चोटिल था कि उन्हें इंदौर छोड़कर अजमेर आना पड़ा।

(ग) पिता की आर्थिक दुरवस्था के निम्नलिखित दुष्परिणाम हुए–

- पूरे परिवार को पुराना शहर छोड़कर अजमेर में बसना पड़ा।
- पिता के सारे गुण अवगुणों में बदलने लगे। वे हमेशा क्रोध, अहंकार और संदेह के घेरे में रहने लगे।
- माता हमेशा डरी-डरी रहने लगी।
- बच्चे भी पिता के संदेह और क्रोध का शिकार बनने लगे।

(घ) पिता को अंग्रेज़ी-हिंदी कोश बनाने से यश का लाभ हुआ, किंतु धन नहीं मिला।

(ङ) लेखिका के पिता क्रोध में रहने लगे। उनके क्रोध का कारण था–उनकी बिगड़ती आर्थिक दशा। पुरानी नवाबी आदतें। अधूरी महत्त्वाकांक्षाएँ, प्रधान होने के बावजूद उनके महत्त्व का घटते जाना।

(च) प्राय: लेखकों की आर्थिक दशा शोचनीय होती है। उनके पास धन-वैभव के नाम पर मूँछ ही मूँछ होती है। उनका यश तो चारों ओर फैला रहता है किंतु आर्थिक दृष्टि से वे फटेहाल होते हैं।

प्रश्न *(Set-II)*–

1. *'भग्नावशेषों को ढोते पिता'* **का आशय है–**

(क) मेरे पिता जो खंडहरों में जी रहे थे।
(ख) मेरे पिता जो खंडहरों को ढो रहे थे।
(ग) मेरे पिता जिनके गुण खंडहरों की तरह नष्ट हो चुके थे।
(घ) मेरे पिता जो अब खंडहरों को हटाने की नौकरी कर रहे थे।

2. *'आर्थिक झटके'* **का आशय है–**

(क) धन संबंधी दुर्घटना (ख) भीषण धन-हानि
(ग) धन का आगमन (घ) धन की अचानक प्राप्ति

3. पिता शक्की क्यों बन गए थे–

(क) गहरी आर्थिक चोट के कारण (ख) उदासी के कारण
(ग) अपनी आकांक्षाओं के कारण (घ) विश्वासघात की चोटें सह-सह कर

4. पिता के सकारात्मक गुण समाप्त क्यों होने लगे?

(क) विश्वासघात के कारण (ख) गिरती आर्थिक दशा के कारण
(ग) क्रोध के कारण (घ) अहंकार पर चोट के कारण

5. हिंदी शब्द-कोश ने उन्हें क्या प्रदान किया?

(क) ज्ञान (ख) यश (ग) धन (घ) ईर्ष्या

उत्तर– 1. (ग) 2. (ख) 3. (घ) 4. (ख) 5. (ख)

1(A) शायद गिरती आर्थिक स्थिति ने ही उनके व्यक्तित्व .... कि जब-तब हम लोग भी उसकी चपेट में आते ही रहते।

(पृष्ठ 69-70) [CBSE 2017]

प्रश्न–

(क) *प्रस्तुत अवतरण में किसके व्यक्तित्व की बात की जा रही है तथा क्या कारण थे जिससे उस व्यक्तित्व की विशेषताएँ कम होती गईं?*

(ख) *माँ क्यों काँपती थरथराती रहती थीं?*

(ग) 'आँख मूँदकर सबका विश्वास करने वाले .... उसकी चपेट में आते ही रहते।
उपर्युक्त पंक्ति का आशय अपने शब्दों में स्पष्ट कीजिए।

उत्तर–

(क) प्रस्तुत अवतरण में लेखिका मन्नू भंडारी के पिता के व्यक्तित्व की बात की जा रही है। गिरती आर्थिक स्थिति तथा अपने ही लोगों द्वारा धोखा दिए जाने के कारण उनके व्यक्तित्व की विशेषताएँ कम होती गईं।

(ख) लेखिका के पिता अहंकारी थे। घर की आर्थिक स्थिति के बिगड़ने, नवाबी आदतों तथा इच्छाओं की पूर्ति न होने से पिता का सारा क्रोध माँ पर निकलता था, इसलिए माँ काँपती थरथराती रहती थीं।

(ग) लेखिका के पिता पहले सब पर आसानी से विश्वास करते थे लेकिन जब अपने लोगों ने ही उनके साथ धोखा किया तो उनका स्वभाव शक्की हो गया। वे लेखिका तथा उनके भाई-बहनों को भी शक की निगाह से देखते थे।

2 मैं तो यह देखना चाहती हूँ कि उनके व्यक्तित्व की कौन-सी खूबी और खामियाँ मेरे व्यक्तित्व के ताने-बाने में गुँथी हुई हैं या कि अनजाने-अनचाहे किए उनके व्यवहार ने मेरे भीतर किन ग्रंथियों को जन्म दे दिया। मैं काली हूँ। बचपन में दुबली और मरियल भी थी। गोरा रंग पिता जी की कमज़ोरी थी सो बचपन में मुझसे दो साल बड़ी, खूब गोरी, स्वस्थ और हँसमुख बहिन सुशीला से हर बात में तुलना और फिर उसकी प्रशंसा ने ही, क्या मेरे भीतर ऐसे गहरे हीन-भाव की ग्रंथि पैदा नहीं कर दी कि नाम, सम्मान और प्रतिष्ठा पाने के बावजूद आज तक मैं उससे उबर नहीं पाई? आज भी परिचय करवाते समय जब कोई कुछ विशेषता लगाकर मेरी लेखकीय उपलब्धियों का ज़िक्र करने लगता है तो मैं संकोच से सिमट ही नहीं जाती बल्कि गड़ने-गड़ने को हो आती हूँ। शायद अचेतन की किसी पर्त के नीचे दबी इसी हीन-भावना के चलते मैं अपनी किसी भी उपलब्धि पर भरोसा नहीं कर पाती ...सब कुछ मुझे तुक्का ही लगता है। पिता जी के जिस शक्की स्वभाव पर मैं कभी भन्ना-भन्ना जाती थी।

(पृष्ठ 70) [*CBSE 2016*]

प्रश्न *(Set-I)*–

(क) *लेखिका के व्यक्तित्व में किसके व्यवहार ने हीन-भावना की ग्रंथि पैदा की और क्यों?*

(ख) *लेखिका जीवन-भर किस प्रकार की हीन-भावना से ग्रसित रही?*

(ग) *लेखिका मान-सम्मान और प्रतिष्ठा पाने पर भी किससे उबर न पाई?*

उत्तर–

(क) लेखिका के व्यक्तित्व में हीन-भावना भरने का काम उनके पिता के व्यवहार ने किया। वे गोरे रंग के कायल थे। इसलिए वे बात-बात पर लेखिका की दो साल बड़ी बहन सुशीला से किया करते थे जो गोरी होने के साथ-साथ बहुत हँसमुख भी थी। बार-बार उसकी प्रशंसा और अपनी उपेक्षा देखकर लेखिका के मन में हीनता-ग्रंथि बैठ गई।

(ख) लेखिका जीवन-भर अपने काले रंग, दुबले और मरियल व्यक्तित्व के कारण हीन-भावना से ग्रसित रही।

(ग) लेखिका मान-सम्मान और प्रतिष्ठा पाने के बावजूद बचपन से पाली गई हीनता-ग्रंथि से उबर न पाई।

प्रश्न *(Set-II)*–

1. पिता की किस कमज़ोरी ने लेखिका में हीनता भर दी?

(क) क्रोध ने (ख) काले रंग के प्रति तिरस्कार ने

(ग) गोरे रंग के मोह ने (घ) स्वस्थ देह के मोह ने।

2. लेखिका के मन में हीनता-ग्रंथि क्यों आ गई?

(क) पिता के भेदभावपूर्ण रवैये के कारण (ख) बहन के गोरे रंग के आकर्षण के कारण

(ग) बात-बात में लेखिका को मरियल कहने के कारण (घ) पिता से प्यार न पाने के कारण।

3. प्रतिष्ठित लेखिका होने के बाद लेखिका की हीनता-ग्रंथि .... पूरा कीजिए।

(क) समाप्त हो गई। (ख) दूर हो गई। (ग) ने पीछा नहीं छोड़ा। (घ) समझ में आ गई।

4. *'गड़ने-गड़ने को आना'* का अर्थ स्पष्ट कीजिए।

(क) छुप जाना (ख) शर्म से संकुचित हो जाता

(ग) हीनता से दब जाना (घ) नीचा होना।

5. पिता जी ने लेखिका के साथ तुलनात्मक अन्याय क्यों किया?

(क) उसे चुनौती देने के लिए (ख) उसे दंड देने के लिए

(ग) अनजाने-अनचाहे (घ) जानबूझकर।

उत्तर– 1. (ग) 2. (क) 3. (ग) 4. (ग) 5. (ग)

3 पिता के ठीक विपरीत थी हमारी बेपढ़ी-लिखी माँ। धरती से कुछ ज़्यादा ही धैर्य और सहनशक्ति थी शायद उनमें। पिता जी की हर ज़्यादती को अपना प्राप्य और बच्चों की हर उचित-अनुचित फ़रमाइश और ज़िद को अपना फ़र्ज समझकर बड़े सहज भाव से स्वीकार करती थीं वे। उन्होंने ज़िन्दगी भर अपने लिए कुछ माँगा नहीं, चाहा नहीं... केवल दिया ही दिया। हम भाई-बहिनों का सारा लगाव (शायद सहानुभूति से उपजा) माँ के साथ था लेकिन निहायत असहाय मजबूरी में लिपटा उनका यह त्याग कभी मेरा आदर्श नहीं बन सका... न उनका त्याग, न उनकी सहिष्णुता। खैर, जो भी हो, अब यह पैतृक-पुराण यहीं समाप्त कर अपने पर लौटती हूँ। *(पृष्ठ 70)* [*CBSE 2016, 2019*]

प्रश्न *(Set-I)*–

(क) *माँ की उपमा धरती से क्यों की गई है?*

(ख) *लेखिका को माँ का कौन-सा रूप अच्छा नहीं लगता था? क्यों?*

(ग) *लेखिका और उसके भाई-बहनों की सहानुभूति किसके साथ थी?*

उत्तर–

(क) धरती बहुत सहनशील है। इसे कूटो-पीटो, खोदो-जलाओ, फिर भी यह सबको वरदान बाँटती है। यही स्वभाव माँ का है। इसलिए लेखिका ने माँ की उपमा धरती से की है।

(ख) लेखिका को अपनी माँ का त्याग और सहनशीलता, जो मज़बूरी में अपनाए गए थे, अच्छे नहीं लगे।

क्यों– माँ शोषिता थी, परवश थी, अपने पति के सामने विवश थी। यह उसका सहज स्वभाव नहीं था।

(ग) लेखिका और उसके भाई-बहनों की सहानुभूति अपनी माँ के साथ थी।

प्रश्न *(Set-II)*–

1. पिता का स्वभाव कैसा था?

(क) अहंकारी (ख) शक्की (ग) विनम्र (घ) रौबदार

2. माता के स्वभाव में कौन-सा गुण बहुत अधिक था?

(क) विनम्रता (ख) सहनशीलता (ग) सबसे प्रेम (घ) सबका आदर

3. लेखिका के लिए अपनी माँ आदर्श क्यों न बन सकी?

(क) अपनी अत्यधिक सरलता के कारण (ख) दब्बू होने के कारण

(ग) बहुत परिश्रमी होने के कारण (घ) अपमानित होने के कारण

4. फ़र्ज के लिए हिंदी शब्द लिखिए।

(क) अधिकार (ख) कर्तव्य (ग) इच्छा (घ) संकल्प

5. कौन लेखिका की माँ के साथ अन्यायपूर्ण व्यवहार करता था?

(क) लेखिका (ख) सभी बच्चे (ग) पिता (घ) गोरी बहन

उत्तर– 1. (घ) 2. (ख) 3. (क) 4. (ख) 5. (ग)

☞ **4** यों खेलने को हमने भाइयों के साथ गिल्ली-डंडा भी खेला और पतंग उड़ाने, काँच पीसकर माँजा सूतने का काम भी किया, लेकिन उनकी गतिविधियों का दायरा घर के बाहर ही अधिक रहता था और हमारी सीमा थी घर। हाँ, इतना ज़रूर था कि उस ज़माने में घर की दीवारें घर तक ही समाप्त नहीं हो जाती थीं बल्कि पूरे मोहल्ले तक फैली रहती थीं इसलिए मोहल्ले

के किसी भी घर में जाने पर कोई पाबंदी नहीं थी, बल्कि कुछ घर तो परिवार का हिस्सा ही थे। आज तो मुझे बड़ी शिद्दत के साथ यह महसूस होता है कि अपनी ज़िंदगी खुद जीने के इस आधुनिक दबाव ने महानगरों के फ़्लैट में रहने वालों को हमारे इस परंपरागत 'पड़ोस-कल्चर' से विच्छिन्न करके हमें कितना संकुचित, असहाय और असुरक्षित बना दिया है। मेरी कम-से-कम एक दर्जन आरंभिक कहानियों के पात्र इसी मोहल्ले के हैं जहाँ मैंने अपनी किशोरावस्था गुज़ार अपनी युवावस्था का आरंभ किया था। **[Imp.]** *(पृष्ठ 71)*

प्रश्न *(Set I)*– *[CBSE 2016]*

(क) *लेखिका और उनकी बहिनों के खेलने का दायरा कहाँ तक सीमित था?*

(ख) *घर की दीवारें मोहल्ले तक फैली होने का क्या आशय है?*

(ग) *आस-पड़ोस के कुछ घरों का आपसी व्यवहार कैसा था?*

उत्तर–

(क) लेखिका और उनकी बहिनों के खेलने का दायरा अपने घर या मोहल्ले के अन्य घरों तक सीमित था। तब सारा मोहल्ला अपने घर जैसा ही माना जाता था।

(ख) इसका आशय है–लोग मोहल्ले के सब घरों को अपने घर जैसा मानते थे इसलिए वे किसी के भी घर में आसानी से आ-जा सकते थे।

(ग) आस-पड़ोस के कुछ घरों का आपसी व्यवहार अपने घर-जैसा आत्मीय था। सब घरों के लोग किसी अन्य घर के बच्चे को अपने बच्चे जैसा ही मानते थे।

प्रश्न *(Set-II)*–

1. **लेखिका के खेलकूद की सीमा '*घर*' थी। यहाँ घर से क्या आशय है?**
   (क) अपना फ्लैट (ख) पड़ोसी का घर (ग) परिवार (घ) आस-पड़ोस
2. **आज के लोगों पर किस चीज़ का दबाव है?**
   (क) उन्नति का (ख) निजी ज़िंदगी का
   (ग) अपनी ज़िंदगी खुद जीने का (घ) सुख-सुविधा का
3. **'*पड़ोस-कल्चर*' के कारण पहले जीवन कैसा होता था?**
   (क) बोर और ऊबाऊ (ख) दबावपूर्ण
   (ग) सुरक्षित और खुला (घ) असुरक्षित और असहाय
4. **लेखिका की आरंभिक कहानियों के पात्र कहाँ के हैं?**
   (क) उसके ऑफिस के (ख) बचपन के साथियों के
   (ग) महानगरों के (घ) अपने मोहल्ले के
5. **लेखिका को मोहल्ले के किसी भी घर में जाने में कोई पाबंदी क्यों नहीं थी?**
   (क) अच्छे व्यवहार के कारण (ख) प्रेम के कारण
   (ग) मोहल्ले के आपसी सद्भाव के कारण (घ) पिता के रौबदाब के कारण

उत्तर– 1. (घ) 2. (ग) 3. (ग) 4. (घ) 5. (ग)

☞ **5** बहस करना पिता जी का प्रिय शगल था। चाय-पानी या नाश्ता देने जाती तो पिता जी मुझे भी वहीं बैठने को कहते। वे चाहते थे कि मैं भी वहीं बैठूँ, सुनूँ और जानूँ कि देश में चारों ओर क्या कुछ हो रहा है। देश में हो भी तो कितना कुछ रहा था। सन् '42 के आंदोलन के बाद से तो सारा देश जैसे खौल रहा था, लेकिन विभिन्न राजनैतिक पार्टियों की नीतियाँ, उनके आपसी विरोध या मतभेदों की तो मुझे दूर-दूर तक कोई समझ नहीं थी। हाँ, क्रांतिकारियों और देशभक्त शहीदों के रोमानी आकर्षण, उनकी कुर्बानियों से ज़रूर मन आक्रांत रहता था। *(पृष्ठ 72)*

प्रश्न *(Set I)*– [*CBSE 2016*]

(क) *लेखिका को पिताजी सुबह अपने पास क्यों बिठा लेते थे?*

(ख) *सन् 1942 के आंदोलन का क्या परिणाम हुआ?*

(ग) *लेखिका का मन शहीदों के किस भाव से आक्रांत था?*

उत्तर–

(क) पिताजी चाहते थे कि लेखिका रसोईघर के कामों में न उलझकर देश-समाज की गतिविधियों में रुचि ले और बुद्धिजीवी बने। इसलिए वे उसे सुबह अपने पास बिठा लेते थे।

(ख) सन् 1942 के आंदोलन का परिणाम यह हुआ कि लेखिका के मन में देशभक्तों और बलिदानियों के प्रति आकर्षण और जोश भरने लगा। वह उनसे प्रभावित होने लगी।

(ग) लेखिका का मन शहीदों की कुर्बानियों से आक्रांत रहने लगा।

प्रश्न *(Set-II)*–

1. **'*शगल*' से क्या आशय है?**
   (क) सेवा (ख) मनबहलाव का साधन
   (ग) धर्म (घ) कर्तव्य
2. **पिता लेखिका को बहसों में क्यों बिठाते थे?**
   (क) सेवा के लिए (ख) अपने सहयोग के लिए
   (ग) जागरूक बनाने के लिए (घ) नेता बनाने के लिए
3. **'*खौल रहा*' का क्या अर्थ है?**
   (क) आंदोलन-रत होना (ख) नष्ट होना
   (ग) विरोधी होना (घ) बागी होना
4. **रोमानी आकर्षण का क्या अर्थ है?**
   (क) रोमांचकारी आकर्षण (ख) भयभीत कर देने वाला आकर्षण
   (ग) मोहक आकर्षण (घ) प्रेरक आकर्षण
5. **आक्रांत रहने का आशय है–**
   (क) भयभीत रहना (ख) छाया रहना (ग) मग्न रहना (घ) रोमांचित होना।

उत्तर– 1. (ख) 2. (ग) 3. (क) 4. (क) 5. (ख)

☞ **6** शीला अग्रवाल ने साहित्य का दायरा ही नहीं बढ़ाया था बल्कि घर की चारदीवारी के बीच बैठकर देश की स्थितियों को जानने-समझने का जो सिलसिला पिता जी ने शुरू किया था, उन्होंने वहाँ से खींचकर उसे भी स्थितियों की सक्रिय भागीदारी में बदल दिया। सन् '46-47 के दिन ··· वे स्थितियाँ, उसमें वैसे भी घर में बैठे रहना संभव था भला? प्रभात-फेरियाँ, हड़तालें, जुलूस, भाषण हर शहर का चरित्र था और पूरे दमखम और जोश-खरोश के साथ इन सबसे जुड़ना हर युवा का उन्माद। मैं भी युवा थी और शीला अग्रवाल की जोशीली बातों ने रगों में बहते खून को लावे में बदल दिया था। स्थिति यह हुई कि एक बवंडर शहर में मचा हुआ था और एक घर में। पिता जी की आज़ादी की सीमा यहीं तक थी कि उनकी उपस्थिति में घर में आए लोगों के बीच उठूँ-बैठूँ, जानूँ-समझूँ। हाथ उठा-उठाकर नारे लगाती, हड़तालें करवाती, लड़कों के साथ शहर की सड़कें नापती लड़की को अपनी सारी आधुनिकता के बावजूद बर्दाश्त करना उनके लिए मुश्किल हो रहा था तो किसी की दी हुई आज़ादी के दायरे में चलना मेरे लिए। जब रगों में लहू की जगह लावा बहता हो तो सारे निषेध, सारी वर्जनाएँ और सारा भय कैसे ध्वस्त हो जाता है, यह तभी जाना और अपने क्रोध से सबको थरथरा देने वाले पिता जी से टक्कर लेने का जो सिलसिला तब शुरू हुआ था, राजेंद्र से शादी की, तब तक वह चलता ही रहा। **[Imp.]** *(पृष्ठ 72-73)*

प्रश्न *(Set-I)*–

(क) *शीला अग्रवाल कौन थी? उसके योगदान पर प्रकाश डालिए।*

(ख) *लेखिका को प्रभावित करने में उसके पिता का क्या योगदान था?*

(ग) *सन् 1946-47 के वातावरण को अपने शब्दों में व्यक्त कीजिए।*

उत्तर–

(क) शीला अग्रवाल लेखिका की हिंदी-प्राध्यापिका थीं। उन्होंने लेखिका को स्वतंत्रता आंदोलन में सक्रिय रूप से भाग लेने की प्रेरणा दी। उन्होंने अपनी जोशीली बातों से लेखिका के मन में उठे उबाल और उन्माद को हवा दी।

(ख) लेखिका को उसके पिता ने सामाजिक आंदोलनों में भाग लेने के लिए मानसिक रूप से तैयार किया। उन्होंने लेखिका को देश की परिस्थितियाँ समझने का अवसर प्रदान किया।

(ग) सन् 1946-47 में भारत का वातावरण पूरे जोश-खरोश से भरपूर था। हर नगर में प्रभात-फेरियाँ, हड़तालें, जुलूस और जोशीले भाषण हो रहे थे। देश के नवयुवक पूरे दमखम और उन्माद के साथ आंदोलन में लगे हुए थे। युवकों का खून लावा बन चुका था। आंदोलन के उत्साह ने युवकों के साथ-साथ युवतियों को भी निर्भीक बना दिया था।

प्रश्न *(Set-II)*–

1. **देश की स्थितियों को समझने-जानने की प्रेरणा लेखिका को किसने दी?**
   (क) उसकी अंतरात्मा ने (ख) उसके खुले विचारों ने
   (ग) शीला अग्रवाल ने (घ) पिता ने
2. **क्रांतिकारी गतिविधियों में सक्रिय होकर काम करने की प्रेरणा लेखिका को किसने दी?**
   (क) उसके पिता ने (ख) संगी-साथियों ने (ग) शीला अग्रवाल ने (घ) गुरुजनों ने
3. *'सन 46-47'* **के दिनों में क्या था?**
   (क) गणतंत्र दिवस की तैयारी (ख) स्वतंत्रता-समारोह की तैयारी
   (ग) आज़ादी का उल्लास (घ) देश को स्वतंत्र कराने का जोश
4. *'बवंडर'* **का तात्पर्य है**–
   (क) तूफान (ख) शोर (ग) अफ़वाह (घ) संघर्ष का जोश
5. *'खून को लावे में बदल दिया'* **का आशय है**–
   (क) खूनखराबा कर दिया (ख) खून में अत्यधिक जोश भर दिया
   (ग) खून में तेज़ी आ गई (घ) खून का दौरा तेज़ हो गया।

उत्तर– 1. (घ) 2. (ग) 3. (घ) 4. (घ) 5. (ख)

7 चलते ही मैं दो-एक बार उनके कोप से बच गई थी। एक बार कॉलिज से प्रिंसिपल का पत्र आया कि पिता जी आकर मिलें और बताएँ कि मेरी गतिविधियों के कारण मेरे खिलाफ़ अनुशासनात्मक कार्रवाई क्यों न की जाए? पत्र पढ़ते ही पिता जी आग-बबूला। ''यह लड़की मुझे कहीं मुँह दिखाने लायक नहीं रखेगी... पता नहीं क्या-क्या सुनना पड़ेगा वहाँ जाकर! चार बच्चे पहले भी पढ़े, किसी ने ये दिन नहीं दिखाया।'' गुस्से से भन्नाते हुए ही वे गए थे। लौटकर क्या कहर बरपा होगा, इसका अनुमान था, सो मैं पड़ोस की एक मित्र के यहाँ जाकर बैठ गई। माँ को कह दिया कि लौटकर बहुत कुछ गुबार निकल जाए, तब बुलाना। लेकिन जब माँ ने आकर कहा कि वे तो खुश ही हैं, चली चल, तो विश्वास नहीं हुआ। गई तो सही, लेकिन डरते-डरते। ''सारे कॉलिज की लड़कियों पर इतना रौब है तेरा.... सारा कॉलिज तुम तीन लड़कियों के इशारे पर चल रहा है? प्रिंसिपल बहुत परेशान

थी और बार-बार आग्रह कर रही थी कि मैं तुझे घर बिठा लूँ, क्योंकि वे लोग किसी तरह डरा-धमकाकर, डाँट-डपटकर लड़कियों को क्लासों में भेजते हैं और अगर तुम लोग एक इशारा कर दो कि क्लास छोड़कर बाहर आ जाओ तो सारी लड़कियाँ निकलकर मैदान में जमा होकर नारे लगाने लगती हैं। तुम लोगों के मारे कॉलिज चलाना मुश्किल हो गया है उन लोगों के लिए।'' कहाँ तो जाते समय पिता जी मुँह दिखाने से घबरा रहे थे और कहाँ बड़े गर्व से कहकर आए कि यह तो पूरे देश की पुकार है... इस पर कोई कैसे रोक लगा सकता है भला? *(पृष्ठ 73) (CBSE 2023)*

1. **कॉलिज से प्रिंसिपल का पत्र आने पर लेखिका के पिता के क्रोध का कारण था–**
   (क) प्रिंसिपल के सम्मुख जाना और उनकी बातें सुनना
   (ख) लेखिका के कारण प्रिंसिपल के सामने लज्जित होने की आशंका
   (ग) लेखिका को कॉलिज से निष्कासित किए जाने की आशंका
   (घ) लेखिका के विरुद्ध अनुशासनात्मक कार्यवाही की आशंका
2. **लेखिका पड़ोस की मित्र के यहाँ जाकर क्यों बैठ गई ?**
   (क) मित्र के साथ गपशप करने के लिए (ख) परीक्षा की तैयारी करने के लिए
   (ग) कॉलिज का कार्य पूरा करने के लिए (घ) पिता के कोप से बचने के लिए
3. '*गुबार निकल जाए, तब बुलाना*' – **पंक्ति का अर्थ है–**
   (क) हवा शांति होने पर बुलाना (ख) पिता जी के चले जाने पर बुलाना
   (ग) क्रोध शांत होने पर बुलाना (घ) मन प्रसन्न होने पर बुलाना
4. **कॉलिज से लौटने पर लेखिका के पिता की प्रसन्नता का कारण था–**
   (क) कॉलिज की लड़कियों पर पुत्री का बढ़ता प्रभाव
   (ख) कॉलिज में पुत्री का किसी के नियंत्रण में न होना
   (ग) कॉलिज की प्रिंसिपल द्वारा पुत्री को क्षमा कर दिया जाना
   (घ) कॉलिज में पुत्री द्वारा नए कीर्तिमान स्थापित करना
5. '*यह तो पूरे देश की पुकार है... इस पर कोई कैसे रोक लगा सकता है भला?*' **गद्यांश की यह पंक्ति संकेत करती है–**
   (क) देश की तत्कालीन आर्थिक परिस्थितियों को
   (ख) देश की तत्कालीन सांस्कृतिक परिस्थितियों को
   (ग) देश की तत्कालीन राजनैतिक परिस्थितियों को
   (घ) देश की तत्कालीन सामाजिक परिस्थितियों को

उत्तर– 1. (ख) 2. (घ) 3. (ग) 4. (क) 5. (ग)

☞ **8** एक घटना और। आज़ाद हिंद फ़ौज के मुकदमे का सिलसिला था। सभी कॉलिजों, स्कूलों, दुकानों के लिए हड़ताल का आह्वान था। जो-जो नहीं कर रहे थे, छात्रों का एक बहुत बड़ा समूह वहाँ जा-जाकर हड़ताल करवा रहा था। शाम को अजमेर का पूरा विद्यार्थी-वर्ग चौपड़ (मुख्य बाज़ार का चौराहा) पर इकट्ठा हुआ और फिर हुई भाषणबाज़ी। इस बीच पिता जी के एक निहायत दकियानूसी मित्र ने घर आकर अच्छी तरह पिता जी की लू उतारी, "अरे उस मन्नू की तो मत मारी गई है पर भंडारी जी आपको क्या हुआ? ठीक है, आपने लड़कियों को आज़ादी दी, पर देखते आप, जाने कैसे-कैसे उल्टे-सीधे लड़कों के साथ हड़तालें करवाती, हुड़दंग मचाती फिर रही है वह। हमारे-आपके घरों की लड़कियों को शोभा देता है यह सब? कोई मान-मर्यादा, इज़्ज़त-आबरू का खयाल भी रह गया है आपको या नहीं?"

वे तो आग लगाकर चले गए और पिता जी सारे दिन भभकते रहे, "बस, अब यही रह गया है कि लोग घर आकर थू-थू करके चले जाएँ। बंद करो अब इस मन्नू का घर से बाहर निकलना।" *(पृष्ठ 73-74) (CBSE 2015)*

प्रश्न *(Set-I)*–

(क) *युवा वर्ग स्कूल, कॉलेज और दुकानों को किस कारण आह्वान दे रहा था?*

(ख) *मित्र की बातों का पिता जी पर क्या प्रभाव पड़ा?*

(ग) *पिता जी ने क्रोध में लेखिका के लिए क्या आदेश दिया?*

उत्तर–

(क) युवा वर्ग आज़ाद हिंद फौज पर चलाए जाने वाले मुकदमों से नाराज़ था। सरकार की इस कार्यवाही का विरोध करने के लिए उन्होंने स्कूलों, कॉलेजों और दुकानों को बंद करने का आह्वान दिया।

(ख) मित्र की शिकायत-भरी बातों को सुनकर लेखिका के पिताजी आग-बबूला हो गए। उन्होंने लेखिका को दुस्साहसी मानकर उसे घर से बाहर निकलने से मना कर दिया।

(ग) पिताजी ने क्रोध में लेखिका के लिए आदेश दिया कि वह घर से बाहर न निकला करे।

प्रश्न *(Set-II)*–

1. **डॉक्टर कौन था?**
   (क) लेखिका का पारिवारिक मित्र (ख) एक प्रशंसक
   (ग) देशभक्त नागरिक (घ) क्रांतिकारी
2. **'*धुआँधार*' का आशय है–**
   (क) बिना रुके (ख) धुंध-भरा (ग) जोशपूर्ण (घ) अस्पष्ट
3. **लेखिका के पिता का कौन-सा गुण आपको प्रभावित करता है?**
   (क) देशद्रोही (ख) देशभक्त (ग) विशिष्ट (घ) जागरूक
4. **किस रास्ते को टकराहट का रास्ता बताया गया है?**
   (क) क्रांति और शांति (ख) सामाजिक सम्मान और विशिष्टता
   (ग) समझदारी और संघर्ष (घ) अहंकार और सम्मान
5. **'*मेरी*' से क्या आशय है–**
   (क) भगिनी निवेदिता (ख) सुभद्राकुमारी चौहान (ग) झाँसी की रानी (घ) मन्नू भंडारी

उत्तर– 1. (क) 2. (ग) 3. (ख) 4. (ख) 5. (घ)

9 आज पीछे मुड़कर देखती हूँ तो इतना तो समझ में आता ही है क्या तो उस समय मेरी उम्र थी और क्या मेरा भाषण रहा होगा! यह तो डॉक्टर साहब का स्नेह था जो उनके मुँह से प्रशंसा बनकर बह रहा था या यह भी हो सकता है कि आज से पचास साल पहले अजमेर जैसे शहर में चारों ओर से उमड़ती भीड़ के बीच एक लड़की का बिना किसी संकोच और झिझक के यों धुआँधार बोलते चले जाना ही इसके मूल में रहा हो। पर पिता जी! कितनी तरह के अंतर्विरोधों के बीच जीते थे वे! एक ओर 'विशिष्ट' बनने और बनाने की प्रबल लालसा तो दूसरी ओर अपनी सामाजिक छवि के प्रति भी उतनी ही सजगता। पर क्या यह संभव है? क्या पिता जी को इस बात का बिलकुल भी अहसास नहीं था कि इन दोनों का तो रास्ता ही टकराहट का है? *(पृष्ठ 75)*

प्रश्न–

(क) *यहाँ किस डॉक्टर साहब की चर्चा है? उनकी भूमिका स्पष्ट कीजिए।*

(ख) *डॉक्टर साहब ने लेखिका की प्रशंसा क्यों की होगी?*

(ग) *लेखिका ने स्वतंत्रता-आंदोलन में किस प्रकार योगदान किया?*

उत्तर–

(क) यहाँ अजमेर के एक प्रतिष्ठित डॉक्टर अंबालाल की चर्चा की गई है। उन्होंने दो महत्त्वपूर्ण काम किए। पहला, उन्होंने लेखिका के धुआँधार भाषण के लिए उसे बधाई दी। उसकी जमकर प्रशंसा की। इससे लेखिका का उत्साह बढ़ा। दूसरे, उन्होंने लेखिका के पिता का मन बदला। लेखिका के पिता अपनी पुत्री को सरेबाज़ार भाषण, हड़ताल आदि में भाग लेता देखकर शर्मसार थे। डॉ. अंबालाल ने लेखिका की प्रशंसा करके उनका मान-सम्मान और गर्व बढ़ा दिया।

(ख) डॉक्टर साहब ने लेखिका का उत्साह, जोश और साहस देखकर उसकी प्रशंसा की होगी। उन्होंने लेखिका की देशभक्ति देखी होगी। वे उसकी पवित्र भावनाओं पर मुग्ध हो गए होंगे। लेखिका सोचती है कि शायद डॉ. साहब उमड़ती भीड़ के बीच एक लड़की को बेझिझक बोलते देखकर प्रभावित हो गए होंगे।

(ग) लेखिका ने स्वतंत्रता-आंदोलन में बढ़-चढ़कर भाग लिया था। उसने कॉलेज की छात्राओं को राष्ट्रीय आंदोलन में झोंका था। उसने हड़ताल, नारेबाजी, प्रभात-फेरी, जलसे-जुलूस आदि में आगे आकर आम विद्यार्थियों को प्रेरित किया था।

V. पाठ्यपुस्तक के प्रश्न-अभ्यास

(पृष्ठ 76-77)

☞प्रश्न 1. लेखिका के व्यक्तित्व पर किन-किन व्यक्तियों का किस रूप में प्रभाव पड़ा? **[Imp.]**[*CBSE*]

उत्तर–लेखिका के व्यक्तित्व पर मुख्य रूप से दो व्यक्तियों का प्रभाव पड़ा।

पिताजी का प्रभाव–लेखिका के व्यक्तित्व को बनाने-बिगाड़ने में उनके पिता का बहुत बड़ा योगदान रहा है। उन्होंने ही लेखिका के मन में हीनता की भावना पैदा की। उन्होंने ही उसे शक्की बनाया, विद्रोही बनाया। उन्हीं ने लेखिका को देश और समाज के प्रति जागरूक बनाया। उसे रसोईघर और सामान्य घर-गृहस्थी से दूर एक प्रबुद्ध व्यक्तित्व दिया। लेखिका को देश के प्रति जागरूक बनाने में उनके पिता का ही योगदान है।

शीला अग्रवाल का प्रभाव–लेखिका को क्रियाशील, क्रांतिकारी और आंदोलनकारी बनाने में उनकी हिंदी-प्राध्यापिका शीला अग्रवाल का योगदान है। शीला अग्रवाल ने अपनी जोशीली बातों से लेखिका के मन में बैठे संस्कारों को कार्य-रूप दे दिया। उन्होंने लेखिका के खून में शोले भड़का दिए। पिता उसे चारदीवारी तक सीमित रखना चाहते थे, परंतु शीला अग्रवाल ने उसे जन-जीवन में खुलकर विद्रोह करना सिखा दिया।

☞प्रश्न 2. इस आत्मकथ्य में लेखिका के पिता ने रसोई को '*भटियारखाना*' कहकर क्यों संबोधित किया है?

[Imp.] [*CBSE 2017*]

उत्तर–भटियारखाने के दो अर्थ हैं–1. जहाँ हमेशा भट्ठी जलती रहती है, अर्थात् चूल्हा चढ़ा रहता है। 2. जहाँ बहुत शोर-गुल रहता है। भटियारे का घर। कमीने और असभ्य लोगों का जमघट। पाठ के संदर्भ में यह शब्द पहले अर्थ में प्रयुक्त हुआ है। रसोईघर में हमेशा खाना-पकाना चलता रहता है। पिताजी अपने बच्चों को घर-गृहस्थी या चूल्हे-चौके तक सीमित नहीं रखना चाहते थे। वे उन्हें जागरूक नागरिक बनाना चाहते थे। इसलिए उन्होंने रसोईघर की उपेक्षा करते हुए भटियारखाना अर्थात् प्रतिभा को नष्ट करने वाला कह दिया है।

☞प्रश्न 3. वह कौन-सी घटना थी जिसके बारे में सुनने पर लेखिका को न अपनी आँखों पर विश्वास हो पाया और न अपने कानों पर? **[Imp.]** [*CBSE 2017, 2019*]

उत्तर–हुआ यूँ कि लेखिका के आंदोलनकारी व्यवहार से तंग आकर उनके कॉलेज की प्रिंसिपल ने लेखिका के पिता को बुलवाया। पिता पहले-से ही लेखिका के विद्रोही रुख से परेशान रहते थे। उन्हें लगा कि जरूर इस लड़की ने कोई अपमानजनक काम किया होगा। इस कारण उन्हें सिर झुकाना पड़ेगा। इसलिए वे बड़बड़ाते हुए कॉलेज गए।

कॉलेज में जाकर उन्हें पता चला कि उनकी लड़की तो सब लड़कियों की चहेती नेत्री है। सारा कॉलेज उसके इशारों पर चलता है। लड़कियाँ प्रिंसिपल की बात भी नहीं मानतीं, केवल उसी के संकेत पर चलती हैं। इसलिए प्रिंसिपल के लिए कॉलेज चलाना कठिन हो गया है। यह सुनकर पिता का सीना गर्व से फूल उठा। वे गद्‌गद हो गए। उन्होंने प्राचार्य को उत्तर दिया–'ये आंदोलन तो वक्त की पुकार हैं ··· इन्हें कैसे रोका जा सकता है।' लेखिका पिता के मुख से ऐसी प्रशंसा सुनकर विश्वास न कर पाई। उसे अपने कानों पर भरोसा न हुआ। उसे तो यही आशा थी कि उसके पिता उसे डाँटेंगे, धमकाएँगे तथा उसका घर से बाहर निकलना बंद कर देंगे।

☞प्रश्न 4. लेखिका की अपने पिता से वैचारिक टकराहट को अपने शब्दों में लिखिए।

[Imp.][*CBSE 2012, 2017*]

उत्तर–लेखिका और उसके पिता के विचार आपस में टकराते थे। पिता लेखिका को देश-समाज के प्रति जागरूक बनाना चाहते थे किंतु उसे घर तक ही सीमित रखना चाहते थे। वे उसके मन में विद्रोह और जागरण के स्वर भरना चाहते थे किंतु उसे

सक्रिय नहीं होने देना चाहते थे। लेखिका चाहती थी कि वह अपनी भावनाओं को प्रकट भी करे। वह देश की स्वतंत्रता में सक्रिय होकर भाग ले। यहीं आकर दोनों की टक्कर होती थी। विवाह के मामले में भी दोनों के विचार टकराए। पिता नहीं चाहते थे कि लेखिका अपनी मनमर्जी से राजेंद्र यादव से शादी करे। परंतु लेखिका ने उनकी परवाह नहीं की।

☞प्रश्न 5. इस आत्मकथ्य के आधार पर स्वाधीनता आंदोलन के परिदृश्य का चित्रण करते हुए उसमें मन्नू जी की भूमिका को रेखांकित कीजिए। **[Imp.]** [*CBSE 2008, 2017*]

उत्तर–सन् 1942 से 1947 तक का समय स्वतंत्रता-आंदोलन का समय था। इन दिनों पूरे देश में देशभक्ति का ज्वार पूरे यौवन पर था। हर नगर में हड़तालें हो रही थीं। प्रभात-फेरियाँ हो रही थीं। जलसे हो रहे थे। जुलूस निकाले जा रहे थे। युवक-युवतियाँ सड़कों पर घूम-घूमकर नारे लगा रहे थे। सारी मर्यादाएँ टूट रही थीं। घर के बंधन, स्कूल-कॉलेज के नियम–सबकी धज्जियाँ उड़ रही थीं। लड़कियाँ भी लड़कों के बीच खुलकर सामने आ रही थीं।

ऐसे वातावरण में लेखिका मन्नू भंडारी ने अपूर्व उत्साह दिखाया। उसने पिता की इच्छा के विरुद्ध सड़कों पर घूम-घूमकर नारेबाजी की, भाषण दिए, हड़तालें कीं, जलसे-जुलूस किए। उसके इशारे पर पूरा कॉलेज कक्षाएँ छोड़कर आंदोलन में साथ हो लेता था। हम कह सकते हैं कि वे स्वतंत्रता-सेनानी थीं।

रचना और अभिव्यक्ति

प्रश्न 6. *लेखिका ने बचपन में अपने भाइयों के साथ गिल्ली डंडा तथा पतंग उड़ाने जैसे खेल भी खेले किंतु लड़की होने के कारण उनका दायरा घर की चारदीवारी तक सीमित था।* **क्या आज भी लड़कियों के लिए स्थितियाँ ऐसी ही हैं या बदल गई हैं, अपने परिवेश के आधार पर लिखिए।** [*CBSE 2008*]

उत्तर–आज परिस्थितियाँ बदल गई हैं। महानगरों में बच्चे गुल्ली-डंडा, पतंग उड़ाना आदि भूल गए हैं। छोटे नगरों में, जहाँ ये खेल अभी प्रचलित हैं, अब मोहल्लेदारी उतनी नहीं रही। अब लोग अपने-अपने घरों में सिकुड़ने लगे हैं। कोई किसी दूसरे के बच्चे को अपने घर में घुसाकर राजी नहीं है। दिल भी उतने बड़े नहीं हैं। पहले संयुक्त परिवार थे। इसलिए परिवारों को अधिक बच्चों की आदत थी। उसी तरह का रहन-सहन भी था। खुले आँगन या खुली छतें थीं। आस-पड़ोस का भाव जीवित था। अब मोहल्लेदारी नहीं रही। खेलने-कूदने के शौक भी टी.वी. देखने या कंप्यूटर चलाने में बदल गए हैं। परिणामस्वरूप पड़ोस को झेलने का तात्पर्य है अपने ड्राइंगरूम में पड़ोसी बच्चे को झेलना। उसे अपने सोफे पर बैठाना तथा कभी-कभी होने वाली हानि को सहना। यह संभव नहीं रहा है।

दूसरे, अब टी.वी. संस्कृति ने नर-नारी संबंधों को उघाड़ कर इतना भड़का दिया है कि हर माता-पिता अपनी लड़कियों के बारे में सजग है। सब बच्चे अकाल-परिपक्व हो गए हैं। इस कारण माता-पिता लड़की को तो अकेला बिल्कुल नहीं छोड़ते। अतः कुल मिलाकर लड़कियों की स्वतंत्रता कम हुई है।

☞प्रश्न 7. *मनुष्य के जीवन में आस-पड़ोस का बहुत महत्त्व होता है। परंतु महानगरों में रहने वाले लोग प्रायः 'पड़ोस कल्चर' से वंचित रह जाते हैं।* **इस बारे में अपने विचार लिखिए।** **[V. Imp.]**

उत्तर–यह बात बिल्कुल सत्य है। आस-पड़ोस मनुष्य की वास्तविक शक्ति होती है। किसी मुसीबत में पड़ोसी ही काम आते हैं। परंतु दुर्भाग्य से अब पड़ोस में आना-जाना नहीं रहा। नर-नारी दोनों कमाऊ होने लगे हैं। इस कारण उन्हें इतना समय नहीं मिलता कि अपने निजी काम समेट सकें। छुट्टी का दिन भी घर-बार सँभालने में बीत जाता है। इस कारण पड़ोस कल्चर प्रायः समाप्त हो गई है। बड़े तो बड़े, बच्चे भी पैदा होते ही कैरियर की दौड़ में इतने अंधे होने लगे हैं कि उन्हें अपनी छोड़कर अन्य किसी की खबर नहीं है। यह शहरी जीवन का सबसे बड़ा हादसा है। इस कारण मनुष्य हृदय की उदारता, विशालता, हँसी-ठिठौली, ठहाके और उल्लास भूल गया है। वह स्वयं में बिल्कुल अकेला, उदास और बेचारा हो गया है।

प्रश्न 8. लेखिका द्वारा पढ़े गए उपन्यासों की सूची बनाइए और उन उपन्यासों को अपने पुस्तकालय में खोजिए।

उत्तर– 1. महाभोज

2. आपका बंटी

छात्र इन्हें अपने पुस्तकालय में खोजें।

प्रश्न 9. आप भी अपने दैनिक अनुभवों को डायरी में लिखिए।

उत्तर–छात्र स्वयं लिखें।

भाषा-अध्ययन

प्रश्न 10. *इस आत्मकथ्य में मुहावरों का प्रयोग करके लेखिका ने रचना को रोचक बनाया है।* **रेखांकित मुहावरों को ध्यान में रखकर कुछ और वाक्य बनाएँ–**

(क) *इस बीच पिता जी के एक निहायत दकियानूसी मित्र ने घर आकर अच्छी तरह पिता जी की लू उतारी।*

(ख) *वे तो आग लगाकर चले गए और पिता जी सारे दिन भभकते रहे।*

(ग) *बस अब यही रह गया है कि लोग घर आकर थू-थू करके चले जाएँ।*

(घ) *पत्र पढ़ते ही पिता जी आग-बबूला।*

उत्तर–(क) उस दिन मुझे मौका मिल गया। मैं उस घमंडी मिट्ठूनलाल के घर पहुँचा और खूब उसकी **लू उतारी।**

(ख) मेरे पहुँचने से पहले ही मेरे पड़ोसी मेरे विरुद्ध **आग लगा** चुके थे।

(ग) जब रोशनलाल की लड़की पड़ोस के लड़के के साथ भाग गई तो सब लोग उस पर **थू-थू करने लगे।**

(घ) लड़कों को कक्षा के बाहर खड़ा देखकर अध्यापक **आग-बबूला** हो गया।

पाठेतर सक्रियता

• *इस आत्मकथ्य से हमें यह जानकारी मिलती है कि कैसे लेखिका का परिचय साहित्य की अच्छी पुस्तकों से हुआ। आप इस जानकारी का लाभ उठाते हुए अच्छी साहित्यिक पुस्तकें पढ़ने का सिलसिला शुरू कर सकते हैं।* **कौन जानता है कि आप में से ही कोई अच्छा पाठक बनने के साथ-साथ अच्छा रचनाकार भी बन जाए।**

उत्तर–छात्र पुस्तकालय जाकर पुस्तकें पढ़ें।

• *लेखिका के बचपन के खेलों में लँगड़ी टाँग, पकड़म-पकड़ाई और काली-टीलो आदि शामिल थे। क्या आप भी यह खेल खेलते हैं। आपके परिवेश में इन खेलों के लिए कौन-से शब्द प्रचलन में हैं।* **इनके अतिरिक्त आप जो खेल खेलते हैं उन पर चर्चा कीजिए।**

उत्तर–छात्र स्वयं करें।

• *स्वतंत्रता आंदोलन में महिलाओं की भी सक्रिय भागीदारी रही है।* **उनके बारे में जानकारी प्राप्त कीजिए और उनमें से किसी एक पर प्रोजेक्ट तैयार कीजिए।**

उत्तर–छात्र तैयार करें।

नमूने के तौर पर यहाँ 9 वर्षीय शिवांक की डायरी का एक पन्ना दिया जा रहा है–

30 मार्च, 2021 बुधवार

आज सुबह पापा ने जल्दी से मुझे उठाया और कहा, ''देखो-देखो, बारिश हो रही है, ओले गिर रहे हैं। बहुत ठंड पड़ रही है।'' फिर मैं जल्दी से उठा और पापा से कहा, ''दीदी को भी उठाओ।'' फिर हमने देखा कि हमारे घर के सामने वाले ग्राउंड में हरी-हरी घास पर सफ़ेद-सफ़ेद ओले गिर रहे थे। ऐसा लग रहा था किसी ने चमेली के फूल गिरा रखे हैं। बहुत अच्छा लग रहा था। ओले पड़ रहे थे। बारिश हो रही थी, चिड़िया भाग रही थी, कौए परेशान थे, पेड़ काँप रहे थे, बिजली चमक रही थी, बादल डरा रहे थे। एक चिड़िया हमारी खिड़की पर डरी-डरी बैठी थी। बहुत देर तक बैठी रही। फिर उड़ गई। अभी तक कोई बच्चा खेलने नहीं निकला। इसलिए मैं आज जल्दी डायरी लिख रहा हूँ। सुबह के दस बजे हैं। मैं अपना सीरियल देखने जा रहा हूँ। आज मेरा न्यू इंक पेन और पेंसिल बॉक्स आया। आज दोपहर को धूप निकली, फिर हम खेलने निकले। आजकल हम लोग मिट्टी के गोले बना के सुखा देते हैं फिर हम उनके ऊपर पेंटिंग करते हैं उसके बाद फिर उनसे खेलते हैं।

जानिए लँगड़ी की कुश्ती कैसे खेली जाती है–

एक स्थान में बीच की लाइन के बराबर फासले पर दो लाइनें खींची जाती हैं। दो खिलाड़ी बीच की लाइन पर आकर लँगड़ी बाँधकर अपने मुकाबले वाले को अपनी-अपनी लाइन के पार खींच ले जाने की कोशिश करते हैं। जिसकी लँगड़ी टूट जाती है अथवा जो खिंच जाता है उसकी हार होती है। यह खेल टोलियों में भी खेला जाता है। दिए हुए समय के अंदर जिस टोली के अधिक बच्चे लँगड़ी तोड़ देते हैं अथवा खिंच जाते हैं उस टोली की हार होती है।

VI. अन्य महत्त्वपूर्ण परीक्षोपयोगी प्रश्नोत्तर

प्रश्न 1. शीला अग्रवाल कौन थी? उनका मन्नू पर क्या प्रभाव पड़ा था? *[CBSE 2017]*

उत्तर–शीला अग्रवाल मन्नू भंडारी के कॉलेज में प्राध्यापिका थीं। वे स्वयं बहुत जागरूक, क्रांतिकारी, विचारवान और जोशीली महिला थीं। उनके विचारों से प्रभावित होकर मन्नू भंडारी के जीवन में भी सामाजिक जागरूकता आ गई।

प्रश्न 2. लेखिका मन्नू भंडारी के मन में उपजी हीनता की ग्रंथि का क्या दुष्परिणाम हुआ? पठित पाठ के आधार पर लिखिए। *[CBSE 2017]*

उत्तर–लेखिका मन्नू भंडारी के मन में उपजी हीनता-ग्रंथि का दुष्परिणाम यह हुआ कि वह स्वयं को हीन मानने लगी। यहाँ तक कि जब उसे सम्मान मिले, पुरस्कार मिले, नाम मिला तब भी उसे मन-ही-मन ऐसा लगता रहा कि ये सब उपलब्धियाँ उसकी अपनी नहीं हैं बल्कि तुक्के से मिली हैं। उसका आत्मविश्वास नष्ट हो गया।

प्रश्न 3. 'एक कहानी यह भी' के आधार पर बताइए कि लेखिका के व्यक्तित्व पर किन-किन व्यक्तियों का किस रूप में प्रभाव पड़ा? *[CBSE 2015]*

उत्तर–लेखिका के व्यक्तित्व पर अपने पिता और शिक्षिका शीला अग्रवाल का गहरा प्रभाव था। पिता ने उन्हें जागरूक, हिम्मती और स्वाभिमानी बनने की प्रेरणा दी। लेखिका ने यह प्रोत्साहन पाकर देश की राजनीतिक हलचल में भाग लेना शुरू कर दिया।

शीला अग्रवाल ने लेखिका को हड़तालों, जुलूसों और आंदोलनों में बढ़-चढ़कर भाग लेने की प्रेरणा दी। उनकी प्रेरणा पाकर लेखिका ने पूरे कॉलेज में हड़ताल करवा दी और भरे चौक में धुआँधार भाषण दिया।

प्रश्न 4. लेखिका मन्नू भंडारी के पिता रसोईघर को क्या मानते थे, और क्यों? *[CBSE 2015]*

उत्तर–लेखिका के पिता एक जागरूक बुद्धिजीवी थे। वे चाहते थे कि उनकी बेटी अपने जीवन में सजग, जागरूक और बुद्धिमती नागरिक बने। उस समय की अधिकतर लड़कियों को घर और रसोई के कामकाज़ में कुशल बनने की शिक्षा दी जाती थी। लेखिका के पिता को अपनी लड़की को घर की रसोई तक सीमित रखना पसंद नहीं था। इसलिए वे 'रसोई' को भटियारखाना कहते थे जिसमें लड़की की सारी प्रतिभा नष्ट हो जाती है।

प्रश्न 5. देश के स्वतंत्रता आंदोलन में मन्नू भंडारी की भागीदारी के दो उदाहरण दीजिए। *[CBSE 2015]*

अथवा

'एक कहानी यह भी' पाठ में लेखिका ने आज़ादी के आंदोलन में अपनी भागीदारी किस प्रकार निभाई थी? *[CBSE 2016]*

उत्तर–देश के स्वतंत्रता आंदोलन में मन्नू भंडारी ने घर की चारदीवारी लाँघकर हड़तालों, जुलूसों में भाग लेना शुरू कर दिया। उसने भरी सभा में जोरदार भाषण दिया।

दूसरा उदाहरण–नवयुवकों ने आज़ाद हिंद फौज पर चलने वाले मुकदमों का विरोध किया। स्कूल, कॉलेज, दुकानें बंद करवा दी गईं। उस आंदोलन में मन्नू भंडारी ने बढ़-चढ़कर भाग लिया।

☞ **प्रश्न 6. 'एक कहानी यह भी' आपको क्या प्रेरणा/संदेश देती है?** **[Imp.]**

उत्तर–'एक कहानी यह भी' नामक आत्मकथा हमें अनेक संदेश देती है। पहला संदेश यह है कि स्वतंत्रता और जन-आंदोलन पर केवल पुरुषों का ही अधिकार नहीं है। स्त्रियाँ भी इसमें बराबर की भागीदार होनी चाहिए। इसे पढ़कर लड़कियों और स्त्रियों को भी संघर्ष करने की प्रेरणा मिलती है।

दूसरा संदेश यह है कि सत्य और स्वतंत्रता के मार्ग में हमारे बड़े-बुजुर्ग और प्रियजन भी बाधा बन सकते हैं। हमें उनसे संघर्ष को टालते हुए स्वतंत्रता की राह नहीं छोड़नी चाहिए।

तीसरा संदेश यह है कि हम चाहकर भी अपनी परंपराओं, पूर्वजों और अतीत से नहीं कट सकते। वे किसी-न-किसी प्रकार हमारे व्यक्तित्व को प्रभावित करते हैं।

प्रश्न 7. *मन्नू भंडारी यदि कहती हैं कि उनके बचपन में पूरा मोहल्ला उनका घर होता था।* **लेखिका ने वर्तमान स्थिति के बारे में क्या कहा?** *[CBSE 2019]*

उत्तर–वर्तमान में हम लोग पड़ोस कल्चर से पूरी तरह वंचित हो गए हैं। अब हम पड़ोस के मित्रवत वातावरण से कटकर बिल्कुल अकेले, असुरक्षित और असहाय बन गए हैं।

प्रश्न 8. मन्नू भंडारी के पिता ने अपनी आर्थिक विवशताएँ कभी बच्चों को क्यों नहीं बताई होंगी? *[CBSE 2020]*

उत्तर–मन्नू भंडारी के पिता बड़े स्वाभिमानी थे। वे नहीं चाहते थे कि उनकी पराजय के किस्से बच्चों तक पहुँचे। वे इन संकटों को खुद झेलना चाहते थे। इसलिए उन्होंने अपनी आर्थिक विवशताएँ बच्चों को कभी नहीं बताईं।

प्रश्न 9. मन्नू भंडारी की ऐसी कौन-सी खुशी थी जो प्रथम स्वतंत्रता दिवस की खुशी में समाकर रह गई? *[CBSE 2020]*

उत्तर–मन्नू भंडारी को स्वतंत्रता की लड़ाई में प्रेरणा देने वाली थीं–शीला अग्रवाल। सन् 1947 में कॉलेज की प्राचार्या ने उन्हें कॉलेज का माहौल बिगाड़ने के आरोप में नोटिस थमा दिया। इस पर बी.ए. थर्ड इयर की छात्राओं ने हंगामा किया। अगस्त में आकर प्राचार्या थक-हार गईं और उन्होंने थर्ड इयर की पढ़ाई शुरू करा दी। लेखिका के लिए यह बहुत बड़ी खुशी थी। परंतु 15 अगस्त, 1947 को भारत अंग्रेज़ों की दासता से मुक्त हो गया। यह खुशी शताब्दी की सबसे बड़ी खुशी थी। इस महान खुशी में कॉलेज की खुशी समा गई।

प्रश्न 10. *"विद्यार्थी जीवन में योग्य शिक्षक सही दिशा दिखाने वाले मार्गदर्शक होते हैं।"* **इस कथन पर अपने विचार व्यक्त कीजिए।** *[CBSE 2020]*

उत्तर–विद्यार्थी जीवन के सबसे नायक होते हैं–योग्य शिक्षक। यदि कोई योग्य शिक्षक अपने विद्यार्थियों के मन में पवित्र प्रेरणा जगा दे तो उन विद्यार्थियों का जीवन जगमगा उठता है। शीला अग्रवाल ने अपनी शिष्या मन्नू भंडारी को स्वतंत्रता संग्राम में जूझने की प्रेरणा देकर यही महान भूमिका निभाई थी।

VII. बहुविकल्पी प्रश्नोत्तर

निम्नलिखित प्रश्नों के सही उत्तर वाले विकल्प चुनिए–

1. *'एक कहानी यह भी' में देश की किन परिस्थितियों का वर्णन है?*
   (क) नारी-स्वतंत्रता का (ख) देश की स्वतंत्रता का
   (ग) किसान आंदोलन का (घ) मजूदर आंदोलन का
2. *लेखिका के पिताजी बेटी को क्या बनाना चाहते थे?*
   (क) सफल गृहस्थी (ख) आदर्श नारी
   (ग) सजग नारी (घ) स्वतंत्रता सेनानी
3. *पिता ने लेखिका के भाषणों का विरोध क्यों किया?*
   (क) आवारागर्दी के भय से (ख) बदनामी के भय से
   (ग) लोगों की टीका-टिप्पणियों के भय से (घ) गलत कार्य करने के भय से।
4. *बचपन में लेखिका के पिता उस पर अधिक ध्यान क्यों नहीं देते थे?*
   (क) छोटी होने के कारण (ख) शरारती होने के कारण
   (ग) नासमझ होने के कारण (घ) रूप-प्रभाव में कमज़ोर होने के कारण
5. *लेखिका के पिता किस कारण गुस्से में रहने लगे?*
   (क) रिश्तेदारों की अनेदखी के कारण (ख) आर्थिक धोखे के कारण
   (ग) बच्चों के अनुशासन होने के कारण (घ) देश की गुलामी के कारण

6. *पिताजी अपनी बिटिया को रसोई से दूर क्यों रखते थे?*
(क) ताकि वे रसोई के कामों में रुचि न लें (ख) ताकि वे आदेश चलाना सीखें
(ग) ताकि वे पढ़-लिखकर समाज पर ध्यान दें (घ) ताकि वे आराम से जी सकें

7. *कॉलेज में अपनी बिटिया का दबदबा देखकर पिताजी–*
(क) बहुत निराश हुए (ख) बहुत उत्साहित हुए
(ग) बहुत गुस्से हुए (घ) बहुत डर गए

उत्तर– 1. (ख) 2. (ग) 3. (ग) 4. (घ) 5. (ख)
6. (ग) 7. (ख)

प्रश्न-अभ्यास

प्रश्न 1. *'एक कहानी यह भी'* पाठ की लेखिका के व्यक्तित्व को किन-किन व्यक्तियों ने किस रूप में प्रभावित किया? *[CBSE 2008; 2012]*

प्रश्न 2. मन्नू भंडारी और उनके पिता के बीच मतभेद के दो कारण लिखिए। *[CBSE 2019]*

प्रश्न 3. अपने पिता से मन्नू भंडारी के वैचारिक मतभेद को अपने शब्दों में लिखिए। *[CBSE 2019]*

प्रश्न 4. मन्नू भंडारी ने यह क्यों कहा है कि अपनी ज़िंदगी खुद जीने के कल्चर ने हमें *'पड़ोस कल्चर'* से विच्छिन्न कर दिया है। *[CBSE 2012]*

प्रश्न 5. मन्नू भंडारी के पिता की कौन-कौन सी विशेषताएँ अनुकरणीय हैं? *[CBSE 2016]*

प्रश्न 6. मन्नू भंडारी के पिता ने आर्थिक विवशताएँ कभी बच्चों को क्यों नहीं बताई? *[CBSE 2016]*

प्रश्न 7. *'एक कहानी यह भी'* पाठ के आधार पर लेखिका के पिताजी के दो सकारात्मक और नकारात्मक गुणों का उल्लेख कीजिए। *[CBSE 2016]*

प्रश्न 8. मन्नू भंडारी ने किन रचनाओं को पढ़कर अपनी साहित्य की दुनिया को वृहद आयाम दिया था? *[CBSE 2016]*

प्रश्न 9. लेखिका मन्नू भंडारी का अपने पिता से वैचारिक टकराव का सिलसिला कब से और क्यों चला? *[CBSE 2016]*

प्रश्न 10. मन्नू भंडारी ने साहित्यिक क्षेत्र में पदार्पण करके किन-किन लेखकों की रचनाएँ पढ़ी थीं? *[CBSE 2016]*

प्रश्न 11. लेखिका मन्नू भंडारी के पिताजी के मुख पर गर्व और संतोष का क्या कारण था? *[CBSE 2016]*

प्रश्न 12. लेखिका के पिता उसे रसोईघर से दूर किस कारण से रखना चाहते थे? 'एक कहानी यह भी' पाठ के आधार पर स्पष्ट कीजिए। *[CBSE 2016]*

प्रश्न 13. लेखिका के भाइयों का और स्वयं मन्नू भंडारी का खेल गतिविधियों का दायरा कहाँ तक था? पठित पाठ के आधार पर लिखिए। *[CBSE 2016]*

प्रश्न 14. लेखिका के पिता ने रसोई को भटियारखाना कहकर क्यों संबोधित किया है? *[CBSE 2015]*

प्रश्न 15. डॉ. अंबालाल ने भंडारी जी को घर से बाहर निकलने को क्यों कहा? *'एक कहानी यह भी'* पाठ के आधार पर बताइए। *[CBSE 2015]*

11. नौबतखाने में इबादत

(यतींद्र मिश्र)

I. लेखक-परिचय

प्रश्न–यतींद्र मिश्र के जीवन तथा साहित्य का परिचय दीजिए।

उत्तर–जीवन-परिचय–यतींद्र मिश्र का जन्म सन् 1977 में रामजन्मभूमि अयोध्या में हुआ। उन्होंने लखनऊ विश्वविद्यालय से हिंदी में एम.ए. किया। वे स्वतंत्र लेखक हैं। आजकल वे स्वतंत्र रूप में लेखन करने के साथ-साथ 'सहित' नामक अर्द्धवार्षिक पत्रिका का संपादन भी कर रहे हैं। सन् 1999 से लेकर अब तक वे 'विमला देवी फाउंडेशन' नामक न्यास का संचालन कर रहे हैं। यह न्यास साहित्य और कलाओं के विकास में संलग्न है।

रचनाएँ–यतींद्र मिश्र के तीन काव्य-संग्रह प्रकाशित हो चुके हैं–

यदा-कदा, अयोध्या तथा अन्य कविताएँ, ड्योढ़ी पर आलाप।

उन्होंने शास्त्रीय गायिका गिरिजा देवी के जीवन तथा व्यक्तित्व पर **'गिरिजा'** नामक पुस्तक की रचना की। वे **द्विजदेव** ग्रंथावली के सह-संपादक भी रहे। उन्होंने प्रसिद्ध कवि कुँवर नारायण पर आधारित दो पुस्तकों की रचना की। उन्होंने स्पिक मैके के लिए विरासत-2001 के कार्यक्रम हेतु **थाती** नामक पत्रिका का संपादन भी किया।

सम्मान–यतींद्र मिश्र बहुप्रशंसित रचनाकार हैं। उन्हें भारत भूषण अग्रवाल कविता सम्मान, हेमंत स्मृति कविता पुरस्कार, ऋतुराज सम्मान आदि अनेक पुरस्कार प्राप्त हुए। वे कला और साहित्य के समर्पित रचनाकार हैं।

II. पाठ का सार

प्रश्न–यतींद्र मिश्र द्वारा रचित 'नौबतखाने में इबादत' नामक पाठ का सारांश अपने शब्दों में लिखिए।

उत्तर–'नौबतखाने में इबादत' प्रसिद्ध शहनाईवादक बिस्मिल्ला खाँ के जीवन पर आधारित पाठ है। इसका सार इस प्रकार है–

बालाजी मंदिर में शहनाईवादन–सन् 1916 से 1922 तक का समय। काशी के पंचगंगा घाट पर बालाजी मंदिर की ड्योढ़ी से मंगलध्वनि आ रही है। अमीरुद्दीन यानि अब्दुल्ला खाँ अभी छः साल का है और बड़ा भाई शम्सुद्दीन नौ साल का। उनके मामूजान सादिक हुसैन और अलीबख्श देश के जाने-माने शहनाईवादक हैं। वे अपने दिन की शुरुआत बालाजी मंदिर की ड्योढ़ी से करते हैं। वे मुलतानी, कल्याण, ललित और भैरवी राग की बातें करते रहते हैं। अमीरुद्दीन को कुछ नहीं पता कि राग किस चिड़िया का नाम है।

डुमराँव का महत्त्व–डुमराँव अब्दुल्ला खाँ की जन्मभूमि है। इसके अतिरिक्त डुमराँव का इतिहास में कोई स्थान नहीं। हाँ, डुमराँव में सोन नदी है। उसके किनारे रीड और नरकट पाई जाती है। इनका शहनाईवादन में बहुत उपयोग होता है। इस प्रकार शहनाई और डुमराँव का आपस में गहरा संबंध है।

रसूलनबाई और बतूलनबाई का प्रभाव–अमीरुद्दीन अब 14 वर्ष का है। उसे प्रतिदिन बालाजी के मंदिर में रियाज़ करने जाना पड़ता है। वह उस रास्ते को पसंद करता है जिस पर रसूलनबाई तथा बूतलनबाई नामक दो बहनों का ठिकाना है। ये सुबह-सुबह ठुमरी, टप्पे या दादरा गाती मिलती हैं। अब्दुल्ला मानते हैं कि बचपन में इन्हीं दोनों बहनों ने उन्हें संगीत की प्रेरणा दी।

शहनाई का इतिहास–शहनाई का उल्लेख वैदिक इतिहास में नहीं मिलता। अरब देशों में फूँककर बजाए जाने वाले वाद्यों को 'नय' कहते हैं। शहनाई 'शाहे-नय' मानी जाती है। सोलहवीं शताब्दी में तानसेन ने जो बंदिशें रची थीं, उनमें शहनाई का उल्लेख हुआ है। अवधी के परंपरागत गीतों और चैती में शहनाई का उल्लेख बार-बार मिलता है। दक्षिण भारत के मंगल वाद्य 'नागस्वरम्' की तरह शहनाई प्रभाती की मंगलध्वनि का सूचक है।

बिस्मिल्ला खाँ की कामना–बिस्मिल्ला खाँ पिछले अस्सी वर्षों से खुदा से एक ही नेमत माँगते हैं–सच्चे सुर की नेमत। इसी के लिए वे रोज खुदा के सामने झुकते हैं। वे खुदा से कहते हैं–खुदा, मुझे ऐसा सच्चा सुर दे जिसकी तासीर से लोगों की आँखों से आँसू निकल आएँ। उन्हें विश्वास है कि खुदा एक दिन उन्हें सुर का फल अवश्य देगा। वास्तव में बिस्मिल्ला खाँ की स्थिति उस हिरन जैसी थी जिसकी गमक उसकी नाभि में होती है, परंतु वह उसे बाहर खोजता फिरता है।

मुहर्रम के दिन बिस्मिल्ला की शहनाई–बिस्मिल्ला खाँ की शहनाई के साथ मुहर्रम का त्योहार जुड़ा हुआ है। मुहर्रम पर शिया मुसलमान हज़रत इमाम हुसैन और उसके कुछ वंशज़ों के प्रति शोक मनाते हैं। पूरे दस दिनों तक उनके यहाँ न कोई संगीत-कार्यक्रम होता है, न शहनाई बजाई जाती है। आठवीं तारीख को अब्दुल्ला दालमंडी में फातमान से आठ किलोमीटर की दूरी तक पैदल चलकर शोक मनाते हैं। उस दिन अन्य कोई राग-रागिनी नहीं बजती। अब्दुल्ला की आँखें शहादत की याद में नम रहती हैं। शोक मनाया जाता है। ऐसे अवसर पर अब्दुल्ला का मानवीय चेहरा दिखाई देता है।

सुलोचना के प्रशंसक–अब्दुल्ला कभी-कभी जवानी के दिनों की याद करते हैं तो कुलसुम हलवाइन की कचौड़ी और सुलोचना को याद करते हैं। सुलोचना उनकी पंसदीदा हीरोइन थी। उन्हें याद करके वे खिस्स से हँस पड़ते हैं।

उन्हें बचपन की अन्य अनेक बातें याद हैं। अमीरुद्दीन चार साल का ही था, जब वह अपने नाना को शहनाई बजाते हुए सुनता था। उनके जाने पर वह शहनाइयों की भीड़ से नाना की मीठी वाली शहनाई को खोजता था। इसी प्रकार उसे याद है कि जब उसके मामू शहनाई बजाते हुए सम पर आते थे तो अब्दुल्ला धड़ से एक पत्थर जमीन पर मारता था। यह उसका दाद देने का ढंग था।

अब्दुल्ला को बचपन में फिल्म देखने का बेहद शौक था। वह मामू, मौसी और नाना से दो-दो पैसे लेकर टिकट की लंबी लाइन में लगता था और फ़िल्म देखता था। वह सुलोचना की कोई भी फ़िल्म नहीं छोड़ता था। उसे कुलसुम का देशी घी में कचौड़ी तलना भी संगीतमय लगता था। खाँ साहब रियाज़ी भी थे और स्वादी भी।

बालाजी के प्रति असीम श्रद्धा–काशी में संगीत-आयोजन प्राचीनकाल से होता चला आ रहा है। हनुमान जयंती के अवसर पर संकटमोचन मंदिर में हर साल अब्दुल्ला उपस्थित रहते हैं। खाँ साहब की काशी विश्वनाथ के प्रति अपार श्रद्धा है। जब वे काशी से बाहर होते हैं, तब भी कुछ समय के लिए विश्वनाथ व बाला मंदिर की तरफ़ मुँह करके अपनी श्रद्धा प्रकट करते हैं।

काशी और अब्दुल्ला का अटूट संबंध–अब्दुल्ला कहते हैं–शहनाई और काशी से बढ़कर हमारे लिए कोई जन्नत नहीं। यहाँ हमारे पुरखों ने बालाजी मंदिर में शहनाई बजाई। अत: हम यहाँ के मंदिर, शहनाई और गंगा-मैया को छोड़कर कहाँ जाएँ?

काशी संस्कृति की पाठशाला है। शास्त्रों में इसे आनंदकानन कहा गया है। यहाँ कलाधर हनुमान, नृत्य विश्वनाथ, कंठे महाराज, विद्याधरी, बड़े रामदास, मौजुद्दीन खाँ और अब्दुल्ला खाँ हैं। इन सबसे उपकृत होने वाला रसिक-समाज है। यहाँ की अपनी बोली और तहज़ीब है, उत्सव और गम हैं। यहाँ संगीत, भक्ति, धर्म, कला, कजरी, चैती, विश्वनाथ, बिस्मिल्ला, गंगाद्वार मिलकर एक हो गए हैं।

बिस्मिल्ला खाँ की शहनाई का प्रभाव–अकसर उत्सवों में शहनाई सुनकर लोग कहते हैं–ये बिस्मिल्ला हैं। उनकी शहनाई का सुर और जादू सुनने वालों के सिर पर चढ़ने लगता है। शहनाई में सरगम, ताल और राग का अद्‌भुत मेल है। उनकी शहनाई सुनकर लोग 'सुबहान अल्लाह' कहते हैं तो अब्दुल्ला 'अलहमदुलिल्लाह' कहते हैं। बिस्मिल्ला ने अपनी साधना से अजान की तासीर को शहनाई में समा दिया। देखते-देखते डेढ़ सतक का साज दो सतक का बन गया। वह साज़ों की कतार में सरताज हो गई।

एक दिन बिस्मिल्ला की एक शिष्या ने डरते-डरते उन्हें कहा–बाबा! आप भारत-रत्न पा चुके हैं। इतने प्रतिष्ठित कलाकार होकर भी फटी तहमद क्यों पहनते हैं। खाँ साहब मुसकराए। लाड़ से बोले–'धत्! पगली, ई भारत-रत्न हमको शहनईया पे मिला है, लुंगिया पे नाहीं। तुम लोगों की तरह बनाव-सिंगार देखते रहते, तो उमर ही बीत जाती, हो चुकती शहनाई।' फिर बोले–ठीक है बिटिया, आगे से नहीं पहनेंगे। मालिक से यही दुआ है–फटा सुर न बख्शें। लुंगिया का क्या है, आज फटी है, तो कल सी जाएगी।

काशी का प्राचीन परंपराओं के प्रति मोह–बिस्मिल्ला खाँ को पक्का महाल से मलाई बरफ बेचने वालों का नदारद होना खलता है। अब देशी घी और कचौड़ी-जलेबी में भी वह बात नहीं रही। उन्हें अफ़सोस है कि अब गायक अपने संगतकारों के प्रति आदर नहीं रखते।

काशी में बाबा विश्वनाथ और बिस्मिल्ला खाँ का जिस प्रकार अटूट संबंध है, उसी प्रकार मुहर्रम-ताजिया, होली-अबीर और गुलाल की गंगा-जमुनी संस्कृति भी एक-दूसरे के पूरक हैं। इनमें से कुछ परंपराएँ इतिहास बन चुकी हैं। अभी भी काशी संगीत की थाप पर जागती और सोती है। उस्ताद बिस्मिल्ला खाँ ने हमेशा काशी में रहने वाली दो कौमों को भाईचारे से रहना सिखाया है।

बिस्मिल्ला खाँ को भारत-रत्न के अतिरिक्त अनेक विश्वविद्यालयों से मानद उपाधियाँ मिलीं। पद्‌म विभूषण सम्मान मिला। वे लगातार 80 वर्षों तक संगीत के नायक बने रहे। उन्होंने इतना लंबा जीवन संगीत को संपूर्णता से सीखने के लिए समर्पित किए रखा।

III. कठिन शब्दों के अर्थ

पृष्ठ 81

नौबतखाना–प्रवेश-द्वार के ऊपर मंगल ध्वनि बजाने का स्थान। **इबादत**–पूजा। **घाट**–नदी के किनारे बना पक्का चबूतरा। **ड्योढ़ी**–दहलीज। **मंगलध्वनि**–आनंददायक आवाज़। **किस चिड़िया को कहना**–पूरी तरह अनजान होना। **मामूजान**–प्रिय मामा। **वगैरह**–आदि। **भीमपलासी, मुलतानी**–विभिन्न रागों के दो नाम। **वाज़िब**–ठीक, उचित, योग्य। **लिहाज**–योग्यता रखने वाली। **गोया**–हाँ, फिर भी। **मामाद्वय**–दो मामा। **वादक**–बजाने वाला। **विभिन्न**–अनेक। **रियासत**–शासन, क्षेत्र। **रोज़नामचा**–खाता, दैनिक कार्यक्रम। **विग्रह**–मूर्ति। **खानदानी पेशा**–परिवार का व्यवसाय। **ननिहाल**–नाना का घर। **उपयोगी**–काम आने वाला। **महत्ता**–महत्त्व। **वाद्य**–बाजा। **साहबजादा**–पुत्र।

पृष्ठ 82

मसलन–यानि कि, अर्थात्। **रियाज़**–अभ्यास। **बोल-बनाव**–गानों और सुरों की रचना। **ठुमरी**–एक चलता गाना। **टप्पा**–गाने की एक शैली। **दादरा**–एक गायन-शैली। **मार्फत**–द्वारा, माध्यम से। **साक्षात्कार**–भेंट। **आसक्ति**–आकर्षण, मोह, खिंचाव। **अबोध**–अनजान। **अनुभव**-तजुरबा। **स्लेट**–लिखावट। **संगीत प्रेरणा**–संगीत सीखने की भावना। **वर्णमाला**–आरंभिक ज्ञान। **उकेरी**–जगाई। **उल्लेख**–वर्णन, जिक्र। **शास्त्रांतर्गत**–शास्त्र में। **सुषिर-वाद्य**–खोखले यंत्र, बजने वाले ऐसे यंत्र जिनमें सूराख होते हैं। **नाड़ी**–तने का खोखला डंठल। **शाह**–राजा। **उत्तरार्द्ध**–बाद वाला भाग। **बंदिश**–सुरों की रचना। **शृंगी**–सींग से बना वाद्ययंत्र। **मुरछंग**–एक प्रकार का लोक वाद्ययंत्र। **पारंपरिक**–परंपरा से प्राप्त। **चैती**–एक तरह का चलता गाना। **मंगल**–आनंद। **परिवेश**–वातावरण। **प्रतिष्ठित**–स्थापित। **मांगलिक विधि-विधान**–कल्याणकारी आयोजन, मंगलकारी

कार्यक्रम। **प्रयुक्त**–प्रयोग किया हुआ। **प्रभाती**–सुबह की जाने वाली आनंददायक ध्वनि। **संपूरक**–पूरा करने वाला। **नायक**–नेता। **सुर**–मंगल ध्वनि। **नेमत**–वरदान। **सज़दा**–माथा टेकना। **बख्शना**–देना। **तासीर**–असर, प्रभाव। **अनगढ़**–सहज रूप से, जो बनावटी न हों। **यकीन**–विश्वास। **मेहरबान**–कृपालु। **मुराद**–इच्छा, कामना। **ऊहापोह**–उलझन, अनिश्चय। **दुश्चिंता**–बेकार की चिंता। **दुर्बलता**–कमज़ोरी। **तिलिस्म गढ़ना**–नई योजना-रचना करना, जादू-भरी कलाकारी दिखलाना। **महक**–सुगंध।

पृष्ठ 83

गमक–खुशबू, सुगंध। **बरतना**–प्रयोग करना। **तमीज़**–ढंग, सीख, शिक्षा। **सलीका**–ढंग। **वंशज**–परिवार के सदस्य। **अज़ादारी**–शोक मनाना। **शिरकत करना**–सम्मिलित होना, भागीदारी करना। **खास**–विशेष। **महत्त्व**–काम की। **नौहा बजाना**–करबला के शहीदों पर लिखे हुए शोक-गीत की धुन में वाद्य बजाना। **अदायगी**–प्रस्तुति। **निषेध**–रोक, मनाही। **शहादत**–कुर्बानी, बलिदान। **नम**–गीली। **पुनर्जीवित**–फिर-से जीवित होना। **संपन्न**–पूरा होना। **सहज**–स्वाभाविक। **मानवीय रूप**–मानवीय भावनाओं से युक्त रूप। **गमज़दा**–दुख से भरपूर। **माहौल**–वातावरण। **सुकून**–चैन। **क्षण**–अवसर। **जुनून**–नशा, झक, सनक। **अब्बाजान**–पिता। **उस्ताद**–गुरु। **रहस्यमय**–रहस्य से भरी, अपने अंदर कई मधुर यादें छिपाए हुए। **बदस्तूर**–तरीके से, कायदे से। **कायम**–बनी हुई।

पृष्ठ 84

बालसुलभ–बच्चों में पाई जाने वाली। **ज़िक्र**–चर्चा। **नैसर्गिक**–प्राकृतिक, स्वाभाविक। **आँखें चमकना**–आँखों में आनंद प्रकट होना। **खारिज़ करना**–बेकार समझकर छोड़ना। **सम**–लय की समाप्ति और ताल के आरंभ के बीच की स्थिति। **दाद**–प्रशंसा। **बुखार**–नशा। **मेहनताना**–मेहनत से पाया हुआ पैसा। **शौक**–चाव। **संगीतमय**–संगीत से भरपूर। **कलकलाता**–पूरी तरह गरम। **आरोह-अवरोह**–उतार-चढ़ाव। **राम जाने**–न जाने। **स्वादी**–स्वाद लेने वाले, आनंद लेने वाले। **शक**–संदेह। **हाथ लगना**–प्राप्त होना। **अद्भुत परंपरा**–अनोखा रिवाज़। **आयोजन**–कार्यक्रम का होना। **शास्त्रीय**–शास्त्र की परंपरा के अनुसार। **उपशास्त्रीय**–शास्त्र की परंपराओं के साथ परंतु उसे थोड़ा-बहुत सुगम बनाते हुए। **गायन-वादन**–गाना और बजाना। **उत्कृष्ट**–श्रेष्ठ। **मज़हब**–धर्म। **अत्यधिक**–बहुत अधिक। **समर्पित**–लगे हुए, अर्पित। **श्रद्धा**–आदर। **अपार**–बहुत अधिक। **आस्था**–विश्वास।

पृष्ठ 85

पुश्त–पीढ़ी। **शहनाईवाज़**–शहनाई बजाने वाले। **तालीम**–शिक्षा। **अदब**–लोक-व्यवहार का शालीन ढंग। **जन्नत**–स्वर्ग। **आनंदकानन**–आनंदमय वन, सुखमय जंगल। **रसिक**–आनंद लेने वाला। **उपकृत**–जिस पर उपकार किया गया हो। **जन-समूह**–लोगों का झुंड। **तहज़ीब**–तौर-तरीका, संस्कृति। **विशिष्ट**–विशेष। **गम**–दुख। **सेहरा-बन्ना**–दूल्हे की सेहराबंदी पर गाए जाने वाले गीत। **सिर पर चढ़कर बोलना**–जादू का प्रभाव रखना। **सरगम**–स, रे, ग, म आदि स्वर। **परवरदिगार**–खुदा, परमात्मा। **उस्ताद**–गुरु। **नसीहत**–शिक्षा। **सुबहान अल्लाह**–बहुत अच्छा। **तिस पर**–उस पर। **अलहमदुलिल्लाह**–तमाम तारीफ़ ईश्वर के लिए। **करतब**–जादू, कला। **अजान**–बाँग, नमाज के समय की सूचना ऊँचे स्वर में देना। **साज**–वाद्य-उपकरण, बजाने वाला यंत्र। **कतार**–पंक्ति। **सरताज होना**–सबसे ऊँचा होना। **दुआ लगना**–शुभकामना का असर होना। **लुंगिया**–लुंगी। **खाक**–बेकार, व्यर्थ, शून्य।

पृष्ठ 86

मालिक–परमात्मा। **शिद्दत**–तीव्रता, प्रबलता। **संगती**–संगतकार, गायक के साथ वाद्य-यंत्र बजाने वाले कलाकार। **अफसोस**–दुख। **लुप्त होना**–गायब होना। **सुर साधक**–सुर की साधना करने वाला। **सामाजिक**–समाज का उदार हृदय मनुष्य। **पूरक**–पूरा करने वाला। **ताजिया**–मुहर्रम के अवसर पर चमकीली पन्नियों से बना शव के आकार का ताबूत। **अबीर**–चमकीला पाउडर। **गंगा-जमुनी संस्कृति**–मिली-जुली संस्कृति। **थाप**–ताल। **मरण**–मृत्यु। **मंगल**–कल्याणकारी। **नायाब हीरा**–अनमोल रत्न। **कौम**–जाति। **मानद उपाधि**–मान के रूप में दी जाने वाली उपाधि। **अलंकृत**–सुशोभित। **अजेय**–जिसे जीता न जा सके। **नायक**–हीरो, अगुआ। **संपूर्णता**–पूरी तरह। **एकाधिकार**–पूरी तरह अधिकार रखना। **जिजीविषा**–जीने की इच्छा।

IV. अर्थग्रहण संबंधी प्रश्नोत्तर

प्रश्न–निम्नलिखित गद्यांशों से संबंधित प्रश्नों के उत्तर दीजिए–

1 अमीरुद्दीन की उम्र अभी 14 साल है। मसलन बिस्मिल्ला खाँ की उम्र अभी 14 साल है। वही काशी है। वही पुराना बालाजी का मंदिर जहाँ बिस्मिल्ला खाँ को नौबतखाने रियाज़ के लिए जाना पड़ता है। मगर एक रास्ता है बालाजी मंदिर तक जाने का। यह रास्ता रसूलनबाई और बतूलनबाई के यहाँ से होकर जाता है। इस रास्ते से अमीरुद्दीन को जाना अच्छा लगता है। इस रास्ते न जाने कितने तरह के बोल-बनाव कभी ठुमरी, कभी टप्पे, कभी दादरा के मार्फत ड्योढ़ी तक पहुँचते रहते हैं। रसूलन और बतूलन जब गाती हैं तब अमीरुद्दीन को खुशी मिलती है। अपने ढेरों साक्षात्कारों में बिस्मिल्ला खाँ साहब ने स्वीकार किया है कि उन्हें अपने जीवन के आरंभिक दिनों में संगीत के प्रति आसक्ति इन्हीं गायिका बहिनों को सुनकर मिली है। एक प्रकार से उनकी अबोध उम्र में अनुभव की स्लेट पर संगीत प्रेरणा की वर्णमाला रसूलनबाई और बतूलनबाई ने उकेरी है।

(पृष्ठ 82) [*CBSE 2016*]

प्रश्न *(Set I)*–

(क) *बिस्मिल्ला खाँ कौन थे? बालाजी मंदिर से उनका क्या संबंध है?*

(ख) *रसूलनबाई और बतूलनबाई के यहाँ से होकर बालाजी के मंदिर जाना बिस्मिल्ला खाँ को क्यों अच्छा लगता था?*

(ग) *'रियाज़' से क्या तात्पर्य है?*

उत्तर–

(क) बिस्मिल्ला खाँ प्रसिद्ध शहनाईवादक थे। वे बचपन में शहनाई सीखने के लिए बालाजी के मंदिर जाया करते थे।

(ख) बिस्मिल्ला खाँ को रसूलनबाई और बतूलनबाई के यहाँ से होकर बालाजी के मंदिर जाना इसलिए अच्छा लगता था क्योंकि उन्हें इन दोनों की गायकी बहुत पसंद थी। इसलिए वे उन्हें सुनने के मोह में वहाँ से जाया करते थे।

(ग) अभ्यास।

प्रश्न *(Set-II)*–

1. ***'अमीरुद्दीन'* कौन है?**

(क) बिस्मिल्ला खाँ का पुत्र (ख) स्वयं बिस्मिल्ला खाँ
(ग) बिस्मिल्ला खाँ का पोता (घ) बिस्मिल्ला खाँ का पिता

2. **बिस्मिल्ला खाँ संगीत के अभ्यास के लिए कहाँ जाते थे?**

(क) रसूलनबाई के घर (ख) बतूलनबाई के घर
(ग) बालाजी के मंदिर (घ) काशी विश्वनाथ के मंदिर

3. **बिस्मिल्ला खाँ की संगीत के प्रति रुचि कैसे जागी?**

(क) अपने उस्ताद की कृपा से (ख) रसूलन और बतूलन के संगीत को सुनकर
(ग) काशी विश्वनाथ की कृपा से (घ) मंदिर की आरती से

4. **अमीरुद्दीन को रसूलनबाई और बतूलनबाई के घर वाला रास्ता क्यों भाता था?**

(क) वह दोनों महिलाओं से प्रेम करता था।
(ख) वह दोनों महिलाओं के संगीत को सुनना चाहता था।
(ग) यह रास्ता छोटा पड़ता था।
(घ) वह स्वयं इन बहनों से परिचय बढ़ाना चाहता था।

5. ***'ठुमरी, टप्पे और दादरा'* किनके नाम हैं?**

(क) वाद्ययंत्रों के (ख) छंदों के (ग) गायन-शैलियों के (घ) रागों के

उत्तर– 1. (ख) 2. (ग) 3. (ख) 4. (ख) 5. (ग)

☞ **2** शहनाई के इसी मंगलध्वनि के नायक बिस्मिल्ला खाँ साहब अस्सी बरस से सुर माँग रहे हैं। सच्चे सुर की नेमत। अस्सी बरस की पाँचों वक्त वाली नमाज़ इसी सुर को पाने की प्रार्थना में खर्च हो जाती है। लाखों सज़दे, इसी एक सच्चे सुर की इबादत में खुदा के आगे झुकते हैं। वे नमाज़ के बाद सज़दे में गिड़गिड़ाते हैं–'मेरे मालिक एक सुर बख्श दे। सुर में वह तासीर पैदा कर कि आँखों से सच्चे मोती की तरह अनगढ़ आँसू निकल आएँ।' उनको यकीन है, कभी खुदा यूँ ही उन पर मेहरबान होगा और अपनी झोली से सुर का फल निकालकर उनकी ओर उछालेगा, फिर कहेगा, ले जा अमीरुद्दीन इसको खा ले और कर ले अपनी मुराद पूरी। **[Imp.]** *(पृष्ठ 82)*

प्रश्न *(Set-I)*–

(क) *बिस्मिल्ला खाँ को शहनाई की मंगलध्वनि का नायक क्यों कहा गया है?*

(ख) *बिस्मिल्ला खाँ खुदा से क्या माँगते हैं?*

(ग) *बिस्मिल्ला खाँ किस सुर की तलाश में हैं?*

(घ) *बिस्मिल्ला खाँ को परमात्मा पर किस चीज़ का विश्वास है?*

(ङ) *इस गद्यांश के आधार पर बताइए कि बिस्मिल्ला खाँ अपनी कला को किसकी देन मानते हैं?*

(च) *बिस्मिल्ला खाँ प्रभु के सच्चे भक्त हैं–सिद्ध कीजिए।*

उत्तर–

(क) बिस्मिल्ला खाँ भारतवर्ष के सबसे महान शहनाईवादक हैं। वे पिछले 80 वर्षों से शहनाई बजा रहे हैं। इस क्षेत्र में दूसरा कोई कलाकार उनका सानी नहीं है। शहनाई आनंद-मंगल का वाद्य माना जाता है। इसलिए बिस्मिल्ला खाँ को शहनाई की मंगलध्वनि का नायक कहना ठीक ही है।

(ख) बिस्मिल्ला खाँ खुदा से सच्चे सुर का वरदान माँगते हैं। वे ऐसा सुर चाहते हैं जिसका प्रभाव श्रोताओं को तरल कर दे।

(ग) बिस्मिल्ला खाँ ऐसा सच्चा सुर चाहते हैं जिसमें जबरदस्त प्रभाव हो। जिसे सुनकर लोगों की आँखों से सच्चे मोती की तरह आँसू निकल आएँ। जिसमें हृदय को झंकृत करने की अद्‌भुत शक्ति हो।

(घ) बिस्मिल्ला खाँ को परमात्मा की वरदान-शक्ति पर विश्वास है। उसका विश्वास है कि उसे जो भी कला मिली है, वह खुदा की देन है। आगे भी जो कला प्राप्त होगी, वह खुदा द्वारा प्राप्त होगी।

(ङ) बिस्मिल्ला खाँ कला को खुदा की देन मानते हैं।

(च) बिस्मिल्ला खुदा में पूरा विश्वास रखते हैं। इसलिए वे सच्ची भावना और श्रद्धा से उसके द्वार पर माथा झुकाते हैं। उसके दरबार में सज़दे करते हैं। उससे प्रार्थना करते हैं कि वह उसे सच्चा सुर बख्शे। उसे विश्वास है कि एक-न-एक दिन खुदा उसकी झोली में सच्चा सुर अवश्य देगा।

प्रश्न *(Set-II)*–

1. **'*शहनाई*' किसे कहते हैं?**

(क) एक मिठाई को (ख) दूल्हे की वेशभूषा को
(ग) एक संगीत-साधना को (घ) एक वाद्य-यंत्र को

2. **'*बिस्मिल्ला खाँ*' खुदा से क्या माँगते हैं?**

(क) खुशी (ख) श्रोताओं की खुशी (ग) एक बढ़िया शहनाई (घ) एक सच्चा सुर

3. **बिस्मिल्ला खाँ '*सच्चा सुर*' किसे मानते हैं?**

(क) जो शास्त्रीय हो (ख) जो निर्दोष हो
(ग) जो सुमधुर हो (घ) जो श्रोताओं को मंत्र-मुग्ध कर दे।

4. **बिस्मिल्ला खाँ को किस पर विश्वास है?**

(क) खुदा की कृपा पर (ख) अपनी शहनाई पर (ग) सच्चे सुरों पर (घ) अपने श्रोताओं पर

5. *'तासीर'* का अर्थ है–

(क) स्वाद (ख) आनंद (ग) प्रभाव (घ) रोचकता

उत्तर– 1. (घ) 2. (घ) 3. (घ) 4. (क) 5. (ग)

3 अपने ऊहापोहों से बचने के लिए हम स्वयं किसी शरण, किसी गुफ़ा को खोजते हैं जहाँ अपनी दुश्चिंताओं, दुर्बलताओं को छोड़ सकें और वहाँ से फिर अपने लिए एक नया तिलिस्म गढ़ सकें। हिरन अपनी ही महक से परेशान पूरे जंगल में उस वरदान को खोजता है जिसकी गमक उसी में समाई है। अस्सी बरस से बिस्मिल्ला खाँ यही सोचते आए हैं कि सातों सुरों को बरतने की तमीज़ उन्हें सलीके से अभी तक क्यों नहीं आई। *(पृष्ठ 82-83)*

प्रश्न *(Set-I)*–

(क) *ऊहापोह से क्या आशय है? उससे बचने के लिए हम क्या करते हैं?*

(ख) *दुश्चिंता और दुर्बलता से क्या आशय है?*

(ग) *मानव अपने लिए एक गुफा क्यों खोजता है? वह गुफा किस रूप में हमारे सामने आती है?*

(घ) *अपने लिए नया तिलिस्म गढ़ सकने का अर्थ स्पष्ट कीजिए।*

(ङ) *हिरन जंगल में किसलिए परेशान भटकता है? उसका बिस्मिल्ला से क्या संबंध है?*

उत्तर–

(क) 'ऊहापोह' का अर्थ है–मानसिक उलझन या उधेड़बुन या अनिश्चितता। मन में भ्रम का बना रहना। प्रायः मनुष्य मानसिक उलझन से बचने के लिए किसी अज्ञात गुफा की तलाश करते हैं जहाँ वह पुरानी उलझनें छोड़ सके तथा नई सोच विकसित कर सके। दूसरे शब्दों में, वह मानसिक उलझन को अज्ञात परमात्मा के सामने रख देता है और फिर्-से नया इरादा ठान लेता है।

(ख) दुश्चिंता का अर्थ है–न समाप्त होने वाली चिंता, हमेशा बनी रहने वाली चिंता। 'दुर्बलता' का आशय है–मन की कमज़ोरी। किसी निश्चय पर दृढ़ न रह पाना।

(ग) मानव के मन में अनेक उलझनें होती हैं। वह उन उलझनों से छुटकारा पाना चाहता है तथा नई सच्ची राह खोजना चाहता है। उसे संसार में अन्य किसी मनुष्य के सामने इन उलझनों का हल दिखाई नहीं देता। अतः वह एक ऐसी गुफा खोजता है, जहाँ वह अकेला हो। वह वहाँ अपनी सारी उलझनें और कमज़ोरियाँ छोड़ देना चाहता है। वहीं से वह एक नया संकल्प मन में ठानना चाहता है। वह गुफा खुदा, धर्म, मंदिर-मसजिद के रूप में हमारे सामने आती है।

(घ) अपने लिए नया तिलिस्म गढ़ने का आशय है–अपने उज्ज्वल भविष्य के लिए कोई नया इरादा मन में ठानना, कोई नई योजना बनाना जिसका प्रभाव जादुई हो।

(ङ) हिरन की नाभि में महक होती है। परंतु उसे इसका बोध नहीं होता। वह उसे बाहर जंगल में खोजता-फिरता है। बाहर और अंदर स्पष्ट रूप से कुछ न दीखने के कारण वह प्रायः परेशान घूमता है।

बिस्मिल्ला खाँ की स्थिति भी महक-भरे हिरन जैसी थी। परमात्मा ने उन्हें अपार कला दी थी। कला का सारा जादू उनके जीवन में था। फिर भी वे उसे परमात्मा से माँगते रहे।

प्रश्न *(Set-II)*–

1. *'उहापोह'* का आशय है–

(क) संघर्ष (ख) अस्पष्टता (ग) उधेड़बुन (घ) मुसीबत

2. हम परमात्मा की शरण क्यों खोजते हैं?

(क) अपनी कमी को पूरा करने के लिए। (ख) अपनी उलझनों से बचने के लिए।

(ग) अपने संघर्षों से बचने के लिए। (घ) अपने कष्टों से उबरने के लिए।

3. *'तिलिस्म गढ़ने'* **का आशय है–**

(क) कोई नई योजना बनना (ख) कोई नया काम करना

(ग) कोई चमत्कारी कार्य-योजना बनाना (घ) कुछ करके दिखाना

4. **लेखक हिरन के माध्यम से क्या कहना चाहता है?**

(क) आपकी शक्ति आपके मन में समाई है।

(ख) अपनी आत्मा को खोजो।

(ग) बिस्मिल्ला खाँ जीवन-भर बाहर भटकते रहे।

(घ) बिस्मिल्ला खाँ स्वयं श्रेष्ठ कलाकार होते हुए भी परमात्मा से सुर माँगते रहे।

5. **बिस्मिल्ला खाँ स्वयं को कैसा कलाकार मानते थे?**

(क) बेकार (ख) नौसिखिया (ग) श्रेष्ठ (घ) श्रेष्ठतम

उत्तर– 1. (ग) 2. (ख) 3. (ग) 4. (घ) 5. (ख)

4 इस दिन खाँ साहब खड़े होकर शहनाई बजाते हैं व दालमंडी में फातमान के करीब आठ किलोमीटर की दूरी तक पैदल रोते हुए, नौहा बजाते जाते हैं। इस दिन कोई राग नहीं बजता। राग-रागिनियों की अदायगी का निषेध है इस दिन।

उनकी आँखें इमाम हुसैन और उनके परिवार के लोगों की शहादत में नम रहती हैं। अज़ादारी होती है। हज़ारों आँखें नम। हज़ार बरस की परंपरा पुनर्जीवित। मुहर्रम संपन्न होता है। एक बड़े कलाकार का सहज मानवीय रूप ऐसे अवसर पर आसानी से दिख जाता है। *(पृष्ठ 83)* [*CBSE 2009*]

प्रश्न *(Set-I)*–

(क) *प्रस्तुत अवतरण में किस दिन की बात की जा रही है? उस दिन खाँ साहब क्या करते हैं? और क्यों?*

(ख) *इस विशेष दिन कोई राग क्यों नहीं बजाया जाता?*

(ग) *अवतरण के आधार पर खाँ साहब के चरित्र की दो विशेषताएँ बताइए।*

उत्तर–

(क) मुहर्रम के दिन की। उस दिन खाँ साहब आठ किलोमीटर तक पैदल रोते हुए, नौहा बजाते जाते हैं। कोई राग नहीं बजता। मुहर्रम के महीने में शोक मनाते हैं।

(ख) मुहर्रम के दिनों में पूरे दस दिनों का शोक मनाया जाता है। खाँ साहब के परिवार का कोई व्यक्ति न शहनाई बजाता है, न ही संगीत-कार्यक्रम में हिस्सा लेता है। इन दस दिनों में से आठवाँ दिन विशेष है। इस दिन राग-रागिनियों को बजाने की मनाही है।

(ग) खाँ साहब श्रेष्ठ शहनाईवादक थे।
वे बड़े कलाकार थे।
वे संवेदनशील थे।
वे धार्मिक थे।

प्रश्न *(Set-II)*–

1. **यहाँ किस दिन की चर्चा है?**

(क) ईद के दिन की (ख) काशी विश्वनाथ के समारोह की

(ग) मुहर्रम की (घ) रोजे की

2. **मुहर्रम के दिन बिस्मिल्ला खाँ क्या बजाते जाते हैं?**

(क) शहनाई (ख) रागिनी (ग) नौहा (घ) वाद्य

3. **बिस्मिल्ला खाँ कैसे मनुष्य थे?**

(क) प्रगतिशील (ख) नास्तिक (ग) धार्मिक (घ) कट्टर

4. **मुहर्रम पर किनकी आँखें नम रहती हैं?**

(क) बिस्मिल्ला खाँ की (ख) बिस्मिल्ला के परिवार की

(ग) सभी लोगों की (घ) इमाम हुसैन की

5. **हज़ारों सालों से कौन-सी परंपरा चल रही है?**

(क) मुहर्रम की (ख) शहनाई-वादन की (ग) नौहा बजाने की (घ) राग-रागिनी की

उत्तर– 1. (ग) 2. (ग) 3. (ग) 4. (क) 5. (क)

5 इसी बालसुलभ हँसी में कई यादें बंद हैं। वे जब उनका ज़िक्र करते हैं तब फिर उसी नैसर्गिक आनंद में आँखें चमक उठती हैं। अमीरुद्दीन तब सिर्फ़ चार साल का रहा होगा। छुपकर नाना को शहनाई बजाते हुए सुनता था, रियाज़ के बाद जब अपनी जगह से उठकर चले जाएँ तब जाकर ढेरों छोटी-बड़ी शहनाइयों की भीड़ से अपने नाना वाली शहनाई ढूँढ़ता और एक-एक शहनाई को फेंक कर खारिज़ करता जाता, सोचता–'लगता है मीठी वाली शहनाई दादा कहीं और रखते हैं।' जब मामू अलीबख्श खाँ (जो उस्ताद भी थे) शहनाई बजाते हुए सम पर आएँ, तब धड़ से एक पत्थर ज़मीन पर मारता था। सम पर आने की तमीज़ उन्हें बचपन में ही आ गई थी, मगर बच्चे को यह नहीं मालूम था कि दाद वाह करके दी जाती है, सिर हिलाकर दी जाती है, पत्थर पटक कर नहीं। *(पृष्ठ 84)*

प्रश्न *(Set-I)*–

(क) *बालसुलभ हँसी का क्या आशय है? उनकी यह हँसी कब प्रकट होती थी?*

(ख) *चार वर्षीय अमीरुद्दीन शहनाइयों में से किस शहनाई को खोजता था और क्यों?*

(ग) *अमीरुद्दीन सब शहनाइयों को खारिज क्यों कर डालता था?*

(घ) *अमीरुद्दीन अपने नाना के बारे में क्या सोचता था?*

(ङ) *अमीरुद्दीन के उस्ताद कौन थे?*

उत्तर–

(क) 'बालसुलभ हँसी' का आशय है–बच्चों जैसी भोली और निश्छल हँसी। बिस्मिल्ला खाँ के चेहरे पर यह हँसी तब प्रकट होती थी, जब वे अपने बचपन या जवानी की मीठी-मीठी यादों को याद करते थे।

(ख) चार वर्षीय अमीरुद्दीन अपने नाना के नौबतखाने में रखी अनेक शहनाइयों में से उस शहनाई को खोजना चाहता था, जो कि उसके नाना बजाया करते थे। उसके नाना बहुत मीठी शहनाई बजाते थे। इसलिए वह उन्हीं की शहनाई की तलाश करता था।

(ग) अमीरुद्दीन सब शहनाइयों को बार-बार बजाकर देखता था। किसी में से भी वैसा मीठा स्वर सुनाई नहीं पड़ता था जैसा कि उसके नाना द्वारा बजाई गई शहनाई में से। इस कारण वह एक-एक करके सब शहनाइयों को खारिज कर डालता था।

(घ) अमीरुद्दीन को जब अपने नाना की शहनाई जैसी मधुर शहनाई ढूँढ़ने से नहीं मिलती थी तो वह सोचता था कि शायद नाना ने अपनी मीठी शहनाई कहीं और छिपाकर रख दी है।

(ङ) अमीरुद्दीन के उस्ताद थे उसके मामूजान अलीबख्श खाँ।

प्रश्न *(Set-II)*–

1. *'बालसुलभ हँसी'* **का तात्पर्य है–**

(क) बचकानी हँसी (ख) फूहड़ हँसी (ग) सरल हँसी (घ) व्यर्थ की हँसी

2. **बिस्मिल्ला खाँ के परिवार में शहनाई-वादक कौन थे?**

(क) चाचा (ख) नाना (ग) दादा (घ) पिता

3. **बिस्मिल्ला अपने मामा के शहनाई-वादन पर दाद कैसे देते थे?**
(क) सिर हिलाकर (ख) पत्थर मारकर (ग) थाप देकर (घ) वाह-वाह करके

4. ***'नैसर्गिक आनंद'* का आशय है–**
(क) सच्चा सुख (ख) स्वाभाविक आनंद (ग) सरल सुख (घ) अद्भुत आनंद

5. **अमीरुद्दीन के शहनाई-गुरु कौन थे?**
(क) बिस्मिल्ला खाँ (ख) नाना (ग) अलीबख्श खाँ (घ) रसूलनबाई

उत्तर– 1. (ग) 2. (ख) 3. (ख) 4. (ख) 5. (ग)

6 काशी में संगीत आयोजन की एक प्राचीन एवं अद्भुत परंपरा है। यह आयोजन पिछले कई बरसों से संकटमोचन मंदिर में होता आया है। यह मंदिर शहर के दक्षिण में लंका पर स्थित है व हनुमान जयंती के अवसर पर यहाँ पाँच दिनों तक शास्त्रीय एवं उपशास्त्रीय गायन-वादन की उत्कृष्ट सभा होती है। इसमें बिस्मिल्ला खाँ अवश्य रहते हैं। अपने मजहब के प्रति अत्यधिक समर्पित उस्ताद बिस्मिल्ला खाँ की श्रद्धा काशी विश्वनाथ जी के प्रति भी अपार है। वे जब भी काशी से बाहर रहते हैं तब विश्वनाथ व बालाजी मंदिर की दिशा की ओर मुँह करके बैठते हैं, थोड़ी देर ही सही, मगर इसी ओर शहनाई का प्याला घुमा दिया जाता है और भीतर की आस्था रीड के माध्यम से बजती है। *(पृष्ठ 84)*

प्रश्न *(Set I)*– *[CBSE 2015]*

(क) *काशी की संगीत परंपरा को अद्भुत क्यों कहा गया है?*
(ख) *बिस्मिल्ला खाँ की शहनाई का प्याला काशी की ओर क्यों घूमता था?*
(ग) *बिस्मिल्ला खाँ की भीतरी आस्था कैसे बजती थी?*

उत्तर–

(क) काशी की संगीत परंपरा को अद्भुत इसलिए कहा गया है क्योंकि यह शास्त्रीय और उप-शास्त्रीय संगीत की अत्यंत प्राचीन परंपरा का निर्वाह कर रही है जो कि आज कहीं भी दिखाई नहीं पड़ती।

(ख) बिस्मिल्ला खाँ काशी विश्वनाथ के प्रति अगाध श्रद्धा रखते थे। इसलिए वे जहाँ कहीं भी शहनाई वादन करते थे, पहले काशी मंदिर की तरफ घूमकर आदर अर्पित करते थे।

(ग) बिस्मिल्ला खाँ की भीतरी आस्था शहनाई की रीड के माध्यम से बजती थी।

प्रश्न *(Set-II)*–

1. **काशी का संगीत-आयोजन किस अवसर पर होता है?**
(क) रामलीला के अवसर पर (ख) हनुमान-जयंती के अवसर पर
(ग) विश्वनाथ की पूजा के अवसर पर (घ) संकटमोचन के अवसर पर

2. **संगीत-सभा में किस प्रकार का आयोजन होता है?**
(क) सुगम संगीत का (ख) लोक-संगीत का
(ग) शास्त्रीय संगीत का (घ) शास्त्रीय तथा उपशास्त्रीय संगीत का

3. **बिस्मिल्ला खाँ काशी विश्वनाथ के प्रति–**
(क) आस्थावान नहीं हैं (ख) विरोधी हैं (ग) आस्थावान हैं (घ) सहनशील हैं।

4. **काशी से बाहर संगीत-आयोजनों में बिस्मिल्ला खाँ काशी की ओर मुँह क्यों करते हैं?**
(क) काशी के प्रति श्रद्धा प्रकट करने के लिए (ख) हिंदुओं की खुशी के लिए
(ग) विश्वनाथ के प्रति श्रद्धा प्रकट करने के लिए (घ) सांप्रदायिक एकता प्रकट करने के लिए

5. **बिस्मिल्ला खाँ कैसे मनुष्य थे?**
(क) कट्टर मुसलमान (ख) कट्टर हिंदू (ग) सांप्रदायिक (घ) आस्थावान मनुष्य

उत्तर– 1. (ख) 2. (घ) 3. (ग) 4. (ग) 5. (घ)

7 अक्सर कहते हैं–'क्या करें मियाँ, ई काशी छोड़कर कहाँ जाएँ, गंगा मइया यहाँ, बाबा विश्वनाथ यहाँ, बालाजी का मंदिर यहाँ, यहाँ हमारे खानदान की कई पुश्तों ने शहनाई बजाई है, हमारे नाना तो वहीं बालाजी मंदिर में बड़े प्रतिष्ठित शहनाईवाज़ रह चुके हैं। अब हम क्या करें, मरते दम तक न यह शहनाई छूटेगी न काशी। जिस ज़मीन ने हमें तालीम दी, जहाँ से अदब पाई, वो कहाँ और मिलेगी? शहनाई और काशी से बढ़कर कोई जन्नत नहीं इस धरती पर हमारे लिए।'

[Imp.] *(पृष्ठ 85)*

प्रश्न *(Set-I)*–

(क) *पाठ तथा लेखक का नाम लिखिए।*

(ख) *यह संवाद किसका है?*

(ग) *बिस्मिल्ला खाँ काशी को छोड़कर क्यों नहीं जाना चाहते?*

(घ) *बिस्मिल्ला खाँ का काशी से कई पीढ़ियों का संबंध है–सिद्ध कीजिए।*

(ङ) *बिस्मिल्ला खाँ को काशी से क्या मिला?*

उत्तर–

(क) *पाठ* – नौबतखाने में इबादत

लेखक – यतींद्र मिश्र

(ख) यह संवाद भारत के प्रसिद्ध शहनाईवादक बिस्मिल्ला खाँ का है।

(ग) बिस्मिल्ला खाँ गंगा मैया, बाबा विश्वनाथ और बालाजी के मंदिर से गहरा लगाव रखते हैं। उनके पूर्वजों ने यहाँ रहकर शहनाई बजाई। बिस्मिल्ला खाँ ने इसी धरती पर शिक्षा ली, शहनाई सीखी और अदब पाई। इसलिए वे इस प्यारी धरती को छोड़कर कहीं नहीं जाना चाहते।

(घ) बिस्मिल्ला खाँ के पूर्वज, अर्थात् नाना और मामा कई पीढ़ियों से बाबा विश्वनाथ और बालाजी के मंदिर में शहनाई बजाते आए हैं। बाद में बिस्मिल्ला खाँ ने स्वयं यहाँ शहनाई बजाई। इस प्रकार उनका काशी से बहुत पुराना संबंध है।

(ङ) बिस्मिल्ला खाँ को काशी से तालीम मिली, अदब मिला, शहनाईवादन का अवसर मिला और काशी की जनता का प्यार मिला।

प्रश्न *(Set-II)*–

1. **यह संवाद किसका है–** *'क्या करें मियाँ .... '?*

   (क) बिस्मिल्ला खाँ के नाना का (ख) बिस्मिल्ला खाँ का
   (ग) बिस्मिल्ला खाँ के मामा का (घ) बिस्मिल्ला खाँ के उस्ताद का।

2. *बिस्मिल्ला खाँ के लिए शहनाई बजाना और काशी में रहना एक .... थी।* **पूरा कीजिए।**

   (क) मज़बूरी (ख) आस्था (ग) आवश्यकता (घ) लाचारी

3. **बिस्मिल्ला खाँ ने शहनाई की शिक्षा कहाँ पाई?**

   (क) दिल्ली से (ख) बनारस से (ग) काशी से (घ) लाहौर से

4. *'जन्नत'* **का अर्थ है–**

   (क) नरक (ख) स्वर्ग (ग) खूबसूरत (घ) सौंदर्य

5. **बिस्मिल्ला खाँ गंगा को क्या कहते थे?**

   (क) माँ (ख) पवित्र जल (ग) पवित्र नदी (घ) हिंदुओं की नदी

उत्तर– 1. (ख) 2. (ख) 3. (ग) 4. (ख) 5. (क)

8 काशी संस्कृति की पाठशाला है। शास्त्रों में आनंदकानन के नाम से प्रतिष्ठित। काशी में कलाधर हनुमान व नृत्य-विश्वनाथ हैं। काशी में बिस्मिल्ला खाँ हैं। काशी में हज़ारों सालों का इतिहास है जिसमें पंडित कंठे महाराज हैं, विद्याधरी

हैं, बड़े रामदास जी हैं, मौजुद्दीन खाँ हैं व इन रसिकों से उपकृत होने वाला अपार जन-समूह है। यह एक अलग काशी है जिसकी अलग तहज़ीब है, अपनी बोली और अपने विशिष्ट लोग हैं। इनके अपने उत्सव हैं, अपना गम। अपना सेहरा-बन्ना और अपना नौहा। आप यहाँ संगीत को भक्ति से, भक्ति को किसी भी धर्म के कलाकार से, कजरी को चैती से, विश्वनाथ को विशालाक्षी से, बिस्मिल्ला खाँ को गंगाद्वार से अलग करके नहीं देख सकते। *(पृष्ठ 85)* *[CBSE]*

प्रश्न *(Set-I)*–

(क) *काशी को संस्कृति की पाठशाला क्यों कहा गया है?*

(ख) *'यह एक अलग काशी है'–लेखक ने ऐसा क्यों कहा है?*

(ग) *काशी में सब कुछ एकाकार कैसे हो गया है?*

उत्तर–

(क) काशी संस्कृति की पाठशाला है। यहाँ भारतीय शास्त्रों का ज्ञान है। कलाशिरोमणि यहाँ रहते हैं। यह हनुमान और विश्वनाथ की नगरी है। यहाँ का इतिहास बहुत पुराना है। यहाँ प्रकांड ज्ञाता, धर्मगुरु और कलाप्रेमियों का निवास है।

(ख) काशी अलग है क्योंकि काशी की तहज़ीब, बोली, उत्सव, सुख-दुख और सेहरा-बन्ना तो अलग हैं ही, साथ ही यहाँ के अपने विशिष्ट लोग भी हैं।

(ग) काशी में संगीत भक्ति से, भक्ति कलाकार से, कजरी चैती से, विश्वनाथ विशालाक्षी से और बिस्मिल्ला खाँ गंगाद्वार से मिलकर एक हो गए हैं। इन्हें अलग-अलग करके देखना संभव नहीं है।

प्रश्न *(Set-II)*–

1. **काशी को संस्कृति की पाठशाला क्यों कहा गया है?**
   (क) यहाँ सांस्कृतिक विद्याएँ सिखाई जाती हैं।
   (ख) यहाँ रहन-सहन के तौर-तरीके सिखाए जाते हैं।
   (ग) यहाँ संस्कृति का बोलबाला है।
   (घ) यहाँ के विद्यालयों में संस्कृति भी एक विषय है।
2. **काशी में विश्वनाथ किस रूप में प्रतिष्ठित हैं?**
   (क) कलाकार रूप में (ख) नर्तक रूप में (ग) आनंद रूप में (घ) रसिक रूप में
3. *'काशी में हजारों साल का इतिहास है'* **का आशय है**–
   (क) यहाँ संगीत और कला की बहुत पुरानी परंपरा है।
   (ख) यहाँ हजारों सालों से इतिहास लिखा जाता है।
   (ग) यह नगरी हजारों सालों से बसी हुई है।
   (घ) यहाँ हजारों सालों से संगीत-प्रतियोगिताएँ होती हैं।
4. **काशी का जन-समूह बिस्मिल्ला खाँ जैसे संगीत-साधकों के कारण**–
   (क) दु:खी है (ख) व्यस्त है (ग) कृतज्ञ है (घ) महान है
5. **काशी में संगीत और भक्ति**–
   (क) अलग-अलग हैं (ख) विशिष्ट हैं (ग) एक हैं (घ) अनोखे हैं।

उत्तर– 1. (ग) 2. (ख) 3. (क) 4. (ग) 5. (ग)

☞ **9** अकसर समारोहों एवं उत्सवों में दुनिया कहती है ये बिस्मिल्ला खाँ हैं। बिस्मिल्ला खाँ का मतलब–बिस्मिल्ला खाँ की शहनाई। शहनाई का तात्पर्य-बिस्मिल्ला खाँ का हाथ। हाथ से आशय इतना भर कि बिस्मिल्ला खाँ की फूँक और शहनाई की जादुई आवाज़ का असर हमारे सिर चढ़कर बोलने लगता है। शहनाई में सरगम भरा है। खाँ साहब को ताल मालूम है, राग मालूम है। ऐसा नहीं कि बेताले जाएँगे। शहनाई में सात सुर लेकर निकल पड़े। शहनाई में परवरदिगार, गंगा मइया, उस्ताद की नसीहत

लेकर उतर पड़े। दुनिया कहती–सुबहान अल्लाह, तिस पर बिस्मिल्ला खाँ कहते हैं–अलहमदुलिल्लाह। छोटी-छोटी उपज से मिलकर एक बड़ा आकार बनता है। शहनाई का करतब शुरू होने लगता है। बिस्मिल्ला खाँ का संसार सुरीला होना शुरू हुआ। फूँक में अजान की तासीर उतरती चली आई। **[Imp.]** *(पृष्ठ 85)*

प्रश्न *(Set-I)*–

(क) *पाठ तथा लेखक का नाम लिखिए।*

(ख) *दुनिया बिस्मिल्ला खाँ को किस तरह पहचानती है?*

(ग) *बिस्मिल्ला खाँ सुरों के सिद्धहस्त कलाकार थे–सिद्ध कीजिए।*

(घ) *बिस्मिल्ला खाँ की शहनाई में किसका असर था?*

(ङ) *बिस्मिल्ला खाँ अपनी शहनाई की प्रशंसा सुनकर क्या कहते थे?*

(च) *फूँक में अजान का तासीर उतरने का आशय स्पष्ट कीजिए।*

(छ) *अजान किसे कहते हैं?*

(ज) *इस गद्यांश के आधार पर बिस्मिल्ला खाँ की खुदा के प्रति आस्था प्रकट कीजिए।*

उत्तर–

(क) *पाठ* – नौबतखाने में इबादत
लेखक – यतींद्र मिश्र

(ख) दुनिया बिस्मिल्ला खाँ को उनकी शहनाई के कारण पहचानती है। जब लोग कहीं शहनाई सुनते हैं, वे छूटते ही कहते हैं–ये हैं बिस्मिल्ला खाँ।

(ग) बिस्मिल्ला खाँ बेसुरे या बेताले नहीं थे। उनकी शहनाई में सरगम था, ताल था, राग था, संगीत के सातों सुर थे। वे अपने उस्ताद की सीख पर शहनाई बजाते थे।

(घ) बिस्मिल्ला खाँ की शहनाई में जहाँ संगीत की सरगम, लय, ताल, राग और सातों सुरों का असर था, वहीं खुदा, गंगा मैया और उस्ताद की नसीहतों का भी असर था। सबसे बड़ी बात यह थी कि उनकी शहनाई में अजान का स्वर समा गया था।

(ङ) बिस्मिल्ला खाँ अपनी शहनाई की प्रशंसा सुनकर कहा करते थे–अलहमदुलिल्लाह अर्थात् सब प्रशंसा ईश्वर को समर्पित है।

(च) जिस प्रकार मुल्ला मसजिद की छत पर चढ़कर ऊँचे स्वर में अजान कहता है, उसी प्रकार अब्दुल्ला खाँ की शहनाई का स्वर बहुत ऊँचा हो गया था। उनके शहनाई-स्वर में बहुत बुलंदी समा गई थी।

(छ) मसजिद की छत पर चढ़कर नमाज पढ़ने का समय होने की सूचना देना अजान होना कहलाता है।

(ज) बिस्मिल्ला खाँ खुदा के प्रति बहुत आस्थावान थे। वे अपनी शहनाई को खुदा की कृपा मानते थे। जब भी कोई उनकी शहनाई की प्रशंसा करता था तो वे उस सारी प्रशंसा का सही पात्र खुदा को मानते थे। वे 'सुबहान अल्लाह' का जवाब 'अलहमदुलिल्लाह' के रूप में दिया करते थे।

प्रश्न *(Set-II)*–

1. **'*बिस्मिल्ला खाँ*' का नाम किस वाद्य-यंत्र के साथ जुड़ गया है?**

   (क) संगीत (ख) संतूर (ग) शहनाई (घ) तबला

2. **'*सिर पर चढ़कर बोलने*' का आशय है–**

   (क) बहुत नशीला और मादक (ख) बहुत प्रभावशाली और रसमय
   (ग) बहुत घमंडी (घ) गर्व और गरिमा से भरपूर

3. *'शहनाई में सरगम भरा है'* **का आशय है–**
   (क) संगीत के सातों सुर–स, रे, ग, म, प का प्रभाव
   (ख) ताल–लय का ज्ञान
   (ग) शहनाई विशेष वाद्य–यंत्र है
   (घ) शहनाई बजाते हुए वे सरगम गाने लगते हैं।
4. **बिस्मिल्ला की शहनाई में किस–किसका योगदान है?**
   (क) ईश्वर का (ख) गंगा माँ का (ग) उस्ताद की सीख का (घ) तीनों का
5. **लोग कब कहते हैं**–*ये बिस्मिल्ला खाँ हैं।*
   (क) बिस्मिल्ला खाँ को देखकर
   (ख) बिस्मिल्ला खाँ की शहनाई सुनकर
   (ग) उत्सवों–समारोहों में किसी को शहनाई बजाते देखकर
   (घ) उत्सवों–समारोहों में बिस्मिल्ला खाँ की आवाज़ सुनकर

उत्तर– 1. (ग) 2. (ख) 3. (क) 4. (घ) 5. (ख)

10 किसी दिन एक शिष्या ने डरते–डरते खाँ साहब को टोका, ''बाबा! आप यह क्या करते हैं, इतनी प्रतिष्ठा है आपकी। अब तो आपको भारतरत्न भी मिल चुका है, यह फटी तहमद न पहना करें। अच्छा नहीं लगता, जब भी कोई आता है आप इसी फटी तहमद में सबसे मिलते हैं।'' खाँ साहब मुसकराए। लाड़ से भरकर बोले, ''धत्! पगली ई भारतरत्न हमको शहनईया पे मिला है, लुंगिया पे नाहीं। तुम लोगों की तरह बनाव–सिंगार देखते रहते, तो उमर ही बीत जाती, हो चुकती शहनाई।'' तब क्या खाक रियाज़ हो पाता। ठीक है बिटिया, आगे से नहीं पहनेंगे, मगर इतना बताए देते हैं कि मालिक से यही दुआ है, ''फटा सुर न बख्शें। लुंगिया का क्या है, आज फटी है, तो कल सी जाएगी।'' *(पृष्ठ 85-86)*

प्रश्न *(Set-I)*–

(क) *शिष्या को किस बात का डर था?*
(ख) *शिष्या ने खाँ साहब को किस बात के लिए रोका और क्यों?*
(ग) *खाँ साहब शिष्या की बात पर क्यों मुसकराए?*
(घ) *खाँ साहब ने शिष्या की बात का क्या उत्तर दिया?*
(ङ) *खाँ साहब भगवान से क्या प्रार्थना करते हैं?*
(च) *खाँ साहब की सादगी और सरलता पर प्रकाश डालिए।*

उत्तर–

(क) शिष्या को डर था कि अब्दुल्ला खाँ अपनी फटी तहमद पर टिप्पणी सुनकर कहीं नाराज़ न हो जाएँ। वह उनका दिल दुखाना नहीं चाहती थी, न ही स्वयं क्रोध का शिकार बनना चाहती थी।

(ख) शिष्या ने अपने गुरु बिस्मिल्ला खाँ को लोगों के सामने फटी तहमद न पहनने के लिए टोका।

क्यों–वह इसे बिस्मिल्ला खाँ जैसे महान शहनाईवादक का अपमान मानती थी। वह उन्हें गरिमाशाली वस्त्रों में देखना चाहती थी।

(ग) खाँ साहब अपनी शिष्या की बात पर मुसकरा पड़े। उन्हें इसमें अपनी शिष्या की नादानी और सद्‌भावना दिखाई दी। एक ओर वे शिष्या की सद्‌भावना पाकर प्रसन्न थे। वहीं दूसरी ओर यह सोचकर चकित थे कि यह शिष्या उनके फटे कपड़ों की ओर क्यों ध्यान दे रही है।

(घ) खाँ साहब ने शिष्या की बात का उत्तर बड़े लाड़ से दिया। उन्होंने कहा–पगली, मुझे भारत-रत्न शहनाई पर मिला है, लुंगिया पर नहीं। अतः तुम मेरी शहनाई के सुर देखो, लुंगी नहीं।

(ङ) खाँ साहब भगवान से प्रार्थना करते हैं कि वह उन्हें कभी फटा सुर न दे, लुंगिया चाहे फटी दे दे।

(च) खाँ साहब स्वभाव से सरल और सादे थे। उन्होंने जीवन-भर अपनी शहनाई के सुरों की ओर ध्यान दिया, अपने पहनावे और रहन-सहन पर नहीं। वे सदा सादगी में जिए, दिखावे में नहीं। उन्होंने कहा भी कि अगर वे बनाव-सिंगार में पड़ जाते तो फिर शहनाई न बज पाती।

प्रश्न *(Set-II)*–

1. **बिस्मिल्ला खाँ खुदा से क्या दुआ करते हैं?**
   (क) वे उनको फटी लुंगी न दें। (ख) वे उनको धन-मान दें।
   (ग) वे उनको फटा सुर न दें। (घ) वे उनको प्रतिष्ठा दें।
2. **बिस्मिल्ला खाँ घर पर कैसे रहते थे?**
   (क) सीधे-सादे (ख) फटेहाल (ग) गंदे (घ) बन-ठन कर
3. **खाँ साहब की शिष्या ने खाँ साहब को किस बात के लिए रोका?**
   (क) फटी लुंगी न पहनने के लिए। (ख) फटे कपड़े न पहनने के लिए।
   (ग) फटे कपड़े में लोगों से मिलने के लिए। (घ) अपना मान-सम्मान गिराने के लिए।
4. **खाँ साहब ने बनाव-शृंगार क्यों नहीं किया?**
   (क) शौक न होने के कारण (ख) लोगों को अपनी फटेहाली दिखाने की इच्छा से।
   (ग) आवश्यकता न होने के कारण (घ) शहनाई में लगे रहने के कारण
5. **शिष्या द्वारा टोके जाने पर खाँ साहब ने क्या प्रतिक्रिया की?**
   (क) वे क्रुद्ध हो गए (ख) वे प्रसन्न हो गए (ग) वे मुस्कराने लगे (घ) वे भाषण देने लगे।

उत्तर– 1. (ग) 2. (क) 3. (क) 4. (घ) 5. (ग)

11 खाँ साहब को बड़ी शिद्दत से कमी खलती है। अब संगतियों के लिए गायकों के मन में कोई आदर नहीं रहा। खाँ साहब अफ़सोस जताते हैं। अब घंटों रियाज़ को कौन पूछता है? हैरान हैं बिस्मिल्ला खाँ। कहाँ वह कजली, चैती और अदब का जमाना?

सचमुच हैरान करती है काशी-पक्का महाल से जैसे मलाई बरफ़ गया, संगीत, साहित्य और अदब की बहुत सारी परंपराएँ लुप्त हो गईं। एक सच्चे सुर-साधक और सामाजिक की भाँति बिस्मिल्ला खाँ साहब को इन सबकी कमी खलती है। काशी में जिस तरह बाबा विश्वनाथ और बिस्मिल्ला खाँ एक-दूसरे के पूरक रहे हैं, उसी तरह मुहर्रम-ताज़िया और होली-अबीर, गुलाल की गंगा-जमुनी संस्कृति भी एक दूसरे के पूरक रहे हैं। *(पृष्ठ 86) [CBSE 2020]*

प्रश्न *(Set-I)*–

(क) *संगीत की कौन-सी परंपराएँ बदलते समय के अनुसार विलुप्त हो गईं?*
(ख) *बाबा विश्वनाथ और बिस्मिल्ला खाँ को एक-दूसरे का पूरक क्यों कहा गया है?*
(ग) *'गंगा-जमुनी संस्कृति' से आप क्या समझते हैं? उदाहरण सहित स्पष्ट कीजिए।*

उत्तर–

(क) बदलते समय के साथ संगीत, साहित्य और अदब की बहुत सारी परंपराएँ लुप्त हो गईं। गायकों ने संगतियों का सम्मान करना छोड़ दिया। गायन के लिए घंटों-घंटों अभ्यास करना छोड़ दिया। कजली और चैती का सुनना-सुनाना छूट गया। साथ ही हिंदू-मुस्लिम एकता का व्यवहार भी छूट गया।

(ख) बाबा विश्वनाथ मंदिर में कोई उत्सव हो और वहाँ बिस्मिल्ला खाँ की शहनाई न हो, ऐसा आज तक नहीं हुआ। यही कारण है कि ये दोनों एक-दूसरे के पूरक प्रतीत होते हैं।

(ग) 'गंगा-जमुनी संस्कृति' का आशय है–हिंदू-मुस्लिम दोनों के मिले-जुले संस्कारों वाली धरती। काशी में मुहर्रम और होली–दोनों उत्सव हिंदुओं और मुसलमानों द्वारा बड़े प्रेम और भाईचारे से मनाए जाते हैं।

प्रश्न *(Set-II)*–

1. **काशी क्यों हैरान करती है?**

(क) संगीत-साधना के कारण (ख) धार्मिक सौहार्द के कारण

(ग) मिली-जुली आत्मीय संस्कृति के कारण (घ) बिस्मिल्ला खाँ के कारण

2. **संगीत-साहित्य की लुप्त परंपराओं का दुख किन्हें होता है?**

(क) बिस्मिल्ला खाँ को (ख) सामाजिकों को (ग) सुर-साधकों को (घ) तीनों को

3. **गंगा-जमुनी संस्कृति का आशय है–**

(क) हिंदू-मुस्लिम संस्कृति (ख) मिली-जुली संस्कृति (ग) भ्रष्ट संस्कृति (घ) खिचड़ी परंपराएँ

4. **इतिहास बन चुकने का आशय है–**

(क) गौरवमय प्रसंग (ख) भूली हुई बात (ग) पुरानी बात (घ) महत्त्वपूर्ण बात

5. ***'मरण भी मंगल माना गया है'* का आशय है–**

(क) मौत भी आनंद देती है।

(ख) मौत पर गम मनाया जाता है।

(ग) मृत्यु भी एक प्रकार की मंगलकारी संस्कार माना जाता है।

(घ) मृत्यु पर भी उत्सव मनाया जाता है।

उत्तर– 1. (ग) 2. (घ) 3. (ख) 4. (ग) 5. (घ)

☞ **12** सचमुच हैरान करती है काशी—पक्का महाल से जैसे मलाई बरफ़ गया, संगीत, साहित्य और अदब की बहुत सारी परंपराएँ लुप्त हो गईं। एक सच्चे सुर साधक और सामाजिक की भाँति बिस्मिल्ला खाँ साहब को इन सबकी कमी खलती है। काशी में जिस तरह बाबा विश्वनाथ और बिस्मिल्ला खाँ एक-दूसरे के पूरक रहे हैं, उसी तरह मुहर्रम-ताजिया और होली-अबीर, गुलाल की गंगा-जमुनी संस्कृति भी एक दूसरे के पूरक रहे हैं। अभी जल्दी ही बहुत कुछ इतिहास बन चुका है। अभी आगे बहुत कुछ इतिहास बन जाएगा। फिर भी कुछ बचा है जो सिर्फ़ काशी में है। काशी आज भी संगीत के स्वर पर जगती और उसी की थापों पर सोती है। काशी में मरण भी मंगल माना गया है। काशी आनंदकानन है। सबसे बड़ी बात है कि काशी के पास उस्ताद बिस्मिल्ला खाँ जैसा लय और सुर की तमीज सिखाने वाला नायाब हीरा रहा है जो हमेशा से दो कौमों को एक होने व आपस में भाईचारे के साथ रहने की प्रेरणा देता रहा। **[Imp.]** *(पृष्ठ 86)*

प्रश्न–

(क) *पाठ तथा लेखक का नाम लिखिए।*

(ख) *बिस्मिल्ला खाँ को क्या चीज़ हैरान और परेशान करती है?*

(ग) *काशी के जीवन की किस विशेषता पर प्रकाश डाला गया है?*

(घ) *गंगा-जमुनी संस्कृति किसे कहा गया है?*

(ङ) *कौन-सी बातें इतिहास बन चुकी हैं और क्यों?*

(च) *काशी में क्या शेष बचा है?*

(छ) *काशी को आनंदकानन क्यों कहा गया है?*

(ज) *'काशी में मरण भी मंगल माना गया है'–आशय स्पष्ट कीजिए।*

(झ) *उस्ताद बिस्मिल्ला खाँ की काशी को क्या देन है?*

(ञ) *इस गद्यांश का मूल आशय स्पष्ट कीजिए।*

उत्तर–

(क) *पाठ* – नौबतखाने में इबादत
लेखक – यतींद्र मिश्र

(ख) बिस्मिल्ला खाँ यह देखकर हैरान और परेशान हैं कि काशी में न अब मलाई बरफ़ वाले रहे, न संगीत, साहित्य और अदब के प्रेमी।

(ग) काशी के जीवन की यह विशेषता रही है कि यहाँ बाबा विश्वनाथ और शहनाईवादक बिस्मिल्ला खाँ एक-दूसरे के पूरक हैं। शहनाई के बिना बाबा विश्वनाथ की पूजा अधूरी जान पड़ती है। यहाँ मुहर्रम और होली के त्योहार भी एक-दूसरे के पूरक हैं। दोनों त्योहारों को सभी लोग प्रेमपूर्वक मनाते हैं।

(घ) हिंदुओं और मुसलमानों की मिली-जुली संस्कृति को गंगा-जमुनी संस्कृति कहा गया है। इस संस्कृति में मुहर्रम और होली समान भाव से मनाए जाते हैं।

(ङ) आज हिंदू-मुसलिम एकता की परंपरा, मुहर्रम और होली साथ-साथ खेलने की परंपरा, संगीत, साहित्य और अदब के प्रति पहले जैसा लगाव इतिहास बन चुका है।

(च) काशी में आज भी संगीत की थाप शेष है। अभी भी काशी के लोग सुबह संगीत के सुर सुनते हैं और उन्हीं सुरों को सुनते-सुनते सो जाते हैं।

(छ) काशी को 'आनंदकानन' कहा गया है। आनंदकानन का अर्थ है–आनंद से भरपूर जंगल। इसका तात्पर्य है–काशी में संगीत, सुर और अदब का बोलबाला है। लोग संगीत के आनंद में मग्न रहते हैं। यहाँ का जीवन गंगा और मंदिरों के कारण सुखदायी है।

(ज) ऐसी मान्यता है कि काशी में मरने वाला प्राणी स्वर्ग में जाता है। इसलिए लोग काशी में मरना पसंद करते हैं।

(झ) उस्ताद बिस्मिल्ला खाँ ने काशी को हिंदू-मुसलिम एकता की मूल्यवान संस्कृति दी। उन्होंने मुसलमान होकर भी गंगा को मैया माना। बालाजी मंदिर तथा बाबा विश्वनाथ के प्रति गहरी आस्था प्रकट की। इस प्रकार उन्होंने काशी में हिंदू-मुसलिम एकता को बनाने में भरपूर सहयोग किया।

(ञ) इस गद्यांश का मूल आशय है–काशी पवित्र नगरी है। यद्यपि आज काशी की पुरानी परंपराएँ लुप्त होती जा रही हैं। साहित्य, संगीत और भाईचारे की भावना लुप्त होती जा रही है। फिर भी आज यह संगीत की नगरी है। बिस्मिल्ला खाँ जैसे व्यक्तित्व ने यहाँ के भाईचारे को बनाने में भरपूर योगदान दिया है।

V. पाठ्यपुस्तक के प्रश्न-अभ्यास

(पृष्ठ 87-88)

प्रश्न 1. शहनाई की दुनिया में डुमराँव को क्यों याद किया जाता है? *[CBSE 2016]*

उत्तर–शहनाई की दुनिया में डुमराँव को दो कारणों से याद किया जाता है–

1. डुमराँव प्रसिद्ध शहनाईवादक बिस्मिल्ला खाँ की जन्मभूमि है।
2. यहाँ सोन नदी के किनारे वह नरकट घास मिलती है जिसकी रीड का उपयोग शहनाई बजाने के लिए किया जाता है।

☞ **प्रश्न 2. बिस्मिल्ला खाँ को शहनाई की मंगलध्वनि का नायक क्यों कहा गया है?**

[Imp.] *[CBSE 2008, 2015, 2016]*

उत्तर–शहनाई मंगलध्वनि का वाद्य है। भारत में जितने भी शहनाईवादक हुए हैं, उनमें बिस्मिल्ला खाँ का नाम सबसे ऊपर है। उनसे बढ़कर सुरीला शहनाईवादक और कोई नहीं हुआ। इसलिए उन्हें शहनाई की मंगलध्वनि का नायक कहा गया है।

प्रश्न 3. सुषिर-वाद्यों से क्या अभिप्राय है? शहनाई को *'सुषिर वाद्यों में शाह'* की उपाधि क्यों दी गई होगी?

उत्तर–सुषिर-वाद्यों का अभिप्राय है–सुराख वाले वाद्य, जिन्हें फूँक मारकर बजाया जाता है। ऐसे सभी छिद्र वाले वाद्यों में शहनाई सबसे अधिक मोहक और सुरीली होती है। इसलिए उसे 'शाहे-नय' अर्थात् 'ऐसे सुषिर वाद्यों का शाह' कहा गया।

प्रश्न 4. आशय स्पष्ट कीजिए–

☞(क) *'फटा सुर न बख्शें। लुंगिया का क्या है, आज फटी है, तो कल सी जाएगी।'* **[Imp.]**

☞(ख) *'मेरे मालिक सुर बख्श दे। सुर में वह तासीर पैदा कर कि आँखों से सच्चे मोती की तरह अनगढ़ आँसू निकल आएँ।'* **[Imp.]**

उत्तर–(क) शहनाईवादक बिस्मिल्ला खाँ खुदा से विनती करते हैं–हे खुदा! तू मुझे कभी फटा हुआ सुर न देना। शहनाई का बेसुरा स्वर न देना। लुंगिया अगर फटी रह गई तो कोई बात नहीं। आज यह फटी है तो कल सिल जाएगी। आज गरीबी है तो कल समृद्धि भी आ जाएगी। परंतु भूलकर भी बेसुरा राग न देना, शहनाई की कला में कमी न रखना।

(ख) बिस्मिल्ला खाँ खुदा से विनती करते हैं–हे खुदा! तू मुझे ऐसा सच्चा और मार्मिक सुर प्रदान कर जिसे सुनकर श्रोताओं की आँखों से आँसू ढुलक पड़ें। जिसमें हृदय को गद्‌गद करने की, तरल करने की, करुणार्द्र करने की शक्ति हो।

प्रश्न 5. काशी में हो रहे कौन-से परिवर्तन बिस्मिल्ला खाँ को व्यथित करते थे? *[CBSE 2008, 2016]*

उत्तर–काशी में पुरानी परंपराएँ लुप्त हो रही हैं। खान-पान की पुरानी चीजें और विशेषताएँ नष्ट होती जा रही हैं। मलाई-बरफ़ वाले गायब हो गए हैं। कुलसुम की छन्न करती संगीतात्मक कचौड़ी और देशी घी की जलेबी आज नहीं रही। न ही आज संगीत, साहित्य और अदब का वैसा मान रह गया है। हिंदुओं और मुसलमानों का पहले जैसा मेलजोल भी नहीं रहा। अब गायकों के मन में संगतकारों का वैसा सम्मान नहीं रहा। ये सब बातें बिस्मिल्ला खाँ को व्यथित करती हैं।

प्रश्न 6. पाठ में आए किन प्रसंगों के आधार पर आप कह सकते हैं कि–

☞(क) *बिस्मिल्ला खाँ मिली-जुली संस्कृति के प्रतीक थे।* **[Imp.]**

(ख) *वे वास्तविक अर्थों में एक सच्चे इनसान थे।*

उत्तर–(क) बिस्मिल्ला खाँ हिंदुओं और मुसलमानों की मिली-जुली संस्कृति के प्रतीक थे। वे स्वयं सच्चे मुसलमान थे। उनकी मुसलिम धर्म, उत्सवों और त्योहारों में गहरी आस्था थी। वे मुहर्रम सच्ची श्रद्धा से मनाते थे। वे पाँचों समय नमाज़ अदा करते थे। साथ ही वे जीवन-भर काशी, विश्वनाथ और बालाजी के मंदिर में शहनाई बजाते रहे। वे गंगा को मैया मानते रहे। वे काशी से बाहर रहते हुए भी बालाजी के मंदिर की ओर मुँह करके प्रणाम किया करते थे। उनकी इसी सच्ची भावना के कारण उन्हें हिंदू-मुसलिम एकता का प्रतीक कहा गया।

(ख) बिस्मिल्ला खाँ वास्तविक अर्थों में सच्चे इनसान थे। उन्होंने कभी धार्मिक कट्टरता, क्षुद्रता और तंगदिली नहीं दिखाई। उन्होंने काशी में रहकर काशी की परंपराओं को निभाया। मुसलमान होते हुए अपने धर्म की परंपराओं को निभाया। उन्होंने कभी खुदा से धन-समृद्धि नहीं माँगी। उन्होंने जब भी माँगा, सच्चा सुर माँगा। वे जीवन-भर फटेहाल, सरल और सादे रहे। ऊँचे-से-ऊँचे सम्मान पाकर भी वे सरल बने रहे।

प्रश्न 7. बिस्मिल्ला खाँ के जीवन से जुड़ी उन घटनाओं और व्यक्तियों का उल्लेख करें जिन्होंने उनकी संगीत साधना को समृद्ध किया।

उत्तर–बिस्मिल्ला खाँ के संगीत-जीवन को निम्नलिखित लोगों ने समृद्ध किया–

रसूलनबाई, बतूलनबाई, मामूजान अलीबख्श खाँ, नाना, कुलसुम हलवाइन, अभिनेत्री सुलोचना।

रसूलनबाई और बतूलनबाई की गायिकी ने उन्हें संगीत की ओर खींचा। उनके द्वारा गाई गई ठुमरी, टप्पे और दादरा सुनकर उनके मन में संगीत की ललक जागी। वे उनकी प्रारंभिक प्रेरिकाएँ थीं। बाद में वे अपने नाना को मधुर स्वर में शहनाई बजाते देखते थे तो उनकी शहनाई को खोजा करते थे। मामूजान अलीबख्श जब शहनाई बजाते-बजाते सम पर आते थे तो बिस्मिल्ला खाँ धड़ से एक पत्थर जमीन में मारा करते थे। इस प्रकार उन्होंने संगीत में दाद देना सीखा।

बिस्मिल्ला खाँ कुलसुम की कचौड़ी तलने की कला में भी संगीत का आरोह-अवरोह देखा करते थे। अभिनेत्री सुलोचना की फिल्मों ने भी उन्हें समृद्ध किया।

रचना और अभिव्यक्ति

प्रश्न 8. बिस्मिल्ला खाँ के व्यक्तित्व की कौन-कौन सी विशेषताओं ने आपको प्रभावित किया?

[Imp.] [*CBSE*]

उत्तर–बिस्मिल्ला खाँ के व्यक्तित्व की निम्नलिखित विशेषताओं ने मुझे प्रभावित किया–

धार्मिक सौहार्द–बिस्मिल्ला खाँ सच्चे मुसलमान थे। वे पाँचों समय नमाज़ पढ़ते थे। मुहर्रम का उत्सव पूरे शौक और भाव से मनाते थे। फिर भी वे हिंदुओं की पवित्र नदी गंगा को मैया कहते थे। बाबा विश्वनाथ और बालाजी के मंदिर में नित्य शहनाई बजाया करते थे। काशी के विश्वनाथ की कल्पना बिस्मिल्ला खाँ की शहनाई के बिना नहीं हो सकती। उनका यह धार्मिक सौहार्द हमें सबसे अधिक प्रभावित करता है।

प्रभु के प्रति आस्थावान–बिस्मिल्ला खाँ के हृदय में खुदा के प्रति सच्ची और गहरी आस्था थी। वे नमाज़ पढ़ते हुए खुदा से सच्चे सुर की कामना करते थे। वे अपनी शहनाई की प्रशंसा को भी खुदा को समर्पित करते थे।

सरलता और सादगी–बिस्मिल्ला खाँ को भारत-रत्न प्राप्त हुआ। भारत के अनेक विश्वविद्यालयों ने उन्हें मानद उपाधियाँ दीं। अन्य अनेक सम्मान मिले। फिर भी उन्हें गर्व और अभिमान छू नहीं गया। वे सरलता, सादगी और गरीबी की ज़िंदगी जीते रहे। यहाँ तक कि वे फटी तहमद पहने रहते थे। उन्होंने कभी बनाव-शृंगार की ओर ध्यान नहीं दिया।

रसिक और विनोदी स्वभाव–बिस्मिल्ला खाँ बचपन से रसिक स्वभाव के थे। वे रसूलनबाई और बतूलनबाई की गायिकी के रसिया थे। जवानी में वे कुलसुम हलवाइन और सुलोचना के रसिया बने। वे जलेबी और कचौड़ी के भी शौकीन थे।

वे बात करने में कुशल थे। जब उनकी शिष्या ने भारत-रत्न का हवाला देकर उन्हें फटी तहमद न पहनने के लिए कहा तो फट से बोले–ई भारत-रत्न शहनईया पर मिला है, लुंगिया पर नहीं।

प्रश्न 9. मुहर्रम से बिस्मिल्ला खाँ के जुड़ाव को अपने शब्दों में लिखिए।

उत्तर–बिस्मिल्ला खाँ को मुहर्रम के उत्सव से गहरा लगाव था। मुहर्रम के दस दिनों में वे किसी प्रकार का मंगलवाद्य नहीं बजाते थे। न ही कोई राग-रागिनी बजाते थे। शहनाई भी नहीं बजाते थे। आठवें दिन दालमंडी से चलने वाले मुहर्रम के जुलूस में पूरे उत्साह के साथ आठ किलोमीटर रोते हुए नौहा बजाते चलते थे।

प्रश्न 10. *बिस्मिल्ला खाँ कला के अनन्य उपासक थे,* तर्क सहित उत्तर दीजिए। **[Imp.]**

उत्तर–बिस्मिल्ला खाँ कला के अनन्य उपासक थे। उन्होंने 80 वर्षों तक लगातार शहनाई बजाई। उनसे बढ़कर शहनाई बजाने वाला भारत-भर में अन्य कोई नहीं हुआ। फिर भी वे अंत तक खुदा से सच्चे सुर की माँग करते रहे। उन्हें अंत तक लगा रहा कि शायद अब भी खुदा उन्हें कोई सच्चा सुर देगा जिसे पाकर वे श्रोताओं की आँखों में आँसू ला देंगे। उन्होंने अपने को कभी पूर्ण नहीं माना। वे अपने पर झल्लाते भी थे कि क्यों उन्हें अब तक शहनाई को सही ढंग से बजाना नहीं आया। इससे पता चलता है कि वे सच्चे कला-उपासक थे। वे दो-चार राग गाकर उस्ताद नहीं हो गए। उन्होंने जीवन-भर अभ्यास-साधना जारी रखी।

भाषा-अध्ययन

प्रश्न 11. निम्नलिखित मिश्र वाक्यों के उपवाक्य छाँटकर भेद भी लिखिए–

(क) *यह ज़रूर है कि शहनाई और डुमराँव एक-दूसरे के लिए उपयोगी हैं।*

(ख) *रीड अंदर से पोली होती है जिसके सहारे शहनाई को फूँका जाता है।*

(ग) *रीड नरकट से बनाई जाती है जो डुमराँव में मुख्यत: सोन नदी के किनारों पर पाई जाती है।*

(घ) *उनको यकीन है, कभी खुदा यूँ ही उन पर मेहरबान होगा।*

(ङ) *हिरन अपनी ही महक से परेशान पूरे जंगल में उस वरदान को खोजता है जिसकी गमक उसी में समाई है।*

(च) *खाँ साहब की सबसे बड़ी देन हमें यही है कि पूरे अस्सी बरस उन्होंने संगीत को संपूर्णता व एकाधिकार से सीखने की जिजीविषा को अपने भीतर जिंदा रखा।*

उत्तर– (क) 1. यह ज़रूर है। *(प्रधान उपवाक्य)*

2. शहनाई और डुमराँव एक-दूसरे के लिए उपयोगी हैं। *(संज्ञा उपवाक्य)*

(ख) 1. रीड अंदर से पोली होती है। *(प्रधान उपवाक्य)*
2. जिसके सहारे शहनाई को फूँका जाता है। *(विशेषण उपवाक्य)*

(ग) 1. रीड नरकट से बनाई जाती है। *(प्रधान उपवाक्य)*
2. जो डुमराँव में मुख्यत: सोन नदी के किनारों पर पाई जाती है। *(विशेषण उपवाक्य)*

(घ) 1. उनको यकीन है। *(प्रधान उपवाक्य)*
2. कभी खुदा यूँ ही उन पर मेहरबान होगा। *(संज्ञा उपवाक्य)*

(ङ) 1. हिरन अपनी ही महक से परेशान पूरे जंगल में उस वरदान को खोजता है। *(प्रधान उपवाक्य)*
2. जिसकी गमक उसी में समाई है। *(विशेषण उपवाक्य)*

(च) 1. खाँ साहब की सबसे बड़ी देन हमें यही है। *(प्रधान उपवाक्य)*
2. पूरे अस्सी बरस उन्होंने संगीत को संपूर्णता व एकाधिकार से सीखने की जिजीविषा को अपने भीतर जिंदा रखा। *(संज्ञा उपवाक्य)*

प्रश्न 12. निम्नलिखित वाक्यों को मिश्रित वाक्यों में बदलिए–

(क) *इसी बालसुलभ हँसी में कई यादें बंद हैं।*

(ख) *काशी में संगीत आयोजन की एक प्राचीन एवं अद्भुत परंपरा है।*

(ग) *धत्! पगली ई भारतरत्न हमको शहनईया पे मिला है, लुंगिया पे नाहीं।*

(घ) *काशी का नायाब हीरा हमेशा से दो कौमों को एक होकर आपस में भाईचारे के साथ रहने की प्रेरणा देता रहा।*

उत्तर–(क) यही वह बालसुलभ हँसी है जिसमें कई यादें बंद हैं।

(ख) काशी की यह प्राचीन एवं अद्भुत परंपरा है कि यहाँ संगीत आयोजन होते हैं।

(ग) धत्! पगली ई भारतरत्न जो हमको मिला है, ऊ शहनईया पे मिला है, लुंगिया पे नाहीं।

(घ) यह काशी का नायाब हीरा है जो हमेशा से दो कौमों को एक होकर आपस में भाईचारे के साथ रहने की प्रेरणा देता रहा।

पाठेतर सक्रियता

• *कल्पना कीजिए कि आपके विद्यालय में किसी प्रसिद्ध संगीतकार के शहनाई वादन का कार्यक्रम आयोजित किया जा रहा है।* **इस कार्यक्रम की सूचना देते हुए बुलेटिन बोर्ड के लिए नोटिस बनाइए।**

उत्तर–

शहनाई वादन

सभी विद्यार्थियों को सूचित किया जाता है कि कल दिनांक 15 अक्तूबर, 2021 को विद्यालय के विशाल कक्ष में उस्ताद अली खाँ का शहनाईवादन होगा। अली खाँ भारत के जाने-माने शहनाईवादक हैं। यह कार्यक्रम सुबह 10.00 बजे से 12.00 बजे तक चलेगा। सभी विद्यार्थी तथा अध्यापक आमंत्रित हैं।

• आप अपने मनपसंद संगीतकार के बारे में एक अनुच्छेद लिखिए।

उत्तर–परीक्षोपयोगी नहीं।

• हमारे साहित्य, कला, संगीत और नृत्य को समृद्ध करने में काशी *(आज के वाराणसी)* **के योगदान पर चर्चा कीजिए।**

उत्तर–काशी, जिसे आज हम वाराणसी कहते हैं, भारत का सांस्कृतिक नगर रहा है। यह नगर संगीत, साहित्य और कला का प्रसिद्ध केंद्र रहा है। शहनाईवादक उस्ताद बिस्मिल्ला खाँ ने अपने सुदीर्घ जीवन के 80 वर्ष यहाँ शहनाई बजाते हुए बिताए।

• काशी का नाम आते ही हमारी आँखों के सामने काशी की बहुत-सी चीज़ें उभरने लगती हैं, वे कौन-कौन सी हैं?

उत्तर–विश्वनाथ मंदिर, बोधगया, तीर्थस्थान, कबीर की जन्मस्थली।

VI. अन्य महत्त्वपूर्ण परीक्षोपयोगी प्रश्नोत्तर

प्रश्न 1. काशी में कौन-कौन सी चीजें एक-दूसरे की पूरक रही हैं? 'नौबतखाने में इबारत' पाठ के आधार पर लिखिए। *[CBSE 2016]*

उत्तर–काशी में बिस्मिल्ला खाँ की शहनाई और बाबा विश्वनाथ का अटूट संबंध है। इसी प्रकार मुहर्रम-ताजिया, होली-अबीर और गुलाल की गंगा-जमुनी संस्कृति एक-दूसरे की पूरक हैं।

प्रश्न 2. बिस्मिल्ला खाँ को नायाब हीरा क्यों कहा गया है? *[CBSE 2016]*

उत्तर–बिस्मिल्ला खाँ को उनकी शहनाईवादन कला के कारण नायाब हीरा कहा गया है। उन जैसा शहनाईवादक दूसरा और कोई नहीं मिलता।

प्रश्न 3. शहनाई की दुनिया में '*डुमराँव*' को क्यों याद किया जाता है? दो कारणों का उल्लेख कीजिए। *[CBSE 2015]*

उत्तर–शहनाई की दुनिया में 'डुमराँव' को दो कारणों से याद किया जाता है–

1. यहाँ सोन नदी के किनारे वह रीड और नरकट पाई जाती है जिससे शहनाई जैसे वाद्य बनते हैं।
2. शहनाई-वादक बिस्मिल्ला खाँ का जन्म यहीं हुआ था।

प्रश्न 4. बिस्मिल्ला खाँ जीवन-भर ईश्वर से क्या माँगते रहे और क्यों? इससे उनकी किस विशेषता का पता चलता है? *[CBSE 2020]*

उत्तर–बिस्मिल्ला खाँ जीवन-भर ईश्वर से शहनाई का सच्चा सुर माँगते रहे।

क्यों–वे चाहते थे कि उनके सच्चे सुर को सुनकर आँखों से आँसू निकल आएँ। इससे पता चलता है कि बिस्मिल्ला सही अर्थों में सच्चे संगीत-साधक थे।

प्रश्न 5. मुहर्रम की आठवीं तारीख बिस्मिल्ला खाँ के लिए विशेष महत्त्व की क्यों थी? *[CBSE 2015]*

उत्तर–बिस्मिल्ला खाँ के लिए मुहर्रम की आठवीं तारीख विशेष महत्त्व की थी। इस दिन वे खड़े होकर शहनाई बजाते थे और दालमंडी में फातमान के करीब आठ किलोमीटर की दूरी तक पैदल रोते हुए नौहा बजाते रहते थे। इस प्रकार वे इमाम हुसैन और उनके परिवार की शहादत को याद करते थे।

प्रश्न 6. काशी विश्वनाथ के प्रति बिस्मिल्ला खाँ की श्रद्धा का सोदाहरण उल्लेख कीजिए। *[CBSE 2015]*

उत्तर–बिस्मिल्ला खाँ काशी विश्वनाथ के प्रति अगाध श्रद्धा रखते थे। उनकी आदत थी कि वे काशी से बाहर होने पर काशी विश्वनाथ के मंदिर की ओर मुँह करके ही बैठा करते थे। उनकी शहनाई का प्याला भी विश्वनाथ मंदिर की ओर मोड़ दिया जाता था।

प्रश्न 7. काशी से बाहर रहने पर बिस्मिल्ला खाँ क्या करते थे? इससे उनके बारे में क्या पता चलता है? *[CBSE 2015]*

उत्तर–काशी से बाहर रहने पर बिस्मिल्ला खाँ अपना मुँह काशी विश्वनाथ मंदिर की दिशा में करके बैठा करते थे। थोड़ी देर के लिए ही सही, उनकी शहनाई का प्याला भी काशी की दिशा में मोड़ दिया जाता था। इससे पता चलता है कि उनकी काशी विश्वनाथ मंदिर के प्रति गहरी श्रद्धा थी।

प्रश्न 8. आप किन प्रसंगों के आधार पर कह सकते हैं कि बिस्मिल्ला खाँ वास्तविक अर्थों में एक सच्चे इंसान थे? *[CBSE 2015]*

उत्तर–बिस्मिल्ला खाँ निष्ठापूर्वक शहनाई-वादन में लगे रहे। वे मुसलमान होने के कारण जितनी श्रद्धा से मुहर्रम पर नौहा बजाते थे, उतनी ही श्रद्धा से काशी विश्वनाथ मंदिर के प्रति श्रद्धा रखते थे। उनके मन में हिंदू-मुसलमान का भेद नहीं था। वे सच्चे अर्थों में इंसान थे।

☞प्रश्न 9. बिस्मिल्ला खाँ मुहर्रम किस प्रकार मनाया करते थे? [Imp.]

उत्तर– बिस्मिल्ला खाँ पूरी श्रद्धा, आस्था और भावुकता के साथ मुहर्रम मनाया करते थे। वे पूरे दस दिनों तक शोक मनाते थे। इन दिनों न तो वे स्वयं शहनाई या अन्य वाद्य बजाते थे, न उनके परिवार का कोई अन्य सदस्य किसी संगीत-उत्सव में शिरकत करता था। आठवीं तारीख को वे दालमंडी से करीब आठ किलोमीटर की दूरी तक नौहा बजाते हुए चलते थे। इस दिन उनके साथ हजारों लोगों की आँखें नम हुआ करती थीं।

☞प्रश्न 10. किस घटना से पता चलता है कि बिस्मिल्ला खाँ के मन में बालाजी के प्रति सच्ची आस्था थी? [Imp.]

उत्तर– बिस्मिल्ला खाँ के मन में बालाजी के प्रति सच्ची आस्था थी। इसलिए जब वे काशी से बाहर होते थे तो कुछ देर के लिए मंदिर की तरफ मुँह करके शहनाई बजा लिया करते थे। इस प्रकार वे बालाजी के प्रति प्रणाम कर लेते थे।

☞प्रश्न 11. बिस्मिल्ला खाँ के मन में काशी के प्रति अनुराग क्यों था? [Imp.]

उत्तर– बिस्मिल्ला खाँ के मन में काशी के प्रति अनेक कारणों से गहरा अनुराग था। उनके पूर्वज काशी में रचे-बसे थे। उन्होंने काशी के विश्वनाथ मंदिर और बालाजी की ड्योढ़ी में शहनाई बजाई थी। बचपन से ही वे गंगा को मैया कहते आए थे। वे वहीं पले-बढ़े तथा सीखे थे। इसलिए उनका काशी के प्रति स्वाभाविक अनुराग था।

☞प्रश्न 12. लेखक ने गंगा-जमुनी संस्कृति किसे कहा है? वह इस पर क्या टिप्पणी करता है? [Imp.]

उत्तर– लेखक ने हिंदू-मुसलिम संस्कृति के मेलजोल को गंगा-जमुनी संस्कृति कहा है। लेखक को दुख है कि यह संस्कृति धीरे-धीरे लुप्त होती जा रही है। मुहर्रम-ताजिए और होली-अबीर-गुलाल की मिली-जुली संस्कृति अब इतिहास बनने जा रही है।

प्रश्न 13. '*काशी में बाबा विश्वनाथ और बिस्मिल्ला खाँ एक-दूसरे के पूरक हैं,* कथन का क्या आशय है? *[CBSE 2019]*

उत्तर– काशी में लंबे समय से बाबा विश्वनाथ की स्तुति में संगीत-आयोजन एवं अन्य धार्मिक उत्सव मनाए जाते थे। उनमें बिस्मिल्ला खाँ की शहनाई अनिवार्य अंग होती थी। लोगों में धारणा बन गई थी कि काशी में बाबा विश्वनाथ के साथ बिस्मिल्ला खाँ की शहनाई का अटूट संबंध है। ये एक-दूसरे के बिना अधूरे हैं।

प्रश्न 14. बिस्मिल्ला खाँ को भारतरत्न का सम्मान क्यों मिला था? उनके रहन-सहन की सादगी का एक उदाहरण दीजिए। *[CBSE 2019]*

उत्तर– बिस्मिल्ला खाँ को उनके शहनाई-वादन पर भारतरत्न का सम्मान मिला था। फिर भी वे बहुत सादगी से रहते थे। यहाँ तक कि जब वे किसी भेंटकर्ता से मिलते थे तो उनकी लुंगी में छेद रहते थे। उन्हें अपने वस्त्रों की कोई परवाह नहीं थी।

प्रश्न 15. *बिस्मिल्ला खाँ शहनाई का घंटों रियाज़ करते थे।* इससे विद्यार्थियों को क्या सीख ग्रहण करनी चाहिए और क्यों? *[CBSE 2020]*

उत्तर– बिस्मिल्ला खाँ भारत के सर्वोच्च शहनाईवादक होते हुए भी रोज घंटों अभ्यास किया करते थे। विद्यार्थियों को इस बात से सीख लेनी चाहिए कि वे सफल होने पर भी अभ्यास न छोड़ें। अभ्यास सबसे बड़ा गुरु है।

क्यों–निरंतर अभ्यास से ही हमारी कला और प्रतीभा में निखार आता है।

प्रश्न 16. 'नौबतखाने में इबादत' पाठ के आधार पर स्पष्ट कीजिए कि बिस्मिल्ला खाँ और शहनाई एक-दूसरे के पर्याय कैसे हैं? *[CBSE 2020]*

उत्तर– बिस्मिल्ला खाँ ने शहनाई-वादन में जो ख्याति प्राप्त की, उसके कारण दोनों में अटूट संबंध हो गया। शहनाई की बात करें तो बिस्मिल्ला खाँ याद आने लगे। बिस्मिल्ला खाँ की बात करें तो शहनाई याद आने लगी। इस प्रकार दोनों एक-दूसरे के पर्याय बन गए।

VII. बहुविकल्पी प्रश्नोत्तर

निम्नलिखित प्रश्नों के सही उत्तर वाले विकल्प चुनिए–

1. *'नौबतखाने में इबादत' पाठ में कौन-सी भारतीय विशेषता प्रभावित करती है?*
   (क) हिंदू संस्कृति की (ख) काशी के रहन-सहन की
   (ग) मुस्लिम संस्कृति की (घ) गंगा-जमुना संस्कृति की।
2. *बिस्मिल्ला खाँ काशी की ओर मुँह करके शहनाई क्यों बजाते थे?*
   (क) काशी से प्रेम के कारण (ख) भगवान शंकर के प्रति श्रद्धा के कारण
   (ग) काशी विश्वनाथ मंदिर के प्रति श्रद्धा के कारण (घ) अपनी जन्मभूमि के कारण
3. *बिस्मिल्ला खाँ का रहन-सहन कैसा था?*
   (क) शालीन (ख) दिखावटी (ग) सादगीपूर्ण (घ) गंदा
4. *बिस्मिल्ला जीवन-भर ईश्वर से क्या याचना करते रहे?*
   (क) मुझे खूब धन दो (ख) मुझे खूब नाम दो
   (ग) मुझे सच्चा सुर दो (घ) मुझे सब कुछ दे दो।
5. *बिस्मिल्ला खाँ की क्या प्रसिद्ध है?*
   (क) शहनाई (ख) ढोलक (ग) बाँसुरी (घ) पखावज
6. *कौन-से दो एक-दूसरे के पूरक हैं?*
   (क) काशी और विश्वनाथ मंदिर (ख) काशी और शहनाई
   (ग) बाबा विश्वनाथ और काशी (घ) बाबा विश्वनाथ और बिस्मिल्ला खाँ
7. *काशी अपनी किस परंपरा के लिए विख्यात है?*
   (क) नाट्य-परंपरा (ख) नृत्य-परंपरा (ग) संगीत-परंपरा (घ) खेल-परंपरा

उत्तर– 1. (घ) 2. (ग) 3. (ग) 4. (ग) 5. (क)
6. (घ) 7. (ग)

प्रश्न-अभ्यास

प्रश्न 1. डुमराँव से अमीरूद्दीन के संबंधों को समझाइए। *[CBSE 2019]*

प्रश्न 2. *'बिस्मिल्ला खाँ हमेशा अपनी अजेय संगीतयात्रा के नायक रहेंगे।'*–इस कथन की पुष्टि कीजिए। *[CBSE 2012]*

प्रश्न 3. बिस्मिल्ला खाँ को काशी में कौन-सी कमियाँ खलती हैं? *[CBSE 2019]*

प्रश्न 4. *बिस्मिल्ला खाँ हिंदू-मुस्लिम एकता के प्रतीक थे,* कैसे? *[CBSE 2012]*

प्रश्न 5. बिस्मिल्ला खाँ के चरित्र की किन्हीं तीन विशेषताओं का उल्लेख कीजिए जिनसे आप बहुत अधिक प्रभावित हुए? *[CBSE]*

प्रश्न 6. बिस्मिल्ला खाँ को किन-किन उपाधियों से अलंकृत किया था और किस कारण से? बताइए। *[CBSE 2016]*

प्रश्न 7. हिरण की महक का उदाहरण लेखक ने किस संदर्भ में दिया है? 'नौबतखाने में इबारत' पाठ के आधार पर लिखिए। *[CBSE 2016]*

प्रश्न 8. बिस्मिल्ला खाँ साहब के मामा कौन थे? वे कहाँ शहनाईवादन करते थे? *[CBSE 2016]*

प्रश्न 9. बिस्मिल्ला खाँ जीवन भर ईश्वर से क्या माँगते रहे और क्यों? इससे उनकी किस विशेषता का पता चलता है? *[CBSE 2015]*

प्रश्न 10. बिस्मिल्ला खाँ नमाज़ की प्रार्थना में अल्ला से क्या माँगते थे? *[CBSE 2016]*

प्रश्न 11. बिस्मिल्ला खाँ के अनुसार मुहर्रम के आठवें दिन किस बात का निषेध होता है? *[CBSE 2015]*

12. संस्कृति

(भदंत आनंद कौसल्यायन)

I. लेखक-परिचय

प्रश्न–भदंत आनंद कौसल्यायन का संक्षिप्त जीवन-परिचय देते हुए उनकी साहित्यिक विशेषताओं पर प्रकाश डालिए।

उत्तर–जीवन-परिचय–प्रसिद्ध बौद्ध-भिक्षु, गाँधी-भक्त तथा साहित्यकार भदंत आनंद कौसल्यायन का जन्म सन् 1905 को अंबाला के सोहाना गाँव में हुआ। बौद्ध भिक्षु के रूप में उन्होंने देश-विदेश का काफी भ्रमण किया। वे गाँधी जी से काफी प्रभावित थे। वे उनके संग वर्धा में रहे। उन्होंने हिंदी भाषा और साहित्य की महत्त्वपूर्ण सेवा की। उन्होंने पालि भाषा में लिखे बौद्ध साहित्य का हिंदी में अनुवाद किया। वे हिंदी साहित्य सम्मेलन प्रयाग और राष्ट्रभाषा प्रचार समिति से सक्रिय रूप से जुड़े रहे। घुमक्कड़ होने के कारण उनके यात्रा-वर्णन और पर्यटन-संस्मरण अधिक प्रभावी बन पड़े हैं। सन् 1988 में उनका निधन हो गया।

रचनाएँ–भिक्षु के पत्र, जो भूल ना सका, आह! ऐसी दरिद्रता, बहानेबाजी उनके प्रसिद्ध रेखाचित्र, संस्मरण, पत्र और निबंध हैं। यद्यपि उन्होंने बीस से भी अधिक पुस्तकें लिखी हैं, परंतु ये ग्रंथ उल्लेखनीय हैं।

साहित्यिक विशेषताएँ–भदंत आनंद कौसल्यायन के साहित्य के मुख्य विषय मानवीय आचार-व्यवहार, यात्रा-संस्मरण तथा गाँधी जी के सुखद संस्मरण रहे हैं। उनके यात्रा-वर्णन जितने सजीव बन पड़े हैं, उतने ही सजीव हैं–गाँधी जी के साथ बिताए गए क्षण। उन्हें पढ़कर ऐसी ताज़गी अनुभव होती है, मानो हम अभी-अभी बापू से मिलकर आ रहे हों। उनकी मुख्य विशेषता है–मानवतावाद। वे गाँधी जी को मानवीय दृष्टि से देखते हैं तो उन्हें सबसे ऊपर पाते हैं।

भाषा-शैली–कौसल्यायन जी की भाषा सरल, सहज तथा आडंबरहीन है। लेखक ने सरल-सी बात को साहित्यिक शैली में व्यक्त किया है। उनकी भाषा को जन-भाषा कहा जा सकता है। इस निबंध में उन्होंने भाषा का शिथिल प्रयोग किया है। विषय के अनुरूप भाषा में भी विविधता और अस्पष्टता आ गई है।

II. निबंध का सार

प्रश्न–'संस्कृति' निबंध का सार अपने शब्दों में लिखिए।

उत्तर–'संस्कृति' निबंध में लेखक ने संस्कृति और सभ्यता के अंतर को स्पष्ट किया है। निबंध का सार इस प्रकार है–

सभ्यता और संस्कृति के अर्थ में अस्पष्टता–सभ्यता और संस्कृति ऐसे दो शब्द हैं जिनका उपयोग बहुत होता है किंतु ये समझ में बहुत कम आते हैं। जब इनके आगे 'भौतिक सभ्यता' या 'आध्यात्मिक सभ्यता' जैसे विशेषण लग जाते हैं तो इनके अर्थ और भी गडमड्ड हो जाते हैं।

लेखक इन शब्दों के अंतर को समझाने के लिए दो उदाहरण देता है। पहला उदाहरण है–आग के आविष्कार का और दूसरा सुई-धागे का। लेखक के अनुसार, इन दोनों को खोजने की शक्ति या प्रवृत्ति को संस्कृति कहते हैं और आग तथा सुई-धागे

को सभ्यता कहते हैं, दूसरे शब्दों में–प्रवृत्ति और प्रेरणा को संस्कृति कहते हैं। आविष्कृत वस्तु को सभ्यता कहते हैं। जिस व्यक्ति में प्रवृत्ति जितनी अधिक परिष्कृत होगी, वह उतना ही परिष्कृत आविष्कारक होगा।

वैज्ञानिक खोज का उदाहरण–एक सुसंस्कृत आदमी किसी नई चीज़ की खोज करता है। इसलिए वह संस्कृत कहलाता है। परंतु उसकी संतानों को वह चीज़ अनायास ही प्राप्त हो गई। वे चाहे सभ्य कहलाएँ किंतु संस्कृत नहीं कहला सकते। न्यूटन ने गुरुत्वाकर्षण के सिद्धांत का आविष्कार किया। वह संस्कृत था। परंतु उनके सिद्धांतों के जानकार अन्य अनेक बातों की जानकारी रखते हुए भी सभ्य कहलाएँगे, संस्कृत नहीं।

आग के आविष्कार में पेट भरने की प्रेरणा रही होगी। सुई-धागे के आविष्कार में गर्मी-सर्दी से बचने की प्रेरणा रही होगी। परंतु यदि कोई व्यक्ति पेट-भरा और तन ढँका होने पर भी रात को जगमगाते तारों का रहस्य जानना चाहता है, तो वह वास्तव में संस्कृति का जनक है। पेट भरने और तन ढँकने के भौतिक कारणों की प्रेरणा वाला व्यक्ति संस्कृति का जनक नहीं है। संस्कृति का जनक वही है जो भौतिक प्रभावों और कारणों से नहीं, अपितु अंदर की सहज जिज्ञासा के कारण ज्ञान पैदा करता है। हमारी ज्ञान-आधारित संस्कृति के अधिकतर पुरस्कर्ता ऐसे ही मनीषी थे।

करुणा मानव-संस्कृति की जनक है–दूसरे की ज़रूरत पूरी करने के लिए अपने भोजन का त्याग करने वाला मानव-संस्कृति का जनक है। रोगी बच्चे के लिए सारी रात जागने वाली माँ, अपनी डबल रोटी मज़दूरों को देने वाला लेनिन, मज़दूरों को सुखी देखने वाला कार्लमार्क्स, तृष्णा में जलती मानवता को उबारने वाले राजसुख-त्यागी बुद्ध–सब मानव-संस्कृति के निर्माता थे। लेखक का विचार है कि आग और सुई-धागे का आविष्कार करने वाली भावना, तारों की जानकारी चाहने वाली जिज्ञासा, सर्वस्व त्याग करने वाली महामानवता–सब संस्कृति के ही विविध रूप हैं।

सभ्यता और असंस्कृति–संस्कृति का परिणाम है–सभ्यता। हमारे खान-पान के तरीके। ओढ़ने-पहनने, आने-जाने और कटने-मरने के तरीके भी सभ्यता के अंतर्गत आते हैं। मानव की जो योग्यता और प्रवृत्ति मानव-विनाश के साधन खोजती है, वह हमारी असंस्कृति हुई। उससे पैदा हुए हथियार आदि असभ्यता के सूचक हैं। कुछ बातें ऐसी हैं जो संस्कृति नहीं, कूड़ा-करकट हैं। ये रक्षणीय नहीं हैं। संसार क्षण-क्षण बदलता है। ऐसे में किसी चीज़ को पकड़कर बैठा नहीं जा सकता। मानव की प्रज्ञा ने जब-जब कोई नया तथ्य देखा है तो उसने कोई नई वस्तु नहीं देखी है जिसकी रक्षा के लिए दलबंदियों की जरूरत हो। वास्तव में मानव-संस्कृति अविभाज्य है। उसमें कल्याणकारी अंश श्रेष्ठ ही नहीं, स्थायी भी है।

III. कठिन शब्दों के अर्थ

पृष्ठ 93

उपयोग–प्रयोग, इस्तेमाल। **सभ्यता**–रहन-सहन के तौर-तरीके। **संस्कृति**–विचार-चिंतन के तरीके। **विशेषण**–विशेषता बताने वाले शब्द। **भौतिक**–संसार संबंधी, वस्तु संबंधी। **आध्यात्मिक**–अध्यात्म संबंधी, आत्मा-परमात्मा संबंधी। **गलत-सलत**–गडमड्ड, अस्पष्ट, भ्रामक। **साक्षात**–मिलन, भेंट। **आविष्कार**–खोज। **आविष्कर्ता**–खोज करने वाला। **व्यक्ति विशेष**–खास आदमी। **प्रवृत्ति**–मन का रुझान, मन का झुकना। **प्रेरणा**–चाह, गतिशील करने वाली शक्ति।

पृष्ठ 94

परिष्कृत–शुद्ध। **मात्रा**–आकार, संख्या, परिमाण। **संस्कृत व्यक्ति**–संस्कारों वाला व्यक्ति। **पूर्वज**–पूर्वपुरुष, पुरखा, बाप-दादा आदि पुराने लोग। **अनायास**–अचानक। **विवेक**–अच्छे-बुरे का भेद करने की शक्ति। **तथ्य**–बात। **दर्शन**–देखना। **गुरुत्वाकर्षण**–वह आकर्षण जिसके बल पर धरती सारी वस्तुओं को अपनी ओर खींचती है। **सिद्धांत**–नियम। **भौतिक विज्ञान**–फिज़िक्स। **परिचित**–जानकार। **अपरिचित**–अनजान। **कदाचित**–शायद। **ज्वाला**–आग, भूख। **शीतोष्ण**–सर्दी-गर्मी। **हाथ होना**–योगदान होना, कारण होना। **मोती भरा थाल**–आकाश में खिले तारों को मोती भरा थाल कहना। **जननी**–पैदा करने वाली, माँ। **निठल्ला**–बेकार। **चेतना**–आत्मा, बुद्धि, चिंतन, मन। **स्थूल**–मोटा, दिखाई देने वाला। **प्रधान**–प्रमुख। **मनीषी**–चिंतक, विचारक, मुनि। **वशीभूत**–वश में होना। **सहज**–स्वाभाविक। **पुरस्कर्ता**–बढ़ाने वाला। **भौतिक प्रेरणा**– वस्तुओं की चाह। **ज्ञानेप्सा**–ज्ञान पाने की ललक। **माता-पिता**–जनक, प्रेरक। **कौर**–भोजन का टुकड़ा। **सूझती**–कौंधती, सोच में आती, मन में आती।

पृष्ठ 95

भाग्यविधाता–भाग्य का निर्माता। **स्वप्न**– सपना। **सिद्धार्थ**–गौतम बुद्ध। **तृष्णा**–अधिक पाने की प्यास, न बुझने वाली चाह। **लड़ती-कटती मानवता**–मारकाट मचाते मनुष्य। **महामानव**–महान मनुष्य। **सर्वस्व**–अपना सब कुछ। **गमना-गमन**–यातायात, आवागमन, आना-जाना। **परस्पर**–आपस में। **आत्म-विनाश**–स्वयं अपना विनाश करना। **साधन**–तरीका, उपाय। **असंस्कृति**–संस्कृति का न होना। **असभ्यता**–सभ्य न होना, जंगली होना, क्रूर होना। **कल्याण**–मंगल। **नाता**–संबंध, रिश्ता। **अवश्यंभावी**–अवश्य होने वाला। **अतिरिक्त**–सिवा। **रक्षणीय**–जिसकी रक्षा की जानी हो, रक्षा करने योग्य। **क्षण-क्षण**–पल-पल। **परिवर्तन**–बदलाव। **प्रज्ञा**–बुद्धि। **मैत्री**–मित्रता। **दलबंदी**–दल बनाना, समूह बनाना, पार्टी बनाना। **अविभाज्य**–जिसे बाँटा नहीं जा सकता। **अंश**–भाग। **अकल्याणकर**–जो कल्याणकारी नहीं है। **श्रेष्ठ**–अच्छा। **स्थायी**–लंबे समय तक टिकने वाला।

IV. अर्थग्रहण संबंधी प्रश्नोत्तर

प्रश्न–निम्नलिखित गद्यांशों से संबंधित प्रश्नों के उत्तर दीजिए–

1 जिस योग्यता, प्रवृत्ति अथवा प्रेरणा के बल पर आग का व सुई-धागे का आविष्कार हुआ, वह है व्यक्ति विशेष की संस्कृति; और उस संस्कृति द्वारा जो आविष्कार हुआ, जो चीज़ उसने अपने तथा दूसरों के लिए आविष्कृत की, उसका नाम है सभ्यता।

जिस व्यक्ति में पहली चीज़, जितनी अधिक व जैसी परिष्कृत मात्रा में होगी, वह व्यक्ति उतना ही अधिक व वैसा ही परिष्कृत आविष्कर्ता होगा। *(पृष्ठ 93–94)*

प्रश्न *(Set I)*–

(क) *पाठ तथा लेखक का नाम लिखिए।*
(ख) *लेखक के अनुसार, संस्कृति की परिभाषा दीजिए।*
(ग) *लेखक के अनुसार, सभ्यता किसे कहते हैं?*

उत्तर–

(क) *पाठ* – संस्कृति
लेखक – भदंत आनंद कौसल्यायन

(ख) लेखक के अनुसार संस्कृति का आशय है किसी नए आविष्कार या तथ्य को प्राप्त करने की योग्यता, प्रवृत्ति या प्रेरणा। यह एक सूक्ष्म गुण है।

(ग) लेखक के अनुसार, संस्कृति द्वारा किए गए आविष्कार, उपकरण, चीज़ें और वस्तुएँ सभ्यता के अंतर्गत आती हैं।

प्रश्न *(Set II)*–

1. *'प्रवृत्ति'* **का तात्पर्य है–**
(क) मनोदशा (ख) रुझान (ग) क्षमता (घ) आदत

2. *'व्यक्ति-विशेष की संस्कृति'* **का आशय है–**
(क) एक व्यक्ति की संस्कृति (ख) खास व्यक्ति की संस्कृति
(ग) विशेष संस्कृति (घ) सामान्य संस्कृति

3. *'सभ्यता'* **क्या है?**
(क) संस्कृति का आविष्कार (ख) समाजोपयोगी आविष्कार
(ग) निजी खोज (घ) अन्यों के लिए खोज

4. *'परिष्कृत'* **का तात्पर्य है–**
(क) नई (ख) सभ्य (ग) शुद्ध (घ) उपयोगी

5. *'सुई-धागे का आविष्कार'* **क्या है?**

(क) तकनीकी विकास (ख) वैज्ञानिक विकास (ग) वैयक्तिक संस्कृति (घ) सामाजिक संस्कृति

उत्तर– 1. (ख) 2. (ख) 3. (ख) 4. (ग) 5. (ग)

2 एक संस्कृत व्यक्ति किसी नयी चीज़ की खोज करता है; किंतु उसकी संतान को वह अपने पूर्वज से अनायास ही प्राप्त हो जाती है। जिस व्यक्ति की बुद्धि ने अथवा उसके विवेक ने किसी भी नए तथ्य का दर्शन किया, वह व्यक्ति ही वास्तविक संस्कृत व्यक्ति है और उसकी संतान जिसे अपने पूर्वज से वह वस्तु अनायास ही प्राप्त हो गई है, वह अपने पूर्वज की भाँति सभ्य भले ही बन जाए, संस्कृत नहीं कहला सकता। एक आधुनिक उदाहरण लें। न्यूटन ने गुरुत्वाकर्षण के सिद्धांत का आविष्कार किया। वह संस्कृत मानव था। आज के युग का भौतिक विज्ञान का विद्यार्थी न्यूटन के गुरुत्वाकर्षण से तो परिचित है ही; लेकिन उसके साथ उसे और भी अनेक बातों का ज्ञान प्राप्त है जिनसे शायद न्यूटन अपरिचित ही रहा। ऐसा होने पर भी हम आज के भौतिक विज्ञान के विद्यार्थी को न्यूटन की अपेक्षा अधिक सभ्य भले ही कह सकें; पर न्यूटन जितना संस्कृत नहीं कह सकते।

(पृष्ठ 94)

प्रश्न *(Set I)*–

(क) *संस्कृत व्यक्ति लेखक की दृष्टि में कौन है?*

(ख) *संस्कृत व्यक्ति की विशेषता क्या है?*

(ग) *न्यूटन कौन था?*

उत्तर–

(क) नई चीज़ की खोज़ करने के लिए जिसने अपने विवेक और बुद्धि का प्रयोग किया, वह संस्कृत व्यक्ति है।

(ख) संस्कृत व्यक्ति मानवता के कल्याण के लिए नए आविष्कार करता है। वह आविष्कर्ता है।

(ग) न्यूटन एक वैज्ञानिक था जिसने गुरुत्वाकर्षण का सिद्धांत खोजा।

प्रश्न *(Set II)*–

1. *'संस्कृत'* **का आशय है–**

(क) एक भाषा (ख) सभ्य (ग) आविष्कारक (घ) शुभ

2. **संस्कृत व्यक्ति वह है, जो–**

(क) नए आविष्कार करे (ख) नए आविष्कारों का ज्ञाता हो

(ग) संस्कृत भाषा जानता हो (घ) नए आविष्कारों का प्रयोगकर्ता हो

3. *'अनायास'* **का तात्पर्य है–**

(क) बिना प्रयास के (ख) सुविधा से (ग) आराम से (घ) मेहनत से

4. **सभ्य कौन है?**

(क) जो रहन-सहन के तौर-तरीके जानता हो। (ख) जिसका पहनावा अच्छा हो।

(ग) जो नए आविष्कार करता हो। (घ) जो आविष्कारों का ज्ञाता हो।

5. *आज के भौतिक विज्ञान के विद्यार्थी* .... **पूरा कीजिए।**

(क) सभ्य नहीं हो सकते। (ख) संस्कृत नहीं हो सकते।

(ग) न्यूटन जितने सभ्य नहीं हो सकते। (घ) न्यूटन जितने संस्कृत नहीं हो सकते।

उत्तर– 1. (ग) 2. (क) 3. (क) 4. (घ) 5. (घ)

☞ **3** आग के आविष्कार में कदाचित पेट की ज्वाला की प्रेरणा एक कारण रही। सुई-धागे के आविष्कार में शायद शीतोष्ण से बचने तथा शरीर को सजाने की प्रवृत्ति का विशेष हाथ रहा। अब कल्पना कीजिए उस आदमी की जिसका पेट भरा है, जिसका तन ढँका है, लेकिन जब वह खुले आकाश के नीचे सोया हुआ रात के जगमगाते तारों को देखता है, तो उसको केवल इसलिए

नींद नहीं आती क्योंकि वह यह जानने के लिए परेशान है कि आखिर यह मोती भरा थाल क्या है? पेट भरने और तन ढँकने की इच्छा मनुष्य की संस्कृति की जननी नहीं है। पेट भरा और तन ढँका होने पर भी ऐसा मानव जो वास्तव में संस्कृत है, निठल्ला नहीं बैठ सकता। हमारी सभ्यता का एक बड़ा अंश हमें ऐसे संस्कृत आदमियों से ही मिला है, जिनकी चेतना पर स्थूल भौतिक कारणों का प्रभाव प्रधान रहा है, किंतु उसका कुछ हिस्सा हमें मनीषियों से भी मिला है जिन्होंने तथ्य-विशेष को किसी भौतिक प्रेरणा के वशीभूत होकर नहीं, बल्कि उनके अपने अंदर की सहज संस्कृति के ही कारण प्राप्त किया है। रात के तारों को देखकर न सो सकने वाला मनीषी हमारे आज के ज्ञान का ऐसा ही प्रथम पुरस्कर्ता था। **[Imp.]** *(पृष्ठ 94)*

प्रश्न *(Set I)*–

(क) मनुष्य ने आग का आविष्कार क्यों किया होगा?

(ख) सुई-धागे के आविष्कार के पीछे मानव का कौन-सा मनोभाव रहा होगा?

(ग) मोती भरा थाल किसे कहा गया है? उसके बारे में जानने के उत्सुकों को क्या कहा गया है?

उत्तर–

(क) मनुष्य ने पेट की भूख शांत करने की प्रेरणा से आग का आविष्कार किया होगा। जब मनुष्य ने पहली बार आग को देखा होगा और उसमें भूने हुए माँस को खाया होगा, तो उसके मन में इस आग को सुरक्षित रखने की योजना आई होगी। ताकि वह भूना हुआ माँस बार-बार खा सके। इस प्रकार उसने आग का आविष्कार किया होगा।

(ख) मनुष्य गर्मी और सर्दी से बचने के लिए तन ढँकना चाहता होगा। उसकी इसी इच्छा से सुई-धागे का आविष्कार हुआ होगा।

(ग) आकाश में खिले तारों को 'मोती भरा थाल' कहा गया है। जो लोग पेट भरा और तन ढँका होने पर भी तारों के रहस्य को जानने को उत्सुक रहते हैं, उन्हें मनीषी कहा गया है। उन्हें वास्तविक संस्कृत मनुष्य भी कहा गया है।

प्रश्न *(Set II)*–

1. आग का आविष्कार क्यों हुआ?

(क) प्रकाश पाने के लिए (ख) गर्मी पाने के लिए

(ग) पेट की भूख शांत करने के लिए (घ) जिज्ञासा शांत करने के लिए

2. सुई-धागे का आविष्कार क्यों हुआ?

(क) कपड़े सीने के लिए (ख) जूते सीने के लिए

(ग) गर्मी-सर्दी से बचने के लिए (घ) मौसम से बचने तथा सजने के लिए

3. संस्कृति का जनक कौन है?

(क) पेट भरने वाला (ख) तन ढँकने वाला (ग) संस्कृत पढ़ने वाला (घ) ज्ञान पैदा करने वाला

4. संस्कृत आदमी वह है, जो–

(क) भौतिक जगत में रुचि रखता है। (ख) जो भौतिकता से परे ज्ञान में रुचि रखता है।

(ग) भौतिक जगत में रुचि नहीं रखता। (घ) जो संस्कृत भाषा में रुचि रखता है।

5. '*मनीषी*' किसे कहा गया है?

(क) चिंतनशील को (ख) आविष्कारक को (ग) वैज्ञानिक को (घ) कवि को

उत्तर– 1. (ग) 2. (घ) 3. (घ) 4. (ख) 5. (क)

☞ **4** भौतिक प्रेरणा, ज्ञानेप्सा–क्या ये दो ही मानव संस्कृति के माता-पिता हैं? दूसरे के मुँह में कौर डालने के लिए जो अपने मुँह का कौर छोड़ देता है, उसको यह बात क्यों और कैसे सूझती है? रोगी बच्चे को सारी रात गोद में लिए जो माता बैठी रहती है, वह आखिर ऐसा क्यों करती है? सुनते हैं कि रूस का भाग्यविधाता लेनिन अपने डैस्क में रखे हुए डबल रोटी के सूखे टुकड़े स्वयं न खाकर दूसरों को खिला दिया करता था। वह आखिर ऐसा क्यों करता था? संसार के मज़दूरों को सुखी देखने का स्वप्न देखते हुए कार्ल मार्क्स ने अपना सारा जीवन दुख में बिता दिया। और इन सबसे बढ़कर आज नहीं, आज से ढाई हज़ार वर्ष पूर्व सिद्धार्थ ने अपना घर केवल इसलिए त्याग दिया कि किसी तरह तृष्णा के वशीभूत लड़ती-कटती मानवता सुख से रह सके। **[Imp.]** *(पृष्ठ 94-95)*

प्रश्न–

1. **मानव-संस्कृति के निर्माता कौन हैं?**

(क) भौतिक निर्माण (ख) ज्ञान की इच्छा (ग) लोक-हित त्याग (घ) तीनों

2. ***'लेनिन'* कौन था?**

(क) स्वतंत्रता-सेनानी (ख) रूस का विचारक (ग) मार्क्स का विरोधी (घ) देश का उद्धारक

3. **कार्ल मार्क्स क्या करना चाहते थे?**

(क) मानवता को सुखी करना (ख) देश को समृद्ध बनाना

(ग) मज़दूरों को सुखी करना (घ) समाज को सुखी बनाना

4. **बुद्ध ने त्याग क्यों किया?**

(क) तृष्णा से लड़ने के लिए (ख) मानवता के सुख के लिए

(ग) धर्म की स्थापना के लिए (घ) प्रतिष्ठा पाने के लिए

5. ***'सिद्धार्थ'* किसे कहा गया है?**

(क) भगवान महावीर को (ख) महात्मा बुद्ध को (ग) गौतम ऋषि को (घ) लेनिन को

उत्तर– 1. (घ) 2. (ख) 3. (ग) 4. (ख) 5. (ग)

5 और सभ्यता? सभ्यता है संस्कृति का परिणाम। हमारे खाने-पीने के तरीके, हमारे ओढ़ने पहनने के तरीके, हमारे गमना-गमन के साधन, हमारे परस्पर कट मरने के तरीके; सब हमारी सभ्यता हैं। मानव की जो योग्यता उससे आत्म-विनाश के साधनों का आविष्कार कराती है, हम उसे उसकी संस्कृति कहें या असंस्कृति? और जिन साधनों के बल पर वह दिन-रात आत्म-विनाश में जुटा हुआ है, उन्हें हम उसकी सभ्यता समझें या असभ्यता? संस्कृति का यदि कल्याण की भावना से नाता टूट जाएगा तो वह असंस्कृति होकर ही रहेगी और ऐसी संस्कृति का अवश्यंभावी परिणाम असभ्यता के अतिरिक्त दूसरा क्या होगा?

(पृष्ठ 95)

प्रश्न–

1. **सभ्यता का जन्म किससे होता है?**

(क) असभ्यता से (ख) संस्कारों से (ग) संस्कृति से (घ) महानता से

2. ***'गमना-गमन के साधन'* का आशय है–**

(क) गम दूर करने के उपाय (ख) जाने के उपाय (ग) आने-जाने के साधन (घ) आने के उपाय

3. **आत्म-विनाश के साधन का तात्पर्य है–**

(क) हिंसा (ख) हथियार (ग) क्रोध (घ) द्वेष

4. **संस्कृति का संबंध किससे होता है?**

(क) कल्याण भावना से (ख) विकास-भावना से (ग) ज्ञान से (घ) विनाश से

5. **आत्म-विनाश की भावना को आप क्या कहेंगे?**

(क) सभ्यता (ख) असभ्यता (ग) संस्कृति (घ) असंस्कृति

उत्तर– 1. (ग) 2. (ग) 3. (ख) 4. (क) 5. (घ)

V. पाठ्यपुस्तक के प्रश्न-अभ्यास

(पृष्ठ 95-96)

प्रश्न 1. लेखक की दृष्टि में *'सभ्यता'* और *'संस्कृति'* की सही समझ अब तक क्यों नहीं बन पाई है?

[CBSE 2015]

उत्तर–लेखक की दृष्टि में 'सभ्यता' और 'संस्कृति' शब्दों का प्रयोग बहुत मनमाने ढंग से होता रहा है। यहाँ तक कि उनके साथ 'भौतिक' और 'आध्यात्मिक' जैसे विशेषण जोड़े जाते रहे हैं। इन विशेषणों के कारण इन शब्दों की समझ और अधिक गड़बड़ा जाती है।

☞**प्रश्न 2. आग की खोज एक बहुत बड़ी खोज क्यों मानी जाती है? इस खोज के पीछे रही प्रेरणा के मुख्य स्रोत क्या रहे होंगे?** **[Imp.]** *[CBSE 2016]*

उत्तर–आग की खोज मनुष्य की सबसे बड़ी आवश्यकता की पूर्ति करती है। वह भोजन पकाने के काम आती है। अत: आदि मनुष्य ने इसे सबसे महत्त्वपूर्ण खोज माना। आज भी इसका महत्त्व सर्वोपरि है। तभी तो हर सांस्कृतिक कार्यक्रम से पहले दीया जलाया जाता है और खेलों में मशाल जलाई जाती है। आज यदि आग न हो तो पूरी सभ्यता ताश के महल की भाँति भरभरा कर गिर जाएगी।

आग की खोज के पीछे भोजन की प्रेरणा तो रही ही होगी; साथ ही प्रकाश और गर्मी पाने की प्रेरणा भी रही होगी। रात में आग बहुत काम आई होगी। सर्दियों में तो यह अमृत-जैसी सिद्ध हुई होगी। घनघोर ठंडी काली रात में जब आदिमानव आग से गर्मी लेता होगा, काली रात में देख पाया होगा और मांस को भूनकर खा पाया होगा तो उसे कितना आनंद मिला होगा। अत: उसने अग्नि को देवता माना होगा और उसे सुरक्षित रखने के उपाय खोजे होंगे।

☞**प्रश्न 3. वास्तविक अर्थों में *'संस्कृत व्यक्ति'* किसे कहा जा सकता है?**

[Imp.] *[CBSE 2009]*

उत्तर–लेखक के अनुसार, वास्तविक संस्कृत व्यक्ति वह है जिसकी बुद्धि और विवेक ने किसी भी नए तथ्य का अनुसंधान और दर्शन किया होगा। जैसे–न्यूटन ने गुरुत्वाकर्षण का सिद्धांत खोजा। वह वास्तविक रूप से संस्कृत व्यक्ति था।

प्रश्न 4. न्यूटन को संस्कृत मानव कहने के पीछे कौन से तर्क दिए गए हैं? *न्यूटन द्वारा प्रतिपादित सिद्धांतों एवं ज्ञान की कई दूसरी बारीकियों को जानने वाले लोग भी न्यूटन की तरह संस्कृत नहीं कहला सकते,* क्यों?

उत्तर–लेखक ने संस्कृत मानव की परिभाषा ऐसी दी है कि उसमें न्यूटन जैसे आविष्कारक और चिंतक ही आ पाते हैं। उनके अनुसार, जो व्यक्ति अपनी बुद्धि और विवेक से किसी नए तथ्य का अनुसंधान और दर्शन कर सकता है, वही संस्कृत व्यक्ति है। न्यूटन ने भी यही किया। उसने अपनी योग्यता, प्रेरणा और प्रवृत्ति से विज्ञान के विभिन्न नियमों को जाना और उसे जनता के सामने रखा। इस कारण वह संस्कृत व्यक्ति हुआ।

अन्य लोग, जो न्यूटन द्वारा खोजे गए सभी सिद्धांतों की जानकारी रखते हैं और अन्य सूक्ष्म सिद्धांत भी जानते हैं, न्यूटन जैसे संस्कृत नहीं हो सकते। कारण? उन्होंने अपनी योग्यता और प्रवृत्ति से ज्ञान का आविष्कार नहीं किया। उन्होंने तो न्यूटन या अन्य वैज्ञानिकों द्वारा खोजे गए सिद्धांतों को जाना-भर।

प्रश्न 5. किन महत्त्वपूर्ण आवश्यकताओं की पूर्ति के लिए सुई-धागे का आविष्कार हुआ होगा?

उत्तर–अपने तन को ढँकने के लिए, स्वयं को गर्मी, सर्दी और नंगेपन से बचाने के लिए सुई-धागे का आविष्कार हुआ होगा। सुई-धागे की खोज से पहले मनुष्य नंगा रहता था। वह जैसे-तैसे वृक्ष की खाल या पत्तों से तन को ढँकता था। किंतु उससे शरीर की ठीक से रक्षा नहीं हो पाती थी। अत: जब उसने सुई-धागे की खोज कर ली तो उसके हाथ बहुत बड़ी तकनीक लग गई। यह तकनीक इतनी कारगर थी कि आज भी हम लोग इसका भरपूर उपयोग करते हैं।

प्रश्न 6. *''मानव संस्कृति एक अविभाज्य वस्तु है।''* किन्हीं दो प्रसंगों का उल्लेख कीजिए जब–

(क) *मानव संस्कृति को विभाजित करने की चेष्टाएँ की गईं।*

(ख) *जब मानव संस्कृति ने अपने एक होने का प्रमाण दिया।*

उत्तर– (क) मानव-संस्कृति एक है। 'हिंदू-संस्कृति' के पक्षधर अपनी संस्कृति को महान बताएँ, यह स्वाभाविक है। हर मनुष्य को अधिकार है कि वह अपनी श्रेष्ठता और उपलब्धियों को याद रखे। इसी से उन्हें और अधिक बढ़ने का अवसर मिलता है। इसी भाँति 'मुसलिम-संस्कृति' भी अपनी पहचान को स्थापित करना चाहती है। यह स्वाभाविक है। परंतु सबसे घृणित लोग वे हैं जो किसी एक संस्कृति के पक्ष में होकर उसे अनचाहे लाभ दिलाते हैं। वे मुसलमान के नाम पर आरक्षण दिलाते हैं, नौकरियाँ पक्की कराते हैं, धार्मिक यात्राओं के लिए पैसे देते हैं, सरकारी खजाने से भोज देते हैं। बदले में उनके वोट पक्के करके सरकार पर कब्जा जमाना चाहते हैं। ऐसे लोग धूर्त सांप्रदायिक हैं। वे सांप्रदायिकता को हथियार बनाकर अपने विरोधियों को धूल चटाते हैं। ऐसे लोग ही दो संस्कृतियों को आपस में मिलने नहीं देते। वे उन्हें भिड़ाए रखते हैं।

(ख) मानव-संस्कृति एक है। विश्व के सभी लोग हिंदू-मुसलिम का भेद छोड़कर सभी संस्कृतियों की श्रेष्ठ चीज़ों को खुले मन से अपनाते हैं। 'त्याग' संस्कृति का महान गुण है। इसे कौन नहीं अपनाता? सभी अपनाते हैं। चाहे वे हिंदू हों, मुसलमान हों या ईसाई। इसी भाँति 'बुद्ध' के 'अप्प दीपो भव' (अपने दीपक स्वयं बनो) पर सभी का अधिकार है। जब जापान पर अमरीका ने परमाणु बम गिराया तो सभी संस्कृतियों ने इसका विरोध किया। सांप्रदायिक हिंसा के भी सभी विरोधी हैं। 'रसखान' ने कृष्ण का गुणगान किया तो बिस्मिल्ला खाँ ने बालाजी का आशीर्वाद लिया। इसी भाँति करोड़ों हिंदू अजमेर शरीफ जाकर खुदा से दुआएँ करते हैं और पीरों की पूजा करते हैं। वास्तव में सामान्य लोग तो सब संस्कृतियों को बराबर सम्मान देते हैं, परंतु कूटबुद्धि राजनेता और प्रतिबद्ध विचारक उन्हें भिड़ाकर ही दम लेते हैं।

☞प्रश्न 7. आशय स्पष्ट कीजिए–

(क) *मानव की जो योग्यता उससे आत्म-विनाश के साधनों का आविष्कार कराती है, हम उसे उसकी संस्कृति कहें या असंस्कृति?* [*CBSE 2013*]

उत्तर–(क) लेखक प्रश्न करता है–मानव की जो योग्यता, भावना, प्रेरणा और प्रवृत्ति उससे विनाशकारी हथियारों का निर्माण करवाती है, उसे हम संस्कृति कैसे कहें? वह तो आत्म-विनाश कराती है। लेखक कहता है–ऐसी भावना और योग्यता को असंस्कृति कहना चाहिए।

रचना और अभिव्यक्ति

प्रश्न 8. ***लेखक ने अपने दृष्टिकोण से सभ्यता और संस्कृति की एक परिभाषा दी है।*** **आप सभ्यता और संस्कृति के बारे में क्या सोचते हैं, लिखिए।**

उत्तर–मेरे विचार से हमारे विचार-चिंतन और प्रवृत्तियों की विशेषता संस्कृति है। वह सूक्ष्म गुण है। वह हमारे मन और बुद्धि का गुण है। वह हमारे सोचने का ढंग है जो कि हमारी भाषा और प्रतिक्रियाओं में व्यक्त होता है। दूसरे शब्दों में, हमारे संस्कार संस्कृति के मूर्त रूप हैं।

सभ्यता स्थूल होती है। हमारे रहन-सहन, खान-पान और पहनावे के ढंग को सभ्यता कहते हैं। हम किस अवसर पर कैसे वस्त्र पहनते हैं, क्या खाते हैं, कैसे मंच, पंडाल, भवन आदि बनाते हैं, इन सबको सभ्यता की संज्ञा दी जाती है।

भाषा-अध्ययन

प्रश्न 9. निम्नलिखित सामासिक पदों का विग्रह करके समास का भेद भी लिखिए–

गलत-सलत *आत्म-विनाश*

महामानव *पददलित*

हिंदू-मुसलिम *यथोचित*

सप्तर्षि *सुलोचना*

उत्तर–

समस्तपद	विग्रह	समास
गलत-सलत	गलत ही गलत	अव्ययीभाव
आत्म-विनाश	स्वयं का विनाश	तत्पुरुष
महामानव	महान मानव	कर्मधारय

पददलित	पद से दलित	तत्पुरुष
हिंदू-मुसलिम	हिंदू और मुसलिम	द्वंद्व
यथोचित	जैसा उचित हो	अव्ययीभाव
सप्तर्षि	सात ऋषियों का समूह	द्विगु
सुलोचना	अच्छे नेत्रों वाली (सुंदरी)	बहुव्रीहि

पाठेतर सक्रियता

- *'स्थूल भौतिक कारण ही आविष्कारों का आधार नहीं है।'* **इस विषय पर वाद-विवाद प्रतियोगिता का आयोजन कीजिए।**

उत्तर–पक्ष में विचार–मनुष्य अपनी आवश्यकता के अनुसार ही विभिन्न आविष्कार करता है। उसे अपने शरीर को जीवित, सुरक्षित और सुखी रखने के लिए विभिन्न सामानों और उपकरणों की ज़रूरत पड़ती है। इसलिए वह कपड़ा, आग, सुई-धागा, फर्नीचर आदि सामानों का आविष्कार करता है। रेडियो, टी.वी., रेल, बस आदि भी मनुष्य की शारीरिक आवश्यकताओं की पूर्ति करते हैं। परंतु मनुष्य के पास मन भी है। मन में अनंत जिज्ञासाएँ हैं, इच्छाएँ हैं, कामनाएँ हैं। इनकी पूर्ति के लिए भी मनुष्य बहुत-से आविष्कार करता है। उदाहरणतया, महात्मा बुद्ध ने घर-बार छोड़कर यह जानने का प्रयत्न किया कि मनुष्य के दुखों का मूल कारण क्या है? संगीतकारों ने मनुष्य के हृदय के तारों को झंकृत करने के लिए स, रे, ग, म, प, ध, नि आदि सुरों का आविष्कार किया। हमारे ऋषि-मुनि परमात्मा का रहस्य जानने के लिए जीवन-भर लगे रहे। हज़ारों सालों से परमात्मा को जानने का प्रयत्न चल रहा है। अत: हम कह सकते हैं कि सारे आविष्कारों की मूल प्रेरणा केवल भौतिक वस्तुओं की प्राप्ति ही नहीं होती।

विपक्ष में विचार–मेरे विपक्षी वक्ता ने विषय के पक्ष में जो-जो तर्क दिए हैं, वे भ्रामक हैं। मनुष्य की सबसे बड़ी चिंता यह है कि वह भौतिक रूप से सुखी कैसे रहे? मेरे मित्र ने बुद्ध का उदाहरण दिया। बुद्ध ने संसार का त्याग किया संसार के दुखों का मूल कारण जानने के लिए। उनकी जिज्ञासा भी यही थी कि ये भौतिक पदार्थ आखिर दुखदायी क्यों हो जाते हैं? इस संसार को कैसे सुखी बनाया जा सकता है। उन्हें भी आखिरकार यही प्रतीत हुआ कि भौतिक ज़रूरतों के बिना संसार नहीं चल सकता। इसलिए उन्होंने संसार को अनिवार्य माना।

- **उन खोजों और आविष्कारों की सूची तैयार कीजिए जो आपकी नज़र में बहुत महत्त्वपूर्ण हैं?**

उत्तर–आग, चरखा, बिजली, टेलीफोन, मोबाइल, दूरबीन, कैमरा आदि।

VI. अन्य महत्त्वपूर्ण परीक्षोपयोगी प्रश्नोत्तर

प्रश्न 1. आपके विचार से सुई-धागे का आविष्कार क्यों हुआ होगा? *[CBSE 2015]*

उत्तर–मेरे विचार से सुई-धागे का आविष्कार तन ढँकने की इच्छा से हुआ होगा। आदिकाल में मनुष्य नंगा रहता था और गर्मी-सर्दी की मार सहता था। इनसे बचने के लिए उसने उपाय खोजने आरंभ किए होंगे। सुई-धागे की खोज इसी इच्छा का परिणाम है।

प्रश्न 2. एक आविष्कर्ता के अंतर्मन में किन गुणों का समावेश होता है? 'संस्कृति' पाठ के आधार पर स्पष्ट कीजिए।

उत्तर–एक आविष्कर्ता के अंतर्मन में मानव-कल्याण हेतु कुछ नया सोचने और खोजने की प्रेरणा का होना आवश्यक है। हमारे ऋषियों ने चाँद-तारों को देखकर उनका रहस्य जानने की कोशिश की। वे सच्चे आविष्कर्ता थे।

प्रश्न 3. मानव संस्कृति के संदर्भ में आचरण का क्या महत्त्व है? 'संस्कृति' पाठ के आधार पर उत्तर दीजिए। *[CBSE 2015]*

उत्तर–मानव-संस्कृति के विकास में कल्याणकारी आचरण का भी महत्त्व है। एक माता अपने रोगी शिशु की देखभाल के लिए दिन-रात जागती है। महात्मा बुद्ध ने संसार के दुखों का कारण जानने के लिए राजसुख त्याग दिए। ये आचरण भी मानव संस्कृति का निर्माण करते हैं।

प्रश्न 4. '*संस्कृति*' और '*असंस्कृति*' में क्या अंतर है? '*संस्कृति*' पाठ के लेखक के कथनानुसार स्पष्ट कीजिए।

उत्तर–नए-नए आविष्कार करने वाली प्रवृत्ति और सर्वस्व त्याग करने वाली भावना 'संस्कृति' कहलाती है। संस्कृति के लिए मानव-कल्याण की भावना का होना अनिवार्य है। यदि आविष्कार और त्याग के पीछे मानव-कल्याण की भावना न होकर आत्म-विनाश और ध्वंस की भावना हो तो उसे 'असंस्कृति' कहेंगे।

प्रश्न 5. '*संस्कृति*' पाठ हमें क्या प्रेरणा देता है? अपने शब्दों में लिखिए।

उत्तर–'संस्कृति' पाठ हमें प्रेरणा देता है कि–

- हम मानव-कल्याण के लिए प्रयत्नशील रहें। नया सोचें, नया निर्माण करें।
- आत्म-विनाश से बचें।

प्रश्न 6. 'संस्कृति' पाठ के आधार पर दो उदाहरणों का उल्लेख कीजिए जिनके आधार पर लेखक ने संस्कृति का स्वरूप समझाया है? [*CBSE 2015*]

उत्तर–1. पेट की आग बुझाने के लिए जिस व्यक्ति ने आग का आविष्कार किया और तन ढँकने के लिए सुई-धागे का आविष्कार किया, ऐसे लोग संस्कृत थे।

2. गौतम बुद्ध या माँ के समान दूसरे का दुख दूर करने वाला मनुष्य भी संस्कृत होता है। दोनों की भावना 'संस्कृति' कहलाती है।

VII. बहुविकल्पी प्रश्नोत्तर

निम्नलिखित प्रश्नों के सही उत्तर वाले विकल्प चुनिए–

1. *'संस्कृति' निबंध किस प्रकार का है?*
   (क) ललित (ख) भावपूर्ण (ग) विचारात्मक (घ) विवरणात्मक
2. *आग और सुई-धागे का आविष्कार किसका उदाहरण है?*
   (क) संस्कृति का (ख) सभ्यता का (ग) दोनों का (घ) किसी का नहीं।
3. *संस्कृति क्या है?*
   (क) नया आविष्कार (ख) नई वस्तु
   (ग) नए आविष्कार की इच्छा (घ) नए आविष्कार करने की शक्ति
4. *लेखक संस्कृति का जनक किसे मानता है?*
   (क) नया आविष्कार करने वाले को (ख) करुणावान को
   (ग) मानवतावादी विचारक को (घ) संत-महात्मा को
5. *जो प्रवृत्ति मानव के विनाश का सामान खोजती है, उसे क्या कहते हैं?*
   (क) संस्कृति (ख) सभ्यता (ग) असंस्कृति (घ) असभ्यता

उत्तर– 1. (ग) 2. (ग) 3. (घ) 4. (ख) 5. (ग)

प्रश्न-अभ्यास

प्रश्न 1. 'संस्कृति' पाठ के आधार पर किन्हीं दो प्रसंगों का उल्लेख कीजिए जब मानव-संस्कृति को विभाजित करने की चेष्टाएँ की गईं तथा जब मानव-संस्कृति ने अपने एक होने का प्रमाण दिया? [*CBSE 2010*]

प्रश्न 2. लेखक के अनुसार संस्कृति और सभ्यता में क्या अंतर है? **[Imp.]**

प्रश्न 3. लेखक के अनुसार कौन-सी चीज़ रक्षणीय और वांछनीय नहीं?

प्रश्न 4. '*संस्कृति*' पाठ के आधार पर लिखिए कि मानव-संस्कृति के वास्तविक जन्मदाता कौन हैं? उदाहरण सहित स्पष्ट कीजिए। [*CBSE 2012*]

प्रश्न 5. आग की खोज के पीछे रही प्रेरणा के मुख्य स्रोत क्या रहे होंगे? '*संस्कृति*' पाठ के आधार पर लिखिए।

पूरक पुस्तक

कृतिका

☞ **मुख्य विशेषताएँ :**

- सभी पाठों के सार
- सभी कठिन शब्दों के अर्थ
- पाठ्य-पुस्तक के सभी प्रश्नों के उत्तर
- अन्य महत्त्वपूर्ण परीक्षोपयोगी प्रश्नोत्तर
- निबंधात्मक प्रश्नोत्तर

1. माता का अँचल

(शिवपूजन सहाय)

I. पाठ का सार

'माता का अँचल' वात्सल्य रस का पाठ है। इसमें लेखक ने अपने शैशव काल के खेल-तमाशों, रुचियों-अरुचियों और शरारतों का मनोरम वर्णन किया है। पाठ का सार इस प्रकार है–

पिता द्वारा मिले पूजा-संस्कार–लेखक अभी शिशु ही था। वह अपने पिता के साथ सुबह जल्दी उठकर, नहा-धोकर पूजा करने बैठ जाया करता था। वह पिता के साथ सोता था। इसलिए पिता ही उसे नहलाकर पूजा में बिठा देते थे। लेखक जिद करके अपने चौड़े माथे पर त्रिपुंड लगवाया करता था। लंबी-लंबी जटाओं के कारण वह बम-भोला प्रतीत होता था। पिताजी उसे बड़े प्यार से भोलानाथ कहकर पुकारते थे। लेखक अपने पिता को 'बाबूजी' तथा माँ को 'मइयाँ' कहा करता था। जब बाबूजी रामायण-पाठ करते थे तो लेखक उनकी बगल में बैठकर शीशे में अपना मुँह देखा करता था। वह पिताजी को अपनी ओर देखता, देखकर लजा जाता था। पिताजी पूजा-पाठ करने के बाद अपनी रामनामा बही पर हजार राम-नाम लिखा करते थे। फिर कागज़ के टुकड़ों पर 500 बार राम-नाम लिखकर आटे की गोलियों में लपेटते थे और गंगा की ओर चल देते थे। बाबू जी मछलियों को एक-एक करके गोलियाँ खिलाते चले जाते थे। तब वह पिता के कंधों पर बैठकर मुसकराता रहता था।

पिता के संग खेले हुए खेल–लेखक के पिता लेखक के साथ शैशव में कुश्ती भी लड़ा करते थे। वे शिथिल होकर लेखक को बढ़ावा देते थे। लेखक पिता को हराकर उनकी छाती पर चढ़ जाया करता था तथा उनकी मूँछें उखाड़ने लगता था। तब पिता उसके हाथों को छुड़ाकर चूम लेते थे। पिता उससे खट्टा और मीठा चुम्मा माँगते थे। तब वह क्रम से बायाँ और दायाँ गाल उनके सामने कर देता था। इसके बाद पिता अपनी मूँछ-दाढ़ी उसके कोमल गालों पर गढ़ा देते थे। लेखक फिर से उनकी मूँछें नोचने लगता था। तब पिता झूठ-मूठ रोने लगते थे।

लाड़-प्यार से भोजन करना–लेखक हँसते-खेलते हुए अपने पिता के साथ ही भोजन किया करता था। पिता अपने हाथों से उसे खिलाते थे। जब उसका पेट भर जाता था तो मइयाँ फिर से खिलाने की जिद करती। वह कहती–

जब खाएगा बड़े-बड़े कौर, तब पाएगा दुनिया में ठौर।

आप मरदुए बच्चों को खिलाना क्या जानें? बच्चों का पेट तो महतारी के हाथों खाने से ही भरता है। तब माँ दही-भात सानकर तोता, मैना, कबूतर, हंस, मोर आदि के नाम लेकर उसे खिलाती चली जाती थी। उसके बाद वह रस्सी से बँधा लकड़ी का घोड़ा लेकर गली में खेलने निकल पड़ता था। कभी-कभी मइयाँ जबरदस्ती उसके सिर पर चुल्लू भर कड़वा तेल डाल देती थी। लेखक रोता था, छटपटाता था, परंतु मइयाँ उसकी नाभि तथा माथे पर बिंदी लगाकर चोटी गूँथकर, उसमें फूलदार लट्टू बाँधकर, रंगीन कुरता-टोपी पहनाकर ही भेजती थी। लेखक रोते-सिसकते हुए माँ से छूट पाता था।

तरह-तरह के खेल–रोते-सिसकते हुए भी जब उसे अपने साथियों का झुंड खड़ा मिल जाता था तो वह उनके साथ खेल-तमाशा करने लगता था। उनके खेल नाटकों जैसे हुआ करते थे। कभी वे चबूतरे के एक कोने को अपना नाटक-घर बनाकर उस पर मिठाई की दुकान लगाते थे। उस दुकान में कागज़ का चंदोआ ताना जाता था। ढेले, पत्ते, गीली मिट्टी और

ठीकरों से मिठाइयाँ बनती थीं। इन मिठाइयों के वे ही खरीदार और वे ही दुकानदार होते थे। बाबू जी भी उसमें शामिल हो जाते थे।

थोड़ी देर बाद घरौंदा बनाया जाता। तिनकों का छप्पर, दियासलाई की पेटियों के किवाड़, घड़े के मुँह का चूल्हा-चक्की, दिए की कड़ाही और पूजा की आचमनी से कलछी बनाई जाती। पानी, धूल और बालू को मिलाकर ज्योनार तैयार किया जाता। फिर पंगत बैठती। पंगत के अंत में पिताजी भी जीमने आ बैठते। उन्हें बैठे देखकर सब हँसने लगते और घरौंदा बिगाड़कर भाग जाते थे। वे लोट-पोट होकर पूछा करते–फिर कब भोज होगा भोलानाथ?

कभी-कभी बरात निकाली जाती। उसमें कनस्तर का तंबूरा बजता, अमोले की शहनाई बनती, चूहेदानी की पालकी बनती। वे समधी बनकर बकरे पर चढ़ते और चबूतरे के दूसरे कोने तक बरात ले जाते। वहाँ गोबर से लिपे और आम तथा केले की टहनियों से सजे आँगन में कुल्हिए का कलसा रखा होता था। वहाँ खटोली पर लाल ओहार डालकर दुलहिन को चढ़ाया जाता। जैसे ही बाबू जी दुलहिन का मुँह देखने पहुँचते, सब बच्चे हँसकर भाग जाते थे।

कभी-कभी खेती करने का नाटक किया जाता था। घिरनी और मूँज की पतली रस्सी पर गराड़ी चढ़ाकर कुआँ तैयार किया जाता। दो लड़के बैल बनकर मोट खींचते। कंकड़ के बीज बनते। फसल तैयार होने पर हाथोंहाथ काट ली जाती थी! उस समय गाया जाता था–

ऊँच नीचे में बई कियारी, जो उपजी सो भई हमारी

फिर फसल को एक जगह रखकर रौंदा जाता। उसे ओसाया जाता। मिट्टी के दीये को तराजू बनाकर फसल तोली जाती। इसी बीच बाबू जी आकर पूछते–इस साल की खेती कैसी रही भोलानाथ? यह सुनकर बच्चे हँसने लगते थे। कभी-कभी बटोही भी इन खेलों को देखने के लिए खड़े हो जाते थे।

हुल्लड़बाजी और मस्ती–कभी-कभी वे ददरी के मेले में जाने वालों को देखकर गाने लगते–

चलो भइयो ददरी, सातू पिसान की मोटरी।

वे किसी दूल्हे के आगे-आगे जाने वाली पालकी को देखकर चिल्लाने लगते–

रहरी में रहरी पुरान रहरी, डोला के कनिया हमार मेहरी।

एक बार एक घोड़े के मुँह जैसे बूढ़े वर ने उन्हें दूर तक खदेड़कर ढेलों से मारा था। जब कभी आम की फसल के समय आँधी आने से आम झड़ जाते थे तो बच्चे बाग की ओर दौड़ पड़ते थे। वे चुन-चुनकर 'गोपी' आम चबाते थे।

चिढ़ाने की सज़ा–एक दिन आँधी के बाद ज़ोर की बारिश हुई। बिजली कौंधने लगी। हवा सनसनाने लगी। पेड़ झूमते हुए जमीन को चूमने लगे। वे चिल्लाए–

एक पइसा की लाई, बाज़ार में छितराई, बरखा उधरे बिलाई।

परंतु वर्षा मूसलाधार बढ़ती गई। सब बच्चे पेड़ों की जड़ से सट गए। वर्षा बंद होने पर वहाँ बहुत-से बिच्छू नज़र आए। वे सब भाग चले। उन बच्चों में बैजू बड़ा ढीठ था। संयोग से, बीच में उन्हें मूसन तिवारी नामक बूढ़ा मिल गया। बैजू ने उसे चिढ़ाया–

बूढ़वा बेईमान माँगे करैला का चोखा।

और बच्चों ने भी यही दोहराना शुरू किया। मूसन तिवारी उनके पीछे पड़ गए। सारे बच्चे भाग गए। मूसन तिवारी पाठशाला पहुँच गए। उन्होंने लेखक तथा बैजू को पकड़ मँगाया। बैजू तो भाग गया। लेखक पकड़ा गया। गुरु जी ने उसकी खूब खबर ली। लेखक के बाबू जी को पता चला तो वे विद्यालय पहुँचे। वे उसे गोद में उठाकर पुचकारने और फुसलाने लगे। पर लेखक ने रोते-रोते उनका कंधा आँसुओं से तर कर दिया। बाबू जी गुरु जी की चिरौरी करके लेखक को घर लेकर चले। रास्ते में फिर-से उसे अपने साथियों का झुंड मिला। वे नाच-गा रहे थे–

माई पकाई गरर-गरर पुआ, हम खाइब पूआ, ना खेलब जुआ।

साँप का भय–लेखक रोना-धोना भूलकर साथियों में जा मिला और वही तान-सुर अलापने लगा। सारे लड़के मकई के खेत में दौड़ पड़े। वहाँ चिड़ियों का झुंड नज़र आया। वे उन्हें पकड़ने लगे। परंतु चिड़ियाँ हाथ नहीं आती थीं। अचानक

उन्होंने एक टीले पर जाकर चूहों के बिल में पानी उलीचना शुरू कर दिया। तभी वहाँ एक साँप निकल आया। सब बच्चे रोते-चिल्लाते बेतहाशा भागे। कोई औंधा गिरा, कोई चित्त। किसी का सिर फूटा, किसी के दाँत। सारी देह लहूलुहान हो गई। पैरों के तलवे काँटों से छलनी हो गए।

माँ की गोद में शरण–लेखक बदहवास-सा होकर दौड़ा हुआ आया और घर में घुस गया। बाबू जी बरामदे में हुक्का गुड़गुड़ा रहे थे। उन्होंने पुकारा किंतु लेखक सीधे मइयाँ की गोद में जा छिपा। बच्चे को काँपता देखकर माँ रोने लगी और उसके अंग दबाने तथा चूमने लगी। वह उससे डरने का कारण पूछने लगी। उन्होंने झटपट हल्दी पीसकर घावों पर पोंछी। घर में कुहराम मच गया। लेखक धीमे स्वर में 'साँ-स-साँ...' ही कह पाता था। सारा शरीर थर-थर काँप रहा था। आँखें चाहकर भी नहीं खुलती थीं। मइयाँ उसे बड़े लाड से गले लगाए हुए थी। बाबू जी ने दौड़कर अपनी गोद में लेना चाहा किंतु लेखक ने माँ का आँचल न छोड़ा।

II. कठिन शब्दों के अर्थ

पृष्ठ 1

अँचल–गोद, आँचल। **संग**–साथ। **तहाँ**–वहाँ। **मृदंग**–ढोलक जैसा एक वाद्य-यंत्र। **तड़के**–प्रभात, सवेरा। **निबट**–शौच आदि करके फारिग होना। **अंग लगना**–साथ लगना। **नाता**–संबंध। **भभूत**–राख। **दिक करना**–परेशान करना। **झुँझलाकर**–खीझ होकर। **लिलार**–ललाट, माथा। **त्रिपुंड करना**–एक प्रकार का तिलक जिसमें ललाट पर तीन आड़ी या अर्धचंद्राकार रेखाएँ बनाई जाती हैं। **खुलना**–जँचना। **जटाएँ**–बालों का जुड़कर रस्सी-सा बन जाना। **रमाने**–लगाने, रचाने। **खासे**–खास, अच्छे। **बम-भोला**–भगवान शिव का रूप। **आइना**–शीशा। **निहारा**–देखा। **पोथी**–किताब, ग्रंथ।

पृष्ठ 3

विराजमान–उपस्थित। **चारा**–भोजन, चुग्गा। **डाल**–टहनी। **शिथिल**–ढीला। **पछाड़ना**–हराना। **उतान पड़ना**–पीठ के बल लेटना। **चुम्मा**–चुंबन। **नोचना**–जोर से खींचना। **चौका**–भोजन बनाने का स्थान। **फूल का कटोरा**–शीशे का बना कटोरा। **गोरस**–दूध। **भात**–चावल। **सानकर**–गूँधकर, मिलाकर। **अफर जाना**–फूल जाना, भरपेट से अधिक खाना। **हठ**–जिद। **चार-चार दाने**–थोड़े-से दाने। **कौर**–टुकड़ा। **भर-मुँह**–पूरी तरह मुँह में भरकर। **ठौर**–जगह। **मरदुए**–नर, आदमी। **महतारी**–माता।

पृष्ठ 4

काठ–लकड़ी। **एक चुल्लू**–ज़रा-सा। **कड़वा तेल**–सरसों का तेल। **बिगड़ना**–क्रोध में आना। **बोथना**–सराबोर करना, लथपथ करना। **उबटना**–उबटन लगाना। **नाभि**–पेट का मध्य भाग। **सिसकते हुए**–हिचकी भरते हुए। **बाट जोहना**–प्रतीक्षा करना। **झुंड**–समूह। **हमजोली**–साथी। **दल**–समूह। **तमाशे करना**–खेल करना। **रंगमंच**–जहाँ नाटक खेला जाता है। **सरकंडा**–एक तरह की नुकीली घास। **चँदोआ**–छोटा शामियाना। **चिलम**–हुक्के का ऊपरी गोल भाग। **खोंचा**–ढाँचा। **ढेला**–मिट्टी का लोंदा। **बताशा**–खाँड की बनी मिठाई। **ठीकरा**–मिट्टी का टुकड़ा। **घरौंदा**–रहने का स्थान। **धूल**–मिट्टी। **मेड़**–ऊँची उठी हुई मिट्टी। **मुँहड़े**–ऊपरी गोल मुँह। **आचमनी**–आचमन (पीने) के काम आने वाला चम्मच जैसा बर्तन। **कलछी**–परोसने या चलाने वाला बर्तन। **पिसान**–पिसी हुई चीज़। **बालू**–रेत। **ज्योनार**–भोज, दावत। **पंगत**–पंक्ति। **पाँत**–पंक्ति। **जीमना**–खाना। **लोट-पोट होना**–हँस-हँसकर दुहरे होना। **भोज**–भोजन। **भोलानाथ**–शिवजी।

पृष्ठ 5

कनस्तर–टिन का खाली पीपा। **तंबूरा**–एक वाद्ययंत्र। **अमोला**–आम का उगता हुआ पौधा। **समधी**–संबंधी, दूल्हे-दुलहिन के माता-पिता। **काठ**–लकड़ी। **कुल्हिए**–मिट्टी का लोटा। **कलसा**–कलश, घड़ा। **खटोली**–छोटी-सी खाट। **ओहार**–परदे के लिए डाला हुआ कपड़ा। **उघार**–हटा। **छोर**–किनारा। **घिरनी**–चक्करी। **मूँज**–पटसन। **बटी हुई**–मरोड़ी हुई। **गराड़ी**–गरारी। **मोट**–चरसा, पुर। **जुआठा**–बैल को हल में जोतना। **पटाना**–सींचना। **हाथोंहाथ**–साथ ही साथ। **कियारी**–क्यारी। **भई**–हो गई। **कसोरा**–मिट्टी का बना छिछला कटोरा। **ओसाना**–अनाज को हवा में उड़ाकर दाने को भूसे से अलग करना। **बटोही**–राही, पथिक। **ठिठककर**–चौंककर।

पृष्ठ 6

रहरी–अरहर। **वर**–दूल्हा। **खसूट-खब्बीस**–लूटने वाला नापाक प्राणी। **जमाई**–दामाद। **घोड़ मुँहा**–घोड़े के मुँह जैसा। **चाबते**–चबाते। **पट पड़ना**–औंधे पड़ना। **मेघ**–बादल। **कौंधना**–चमकना। **सनसनाना**–सनसन करके चलना। **छितराई**–फैल गई। **बरखा**–बारिश। **उधरे**–उधर ही। **बिलाई**–घुल गई, समाप्त हो गई। **अँठई**–कुत्ते के शरीर से चिपके रहने वाले छोटे कीड़े। **संयोग**–सुअवसर। **चोखा**–भरथा। **सुर**–स्वर। **बेतहाशा**–बहुत जोश और वेग से। **आँधी होना**–तेज़ी से भाग जाना। **नौ-दो ग्यारह होना**–गायब होना। **खूब खबर लेना**–कठोरता का व्यवहार करना। **चिरौरी**–दीनतापूर्वक की गई प्रार्थना, विनती।

पृष्ठ 7

अलापना–बोलना। **हाथ न आना**–पकड़ में न आना। **चिरई**–चिड़िया। **पराई पीर**–दूसरों का दुख। **उलीचना**–हाथों से डालना। **अंटाचिट**–पूरी तरह चित्त। **लहूलुहान होना**–खूनोंखून होना। **छलनी होना**–छिल जाना, बिंध जाना।

पृष्ठ 8

ओसारा–बरामदा। **अमनिया**–साफ़। **कुहराम मचना**–हायतौबा मचना। **लुकना**–छिपना। **रोंगटे खड़े होना**–रोएँ खड़े होना।

III. पाठ्यपुस्तक के प्रश्न-अभ्यास

(पृष्ठ 8-9)

प्रश्न 1. *प्रस्तुत पाठ के आधार पर यह कहा जा सकता है कि बच्चे का अपने पिता से अधिक जुड़ाव था, फिर भी विपदा के समय वह पिता के पास न जाकर माँ की शरण लेता है।* **आपकी समझ से इसकी क्या वजह हो सकती है?** *[CBSE]*

अथवा

भोलानाथ संकट के समय में अपने पिता के पास न जाकर माता के पास क्यों जाता है? **'माता का अँचल' पाठ के आधार पर स्पष्ट कीजिए।** *[CBSE 2020]*

उत्तर–यह बात सच है कि बच्चे (लेखक) को अपने पिता से अधिक लगाव था। उसके पिता उसका लालन-पालन ही नहीं करते थे, उसके संग दोस्तों जैसा व्यवहार भी करते थे। परंतु विपदा के समय उसे लाड़ की जरूरत थी, अत्यधिक ममता और माँ की गोदी की जरूरत थी। उसे अपनी माँ से जितनी कोमलता मिल सकती थी, उतनी पिता से नहीं। यही कारण है कि संकट में बच्चे को माँ या नानी याद आती है, बाप या नाना नहीं। माँ का लाड़ घाव को भरने वाले मरहम का काम करता है।

☞ **प्रश्न 2. आपके विचार से भोलानाथ अपने साथियों को देखकर सिसकना क्यों भूल जाता है?** **[Imp.]** *[CBSE]*

उत्तर–भोलानाथ को अपने साथियों के साथ खेलने में गहरा आनंद मिलता है। वह साथियों की हुल्लड़बाजी, शरारतें और मस्ती देखकर सब कुछ भूल जाता है। उसी मग्नावस्था में वह सिसकना भी भूल जाता है।

प्रश्न 3. *आपने देखा होगा कि भोलानाथ और उसके साथी जब-तब खेलते-खाते समय किसी न किसी प्रकार की तुकबंदी करते हैं।* **आपको यदि अपने खेलों आदि से जुड़ी तुकबंदी याद हो तो लिखिए।**

उत्तर–परीक्षोपयोगी नहीं।

प्रश्न 4. भोलानाथ और उसके साथियों के खेल और खेलने की सामग्री आपके खेल और खेलने की सामग्री से किस प्रकार भिन्न है? *[CBSE 2015]*

अथवा

'माता का अँचल' *पाठ में बच्चे मस्ती से खेलते-कूदते रहते हैं।* **आपका बचपन उनकी दुनिया से किस तरह भिन्न है? समझाइए।** *[CBSE 2017]*

अथवा

वात्सल्य और ममता की आधारभूमि एक रहने पर भी माता-पिता और बच्चों के संबंधों में तब से अब तक बहुत बदलाव हुए हैं। **–'ममता का अँचल' पाठ के आधार पर इसे सोदाहरण स्पष्ट कीजिए।** [*CBSE 2022*]

उत्तर– आज ज़माना बदल चुका है। आज माता-पिता अपने बच्चों का बहुत ध्यान रखते हैं। वे उसे गली-मुहल्ले में बेफिक्र खेलने-घूमने की अनुमति नहीं देते। जब से अपहरण जैसे कांड होने लगे हैं, तब से बच्चे भी डरे-डरे रहने लगे हैं। अब न तो हुल्लड़बाजी, शरारतें और तुकबंदियाँ रही हैं; न ही नंगधड़ंग घूमते रहने की आज़ादी। अब तो बच्चे प्लास्टिक और इलेक्ट्रॉनिक्स के महँगे खिलौनों से खेलते हैं। बरसात में बच्चे बाहर रह जाएँ तो माँ-बाप की जान निकल जाती है। आज न कुएँ रहे, न रहट, न खेती का शौक। इसलिए आज का युग पहले की तुलना में आधुनिक, बनावटी और रसहीन हो गया है।

☞ **प्रश्न 5. पाठ में आए ऐसे प्रसंगों का वर्णन कीजिए जो आपके दिल को छू गए हों? [Imp.]** [*CBSE 2019*]

अथवा

ऐसी किसी घटना का उल्लेख कीजिए जब अपनी माता या पिता का स्नेह आपके अंतर्मन को छू गया हो। [*CBSE 2008*]

उत्तर– पाठ का सबसे रोमांचक प्रसंग वह है जब एक साँप सब बच्चों के पीछे पड़ जाता है। तब वे बच्चे किस प्रकार गिरते-पड़ते भागते हैं और माँ की गोद में छिपकर सहारा लेते हैं–यह प्रसंग पाठक के हृदय को भीतर तक हिला देता है।

इस पाठ में गुदगुदाने वाले प्रसंग भी अनेक हैं। विशेष रूप से बच्चे के पिता का मित्रतापूर्वक बच्चों के खेल में शामिल होना मन को छू लेता है। जैसे ही बच्चे भोज, शादी या खेती का खेल खेलते हैं, बच्चे का पिता बच्चा बनकर उनमें शामिल हो जाता है। पिता का इस प्रकार बच्चा बन जाना बहुत सुखद अनुभव है जो सभी पाठकों को गुदगुदा देता है।

☞ **प्रश्न 6.** *इस उपन्यास अंश में तीस के दशक की ग्राम्य संस्कृति का चित्रण है।* **आज की ग्रामीण संस्कृति में आपको किस तरह के परिवर्तन दिखाई देते हैं। [Imp.]**

अथवा

'माता का अँचल' *पाठ में ग्रामीण जीवन का चित्रण हुआ है।* **यह आज के ग्रामीण जीवन से किस प्रकार भिन्न है?** [*CBSE*]

उत्तर– आज की ग्रामीण संस्कृति में अनेक परिवर्तन हो चुके हैं। आज कुओं से सिंचाई होने की प्रथा प्रायः समाप्त हो गई है। उसकी जगह ट्यूबवैल आ गए हैं। अब बैलों की जगह ट्रैक्टर आ गए हैं। आजकल पहले की तरह बूढ़े दूल्हे भी नहीं दिखाई देते। आज धीरे-धीरे ग्रामीण अंचल मौज-मस्ती और आनंद मनाने की चाल को भूलता जा रहा है। वहाँ भी भविष्य, प्रगति और पढ़ाई-लिखाई का भूत सिर पर चढ़कर बोलने लगा है।

प्रश्न 7. *पाठ पढ़ते-पढ़ते आपको भी अपने माता-पिता का लाड़-प्यार याद आ रहा होगा।* **अपनी इन भावनाओं को डायरी में अंकित कीजिए।**

उत्तर– छात्र स्वयं अपने अनुभव अंकित करें।

☞ **प्रश्न 8. यहाँ माता-पिता का बच्चे के प्रति जो वात्सल्य व्यक्त हुआ है उसे अपने शब्दों में लिखिए। [Imp.]** [*CBSE 2017, 2019*]

उत्तर– 'माता का अँचल' में माता-पिता के वात्सल्य का बहुत ही सरस और मनमोहक वर्णन हुआ है। बच्चे के माता-पिता में मानो वात्सल्य की होड़ है। बच्चे के पिता अपने बच्चे से माँ-जैसा प्यार करते हैं। वे बच्चे को अपने साथ सुलाते हैं, जगाते हैं, नहाते-धुलाते हैं और खाना भी खिलाते हैं। उन्हें यह सब करने में बहुत आनंद मिलता है। वे कभी अपने बच्चे को डाँटते-फटकारते नहीं। वे माँ यशोदा की तरह बच्चे की एक-एक क्रीड़ा में पूरी रुचि लेते हैं। वे उसके एक-एक खेल को मानो भगवान भोलानाथ की लीला मानकर साथ देते हैं। इसलिए वे हँसकर पूछते हैं–'फिर कब भोज होगा भोलानाथ?' 'इस साल की खेती कैसी रही भोलानाथ?' पिता बच्चे से हर संभव लाड़ करते हैं। उसके साथ खेलते हैं। उससे जान-बूझकर हारते हैं। फिर उसे चूमते हैं, कंधे पर बिठाकर घूमते हैं। इन सारी क्रियाओं में उन्हें बहुत आनंद मिलता है।

बच्चे की माता भी मानो ममता की मूर्ति है। उसे इस बात का बोध है कि बच्चे का पेट तो महतारी के खिलाने से ही भरता है। उसका मन बच्चे को खिलाने-पिलाने और पुचकारने-दुलराने के लिए तरसता है। वह बच्चों से लाड़ करने में पारंगत है। वह भरपेट खाना खाए हुए बच्चे को भी अपनी वात्सल्य-कला से रिझाकर ढेर सारा और भोजन करा देती है। यह उसकी ममता

का ही प्रसाद है कि बच्चा अपने पिता के संग रहने का अभ्यासी होने पर भी माँ का आँचल खोजता है। विपत्ति में उसे माँ की गोद ही अधिक सुरक्षित प्रतीत होती है। माँ का ममतामय मन इतना भावुक है कि वह बच्चे को डर के मारे काँपता देखकर रोने ही लगती है। उसकी यह सजल ममता पाठक को बहुत प्रभावित करती है।

प्रश्न 9. 'माता का अँचल' शीर्षक की उपयुक्तता बताते हुए कोई अन्य शीर्षक सुझाइए।

उत्तर–इस पाठ के लिए 'माता का अँचल' शीर्षक उपयुक्त नहीं है। इसमें लेखक के शैशव की तीन विशेषताओं का वर्णन हुआ है–

1. बच्चे का पिता के साथ लगाव
2. शैशव की मस्त क्रीड़ाएँ
3. माँ का वात्सल्य

'माता का अँचल' इन तीनों में से केवल अंतिम को ही व्यक्त करता है। अत: यह एकांगी और अधूरा शीर्षक है। इसका अन्य शीर्षक हो सकता है–

- मेरा शैशव
- कोई लौटा दे मेरे रस-भरे दिन!

प्रश्न 10. बच्चे माता-पिता के प्रति अपने प्रेम को कैसे अभिव्यक्त करते हैं? [*CBSE 2008*]

अथवा

बच्चे माता-पिता के प्रति अपने प्रेम को कैसे अभिव्यक्त करते हैं? अपने जीवन से संबंधित कोई घटना लिखिए जिसमें आपने अपने माता-पिता के प्रति प्रेम अभिव्यक्त किया हो। [*CBSE*]

उत्तर–बच्चे माता-पिता के प्रति अपने प्रेम को उनके साथ रहकर, उनकी सिखाई हुई बातों में रुचि लेकर, उनके साथ खेल करके, उन्हें चूमकर, उनकी गोद में या कंधे पर बैठकर प्रकट करते हैं।

मेरे माता-पिताजी की बीसवीं वर्षगाँठ थी। मैंने उनके बीस वर्ष पुराने युगल-चित्र को सुंदर से फ्रेम में सजाया और उन्हें भेंट किया। उसी दिन मैं उनके लिए अपने हाथों से सब्जियों का सूप बनाकर लाई और उन्हें आदरपूर्वक दिया। माता-पिता मेरा यह प्रेम देखकर बहुत प्रसन्न हुए।

प्रश्न 11. इस पाठ में बच्चों की जो दुनिया रची गई है वह आपके बचपन की दुनिया से किस तरह भिन्न है? [*CBSE*]

उत्तर–हमारा बचपन इस पाठ में वर्णित बचपन से पूरी तरह भिन्न है। हमें अपने पिता का ऐसा लाड़ नहीं मिला। मेरे पिता प्राय: अपने काम में व्यस्त रहते हैं। प्राय: वे रात को थककर ऑफिस से आते हैं। वे आते ही खा-पीकर सो जाते हैं। वे मुझसे प्यार-भरी कुछ बातें जरूर करते हैं। मेरे लिए मिठाई, चाकलेट, खिलौने भी ले आते हैं। कभी-कभी स्कूटर पर बिठाकर घुमा भी आते हैं, किंतु मेरे खेलों में इस तरह रुचि नहीं लेते। वे हमें नंग-धड़ंग तो रहने ही नहीं देते। उन्हें मानो मुझे कपड़े से ढकने और सजाने का बेहद शौक है। मुझे बचपन में ए-एप्पल, सी-कैट रटाई गई। हर किसी को नमस्ते करनी सिखाई गई। दो ढाई साल की उम्र में मुझे स्कूल भेजने का प्रबंध किया गया। तीन साल के बाद मेरे जीवन से मस्ती गायब हो गई। मुझे मेरी मैडम, स्कूल-ड्रैस और स्कूल के काम की चिंता सताने लगी। तब से लेकर आज तक मैं 90% अंक लेने के चक्कर में अपनी मस्ती को अपने ही पाँवों के नीचे रौंदता चला आ रहा हूँ। मुझे हो-हुल्लड़ करने का तो कभी मौका ही नहीं मिला। शायद मेरा बचपन बुढ़ापे में आए? या शायद मैं अपने बच्चों या पोतों के साथ खेल कर सकूँ।

प्रश्न 12. फणीश्वरनाथ रेणु और नागार्जुन की आंचलिक रचनाओं को पढ़िए।

उत्तर–छात्र पुस्तकालय से पुस्तकें लेकर पढ़ें।

IV. अन्य महत्त्वपूर्ण परीक्षोपयोगी प्रश्नोत्तर

प्रश्न 1. ऐसा क्यों होता है कि विपत्ति के समय बच्चा पिता के पास न जाकर माँ की शरण लेता है? सोदाहरण समझाइए। *[CBSE 2019]*

उत्तर–'माता का अँचल' पाठ बाल मनोविज्ञान का बहुत सुंदर उद्घाटन करता है। यद्यपि पिता शरीर से बलवान होते हैं। इसलिए वे बच्चे को अधिक अच्छी सुरक्षा दे सकते हैं। फिर भी बच्चे पिता के पास न जाकर अपनी माँ की गोद में शरण लेना पसंद करते हैं। कारण यह है कि माँ की गोदी में जैसी ममता होती है, लाड होता है, वही उसके जख्मों को भरकर सुरक्षा दे सकता है। बालक भोलानाथ साँप के भय से सुरक्षा चाहता था। वह ऐसे एकांत और सुरक्षित स्थान में छिप जाना चाहता था। जहाँ साँप उसे ढूँढ़ भी न सके। इसके लिए सबसे उत्तम जगह थी माँ की गोद। फिर माँ का हाथों के स्पर्श से उसे सहलाना और लोरी गाकर या प्यार भरे वचनों से दुलराना उसे बहुत सुरक्षा देता है।

प्रश्न 2. *भोलानाथ के पिता में एक प्रकार की भावुकता है? आप उस भावुकता को पसंद करते हैं या नहीं*–**अपने अनुभवों के आधार पर टिप्पणी कीजिए।**

उत्तर–भोलानाथ के पिता अत्यंत भावुक इंसान हैं। वे भोलानाथ को मानो भगवान का रूप मानते हैं। वे जिस तरह उसकी एक-एक क्रीड़ा में भाग लेते हैं, वह अपने-आप में अनोखा अनुभव है। इससे पता चलता है कि वे अत्यंत भावुक हैं। वे अपने बालक में ईश्वर के दर्शन करते हैं। यह भक्ति के स्तर की चीज है।

मेरे अनुभव भोलानाथ के अनुभवों से भिन्न हैं। मेरे पिता भी मुझसे प्यार करते हैं। लेकिन वे मेरी और मेरे मित्रों की एक-एक बात में रुचि नहीं लेते। मेरे और उनमें इतना लाड़ नहीं है। इसलिए मेरे लिए यह भावुकता एक नई चीज़ है। इस प्रकार की भावुकता प्रायः स्त्रियों में देखी जाती है। फिर भी मैं कहूँगा कि पिता का यह अतिरिक्त स्नेह मुझे सम्मोहित करता है। जो पिता अपने बच्चे को इतना लाड़ दे रहा है, वह संकट के समय उसके लिए क्या न कर देगा!

प्रश्न 3. *यह पाठ बाल स्वभाव का मनोरम उद्घाटन करता है।* **कुछ उदाहरण देकर प्रमाणित कीजिए।**

अथवा

'माता का अँचल' पाठ के आधार पर बाल-मनोविज्ञान पर टिप्पणी कीजिए। *[CBSE 2020]*

उत्तर–इस पाठ से पता चलता है कि बच्चे अपने सुख-दुख को मन में नहीं रखते। वे दुखी होते हैं तो उसे रो-चिल्लाकर प्रकट कर देते हैं। प्रसन्न होते हैं तो हँसी-खुशी के माध्यम से व्यक्त कर देते हैं। इसलिए सिसकते-सिसकते एकदम हँस पड़ना और खेलने लगना उनके लिए स्वाभाविक होता है। समझदार आदमी बच्चों की इस क्रिया को अद्भुत मानता है, किंतु वास्तव में यही स्वाभाविक है।

बच्चे कभी अपने मन पर बोझ नहीं रखते। वे अपने मन में तनाव नहीं रखते। इसलिए वे बीती बातों को याद करके परेशान नहीं होते। जैसे ही उनके सामने कोई रुचिकर प्रसंग आता है वे एकदम तरोताज़ा होकर हँसने-खेलने लगते हैं।

प्रश्न 4. *बच्चों का चिड़ियों, चूहों के साथ निर्ममतापूर्वक व्यवहार करना क्रूरता है या मनोरंजन?* **पाठ की घटनाओं के आधार पर अपना मत प्रस्तुत कीजिए।**

उत्तर–बच्चे चिड़ियों, चूहों आदि निरीह प्राणियों के साथ क्रूरता नहीं करते। वे उनके साथ खेल करना चाहते हैं। वे नहीं जानते कि उनकी शरारतों से चिड़ियों या चूहों को दुख पहुँचेगा। वे वास्तव में कौतूहल का मज़ा लेना चाहते हैं–देखें कि क्या होता है! यदि उनकी शरारतें हिंसा-भाव से होती तो गलत होती, परंतु वे शुद्ध खेल होती हैं। इसलिए उन्हें समझाया जा सकता है किंतु क्रूर नहीं कहा जा सकता।

प्रश्न 5. *बच्चे प्रायः निरीह पशु-पक्षियों के साथ क्रूरतापूर्ण व्यवहार करते हैं।* **आपके अनुसार ऐसा करना कितना उचित है?**

उत्तर–बच्चे अबोध होते हैं। उनकी अबोध क्रियाएँ खेल के लिए होती हैं। उन्हें यह ज्ञान नहीं होता कि निरीह पशु-पक्षी इनसे दुख पाएँगे। वे उनके दुख को अनुभव नहीं कर पाते। उन्हें तो बस चिड़िया के फड़फड़ाने या साँप के फुफकारने में ही आनंद मिलता है। इसलिए उन्हें क्रूर या अत्याचारी नहीं कहा जा सकता। जब उन्हें प्राणियों के दुख-दर्द का बोध होता है तो वे वैसी हरकतें करना छोड़ देते हैं। इसलिए आवश्यकता इस बात की है कि उन्हें प्राणियों के दुख-दर्द का अहसास कराया जाए। हाँ, जो लोग समझते-जानते हुए भी निरीह प्राणियों को सताते हैं, वे पापी भी हैं, क्रूर भी हैं और अपराधी भी हैं।

प्रश्न 6. 'माता का अँचल' नामक पाठ में लेखक ने तत्कालीन समाज के पारिवारिक परिवेश का जो चित्रण किया है, उसे अपने शब्दों में लिखिए। *[CBSE 2019]*

उत्तर–'माता का अँचल' पाठ में तत्कालीन समाज के आत्मीय वातावरण का चित्रण किया गया है। तब गाँवों में माता-पिता अपने बच्चों पर जान छिड़कते थे। माता-पिता में बच्चे से लाड़ लड़ाने की होड़ रहती थी। गली-मोहल्ले के बच्चे पूरा दिन हो-हुल्लड़ किया करते थे। दूसरों की नकल उतारना, मज़ाक करना रोज-रोज के खेल थे।

प्रश्न 7. 'माता का अँचल' पाठ की दो बातों का उल्लेख कीजिए जो आपको अच्छी लगी हों। इनसे आपको क्या प्रेरणा मिली? *[CBSE 2019]*

उत्तर–'माता का अँचल' पाठ ग्रामीण जीवन की अठखेलियों का रोचक चित्रण करता है। इसे पढ़कर हमें हमारा मस्त बचपन याद आ जाता है। दूसरी विशेषता है– माता-पिता का बच्चे के प्रति असीम लगाव। ऐसा लगाव दुर्लभ होता है।

प्रश्न 8. 'माता का अँचल' में बच्चों के विविध खेलों का उल्लेख है। आज के बालजीवन में ऐसे खेलों की कमी आने के कारणों पर प्रकाश डालिए। *[CBSE 2014]*

उत्तर–'माता का अँचल' में बच्चों के द्वारा खेले गए विविध खेलों का वर्णन है। आज नगरों का बालजीवन ऐसे खेलों से दूर है। आज सबको उन्नति और प्रगति की भूलभुलैया ने खेलना और मस्त रहना भुला दिया है। आज सभी माता-पिता अपने बच्चों को पैदा होते ही सयाना, पढ़ाकू और कमाऊ बनाने में जुट गए हैं। मस्ती और आनंद को समय गँवाना मान लिया गया है। यही कारण है कि आजकल ऐसे खेलों की बेहद कमी है।

प्रश्न 9. 'माता का अँचल' पाठ में वर्णित तत्कालीन विद्यालयों के अनुशासन से वर्तमान युग के विद्यालयों के अनुशासन की तुलना करते हुए बताइए कि आप किस अनुशासन को अच्छा मानते हैं और क्यों? *[CBSE 2015]*

अथवा

गुरु जी द्वारा भोलानाथ और उसके साथियों की खूब खबर लेने की घटना से तत्कालीन शिक्षा-व्यवस्था पर क्या प्रकाश पड़ता है? क्या आप इस शिक्षा-व्यवस्था के पक्ष में हैं? *[CBSE 2015]*

उत्तर–'माता का अँचल' में जिस विद्यालय का वर्णन है, वहाँ अध्यापक बच्चों की पिटाई करके उन्हें अनुशासन में रखते थे। आज के विद्यालयों में बच्चों को पीटना मना है। आजकल उन्हें समझा-बुझा कर या दंड द्वारा अनुशासन में रखा जाता है। यह तरीका पुराने तरीके से अधिक अच्छा है।

प्रश्न 10. 'माता का अँचल' पाठ के शीर्षक की सार्थकता इस पाठ की किस घटना में निहित प्रतीत है? *'माता का महत्त्व'* दर्शाते हुए इस शीर्षक की सार्थकता पर अपने विचार व्यक्त कीजिए। *[CBSE 2015]*

उत्तर–जब साँप से घबराया हुआ बालक घर में आकर अपनी माँ के आँचल में छिप जाता है और स्वयं को सुरक्षित अनुभव करता है तो हमें 'माँ का अँचल' शीर्षक की सार्थकता का बोध होता है। यह शीर्षक सचमुच सार्थक है। इस पाठ में माँ के वात्सल्य भरे आँचल का महत्त्व ही बताया गया है।

☞ **प्रश्न 11. इस पाठ के आधार पर लेखक के पिता की विशेषताएँ लिखिए।** **[Imp.]**

उत्तर–'माता का अँचल' के पिता भगवान के परमभक्त, परम स्नेही और भोले स्वभाव के व्यक्ति थे। वे हर रोज सुबह-सवेरे उठकर शौचादि से निबटकर स्नान करते थे और पूजा करने बैठ जाते थे। उसके बाद वे 'रामनामा' बही पर हज़ार बार राम नाम लिखा करते थे। वे कागज़ के छोटे-छोटे टुकड़ों पर राम-नाम लिखकर उन्हें आटे की गोलियों में लपेटते थे और गंगा की मछलियों को खिला आते थे। इससे उनके भक्त स्वभाव का परिचय मिलता है।

पिता स्वभाव से अत्यंत स्नेही तथा भोले थे। वे शिशुओं की लीला में शिशुओं की भाँति सम्मिलित हो जाते थे। उनकी हँसी निर्दोष होती थी। उनके मन में अपने पुत्र के प्रति असीम वात्सल्य था। वे माँ की भाँति बच्चे का भरण-पोषण करने में भी कोई संकोच नहीं करते थे।

☞ **प्रश्न 12. बच्चे चिड़ियों, चूहों आदि निरीह प्राणियों के साथ क्रूरता क्यों करते हैं?** **[Imp.]**

उत्तर–बच्चे चिड़ियों, चूहों आदि निरीह प्राणियों के साथ क्रूरता नहीं करते। वे उनके साथ खेल करना चाहते हैं। वे नहीं जानते कि उनकी शरारतों से चिड़ियों या चूहों को दुख पहुँचेगा। वे वास्तव में कौतूहल का मज़ा लेना चाहते हैं–देखें कि क्या होता है! यदि उनकी शरारतें हिंसा-भाव से होतीं तो गलत होतीं, परंतु वे शुद्ध खेल होती हैं। इसलिए उन्हें समझाया जा सकता है किंतु क्रूर नहीं कहा जा सकता।

प्रश्न 13. 'माता का अँचल' पाठ के लेखक के बचपन की स्मृतियों से अपने बचपन की यादों की तुलना करते हुए लिखिए कि आपका बचपन भी आज कितना बदल गया है। *[CBSE 2020]*

उत्तर–मेरा बचपन शहर में बीता। वहाँ तो मेरे चारों ओर मेरे माता-पिता तथा गुरुजनों का ही साम्राज्य था। न माँ ने कभी मुझे अकेला छोड़ा, न पिता ने। मैं दोस्तों के साथ इस तरह शरारतें कर ही नहीं सका। तीन वर्ष की आयु में मैं विद्यालय में चला गया। वहाँ मेरी अध्यापिका की मुझ पर तीखी नज़र रहती थी। इसलिए हँसी-खिलखिलाहट से मैं कोसों दूर रहा। सचमुच आज का जीवन पूरी तरह बदल गया है। अब तो बच्चे अनुशासित, मर्यादित और अकेले-अकेले रहते हैं। यारों का हो-हुल्लड़ अब बीते जमाने की बात हो गई है।

प्रश्न 14. 'माता का अँचल' पाठ के शीर्षक की सार्थकता इस पाठ की किस घटना में निहित है? *[CBSE 2020]*

उत्तर–इस पाठ में साँप से छेड़खानी करने की घटना आती है। अचानक साँप को आया देखकर सारे बच्चे घबरा उठे और बेतहाशा अपने घरों की ओर दौड़े। इस भगदड़ में किसी का दाँत टूटा तो कोई भरभराकर गिर गया। लेखक भी डरा-डरा घर पहुँचा और जाकर माँ की गोद में छिप गया। उसके पिता ने उसे ढाढ़स बँधाने की कोशिश की किंतु उसने माँ की गोद को अधिक सुरक्षित समझा। तभी लेखक को पता चला कि माँ का आँचल कितना सुरक्षित होता है। यही कारण है कि इस पाठ का नाम 'माँ का अँचल' रखा गया।

प्रश्न 15. 'माता का अँचल' पाठ में वर्णित खेल-खिलौनों की दुनिया वर्तमान खिलौनों की दुनिया से बेहतर थी, क्यों? कारण सहित उत्तर दीजिए। *[CBSE 2022]*

उत्तर–पाठ में वर्णित खेल और खिलौने आज देखने में नहीं आते। आज न तो किसी के पास समय है, न निश्छल मस्ती। सभी अपने बच्चों को कमाऊ पूत बनाने की जुगत में लगे हैं। पहले बच्चे को माता-पिता का निश्छल प्यार, स्नेह, दुलार और समय मिलता था। माता-पिता बच्चों के साथ बच्चे बन जाते थे। उन्हें छूते थे, चूमते थे, उनके खेलों में रुचि लेते थे। आज माता-पिता बाज़ार से खिलौने खरीदकर घर भर देते हैं किंतु स्वयं उनमें रुचि नहीं लेते। इसलिए वह आनंद भी नहीं मिलता, वह ममता और दुलार भी नहीं मिलता। सचमुच पाठ में वर्णित खेल-खिलौनों की दुनिया आज से बेहतर है।

2. साना साना हाथ जोड़ि ...

(*मधु कांकरिया*)

I. पाठ का सार

'साना साना हाथ जोड़ि ...' एक यात्रा-वृत्तांत है। इसमें लेखिका मधु कांकरिया ने सिक्किम की राजधानी गंतोक तथा उसके आगे हिमालय की यात्रा का वर्णन बड़े रोचक ढंग से किया है। इस यात्रा-वृत्तांत की विशेषता यह है कि लेखिका अपने सामाजिक दायित्व के प्रति सजग है और श्रमजीवी लोगों के प्रति भी उसके मन में सम्मान है।

रात्रि में गैंगटॉक (गंतोक) शहर को देखते हुए लेखिका को ऐसा लगा, मानो आसमान उलटा पड़ा हो और तारे बिखरकर टिमटिमा रहे हों। गैंगटॉक मेहनतकश लोगों का ऐसा शहर था, जिसका सब कुछ सुंदर था–सुबह, शाम, रात। एक प्रार्थना लेखिका के होठों को छूने लगी, जो उसने एक नेपाली युवती से सीखी थी–साना-साना हाथ जोड़ि ... छोटे-छोटे हाथ जोड़कर प्रार्थना कर रही हूँ कि मेरा सारा जीवन अच्छाइयों को समर्पित हो।

सुबह यूमथांग के लिए निकलना था, पर आँख खुलते ही लेखिका बालकनी की तरफ भागी। लोगों ने उसे बताया था कि मौसम साफ़ हो तो बालकनी में से हिमालय की तीसरी सबसे बड़ी चोटी कंचनजंघा दिखाई देती है। आसमान बादलों से ढँका था। कंचनजंघा तो नहीं दिखी पर रंग-बिरंगे इतने सारे फूल दिखाई पड़े कि उसे लगा मानो वह फूलों के बाग में आ गई हो।

यूमथांग गैंगटॉक से 149 किलोमीटर की दूरी पर था। ड्राइवर-कम-गाइड जितेन ने बताया कि रास्ते में गहनतम घाटियाँ और फूलों से लदी वादियाँ मिलेंगी। लेखिका बर्फ देखने के लिए उत्सुक थी; पर जितेन ने इसे रहस्य बना दिया कि यूमथांग में बर्फ होगी या नहीं।

रास्ते में मंत्र लिखी हुई सफेद पताकाएँ मिलीं। नार्गे ने बताया कि जब भी किसी बुद्धिस्ट की मृत्यु होती है, उसकी आत्मा की शांति के लिए शहर से दूर किसी भी पवित्र स्थान पर एक-सौ आठ श्वेत पताकाएँ फहरा दी जाती हैं। इन्हें उतारा नहीं जाता। ये धीरे-धीरे अपने आप नष्ट हो जाती हैं। यदि कोई नया काम शुरू करना हो तो रंगीन पताकाएँ फहराई जाती हैं।

कवी-लोंग स्टॉक पहुँचने पर जितेन ने बताया–यहाँ 'गाइड' फिल्म की शूटिंग हुई थी। यहाँ पर एक ऐसा पत्थर है जो लेप्चा और भुटिया, सिक्किम की इन दोनों स्थानीय जातियों के बीच चले लंबे संघर्ष के बाद पहली शांति-वार्ता का स्मरण करवाता है।

एक कुटिया के भीतर घूमते चक्र के बारे में पूछने पर नार्गे ने बताया कि यह धर्म-चक्र है, जिसे घुमाने से सारे पाप धुल जाते हैं। लेखिका सोचने लगी–पहाड़ हो या मैदान ... तमाम वैज्ञानिक प्रगतियों के बावजूद इस देश (भारत) की आत्मा एक है। लोगों की आस्थाएँ, विश्वास, अंध-विश्वास, पाप-पुण्य की धारणाएँ एक जैसी हैं।

गाड़ी जैसे-जैसे ऊँचाई पर चढ़ने लगी, बाजार और बस्तियाँ पीछे छूटने लगीं। चलते-चलते स्वेटर बुनती युवतियाँ और भारी-भरकम कार्टूनों को पीठ पर ढोते बौने बहादुर दृश्य से ओझल होने लगे। हिमालय अब अपने विराट वैभव के साथ सामने आ रहा था। रास्ते जलेबी की तरह घुमाव लेने लगे। घाटियाँ गहरी और वादियाँ चौड़ी होने लगीं। बीच-बीच में करिश्मे की तरह फूल मुसकराने लगे। सभी सैलानी झूमकर गाने लगे–"*सुहाना सफ़र और ये मौसम हँसी ...*"। सारे परिदृश्य को अपने भीतर भर लेने की इच्छा से लेखिका खिड़की से सिर निकालकर कभी आसमान छूते पर्वत-शिखरों को देखती तो कभी दूध की धार की तरह झर-झर गिरते प्रपातों को और कभी गुलाबी पत्थरों के बीच इठलाकर बहती तिस्ता नदी को। यहाँ तिस्ता

का सौंदर्य पराकाष्ठा पर था। तभी जीप एक जगह रुकी। सामने खूब ऊँचाई से गिरता फेन उगलता झरना–सैवन सिस्टर्स वॉटर फॉल था। नीचे बिखरे भारी-भरकम पत्थरों पर बैठकर लेखिका जैसे आत्मा का संगीत सुनने लगी। झरना उसे जीवन की अनंतता का प्रतीक लगा। उसे अपने मन की सारी तामसिकताएँ उस निर्मल जलधारा में बह जाती-सी प्रतीत हुईं। लेखिका का मन वहाँ से हिलने को नहीं था, पर जितेन ने कहा–आगे इससे भी सुंदर नज़ारे मिलेंगे।

हिमालय का रूप पल-पल बदल रहा था। कहीं हरियाली, तो कहीं हल्का पीलापन और कहीं पथरीला। कहीं चटकी धूप, कहीं बादलों की चादर। 'माया' और 'छाया' के इस खेल में प्रकृति के कई रहस्य लेखिका के सामने उद्घाटित हो रहे थे।

धुँधली चादर हटी तो सामने दो विपरीत दिशाओं से आते छाया-पहाड़ थे, जिनके बीच जैसे जन्नत बिखरी पड़ी थी। पर्वत, झरने, फूलों, घाटियों और वादियों के दुर्लभ नज़ारे लेखिका को कहीं बहुत गहरे अपने आप-से जोड़ रहे थे। उसकी आत्मा की खिड़कियाँ खुल रहीं थीं। उसे लगा कि वह ईश्वर के बहुत निकट है। उसके होठों पर वही प्रार्थना पुनः आने लगी–साना-साना हाथ जोड़ि ···। मंत्रमुग्ध-सी वह थोड़ी दूर तक निकल गई तो उसकी दृष्टि पहाड़ी औरतों पर पड़ी, जो पत्थर तोड़ रही थीं। उनकी काया कोमल थी, पर हाथों में कुदाल और हथौड़े थे। कइयों की पीठ पर बँधी डोको (बड़ी टोकरी) में उनके बच्चे भी बँधे थे। पूरी ताकत से वे कुदाल को ज़मीन पर मार रही थीं। वे उस अलौकिक सौंदर्य से निरपेक्ष अपनी जीविका के संघर्ष में रत थीं। एक पल के लिए लेखिका को लगा मानो किसी समाधि भाव से नाचती नृत्यांगना के घुँघरू टूट गए हों। स्वर्गीय सौंदर्य के बीच मौत, भूख और जिंदा रहने की जंग उसके सामने थी। वहाँ खड़े बॉर्डर रोड आर्गेनाइजेशन के कर्मचारी से पूछने पर पता चला कि वे पहाड़िनें सड़क को चौड़ा करने के लिए श्रमरत थीं। यह बड़ा खतरनाक कार्य है। लेखिका को सिक्किम सरकार का वह बोर्ड याद आया, जिस पर लिखा था–*एवर [illegible]र्ड टू डिफाइंड डैथ टू बिल्ड दी रोड्स।* आप ताज्जुब करेंगे पर इन रास्तों को बनाने में लोगों ने मौत को झुठलाया है। लेखिका को पलामु और गुमला के जंगल याद हो आए, जहाँ आदिवासी युवतियाँ पीठ पर बच्चे को कपड़े से बाँधकर वन-वन डोलती पत्तों की तलाश करती हैं। उसे ग़मगीन देखकर जितेन ने कहा–"मैडम, ये मेरे देश की आम जनता है। इन्हें तो आप कहीं भी देख लेंगी ··· आप पहाड़ों को देखिए, जिनके लिए आप पैसे खर्च करके आई हैं। लेकिन लेखिका यही सोच रही थी कि मेरे देश की आम जनता, कितना कम लेकर समाज को कितना अधिक वापस लौटा देती है। तभी वे श्रम-सुंदरियाँ किसी बात पर खिलखिलाकर हँस पड़ी। लेखिका को लगा, मानो खंडहर ताजमहल बन गया हो।"

जीप फिर से ऊँचाइयाँ चढ़ने लगी। हेयर पिन बेंट से ठीक पहले एक पड़ाव पर ढेर सारे पहाड़ी बच्चे स्कूल से लौट रहे थे। वे लिफ्ट माँग रहे थे। जितेन ने बताया यहाँ स्कूल-बस की कोई व्यवस्था नहीं। नीचे तराई में एक ही स्कूल है और दूर-दूर से बच्चे वहीं पढ़ने आते हैं। पढ़ते ही नहीं, अपनी माओं के साथ मवेशी चराते, पानी भरते और लकड़ियों के गट्ठर भी ढोते हैं।

आगे रास्ता सँकरा हो रहा है। बस केवल एक जीप जितनी चौड़ाई। ज़रा संतुलन बिगड़े तो ··· जगह-जगह चेतावनी देते बोर्ड–धीरे चलाएँ, घर में बच्चे आपका इंतज़ार कर रहे हैं।

ढलते सूरज की रोशनी चाय के बागानों पर पड़ रही थी। कई युवतियाँ बोकू (सिक्किमी परिधान) पहने चाय की पत्तियाँ तोड़ रही थीं। नदी की तरह उफान लेता उनका यौवन और श्रम से दमकता गुलाबी चेहरा। एक युवती ने चटक लाल रंग का बोकू पहन रखा था। सघन हरियाली के बीच चटक लाल रंग डूबते सूरज की स्वर्णिम आभा में ऐसी इंद्रधनुषी छटा बिखेर रहा था कि मंत्रमुग्ध लेखिका खुशी से चीख पड़ी।

रात का पड़ाव लायुंग में था। यह एक छोटी-सी शांत बस्ती थी जहाँ तिस्ता नदी के किनारे वे एक लकड़ी के घर में ठहरे थे। सामने ऊँचाई से गिरता एक झरना तिस्ता नदी में मिल रहा था। परिंदे अपने घरों को लौट रहे थे। वातावरण में अद्‌भुत शांति थी। वही शांति मन में व्याप रही थी। लेखिका तिस्ता के किनारे पत्थरों पर बैठी अपने भीतर बोधिसत्व के एक अंश को उगता-सा महसूस कर रही थी। उसे लगा कि प्रकृति अखंड और संपूर्ण है। इसी अखंड संपूर्णता में ही सुख और शांति है। हमने इस संपूर्णता से छेड़छाड़ करके अक्षम्य अपराध किया है। पत्थरों से होकर वह नदी की धार तक पहुँची और बहते पानी को अँजुलि में भरा तो स्मृति में कौंधा ··· जल को हाथ में लेकर संकल्प किया जाता है। क्या संकल्प करूँ ··· लेकिन लेखिका के मन में केवल एक प्रार्थना थी ··· व्यक्ति के मन की तामसिकताएँ बह जाएँ।

रात में जितेन ने गाने की तेज धुन पर नाचना शुरू किया तो सभी सैलानी मस्ती के रंग में आ गए। पचास वर्षीय मणि

ने तो ऐसा जानदार नृत्य प्रस्तुत किया कि लड़कियाँ भी मात खा जाएँ। लेखिका सोच रही थी–किसी के अंदर इतना आनंद कहाँ से आता है?

लायुंग समुद्र तल से 14000 फीट की ऊँचाई पर है। पर आशा के विरुद्ध बर्फ यहाँ भी देखने को न मिली। एक सिक्किमी युवक ने बताया कि 500 फीट ऊपर 'कटाओ' में बर्फ मिल सकती है। 'कटाओ' भारत का स्विट्ज़रलैंड है, जो अभी टूरिस्ट स्पॉट नहीं बना है। कटाओ का रास्ता खतरनाक था, फिर धुंध और बारिश भी थी। जीप जैसे बादलों को चीरकर निकल रही थी। खतरे के अहसास ने सभी को मौन कर दिया था। केवल सैलानियों के साँस लेने की आवाज़ें ही सुनाई दे रही थीं। करीब आधे रास्ते बाद धुंध छँटी तो सन्नाटा भी टूटा। नार्गे ने उत्साहित होकर कहा–''कटाओ हिंदुस्तान का स्विट्ज़रलैंड है।'' मणि ने प्रतिवाद किया–''नहीं, स्विट्ज़रलैंड भी इतनी ऊँचाई पर नहीं है और न ही इतना सुंदर।'' कटाओ के निकट पहुँचने पर पहाड़ों पर कहीं-कहीं बर्फ नज़र आने लगी। थोड़ा आगे बढ़ने पर सब ओर गिरी बर्फ मिली। सब के मन प्रसन्न हो उठे। जितेन तो प्रसन्नता के मारे झूमकर गाने लगा–*''तिम्रो माया सैंधे मलाई सताऊँछ''* (तुम्हारा प्यार मुझे सदैव रुलाता है।)

लेखिका भी खुशी के मारे नाचना चाहती थी। वह बर्फ में धँस जाना चाहती थी। लेकिन उसके पास लंबे जूते नहीं थे और न ही आस-पास कोई दुकान थी, जहाँ से वे किराए पर लिए जा सकें। लेखिका फोटो खिंचवाने की अपेक्षा उस परिदृश्य को अपने भीतर खींच रही थी ताकि महानगर के डार्क रूम में इसे फिर-फिर देख सके। उसे लग रहा था कि इसी विभोर कर देने वाली दिव्यता के बीच ही हमारे ऋषियों ने वेदों की रचना की होगी। जीवन-सत्यों को पाया होगा और 'सर्वे भवन्तु सुखिन:' का महामंत्र पाया होगा। मणि कह रही थी, ये हिमशिखर हमारे जल-स्तंभ हैं। प्रकृति किस नायाब ढंग से सारा इंतजाम करती है। वह सर्दियों में बर्फ सहेजकर गर्मियों में जलधारा बनकर प्यास बुझाती है। कृतज्ञता से माथा नवाकर कहा–जाने कितना ऋण है, इन नदियों का हम पर। लगा कि संसार स्वप्न-सा सुंदर है, लेकिन पत्थर तोड़ती पहाड़िनों का ध्यान आते ही मन पर एक उदासी छा गई।

थोड़ा और आगे जाने पर फौजी छावनियाँ दिखाई पड़ीं। चीन की सीमा थोड़ी ही दूर है। लेखिका ने एक फौज़ी से कहा–इस कड़कड़ाती ठंड में आपको बहुत तकलीफ़ होती होगी। फौज़ी ने एक उदास-सी हँसी हँसकर कहा–आप चैन की नींद सो सकें, इसीलिए हम यहाँ पहरा दे रहे हैं। वहीं एक बोर्ड पर लिखा था–*''वी गिव आवर टूडे फॉर योर टुमारो।''* लेखिका का मन पिघलने-सा लगा। पौष माह (जनवरी) में जब यहाँ पैट्रोल को छोड़कर हर चीज जमने लग जाती है, ये जवान तब भी यहाँ तैनात रहते हैं।

यह यात्रा लेखिका के लिए जैसे एक खोज-यात्रा थी। जितेन ने नेपाल के माओवादी संघर्ष के बारे में बताया कि माओवादियों पर हैलीकाप्टर द्वारा बम बरसाए जाते थे, लेकिन जैसे ही उनका कोई साथी मरता, वे पीठ पर बँधी बड़ी टोकरी डोको में उसका शव डाल लेते। मज़ाल कि सरकार के हाथ एक भी डेड बॉडी लगी हो।

यूमथांग की घाटी में ढेरों-ढेर फूल खिल रहे थे। जितेन ने बताया कि कुछ ही दिनों में घाटी फूलों से इतनी भर जाएगी कि मानो फूलों की सेज बिछी हो।

यूमथांग में चिप्स बेचती एक युवती से लेखिका ने पूछा–क्या तुम सिक्कमी हो? तो उसने कहा–नहीं मैं इंडियन हूँ। लेखिका को सुनकर अच्छा लगा। सिक्किम के लोग भारत के साथ मिलकर खुश हैं–काश, कश्मीर के साथ भी ऐसा सहज विलय हो जाता।

जितेन तरह-तरह की जानकारियाँ दे रहा था। उसने बताया कि पहाड़ी कुत्ते सिर्फ चाँदनी रात में भौंकते हैं। एक जगह उसने बताया कि यहाँ एक पत्थर है, जिस पर गुरुनानक के फुट-प्रिंट हैं। कहते हैं–गुरुनानक की थाली से छिटककर थोड़े चावल वहाँ गिरे थे। वहाँ चावल की खेती होती है। खेदुम की ओर इशारा करते हुए उसने बताया कि यहाँ देवी-देवताओं का वास है, जो भी यहाँ गंदगी फैलाएगा, वह मर जाएगा। उसने बताया कि वे पहाड़, नदी, झरने की पूजा करते हैं। इन्हें कभी गंदा नहीं करते। उसने यह भी बताया कि यूमथांग पहले टूरिस्ट स्पॉट नहीं था। कप्तान शेखरदत्ता के दिमाग में आया कि यहाँ सिर्फ फौज़ियों को रखने का क्या लाभ? घाटियों में से रास्ते निकालकर इसे टूरिस्ट स्पॉट बनाया जा सकता है।

लेखिका मन-ही-मन कह रही थी ... हाँ रास्ते अभी बन रहे हैं। नए-नए स्थानों की खोज अभी जारी है। मनुष्य की इसी असमाप्त खोज का नाम सौंदर्य है।

II. कठिन शब्दों के अर्थ

पृष्ठ 10

झालर–लड़ी। **संधि-स्थल**–मिलन का स्थान। **सम्मोहन**–मोहित कर लेने का भाव। **इस कदर**–इस प्रकार। **स्थगित**–कुछ समय के लिए रोक दिया गया, ठहरा हुआ। **अतींद्रियता**–इंद्रियों से परे चले जाने का भाव। **उजास**–प्रकाश, बोध।

पृष्ठ 11

कपाट–द्वार, दरवाज़ा। **रकम-रकम के**–भाँति-भाँति के। **गहनतम**–सबसे गहरा (यहाँ बहुत ज़्यादा गहरा)। **ड्राइवर-कम-गाइड**–(पर्यटक स्थलों पर) चालक तथा मार्गदर्शक दोनों कार्य करने वाला। **गदराए**–भरे हुए। **जायजा**–अनुभव और अनुमान। **कतार**–पंक्ति। **पताकाएँ**–झंडे। **बुद्धिस्ट**–बौद्ध धर्म का अनुयायी। **संधि-पत्र**–समझौते के पत्र। **अवधारणाएँ**–मानसिक स्वरूप या विचार।

पृष्ठ 12

रफ़्ता-रफ़्ता–धीरे-धीरे। **परिदृश्य**–नज़ारा। **ओझल**–आँखों या दृष्टि से दूर। **तीर्थाटानियों**–तीर्थ-यात्रियों। **काम्य**–मन-चाहा, जिसकी कामना की जाए। **परिवर्तित**–बदला हुआ। **वीरान**–सुनसान। **सँकरे**–तंग। **विशालकाय**–बहुत बड़े आकार वाला। **वादियाँ**–पर्वतों के बीच का विस्तृत भाग, जहाँ जल धाराएँ बहती हैं।

पृष्ठ 13

सैलानी–सैर के लिए निकले यात्री। **मुंडकी**–सिर। **जल-प्रपात**–झरने। **पराकाष्ठा**–पूरी ऊँचाई पर। **फेन**–झाग। **लम्हों**–पलों। **मशगूल**–व्यस्त। **अभिशप्त**–जिसे शाप मिला हो। **काव्यमय**–कविता से युक्त। **अनंतता**–अंत न होने का भाव। **सरहदों**–सीमाओं। **तामसिकताएँ**–बुरी भावनाएँ।

पृष्ठ 14

नज़रों के छोर तक–जहाँ तक नज़र जाती हो। **सतत**–लगातार। **प्रवाहमान**–बहता हुआ। **वजूद**–अस्तित्व, होने का भाव। **तंद्रिल अवस्था**–नींद जैसी हालत। **समाधिस्थ**–समाधि में स्थित। **आत्मलीन**–अपने आप में लीन। **निरपेक्ष**–जिसे कुछ लेना-देना न हो।

पृष्ठ 15

चुहलबाज़ी–हँसी, मज़ाक, शरारत। **अकस्मात**–अचानक। **संजीदा**–गंभीर। **डाइनामाइट**–एक प्रकार का विस्फोटक। **चूक**–भूल।

पृष्ठ 16

हाथों में पड़े ठाठे–अधिक मेहनत के कारण हथेलियों में बनी गाँठें। **वंचना**–वंचित होने का भाव (कमी)। **गमगीन**–उदास। **हेयर पिन बेंट**–बालों में लगाने वाली सूई जैसा गहरा मोड़। **पड़ाव**–ठहराव।

पृष्ठ 17

सात्विक–पवित्र। **आभा**–चमक। **छटा**–प्रभाव, सुंदरता। **असह्य**–जो सहा न जा सके। **मद्धिम**–धीमी। **परिंदे**–पक्षी। **अनायास**–अचानक।

पृष्ठ 18

संकल्प–निश्चय (यहाँ लोक कल्याण की कामना)। **हलाहल**–जहर (यहाँ तनाव)। **जन्नत**–स्वर्ग। **करीब**–नजदीक (यहाँ लगभग)।

पृष्ठ 19

अहसास–ज्ञान। **इफ यू आर मैरिड, डाइवोर्स स्पीड**–यदि आप शादी-शुदा हैं तो गति से तलाक ले लें। **गर्व**– अभिमान।

पृष्ठ 20

ख्वाहिश–इच्छा। **विभोर**–आनंदित। **सर्वे भवंतु सुखिनः**–सभी सुखी रहें। **अमंगल**–बुरा, कष्टदायक। **वृत्ति**–स्वभाव। **तरावट**–नमी। **अभिभूत**–भावना से भरकर। **बॉर्डर एरिया**–सीमा के निकट का क्षेत्र।

पृष्ठ 21

वी गिव आवर टूडे फॉर योर टुमारो—आपके सुखद कल (भविष्य) के लिए हम अपना आज (वर्तमान) कुर्बान करते हैं। **मीआद**—आयु की सीमा। **अपेक्षाकृत**—की बजाय। **रोमांचक**—रोमांच से भर देने वाला।

पृष्ठ 22

फुट-प्रिंट—पैरों के निशान।

III. पाठ्यपुस्तक के प्रश्न-अभ्यास

(पृष्ठ 22-23)

प्रश्न 1. झिलमिलाते सितारों की रोशनी में नहाया गंतोक लेखिका को किस तरह सम्मोहित कर रहा था? *[CBSE 2012]*

उत्तर—झिलमिलाते सितारों की रोशनी में नहाया गंतोक लेखिका के मन में सम्मोहन जगा रहा था। इस सुंदरता ने उस पर ऐसा जादू-सा कर दिया था कि उसे सब कुछ ठहरा हुआ-सा और अर्थहीन-सा लग रहा था। उसके भीतर-बाहर जैसे एक शून्य-सा व्याप्त हो गया था।

☞**प्रश्न 2. गंतोक को *'मेहनतकश बादशाहों का शहर'* क्यों कहा गया?** **[Imp.]** *[CBSE 2008, 2016]*

उत्तर—'मेहनतकश' का अर्थ है—कड़ी मेहनत करने वाले। 'बादशाह' का अर्थ है—मन की मर्जी के मालिक। गंतोक एक पर्वतीय स्थल है। पर्वतीय क्षेत्र होने के नाते यहाँ स्थितियाँ बड़ी कठिन हैं। अपनी जरूरतें पूरी करने के लिए लोगों को कड़ी मेहनत करनी पड़ती है। यहाँ के लोग इस मेहनत से घबराते नहीं और ऐसी कठिनाइयों के बीच भी मस्त रहते हैं। इसलिए गंतोक को 'मेहनतकश बादशाहों का शहर' कहा गया है।

☞**प्रश्न 3. कभी श्वेत तो कभी रंगीन पताकाओं का फहराना किन अलग-अलग अवसरों की ओर संकेत करता है?** **[Imp.]** *[CBSE]*

उत्तर—श्वेत पताकाएँ किसी बुद्धिस्ट की मृत्यु पर फहराई जाती हैं। किसी बुद्धिस्ट की मृत्यु हो जाए तो उसकी आत्मा की शांति के लिए नगर से बाहर किसी वीरान स्थान पर मंत्र लिखी एक सौ आठ पताकाएँ फहराई जाती हैं, जिन्हें उतारा नहीं जाता। वे धीरे-धीरे अपने-आप नष्ट हो जाती हैं।

किसी शुभ कार्य को आरंभ करने पर रंगीन पताकाएँ फहराई जाती हैं।

प्रश्न 4. ***जितेन नार्गे ने लेखिका को सिक्किम की प्रकृति, वहाँ की भौगोलिक स्थिति एवं जनजीवन के बारे में क्या महत्त्वपूर्ण जानकारियाँ दीं,* लिखिए।** *[CBSE 2008; 2009, 2016]*

उत्तर—जितेन नार्गे उस वाहन (जीप) का गाइड-कम-ड्राइवर था, जिसके द्वारा लेखिका सिक्किम की यात्रा कर रही थीं। जितेन एक समझदार और मानवीय संवेदनाओं से युक्त व्यक्ति था। उसने लेखिका को सिक्किम की प्रकृति, भौगोलिक स्थिति तथा जन-जीवन के विषय में अनेक महत्त्वपूर्ण जानकारियाँ दीं। उसने बताया कि सिक्किम बहुत ही खूबसूरत प्रदेश है और गंतोक से यूमथांग की 149 किलोमीटर की यात्रा में हिमालय की गहनतम घाटियाँ और फूलों से लदी वादियाँ देखने को मिलती हैं। सिक्किम प्रदेश चीन की सीमा से सटा है। पहले यहाँ राजशाही थी। अब यह भारत का एक अंग है।

सिक्किम के लोग अधिकतर बौद्ध धर्म को मानते हैं और यदि किसी बुद्धिस्ट की मृत्यु हो जाए तो उसकी आत्मा की शांति के लिए एक सौ आठ पताकाएँ फहराई जाती हैं। किसी शुभ अवसर पर रंगीन पताकाएँ फहराई जाती हैं। यहाँ के लोग बड़े मेहनती हैं। इसलिए गंतोक को 'मेहनतकश बादशाहों का नगर' कहा जाता है और यहाँ की स्त्रियाँ भी कठोर परिश्रम करती हैं। वे अपनी पीठ पर बँधी डोको (बड़ी टोकरी) में कई बार अपने बच्चे को भी साथ रखती हैं। यहाँ की स्त्रियाँ चटक रंग के कपड़े पहनना पसंद करती हैं और उनका परंपरागत परिधान 'बोकू' है।

☞**प्रश्न 5. लोंग स्टॉक में घूमते हुए चक्र को देखकर लेखिका को पूरे भारत की आत्मा एक-सी क्यों दिखाई दी?** **[V. Imp.]**

उत्तर—लोंग स्टॉक में घूमते हुए चक्र को देखकर लेखिका ने उसके बारे में पूछा तो पता चला कि यह धर्म-चक्र है। इसे घुमाने पर सारे पाप धुल जाते हैं। जितेन की यह बात सुनकर लेखिका को ध्यान आया कि पूरे भारत की आत्मा एक ही है। मैदानी

क्षेत्रों में गंगा के विषय में भी ऐसी ही धारणा है। उसे लगा कि पूरे भारत की आत्मा एक-सी है। सारी वैज्ञानिक प्रगति के बावजूद उनकी आस्थाएँ, विश्वास, अंध-विश्वास और पाप-पुण्य की अवधारणाएँ एक-सी हैं।

प्रश्न 6. जितेन नार्गे की गाइड की भूमिका के बारे में विचार करते हुए लिखिए कि एक कुशल गाइड में क्या गुण होते हैं? *[CBSE 2012, 2017]*

अथवा

'साना साना हाथ जोड़ि' पाठ में जितेन नार्गे की भूमिका पर विचार करते हुए लिखिए कि एक कुशल गाइड में किन गुणों की अपेक्षा की जाती है? *[CBSE 2019]*

अथवा

'साना साना हाथ जोड़ि...' के आधार पर तार्किक उत्तर दीजिए कि जितेन नार्गे एक कुशल गाइड था। *[CBSE 2017]*

उत्तर– जितेन नार्गे एक कुशल गाइड है। वैसे तो पर्यटक वाहनों में ड्राइवर अलग और गाइड अलग होते हैं; लेकिन जितेन ड्राइवर-कम-गाइड है। अत: हम कह सकते हैं कि एक कुशल गाइड को वाहन चलाने में भी कुशल होना चाहिए। ताकि आवश्यकता पड़े तो वह ड्राइवर की भूमिका भी निभा सके।

एक कुशल गाइड को अपने क्षेत्र की भौगोलिक स्थिति तथा विभिन्न स्थानों के महत्त्व तथा उनसे जुड़ी रोचक जानकारियों का ज्ञान भी होना चाहिए, जैसे कि जितेन को पता है कि देवानंद अभिनीत 'गाइड' फिल्म (यह अपने समय की अति लोकप्रिय फिल्म थी) की शूटिंग लोंग स्टॉक में हुई थी। इससे पर्यटकों का मनोरंजन भी होता है और उनकी स्थान में रुचि भी बढ़ जाती है।

जितेन यद्यपि नेपाली है, लेकिन उसे सिक्किम के जन-जीवन, संस्कृति तथा धार्मिक मान्यताओं का पूरा ज्ञान है। वहाँ की कठोर जीवन-स्थितियों से भी वह भली-भाँति परिचित है। यह किसी कुशल गाइड का आवश्यक गुण है।

जितेन का सबसे अच्छा गुण है–मानवीय संवेदनाओं की समझ तथा परिष्कृत संवाद शैली। वह सिक्किम की सुंदरता का गुणगान ही नहीं करता, वहाँ के लोगों के दुख-दर्द के बारे में लेखिका से बातचीत करता है। उसकी भाषा बड़ी परिष्कृत और संवाद का ढंग अपनत्व से पूर्ण है, जो किसी गाइड का आवश्यक गुण है।

प्रश्न 7. इस यात्रा-वृत्तांत में लेखिका ने हिमालय के जिन-जिन रूपों का चित्र खींचा है, उन्हें अपने शब्दों में लिखिए।

उत्तर– इस यात्रा-वृत्तांत में लेखिका ने हिमालय के पल-पल परिवर्तित होते रूप को देखा। ज्यों-ज्यों ऊँचाई पर चढ़ते जाएँ हिमालय विशाल से विशालतर होता चला जाता है। छोटी-छोटी पहाड़ियाँ विशाल पर्वतों में बदलने लगती हैं। घाटियाँ गहराती-गहराती पाताल नापने लगती हैं। वादियाँ चौड़ी होने लगती हैं, जिनके बीच रंग-बिरंगे फूल मुसकराते हुए नज़र आते हैं। चारों ओर प्राकृतिक सुषमा बिखरी नज़र आती है। जल-प्रपात जलधारा बनकर पत्थरों के बीच बलखाती-सी निकलती है तो मन को मोह लेती है। हिमालय कहीं हरियाली के कारण चटक हरे रंग की मोटी चादर-सा नज़र आता है, कहीं पीलापन लिए नज़र आता है। कहीं पलास्टर उखड़ी दीवार की तरह पथरीला नज़र आता है।

प्रश्न 8. प्रकृति के उस अनंत और विराट स्वरूप को देखकर लेखिका को कैसी अनुभूति होती है? *[CBSE 2012]*

उत्तर– हिमालय का स्वरूप पल-पल बदलता है। प्रकृति इतनी मोहक है कि लेखिका किसी बुत-सी 'माया' और 'छाया' के खेल को देखती रह जाती है। उसे लगता है कि प्रकृति उसे अपना परिचय दे रही है। वह उसे और सयानी (बुद्धिमान) बनाने के लिए अपने रहस्यों का उद्घाटन कर रही है। प्रकृति के उस अनंत और विराट स्वरूप को देखकर उसे अनेक अनुभूतियाँ होती हैं। उसे लगता है जीवन की सार्थकता झरनों और फूलों की भाँति स्वयं को दे देने में अर्थात् परोपकार में ही है। झरनों की भाँति निरंतर चलायमान रहना और फूलों की भाँति अपनी महक लुटाना ही जीवन का सच्चा स्वरूप है।

☞प्रश्न 9. प्राकृतिक सौंदर्य के अलौकिक आनंद में डूबी लेखिका को कौन-कौन से दृश्य झकझोर गए?

[V. Imp.]

उत्तर–प्राकृतिक सौंदर्य के अलौकिक आनंद में डूबी लेखिका को सड़क बनाने के लिए पत्थर तोड़ती, सुंदर कोमलांगी पहाड़ी औरतों का दृश्य झकझोर गया। उसने देखा कि उस अद्वितीय सौंदर्य से निरपेक्ष कुछ पहाड़ी औरतें पत्थरों पर बैठी पत्थर तोड़ रही थीं। उनके हाथों में कुदाल और हथौड़े थे और कइयों की पीठ पर डोको (बड़ी टोकरी) में उनके बच्चे भी बँधे थे। यह विचार उसके मन को बार-बार झकझोर रहा था कि नदी, फूलों, वादियों और झरनों के ऐसे स्वर्गिक सौंदर्य के बीच भूख, मौत, दैन्य और जिजीविषा के बीच जंग जारी है।

प्रश्न 10. *सैलानियों को प्रकृति की अलौकिक छटा का अनुभव करवाने में किन-किन लोगों का योगदान होता है,* **उल्लेख करें।** [*CBSE 2012*]

उत्तर–सैलानियों को प्रकृति की अलौकिक छटा का अनुभव कराने में अनेक प्रकार के लोगों का योगदान रहता है। सबसे पहले इस दृश्य में उस ट्रेवल की भूमिका रहती है, जो सैलानियों के लिए स्थान के अनुसार वाहन तथा उनके ठहरने संबंधी व्यवस्थाएँ करता है। इसके बाद उनके वाहन का चालक तथा परिचालक भूमिका निभाते हैं, जो उन्हें गंतव्य तक पहुँचाते हैं। फिर उनके गाइड (मार्गदर्शक) की भूमिका शुरू होती है जो पर्यटन-स्थल की जानकारी देता है। पर्वतीय स्थलों पर कई बार सैलानियों को अपना बड़ा वाहन (बस) छोड़कर जीप जैसा छोटा वाहन लेना पड़ता है। प्रायः इन छोटे वाहनों के चालक जितेन नार्गे की भाँति ड्राइवर-कम-गाइड होते हैं। इसके अतिरिक्त उनके ठहरने व खाने-पीने की व्यवस्था करने वाले होटल के कर्मचारी तथा पर्यटक-स्थल पर छोटी-छोटी अन्य सुविधाएँ–जैसे बर्फ पर चलने के लिए लंबे बूट व अन्य ज़रूरी सामान किराए पर देने वाले दुकानदार तथा हस्तशिल्प व कलाकृतियाँ बेचने वाले व फोटोग्राफर जैसे लोगों की भूमिका भी महत्त्वपूर्ण होती है।

☞प्रश्न 11. *''कितना कम लेकर ये समाज को कितना अधिक वापस लौटा देती हैं।''* **इस कथन के आधार पर स्पष्ट करें कि आम जनता की देश की आर्थिक प्रगति में क्या भूमिका है?** **[Imp.]** [*CBSE 2012, 2017*]

उत्तर–लेखिका ने यह कथन उन पहाड़ी श्रमिक महिलाओं के विषय में कहा है, जो पीठ पर बँधी डोको (बड़ी टोकरी) में अपने बच्चों को सँभालते हुए कठोर श्रम करती हैं। ऐसा ही दृश्य वह पलामु और गुमला के जंगलों में भी देख चुकी थी, जहाँ बच्चे को पीठ पर बाँधे पत्तों (तेंदु के) की तलाश में आदिवासी औरतें वन-वन डोलती फिरती हैं। उसे लगता है कि ये श्रम-सुंदरियाँ 'वैस्ट एट रिपेईंग' हैं; अर्थात् ये कितना कम लेकर समाज को कितना अधिक लौटा देती हैं। वास्तव में यह एक सत्य है कि हमारे ग्रामीण समाज में महिलाएँ बहुत कम लेकर समाज को बहुत अधिक लौटाती हैं। वे घर-बार भी सँभालती हैं, बच्चों की देखभाल भी करती हैं और श्रम करके धनोपार्जन भी करती हैं। यह बात हमारे देश की आम जनता पर भी लागू होती है। जो श्रमिक कठोर परिश्रम करके सड़कों, पुलों, रेलवे लाइनों का निर्माण करते हैं या खेतों में कड़ी मेहनत करके अन्न उपजाते हैं; उन्हें बदले में बहुत कम मज़दूरी या लाभ मिलता है। लेकिन उनका श्रम देश की प्रगति में बड़ा सहायक होता है। हमारे देश की आम जनता बहुत कम पाकर भी देश की प्रगति में अहम भूमिका निभाती है।

☞प्रश्न 12. *आज की पीढ़ी द्वारा प्रकृति के साथ किस तरह का खिलवाड़ किया जा रहा है।* **इसे रोकने में आपकी क्या भूमिका होनी चाहिए?** **[Imp.]** [*CBSE 2008, CBSE 2015*]

अथवा

प्रकृति के साथ हो रहे खिलवाड़ को कैसे रोका जा सकता है? [*CBSE 2012*]

उत्तर–आज की पीढ़ी पहाड़ी स्थलों को अपना विहार-स्थल बना रही है। वहाँ भोग के नए-नए साधन पैदा किए जा रहे हैं। इसलिए जहाँ एक ओर गंदगी बढ़ रही है, वहीं दूसरी ओर तापमान में वृद्धि हो रही है। परिणामस्वरूप पर्वत अपनी स्वाभाविक सुंदरता खो रहे हैं।

इसे रोकने में हमें सचेत होना चाहिए। हमें ऐसा कोई कार्य नहीं करना चाहिए जिससे पहाड़ों का प्राकृतिक सौंदर्य नष्ट हो, गंदगी फैले और तापमान में वृद्धि हो।

☞**प्रश्न 13.** *प्रदूषण के कारण स्नोफॉल में कमी का जिक्र किया गया है? प्रदूषण के और कौन-कौन से दुष्परिणाम सामने आए हैं,* **लिखें।** **[Imp.]** *[CBSE 2012]*

अथवा

'साना साना हाथ जोड़ि''' पाठ में प्रदूषण के कारण हिमपात में कमी पर चिंता व्यक्त की गई है। प्रदूषण के और कौन-कौन से दुष्परिणाम सामने आए हैं? हमें इसकी रोकथाम के लिए क्या करना चाहिए।

[CBSE 2016]

उत्तर– लेखिका को उम्मीद थी कि उसे लायुंग में बर्फ देखने को मिल जाएगी, लेकिन एक सिक्कमी युवक ने बताया कि प्रदूषण के कारण स्नोफॉल कम हो गया है; अत: उन्हें 500 मीटर ऊपर 'कटाओ' में ही बर्फ देखने को मिल सकेगी।

प्रदूषण के कारण पर्यावरण में अनेक परिवर्तन आ रहे हैं। स्नोफॉल की कमी के कारण नदियों में जल-प्रवाह की मात्रा कम होती जा रही है। परिणामस्वरूप पीने योग्य जल की कमी सामने आ रही है। प्रदूषण के कारण ही वायु प्रदूषित हो रही है। महानगरों में साँस लेने के लिए ताज़ा हवा का मिलना भी मुश्किल हो रहा है। साँस संबंधी रोगों के साथ-साथ कैंसर तथा उच्च रक्तचाप की बीमारियाँ बढ़ रही हैं। ध्वनि-प्रदूषण मानसिक अस्थिरता, बहरेपन तथा अनिद्रा जैसे रोगों का कारण बन रहा है।

प्रश्न 14. *'कटाओ' पर किसी भी दुकान का न होना उसके लिए वरदान है।* **इस कथन के पक्ष में अपनी राय व्यक्त कीजिए?**

अथवा

'कटाओ' **पर किसी दुकान का न होना इस पर्यटन-स्थल के लिए वरदान क्यों है? पाठ के आधार पर लिखिए।** *[CBSE 2008]*

उत्तर– कटाओ सिक्किम की एक खूबसूरत किंतु अनजान-सी जगह है, जहाँ प्रकृति अपने पूरे वैभव के साथ दृष्टिगोचर होती है। यहाँ पर लेखिका को बर्फ का आनंद लेने के लिए घुटनों तक के लंबे बूटों की आवश्यकता अनुभव हुई तो उसने देखा कि वहाँ पर झांगु की तरह ऐसी चीज़ें किराए पर मुहैया करवाने वाली दुकानों की कतारें तो क्या, एक दुकान भी न थी। लेखिका को लगा कि कटाओ में किसी दुकान का न होना भी वहाँ के लिए वरदान है। क्योंकि अगर वहाँ दुकानों की कतार लग गई तो कटाओ का नैसर्गिक सौंदर्य तो दबेगा ही, स्थानीय आबादी भी बढ़ेगी और पर्यटकों की भीड़ भी। अंतत: वहाँ भी प्रदूषण अपने पाँव पसारेगा। ऐसे में कटाओं में दुकानों का न होना एक वरदान ही है।

☞**प्रश्न 15. प्रकृति ने जल संचय की व्यवस्था किस प्रकार की है?** **[Imp.]** *[CBSE 2008]*

उत्तर– प्रकृति ने जल-संचय की बड़ी अद्‌भुत व्यवस्था की है। प्रकृति सर्दियों में पर्वत शिखरों पर बर्फ के रूप में गिरकर जल का भंडारण करती है। हिम-मंडित पर्वत-शिखर एक प्रकार के जल-स्तंभ हैं, जो गर्मियों में जलधारा बनकर करोड़ों कंठों की प्यास बुझाते हैं। नदियों के रूप में बहती यह जलधारा अपने किनारे बसे नगर-गाँवों में जल-संसाधन के रूप में तथा नहरों के द्वारा एक विस्तृत क्षेत्र में सिंचाई करती हैं और अंतत: सागर में जाकर मिल जाती हैं। सागर से जलवाष्प बादल के रूप में उड़ते हैं, जो मैदानी क्षेत्रों में वर्षा तथा पर्वतीय क्षेत्रों में बर्फ के रूप में बरसते हैं। इस प्रकार 'जल-चक्र' द्वारा प्रकृति ने जल-संचयन तथा वितरण की व्यवस्था की है।

प्रश्न 16. देश की सीमा पर बैठे फ़ौजी किस तरह की कठिनाइयों से जूझते हैं? उनके प्रति हमारा क्या उत्तरदायित्व होना चाहिए? *[CBSE 2012, 2017]*

उत्तर– देश की सीमा पर बैठे फ़ौजी प्रकृति के प्रकोप को सहन करते हैं। जाड़ों में हाड़ कँपा देने वाली सर्दी में जब तापमान शून्य से 20-25 सैल्सियस नीचे चला जाता है तो भी वे सीमा पर डटे रहते हैं। देशवासी चैन की नींद सो सकें, इसलिए वे रात-रात भर जागते हैं। तपते रेगिस्तान में धूल-भरे तूफानों के बीच वे भूखे-प्यासे अपने कर्तव्यों की पूर्ति करते हैं। आवश्यकता पड़े तो वे सीने पर शत्रु की गोली भी खाते हैं।

देश के रक्षक फौजियों के प्रति हमारा दायित्व है कि हम उनके प्रति स्नेह तथा सम्मान का भाव रखते हुए उन्हें हर प्रकार की सहायता दें। उनके परिवारों को किसी प्रकार का कष्ट या अभाव न हो, उनके बच्चों की शिक्षा भली-भाँति हो सके, इस बात का ध्यान रखना हमारा ही उत्तरदायित्व है।

IV. अन्य महत्त्वपूर्ण परीक्षोपयोगी प्रश्नोत्तर

प्रश्न 1. 'साना साना हाथ जोड़ि···' के आधार पर तार्किक उत्तर दीजिए कि अपने शहर को स्वच्छ और सुंदर बनाने में आप किस प्रकार योगदान कर सकते हैं? *[CBSE 2017]*

उत्तर–हम अपने शहर को स्वच्छ और सुंदर बनाने के लिए स्वयं संकल्प ले सकते हैं। जैसे खेदुम नामक एक किलोमीटर के क्षेत्र में ऐसा माना जाता है कि जो भी यहाँ गंदगी मचाएगा, वह मर जाएगा। इसलिए वहाँ के लोग किसी भी सूरत में गंदगी नहीं मचने देते। इसी प्रकार हम भी यदि अपने नगर-गाँव के बारे में ऐसा संकल्प कर लें कि यहाँ कोई गंदगी नहीं मचाएगा तो हमारे नगर-गाँव अपने-आप स्वच्छ हो जाएँगे।

प्रश्न 2. हिमशिखरों का परोपकारी रूप हमें उनकी किस व्यवस्था से ज्ञात होता है? मानव को उनके इस रूप से क्या शिक्षा ग्रहण करनी चाहिए? 'साना-साना हाथ जोड़ि···' पाठ के आधार पर लिखिए। *[CBSE 2017]*

उत्तर–हिमशिखर हिम के स्तंभ हैं। ये सर्दियों में अपने भीतर जल के भंडार को संजोकर रखते हैं। गर्मियों में जब लोग जल के लिए त्राहि-त्राहि मचाते हैं तो ये हिमशिखर ही सबकी प्यास को तृप्त करते हैं। इस प्रकार हिमशिखर परोपकारी रूप धारण करते हैं। मानव को भी इनसे यही शिक्षा ग्रहण करनी चाहिए। उन्हें अपनी धन-संपत्ति किसी विपदा के समय सबमें बाँट देनी चाहिए।

प्रश्न 3. पहाड़ी लोगों का जीवन *'रहन-सहन और नैतिकता'* की दृष्टि से कैसा होता है? ईश्वर के प्रति उनकी आस्था किन बातों से प्रतीत होती है? आपको उनके आस्थावान होने से क्या प्रेरणा मिलती है? *[CBSE 2016]*

उत्तर–पहाड़ी लोगों का जीवन रहन-सहन की दृष्टि से बहुत सरल और कठोर होता है। विशेषकर वहाँ की महिलाएँ अपनी पीठ पर डोकू बाँधकर अपने बच्चों का पालन-पोषण भी करती हैं और पहाड़ों को काटकर सड़क भी बनाती हैं। नैतिक दृष्टि से वे बहुत कम लेकर बहुत अधिक समर्पित करती हैं। वे ईश्वर के प्रति अगाध आस्ता रखती हैं। उनकी यह आस्था उनके जीवन में बहुत काम आती है। खेदुम नामक इलाका इस बात का प्रमाण है। वहाँ के बारे में यह धारणा है कि जो भी इस इलाके में गंदगी फैलाएगा, वह मर जाएगा। अत: इस आस्था के कारण वहाँ कोई भी गंदगी नहीं मचाता।

पहाड़ी लोगों के आस्थावान होने से हमें भी प्रेरणा मिलती है कि हम भी आस्थावान होकर कोई अच्छा कार्य कर सकते हैं और कुछ बुराइयों और पापों से बच सकते हैं।

प्रश्न 4. सिक्किम की यात्रा करते समय लेखिका को बौद्ध धर्म संबंधी किन आस्थाओं और विश्वासों की जानकारी प्राप्त हुई तथा लेखिका ने उनके प्रति क्या प्रतिक्रिया अभिव्यक्त की? *[CBSE 2015]*

उत्तर–सिक्किम की यात्रा के दौरान लेखिका को पता चला कि जब भी किसी बुद्धिस्ट की मृत्यु होती है तो उनके अनुयायी उसकी आत्मा की शांति के लिए शहर से दूर किसी स्थान पर एक-सौ आठ श्वेत पताकाएँ बाँध देते हैं। किसी नए काम की शुरुआत में भी ये पताकाएँ फहराई जाती हैं। लेखिका को पता चला कि हर बुद्धिस्ट के घर में एक धर्म-चक्र होता है जिसे लोग घुमाते रहते हैं। ऐसा करने से उनके सारे पाप नष्ट हो जाते हैं।

लेखिका को लगा कि इस वैज्ञानिक युग में भी सभी समाजों में ये आस्थाएँ, विश्वास और धारणाएँ जीवित रहती हैं।

प्रश्न 5. *'माया और छाया'* के अनूठे खेल ने 'साना साना हाथ जोड़ि···' पाठ की लेखिका को किस प्रकार प्रभावित किया तथा आप इसे पढ़कर क्या प्रेरणा ग्रहण करते हैं? *[CBSE 2015]*

उत्तर–गंगतोक की यात्रा के दौरान लेखिका ने हिमालय के नित-नूतन बदलते रूपों को देखा तो वे आनंद से सिहर उठीं। कहीं हरियाली थी, कहीं पीली घास। कहीं चटकी हुई धूप थी तो कहीं बादलों की चादर। कहीं पहाड़ों की छाया थी तो कहीं जन्नत जैसी वादियाँ। लेखिका को लगा कि मानो वे ईश्वर के निकट पहुँच गई हैं।

प्रेरणा–इस वर्णन को पढ़कर हमें प्रेरणा मिलती है कि प्रकृति में परमात्मा के रहस्य छिपे हैं। हम जितना प्रकृति के समीप रहेंगे, उतना ही आनंद अनुभव करेंगे।

प्रश्न 6. भारत का स्विट्ज़रलैंड किसे कहते हैं और क्यों? वह स्थल हमें किस तरह प्रेरित करता है? पठित पाठ 'साना साना हाथ जोड़ि''' के आधार पर लिखिए। *[CBSE 2015]*

उत्तर– कटाओ की पहाड़ी को भारत का स्विट्ज़रलैंड कहा जाता है।

क्यों–यह पहाड़ी समुद्र तल से 14500 फीट की ऊँचाई पर स्थित है। यहाँ बर्फ, धुंध और बारिश का साम्राज्य है। यहाँ की खूबसूरती अवर्णनीय है।

यह स्थल हमें प्राकृतिक सौंदर्य को पास से निहारने की प्रेरणा देता है।

प्रश्न 7. सिक्किम के यात्रा-वृतांत में लेखिका को सीमा पर तैनात सैनिकों को देखकर किस प्रकार की अनुभूति हुई? *[CBSE 2015]*

उत्तर– सिक्किम-यात्रा के दौरान लेखिका ने सीमा पर तैनात सैनिकों को शून्य से 20-25 सैल्सियस नीचे के तापमान में डटे देखा तो वे श्रद्धा और आनंद से सिहर उठीं। उन्हें सैनिकों की कर्तव्यनिष्ठा पर रोमांच हो आया। उन्हें लगा कि ये सैनिक देशवासियों को चैन की नींद सुलाने के लिए हाड़ कँपाने वाली सर्दी में जागते रहते हैं। उन्हें प्रतीत हुआ कि इन सैनिकों तथा उनके परिवारों की देखभाल करना हमारा कर्तव्य है। वे सम्माननीय सैनिक हैं।

प्रश्न 8. *देश की सीमा पर बैठे फौजी कई तरह से कठिनाइयों का मुकाबला करते हैं।* सैनिकों के जीवन से किन-किन जीवन-मूल्यों को अपनाया जा सकता है? चर्चा कीजिए। *[CBSE 2015, 2017]*

उत्तर– देश की सीमा पर बैठे फौजी सर्दी, बरसात और अकेलेपन की कठिनाइयाँ सहते हैं। उनका जीवन समर्पण और बलिदान का जीवन है। हमें उनसे सीखना चाहिए कि हम स्वयं कष्ट उठाकर अपने कर्तव्यों का निर्वाह करें। देश के लिए जीने-मरने का भाव सबसे बड़ा जीवन-मूल्य है, जो हम सैनिकों के जीवन से सीख सकते हैं।

प्रश्न 9. गंतोक-प्रवास के दौरान लेखिका की कौन-सी इच्छा पूर्ण न हो पाई और क्यों?

अथवा

कंचनजंघा की विशेषता क्या है? लेखिका इसे क्यों न देख पाई?

उत्तर– गंतोक-प्रवास के दौरान लेखिका की कंचनजंघा देखने की साध पूरी न हो सकी। कंचनजंघा हिमालय की तीसरी सबसे ऊँची चोटी है। मौसम साफ हो तो यह गंतोक से दिखाई देती है। लेकिन लेखिका के गंतोक-प्रवास के दौरान मौसम अच्छा होने के बावजूद आसमान बादलों से ढँका था, जिस कारण लेखिका कंचनजंघा के दर्शन न कर पाई।

☞**प्रश्न 10. लेखिका को पलामु तथा गुमला के जंगलों तथा यूमथांग के पर्वतीय अंचल के जनजीवन में क्या समानता दिखाई दी?** **[Imp.]**

उत्तर– लेखिका ने पलामु तथा गुमला के जंगलों में आदिवासी युवतियों को अपनी पीठ पर बच्चों को बाँधे जंगल-जंगल तेंदु पत्तों की तलाश में भटकते देखा था। यूमथांग के पर्वतीय अंचल में भी उसने देखा कि पहाड़ी महिलाएँ पीठ पर बँधी डोको (बड़ी टोकरी) में अपने शिशुओं को सँभाले पत्थर तोड़ रही थीं। इस प्रकार दोनों अंचलों में महिलाएँ मातृत्व और श्रम-साधना को साथ-साथ निभाती हैं।

प्रश्न 11. चाय-बागान के किस दृश्य को देखकर लेखिका खुशी से चीख पड़ी?

उत्तर– ढलते सूरज की रोशनी में लेखिका की जीप चाय-बागानों में से निकल रही थी। लेखिका ने देखा कि कई युवतियाँ बोकू (सिक्किमी परिधान) पहने चाय की पत्तियाँ तोड़ रही थीं। उन युवतियों के सुंदर चेहरे श्रम की आभा से दमक रहे थे। एक युवती ने चटक (गहरे) लाल रंग का बोकू पहन रखा था। सघन हरियाली के बीच चटक लाल रंग डूबते सूरज की स्वर्णिम आभा के बीच ऐसी इंद्रधनुषी छटा बिखेर रहा था कि लेखिका मंत्रमुग्ध होकर चीख-सी पड़ी। इतना सौंदर्य उससे सहा नहीं जा रहा था।

☞**प्रश्न 12. *'कटाओ भारत का स्विट्ज़रलैंड है।'*–इस कथन पर लेखिका की सहयात्री मणि को क्या आपत्ति थी।** **[Imp.]**

उत्तर– कटाओ सिक्किम का एक अनजान-सा, किंतु बेहद खूबसूरत स्थान है। गाइड जितेन ने कहा कि–कटाओ भारत का स्विट्ज़रलैंड है, तो लेखिका की सहयात्री मणि ने इस पर आपत्ति की, क्योंकि वह स्विट्ज़रलैंड घूम चुकी थी। उसने प्रतिवाद करते हुए कहा कि एक तो स्विट्ज़रलैंड इतनी ऊँचाई पर नहीं है और दूसरे वह इतना खूबसूरत नहीं है, जितना कि कटाओ।

प्रश्न 13. *''जाने कितना ऋण है हम पर इन नदियों का, हिम शिखरों का।''*–मणि के इस कथन का क्या भाव है और इससे हमें क्या प्रेरणा मिलती है?

उत्तर–मणि का यह कथन जीवनदात्री प्रकृति को प्रणाम के समान है। प्रकृति ने हिम-शिखरों से जल-धारा के रूप में उतरकर नदियों के रूप में हमारी प्यास बुझाने का प्रबंध किया है। उसका यह उपकार है हम पर। इस कथन से हमें यह प्रेरणा मिलती है कि हमें प्रकृति के प्रति कृतज्ञता का भाव रखते हुए उसके साथ अनुचित छेड़छाड़ नहीं करनी चाहिए और नदियों तथा पर्वतीय अंचलों के प्रति श्रद्धा का भाव रखते हुए यहाँ प्रदूषण फैलाने से बचना चाहिए।

प्रश्न 14. *लायुंग में लेखिका को बर्फ देखने को नहीं मिली।* **इसका कारण स्पष्ट करते हुए बताइए कि और कौन-कौन सी समस्याएँ इस कारण से सामने आ रही हैं?**

उत्तर–लेखिका को उम्मीद थी कि उसे लायुंग में बर्फ देखने को मिल जाएगी, लेकिन एक सिक्कमी युवक ने बताया कि प्रदूषण के कारण स्नोफॉल कम हो गया है; अतः उन्हें 500 मीटर ऊपर 'कटाओ' में ही बर्फ देखने को मिल सकेगी।

प्रदूषण के कारण पर्यावरण में अनेक परिवर्तन आ रहे हैं। स्नोफॉल की कमी के कारण नदियों में जल-प्रवाह की मात्रा कम होती जा रही है। परिणामस्वरूप पीने योग्य जल की कमी सामने आ रही है। प्रदूषण के कारण ही वायु प्रदूषित हो रही है। महानगरों में साँस लेने के लिए ताज़ा हवा का मिलना भी मुश्किल हो रहा है। साँस संबंधी रोगों के साथ-साथ कैंसर तथा उच्च रक्तचाप की बीमारियाँ बढ़ रही हैं। ध्वनि-प्रदूषण मानसिक अस्थिरता, बहरेपन तथा अनिद्रा जैसे रोगों का कारण बन रहा है।

प्रश्न 15. *'मैं इंडियन हूँ' सिक्किम की युवती द्वारा यह कहे जाने से स्पष्ट होता है कि अपनी जाति, धर्म, क्षेत्र और संप्रदाय से अधिक महत्त्वपूर्ण राष्ट्र है।* **आप किस प्रकार राष्ट्र के प्रति अपने कर्त्तव्य निभाकर देश के प्रति अपना प्रेम प्रकट कर सकते हैं?** *[CBSE 2019]*

उत्तर–सिक्किम की युवती ने अपने परिचय में स्वयं को सिक्किमी न कहकर इंडियन कहा। इससे पता चलता है कि उसमें राष्ट्रभक्ति प्रमुख थी। हम भी अपने हर कार्य में राष्ट्र के मान-सम्मान का ध्यान रखें तो राष्ट्रप्रेम प्रकट कर सकते हैं। हम अपना परिचय भारतीय के रूप में दें। हर प्रांत को अपना प्रांत मानें। तभी राष्ट्रप्रेम सुदृढ़ हो सकता है।

प्रश्न 16. 'साना साना हाथ जोड़ि' पाठ के आलोक में पहाड़ों की प्राकृतिक संपदा के रक्षण की आवश्यकता पर अपने विचार व्यक्त कीजिए। *[CBSE 2019]*

उत्तर–सिक्किम प्राकृतिक प्रदेश है। जो पहाड़ पहले बर्फ से ढके रहते थे, अब पर्यटकों की आवाजाही के कारण प्रदूषित हो गए हैं। इस कारण अब वहाँ हिमपात नहीं होता। यह देखकर हमें ज्ञात होता है कि हमें पहाड़ों की प्राकृतिक संपदा को सुरक्षित रखना चाहिए। वहाँ अत्यधिक पर्यटन को बढ़ावा नहीं देना चाहिए वरना उनका सौंदर्य नष्ट हो जाएगा।

प्रश्न 17. प्रकृति को संरक्षित रखने में आम नागरिक की भूमिका को 'साना-साना हाथ जोड़ि' पाठ के आधार पर स्पष्ट कीजिए। *[CBSE 2019]*

उत्तर–प्रकृति को सुरक्षित रखने में आम नागरिक महत्त्वपूर्ण भूमिका निभा सकता है। वह बढ़ते प्रदूषण को रोक सकता है। गंदगी फैलाने पर नियंत्रण रख सकता है। सिक्किम के लोग पहाड़ों को देवता का घर मानते हैं। वे वहाँ गंदगी फैलाना पाप मानते हैं। इसी श्रद्धा से ही प्रकृति को संरक्षित किया जा सकता है।

प्रश्न 18. 'साना-साना हाथ जोड़ि' की लेखिका को पहाड़ के सौंदर्य के किन दृश्यों ने चौंका दिया? इन दृश्यों से उन्हें और क्या-क्या याद आने लगा? *[CBSE 2020]*

उत्तर–कहीं आसमान छूते पर्वत-शिखर, कहीं दूध की धार के समान श्वेत झरने, कहीं चाँदी की तरह कौंध मारती तिस्ता नदी–यह सौंदर्य देखकर लेखिका भौंचक्की रह गई।

इन दृश्यों को देखकर लेखिका को लगने लगा कि जैसे वह भी इस जलधारा और प्रकृति की अभिन्न अंग है।

प्रश्न 19. 'सेवन सिस्टर्स वाटर फाल' को देखकर लेखिका ने अपनी भावनाओं को कैसे अभिव्यक्त किया है? 'साना-साना हाथ जोड़ि' पाठ के आधार पर लिखिए। *[CBSE 2020]*

उत्तर–सेवन सिस्टर्स वाटर फाल को देखकर लेखिका का मन सौंदर्य में डूब गया। हृदय काव्यमय हो गया। उसे सत्य और सौंदर्य ने छू लिया। उसे यों लगा जैसे वह देश-काल से दूर बहती जलधारा बन गई हो और भीतर की सारी वासनाएँ मुक्त हो गई हों।

प्रश्न 20. 'साना-साना हाथ जोड़ि' पाठ के आधार पर लायुँग की प्राकृतिक सुंदरता का वर्णन कीजिए और यह भी बताइए कि यह सुदंरता कैसे बची हुई है? [*CBSE 2020*]

उत्तर–लायुँग के पहाड़ों पर मनोरम शांति थी। अनेक झरने ऊपर चोटियों से बहते हुए नीचे तिस्ता नदी में मिल रहे थे। मंद-मंद हवा बह रही थी। पेड़-पौधे झूम रहे थे। आकाश में बादलों का जमघट था जिनके कारण चाँद छिप गया था। चारों ओर बोधिसत्व-सी शांति थी।

यहाँ के निवासी पहाड़ों पर गंदगी मचाना पाप समझते हैं। वे नदी, झरनों और पहाड़ों की पूजा करते हैं। इस प्रकार उन्होंने पहाड़ी सुदंरता को बचाकर रखा है।

प्रश्न 21. भारत का स्विटज़रलैंड किसे कहते हैं और क्यों? 'साना-साना हाथ जोड़ि' पाठ के आधार पर लिखिए। [*CBSE 2020*]

उत्तर–'कटाओ' को भारत का स्विटज़रलैंड कहते हैं।

क्यों–'कटाओ' के पहाड़ पूरी तरह बर्फ से ढके हुए हैं। उनका रंग हरा-काला है जिस पर बीच-बीच में बर्फ की सफेदी यों लगती है मानो किसी ने उस पर पाउडर छिड़क दिया हो और धूप के कारण वह पाउडर कहीं-कहीं से छिटक गया हो।

प्रश्न 22. 'साना-साना हाथ जोड़ि....' पाठ में पर्वतीय क्षेत्रों में बढ़ती मानवीय गतिविधियों के किन दुष्प्रभावों का उल्लेख किया गया है? स्पष्ट कीजिए। [*CBSE 2022*]

उत्तर–पर्वतीय क्षेत्रों में मानव ने अपने लिए पर्यटन-केंद्र बनाए, सुविधा के साधन जुटाए, पहाड़ तोड़े, चौड़े मार्ग बनाए। इसके परिणामस्वरूप इस पवित्र पर्वत पर भी प्रदूषण फैलने लगा। बर्फ पिघलने लगी। 14000 फुट की ऊँचाई पर भी बर्फ नहीं मिली। यह एक मानवीय गतिविधि बढ़ाने का कुप्रभाव है।

प्रश्न 23. 'साना-साना हाथ जोड़ि...' पाठ के आधार पर बताइए कि पहाड़ के सौंदर्य पर मंत्रमुग्ध लेखिका पहाड़ों पर किस दृश्य को देखकर क्षुब्ध और परेशान हो उठती है? क्या आपने भ्रमण या पर्यटन के दौरान ऐसे दृश्य देखे हैं? ऐसे दृश्यों और अपने मन पर पड़े उनके प्रभाव को अपने शब्दों में लिखिए। [*CBSE 2022*]

उत्तर–लेखिका पहाड़ के दिव्य सौंदर्य को देखकर मंत्रमुग्ध थी कि अचानक उसे कुछ पहाड़ी युवतियाँ पत्थर तोड़ती मिलीं। उनके कोमल शरीरों द्वारा किया जाने वाला यह कठोर काम लेखिका को अंदर तक कँपा गया। कुछ युवतियाँ अपने बच्चों को पीठ पर बाँधे और बड़ी टोकरी भी बाँधे हुए कुदाल चला रही थीं। यह भीषण काम देखकर लेखिका क्षुब्ध और परेशान हो उठी।

हमने भी ऐसे करुणाजनक दृश्य बहुत जगहों पर देखे हैं। हम मैदानी इलाकों में रहते हैं। वहाँ गाँवों से गुजरते हुए अनेक महिलाओं को लकड़ी या फसल के बहुत भारी गट्ठर सिर पर लादे हुए देखा है। कई स्त्रियाँ बैलगाड़ी चला रही होती हैं। ये कठोर कार्य उन पर अन्याय है।

3. मैं क्यों लिखता हूँ?

(अज्ञेय)

I. पाठ का सार

'मैं क्यों लिखता हूँ' एक आत्मपरक निबंध है। इसमें नई कविता के प्रवर्तक अज्ञेय जी ने अपने लेखन की मूल प्रेरणा पर प्रकाश डाला है। पाठ का सार इस प्रकार है–

कठिन प्रश्न–लिखने की प्रेरणा का सवाल जितना सीधा प्रतीत होता है, उतना है नहीं। इस प्रश्न का संबंध कवि के अंतर्मन से है। अत: इसे संक्षेप में कहना संभव नहीं है। इस बारे में उतना ही कहा जा सकता है जितना कि औरों के लिए उपयोगी हो।

आत्मज्ञान की प्रेरणा–लेखक इसलिए लिखता है क्योंकि वह जानना चाहता है कि वह क्यों लिखता है। लिखे बिना इस प्रश्न का उत्तर नहीं मिल पाता। वह लिखकर ही अपनी आंतरिक प्रेरणा को समझ पाता है और उससे मुक्त हो पाता है। लेखक के अनुसार, सभी कृतिकार इसी प्रेरणा से लिखते हैं। यद्यपि कुछ लेखक बाहरी विवशता से भी लिखते हैं–संपादकों के आग्रह से, प्रकाशकों के तकाज़ों से, आर्थिक जरूरतों के कारण। परंतु कृतिकार ईमानदारी से जानता है कि उसकी कौन-सी कृति भीतरी प्रेरणा का फल है और कौन-सी बाहरी प्रेरणा का। वास्तव में बाहरी दबाव भी प्राय: भीतरी प्रेरणा का कारण बनते हैं। वास्तव में कुछ लेखक आलसी होते हैं। वे बिना किसी बाहरी दबाव के लिख ही नहीं पाते। उनकी स्थिति उस आदमी जैसी होती है जो अलार्म बजने की प्रतीक्षा में बिस्तर पर पड़ा रहता है। जहाँ तक लेखक की बात है, उसके जीवन में ऐसी कोई बाधा नहीं है।

भीतरी विवशता का उदाहरण–लिखने की भीतरी विवशता को समझाना कठिन है। इसका उदाहरण ही दिया जा सकता है। लेखक विज्ञान का नियमित छात्र रहा है। अत: उसने अणु, रेडियम-धर्मी तत्त्व तथा अणु-भेदन की बातों को समझा था। उसे रेडियोधर्मिता के प्रभाव का पुस्तकीय ज्ञान तो था। जब जापान में अणु-बम गिरा तो उसके परवर्ती प्रभावों का ज्ञान भी हुआ। उसके मन में विज्ञान के दुरुपयोग के प्रति बौद्धिक विद्रोह तो था किंतु वह अनुभूति के स्तर पर नहीं उतरा था। इसलिए उसने इस विषय में कोई कविता नहीं लिखी। हाँ, एक बार युद्ध के समय उसने पूर्वी सीमा पर सैनिकों को ब्रह्मपुत्र नदी में बम फेंककर हज़ारों मछलियाँ मारते देखा था। उसी से उन्हें बोध हुआ था कि किस प्रकार जापान में भी लाखों जीवों का व्यर्थ नाश हुआ था।

प्रत्यक्ष अनुभव और अनुभूति का अंतर–कवि को जापान जाने का अवसर मिला। तब उसने हिरोशिमा का वह अस्पताल भी देखा जहाँ रेडियम-पदार्थ से पीड़ित लोग कष्ट पा रहे थे। इस प्रत्यक्ष अनुभव से भी अनुभूति नहीं जागी। कृतिकार के लिए अनुभूति ही गहरी चीज है। अनुभव घटित घटना का होता है किंतु अनुभूति संवेदना और कल्पना के सहारे उस सत्य की होती है जो कृतिकार के साथ घटित न होते हुए भी कृतिकार की आत्मा में ज्वलंत प्रकाशित हो उठती है।

कवि ने हिरोशिमा में सब कुछ देखकर भी तत्काल कुछ नहीं लिखा। एक दिन वहीं सड़क पर घूमते हुए उसने एक चट्टान पर पिघले हुए मानव की छाया को देखा। शायद विस्फोट के समय कोई मानव चट्टान के पास खड़ा होगा। विस्फोट के कारण बिखरी हुए रेडियम-धर्मी किरणें उसमें रुद्ध हो गई होंगी। इस कारण चट्टान पर उस मनुष्य की छाया प्रत्यक्ष लिखी गई।

उस छाया को देखकर लेखक को एक थप्पड़-सा लगा। मानो उसके मन में एक सूर्य-सा उगा और डूब गया। यह अनुभूति-प्रत्यक्ष था। इसी क्षण वह हिरोशिमा के स्फोट का भोक्ता बन गया। इसी से कविता लिखने की विवशता जागी। मन की आकुलता बुद्धि से आगे बढ़कर संवेदना का विषय बनी। धीरे-धीरे कवि ने स्वयं को उस अनुभव से अलग किया और एक दिन हिरोशिमा पर कविता लिख डाली। यह कविता जापान में नहीं, भारत लौटकर रेलगाड़ी में बैठे-बैठे लिखी गई। कवि को कविता के अच्छे-बुरे होने से कोई मतलब नहीं है। वह कविता अनुभव-प्रसूत है–यही उसके लिए महत्त्वपूर्ण है।

II. कठिन शब्दों के अर्थ

पृष्ठ 24

प्रश्न–सवाल। **सरल**–आसान। **कठिन**–मुश्किल। **आंतरिक**–भीतरी, मानसिक। **स्तर**–ऊँचाई। **संक्षेप**–थोड़ा, कम। **संभव**–जो हो सके। **स्पर्श**–छू। **आभ्यंतर**–भीतरी, अंदर का। **विवशता**–मज़बूरी। **मुक्त**–आज़ाद, दबाव-रहित। **तटस्थ**–अलग। **कृतिकार**–रचनाकार। **ख्याति**–प्रसिद्धि। **संपादक**–पत्र या पत्रिका की सामग्री का चयन करने वाला। **आग्रह**–जोर, दबाव। **प्रकाशक**–छापने वाला। **तकाजा**–शीघ्रता, जल्दी। **आर्थिक**–धन संबंधी। **भेद**–अंतर। **कृति**–रचना। **प्रेरणा**–लिखने की इच्छा। **फल**–परिणाम। **भीतरी उन्मेष**–आंतरिक प्रकाश। **निमित्त**–कारण।

पृष्ठ 25

आत्मानुशासन–अपने आप अपनाए गए नियम। **जीव**–मनुष्य। **बिछौना**–बिस्तर। **समर्पित होना**–पूरी तरह लग पाना। **सहायक यंत्र**–सहायता करने वाली मशीन। **भौतिक यथार्थ**–संसार की वास्तविकता। **बाधा**–रुकावट। **बखानना**–कह पाना, वर्णन कर पाना। **कदाचित्**–शायद। **नियमित**–नियम से। **रेडियम-धर्मी तत्त्व**–रेडियम किरणों का फैलना। **अध्ययन**–पढ़ना, समझना, जानना। **भेदन**–तोड़ना। **पुस्तकीय**–कागज़ी। **सैद्धांतिक**–सिद्धांत संबंधी। **परवर्ती प्रभाव**–बाद में पड़ने वाला प्रभाव। **विवरण**–ब्यौरा। **ऐतिहासिक प्रमाण**–इतिहास में घटित वास्तविकता। **दुरुपयोग**–गलत उपयोग। **विद्रोह**–विरोध। **लेख**–निबंध। **अनुभूति का स्तर**–मन में अपने आप भावों का उमड़ना। **बौद्धिक पकड़**–बुद्धि की पकड़। **तर्क संगति**– तर्क-परंपरा। **युद्धकाल**–युद्ध के समय। **पूर्वीय सीमा**–पूर्व दिशा वाली सीमा। **अपव्यय**–फ़िज़ूलखर्ची। **व्यथा**–दुख। **जीव-नाश**–जीवों को नष्ट करना। **अनुभव**–बोध, ज्ञान। **आहत**–घायल। **प्रत्यक्ष**–आँखों के सामने, सीधा। **कृतिकार**–रचनाकार। **घटित**–घटा हुआ। **संवेदना**–भावना। **कल्पना**–मन में किसी भाव को ले आना। **आत्मसात् करना**–मन में धारण करना।

पृष्ठ 26

ज्वलंत प्रकाश–जलता हुआ प्रकाश। **अनुभूति-प्रत्यक्ष**–मन ही मन किसी दृश्य का साकार हो उठना। **तत्काल**–तुरंत, उसी समय। **कसर**–शेष ज़रूरत। **रुद्ध**–रुकी हुई, फँस गई। **समूची**–सारी। **ट्रेजडी**–दुखद घटना, त्रासदी; बुरी घटना।

पृष्ठ 27

अवाक्–मौन, चुप। **सहसा**–अचानक। **क्षण**–अवसर, पल। **भोक्ता**–भोगने वाला। **आकुलता**–व्याकुलता, बेचैनी। **अनुभूति-प्रसूत**–अनुभूति से उपजी।

III. पाठ्यपुस्तक के प्रश्न-अभ्यास

(*पृष्ठ 27*)

☞**प्रश्न 1.** *लेखक के अनुसार प्रत्यक्ष अनुभव की अपेक्षा अनुभूति उनके लेखन में कहीं अधिक मदद करती है,* **क्यों?**

[Imp.] *[CBSE]*

अथवा

'मैं क्यों लिखता हूँ' पाठ के आधार पर स्पष्ट कीजिए कि लेखक के अनुसार प्रत्यक्ष अनुभव की अपेक्षा अनुभूति उनके लेखन में अधिक मदद करती है।

[CBSE]

उत्तर–लेखक की मान्यता है कि सच्चा लेखन भीतरी विवशता से पैदा होता है। यह विवशता मन के अंदर से उपजी अनुभूति से जागती है, बाहर की घटनाओं को देखकर नहीं जागती। जब तक कवि का हृदय किसी अनुभव के कारण पूरी तरह संवेदित नहीं होता और उसमें अभिव्यक्त होने की पीड़ा नहीं अकुलाती, तब तक वह कुछ लिख नहीं पाता।

☞**प्रश्न 2. लेखक ने अपने आपको हिरोशिमा के विस्फोट का भोक्ता कब और किस तरह महसूस किया?**

[Imp.] [*CBSE*]

उत्तर–लेखक हिरोशिमा की घटनाओं के बारे में सुनकर तथा उनके कुप्रभावों को प्रत्यक्ष देखकर भी विस्फोट का भोक्ता नहीं बन पाया। एक दिन वह जापान के हिरोशिमा नगर की एक सड़क पर घूम रहा था। अचानक उसकी नज़र एक पत्थर पर पड़ी। उस पत्थर पर एक मानव की छाया छपी हुई थी। वास्तव में परमाणु-विस्फोट के समय कोई मनुष्य उस पत्थर के पास खड़ा होगा। रेडियम-धर्मी किरणों ने उस आदमी को भाप की तरह उड़ाकर उसकी छाया पत्थर पर डाल दी थी। उसे देखकर लेखक के मन में अनुभूति जग गई। उसके मन में विस्फोट का प्रत्यक्ष दृश्य साकार हो उठा। उस समय वह विस्फोट का भोक्ता बन गया।

प्रश्न 3. मैं क्यों लिखता हूँ? के आधार पर बताइए कि–

(क) लेखक को कौन-सी बातें लिखने के लिए प्रेरित करती हैं?

(ख) किसी रचनाकार के प्रेरणा स्रोत किसी दूसरे को कुछ भी रचने के लिए किस तरह उत्साहित कर सकते हैं?

[*CBSE*]

उत्तर–लेखक को यह जानने की प्रेरणा लिखने के लिए प्रेरित करती है कि वह आखिर लिखता क्यों है। यह उसकी पहली प्रेरणा है। स्पष्ट रूप से समझना हो तो लेखक दो कारणों से लिखता है–

(क) भीतरी विवशता से। कभी-कभी कवि के मन में ऐसी अनुभूति जाग उठती है कि वह उसे अभिव्यक्त करने के लिए व्याकुल हो उठता है।

(ख) कभी-कभी वह संपादकों के आग्रह से, प्रकाशक के तकाजों से तथा आर्थिक लाभ के लिए भी लिखता है। परंतु दूसरा कारण उसके लिए जरूरी नहीं है। पहला कारण अर्थात् मन की व्याकुलता ही उसके लेखन का मूल कारण बनती है।

प्रश्न 4. *कुछ रचनाकारों के लिए आत्मानुभूति/स्वयं के अनुभव के साथ-साथ बाह्य दबाव भी महत्त्वपूर्ण होता है।* **ये बाह्य दबाव कौन-कौन से हो सकते हैं?**

उत्तर–ये बाह्य दबाव निम्नलिखित हो सकते हैं–

1. प्रकाशकों का आग्रह
2. संपादकों का आग्रह
3. आर्थिक लाभ
4. किसी विषय पर प्रचार-प्रसार करने का दबाव।

प्रश्न 5. क्या बाह्य दबाव केवल लेखन से जुड़े रचनाकारों को ही प्रभावित करते हैं या अन्य क्षेत्रों से जुड़े कलाकारों को भी प्रभावित करते हैं, कैसे?

उत्तर–बाहरी दबाव सभी प्रकार के कलाकारों को प्रेरित करते हैं। उदाहरणतया अधिकतर अभिनेता, गायक, नर्तक, कलाकार अपने दर्शकों, आयोजकों, श्रोताओं की माँग पर कला-प्रदर्शन करते हैं। अमिताभ बच्चन को बड़े-बड़े निर्माता-निर्देशक अभिनय करने का आग्रह न करें तो शायद अब वे आराम करना चाहें। इसी प्रकार लता मंगेशकर भी 50 साल से गाते-गाते थक चुकी होंगी, अब फिल्म-निर्माता, संगीतकार और प्रशंसक ही उन्हें गाने के लिए बाध्य करते होंगे।

प्रश्न 6. *हिरोशिमा पर लिखी कविता लेखक के अंतः व बाह्य दोनों दबाव का परिणाम है* **यह आप कैसे कह सकते हैं?**

[*CBSE*]

उत्तर–हिरोशिमा पर लिखी लेखक की कविता को हम उनके आंतरिक दबाव का परिणाम कह सकते हैं। इसके लिए उन्हें न तो किसी संपादक ने आग्रह किया, न किसी प्रकाशक ने तकाज़ा किया। न हीं उन्होंने इसे किसी आर्थिक विवशता के लिए लिखा। इसे उन्होंने शुद्ध रूप से मन की अनुभूति से प्रेरित होकर लिखा। जब पत्थर पर पिघले मानव को देखकर उनके मन में अनुभूति जग गई तो कविता स्वयं लिखी गई। इसलिए हम इस कविता को आंतरिक दबाव का परिणाम कह सकते हैं, किसी बाहरी दबाव का नहीं।

प्रश्न 7. *हिरोशिमा की घटना विज्ञान का भयानकतम दुरुपयोग है।* आपकी दृष्टि में विज्ञान का दुरुपयोग कहाँ-कहाँ और किस तरह से हो रहा है? **[Imp.]**

अथवा

हिरोशिमा की घटना का उल्लेख करते हुए बताइए कि मनुष्य किन-किन रूपों में विज्ञान का दुरुपयोग करने में प्रवृत्त होता जा रहा है? [*CBSE*]

उत्तर–आजकल विज्ञान का दुरुपयोग अनेक जानलेवा कामों के लिए किया जा रहा है। आज आतंकवादी संसार-भर में मनचाहे विस्फोट कर रहे हैं। कहीं अमरीकी टावरों को गिराया जा रहा है। कहीं मुंबई बम-विस्फोट किए जा रहे हैं। कहीं गाड़ियों में आग लगाई जा रही है। कहीं शक्तिशाली देश दूसरे देशों को दबाने के लिए उन पर आक्रमण कर रहे हैं। जैसे, अमरीका ने इराक पर आक्रमण किया तथा वहाँ के जनजीवन को तहस-नहस कर डाला।

विज्ञान के दुरुपयोग से चिकित्सक बच्चों का गर्भ में भ्रूण-परीक्षण कर रहे हैं। इससे जनसंख्या का संतुलन बिगड़ रहा है। विज्ञान के दुरुपयोग से किसान कीटनाशक और जहरीले रसायन छिड़ककर अपनी फसलों को बढ़ा रहे हैं। इससे लोगों का स्वास्थ्य खराब हो रहा है। विज्ञान के उपकरणों के कारण ही वातावरण में गर्मी बढ़ रही है, प्रदूषण बढ़ रहा है, बर्फ पिघलने का खतरा बढ़ रहा है तथा रोज-रोज भयंकर दुर्घटनाएँ हो रही हैं।

प्रश्न 8. एक संवेदनशील युवा नागरिक की हैसियत से विज्ञान का दुरुपयोग रोकने में आपकी क्या भूमिका है?

उत्तर–मैं संवेदनशील युवा नागरिक हूँ। मैं सारी दुनिया को नहीं बदल सकता। परंतु स्वयं को बदल सकता हूँ। मैं विज्ञान के जिस भी यंत्र की बुराइयों के बारे में जानता हूँ, उनसे दूर रहने का प्रयत्न करता हूँ। मैं प्लास्टिक थैलों तथा वस्तुओं का कम-से-कम प्रयोग करता हूँ। बाज़ार में उपलब्ध कोक या सॉफ्ट ड्रिंक नहीं पीता। पीज़ा-बर्गर आदि भी नहीं खाता। मैंने संकल्प किया है कि कभी लिंग-भेद का विचार मन में नहीं आने दूँगा। मैं भूलकर भी भ्रूण-हत्या जैसा दुष्कर्म नहीं करूँगा।

IV. अन्य महत्त्वपूर्ण परीक्षोपयोगी प्रश्नोत्तर

प्रश्न 1. लेखक और कृतिकार में क्या अंतर बताया गया है? **[Imp.]**

उत्तर–अज्ञेय ने लेखक और कृतिकार में अंतर किया है। उनके अनुसार, कुछ भी लिखना लेखन नहीं होता। सच्चा लेखन वही होता है जो आंतरिक दबाव से लिखा जाए, मन की छटपटाहट को व्यक्त करने के लिए लिखा जाए। ऐसा लेखन ही 'कृति' कहलाता है। ऐसा लेखक कृतिकार कहलाता है। इसके विपरीत जिस लेखन में धन, यश आदि की प्रेरणा रहती है, वह सामान्य लेखन कहलाता है।

प्रश्न 2. बाहरी दबाव भीतरी उन्मेष किस प्रकार बनता है? **[Imp.]**

उत्तर–कई बार प्रकाशक, संपादक या धन के आग्रह से लिखा गया साहित्य भी मन की आंतरिक अनुभूति को जगा देता है। तब प्रकाशक का तकाजा या संपादक का आग्रह या धन की इच्छा प्रमुख नहीं रहती। वह केवल सहायक यंत्र का काम करती है। उसके बहाने लेखक के मन में किसी भावना का सच्चा उन्मेष हो जाता है और वह अच्छी कृति की रचना कर लेता है।

प्रश्न 3. *लेखक के लिए स्वभाव और आत्मानुशासन का महत्त्व है*–कैसे? **[Imp.]**

उत्तर–यदि लेखक स्वभाव से लेखन के प्रति तत्पर है तो वह समय पर रचना कर लेता है। परंतु यदि उसका स्वभाव आलसी है तो वह बराबर किसी बाहरी दबाव की प्रतीक्षा करता रहता है। यदि कोई प्रकाशक, संपादक, प्रशंसक या धन की प्रेरणा उसे प्रेरित न करे तो वह रचना करता ही नहीं। इसलिए कहा गया है कि लेखक के स्वभाव में आत्मानुशासन का होना आवश्यक है।

प्रश्न 4. अज्ञेय जी के लेखन के लिए बाहरी दबावों का कितना महत्त्व है?

उत्तर–अज्ञेय जी अपने लेखन के लिए प्रकाशक, संपादक या धन-प्राप्ति आदि की प्रेरणा को आवश्यक नहीं मानते। वे इन प्रेरणाओं के अभाव में लिखते हैं। परंतु यदि ये प्रेरणाएँ उन पर दबाव बनाएँ तो भी इसमें उन्हें कोई बाधा नहीं प्रतीत होती। उन्हीं के शब्दों में–*'मुझे इस सहारे की जरूरत नहीं पड़ती लेकिन कभी उससे बाधा भी नहीं होती।'*

प्रश्न 4. अज्ञेय जी ब्रह्मपुत्र नदी में बम फेंकने और हिरोशिमा के विस्फोट में कौन-सी समानता देखते हैं?

उत्तर–अज्ञेय जी ब्रह्मपुत्र नदी में बम फेंकने और हिरोशिमा के विस्फोट में व्यर्थ जीव-नाश की समानता देखते हैं। सैनिकों को थोड़ी-सी मछलियों की आवश्यकता होती थी। इसके लिए वे ब्रह्मपुत्र नदी में बम फेंककर हज़ारों मछलियों को व्यर्थ में मार डालते थे। यह जीवों का सरासर अपव्यय था। इसी प्रकार हिरोशिमा में व्यर्थ ही लाखों मानवों को मार डाला गया।

☞प्रश्न 5. प्रत्यक्ष अनुभव और अनुभूति में क्या अंतर होता है? **[Imp.]**

उत्तर–प्रत्यक्ष अनुभव सामने घटी वास्तविक घटना का होता है। यह आवश्यक नहीं कि वह अनुभव देखने वाले के मन में गहरी अनुभूति जगा जाए। अनुभूति आंतरिक होती है। जब किसी के मन में किसी भाव की गहरी व्याकुलता जाग उठती है तो वह अनुभूति कहलाती है। अनुभूति से ही लिखने की प्रेरणा जागती है।

प्रश्न 7. अज्ञेय हिरोशिमा के विस्फोट के भोक्ता कब बने?

उत्तर–अज्ञेय हिरोशिमा के विस्फोट के भोक्ता तब बने जब उन्होंने हिरोशिमा में एक पत्थर पर छपी मानव-छाया को देखा। वह मानव बम-विस्फोट में भाप बन गया था। उसकी छाया पत्थर पर छप गई थी। इस दृश्य को देखकर कवि के मन में विस्फोट की भयंकरता साकार हो उठी।

प्रश्न 8. लेखक के लिए कविता में सर्वाधिक महत्त्वपूर्ण बात क्या है?

उत्तर–लेखक के लिए कविता में सर्वाधिक महत्त्वपूर्ण है–उसका अनुभूति से उपजना। यदि कोई कविता कवि के मर्म से निकली है तो वह सफल है, वरना असफल।

प्रश्न 9. 'मैं क्यों लिखता हूँ' पाठ के आधार पर बताइए कि भीतरी विवशता क्या होती है? लेखक ने इसे स्पष्ट करने के लिए किसकी चर्चा की है?

उत्तर–किसी भी दृश्य या घटना को देखकर या सुनकर मन के भीतर जो छटपटाहट और अकुलाहट होती है, उसे भीतरी विवशता कहते हैं। लेखक उस छटपटाहट को लिखकर ही हल्का हो पाता है। लेखक ने इस अकुलाहट को समझाने के लिए 'हिरोशिमा' नामक कविता की चर्चा की है।

खंड 'घ'

लेखन-कार्य

1. पत्र-लेखन
2. अनुच्छेद-लेखन
3. निबंध-लेखन
4. विज्ञापन-लेखन
5. संदेश-लेखन

- आप जानते हैं कि CBSE बोर्ड प्रत्येक शैक्षणिक-सत्र के पाठ्यक्रम और परीक्षा-प्रणाली में थोड़ा-बहुत परिवर्तन अवश्य करता है। इस कारण अधिकतर विद्यार्थी नवीनतम पाठ्यक्रम और परीक्षा-प्रणाली को नहीं जान पाते।
- विद्यार्थियों को सलाह दी जाती है कि वे अधिक से अधिक अंक प्राप्त करने के लिए CBSE द्वारा जारी किए गए नवीनतम पाठ्यक्रम, परीक्षा-प्रणाली और सैंपल पेपर्स को अवश्य ध्यान में रखें।
- यहाँ आपके लिए एक QR Code दिया जा रहा है। आप इसे अपने मोबाइल में स्कैन करके हमारी वेबसाइट पर उपलब्ध नवीनतम पाठ्यक्रम, पेपर पैटर्न, अंक योजना, सैंपल पेपर्स तथा अन्य उपयोगी सामग्री और जानकारियाँ प्राप्त कर सकते हैं।

1. पत्र-लेखन

औपचारिक पत्र	
(क) *प्राचार्य के नाम*	— अवकाश के लिए प्रार्थना-पत्र
	— आर्थिक सहायता के लिए आवेदन-पत्र
	— अन्य
(ख) *नियोक्ता कार्यालय के नाम*	— पद के लिए आवेदन-पत्र
	— विविध आवेदन
(ग) *सामाजिक पत्र*	— निमंत्रण-पत्र (विवाह पर)
	— निमंत्रण-पत्र (समारोह पर)
	— निमंत्रण (अन्य)
(घ) *शिकायती पत्र सुझाव*	— विविध अधिकारियों के नाम
(ङ) *संपादक के नाम पत्र*	— संपादक के नाम
(च) *व्यावसायिक पत्र*	— बैंक, विक्रेता, कंपनी, संस्थान के नाम
अनौपचारिक पत्र	
(छ) *व्यक्तिगत पत्र*	— धन्यवाद पत्र
	— बधाई (उत्तीर्ण होने या पदोन्नति होने पर)
	— शुभकामना-पत्र (परीक्षा)
	— संवेदना-पत्र (निधन पर)
	— अन्य विविध पत्र

तिथि लिखने की विधि

हिंदी में तिथि लिखने का कोई मानक ढंग नहीं है। इनमें से किसी भी तरह से तिथि लिखी जा सकती है—

10-3-2024;

10.3.2024;

10 मार्च, 2024;

मार्च 10, 2024

इन पत्रों के प्रारूप नीचे दिए जा रहे हैं—

(क) प्राचार्य के नाम पत्रों का प्रारूप

इन पत्रों का प्रारूप इस प्रकार होता है—

(क) प्राचार्य तथा विद्यालय का नाम

(ख) विषय का उल्लेख

(ग) आदरसूचक संबोधन

(घ) मुख्य बात

(ङ) धन्यवाद
(च) स्वनिर्देश
(छ) दिनांक

एक उदाहरण देखें—

(क)
प्राचार्य
क.ख.ग. विद्यालय
च.छ.ज. नगर।

(ख)
विषय : दो दिन का अवकाश

(ग)
श्रीमान जी

(घ)
सविनय निवेदन है कि ....
....
.... अतः
कृपया ....।

(ङ)
धन्यवाद सहित!

(च)
आपका आज्ञाकारी
अ.ब.स.
कक्षा, अनुक्रमांक

(छ)
दिनांक ....

(ख) आवेदन-पत्र

नौकरी संबंधी आवेदन-पत्र प्रायः छपे हुए होते हैं। जहाँ छपे हुए नहीं होते, वहाँ यह अपेक्षा की जाती है कि आवेदन-पत्र प्रपत्र शैली (Perform Style) में लिखे जाएँ। प्रपत्र शैली में क्रम से नाम, पिता का नाम, जन्मतिथि, पत्र-व्यवहार का पता, योग्यता-विवरण (कक्षानुसार), अनुभव, वैवाहिक विवरण, अनुसूचित जाति-विवरण आदि का क्रमिक उल्लेख रहता है। ऐसे आवेदन-पत्रों में व्यक्तिगत आभार-प्रदर्शन या श्रद्धास्पद वाक्यों को वर्जित माना जाता है।

(ग) सामाजिक पत्र-लेखन की शैली

सामाजिक पत्र-लेखन की शैली व्यक्तिगत पत्रों से भिन्न होती है। इस प्रकार का पत्र कई लोगों के लिए एक-साथ छपता है, इसलिए उसकी शब्दावली पृथक होती है। यदि किसी संस्था की ओर से निमंत्रण-पत्र होता है तो पत्र के ऊपर संस्था का नाम तथा चिह्न होता है। तत्पश्चात बाईं ओर मान्यवर! बंधुओ! आदि शब्दों के साथ पत्र का मुख्य विषय क्रमबद्ध ढंग से आता है। इसमें मुख्य कार्यक्रम अथवा विशेष आकर्षण के बिंदुओं को मोटे अक्षरों में छापा जाता है। नीचे संस्था अथवा परिवार के मुखिया का नाम होता है। घरेलू उत्सवों में 'मान्यवर' आदि संबोधन से ही पत्र शुरू होता है। *यथा—*

मान्यवर!

मेरे सुपुत्र अभिन्न एवं विविधा (सुपुत्री श्री राम प्रसाद एवं श्रीमती सीता देवी, करनाल) के शुभ विवाह पर आयोजित

प्रीति-भोज पर आप **3 अक्तूबर, 2023,** रविवार दोपहर 12 : 30 पर मेरे निवास-11/600, गाँधीनगर, भोपाल पर सादर-सप्रेम आमंत्रित हैं।

विनीत :
रूपतरंगा
अशोकेन

(घ) शिकायती-पत्र लिखने की शैली

इन पत्रों में निम्नलिखित अंग होते हैं—

(क) शिकायत सुनने वाले अधिकारी का नाम पद तथा कार्यालय-नाम।
(ख) विषय का उल्लेख
(ग) संबोधन
(घ) मुख्य बात (शिकायत)
(ङ) धन्यवाद
(च) स्वनिर्देश
(छ) दिनांक

उदाहरण

(क) स्वास्थ्य-अधिकारी
पश्चिमी क्षेत्र
नगर निगम, दिल्ली।

(ख) विषय : गंदगी की समस्या

(ग) महोदय

(घ) निवेदन है कि ....
....
....
अत: कृपया शीघ्रातिशीघ्र समस्या को निपटाने का कष्ट करें।

(ङ) धन्यवाद सहित।

(च) भवदीय
आवेदनकर्ता (हस्ताक्षर सहित)
पता

(छ) दिनांक..

(ङ) संपादकीय पत्र लिखने की शैली (*संपादक के नाम*)

इन पत्रों में निम्नलिखित अंग होते हैं—

(क) संपादक, पत्र तथा उसके कार्यालय का नाम
(ख) संबोधन

(ग) पत्र छापने का अनुरोध
(घ) विषय
(ङ) धन्यवाद
(च) स्वनिर्देश
(छ) दिनांक

उदाहरण

(क) संपादक
क.ख.ग. पत्र
.... नगर।

(ख) महोदय

(ग) मैं आपके लोकप्रिय समाचार-पत्र में 'पाठकों के पत्र' नामक स्तंभ में अपने विचार देना चाहता हूँ। कृपया इसके महत्त्व को देखते हुए छापने का कष्ट करें।

(घ) आजकल प्रदूषण ....
....

(ङ) सधन्यवाद!

(च) भवदीय
क.ख.ग.
पता

(छ) दिनांक ....

(च) व्यावसायिक पत्र लिखने की शैली

व्यावसायिक, व्यापारिक अथवा संस्थागत पत्र लिखने की शैली इस प्रकार है–

(क) भेजने वाले का नाम तथा पता
(ख) दिनांक
(ग) पत्र पाने वाले का पद, नाम तथा पता
(घ) संबोधन
(ङ) विषय का उल्लेख
(च) धन्यवाद
(छ) स्वनिर्देश

उदाहरण

(क) मोहन वस्त्र भंडार
54, चाँदनी चौक, दिल्ली

(ख) 25 अप्रैल, 2023

(ग) सेवा में
प्रबंधक
दिल्ली क्लाथ मिल्स
दिल्ली

(घ) महोदय

(ङ) ....
....

(च) धन्यवाद सहित!

(छ) भवदीय
मोहनलाल
मोहन वस्त्र भंडार

(छ) व्यक्तिगत पत्र लिखने की शैली

व्यक्तिगत पत्रों का कलेवर विविधतापूर्ण होता है। इसलिए उसे समझ लेना आवश्यक है। *उसके कलेवर को पाँच भागों में बाँटा जा सकता है।*

(1) प्रेषक का पता एवं तिथि—पत्र के प्रारंभ में लेखक को पत्र के दाईं ओर ऊपर अपना पता अंकित करना चाहिए। पते के ऊपर लेखक का नाम भी लिखा रहना चाहिए। पते के ठीक नीचे पत्र लिखने की तिथि भी अंकित होनी चाहिए। उदाहरणतया—
कर्ण रंजन
9/18 ए
विजय नगर
दिल्ली
अक्तूबर 20, 2024

☞ **विशेष सूचना—**परीक्षा में विद्यार्थी को अपना पता या अन्य कोई झूठ-मूठ का पता नहीं देना चाहिए। यह परीक्षा के नियमों के विरुद्ध है। इससे उत्तर-पुस्तिका की गोपनीयता भंग होती है। इसलिए परीक्षा में मात्र परीक्षा-भवन और केंद्र का उल्लेख करना पर्याप्त है। यथा—
परीक्षा-भवन
.... केंद्र
मार्च 22, 2024

☞ ***यदि परीक्षा में पूछे गए प्रश्न में ही पता दिया गया हो तो वही पता लिखना अनिवार्य है। अन्यथा अंक कट सकते हैं।***

(2) संबोधन—पता तथा तिथि लिखने के पश्चात लेखक जिस व्यक्ति अथवा संबंधी को पत्र लिख रहा है, उसे संबोधित करना चाहिए। यह संबोधन कागज़ के बाईं ओर पते के नीचे लिखा रहना चाहिए। संबोधन व्यक्ति तथा संबंधों की प्रगाढ़ता के आधार पर होना चाहिए। बड़ों को पत्र लिखते समय आदरणीय, सम्मान्य, माननीय, पूजनीय, वंदनीय, पूज्य, श्रद्धेय आदि लिखना

चाहिए। समवयस्कों को प्रिय, बंधु, बंधुवर, मित्रवर, स्नेहिल आदि तथा छोटों को प्रिय, स्नेहिल, आयुष्मान, मेरे प्यारे आदि लिखना चाहिए। यथा—

श्रद्धेय दादा जी
पूज्य पिता जी
प्रिय मित्र दिव्यांशु
स्नेहमयी सुरभि आदि।

(3) अभिवादन—यद्यपि आज धीरे-धीरे पत्रों में अभिवादन लिखने की परंपरा समाप्त होती जा रही है, किंतु व्यक्तिगत पत्रों में अभिवादन करना हमारे सहज प्रेम-सम्मान की अभिव्यक्ति के लिए अनिवार्य है। अभिवादन भी व्यक्ति और संबंधों के अनुसार बदल जाना चाहिए। यथा—बड़ों के लिए सादर प्रणाम, चरण स्पर्श, नमस्कार आदि; समवयस्कों के लिए सप्रेम नमस्ते, प्रेम आदि; तथा छोटों के लिए स्नेह, प्यार, प्रेम, सुखी रहो, चिरंजीवी रहो आदि लिखना चाहिए।

(4) मुख्य विषय—पत्र का वास्तविक कथ्य यही मुख्य विषय होता है। अकसर सामान्य पत्र-व्यवहार में लोग 'अत्र कुशलम् तत्रास्तु' तथा 'आगे समाचार यह है …………' आदि पिटे-पिटाए शब्दों का व्यवहार करते हैं। इससे पत्र की नवीनता तथा ताज़गी समाप्त हो जाती है। पत्र की ताज़गी बनाए रखने के लिए आवश्यक है कि हम पत्र को सहज रीति से प्रारंभ करें। हमें अपने विषय को रोचक, सरस, सरल शैली में स्पष्ट ढंग से प्रस्तुत करना चाहिए। किसी प्रकार का उलझाव या घुमाव-फिराव उसमें नहीं होना चाहिए। यदि विषय लंबा है और विचार के बिंदु अधिक हैं, तो उन्हें विभिन्न अनुच्छेदों में बाँट कर लिखना चाहिए।

(5) उपसंहार—वर्ण्य-विषय पूर्ण हो जाने पर पत्र के अंत में बाईं ओर लेखक को अपना नाम तथा पत्र-प्राप्तकर्ता के साथ अपना संबंध व्यक्त करना चाहिए।

यथा—

आपकी लाडली	तुम्हारा ही	आपका प्रिय पुत्र	अभिन्न हृदय
लाज	ऋषि	अशोक	पार्थ

नोट—लिफाफे, पत्र अथवा पोस्टकार्ड पर, पत्र-प्राप्तकर्ता का नाम, उपाधि, मकान नंबर, नगर का नाम, राज्य का नाम आदि स्पष्ट व साफ अक्षरों में लिखा हुआ होना चाहिए।

I. औपचारिक पत्र (Formal Letters)

1. अवकाश के लिए प्रार्थना-पत्र

1. *आप रवि कुमार हैं और कक्षा दशम के विद्यार्थी हैं। अपने परिवार के साथ आपको 5 दिन के लिए भ्रमण पर जाना है।* **अपने विद्यालय के प्रधानाचार्य को 5 दिन के अवकाश के लिए प्रार्थना-पत्र लिखिए।**

सेवा में
प्रधानाचार्य महोदय
…………………… विद्यालय
…………………… नगर

विषय—5 दिन के अवकाश के लिए प्रार्थना-पत्र

श्रीमान जी

सविनय निवेदन है कि हमारा पूरा परिवार 5 दिन के लिए गोआ जा रहा है। अतः आपसे निवेदन है कि मुझे 20 जनवरी से 24 जनवरी तक का अवकाश प्रदान करें ताकि मैं गोआ-भ्रमण का आनंद उठा सकूँ।

आपकी अति कृपा होगी।

आपका आज्ञाकारी शिष्य

रवि कुमार

कक्षा—दशम

अनुक्रमांक—36

दिनांक : 20 जनवरी, 2024

2. *आप अंजली गुप्ता, दशम-बी की विद्यार्थी हैं। आपकी माता जी का ऑपरेशन होना है। अस्पताल में उनकी देखभाल के लिए आपको 15 दिन का अवकाश चाहिए।* **अपने विद्यालय के प्राचार्य को अवकाश के लिए प्रार्थना-पत्र लिखिए।**

सेवा में

प्राचार्य महोदय

क. ख. ग. विद्यालय

प. फ. इलाहाबाद

विषय—15 दिन के अवकाश के लिए प्रार्थना-पत्र

श्रीमान जी

सविनय निवेदन है कि कल शाम मेरी माता जी सड़क पार करते समय एक टैंपो से टकराकर गिर पड़ीं। डॉक्टर ने बताया है कि उनके पैर की हड्डी में फ्रैक्चर है और आज ही ऑपरेशन करना पड़ेगा। माता जी की देखभाल के लिए मुझे अस्पताल में रहना पड़ेगा। इसलिए मैं विद्यालय आने में असमर्थ हूँ।

कृपया मुझे 16 अगस्त से 30 अगस्त तक का अवकाश प्रदान कर अनुगृहीत करें।

आपकी आज्ञाकारी शिष्या

अंजली गुप्ता

कक्षा—दशम—बी

अनुक्रमांक—27

दिनांक : अगस्त 16, 2024

2. आवेदन-पत्र *(आर्थिक सहायता के लिए)*

☞**3. अपने प्रधानाचार्य को आवेदन-पत्र लिखकर अपना मासिक शुल्क कम कराने की प्रार्थना कीजिए।**

अथवा

शुल्क क्षमा (*फीस माफी*) के लिए प्रधानाध्यापक के पास आवेदन-पत्र लिखें। **[Imp.]**

सेवा में

प्रधानाचार्य महोदय

नवोदय विद्यालय

लखनऊ

विषय—मासिक शुल्क कम कराने के लिए प्रार्थना-पत्र

श्रीमान जी

सविनय निवेदन है कि मैं दसवीं कक्षा की विद्यार्थी हूँ। मैं एक निर्धन परिवार से संबंध रखती हूँ। मेरे पिताजी की कपड़े की एक छोटी-सी दुकान है जिससे इतनी आमदनी नहीं हो पाती कि परिवार का भरण-पोषण सुचारु रूप से हो सके। मेरे पिताजी मेरी पढ़ाई-लिखाई के बोझ को उठाने में असमर्थ हैं।

मैं आपसे प्रार्थना करती हूँ कि आप मेरा मासिक शुल्क कम करने की कृपा करें जिससे मैं अपनी पढ़ाई जारी रख सकूँ। मैं आपको पूर्ण विश्वास दिलाती हूँ कि अपने आचरण और पठन-पाठन में आपको किसी शिकायत का मौका न दूँगी।

धन्यवाद!

आपकी आज्ञाकारी शिष्या

सोनिया कौशिक

दसवीं कक्षा

दिनांक : 15-6-2024

4. जुर्माना माफ कराने के लिए प्रधानाचार्य को प्रार्थना-पत्र लिखिए।

सेवा में

प्रधानाचार्य महोदय

डी. ए. वी. उच्चतर माध्यमिक विद्यालय

अमृतसर

विषय–जुर्माना माफ कराने के लिए प्रार्थना-पत्र

श्रीमान जी

सविनय निवेदन है कि मैं दिसंबर परीक्षा में नकल करते पकड़ा गया था। अंग्रेज़ी के अध्यापक श्री मूलराज ने मुझे नकल करते पकड़ लिया। उन्होंने मुझे नकल का दोषी पाकर 100 रुपए जुर्माना कर दिया।

मैं अपने निंदनीय कार्य के लिए बड़ी लज्जा का अनुभव कर रहा हूँ। मान्यवर, मेरी इस भूल के लिए मेरे पिताजी को दंडित न कीजिए। मैं विनम्रतापूर्वक और सच्चे हृदय से अपनी भूल स्वीकार करता हूँ और इसके लिए शत-शत बार क्षमा-याचना करता हूँ। साथ ही आपको यह विश्वास दिलाता हूँ कि भविष्य में ऐसी भूल नहीं करूँगा।

मेरी आपसे सविनय प्रार्थना है कि आप कृपा करके मेरा जुर्माना माफ कर दें। इसके लिए मैं आपका कृतज्ञ रहूँगा।

आपका आज्ञाकारी शिष्य

नरेश जैन

कक्षा दशम 'डी'

अनुक्रमांक ....

दिनांक : 4 जनवरी, 2024

3. अन्य

5. सरदार पटेल विद्यालय के प्रधानाचार्य को पत्र लिखकर अनुरोध कीजिए कि विद्यालय के पुस्तकालय के लिए हिंदी की कुछ नई पुस्तकें खरीदी जाएँ। [*CBSE*]

सेवा में

प्रधानाचार्य

सरदार पटेल विद्यालय

चंडीगढ़

विषय–हिंदी की पुस्तकों के संदर्भ में

श्रीमान जी

सविनय निवेदन है कि हमारे पुस्तकालय में हिंदी साहित्य की नई पुस्तकों का अभाव है। पिछले तीन वर्षों से एक भी नई पुस्तक नहीं खरीदी गई है। हम विद्यार्थी शिव खेड़ा की 'जीत आपकी' पढ़ना चाहते हैं। भूतपूर्व राष्ट्रपति कलाम द्वारा रचित

'अग्नि की उड़ान' पढ़ना चाहते हैं। कल्पना चावला, सुनीता विलियम्स, मुकेश अंबानी तथा अन्य सफल लोगों की जीवनियाँ पढ़ना चाहते हैं। कृपया इन्हें तथा इन जैसी अन्य प्रेरणास्पद पुस्तकें पुस्तकालय में खरीदने की व्यवस्था करें।

हम आपके आभारी होंगे।

सधन्यवाद!

भवदीय

सुमेधा सहगल

कक्षा दशम 'ए'

अनुक्रमांक 115

दिनांक : 14-7-2024

6. विद्यालय में दसवीं और बारहवीं कक्षा के अच्छे परिणामों पर प्रधानाचार्य को पत्र लिखकर सुझाइए कि उन्हें और अच्छा कैसे बनाया जा सकता है? [*CBSE 2016*]

सेवा में

प्रधानाचार्य

क.ख.ग. विद्यालय

चंडीगढ़

विषय–विनम्र सुझाव

श्रीमान जी

निवेदन है कि मैं इस विद्यालय का विद्यार्थी हूँ। यद्यपि मैं आयु में बहुत छोटा हूँ किंतु मेरे मन में विद्यालय के परीक्षा-परिणाम को लेकर कुछ सुझाव आ रहे हैं। यदि आप बुरा न माने तो मैं यह निवेदन करना चाहता हूँ कि हम विद्यार्थियों की परीक्षाएँ लेने के पश्चात हमारी कमियाँ हमें बताई नहीं जाती हैं, न ही उन्हें दूर करने का प्रबंध किया जाता है। इस कारण विद्यार्थी अपनी योग्यता में वृद्धि करने की बजाय उस कमी के कारण निराश रहने लगते हैं। यदि आप विद्यार्थियों की कमियों में सुधार लाने के लिए परामर्श और उन्हें दूर करने के लिए विशेष कक्षाएँ लगवा दें तो निश्चित रूप से हमारा परीक्षा-परिणाम शत-प्रतिशत आ सकता है और कुछ विद्यार्थी मेरिट-सूची में स्थान पा सकते हैं।

धन्यवाद!

आपका आज्ञाकारी शिष्य

नवनीत सिंह

अनुक्रमांक 222, कक्षा दस

दिनांक : 13.6.2024

7. विद्यालय में खेल-कूद की सामग्री की समुचित व्यवस्था हेतु प्रधानाचार्य को आवेदन-पत्र लिखिए। [*CBSE 2017*]

सेवा में

प्रधानाचार्य

ऋषिकुल विद्यालय

सोनीपत

विषय–खेल-कूद की सामग्री के बारे में

श्रीमान जी

सविनय निवेदन है कि मैं विद्यालय की खेल-समिति का सचिव हूँ। मैं आपके समक्ष यह निवेदन करना चाहता हूँ कि विद्यालय में खेल-कूद का सामान पर्याप्त नहीं है। नया सत्र शुरू होने को है। एक मास बाद टूर्नामेंट भी होने वाले हैं। खिलाड़ी मैदान में आ रहे हैं किंतु सामान न होने के कारण उनका अभ्यास नहीं हो पा रहा है।

जो सामान मँगवाना अपेक्षित है, उसकी सूची साथ में संलग्न है। कृपया उसे शीघ्र से शीघ्र मँगवाने की व्यवस्था करें।

धन्यवाद!

भवदीय

अमित दहिया

अनुक्रमांक 234, कक्षा दस

दिनांक : 14 अगस्त, 2024

8. बाढ़ग्रस्त लोगों की सहायता के लिए विद्यालय के छात्रों से धन एवं कपड़े एकत्रित करने की अनुमति प्राप्त करने के लिए विद्यालय के प्राचार्य को एक प्रार्थना-पत्र लगभग 80-100 शब्दों में लिखिए। *[CBSE 2020]*

सेवा में

प्राचार्य

क.ख.ग. विद्यालय

दानापुर कैन्ट, पटना

विषय: बाढ़ग्रस्त लोगों की सहायता

श्रीमान जी

सविनय निवेदन है कि हम बाढ़ग्रस्त बच्चों की सहायता के लिए अपने ही छात्रों से धन एवं कपड़े एकत्र करना चाहते हैं। इसके लिए हम्ने दस बच्चों का 'बाढ़पीड़ित सहायता दल' बनाया है। हम प्रातः विद्यालय आरंभ होने से पहले 7 से 8 बजे और अवकाश के बाद 2 से 3 बजे तक छोटे सभागार में बैठने और सहायता-सामग्री रखने की अनुमति चाहते हैं।

आपसे निवेदन है कि आप हमें अनुमति प्रदान करें।

भवदीय

आलोक सिंह

प्रमुख, बाढ़पीड़ित सहायता दल

अनुक्रमांक 343, दशम बी

दिनांक–13.8.2024

4. आवेदन-पत्र *(पद के लिए)*

9. बैंकिंग सेवा भर्ती बोर्ड, दिल्ली की सचिव को लिपिक पद के लिए आवेदन-पत्र लिखिए। *[CBSE]*

सेवा में

सचिव

बैंकिंग सेवा भर्ती बोर्ड

दिल्ली

विषय–लिपिक-पद हेतु आवेदन

महोदया

23 फरवरी, 2024 के 'दैनिक जागरण' में प्रकाशित विज्ञापन क्र. 373-ए के अनुसार लिपिक-पद की रिक्तियों के लिए मैं स्वयं को प्रस्तुत करता हूँ। मेरा परिचय तथा योग्यताएँ इस प्रकार हैं—

नाम : क. ख. ग.
पिता का नाम : अ. ब. स.
जन्म-तिथि : 13-3-2004
पत्र-व्यवहार का पता : 733, कृष्णानगर, दिल्ली

शैक्षणिक योग्यताएँ :

परीक्षा	प्राप्तांक	प्रतिशत	उत्तीर्ण-वर्ष	बोर्ड/वि.वि. का नाम	विषय
दशम	560/800	70%	मार्च, 2021	दिल्ली शिक्षा बोर्ड	हिंदी, अंग्रेज़ी, संस्कृत, सामाजिक, विज्ञान, गणित
बारह	371/600	62%	मार्च, 2023	दिल्ली शिक्षा बोर्ड	हिंदी, अंग्रेज़ी, भौतिक विज्ञान, गणित, रसायनशास्त्र

विद्यालयीन शिक्षा के अतिरिक्त मैंने दो वर्ष टंकण-कला का अभ्यास किया है तथा एक वर्षीय कंप्यूटर डिप्लोमा भी किया है। इन दोनों कलाओं में मुझे कुशलता प्राप्त है। संबंधित प्रमाण-पत्र साथ संलग्न हैं।

आशा है, आप मेरी शैक्षणिक योग्यताओं को देखते हुए परीक्षा तथा साक्षात्कार का अवसर अवश्य प्रदान करेंगे।

धन्यवाद!

प्रार्थी :

आलोकनाथ
175, विजयनगर
दिल्ली
25-2-2024

संलग्न : 1. कक्षा दशम के प्रमाण-पत्र की प्रतिलिपि
2. कक्षा बारह के प्रमाण-पत्र की प्रतिलिपि
3. कंप्यूटर-कोर्स का प्रमाण-पत्र
4. टाइप-परीक्षा का उत्तीर्ण प्रमाण-पत्र

10. अपनी योग्यताओं का विवरण देते हुए अपने जिले के बेसिक शिक्षा अधिकारी को प्राथमिक शिक्षक के पद के लिए आवेदन-पत्र लिखिए।

सेवा में

शिक्षा अधिकारी

बेसिक शिक्षा निदेशालय

लखनऊ

विषय—प्राइमरी शिक्षक-पद के लिए आवेदन-पत्र

महोदय

'रोजगार-समाचार' पत्र से प्राइमरी शिक्षक पद की रिक्तियों का पता चला। मैं इस पद के लिए स्वयं को प्रस्तुत करती हूँ। मेरी शैक्षणिक योग्यताएँ तथा परिचय इस प्रकार हैं—

नाम : सीमा आंतिल
पिता का नाम : श्री भगवान आंतिल
जन्म-तिथि : 20-8-1999
पत्र-व्यवहार का पता : 108, सैक्टर-13, करनाल

शैक्षणिक योग्यताएँ :

कक्षा	उत्तीर्ण वर्ष	प्राप्तांक	बोर्ड/वि.वि.	विषय
मैट्रिक	2015	380/600	पंजाब शिक्षा बोर्ड	हिंदी, अंग्रेज़ी, गणित, विज्ञान, सामाजिक, संस्कृत
बारहवीं	2017	260/400	पंजाब शिक्षा बोर्ड	हिंदी, अंग्रेज़ी, गणित, भौतिक एवं रसायन विज्ञान
बी.ए.	2020	880/1200	पंजाब वि.वि.	हिंदी, अंग्रेज़ी, इतिहास
पी.ई.टी.	2022	310/500	पंजाब वि.वि.	हिंदी, अंग्रेज़ी, गणित, शिक्षा, बाल मनोविज्ञान

विशेष योग्यता— 1. बी.ए. में वि.वि. में प्रथम स्थान प्राप्त किया था।
2. शास्त्रीय संगीत की जानकारी है।

अनुभव—गत वर्ष से मैं करनाल के प्रतिष्ठित विद्यालय क.ख.ग. में प्राइमरी टीचर के पद पर कार्यरत हूँ। उसका एक प्रमाण-पत्र भी संलग्न है।

आशा है आप मुझे साक्षात्कार का अवसर अवश्य प्रदान करेंगे।

धन्यवाद!

आवेदिका
सीमा आंतिल
108, सैक्टर-13
करनाल
दिनांक : 20-4-2024

संलग्न :
1. मैट्रिक का प्रमाण-पत्र
2. बारहवीं का प्रमाण-पत्र
3. बी.ए. का प्रमाण-पत्र
4. पी.ई.टी. का प्रमाण-पत्र
5. चरित्र प्रमाण-पत्र
6. शास्त्रीय संगीत का प्रशंसा-पत्र

मिलते-जुलते पत्र—
- बेसिक शिक्षा-अधिकारी को प्राइमरी शिक्षक के पद के लिए आवेदन-पत्र लिखिए। *[CBSE]*
- सहायक अध्यापक के पद के लिए शिक्षा-अधिकारी के नाम आवेदन-पत्र लिखिए। *[CBSE]*
- अस्थायी आधार पर भरे जाने वाले लिपिक पद हेतु माध्यमिक शिक्षा बोर्ड के अध्यक्ष को अपनी योग्यताओं का विवरण देते हुए आवेदन-पत्र लिखिए। *[CBSE]*

11. *वाशिंग पाउडर बनाने वाली कंपनी 'क-ख-ग लिमिटेड' को ग्रीष्मावकाश में घर-घर जाकर प्रचार करने वाले युवक-युवतियों की आवश्यकता है।* **कंपनी के व्यापार प्रबंधक को आवेदन-पत्र लिखिए।** **[Imp.]** *[CBSE]*

सेवा में
व्यापार प्रबंधक
क-ख-ग लिमिटेड
मुंबई

विषय—विक्रयकर्ता के लिए आवेदन

महोदय

आपकी कंपनी का विज्ञापन पढ़ा। मैं आपके उत्पाद को घर-घर जाकर बेचने के लिए अपनी सेवाएँ प्रस्तुत करता हूँ। मेरा परिचय एवं अन्य योग्यताएँ इस प्रकार हैं—

नाम	:	मदन मोहन दीक्षित
पिता का नाम	:	श्री दामोदर दीक्षित
जन्म-तिथि	:	16 मार्च, 2003
पत्र-व्यवहार का पता	:	म.नं. 845, रेलवे कॉलोनी, बुलंदशहर (उ.प्र.)

शिक्षा— 1. मैट्रिक
2. सीनियर सैकेंडरी
3. विक्रय-प्रबंधन का सर्टीफिकेट कोर्स

अनुभव—
- निरमा पाउडर बेचने का 2 वर्ष का अनुभव
- 1 वर्ष तक स्टेशनरी का सामान बेचने का अनुभव

आजकल—न्यू एज इंटरनेशनल पब्लिशर्स (दिल्ली) में विक्रय-एजेंट हूँ।

आशा है, आप मुझे यह सेवा करने का अवसर प्रदान करेंगे।

आवेदक
मदन मोहन दीक्षित
दिनांक : 12 मार्च, 2024

5. विविध आवेदन

12. अपने पिताजी की ओर से भारतीय स्टेट बैंक के प्रबंधक को पत्र लिखकर ट्रैक्टर खरीदने के लिए ऋण स्वीकृत करने का अनुरोध कीजिए। *[CBSE]*

सेवा में
प्रबंधक
भारतीय स्टेट बैंक
रायबरेली

विषय—ट्रैक्टर के लिए ऋण

महोदय

निवेदन है कि मैं किसान हूँ। मेरे पास 20 बीघे जमीन है। मुझे खेती करने के लिए ट्रैक्टर की आवश्यकता है। इसके लिए मुझे आपके बैंक से ऋण चाहिए। कृपा करके इस बारे में जरूरी कार्यवाही करें तथा ऋण उपलब्ध करवाएँ।

धन्यवाद!

प्रार्थी
विपिन कुमार
135, अशोक नगर
रायबरेली
दिनांक : 13 मार्च, 2024

6. निमंत्रण-पत्र *(विवाह पर)*

13. किसी विवाह के निमंत्रण-पत्र का प्रारूप तैयार कीजिए, जिसमें प्रीति-भोज पर आमंत्रित किया गया हो।

मान्यवर!

मेरे सुपुत्र

आलोक

एवं

प्रियंका

(सुपुत्री श्री अभिजीत गुप्ता एवं श्रीमती कमलेश, कोयम्बटूर निवासी)

के पावन विवाहोत्सव पर आयोजित

प्रीति-भोज पर आप मेरे निवास—

120-A, गोविंदपुरी पर

21 मई, 2023; शुक्रवार

दोपहर 1.30 बजे सादर-सप्रेम आमंत्रित हैं।

विनीत :

श्याम रंजन

अनीता रंजन।

7. निमंत्रण-पत्र *(समारोह पर)*

14. अपनी सहेली को जन्म-दिवस पर निमंत्रण-पत्र लिखिए।

शीतल जैन

637, टाइप-3

सैक्टर-12

इस्पात नगर, बोकारो

दिनांक : मार्च 15, 2024

प्रिय रंजना

स्नेह!

आशा है स्वस्थ होंगी। मैं भी यहाँ कुशल हूँ। सहेली! इस बार मेरा जन्म-दिन धूमधाम से मनाने की तैयारियाँ हैं। अतः तुम 30 मार्च की तिथि मेरे लिए सुरक्षित कर लो। तुम 29 मार्च की रात तक यहाँ पहुँच जाओ, ताकि सभी कार्यक्रमों में शामिल हो सको। कार्यक्रम इस प्रकार हैं—

प्रातः 7 बजे हवन-यज्ञ होगा। हवन के बाद धार्मिक प्रवचन होंगे। इसके बाद मित्र-मंडली रंगारंग कार्यक्रम पेश करेगी। इसके बाद सहभोज होगा।

माता जी व पिता जी को चरण-स्पर्श। 29 मार्च को आना न भूलना।

तुम्हारी

शीतल।

15. *आप अनुपम गुप्ता हैं। आपने सैक्टर-13, करनाल में मकान नं. 1093 का निर्माण कराया है। अक्तूबर 21, 2024 को प्रात: 9.00 बजे आप गृह-प्रवेश करने जा रहे हैं।* **आप एक निमंत्रण-पत्र तैयार कीजिए।**

प्रियवर !

परमात्मा की असीम अनुकंपा से
हम, अक्तूबर 21, 2024, सोमवार
अपने नव-निर्मित आवास
1093, सैक्टर-13, करनाल में
प्रवेश करने जा रहे हैं।

गृह-प्रवेश

के इस शुभ अवसर पर आप सादर आमंत्रित हैं।

कार्यक्रम

हवन	:	प्रात: 10.00 बजे
जलपान	:	दोपहर 12.00 बजे

विनीत
अनुपम गुप्ता
एवं परिवार-जन

8. निमंत्रण *(अन्य)*

☞ **16.** *आप विद्यालय की हिंदी परिषद् के मंत्री हैं। परिषद् ने तुलसी जयंती मनाने का निर्णय किया है।* **उसकी अध्यक्षता के लिए दिल्ली विश्वविद्यालय के हिंदी विभाग के अध्यक्ष को आमंत्रित करते हुए पत्र लिखिए।** **[Imp.]** [*CBSE*]

हिमेश चौधरी
मंत्री, हिंदी परिषद
बाल भारती स्कूल, नई दिल्ली

दिनांक : 15.9.2024

सेवा में
डॉ. रमेश गौतम
अध्यक्ष, हिंदी विभाग
दिल्ली विश्वविद्यालय, दिल्ली

आदरणीय महोदय

मुझे आपको यह सूचित करते हुए हर्ष का अनुभव हो रहा है कि हमारा विद्यालय तुलसी जयंती मनाने जा रहा है। हमने यह कार्यक्रम अपने विद्यालय की सुविधानुसार 23 अक्तूबर, 2024, बुधवार को प्रात: 10.00 बजे विद्यालय के विशाल भवन में मनाने का निश्चय किया है। हम चाहते हैं कि आप इस पावन अवसर पर अध्यक्ष के रूप में सुशोभित हों। कृपया अपनी स्वीकृति प्रदान कर हमें अनुगृहीत करें।

धन्यवाद!

भवदीय
हिमेश चौधरी

9. शिकायती-पत्र/सुझाव *(विविध अधिकारियों के नाम अन्य पत्र)*

17. *आप पटना निवासी रोहन/रीना हैं। आपने कोलकाता के अपने मित्र को एक पार्सल भिजवाया पर वह पंद्रह दिन बाद भी उनको नहीं मिला।* **संबंधित डाकघर के अधिकारी को इस विषय में शिकायत पत्र लगभग 120 शब्दों में लिखिए।** *[CBSE 2022]*

रीना

335, गोपाल नगर

पटना

25.03.2024

सेवा में

मुख्य डाकपाल

गोपाल नगर डाकखाना

पटना

विषय—पार्सल न पहुँचने के बारे में

महोदय

निवेदन है कि मैं ऊपर लिखित पते की निवासी हूँ। मैंने 10 मार्च, 2024 को अपनी सखी नीलिमा मंडल को उनके निम्नलिखित निवास पर एक पार्सल भेजा था। उसकी रसीद आपको इस पत्र के साथ भेज रही हूँ। वह पार्सल अधिकतम तीन दिनों में पहुँच जाना चाहिए था। किंतु आज 15 दिन हो गए, अभी तक पार्सल नहीं पहुँचा है।

कृपया इस विषय में कार्यवाही करें तथा शीघ्रातिशीघ्र वह पार्सल निर्धारित पते पर पहुँचाने का कष्ट करें। मुझे खेद हैं कि मुझे यह शिकायती पत्र लिखना पड़ा। ऐसी शिकायत डाक-विभाग की कार्यशैली पर प्रश्न खड़े करती है। कृपया मुझे शीघ्र उत्तर दें।

धन्यवाद!

भवदीया

रीना

18. *आप सुशील/सुशीला हैं और एक रिहायशी सोसायटी में रहते हैं। इसमें किसी घर में एक व्यक्ति ने दफ्तर खोल लिया है।* **उससे होने वाली असुविधा के बारे में बताते हुए और रिहायशी सोसायटी के नियमों से उसे अवगत कराने का अनुरोध करते हुए सोसायटी के सचिव को लगभग 120 शब्दों में पत्र लिखिए।** *[CBSE 2022]*

सुशीला

1104, टावर-2

माइक्रोटेक ग्रीन

ग्रुरुग्राम

14.09.2023

सेवा में

सचिव

निवासी कल्याण परिषद्

माइक्रोटेक ग्रीन

गुरुग्राम।

विषय–फ्लैट में दफ्तर।

महोदय

निवेदन है कि मैं अपनी सोसाइटी के टावर-2 में फ्लैट नंबर 1104 में रहती हूँ। मेरी दो बेटियाँ हैं। पति प्रायः बाहर रहते हैं। सुरक्षा के कारण ही हमने इस सोसाइटी में मकान लिया है।

यह सोसाइटी है भी बहुत सुंदर और सुरक्षित! किंतु पिछले एक महीने से टावर-2 के मकान नंबर 2903 में बाहर के बहुत लोग आने-जाने लगे हैं। प्रायः लिफ्ट में ऐसे लोगों के दर्शन होते हैं। वे हाथों में फाइलें लिए आते हैं। पता चला कि वहाँ कोई कार्यालय है जिसमें नई नौकरियाँ दिलाने वाला कार्यालय चलता है। यह अनुचित है।

यह सोसाइटी पूरी तरह निवास के लिए है। इसमें कोई व्यवसायिक गतिविधि नहीं होनी चाहिए। इससे मेरे मन में असुरक्षा की भावना आती है। जाने कौन किस रूप में हमें हानि पहुँचा दे।

आपसे निवेदन है कि इस दफ्तर को तत्काल बंद कराएँ।

शीघ्र कार्यवाही की अपेक्षा में

भवदीया
सुशीला

19. *आपके क्षेत्र में आपराधिक गतिविधियाँ काफी बढ़ गई हैं और कोई पुलिस थाना भी नहीं है।* **क्षेत्र में एक पुलिस थाने की स्थापना हेतु राज्य के गृहमंत्री को लगभग 120 शब्दों में पत्र लिखिए।** [*CBSE 2022*]

सुमेधा शर्मा
1025, संजय नगर
गुमला
15.03.2024
सेवा में
गृहमंत्री
झारखंड सरकार

विषय–पुलिस थाने की स्थापना

महोदय

मैं गुमला जिले की पांची गाँव का स्थायी निवासी हूँ। हमारा गाँव शांति के लिए जाना जाता है। किंतु पिछले दो वर्षों से यहाँ अनेक अनजाने चेहरे दिखाई देने लगे हैं। अनेक बार चोरी, छीनाछपटी और लूटमार की घटनाएँ भी हुई हैं। यह सब बाहर से आए लोगों के कारण हो रहा है।

हमारे गाँवों में कोई थाना नहीं है। इसलिए अपराधियों को कोई डर भी नहीं है। वे खुलेआम अपराध करते हैं। गाँव के अंदर ही शराब का ठेका भी खुल गया है। इससे हम सब भय अनुभव कर रहे हैं।

आपसे निवेदन है कि आप हमारे गाँव में शीघ्रातिशीघ्र एक पुलिस थाना खुलवाएँ। आपकी अति कृपा होगी।

भवदीया
सुमेधा शर्मा

20. *आपके गाँव में माध्यमिक और उच्चतर माध्यमिक विद्यालय नहीं है।* **गाँव में विद्यालय खोले जाने का अनुरोध करते हुए राज्य शिक्षा मंत्री को लगभग 120 शब्दों में पत्र लिखिए।** [*CBSE 2022*]

मंगल सिंह
गाँव बरसाना
वृंदावन

25.10.2024

सेवा में

शिक्षा-मंत्री

उत्तर प्रदेश सरकार

विषय–गाँव में माध्यमिक तथा उच्चतर माध्यमिक विद्यालय की स्थापना

महोदय!

मैं गाँव बरसाना का स्थायी निवासी हूँ। मेरे दो बच्चे हैं। उनकी प्राथमिक शिक्षा गाँव के प्राथमिक विद्यालय में हुई है। बड़ा लड़का आठवीं में है तथा बिटिया पाँचवीं कक्षा में है। उनकी माध्यमिक तथा उच्चतर माध्यमिक शिक्षा के लिए गाँव में विद्यालय नहीं है। उन्हें आगे पढ़ाने के लिए पाँच मील दूर के गाँव में भेजना पड़ेगा। यह मेरे लिए संभव नहीं है।

आदरणीय महोदय! यह कठिनाई केवल मेरे लिए ही नहीं है। मेरे जैसे बीस-तीस और परिवार भी यह कठिनाई झेल रहे हैं। मैं उनके भी हस्ताक्षर कराकर आपके पास भेज रहा हूँ। कृपया हमारी कठिनाई को समझें तथा अपने ही गाँव में ऐसा उच्चतर माध्यमिक विद्यालय खुलवाएँ जिसमें कक्षा 12 तक की पढ़ाई की व्यवस्था हो। उसमें गाँव के लड़के तथा लड़कियाँ दोनों पढ़ सकें।

आशा है, आप हमारे इस निवेदन पर शीघ्र कार्यवाही करेंगे।

धन्यवाद।

निवेदक

मंगल सिंह

21. ***आपके इलाके की सड़कें टूटी-फूटी हैं। इनमें कई गड्ढे हैं। नगर निगम अभियंता (निर्माण) का ध्यान आकृष्ट करते हुए पत्र लिखिए।*** [*CBSE 2017*]

नीलिमा चौहान

245, सर्किट हॉउस

मेरठ

16 जुलाई, 2024

सेवा में

नगर निगम अभियंता (निर्माण)

मेरठ

विषय–सड़क की मरम्मत

महोदय

मैं मेरठ का नागरिक होने के नाते आपका ध्यान सड़कों की दुर्दशा की ओर दिलाना चाहता हूँ। बारिशों का मौसम आने वाला है और अभी से सड़कें टूट-फूट गई हैं। पता नहीं चलता कि चलते-चलते कहाँ अचानक बहुत गहरा गड्ढा आ जाएगा। इस कारण वाहन अचानक किसी दिशा में मुड़ जाते हैं और दुर्घटनाएँ हो जाती हैं।

आप सरकार के सक्षम अधिकारी हैं। आपसे निवेदन है कि सड़कों को जल्द-से-जल्द ठीक करवाने की कृपा करें।

धन्यवाद!

भवदीया

नीलिमा चौहान

22. बिजली विभाग के अधिकारी को बिजली के अधिक बिल आने की शिकायत करते हुए पत्र लिखिए।
[CBSE 2016, 2020]

सुनयना शर्मा

28, दामोदरन स्ट्रीट
टी० नगर, चेन्नई

विषय–बिजली बिल

महोदय

निवेदन है कि इस बार हमारे घर का बिजली बिल अचानक बहुत अधिक आ गया है जबकि हमारी खपत पहले की तरह है। पहले हमारा बिल ₹500 आया करता था जबकि इस बार ₹5000 आ गया है। एकदम दस गुना बिल, किसी-न-किसी गड़बड़ी के कारण आया है। आपसे निवेदन है कि हमारे मीटर, बिल और खपत की जाँच करें तथा यथाशीघ्र बिल ठीक करें।

धन्यवाद!

भवदीया

सुनयना शर्मा

मोबाइल : 9999444555

23. *वर्षा होते ही सड़कों पर जल-भराव की स्थिति उत्पन्न हो जाती है।* **जिलाधिकारी को पत्र लिखकर इस समस्या के समाधान का अनुरोध कीजिए।** *[CBSE 2015]*

सेवा में

जिलाधिकारी

जल-आपूर्ति विभाग

आगरा

20 अगस्त, 2024

विषय–जल-भराव की समस्या का समाधान

महोदय

निवेदन है कि मैं आगरा का निवासी हूँ। देखने में आया है कि आगरा के पुराने मोहल्लों और सड़कों पर जल-निकासी का उचित प्रबंध नहीं है। जैसे ही बारिश आती है, सड़कें जल से लबालब भर जाती हैं। लोगों के वाहन जल-भराव के बीच फँस जाते हैं। दोपहिया वाहनों की दुर्गत हो जाती है। पैदल चलने वालों की दशा का अंदाजा लगाया जा सकता है।

मेरा आपसे अनुरोध है कि इस समस्या का स्थायी समाधान करें। अपने सीवरेज सिस्टम को हमेशा चुस्त-दुरुस्त बनाए रखने की ओर ध्यान दें।

भवदीय

विनीत शर्मा

123, कन्हैया नगर

आगरा

❑ **मिलते-जुलते पत्र—**

• अपने मोहल्ले में वर्षा के कारण उत्पन्न हुई जल-भराव की समस्या की ओर ध्यान आकृष्ट कराने के लिए नगर-पालिका के बाढ़-नियंत्रण अधिकारी को पत्र लिखिए। *[CBSE 2016]*

24. यातायात के नियमों का उल्लंघन करने वालों के विरुद्ध कड़ी कार्रवाई करने का सुझाव देते हुए यातायात पुलिस आयुक्त को पत्र लिखिए। *[CBSE 2015]*

सेवा में

पुलिस आयुक्त (यातायात)

मदुरई।

विषय: नियम-उल्लंघन करने वालों के विरुद्ध कार्रवाई।

महोदय

निवेदन है कि मैं मदुरई निवासी हूँ और यातायात की लापरवाही से बहुत परेशान हूँ। मैं देखता हूँ कि लोग लालबत्ती का भी ध्यान नहीं रखते और अंधाधुंध चौराहे पार कर लेते हैं। रात के अँधेरे में तो लापरवाही खुलेआम होने लगती है। ऐसे में कोई सरल, ईमानदार और कर्तव्यनिष्ठ नागरिक बुद्धुओं की भाँति न केवल सड़कों पर खड़ा रह जाता है अपितु अन्य लोगों के लिए मज़ाक का पात्र बन जाता है।

महोदय, आपकी पुलिस का रवैया भी ढुलमुल है। उसकी नज़र सख्त कार्रवाई पर नहीं रहती। वह ले-देकर मामले को रफा-दफा करने में व्यस्त रहती है। इससे नागरिकों को कोई सख्त संदेश नहीं मिलता। वे मौका ताड़ते ही गलती कर गुजरते हैं। मेरा आपसे निवेदन है कि पुलिस की इस लापरवाही पर सख्त कार्रवाई करें। चौराहों पर कैमरे लगवाएँ और उनकी फुटेज देखकर गैर जिम्मेदार पुलिस कर्मचारियों पर कार्यवाही करें।

आशा है, आपकी तत्परता से यातायात में होने वाली दुर्घटनाओं और परेशानियों में कमी आएगी।

धन्यवाद!

भवदीय

अ.ब.स.

पता

दिनांक–13.3.2024

25. *पड़ोस में आग लगने की दुर्घटना की ख़बर तुरंत दिए जाने पर भी दमकल अधिकारी और पुलिस देर से पहुँचे जिससे आग ने भीषण रूप ले लिया।* **इसके बारे में विवरण सहित एक शिकायती पत्र अपने जिला-अधिकारी को लिखिए।** *[CBSE 2019]*

सुकुमार महापात्रा

35, महावीर नगर

कटक

15.7.2024

सेवा में

जिलाधिकारी महोदय

कटक

विषय–अग्निशमन विभाग की लापरवाही

महोदय

बड़े दुख से कहना पड़ रहा है कि कटक का अग्निशमन विभाग अपनी जिम्मेदारी नहीं निभा रहा है। मेरे पड़ोस के एक मकान में आग लगी, जिसकी सूचना मैंने तुरंत दमकल विभाग को दी। विभाग का कोई भी जिम्मेदार कर्मचारी दफ्तर में नहीं था। चौकीदार ने फोन उठाया। उसके बाद मैंने 30 मिनट में 10 फोन किए, फिर भी वहाँ कोई हलचल नज़र नहीं आई। इस बीच आग ने भीषण रूप धारण कर लिया। आग आस-पास के मकानों में फैलने लगी तो उनके मालिक दमकल विभाग के दफ्तर

भागे। बड़ी कठिनाई से दो घंटे बाद कर्मचारी घटनास्थल पर पहुँचे। इतने में एक घर पूरी तरह जलकर स्वाहा हो गया। गनीमत यह रही कि किसी की जान नहीं गई।

आपसे निवेदन है कि आप दमकल विभाग की खबर लें। दोषी कर्मचारियों के विरुद्ध ठोस कार्यवाही करें। वरना हमारा भरोसा जाता रहेगा।

धन्यवाद!

भवदीय

सुकुमार महापात्रा

26. अपने राज्य के परिवहन-प्रबंधक को एक पत्र लिखिए जिसमें आपकी बस्ती तक नया बस-मार्ग आरंभ कराने का अनुरोध हो। *[CBSE]*

दिनांक : मार्च 15, 2024

सेवा में

प्रबंधक

राजस्थान परिवहन निगम

जयपुर

विषय—शांतिनगर तक बस-सेवा आरंभ कराने हेतु

महोदय

निवेदन है कि हम शांतिनगर के निवासी आपसे अनुरोध करते हैं कि हमारी कॉलोनी नई है। यहाँ लगभग एक हजार परिवार रहते हैं। इनमें से सैकड़ों लोग बस द्वारा दैनिक यात्री हैं। परंतु अभी तक इस नगर में बस-सेवा आरंभ नहीं हुई है। इस कारण यहाँ के निवासी परेशान हैं। आपसे निवेदन है कि शांतिनगर में एक बस-स्टॉप बनवाएँ तथा बस-सुविधा उपलब्ध कराएँ।

धन्यवाद!

निवेदक

शांतिनगर के निम्नलिखित निवासी

1. रमेश कोचर (ह.)
2. उमिका अरोड़ा (ह.)
3. सविता मिश्रा (ह.) आदि।

27. ***स्वास्थ्य-विभाग के लापरवाह रवैये के कारण खाद्य-पदार्थों में मिलावट की समस्या गंभीर होती जा रही है।*** **विभाग के निदेशक के नाम पत्र लिखकर इस समस्या की ओर उनका ध्यान आकर्षित कीजिए।** *[CBSE 2016]*

सेवा में

निदेशक

स्वास्थ्य विभाग

नागपुर

विषय–खाद्य-सामग्री में मिलावट की समस्या

महोदय

मैं नागपुर की एक घरेलू महिला हूँ। मुझे बहुत खेद के साथ कहना पड़ रहा है कि आजकल इस शहर में मिलावट का धंधा पूरे जोरों पर है। दूध और घी में मिलावट की समस्या पहले की तरह चली आ रही है। अब तो बड़ी-बड़ी कंपनियों पर भी विश्वास नहीं रहा। पीछे एक नामी कंपनी के दूध में मिलावट पाई गई। अब यहाँ न तो पनीर सही मिलता है, न खाद्य-तेल। यहाँ तक कि पैट्रोल में भी मिट्टी के तेल की मिलावट की जाती है। रसोईघर के सारे मसाले मिलावटी मिलते हैं।

महोदय, आपसे निवेदन है कि आप इस बारे में सख्ती बरतें। आपके विभाग के कर्मचारियों की मिलीभगत के कारण यह काला धंधा पनप रहा है। कृपया उन पर सख्त कार्यवाही करें ताकि हम नागरिक शुद्ध भोजन जुटा सकें।

धन्यवाद!

भवदीया
अमृता पाटिल
13.3.2024

मिलते-जुलते पत्र—

- आजकल खाद्य पदार्थों में रासायनिक रंग, दवाइयाँ, मिलावट आदि का भरपूर प्रयोग किया जा रहा है। इन हानिकारक पदार्थों से मुक्त खाद्यों की अधिक उपलब्धता सुनिश्चित करने के लिए खाद्य आपूर्ति मंत्री को पत्र लिखिए। *[CBSE 2019]*

28. परीक्षा के दिनों में अनियमित विद्युत-आपूर्ति की समस्या की ओर ध्यान आकृष्ट करते हुए प्रबंधक को पत्र लिखिए। *[CBSE 2017]*

सेवा में
विद्युत अधिकारी
विद्युत प्रदाय संस्थान
105, महात्मा गाँधी मार्ग
कोचीन

13 मार्च, 2024

विषय–बिजली गुल होने की समस्या

महोदय

निवेदन है कि हम कोचीन के निवासी बिजली की अनियमितता से बहुत परेशान हैं। आजकल बच्चों की परीक्षाएँ चल रही हैं। उनकी वर्ष-भर की मेहनत इन्हीं दिनों की पढ़ाई पर निर्भर है। इन दिनों बिजली बहुत बार आती-जाती है। इस कारण बच्चों की पढ़ाई प्रभावित हो रही है। कृपया बिजली की आपूर्ति नियमित करें।

धन्यवाद!

भवदीय
(हस्ताक्षर)
चंद्रमोहन गुप्ता
अध्यक्ष
सुधार सभा
105, महात्मा गाँधी मार्ग, कोचीन

29. अपने क्षेत्र में पार्क विकसित कराने के लिए नगर-निगम अधिकारी को पत्र लिखिए। *[CBSE]*

सेवा में
उपवन अधिकारी
कोचीन नगर निगम
कोचीन

विषय–मोहन नगर में पार्क-विकास कराने हेतु

महोदय

निवेदन है कि हम मोहन नगर के निवासी हैं। हमारे क्षेत्र में पार्क के लिए एक मैदान छोड़ा गया है। आजकल इसमें गंदगी के ढेर पड़े हैं। लोग अपने घरों का कूड़ा यहाँ डालते हैं। आपसे प्रार्थना है कि यहाँ पार्क विकसित कराने का प्रबंध करें। हम नगर-निवासी इसमें हर प्रकार का सहयोग करेंगे।

हम आपको विश्वास दिलाते हैं कि एक बार पार्क विकसित हो जाने के बाद इसकी देखभाल भी हम स्वयं करेंगे। शीघ्र कार्यवाही करने की कृपा करें।

धन्यवाद!

भवदीय

मनोहर, रूपक, रूपेश

मोहन नगर निवासी

मार्च 15, 2024

30. राज्य परिवहन निगम के मुख्य प्रबंधक को पत्र लिखकर एक बस-चालक के प्रशंसनीय व्यवहार की प्रशंसा करते हुए उसे विभाग की ओर से सम्मानित करने का आग्रह कीजिए। [*CBSE*]

अथवा

किसी बस-कंडक्टर की कर्तव्यनिष्ठा की सराहना करते हुए परिवहन विभाग के अध्यक्ष को पत्र लिखिए। [*CBSE 2016*]

सेवा में

मुख्य प्रबंधक

हरियाणा राज्य परिवहन

अंबाला

महोदय

निवेदन है कि मैं जयपुर की निवासी हूँ। मैं हरियाणा राज्य की बस सेवा की कायल हूँ। आपकी बस-व्यवस्था बहुत कुशल, चुस्त-दुरुस्त और गतिशील है। पिछले दिनों मैंने आपके एक बस-चालक का ऐसा संवेदनशील और उदार व्यवहार देखा कि मैं उसकी प्रशंसक हो गई हूँ।

जयपुर से पानीपत जाने वाली बस का चालक रणधीर सिंह बस चला रहा था। रास्ते में हमारे सामने एक स्कूटर और ट्रक की टक्कर हो गई। स्कूटर-सवार लहूलुहान सड़क पर पड़ा था। सभी वाहन उसे तड़पता छोड़कर अपने-अपने रास्ते पर जा रहे थे। तब रणधीर सिंह ने बस रोकी। उसने अपने कंडक्टर तथा कुछ यात्रियों की सहायता से घायल यात्री को बस में बैठाया तथा रास्ते में पड़ने वाले ट्रामा सेंटर में छोड़ दिया। मुझे नहीं पता कि वह यात्री जीवित बचा या नहीं, परंतु आपके ड्राइवर ने उसकी प्राण-रक्षा करने में कोई कसर नहीं छोड़ी। मैं उसके ऐसे मानवीय और उदार व्यवहार की प्रशंसा करती हूँ। आपके विभाग से निवेदन करती हूँ कि उसे सार्वजनिक रूप से सम्मानित किया जाए ताकि औरों को भी प्रेरणा मिले।

भवदीया

पूजा मिश्रा

335, गाँधी नगर

जयपुर

मार्च 20, 2024

☞31. अपने क्षेत्र में मच्छरों के प्रकोप का वर्णन करते हुए उचित कार्रवाई के लिए स्वास्थ्य अधिकारी को पत्र लिखें। **[V. Imp.]**

सेवा में

स्वास्थ्य अधिकारी

.... नगरपालिका

.... नगर

विषय—मच्छरों का बढ़ता हुआ प्रकोप

महोदय

मैं आपका ध्यान बढ़ते हुए मच्छरों के प्रकोप की ओर आकर्षित करना चाहता हूँ। मैं गोपाल नगर क्षेत्र का निवासी हूँ। पूरे गोपाल नगर क्षेत्र में आजकल मच्छरों का भयंकर उत्पात छाया हुआ है। दिन हो या रात, मच्छरों के झुंड सदा घूमते नज़र आ जाते हैं। रात को तो वे सोना दूभर कर देते हैं। जब सुबह उठते हैं तो बच्चों के मुँह लाल-लाल दानों से भरे होते हैं। मच्छरों के कारण घर-घर में मलेरिया फैला हुआ है। प्रायः सभी घरों में कोई-न-कोई मलेरिया का रोगी मिल जाएगा। इन मच्छरों के कारण स्वास्थ्य पर बहुत बुरा असर पड़ा है।

हमारे क्षेत्र में मच्छरों की अधिकता का बड़ा कारण है—पानी के जमे हुए तालाब और गली-मुहल्लों में फैली चौड़ी-चौड़ी नंगी नालियाँ। उन कच्ची नालियों को व्यवस्थित करने की कोई व्यवस्था नहीं हुई है। मुहल्ले के जमादार सफाई की ओर ध्यान नहीं देते, इसलिए नालियों में सदा मल जमा पड़ा रहता है। लोग अपने घरों के गंदे जल को बाहर यूँ ही बिखरा देते हैं, जिससे मार्गों के गड्ढे भर जाते हैं। नगरपालिका निकम्मी है। हमने कई बार निवेदन किया है कि हमारे क्षेत्र के तालाब को भरवा दिया जाए, जिससे मच्छरों का मुख्य अड्डा समाप्त हो जाए, किंतु इस ओर कभी ध्यान नहीं दिया गया।

इस बार अत्यधिक वर्षा के कारण जगह-जगह जल का जमाव हो गया है। सब जगह कीचड़, मल और बदबूदार जल का प्रकोप हो गया है। अतः मैं पुनः गोपाल नगर के निवासियों की ओर से आप से साग्रह प्रार्थना करता हूँ कि मच्छरों को समाप्त करने के लिए घरों में मच्छरनाशक दवाई छिड़कने की व्यवस्था की जाए। मलेरिया से बचने के लिए कुनैन बाँटने की व्यवस्था की जाए तथा पूरे क्षेत्र की सफाई के व्यापक प्रबंध किए जाएँ। आशा है आप शीघ्र कार्यवाही करेंगे।

धन्यवाद सहित!

भवदीय

क. ख. ग.

मंत्री, मुहल्ला सुधार समिति

गोपाल नगर

दिनांक : 19 सितंबर, 2024

▫ **मिलते-जुलते पत्र—**

• आपके क्षेत्र में डेंगू फैल रहा है। स्वास्थ्य अधिकारी को पत्र लिखकर उपयुक्त चिकित्सा व्यवस्था उपलब्ध कराने के लिए प्रार्थना-पत्र लिखिए। *[CBSE 2019]*

32. *आपके नगर में प्रदूषित पानी पीने से दस्त व हैजे के रोगी बढ़ रहे हैं।* **नगरपालिका के स्वास्थ्य-अधिकारी को पत्र लिखकर स्थिति से अवगत कराएँ।**

सेवा में

स्वास्थ्य अधिकारी

कटनी नगरपालिका

कटनी

विषय–प्रदूषित पानी से महामारी की आशंका

महोदय

पिछले कुछ समय से हमारे क्षेत्र में पीने का शुद्ध पानी नहीं आ रहा है। पानी का स्वाद कुछ बदला-बदला सा है। इसे पीने से लोगों को कई तरह के रोगों का सामना करना पड़ रहा है। दस्त व हैजे की आम शिकायत बनी हुई है। अगर इसी तरह प्रदूषित पानी की आपूर्ति होती रही तो किसी बड़ी बीमारी की समस्या खड़ी हो सकती है।

पानी को ध्यान से देखने पर पता चलता है कि रंग कुछ मटमैला-सा है। हमारे क्षेत्र से एक सीवरेज पाइप भी गुजरती है। हो सकता है पानी की पाइप में सीवरेज का गंदा पानी मिल गया हो। लोगों को पीने के पानी के लिए इसी पाइप-लाइन का सहारा लेना पड़ता है। बीमारों की निरंतर बढ़ती संख्या चिंता का कारण है। आपसे अनुरोध है कि हमारे क्षेत्र की पानी की लाइन को चैक करवाएँ तथा पानी की जाँच करवाएँ।

आशा है, आप हमारी समस्या को गंभीरता से लेंगे।

धन्यवाद!

भवदीय

असलम, रहीम,
रहमान, कादिर,
मनीष, कल्पना तथा
अन्य रामनगर निवासी
दिनांक : 25 मार्च, 2024

मिलते-जुलते पत्र—

- नगर में व्याप्त जल-संकट की ओर उनका ध्यान आकृष्ट करते हुए किसी समाचार-पत्र के संपादक को पत्र लिखिए। *[CBSE 2017]*
- आपके मोहल्ले में कई दिनों तक लगातार पानी नहीं आता और आता भी है तो पीने योग्य नहीं होता। इसकी शिकायत करते हुए जल-वितरण व्यवस्था में सुधार हेतु नगर-निगम के अधिकारी को पत्र लिखिए। *[CBSE 2017]*

33. *आपके नगर में अनधिकृत मकान बनाए जा रहे हैं।* **इनकी रोकथाम के लिए जिलाधिकारी को पत्र लिखिए।** *[CBSE]*

प्रेषक :

अनिल डबास
35, अशोक नगर
बिलासपुर

12-3-2024

सेवा में
उपायुक्त
बिलासपुर जिला

विषय—अनधिकृत निर्माण के संदर्भ में

महोदय

मैं आपका ध्यान स्थानीय अशोक नगर में हो रहे अनधिकृत निर्माण की ओर खींचना चाहता हूँ। इसमें नगर निगम का एक अविकसित पार्क है। इसमें लोगों ने अपनी डेरियाँ खोल रखी हैं। ये डेरियाँ अवैध रूप से बसी हुई हैं। अब तो डेरी-मालिकों ने उसमें अपने पक्के मकान बना लिए हैं।

महोदय, यह जगह पार्क के लिए छोड़ी गई है। इस नाते इस पर सभी नागरिकों का समान अधिकार है। आपसे निवेदन है कि आप इस निर्माण को हटवाएँ तथा जनता के लिए सुंदर पार्क विकसित करवाएँ।

आशा है, आप इस ओर ध्यान देंगे।

भवदीय

अनिल डबास

मिलते-जुलते पत्र—

- आपके मोहल्ले में पार्कों में अनधिकृत कब्जा किया जा रहा है। इनकी रोकथाम के लिए जिलाधिकारी को पत्र लिखिए। *[CBSE 2016]*

34. *गत कुछ दिनों से आपके क्षेत्र में अपराध बढ़ने लगे हैं।* **उनकी रोकथाम के लिए थानाध्यक्ष को पायल की ओर से पत्र लिखिए।** **[Imp.]** [*CBSE*]

पायल

परीक्षा भवन

राजकीय विद्यालय

राम विहार

पूणे

15 सितंबर, 2024

सेवा में

थानाध्यक्ष

आनंद विहार

पूणे

विषय–बढ़ते हुए अपराध

महोदय

मैं आपका ध्यान आपके थाना-क्षेत्र में बढ़ते हुए अपराधों की ओर दिलाना चाहती हूँ। पिछले एक मास से इस क्षेत्र के निवासी स्वयं को असुरक्षित अनुभव करने लगे हैं। कृष्ण गली में दिन दहाड़े चोरी की तीन वारदातें हो चुकी हैं। पिछले सप्ताह एक कार तथा दो मोटर-साइकिलें चुराई जा चुकी हैं। चेन झपटने की घटनाएँ आम हो चुकी हैं। लोग डर के मारे रात को घर से बाहर नहीं निकलते। कुछ तो यहाँ बँगलादेशी नागरिक घुस आए हैं। कुछ नशाखोर युवक आवारा घूमते रहते हैं। उनके डर से लड़कियाँ घर से बाहर नहीं निकलतीं।

महोदय, इस क्षेत्र में पुलिस की सख्त कार्यवाही की जरूरत है। कृपया आप अपने सिपाहियों को गश्त लगाने का आदेश दें और अपराधी लोगों को पकड़कर दंडित करें।

भवदीया

पायल

▫ **मिलते-जुलते पत्र**

- गत कुछ दिनों से आपके क्षेत्र में अपराध बढ़ने लगे हैं। उनकी रोकथाम के लिए पुलिस अधीक्षक को पत्र लिखें।

[*CBSE 2016, 2017, 2019*]

35. *आपके निकट की सड़कों पर कुछ खतरनाक गति-अवरोधक हैं, जिनके कारण अनेक सड़क-दुर्घटनाएँ हुई हैं।* **सड़क परिवहन विभाग के अधिकारी को सुझाव देते हुए लगभग 80-100 शब्दों में पत्र लिखिए।** [*CBSE 2020*]

सेवा में

सड़क परिवहन अधिकारी

भिंड

विषय–गति-अवरोधकों के विषय में

महोदय

निवेदन है कि मैं आपका ध्यान भिंड के मुख्य मार्ग पर बने गति-अवरोधकों की ऊँचाई की ओर खींचना चाहती हूँ। मुख्य सड़क पर वाहनों की गति तेज होती है और गति-अवरोधक बहुत अधिक तथा बहुत ऊँचे हैं। उन पर न तो संकेतक हैं और न ही कोई अन्य निर्देश। इसके कारण बहुत दुर्घटनाएँ हो रही हैं। चालक को अचानक ब्रेक लगानी पड़ती है जिसके कारण वाहन में बैठी सवारियों के दाँत-मुँह-सिर चोटग्रस्त हो जाते हैं। कई बार वाहन अनियंत्रित होकर पास के किसी पेड़ से टकरा जाते हैं।

कृपया आप इस समस्या की ओर ध्यान दें। अनावश्यक अवरोधकों को हटवाएँ। उनकी ऊँचाई कम करवाएँ। जहाँ निर्देश या सफेद-लाल रंग की जरूरत हो, वहाँ उचित व्यवस्था करें।

धन्यवाद!

भवदीया

अदिति सान्याल

335, कृष्ण नगर

भिंड

दिनांक–24.10.2024

36. नगर में बढ़ती भीड़भाड़ के कारण परिवहन की जटिल समस्या के हल के लिए सड़कों को और अधिक चौड़ा किए जाने की आवश्यकता पर बल देते हुए अपने राज्य के मुख्यमंत्री को पत्र लगभग 80-100 शब्दों में लिखिए। [*CBSE 2020*]

सेवा में

मुख्यमंत्री

उत्तर प्रदेश

विषय–सड़कों का चौड़ीकरण

महोदय

निवेदन है कि मैं उत्तर प्रदेश का सजग नागरिक हूँ। मैं आपसे अनुरोध करता हूँ कि हमारे प्रदेश के लगभग सभी नगरों की सड़कें यातायात की भीड़भाड़ के कारण जाम होने लगी हैं। कारों की भीड़ के कारण नागरिकों का चलना-फिरना दूभर हो गया है। इसे देखते हुए बस एक ही उपाय बचता है। सड़कों को जितना हो सके, चौड़ा किया जाए। कृपया इस विषय पर विचार करें और शीघ्रातिशीघ्र इस दिशा में ठोस कार्यवाही करें।

धन्यवाद!

भवदीय

समीर रंजन

483, निराला नगर

लखनऊ (उ.प्र.)

13.7.2024

10. संपादक के नाम पत्र *(समस्या-पत्र)*

37. प्लास्टिक की चीज़ों से हो रही हानि के बारे में किसी समाचार-पत्र के संपादक को पत्र लिखकर अपने सुझाव दीजिए। [*CBSE 2016, 2017, 2020*]

अनिमेष अग्रवाल

335, प्रताप नगर

जोधपुर

दिनांक : 13.8.2024

सेवा में

संपादक

राजस्थान पत्रिका

जोधपुर।

विषय–प्लास्टिक का अत्यधिक प्रयोग

महोदय

निवेदन है कि मैं आपके लोकप्रिय समाचार-पत्र के माध्यम से अपने विचार और सुझाव जनता और सरकार तक पहुँचाना चाहता हूँ। कृपया छापकर सहयोग करें।

प्लास्टिक का प्रयोग जितना सुविधाजनक है उतना ही कष्टदायक। इससे बने थैलों और थैलियों ने हमारी दुनिया बदलकर रख दी है। तरल पदार्थ से लेकर साग-सब्जी तक इसी के सहारे बिकती है। प्लास्टिक मानो हमारी दिनचर्या का अभिन्न अंग बन गया है। हमारे खेल-खिलौने, कारों-स्कूटरों की बॉडी, ए.सी., कूलर, टी.वी. के हिस्से सब प्लास्टिक से बनने लगे हैं। प्लास्टिक की खूबी ही हमारे लिए खतरा बन गई है। जब प्लास्टिक बेकार हो जाता है तो इसे घुलाया नहीं जा सकता। यह जहाँ जाता है, वहीं बरसों-बरस तक यों ही पड़ा रहता है और वातावरण में अड़चन पैदा करता है। यह नालियों में फँसता है तो उन्हें जाम कर देता है, नदियों में जाता है तो उन्हें दूषित कर देता है। गलती से इसे पशु खाते हैं तो उन्हें बेमौत मरना पड़ता है। इससे पिंड छुड़ाना कठिन हो गया है। लोगों ने इतना प्लास्टिक कचरा इकट्ठा कर लिया है कि अब बाढ़ आने पर नदियों में पानी नहीं, प्लास्टिक बहता दिखाई देता है। समुद्र के किनारे तक प्लास्टिक से पट गए हैं।

मेरा सुझाव है कि सरकार और सजग नागरिक मिलकर जल्दी से जल्दी इसका कोई विकल्प खोजें। जूट, कपड़े और घुलनशील पदार्थों से थैला-थैली बनाने के उपाय खोजें। जनता भी यह संकल्प दिखाएँ कि वह प्लास्टिक का कम-से-कम उपयोग करें। कपड़े के थैलों का फिर-से उपयोग करें। सुविधा का मोह त्यागकर दृढ़ता का परिचय दें। तभी प्लास्टिक की हानियों से बचा जा सकेगा।

भवदीय

अनिमेष अग्रवाल।

38. स्वरचित कविता प्रकाशित करने के लिए अनुरोध करते हुए किसी समाचार-पत्र के संपादक को पत्र लगभग 80-100 शब्दों में लिखिए। [*CBSE 2020*]

सेवा में

संपादक

राजस्थान पत्रिका

जोधपुर

विषय–कविता प्रकाशित करने के विषय में

महोदय

निवेदन है कि मैं आपके साहित्यिक पन्ने को रोज बड़ी रुचि से पढ़ता हूँ। इसकी प्रतिक्रियाएँ भी बहुत संतुलित होती हैं। मैंने कोरोना-संकट पर एक संक्षिप्त कविता लिखी है–'सावधान भारत'। कृपया इसे अपने प्रतिष्ठित पत्र में प्रकाशित करें। कविता इस पत्र के साथ संलग्न है।

निवेदन है कि यदि इस कविता को आप प्रकाशित करने के योग्य समझें तो इसकी सूचना अवश्य भेजें ताकि मैं अपने मित्रों को भी इसकी सूचना दे सकूँ।

धन्यवाद!

भवदीया

स्नेहा वाजपेयी

332, मानसिंह मार्ग

जोधपुर

दिनांक–23.3.2024

39. *आपके निकट के हस्पताल में आवश्यक उपकरणों एवं औषधियों के अभाव के कारण रोगियों को बहुत कठिनाइयों का सामना करना पड़ रहा है।* **इस समस्या की ओर अधिकारियों का ध्यान आकर्षित कराने के लिए किसी समाचार-पत्र के संपादक को पत्र लिखिए।** **[Imp.]** [*CBSE*]

सेवा में

मुख्य संपादक

पत्रिका

बेंगलुरु

महोदय

मैं आपके समाचार-पत्र के माध्यम से निम्नलिखित जन-समस्या पाठकों तक पहुँचाना चाहता हूँ। कृपया इसे छापकर कृतार्थ करें।

आजकल बेंगलुरु यशवंत नगर के सरकारी हस्पताल की दशा बहुत दयनीय है। यहाँ न तो कोई उपकरण काम करता है, न रोगियों को दवाइयाँ मिलती हैं। कहने को यह हस्पताल जनता के स्वास्थ्य की देखभाल करता है। परंतु वास्तविकता यह है कि इसकी एक्स-रे मशीन सदा खराब रहती है। खून, पेशाब आदि टैस्ट करने के रसायन नदारद रहते हैं। इसलिए रोगी हस्पताल के बाहर स्थित निजी प्रयोगशालाओं से मुँहमाँगे दामों पर परीक्षण कराते हैं। दवाइयों का स्टॉक हमेशा खत्म मिलता है। लगता है कि हस्पताल के अधिकारियों और निजी प्रयोगशालाओं तथा दवा-विक्रेताओं के बीच कोई साँठ-गाँठ है। ये तीनों मिलकर देश की लुटी-पिटी गरीब जनता को और लूट रहे हैं। मैं जनता और सरकार दोनों से निवेदन करता हूँ कि उनके समर्थ प्रतिनिधि हस्पताल की व्यवस्थाओं को सँभालें। इससे जरूरतमंदों को स्वास्थ्य-लाभ मिलेगा और उन्हें पुण्य मिलेगा।

धन्यवाद!

भवदीय

आशीष भटनागर

25, यशवंत नगर

बेंगलुरु

12.3.2024

40. *आपकी बस्ती में वन-महोत्सव के अवसर पर वन-विभाग की ओर से बहुत से वृक्ष लगाए गए थे, किंतु उपेक्षा-भाव के कारण अब वे सूख रहे हैं।* **समाचार-पत्र के संपादक के नाम पत्र लिखकर इस समस्या के प्रति अधिकारियों का ध्यान आकृष्ट कीजिए।** [*CBSE*]

सेवा में

संपादक

नवभारत टाइम्स

नई दिल्ली

विषय–सूखते हुए वृक्ष

महोदय

मैं इस पत्र के माध्यम से वन-विभाग के अधिकारियों को सचेत करना चाहता हूँ। कृपया इसे छापकर कृतार्थ करें।

वन-महोत्सव बीते अभी दस दिन हुए हैं। दस दिनों पहले सब जगह बड़ा उत्साह था। सड़कों के किनारे हजारों पौधे लगाए गए। पौधों पर जाल खड़े किए गए। जालों पर रंगरोगन किया गया। हरियाली की महिमा पर हरे-भरे नारे लिखे गए। हमें लगा कि अब दिल्ली हरी-भरी होकर रहेगी। परंतु यह सपना अभी-से टूटने लगा है। कितने ही जाल अपने स्थानों से गायब हैं। कितने पौधे मुरझा गए हैं। अधिकतर पौधे सूखे पड़े हैं। लगता है कि किसी ने उन बेचारों की सुध नहीं ली। ये सरकारी कर्मचारी तभी जागते हैं, जब कोई बड़ा अधिकारी या मंत्री दौरे पर आता है। उसके बाद ये सो जाते हैं।

मेरा वन-विभाग के अधिकारियों से अनुरोध है कि इन पौधों को लगाया है तो इनकी देखभाल करें। इन्हें पानी दें। वरना इन्हें इनकी जमीन से उखाड़कर इन पर अत्याचार न करें। इन्हें सूखने के लिए छोड़ देना भ्रूण-हत्या के समान है। आशा है, अधिकारी मुझ प्रकृति-प्रेमी की बात सुनेंगे और शीघ्र कार्यवाही करेंगे।

भवदीय

अनिमेष

आनंद कुंज

दिल्ली

मार्च 16, 2024

41. स्वच्छ भारत अभियान से समाज की सोच और व्यवहार में क्या अंतर आया है? अपने विचार किसी समाचार पत्र के संपादक को पत्र लिखकर व्यक्त कीजिए। [*CBSE 2019*]

अथवा

'स्वच्छता अभियान' के कारण लोगों के व्यवहार और मानसिकता में आए परिवर्तन पर अपने विचार प्रकट करते हुए किसी समाचार पत्र के संपादक को लगभग 80-100 शब्दों में पत्र लिखिए। [*CBSE 2020*]

सेवा में

संपादक महोदय

दैनिक जागरण

बरेली

विषय–स्वच्छ भारत अभियान

महोदय

मैं स्वच्छता अभियान के प्रभाव के बारे में अपने विचार व्यक्त करना चाहती हूँ। कृपया इन्हें छापकर कृतार्थ करें।

भारत सरकार ने पिछले पाँच वर्षों से स्वच्छता अभियान छेड़ रखा है। इसके परिणाम हमारे सामने हैं। स्वच्छता अभियान के कारण हमारी सड़कें, स्कूल और सार्वजनिक स्थान साफ-सुथरे बन गए हैं। जगह-जगह लगे कूड़ेदानों और शौचालयों ने स्वच्छता में बहुत सहायता प्रदान की है।

स्वच्छता अभियान का सबसे बड़ा प्रभाव भारतवासियों के मन पर पड़ा है। अब नई पीढ़ी के लोग गंदगी नहीं फैलाते। वे अपने जूठे पत्तल, उतरन-कतरन पास रखे कूड़ेदानों में डालते हैं। यहाँ तक कि यदि कोई गंदगी फैलाता मिले तो उसे बुरा मानते हैं, उन्हें टोकते हैं। वयस्क लोग भी अपनी आदतों में सुधार लाने लगे हैं। अब वे चलते वाहनों से या सड़कों-मार्गों पर गंदगी फैलाने की बजाय कूड़ेदान की प्रतीक्षा करते हैं। यह एक बहुत बड़ा अंतर है। स्वच्छता अभियान ने सभी के कान खड़े कर दिए हैं। धीरे-धीरे स्वच्छता हमारे स्वभाव का अंग बन जाएगी।

धन्यवाद!

भवदीया

नेहा पौखरियाल

336, मॉल रोड

नैनीताल

15-12-2024

11. व्यावसायिक-पत्र

42. बैंक में खाता खोलने के लिए बैंक-मैनेजर के नाम पत्र लिखिए।

सेवा में

प्रबंधक

पंजाब नेशनल बैंक

पटेल नगर शाखा, अहमदाबाद

विषय–बैंक में नया बचत-खाता खोलना

महोदय

निवेदन है कि मैं आपके बैंक में अपने नाम से एक बचत-खाता खोलना चाहती हूँ। कृपया अनुमति प्रदान करते हुए इस विषय में उचित जानकारी दें।

सधन्यवाद!

भवदीय

.... नाम

.... पता

दिनांक : 6 अप्रैल, 2024

43. कुछ नव-प्रकाशित पुस्तकें मँगाने के लिए नेशनल बसंत कुंज, ग्रीन पार्क, नई दिल्ली के व्यापार-प्रबंधक को एक पत्र लिखिए। *[CBSE]*

मद्रास बुक हाऊस

टी. नगर, चेन्नई

6 अप्रैल, 2024

सेवा में

व्यापार-प्रबंधक

नेशनल बुक ट्रस्ट

बसंत कुंज, नई दिल्ली

विषय–पुस्तकों की खरीद संबंधी

महोदय

कृपया निम्नलिखित पुस्तकें उचित कमीशन काटकर वी.पी.पी. द्वारा शीघ्रातिशीघ्र भेजने का कष्ट करें। पाँच सौ रुपये मनीऑर्डर द्वारा अग्रिम भेज रहा हूँ। पुस्तकें नवीन संस्करण की होनी चाहिए। कटी-फटी तथा सजिल्द न होने पर पुस्तकें लौटा दी जाएँगी, जिनके व्यय-भार का उत्तरदायित्व आपका होगा।

क्रम संख्या	नाम-पुस्तक	लेखक	प्रतियाँ
1.	सत्यार्थ प्रकाश	महर्षि दयानंद	5
2.	रामचरितमानस	गोस्वामी तुलसीदास	5
3.	बालकों की बातें	ओमप्रकाश त्यागी	10
4.	साकेत	मैथिलीशरण गुप्त	4
5.	कामायनी	जयशंकर प्रसाद	6
6.	नवयुग हिंदी व्याकरण	डॉ. अशोक बत्रा	10
7.	गोल्डन हिंदी	अशोक बत्रा	5

भवदीय

प्रबंधक

मद्रास बुक हाऊस

टी. नगर, चेन्नई

▫ मिलते-जुलते पत्र—

- दो पाठ्यपुस्तकें वी.पी.पी. से मँगाने के लिए 'क, ख, ग प्रकाशन' दरियागंज, दिल्ली को पत्र लिखिए। *[CBSE]*

II. अनौपचारिक पत्र (Informal Letters)

12. धन्यवाद-पत्र

☞44. विद्यालय में प्रथम आने पर इसकी सूचना देते हुए अपनी माताजी को पत्र लिखिए और धन्यवाद दीजिए कि आपके साथ वे भी रातों में जागती रहीं, इसलिए यह संभव हुआ। *[CBSE 2015]*

अविनाश

अ.ब. विद्यालय

क.ख. नगर

पूज्य माता जी,

सादर चरण-स्पर्श!

आपको सुनकर प्रसन्नता होगी कि आपकी मेहनत रंग लाई है। आपका बेटा अविनाश पूरी कक्षा में प्रथम आया है। जब प्राचार्य महोदय ने प्रार्थना-सभा में मेरा नाम घोषित किया तो मैं गर्व और प्रसन्नता से भर गया।

माता जी! उस समय मैंने आपको याद किया। यह आपकी तपस्या का ही फल था जिसका स्वाद मैं चख रहा हूँ। यदि आप रात-रात भर मेरे साथ न जागती रहतीं, तो मैं आलसी कब का सो गया होता और मुझे यह सफलता कदापि न मिलती। इसलिए इस सफलता पर पहला अधिकार आपका है। आपको इस सफलता पर बधाई!

मैं आपको विश्वास दिलाता हूँ कि छात्रावास में रहते हुए मैं आपकी दी हुई सीख को कभी नहीं भूलूँगा। रात को जब नींद आएगी तो आपको याद करूँगा और नित्य परिश्रम करूँगा।

अपना आशीष इसी प्रकार देती रहें।

अपने स्वास्थ्य का भी ध्यान रखें। पिताजी को मेरी ओर से प्रणाम कहें।

आपका प्रिय

अविनाश

दिनांक 15.8.2024

☞45. *अनुराधा के मामा जी ने उनके जन्मदिन पर एक पुस्तक उपहार में भेजी है।* **धन्यवाद व्यक्त करते हुए उन्हें पत्र लिखिए।** **[Imp.]** *[CBSE 2017]*

अनुराधा

परीक्षा भवन

क.ख.ग. केंद्र

16 मार्च, 2024

आदरणीय मामा जी

सादर नमस्कार!

आशा है, आप सानंद होंगे। मामी जी तथा सुरम्या भी प्रसन्न होंगी।

मामाजी, आपने मेरे जन्मदिन पर मुंशी प्रेमचंद द्वारा रचित उपन्यास 'निर्मला' भेजा है। यह उपन्यास मैंने पढ़ा है। यह मुझे बहुत पसंद आया है। इससे पहले मैंने कभी कहानियों की किताबें नहीं पढ़ी थीं। या तो कोर्स में लगी हुई कहानियाँ पढ़ी थीं या अखबारों में छपी कहानियाँ। इन्हें पढ़कर मेरे मन में विशेष रुचि नहीं जागी थी। परंतु निर्मला ने तो मेरे मन को झकझोर कर रख दिया। उसे पढ़कर लगा कि मैं निर्मला की बहुत ही गहरी सहेली और प्रशंसक हो गई हूँ। मुझे उसकी मृत्यु पर गहरा दुख है। यह उपन्यास जीती-जागती दुनिया से भी अधिक प्रभावशाली और मार्मिक है।

आपके प्रति बहुत-बहुत धन्यवाद! आपने मुझे अच्छा साहित्य पढ़ने का अवसर दिया। मेरा मन कर रहा है कि ऐसे अन्य उपन्यास भी पढ़ूँ। आपने मेरे जन्मदिन पर मुझे याद रखा। इसके लिए धन्यवाद!

आपकी प्रिय भानजी

अनुराधा

13. बधाई-पत्र *(उत्तीर्ण होने पर, पदोन्नति पर व अन्य)*

46. वाद-विवाद प्रतियोगिता में प्रथम आने पर अपनी छोटी बहन को बधाई देते हुए पत्र लिखिए। *[CBSE 2017]*

सुस्मिता

13.3.2024

प्रिय नेहा

स्नेह!

बहुत बधाई हो नेहा! मुझे पता चला है कि तुमने अपने नगर में आयोजित वाद-विवाद प्रतियोगिता जीत ली है। नेहा! तुमने सचमुच कमाल कर दिया है। वैसे तो तुम इस जीत के योग्य हो। तुममें इतनी प्रतिभा और योग्यता है कि तुम कोई भी भाषण प्रतियोगिता जीत सकती हो। तुम पर माँ सरस्वती की कृपा है। मेरी ओर से बहुत-बहुत बधाई! तुम्हारे लिए मैंने और ज्ञानवर्द्धक पुस्तकें खरीद रखी हैं। आने पर भेंट करूँगी। ईश्वर करे, तुम आगे भी इसी प्रकार की सफलता पाती रहो।

तुम्हारी बहन

सुस्मिता

47. वसुंधरा *(गाजियाबाद)* निवासी निखिल गुप्ता की ओर से पत्र लिखकर अभिनव शर्मा को लिखिए जिसमें दिल्ली कॉलेज ऑफ इंजीनियरिंग में प्रवेश पाने में मिली सफलता पर बधाई दी गई हो। *[CBSE]*

निखिल गुप्ता
3/23, वसुंधरा
गाजियाबाद
14 मार्च, 2024
प्रिय अभिनव शर्मा!
नमस्कार!

आशा है, तुम बहुत प्रसन्न होगे। तुम्हें दिल्ली कॉलेज ऑफ इंजीनियरिंग में प्रवेश मिल गया है। यह तुम्हारे जीवन की बहुत बड़ी सफलता है। मेरी ओर से बहुत-बहुत बधाई!

प्रिय अभिनव! मुझे तुम्हारी योग्यता पर, प्रतिभा पर, दृढ़ इरादे पर और कठोर साधना पर गर्व है। भगवान तुम्हें और भी उन्नति दे और मनचाही सफलता प्रदान करे। एक बार फिर से बधाई!

परंतु यार, मिठाई रह गई। तुम्हारे साथ इस खुशी को मनाने का अवसर रह गया। यह तुम्हें देखना है कि कब बुलाते हो!

तुम्हारा ही
निखिल गुप्ता

48. *आपकी मित्र/सखी को बोर्ड की परीक्षा में प्रथम घोषित किया गया।* **इस अवसर पर उसे बधाई पत्र लिखिए।**

[Imp.] [*CBSE 2015, 2020*]

क. ख. (नाम)

मकान नं. 24, महाकाली टैम्पल स्ट्रीट

टी. नगर, चेन्नई

25 मई, 2024

प्रिय मित्र सोनिया

प्रेम!

कल के नवभारत टाइम्स से तुम्हारी शानदार सफलता के संबंध में जानकारी मिली। उसे पढ़कर मुझे जो हार्दिक प्रसन्नता हुई उसे मेरे लिए शब्दों में बाँध पाना कठिन है। प्रिय सोनिया! मुझे तुमसे यही आशा थी। तुम्हारी पढ़ाई के प्रति लगन को देखकर मुझे पूर्ण विश्वास हो गया था कि आगामी दसवीं की परीक्षा में छात्रवृत्ति प्राप्त कर तुम अपने परिवार तथा विद्यालय को गौरवान्वित करोगी। परमात्मा का कोटिशः धन्यवाद है कि उसने तुम्हारे परिश्रम का उचित फल तुम्हें दिया है।

प्रिय सोनिया! अपनी शानदार सफलता पर मेरी हार्दिक बधाई स्वीकार करो। मैं परमपिता परमेश्वर से प्रार्थना करती हूँ कि जीवन में सफलता सदैव इसी प्रकार तुम्हारे चरण चूमती रहे तथा तुम जीवन में उत्तरोत्तर इसी प्रकार उन्नति करती रहो।

तुम्हारा अभिन्न हृदय

क. ख. (नाम)

14. शुभकामना-पत्र *(परीक्षा)*

49. *तुम नवीन शर्मा, 184, जनकपुरी, नई दिल्ली के निवासी हो।* **अपने छोटे भाई को परीक्षा में अच्छे अंक लाने के लिए शुभकामना-पत्र लिखो।**

नवीन शर्मा

184, जनकपुरी

नई दिल्ली

दिनांक–फरवरी 12, 2024

प्रिय प्रवीण

स्नेह !

आशा है सकुशल होंगे। अगले मास तुम्हारी वार्षिक परीक्षाएँ हैं। मन लगाकर पढ़ाई करो। परिश्रम का फल अवश्य मिलता है। हमारी बहुत सी आशाएँ तुम्हारे अच्छे परिणाम से जुड़ी हुई हैं। अच्छी सफलता के लिए हार्दिक शुभकामनाएँ।

तुम्हारा

नवीन शर्मा

15. संवेदना-पत्र *(निधन पर)*

50. आपके मित्र के पिता के सीमा पर शहीद हो जाने का समाचार प्राप्त होने पर अपनी भावनाएँ व्यक्त करते हुए मित्र को संवेदना पत्र लिखिए।

[*CBSE 2016, 2020*]

राजेश सिंघल

35, कूचा नटवा
चाँदनी चौक, दिल्ली
दिनांक 16 अगस्त, 2024

प्रिय मित्र रणवीर

सप्रेम नमस्कार!

मुझे पूज्य पिता जी के शहीद होने का समाचार मिला। समझ नहीं आता कि गर्व प्रकट करूँ या संवेदना! प्रिय रणवीर! मुझे तुम्हारे पिता जी श्री युद्धवीर सिंह जी की शहादत पर बहुत गर्व है। उन्होंने देश के शत्रुओं के साथ लड़ते हुए अपने प्राण दिए हैं। वे अब तुम्हारे पिता जी नहीं रहे, अपितु पूरे देश के नायक हो गए हैं। मैं उनके बलिदान को प्रणाम करता हूँ।

प्रिय रणवीर! पिता के न होने का दुख क्या होता है, यह तो तुम्हीं समझ सकते हो। इस दुख की घड़ी में मैं तुम्हारे साथ हूँ। पिता जी को तो वापस नहीं लाया जा सकता, किंतु उन्होंने तुम्हारा नाम जानबूझकर रणवीर सिंह रखा है। वे तुम्हें कमजोर होते नहीं देखना चाहते। मैं भी चाहता हूँ कि तुम पिता के दिखाए हुए रास्ते पर चलो। यह बलिदान तुम्हारी गौरवमयी थाती है। इसे संभालो तथा अपनी माता और बहन को सांत्वना दो। ईश्वर सदा तुम पर अपना आशीर्वाद का हाथ रखेगा।

तुम्हारा मित्र
राजेश

☞51. बालभवन, उदयपुर के विवेक व्यास की ओर से उसके मित्र के पिता की असामयिक मृत्यु पर एक संवेदना-पत्र लिखिए। **[Imp.]** [*CBSE*]

विवेक व्यास
बालभवन
उदयपुर
मार्च 25, 2024

प्रिय बंधु श्याम लाल!

तुम्हारे पूज्य पिताजी की मृत्यु का दुखद समाचार सुनकर बहुत दुख हुआ। पिछले महीने ही उनसे मुलाकात हुई थी। वे स्वस्थ दिखाई दे रहे थे। मैं उनसे काफी देर तक बातचीत करता रहा। उनकी मृत्यु संभवतः अचानक ही हुई है। मन शांत होने पर लिखना कि उनका निधन किस प्रकार हुआ। हम सभी बहुत दुखी हैं।

पिता के चले जाने पर परिवार का सारा भार तुम्हारे ऊपर आ गया है। भगवान तुम्हें इस दुख को सहने की शक्ति दे। माता जी का विशेष ध्यान रखना। उनका सहारा अब तुम्हीं हो।

भगवान से प्रार्थना है कि वह दिवंगत आत्मा को शांति प्रदान करे।

तुम्हारे दुख में दुखी—
विवेक व्यास

16. अन्य विविध पत्र

52. *आपका भाई सोशल मीडिया पर बहुत अधिक समय व्यतीत करने लगा है।* **इसकी हानियों एवं स्वास्थ्य पर पड़ने वाले दुष्प्रभावों का उल्लेख करते हुए लगभग 120 शब्दों में पत्र लिखिए।** [*CBSE 2022*]

वेंकटेश

85, कृष्ण नगर

बेलगाँव

25.12.2023

प्रिय संजीव

अपार स्नेह!

कैसे हो? तुम्हारी बहुत याद आती है। जब भी तुमसे बात करने के लिए मोबाइल उठाता हूँ, मन में आता है कि तुम व्यस्त होंगे। तुम्हारी परीक्षाएँ सिर पर हैं और फिर, तुम्हें सोशल मीडिया में भी बहुत रस आने लगा है। पूरी दुनिया उसमें खुली हुई है। चाहो तो पूरा जीवन उसे देखने में गर्क कर दो। दुनिया के एक-एक नगर की रंगीनी और चकाचौंध को देखने लग जाओ। तो पूरी उम्र बीत जाएगी। फिर नई-नई चीजें, नए-नए आविष्कार, मनोरंजन, गीत-संगीत, फिल्में, नायक-नायिकाएँ, फैशन-संसार-क्या नहीं है सोशल मीडिया में।

प्रिय संजीव! इस भूल-भुलैया में कहीं खो न जाना। न अपने को भूल जाना, न अपनों को। जीवन का सारा रस अपनों के संसार में है। इसे याद रखना। वास्तविक जीवन की कीमत पर नकली संसार में मत डूबना। सोशल मीडिया के चस्के पर स्वयं ही लगाम लगाना।

तुम्हारा अग्रज

वेंकटेश

53. *गत दो वर्षों में आपकी पढ़ाई के स्तर में गिरावट नज़र आ रही है। आप दसवीं में पढ़ने वाले सारिका/संवेद हैं।* **अपने पिताजी को लगभग 120 शब्दों में पत्र लिखकर इस स्थिति की जानकारी दीजिए और इसे बेहतर करने के लिए सुझाव देने एवं सहायता करने का अनुरोध कीजिए।** [*CBSE 2022*]

संवेद

6/42, कल्याण नगर

पीलीभीत (उ. प्र.)

13.08.2023

पूज्य पिताजी!

सादर चरण-स्पर्श!

आशा है आप स्वस्थ और प्रसन्न होंगे। मैं भी यहाँ कुशल हूँ।

पिताजी! कोरोना के पिछले दो सालों में यों तो मैं स्वस्थ रहा किंतु पढ़ाई के कारण असंतुष्ट हूँ। मुझे पढ़ने-लिखने में तृप्ति नहीं मिल रही। न तो पढ़ने का मन करता है, न कोई चुनौती है, न पुरस्कार है और न ही कोई प्रेरणा।

पहले मैं स्कूल जाता था तो अपने अध्यापकों से मिलता था। सहपाठियों के साथ खूब मित्रता और पढ़ाई-दोनों करता था। इससे मैं खुश रहता था। प्रेरित अनुभव करता था। घर आकर पढ़ने और फिर कक्षा में सबके सामने उसे दिखाने का मन करता था। इसी से मैं खुश रहता था।

परंतु अब! कक्षा में जाना नहीं होता। परीक्षाएँ होते-होते टल जाती हैं। बच्चे सोचते हैं-जब परीक्षाएँ होनी ही नहीं तो पढ़ाई क्यों करें। इस ढर्रे से मन उदास है।

पिताजी! आप इस मनोदशा में मेरा मार्गदर्शन करें। मुझे बताएँ कि मैं क्या करूँ ताकि मेरा अध्ययन और जीवन-दोनों प्रसन्न रहें।

आपका प्रिय पुत्र
संवेद

54. *आप पाखी/पंकज हैं जो एक मैनेजमेंट कॉलेज में पढ़ रहे हैं। आपके छोटे भाई/बहन की दसवीं की परीक्षा है।* **उसे लगभग 120 शब्दों में पत्र लिखकर परीक्षा की तैयारी के विषय में समझाइए।** [*CBSE 2022*]

पंकज

35, वी.आई.पी. नगर

रायपुर

25.02.2024

प्रिय स्नेहा!

असीम स्नेह!!

कैसी हो। आशा है, हमेशा की तरह प्रसन्न, चंचल और आनंदित होगी। प्रिय स्नेहा! मेरी परीक्षाएँ समाप्त हो गई हैं। तुम्हारी परीक्षाओं के दिन आ गए हैं। मैं प्रबंधन सीख रहा हूँ। उसमें हर काम को व्यवस्था से करना सिखाया जाता है। आज मैं तुम्हें परीक्षा की तैयारी करने के बारे में कुछ बताना चाहता हूँ।

प्रिय स्नेहा! आशा है, तुमने अब तक पूरा पाठ्यक्रम एक बार पढ़ लिया होगा। परीक्षा देते समय हमें ध्यान रखना होता है कि हम अपना समय किन विषयों पर अधिक केंद्रित करें। इसके लिए यह जानना जरूरी है कि कौन-से प्रश्न बार-बार पूछे जाते हैं और अधिक अंकों के हैं। सबसे पहले उनकी तैयारी करनी चाहिए। उनमें भी जो प्रश्न सरल हैं और तुम सरलता से हल कर लेती हो, पहले उनकी तैयारी कर लो ताकि तुम्हें भरोसा हो कि तुम हर हाल में उत्तीर्ण हो जाओगी। अब सरलता से कठिनता की ओर बढ़ो। अंत में उन प्रश्नों को हल करो जो अधिक कठिन हैं और कभी-कभी ही पूछे जाते हैं। इस विधि से तुम परीक्षा की तैयारी योजनाबद्ध करके अधिकाधिक अंक पा सकोगी।

मेरे ये सुझाव तुम्हारी जरूर सहायता करेंगे।

तुम्हारा
पंकज

55. अपने प्रिय मित्र को पत्र लिखकर धन्यवाद दीजिए कि आड़े वक्त में उसने किस तरह आपका साथ दिया था। [*CBSE 2019*]

सुमित्रा

13, कावेरी छात्रावास

....

प्रिय नीलांजना

भरपूर स्नेह!

कैसी हो? आशा है सदा की भाँति प्रसन्न होगी।

मैं भी तुम्हारे सहयोग और स्नेह से कुशल हूँ। नीलांजना! मुझे बार-बार तुम्हारी याद आती है। पिछले दिनों जब मुझे आते-जाते वह गुंडा परेशान करता था तो तुमने मेरा भरपूर साथ दिया। तुम मेरे पास रही। मुझे सहारा दिया। छात्रावास के वार्डन से मिलकर उस मनचले की मरम्मत करवाई। मैं तुम्हारे इस साथ को कभी नहीं भूल सकती।

नीलांजना! तुम छात्रावास छोड़कर चली गई हो किंतु तुम्हारे बिना मुझे अधूरा-अधूरा-सा लगता है। मेरी ओर से हार्दिक धन्यवाद! तुम्हारा नाम लेकर ही मैं शक्ति अनुभव करती हूँ। मुझे भूलना मत! बात करती रहना।

तुम्हारी

सुमित्रा

56. दूरदर्शन पर प्रसारित होने वाले ऐतिहासिक धारावाहिकों की प्रशंसा करते हुए सूचना मंत्रालय को पत्र लिखिए। [*CBSE 2017*]

स्निग्धा

784, गाँधीनगर
बरेली

दिनांक : 31.01.2024

निदेशक, दूरदर्शन
सूचना मंत्रालय
भारत सरकार

महोदय

मैं भारत की एक नागरिक होने के नाते आपके द्वारा किए जा रहे श्रेष्ठ प्रदर्शन के लिए आपको बधाई देना चाहती हूँ। आजकल दूरदर्शन के विभिन्न चैनलों पर ऐतिहासिक धारावाहिकों की परंपरा चल निकली है। इस परंपरा को चलाने में दूरदर्शन का महत्त्वपूर्ण योगदान है।

इन धारावाहिकों के कारण लोगों की इतिहास में रुचि बढ़ी है। वे अपने देश के अतीत को ठीक से जानने लगे हैं। जन-जागरण की दृष्टि से यह कार्य बहुत महत्त्वपूर्ण है। मैं इस प्रयास की सराहना करती हूँ। आपसे आशा करती हूँ कि आप इतिहास के अनखुले पन्नों को लोगों के सामने रखते रहेंगे।

धन्यवाद!

भवदीया
स्निग्धा

57. अपनी गलत आदतों का पश्चाताप करते हुए अपनी माताजी को पत्र लिखिए और उन्हें आश्वासन दिलाइए कि फिर ऐसा न होगा। [*CBSE 2015*]

विनय

1678, किला रोड
ग्वालियर

दिनांक: 17 अक्तूबर, 2024

आदरणीय माता जी

सादर चरण स्पर्श!

आशा है आप स्वस्थ और कुशल होंगी।

मैं भी यहाँ छात्रावास में ठीक हूँ। मुझे इस बात का अहसास है कि आप मेरी गलत आदतों के कारण परेशान हैं। पिछले दिनों मुझसे एक नहीं अनेक बार कई गलतियाँ हो गई हैं। मैं अपने पर नियंत्रण नहीं रख पाया। दोस्तों के साथ पार्टी में आता-जाता रहा और उनके साथ अंडा, मांस और शराब का सेवन करता रहा। मैं यह भी जानता हूँ कि मेरी एक-एक गलती की रिपोर्ट आपके पास है।

माता जी, मुझे अपनी गलती का अहसास है। मैं आपको विश्वास दिलाता हूँ कि आगे-से आपको मेरी ओर से किसी ऐसी गलती का समाचार नहीं मिलेगा। मेरे दोस्त मुझे निमंत्रण भी देंगे तो मैं आपका स्मरण करके उस ओर नहीं जाऊँगा। आप मेरे लिए प्रभु से प्रार्थना करें और अपना आशीष दें कि मैं स्वयं पर नियंत्रण रख सकूँ।

आपका प्रिय पुत्र
विनय

▫ **मिलते-जुलते पत्र—**

- अनजाने में हुई भूल के लिए क्षमा माँगते हुए पिताजी को पत्र लिखिए। *[CBSE 2016]*

58. *आपके छोटे भाई को पढ़ाई के साथ-साथ चलने वाली अतिरिक्त गतिविधियों में भाग लेने में रुचि नहीं है।* **उसे पत्र द्वारा ऐसी गतिविधियों के लाभ बताते हुए उनमें भाग लेने के लिए प्रेरित करें।** *[CBSE 2014, 2015]*

अशोक मीणा
35, प्रताप नगर
जयपुर
13.3.2024

प्रिय सुरेश
स्नेह!

आशा है तुम छात्रावास में आनंद से होंगे। पढ़ाई ठीक चल रही होगी। तुम्हारी पढ़ाई के बारे में मैं हमेशा निश्चिंत रहता हूँ। तुम्हें पढ़ाई में गहरी रुचि है।

प्रिय सुरेश, मुझे रोज-रोज यह बात कचोटती है कि तुम विद्यालय में पढ़ाई को छोड़कर अन्य किसी भी गतिविधि में भाग नहीं लेते हो। न खेल में, न नाचने-गाने में; न भाषण-कविता में, न सेवा-कार्यों में। मुझे लगता है, इससे तुम्हारे व्यक्तित्व का सही विकास नहीं हो सकेगा। मेरी तुमसे अपेक्षा है कि तुम अतिरिक्त गतिविधियों की ओर भी ध्यान दो। उनमें रुचि लो। यह तुम्हारे लिए लाभकारी रहेगा।

आशा है, अगली बार मिलने पर मुझे किसी गतिविधि में भाग लेने का समाचार दोगे। मुझे विश्वास है कि तुम उसमें भी यशस्वी रहोगे और आनंदित होगे।

तुम्हारा भाई
अशोक

59. *'स्वच्छ भारत अभियान' के तहत आप अपने कुछ मित्रों के सहयोग से अपने मुहल्ले को साफ-सुथरा रखने का अभियान चला रहे हैं। जिसमें छोटी-मोटी बाधाओं के बाद आपको सफाई के प्रति लोगों को जागरूक करने में सफलता भी मिल रही है।* **अपने कार्यों का विवरण देते हुए मित्र को पत्र लिखिए।** *[CBSE 2015]*

मनमोहन सहगल
135, कृष्ण नगर
रुड़की
दिनांक—14.1.2024

प्रिय आशुतोष
कैसे हो?
आशा है, आनंद में होंगे।

मैं भी आनंद और उत्साह में हूँ। आजकल मैं स्वच्छता अभियान में लगा हुआ हूँ। हमारे दस मित्रों ने मिलकर एक 'स्वच्छता समिति' का निर्माण किया है। हम अपने मुहल्ले की सफाई व्यवस्था का प्रबंधन करते हैं। हमने सबसे पहले कूड़ा डालने के पात्र रखवाए। ये पात्र इतनी दूरी पर रखवाए कि किसी को बहुत दूर जाने के आलस में कूड़ा कहीं भी फेंकने का अवसर न मिले।

प्रिय आशुतोष! हमने देखा कि यदि पास में कूड़ादान हो तो देर-सवेर सभी उसी में कूड़ा डालने लगते हैं। वास्तव में उचित व्यवस्था न होने के कारण हमारी आदतें बिगड़ती गईं जिन्हें सुधारने के लिए अब प्रयास किए जा रहे हैं।

स्वच्छता अभियान निरंतर चलने वाला काम है। इसमें बाधाएँ बहुत हैं। बहुत लोगों ने पहले हमारा मज़ाक उड़ाया। घरवालों ने भी टोका। कुछ लोगों ने अपने घर के आसपास कूड़ादान रखने से रोका। कुछ ने जानबूझकर कूड़ा बाहर फेंका। परंतु हमारा संकल्प डिगा नहीं। आज मुहल्ला साफ़ दीखता है तो सबको अच्छा लगता है।

आशुतोष! अबकी बार घर आओगे तो तुम्हें हमारे मुहल्ले में अंतर नज़र आएगा। मैं तुम्हारी प्रतीक्षा करूँगा।

तुम्हारा

मनमोहन

60. नित्य प्रातःकाल उठकर खुली हवा में घूमने और व्यायाम करने की सलाह देते हुए अपने छोटे भाई/बहन को एक पत्र लिखिए। *[CBSE 2017, 2020]*

सुनीता रंजन

9/18-ए, विजय नगर

हुबली

मार्च 16, 2024

प्रिय मनीषा

स्नेह!

कैसी हो? आजकल तो पढ़ाई में बुरी तरह व्यस्त होगी। तुम्हारी पढ़ाई और परीक्षा-परिणाम के बारे में मैं निश्चिंत रहती हूँ। परंतु तुम ज़रूरत से अधिक पढ़ती हो। सुखी जीवन के लिए पढ़ाई ज़रूरी है किंतु अधिकता किसी भी चीज़ की अच्छी नहीं होती। तुम्हारा व्यायाम बिल्कुल न करना और देर रात तक पढ़ना मुझे अच्छा नहीं लगता। मुझे डर है कि इससे तुम्हारे स्वास्थ्य पर बुरा प्रभाव पड़ेगा। यदि स्वास्थ्य ठीक न रहा तो पढ़ाई भी जाती रहेगी।

मेरा तुमसे आग्रह है कि तुम सुबह-सुबह उठकर पार्क में आधा घंटा सैर जरूर किया करो। बाबा रामदेव ने जो शारीरिक व्यायाम बताए हैं, उनमें से कुछ व्यायाम अपना लो। इससे तुम्हारा अवश्य भला होगा।

आशा है, तुम मेरी सलाह मानोगी।

तुम्हारी बहन

सुनीता रंजन

61. परीक्षा में कम अंक आने पर असंतुष्ट और दुखी मित्र को सांत्वना-पत्र लिखिए। *[CBSE]*

नीलिमा

34/7, टी.टी. नगर

भोपाल

25 मई, 2024

प्रिय स्नेहा

स्नेह!

मुझे पता चला है कि इस बार तुम्हारा परीक्षा-परिणाम बहुत खराब रहा। तुमने मेहनत भी खूब की थी। ट्यूशन भी रखी थी। तुम बता रही थीं कि तुम्हारे पेपर भी अच्छे हुए हैं। तब भी परीक्षा-परिणाम अच्छा नहीं रहा। यह सुनकर मेरा मन भी परेशान है। मैं समझ नहीं पा रही कि गलती कहाँ हुई है? क्या तुमसे लिखने में कोई गलती हुई है? या परीक्षक ने सावधानी से पेपर चैक नहीं किए? या तुम्हारी कॉपी किसी नालायक बच्चे से बदल दी गई है?

प्रिय स्नेहा! पहले तो तुम अपने कम अंक आने का ठीक कारण जानो। मैं तुम्हारे पास नहीं हूँ। वरना मैं भी इसमें सहयोग करती। यदि पता चले कि कहीं गलती तुम्हारी पढ़ाई में है तो अपने अध्यापकों के पास व्यक्तिगत रूप से जाओ। उन्हें अपनी पीड़ा बताओ। तुम्हारी सफलता का रास्ता ज़रूर निकलेगा क्योंकि तुम सचमुच मेहनती लड़की हो। आशा है, तुम ठीक दिशा में प्रयत्न करोगी।

तुम्हारी ही

नीलिमा

▫ मिलते-जुलते पत्र—

- अपने मित्र के अनुत्तीर्ण हो जाने पर उसे एक संवेदना-पत्र लिखिए। *[CBSE 2017]*

62. आपके प्रिय मित्र का किसी से झगड़ा हो गया। आपको लगता है कि गलती आपके मित्र की ही थी। अतः उसका मार्गदर्शन करते हुए उसे पत्र लिखकर उचित सलाह दीजिए। *[CBSE 2015]*

हरीश

अ.ब.स.

पता

17.4.2024

प्रिय मनोज

स्नेह!

आशा है, तुम स्वस्थ और प्रसन्न होंगे।

कल जब मैं तुम्हारे छात्रावास में आया था तो तुम्हारा अपने एक सहपाठी से झगड़ा हो गया था। आशा है, वह झगड़ा शांत हो गया होगा। तुम फिर-से पढ़ाई में मग्न हो गए होगे।

मनोज! कल उस झगड़े के वक्त मैंने देखा कि तुममें गुस्सा बहुत अधिक है। यदि तुमने खाने की मेज पर कुछ नियंत्रण रखा होता तो तुम्हारी अपने सहपाठियों से तकरार न बढ़ती। मैं मानता हूँ कि तुम्हारे सहपाठी रोटी लाने के लिए जल्दी मचा रहे थे किंतु उनकी नालायकी पर तुम्हारा उन्हें भला-बुरा कहना और झगड़ा मोल लेना अनुचित था। ऐसे तो हमारा हर राह चलने वाले से झगड़ा हो सकता है। हमें दुनिया में रहते हुए सहनशीलता सीखनी चाहिए। ध्यान रखना, ठंडा लोहा ही गर्म लोहे को पीटता है। इसलिए ठंडे बने रहने का गुण सीखो।

मित्र होने के नाते ये सब बातें तुम्हें कह गया। वैसे मुझे तुम्हें यह बात कहने का हक है या नहीं, मुझे ज्ञात नहीं है।

तुम्हारा मित्र

हरीश

▫ मिलते-जुलते पत्र—

- किसी मुद्दे पर आपका अपने मित्र से मतभेद हो गया है। उसे 80-100 शब्दों में एक पत्र लिखकर अपना पक्ष स्पष्ट करते हुए बताइए कि यह मित्रता आपके लिए क्या महत्त्व रखती है। *[CBSE 2020]*

63. अपने भविष्य के बारे में आपके क्या विचार हैं और उस दिशा में क्या कर रहे हैं? यह स्पष्ट करते हुए पिताजी को पत्र लिखिए। *[CBSE 2019]*

ईशान बत्रा

2/34, गाँधी नगर

मुरादाबाद

13.06.2024

आदरणीय पिता जी

सादर चरण-स्पर्श!

आशा है आप स्वस्थ एवं प्रसन्न होंगे। मैं भी यहाँ कुशल हूँ।

पिताजी, आपने मुझसे पूछा था कि मैं अपने भविष्य के बारे में क्या सोचता हूँ। मुझे यह सोचकर दुविधा होती है कि आपको कैसे बताऊँ? मेरा मन चित्रकारी, कलाकारी, रंगोली, डिजाइनिंग आदि में लगता है। मुझे लगता है कि इस दिशा में कुछ नया कर सकता हूँ?

मेरा मन भी खूब रमता है किंतु आप चाहते हैं कि कॉमर्स की पढ़ाई करूँ। मेरे सामने यही दुविधा है। धन के लिए कॉमर्स, प्रसन्नता के लिए कलाकारी। अब क्या करूँ?

मैं नई आकृतियाँ बनाने और नई सूझ को पैदा करने का कोई अवसर रोक नहीं पाता। मैंने अनेक डिजाइनिंग व्यवसायों की जानकारी लेना भी आरंभ कर दी है। मुझे लगता है कि इस क्षेत्र में भी सम्मानजनक धन कमाया जा सकता है। हाँ, धन से अधिक प्राप्त होता है नाम और संतोष। मुझे तीनों चाहिए। इसलिए मैं इस दिशा में अग्रसर हूँ। आशा है, आप मुझे अनुमति देंगे।

आपका सुपुत्र

ईशान

❑ मिलते-जुलते पत्र—

- दसवीं की परीक्षा उत्तीर्ण करने के पश्चात आप व्यावसायिक विषय लेना चाहते हैं, जबकि आपके माता-पिता विज्ञान के लिए उत्सुक हैं। अपने विषय-चयन के पीछे अपनी रुचि का उचित कारण बताते हुए पिता को लगभग 80-100 शब्दों में पत्र लिखिए। *[CBSE 2020]*

☞**64.** *सैफ का सर्टिफिकेट का बैग कहीं छूट गया था जो 55, पंतनगर, जयपुर निवासी नीलम को मिला। यह बैग उन्होंने सैफ तक पहुँचाया।* **अब आप सैफ की तरफ से उस अपरिचिता को पत्र लिखिए।** **[Imp.]** *[CBSE]*

सैफ

3/27, टी. टी. नगर

भोपाल

दिनांक : 12.3.2024

आदरणीया नीलम जी

सादर नमस्कार!

आशा है आप सानंद होंगी। मैं आपके प्रति कृतज्ञ भाव से यह पत्र लिख रहा हूँ। एक सप्ताह पहले मैं जयपुर की एक कंपनी में साक्षात्कार देने के लिए आया था। इसी दौरान मैं कंपनी के दफ्तर में ही अपना बैग खो बैठा था। उसमें मेरे सारे प्रमाणपत्र थे। मैं उस बैग को खोकर बहुत परेशान था। आपने वह बैग मुझ तक पहुँचाकर मुझ पर बहुत कृपा की है। मैं आपके प्रति हृदय से आभारी हूँ। आपने न केवल मुझे मेरे महत्त्वपूर्ण प्रमाणपत्र लौटाए हैं, बल्कि मेरी आस्था को सुदृढ़ किया है। मैं आपको विश्वास दिलाता हूँ कि मुझे भी जब कभी किसी की सहायता करने का अवसर मिलेगा, अवश्य करूँगा।

धन्यवाद!

भवदीय

सैफ

प्रति

नीलम

3/27, टी. टी. नगर

भोपाल

❑ **मिलते-जुलते पत्र—**

- नई दिल्ली मेट्रो स्टेशन की जाँच मशीन पर एक यात्री के भूलवश छूटे एक लाख बीस हजार रुपए को मेट्रो पुलिस ने उसे लौटा दिया। इस समाचार को पढ़कर जो विचार आपके मन में आते हैं, उन्हें किसी समाचार-पत्र के संपादक को पत्र के रूप में लिखिए। *[CBSE 2016]*

65. फैशन में समय और धन का अपव्यय करने वाली छोटी बहन को उसके दुष्प्रभाव समझाते हुए एक पत्र लिखिए। *[CBSE 2017]*

अथवा

बनाव-शृंगार में अधिक समय नष्ट न करने की सलाह देते हुए बड़ी बहन की ओर से छोटी बहन को एक पत्र लिखिए। *[CBSE]*

सुषमा
336, आउट्रम लेन
मुखर्जी नगर
दिल्ली
मार्च 15, 2024

प्रिय रश्मि!

स्नेह!

कैसी हो? आशा है, अपने स्वभाव के अनुसार प्रसन्न होगी। छात्रावास में तुम्हारा समय अच्छा बीत रहा होगा। तुम मन लगाकर पढ़ाई कर रही होगी।

प्रिय रश्मि! बड़ी बहन होने के नाते मैं तुझसे एक बात कहना चाहती हूँ। मैंने देखा है, तुम फैशन पर बहुत ध्यान देती हो। अपने आपको सजाना और सुंदर बनाना एक गुण है। परंतु यदि उसका महत्त्व बहुत अधिक बढ़ जाए तो वह हमारी उन्नति में बाधक बन जाता है। फैशन जीवन में पहली चीज़ नहीं है। पहली चीज़ है हमारा व्यक्तित्व, हमारे गुण, हमारा स्वभाव। यदि यह अच्छा हो तो हम किसी के भी मन में समा जाते हैं। लोग हमारे गुणों के कारण हमें चाहते हैं, बाहरी रूप-सुंदरता के कारण नहीं। बाहरी चमक-दमक को देखकर तो लोग हमें तितली समझते हैं और अक्सर भँवरे जैसे लोग ही आसपास मँडराने लगते हैं। आजकल रेडियो, दूरदर्शन और फिल्मों में इतनी चकाचौंध है, फैशन की इतनी दीवानगी है कि हम उसी को सच मान बैठते हैं। अत: मैं तुम्हें सलाह देती हूँ कि फैशन पर ध्यान कम ही देना। अपनी मर्यादा को पहले स्थान पर रखना। वैसे तो बड़े होते-होते तुम स्वयं समझदार होती जा रही हो। इसलिए आशा है, मेरी सलाह को आचरण में उतारोगी।

छुट्टियों में घर ज़रूर आना। तुम्हारे लिए मैंने एक स्वेटर और मफलर बुन रखा है।

तुम्हारी बहन
सुषमा

66. नित्य प्रात:काल उठकर खुली हवा में घूमने और व्यायाम करने की सलाह देते हुए अपने छोटे भाई/बहन को एक पत्र लगभग 80-100 शब्दों में लिखिए। *[CBSE 2020]*

अथवा

छोटे भाई को पत्र लिखकर स्वास्थ्य के लिए नियमित योगाभ्यास करने का सुझाव दीजिए। *[CBSE 2018]*

सुनीता राज
30, कामराज नगर
कन्या कुमारी
13.8.2024

प्रिय अनुज

स्नेह!

आशा है, तुम छात्रावास में बड़े आनंद से होगे। तुम्हारी पढ़ाई सुचारु रूप से चल रही होगी। प्रिय अनुज! मैं तुम्हें एक सलाह देना चाहती हूँ। तुम रोज प्रात:काल उठकर योगासन और प्राणायाम अवश्य किया करो। इससे तुम्हारी ध्यान-शक्ति बढ़ेगी

और तुम दिनभर ताज़गी अनुभव करोगे। तुम यह प्रयोग एक सप्ताह तक नियमित करके देखो। इसके बाद मुझे अपने अनुभव बताओ।

आशा है, मैं एक सप्ताह बाद तुम्हारा पत्र प्राप्त करूँगी।

तुम्हारी बहन

सुनीता।

67. *आप अंतरविद्यालयी क्रिकेट के लिए अपने विद्यालय की टीम के कप्तान चुने गए हैं।* **इस आशय की सूचना देते हुए अपने पिताजी को लगभग 80-100 शब्दों में पत्र लिखिए।** [*CBSE 2020*]

अभिनेष ग्रोवर

35, नीलमणि छात्रावास

दिल्ली पब्लिक स्कूल

कोटा

दिनांक : 13.9.2024

पूज्य पिताजी

सादर चरणस्पर्श!

आशा है आप स्वस्थ एवं प्रसन्न होंगे। मैं भी यहाँ कुशलतापूर्वक हूँ और उत्साह में हूँ। आपको यह जानकर अच्छा लगेगा कि मुझे अपने विद्यालय की क्रिकेट-टीम का कप्तान चुना गया है। अगले मास अंतरविद्यालयी क्रिकेट टूर्नामेंट होने वाले हैं। इसमें नगर के दस विद्यालयों की टीमें भाग लेंगी। मुझे अपने विद्यालय की ओर से कप्तान के रूप में खेलने का अवसर मिला है। यह सब आपकी प्रेरणा का फल है। सबसे पहले आपका अभिनंदन!

माताजी तथा विवेक को भी यह समाचार देना।

आपका प्रिय पुत्र

अभिनेष

अभ्यास कीजिए

औपचारिक पत्र—

1. प्राचार्य के नाम पत्र

1.1. आपकी बहन का विवाह है। इस कारण आप 12 फरवरी को अवकाश चाहते हैं। प्रधानाचार्य को पत्र लिखिए।

1.2. विद्यालय के प्रधानाचार्य को पुस्तकालय में भारतीय संस्कृति से संबंधित पुस्तकें उपलब्ध कराने के लिए पत्र लिखिए। [*CBSE 2015*]

1.3. अपने विद्यालय के प्रधानाचार्य को पत्र लिखकर अपने सहपाठी के प्रशंसनीय और साहसिक व्यवहार के लिए सम्मानित करने का अनुरोध कीजिए। [*CBSE 2012*]

1.4. आपकी कक्षा का बोर्ड चिकना है। जिस पर कुछ दीखता नहीं। प्रकाश की चौंध के कारण उस पर कुछ दिखाई नहीं देता। अपने प्रधानाचार्य को पत्र लिखिए। [*CBSE 2012*]

1.5. आप शतरंज के अच्छे खिलाड़ी हैं। विद्यालय में इसके प्रशिक्षण, अभ्यास और प्रतियोगिता के लिए प्राचार्य को पत्र लिखिए। [*CBSE 2012*]

2. आवेदन पत्र

2.1. पूर्वोत्तर-सीमा रेलवे में कनिष्ठ निरीक्षक के पद के लिए अपनी योग्यताओं का विवरण देते हुए आवेदन पत्र लिखिए।

2.2. एन.सी.ई.आर.टी., नई दिल्ली में लिपिक पदों के रिक्त स्थानों को भरने के लिए 'रोजगार समाचार' में विज्ञापन आया है, उसका हवाला देते हुए सचिव के नाम आवेदन-पत्र लिखिए। *[CBSE]*

3. सामाजिक पत्र

3.1. विवाह का निमंत्रण-पत्र तैयार कीजिए। *[CBSE 2012]*

3.2. जन्म-दिवस के लिए निमंत्रण-पत्र तैयार कीजिए।

3.3. आपके घर में संगीत-संध्या का आयोजन है। निमंत्रण-पत्र तैयार कीजिए। *[CBSE 2012]*

4. शिकायती/सुझाव पत्र *(अधिकारियों के नाम)*

4.1. अपने क्षेत्र के विधायक को पत्र लिखकर अपने गाँव में एक बालिका-विद्यालय की स्थापना के लिए अनुरोध कीजिए। *[CBSE 2015]*

4.2. आप अपने साथियों के साथ बस की प्रतीक्षा में खड़े हैं, तभी आपके पड़ोस का एक आवारा लड़का वहाँ आता है और पास में खड़ी लड़कियों के साथ अभद्र व्यवहार करता है। आपसे उसका यह व्यवहार देखा नहीं जाता। आप उसे समझाते हैं, तो वह आपके साथ मार-पीट करता है। इसकी शिकायत थानाध्यक्ष को कीजिए।

4.3. अपने नगर के शिक्षा-अधिकारी को पत्र लिखकर विद्यालयों में दोपहर के समय वितरित किए जाने वाले भोजन के गिरते स्तर की ओर उनका ध्यान आकृष्ट कीजिए। *[CBSE 2015]*

4.4. परिवहन निगम के महाप्रबंधक को कुछ दिन पहले हुई बस-दुर्घटना का विवरण देते हुए पत्र लिखिए, जिसमें चालक की दिलेरी, कर्तव्यनिष्ठा और सूझ-बूझ की प्रशंसा हो। *[CBSE]*

4.5. अपने गली-मुहल्ले की नालियों की समुचित सफाई के लिए नगरपालिका के अध्यक्ष को एक पत्र लिखिए। *[CBSE]*

4.6. आप एक रिश्तेदार को देखने किसी अस्पताल में गए और वहाँ रख-रखाव और सफाई में बहुत सारी कमियाँ दिखीं। ध्यान दिलाने पर कर्मचारियों ने दुर्व्यवहार किया। इसकी शिकायत मुख्य चिकित्सा-अधिकारी से करते हुए उचित कार्रवाई करने की माँग करते हुए 80-100 शब्दों में पत्र लिखकर कीजिए। *[CBSE 2020]*

4.7. आपके क्षेत्र के पार्क को कूड़ादान बना दिया गया था। अब पुलिस की पहल और मदद से पुनः बच्चों के लिए खेल का मैदान बन गया है। अतः आप पुलिस आयुक्त को धन्यवाद पत्र लिखिए। *[CBSE 2018]*

5. संपादक के नाम पत्र

5.1. किसी दैनिक समाचार-पत्र के सम्पादक को पत्र लिखकर अपने क्षेत्र में चल रही बिजली कटौती में सुधार के लिए अधिकारियों का ध्यान आकर्षित कीजिए। *[CBSE 2015]*

5.2. अपने क्षेत्र में बिजली संकट से उत्पन्न कठिनाइयों का वर्णन करते हुए किसी दैनिक पत्र के संपादक को पत्र लिखिए।

5.3. 'हिंदुस्तान' दैनिक समाचार-पत्र के संपादक को पत्र लिखिए जिसमें देश में लड़कियों की घटती जनसंख्या पर चिंता प्रकट की गई हो। *[CBSE 2015]*

5.4. किसी दैनिक समाचार पत्र के संपादक को पत्र लिखकर बताइए कि लड़कियों की लाज-रक्षा के लिए सख्त सुरक्षा व्यवस्था आवश्यक है। *[CBSE 2012]*

5.5. किसी संपादक को पत्र लिखकर बताइए कि दूरदर्शन के चैनलों पर दिखाई गई चर्चाएँ क्यों असंतोषजनक होती हैं। *[CBSE 2012]*

6. व्यावसायिक पत्र

6.1. आप भाई के विवाह पर बरात के लिए राजस्थान परिवहन निगम की बस किराए पर लेना चाहते हैं। बरात जयपुर से जोधपुर जाएगी। निगम के निदेशक को पत्र लिखिए।

6.2. पुस्तक विक्रेता ने वी.पी.पी. द्वारा आपको पुस्तकें भेज दी हैं। धन्यवाद देते हुए पत्र लिखिए।

अनौपचारिक पत्र—

7. व्यक्तिगत पत्र

7 (*a*). धन्यवाद पत्र

7 (*a*). 1. अपने जन्मदिन पर सहेली द्वारा भेजे गए उपहार के लिए धन्यवाद-पत्र लिखिए। [*CBSE*]

7 (*a*). 2. आपका एक मित्र शिमला में रहता है। आप उसके आमंत्रण पर ग्रीष्मावकाश में वहाँ गए थे और प्राकृतिक सौंदर्य का खूब आनंद उठाया था। घर वापस लौटने पर कृतज्ञता व्यक्त करते हुए मित्र को पत्र लिखिए। [*CBSE 2019*]

7 (*b*). बधाई पत्र

7 (*b*). 1. आपका मित्र बोर्ड की परीक्षा में प्रथम घोषित किया गया। इस अवसर पर उसे बधाई-पत्र लिखिए।

7 (*b*). 2. आपकी सखी के पिताजी टेलीविजन पर प्रसारित एक कार्यक्रम में बहुत लोकप्रिय हुए। सखी को बधाई दीजिए। [*CBSE 2012*]

7 (*b*). 3. आपके मित्र ने मोटर साइकिल रेस जीती। बधाई-पत्र लिखिए। [*CBSE 2012*]

7 (*c*). शुभकामना पत्र

7 (*c*). 1. परीक्षा में प्रथम आने के लिए अपने मित्र को शुभकामना-पत्र लिखो। [*CBSE 2020*]

7 (*c*). 2. तुम भगवती नगर, जम्मू, सैक्टर-3, मकान नं. 107 में रहने वाली अंजली चौहान हो। अपने मित्र अनुपम गुप्ता को परीक्षा में सफलता के लिए शुभकामना पत्र लिखो। **[Imp.]**

7 (*c*). 3. यात्रा की शुभकामना करते हुए मित्र को पत्र लिखिए। [*CBSE 2012*]

7 (*d*). संवेदना पत्र

7 (*d*). 1. उत्तराखंड त्रासदी से पीड़ित मित्र को पुनः अपने पैरों पर खड़ा होने की प्रेरणा देते हुए पत्र लिखिए। [*CBSE 2015*]

7 (*d*). 2. कार-दुर्घटना में मित्र के पिता की मृत्यु हो जाने पर मित्र को एक संवेदना-पत्र लिखिए। [*CBSE*]

7 (*d*). 3. किसी मित्र को उसकी माताजी के आकस्मिक निधन पर एक संवेदना-पत्र लिखिए। **[Imp.]**

7 (*e*). अन्य विविध पत्र

7 (*e*). 1. आपने जीवन में पहली बार हवाई जहाज से यात्रा की है, अपने इस रोचक अनुभव को पत्र के माध्यम से अपने मित्र को लिखिए। [*CBSE 2015*]

7 (*e*). 2. आठवीं कक्षा में पढ़ने वाला आपका छोटा भाई पढ़ाई-लिखाई की ओर ध्यान न देकर समय नष्ट कर रहा है। शिक्षा एवं समय का महत्त्व बताते हुए छोटे भाई को पत्र लिखिए। [*CBSE 2015*]

7 (*e*). 3. उत्तराखंड आपदा में स्वयं भोगी कठिनाइयों का वर्णन करते हुए अपने मित्र को पत्र लिखिए। [*CBSE 2015*]

7 (*e*). 4. अपनी सखी को पत्र लिखकर समझाइए कि वह रात-बेरात घर से बाहर न निकला करे। [*CBSE 2012*]

7 (*e*). 5. बदलते हुए मौसम की जानकारी देते हुए अपने मित्र को पत्र लिखिए। [*CBSE 2016*]

7 (*e*). 6. आपकी अपने प्रिय मित्र से किसी बात पर अनबन हो गई थी किंतु अब आपको अपनी गलती का अहसास हो गया है। अत: उसे मनाने के लिए पत्र लिखिए। [*CBSE 2016*]

7 (*e*). 7. पटाखों से होने वाले प्रदूषण के प्रति ध्यान आकर्षित करते हुए अपने मित्र को एक पत्र लिखिए। [*CBSE 2018*]

7 (*e*). 8. पढ़ाई छोड़कर घर बैठे छोटे भाई को समझाते हुए पत्र लिखिए कि पढ़ना क्यों आवश्यक है? पत्र ऐसा हो कि उसमें नई उमंग का संचार हो सके। [*CBSE 2019*]

7 (*e*). 9. हाल ही में आपने पढ़ाई में किसी बच्ची की मदद की थी। वह बच्ची परीक्षा में अच्छे अंकों से उत्तीर्ण हो गई। अपने इस सुखद अहसास को पत्र लिखकर अपने मित्र को बताइए। [*CBSE 2019*]

8. वाद-विवाद प्रतियोगिता में पहली बार भाग लेने तथा पुरस्कार पाने का अनुभव बताते हुए अपने मित्र को पत्र लगभग 80-100 शब्दों में लिखिए। [*CBSE 2020*]

9. पी.वी. संधू ने वर्ल्ड बैडमिंटन चैंपियनशिप में स्वर्णपदक प्राप्त कर देश का नाम रोशन किया। उसे एक बधाई-पत्र लगभग 80-100 शब्दों में लिखिए। [*CBSE 2020*]

10. अपने क्षेत्र में एक 'योग प्रशिक्षण केंद्र' खोले जाने का निवेदन करते हुए स्वास्थ्य मंत्री को लगभग 120 शब्दों में पत्र लिखिए। [*CBSE 2022*]

11. मित्रों की गलत संगति के प्रभाव से आपके छोटे भाई को झूठ बोलने और दिखावा करने की आदत पड़ गई है। जीवन में सत्य, सरलता और सादगी का महत्त्व बताते हुए तथा मित्रों की बुरी संगति से दूर रहने की सलाह देते हुए लगभग 120 शब्दों में उसे पत्र लिखिए। [*CBSE 2022*]

12. छोटे भाई को ऑनलाइन खेलों से होने वाली हानियाँ और मनोरंजन के उपयुक्त साधनों का महत्त्व बताते हुए। 120 शब्दों में पत्र लिखिए। [*CBSE 2022*]

2. अनुच्छेद-लेखन

क्या आप जानते हैं कि

- परीक्षा में केवल 80-100 शब्दों का अनुच्छेद पूछा जाएगा।
- पुस्तक के एक पृष्ठ में लगभग 600 शब्द छपे होते हैं, जिसका अर्थ है, आपको लगभग एक-तिहाई छपा पृष्ठ लिखना चाहिए।
- परंतु आप कितना लंबा अनुच्छेद याद करते हैं? सोचिए?? क्यों करते हैं ऐसा आप???

अनुच्छेद ऐसी गद्य-रचना है जिसमें किसी विषय पर सीमित आकार के भीतर सुंदर ढंग के क्रमबद्ध विचार प्रकट करने का प्रयत्न किया गया हो। उत्तम अनुच्छेद-रचना स्वयं में एक कला है। अनुच्छेद में लेखक को अपने मौलिक व्यक्तित्व एवं गागर में सागर भरने की शक्ति का परिचय देना होता है। अतः अनुच्छेद-लेखन में निम्नलिखित महत्त्वपूर्ण बातें ध्यान रखनी आवश्यक हैं–

1. अनुच्छेद के लिए दिए गए विषयों में से ऐसे विषय का चयन करना चाहिए जिसे आप भली-भाँति समझते हों।
2. अनुच्छेद-लेखन से पूर्व यह आवश्यक है कि विषय से संबंधित सारी सामग्री जुटा ली जाए तथा उस पर गंभीर विचार किया जाए।
3. सामग्री एकत्र कर लेने पर अनुच्छेद की रूपरेखा तैयार करनी चाहिए।
4. अनुच्छेद-रचना के तीन प्रमुख तत्त्व हैं–(क) प्रस्तावना (भूमिका) अथवा आरंभ (ख) विवेचना अथवा मध्य भाग (ग) उपसंहार अथवा अंत।
5. अनुच्छेद में प्रस्तावना अथवा भूमिका बहुत संक्षिप्त होती है। शब्द-संख्या सीमित होने के कारण एक-दो वाक्यों के बाद ही सीधे विषय के मर्म में प्रवेश करना होता है।
6. अनुच्छेद का मध्य भाग ही प्रमुख होता है। इसमें सारी विवेचना क्रमबद्ध और व्यवस्थित होनी चाहिए।
7. प्रस्तावना के समान उपसंहार भी अत्यंत प्रभावशाली होना चाहिए। अनुच्छेद का अंत इस ढंग से किया जाना चाहिए कि मुख्य भाव पाठक के मन-मस्तिष्क में गूँजता रहे।
8. अनुच्छेद की भाषा शुद्ध, साहित्यिक, सरल, सुबोध, प्रभावपूर्ण एवं परिमार्जित होनी चाहिए। भाषा को सशक्त बनाने के लिए यथास्थान मुहावरों एवं लोकोक्तियों का प्रयोग वांछनीय है।
9. अनुच्छेद में अनावश्यक बातों के लिए कोई स्थान नहीं है।
10. विचारों में तालमेल अनुच्छेद का अत्यावश्यक गुण है।

अनुच्छेद-लेखन

संकेत-बिंदुओं पर आधारित किसी एक आधुनिक विषय पर लगभग 80-100 शब्दों में अनुच्छेद-लेखन।

I. त्योहार

1. प्रकाश का पर्व दीपावली

[CBSE 2015]

विचार-बिंदु– • भूमिका • ऐतिहासिक, धार्मिक और पौराणिक प्रसंग • व्यापारियों का प्रिय उत्सव।

दीपावली हिंदुओं का महत्त्वपूर्ण उत्सव है। यह कार्तिक मास की अमावस्या की रात्रि में मनाया जाता है। दीपावली वाले दिन श्री रामचंद्र जी रावण का संहार करने के पश्चात वापस अयोध्या लौटे थे। इस खुशी में लोगों ने घी के दीपक जलाए थे। यह परंपरा आज तक चली आ रही है। दीपों की माला के कारण ही इस उत्सव को 'दीपावली' कहा जाता है। भगवान महावीर तथा स्वामी दयानंद ने इसी तिथि को निर्वाण प्राप्त किया था। इसलिए जैन संप्रदाय तथा आर्य समाज में भी इस दिन का विशेष महत्त्व है। सिक्खों के छठे गुरु हरगोविंद सिंह जी भी इसी दिन कारावास से मुक्त हुए थे। इसलिए गुरुद्वारों की शोभा इस दिन दर्शनीय होती है। इसी दिन भगवान कृष्ण ने इंद्र के क्रोध से ब्रज की जनता को बचाया था। व्यापारी-वर्ग विशेष उत्साह से इस उत्सव को मनाता है। घर-घर में लक्ष्मी का पूजन होता है। ऐसी मान्यता है कि इस रात लक्ष्मी घर में प्रवेश करती है। हलवाई और आतिशबाजी की दुकानों पर इस दिन विशेष उत्साह होता है। बाजार मिठाई से लद जाते हैं। लोग आतिशबाजी चलाकर भी अपनी प्रसन्नता व्यक्त करते हैं।

2. गणतंत्र-दिवस (26 जनवरी)

विचार-बिंदु– • महत्त्व • मनाने का ढंग • दिल्ली का उत्सव • विविध झाँकियाँ • उल्लास और उमंग का वातावरण।

गणतंत्र-दिवस भारत का सर्वाधिक महत्त्वपूर्ण राष्ट्रीय पर्व है। इस दिन हमारा आज़ाद भारत सही अर्थों में 'स्वतंत्र' हुआ था। 26 जनवरी, 1950 को भारत का संविधान लागू हुआ था। 26 जनवरी का दिन समूचे भारतवर्ष में बड़े उत्साह तथा हर्षोल्लास के साथ मनाया जाता है। समूचे देश में अनेकानेक कार्यक्रमों का आयोजन किया जाता है। प्रदेशों की सरकारें सरकारी स्तर पर अपनी-अपनी राजधानियों में तथा जिला स्तर पर राष्ट्रीय ध्वज फहराने का तथा अन्य अनेक कार्यक्रमों का आयोजन करती हैं। देश की राजधानी दिल्ली में इस राष्ट्रीय पर्व के लिए विशेष समारोह का आयोजन किया जाता है। समूचे देश के विभिन्न भागों में असंख्य व्यक्ति इस समारोह में सम्मिलित होने तथा इसकी शोभा देखने के लिए आते हैं। नई दिल्ली के विजय चौक से प्रातः परेड का प्रारंभ होता है। इंडिया गेट के निकट राष्ट्रपति राष्ट्रीय धुन के साथ ध्वजारोहण करते हैं। उन्हें 31 तोपों की सलामी दी जाती है। हवाई जहाजों द्वारा पुष्प-वर्षा की जाती है। राष्ट्रपति जल, नभ तथा थल–तीनों सेनाओं की टुकड़ियों का अभिवादन स्वीकार करते हैं। सैनिकों का सीना तानकर अपनी साफ-सुथरी वेशभूषा में कदम-से-कदम मिलाकर चलने का दृश्य बड़ा मनोहारी होता है। इस भव्य दृश्य को देखकर मन में राष्ट्र के प्रति असीम भक्ति तथा हृदय में असीम उत्साह का संचार होने लगता है। मिलिट्री तथा स्कूलों के अनेक बैंड सारे वातावरण को देशभक्ति तथा राष्ट्रप्रेम की भावना से गुंजायमान कर देते हैं। विभिन्न प्रदेशों की झाँकियाँ वहाँ के सांस्कृतिक जीवन, वेशभूषा, रीति-रिवाजों, औद्योगिक तथा सामाजिक क्षेत्र में आए परिवर्तनों का चित्र प्रस्तुत करने में पूरी तरह समर्थ होती हैं। झाँकियों की कला तथा शोभा को देखकर दर्शक मंत्रमुग्ध हो जाते हैं। झाँकियों से पहले विभिन्न प्रांतों से कई नृत्य-मंडलियाँ समस्त वातावरण को उल्लास से भर देती हैं। उन्हें देखकर भारत का बहुरंगी रूप सामने आ जाता है। यह पर्व अतीव प्रेरणादायी होता है।

❑ मिलते-जुलते अनुच्छेद–

- गणतंत्र दिवस [CBSE 2016]

  [**विचार-बिंदु–** • गणतंत्र दिवस का अर्थ • महत्त्व • दिल्ली का उत्सव]

II. शिक्षा-जगत

☞3. मेरे जीवन का लक्ष्य/उद्देश्य

[Imp.] [*CBSE 2015*]

विचार-बिंदु– • लक्ष्य की आवश्यकता • मेरे जीवन का लक्ष्य • प्रेरणा का स्रोत • सेवा-भाव

प्रत्येक मानव का कोई-न-कोई लक्ष्य होना चाहिए। लक्ष्य बनाने से जीवन में रस आ जाता है। मैंने यह तय किया है कि मैं पत्रकार बनूँगा। आजकल सबसे प्रभावशाली माध्यम है पत्रकारिता। पत्रकार चाहें तो देश में आमूलचूल बदलाव ला सकते हैं। मैं भी ऐसे महत्त्वपूर्ण स्थान पर पहुँचना चाहता हूँ, जहाँ से मैं देशहित के लिए बहुत कुछ कर सकूँ। पत्रकार बनकर मैं देश को तोड़ने वाली ताकतों के विरुद्ध संघर्ष करूँगा और भ्रष्टाचार का भंडाफोड़ करूँगा। मेरे पड़ोस में एक पत्रकार रहते हैं–मि. नटराजन। वे दैनिक जागरण के संवाददाता तथा भ्रष्टाचार-विरोधी विभाग के प्रमुख पत्रकार हैं। उन्होंने पिछले वर्ष गैस एजेंसी की धाँधली को अपने लेखों द्वारा बंद कराया था। उन्हीं के लेखों के कारण हमारे शहर में कई दीन-दुखी लोगों को न्याय मिला है। इन कारणों से मैं उनका बहुत आदर करता हूँ। मेरा भी दिल करता है कि मैं उनकी तरह श्रेष्ठ पत्रकार बनूँ और नित्य बढ़ती समस्याओं का मुकाबला करूँ। मुझे पता है कि पत्रकार बनने में खतरे हैं तथा पैसा भी बहुत नहीं है। परंतु मैं पैसे के लिए या धंधे के लिए पत्रकार नहीं बनूँगा। मेरे जीवन का लक्ष्य होगा–समाज की कुरीतियों और भ्रष्टाचार को समाप्त करना। यदि मैं थोड़ी-सी बुराइयों को भी हटा सका तो मुझे बहुत संतोष मिलेगा। मैं स्वस्थ समाज को देखना चाहता हूँ। इसके लिए पत्रकार बनकर हर दुख-दर्द को मिटा देना मैं अपना धर्म समझता हूँ।

4. छात्र-अनुशासन

[*CBSE 2016*]

विचार-बिंदु– • अनुशासन एक महत्त्वपूर्ण जीवन-मूल्य • अनुशासन की प्रथम पाठशाला परिवार • व्यक्तिगत और सामाजिक जीवन के लिए अनुशासन आवश्यक

अनुशासन एक स्वभाव है, एक विद्या है। अनुशासन का लक्ष्य है–जीवन को सुमधुर और सुविधापूर्ण बनाना। अनुशासित व्यक्ति को सुशिक्षित और सभ्य कहा जाता है। वह न केवल स्वच्छता पर ध्यान देता है, बल्कि अपने बोलचाल और व्यवहार पर भी ध्यान देता है। अनुशासन जीवन-मूल्य है, मनुष्य का आदर्श है। अनुशासन का पाठ पहले-पहल परिवार से सीखा जाता है। यदि परिवार में सब कार्य व्यवस्था से किए जाते हैं तो बच्चा भी अनुशासन सीख जाता है। इसलिए मनुष्य को सबसे पहले अपना घर अनुशासित करना चाहिए। अनुशासन न केवल व्यक्तिगत जीवन के लिए आवश्यक है, अपितु सामाजिक जीवन के लिए भी परम आवश्यक है। व्यक्तिगत जीवन में अनुशासन का अर्थ है–छात्र को हर कार्य समय और व्यवस्था से करने की आदत होनी चाहिए। उसके काम करने के घंटे निश्चित होने चाहिए। दिनचर्या निश्चित होनी चाहिए। सामाजिक जीवन में भी अनुशासन होना अनिवार्य है। जैसे–गाड़ियाँ, बसें, विद्यालय, कार्यालय–सभी समय से खुलें, समय से बंद हों। कर्मचारी ठीक समय पर अपने-अपने स्थान पर कार्य के लिए तैयार हों। वहाँ टालमटोल न हो। इसी के साथ छात्र भी सामाजिक कार्यों में यथासमय पहुँचें। वे वहाँ की सारी नियम-व्यवस्था का पालन करें।

5. आदर्श विद्यार्थी

[*CBSE 2016*]

विचार-बिंदु– • विद्यार्थी की परिभाषा • आदर्श विद्यार्थी के लक्षण • व्यवहार तथा जीवन-शैली

आदर्श विद्यार्थी वही है जो सीखने की इच्छा से ओतप्रोत हो, जिसमें ज्ञान पाने की गहरी ललक हो। विद्यार्थी का सबसे पहला गुण है–जिज्ञासा। वह नए-नए विषयों के बारे में नित नई जानकारी चाहता है। वह केवल पुस्तकों और अध्यापकों के भरोसे ही नहीं रहता, अपितु स्वयं मेहनत करके ज्ञान प्राप्त करता है। सच्चा छात्र श्रद्धावान होता है। कहावत भी है–'श्रद्धावान् लभते ज्ञानम्'। सच्चा छात्र सांसारिक सुख और आराम का कायल नहीं होता। वह कठोर जीवन जीकर तपस्या का आनंद प्राप्त करता है। संस्कृत में एक सूक्ति भी है–

'सुखार्थिन: कुतो विद्या, विद्यार्थिन: कुतो सुखम्'

आदर्श विद्यार्थी परिश्रम, लगन और तपस्या की आँच में पिघलकर स्वयं को सोना बनाता है। आदर्श छात्र अपनी निश्चित दिनचर्या बनाता है और उसका कठोरता से पालन करता है। वह पढ़ाई, खेल-कूद, व्यायाम, मनोरंजन तथा अन्य गतिविधियों में तालमेल बैठाता है। उसके अध्ययन के घंटे निश्चित होते हैं। वह खेल-कूद और व्यायाम के लिए भी निश्चित समय रखता है। आदर्श छात्र फैशन और ग्लैमर की दुनिया से दूर रहता है। वह सादा जीवन जीता है और उच्च विचार मन में धारण करता है। सच्चा छात्र केवल पाठ्यक्रम तक ही सीमित नहीं रहता। वह विद्यालय में होने वाली अन्य गतिविधियों में भी बढ़-चढ़कर हिस्सा लेता है। आदर्श विद्यार्थी बनना एक साधना है।

6. पुस्तकें पढ़ने की आदत

[*CBSE 2017*]

विचार-बिंदु– • पढ़ने की घटती प्रवृत्ति • पढ़ने की आदत से लाभ • कारण और हानि • पढ़ने की प्रवृत्ति बढ़ाने के उपाय • उपसंहार

सभी सफल लोग मानते हैं कि उनके जीवन को सफल बनाने में किसी-न-किसी पुस्तक का योगदान रहा है। गाँधी जी और लोकमान्य तिलक को गीता ने प्रभावित किया, शिवाजी को संत तुकाराम के साहित्य ने तो लक्ष्मीबाई को वीरों की गाथाओं ने प्रभावित किया। पुस्तक पढ़ना अलग ही अनुभव है। पढ़ना केवल मनोरंजन ही नहीं होता, अपितु वह सोचना और आत्मालोचन करना भी होता है। पुस्तक में यह सुविधा है कि आप उसे बंद करके उसके किसी दृश्य या विचार का मन-ही-मन आनंद ले सकते हैं और फिर कुछ अंतराल के बाद आगे बढ़ सकते हैं। परंतु अन्य साधनों में यह सुविधा कहाँ! जहाँ तक समाचार-पत्रों और गूगल की बात है, उनमें स्थायी मूल्य नहीं होता और न ही आप उसका वैसा सम्मान करते हैं। पुस्तक न पढ़ने की आदत के कारण हमारे जीवन में चिंतन, सोच-विचार और गंभीरता की कमी आती जा रही है। हम उथले होते जा रहे हैं। हमारी गहरी संवेदनाएँ नष्ट होती जा रही हैं। अच्छी पुस्तकें हमारे लिए बहुमूल्य उपहार हुआ करती थीं। पहले लोग बच्चों और प्रियजनों को उपहार के रूप में कोई पुस्तक दिया करते थे, ताकि उसके जीवन में भी वह संवेदना की गहराई आए। आज कोई किसी को उपहार में पुस्तक नहीं देता। प्रश्न है कि पुस्तक-संस्कृति को बढ़ावा कैसे दिया जाए? इसका उपाय आज के विज्ञापन के युग में यही है कि हज़ारों-लाखों की संख्या में छपने वाली इन पुस्तकों में से श्रेष्ठ पुस्तकों को अधिक-से-अधिक विज्ञापित किया जाए। उनका आकर्षण बढ़ाया जाए। नगर-नगर में पुस्तक-मेले लगाए जाएँ। वहाँ पुस्तकें उपलब्ध कराई जाएँ। वहाँ विख्यात लेखकों और पाठकों के संवाद कराए जाएँ। इससे न केवल पाठकों की रुचि बढ़ेगी, अपितु लेखकों को भी पाठकों की रुचि से अवगत होने का अवसर मिलेगा। इससे पुस्तकें लोकोपयोगी बनेंगी।

7. स्मार्ट क्लास की उपयोगिता

[*CBSE 2017*]

विचार-बिंदु– • प्रस्तावना • शिक्षा की नई तस्वीर • विषयवस्तु का अधिगम प्रभावशाली • छात्रों की अधिक सक्रियता • उपसंहार

'स्मार्ट क्लास' नए युग का मुहावरा है। इसका अर्थ है—विद्यालय में पुराने ढंग की शिक्षा-पद्धति की बजाय उसमें आधुनिक इलैक्ट्रोनिक उपकरणों का सहारा लिया जाए। हमारी कक्षा में श्यामपट्ट और चाक की बजाय प्रोजेक्टर से चलने वाले उपकरण हों। अध्यापक सब कुछ अपने हाथ से वहीं लिखने की बजाय पूरा अध्याय या तो कक्षा में इलैक्ट्रोनिक बोर्ड पर प्रकट करे या सभी विद्यार्थियों के व्यक्तिगत लेपटॉप पर दिखाई दे। इस पद्धति के अनेक लाभ हैं। सबसे बड़ा लाभ यह है कि इससे विद्यार्थी की रुचि बनी रहती है। उसे नित नए चित्रों, आरेखों तथा वर्णनों को पढ़ने, देखने और सोचने का अवसर मिलता है। पहले की शिक्षा-पद्धति में विद्यार्थी को रोज-रोज उसी अध्यापक के मुख से बातें सुननी पड़ती थीं। बातें सुनने में उतना आकर्षण नहीं है जितना कि सुनने के साथ उसे देखने में। पहली व्यवस्था में कान से ही काम चल जाता था, अब कान के साथ आँखें भी ग्रहण करती हैं। स्वाभाविक है कि इससे विद्यार्थी अधिक सक्रिय होगा, उसकी रुचि अधिक होगी और वह अधिक ग्रहण कर सकेगा। दूसरा लाभ यह है कि पहली व्यवस्था में कुछ चित्र और आरेख बोर्ड पर बनाने संभव नहीं होते। साथ ही सभी अध्यापक चित्र या आरेख खींचने में उतने कुशल नहीं होते। तीसरे, उन चित्रों और आरेखों को बनाने में सभी का कितना समय व्यर्थ जाता है। इलैक्ट्रोनिक बोर्ड पर सभी चित्र आसानी से प्रकट हो जाते हैं तथा समय की भी बचत होती है। स्मार्ट क्लास का एक लाभ यह भी है कि इससे पूरा अध्याय पढ़ाया जाता है। पूरी सामग्री कक्षा के स्मार्ट बोर्ड पर उपस्थित होने के कारण कोई बिंदु छूटता नहीं। विद्यार्थी का ध्यान भी कहीं भटकता नहीं। इससे विषय की एकरूपता बनी रहती है। एक अध्यापक हर कक्षा में एक ही विषय को एक ही प्रामाणिक ढंग से पढ़ाता है। यदि अध्यापक को सब कुछ अपने ही ढंग और मूड से पढ़ाने का अवसर मिले तो अलग-अलग कक्षा में कुछ बदलाव हो जाता है। इससे कुछ विषय छूटने और कुछ भ्रामक ढंग से पढ़ाने के अवसर पैदा हो जाते हैं। इस प्रकार स्मार्ट क्लास वरदान हैं।

8. शिक्षक-शिक्षार्थी संबंध

[*CBSE 2020*]

विचार-बिंदु– • संबंधों की परंपरा • वर्तमान समय में आया अंतर • हमारा कर्त्तव्य

भारत में शिक्षक-शिक्षार्थी संबंधों को गुरु-शिष्य संबंधों के रूप में देखा जाता है। हमारे यहाँ गुरु को साक्षात भगवान माना गया है। कबीर कहते हैं–

गुरु गोविंद दोऊ खड़े काके लागू पाय।
बलिहारी गुरु आपने, गोविंद दियो बताय।।

गुरु का स्थान ईश्वर से भी बड़ा है। कारण? वह अज्ञान से ज्ञान की ओर ले जाता है। वर्तमान समय में गुरु के स्थान पर शिक्षक आ गए हैं। उनका काम ज्ञान देना नहीं, सूचनाएँ देना है। चरित्र बनाना नहीं, विषय समझाना है। इस अंतर के कारण शिक्षक-शिक्षार्थी संबंधों में भी अंतर आ गया है। अब यह व्यवसाय हो गया है। एक ज्ञान बेच रहा है तो दूसरा पैसे देकर ज्ञान खरीद रहा है। इस कारण शिक्षक का मूल्य घट रहा है और शिक्षार्थी भी उसे सम्मान नहीं दे रहा। यह अच्छी बात नहीं है। यह बदलते संबंधों की कहानी है। हमारा कर्तव्य है कि हम भारत के पुराने संस्कारों को याद करें। शिक्षक में गुरु को देखकर उनके प्रति श्रद्धा रखें। शिक्षक भी गुरु जैसी महिमा धारण करें और बच्चों के व्यक्तित्व-विकास की ओर ध्यान दें।

9. बस्ते का बढ़ता बोझ

[*CBSE 2020*]

विचार-बिंदु– • बोझ क्यों बढ़ रहा है • हानियाँ • कैसे हो कम

आज सभी लोग चिंता प्रकट रहे हैं कि नन्हे बच्चों का बस्ता उनके वज़न से अधिक भारी हो रहा है। वे न तो बस्ता उठा पा रहे हैं और न ही पुस्तकों के अथाह ज्ञान को। इसलिए उनका जीवन बोझ बनता जा रहा है। स्कूल उनके लिए तनाव का कारण बनता जा रहा है। जो स्कूल उनके विकास के लिए था, वही उनके लिए मुसीबत बनता जा रहा है। खुशियाँ छिन रही हैं, चश्मे चढ़ रहे हैं, दबाव बढ़ रहा है। सबसे बड़ी हानि यह हो रही है कि बच्चों की ज़िंदगी नरक बन रही है। वे उमंग और आनंद के हर स्रोत से कट रहे हैं। पारिवारिक स्नेह, जो उनके विकास का मूल स्रोत है, वही छूट रहा है। कारण है–बस्ता, होमवर्क और पढ़ाई का बोझ। बच्चा दिनभर स्कूल में भी पढ़ता है और घर में भी। फिर-भी काम पूरा नहीं होता। इसलिए बच्चा उदास, हताश और तनावग्रस्त हो जाता है। माता-पिता और शिक्षक पुस्तकें कम करने को तो कहते हैं किंतु करते नहीं। कारण? उन्हें बच्चे को टॉपर बनाना है, सर्वश्रेष्ठ बनाना है। अतः जीवन बगीचा नहीं, पर्वतारोहण बन जाता है। इससे बचने का एक ही उपाय है–चिकित्सकों और मानव-विज्ञानियों द्वारा निर्धारित मानदंडों से अधिक की गई पढ़ाई को अपराध मानकर दंडित करना। शायद अहंकार की बीमारों को दंड का भय ठीक कर दे।

10. गाँवों की बदलती तस्वीर

[*CBSE 2020*]

विचार-बिंदु– • रहन-सहन का स्तर • शिक्षा और आधुनिकता • भविष्य की संभावनाएँ

आज गाँव गाँव नहीं रहे, शहर हो गए हैं। बड़े शहरों से बीस-तीस किलोमीटर की दूरी पर एक गाँव है। गाँव में साइबर-कैफे हैं, हर बड़ी कंपनी का इंटरनेट कनेक्शन और संचार-तंत्र है। घर-घर में स्कूटी, बाइक या कार है। सड़कें सँवर गई हैं। नन्हे बच्चे बड़े-बड़े स्कूलों में जा रहे हैं। उनके लिए वाहनों का काफिला तैयार खड़ा है। दोनों आनंद एक साथ–गाँव का प्रदूषण-रहित वातावरण और शहरों की सारी सुविधाएँ। जब घर में इंटरनेट है तो विश्व-भर की सारी जानकारियाँ, फिल्में, समाचार घर में ही उपलब्ध हैं। वास्तव में, आज गाँवों के रहन-सहन का स्तर शहरों से अधिक पिछड़ा नहीं रहा। जब से स्वच्छता अभियान चला है, तब से घर-घर शौचालय ने भी तस्वीर बदल कर रख दी है। जैसे-जैसे सारी शिक्षा और ज्ञान के भंडार ऑनलाइन हो गए हैं, वैसे-वैसे आधुनिकता की एक नई लहर गाँव गाँव तक पहुँच रही है। यह भारत के लिए एक शुभ संकेत है। कहते हैं, भारत का हृदय गाँवों में बसता है। अतः जब यह हृदय–ये गाँव आधुनिक हो जाएँगे तो भारत अवश्यमेव विश्व का गुरु बन सकेगा।

III. देश और संस्कृति

11. राष्ट्रीय एकता

[*CBSE 2015*]

विचार-बिंदु– • भारत में विभिन्नता • अनेकता में एकता • राष्ट्रीय एकता के बाधक तत्त्व • समाधान।

भारत अनेकताओं का देश है। यहाँ अनेक धर्मों, जातियों, वर्गों, संप्रदायों और भाषाओं के लोग निवास करते हैं। यहाँ के लोगों का रहन-सहन, खान-पान और पहनावा भी भिन्न है। भौगोलिक, सामाजिक और आर्थिक असमानताएँ भी कम नहीं हैं। लेकिन यहाँ विभिन्नता होते हुए भी एकता विद्यमान है। यहाँ सभी जातियाँ घुल-मिलकर रहती रही हैं। प्रायः लोग एक-दूसरे के धर्म का आदर करते हैं। भारत की यह दृढ़ मान्यता है कि 'एकं सद् विप्रा बहुधा वदन्ति।' अर्थात सत्य एक है। उस तक पहुँचने के मार्ग भिन्न-भिन्न हैं। भारत की राष्ट्रीय एकता के लिए अनेक खतरे हैं। सबसे बड़ा खतरा है–कुटिल राजनीति। यहाँ के राजनेता

'वोट-बैंक' बनाने के लिए कभी अल्पसंख्यकों में अलगाव के बीज बोते हैं, कभी आरक्षण के नाम पर पिछड़े वर्गों को देश की मुख्य धारा से अलग करते हैं। कभी किसी विशेष जाति, प्रांत या भाषा के हिमायती बनकर देश को तोड़ते हैं। राष्ट्रीय एकता में अन्य बाधक तत्त्व हैं–विभिन्न धार्मिक नेता, जातिगत असमानता, आर्थिक असमानता आदि। प्रश्न यह है कि राष्ट्रीय एकता को बल कैसे मिले? संघर्ष समाप्त कैसे हो? इसका एकमात्र उत्तर यही है कि– देश में सभी असमानता लाने वाले कानूनों को समाप्त किया जाए। मुस्लिम पर्सनल लॉ, हिंदू कानून आदि अलगाववादी कानूनों को तिलांजलि दी जाए। उसकी जगह एक राष्ट्रीय कानून लागू किया जाए। सब नागरिकों को एक-समान अधिकार प्राप्त हों। किसी को किसी नाम पर भी विशेष सुविधा या विशेष दर्जा न दिया जाए। राष्ट्रीय एकता बनाने का दूसरा उपाय यह है कि लोगों के हृदयों में परस्पर आदर का भाव जगाया जाए। यह काम साहित्यकार, कलाकार, विचारक और पत्रकार कर सकते हैं। वे अपनी लेखनी और कला से देशवासियों को एकता का मंत्र पढ़ा सकते हैं।

❑ मिलते-जुलते अनुच्छेद–

- राष्ट्रीय एकता [*CBSE 2015*]

  [**विचार-बिंदु–** • भारतीय एकता • बाधक तत्त्व • एकता का संरक्षण]

- एकता में बल [*CBSE 2016*]

  [**विचार-बिंदु–** • एकता कैसे संभव • एकता का महत्त्व • एकता के बाधक तत्त्व]

☞ 12. मेरा भारत महान

[Most Imp.][*CBSE*]

विचार-बिंदु– • प्राकृतिक सुंदरता • धन-संपन्नता • श्रेष्ठ सभ्यता-संस्कृति • ज्ञान में अग्रणी।

मेरा देश भारत बहुत सुंदर है। इसके सिर पर हिमालय शोभायमान है। गंगा तथा यमुना इसके गले के हार हैं। दक्षिण में हिंदमहासागर है जो भारत माता के चरणों को निरंतर धोता रहता है। संसार में केवल यही एक देश है जहाँ षड्ऋतुओं का आगमन होता है। गंगा, यमुना, सतलुज, व्यास, गोमती, गोदावरी, कृष्णा, कावेरी अनेक नदियाँ हैं जो अपने अमृत-जल से इस देश की धरती की प्यास शांत करती हैं। भारत पर प्रकृति की विशेष कृपा है। यहाँ पर खनिज पदार्थों की भरमार है। अपनी अपार संपदा के कारण ही इसे 'सोने की चिड़िया' की संज्ञा दी गई है। भारत की सभ्यता और संस्कृति संसार की प्राचीनतम सभ्यताओं में गिनी जाती है। संगीतकला, चित्रकला, मूर्तिकला, स्थापत्य कला आदि के क्षेत्र में भी हमारी उन्नति आश्चर्य में डाल देने वाली है। जिस समय संसार का एक बड़ा भाग घुमंतू जीवन बिता रहा था, हमारा देश भारत उच्चकोटि की नागरिक सभ्यता का विकास कर चुका था। हमारा प्यारा देश 'विश्व गुरु' रहा है। यहाँ की कला, ज्ञान-विज्ञान, ज्योतिष, आयुर्वेद संसार के प्रकाशदाता रहे हैं। यह देश ऋषि-मुनियों, धर्म-प्रवर्तकों तथा महान कवियों का देश है। त्याग हमारे देश का सदा से मूल मंत्र रहा है। जिसने त्याग किया, वही महान कहलाया। बुद्ध, महावीर, दधीचि, रंतिदेव, राजा शिवि, रामकृष्ण परमहंस, गाँधी इत्यादि महान विभूतियाँ इसका जीता-जागता प्रमाण हैं।

13. आत्मनिर्भर भारत

[*CBSE 2022*]

विचार-बिंदु– • आत्मनिर्भर आवश्यक क्यों? • अभियान का प्रभाव • बाधाएँ और सुझाव

सम्मान से जीने के लिए आवश्यक है कि मनुष्य आत्मनिर्भर हो। सम्मानित देश भी वही कहलाता है, जो अपने पाँवों पर खड़ा हो; जिसे सहायता के लिए दूसरों के सामने हाथ न पसारने पड़ें। दूसरों पर निर्भर देश कभी सिर उठाकर नहीं जी सकता। उसे छोटी-छोटी बात के लिए दूसरों के सामने गिड़गिड़ाना पड़ता है। पाकिस्तान, नेपाल और श्रीलंका को देखो। उन पर कोरोना

का या धन का संकट आया तो उन्हें चीन या अमरीका की शरण में जाना पड़ा। अमरीका ने जो भी शर्तें रखीं, उन्हें मानना पड़ा। भारत भी पूरी तरह आत्मनिर्भर नहीं है। वह ऊर्जा, हथियार और तकनीक के लिए उन्नत देशों पर निर्भर है। पैट्रोल-डीजल के लिए हम तेल-उत्पादक देशों पर निर्भर हैं। उन्नत हथियारों के लिए अमरीका, रूस, जर्मनी आदि देशों पर निर्भर है। अब भारत सरकार ने संकल्प लिया है कि भारत पवन-ऊर्जा, सूर्य ऊर्जा और हाइड्रो ऊर्जा में आत्मनिर्भर बनेगा। सौभाग्य से सूर्य ऊर्जा में भारत अग्रणी देश बनने जा रहा है। यह आत्मनिर्भरता का पहला कदम है। अब हमारी कारें, वाहन और हमारे घर-कार्यालय भी बिजली या सूर्य-ऊर्जा से चलेंगे। हमने हथियार भी अपने देश में बनाने आरंभ कर दिए हैं। तकनीक के क्षेत्र में हमारे वैज्ञानिक उन्नत देशों में जाकर नौकरी करते रहे हैं उन्होंने भारत में रहकर भारतीय तकनीक को विकसित करने का बीड़ा उठाना शुरू कर दिया है। आशा है, भविष्य में भारत चिकित्सा, शिक्षा, सेवा और विज्ञान के क्षेत्र में पूरी तरह आत्मनिर्भर हो जाएगा। आत्मनिर्भरता के क्षेत्र में सबसे बड़ी बाधा है—जनता की उदासीनता। वे स्वयं को अभी भी पिछड़ा हुआ, कमज़ोर और गुलाम मानते हैं। एक बार भारत की शक्ति का गौरव जग जाए तो सब बाधाएँ अपने आप दूर हो जाएँगी।

IV. खेल

14. ओलंपिक खेलों में सुधार के उपाय

मुख्य-बिंदु– • खेलों के प्रति रुझान में बदलाव • खेल-नीति में परिवर्तन • राजनीति से दूरी • खेल-वातावरण का निर्माण

भारत आध्यात्मिक देश है। यहाँ के लोग अध्यात्म और धर्म को अधिक महत्त्व देते हैं। यदि कभी धर्मों की प्रतियोगिता हो जाए तो सारे स्वर्ण भारत की झोली में जाएँगे। स्वामी विवेकानंद ने प्रथम विश्व धर्म सम्मेलन में पूरे विश्व को जीतकर दिखा दिया था। उनकी जीत का कारण था भारत के लोगों की नस-नस में धर्म और अध्यात्म का होना। परंतु भारत के लोगों की रग-रग में खेल प्रतियोगिताएँ नहीं हैं। यदि भारत को खेलों के क्षेत्र में अग्रणी बनना है तो खेलों को महत्त्व देना होगा। जैसे गली-गली में धार्मिक सभाएँ होती हैं, शोभा यात्राएँ होती हैं, उसी प्रकार खेलों के उत्सव मनाने होंगे, गली-मोहल्लों में खेल-प्रतियोगिताएँ आयोजित करनी होंगी। हरियाणा के गाँव-गाँव में अखाड़े होते हैं, तभी यहाँ उत्तम कोटि के पहलवान पैदा होते हैं और अधिकतर पदक प्राप्त करते हैं। भारत की खेल-नीति बहुत निराशाजनक है। यहाँ न तो माता-पिता की ओर से खिलाड़ियों को प्रोत्साहन मिलता है और न समाज से और न ही सरकार से। सरकार शिक्षा में उच्चतम स्थान पाने वालों को नौकरियाँ प्रदान करती है, किंतु खेलों में श्रेष्ठ स्थान पाने वालों को विशेष स्थान नहीं देती। परिणाम यह होता है कि खिलाड़ियों के सामने एक अंधकारमय भविष्य होता है। खेल की उम्र ढल जाने के बाद वे क्या करेंगे? यदि सरकार एक सुदीर्घ खेल-नीति बनाए, हर विद्यालय में बच्चों के लिए खेल अनिवार्य कर दे, वहाँ खिलाड़ियों के लिए सम्मानजनक नौकरियों का सृजन हो, विभिन्न खेलों के लिए विश्व-स्तरीय सुविधाएँ हों, श्रेष्ठ कोच हों, विभिन्न प्रतियोगिताएँ हों, खिलाड़ियों को अच्छे पुरस्कार प्रदान किए जाएँ तो भारत में खेलों का नज़ारा ही कुछ और हो सकता है। भारत की सबसे बड़ी समस्या है—राजनीति का दबदबा। अधिकतर खेल-संघों के प्रधान राजनेता हैं। राजनेताओं की रुचि सदा वोट में रहती है, खेलों में नहीं। इसलिए वे अपने चहेतों को आगे बढ़ाते हैं। आज भारत विश्व की एक बड़ी शक्ति बनने की ओर अग्रसर है। यदि हम खेलों में फिसड्डी रहे तो छोटे-छोटे देश भी हमारा मजाक उड़ाएँगे। जब चीन के खिलाड़ियों ने 70 पदक जीते और हमने केवल 2 तो चीन ने हमारा मजाक उड़ाते हुए कहा—भारत को खेल-पदक जीतने की कला चीनियों से सीखनी चाहिए। वास्तव में यह आत्म-मंथन का दौर है।

☞15. जीवन में खेल-कूद का महत्त्व

[*CBSE 2015*]

विचार-बिंदु– • भूमिका • खेलों से लाभ • खेल विजयी बनाते हैं • मनोरंजन।

स्वामी विवेकानंद ने अपने देश के नवयुवकों को संबोधित करते हुए कहा था–*'सर्वप्रथम हमारे नवयुवकों को बलवान बनाना चाहिए। धर्म पीछे आ जाएगा।'* स्वामी विवेकानंद के इस कथन से स्पष्ट है कि स्वस्थ शरीर में ही स्वस्थ मस्तिष्क का निवास संभव है और शरीर को स्वस्थ तथा हृष्ट-पुष्ट बनाने के लिए खेल अनिवार्य हैं। खेलने से शरीर पुष्ट होता है, मांसपेशियाँ उभरती हैं, भूख बढ़ती है, शरीर शुद्ध होता है तथा आलस्य दूर होता है। न खेलने की स्थिति में शरीर दुर्बल, रोगी तथा आलसी हो जाता है। इन सबका कुप्रभाव मन पर पड़ता है जिससे मनुष्य की सूझ-बूझ समाप्त हो जाती है। मनुष्य निस्तेज, उत्साहहीन एवं लक्ष्यहीन हो जाता है। शरीर तथा मन से दुर्बल एवं रोगी व्यक्ति जीवन के सच्चे सुख और आनंद को प्राप्त नहीं कर सकता। बीमार होने की स्थिति में मनुष्य अपना तो अहित करता ही है, समाज का भी अहित करता है। गाँधी जी तो बीमार होना पाप का चिह्न मानते थे। खेल खेलने से मनुष्य को संघर्ष करने की आदत लगती है। उसकी जुझारू शक्ति उसे नव-जीवन प्रदान करती है। उसे हार-जीत को सहर्ष झेलने की आदत लगती है। खेलों से मनुष्य का मन एकाग्रचित्त होता है। खेलते समय खिलाड़ी स्वयं को भूल जाता है। खेल हमें अनुशासन, संगठन, पारस्परिक सहयोग, आज्ञाकारिता, साहस, विश्वास और औचित्य की शिक्षा प्रदान करते हैं। खेल हमारा भरपूर मनोरंजन करते हैं। खिलाड़ी हो अथवा खेल-प्रेमी, दोनों को खेल के मैदान में एक अपूर्व आनंद मिलता है। मनोरंजन जीवन को सुमधुर बनाने के लिए आवश्यक है। इस दृष्टि से भी जीवन में खेलों का अपना महत्त्व है।

❑ मिलते-जुलते अनुच्छेद–

- खेल और हमारा स्वास्थ्य [*CBSE 2016*]

  [**विचार-बिंदु–** • स्वास्थ्य का महत्त्व • स्वस्थ रहने के लिए खेल • क्या किया जाए]

- खेल और स्वास्थ्य [*CBSE 2017*]

  [**विचार-बिंदु–** • भूमिका • शरीर का विकास • मन-मस्तिष्क का विकास • मानवीय गुणों का विकास • उपसंहार]

V. विज्ञान

☞16. जीवन में कंप्यूटर की उपयोगिता

[Imp.] [*CBSE 2015*]

विचार-बिंदु– • वर्तमान युग–कंप्यूटर युग • कंप्यूटर की उपयोगिता • स्वचालित गणना-प्रणाली • कार्यालय तथा इंटरनेट में सहायक • नवीनतम उपकरणों में उपयोगिता।

वर्तमान युग कंप्यूटर-युग है। आज जीवन के लगभग सभी क्षेत्रों में कंप्यूटर का प्रवेश हो गया है। बैंक, रेलवे-स्टेशन, हवाई-अड्डे, डाकखाने, बड़े-बड़े उद्योग, कारखाने, व्यवसाय, हिसाब-किताब, रुपये गिनने की मशीनें तक कंप्यूटरीकृत हो गई हैं। आज मनुष्य-जीवन जटिल हो गया है। सांसारिक गतिविधियों, परिवहन और संचार-उपकरणों आदि का अत्यधिक विस्तार हो गया है। आज व्यक्ति के संपर्क बढ़ रहे हैं, व्यापार बढ़ रहे हैं; गतिविधियाँ बढ़ रही हैं, आकांक्षाएँ बढ़ रही हैं, साधन बढ़ रहे हैं। परिणामस्वरूप सब जगह भागदौड़ और आपाधापी चल रही है। इस 'पागल गति' को सुव्यवस्था देने के लिए कंप्यूटर रामबाण-औषधि है। क्रिकेट के मैदान में अंपायर की निर्णायक-भूमिका हो या लाखों-करोड़ों-अरबों की लंबी-लंबी गणनाएँ, कंप्यूटर पलक झपकते ही आपकी समस्या हल कर सकता है। कंप्यूटर ने फाइलों की आवश्यकता कम कर दी है। कार्यालय की सारी गतिविधियाँ मैमोरी में बंद हो जाती हैं। इसलिए फाइलों के स्टोरों की ज़रूरत अब नहीं रही। अब समाचार-पत्र भी इंटरनेट

के माध्यम से पढ़ने की व्यवस्था हो गई है। विश्व के किसी कोने में छपी पुस्तक, फिल्म, घटना की जानकारी इंटरनेट पर ही उपलब्ध है। एक समय था, जब कहते थे कि विज्ञान ने संसार को कुटुंब बना दिया है। कंप्यूटर ने तो मानो उस कुटुंब को आपके कमरे में उपलब्ध करा दिया है। आज टेलीफोन, रेल, फ्रिज, वाशिंग मशीन आदि उपकरणों के बिना नागरिक जीवन जीना कठिन हो गया है। इन सबके निर्माण या संचालन में कंप्यूटर का योगदान महत्त्वपूर्ण है। रक्षा-उपकरणों, हजारों मील की दूरी पर सटीक निशाना बाँधने, सूक्ष्म-से-सूक्ष्म वस्तुओं को खोजने में कंप्यूटर का अपना महत्त्व है। सचमुच कंप्यूटर हज़ार-हज़ार हाथों वाला देवता बन गया है।

17. विज्ञान : वरदान या अभिशाप

विचार-बिंदु– • विज्ञान के दो रूप • विज्ञान 'वरदान' के रूप में • विज्ञान 'अभिशाप' के रूप में • निष्कर्ष।

विज्ञान एक शक्ति है, जो नित नए आविष्कार करती है। यह शक्ति न तो अच्छी है, न बुरी। अगर हम उस शक्ति से मानव-कल्याण के कार्य करें तो वह 'वरदान' प्रतीत होती है। अगर उसी से विनाश करना शुरू कर दें तो वह 'अभिशाप' बन जाती है। विज्ञान ने अंधों को आँखें दी हैं, बहरों को सुनने की ताकत। लाइलाज रोगों की रोकथाम की है तथा अकाल मृत्यु पर विजय पाई है। विज्ञान की सहायता से यह युग बटन-युग बन गया है। बटन दबाते ही वायु देवता हमारी सेवा करने लगते हैं, इंद्र देवता वर्षा करने लगते हैं, कहीं प्रकाश जगमगाने लगता है तो कहीं शीत-उष्ण वायु के झोंके सुख पहुँचाने लगते हैं। बस, गाड़ी, वायुयान आदि ने स्थान की दूरी को बाँध दिया है। टेलीफोन द्वारा तो हम सारी वसुधा से बातचीत करके उसे वास्तव में कुटुंब बना लेते हैं। हमने समुद्र की गहराइयाँ भी नाप डाली हैं और आकाश की ऊँचाइयाँ भी। मनुष्य ने जहाँ विज्ञान से सुख के साधन जुटाए हैं, वहाँ दुख के अंबार भी खड़े कर लिए हैं। विज्ञान के द्वारा हमने अणु बम, परमाणु बम तथा अन्य ध्वंसकारी शस्त्र-अस्त्रों का निर्माण कर लिया है। वैज्ञानिकों का कहना है कि अब दुनिया में इतनी विनाशकारी सामग्री इकट्ठी हो चुकी है कि उससे सारी पृथ्वी को अनेक बार नष्ट किया जा सकता है। इसके अतिरिक्त प्रदूषण की समस्या बहुत बुरी तरह फैल गई है। नित्य नए असाध्य रोग पैदा होते जा रहे हैं, जो वैज्ञानिक उपकरणों के अंधाधुंध प्रयोग करने के दुष्परिणाम हैं। वास्तव में विज्ञान को वरदान या अभिशाप बनाने वाला मनुष्य है। उसे वरदान या अभिशाप बनाना मानव के हाथ में है। इस संदर्भ में एक उक्ति याद रखनी चाहिए–*'विज्ञान अच्छा सेवक है लेकिन बुरा हथियार।'*

18. कृत्रिम बुद्धिमत्ता (आर्टिफिशियल इंटेलिजेंस) का दौर

[*CBSE 2022*]

विचार-बिंदु– • कृत्रिम बुद्धिमत्ता क्या है? कैसे काम करती है? • वर्तमान में इसका प्रचार-प्रसार अधिक कैसे हुआ? • इसके लाभ और खतरे • हमारे जीवन पर प्रभाव।

बुद्धि का काम है–सोचना, समझना, निर्णय लेना, पुराने अनुभवों से सीख लेना और अगली बार ठीक आचरण करना। अगर यही काम मशीनें करने लगें तो निश्चित रूप से वे बुद्धिमान मशीनें होंगी। परंतु उसकी बुद्धि बनावटी अर्थात् कृत्रिम होगी। अतः हम कह सकते हैं कि मशीनों द्वारा सोचने-समझने, निर्णय लेने, सीखने और सँवरने का काम करना कृत्रिम बुद्धिमत्ता का काम है। कृत्रिम बुद्धिसत्ता का विचार 1950 के आसपास शुरू हुआ। मशीनों में बुद्धि नहीं होती किंतु वैज्ञानिक मशीनों को सिखाते हैं कि वे पिछले डाटा, अनुभव और निरीक्षण के अनुसार आगे की गति तय करें। पहले-पहल 1927 में IBM ने ऐसा कंप्यूटर तैयार किया जिसने शतरंज के चैंपियन गैरी कॉस्पारॉव को भी हरा दिया। ये कंप्यूटर पुराने अनुभवों का सटीक विश्लेषण करके उचित निर्णय तक पहुँच जाते हैं। गूगल ट्रांसलेटर अपने अनुभव के आधार पर वाक्य में प्रयोग होने वाले किसी शब्द के दो-तीन अर्थों में से किसी एक उचित शब्द को चुनता है। इसी के आधार पर मशीनी अनुवाद और एलेक्सा के आदेश चलते हैं। स्वचालित कार चलाना, गूगल द्वारा दिशा बताना कृत्रिम बुद्धि के ही काम हैं। कृत्रिम बुद्धि से कंप्यूटर आजकल खेल खेल रहे हैं, शेयर बाज़ार की चाल बता रहे हैं, मौसम का हाल बता रहे हैं। अब ऐसे भावनात्मक समझ वाले कंप्यूटर भी तैयार हो रहे हैं जो मानवीय

संवेदन और कला को समझते हुए न केवल अच्छी कविताएँ लिखेंगे, लेख लिखेंगे, बल्कि शांत होकर पेचीदा भावनात्मक संबंधों को भी सुलझाएँगे। यदि कभी मानव की शक्ति से भी बढ़कर अच्छे भावनात्मक कंप्यूटर तैयार हो गए तो वे मानव को गुलाम भी बना सकते हैं। परंतु यह कल्पना-भर है। अभी तो हमें रचनात्मक कार्यों के लिए कृत्रिम बुद्धिमत्ता का विकास करना है ताकि मानवीय शक्ति में वृद्धि हो।

19. पॉलीथिन थैलियों पर अनिवार्य प्रतिबंध

[*CBSE 2022*]

विचार-बिंदु– • पॉलीथिन थैलियों का प्रचलन, प्रसार • प्रतिबंध की आवश्यकता • सरकार और आम आदमी का सहयोग

हमारे वर्तमान जीवन में पॉलीथिन थैलियाँ अनिवार्य हो चुकी हैं। उनके बिना न तो कोई सामान पैक होता है, न वहन होता है। अब झोलों के दिन लद चुके हैं। लोग खाली हाथ बाज़ार जाते हैं और बीसियों पोलीथिनों में ढेर सारा सामान लेकर घर आते हैं। अब घी-तेल, चाय, चटनी, सब्जी जैसे तरल पदार्थ भी पॉलीथिन की सहायता से हमारे घरों में सुरक्षित पहुँच जाते हैं। सच कहें तो पॉलीथिन के बिना जीवन का कोई काम पूरा नहीं होता। परंतु पॉलीथिन के खतरे भी बहुत हैं। यह गलता या घुलता नहीं। यह जलकर भी नष्ट नहीं होता। मिट्टी में भी आसानी से विलीन नहीं होता। इसमें मिले जहरीले रसायन वातावरण को प्रदूषित कर रहे हैं। जलाओ तो वायु प्रदूषित, दबाओ तो मिट्टी प्रदूषित। पानी में मिलाओ तो पानी दूषित। पानी में तो ये तैरते रहते हैं और नदियों-नालों से चलकर समुद्र में पहुँच जाते हैं। वहाँ इतनी प्लास्टिक कचरा जमा हो जाता है कि समुद्र प्लास्टिक का हो जाता है। प्लास्टिक के कारण हमारे नाले तथा सीवर जाम हो जाते हैं। गाय आदि पशु गलती से खा लें तो उनकी मौत हो जाती है। इस कारण आज प्लास्टिक पर प्रतिबंध लगाने की जरूरत आन पड़ी है। प्लास्टिक पर रोक लगाना बहुत कठिन काम है। जब तक प्लास्टिक पदार्थों का विकल्प तैयार नहीं होगा, लोग इसे नहीं छोड़ेंगे। सरकारें कागज़, गत्ता, कपड़ा, जूट आदि से नए विकल्प तैयार कर रही हैं। कानून के चलते कहीं-कहीं प्रतिबंध लगा भी है, किंतु अभी मंजिल दूर है। इस पुण्य कार्य को केवल सरकारों के भरोसे नहीं छोड़ा जा सकता। इसमें आम आदमी को भी ईमानदारी से प्रयत्न करना होगा। तभी यह धरती प्लास्टिक-मुक्त हो सकेगी।

20. महानगरीय भीड़भाड़ और मैट्रो

विचार-बिंदु–• महानगरों की भीड़ • मैट्रो रेल-योजना • दिल्ली मैट्रो के लाभ • आगामी योजनाएँ।

महानगर और भीड़भाड़ का चोली-दामन का संबंध है। महानगरों की स्थिति आसपास के क्षेत्रों के लिए उस चुंबकीय स्वर्ग जैसी होती है, जहाँ रहने के लिए सभी लालायित रहते हैं। दिल्ली, मुंबई जैसे महानगरों की स्थिति तो ऐसी भयानक है कि हर साल यहाँ लाखों नए निवासी आ बसते हैं। वही सड़कें, वही कॉलोनियाँ, वही ज़मीन–किंतु यातायात कई गुना हो जाता है। इसी महाभीड़ और यातायात से निपटने के लिए मैट्रो रेल-योजना पर विचार हुआ। जापानी कंपनी के सहयोग से कहीं जमीन के नीचे, कहीं भू-तल पर तो कहीं पुल पर मैट्रो रेलगाड़ियाँ चलाई गईं। ये गाड़ियाँ पर्यावरण तथा शोर-शराबे पर नियंत्रण रखने वाली हैं। इसका वातानुकूलित और साफ़-सुथरा रख-रखाव दिल्लीवासियों के लिए बहुत बड़ा वरदान है। इसकी सहायता से आवागमन बहुत सरल हो गया है। बसों और निजी वाहनों का काफी भार मैट्रो ने उठा लिया है। दिल्ली मैट्रो का सबसे बड़ा लाभ यह है कि अब यहाँ का जीवन बहुत सुविधाजनक हो गया है। नागरिकों के समय की बहुत बचत हुई है। पहले सड़कों की भीड़भाड़ के चलते जहाँ पहुँचने में घंटा लगता था, वहाँ अब 15-20 मिनट में ही सफर पूरा हो जाता है। मैट्रो के डिब्बे पूरी तरह वातानुकूलित तथा इलेक्ट्रोनिक रूप से संचालित होने के कारण यात्रा आनंददायक बन गई है। लोग निजी वाहनों की तुलना में मैट्रो की यात्रा को सुखद समझते हैं, इसलिए सड़कों पर दबाव कम हुआ है। पेट्रोल या सी.एन.जी. की बचत हुई है। अभी दिल्ली मैट्रो का विस्तार सीमित है। इसकी सुविधा को देखते हुए दिल्ली और आसपास के क्षेत्रों में भी मैट्रो का चलन प्रारंभ हो गया है। नोएडा, गुड़गाँव,

फरीदाबाद जैसे निकटस्थ नगर भी मैट्रो से जोड़ दिए गए हैं। दिल्ली की तर्ज पर लगभग सभी महानगरों में मैट्रो का शुभारंभ हो गया है। वह दिन दूर नहीं, जब सभी महानगरों में ये सेवाएँ आरंभ हो जाएँगी।

21. मोबाइल फोन

[CBSE 2015]

विचार-बिंदु– • प्रस्तावना • मोबाइल फोन का स्वरूप • विविध लाभ और हानियाँ • उपसंहार

विज्ञान के कारण मानव को अनेक सुविधाएँ प्राप्त हुई हैं। उनमें मोबाइल फोन का सबसे ऊँचा और विशिष्ट स्थान है। मोबाइल ऐसा सेवक है जो आपकी जेब में रहता है। यह न केवल आपके समूचे घर-संसार को आपसे जोड़ता है, बल्कि आपके लिए समय, कलैंडर, संगणक, घड़ी, टार्च, अलार्म, सचेतक, स्मारक, कैमरा और न जाने कितने-कितने काम एक-साथ निपटाता है। सच तो यह है कि आजकल मोबाइल फोन समाज के सभी वर्गों के लिए ज़रूरत बन चुका है। जब आप खेतिहर किसान को ट्रैक्टर चलाते समय मोबाइल पर बातें करते देखते हैं, बिजली-मिस्त्री को अपने नए ग्राहक से वादा करते देखते हैं, तो यही अनुभव होता है कि आज मोबाइल सबके लिए आवश्यक हो चुका है। इसकी सहायता से व्यापारियों का व्यापार देश-विदेश में फैल गया है। परिवार के सभी सदस्य चौबीसों घंटे एक-दूसरे के संपर्क में रहते हैं। बूढ़े दादा-दादी, जो अपने पोतों से बात करने को तरस जाते थे, अब मोबाइल से बातें करके दिल हल्का कर लेते हैं। सचमुच वरदान है यह। मोबाइल की परेशानियाँ भी अनगिनत हैं। इसके कारण आप पर अनेक अनचाही मुसीबतें आ पड़ती हैं। कई बार आप गहरी नींद में सोए हैं और कोई गलत नंबर आकर आधी रात में आपकी धड़कनें बढ़ा देता है। कितने ही अनचाहे गलत नंबर, कंपनियों के विज्ञापन, एस.एम.एस. आपके जीवन में खलल डालते हैं। इन अनचाहे संदेशों ने हमारे व्यस्त जीवन का जंजाल और अधिक बढ़ा दिया है। इस समस्या से छुटकारा पाने का एक ही उपाय है–हमें इसका संयमित और मर्यादित उपयोग करना चाहिए। हम मोबाइल के स्वामी बनें, दास नहीं।

❑ **मिलते-जुलते अनुच्छेद–**

- मोबाइल फोन की लोकप्रियता *[CBSE 2017]*

  [**विचार-बिंदु–** • भूमिका • संपर्क का सस्ता तथा सुलभ साधन • हानियाँ तथा सीमाएँ • वर्तमान समय में उपयोगिता • उपसंहार]

22. विज्ञापन और हमारा जीवन

[CBSE 2015]

विचार-बिंदु– • विज्ञापन का उद्देश्य • विज्ञापनों के प्रकार • भूमिका

किसी भी वस्तु, व्यक्ति या विचार के प्रचार-प्रसार को विज्ञापन कहते हैं। विज्ञापन का उद्देश्य प्रचार-प्रसार करना होता है। जो विज्ञापन श्रोता, पाठक या उपभोक्ता के मन पर जितनी गहरी छाप छोड़ पाता है, वह उतना ही प्रभावी विज्ञापन कहलाता है। विज्ञापनों का संसार बहुत विस्तृत है। सर्वाधिक विज्ञापन वस्तुओं के होते हैं। साबुन, तेल, कपड़े, कंप्यूटर, टी.वी. आदि के विज्ञापन व्यापारिक विज्ञापन कहलाते हैं। सामाजिक-धार्मिक विज्ञापनों में सामाजिक कार्यक्रमों, महापुरुषों, यज्ञों, समारोहों, कवि-सम्मेलनों आदि के विज्ञापन आते हैं। शैक्षिक विज्ञापनों में पुस्तकों, पत्र-पत्रिकाओं, कोचिंग कक्षाओं, विद्यालयों आदि के विज्ञापन आते हैं। इनके अतिरिक्त सरकारी सूचनाओं, निर्देशों, नियुक्तियों, विवाह आदि के अनेक विज्ञापन होते हैं। ये विज्ञापन पनघट की उस रस्सी के समान होते हैं जो कठोर-से-कठोर पत्थर पर भी निशान डाल देते हैं। हमारी सारी दिनचर्या विज्ञापनों से प्रभावित होती है। हम दुकान पर नमक माँगते हैं–टाटा का, पेस्ट माँगते हैं–कोलगेट का, साबुन माँगते हैं–लक्स का, शेविंग क्रीम माँगते हैं–पामोलिव की, सिरदर्द की गोली माँगते हैं–एनासिन या सैरिडान। जरा पूछें–क्यों? क्योंकि हमारे रेडियो, टी. वी., समाचार-पत्र दिन में बार-बार इन्हीं की रट लगाए रहते हैं। ये हमारे दिल-दिमाग पर इस तरह हावी हो जाते हैं कि हम दुकानदार से चाहे-अनचाहे इन्हीं की माँग कर बैठते हैं। विज्ञापनों का संसार बड़ा मायावी है। यहाँ कुरूप और भौंड़े लोगों

के भी अति सुंदर चित्र पेश किए जाते हैं। इनके द्वारा बेकार सामग्री को बहुत प्रभावशाली बनाकर प्रस्तुत किया जाता है। टी. वी. तो चित्रों, शब्दों और संवादों के माध्यम से बहुत बड़ा भ्रमजाल फैला देता है, मानो एक हफ्ते में कोई भी फर्राटेदार अंग्रेज़ी बोलना सीख लेगा। एक महीने में गंजे के बाल उग आएँगे। दो महीने में कोई ठिग्गा ताड़ का पेड़ हो जाएगा आदि-आदि। ऐसे भ्रामक विज्ञापनों पर तुरंत रोक लगनी चाहिए। सरकार को विज्ञापनों की सत्यता की जाँच अवश्य करानी चाहिए, वरना विज्ञापनदाताओं पर कठोर जुर्माना ठोकना चाहिए।

❑ **मिलते-जुलते अनुच्छेद–**

- विज्ञापनों की दुनिया *[CBSE 2016]*

  [विचार-बिंदु– • विज्ञापन से तात्पर्य • विविध रूप • लाभ • हानियाँ • उपसंहार]

- विज्ञापन और हमारा जीवन *[CBSE 2019]*

  [विचार-बिंदु– • विज्ञापन के उद्देश्य • विज्ञापन के विविध रूप • विज्ञापन का जीवन पर प्रभाव]

VI. महान व्यक्ति

23. महात्मा गाँधी

विचार-बिंदु– • जन्म तथा पूरा नाम • शिक्षा • दक्षिणी अफ्रीका में • भारतीय राजनीति में • बलिदान • देन।

2 अक्तूबर, सन् 1869 को भारत की धरती ने एक ऐसा महामानव पैदा किया जिसने न केवल भारतीय राजनीति का नक्शा बदला, बल्कि संपूर्ण विश्व को सत्य, अहिंसा, शांति और प्रेम की अजेय शक्ति के दर्शन कराए। मोहनदास स्कूल-जीवन में साधारण कोटि के छात्र थे। परंतु व्यावहारिक जीवन में उनकी विशेषता प्रकट होने लगी थी। उन्होंने अध्यापक द्वारा नकल कराए जाने पर नकल करने से इनकार कर दिया। वे 1887 में कानून पढ़ने के लिए विलायत चले गए। वकालत के सिलसिले में उन्हें एक बार दक्षिणी अफ्रीका जाना पड़ा। वहाँ भारतीयों के साथ अमानवीय व्यवहार किया जाता था। स्वयं मोहनदास के साथ भी ऐसा दुर्व्यवहार हुआ। उसे देखकर उनकी आत्मा चीत्कार कर उठी। उन्होंने 1894 में 'नटाल इंडियन कांग्रेस' की स्थापना करके गोरी सरकार के विरुद्ध बिगुल बजा दिया। सत्याग्रह का पहला प्रयोग उन्होंने यहीं किया था। भारत आकर गाँधी जी स्वतंत्रता आंदोलन में कूद पड़े। उन्होंने सत्य और अहिंसा को आधार बनाकर राजनीतिक स्वतंत्रता का आंदोलन छेड़ा। 1920-22 में उन्होंने अंग्रेज़ सरकार के विरुद्ध असहयोग आंदोलन छेड़ दिया। सन् 1929 में गाँधी जी ने पुनः आंदोलन प्रारंभ किया। यह आंदोलन 'नमक-सत्याग्रह' के नाम से प्रसिद्ध है। गाँधी जी ने स्वयं साबरमती आश्रम से डांडी तक पदयात्रा की तथा वहाँ नमक बनाकर नमक कानून का उल्लंघन किया। सन् 1931 में आप 'राउंड टेबल कांफ्रेस' में सम्मिलित होने के लिए लंदन गए। सन् 1942 में आपने 'भारत-छोड़ो' आंदोलन छेड़ दिया। देशभर में क्रांति की ज्वाला सुलगने लगी। देश का बच्चा-बच्चा अंग्रेज़ी सरकार को उखाड़ फेंकने पर उतारू हो गया। 15 अगस्त, 1947 को देश स्वतंत्र हो गया। 30 जनवरी, 1948 को संसार का यह महान मानव एक हत्यारे की गोली का शिकार बन परलोक सिधार गया। गाँधी जी सत्य और अहिंसा के पुजारी थे। वे सभी धर्मों का समान आदर करते थे। उनकी प्रसिद्ध उक्ति है–'ईश्वर अल्ला तेरे नाम। सबको सन्मति दे भगवान।' वे कुशल राजनीतिज्ञ और महान संत थे।

❑ **मिलते-जुलते अनुच्छेद–**

- महात्मा गाँधी *[CBSE 2016]*

  [विचार-बिंदु– • सत्य, अहिंसा के समर्थक • स्वतंत्रता आंदोलन • गाँधी की देन]

24. मेरा प्रिय कवि

विचार-बिंदु– • भूमिका • जीवन-परिचय • महत्त्व • समन्वय • भाषा-सौंदर्य।

हिंदी साहित्य अनेक श्रेष्ठ कवियों का भंडार है। मुझे गोस्वामी तुलसीदास का जीवन और काव्य विशेष रूप से पसंद है। उनकी कविता को पढ़कर मुझे भरपूर रस और प्रेरणा मिलती है। तुलसीदास का जन्म संवत् 1554 को बाँदा जिले के राजापुर गाँव में हुआ। उनकी माता का नाम हुलसी तथा पिता आत्माराम दुबे थे। इनका बचपन बहुत कष्टों में बीता। उन्हें अनाथों की भाँति दर-दर भटकना पड़ा। गुरु नरहरि ने इन्हें राम-मंत्र की दीक्षा दी। संवत् 1583 में रत्नावली नामक सुंदरी से इनका विवाह हुआ। वे पत्नी पर बहुत आसक्त थे। एक दिन पत्नी की कटूक्ति सुनकर वे रामभक्ति की ओर मुड़ चले। संवत् 1680 में उनका देहांत हो गया। तुलसीदास का जीवन राममय था। उन्होंने राम के चरित्र को उज्ज्वल बनाकर प्रस्तुत किया। उनके राम श्रेष्ठ पुत्र, योग्य पति, अच्छे भाई और कुशल राजा हैं। वे शील, शक्ति और सौंदर्य के अवतार हैं। तुलसीदास उन्हें जगत के कण-कण में व्याप्त देखते थे–

सियाराम मय सब जग जानी।
करहुँ प्रणाम जोरि जुग पानी।।

तुलसीदास लोकमंगल को महत्त्व देते थे। वे उसी कविता को श्रेष्ठ मानते थे जो जन-कल्याण करे। तुलसीदास की कविता रस का भंडार है। उनकी चौपाइयाँ और दोहे तो जन-जन के गले का हार बने हुए हैं। उन्हें गाकर आज भी गायक धन्य होते हैं। उनकी भाषा इतनी सरल, सरस और मधुर है कि प्रत्येक श्रोता उसके आनंद में गोते लगाने लगता है।

VII. साहित्य

25. मेरी प्रिय पुस्तक

[*CBSE*]

विचार-बिंदु– • सर्वाधिक प्रिय पुस्तक • पुस्तक का विषय • मार्मिक स्थल • आदर्श व्यवहार का चित्रण • प्रेरणादायी पुस्तक • भाषा-शैली।

मुझे श्रेष्ठ पुस्तकों से अत्यधिक प्रेम है। यों मुझे अनेक पुस्तकें पसंद हैं, लेकिन जिसने मुझे सबसे अधिक प्रभावित किया, वह है तुलसीदास की 'रामचरितमानस'। 'रामचरितमानस' में दशरथ-पुत्र राम की जीवन-कथा का वर्णन है। श्रीराम के जीवन की प्रत्येक लीला मन को भाने वाली है। उन्होंने किशोर अवस्था में ही राक्षसों का वध और यज्ञ-रक्षा का कार्य जिस कुशलता से किया है, वह मेरे लिए अत्यंत प्रेरणादायक है। उनकी वीरता और कोमलता के सामने मेरा हृदय श्रद्धा से झुक जाता है। रामचरितमानस में मार्मिक स्थलों का वर्णन तल्लीनता से हुआ है। राम-वनवास, दशरथ-मरण, सीता-हरण, लक्ष्मण-मूर्छा, भरत-मिलन आदि के प्रसंग दिल को छूने वाले हैं। इन अवसरों पर मेरे नयनों में आँसुओं की धारा उमड़ आती है। विशेष रूप से राम और भरत का मिलन हृदय को छूने वाला है। इस पुस्तक में तुलसीदास ने मानव के आदर्श व्यवहार को अपने पात्रों के जीवन में साकार होते दिखाया है। राम मर्यादा पुरुषोत्तम हैं। वे आदर्श राजा, आदर्श पुत्र, आदर्श पति और आदर्श भाई हैं। भरत और लक्ष्मण आदर्श भाई हैं। उनमें एक-दूसरे के लिए सर्वस्व त्याग की भावना प्रबल है। सीता आदर्श पत्नी है। हनुमान आदर्श सेवक हैं। पारिवारिक जीवन की मधुरता का जैसा सरस वर्णन इस पुस्तक में है, वैसा अन्यत्र कहीं नहीं मिलता। यह पुस्तक केवल धार्मिक महत्त्व की नहीं है। इसमें मानव को प्रेरणा देने की असीम शक्ति है। तुलसीदास ने प्राय: जीवन के सभी पक्षों पर सूक्तियाँ लिखी हैं। उनके इन अनमोल वचनों के कारण यह पुस्तक अमरता को प्राप्त हो गई है। रामचरितमानस की भाषा अवधी है। इसे दोहा-चौपाई शैली में लिखा गया है। इसका एक-एक छंद रस और संगीत से परिपूर्ण है। इसकी रचना को लगभग 500 वर्ष हो चुके हैं। फिर भी आज इसके अंश मधुर कंठ में गाए जाते हैं।

VIII. पर्यावरण

26. प्रकृति का प्रकोप

[*CBSE 2016*]

विचार-बिंदु– • प्रकृति का दानव स्वरूप • कारण • समाधान

प्रकृति ईश्वर की रचना है। इसके भी अनेक रूप हैं। कुछ रूप रचनात्मक और सुंदर हैं तो कुछ रूप भयानक। मनुष्य को निर्माण में ही जीवन प्रतीत होता है, इसलिए वह ध्वंस से डरता है। उसे ध्वंस एक दानवलीला प्रतीत होती है। वास्तव में ध्वंस भी रचनात्मक होता है। जब बाढ़ आती है तो उसके भी अनेक लाभ होते हैं। जब तूफान और भूचाल आते हैं तो उससे भी नए जल-स्रोत निकल आते हैं, नदियों के मुँह मुड़ जाते हैं। जहाँ एक भूमि वीरान हो जाती है तो दूसरी भूमि उर्वर भी हो जाती है। प्रकृति के दानव रूप हैं–आँधी, तूफान, सूनामी, बाढ़, सूखा, बादल फटना, ज्वालामुखी फटना आदि। ये प्रकृति के ध्वंसात्मक रूप हैं। इनके आने से बनी-बनाई व्यवस्था नष्ट-भ्रष्ट हो जाती है। हर साल बारिश आती है तो बाढ़ें भी आती हैं। बारिश का अनियंत्रित होना ही बाढ़ का कारण बनता है। यदि हम मूसलाधार बारिश को नियंत्रित कर लें तो वह सुखदायिनी कहलाती है। इसके विपरीत यदि उससे रास्ते रुक जाएँ, गाँव और शहर डूब जाएँ, मकान, पशु और संपत्ति नष्ट हो जाए तो हम उसे दानव कहते हैं। इसी प्रकार भयंकर तूफान और समुद्री तूफान पूरी सृष्टि को झिंझोड़ कर रख देते हैं। भूकंपों के कारण पहाड़ टूट जाते हैं, नदियों के मुँह मुड़ जाते हैं, नगर के नगर नष्ट हो जाते हैं, गगनचुंबी इमारतें धराशायी हो जाती हैं। ज्वालामुखी फटते हैं या बादल फटते हैं तो विनाश का नज़ारा साकार हो उठता है। प्रकृति के इन दानव रूपों का अपना रहस्य है। आजकल पर्यावरण प्रदूषण, गर्मी का बढ़ना, ओजोन परत का फटना आदि नए दानव हैं जो मनुष्य के जीवन को कुरूप बना रहे हैं। इनके अपने कारण हैं। प्रकृति अपना संतुलन स्वयं बना कर चलती है। आँधी, तूफ़ान और भूकंप उसके लिए खेल मात्र हैं। हमें उन्हें इसी प्रकार ही लेना चाहिए। हमारे वश में यही है कि हम प्रकृति के इस खेल में बाधा न डालें। हम प्रकृति का दोहन तो करें, किंतु अपनी योजना से उसकी काट-छाँट न करें। हम उसकी कोख से खनिज निकालने के लिए उस पर अत्याचार न करें। हम अपने घर बसाने के लिए जंगलों को न काटें। जीव-जंतुओं का संहार न करें। प्रकृति ने तालाब, नदियाँ, समुद्र, रेगिस्तान दिए हैं तो उन्हें नष्ट करके अपने निर्माण न करें। वरना एक-न-एक दिन हमें प्रकृति के कोप का शिकार होना पड़ेगा।

27. जैविक (आर्गेनिक) खेती : एक कदम प्रकृति की ओर

[*CBSE 2022*]

विचार-बिंदु– • समय की माँग • सकारात्मक प्रभाव • कठिनाइयाँ • सुझाव

मनुष्य प्रकृति की सबसे सजीव देन है। मनुष्य की माँ प्रकृति है, पिता प्रकृति है और वह स्वयं भी प्रकृति की गोद में प्रसन्न रहता है। जब-जब हमने जीवन को प्रकृति से दूर ले जाने की कोशिश की, तब-तब हमने विनाश और हानि को निमंत्रण दिया। खेती भी इस बात का उदाहरण है। प्रकृति ने अपनी मिट्टी से, जल-वायु और धूप के योगदान से हमें जो फसलें दी, वे हमारे लिए वरदान सिद्ध हुईं। उससे हमारा स्वास्थ्य फला-फूला। आज समय की माँग है कि हम अपना खोया हुआ स्वास्थ्य लौटाएँ। इसके लिए रासायनिक खादों और कीटनाशकों के छिड़काव को रोकें। इनके प्रयोग से मिट्टी जहरीली हो जाती है। वह दो-चार फसल तो दे देती है, किंतु आगे के लिए बाँझ हो जाती है। उसकी उपजाऊ शक्ति नष्ट हो जाती है। इनके प्रयोग से फसलें भी हानिकारक पैदा होती हैं। अतः समय की माँग है कि हम जैविक खेती की ओर बढ़ें। जैविक खेती का अर्थ है–बिना रासायनिक खादों, कीटनाशकों के प्रयोग के स्वाभाविक खेती करें। खाद चाहिए तो प्राकृतिक खाद तैयार करें जिनमें हरे पत्तों वनस्पति या गाय के गोबर-मूत्र आदि का उपयोग हो। ये सब जैविक खाद्य हैं। यदि ऐसी खादों का उपयोग किया जाए तो पैदा होने वाली फसल स्वास्थ्य के लिए बहुत लाभदायक होती है। उसमें कोई हानिकारक तत्त्व नहीं होता। उसमें प्राकृतिक गंध, स्वाद और पौष्टिकता

भी होती है। उससे उत्पादन भी अधिक होता है। केवल विज्ञापनों और उद्योगपतियों की मिली भगत से जहरीले रसायनों, खादों, बीजों और कीटनाशकों का प्रचार-प्रसार होता है। यदि उसे रोक लिया जाए तो जैविक खेती हर तरह से लाभदायक है।

IX. राष्ट्रीय एवं सामाजिक समस्याएँ

28. ऑनलाइन खरीदारी : व्यापार का बदलता स्वरूप

[CBSE 2022]

विचार-बिंदु– • वर्तमान में अनिवार्यता • सकारात्मक और नकारात्मक प्रभाव • सुझाव

जीवन जीने के लिए खरीदारी आवश्यक है। ऑनलाइन खरीदारी सुविधाजनक है किंतु अनिवार्य नहीं। बिना ऑनलाइन खरीदारी के हम अब तक भी जी रहे थे, आगे भी जीते रह सकते हैं। हाँ, ऑनलाइन खरीदारी से सुविधा इतनी अधिक हो गई है कि हम इस पर निर्भर होते जा रहे हैं। इसके सकारात्मक प्रभाव बहुत हैं। अब हमें कोई भी चीज़ खरीदने के लिए घर से बाहर नहीं जाना पड़ता। न आने-जाने का समय खर्च होता है, न ईंधन। हर चीज़ बैठे-बैठे मिल जाती है। बाज़ार में ब्रांड वाले सामान उपलब्ध हैं। घर बैठकर बढ़िया सामान छाँटा जा सकता है। एक कमीज या साड़ी के लिए अनेक शोरूमों में भटकना नहीं पड़ता। सुविधा यह भी है कि कोई सामान उपयोगी न हो, अपेक्षित साइज या गुणवत्ता का न हो तो उसे बदला या वापस भी किया जा सकता है। परंतु इसकी हानियाँ भी बहुत हैं। सबसे बड़ी हानि है, धोखाधड़ी बहुत आसान हो गई है। प्रसिद्ध ब्रांडों के नाम पर नकली सामान खूब बिक रहा है। कई बार आपूर्तिकार बाइकर विश्वास के योग्य नहीं होते। वे सामान बदल लेते हैं, चुरा लेते है या घर में आकर चोरी या बल-प्रयोग करते हैं। कुछ लोग ऑनलाइन खरीदारी के व्यसनी बन गए हैं। वे आसान होने के कारण रोज खरीदारी करते हैं और सामान वापस भी बहुत करते हैं। इस प्रणाली में पैकिंग का अनावश्यक खर्चा भी बहुत होता है, जो कि देश के पर्यावरण पर बोझ है। सच तो यह है कि ऑनलाइन खरीदारी बहुत बड़ी सुविधा है जिसके लिए समझदारी आवश्यक है।

29. सांप्रदायिकता : एक अभिशाप

[CBSE 2015]

विचार-बिंदु– • विश्वव्याप्त समस्या • भारत में सांप्रदायिक तनाव • हिंदू-मुसलिम-संघर्ष के कारण • अन्य सांप्रदायिक संघर्ष • हानियाँ • समाधान।

संप्रदाय का असहनशील हो उठना ही सांप्रदायिकता है। यह समस्या पूरे विश्व में व्याप्त है। इंग्लैंड में रोमन कैथोलिकों और प्रोटेस्टेंटों के मध्य संघर्ष छिड़ा रहता है। इस्लामी देशों में शिया-सुन्नी के झगड़े हैं। भारत की स्थिति और अधिक विचित्र है। भारत में अनेक संप्रदाय हैं। इस कारण यहाँ सांप्रदायिकता की समस्या अधिक जटिल है। भारत के लिए सबसे बड़ा खतरा है–हिंदू-मुसलिम वैमनस्य। इन दोनों का इतिहास ही आक्रांत और आक्रांता का है। मुसलमान आक्रमणकारी के रूप में हिंदुस्तान आए। उन्होंने यहाँ के मंदिरों को तोड़ा, धन-संपत्ति को लूटा, बहू-बेटियों को अपमानित किया। दुर्भाग्य से आज भी उनके आक्रमणों के चिह्न भारत-भर में विद्यमान हैं। परिणामस्वरूप ये दोनों जातियाँ कभी सहज नहीं हो पातीं। जब भी कोई बहाना पाकर आग भड़कती है तो देशभर में खून की नदियाँ बह जाती हैं। वर्तमान काल में भी इन दोनों संप्रदायों को आपस में लड़ाने के 'कारण' बने हुए हैं। मुख्य कारण है–कुटिल राजनीति। राजनीति इन दोनों संप्रदायों को अपना हथियार बनाकर खेलती है। जब से भारत आज़ाद हुआ है, यहाँ सबको समान अधिकार नहीं दिए गए हैं। मुसलमानों और हिंदुओं पर अलग-अलग कानून लागू होते हैं। सांप्रदायिकता की समस्या उत्पन्न होने का दूसरा कारण है–विदेशी षड्यंत्र। पाकिस्तान निरंतर भारत में अलगाववाद की भावना को प्रोत्साहन दे रहा है। सांप्रदायिकता का समाधान बहुत जटिल काम है। कारण यह है कि इस समस्या को हवा देने वाला स्वयं देश का राजनीतिक नेता है। उसे वोट-बैंक चाहिए। उसके लिए सांप्रदायिक विभाजन बहुत आसान रास्ता है। अतः जब देश के आम नागरिक उसकी इस चाल को समझ जाएँगे और उसके विरुद्ध खड़े हो जाएँगे, तभी यह आग बुझेगी।

❑ मिलते-जुलते अनुच्छेद–

- सांप्रदायिकता : एक अभिशाप [*CBSE 2016*]

  [विचार-बिंदु– • सांप्रदायिकता का अर्थ • विश्वव्यापी समस्या • समस्या से मुक्ति **]**

30. महानगरीय जीवन

[*CBSE 2018*]

विचार-बिंदु– • विकास की अंधी दौड़ • संबधों का ह्रास • दिखावा

महानगर आधुनिक सभ्यता की उन्नति के प्रतीक हैं। गाँव में रहने वालों को गँवई या गँवार कहा जाता है और महानगर-निवासियों को सयाना। हर आदमी सीना फुलाकर कहता है कि वह दिल्ली या मुबंई में रहता है और लंदन-शिकागो आता-जाता है। महानगर आन-बान-शान के प्रतीक हैं। इसके निवासी विश्वस्तरीय सुविधाओं का भोग करते हैं और स्वर्ग का सुख लूटते हैं। परंतु यहाँ किसी को चैन नहीं है। वे और ऊँचे और ऊँचे उठना और उड़ना चाहते हैं। महानगरों में खुले आँगन नहीं होते। इसलिए झूमते पेड़ नहीं होते। खेत नहीं होते, खलियान नहीं होते। हर छोटी चीज़ की कीमत होती है। यहाँ तक कि पानी और हवा की भी कीमत होती है। जहाँ हर चीज़ की कीमत होती है, वहाँ संबंध भी सोच-समझकर बनाए जाते हैं। यहाँ कोई कुआँ नहीं है जो अतिथि के आने पर पानी खींच लिया जाए या खेत से फसलें तोड़ लाई जाए। इसलिए यहाँ इकट्ठे जीने का सुख नहीं है। बरगद जैसे विशाल कुनबों की जगह अब पति-पत्नी और बच्चे एक-साथ रहने लगे हैं। विवाह होते ही माता-पिता भी बेगाने दीखने लगते हैं। न अब हफ्तों-महीनों रहने वाले रिश्तेदार रहे, न आपस के प्यार रहे। यहाँ अतिथि आ जाए तो उसके जाने की राह देखी जाती है। मकानों की तंगी ने दिलों को तंग कर दिया है। महानगरीय जीवन मुस्कराते हुए बुत की तरह है जो ऊपर से चाहे कितना मुसकराता प्रतीत हो किंतु अंदर से पत्थर ही होता है। ठीक ही लिखा है कवि अशोक बत्रा ने–

मेरे दिलवर यार की बुत जैसी है शान।
अंदर तक पत्थर मगर, चेहरे पर मुस्कान।।

महानगर में अगर कोई सुख है तो वह है प्रदर्शन का सुख। इस प्रदर्शन में इतनी ललचाहट है कि लोग बिना किसी इच्छा के यों ही बाजारों-मॉलों में घूमने चले जाते हैं और बेवजह बंडल बँधवा लाते हैं। एक कमीज लेने जाते हैं, तीन-चार उठा लाते हैं। गाँधी जी ने कहा था– सरल और सादा जीवन जियो। महानगर के लोग कहते हैं– स्मार्ट बनो।

31. महानगरों में महिलाओं की सुरक्षा

[*CBSE 2019*]

विचार-बिंदु– • जीवन-शैली • कामकाजी महिलाओं की समस्या • सुरक्षा में कमियों के कारण • सुझाव

महानगरों में हर आदमी अकेला है। लोग एक-दूसरे को पहचानते तक नहीं। पड़ोस में रहने वाले लोग वर्षों तक बिना बात किए रह जाते हैं। इसलिए कोई सड़क में घायल हो जाए तो लोग उसकी तरफ देखते भी नहीं। यही कारण है गुंडों, चोरों, लुटेरों को कुछ भी करने का मौका मिल जाता है। महानगरों की अधिकतर महिलाएँ कामकाजी होती हैं। वे गुंडों और बदमाशों की नज़रों में होती हैं। रावण को तो सीता को अकेला करने के लिए षड्यंत्र रचना पड़ा, किंतु महानगरों में महिलाएँ अकेली होती ही हैं। अब गुंडों को उनके साथ छेड़खानी करना, बलात्कार करना या अपहरण करना आसान हो जाता है। न वह ऑफिस में सुरक्षित है और न ही सड़क पर। न सार्वजनिक वाहनों पर सुरक्षित है और न निजी टैक्सियों में। वह वास्तव में असहाय है। महिलाओं की असुरक्षा का मूल कारण है–कामुकता में वृद्धि। पुरुषों की कामुकता बेलगाम हो गई है। वह अपनी माँ-बहन और बेटी को पवित्र देखना चाहता है किंतु दूसरों की बेटियों पर कुटिल नजर रखता है। कवि के शब्दों में–

अपनी बेटी सीता सी हो, औरों की हो रंभा सी।
मुझको मर्दों की यह फितरत लगती एक अचंभा सी।।

वास्तव में जब तक हर बेटी को माँ-बहन मानने का संस्कार नहीं होगा, तब तक ये समस्याएँ इसी तरह बढ़ती रहेंगी। दूसरी समस्या है—सुरक्षा के उपाय। यह सरकार का कर्तव्य बनता है कि वह अपने नागरिकों को सुरक्षित माहौल दे। इसके लिए अपराधियों को कठोर दंड दिया जाए। चप्पे-चप्पे पर पुलिस का प्रबंध होना चाहिए ताकि कोई भी अपराधी बच न सके। यहाँ तक कि लोग पुलिस को अपना पहरेदार समझने की बजाय उससे भी डरते हैं। गुंडों से डर और पुलिस से और भी डर। महिला बेचारी कहाँ जाए? इस समस्या से छुटकारा पाने का एक ही उपाय है—नारी स्वयं अपनी सुरक्षा-व्यवस्था की देखभाल करे। पुलिस और प्रशासन एवं न्याय में महिलाएँ हों तथा प्रभावी हों। दूसरे, हमारे समाज, फिल्में, साहित्य, कला, धर्मगुरु तथा शिक्षा संस्थानों का कर्तव्य बनता है कि वे नारी के प्रति आदर और सम्मान का भाव जगाएँ। विशेषकर लड़कों को लड़कियों का सम्मान करने की शिक्षा और संस्कार दें। ये संस्कार ही असली मर्यादा हैं।

❑ **मिलते-जुलते अनुच्छेद—**

- महानगरों में असुरक्षित महिलाएँ [*CBSE 2017*]

[**विचार-बिंदु—** • महानगरों की जीवन-शैली • कामकाजी महिलाओं की समस्या • सुरक्षा में कमियों के कारण • सुझाव]

32. भ्रष्टाचार से मुक्त होगा देश

[*CBSE 2015*]

विचार-बिंदु— • बढ़ता भ्रष्टाचार • मुक्ति के उपाय • भ्रष्टाचार से मुक्त देश की कल्पना।

पिछले अनेक दशकों से भारत की छवि भ्रष्टाचार के कारण बहुत खराब होती जा रही थी। देश के मंत्रियों और नेताओं ने बड़े-बड़े आर्थिक घोटाले कर डाले। किसी ने तोप सौदे में दलाली खा ली। किसी ने पशुओं के चारे में घोटाला किया। किसी ने सैनिकों के कफन बेच डाले तो किसी ने चीनी या गोबर की खरीद में मुँह काला किया। नौकरी लगने की बात हो या परीक्षाओं में उत्तीर्ण करवाने की, सबमें भ्रष्टाचार व्याप्त हो गया। सौभाग्य से आज प्रधानमंत्री की गद्दी पर बैठे नेता का नारा है—न खाऊँगा, न खाने दूँगा। जिसका न घरबार है, न ही कुछ जोड़ने की इच्छा। इसलिए पिछले दो सालों में केंद्रीय सरकार में एक भी घोटाला नहीं हुआ। किसी भी मंत्री या नेता पर कोई उँगली नहीं उठी। जब मंत्री और नेता भ्रष्टाचार से दूर हैं तो सरकारी अधिकारी और कर्मचारी भी रास्ते पर आ जाएँगे। भ्रष्टाचार के पीछे एक बड़ा कारण है—देश की जनता। जनता के मन में यह विश्वास बैठ चुका है कि कुछ भी हो, काम तो घूसखोरी से होगा। इसलिए योग्य से योग्य व्यक्ति भी घूस देने के लिए तैयार रहता है। जब घूस देने वाला तैयार है और लेने वाले भी लार टपकाए बैठे हैं तो उनको कौन रोक सकता है? यदि बड़े अफसर या मंत्री उन पर कड़ी निगरानी रखते हैं तो वे गुप्त तरीके निकाल लेते हैं। सबसे बड़ा प्रश्न यह है कि जनता को ईमानदारी के लिए कैसे तैयार किया जाए? यह काम बहुत ही टेढ़ा है। यह दूषित गंगा को साफ-स्वच्छ करने जैसा महान और कठिन काम है। इसके लिए आवश्यकता है—जनता का मन बनाने की और भ्रष्ट लोगों पर लगाम लगाने की। जुबान पर ईमानदार लोगों की चर्चा और भ्रष्टाचारियों के दंड का बखान। इन दोनों उपायों से इस बीमारी को काबू में लाया जा सकता है। सौभाग्य से पिछले कुछ वर्षों में बड़े-बड़े नेताओं को दंड मिला है। अनेक नामी नेता जेल में हैं और उन्हें चुनाव लड़ने से भी वंचित किया गया है। भ्रष्टाचार मुक्त भारत के लिए आवश्यकता है—विराट और दृढ़ इच्छाशक्ति की। जब नेता दृढ़तापूर्वक सोच लेंगे कि हमें इस बीमारी को जड़ से काट गिराना है तो यह होकर रहेगा। यदि 'न खाऊँगा, न खाने दूँगा' की कठोर नीति पर सब चलने लगे तो भारत निर्मल स्वच्छ छवि वाला देश कहलाने लगेगा।

❑ **मिलते-जुलते अनुच्छेद—**

- भ्रष्टाचार-मुक्त समाज [*CBSE 2019*]

[**विचार-बिंदु—** • भ्रष्टाचार क्या है? • कारण और निवारण • भ्रष्टाचार-मुक्त देश की कल्पना]

33. ग्लोबल वार्मिंग और जन-जीवन

[*CBSE 2015*]

भूमिका– • ग्लोबल वार्मिंग का अर्थ व स्वरूप • हानियाँ और खतरे • बचाव के उपाय • उपसंहार

ग्लोबल वार्मिंग का अर्थ है–धरती के तापमान का आवश्यकता से अधिक बढ़ना। सभी जानते हैं कि मनुष्य का जीवन एक विशेष तापमान पर स्वस्थ बना रह सकता है। इसी प्रकार धरती पर भी तापमान का एक संतुलन है जिसके कारण यह विश्व अपने स्वरूप में बना रह सकता है। पिछले अनेक दशकों से उन्नत देशों ने अंधाधुंध वैज्ञानिक प्रगति की। शहरी सभ्यता के विकास के लिए हमने धरती के पेड़ और पौधे काटे, जंगलों का सफाया किया और नए से नए उद्योग लगाने के लिए अत्यधिक मात्रा में लकड़ी, कोयला और पैट्रोल आदि का उपयोग किया। परिणाम यह हुआ कि धरती पर कार्बन में वृद्धि हुई और तापमान बढ़ गया। इसके कारण मानव जीवन कठिन हो गया। धरती का वातावरण दमघोंटू हो गया। तापमान बढ़ा हो तरह-तरह की बीमारियाँ भी बढ़ीं। ग्लोबल वार्मिंग का सबसे बड़ा दुष्परिणाम यह हो रहा है कि पहाड़ों पर जमी बर्फ पिघल रही है। अंटार्कटिका में रोज-रोज बर्फ के पहाड़ पिघल-पिघल कर बह रहे हैं। इसके कारण नदियों में जबरदस्त बाढ़ें आ रही हैं। यह सारा पानी समुद्र में मिल रहा है। इस कारण समुद्र का घेरा बढ़ रहा है। परिणामस्वरूप समुद्र तटों के आसपास के लोगों के जीवन खतरे में पड़ रहे हैं। ग्लोबल वार्मिंग के खतरे को रोकने के लिए परमाणु भट्ठियाँ भी बहुत जिम्मेदार हैं। उन्नत देशों ने ही धरती को गर्म किया है। अब उसका फल पूरी दुनिया को भुगतना पड़ रहा है। यह सौभाग्य है कि पूरा विश्व अब इस खतरे से निपटने के लिए सचेत है। विश्व समुदाय अब तापमान को कम करने के लिए अनेक सम्मेलन और विचार-विमर्श कर रहा है किंतु उसके लिए अपेक्षित त्याग नहीं कर रहा। उन्नत देश गरीब और प्रगतिशील देशों को भी बराबर की जिम्मेदारी लेने के लिए बाध्य कर रहे हैं। यह उचित नहीं है। जिन देशों की जिम्मेदारी अधिक बनती है उन्हें आगे आना ही होगा। लोगों को वातानुकूलित कक्षों में रहने की बजाय प्रकृति की गोद में वापस जाना होगा। पेट्रो पदार्थ जलाने से बचने के लिए साइकिल जैसे वातावरण सुखदायी उपायों पर लौटना होगा। सबसे बड़ा मंत्र यह याद रखना होगा–जान है तो जहान है।

☞34. प्रदूषण : कारण और निवारण

[V. Imp.] [*CBSE 2015*]

विचार-बिंदु– • प्रदूषण का अर्थ • वायु-प्रदूषण • जल-प्रदूषण • ध्वनि-प्रदूषण • प्रदूषणों के दुष्परिणाम • प्रदूषण के कारण • प्रदूषण का निवारण।

प्रदूषण का अर्थ है–प्राकृतिक संतुलन में दोष पैदा होना। न शुद्ध वायु मिलना, न शुद्ध जल मिलना, न शुद्ध खाद्य मिलना, न शांत वातावरण मिलना। प्रदूषण कई प्रकार का होता है। प्रमुख प्रदूषण हैं–वायु-प्रदूषण, जल-प्रदूषण और ध्वनि-प्रदूषण। महानगरों में यह प्रदूषण अधिक फैला हुआ है। वहाँ चौबीसों घंटे कल-कारखानों तथा मोटर वाहनों का काला धुआँ इस तरह फैल गया है कि स्वस्थ वायु में साँस लेना दूभर हो गया है। कल-कारखानों का दूषित जल नदी-नालों में मिलकर भयंकर जल-प्रदूषण पैदा कर रहा है। मनुष्य को रहने के लिए शांत वातावरण चाहिए। परंतु आजकल कल-कारखानों का शोर, यातायात का शोर, मोटर-गाड़ियों की चिल्ल-पों, लाउडस्पीकरों की कर्णभेदक ध्वनि ने बहरेपन और तनाव को जन्म दिया है। उपर्युक्त प्रदूषणों के कारण मानव के स्वस्थ जीवन को खतरा पैदा हो गया है। खुली हवा में लंबी साँस लेने तक को तरस गया है आदमी। गंदे जल के कारण कई बीमारियाँ फसलों में चली जाती हैं जो मनुष्य के शरीर में पहुँचकर घातक बीमारियाँ पैदा करती हैं। पर्यावरण-प्रदूषण के कारण न समय पर वर्षा आती है, न सर्दी-गर्मी का चक्र ठीक चलता है। सूखा, बाढ़, ओला आदि प्राकृतिक प्रकोपों का कारण भी प्रदूषण है। प्रदूषण को बढ़ाने में कल-कारखाने, वैज्ञानिक साधनों का अधिकाधिक उपयोग, फ्रिज, कूलर, वातानुकूलन, ऊर्जा संयंत्र आदि दोषी हैं। वृक्षों को अंधाधुंध काटने से मौसम का चक्र बिगड़ा है। घनी आबादी वाले क्षेत्रों में हरियाली न होने से भी प्रदूषण बढ़ा है। विभिन्न प्रकार के प्रदूषणों से बचने के लिए चाहिए कि अधिकाधिक वृक्ष लगाए जाएँ, हरियाली की मात्रा अधिक हो। सड़कों के किनारे घने वृक्ष हों। आबादी वाले क्षेत्र खुले हों, हवादार हों, हरियाली से ओतप्रोत हों। कल-कारखानों को आबादी से दूर रखना चाहिए और उनसे निकले प्रदूषित मल को नष्ट करने के उपाय सोचने चाहिए।

❑ मिलते-जुलते अनुच्छेद–

- पर्यावरण प्रदूषण और हम [CBSE 2016]

[**विचार-बिंदु–** • प्रदूषण वृद्धि के कारण • प्रदूषण के दुष्परिणाम • हमारा दायित्व]

35. वृक्ष : जीवन के आधार

[CBSE 2017]

विचार-बिंदु– • भूमिका • जीवन के आधार • वृक्षों के लाभ • पर्यावरण-संतुलन • जीवन पर प्रभाव • उपसंहार

वन अर्थात पेड़।–ये वन मानव-जीवन का संरक्षण करते हैं। वनों का सबसे महत्त्वपूर्ण कार्य है–वर्षा लाना, बाढ़ रोकना और वातावरण को शुद्ध करना। वैज्ञानिक परीक्षणों से पता चला है कि पिछले कुछ वर्षों से मौसम में जो अनियमितता आई है, उसका कारण है–अंधाधुंध वनों का कटना। आज देश के 23 प्रतिशत भू-भाग पर वन हैं, जबकि आवश्यकता 33 प्रतिशत वनों की है। वनों के कटाव से कई बार अवर्षण और अकाल की स्थिति पैदा हो जाती है। वन जहाँ जल लाते हैं, वहाँ बाढ़ को रोकने में भी वे मदद करते हैं। वृक्ष जल के वेग को रोककर बाढ़-नियंत्रण करते हैं। वन भूमि को मरुस्थल बनने से रोकते हैं। वे नमी को सोखकर धरती की निचली परत तक पहुँचा देते हैं, जिससे भूमि की उपजाऊ शक्ति भी बनी रहती है। वन अत्यधिक मात्रा में ऑक्सीजन छोड़ते हैं। इसी ऑक्सीजन के द्वारा हमारा जीवन चलता है। प्राण-वायु के स्रोत वन ही हैं। आज नगरों में जो बढ़ते हुए प्रदूषण की स्थिति है, वह वनों को रोपने से ही ठीक हो सकती है। वनों में हमारी पशु-राशि भी सुरक्षित रहती है। यदि ये वन न हों तो न जाने कितने ही जीवों की जातियाँ समाप्त हो जाएँ। आज कितने ही पशुओं-पक्षियों को सुरक्षित रखने के लिए कृत्रिम वन बनाए जा रहे हैं, जबकि वनों के बने रहने से ये पशु-पक्षी अपने आप जीवित रहते हैं। वन कई प्रकार के उपयोगी पदार्थ भी प्रदान करते हैं। रबर, गोंद, फल-फूल, कागज़ आदि उपयोगी पदार्थ इन्हीं वनों से प्राप्त होते हैं। लेखन-सामग्री का समस्त भंडार वनों पर आधारित है। अतः ये वन बहुत उपयोगी हैं। ये सच्चे जीवनदायक हैं। इन वनों का संरक्षण करने की आवश्यकता है।

36. स्वच्छ भारत अभियान–एक वरदान

[*CBSE 2016*]

विचार-बिंदु– • भूमिका • देश के विकास में स्वच्छता का योगदान • अस्वच्छता के कारण व रोकने के उपाय • उपसंहार

मनुष्य सदा सुंदर, स्वच्छ और मनोहर वातावरण चाहता है। हमारा घर भी सुंदर और स्वच्छ हो तो हम उस पर गर्व करते हैं। भारत हमारा देश है, हमारा बड़ा घर है। इसका स्वच्छ और सुंदर होना हमारे प्राणों की माँग है। परंतु जब हम जगह-जगह गंदगी के ढेर देखते हैं, सड़कों पर घूमते आवारा पशु और उनके द्वारा फैलाया मल देखते हैं तो हमारा माथा शर्म से झुक जाता है। उसकी तुलना में लंदन, अमरीका या नई दिल्ली के पोश इलाके देखते हैं तो हमारी शर्म और भी बढ़ जाती है। गंदा घर और गंदा देश किसी को नहीं भाता। इसलिए जो भी भारतीय विकसित और उन्नत हो जाते हैं, वे जल्दी-से-जल्दी भारत छोड़कर अमरीका या पश्चिमी देशों की ओर पलायन कर जाते हैं। दुर्भाग्य से वे ये नहीं सोचते कि हम अपने भारत को ही सुंदर और स्वच्छ क्यों न बनाएँ। सौभाग्य से भारत में स्वच्छता का अभियान चला है। स्वयं भारत के मुखिया श्री नरेंद्र मोदी ने इसका बीड़ा अपने कंधों पर उठाया है। उन्होंने हाथ में झाड़ू उठाया और एक सिरे से झाड़ू मारना शुरू कर दिया। पहले तो लोगों ने उनकी खिल्ली उड़ाई। परंतु देखते ही देखते सब नेताओं, अफसरों और फिर आम लोगों ने अपने हाथों में झाड़ू उठा लिए और वह आकाश स्वच्छ होने लगा। सच ही कहा है किसी ने–

एक पत्थर तो तबियत से उछालो यारो
एक खिड़की इसी दीवार में खुल जाएगी।

आज गाँव-के-गाँव स्वच्छ हो गए हैं। सरकार ने खुले में शौच करने की आदत को बदलने का फैसला किया। उसके लिए देशवासियों का मन बनाया। खुले में शौच को शर्म का विषय बनाया। फिर पर्याप्त शौचालय खोले। गाँव-गाँव में शौचालय बनवाए। घरों में शौचालय बनवाने के लिए धन का प्रबंध किया। सड़कों पर लगातार झाड़ू लगवाने का प्रबंध किया। आज छोटे-छोटे शहरों की सड़कें, गलियाँ और पार्क भी साफ और सुंदर दीखने लगे हैं। हमें विश्वास है कि स्वच्छ भारत अभियान सफल होगा। एक दिन भारत स्वच्छ होकर रहेगा।

❑ **मिलते-जुलते अनुच्छेद–**

- स्वच्छता अभियान *[CBSE 2017]*

[**विचार-बिंदु–** • मोदी जी की स्वच्छता अभियान की संकल्पना • स्वच्छता अभियान की शुरुआत • विद्यालयों के लिए]

37. आतंकवाद : समस्या और समाधान

[CBSE 2020]

विचार-बिंदु– • ज्वलंत समस्या क्यों • आतंकवाद की जड़ • समाधान क्या हो

आतंकवाद विश्व की सबसे बड़ी और ज्वलंत समस्या है। आज आतंकवाद अंतरराष्ट्रीय रूप धारण कर चुका है। संसार के एक कोने में घटी घटना तुरंत ही दूसरे देशों में फैलने लगती है। इस कारण विश्व-भर में अशांति फैल जाती है। भारत में कश्मीर में 370 धारा हटती है तो विश्व-भर के आतंकवादी इकट्ठे हो जाते हैं। यह समस्या बुझने का नाम नहीं ले रही, अपितु दिनोंदिन बढ़ती जा रही है। आतंकवाद की मूल जड़ है–असहनशीलता। संसार के कुछ धर्म अन्य धर्मों को नष्ट कर देना चाहते हैं और अपनी मनमानी चलाना चाहते हैं। यह सांप्रदायिक साम्राज्यवाद है। धर्म के नाम पर मनमानी करना, कानून को न मानना, अपनी खिचड़ी अलग पकाना और कत्लेआम करने लगना–ये आतंकवाद के लक्षण और कारण हैं। इनका समाधान यही है कि उस विचार को नष्ट किया जाए या अलग-थलग किया जाए जिसके कारण आतंकवाद फलता-फूलता और फैलता है। यह काम तभी हो सकता है, जब धर्म और संप्रदाय में आपसी संवाद हो, बहस हो और एक-दूसरे को समझने की इच्छा हो। केवल लड़ाई और जंग तो नासमझी के तरीके हैं। राजनीतिक चालें भी समस्या को उलझाती अधिक हैं, सुलझाती कम हैं। अतः शांतिपूर्ण संवाद ही आतंकवाद की जड़ पर प्रहार कर सकता है। हमें इसी दिशा में आगे बढ़ना चाहिए।

38. बेरोज़गारी : समस्या और समाधान

विचार-बिंदु– • भूमिका • अर्थ • कारण • दुष्परिणाम • समाधान।

आज भारत के सामने अनेक समस्याएँ चट्टान बनकर प्रगति का रास्ता रोके खड़ी हैं। उनमें से एक प्रमुख समस्या है–बेरोज़गारी। महात्मा गाँधी ने इसे 'समस्याओं की समस्या' कहा था। बेरोज़गारी का अर्थ है–योग्यता के अनुसार काम का न होना। बेरोज़गारी का सबसे बड़ा कारण है–जनसंख्या-विस्फोट। इस देश में रोज़गार देने की जितनी योजनाएँ बनती हैं, वे सब अत्यधिक जनसंख्या बढ़ने के कारण बेकार हो जाती हैं। एक अनार सौ बीमार वाली कहावत यहाँ पूरी तरह चरितार्थ होती है। बेरोज़गारी का दूसरा कारण है–युवकों में बाबूगिरी की होड़। नवयुवक हाथ का काम करने में अपना अपमान समझते हैं। विशेषकर पढ़े-लिखे युवक दफ्तरी ज़िंदगी पसंद करते हैं। इस कारण वे रोज़गार-कार्यालय की धूल फाँकते रहते हैं। बेकारी का तीसरा बड़ा कारण है–दूषित शिक्षा-प्रणाली। हमारी शिक्षा-प्रणाली नित नए बेरोज़गार पैदा करती जा रही है। व्यावसायिक प्रशिक्षण का हमारी शिक्षा में अभाव है। चौथा कारण है–गलत योजनाएँ। सरकार को चाहिए कि वह लघु उद्योगों को प्रोत्साहन दे। मशीनीकरण को

उस सीमा तक बढ़ाया जाना चाहिए जिससे कि रोज़गार के अवसर कम न हों। इसीलिए गाँधी जी ने मशीनों का विरोध किया था, क्योंकि एक मशीन कई कारीगरों के हाथों को बेकार बना डालती है। बेरोज़गारी के दुष्परिणाम अतीव भयंकर हैं। खाली दिमाग शैतान का घर। बेरोज़गार युवक कुछ भी गलत-शलत करने पर उतारू हो जाते हैं। वही शांति को भंग करने में सबसे आगे होते हैं। शिक्षा का माहौल भी वही बिगाड़ते हैं जिन्हें अपना भविष्य अंधकारमय लगता है। बेकारी का समाधान तभी हो सकता है, जब जनसंख्या पर रोक लगाई जाए। युवक हाथ का काम करें। सरकार लघु उद्योगों को प्रोत्साहन दे। शिक्षा व्यवसाय से जुड़े तथा रोज़गार के अधिकाधिक अवसर जुटाए जाएँ।

X. पर्यटन एवं दर्शनीय स्थल

☞39. एक अविस्मरणीय यात्रा

विचार-बिंदु– • यमुनोत्री-यात्रा • पहाड़ी पर बस-यात्रा • यमुना-नदी • पैदल-यात्रा • यमुनोत्री के दर्शन और वापसी।

मुझे पिछली गर्मियों की छुट्टियों में यमुनोत्री की यात्रा करने का सौभाग्य मिला। मेरे लिए यह पहली पहाड़ी-यात्रा थी। मुझे रोमांच तब हुआ, जब बस ऊँचे-नीचे रास्तों पर चढ़ने-उतरने लगी। रास्ते टेढ़े-मेढ़े थे। कभी साँप की तरह सड़क मुड़ जाती थी, कभी अंग्रेज़ी के वी या यू की तरह एकदम मोड़ आता था। जब बस ऊपर चढ़ती थी तो लगता था इंजन को काफी जोर लगाना पड़ रहा है और ढलान पर ऐसे लगता था मानो बस वायु में बही जा रही है। खिड़की से नीचे के गहरे खड्ड-खाई दीखते थे तो डर लगता था। तीन घंटे चढ़ाई करने के बाद यमुना नदी का निर्मल जल दिखाई देने लगा। यह यमुना दिल्ली की गंदे जल वाली यमुना से बिल्कुल अलग थी। जल हरे रंग का था। पत्थरों से टकराती हुई उसकी जलधारा सफेद गुच्छों का रूप धारण कर लेती थी। वातावरण में ठंडक बढ़नी शुरू हो गई। हनुमानचट्टी नामक स्थान पर पहुँचते-पहुँचते सभी ने स्वेटर, जर्सी या शाल-दुशाले ओढ़ लिए। यह स्थान समुद्र से 11000 फुट ऊँचाई पर था। यहाँ जून में भी दिसंबर-जनवरी जैसी ठंड थी। हम रात को लकड़ी से बने जिस होटल में ठहरे, वह यमुना के किनारे और पहाड़ों की गोद में था। यमुना का शाँय-शाँय करता जल रात की नीरवता को भंग कर रहा था। मुझे अतीव आनंद आ रहा था। हनुमानचट्टी से यमुनोत्री तक 13 किलोमीटर की पैदल चढ़ाई थी। पैदल-यात्रा के लिए पाँच-छः फुट चौड़ा रास्ता पहाड़ों को काटकर बनाया गया था। यह यात्रा अत्यंत रोमांचक थी। हम सभी उछलते-फलाँगते पैदल चले। अंतिम पाँच किलोमीटर की चढ़ाई बहुत कठिन थी। यमुना नदी साथ-साथ बह रही थी। बीच-बीच में भयानक पहाड़ आ जाते थे। कहीं से रास्ता फिसलनदार भी था। बिल्कुल खड़ी चढ़ाई थी। बीच-बीच में पहाड़ों से बहते झरने मन मोह लेते थे। यमुनोत्री में बर्फ से ढँके पहाड़ थे जिनसे पिघलकर यमुना का जल बह रहा था। वहाँ गंधक का गर्म चश्मा था जिसके जल में नहाकर हम तरोताज़ा हो गए। वहाँ यमुनादेवी का मंदिर बना हुआ था। उसके दर्शन करके हम वापसी को चले।

XI. आँखों देखा वर्णन

☞40. किसी मेले का आँखों देखा वर्णन

[Imp.]

विचार-बिंदु– • गुब्बारे पर अंकित व्यापार-मेला • मुख्य द्वार • जर्मनी का मंडप • घड़ियों वाला मंडप • विविध प्रांतों के मंडप • वापसी।

मुझे सन् 2019 में प्रगति मैदान, दिल्ली में आयोजित अंतर्राष्ट्रीय व्यापार मेला देखने का अवसर मिला। मेले का विज्ञापन करने के लिए आकाश में एक विशाल गैसीय गुब्बारा ताना गया था। जिस पर बड़े-बड़े शब्दों में 'व्यापार-मेला' लिखा था। व्यापार

मेले में प्रवेश करने के कई द्वार थे। मैं जिस द्वार से गया, उसके बाहर टिकट लेने वालों की सर्पाकार लंबी पंक्ति थी। वह पंक्ति बहुत अनुशासित थी। इसलिए शीघ्र ही प्रवेश का मौका मिल गया। मुख्य द्वार और मार्ग को विविध कलात्मक सज्जाओं से सजाया गया था। हमें दूर से ही बीसियों मोटे-मोटे नाम दिखाई दिए–आसाम, हरियाणा, मध्य प्रदेश, दिल्ली, पंजाब, केरल, जापान, अमेरिका, पाकिस्तान आदि। मैं इन रंगीनियों में खोया हुआ ही था कि अचानक स्वयं को एक मंडप में खड़ा पाया। यह जर्मनी का मंडप था। इसमें विविध आधुनिकतम सज्जाओं के साथ उस देश की प्रगति को दर्शाया गया था। आगे हाल ऑफ नेशंस के साथ एक छोटा भवन था जिसमें विश्वभर की घड़ियों की प्रदर्शनी लगी थी। अंदर जाकर विविध घड़ियों के मंडपों को देखा तो हैरान रह गया। एक-से-एक श्रेष्ठ गुणवत्ता वाले टाइमपीस, क्लॉक तथा कलाई घड़ियों ने मन मोह लिया। मैंने भी एक अलार्म घड़ी खरीदी। विविध प्रांतों के मंडप देखने के लिए मुझे काफी दूर जाना पड़ा। कई मीलों में फैले प्रगति मैदान की सड़कें शाम ढल आने पर रंगीन हो उठी थीं। आश्चर्य यह कि कहीं कोई भगदड़ नहीं, शोर-शराबा नहीं, बल्कि ऐसी मंथर गति, जैसे संध्या के समय समुद्र मस्ती में लहरें ले रहा हो। मुझे बहुत अच्छा लगा। रात घिर आई थी। मैं वापसी के लिए द्वार पर चला। आगे देखा–हजारों लोग एक ऊँचे स्थान पर मजमा लगाए खड़े हैं। पता चला कि कोई नाटक-कंपनी नाटक खेल रही है। वहीं बहुत लंबी पंक्ति देखी जिसमें फैशन-शो देखने के इच्छुक लोग टिकट लेने के लिए खड़े थे। मन हटता ही न था। जैसे-तैसे बाहर पहुँचा तो मुड़कर फिर से व्यापार मेले की ओर देखा। रोशनी में जगमगाता हुआ मेला दुल्हन की तरह सजकर खड़ा था।

XII. सूक्तियाँ

41. करत करत अभ्यास ते जड़मति होत सुजान

[CBSE 2020]

विचार-बिंदु– • अभ्यास की महिमा • प्रतिभा आवश्यक • अभ्यास और प्रतिभा का मेल।

एक कहावत है–अभ्यास करते-करते एक मूर्ख भी विद्वान बन जाता है। जब एक रस्सी भी पत्थर पर निशान छोड़ जाती है तो फिर मनुष्य की बुद्धि तो बहुत कोमल और प्रगतिशील है। वास्तव में निरंतर अभ्यास बहुत बड़ा गुरु है। अभ्यास के सहारे मनुष्य बड़ी-से-बड़ी उपलब्धि प्राप्त कर सकता है। यद्यपि यह बात सत्य है कि मनुष्य के पास जो भी गुण हैं वे ईश्वर की देन हैं और जो गुण ईश्वर ने जिस मात्रा में हमें दिए हैं हम केवल उन्हीं गुणों में ही विस्तार की क्षमता और कुशलता ला सकते हैं। जो गुण हम में हैं ही नहीं, जैसे अगर आँख है ही नहीं, तो हम चाह कर भी देख नहीं सकते। जितना भी अंजन लगाएँ, एक अंधा चाह कर भी नहीं देख सकता। किंतु यदि ईश्वर ने आँख दी है और हम उसमें अभ्यास से कुशलता ले आएँ तो हमारी आँख एक सामान्य व्यक्ति से भी बहुत दूर तक देख सकती है। वास्तव में प्रतिभा के साथ-साथ अभ्यास की आवश्यकता होती है। लता मंगेशकर और किशोर कुमार कितने ही प्रतिभाशाली गायक हों लेकिन केवल अभ्यास ही है जो उनके माध्यम से नई-नई उत्कृष्ट रचनाएँ समाज को दे सकता है। कहते हैं कि लता मंगेशकर गीत गाने के अंतिम 5 मिनट तक भी अभ्यास करना नहीं छोड़ती थीं। सचिन तेंदुलकर विश्व के महानतम बल्लेबाज होते हुए भी मैच से पहले अभ्यास अवश्य किया करते थे। अतः यदि हम सफलता चाहते हैं तो केवल प्रतिभा का भरोसा न करें। प्रतिभा के साथ अभ्यास को भी महत्व दें।

42. सत्यमेव जयते

[CBSE 2020]

विचार-बिंदु– • भाव • झूठ के पाँव नहीं होते • सत्य ही परम धर्म

इस सूक्ति का अर्थ है–सत्य की ही जीत होती है। यह सूक्ति सारे जीवन का निचोड़ है, सार है और रस है। यह संसार सत्य पर ही टिका है। या यों कहें कि जो भी संसार में वास्तविक है, वही सत्य है। शेष बातें भ्रामक है, असत्य हैं और झूठ हैं। इसलिए हमें सत्य के साथ ही खड़े रहना चाहिए। देर-सवेर झूठ का अँधेरा छँटने पर सत्य अपने-आप सामने आ जाता है। सत्य

चल सकता है, दौड़ सकता है क्योंकि उसके पाँव होते हैं, किंतु झूठ के पाँव नहीं होते। इसलिए वह थोड़ी दूर तक घिसट-घिसट कर चल लेता है। परंतु जल्दी ही दम तोड़ देता है। उदाहरण के लिए मारीच ने थोड़ी देर के लिए स्वयं को सोने का हिरण बना लिया किंतु बाद में उसकी कलई खुल गई। कोई नकलची बेईमानी से अंक बढ़वा भी ले किंतु जब उसे काम पर रखा जाता है तो उसकी बेईमानी सामने आ जाती है। कई बार हम दूसरे को बहलाने के लिए झूठ का सहारा लेते हैं। दुर्बल को शेर और मूर्ख को बुद्धिमान कहते हैं। किंतु परिस्थिति आने पर दुर्बल कायर सिद्ध हो जाता है और मूर्ख बेवकूफ़। सच तो यह है कि सत्य का ही अस्तित्व है। वही संसार का परम धर्म है।

43. जब आवै संतोष धन सब धन धूरि समान

विचार-बिंदु– • संतोष : एक धन • तृष्णा असीम है • संतोष का उपाय • निष्काम भावना।

एक सूक्ति है– *'संतोष सबसे बड़ा धन है।'* संतोषी व्यक्ति सबसे सुखी इंसान है। इसके विपरीत, जिसके पास अपार धन-संपत्ति है, किंतु फिर भी और पाने की ललक है; वह दुखी है, प्यासा है, दीन है। भूख कभी तृप्त नहीं होती; बल्कि स्वादिष्ट व्यंजन खाने से और अच्छा भोजन करने की प्यास जाग उठती है। मानव-मन का दुर्भाग्य है कि उसे भूख तो लगती है किंतु तृप्ति की सीमा का उसे बोध नहीं है। पेट की भूख शांत होने का तो पता फिर भी लग जाता है किंतु धन-वैभव की प्यास कभी शांत नहीं होती। सांसारिक वैभव पाने का नशा जब सवार होता है तो सभी सीमाएँ टूट जाती हैं। ये कामनाएँ मनुष्य को हलचल में रखती हैं। कामनाओं को पूरा करने में लगा इंसान दिन से रात तक, बचपन से बुढ़ापे तक एड़ी-चोटी का जोर लगा देता है, फिर भी उसे शांति नहीं मिलती। मानव के जीवन का सबसे बड़ा प्रश्न है—आनंद। उसे आनंद कैसे प्राप्त हो? आनंद के लिए चाहिए—'संतोष' और 'तृप्ति'। प्रश्न यहीं गड़बड़ाता है कि आनंद तृप्ति में है या संतोष में? वह तृप्ति के पीछे भागता है तो वह मिलती नहीं। तब एक ही उपाय बचता है–'संतोष'। जो मिल जाए उसी में संतोष मानने वाला व्यक्ति कभी दुखी नहीं होता, कभी दीन नहीं होता। ऐसा व्यक्ति कभी किसी के सामने झोली नहीं फैलाता, कभी अपमानित नहीं होता। वह सदा गर्व और शान से सिर ऊँचा करके चलता है। सच ही कहा है रहीम ने–

जिनको कछु न चाहिए, सो साहन के साह।।

44. अपने लिए जिए तो क्या जिए

[*CBSE 2016*]

मुख्य-बिंदु–• भूमिका • दूसरों के लिए हित का भाव • अपनों में ही स्वार्थ • वर्तमान जीवन आत्मकेंद्रित • सर्वकल्याण में आत्मिक सुख।

मनुष्य का जीवन तभी सफल है जबकि वह अपने मूल स्वभाव में जिए। उसका स्वभाव है कि वह किसी के भी दुख को देखकर करुणा से पिघल जाता है। वह बिना किसी स्वार्थ के दूसरों के काम आता है। सभी सरल और भोले लोग परहित की भावना से भरपूर होते हैं। दुर्भाग्य से आज का मानव सरल और भोला नहीं रहा। वह चालाक और चुस्त हो गया है। आज समझदार उसी को माना जाता है जो कि अपने स्वार्थ को पूरा करने में जान लगा देता है। इस धारणा के कारण लोग धीरे-धीरे अपने में सिमटने लगे हैं। वे वही काम करते हैं जिसमें उनका कोई न कोई लाभ होता है। वे समाज के लिए कुछ नहीं करना चाहते। ऐसे लोग प्रेम और सद्भावना जैसे मूल्यों को भुला बैठते हैं। मनुष्य को कभी यह नहीं भूलना चाहिए कि प्रेम और सद्भावना जीवन के रस हैं। इन्हीं से मानव-जीवन सार्थक होता है। जैसे रस के बिना फल बेकार है, वैसे मानवता और इंसानियत के बिना मानव का जीवन बेकार है। प्रेम और सद्भावना ऐसे सरोवर हैं जिनमें मानवता की मछलियाँ जीवित रहती हैं। स्नेह के बिना मनुष्य संगमरमर के उस बुत की तरह हो जाता है, जो दीखने में तो सुंदर लगता है परंतु उसमें जान नहीं होती। मानव परमात्मा का अंश है। इसलिए सारी सृष्टि के साथ जुड़ने में उसे स्वाभाविक आनंद आता है। जब वह किसी भी प्राणी का भला चाहता है तो एक तरह से परमात्मा

से ही जुड़ रहा होता है। यदि हम किसी गरीब की मदद कर रहे होते हैं तो एक प्रकार से परमात्मा का ही अधूरा काम कर रहे होते हैं। इसलिए मैथिलीशरण गुप्त ने लिखा है–**मनुष्य है वही, कि जो मनुष्य के लिए मरे।**

45. ☞विपत्ति कसौटी जे कसे सोई साँचे मीत

[V. Imp.] [*CBSE 2016*]

विचार-बिंदु– • मित्र का महत्त्व • अच्छे मित्र की पहचान • मित्र के गुण • निष्कर्ष

मनुष्य स्वयं में अधूरा है। उसे अपने सुख-दुख बाँटने के लिए तथा अपने मन की बात कहने के लिए भागीदार की आवश्यकता पड़ती है। सच्चे मित्र के बारे में जीवन को सरसता और आसानी से जीने के लिए मित्रता आवश्यक है। गोस्वामी तुलसीदास कहते हैं–

जे न मित्र दुख होंहि दुखारी।
तिन्हहिं विलोकत पातक भारी।।

मित्र का चुनाव बाहरी चमक-दमक, चटक-मटक या वाक्पटुता देखकर नहीं कर लेना चाहिए। मित्रता समानता के आधार पर होनी चाहिए। दोनों के आर्थिक स्तर में अधिक अंतर नहीं होना चाहिए। मित्र अपने से बहुत अधिक शक्तिशाली भी नहीं होना चाहिए। वह केवल अपने स्वार्थ सिद्ध करने वाला न होकर हमारी भावनाओं को समझने वाला होना चाहिए। वह सच्चरित्र, परदुखकातर तथा विनम्र होना चाहिए। विश्वासपात्र मित्र को पा लेना बहुत बड़ी सफलता है। सच्ची मित्रता बनाए रखने के लिए जागरूकता आवश्यक है। नीतिनिपुण चाणक्य कहते हैं–*"अगर मित्रता चाहते हो कभी अपने मित्र से बहस मत करो, धन का लेन-देन न करो और मित्र की पत्नी से हँस-हँस कर बातें न करो। ये तीनों बातें मित्रता में बिगाड़ पैदा करती हैं।"* सच्चा मित्र जीवन में सफलता की कुंजी है। मित्रता वास्तव में एक नई शक्ति की योजना है।

❑ **मिलते-जुलते अनुच्छेद–**

- मित्र की परख संकट में [*CBSE 2019*]

  [**विचार-बिंदु–** • भले दिनों के मित्र • बुरे दिनों के मित्र • मित्र की परख]

☞46. दया धर्म का मूल है

[Imp.] [*CBSE*]

विचार-बिंदु– • दया–परम धर्म • दया–समाज-सेवा की मूल • दया और त्याग का संबंध।

तुलसीदास का प्रसिद्ध दोहा है–

दया धर्म का मूल है, पाप मूल अभिमान।
तुलसी दया न छोड़िए, जा घट तन में प्रान।।

धर्म के मूल में 'दया' निवास करती है। जिस मनुष्य को सारा समाज अपना लगता है, वह समाज के सुख-दुख में सुखी-दुखी होता है। समाज के दुख में दुखी होना ही दया कहलाती है। जितने भी महापुरुष या धार्मिक पुरुष हुए, वे इसी करुणा को अपनाकर हुए। यदि बुद्ध के मन में जन-जन की पीड़ा का ख्याल न होता, तो वे कभी सत्य-प्राप्ति के लिए वन-वन न भटकते। यदि राम के मन में समाज-कल्याण का भाव न होता, तो वे मारीच-ताड़का आदि का वध करने के लिए तत्पर न होते। यदि महात्मा गाँधी में समाज-हित की भावना न होती, तो वे दक्षिणी अफ्रीका में जाकर आंदोलन न चलाते, भारत में नमक-कानून न तोड़ते और अनेक बार जेल न जाते। दया के कारण मनुष्य बड़े-से-बड़ा त्याग करने को तत्पर हो जाता है। दया के कारण ही नेता-नेता में अंतर हो जाता है। दयालु नेता महान हो जाते हैं। वे लुटाते ही लुटाते हैं। वे देवता कहलाते हैं। गाँधी, शास्त्री, सुभाष आदि ऐसे करुणावान नेता हुए। दूसरी ओर, करुणाहीन नेता शीघ्र ही भ्रष्टाचार के कीचड़ में धँस जाते हैं। वे जनता को दोनों हाथों से लूटते हैं। वे हत्यारे कहलाते हैं। वास्तव में दया पारस पत्थर के समान है। इसके स्पर्श से कोई भी मनुष्य स्वर्ण बन जाता है।

☞47. समय बहुमूल्य है

[*CBSE 2015*] **[V. Imp.]**

विचार-बिंदु– • समय जीवन है • समय का सदुपयोग आवश्यक • समय की अगवानी आवश्यक • उचित समय पर उचित कार्य।

फ्रेंकलिन का कथन है–*'तुम्हें अपने जीवन से प्रेम है, तो समय को व्यर्थ मत गँवाओ क्योंकि जीवन इसी से बना है।'* समय ही तो जीवन है। ईश्वर एक बार एक ही क्षण देता है और दूसरा क्षण देने से पहले उसको छीन लेता है। समय के सदुपयोग का अर्थ है–उचित अवसर पर उचित कार्य पूरा कर लेना। जो लोग आज का काम कल पर और कल का काम परसों पर टालते रहते हैं, वे एक प्रकार से अपने लिए जंजाल खड़ा करते चले जाते हैं। मरण को टालते-टालते एक दिन सचमुच मरण आ ही जाता है। जो व्यक्ति उपयुक्त समय पर कार्य नहीं करता, वह समय को नष्ट करता है। एक दिन ऐसा आता है, जबकि समय उसको नष्ट कर देता है। जो छात्र पढ़ने के समय नहीं पढ़ते, वे परिणाम आने पर रोते हैं। समय रुकता नहीं है। जिसे उसका उपयोग उठाना है, उसे तैयार होकर उसके आने की अग्रिम प्रतीक्षा करनी चाहिए। जो समय के निकल जाने पर उसके पीछे दौड़ते हैं, वे ज़िंदगी में सदा घिसटते-पिटते रहते हैं। समय सम्मान माँगता है। इसलिए कबीर ने कहा है–

काल करै सो आज कर, आज करै सो अब।
पल में परलय होयगी, बहुरि करेगा कब।।

जो जाति समय का सम्मान करना जानती है, वह अपनी शक्ति को कई गुना बढ़ा लेती है। यदि सभी गाड़ियाँ अपने निश्चित समय से चलने लगें तो देश में कितनी कार्यकुशलता बढ़ जाएगी। यदि कार्यालय के कार्य ठीक समय पर संपन्न हो जाएँ, कर्मचारी समय के पाबंद हों तो सब कार्य सुविधा से हो सकेंगे। यदि रोगी को ठीक समय पर दवाई न मिले तो उसकी मौत भी हो सकती है। अत: हमें समय की गंभीरता को समझना चाहिए।

❑ **मिलते-जुलते अनुच्छेद–**

- बीता समय फिर लौटता नहीं [*CBSE 2018*]

[विचार-बिंदु– • समय का महत्त्व • समय-नियोजन • समय गँवाने की हानियाँ]

48. साँच बराबर तप नहीं

[*CBSE 2015*]

विचार-बिंदु– • सत्य की महत्ता • सत्य उन्नति और समृद्धि का मार्ग • उपसंहार

सत्य की राह पर चलना सबसे बड़ी तपस्या है। सत्य का मार्ग सही होता है किंतु उसमें कठिनाइयाँ बहुत होती हैं। इसलिए जिसे सत्य तक पहुँचना हो उसे नग्नता, सच्चाई और वास्तविकता को झेलना ही होगा। तभी तो सत्य को तप कहा गया है। सत्य से ही उन्नति और समृद्धि के द्वार खुलते हैं। कोई व्यक्ति झूठ के सहारे छोटी-मोटी सफलता पा भी जाए तो उसका स्थायी लाभ उसे नहीं मिलता। व्यापार हो या विज्ञान, सत्य के बिना उनकी उन्नति नहीं हो सकती। विज्ञान तो सत्य के बिना चल ही नहीं सकता। जैसे पकौड़े तेल में ही तले जा सकते हैं, पानी में नहीं; कार पैट्रोल से ही चल सकती है, खाद्य तेलों से नहीं, मिठास चीनी से ही लाई जा सकती है, नमक से नहीं; उसी प्रकार यह सारी सृष्टि अपने सत्य तत्त्वों के आधार पर ही बनी हुई है। कई बार मनुष्य अपने लोभ और स्वार्थ के कारण झूठ का एक बवंडर बना लेता है। परंतु झूठ के कारण उसकी उन्नति के मार्ग रुक जाते हैं। व्यापार को ही लें, आजकल एक से एक झूठे विज्ञापन ग्राहक को एक बार अपना माल बेच जाते हैं। परंतु यदि उसकी सच्चाई उघड़ गई तो वह व्यापार ठप्प होने में जरा भी देर नहीं लगती। इसके विपरीत जो व्यापारी अपने ग्राहकों का विश्वास जीत लेते हैं, उनका व्यापार सदियों तक चलता रहता है। सत्य से होने वाली उन्नति धीरे-धीरे होती है। जैसे मनुष्य का विकास धीरे-धीरे होता है, उसी प्रकार सत्य भी सहज भाव से विकसित होता है।

❑ मिलते-जुलते अनुच्छेद–

- साँच बराबर तप नहीं [CBSE 2016]

[विचार-बिंदु– • सूक्ति का तात्पर्य • सच और झूठ का प्रभाव • जीवन में सत्य का महत्त्व]

49. सफलता की कुँजी: मन की एकाग्रता

[CBSE 2019]

विचार-बिंदु– • मन की एकाग्रता क्यों • सतत अभ्यास • सफलता की कुंजी

सफलता भाग्य से नहीं, कर्म से मिलती है। कर्म के लिए आवश्यक है– लगन और समर्पण। जैसे उत्तल लैंस सूरज की गर्मी को एकाग्र करके आग पैदा कर देता है, उसी प्रकार मनुष्य किसी कर्म में एकाग्र हो जाए तो अद्भुत सफलता पा सकता है। सर्कस में काम करने वाले नट मन की एकाग्रता के कारण ही आसमान में झूलते-कूदते नज़र आते हैं। सौ मीटर की दौड़ में दौड़ने वाला प्रतियोगी क्या अगल-बगल के नजारों को देख सकता है? नहीं। उसे केवल और केवल ट्रैक और विजय-पट्टी दिखाई देती है। अर्जुन को केवल चिड़िया की आँख दिखाई दी थी। इसलिए वह श्रेष्ठ धनुर्धर बन पाया। वर्तमान में भी सभी निशानेबाजों को केवल लक्ष्य पर ध्यान एकाग्र करना पड़ता है। क्रिकेट में बल्लेबाज को पूरी तरह गेंद पर, फील्डर का कैच पर, गेंदबाज को विकेट पर, अंपायर को एक-एक क्रिया पर ध्यान केंद्रित करना पड़ता है। जरा भी ध्यान हटा तो अंपायर निर्णय नहीं दे सकता। आशय यही है कि सफलता के लिए मन की एकाग्रता अनिवार्य है। सफलता पाने का दूसरा रहस्य है– सतत अभ्यास।

करत करत अभ्यास ते जड़मति होत सुजान।
रसरी आवत-जात से सिल पर परत निसान।।

निरंतर अभ्यास से पत्थर पर रस्सी के निशान पड़ जाते हैं, फर्श पर घड़ा रखने के कारण गड्ढा बन जाता है, चलते-चलते पगडंडियाँ बन जाती हैं। अतः सफलता पाने के लिए निरंतर अभ्यास को नहीं छोड़ना चाहिए। जॉर्ज ब्रूस और मकड़ी की कहानी प्रसिद्ध है। कारागार में बंद राजा ब्रूस ने देखा कि मकड़ी बार-बार दीवार पर चढ़ती है और फिर फिसल जाती है। फिर देखा कि आखिर एक दिन वह दीवार पार कर गई। उसके इसी अभ्यास ने उसे भी हिम्मत दी। एक दिन वह भी कारवास से मुक्त हो गया। इसीलिए जब भी विफलता मिले, निराश मत हो, फिर से अभ्यास करना आरंभ कर दो। सफलता एक दिन कदम अवश्य चूमेगी।

XIII. वैचारिक/मिश्रित

50. लड़का-लड़की एक समान

[CBSE 2020]

विचार-बिंदु– • ईश्वर की देन • भेदभाव के कारण • दृष्टिकोण कैसे बदलें

लड़का-लड़की दोनों ईश्वर की संतानें हैं। ये दो आँखों के समान एक-दूसरे के पूरक हैं, सहायक हैं और बराबर हैं। इनमें न कोई कम है, न अधिक; न कोई शक्तिहीन हैं और न कोई शक्तिशाली। बस दोनों के काम अलग हैं, भूमिकाएँ अलग हैं। लड़की का काम सृजन और पालन है तो लड़के का काम परिश्रम और अर्जन। लड़के शारीरिक परिश्रम के कारण अधिक शक्तिशाली होते हैं तो लड़कियाँ मानसिक और आत्मिक बल में। दोनों में से किसी एक के बिना काम नहीं चल सकता। दुर्भाग्य से मनुष्य-समाज में आपसी युद्धों के चलते पुरुषों का दबदबा हो गया और नारियाँ कमज़ोर कहलाने लगीं। दुष्परिणाम यह हुआ कि नारी को घर की चारदीवारी में कैद कर दिया गया। उसे शिक्षा और कमाई से वंचित रखा गया। अतः पुरुषों को कीमती माना जाने लगा और स्त्रियों को बोझ माना जाने लगा। परिणामस्वरूप लोग लड़की के जन्म को अभिशाप मानने लगे। धीरे-धीरे समाज

का दृष्टिकोण बदला। कन्या को पढ़ाया जाने लगा। उसे नौकरी और काम-धंधे का अवसर मिला। इससे नारी की महिमा बढ़ी। आज संसार के उन्नत समाजों में नर-नारी या लड़का-लड़की को एक-समान ही माना जाता है।

51. हिंदी हमारी पहचान

[*CBSE 2020*]

विचार-बिंदु– • मातृभाषा के रूप में • संपर्क भाषा के रूप में • हिंदी का भविष्य

हिंदी भारत की पहचान है। अंग्रेज़ों ने भी माना कि यदि सात समुद्र पार इंग्लैंड में बैठकर भारत पर शासन करना है तो अंग्रेज़ों को हिंदी सीखनी पड़ेगी। वे जानते थे कि हिंदी से ही भारत को जाना जा सकता है; हिंदी में ही भारतीयों से बातचीत की जा सकती है। आज भी दक्षिण भारत, कश्मीर या असम में यदि एक-दूसरे से बात करनी हो तो हिंदी ही उसके लिए माध्यम है। एक प्रकार से यह भारत की संपर्क भाषा है। भिन्न-भिन्न भाषाओं वाले लोग आपसी व्यवहार के लिए हिंदी का सहारा लेते हैं। इसलिए इसे राष्ट्रभाषा भी कहते हैं। एक राष्ट्र अपने आपसी संवाद के लिए जिस भाषा का प्रयोग करता है, उसे राष्ट्रभाषा कहते हैं। भारत में यही काम हिंदी करती है। अत: निश्चित रूप से हिंदी भारत की राष्ट्रभाषा है। हिंदी का विरोध वे लोग करते हैं जो हिंदी के बढ़ते प्रभाव से डरते हैं। उन्हें लगता है कि हिंदी को महत्त्व देने से उनका महत्त्व कम होगा। बड़ी-बड़ी नौकरियाँ हिंदी वालों को मिलेंगी। यह डर मिथ्या है। इससे पार पाना होगा। हिंदी देश के 50% लोगों की मातृभाषा है। हिमाचल से मध्यप्रदेश, बिहार, राजस्थान के विशाल भू-भाग की मातृभाषा हिंदी है। इसलिए हिंदी का भविष्य उज्ज्वल है। हिंदी के बेटे कितना भी अंग्रेजी परस्त हो जाएँ किंतु आखिरकार उन्हें हिंदी की गोद में आना ही पड़ेगा। आज फिल्में और विज्ञापन हिंदी में है, कल को शिक्षा और नौकरी भी हिंदी में उपलब्ध होगी।

52. नैतिकता

[*CBSE 2016*]

विचार-बिंदु– • नैतिकता का अर्थ • नैतिकता एक अमूल्य मानवीय गुण • शिक्षण संस्थाओं में नैतिक शिक्षा आवश्यक

नैतिकता का अर्थ है–नीति के अनुसार चलना। नीति का अर्थ है–सोच-समझकर अपनाए गए नियम और व्यवहार। आशय है कि सोच-समझकर बनाए गए नियम और व्यवहार के आधार पर अपने जीवन को चलाना नैतिकता कहलाती है। जो समाज अपने लिए कुछ नियम बनाते हैं और उस पर आचरण करते हैं, उन्हें नैतिक समाज कहते हैं। नैतिकता एक महान मानवीय गुण है। इस गुण के होने से मानव-जीवन सुंदर, सुखद और सुरक्षित बनता है। इसी गुण के कारण हम एक-दूसरे पर विश्वास करते हैं। वास्तव में मानव-जीवन इसी नैतिकता पर आधारित है। जिस मनुष्य में नैतिकता जितनी अधिक होती है, वह उतना ही विश्वसनीय और पूजनीय होता है। यहाँ तक कि जिस व्यापारी में जितनी सच्चाई और नैतिकता होती है उसका व्यापार उतना ही फलता-फूलता है। लोग आँख मीच कर उस पर विश्वास करते हैं। कवि अशोक बत्रा ने लिखा है–

बिना नीति चले तो साँस जाने कब अटक जाए।
रहेगा डर कि कोई भेड़िया हमको गटक जाए।
बिना आदर्श-नीति के तो जंगलराज चलता है
न जाने कौन-सा फंदा गले में कब लटक जाए।।

नैतिकता के कारण जीवन जीना आसान और आनंदमय हो जाता है। जिस व्यक्ति को पता है कि यहाँ सारे काम न्यायपूर्वक होते हैं, किसी के साथ भेदभाव नहीं होता, वहाँ के नागरिक सुख और संतोष का जीवन जीते हैं। जहाँ बस, रेल, सिनेमा, होटल आदि सब जगह लाइन से बारी आती है वहाँ सब चैन से अपनी बारी की प्रतीक्षा करते हैं। इसके विपरीत जहाँ कोई नैतिकता नहीं होती, वहाँ जंगलराज चलता है। कोई बड़ा, लंबा और ताकतवर आकर सारी सुविधाएँ ले जाता है और नन्हे,

छोटे और कोमल तथा अशक्त प्राणी मुँह ताकते रह जाते हैं। ऐसे समाज में जीना दूभर हो जाता है। नैतिकता का व्यवहार शिक्षा में भी सिखाया जाना चाहिए। नन्हे कोमल बच्चे नैतिकता का पाठ सीखने को आतुर रहते हैं। यदि उन्हें बचपन में शिक्षा के साथ-साथ नैतिक शिक्षा दे दी गई, अच्छे-बुरे का विवेक करा दिया गया तो वह पूँजी जीवनभर उनके काम आती है। यदि बचपन में उन्हें अनैतिक आचरण के लिए खुला छोड़ दिया गया तो फिर अनैतिक आदतों को बदलना बहुत कठिन हो जाता है। अतः नैतिक शिक्षा हमारी शिक्षा-पद्धति का अनिवार्य अंग होनी चाहिए।

53. मेक इन इंडिया

[*CBSE 2015*]

मुख्य-बिंदु– • उक्ति का अर्थ • सोने की चिड़िया भारत की पृष्ठभूमि • उद्यमी देश पराधीनता काल में बदला परिदृश्य • विकास में अग्रसर होने का प्रकल्प • उपसंहार

मेक इन इंडिया। इसका अर्थ है–उपभोग की वस्तुओं का, अपने देश में ही निर्माण करो और अपनी आवश्यकताओं के लिए अपने ही देश पर निर्भर रहो। इतिहास गवाह है कि भारत कभी सोने की चिड़िया कहलाता था। भारत के लोहे का लोहा सारे देश मानते थे। यहाँ की मलमल का सारी दुनिया में बोलबाला था। हम विश्व-व्यापार के सिरमौर थे। तभी तो विश्व भर के लोग व्यापार के लिए यहाँ खिंचे चले आए। दुर्भाग्य से सदियों पहले भारत गुलाम हो गया। पहले मुगलों ने इसे लूटा और इसे कंगाल बना दिया। फिर अंग्रेज आए, उन्होंने और भी बुरा किया। उन्होंने देश को न केवल लूटा बल्कि इसके सारे व्यापार और उत्पादन को ठप्प कर दिया। यहाँ के बुनकरों के हाथ काट दिए। जहाजों के निर्माण को बंद कर दिया। कागज़ के उत्पादन को बंद करके इंग्लैंड के कागज़ को प्रोत्साहित किया। भारतीय कपास को मेनचेस्टर भेजकर वहाँ से कपड़े बनवाए और भारत में बेचे। इससे सोने की चिड़िया इंग्लैंड में फुर्र हो गई। आज तक यह सिलसिला चला आ रहा है। हम आज भी विदेशी माल पर जीवन जी रहे हैं। आजादी के 73 साल बाद भी हम दवाइयाँ, ब्लेड, हथियार और सजावटी सामान विदेशों से मँगा रहे हैं। इसलिए हमारा पैसा विदेश में चला जा रहा है। सौभाग्य से हमारे प्रखर प्रधानमंत्री ने भारत को एक स्वप्न दिया है कि यदि हम अपने उपयोग की वस्तुओं का निर्माण भारत में ही कर लें तो हम विदेशों में जाने वाला धन बचा सकते हैं और फिर से सोने की चिड़िया बन सकते हैं। आज ज़रूरत है कि हम अपने उद्यमियों को भारत में निर्माण करने के लिए प्रेरित करें।

☞54. दैनिक जीवन में समाचार-पत्र का महत्त्व

[Imp.] [*CBSE*]

विचार-बिंदु– • समाचार-पत्र–एक सामाजिक कड़ी • लोकतंत्र का प्रहरी • प्रचार का सशक्त माध्यम • व्यापार को फैलाव • ज्ञान-वृद्धि का साधन • मनोरंजन का साधन • जन-सुविधा।

समाचार-पत्र वह कड़ी है जो हमें शेष दुनिया से जोड़ती है। जब हम समाचार-पत्र में देश-विदेश की खबरें पढ़ते हैं तो हम पूरे विश्व के अंग बन जाते हैं। समाचार-पत्र लोकतंत्र का सच्चा पहरेदार है। उसी के माध्यम से लोग अपनी इच्छा, विरोध और आलोचना प्रकट करते हैं। नेपोलियन ने कहा था–*"मैं लाखों संगीनों की अपेक्षा तीन विरोधी समाचार-पत्रों से अधिक भयभीत रहता हूँ।"* समाचार-पत्र जनमत तैयार करते हैं। आज प्रचार का युग है। यदि आप अपने माल को, अपने विचार को, अपने कार्यक्रम को या अपनी रचना को देशव्यापी बनाना चाहते हैं तो समाचार-पत्र का सहारा लें। समाचार-पत्र के माध्यम से रातों-रात लोग नेता बन जाते हैं या चर्चित व्यक्ति बन जाते हैं। यदि किसी घटना को अखबार की मोटी सुर्खियों में स्थान मिल जाए तो वह घटना सारे देश का ध्यान अपनी ओर खींच लेती है। समाचार-पत्र व्यापार को बढ़ाने में परम सहायक सिद्ध हुए हैं। विज्ञापन की सहायता से व्यापारियों का माल देश में ही नहीं विदेशों में भी बिकने लगता है। रोज़गार पाने के लिए भी अखबार उत्तम साधन है। हर बेरोज़गार का सहारा अखबार में निकले नौकरी के विज्ञापन होते हैं। व्यापारी नित्य के भाव देखने के लिए तथा शेयरों का मूल्य जानने के लिए अखबार का मुँह जोहते हैं। जे. पार्टन का कहना है–*'समाचार-पत्र जनता के लिए विश्वविद्यालय हैं।'* उनसे हमें केवल देश-विदेश की गतिविधियों की जानकारी ही नहीं मिलती, अपितु महान विचारकों के विचार

भी पढ़ने को मिलते हैं। उनसे विभिन्न त्योहारों और महापुरुषों का महत्त्व पता चलता है। महिलाओं को घर-गृहस्थी सँभालने के नए-नए नुस्खे पता चलते हैं। प्राय: अखबार में ऐसे कई स्थायी स्तंभ होते हैं जो हमें विभिन्न जानकारियाँ देते हैं। आजकल अखबार मनोरंजन के क्षेत्र में भी आगे बढ़ चले हैं। उसमें नई-नई कहानियाँ, किस्से, कविताएँ तथा अन्य बालोपयोगी साहित्य छपता है। दरअसल, आजकल समाचार-पत्र बहुमुखी हो गया है। उसमें चलचित्र, खेलकूद, दूरदर्शन, भविष्य-कथन, मौसम आदि की अनेक जानकारियाँ मिलती हैं। समाचार-पत्र के माध्यम से आप मनचाहे वर-वधू ढूँढ़ सकते हैं। अपना मकान, गाड़ी, वाहन खरीद-बेच सकते हैं। खोए हुए बंधु को बुला सकते हैं। अपना परीक्षा-परिणाम जान सकते हैं। इस प्रकार समाचार-पत्रों का महत्त्व बहुत अधिक हो गया है।

☞55. परिश्रम का महत्त्व

[V. Imp.] [*CBSE 2015*]

विचार-बिंदु– • संसार में आज जो भी ज्ञान-विज्ञान की उन्नति और विकास है, उसका कारण है परिश्रम • परिश्रम करने में बुद्धि और विवेक आवश्यक • परिश्रम से मिलने वाले लाभ • उपसंहार।

सृष्टि के आरंभ से लेकर आज तक मनुष्य ने जो भी विकास किया है, वह सब परिश्रम की ही देन है। जब मानव जंगली अवस्था में था, तब वह घोर परिश्रमी था। उसे खाने-पीने, सोने, पहनने आदि के लिए जी-तोड़ मेहनत करनी पड़ती थी। आज, जबकि युग बहुत विकसित हो चुका है, परिश्रम की महिमा कम नहीं हुई है। बड़े-बड़े बाँधों का निर्माण देखिए, अनेक मंजिले भवन देखिए, खदानों की खुदाई, पहाड़ों की कटाई, समुद्र की गोताखोरी या आकाश-मंडल की यात्रा का अध्ययन कीजिए। सब जगह मानव के परिश्रम की गाथा सुनाई पड़ेगी। केवल शारीरिक परिश्रम ही परिश्रम नहीं है। महात्मा गाँधी दिन-भर सलाह-मशविरे में लगे रहते थे, परंतु वे घोर परिश्रमी थे। तात्पर्य यह है कि बुद्धि और विवेक द्वारा किया गया परिश्रम भी परिश्रम कहलाता है। ऐसा परिश्रम अधिक मूल्यवान होता है। पुरुषार्थ का सबसे बड़ा लाभ यह है कि इससे सफलता मिलती है। परिश्रम ही सफलता की ओर जाने वाली सड़क है। परिश्रम से आत्मविश्वास पैदा होता है। मेहनती आदमी को व्यर्थ में किसी की जी-हजूरी नहीं करनी पड़ती, बल्कि लोग उसकी जी-हजूरी करते हैं। तीसरे, मेहनती व्यक्ति का स्वास्थ्य सदा ठीक रहता है। चौथे, मेहनत करने से गहरा आनंद मिलता है। उससे मन में यह शांति होती है कि मैं निठल्ला नहीं बैठा। राबर्ट कोलियार कहते हैं–*'मनुष्य की सर्वोत्तम मित्र उसकी दस अँगुलियाँ हैं।'* अत: हमें जीवन का एक-एक क्षण परिश्रम करने में बिताना चाहिए। श्रम मानव-जीवन का सच्चा सौंदर्य है।

❑ **मिलते-जुलते अनुच्छेद–**

- भाग्य और पुरुषार्थ [*CBSE 2016*]

[विचार-बिंदु– • अर्थ • महत्त्व • भाग्य भरोसे बैठना असफलता]

XIV. कोरोना महामारी

56. कोरोना-संकट में बदली हुई जीवन-शैली

यह संसार एक सिक्के की तरह है, जिसके उजले और काले दोनों पहलू हैं। कोरोना संकट अपने साथ केवल मृत्यु-भय और बेचैनी ही नहीं लाया, अपितु मनुष्य जाति के लिए शांति और आनंद के नए द्वार भी खोल गया है। कोरोना संकट के समय पूरा विश्व जान बचाने के लिए अपने-अपने घरों में कैद हैं। न काम-धंधे चल रहे हैं, न उद्योग। न आवागमन के साधन हैं, और न कोई सामाजिक उत्सव। ऐसे में टूटते हुए परिवार फिर-से जुड़ गए हैं। लोग मज़बूरी में ही सही, अपने परिवार के बीच रह रहे हैं। घर में बैठकर घर के कामों में सहयोग करना एक भूली हुई आदत थी जो फिर से याद आ गई हैं। पारिवारिकता का रस लौट आया है। जिन घरेलू खेलों को हम व्यर्थ मानकर भुला बैठे थे, वे फिर-से हमें आनंद देने लगे हैं। विश्व जिन-जिन संकटों से जूझ रहा है, वे संकट कुछ कम हो गए हैं। पर्यावरण का प्रदूषण आश्चर्यजनक रूप से स्वच्छ हुआ है। जिन नगरों में एक

धुँए का गुब्बार-सा छाया रहता था वहाँ अब आसमान बिल्कुल नीला और साफ दिखाई पड़ता है और जहाँ चिड़िया भी पर नहीं मारती थी वहाँ हजारों की संख्या में पक्षियों के दल विहार करने लगे हैं। सड़कों पर यातायात न होने के कारण वायु एकदम शुद्ध हो गई है। शोर गायब हो गया है। नदियाँ इतनी पवित्र हो गई है कि वह हमारी कल्पना से बाहर है। जिस गंगा और यमुना को अरबों-अरबों रुपए खर्च करके भी साफ नहीं कर पाए। फैक्ट्रियाँ-उद्योग बंद होने के कारण और मनुष्य का आवागमन कम होने के कारण वे नदियाँ साफ-स्वच्छ और निर्मल हो गई हैं। न आपाधापी है न मारामारी। जीवन शांत हो गया है। लोगों में जनसेवा और सहयोग का भाव भी बढ़ चला है। जो जहाँ है, वह गरीबों, वंचितों और पीड़ितों की सहायता के लिए आगे आ रहा है। लोगों ने स्वयं अपनी इच्छा से पीड़ितों के लिए दान किया है और सहयोग के लिए आगे आए हैं। मानवता का यह उज्ज्वल चेहरा ऐसा है जैसे अचानक दर्पण की सतह से किसी ने धूल हटा दी हो और उसका असली खिला हुआ चेहरा सामने आ गया हो। कोरोना वायरस के चलते रहने की कामना तो कभी नहीं की जा सकती है किंतु इसके कारण जो उज्ज्वल पक्ष सामने आए हैं, उन्हें अवश्य याद रखना चाहिए।

57. कोरोना काल के सहयात्री

[CBSE 2022]

विचार-बिंदु– • कोरोना महामारी का आरंभ और प्रसार • गत दो वर्षों में जीवन का स्वरूप • जीवन-यात्रा में साथ देने वाले व्यक्ति और वस्तुएँ।

कोरोना महामारी का आरंभ 2019 में चीन के वुहान शहर से हुआ और 2020 के आरंभ में पूरे संसार में फैल गई। अमरीका, इटली, फ्रांस, जर्मनी, इंग्लैंड, रूस जैसे उन्नत देशों में भी इस महामारी ने लाखों-लाखों लोगों की जिंदगी लील ली। भारत में इसकी दस्तक मार्च, 2020 में हुई। सावधानी के लिए सरकार ने पूरे देश में आवागमन बंद कर दिया ताकि बीमारी के लक्षण एक व्यक्ति से दूसरे व्यक्ति और शहर में न फैलें। तब से लेकर अब तक पिछले दो वर्षों में जीवन-शैली बिल्कुल बदल गई। बड़े-बड़े ऑफिस बंद हो गए। बाज़ार तक बंद हो गए। होटलों पर पूरी तरह प्रतिबंध लग गया। ऑफिसों के काम घर-बैठे-बैठे कंप्यूटरों से होने लगे। एक नया मुहावरा चल पड़ा-वर्क एट होम। कंप्यूटर और इंटरनेट नए देवता के रूप में उभरे। सारा काम इनके सहारे होने लगा। ऑफिसों के काम, व्यापार, शिक्षा सब कुछ आनलाइन होने लगे। इन दिनों आनलाइन खरीदारी का चलन इतना बढ़ा कि घर-घर आनलाइन दुकान खुल गईं। होटल केवल पैकिंग और डिलीवरी के काम आने लगे। जोमेटो, एमेजॉन, फ्लिपकार्ट जैसी नामी कंपनियों ने हजारों-हजारों बाइकर्स को डिलीवरी बॉय के रूप में नौकरी दी। लोगों को घर बैठे-बैठे सामान मिलने लगा। पहले व्यस्त माता-पिता घर में समय नहीं दे पाते थे। अब पूरा परिवार एक-साथ एक ही छत के नीचे रहने लगा। जिनकी आपस में बनती थी, उनके लिए स्वर्ग के द्वार खुल गए। जिनकी तकरार रहती थी, वे दिन-रात नरक में कैद हो गए। कोराना ने जीवन को बिल्कुल ही बदल कर रख दिया। इन दिनों जीवन ने यह भी सिखाया कि हमारे असली जीवन-साथी अपने ही लोग या मित्र हैं जो मृत्यु के संकट में भी साथ रहते हैं। जब डॉक्टर अपने मरीज से दूर रहने की सलाह देते थे तो बहुत बुरा लगता था। हाँ, इन दिनों में इंटरनेट सेवाओं ने, डॉक्टर, पुलिस, डाकसेवा और डिलीवरी ब्वायज ने जान पर खेलकर भी जीवन को सुचारू रूप से चलाए रखा उन्हें कोटि-कोटि प्रणाम!

प्रश्न-अभ्यास

निम्नलिखित अनुच्छेदों को दिए गए संकेत-बिंदुओं के आधार पर 80-100 शब्दों में लिखिए–

I. त्योहार

1. **रक्षाबंधन**

   [• परिचय • भाई-बहन का त्योहार • इतिहास • मनाने की विधि • उपसंहार]

2. ईद

[• परिचय • भाईचारे का त्योहार • मनाने की विधि • संदेश]

3. त्योहार बनाम बाज़ारवाद

[• तात्पर्य • त्योहारों का वास्तविक स्वरूप • बाज़ार का प्रभाव] *[CBSE 2019]*

4. त्योहारों का बदला स्वरूप

[• तात्पर्य • परंपरागत तरीके • बाज़ार का बढ़ता प्रभाव] *[CBSE 2018]*

II. शिक्षा-जगत

5. गुरु-शिष्य संबंध

[• प्राचीन परंपरा • कुछ उदाहरण • वर्तमान स्थिति • व्यवसाय नहीं श्रद्धा • गुरु का धर्म • शिष्य का धर्म • उपसंहार]

6. पुस्तकों का महत्त्व

[• पुस्तक-ज्ञान की भंडार • तरह-तरह की पुस्तकें • विज्ञान और तकनीक की पुस्तकें • साहित्यिक पुस्तकें • पुस्तकों के लाभ]

7. आधुनिक शिक्षा की कमियाँ

[• आधुनिक शिक्षा-पुस्तकों पर आधारित • सारा काम बैंच-डैस्क पर • व्यावहारिक नहीं • खेल और मनोरंजन की उपेक्षा • सर्वांगीण शिक्षा की आवश्यकता।]

8. मेरी कल्पना का विद्यालय

[• भूमिका • आदर्श विद्यालय की संकल्पना • किताबों का बोझ हटाना • सर्वांगीण विकास • उपसंहार] *[CBSE 2017]*

[• विद्यालय में क्या है अनावश्यक • क्या क्या है आवश्यक • विद्यालय और परिवेश] *[CBSE 2019]*

III. देश और संस्कृति

9. मेरे सपनों का भारत

[• मेरे सपनों के भारत की कल्पना • सांस्कृतिक एवं आध्यात्मिक दृष्टि से • शोषण से मुक्त भारत • एकता, प्रगति, लोकतंत्र • उपसंहार] *[CBSE 2016]*

10. भारतीय संस्कृति

[• भारत की संस्कृति धर्मप्रधान • अध्यात्म को महत्त्व • भोग नहीं त्याग • अनेकता में एकता • विश्वबंधुत्व-मानवता]

11. आधुनिकता और भारतीय संस्कृति

[• आधुनिकता का अर्थ • पुरानी संस्कृति को त्याग पाश्चात्य संस्कृति को स्वीकारना • भारतीय संस्कृति की विशेषताएँ • विश्व शांति में योगदान • उपसंहार]

IV. खेल

12. आँखों देखा मैच

[• मैच की शुरुआत का वर्णन • टीवी पर देखे और साक्षात् देखने का अंतर • आनंद की चर्चा और छाप] *[CBSE 2015]*

13. ओलंपिक में भारत

[• इतिहास • हॉकी में गौरवशाली स्थान • पिछले तीन ओलंपिक • उपसंहार]

14. क्रिकेट मैच का आँखों देखा वर्णन

[• कहाँ, कैसे, कब • आनंददायक • परिणाम] *[CBSE 2019]*

V. विज्ञान

15. इंटरनेट

[• परिचय • ज्ञान का भंडार • लाभ • घर बैठे विश्व-भर का ज्ञान उपलब्ध • हानि-समय और चरित्र पर आँच • कुशिक्षा और मर्यादाहीनता को बढ़ावा]

16. विज्ञान के बढ़ते चरण

[• चिकित्सा के क्षेत्र में विकास • संचार • यातायात • शिक्षा • मनोरंजन • उपसंहार]

17. मंगल अभियान

[• हमारे वैज्ञानिक • चकित विश्व • भविष्य] *[CBSE 2016]*

18. मोबाइल फोन के लाभ-हानि

[• मोबाइल-एक सुविधा • लाभ • पूरा विश्व एक परिवार • पारिवारिक निकटता • व्यापार वृद्धि • हानि • समय-असमय बाधा • अपराध • बेकार के संदेश-संपर्क • उपसंहार]

19. चैन छीनता हुआ मोबाइल

[• प्रस्तावना • फैशन के रूप में मोबाइल • मोबाइल—संपत्ति और विपत्ति दोनों रूप में • विद्यालय-परिसर में मोबाइल • मोबाइल का स्वास्थ्य पर पड़ता प्रभाव • उपसंहार] *[CBSE 2016]*

VI. महान व्यक्ति

20. विवेकानंद

[• जन्म-परिचय • गुरु रामकृष्ण से दीक्षा • अमरीका में भाषण • भारत में वापसी • जगह-जगह युवा-शक्ति को संबोधन]

21. नेताजी सुभाषचंद्र बोस का योगदान

[• भारत की आज़ादी का संघर्ष • नेताजी के विचार • आज़ादी में योगदान] *[CBSE 2016]*

VII. राष्ट्रीय एवं सामाजिक समस्याएँ

22. भारत की वर्तमान समस्याएँ

[• सांप्रदायिकता हिंदू-मुस्लिम झगड़े • भ्रष्टाचार • महँगाई • काला धन • विदेशी ताकतों का आक्रमण • पाकिस्तान और चीन • बेरोजगारी]

23. मदिरापान—एक सामाजिक कलंक

[• मदिरापान के कारण • पीने वालों का समाज में स्थान • समाप्ति के उपाय] *[CBSE 2016]*

24. आधुनिक भारत की समस्याएँ

[• मानव जीवन की समस्याएँ • गरीबी • भ्रष्टाचार • बेरोजगारी • जनसंख्या • सांप्रदायिकता] *[CBSE 2017]*

25. घटता लिंग अनुपात

[• लड़कियों की संख्या में कमी • आँकड़ें • कारण • चिंताएँ-बलात्कार, यौन-अपराध • समस्या का समाधान]

26. आरक्षण की समस्या

[• आरक्षण क्यों • भारत में स्थिति • आरक्षण क्यों उचित • कैसा आरक्षण उचित • हानियाँ • समाधान के उपाय]

27. प्लास्टिक : अनचाही ज़रूरत

[• प्लास्टिक की उपयोगिता • प्लास्टिक के नुकसान • निष्कर्ष] *[CBSE 2016]*

28. कमरतोड़ महँगाई

[• आवश्यक वस्तुओं के मूल्य में वृद्धि • भारत की आर्थिक नीतियों की विफलता • विदेशी कर्ज़ में बढ़ोतरी • गरीबी दूर कर विकास करना] *[CBSE 2015]*

VIII. सूक्तियाँ

29. काल्ह करै सो आज कर

[• अर्थ • शुभ कार्य में जल्दी • देरी से न्याय में विलंब • अर्थस्पष्टीकरण • समय का सदुपयोग क्यों • सदुपयोग कैसे • उपसंहार] *[CBSE 2016]*

30. साँच को आँच नहीं

[• सत्य को प्रमाण की आवश्यकता नहीं • सत्य को मिटाया नहीं जा सकता • अंतिम विजय सत्य की • उपसंहार]

31. जहाँ चाह वहाँ राह

[• कहावत का भाव • सफलता के लिए कर्म के प्रति रुचि और समर्पण • कठिनाइयों के बीच मार्ग निर्माण] *[CBSE 2015]*

32. दैव दैव आलसी पुकारा।

[• सूक्ति का अर्थ • आलसी व्यक्ति का स्वरूप • आलस्य के दुष्परिणाम • शिक्षा • उपसंहार] *[CBSE 2017]*

IX. विविध

33. यदि मैं राज्य का मुख्यमंत्री होता।

[• मेरी प्राथमिकताएँ • शिक्षा में परिवर्तन • विकास-कार्य] *[CBSE 2016]*

34. प्रिय ऐतिहासिक स्थल

[• क्या? कहाँ? • प्रसिद्धि का कारण • बाहरी रूप-सज्जा] *[CBSE 2016]*

35. पर्वतीय सौंदर्य

[• पर्वतों को महत्त्व • पर्वतों के दृश्य • संरक्षण के प्रति कर्तव्य] *[CBSE 2016]*

36. धरती कहे पुकार के......

[• सहनशील धरती • सांप्रदायिकता से मुक्ति • खुशहाल वातावरण–पर्यावरण] *[CBSE 2019]*

37. दैवीय प्रकोप–बाढ़

[• प्रकृति के दो कार्य • निर्माण और विनाश • बाढ़-प्रकृति का भीषण स्वरूप • बाढ़ से बचने के उपाय] *[CBSE 2016]*

38. सिनेमा और युवा पीढ़ी

[• विज्ञान की अद्भुत देन • मनोरंजन का सर्वसुलभ साधन • सिनेमा से फैशन • अपराध और अश्लीलता • चारित्रिक पतन • उपसंहार] *[CBSE 2017]*

39. मेरे जीवन का आदर्श

[• शैक्षिक उपलब्धियाँ • जीवन की सफलताएँ • प्रेरणा के स्रोत] *[CBSE 2017]*

40. प्रकृति का प्रकोप-बाढ़

[• प्रस्तावना • बाढ़ : प्रकृति का प्रकोप • बाढ़ में हानियाँ • हमारा कर्तव्य • उपसंहार] *[CBSE 2017]*

41. प्राकृतिक आपदाएँ

[• भूमिका–आपदा का अर्थ • प्रमुख प्राकृतिक आपदाएँ • कारण और निवारण • उपसंहार] *[CBSE 2017]*

42. जनसंख्या-नियंत्रण

[• जनसंख्या वृद्धि की समस्या • नियंत्रण की आवश्यकता क्यों? • नियंत्रण कैसे?] *[CBSE 2020]*

3. विज्ञापन-लेखन

☞ **परिवर्तन**–ध्यान रखें। 2022-23 की वार्षिक परीक्षा में विज्ञापन की शब्द-संख्या 60 माँगी गई थी। आपकी शब्द-संख्या 50 से 70 के बीच होनी चाहिए।

☞ **चित्र या रंगों का प्रयोग**–परीक्षक का ध्यान विद्यार्थी के शब्दों की ओर होगा, चित्र आदि पर नहीं। आपकी परीक्षा हिंदी भाषा की है, चित्रकला की नहीं। फिर भी अच्छे चित्रों से परीक्षक पर प्रभाव अच्छा ही पड़ता है।

'विज्ञापन' का अर्थ है–सूचना देना। धीरे-धीरे इसमें उत्सुकता, प्रेरणा या उत्तेजना पैदा करने का भाव इतना अधिक समा गया कि अब विज्ञापन का अर्थ हो गया है–धुआँधार प्रचार करना। उद्देश्य बदलने के साथ-साथ विज्ञापन की शैली भी बदलती गई। उसकी भाषा अधिक मोहक, प्रभावी और प्रेरक होती गई। अतः विज्ञापन-लेखन के लिए आवश्यक है कि वह ध्यानाकर्षक हो।

अच्छे विज्ञापन-लेखन के गुण

- सबसे अधिक ध्यान विज्ञापित वस्तु पर होना चाहिए।
- जिस चीज़ का विज्ञापन करना है, उसका नाम एक-से अधिक बार आना चाहिए। इससे वह चीज़ ग्राहक के मन में बैठ जाती है। जैसे–

नवजीवन हिंदी व्याकरण

अपने भविष्य को **गोल्डन** बनाने के लिए **नवजीवन हिंदी व्याकरण** ही खरीदें।

- विज्ञापित वस्तु के सबसे आकर्षक गुणों का बार-बार उल्लेख करना चाहिए। जिस गुण में वह सबसे अनूठी है, उसका उल्लेख अवश्य होना चाहिए। जैसे–

नवीनतम पाठ्यक्रम के अनुसार लिखित
नई सामग्री के **विशाल भंडार** सहित
खरीदें **नवयुग हिंदी व्याकरण तथा रचना**

- विज्ञापन की भाषा में उत्तेजक प्रेरणा वाला एकाध स्लोगन अवश्य होना चाहिए। जैसे–
- आज ही खरीदें!
- सफलता की सर्वोत्तम कुंजी!
- अवसर न चूकें!
- स्टॉक सीमित है!
- देखो, कहीं पछताना न पड़े!

- सुनहरा अवसर!
- बंपर सेल!
- पहले आओ, पहले पाओ।
- जल्दी कीजिए।
- धमाका!
- बचत ही बचत!
- सफलता की गारंटी!

उदाहरणतया

1. मुख्य चुनाव आयुक्त की ओर से 50 शब्दों का एक विज्ञापन तैयार कीजिए जिसका विषय है– "मतदान : प्रत्येक नागरिक का अधिकार और कर्त्तव्य"। *(CBSE 2022)*

उत्तर–

सरकार आपकी मुट्ठी में!

आप ही बना सकते हैं अपनी सरकार

मतदान कीजिए!

यह अमूल्य संपत्ति है।

इसे किसी भ्रष्टाचारी और अयोग्य राजनेता को 'मत' दान कीजिए।

सही मतदान कीजिए!

आपका एक-एक मत भ्रष्टाचारी शासक के ताबूत में कील का काम करेगा।

प्रजातंत्र की लड़ाई लड़िए–मतदान से।

–जनहित में जारी

मुख्य चुनाव आयुक्त, भारत सरकार

2. *आपकी सोसायटी के पास ठेले लगाने वाले व्यक्ति 10 वर्षीय बच्चा गुम हो गया है।* **इसके लिए अखबार में 'खोया-पाया' कॉलम के अंतर्गत एक विज्ञापन 50 शब्दों में तैयार कीजिए।** *(CBSE 2022)*

उत्तर– बच्चा गुम है!

इस मासूम को पहचानिए!

यह 10 वर्षीय नीलू

रंग गोरा, बाल भूरे-घने, बाएँ गाल पर काला तिल

नीली टी-शर्ट और सफेद नेकर में।

पिछले पाँच दिन से लापता है।

इसके पिता जनहित सोसाइटी, रोहिणी दिल्ली के

बाहर ठेला लगाते हैं।

इस बच्चे के माता-पिता का बुरा हाल है।

जिस किसी को भी मिले या सुराग मिले

निम्नलिखित फोन पर तुरंत संपर्क करें–9898989896

निष्काम भलाई करना परमात्मा की सेवा करने के समान है।

3. सोलर बल्ब और लाइट बनाने वाली कंपनी 'रोशनी' के लिए लगभग 50 शब्दों में एक आकर्षक विज्ञापन तैयार कीजिए। *(CBSE 2022)*

उत्तर–

रोशनी

सोलर बल्ब तथा ट्यूब!

सूर्य के प्रकाश से जलने वाले सोलर बल्ब

और सोलर ट्यूब्स!

न कोई खर्चा, न ही नियमित बिल।

केवल एक बार निवेश कीजिए और सालों तक सीधे सूरज की रोशनी घर में लाइए।

पार्क लाइटें, स्ट्रीट लाइटें, फेंसी लाइटें, हर तरह की सजावटी लाइटें।

बिजली से जलने वाले बल्बों और ट्यूबों से अधिक

सुहावनी, सस्ती और सुंदर रोशनी।

हर जगह आसानी से उपलब्ध!

आधुनिक रहन-सहन की शान।

रोशनी खरीदिए और अपना जीवन रोशन कीजिए।

4. अंगदान के प्रति लोगों में जागरूकता लाने के लिए स्वास्थ्य मंत्रालय की ओर से लगभग 50 शब्दों में एक विज्ञापन तैयार कीजिए। *(CBSE 2022)*

उत्तर–

शरीर का दान!
सर्वोच्च दान!!

आधुनिक दधीचि बनिए!

मरने के बाद अपने शरीर का दान कीजिए

उन लोगों के लिए

जो जीते-जी अपंग हैं, अंधे हैं, लूले हैं या अक्षम हैं।

आपकी मृत देह का अंग-अंग

दूसरों के काम आ सकता है!

और नहीं तो

चिकित्सा में नई-नई खोज करने वाले वैज्ञानिक

नई खोज करके आपकी भावी पीढ़ी को

निरोग और निर्भय बना सकते हैं।

अपने अंगों का दान कीजिए–मृत्यु के बाद।

मृत्यु के बाद एक दुनिया और भी है।

–जनहित में जारी

स्वास्थ्य मंत्रालय, भारत सरकार।

5. *'ललित कला केंद्र' कथक और भरतनाट्यम नृत्य कला का प्रशिक्षण प्रारंभ कर रहा है।* **इसके प्रचार-प्रसार के लिए लगभग 50 शब्दों में एक आकर्षक विज्ञापन तैयार कीजिए।** *(CBSE 2022)*

उत्तर– सीखिए!

कत्थक और भरतनाट्यम

10 वर्ष से 25 वर्ष के

किशोरों-किशोरियों और युवक-युवतियों के लिए

15 दिवसीय प्रशिक्षण-शाला

1 जनू, 2023 से 15 जून 2023 तक

स्थान : सरस्वती सभागार

35, न्यायिक परिसर, वड़ोदरा, गुजरात

आवेदन-तिथि : 25 मई, 2023 तक

निर्धारित प्रपत्र और प्रशिक्षण-शुल्क जमा कराएँ।

आयोजक : ललित कला केंद्र

235, गाँधी मार्ग, वड़ोदरा, गुजरात।

संपर्क : 123××××890

6. *आपके बड़े भाई ने बेकरी की एक दुकान खोली है।* **उसके लिए लगभग 50 शब्दों में एक आकर्षक विज्ञापन तैयार कीजिए।**

(*CBSE 2022*)

उत्तर–

आस्वाद बेकरी

कुरकुरे! करारे! पौष्टिक! स्वादिष्ट!

बिस्कुट, टोस्ट, केक, डबलरोटी, पाव!

और तरह-तरह के नए व्यंजनों के लिए पधारें!

आस्वाद बेकरी, 565, मुख्य बाज़ार, कानपुर।

एक बार सेवा का मौका अवश्य दें।

बिस्कुट और केक आदेश पर तैयार किए जाते हैं।

अंडे-सहित भी और बिना अंडा भी!

स्वास्थ्य और स्वाद की गारंटी हम देते हैं।

पधारिए – सुबह 8.00 बजे से रात्रि 8.00 बजे तक प्रतिदिन

संपर्क – 896××××210

7. हस्तनिर्मित वस्तुओं का निर्माण करने वाले शिल्पकारों की संस्था 'कलाकौशल' के प्रचार-प्रसार के लिए एक आकर्षक विज्ञापन लगभग 60 शब्दों में तैयार कीजिए।

(*CBSE 2022*)

उत्तर–

कलाकौशल

हस्त-शिल्पियों, कलाकारों, चित्रकारों, मूर्तिकारों का साँझा प्रदर्शनी-स्थल

आइए! यदि आप कलाप्रेमी हैं!

नए-से-नए रंगों-डिज़ाइनों से निर्मित भित्ति-चित्र!

नई कल्पना से बने सजावटी सामान और फर्नीचर!

हाथों से बुने-कढ़े नए परिधान और आभूषण!

दैनंदिन उपयोग के थैले, गमले, लटकनें, लकड़ी का सामान!

और भी बहुत कुछ!

अपने घर को सजाने के लिए

कलाकारों की कितनी ही कृतियाँ

आपका इंतज़ार कर रही हैं।

आइए—235, हॉल नं. 15, प्रगति मैदान, नई दिल्ली।

प्रतिदिन प्रात: 9 से 6 बजे तक

संपर्क – 999×××776

8. ***आपकी बहन का एक थिएटर-समूह है। वे इस शहर में अपने नए नाटक का मंचन करने जा रही हैं। उसके प्रचार-प्रसार के लिए लगभग 60 शब्दों में एक आकर्षक विज्ञापन तैयार कीजिए।*** *(CBSE 2022)*

उत्तर– **रंगमंच**

(इंदौर के नाट्यकर्मियों का प्रसिद्ध मंच)

प्रस्तुत करने जा रहा है

हास्य-व्यंग्य और परिहास से पूर्ण नाटक

गधे खीर खा रहे हैं

अभिनेता – प्रसिद्ध रंगकर्मी सुदेश चक्रवर्ती

अभिनेत्री – नृत्यांगना सुवासिनी

सहयोगी अभिनेता – कोमल, प्रिया, तन्य और विनय

व्यवस्था की सीनाजोरी, बेईमानी और ढोंग का

पर्दाफाश करता हुआ नाटक!

आपको भीतर तक गुदगुदा देगा।

आपके घावों को कुछ हद तक भरेगा!

और अगर आप आदमी हैं

तो आपको बेहतर आदमी बनाएगा।

24 नवंबर, 2023, शाम 5.00 बजे से 8.00 बजे

सीटें सीमित। टिकट – 500 रु. प्रति व्यक्ति

आधार : पहले आओ, पहले पाओ।

संपर्क – 989×××290

9. पर्यावरण के प्रति जागरूकता बढ़ाने के लिए लगभग 60 शब्दों में एक विज्ञापन तैयार कीजिए।

[*CBSE 2018, 2020*]

उत्तर–

स्वच्छ पर्यावरण : स्वस्थ जीवन

अपना पर्यावरण स्वच्छ बनाइए!
वृक्षों को निज मित्र बनाइए!
कूड़ा-कर्कट न फैलाइए!
पर्यावरण स्वच्छ बनाइए!!

पर्यावरण में ही जीवन है। अपने आसपास हरियाली रखें। पैट्रोल-डीजल का सीमित प्रयोग करें। अनावश्यक शोर न करें। अपने जीवन को शांत और स्वस्थ बनाएँ!! आप स्वस्थ वातावरण में ही प्रसन्न रह सकते हैं।

10. *हिमाचल प्रदेश पर्यटन निगम पर्यटकों को आकर्षित करना चाहता है।* **इसके लिए एक विज्ञापन लगभग 50 शब्दों में तैयार कीजिए।**

[*CBSE 2019*]

उत्तर–

हिमाचल प्रदेश पर्यटन निगम

धरती के स्वर्ग में विहार करने आएँ!
निर्मल हरियाली, कलकल करते झरने

ऊँची-नीची पहाड़ियाँ, रमणीय ढलानें
जीवनदायिनी नदियाँ!

पहाड़ों की रानी शिमला आएँ!
धरती के स्वर्ग मनाली और रोहतांग आएँ!

कभी न भूलने वाला सौंदर्य
माँ-प्रकृति की गोद में विहारें!

अपने हिमाचल पधारें।
हिमाचल पर्यटन निगम हमेशा आपके आतिथ्य और
सेवा-सुश्रूषा के लिए समर्पित है।

संपर्क–979×××493

❑ मिलते-जुलते विज्ञापन–

- राजस्थान पर्यटन विभाग की ओर से पर्यटकों को आकर्षित करने के लिए एक विज्ञापन 25-50 शब्दों में तैयार कीजिए। *[CBSE 2020]*

11. डेंगू से बचने के लिए एक आकर्षक विज्ञापन लगभग 60 शब्दों में तैयार कीजिए। *[CBSE 2019]*

उत्तर–

सावधान!

डेंगू दस्तक दे रहा है।

अपने आसपास पानी को जमा न होने दें।

मच्छरों को पलने न दें।

बुखार आते ही अस्पताल से जाँच करवाएँ।

अपने गली-मुहल्ले में गंदगी न जमा होने दें।

तुरंत नगर-निगम कार्यालय या नगरपालिका केंद्र

में शिकायत करें।

डेंगू–उन्मूलन के सभी उपायों के लिए बिना देरी

शिकायत दर्ज करें।

संपर्क–9392919089

12. विद्यालय के वार्षिकोत्सव के अवसर पर विद्यार्थियों द्वारा निर्मित हस्तकला की वस्तुओं की प्रदर्शनी के प्रचार हेतु लगभग 50 शब्दों में एक विज्ञापन लिखिए। *[CBSE 2018, 2020]*

उत्तर–

डी.ए.वी. विद्यालय, मेरठ

विद्यार्थियों द्वारा निर्मित वार्षिकोत्सव उत्पादों की

हस्तकला प्रदर्शनी!

का आनंद लीजिए।

अपने बच्चों की प्रतिभा को प्रोत्साहन दीजिए

आपके द्वारा की गई एक-एक खरीद बच्चों की प्रतिभा को

नए पंख लगा देगी। अवश्य पधारिए!

वार्षिकोत्सव-समय : प्रात : 10.00 से 12.00 बजे तक

प्रदर्शनी-समय : प्रात : 8.00 से 10.00 बजे तक

दोपहर 12.00 से शाम 5.00 बजे तक आप सादर आमंत्रित हैं।

13. 'पल्स पोलियो अभियान' हेतु जागरूकता लाने के लिए 60 शब्दों में एक विज्ञापन लिखिए।

(*CBSE 2020*)

उत्तर–

पोलियो-मुक्त भारत!

अपंगता से बचें, सावधान रहें।

अपने नन्हे-मुन्नों को विकलांगता और पोलियों से बचाने के लिए
पोलियो-पल्स अवश्य पिलवाएँ।

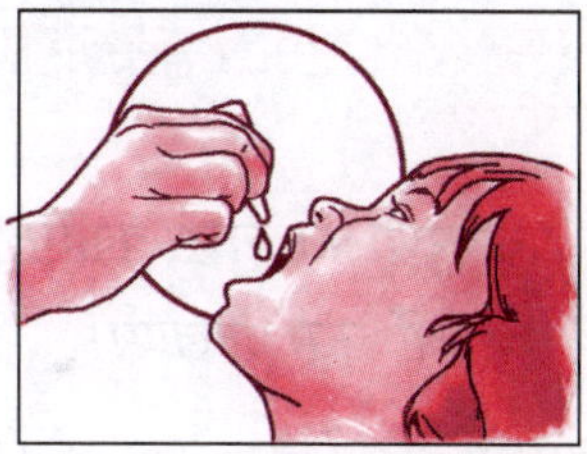

आपकी एक सावधानी हज़ार खतरों पर भारी पड़ेगी।

अपने नज़दीक के हस्पताल से संपर्क करें और बच्चों को पोलियो-पल्स पिलवाएँ।

अधिक जानकारी के लिए संपर्क करें–9899999897

–जनहित में जारी

स्वास्थ्य मंत्रालय, भारत सरकार

14. सर्वशिक्षा अभियान के तहत 'वयस्क साक्षरता मिशन 2020' के लिए एक विज्ञापन 60 शब्दों में तैयार कीजिए।

(*CBSE 2020*)

उत्तर–

देर भले ही हो, पर अँधेर न हो!

जब जागे, तभी सवेरा!

सर्वशिक्षा अभियान के अंतर्गत वयस्क साक्षरता मिशन 2020 का अंग बनें।
वयस्क होकर भी अक्षर-ज्ञान की ओर बढ़ें।

ज्ञान की एक-एक किरण आपके जीवन में नया उजाला कर देगी। अपने नज़दीकी शिक्षा अधिकारी से संपर्क करें और अपने जीवन का अंधकार स्वयं दूर करें।

15. "प्रकृति की रक्षा से धरती और मानव-जाति की रक्षा संभव है"–इस विषय पर 60 शब्दों में एक विज्ञापन तैयार कीजिए।

(*CBSE 2020*)

उत्तर–

प्रकृति माँ है और हम उसके पुत्र!
आओ, प्रकृति को स्वच्छ रखें।
पहाड़ों तथा पर्यटन-स्थलों पर कचरा न फैलाएँ!
नदियों को पवित्र रखें।

उसमें राख, कपड़े, पूजा-सामग्री न बहाएँ

वृक्ष और पेड़-पौधे उगाएँ।

अपने घर में बगीचा नहीं तो गमले लगाएँ।

जल का सम्मान करें।

अपना कल सुरक्षित बनाएँ।

प्रकृति है तो आप हैं।

16. पर्यावरण की शुद्धता के लिए सरकार की ओर से सार्वजनिक वाहनों के उपयोग की अपील करते हुए लगभग 60 शब्दों में एक विज्ञापन तैयार कीजिए। (*CBSE 2020*)

उत्तर–

पर्यावरण को शुद्ध बनाएँ!

धुआँ कम फैलाएँ!!

निजी वाहनों का मोह छोड़ें।

डीजल और पैट्रोल की बजाय इलैक्ट्रिक वाहनों का प्रयोग करें।

जहाँ तक हो सके,

सार्वजनिक वाहन अपनाएँ।

बस, रिक्शा, टैक्सी, मैट्रो, ट्रेन आपके ही लिए हैं।

आपकी इतनी समझदारी से वातावरण शुद्ध बनेगा।।

पर्यावरण सरकार की ही नहीं, हमारी भी जिम्मेदारी है।

–भारत सरकार

जनहित में जारी

17. *'मोबाइल रिपेयर' नाम से सब प्रकार के मोबाइलों को ठीक करने का दावा करने वाली एक दुकान खुली है।* **इसके प्रचार के लिए एक विज्ञापन 60 शब्दों में तैयार कीजिए।** (*CBSE 2020*)

उत्तर–

मोबाइल हस्पताल

आपका मोबाइल हैंग हो गया?

पिक्चर साफ़ नहीं आ रही?

कुछ ऐप काम नहीं कर रहे?

अंदर पानी चला गया या चार्ज होना बंद हो गया?

कोई भी समस्या हो, मोबाइल हस्पताल आइए!

चुटकियों में इलाज करवाइए।

मोबाइल की हर प्रकार की मरम्मत के लिए

हमारे पास कुशल तकनीशियन उपलब्ध हैं।

एक बार सेवा का अवसर दीजिए!

35, मेन बाज़ार, कोटा (राजस्थान)

18. हेलमेट बनाने वाली एक कंपनी के लिए एक विज्ञापन 60 शब्दों में तैयार कीजिए। (*CBSE 2020*)

उत्तर–

सुरक्षा हेलमेट

आपकी संपूर्ण सुरक्षा के लिए

पहनते समय हर प्रकार की सुविधा के लिए

आपकी स्कूटी या बाइक में सुरक्षित रखने के लिए

आकर्षक रंगों से भरपूर

बेहद मज़बूत, सुविधापूर्ण और आकर्षक

सुरक्षा हेलमेट

आज ही खरीदें।

सभी बड़े शोरूमों और दुकानों में उपलब्ध!

हेलमेट के बिना दुपहिया वाहन चलाना मौत को निमंत्रण देना है!

सुरक्षा चाहिए तो सुरक्षा हेलमेट खरीदिए।

19. कार ड्राइविंग सिखाने वाले नए स्कूल 'सार्थक कार ड्राइविंग सेंटर' के लिए एक विज्ञापन लगभग 25-50 शब्दों में तैयार कीजिए। (*CBSE 2020*)

उत्तर–

आपको कार चलाना सीखने से डर लगता है?

डरिए मत!

निर्भय होकर कार चलाना सीखिए!

हम हैं न!!

सार्थक कार ड्राइविंग सेंटर

की सेवाएँ आपके द्वार पर उपलब्ध हैं।

15 दिनों में कुशल चालक बनाने का वादा करते हैं हमारे कुशल प्रशिक्षक!

मात्र 3000 रु. फीस; रोज एक घंटा

शनिवार और रविवार को सीखने की विशेष व्यवस्था है।

संपर्क करें–2345678901

20. 'गणपति पुस्तक भंडार' में पुस्तक की बिक्री बढ़ाने हेतु एक विज्ञापन 60 शब्दों में तैयार कीजिए। (*CBSE 2020*)

उत्तर–

गणपति पुस्तक भंडार

पुस्तकें ही पुस्तकें!

पाठ्यक्रम की पुस्तकें कक्षा नर्सरी से एम.ए. तक

धार्मिक पुस्तकें, सामाजिक पुस्तकें, मनोरंजन पुस्तकें।

हम पुस्तकों का विराट संसार हैं।

आप आदेश दें, हम 48 घंटों में पुस्तक उपलब्ध कराएँगे।

500 रु. की पुस्तकों पर 5% अधिक छूट!

1000 रु. की पुस्तकों पर 7% अधिक छूट!

आइए, गणपति पुस्तक भंडार

21. टूथपेस्ट बनाने वाली कंपनी के लिए एक विज्ञापन 60 शब्दों में तैयार कीजिए। (*CBSE 2020*)

उत्तर–

मुस्कान टूथपेस्ट

नया टूथपेस्ट, जो चेहरे पर मुस्कान लाए!

सुगंधित, इतना कि साँसों में खुशबू बस जाए!

दाँत ऐसे चमचमाएँ जैसे बिजली कौंधती हो!

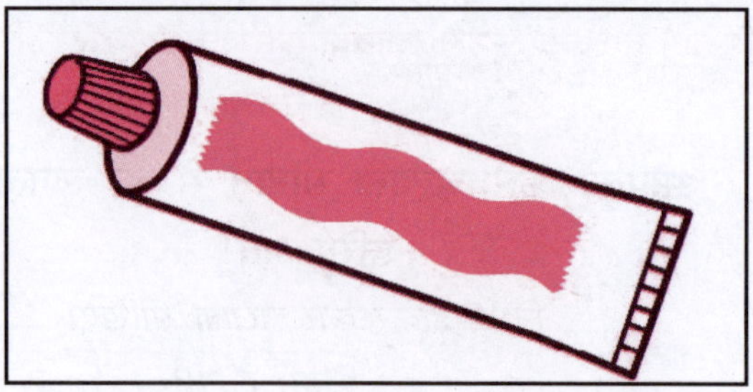

बाज़ार में आसानी से उपलब्ध!

सुबह-रात दोनों समय उपयोग करें।

ऐसे मुस्कराते दाँत पहले कभी नहीं देखे होंगे।

मुस्कान टूथपेस्ट में लौंग तेल और प्राकृतिक

जड़ी-बूटियों का उपयोग किया जाता है।

22. धूम्रपान को रोकने के लिए उसकी हानियाँ बताते हुए एक विज्ञान 60 शब्दों में तैयार कीजिए।

(*CBSE 2020*)

उत्तर–

धूम्रपान : आपकी सेहत का दुश्मन!

धूम्रपान रोकिए!
अपने फेफड़ों में काला कार्बन मत पहुँचाइए!
धूम्रपान आपको ही नहीं
आपके मित्रों और परिवारजनों को भी
हानि पहुँचाता है।
वातावरण को धूम्र-मुक्त रखिए!
स्वच्छ, निर्मल और सुगंधित रखिए!!

–आपके स्वास्थ्य की चिंता में
स्वास्थ्य मंत्रालय, भारत सरकार

23. किसी मोबाइल फोन बनाने वाली कंपनी के लिए एक आकर्षक विज्ञापन लगभग 60 शब्दों में तैयार कीजिए।

[*CBSE 2019*]

उत्तर–

नूवा मोबाइल!

मोबाइल के नए-नए माडलों की आकर्षक रेंज
आधुनिकतम सुविधाओं से युक्त
आकर्षक रंगों और आकारों वाले मोबाइल
1000 से 5000 के विविध मॉडल
प्रत्येक मोबाइल के साथ पॉवरबैंक मुफ्त!
मोबाइल की दुनिया में एक नया नाम

नूवा मोबाइल!

खरीदो और इस्तेमाल करो।

24. एक नई सौंदर्य क्रीम के लिए 60 शब्दों का विज्ञापन लिखिए। (*CBSE 2017*)

उत्तर–

सुकोमल क्रीम

चेहरे पर निखार लाए!

झुर्रियों को विदा करे!

मुख पर कांति लाए!

सुकोमल क्रीम

आपके व्यक्तित्व को सुकोमल और प्रिय बनाए!!

सभी स्टोर्स पर उपलब्ध! **भारत में सबकी पसंद!**

स्त्रियों और पुरुषों के लिए अलग कांति लाने वाली सुकोमल क्रीम!!

आप भी आजमाएँ!!

25. किसी पुस्तक मेले के लिए 60 शब्दों का एक विज्ञापन तैयार कीजिए। (*CBSE 2017*)

अथवा

आपके शहर में विश्व पुस्तक मेले का आयोजन होने जा रहा है। इसके लिए एक विज्ञापन 60 शब्दों में तैयार कीजिए। [*CBSE 2020*]

उत्तर–

विश्व हिंदी पुस्तक मेला

14 अगस्त से 20 अगस्त, 2024 तक

प्रगति मैदान, दिल्ली

प्रातः 9.00 से सायं 7.00 प्रतिदिन

भारत और अन्य 20 देशों के प्रमुख प्रकाशकों की पुस्तकों का मेला।

बच्चों, दृष्टि-बाधितों, महिलाओं तथा प्रबुद्ध साहित्यकारों के लिए विशेष स्टालों की व्यवस्था।

अनेक पुस्तक-चर्चाओं, वार्ताओं तथा लेखकों से भेंट के आकर्षक कार्यक्रम!

आपका स्वागत है!

26. *हिंदी की छठी-सातवीं-आठवीं कक्षा के विद्यार्थियों के लिए 'नवजीवन हिंदी व्याकरण' बाज़ार में आई है।* **एक विज्ञापन तैयार कीजिए।**

उत्तर–

नवजीवन

हिंदी व्याकरण

कक्षा 6, 7 तथा 8 के विद्यार्थियों के लिए विशेष पुस्तकें

- व्याकरण समझाने के सरल और रोचक उपाय!
- उदाहरणों का विपुल भंडार!
- गत परीक्षाओं में पूछे गए प्रश्नोत्तरों का समावेश!

शत प्रतिशत अंक पाने के लिए

नवजीवन हिंदी व्याकरण ही खरीदें!

यह व्याकरण हिंदी के अनुभवी शिक्षकों द्वारा लिखी गई है।

27. *गोल्डन हिंदी कक्षा नौ से बारह तक के विद्यार्थियों के लिए सर्वाधिक उपयोगी सहायक पुस्तकें हैं।* **एक विज्ञापन तैयार कीजिए।**

उत्तर–

गोल्डन हिंदी

सहायक पुस्तकें

सी.बी.एस.ई. की कक्षा IX, X, XI तथा XII के लिए

- परीक्षा के लिए सर्वोत्तम सहायक सामग्री!
- गत 10 वर्षों के प्रश्नपत्रों सहित!
- प्रश्नपत्र ही नहीं, अपेक्षित उत्तर भी दिए गए हैं।
- नवीनतम संशोधनों के अनुसार
- भाषा और स्तर विद्यार्थियों के अनुसार

आपकी सफलता की सर्वोत्तम कुंजी
आपकी सफलता में सचमुच सहायक गोल्डन हिंदी!
गोल्डन हिंदी ही खरीदें।

28. **बाज़ार में 'महेंद्र' पैन को लोकप्रिय बनाने हेतु एक विज्ञापन तैयार कीजिए जिसमें उसके आकर्षक रूप, प्रवाह और सस्ते होने का उल्लेख हो।**

उत्तर–

महेंद्र जैल पैन

जिसे देखते ही लिखने का मन करे!

प्रवाह ऐसा

कि रुकने का मन ही न करे!!

सस्ता इतना

कि दिल करे साल भर के लिए खरीद डालूँ।

बच्चों के मन को लुभाए!
युवकों के दिल में बस जाए!!

महेंद्र जैल पैन!!!

सभी प्रमुख स्टेशनर्स के पास आसानी से उपलब्ध!
जब भी माँगे–

महेंद्र जैल पैन ही माँगें।

29. *एक नया साबुन 'फ्रैश' बाज़ार में उतरा है।* **उसकी महक, ताज़गी, ठंडक का उल्लेख करते हुए विज्ञापन तैयार कीजिए।**

उत्तर– **!! फ्रैश !!**

साबुन से नहीं, फ्रैश से नहाइए!
दिन–भर तरोताजा रहिए!
महकते रहिए, चहकते रहिए!
तन–मन को शीतल रखिए!
फ्रैश से नहाएँगे तो गुनगुनाते रहेंगे!
त्वचा को कोमल, नरम और स्वस्थ रखने वाली प्राकृतिक
औषधियों और वनस्पतियों से युक्त।
शहद, दूध, क्रीम, हल्दी के मिश्रण से भरपूर।
फ्रैश साबुन!
सभी बड़े स्टोरों पर उपलब्ध।
आजमाइए, आज ही!!

भारत सोप फैक्ट्री : 135, जीवन बिल्डिंग, अँधेरी पूर्व, मुंबई। मोबाइल : 0124683579

30. *समीर नामक पंखे बाज़ार में आए हैं। वे नए डिजाइन वाले, सुंदर, सस्ते, गारंटीशुदा और हवादार है।* **एक विज्ञापन अटल इलैक्ट्रानिक्स, 214, सुभाष रोड, नागपुर के लिए तैयार कीजिए।**

उत्तर–

समीर पंखे

- 5 साल की गारंटी के साथ!
- खूबसूरत रंगों और डिजाइनों वाले!
- हल्के और सस्ते!
- घर–भर को हवादार बनाने वाले!
- शांत इतने कि चुपचाप चलें।
- शीतल इतने कि तन–मन को शीतल कर दें

समीर पंखे खरीदिए!!
और जीवन का सुहाना अनुभव लीजिए!!

कार्यालय : अटल इलक्ट्रानिक्स, 214, सुभाष रोड, नागपुर। मोबाइल : 4681023579

31. *आपके नगर बरेली में एक नया जिम खुला है, जिसमें कुशल प्रशिक्षक की देखरेख में व्यायाम की सुविधा है।* **एक विज्ञापन तैयार कीजिए।**

उत्तर– सुडौल बनिए!

स्वस्थ रहिए! **दारा जिम** मज़बूत बनिए!

आपके लिए लाया है

नवीनतम उपकरण!

आधुनिकतम तकनीक!!

कुशलतम प्रशिक्षक!!!

मात्र 150 रु. मासिक देकर कुशल प्रशिक्षकों की देखरेख में प्रतिदिन प्रतिघंटा व्यायाम कीजिए और शरीर को बनाइए सुदृढ़, सुडौल और सुंदर!

संपर्क : दारा जिम, 234, बड़ा बाज़ार, बरेली। मोबाइल : 09988776655

32. *आपके नगर में नया वाटरपार्क खुला है, जिसमें पानी के खेल, रोमांचक झूलों, मनोरंजक खेलों और खान-पान की व्यवस्था है।* **इसके लिए एक विज्ञापन का आलेख लगभग 60 शब्दों में तैयार कीजिए।** (*CBSE 2019*)

उत्तर– जिंदगी के सुहाने पलों का आनंद

वाटरपार्क

में लीजिए!!

- तरह-तरह के पानी के खेल!
- रोमांच से भरपूर झूले!
- नए-नए खेलों का आनंद!
- सुस्वादु, लज़ीज़ व्यंजनों और पेयों का मज़ा!

बच्चों, महिलाओं, प्रौढ़ों, बूढ़ों और युवा-युवतियों के लिए

तरह-तरह के आनंदपूर्ण मनोरंजन!

दिन-भर के लिए प्रति व्यक्ति टिकट-मात्र 350 रुपये।

3 साल से कम बच्चों के लिए मुफ्त प्रवेश!

संपर्क : सुमित हांडा, वाटरपार्क मैनेजर दिल्ली रोड, पानीपत मोबाइल : 9898989889

33. *आपकी संस्था भारत विकास समिति आपके नगर आगरा में विराट हास्य कवि सम्मेलन करने जा रही है। इसमें देश के प्रसिद्ध हास्य कवि आमंत्रित हैं। इसकी टिकट 200 रु. प्रति व्यक्ति है।* **एक विज्ञापन तैयार कीजिए।** (*CBSE 2019*)

उत्तर– भारत विकास समिति, आगरा

द्वारा आपको हँसाने और गुदगुदाने के लिए

विराट हास्य कवि सम्मेलन

देश के शीर्ष हास्य कवियों का जमावड़ा

प्रमुख कवि : पटाखा, हंगामा, जलजला, हलचल, हुल्लड़, कुल्हड़, पाजामा, जंपर, मौजी और मनमौजी

प्रवेश-शुल्क : 200 रु. प्रति व्यक्ति

पहले आओ, पहले पाओ के आधार पर केवल 1000 टिकटें!

हँसी के पल जीवन में बार-बार नहीं आया करते!

टिकट बिक्री-केंद्र : 'रसिक एसोसिएट्स' बस स्टैंड के पास, आगरा।

निदेशक : रसिक बिहारी 'रसाल' मोबाइल : 09991119911

34. *झंकार संगीत सभा नगर के गायकों के लिए चयन प्रतियोगिता करा रही है।* **एक आकर्षक विज्ञापन तैयार कीजिए।**

उत्तर–

झंकार संगीत सभा, भोपाल

आमंत्रित करती है

भोपाल के सभी गायकों को!

गायन प्रतिभा-खोज

उम्र की कोई सीमा नहीं

गायकी के किसी रूप की कोई सीमा नहीं

देश के जाने-माने गायक कुमार मनिंदर और कुमारी श्वेता निर्णायक होंगे।

विजेताओं को मध्यप्रदेश के टी.वी. चैनलों पर गायकी का अवसर प्रदान किया जाएगा।

संपर्क : धीरेंद्र 02345678910 संजीता : 01357924680

35. *अब इन्वर्टर पर 100 वॉट बिजली से चलने वाले 'पवन कूलर' बाजार में आ गए हैं।* **गुप्ता कूलर्स, 314, दरियागंज दिल्ली की ओर से विज्ञापन तैयार कीजिए।**

उत्तर– अब बेफ़िक्र होकर सोइए!

बिजली न भी हो

तो इन्वर्टर पर

पवन कूलर

चलाइए

और आराम की नींद लीजिए!

केवल 100 वॉट बिजली से चलने वाले कूलर!

न नींद में खलल!

न अधिक खर्चीला!!

आपकी नींद आपकी जेब में!

संपर्क कीजिए–गुप्ता कूलर्स, 314, दरियागंज, दिल्ली।दूरभाष : 09456789102

कुछ अन्य विज्ञापन

आप देखते हैं कि अखबारों में नौकरी, विवाह, सूचना, निविदा, नाम बदलना, गुमशुदा की तलाश, रस्म पगड़ी आदि से संबंधित विज्ञापन भी निकलते हैं। उनके कुछ उदाहरण देखिए–

रिक्त-स्थान

1. *न्यू एज पब्लिशर्स, दिल्ली को दो कंप्यूटर ऑपरेटर चाहिए।* **एक विज्ञापन तैयार कीजिए।**

उत्तर–चाहिए दो कंप्यूटर ऑपरेटर। डी.टी.पी. में कुशल, अनुभवी को प्राथमिकता, अंग्रेजी-हिंदी दोनों में कुशल। वेतन योग्यता और अनुभव के अनुसार। अपने परिचय-पत्र के साथ सात दिनों में आवेदन करें–प्रबंधक, न्यू एज पब्लिशर्स, अन्सारी रोड, दरियागंज, दिल्ली।

2. हिमालय आयुर्वेदिक लि. कंपनी को सहायक, सुपरवाइज़र, स्टोर इंचार्ज चाहिए। **एक विज्ञापन तैयार कीजिए।**

उत्तर–हिमालय आयुर्वेदिक लिमिटेड कंपनी को आवश्यकता हैल्पर, सुपरवाईजर, स्टोर इंचार्ज। अनपढ़-ग्रेजुएट 12500–35500– रहना + खाना + ओवरटाइम (कुल पद 252) # 09718804899, 09953169993, एसी–14000(D)।

गुमशुदा की तलाश

3. निताशा पुत्री एल.आर.नारायण का डिप्लोमा सर्टीफिकेट खो गया है। **पब्लिक नोटिस बनाइए।**

उत्तर–मैं निताशा नारायण पुत्री श्री एल.आर.नारायण म.न.-403, सै. 8, फरीदाबाद ब्यान करती हूँ कि मेरा General Nursing and Midwifery का डिप्लोमा क्रमांक GNM4094 कहीं गुम हो गया है। इसका प्रयोग अवैध है। C-3851(D).

नाम बदलना

4. फूलवती ने अपना नाम अदिति रख लिया है। **पब्लिक नोटिस निकालिए।**

उत्तर–मैं फूलवती सुपुत्री श्री रमेश कुमार पी–1/142, मंगोलपुरी, दिल्ली–83 ने अपना नाम फूलवती से अदिति रख लिया है। भविष्य में मुझे इसी नाम से जाना जाए। एसी–12859(D).

कार-बिक्री

5. आपके पिता जी अपनी पुरानी कार बेचना चाहते हैं। **एक विज्ञापन तैयार कीजिए।** (*CBSE 2019*)

उत्तर–लाल फोर्ड आईकॉन टॉप ZXi मॉडल, एकदम बढ़िया हालत में एलोए व्हील, एसी, स्टीरियो, इन्श्योरैन्स, केवल 61000 कि.मी. 2018 मॉडल, सेल्फ चालित। संपर्क करें। # 09818816036 एसी–44323(D).

साइकिल-बिक्री

6. आपकी पुरानी साइकिल अब आपके लिए छोटी पड़ रही है। **उसे बेचने के लिए कोई आकर्षक विज्ञापन 25-50 शब्दों में तैयार कीजिए।** (*CBSE 2020*)

उत्तर–

मेरी छोटी-सी साइकिल

प्यारी-सी साइकिल

जो बिल्कुल नई-जैसी है

बिकाऊ है!

क्योंकि अब मैं बड़ी हो गई हूँ।

18" हीरो कंपनी की साइकिल बिकने के लिए उपलब्ध है।

संपर्क करें–9876543210

प्रश्न-अभ्यास

1. 'नवीन मसाले' नाम से नया उत्पाद बाज़ार में आया है। आकाश एग्रो, 12 दरियागंज, दिल्ली की ओर से एक विज्ञापन तैयार कीजिए।
2. देहरादून नगर के गंज बाज़ार में बच्चों के परिधानों का नया शोरूम खुला है। एक विज्ञापन तैयार कीजिए।
3. सिरसा के बस अड्डे के बगल में एक होटल और रेस्टोरेंट खुला है–आराम। एक विज्ञापन तैयार कीजिए।
4. आपके नगर के रेलवे स्टेशन के बाहर 'सन्नी टूरिस्ट' नाम से आफिस खुला है। रेलवे टिकट, हवाई टिकट, बस-सर्विस के लिए संपर्क हेतु विज्ञापन तैयार कीजिए।
5. 'मोबाइल रिपेयर' नाम से सब प्रकार के मोबाइलों के रिपेयर की दुकान खुली है–रेलवे रोड, गाँधीनगर पर । एक विज्ञापन तैयार कीजिए।
6. डी.ए.वी. स्कूल चंडीगढ़ में कक्षा 5, 6, 7 में दाखिले शुरू हो गए हैं। एक विज्ञापन तैयार कीजिए।
7. हड्डियों के सफल इलाज के लिए आपके नगर कोटा में सूरी हस्पताल खुला है। एक विज्ञापन तैयार कीजिए।
8. कार रिपेयर के लिए 'मलिक कार-रिपेयर हाउस' खुला है–बिलासपुर में। एक विज्ञापन तैयार कीजिए।
9. काजू की उत्कृष्ट क्वालिटी के लिए 'रोबिन काजू सेल्स' नामक दुकान मेन बाजार गोआ में खुली है। एक विज्ञापन तैयार कीजिए।
10. 'मणिपुरम साड़ीज' नाम से मैसूर के गाँधी बाज़ार में एक शोरूम खुला है। विज्ञापन तैयार कीजिए।
11. बंगलौर की कंपनी 'कोको-ड्रिंक्स' ने नारियल पानी का नया ड्रिंक निकाला है। एक आकर्षक विज्ञापन तैयार कीजिए।
12. चेन्नई के मरीन बीच पर 'रोबिंसन' नाम से रेस्टोरेंट खुला है जिसमें दक्षिण भारतीय व्यंजनों के सभी प्रकार उपलब्ध हैं। एक विज्ञापन तैयार कीजिए।
13. 'लखनवी' नामक कुर्तों का एक विशेष शोरूम लखनऊ के गाँधी बाज़ार में खुला है। एक विज्ञापन तैयार कीजिए।
14. हैदराबाद के रेलवे रोड पर 'रेफ्रिजरेशंस' नाम से फ्रिज़-स्टोर खुला है। एक विज्ञापन तैयार कीजिए।
15. गोहाटी के मेन बस अड्डे के सामने तरह-तरह के परिधानों का शोरूम 'परिधान' खुला है। एक विज्ञापन तैयार कीजिए।
16. जैविक पदार्थों के कूड़े से आपने ऐसा रसायन तैयार किया है जिसका उपयोग घरेलू साफ-सफाई में काम आने वाले जहरीले रसायनों के स्थान पर हो सकता है। इसके प्रचार और बिक्री के लिए 20-25 शब्दों में एक विज्ञापन तैयार कीजिए। *[CBSE 2019]*

4. संदेश-लेखन

शुभकामना, पर्व-त्योहारों एवं विशेष अवसरों पर दिए जाने वाले संदेश—लगभग 60 शब्दों में

आजकल सोशल मीडिया का जमाना है। लोग अपने मित्रों, रिश्तेदारों, व्यावसायिक मित्रों और अन्य बंधुओं को विविध संदेश भेजते हैं। संदेश मानवीय संबंधों को बनाए रखने का सर्वोत्तम साधन है। आजकल यह साधन इतना सस्ता, आसान, तीव्र और सुलभ हो गया है कि लगभग सभी लोग किसी-न-किसी अवसर पर संदेश भेजते हैं।

संदेश-लेखन में निम्नलिखित गुण होने चाहिए—

- संदेश संक्षिप्त और स्पष्ट होना चाहिए। 30-40 शब्दों की सीमा पर्याप्त होती है। इससे बड़े संदेश ध्यान-से नहीं पढ़े जाते।
- संदेश में नवीनता, ताज़गी और मौलिकता होनी चाहिए। तभी वह रूचिकर बनता है। रटे-रटाए संदेश प्रायः पढ़े नहीं जाते।
- संदेश में प्राप्तकर्ता का नाम या संकेत होना चाहिए। बिना संबोधन के संदेश प्रभाव नहीं छोड़ते।
- यदि एक व्यक्ति के लिए संदेश हो तो उसके नाम से संबोधन होना चाहिए। यदि संदेश एकाधिक लोगों के नाम हो तो उसमें निम्नलिखित संबोधन हो सकते हैं—

  प्रिय बंधु!
  प्रिय मित्र!/सखी!
  प्रिय सदस्यगण!
  प्रिय विद्यार्थियो!/विद्यार्थीगण!
  आदरणीय गुरुजन!
  प्रिय नागरिक-गण!/नगरवासियो!
  प्रिय देशवासियो!

- संदेश गद्य में भी हो सकता है और कविता में भी। वह गद्य-पद्य का मिश्रण भी हो सकता है।
- संदेश में चित्रों या प्रतीकात्मक चित्रों का भी उपयोग हो सकता है।
- ध्यान रहे कि चित्र से प्रभाव तो बढ़ जाता है किंतु परीक्षक को अंक केवल शब्दों के देने होते हैं। अत: विद्यार्थी शब्दों की रचना पर ध्यान दें।
- यदि संदेश-लेखन किसी बड़े समूह के लिए हो तो उसके लिए संबोधन एक सदस्य को व्यक्तिगत हो या सभी सदस्यों को एक-साथ? यह प्रश्न विचारणीय है। यदि आवश्यक न हो तो संबोधन एक व्यक्ति को होना चाहिए, न कि सभी को एक-साथ। **उदाहरणतः**

सही (✓)	**गलत (✗)**
प्रिय बंधु!	प्रिय बंधुओ!
प्रिय प्रतिनिधि!	प्रिय प्रतिनिधियो!
प्रिय नगरवासी!	प्रिय नगरवासियो!
प्रिय सदस्य!	प्रिय सदस्यगण!

- वार्षिक परीक्षा में संदेश-लेखन की शब्द-सीमा 30-40 शब्द तय की गई है। अत: विद्यार्थियों को चाहिए कि वे संबोधन और स्वनाम-लेखन सहित 30-40 शब्द ही खर्च करें।
- संदेश-लेखन के साथ संदेश-लेखक का नाम भी आना चाहिए। यह नाम-लेखन संदेश-लेखन के नीचे आना चाहिए, न कि ऊपर।
- संदेश-लेखक का नाम अकेला पर्याप्त है। परंतु यदि अकेले नाम से प्राप्तकर्ता को भ्रम होने की गुंजाइश हो तो साथ अपनी पहचान बताने के लिए नगर, दूरभाष, पद आदि का उल्लेख कर देना चाहिए। उदाहरतया यदि आपका नाम मल्लिका है परंतु मल्लिका नाम की लड़कियाँ तो अनेक हो सकती हैं। इसलिए उसके साथ अपनी पहचान सुनिश्चित करने के लिए मल्लिका रूद्रा जैसा नाम लिख देना चाहिए।
- यदि आप किसी समूह के सदस्य के नाते संदेश लिख रहे हैं तो अपने नाम के साथ पद का उल्लेख करें। यथा–

1. जगदीश मित्तल
राष्ट्रीय कवि संगम
2. धनंजय
सचिव, संगम विहार, दिल्ली

शुभकामना-संदेश!

शुभकामना-संदेश में सदा संदेश-प्राप्तकर्ता की प्रसन्नता, कुशलता, सफलता और स्वास्थ्य की कामना की जाती है। प्राय: शुभकामना किसी अवसर पर दी जाती है। जैसे–

- परीक्षाओं के अवसर पर
- परीक्षा-परिणाम आने के अवसर पर
- जन्मदिवस पर
- विवाह की वर्षगाँठ के अवसर पर
- बीमारी के अवसर पर
- किसी लंबी यात्रा के अवसर पर
- नया कार्य या नौकरी की शुरुआत के अवसर पर
- विवाह पर
- गृह-प्रवेश पर
- दुकान के उद्घाटन पर
- किसी खेल-प्रतियोगिता या मैच से पहले
- आने वाली छुट्टियों से पहले
- क्वारंटीन (पृथक्वास) के लिए
- महामारी से बचने के लिए
- दीवाली! ईद। क्रिसमिस आदि पर्वों पर

☛ शुभकामना में अवसर का उल्लेख अवश्य होना चाहिए। उसी अवसर के अनुसार प्राप्तकर्ता की शुभकामना करनी चाहिए। यदि अवसर परीक्षा या क्रिकेट मैच का है तो सफलता, कुशलता, शक्ति और उन्नति की कामना करनी चाहिए। यदि अवसर बीमारी का है तो शुभकामना स्वास्थ्य, कुशलता और प्रसन्नता की होनी चाहिए। यदि अवसर जन्मदिवस का हो तो शुभकामना में प्रसन्नता और दीर्घायु शब्द आने चाहिए। 'विवाह' या 'वर्षगाँठ' जैसे अवसरों पर युगल जीवन की सफलता की कामना होनी चाहिए।

संदेश-लेखन का प्रारूप

एक अच्छे संदेश-लेखन का प्रारूप इस प्रकार होना चाहिए।

- संबोधन
- शुभकामना-संदेश
- संदेश-प्रेषक का नाम

एक उदाहरण–

प्रिय प्रिशा!
तुम्हारे दसवीं कक्षा में प्रवेश पर ढेर सारी शुभकामनाएँ!
मस्ती और आनंद में जियो!
पढ़ाई में नए कीर्तिमान स्थापित करो।
तुम्हारी बुआ
सुरभि

कुछ महत्त्वपूर्ण संदेश

1. *आपके मित्र ने नीट की परीक्षा में राज्य में तीसरा स्थान प्राप्त किया है।* **उसे बधाई देते हुए लगभग 60 शब्दों में एक संदेश लिखिए। [CBSE 2022]**

प्रिय सुधांशु!
मेरी ओर से हार्दिक बधाई!
तुमने नीट की परीक्षा में पूरे राज्य में तीसरा स्थान प्राप्त किया है। यह सुनकर मेरा सीना गर्व से चौड़ा हो गया है। शाबाश सुधांशु! तुम बढ़ते हो तो मुझे खुशी होती है। हमेशा ऐसे ही कीर्तिमान स्थापित करते रहो।
तुम्हारी सफलता से सदा प्रसन्न रहने वाला–
तुम्हारा मित्र
निर्मल

2. **विदेश में रहने वाले अपने चाचा-चाची को नव वर्ष की शुभकामना का संदेश लगभग 60 शब्दों में लिखिए। [CBSE 2022]**

आदरणीय चाचा जी!

आदरणीया चाची जी!

आपको नव-वर्ष की हार्दिक शुभकामनाएँ!
आपका नव वर्ष भारतीय नव-वर्ष जैसा मस्त और सुहावना रहे। आपके जीवन में उन्नति के नए-नए फूल खिलें। सफलता की बहार सदा बनी रहे। आपकी प्रेममयी जोड़ी सदा हो। खुश-खुश रहे। आप सदा हँसते मुस्कराते रहें।
सदैव आपकी
मुनमुन

3. अपनी कक्षा की प्रतिनिधि के रूप में सभी सहपाठियों को आगामी बोर्ड की परीक्षा के लिए शुभकामना का संदेश लगभग 60 शब्दों में लिखिए। [CBSE 2022]

प्रिय सहपाठियो!

आपकी आगामी परीक्षा आपकी मनोकामना के अनुरूप हो! आप खूब परिश्रम करें। एक-एक अध्याय मन लगाकर पढ़ें-समझें। प्रश्न-पत्र आपको सरल लगें। आप परीक्षा-भवन में बड़े विश्वास के साथ बैठें। अपने ही परिश्रम और योग्यता से अधिकाधिक अंक प्राप्त करें।

मेरी ओर से हार्दिक शुभकामनाएँ!

आप अवश्य सफल हों।

आपका कक्षा-प्रतिनिधि

समर चौहान

4. *संघ लोक सेवा आयोग की प्रशासनिक प्रतियोगिता परीक्षा में चयन हो जाने पर बड़ी बहन को लगभग 60 शब्दों में बधाई संदेश लिखिए।*

आदरणीय दीदी!

वाह! वाह! बहुत-बहुत बधाइयाँ!

आपने प्रशासनिक प्रतियोगिता परीक्षा उत्तीर्ण करके मानो किला जीत लिया है। अब आप भारतीय प्रशासन चलाने वाली माननीया अधिकारी हो गई हैं। बहुत खूब! मैं आपकी इस सफलता पर बहुत प्रसन्न हूँ। पूरे छात्रावास में मिठाई बाँटी है।

दीदी! तुम्हारे कारण मेरा रौब बढ़ गया है। वाह! जिंदाबाद!!

आपसे मिठाई खानी है।

आपकी झगड़ालू बहन

महिमा

5. *आपके बड़े भाई का चयन विद्यालय की फुटबॉल टीम के कप्तान के रूप में हो गया है।* **उसके लिए लगभग 60 शब्दों में बधाई संदेश लिखिए। [CBSE 2022]**

आदरणीय भैया!

बहुत-बहुत बधाइयाँ! ढेरों बधाइयाँ!

पता चला कि आप अपने विद्यालय की फुटबाल टीम के कप्तान चुने गए हैं। यह बड़े उत्साह और गौरव की बात है। आपको बहुत शुभकामनाएँ।

मुझे विश्वास है कि आप अपने कौशल और प्रतिभा से फुटबाल में नया इतिहास बनाएँगे तथा अपने विद्यालय की टीम को विजयी बनाएँगे।

मेरी ओर से ढेरों शुभकामनाएँ!

मैं बहुत उत्साहित हूँ। जय हो!!

आपका अनुज

सुदीप

6. 'शिक्षक दिवस' के सफल आयोजन के लिए विद्यालय के छात्रों को प्राचार्य की ओर से लगभग 60 शब्दों में एक साधुवाद बधाई संदेश लिखिए। [CBSE 2022]

प्रिय छात्रगण!

आपने शिक्षक दिवस को जिस उत्साह और गरिमा से मनाया, उसके लिए आपको ढेरों बधाइयाँ। आपकी योजना, कुशलता, अनुशासन और गरिमा सब प्रशंसनीय है। मुझे विश्वास है कि यदि आपमें से किसी को शिक्षक बनने का अवसर मिला तो आप एक आदर्श शिक्षक बन पाएँगे।

मेरी ओर से हार्दिक बधाई!

खूब फूलो-फलो और उन्नति करो!

प्राचार्य

गिरिधर राय

7. राजस्थान निवासी अपने मित्र को 'गणगौर' पर्व के अवसर पर लगभग 60 शब्दों में एक शुभकामना संदेश लिखिए। [CBSE 2022]

प्रिय अपराजेया!

तुम्हें गणगौर की शुभकामनाएँ!

माँ पार्वती तुम्हारी सारी मनोकामनाएँ पूरी करे। भगवान शिव और गौरी पार्वती तुम पर विशेष अनुकंपा करें। तुम्हें जीवन में हर सफलता मिले। गणगौर का पर्व तुम्हारे जीवन में हर खुशी लाए। मेरी ओर से ढेर सारी शुभकामनाएँ!

तुम्हारी

अनन्या

8. चेन्नई निवासी अपने मित्र को पोंगल पर्व पर लगभग 60 शब्दों में बधाई संदेश लिखिए। [CBSE 2022]

प्रिय मणिधरन!

तुम्हें पोंगल की ढेरों शुभकामनाएँ!

पोंगल का यह पर्व तुम्हारे जीवन में नव-नव प्रसन्नता बरसाए! तुम्हारा जीवन भगवान सूर्य-सा तेजस्वी बने। तुम्हारा घर खुशियों की फसल से लहलहा उठे।

मेरी ओर से पूरे परिवार को शुभकामनाएँ!

माता-पिता तथा बहन नेहा को भी शुभकामनाएँ!

तुम्हारा मित्र

अश्विनी

9. कोरोना वायरस से बचे रहने के लिए अपनी सखी को संदेश लिखिए।

प्रिय स्निग्धा!

मन करता है तुम्हारे साथ घूमूँ, बैठूँ, गप्पें लड़ाऊँ। परंतु यह कोरोना घात लगाए बैठा है। इसलिए एक सुरक्षित गोले में रहो। मैं भी उसमें सुरक्षित रहूँगी ताकि हम फिर-से चहक सकें।

कोरोना अभी गया नहीं है। वह घात लगाए बैठा है। घर से बाहर निकलो तो सावधानी से।

तुम्हारी प्रिया

10. गोआ-भ्रमण करने जा रहे अपने भाई को शुभकामना-संदेश लिखिए।

प्रिय भैया!

गोआ-यात्रा की अग्रिम शुभकामनाएँ! आप अपने मित्रों के साथ गोआ के समुद्र-तटों का और रोमांचक खेलों का भरपूर आनंद लें। आपकी यात्रा सुखद हो। आप समुद्र की लहरों का खूब आनंद लें। वहाँ का सूर्योदय और सूर्यास्त आपके जीवन को रंगों से भर दे।

अनंत शुभकामनाएँ!

आपका आशीष

11. *आपके चाचा अपने नए घर में प्रवेश करने जा रहे हैं।* **उन्हें शुभकामना-संदेश लिखिए।**

आदरणीय चाचा जी!

अपने नए निवास की ढेर सारी शुभकामनाएँ! यह नया आवास हर तरह से सुखमय, आरामदायक और आनंदमय हो। आप परिवार-सहित जीवन के सभी आनंद ले सकें। बधाइयाँ!!

नए घर में, नए वातावरण में, आपके जीवन में और पूरे घर-परिवार में नए सुख और आनंदों की वर्षा हो।

ढेरों शुभकामनाएँ।

आपका सचिन

12. **पहली बार हवाई-यात्रा का आनंद लेने वाले मित्र को शुभकामना-संदेश लिखिए।**

प्रिय हरेंद्र

पहली हवाई यात्रा की ढेरों शुभकामनाएँ!

तुम्हारी यह यात्रा रोमांचक, आनंददायक और कौतूहलपूर्ण हो। हवाई अड्डों की सुंदर व्यवस्थाएँ, सुरक्षा व्यवस्था और हवा में उड़ने का सुख तुम्हें आनंद से भर दे।

तुम्हें पहली बार हवाई यात्रा में बहुत आनंद आएगा। हर अनुभव रोमांचक होगा। ऊपर से देखने पर धरती, बादल, घर, नदी-नाले मनमोहक लगेंगे। सबका भरपूर आनंद लेना।

तुम्हारी बहन

शीला

13. **नौकरी लगने पर शुभकामना-संदेश लिखिए।**

प्रिय सोनाली!

पहली नौकरी की ढेरों शुभकामनाएँ।

मुझे विश्वास था कि तुम जहाँ भी आवेदन करोगे, तुम्हें चुन लिया जाएगा। यह पहली नौकरी तुम्हारी प्रतिभा का फल है। इसका आनंद लो।

तुम इतनी मेहनत और निष्ठा से काम करो कि अच्छी-से-अच्छी नौकरियाँ तुम्हारे आगे-पीछे घूमें। मेरी ओर से बहुत-बहुत बधाइयाँ।

तुम्हारी प्रेरणा

14. *तुम्हारे भाई के यहाँ लड़की ने जन्म लिया है।* **शुभकामना-संदेश लिखिए।**

प्यारे भैया-भाभी जी!

ढेर सारी शुभकामनाएँ!

घर में मेरी प्यारी भतीजी आई है। अब घर में खुशियाँ ही खुशियाँ होंगी। चहल-पहल! रंगबिरंगे फ्राक, किलकारी, हँसी! वाह! शुभकामनाएँ।। जल्दी आऊँगी। प्यारी टिंकी को प्यार!!

भैया! जैसे पिता जी ने और माँ ने हम दोनों को एक-समान प्यार से पाला है, उसी प्रकार आप भी बिटिया को भरपूर लाड-प्यार से पालें। यह बिटिया आपके जीवन को खुशियों से भर दे।

आपकी नेहा

15. *दादा जी ने नई कार खरीदी है।* **शुभकामना-संदेश लिखिए।**

प्यारे दादा जी!

नई कार के लिए ढेर सारी शुभकामनाएँ!

अब आप खूब यात्राएँ करें—आएँ-जाएँ! हमें भी खूब सैर कराएँ! नई कार नई खुशियों का खजाना बने। अब आप हमसे दूरी होने की बात नहीं कह पाएँगे। आप हमारे घर—आपके अपने ही घर जल्दी-जल्दी आया करें।

आपका प्रिय

चिंटू

16. *आपकी माताजी ने मोबाइल खरीदा है।* **शुभकामना-संदेश लिखिए।**

प्रिय माता जी!

नए मोबाइल की ढेरों शुभकामनाएँ!

अब आप दिन में जितनी बार चाहें हमसे बात कर सकती हैं। इसमें रामायण-महाभारत भी हैं, फिल्में भी और संदेशों का भंडार भी। यह मोबाइल आपको खुशी दे, व्यस्त रखे और मस्त रखे।

हम भी आपसे जब चाहें, जितनी चाहें बाते कर सकेंगे। अब तो हम आपकी प्यारी सूरत भी देख सकेंगे।

आपको बधाई!

आपका सुपुत्र

सुकाम

17. *आपके मित्र ने क्रिकेट-मैच जीतने में 100 रन बनाए।* **शुभकामना-संदेश लिखिए।**

प्रिय प्रवीण!

तुम्हारी अजेय शतकीय पारी के लिए बहुत-बहुत बधाइयाँ।

तुम ऐसे ही चौकों-छक्कों और शतकों की वर्षा करते रहो। तुम्हें खेलते देखकर बहुत अच्छा लगता है। और उन्नति करो। शुभकामनाएँ। तुम ऐसा कीर्तिमान बनाओ जो आसानी से टूट न सके।

तुम्हारा लोकेश

18. *तुम्हारी सखी की लाटरी लगी है।* **शुभकामना-संदेश लिखो।**

प्रिय नीलिमा!

ढेरों शुभकामनाएँ!

तुम्हारी दस लाख की लाटरी निकली है। किस्मत वाली हो। खुश रहो, उन्नति करो। कुछ पैसा दान करो। कुछ मित्रों पर खर्च करो। तुम्हारा भाग्य इसी तरह सौभाग्य की वर्षा करता रहे।

तुम्हारी आशिमा

19. *सुनयना दीदी की सगाई हो गई है।* **शुभकामना-संदेश लिखिए।**

मेरी प्यारी सुनयना!

हज़ारों-हज़ारों बधाइयाँ!

तुम्हारा यह नया संबंध तुम्हारे जीवन को अनंत खुशियों से भर दे। तुम आलोक के साथ सपनों जैसी मधुर ज़िंदगी जियो और जीवन के सारे सुख पाओ। एक बार फिर-से बधाई!

तुम्हारी अनीता

20. *आपका मित्र दुर्घटनाग्रस्त हो गया है।* **शुभकामना दीजिए।**

प्रिय रवींद्र!

मेरी भगवान से प्रार्थना है कि तुम जल्दी स्वस्थ हो जाओ। तुम्हारे घाव भर जाएँ। तुम आराम करो, निर्भय बनो और ईश्वर पर भरोसा रखो। उसकी कृपा से तुम जल्दी ठीक हो जाओगे। मेरी ओर से अनंत शुभकामनाएँ।

विनीत

21. *तुम्हारी माँ बीमार हैं।* **शुभकामना-पत्र लिखो।**

पूज्य माता जी!

सादर चरण-स्पर्श! आप शीघ्र स्वस्थ हों। नियमित दवाई लेते रहें, आराम करें। घर के कामों से बचें। लापरवाही बिल्कुल न करें। और सबसे बड़ी बात! मुझे अपने पास समझें। मैं भगवान से नित यही प्रार्थना करूँगा कि आप शीघ्र-से-शीघ्र स्वस्थ हों।

आपका बिंटू

22. पिताजी के जन्मदिवस पर शुभकामना-संदेश लिखिए।

पूज्य पिता जी!

सादर चरण-स्पर्श! आपके 55वें जन्मदिवस पर ढेरों शुभकामनाएँ! आप हमेशा की तरह स्वस्थ, प्रसन्न और जिंदादिल बने रहें। हम परिवार के सभी सदस्य आपकी सुख-समृद्धि की कामना करते हैं। हमारा दिल था कि आज आपके साथ हों। परंतु यह संभव नहीं हो सका। आप जन्मदिन धूमधाम से मनाएँ। कहीं बाहर घूमने जाएँ। रात को आराम से अच्छी-सी फिल्म देखें। हम आनंदित होंगे।

आपका पुत्र

सर्वेश

23. *आपका साथी कोरोना-ग्रस्त हो गया है।* **उसे वाट्सअप पर शुभकामना-संदेश लिखिए।**

प्रिय हिमेश!

भगवान तुम्हें कोरोना से लड़ने की शक्ति दे। तुम अकेलेपन को खुशी-खुशी निभाओ। सबसे दूर रहकर भी प्रसन्न रहो। चिंतित बिल्कुल भी न हो। तुम जल्दी ही स्वस्थ हो जाओगे। मेरी ओर से शीघ्र स्वस्थ होने की शुभकामना!

तुम्हारा महेंद्र

24. *तुम्हारा मित्र पहली बार छात्रावास में जा रहा है।* **उसके लिए शुभकामना-संदेश लिखिए।**

प्रिय संजीव!

छात्रावास जीवन के लिए अनंत शुभकामनाएँ! घर के अनुशासन से दूर अपनी इच्छा से जीने का भी अलग सुख है। तुम इस नई ज़िंदगी का भरपूर आनंद लो। जिस काम के लिए गए हो, उसे याद रखते हुए मनवांछित जीवन जियो। मेरी ओर से शुभकामनाएँ!

तुम्हारा राजीव

25. *तुम्हारा मित्र कोरोना-संकट के दिनों में गरीबों की सेवार्थ काम में लगा है।* **उसके लिए शुभकामना-संदेश लिखिए।**

प्रिय सर्वमित्र!

तुम कोरोना-संकट से पीड़ित लोगों की सेवा के लिए अपने नगर-प्रशासन की सहायता कर रहे हो। यह बहुत महान कार्य है। मुझे तुम पर गर्व है। तुम्हें इसका पुण्य प्राप्त होगा। मेरी ओर से अनंत शुभकामनाएँ। यशस्वी बनो।

तुम्हारा मित्र

लोकेश

26. *तुम्हारा मित्र गरीब बच्चों की मुफ्त पढ़ाई में लगा है।* **उसे शुभकामना-संदेश लिखिए।**

प्रिय सौरभ!

तुम इंजीनियरिंग के साथ-साथ गरीब बस्ती के बच्चों को मुफ्त पढ़ाने के लिए भी जा रहे हो। यह सुनकर मेरा हृदय गदगद हो उठा। सौरभ! मुझे तुम पर गर्व है। तुम महान हो। मेरी ओर से हार्दिक शुभकामनाएँ! तुम्हारा यह सेवा-भाव तुम्हें बहुत ऊँचाइयाँ प्रदान करे।

तुम्हारा हृदयेश।

27. *तुम्हारे मित्र ने इंजीनियरिंग की नौकरी छोड़कर समाज-सेवा के लिए जीवन अर्पित कर दिया है।* **उसे शुभकामना-संदेश दीजिए।**

प्रिय पार्थ!

तुम वास्तव में महान हो। अच्छी-भली नौकरी छोड़कर समाज-सेवा के काम में अर्पित होना बहुत-ही कठिन साधना है। इसे ही तप कहते हैं। इस तपस्वी जीवन के लिए मेरी ओर से अनंत शुभकामनाएँ! तुम अपने जीवन को आनंद से जियो। सफल से अधिक सार्थक बनो।

तुम्हारा अंश

28. होली के अवसर पर अपने मित्र को शुभकामना-संदेश लिखिए।

होली का रंगबिरंगा त्योहार
आपके जीवन में रंग, खुशी और आनंद की वर्षा करे।
आपको होली की अनेकानेक शुभकामनाएँ!!

29. अपने मित्र को दीपावली की शुभकामनाएँ लिखिए।

प्रिय अनिल!
दीवाली का जगमगाता त्योहार तुम्हारे जीवन में आनंद, ज्योति और खुशियाँ भर दे।
आपको और आपके परिवार को दीवाली की ढेर सारी शुभकामनाएँ!!

30. अपने मित्र को जन्माष्टमी की शुभकामनाएँ दीजिए।

प्रिय मनोहर!
जन्माष्टमी का यह पुण्य त्योहार तुम्हारे जीवन में
उमंग, उल्लास और आनंद की वर्षा करे।
भगवान कृष्ण अपनी बाँसुरी से तुम्हारे जीवन को रसमय बना दें।
जन्माष्टमी की ढेर सारी शुभकामनाएँ!!
तुम्हारा अनिल।

31. अपने मित्र को रामनवमी की शुभकामनाएँ लिखें।

प्रिय मंगल!
आपको रामनवमी की ढेर सारी शुभकामनाएँ!
हर अँधेरे से लड़ो राम की तरह!
मर्यादा में रहो राम की तरह!!
यशस्वी बनो राम की तरह!!!

मेरी ओर से अनंत शुभकामनाएँ!

तुम्हारा पवन।

32. गुरु गोविंद सिंह जी के जन्मोत्सव पर अपने मित्र को शुभकामना-संदेश लिखिए।

प्रिय बलजीत!

गुरु गोविंद सिंह जी महाराज के जन्मदिवस की ढेरों शुभकामनाएँ!

गुरु जी का त्याग, बलिदान, संघर्ष और समर्पण

हमें भी अँधेरे से लड़ने की ताकत

और शत्रु पर विजय पाने की शक्ति दे।

तुम्हारा मित्र शुभम।

33. ईद की शुभकामनाएँ

प्रिय चाँद!

प्यार, मोहब्बत और भाईचारा चाँदनी की तरह तुम्हारे जीवन में फैल जाए।

तुम फलो, फूलो और प्रसन्न रहो।

तुम्हें ईद की ढेरों शुभकामनाएँ!!

तुम्हारा विकास।

34. क्रिसमस के त्योहार पर अपने मित्र जॉन अब्राहिम को शुभकाना-संदेश भेजें।

प्रिय अब्राहिम!

क्रिसमस का पावन त्योहार तुम्हारे जीवन को हर्ष

उल्लास और आनंद से परिपूर्ण करे!

तुम्हें सुख-समृद्धि और स्नेह से भरपूर कर दे!

क्रिसमस की अनंत शुभकामनाएँ!!

तुम्हारा विनम्र।

35. बुद्ध जयंती की शुभकामनाएँ

प्रिय सर्वेश!

अप्प दीपो भव!

हम अपने दीपक स्वयं बनें।

अपने आनंद को अपने भीतर खोजें।

अपना रास्ता स्वयं तय करें।

बुद्ध जयंती की मंगलकामनाएँ!!

तुम्हारी अपराजिता।

36. गणतंत्र दिवस की शुभकामनाएँ

प्रिय जावेद!

हम अपने किए हुए वादों को खुद याद रखें!

अपने संकल्पों पर दृढ़ रहें!
अपने संविधान पर आस्था रखें।
संविधान हमारे गणतंत्र का आधार है।
आपको गणतंत्र दिवस की ढेरों शुभकामनाएँ!!
तुम्हारा असीम।

प्रश्न-अभ्यास

1. अपने छोटे भाई को जन्म दिवस का शुभकामना-संदेश लिखिए।
2. अपनी सहेली को बोर्ड परीक्षा में अच्छे अंक प्राप्त करने पर शुभकामना-संदेश लिखिए।
3. आपके चाचा जी विदेश यात्रा पर जा रहे हैं। शुभकामना-संदेश भेजिए।
4. बड़ी बहन को नौकरी मिल गई। शुभकामना-संदेश लिखिए।
5. अपने दोस्त को दीपावली की शुभकामनाएँ लिखकर भेजिए।
6. आपके फूफा जी का स्वास्थ्य खराब है। जल्द ठीक होने की शुभकामना दीजिए।
7. आपकी चचेरी बहन दसवीं में अच्छे अंक नहीं ला पाई। समझाते हुए शुभकामना-संदेश लिखिए।
8. पिताजी को होली की शुभकामना दीजिए।
9. आपके घर में एक नन्हा मेहमान आया है। भैया-भाभी को शुभकामना-संदेश लिखिए।
10. आपके मित्र ने साइकिल खरीदी है। शुभकामना दीजिए।
11. महाराणा प्रताप जयंती के अवसर पर शुभकामना-संदेश लिखिए।
12. महाशिवरात्रि के अवसर पर अपने मित्र को शुभकामना-संदेश लिखिए।
13. गणेश चतुर्थी के अवसर पर शुभकामना-संदेश लिखिए।
14. गणतंत्र दिवस के अवसर पर शुभकामना-संदेश लिखिए।
15. स्वतंत्रता दिवस के अवसर पर शुभकामना-संदेश लिखिए।
16. गाँधी जयंती के अवसर पर शुभकामना-संदेश लिखिए।
17. तुलसी जयंती के अवसर पर अपने मित्र को शुभकामना-संदेश लिखिए।
18. मकर संक्रांति के अवसर पर शुभकामना-संदेश लिखिए।
19. लोहड़ी के अवसर पर अपने मित्र को शुभकामना-संदेश लिखिए।
20. नव वर्ष के आगमन पर अपने मित्र को शुभकामना दीजिए।
21. विजयदशमी के अवसर पर अपने मित्र को शुभकामना-संदेश दीजिए।
22. रक्षाबंधन के अवसर पर अपनी बहन को शुभकामना-संदेश दीजिए।
23. आपके मित्र ने एक फिल्म में अभिनय किया है। उसे शुभकामना-संदेश दीजिए।
24. आपके मित्र ने एक यू-ट्यूब चैनल बनाया है, उसे शुभकामना-संदेश दीजिए।
25. आपके मित्र ने एक फिल्म में गाना गाया है, उसे शुभकामना-संदेश भेजिए।
26. आपके मित्र का चयन भारतीय वायु सेना में हो गया है, उसके लिए शुभकामना-संदेश लिखिए।
27. आपकी सखी ने ब्यूटी पार्लर खोला है, उसे शुभकामना-संदेश दीजिए।
28. आपकी सहेली का प्रवेश मेडिकल कॉलेज में हो गया है, उसे शुभकामना-संदेश लिखिए।

5. औपचारिक ई-मेल लेखन

ई-मेल (E-Mail) का अर्थ है–इलैक्ट्रोनिक पत्र। इंटरनेट पर पत्र-व्यवहार करना ई-मेल कहलाता है। सामान्य पत्र-लेखन में पत्र कागज़ पर लेखनी द्वारा लिखा जाता है। ई-मेल में पत्र इंटरनेट के माध्यम से लिखा जाता है।

पत्र-लेखन तथा ई-मेल लेखन में अंतर

पत्र-लेखन	ई-मेल लेखन
• यह पत्र कागज़ पर लेखनी द्वारा लिखा जाता है।	• यह पत्र इंटरनेट के माध्यम से की-बोर्ड पर टाइप करके लिखा जाता है।
• इसमें पत्र-प्रेषक (पत्र लिखने वाला) का पता ऊपर होता है। जैसे– मल्लिका 230, गाँधीनगर विलासपुर	• इसमें पत्र-प्रेषक (लेखक) का ई-मेल पता ऊपर लिखा रहता है। जैसे– mallika84@gmail.com (यह ई-मेल पता From वाले कॉलम में लिखा जाता है।)
• इसमें 'सेवा में' शीर्षक के नीचे पत्र पाने वाले का पूरा पता लिखा जाता है। जैसे– सेवा में अग्निशमन अधिकारी मुख्य बाज़ार भोपाल।	• इसमें 'To' वाले कॉलम में पत्र पाने वाले का ई-मेल पता लिखना होता है। जैसे– ashokbatra@gmail.com
• **विषय–**इसमें 'विषय' शीर्षक के सामने या नीचे पत्र का मूल विषय कम-से-कम और सुस्पष्ट शब्दों में लिखना होता है। जैसे– **विषय–**• दो दिन का अवकाश • बिजली न होने की परेशानी • मुहल्ले में गंदगी • पार्क बनवाने का निवेदन • छात्रवृत्ति के लिए आवेदन (आदि-आदि)	• **विषय (Subject)–**इंटरनेट का माध्यम अंग्रेज़ी होने के कारण विषय की जगह 'Subject' का कॉलम होता है। इसमें हमें हिंदी भाषा में ठीक वही विषय लिखना होता है, जैसा कि सामान्य पत्र-लेखन में होता है। कम-से-कम और सुस्पष्ट शब्दों में। जैसे– **विषय–**• दो दिनों का अवकाश • बिजली जाने की परेशानी • मुहल्ले में गंदगी • पार्क बनवाने का निवेदन • छात्रवृत्ति के लिए आवेदन (आदि-आदि)

Compose mail (मुख्य विषय-लेखन)

Compose email

इस नाम से दिए गए कॉलम में सामान्य पत्र की तरह पहले संबोधन किया जाता है। फिर मुख्य विषय सीधे, सरल और स्पष्ट शब्दों में लिखना होता है। इस बारे में पत्र-लेखन और ई-मेल बिल्कुल एक-जैसे होते हैं।

देखिए–

- पहले **संबोधन** कीजिए। जैसे–
- आदरणीय प्राचार्य महोदय!
- आदरणीय चिकित्सा अधिकारी!
- प्रबंधक
  स्टेट बैंक ऑफ इंडिया
- कंपनी सचिव
  रिलायंस इंडस्ट्रीज़
- **विषय का लेखन**

औपचारिक पत्र में अभिवादन की आवश्यकता नहीं होती। सीधे-सीधे अपनी बात स्पष्ट और कम-से-कम शब्दों में रखनी होती है। जैसे–

निवेदन है कि मैं अति आवश्यक कार्य से अपने नगर से बाहर हूँ। अतः आज दिनांक 23 सितंबर, 2023 को विद्यालय में उपस्थित नहीं हो सकता।

कृपया मुझे आज का अवकाश प्रदान करें।

- **धन्यवाद-ज्ञापन**

जैसे–

धन्यवाद-सहित!

ससम्मान!

- **स्व-उल्लेख**

भवदीय

मिलन दहिया

कक्षा-9

अनुक्रमांक-343

- **संलग्नक (Attachments)**

सामान्य पत्र में यदि पत्र के साथ आवश्यक कागज़, चित्र आदि लगाने हों तो इनकी प्रतियों को मुख्य पत्र के बाद पिन से जोड़ा जाता है।

ई-मेल में Attach File पर क्लिक करके आवश्यक फाइल पर क्लिक करें। वह फाइल मुख्य पत्र के साथ जुड़ जाएगी।

- **भेजें (SEND)**

ई-मेल का लेखन पूरा होने पर ➤ निशान पर क्लिक करें। पलक झपकते ही आपका पत्र निर्धारित पते पर पहुँच जाएगा। कुछ ही सैकेंडों में लिखा आ जाएगा–Sent.

कुछ और महत्त्वपूर्ण बातें

ई-मेल में CC और BCC नाम से दो कॉलम आते हैं। इनका उपयोग तभी होता है, जब कोई पत्र एक-से अधिक लोगों के पास भेजना होता है।

CC का अर्थ है–कार्बन कापी। यदि आप चाहते हैं कि सब प्राप्तकर्ताओं को पता चले कि वह पत्र किन-किनके पास पहुँचा है, तो सभी के ई-मेल पते CC कॉलम में भरें।

BCC का अर्थ है–ब्लाइंड कार्बन कापी। यदि आप अन्य प्राप्तकर्ताओं के नाम छिपाना चाहते हैं तो उनके ई-मेल पते BCC में लिखें।

- औपचारिक ई-मेल में निजी पत्रों जैसा खुलापन और भावनात्मक संबंध नहीं होता। इसलिए उनमें संबोधन और अभिवादन सीमित होते हैं, शिष्टाचार-युक्त होते हैं।
- पत्र का विषय (Subject) इतना संक्षिप्त, प्रभावी और स्पष्ट होता है कि तीन-चार शब्दों के विषय को पढ़ते ही प्राप्तकर्ता को पता चल जाए कि इस पत्र का मूल विषय क्या है? यदि विषय का शीर्षक अस्पष्ट रहा तो हो सकता है कि ढेर सारे पत्रों के बीच में आपके पत्र की ओर ध्यान ही न जाए। अतः आकर्षक शीर्षक-लेखन पर ध्यान दें।
- औपचारिक पत्रों में कुशल-क्षेम और हाल-चाल पूछने की आवश्यकता नहीं होती। सीधे-सीधे काम की बात लिखनी होती है। परंतु यह ध्यान अवश्य रखना चाहिए कि उसका आरंभ और अंत सम्मानपूर्ण हो। *उदाहरणतया–*

अशिष्ट आरंभ–

मैं नवीं कक्षा का छात्र हूँ। कल विद्यालय नहीं आ सकता। मुझे अवकाश दें।

श्रेष्ठ आरंभ–

सविनय निवेदन है कि मैं नवीं कक्षा का छात्र हूँ। अस्वस्थ होने के कारण मुझे डॉक्टर ने आराम करने की सलाह दी है। अतः कृपया कल, 30 सितंबर, 2024 का अवकाश प्रदान करें।

☞ **आपने क्या देखा?**

दोनों संक्षिप्त विषय हैं। दोनों में काम की ही बातें हैं। परंतु पहले 'अशिष्ट आरंभ' में से विनय और शिष्टाचार गायब है। अतः यह भाषा रोष पैदा करती है। अधिकारी के मन में तिरस्कार जागता है।

'श्रेष्ठ आरंभ' में विनय है। न आने का उचित कारण अत्यंत संक्षेप में दिया गया है। इसमें पत्र-लेखक की मनमानी नहीं है, उचित कारण और तर्क दिया गया है।

☞ मोबाइल में ई-मेल लिखने के लिए निम्नलिखित कॉलम आते हैं–

From
To
Subject
Compose email

लेपटाप पर दो ही कॉलम दिखाई देते हैं–

To
Subject

नीचे खाली कॉलम होता है जिसमें मुख्य विषय लिखना होता है।

औपचारिक पत्र का अर्थ

पत्र दो प्रकार के होते हैं–

1. अनौपचारिक (निजी)
2. औपचारिक (नियमपूर्वक)

अनौपचारिक पत्र मित्रों, संबंधियों या प्रियजनों को लिखे जाते हैं। उनमें खुलापन होता है, निजता होती है।

औपचारिक पत्र किसी कार्यालय या अधिकारी को लिखे जाते हैं। ये नियमपूर्वक, विधिपूर्वक, शिष्टाचारपूर्वक लिखे जाते हैं। इनका रिकार्ड भी रखा जाता है। अतः इनमें निजी संबंधों का अपनापन और भावनात्मक प्रेम या द्वेष नहीं होता। ये पत्र प्रायः निम्न प्रकार के होते हैं–

- प्राचार्य / प्रधानाचार्य को लिखे गए पत्र।
- किसी बैंक, कार्यालय के प्रबंधक या अधिकारी को लिखे गए पत्र।
- नगर-निगम, जल-विभाग, विद्युत-विभाग, रेलवे, परिवहन-विभाग आदि को लिखे गए पत्र।

कुछ उदाहरण

1. अपने विद्यालय के प्राचार्य Modern105@gmail.com को पत्र लिखकर घर में होने वाले विवाह-समारोह की सूचना देते हुए दो दिनों का अवकाश माँगिए।

From : Manisha89@gmail.com
To : Modern105@gmail.com
Subject : दो दिनों का अवकाश
Compose email :

आदरणीय प्राचार्य महोदय

सविनय निवेदन है कि 15 सितंबर, 2024 को मेरे चाचा जी का विवाह है। इस अवसर पर अनेक पारिवारिक कार्यक्रम हैं जिनमें मेरा उपस्थित रहना अनिवार्य है। कृपा करके मुझे 14-15 सितंबर, 2024 का अवकाश प्रदान करें।

सम्मान-सहित!

आपकी आज्ञाकारी शिष्या

मनीषा

कक्षा 9, अनु. 535

2. अपने नगर-निगम आयुक्त [nagarnigambhopal@yahoo.com] को पत्र लिखकर सीवर की समस्या के समाधान के लिए अनुरोध कीजिए। अपना ई-मेल पता स्वयं बनाइए।

From : Ramkumar1818@gmail.com
To : nagarnigambhopal@yahoo.com
Subject : सीवर-समस्या का समाधान
Compose email :

सम्माननीय निगम-आयुक्त

भोपाल महानगर

मैं भोपाल के केशवनगर का निवासी हूँ। हमारे गली-मोहल्लों के सीवर सदा बंद रहते हैं। जनसंख्या के दबाव के कारण और समय पर उचित सफाई न होने के कारण वे जाम हो जाते हैं। परिणामस्वरूप हमारे

घरों के सीवर रुक जाते हैं और उनमें से बदबूदार पानी निकलने लगता है। हमारा अपने ही घरों में रहना दूभर हो गया है।

आपसे निवेदन है कि समस्या की गंभीरता को समझें। हमारे मोहल्ले में आकर निरीक्षण करें और यथाशीघ्र इस समस्या का समाधान करें।

धन्यवाद!

भवदीय

रामकुमार

1818, केशवनगर

भोपाल

3. आपकी (Ramesh797@yahoo.com) की चैकबुक खो गई है। बैंक के प्रबंधक को ई-मेल पत्र लिखकर उस चैकबुक को रद्द करने का अनुरोध कीजिए। प्रबंधक का ई-मेल पता है–Pnbgoa.co.in

From : Ramesh797@yahoo.com

To : Pnbgoa.co.in

Subject : चैक-बुक रद्द करना

Compose email :

सेवा में

प्रबंधक

पंजाब नेशनल बैंक

गोआ शाखा

प्रिय महोदय!

मैं आपकी शाखा में खाताधारक हूँ। मेरे बचत खाते का नंबर है–012345678910.

निवेदन है कि आज मेरा बैग चोरी हो गया है जिसमें मेरी चैक-बुक भी थी। मुझे चैक-बुक के नंबर याद नहीं हैं। आपसे प्रार्थना है कि शीघ्र-अति-शीघ्र मेरे खाते में जारी की गई चैक-बुक और उसके सभी चैकों द्वारा लेन-देन रोक दिया जाए तथा उसे रद्द किया जाए।

तुरंत कार्यवाही के लिए निवेदन है।

धन्यवाद-सहित!

भवदीय

रमेश कुमार

माल रोड, गोआ।

दिनांक: 13.05.2024

4. आपका (Sunitagupta25@gamil.com) का ए.टी.एम. कार्ड खो गया है। तत्काल उचित कार्यवाही के लिए बैंक शाखा प्रबंधक (hdfckota.co.in) को ई-मेल पत्र लिखिए।

From : Sunitagupta25@gmail.com

To : hdfckota.co.in

Subject : ए.टी.एम. से लेन-देन रोकना

Compose email :

सेवा में

प्रबंधक

एच.डी.एफ.सी. बैंक

कुन्हारी शाखा, कोटा

महोदय

निवेदन है कि मेरा ए.टी.एम. कार्ड भरे बाज़ार में खो गया है। इस समय मुझे उसका नंबर ज्ञात नहीं है। मेरे बचत खाते का विवरण इस प्रकार है–

खात क्रम – 012345678910

IFSC Code – HDFC 0000167

MICR Code – 324240002

शाखा – प्लाट न. 01 B.

लैंडमार्क प्लाज़ा, कुन्हारी

कोटा – 324007

कृपया शीघ्र कार्यवाही करके मेरे ए.टी.एम. को तत्काल बंद करने का कष्ट करें। इस विषय में मुझे कुछ और कार्यवाही करनी हो तो तुरंत मुझे सूचित करें। मेरा व्हाट्सअप नंबर है–9876543201.

धन्यवाद!

निवेदक

सुनीता गुप्ता

235, कृष्ण कॉलोनी

कोटा (राजस्थान)

5. मोहित (Mohit1986@gmail.com) की ओर से नगर-निगम अधिकारी (Nigamlakhnow@gmail.com) को ई-मेल पत्र लिखकर लाउडस्पीकरों का शोर बंद कराने का अनुरोध कीजिए।

From : Mohit1986@gmail.com

To : Nigamlakhnow@gmail.com

Subject : लाउडस्पीकर रोकने संबंधी

Compose email :

सेवा में

निगम आयुक्त

लखनऊ नगर निगम

प्रिय महोदय

मैं लखनऊ के निराला नगर का निवासी हूँ। आजकल मैं और मेरे नगर-परिवार के सभी सदस्य लाउडस्पीकरों के अनियमित शोर से बहुत परेशान हैं। मंदिर, मस्जिद और गुरुद्वारे के लाउडस्पीकर कभी भी शुरू हो जाते हैं। उनकी आवाज़ों से हमारी शांति भंग हो जाती है। हमारे बच्चे पढ़ नहीं पाते। कर्मचारी काम नहीं कर पाते और बीमार लोग चैन की नींद नहीं सो पाते।

आपसे निवेदन है कि शांत वातावरण में रहना हमारा स्वाभाविक अधिकार है। हमारे इस अधिकार की रक्षा करें। अनियंत्रित लाउडस्पीकरों के शोर पर नियंत्रण रखें। कोई भी बाहरी आवाज़ हमारे घरों-गलियों में न

आए–इसकी व्यवस्था निश्चित करवाएँ।

उचित कार्यवाही की प्रतीक्षा में–

भवदीय

मोहित

404, निराला नगर

लखनऊ

6. आप फिम्स हस्पताल, सोनीपत के निदेशक हैं–Info@fimssonipat.com आप मनमोहन गुप्ता MMgupta1986@gmail.com को प्रत्युत्तर दीजिए कि आपके यहाँ कान-विशेषज्ञ की सेवाएँ उपलब्ध हैं।

From : Info@fimssonipat.com

To : MMgupta1986@gmail.com

Subject : कान-विशेषज्ञ की सेवाएँ

Compose email

प्रिय मनमोहन गुप्ता

आपके द्वारा की गई पूछताछ के लिए हार्दिक धन्यवाद और स्वागत!

फिम्स हस्पताल में कान के उपचार की समुचित व्यवस्था है।

कान-विशेषज्ञ : डॉ० स्नेहा मित्तल

मिलने का समय : प्रातः 10 से दोपहर 2 बजे तक

आप चाहें तो डॉ० स्नेहा मित्तल से टेलीफोन पर बात करके समय ले सकते हैं। उनका मोबाइल नंबर है–34567891012

हमारे यहाँ कान के परीक्षण, उपचार और उपकरण आदि की सारी सुविधाएँ उपलब्ध हैं।

आपका स्वागत है!

भवदीय

डॉ० अनिल गुप्ता

निदेशक, फिम्स हस्पताल

सोनीपत (हरियाणा) 13100।

अभ्यास के लिए प्रश्न

निम्नलिखित प्रश्नों के उत्तर दीजिए–

1. अपने प्राचार्य principalmod@yahoo.com को ई-मेल पत्र लिखकर छात्रवृत्ति पाने के लिए आवेदन कीजिए।
2. विद्युत अधिकारी को ई-मेल पत्र द्वारा शिकायत लिखिए कि आपके घर के बाहर खंभे पर खतरनाक ढंग से तारें उलझी हुई हैं। उन्हें व्यवस्था में लाने का आग्रह कीजिए। (ई-मेल पता स्वयं बनाइए)
3. सड़क परिवहन निगम मुंबई (info@roadwaysmumbai.com) को पत्र लिखकर निवेदन कीजिए कि आपके krishna02@gmail.com मोहल्ले के बाहर बसस्टैंड बनवाया जाए।

4. स्थानीय समाचारपत्र (jagriti@gmail.com) को ई-मेल द्वारा निवेदन कीजिए कि वे फुटपाथ पर खड़ी रेहड़ियों पर कार्यवाही के लिए प्रशासन का ध्यान खींचें। आप हैं–ranituteja12@gmail.com
5. आप प्राचार्य बचपन स्कूल, चंडीगढ़ (bachpanchd.com) की ओर से न्यू एज पब्लिशर्स, दिल्ली newagepubdelhi.com.in को ई-मेल द्वारा शीघ्र पुस्तकें भेजने के लिए निवेदन कीजिए।
6. संध्या सागर (ssagar2002@gmail.com) की ओर से न्यू एज पब्लिशर्स के होल्स विक्रय प्रबंधक sales@newagepublishers.com से पूछिए कि दसवीं ए की गोल्डन हिंदी का नवीनतम संस्करण उपलब्ध है क्या? यह भी पूछिए कि डाक से पुस्तक मँगाने के लिए क्या करना होगा?
7. न्यू एज पब्लिशर्स (sales@newagepublishers.com) के विक्रय प्रबंधक विनीत गुप्ता की ओर से संध्या सागर (ssagar2002@gmail.com) को बताइए कि दसवीं ए की गोल्डन हिंदी पुस्तक तैयार है। उसे फ्लिपकार्ट से खरीदा सकता है।
8. बरता रायपुर के गाँधी बाज़ार के पुलिस थाने (Raipur@policestation.com) को भावेश देशमुख (Bhawesh25@gmail.com) की ओर से ई-मेल लिखिए जिसमें उसकी कार चोरी होने की प्राथमिक सूचना दर्ज की गई हो।
9. अपनी कक्षा-अध्यापिका (Rudra42@gmail.com) को स्वाति सिंह (swati13@gmail.com) की ओर से ई-मेल लिखिए जिसमें उन्हें वार्षिक उत्सव पर सरस्वती वंदना करने के लिए उपलब्ध न होने की सविनय सूचना की गई हो।
10. हिंदी अध्यापक मुकेश सिंह (Mukesh34@gmail.com) की ओर से विद्यालय के प्राचार्य Principal MK@gmail.com को ई-मेल द्वारा त्यागत्र भेजिए।
11. विद्यालय के प्राचार्य देवेश सिंह (Devesh@gmail.com) की ओर से विद्यालय की अध्यापिका नीलिमा चौधरी (Neelima34@gmail.com) को ई-मेल द्वारा सूचित कीजिए कि उन्हें आगामी वार्षिकोत्सव के लिए विचार-विमर्श हेतु रविवार, प्रात: 9:00 बजे उनके कार्यालय में पहुँचना है।

6. स्ववृत्त-लेखन

कोई नौकरी पाने के लिए अपने नियोक्ता को जो संक्षिप्त परिचय लिखा जाता है, उसे स्ववृत्त या BIO-DATA कहते हैं। स्ववृत्त का उद्देश्य बिल्कुल स्पष्ट है। नियुक्ति करने वाले को अपनी योग्यता का परिचय देना।

ये स्ववृत्त बहुत स्पष्ट, आकर्षक, सटीक और प्रभावी होने चाहिए। नियोक्ता के पास बीसियों, सैकड़ों, हज़ारों स्ववृत्त आते हैं। उस भीड़ में आपका स्ववृत्त अगर अधिक प्रभावी हुआ तो आपके आवेदन-पत्र पर ध्यान जाएगा।

☞ **ध्यान रखें–**

- स्ववृत्त में केवल वही बातें होनी चाहिए, जो नियोक्ता के काम की हों। अपने बारे में अनावश्यक बातें नहीं लिखनी चाहिए।
- स्ववृत्त निबंध या अनुच्छेद की शैली में न लिखकर बिंदुवार लिखना चाहिए। इससे नियोक्ता एक ही नज़र में अपने काम की बातें जाँच लेता है।
- स्ववृत्त में केवल ठोस वास्तविक जानकारियाँ देनी चाहिए। अपने बारे में बढ़ा-चढ़ाकर नहीं लिखना चाहिए, वरना साक्षात्कार में पोल खुल जाएगी और नियोक्ता पर बुरा प्रभाव पड़ेगा।
- स्ववृत्त साफ-सुथरा, सुस्पष्ट, सुंदर हस्तलेख में अथवा टंकित (टाइप किया हुआ) होना चाहिए। जिन अभ्यर्थियों का हस्तलेख सुंदर होता है, वे अपने हस्तलेख से नियोक्ता को प्रभावित कर लेते हैं।
- स्ववृत्त-लेखन का क्रम यह होना चाहिए।

❑ **व्यक्तिगत परिचय–**
- पूरा नाम
- पिता का नाम
- माता का नाम
- जन्म तिथि
- निवास का पता
- पत्र-व्यवहार का पता
- दूरभाष/मोबाइल नंबर
- ई-मेल पता

❑ **शैक्षणिक योग्यता–**

इसमें निम्नलिखित बातें होनी आवश्यक हैं–

परीक्षा का नाम

विद्यालय का नाम

बोर्ड/विश्वविद्यालय का नाम

उत्तीर्ण वर्ष

प्राप्तांक

अंक-प्रतिशत

विषय।

ये जानकारियाँ इस प्रकार व्यवस्थित होनी चाहिए–

परीक्षा	विद्यालय	बोर्ड/वि.वि.	वर्ष	प्राप्तांक	प्रतिशत	विषय
मैट्रिक						
बारहवीं						
स्नातक						
परा-स्नातक						
बी.एड.						

अन्य योग्यताएँ

1. जैसे, कंप्यूटर में डिप्लोमा।
2. विदेशी भाषा का प्रशिक्षण।

उपलब्धियाँ

1. स्नातक में वि.वि. में प्रथम स्थान।
2. बी.एड. में उत्कृष्टता-सूची में नाम।
3. भाषण और काव्यपाठ प्रतियोगिता में अनेक पुरस्कार।

अन्य गतिविधियाँ एवं अभिरुचियाँ

1. टेबल टेनिस में विश्वविद्यालय-स्तर पर खेला
2. शतरंज-चैम्पियनशिप दो बार जीती।
3. मंच-संचालन में कुशलता

उपलब्ध रिक्ति और स्ववृत्त-लेखन

आप जानते हैं कि स्ववृत्त किसी नौकरी की रिक्ति को भरने के लिए लिखा जाता है। पहले समाचार-पत्र में कोई विज्ञापन छपता है, तब अभ्यर्थी उसका उल्लेख करके अपना आवेदन-पत्र भेजते हैं और स्ववृत्त भी भेजते हैं। यदि कहीं रिक्ति का विज्ञापन नहीं छपता है और आपको किसी स्रोत से रिक्ति का पता चलता है तो आप यह लिखते हैं–

विश्वस्त सूत्रों से ज्ञात हुआ है कि आपके कार्यालय में .... पद की एक रिक्ति है।

स्ववृत्त से पहले एक कागज़ पर आवेदन करना आवश्यक होता है। अतः स्ववृत्त-लेखन के दो अंश हुए–

1. आवेदन-पत्र लिखना।
2. स्ववृत्त लिखना।

आवेदन-पत्र कैसे लिखें–

यह पत्र सीधे, स्पष्ट और औपचारिक होता है। नियोक्ता को संबोधित करते हुए स्वयं को नौकरी के लिए प्रस्तुत करना होता है।

उदाहरण–

सेवा में

प्रबंधक

पंजाब नेशनल बैंक

जालंधर

विषय–खजांची के पद के लिए आवेदन

महोदय

15 नवंबर, 2024 के पंजाब केसरी में प्रकाशित विज्ञापन क्र. 232 के उत्तर में मैं खजांची के पद के लिए स्वयं को प्रस्तुत करता हूँ। मेरा स्ववृत्त साथ संलग्न है।

मैं आपको विश्वास दिलाता हूँ कि मैं इस पद पर निष्ठापूर्वक कार्य करके आपको संतुष्ट कर पाऊँगा। कृपया साक्षात्कार का अवसर अवश्य प्रदान करें।

भवदीय

सुनील व्यास

35, भगतसिंह मार्ग

जालंधर

दिनांक 16.11.2024

स्ववृत्त

नाम : सुनील व्यास

पिता का नाम : श्री जगमोहन व्यास

माता का नाम : श्रीमती सीता व्यास

जन्मतिथि : 2 अक्तूबर, 1999

पत्र-व्यवहार का पता : सुनील व्यास
35, भगतसिंह मार्ग
जालंधर (पंजाब)

मोबाइल : 01234567890

ई-मेल : sunilvyas 24@gmail.com

शैक्षणिक योग्यताएँ

क्र.स.	परीक्षा	विद्यालय	बोर्ड/वि.वि.	वर्ष	प्राप्तांक	प्रतिशत	विषय
1.	मैट्रिक	डी.ए.वी. स्कूल जालंधर	पंजाब	2016	340/500	68	हिंदी, अंग्रेजी, गणित सामाजिक, विज्ञान
2.	बारहवीं	डी.ए.वी. स्कूल जालंधर	पंजाब	2018	391/500	78	हिंदी, अंग्रेजी, गणित कॉमर्स
3.	बी.काम	डी.ए.वी. कॉलेज जालंधर	पंजाब वि.वि.	2021	720/500	72	कॉमर्स, गणित, अंग्रेजी अर्थशास्त्र

अन्य योग्यताएँ–

1. कंप्यूटर डिप्लोमा।
2. खजांची का ऑनलाइन डिप्लोमा।

अनुभव–

गत डेढ़ वर्ष से निजी बैंक में खजांची का कार्य।

अभिरुचियाँ–

क्रिकेट, तैराकी और कविता पाठ।

स्ववृत्त लेखन के कुछ अन्य उदाहरण

1. अध्यापक के पद हेतु स्ववृत्त-लेखन।

स्ववृत्त

अभ्यर्थी का नाम : सुनीता
पिता का नाम : श्री भोलानाथ
माता का नाम : श्रीमती कृष्णा देवी
जन्मतिथि : 02.02.2002
घर का पता : 6/43, जैकबपुरा, गुरुग्राम–122001
स्थायी पता : उपरोक्त
मोबाइल नं. : 8976543210
ई-मेल : sunita232@gmail.com

शैक्षणिक योग्यताएँ

क्र.सं.	परीक्षा	वर्ष	प्रतिशत	विद्यालय	बोर्ड/वि.वि.	विषय
1.	मैट्रिक	2017	85%	राजकीय विद्यालय, गुरुग्राम	हरियाणा	हिंदी, संस्कृत, विज्ञान, गणित, सामाजिक, संस्कृत
2.	बारहवीं	2019	80%	राजकीय विद्यालय, गुरुग्राम	हरियाणा	कामर्स
3.	बी.कॉम	2022	81%	राजकीय महाविद्यालय, गुरुग्राम	म.द. वि.वि. रोहतक	कामर्स
4.	बी.एड.	2023	84%	राजकीय महाविद्यालय, फरीदाबाद	म.द. वि.वि. फरीदाबाद	कामर्स

अन्य योग्यताएँ–

1. टाइपराइटिंग और कंप्यूटर में डिप्लोमा।
2. पीपीटी में विशेषज्ञता।

अनुभव–

वाणिज्य और गणित में क्विज़ कराने का अनुभव।

अभिरुचियाँ–

नृत्य, चित्रकला एवं पाककला।

2. लिपिक (क्लर्क) के पद हेतु स्ववृत्त-लेखन

स्ववृत्त

नाम	:	नीरज जैन
पिता का नाम	:	श्री प्रकाश जैन
माता का नाम	:	श्रीमती बिंदु जैन
जन्मतिथि	:	01.02.2001
पत्र-व्यवहार का पता	:	87, सैक्टर-20, उज्जैन (म.प्र.)
मोबाइल नं.	:	8685848382
ई-मेल	:	neerajjain0123@gmail.com

शैक्षणिक योग्यताएँ

क्र. सं.	परीक्षा	वर्ष	प्रतिशत	विद्यालय	बोर्ड/वि.वि.	विषय
1.	मैट्रिक	2016	74%	सरस्वती विद्यालय, उज्जैन	मध्यप्रदेश	हिंदी, अंग्रेजी, संस्कृत, विज्ञान, गणित, सामाजिक
2.	बारहवीं	2018	72%	सरस्वती विद्यालय, उज्जैन	मध्यप्रदेश	हिंदी, अंग्रेजी, अर्थशास्त्र, गणित, कॉमर्स
3.	बी.ए.	2021	68%	राजकीय महाविद्यालय, उज्जैन	सागर वि.वि.	हिंदी, अंग्रेजी, अर्थशास्त्र, गणित, कॉमर्स

अन्य योग्यताएँ–

- हिंदी और अंग्रेजी में टाइपराइटिंग का डिप्लोमा।
- शार्टहैंड का एक वर्षीय डिप्लोमा।

3. प्राथमिक शिक्षक के लिए स्ववृत्त-लेखन।

स्ववृत्त

नाम : सीमा चौधरी
पिता का नाम : श्री ओमप्रकाश चौधरी
माता का नाम : श्रीमती अंजना चौधरी
जन्मतिथि : 03.02.2000
पत्र-व्यवहार का पता : सीमा चौधरी, कृष्णा नगर
गली न. 4, म.न. 235, जयपुर
मोबाइल नं. : 8168118100
ई-मेल : seema012@gmail.com

शैक्षणिक योग्यताएँ

क्र. सं.	परीक्षा	वर्ष	प्राप्तांक	बोर्ड/वि.वि.	विषय
1.	मैट्रिक	2016	85%	राजस्थान	हिंदी, अंग्रेजी, गणित, विज्ञान, संस्कृत, सामाजिक
2.	बारहवीं	2018	84%	राजस्थान	हिंदी, अंग्रेजी, गणित, भूगोल
3.	बी.ए.	2021	78%	जयपुर नेशनल	हिंदी, अंग्रेजी, अर्थशास्त्र, राजनीतिशास्त्र
4.	पी.ई.टी.	2022	88%	जयपुर नेशनल	हिंदी, अंग्रेजी, गणित, शिक्षा, बालमनोविज्ञान

विशेष योग्यता–

- बी.ए. में विश्वविद्यालय में प्रथम स्थान
- शास्त्रीय संगीत में उत्कृष्टता

अनुभव–

डी.ए.वी. प्राइमरी स्कूल में छह मास पढ़ाने का अनुभव

4. *न्यू एज पब्लिशर्स, नई दिल्ली को शैक्षणिक पुस्तकों के प्रचार-प्रसार के लिए विक्रय-कर्मियों की आवश्यकता है।* **आप आवेदन-पत्र लिखते हुए स्ववृत्त लिखिए।**

सेवा में
प्रबंधक
न्यू एज पब्लिशर्स
नई दिल्ली

विषय–विक्रय-कर्मी के लिए आवेदन

महोदय

विश्वस्त सूत्रों से पता चला है कि आपको अपने प्रकाशन हेतु विक्रय-कर्मियों की आवश्यकता है। इस कार्य के लिए मैं अपनी सेवाएँ प्रस्तुत करता हूँ। मेरा व्यक्तिगत परिचय, शैक्षणिक योग्यताएँ तथा अनुभव इस प्रकार है–

व्यक्तिगत परिचय

नाम : राजेश शर्मा
पिता का नाम : श्री दौलतराम शर्मा
माता का नाम : श्रीमती कौशल्या देवी
जन्मतिथि : 02.02.1980
घर का पता : 335, गोल मार्किट, कानपुर
मोबाइल नं. : 45678910123
ई-मेल : rajesh123@gmail.com

शैक्षणिक योग्यताएँ

क्र. सं.	परीक्षा	वर्ष	प्राप्तांक	बोर्ड/वि.वि.	विषय
1.	मैट्रिक	1996	60%	उत्तर प्रदेश बोर्ड	अंग्रेजी, हिंदी, संस्कृत, सामाजिक, विज्ञान, गणित
2.	बारहवीं	1998	65%	उत्तर प्रदेश बोर्ड	अंग्रेजी, हिंदी, सामाजिक, अर्थशास्त्र, भूगोल
3.	बी.ए.	2001	62%	छत्रपति शाहू जी महाराज वि.वि. कानपुर	अंग्रेजी, हिंदी, अर्थशास्त्र, मनोविज्ञान

अन्य योग्यताएँ–

1. एक वर्षीय मार्किटिंग डिप्लोमा, कानपुर वि.वि.।
2. भाषण-प्रतियोगिता में अनेक पुरस्कार।

अनुभव–

- लक्ष्मी पब्लिकेशंस, दिल्ली में 10 वर्ष तक विक्रय-प्रबंधक।
- वर्तमान सुल्तान सिंह एंड संस फर्म में विक्रय-अधिकारी।

प्रिय महोदय!

मैं आपके प्रकाशन की गुणवत्ता, साख और कार्य-शैली से प्रभावित हूँ। आपके संग काम करना मेरा सौभाग्य होगा। मुझे विश्वास है कि आप यदि मुझे विक्रय-प्रबंधक के रूप में काम करने का अवसर देंगे तो मैं आपको संतुष्ट कर पाऊँगा और स्वयं भी संतुष्ट रहूँगा।

प्रार्थी
राजेश शर्मा
335, गोल मार्किट
कानपुर

प्रश्न-अभ्यास

1. आगरा-स्थित 'अनुसंधान' नामक संस्था को घर-घर जाकर सर्वेक्षण करने वाली सुशिक्षित युवतियों की आवश्यकता है। दैनिक भास्कर के 25 जून, 2022 अंक में विज्ञापन छपा है। आप स्ववृत्त प्रस्तुत करते हुए इस कार्य के लिए आवेदन कीजिए।
2. वाशिंग पाउडर बनाने वाली कंपनी 'स्वच्छ लिमिटेड' को घर-घर जाकर पाउडर का प्रचार-प्रसार करने वाले युवक-युवतियों की आवश्यकता है। 25 मई, 2023 के नवभारत टाइम्स में विज्ञापन छपा है। आप स्ववृत्त लिखते हुए आवेदन कीजिए।
3. राजस्थान पत्रिका, भोपाल के 15 नवंबर, 2022 के अंक में विज्ञापन छपा है। तद्नुसार बैंकिंग सेवा भर्ती बोर्ड, भोपाल के सचिव को लिपिक पद के लिए आवेदन करते हुए स्ववृत्त लिखिए।
4. अपने शिक्षा बोर्ड द्वारा विज्ञापित विज्ञापन क्र. 235, दिनांक 24 जून, 2022 के अनुसार हिंदी अध्यापक पद के लिए आवेदन करते हुए स्ववृत्त लिखिए।
5. आप महिमा गुप्ता, 235, सुदामा नगर, अजमेर की निवासी हैं। राजस्थान पत्रिका में दिनांक 12.03.2023 को विज्ञापन छपा है जिसमें जनसंख्या-गणना के लिए बारहवीं पास युवक-युवतियों के आवेदन माँगे गए हैं। आप स्ववृत्त लिखते हुए आवेदन कीजिए।
6. विज्ञापन क्र. 435, दिनांक 15.06.2023 के अनुसार हिमाचल बैंकिंग बोर्ड को ए.टी.एम. की सुरक्षा के लिए सुरक्षा-गार्डों की आवश्यकता है। आप दसवीं उत्तीर्ण हैं और सुरक्षा-गार्ड का कोर्स किए हुए हैं। स्ववृत्त लिखते हुए आवेदन कीजिए।
7. नगर की स्वच्छता के लिए सफाई-कर्मचारियों की आवश्यकता है। 15 जून, 2022 को दैनिक हिंदुस्तान में छपे विज्ञापन क्र. 412 के अनुसार आप अपना स्ववृत्त प्रस्तुत करते हुए आवेदन कीजिए। आठवीं पास और अनुभव की आवश्यकता है।
8. न्यू एज पब्लिशर्स, नई दिल्ली को हिंदी की पुस्तकों के लिए प्रूफ-रीडर की आवश्यकता है। आप बी.ए. पास हैं और डी.टी.पी. का कोर्स भी किए हुए हैं। अपने अनुभव का उल्लेख करते हुए स्ववृत्त लिखिए और इस पद के लिए आवेदन कीजिए।

CBSE बोर्ड परीक्षा प्रश्न-पत्र 2025

हिंदी (अ)

कक्षा–X

(उत्तर सहित)

निर्धारित समय : 3 घंटे **अधिकतम अंक : 80**

सामान्य निर्देश :

निम्नलिखित निर्देशों को बहुत सावधानी से पढ़िए और उनका सख़्ती से अनुपालन कीजिए–

(*i*) इस प्रश्न-पत्र में कुल 15 प्रश्न हैं। **सभी** प्रश्न **अनिवार्य** हैं।

(*ii*) इस प्रश्न-पत्र में कुल चार खंड हैं– खंड **क, ख, ग** और **घ**।

(*iii*) **खंड क** में कुल **2** प्रश्न हैं, जिनमें उपप्रश्नों की संख्या **10** है।

(*iv*) **खंड-ख** में कुल **4** प्रश्न हैं, जिनमें उपप्रश्नों की संख्या **20** है।

(*v*) **खंड-ग** में कुल **5** प्रश्न हैं, जिनमें उपप्रश्नों की संख्या **21** है।

(*vi*) **खंड-घ** में कुल **4** प्रश्न हैं।

(*vii*) प्रश्न-पत्र में समग्र विकल्प नहीं दिया गया है। यद्यपि, कुछ खंडों में आंतरिक विकल्प दिए गए हैं, दिए गए निर्देशों का पालन करते हुए प्रश्नों के उत्तर दीजिए।

(*viii*) यथासंभव सभी खंडों के उत्तर क्रमशः लिखिए।

खंड 'क'

(अपठित बोध)

1. निम्नलिखित काव्यांश को ध्यानपूर्वक पढ़कर उस पर आधारित दिए गए प्रश्नों के सर्वाधिक उपयुक्त उत्तर लिखिए– **7**

चीज़ों का हूबहू दिखना अपनी ही शक्ल में
कविता में मुझे पसन्द नहीं बिल्कुल

मैं चाहता हूँ मेरा फटा पुराना जूता भी दिखे वहाँ
पूर्णिमा के पूरे चाँद की तरह
एक साबुन की तरह दिखे मेरी आत्मा
छोटी-छोटी विकृतियाँ और अन्तर्विरोध भी दिखें वहाँ
फूली हुई नसों वाले राक्षसों से इतने वीभत्स और दैत्याकार
कि आसानी से की जा सके उनसे घृणा
की जा सके नफ़रत

मुझे पसन्द हैं वे विदूषक जो मंच पर आने से पहले ही
रंग लेते हैं अपना पूरा चेहरा
मैं चाहता हूँ

बेहद थका और ऊबा हुआ फोरमैन भी जब अपने घर में घुसे
तो बदल जाए तत्काल उसका चेहरा
अपनी पाँच बरस की बेटी के पिता की तरह

बदल जाएँ, बदल जाएँ लोगों के चेहरे
जब वे मेरी कविता में आएँ
हीरे की तरह चमकती हुई दिखें लोगों की
बहुत छोटी-छोटी अच्छाइयाँ
कि निराश आदमी पलट कर दौड़ पड़े
जीवन की ओर चिल्लाता हुआ
कुछ नहीं है जीवन से ज्यादा सुन्दर
जीवन से ज्यादा प्यारा
जीवन की तरह अमर
मैं चाहता हूँ
कि कविता के भीतर फैली आसमान की टेबिल पर
मैं जब सूरज के साथ चाय पी रहा होऊँ
एक विशाल समुद्र की तरह दिखे
मेरा कप।

(i) **'फटा पुराना जूता भी पूर्णिमा के पूरे चाँद की तरह दिखे'–पंक्ति का आशय है–** 1

(A) फटे पुराने जूते का भी साफ-सुथरा दिखाई देना
(B) अत्यंत मामूली चीज़ों का भी सौंदर्य से परिपूर्ण दिखाई देना
(C) अत्यंत मामूली चीज़ों का भी कविता में वर्णन होना
(D) अतीत की चीज़ों का भी कविता में सुंदरतापूर्ण उल्लेख होना।

(ii) **कवि किनसे नफ़रत और घृणा का बर्ताव चाहता है?**

(A) फूली हुई नसों वाले राक्षस से (B) अपनी छोटी-बड़ी विकृतियों से 1
(C) वीभत्स लगने वाले दैत्यों से (D) साबुन की तरह दिखती आत्मा से

(iii) **कवि की कामना में फोरमैन के बदलते चेहरे का तात्पर्य है–** 1

(A) बाहर की थकान और ऊब को छोड़ घर में स्नेह और कोमलता का भाव रखना।
(B) पाँच बरस की बच्ची के पिता की तरह ज़िम्मेदारी भरा व्यवहार करना।
(C) काम से उपजी थकान और ऊबे हुए मन को भूलकर प्रसन्न दिखने का नाटक करना।
(D) मंच पर आने वाले विदूषक की तरह सबको प्रसन्न करने का प्रयास करना।

उत्तर–*(i)* (B) *(ii)* (B) *(iii)* (A)

(iv) **काव्यांश के आधार पर कविता का उद्देश्य स्पष्ट कीजिए।** 2

उत्तर– कविता का उद्देश्य है–कविता के प्रभावी होने की वकालत करना। कवि बुरे को अधिक बुरा दिखाए और अच्छे को बहुत अच्छा दिखाए ताकि जीवन संवेदनात्मक और उत्साहपूर्ण बन जाए।

(v) क्या कवि कविता से असंभव उम्मीद पाल रहा है? तर्कपूर्ण टिप्पणी कीजिए। 2

उत्तर– कवि कविता से असंभव उम्मीद नहीं पाल रहा। कविता भावुक और कोमल हृदय वाले लोगों का विषय है। ये लोग कविता पढ़कर ही उमंग से भर जाते हैं। कविता सुनकर इनका हृदय गहरे उल्लास से भर जाता है।

2. निम्नलिखित गद्यांश को ध्यानपूर्वक पढ़कर उस पर आधारित दिए गए प्रश्नों के सर्वाधिक उपयुक्त उत्तर लिखिए– 7

उत्तरी गोलार्द्ध में पतझड़ में प्रवास में चिड़ियाँ अंडे देने के स्थान से चलती हैं। वे उत्तर से दक्षिण की ओर ऊँचे अक्षांशों से निचले अक्षांशों की ओर जाती हैं; दक्षिणी गोलार्द्ध इसका उल्टा होता है जो कि स्वाभाविक ही है। चिड़ियाँ दक्षिण की सर्दी से बचने के लिए उत्तर की ओर चल पड़ती हैं। यह बात तो समझ में आती है कि कुछ चिड़ियाँ सख्त जाड़े से घबराकर अपेक्षाकृत कम ठंडे स्थानों की ओर भाग जाती हैं और जैसे ही गर्मी शुरू होने लगती है, लौटकर अपने देश आ जाती हैं। वे अपने देश जब आती हैं, उस समय वहाँ पेड़ों पर नई-नई कोंपलें, कलियाँ और फूल निकले होते हैं और परिवार के पोषण के लिए तमाम तरह के कीड़े-मकोड़े उपलब्ध होते हैं। गर्मी खत्म होते-होते बच्चे बड़े होकर आत्मनिर्भर हो जाते हैं और पतझड़ के बाद पहली सर्दी के पड़ते ही, चिड़ियाँ दक्षिण की ओर चल देने को तैयार हो जाती हैं।

यहाँ तक तो ऐसा लगता है कि इन कठिन प्रवास यात्राओं का निश्चित महत्त्व है और शायद जो चिड़ियाँ प्रवास पर जाती हैं उनके लिए, कुछ हद तक यह आवश्यक भी है; लेकिन उलझन में डालने वाली बात यह है कि कुछ चिड़ियाँ प्रवास पर पूर्व से पश्चिम या पश्चिम से पूर्व को लगभग उसी अक्षांश पर, लगभग उसी प्रकार के जलवायु वाले प्रदेशों में अंडे देने के लिए जाती हैं।

अपनी इस लंबी यात्रा पर प्रस्थान करने से पहले प्रवासी चिड़ियाँ इसके लिए बाकायदा तैयारी करती हैं। वे खाना अधिक मात्रा में खाती हैं ताकि चर्बी की एक तह-सी बैठ जाए जो उनकी यात्रा में उनके शरीर को ताकत प्रदान करती रहे। कुछ चिड़ियाँ अभ्यास करना और झुंड बनाकर उड़ना सीखना शुरू कर देती हैं। प्रयोगों से पता चला है कि सूरज निकलने और डूबने से चिड़ियों को प्रस्थान के समय का संकेत मिलता है। लंबी यात्रा में सूरज ही उनको कुतुबनुमा का काम देता है।

(i) पक्षी ऊँचे अक्षांशों से निचले अक्षांशों की ओर क्यों जाते हैं? 1

I. प्रवास के उद्देश्य से
II. अधिक सर्दी से बचने के लिए
III. गर्मी के मौसम की खोज में

विकल्प:

(A) केवल II
(B) I और III
(C) II और III
(D) I और II

(ii) निम्नलिखित कथन और कारण को ध्यानपूर्वक पढ़कर दिए गए विकल्पों से सही उत्तर चुनकर लिखिए– 1

कथन: कुछ पक्षी समान जलवायु वाले प्रदेशों में अंडे देने के लिए प्रवास करते हैं।

कारण: उनके लिए पश्चिम से पूर्व या पूर्व से पश्चिम जाना अनिवार्य होता है।

विकल्प:

(A) कथन सही है, परंतु कारण गलत है।
(B) कथन गलत है, परंतु कारण सही है।

(C) कथन सही है और कारण उसकी उचित व्याख्या है।

(D) कथन और कारण दोनों सही हैं, परंतु कारण, कथन की उचित व्याख्या नहीं है।

(iii) चिड़ियाँ जब प्रवास से लौटती हैं तब उनके देश में कौन-सा परिवर्तन आ चुका होता है? 1

(A) गर्मी का मौसम खत्म हो चुका होता है।

(B) पेड़ों पर नई कोंपलें, फूल आदि लग चुके होते हैं।

(C) उनके बच्चे बड़े होकर अपने रास्तों पर निकल चुके होते हैं।

(D) सारे कीड़े-मकोड़े अनुपलब्ध हो चुके होते हैं।

उत्तर– *(i)* (A), *(ii)* (A), *(iii)* (B)

(iv) पक्षी प्रवास पर जाने से पहले कौन-सी तैयारियाँ करते हैं? किन्हीं दो का स्पष्ट उल्लेख कीजिए। 2

उत्तर– प्रवास पर जाने से पहले पक्षी भोजन अधिक लेना शुरू करते हैं, ताकि उससे बनी चर्बी उन्हें देर तक शक्ति देती रहे। वे आकाश में इकट्ठे उड़ने का भी अभ्यास करने लगती हैं।

(v) पक्षियों के लिए प्रवास की आवश्यकता और उसके महत्त्व को अपने शब्दों में स्पष्ट कीजिए। 2

उत्तर– पक्षियों के लिए सर्दियों से बचने हेतु प्रवास आवश्यक है। वे कम सर्दी वाले क्षेत्रों में सुखपूर्वक जीवनयापन करती हैं।

खंड 'ख'

(व्यावहारिक व्याकरण)

3. निर्देशानुसार 'रचना के आधार पर वाक्य-भेद' पर आधारित पाँच प्रश्नों में से किन्हीं *चार* प्रश्नों के उत्तर लिखिए– **4 × 1 = 4**

(क) *वे बचपन से ही अन्याय सहन नहीं कर पाती थीं। (रचना के अनुसार वाक्य का भेद पहचानकर लिखिए)*

उत्तर– सरल वाक्य।

(ख) *रमा बाई ने पलटकर पूछा कि स्त्रियाँ ऐसे कानूनों को सहन क्यों करती हैं? (आश्रित उपवाक्य पहचानकर उसका भेद भी लिखिए)*

उत्तर– कि स्त्रियाँ ऐसे कानूनों को सहन क्यों करती हैं। (संज्ञा उपवाक्य)

(ग) *खचाखच भरे हॉल में एक युवती अधिवेशन को संबोधित करने के लिए उठी। (संयुक्त वाक्य में बदलिए)*

उत्तर– खचाखच भरे हॉल में एक युवती उठी और उसने अधिवेशन को संबोधित किया।

(घ) *जो काम अपना उद्देश्य आप होते हैं उन्हें खेल कहते हैं। (सरल वाक्य में बदलिए)*

उत्तर– स्वयं में ही उद्देश्य होने वाले कामों को खेल कहते हैं।

(ङ) *उनके उपदेशों को उनके शिष्यों ने याद कर लिया था। (मिश्र वाक्य में बदलिए)*

उत्तर– जो उनके शिष्य थे, उन्होंने उनके उपदेशों को याद कर लिया था।

4. निर्देशानुसार 'वाच्य' पर आधारित पाँच प्रश्नों में से किन्हीं *चार* प्रश्नों के उत्तर लिखिए– **4 × 1 = 4**

(क) *लड़कियाँ मैदान में खेल रही थीं। (इस वाक्य में वाच्य पहचानकर लिखिए)*

उत्तर– कर्तृवाच्य।

(ख) *कैप्टन नेताजी की मूर्ति पर असली चश्मा लगाता था। (कर्मवाच्य में बदलिए)*

उत्तर– कैप्टन द्वारा नेताजी की मूर्ति पर असली चश्मा लगाया जाता था।

(ग) *दादाजी से अब चला नहीं जाता। (कर्तृवाच्य में बदलिए)*

उत्तर– दादाजी से अब चल नहीं पाते।

(घ) *वह चलकर आया था। (भाववाच्य में बदलिए)*

उत्तर– उससे चलकर आया गया।

(ङ) *बालक से दूध पिया जाता है। (वाच्य-भेद पहचानकर लिखिए)*

उत्तर– कर्मवाच्य।

5. निर्देशानुसार 'पद-परिचय' पर आधारित निम्नलिखित पाँच प्रश्नों में से किन्हीं *चार* प्रश्नों के उत्तर लिखिए– **4 × 1 = 4**

(क) *भवभूति करुण रस के प्रमुख कवि माने जाते हैं।*

उत्तर– प्रमुख–विशेषण, गुणवाचक, एकवचन, पुल्लिंग, 'कवि' विशेष्य।

(ख) *मैथिलीशरण गुप्त द्वारा रचित कई ग्रंथ हिंदी साहित्य की शोभा बढ़ाते हैं।*

उत्तर– संज्ञा, व्यक्तिवाचक, एकवचन, पुल्लिग, कर्ता कारक।

(ग) *हम उनका स्मरण करते हैं, जिनकी आज पुण्यतिथि है।*

उत्तर– सर्वनाम, उत्तमपुरुष, पुल्लिग, बहुवचन, कर्ता कारक।

(घ) *अभिमन्यु की वीरता का बखान किया जाता है।*

उत्तर– क्रिया, संयुक्त क्रिया, सकर्मक, एकवचन।

(ङ) *अस्वस्थता के कारण उसे आज चिकित्सालय जाना पड़ा।*

उत्तर– क्रियाविशेषण, कालवाचक, 'जाना' क्रिया का विशेषण।

6. निर्देशानुसार 'अलंकार' पर आधारित निम्नलिखित पाँच प्रश्नों में से किन्हीं *चार* प्रश्नों के उत्तर लिखिए– **4 × 1 = 4**

(क) *निम्नलिखित कविता-पंक्ति में कौन-सा अलंकार प्रयुक्त हुआ है?*
"तब बहता समय शिला-सा जम जाएगा।"

उत्तर– उपमा

(ख) *"पंखुरी लगे गुलाब की परि है गात खरौंट"*
–पंक्ति में कौन-सा अलंकार है?

उत्तर– अतिशयोक्ति

(ग) *"बंदौ" गुरुपद-पदुम परागा!*
सुरुचि सुवास सरस अनुरागा।"
की प्रथम पंक्ति में कौन-सा अलंकार है?

उत्तर– रुपक तथा अनुप्रास

(घ) उत्प्रेक्षा अलंकार का एक उपयुक्त उदाहरण काव्य-पंक्तियों में दीजिए।

उत्तर– उस काल मारे क्रोध के, तनु काँपने उनका लगा।
मानो हवा के जोर से, सोता हुआ सागर जगा।

(ङ) मानवीकरण अलंकार का सटीक उदाहरण किसी कविता द्वारा स्पष्ट कीजिए।

उत्तर– तनकर भाला यूँ बोल उठा
तू तनिक मुझे विश्राम न दे।
स्पष्टीकरण: यहाँ भाला मानव की तरह जोश में बोल रहा है।

खंड 'ग'

(पाठ्य-पुस्तक एवं पूरक पाठ्य-पुस्तक पर आधारित)

7. निम्नलिखित पठित गद्यांश पर आधारित बहुविकल्पी प्रश्नों के सर्वाधिक उपयुक्त उत्तर वाले विकल्प चुनकर लिखिए– **5×1=5**

काशी संस्कृति की पाठशाला है। शास्त्रों में आनंदकानन के नाम से प्रतिष्ठित। काशी में कलाधर हनुमान व नृत्य-विश्वनाथ है। काशी में बिस्मिल्ला खाँ हैं। काशी में हज़ारों सालों का इतिहास है जिसमें पंडित कंठे महाराज हैं, विद्याधरी हैं, बड़े रामदास जी हैं, मौजुद्दीन खाँ हैं व इन रसिकों से उपकृत होने वाला अपार जन-समूह है। यह एक अलग काशी है जिसकी अलग तहज़ीब है, अपनी बोली और अपने विशिष्ट लोग हैं। इनके अपने उत्सव हैं, अपना गम। अपना सेहरा-बन्ना और अपना नौहा। आप यहाँ संगीत को भक्ति से, भक्ति को किसी भी धर्म के कलाकार से, कजरी को चैती से, विश्वनाथ को विशालाक्षी से, बिस्मिल्ला खाँ को गंगाद्वार से अलग करके नहीं देख सकते। अकसर समारोहों एवं उत्सवों में दुनिया कहती है ये बिस्मिल्ला खाँ हैं। बिस्मिल्ला खाँ का मतलब–बिस्मिल्ला खाँ की शहनाई। शहनाई का तात्पर्य– बिस्मिल्ला खाँ का हाथ। हाथ से आशय इतना भर कि बिस्मिल्ला खाँ की फूँक और शहनाई की जादुई आवाज़ का असर हमारे सिर चढ़कर बोलने लगता है। शहनाई में सरगम भरा है। खाँ साहब को ताल मालूम है, राग मालूम है। ऐसा नहीं कि बेताले जाएँगे। शहनाई में सात सुर लेकर निकल पड़े। शहनाई में परवरदिगार, गंगा मइया, उस्ताद की नसीहत लेकर उतर पड़े। दुनिया कहती–सुबहान अल्लाह, तिस पर बिस्मिल्ला खाँ कहते हैं– अलहमदुलिल्लाह।

(i) **काशी के विषय में निम्नलिखित में से कौन-सा/से कथन सही है/हैं? उचित विकल्प छाँटकर लिखिए–**

I. इसे शास्त्रों में आनंदकानन कहा गया है।

II. यहाँ संगीत और भक्ति एक-दूसरे में रचे-बसे हैं।

III. यहाँ पर संस्कृति शिक्षण के लिए एक पाठशाला का निर्माण हुआ है।

विकल्पः

(A) केवल I और II सही हैं (B) केवल I और III सही हैं

(C) केवल III सही है (D) केवल II और III सही हैं।

(ii) **काशी को 'संस्कृति की पाठशाला' क्यों कहा गया है?**

(A) अत्यंत प्राचीन होने के कारण

(B) संस्कृत पठन-पाठन की सुविधा के कारण

(C) सांप्रदायिक सद्भाव की विशिष्टता के कारण

(D) कला, साहित्य और अध्यात्म का समन्वित रूप होने के कारण

(iii) **'बिस्मिल्ला खाँ का मतलब उनकी शहनाई है,' ऐसा क्यों?**

(A) बिस्मिल्ला खाँ का वजूद शहनाई के बिना कुछ भी नहीं।

(B) बिस्मिल्ला खाँ की शहनाई ने उनको पूरी दुनिया में पहचान दिलाई।

(C) बिस्मिल्ला खाँ की शहनाई सबसे अलग और अनोखी है।

(D) बिस्मिल्ला खाँ और शहनाई एक-दूसरे के पूरक और पर्याय हैं।

(iv) **निम्नलिखित कथन और कारण को ध्यानपूर्वक पढ़कर दिए गए विकल्पों से सही उत्तर चुनकर लिखिए–**

कथन: बिस्मिल्ला खाँ की शहनाई की जादुई आवाज़ का असर सभी के ऊपर खूब होता है।

कारण: उनकी शहनाई तालों, रागों और सरगम के सुरों से भरी हुई है।

विकल्प

(A) कथन सही है, परंतु कारण गलत है।

(B) कथन और कारण दोनों गलत हैं।

(C) कथन और कारण दोनों सही हैं और कथन की उचित व्याख्या कारण के द्वारा हो रही है।

(D) कथन और कारण दोनों सही हैं, परंतु कारण, कथन की उचित व्याख्या *नहीं* करता है।

(v) **गद्यांश में बिस्मिल्ला खाँ के साथ ही निम्नलिखित महत्त्वपूर्ण संस्कृति-कर्मियों का उल्लेख काशी के संदर्भ में हुआ है–** 1

I. पंडित कंठे महाराज

II. विद्याधरी

III. विशालाक्षी देवी

IV. बड़े रामदास जी

विकल्प:

(A) I, II और III

(B) I, II और IV

(C) I, III और IV

(D) II, III और IV

उत्तर– *(i)* (A), *(ii)* (D), *(iii)* (C), *(iv)* (C), *(v)* (B)

8. निर्धारित गद्य पाठों के आधार पर निम्नलिखित चार प्रश्नों में से किन्हीं *तीन* प्रश्नों के उत्तर लगभग 25-30 शब्दों में लिखिए– $3 \times 2 = 6$

(क) **'एक कहानी यह भी' पाठ के आरंभ में लेखिका के पिता के व्यवहार में आए किन मूल-भूत परिवर्तनों का उल्लेख हुआ है? उन परिवर्तनों का कारण क्या था?**

उत्तर– पिता के व्यवहार में क्रोध और अहंकार प्रकट होने लगा। वे अधिक उग्र, क्रुद्ध और रूखे होते गए। कारण था–आर्थिक हानि।

(ख) **बेटे की मृत्यु के समय बालगोबिन भगत का आचरण उनके विचारों के विषय में क्या संकेत देता है? 'बालगोबिन भगत' पाठ के आधार पर तर्कसंगत उत्तर दीजिए।**

उत्तर– बेटे की मृत्यु के समय बालगोबिन भगत का मन प्रभु-भक्ति में और भी तल्लीन रहने लगा। वे भक्ति के गाने और भी तन्मयता से गाने लगे। उन्हें लगा कि प्रभु अपने अंश को वापस अपने में समेट रहे हैं।

(ग) **'सभ्यता' और 'संस्कृति' शब्दों का अर्थ 'संस्कृति' पाठ के आधार पर उदाहरण सहित स्पष्ट कीजिए।**

उत्तर– 'सभ्यता' नई वस्तु को कहते हैं और 'संस्कृति' उस वस्तु को पैदा करने वाली प्रतिभा और शक्ति को।

(घ) **'कैप्टन', 'पानवाला' अथवा 'हालदार साहब' में से आप किसे जागरूक नागरिक मानते हैं और क्यों? 'नेताजी का चश्मा' पाठ के संदर्भ में उचित उदाहरण के साथ लिखिए।**

उत्तर– इन तीनों में सबसे जागरूक नागरिक हैं–हालदार साहब। वे नगर के चौक पर लगी नेताजी की मूर्ति को बड़े ध्यान से देखते हैं। वे उनके नित-नित बदलते चश्मे की तह में जाते हैं तथा देशभक्तों का सम्मान करते हैं।

9. निम्नलिखित पठित काव्यांश पर आधारित बहुविकल्पी प्रश्नों के सर्वाधिक उपयुक्त उत्तर वाले विकल्प चुनकर लिखिए– 5 × 1= 5

मुख्य गायक के चट्टान जैसे भारी स्वर का साथ देती
वह आवाज़ सुंदर कमज़ोर काँपती हुई थी
वह मुख्य गायक का छोटा भाई है
या उसका शिष्य
या पैदल चलकर सीखने आने वाला दूर का कोई रिश्तेदार
मुख्य गायक की गरज़ में
वह अपनी गूँज मिलाता आया है प्राचीन काल से
गायक जब अंतरे की जटिल तानों के जंगल में
खो चुका होता है
या अपने ही सरगम को लाँघकर
चला जाता है भटकता हुआ एक अनहद में
तब संगतकार ही स्थायी को सँभाले रहता है
जैसे समेटता हो मुख्य गायक का पीछे छूटा हुआ सामान
जैसे उसे याद दिलाता हो उसका बचपन
जब वह नौसिखिया था
तारसप्तक में जब बैठने लगता है उसका गला
प्रेरणा साथ छोड़ती हुई उत्साह अस्त होता हुआ
आवाज़ से राख जैसा कुछ गिरता हुआ
तभी मुख्य गायक को ढाँढ़स बँधाता
कहीं से चला आता है संगतकार का स्वर
कभी-कभी वह यों ही दे देता है उसका साथ
यह बताने के लिए कि वह अकेला नहीं है
और यह कि फिर से गाया जा सकता है

(i) **'संगतकार' कौन हो सकता है?**

I. मुख्य गायक का पुत्र

II. मुख्य गायक का छोटा भाई

III. मुख्य गायक का कोई दूर का रिश्तेदार

IV. मुख्य गायक का कोई शिष्य

विकल्पः

(A) I, II और III
(B) I, II और IV
(C) I, III और IV
(D) II, III और IV

(ii) गायक अंतरे की जटिल तानों में खो चुका होता है – का आशय है–

(A) गायक गाने की जटिलता में सुर खो देता है।

(B) गायक गाने की पंक्ति को बीच में ही भूल जाता है।

(C) गायक अंतरे को गाने में सरगम और तानों की जटिलता भूल जाता है।

(D) गायक अंतरे की तानों की गहराई और जटिलता में सुध-बुध खो देता है।

(iii) निम्नलिखित कथन और कारण को ध्यानपूर्वक पढ़कर दिए गए विकल्पों से सही उत्तर चुनकर लिखिए–

कथनः संगतकार मुख्य गायक को उसका बचपन याद दिलाता है।

कारणः मुख्य गायक भी कभी नौसिखिया था।

विकल्प

(A) कथन गलत है, परंतु कारण सही है।

(B) कथन सही है, परंतु कारण गलत है।

(C) कथन और कारण दोनों सही हैं और कारण, कथन की उचित व्याख्या है।

(D) कथन और कारण दोनों सही हैं, परंतु कारण, कथन की उचित व्याख्या नहीं है।

(iv) मुख्य गायक के प्रतिभावान होने के बावजूद संगतकार का होना क्यों आवश्यक है?

(A) स्थायी और आनुषंगिक मुश्किलों को सँभालने के लिए

(B) उसके बचपन की याद दिलाने के लिए

(C) सुरों और सरगम की सीख लेने के लिए

(D) पीछे छूटने वाले सामान को समेटने के लिए

(v) पद्यांश में वर्णित पंक्तियों के आधार पर मुख्य गायक के बारे में कौन-सा कथन *असत्य* है?

(A) मुख्य गायक कभी-कभी अपनी सरगम में बेसुध होकर अनहद में खो जाता है।

(B) उच्च सुरों में उसका गला थकने लगता है और आवाज़ बुझने भी लगती है।

(C) संगतकार मुख्य गायक की गरजती हुई आवाज़ में अपनी गूँज मिलाकर उसे और पुष्ट करता है।

(D) मुख्य गायक अपने नौसिखिए होने को याद कर प्रेरणाहीन हो थकने लगता है।

उत्तर– *(i)* (D), *(ii)* (A) *(iii)* (A), *(iv)* (A), *(v)* (D)

10. निर्धारित कविताओं के आधार पर निम्नलिखित चार प्रश्नों में से किन्हीं *तीन* प्रश्नों के उत्तर लगभग 25-30 शब्दों में लिखिए– $3 \times 2 = 6$

(क) 'यह दंतुरित मुसकान' कविता के आधार पर बाल मनोविज्ञान के किन्हीं दो पक्षों पर प्रकाश डालिए।

उत्तर–
- शिशु प्रेम की भाषा समझते हैं।
- वे किसी भी अपरिचित से धीरे-धीरे खुलते हैं।

(ख) 'उत्साह' कविता में बादलों को किन-किन रूपों में चित्रित किया गया है? अपने शब्दों में लिखिए।

उत्तर– निम्नलिखित रूपों में–

- कल्पनाओं के समान घने, काले और घुमड़ते बादल
- उमंग और शक्ति से भरपूर कविता जैसे बादल।
- प्यासी धरती पर करूणा-जल बरसाने वाले बादल

(ग) सूरदास ने गोपियों के माध्यम से निर्गुण भक्ति की अपेक्षा सगुण-साकार कृष्ण भक्ति की श्रेष्ठता स्थापित की है। दो उदाहरणों के साथ इस बात को सिद्ध कीजिए।

उत्तर–
- गोपियाँ निराकार भगवान को जान पाने में असमर्थ हैं।
- उन्हें साकार भगवान हारिल की लकड़ी के समान मोहक लगता है।

(घ) 'आत्मकथ्य' कविता का कवि अपने मित्रों पर भरोसा क्यों नहीं कर पता है? किन्हीं दो कारणों का उल्लेख कीजिए।

उत्तर–
- कवि को लगता है कि यदि उन्होंने अपनी सच्ची कथा सुनाई तो मित्र-जन हँसेंगे और मज़ाक उड़ाएँगे।
- उसे अपनी कमज़ोरियों का पर्दाफाश करना पड़ेगा–जिसके कारण मित्र खुश होंगे।

11. पूरक पाठ्य-पुस्तक के निर्धारित पाठों पर आधारित निम्नलिखित तीन प्रश्नों में से किन्हीं *दो* प्रश्नों के उत्तर लगभग 50-60 शब्दों में लिखिए– **2 × 4 = 8**

(क) 'माता का अँचल' पाठ में भोलानाथ और उसके साथियों का प्रकृति से जुड़ाव दिखता है। पाठ के संदर्भ में उस जुड़ाव को सोदाहरण लिखते हुए बताइए कि आज के बच्चे प्रकृति के साथ कैसा संबंध रखते हैं।

उत्तर– भोलानाथ और उसके साथी पानी और मिट्टी को गूँथकर खिलौने बनाया करते थे। वे कभी खेती करने का खेल किया करते थे। आज के बच्चे मिट्टी-पानी से कोसों दूर रहते हैं। उनकी दुनिया प्लास्टिक और इलेक्ट्रोनिक खिलौनों से भर गई है।

(ख) 'मैं क्यों लिखता हूँ' पाठ के आधार पर लिखिए कि कोई भी लेखक क्यों लिखता है। लेखन के लिए अनिवार्य कारकों में आप किसे शामिल करेंगे और क्यों?

उत्तर– लेखक अपने मन में उठे भाव को प्रकट करने के लिए लिखता है। कभी-कभी वह प्रकाशकों, संपादकों और आर्थिक लाभ के लिए भी लिखता है। मेरे विचार से, मन के भाव को प्रकट करने के लिए लिखना अधिक महत्त्वपूर्ण है।

(ग) 'साना-साना हाथ जोड़ि' पाठ में लेखिका के पर्यटन-अनुभवों में आपको सबसे विशेष कौन-सी बातें लगीं? किन्हीं दो बातों का उल्लेख करते हुए अपनी किसी पर्यटन यात्रा के अनुभव का उल्लेख कीजिए।

उत्तर– 'साना-साना हाथ जोड़ि' में लेखिका के पर्यटन की दो विशेष बातें थीं–

1. बागानों, झरनों, पहाड़ों का मनोरम चित्रण।
2. वहाँ की स्त्रियों का नाचते-गाते हुए खेतों में काम करना।

मैंने जब पहली बार मसूरी की यात्रा की तो वहाँ के कैम्प्टी फॉल्स को देखकर दंग रह गया। ऊँचे पहाड़ों से गिरने वाला निर्मल-शीतल जल मेरे तन-मन को भिगो गया।

खंड 'घ'

(रचनात्मक लेखन)

12. निम्नलिखित तीन विषयों में से किसी *एक* विषय पर दिए गए संकेत-बिंदुओं के आधार पर लगभग 120 शब्दों में एक अनुच्छेद लिखिए– 6

(क) नेतृत्व-कौशल: आवश्यक विशेषताएँ

संकेत-बिंदु

- नेतृत्व कौशल क्या है?
- उसके ज़रूरी गुण
- कैसे विकसित करें अपने भीतर ये गुण

उत्तर– नेतृत्व कौशल का अर्थ है–नेता बनने की योग्यता और कुशलता। अगुआ बनना आसान नहीं है। एक ठोस, सहनशील और दृढ़ इरादे वाला आदमी ही अगुआ बन सकता है। अगुआ को सबसे आगे चलना होता है और सबको अपने पीछे लगाना होता है। इसके लिए पहना गुण चाहिए–उत्साह और हिम्मत। पराजित मन वाला दुविधाग्रस्त व्यक्ति कभी अगुआ नहीं हो सकता। नेता खंभे जैसा होना चाहिए जिसके आधार पर अन्य चीज़ें टिक सकें। यदि वही किसी की ओर मुँह ताकेगा तो वह कभी नेता नहीं हो सकता। नेता का दूसरा गुण है–हृदय की विशालता। वह अपने साथियों को सम्मान देने वाला तथा उनका हमदर्द होना चाहिए। तीसरी विशेषता है–मुखर होना। वह मौनी बाबा न होकर खुलकर बात कहने वाला वक्ता होना चाहिए। चौथा गुण है–अपने कार्य या लक्ष्य के प्रति स्पष्ट दृष्टि। जिस नेता की दृष्टि जितनी पवित्र और स्पष्ट होगी, उतने ही उसके अनुयायी होंगे, भक्त होंगे। अन्ना आंदोलन इस बात का ज्वलंत प्रमाण है। अपने अंदर नेतृत्व गुण विकसित करने का एक ही तरीका है–इन गुणों का अभ्यास शुरू करना। मन में कोई संकोच आए तो उसे त्यागना। नदी को देखते रहने की बजाय उसमें उतरना। संकोच-भय को छोड़कर संसार-सागर में उतर पड़ना।

(ख) बदल रहे हैं हमारे गाँव

संकेत-बिंदु

- आधुनिक सुविधाओं से युक्त
- सोच में परिवर्तन
- शहरी आबोहवा का असर

उत्तर– आज के गाँव गाँव नहीं रहे। वे आधुनिक सुविधाओं से युक्त हैं। उनमें बड़ी-बड़ी आलीशान इमारतें, चमचमाती गाड़ियाँ, वातानुकूलित घर, साफ-सुथरी गलियाँ-सड़कें, टेलीविजन, कंप्यूटर, नेटवर्किंग, मोबाइल-शॉप आदि मिल जाएँगे। किसी भी माध्यम-से गाँव में जाने पर आपको सारी आधुनिक सुविधाएँ मिल जाएँगी। सबसे बड़ा परिवर्तन हुआ है–ग्रामीणवासियों की सोच में। अब वे रूढ़िवादी सोच को बदलकर आधुनिक हो गए हैं। अब ग्रामीण बालाएँ खूब पढ़-लिख रही हैं। पहले वे असुविधाओं के चलते शहर में नहीं जा सकती थीं। अब परिवहन के साधन बहुत सुलभ हो गए हैं। विद्यालयों की बसें गाँव तक आ जाती हैं। घर बैठे-बैठे इंटरनेट के माध्यम से शिक्षा मिल जाती है। इस कारण गाँववासियों का नज़रिया बदला है। जैसे सालों का अँधेरा एक तीली के जलते ही नष्ट हो जाता है, उसी प्रकार गाँववासियों की सोच आधुनिक सुविधाओं के होने से एकदम नवीन हो गई है।

(ग) सोशल मीडिया: एक धीमा ज़हर

संकेत-बिंदु

- सोशल मीडिया का प्रभाव और दुष्प्रभाव
- युवा-पीढ़ी की ऊर्जा का नाश
- अकेलापन और दबाव

उत्तर– सोशल मीडिया एक आभासी संसार है। यह सही अर्थों में माया है। माया का अर्थ है–जो नहीं है, जो मिथ्या है। आश्चर्य की बात यह है कि यह संसार भी माया है और उस झूठे संसार में सोशल मीडिया 'माया में एक अन्य माया' है। सांसारिक रिश्ते झूठे हैं किंतु भाई-बहन हैं तो वास्तविक। परंतु सोशल मीडिया पर जो संबंध हैं, वे वास्तविक न होकर उनकी छाया भर हैं। सोशल मीडिया में हैलो, हाय करना एक काल्पनिक दुनिया में जीना है। आजकल युवा पीढ़ी की सारी ऊर्जा सोशल मीडिया पर नष्ट हो रही है। जिस समय उन्हें खेलनी चाहिए, व्यायाम करना चाहिए, जीवन में संघर्ष करना चाहिए, उस समय वे यूट्यूब या व्हाट्सएप पर बतियाने में लगे हैं। एक रेलगाड़ी में जितने भी लोग हैं, वे अपने-अपने मोबाइल में मस्त हैं। कौन आसपास बैठा है, किसी को फुरसत नहीं। परिणाम यह है कि लोग भीड़ में अकेले होते जा रहे हैं। सफलता पर इमोजी भेजने वाले हज़ारों हैं, किंतु पास कोई नहीं आता। जिनके हजारों फ्रेंडस हैं, जिन्हें हजारों लाइक मिलते हैं, उनकी अर्थी उठाने को चार लोग भी नहीं मिलते। सचमुच सोशल मीडिया एक धीमा जहर है।

13. (क) आप सोनी/राघव हैं और हाल में ही आपने शारीरिक शिक्षा विषय में स्नातक की डिग्री पाई है और बास्केटबॉल के खेल का आपका लंबा अनुभव भी है। 'राजकीय विद्यालय नई दिल्ली' में पी.ई. शिक्षक के पद की रिक्ति भी हुई है। इस पद के लिए आवेदन हेतु लगभग 80 शब्दों में अपना एक स्ववृत्त तैयार कीजिए। 5

अथवा

(ख) आप सोनी/राघव हैं। क.ख.ग. बैंक से आपके मोबाइल पर एक शाम आपके क्रेडिट कार्ड से दस हजार रुपए की राशि का भुगतान होने की सूचना आई जबकि आपने कोई खरीदारी या भुगतान भी नहीं किया है। बैंक के क्रेडिट कार्ड शाखा में पूरे घटनाक्रम का विवरण लिखते हुए लगभग 80 शब्दों में एक ईमेल लिखिए। साथ ही उचित कार्रवाई न होने तक तत्काल प्रभाव से क्रेडिट कार्ड के माध्यम से होने वाले लेन-देन पर रोक लगाने का अनुरोध भी कीजिए। 5

14. (क) आप कियान/कायरा हैं। परीक्षा के दिनों में आपके इलाके में अलग-अलग प्रकार के आयोजनों में लाउडस्पीकर, डीजे आदि का प्रयोग हो रहा है, जिससे बोर्ड की परीक्षा देने वाले विद्यार्थी और बड़े-बुजुर्ग परेशान हैं। स्थानीय थाना-प्रभारी को इस तरह के आयोजनों पर उचित कार्यवाही करने हेतु लगभग 100 शब्दों में पत्र लिखिए। 5

अथवा

(ख) आप कियान/कायरा हैं। आपने घर में अक्सर देखा है कि आपकी माँ सबके प्रति अपनी ज़िम्मेदारी निभाती हुई अपने ही स्वास्थ्य का ध्यान नहीं रख रही हैं। उन्हें 100 शब्दों में पत्र लिखकर अपनी चिंता से अवगत कराते हुए अपने स्वास्थ्य का भी ध्यान रखने का अनुरोध कीजिए। 5

15. (क) आपके प्रिय मित्र को लंदन के किंग्स कॉलेज में पूरी छात्रवृत्ति के साथ दाखिला मिल गया है। मित्र का नाम रोहन और आपका नाम यामिनी/जॉर्ज है। लगभग 40 शब्दों में उसे बधाई और शुभकामना दीजिए। 4

अथवा

(ख) 'मतदान एक अनिवार्य कर्तव्य है' इस विषय पर चुनाव आयोग की ओर से एक आकर्षक विज्ञापन लगभग 40 शब्दों में तैयार कीजिए। **4**

उत्तर– सरकार आपकी मुट्ठी में!

आप ही बनाइए अपनी सरकार!

मतदान एक अमूल्य शक्ति है।

इसका प्रयोग कीजिए।

जब जंग चल रही हो तो अपने हथियार चलाइए!

'मत' आपका अस्त्र है।

इसका उपयोग कीजिए।

जीत आपकी होगी।

– जनहित में जारी

चुनाव आयोग

CBSE प्रतिदर्श प्रश्न-पत्र 2025-26

हिंदी (अ) (कोड 002)

कक्षा–X

(उत्तर सहित)

निर्धारित समय : 3 घंटे **अधिकतम अंक : 80**

सामान्य निर्देश :

निम्नलिखित निर्देशों को बहुत सावधानी से पढ़िए और उनका सख़्ती से अनुपालन कीजिए–

(*i*) इस प्रश्न-पत्र में कुल चार खंड हैं– **क, ख, ग** और **घ**।

(*ii*) इस प्रश्न-पत्र में कुल **15** प्रश्न हैं। सभी प्रश्न अनिवार्य हैं।

(*iii*) प्रश्न-पत्र में आंतरिक विकल्प दिए गए हैं।

(*iv*) प्रश्नों के उत्तर दिए गए निर्देशों का पालन करते हुए लिखिए।

खंड 'क'

(अपठित बोध) (14)

1. निम्नलिखित गद्यांश को ध्यानपूर्वक पढ़कर उस पर आधारित पूछे गए प्रश्नों के उत्तर लिखिए– **7**

भारतीय संस्कृति, जीवनशैली और खान-पान में मोटे अनाजों (मिलेट्स) का विशेष स्थान रहा है। ये विशिष्ट अनाज हमारे स्वास्थ्य के लिए लाभदायक होने के साथ-साथ पर्यावरण के लिए भी अच्छे होते हैं क्योंकि कम पानी और संसाधन के बीच ये विकसित हो जाते हैं। यह हमारे लिए गौरव की बात है कि भारत सरकार के सुझाव पर संयुक्त राष्ट्र ने वर्ष 2023 को अंतरराष्ट्रीय मोटा अनाज वर्ष के रूप में घोषित किया। जिसका उद्देश्य मोटे अनाजों को लेकर जागरूकता फैलाना और इनके उत्पादन व सेवन को बढ़ावा देना है।

आमजन के बीच मोटे अनाजों का सेवन पिछली कई शताब्दियों से प्रचलित है, परंतु इसके पोषकीय और औषधीय गुणों की जानकारी हाल ही में हुए जैव-रासायनिक अनुसंधानों और चिकित्सा संबंधी अध्ययनों से सामने आई है। आधुनिक जीवनशैली से उत्पन्न होने वाले रोगों के संदर्भ में मोटे अनाजों के अनेक स्वास्थ्य लाभों को दुनिया ने जाना-पहचाना और सराहा है। मोटे अनाजों में गेहूँ और धान की अपेक्षा प्रोटीन और संतुलित अमीनो अम्ल अधिक पाया जाता है। इस तरह से ये मोटे अनाज बाकी अनाजों से पोषण के मामले में श्रेष्ठ होते हैं। इसके अलावा, मोटे अनाज आहार संबंधी रेशों, गुणवत्तापूर्ण वसा और महत्त्वपूर्ण खनिज जैसे–कैल्शियम, पोटैशियम, मैगनीशियम, आयरन, ज़िंक तथा बी-कॉम्प्लेक्स विटामिनों के समृद्ध स्रोत हैं। मोटे अनाजों में पोषण और स्वास्थ्य से जुड़े इतने फ़ायदों के बावजूद वर्तमान समय में मानव आबादी इनका सेवन नहीं करती या बहुत कम लोग इसे अपने खाने की थाली में जगह देते हैं। यह एक विडंबना है। मोटे अनाजों के सेवन में इस गिरावट से भारत में पोषण स्थिति में भारी कमी आई है। भारत में कुपोषण की समस्या खेदजनक है। **स्रोतः** विज्ञान प्रगति (मासिक पत्रिका)

(क) उपर्युक्त गद्यांश किस विषयवस्तु पर आधारित है? **1**

(*i*) कुपोषण की समस्या पर (*ii*) मोटे अनाज के महत्त्व पर

(*iii*) संतुलित आहार के महत्त्व पर (*iv*) स्वास्थ्य संबंधी समस्याओं पर

(ख) निम्नलिखित कथन और कारण पर विचार करते हुए उपयुक्त विकल्प का चयन कर लिखिए– 1

कथन: मोटे अनाज बाकी अनाजों से पोषण के मामले में श्रेष्ठ होते हैं।

कारण: मोटे अनाजों में अनेक पोषकीय और औषधीय खूबियाँ होती हैं।

विकल्प:

(*i*) कथन ग़लत है, किंतु कारण सही है।

(*ii*) कथन और कारण दोनों ग़लत हैं।

(*iii*) कथन सही है और कारण कथन की सही व्याख्या है।

(*iv*) कथन सही है किंतु कारण कथन की सही व्याख्या नहीं है।

(ग) अंतरराष्ट्रीय मोटा अनाज वर्ष का उद्देश्य है, उचित विकल्प का चयन करें– 1

(*i*) मोटे अनाज के उत्पादन को बढ़ावा देना। (*ii*) मोटे अनाज के प्रति जागरूकता फैलाना।

(*iii*) मोटे अनाज को मुख्य फ़सल घोषित करना। (*iv*) मोटे अनाज की प्रतिष्ठा को क्षति पहुँचाना।

विकल्प:

(*i*) कथन (*i*) और (*ii*) सही हैं।

(*ii*) केवल कथन (*iii*) सही है।

(*iii*) कथन (*i*), और (*iv*) सही हैं।

(*iv*) कथन (*i*), (*ii*) और (*iv*)सही हैं।

(घ) आज मोटे अनाज अपने किन गुणों के कारण लोकप्रिय हो रहे हैं? 2

(ङ) कुपोषण की समस्या के समाधान में मोटे अनाजों की क्या भूमिका हो सकती है? 2

उत्तर– (क) (*ii*) मोटे अनाज के महत्त्व पर।

(ख) (*iii*) कथन सही है और कारण कथन की सही व्याख्या है।

(ग) (*i*) कथन (*i*) और (*ii*) सही हैं।

(घ) मोटे अनाज में पोषकीय और औषधीय गुण बहुत होते हैं। आधुनिक जीवन-शैली में इनका सेवन शरीर के लिए अधिक उपयोगी है।

(ङ) मोटे अनाज लोकप्रिय अनाज की तुलना में अधिक पोषक, अधिक गुण-युक्त, अधिक विटामिन-युक्त और समृद्ध होते हैं। इन्हें थाली में जगह नहीं दी जाती है। यदि इन्हें थाली में स्थान मिल जाए तो ये कुपोषण को समाप्त करने में सहायक हो सकते हैं।

2. निम्नलिखित काव्यांश को ध्यानपूर्वक पढ़कर उस पर आधारित पूछे गए प्रश्नों के उत्तर लिखिए– 7

गुलाब का फूल है
हमारा पढ़ा-लिखा
मैंने उसे काफी
उलट-पुलट कर देखा है
मुझे तो वह ऐसा ही दिखा

सबसे बड़ा सबूत
उसके गुलाब होने का यह है
कि वह गाँव में जाकर
बसने के लिए
तैयार नहीं है

गाँव में उसकी
प्रदर्शनी कौन कराएगा
वहाँ वह अपनी शोभा की
प्रशंसा किससे कराएगा

वह फूलने के बाद
किसी फसल में थोड़े ही
बदल जाता है
मूरख किसान को फूलने के बाद
फसल देने वाला ही तो भाता है

गाँव में इसलिए ठीक है
अलसी और सरसों और
तिली के फूल
जा नहीं सकते वहाँ कदापि
गुलाब और लिली के फूल

बुरा नहीं मानना चाहिए
इस गुलाब–वृत्ति का
गाँव वालों को
क्योंकि वहाँ रहना चाहिए सिर्फ ऐसे हाथ-पाँव वालों को

जो बो सकते हैं
और काट सकते हैं।
कुएँ खोद सकते हैं
खाई पाट सकते हैं
और फिर भी चुपचाप
समाजवाद पर भाषण सुनकर
वोट दे सकते हैं
गुलाब के फूल को

– भवानी प्रसाद मिश्र

(क) प्रस्तुत कविता में किस भाव की प्रधानता है? 1

(*i*) हास्य (*ii*) प्राकृतिक सौंदर्य (*iii*) व्यंग्य (*iv*) आक्रोश

(ख) 'गुलाब' किसका प्रतीक है? 1

(*i*) शहर के पढ़े-लिखे नौजवानों का। (*ii*) शहर के वातावरण का।

(*iii*) शहर की ज़िंदगी का। (*iv*) शहर की सुविधाओं का।

(ग) निम्नलिखित कथन और कारण पर विचार करते हुए उपयुक्त विकल्प का चयन कर लिखिए– 1

कथनः बुरा नहीं मानना चाहिए, इस गुलाब-वृत्ति का।

कारणः वह बचपन से शहर में ही पला-बड़ा है।

विकल्पः

(*i*) कथन ग़लत है, किंतु कारण सही है।

(*ii*) कथन और कारण दोनों ही ग़लत हैं।

(*iii*) कथन सही है और कारण कथन की सही व्याख्या है।

(*iv*) कथन सही है किंतु कारण कथन की सही व्याख्या नहीं है।

(घ) गुलाब गाँव में जाकर बसने के लिए क्यों तैयार नहीं है? 2

(ङ) कविता के आधार पर लिखिए कि किसान को किस तरह के फूल भाते हैं और क्यों? 2

उत्तर–(क) (*iii*) व्यंग्य

(ख) (*i*) शहर के पढ़े-लिखे नौजवानों का।

(ग) (*iii*) कथन सही है और कारण कथन की सही व्याख्या है।

(घ) गुलाब को प्रशंसकों की वाह-वाह पाने और प्रदर्शन करने की आदत है। गाँव में ऐसा वातावरण नहीं है। इसलिए गुलाब गाँव में नहीं रह सकता।

(ङ) किसान को केवल वही फूल भाते हैं जो फूलने के बाद फल में बदल जाते हैं और लोगों का पेट भरते हैं।

खंड 'ख'

(व्यावहारिक व्याकरण) (16)

3. **निर्देशानुसार 'रचना के आधार पर वाक्य भेद' पर आधारित पाँच प्रश्नों में से किन्हीं *चार* प्रश्नों के उत्तर लिखिए–** **4 × 1 = 4**

(क) *नवाब साहब ने तौलिया झाड़ा और सामने बिछा लिया। (सरल वाक्य में बदलिए)*

(ख) *हालदार साहब को उधर से गुज़रते समय मूर्ति में कुछ अंतर दिखाई दिया। (मिश्र वाक्य में बदलिए)*

(ग) *मन्नू के एक इशारे पर लड़कियाँ कक्षा से बाहर निकलकर नारे लगाने लगीं। (संयुक्त वाक्य में बदलिए)*

(घ) *कातिक आया नहीं कि बालगोबिन भगत की प्रभातियाँ शुरू हुईं। (रचना की दृष्टि से वाक्य का भेद लिखिए)*

(ङ) *सबसे बड़ी बात है कि <u>काशी के पास उस्ताद बिस्मिल्ला खाँ जैसा नायाब हीरा रहा है</u>। (रेखांकित उपवाक्य का भेद लिखिए)*

उत्तर– (क) नवाब साहब ने तौलिया झाड़कर सामने बिछा लिया।

(ख) जब हालदार साहब उधर से गुज़रे तो उन्हें मूर्ति में कुछ अंतर दिखाई दिया।

(ग) मन्नू के एक इशारे पर लड़कियाँ कक्षा से बाहर निकलीं और नारे लगाने लगीं।

(घ) मिश्र वाक्य

(ङ) संज्ञा उपवाक्य

4. **निर्देशानुसार 'वाच्य' पर आधारित पाँच प्रश्नों में से किन्हीं *चार* प्रश्नों के उत्तर लिखिए–** **4 × 1 = 4**

(क) *पतोहू ने भगत को दुनियादारी से निवृत्त कर दिया था। (कर्मवाच्य में बदलिए)*

(ख) *नवाब साहब द्वारा खीरे पर मसाला छिड़का गया। (कर्तृवाच्य में बदलिए)*

(ग) *आओ, पेड़ की छाया में बैठे। (भाववाच्य में बदलिए)*

(घ) *मुझसे यह काम नहीं हो सकता। (कर्तृवाच्य में बदलिए)*

(ङ) *उद्धव द्वारा ज्ञान का उपदेश दिया गया। (वाच्य पहचानकर भेद बताइए)*

उत्तर– (क) पतोहू द्वारा भगत को दुनियादारी से निवृत्त कर दिया गया था।

(ख) नवाब साहब ने खीरे पर मसाला छिड़का।

(ग) आओ, पेड़ की छाया में बैठा जाए।

(घ) मैं यह काम नहीं कर सकता।

(ङ) कर्मवाच्य।

5. **निर्देशानुसार 'पद परिचय' पर आधारित पाँच प्रश्नों में से किन्हीं *चार* प्रश्नों के रेखांकित पदों का पद-परिचय लिखिए–** **4 × 1 = 4**

(क) *<u>शीला अग्रवाल</u> को कॉलेज वालों ने नोटिस थमा दिया।*

(ख) *खीरे की <u>पनियाती</u> फाँकें बहुत स्वादिष्ट थीं।*

(ग) *शुक्ल पक्ष में चाँद निरंतर <u>बढ़ता है</u>।*

(घ) *उनकी <u>अँगुलियाँ</u> खँजड़ी पर लगातार चल रहीं थीं।*

(ङ) *<u>शाबाश</u>! तुमने कितना अच्छा कार्य किया।*

उत्तर– (क) व्यक्ति वाचक संज्ञा, स्त्रीलिंग, एकवचन, कर्म कारक।

(ख) गुणवाचक विशेषण, स्त्रीलिंग, 'फाँके' विशेष्य।

(ग) अकर्मक, एकवचन, पुल्लिंग, वर्तमानकाल।

(घ) संज्ञा, जातिवाचक, बहुवचन, स्त्रीलिंग, कर्ताकारक।

(ङ) सराहनाबोधक अव्यय।

6. **निर्देशानुसार 'अलंकार' पर आधारित पाँच प्रश्नों में से किन्हीं *चार* प्रश्नों की रेखांकित काव्य पंक्तियों में अलंकार पहचानकर लिखिए–** **4 × 1 = 4**

(क) *प्रीति-नदी में पाउँ न बोरयौ।*

(ख) *कोटि कुलिस सम बचनु तुम्हारा ।*
ब्यर्थ धरहु धनु बान कुठारा।।

(ग) *आगे नदिया पड़ी अपार, घोड़ा कैसे उतरे पार।*
राणा ने सोचा इस पार, तब तक चेतक था उस पार।।

(घ) सिमटा हुआ संकोच है हवा की थिरकन का।

(ङ) सुनत जोग लागत है ऐसौ, ज्यौं करुई ककरी।

उत्तर– (क) रूपक (ख) उपमा (ग) अतिशयोक्ति

(घ) मानवीकरण (ङ) उत्प्रेक्षा।

खंड 'ग'

(पाठ्य-पुस्तक एवं पूरक पाठ्य-पुस्तक पर आधारित) (30)

7. **निम्नलिखित पठित गद्यांश पर आधारित बहुविकल्पीय प्रश्नों के सर्वाधिक उपयुक्त उत्तर वाले विकल्प चुनकर लिखिए–** **5 × 1 = 5**

वही पुराना स्वर, वही पुरानी तल्लीनता। घर में पतोहू रो रही है जिसे गाँव की स्त्रियाँ चुप कराने की कोशिश कर रही हैं। किंतु, बालगोबिन भगत गाए जा रहे हैं! हाँ, गाते-गाते कभी-कभी पतोहू के नज़दीक भी जाते और उसे रोने के बदले उत्सव मनाने को कहते। आत्मा परमात्मा के पास चली गई, विरहिनी अपने प्रेमी से जा मिली, भला इससे बढ़कर आनंद की कौन बात? मैं कभी-कभी सोचता, यह पागल तो नहीं हो गए, किंतु नहीं, वह जो कुछ कह रहे थे उसमें उनका विश्वास बोल रहा था–वह चरम विश्वास, जो हमेशा ही मृत्यु पर विजयी होता आया है। बेटे के क्रिया-कर्म में तूल नहीं किया; पतोहू से ही आग दिलाई उसकी। किंतु ज्यों ही श्राद्ध की अवधि पूरी हो गई, पतोहू के भाई को बुलाकर उसके साथ कर दिया, यह आदेश देते हुए कि इसकी दूसरी शादी कर देना।

(क) **बालगोबिन भगत जी द्वारा किया गया कौन-सा कार्य सामाजिक परंपरा के विरुद्ध था?**

(*i*) पतोहू से बेटे की चिता को आग दिलाना।

(*ii*) पतोहू को उसके भाई के साथ मायके भेजना।

(*iii*) बेटे का श्राद्ध विधि-विधान से करना।

(*iv*) बेटे की मृत्यु का उत्सव मनाना।

विकल्पः

(*i*) कथन (*i*) और (*ii*) सही हैं।

(*ii*) केवल कथन (*iii*) सही है।

(*iii*) कथन (*i*) और (*iv*) सही हैं।

(*iv*) कथन (*ii*) और (*iii*) सही हैं।

(ख) 'विरहनी अपने प्रेमी से जा मिली'–इस कथन में बालगोबिन भगत के अनुसार विरहनी कौन है?

(*i*) परमात्मा (*ii*) आत्मा

(*iii*) काया (*iv*) मृत्यु

(ग) निम्नलिखित कथन और कारण पर विचार करते हुए उपयुक्त विकल्प का चयन कर लिखिए–

कथन: बालगोबिन भगत ने अपने पुत्र को मुखाग्नि देने का कार्य अपने पुत्रवधु से करवाया।

कारण: बालगोबिन भगत रूढ़िविरोधी और नारी सम्मान के पक्षधर थे।

विकल्प:

(*i*) कथन ग़लत है, किंतु कारण सही है।

(*ii*) कथन और कारण दोनों ही ग़लत हैं।

(*iii*) कथन सही है और कारण कथन की सही व्याख्या है।

(*iv*) कथन सही है किंतु कारण कथन की सही व्याख्या नहीं है।

(घ) लेखक को यह संदेह है कि बालगोबिन भगत कहीं पागल तो नहीं हो गए क्योंकि–

(*i*) वे पतोहू को उसके भाई के साथ मायके भेज रहे थे।

(*ii*) वे रोने के बदले उत्सव मनाने को कह रहे थे।

(*iii*) वे पुत्र की मृत्यु के बाद गाए जा रहे थे।

(*iv*) वे पतोहू को चुप कराने की कोशिश कर रहे थे।

विकल्प:

(*i*) कथन (*i*) और (*ii*) सही हैं।

(*ii*) केवल कथन (*iii*) सही है।

(*iii*) कथन (*i*) और (*iv*) सही हैं।

(*iv*) कथन (*ii*) और (*iii*) सही हैं।

(ङ) बेटे की मृत्यु के बाद बालगोबिन भगत अपनी बहू से क्या अपेक्षा रखते थे?

(*i*) वह उनकी आजीवन सेवा करे।

(*ii*) वह विधवा का जीवन व्यतीत करे।

(*iii*) वह कबीर के गीत गाया करे।

(*iv*) वह पुनर्विवाह कर ले।

उत्तर–(क) (*iii*) कथन (*i*) और (*iv*) सही हैं।

(ख) (*ii*) आत्मा

(ग) (*iv*) कथन सही है किंतु कारण कथन की सही व्याख्या नहीं है।

(घ) (*iv*) कथन (*ii*) और (*iii*) सही हैं।

(ङ) (*iv*) वह पुनर्विवाह कर ले।

8. निर्धारित गद्य पाठों के आधार पर निम्नलिखित *चार* प्रश्नों में से किन्हीं *तीन* प्रश्नों के उत्तर लगभग 25-30 शब्दों में लिखिए– **3 × 2 = 6**

(क) *'नेताजी का चश्मा' कहानी के आधार पर हालदार साहब के व्यक्तित्व का परिचय लिखिए।*

(ख) *लेखिका मन्नू भंडारी ने अपनी माँ की तुलना धरती से क्यों की है? 'एक कहानी यह भी' पाठ के आधार पर स्पष्ट कीजिए।*

(ग) *'मेरे मालिक एक सुर बक्श दे। सुर में वह तासीर पैदा कर कि आँखों से सच्चे मोती की तरह अनगढ़ आँसू निकल आएँ।' 'नौबतखाने में इबादत' पाठ के आधार पर बिस्मिल्ला खाँ के इस कथन को स्पष्ट कीजिए।*

(घ) *लेखक संस्कृति-असंस्कृति और सभ्यता-असभ्यता के भ्रमजाल में फँसे मनुष्यों से क्या प्रश्न करता है?*

उत्तर–(क) हालदार साहब देशभक्त थे। वे नेताजी सुभाषचंद्र बोस को महान स्वतंत्रता-सेनानी मानते थे। इसलिए वे आते-जाते नेताजी की मूर्ति को प्रणाम करने से नहीं चूकते थे।

(ख) मन्नू भंडारी मानती थीं कि उनकी माता धरती की तरह सहनशील है। वह कष्ट सहकर भी अपने वरदान लुटाती रहती है।

(ग) बिस्मिल्ला खाँ सच्चे कलाकार थे। वे शहनाई-वादक थे। उनकी एक ही इच्छा थी कि वे ऐसी शहनाई बजाएँ जिसे सुनकर श्रोताओं की आँख से खुशी और गम के आँसू उमड़ आएँ। वह सबको भावविभोर कर दे।

(घ) लेखक संस्कृति-असंस्कृति और सभ्यता-असभ्यता के भ्रम में फँसे लोगों से प्रश्न करते हैं कि तुम्हारे कार्यों का अंतिम परिणाम क्या होगा–विनाश या निर्माण?

9. निम्नलिखित पठित काव्यांश पर आधारित बहुविकल्पीय प्रश्नों के सर्वाधिक उपयुक्त उत्तर वाले विकल्प चुनकर लिखिए– **5 × 1 = 5**

तारसप्तक में जब बैठने लगता है उसका गला
प्रेरणा साथ छोड़ती हुई उत्साह अस्त होता हुआ
आवाज़ से राख जैसा कुछ गिरता हुआ
तभी मुख्य गायक को ढाँढ़स बँधाता
कहीं से चला आता है संगतकार का स्वर
कभी-कभी वह यों ही दे देता है उसका साथ
यह बताने के लिए कि वह अकेला नहीं है
और यह कि फिर से गाया जा सकता है
गाया जा चुका राग
और उसकी आवाज़ में जो एक हिचक साफ़ सुनाई देती है
या अपने स्वर को ऊँचा न उठाने की जो कोशिश है
उसे विफलता नहीं
उसकी मनुष्यता समझा जाना चाहिए।

(क) 'तारसप्तक में जब बैठने लगता है उसका गला' इस पंक्ति में 'उसका' शब्द किसके लिए प्रयोग किया गया है?

(*i*) संगतकार के लिए (*ii*) संगीतकार के लिए
(*iii*) तबला वादक के लिए (*iv*) मुख्य गायक के लिए

(ख) निम्नलिखित काव्य पंक्तियों में से किस पंक्ति से मुख्य गायक के उत्साह के क्षीण होने का पता चलता है?

सही विकल्प का चयन कीजिए–

(*i*) आवाज़ से राख जैसा कुछ गिरता हुआ।
(*ii*) प्रेरणा साथ छोड़ती हुई उत्साह अस्त होता हुआ।

(*iii*) कहीं से चला आता है संगतकार का स्वर।

(*iv*) उसकी आवाज़ में जो एक हिचक साफ़ सुनाई देती है।

विकल्पः

(*i*) कथन (*i*) और (*ii*) सही हैं।

(*ii*) केवल कथन (*iii*) सही है।

(*iii*) कथन (*i*) और (*iv*) सही हैं।

(*iv*) कथन (*ii*) और (*iii*) सही हैं।

(ग) निम्नलिखित कथन और कारण पर विचार करते हुए उपयुक्त विकल्प का चयन कर लिखिए–

कथनः संगतकार की आवाज़ में एक हिचक साफ़ सुनाई देती है और वह अपनी आवाज़ को ऊँचा नहीं उठने देने की कोशिश करता है।

कारणः दूसरों को सफ़ल बनाने के लिए त्याग करना मनुष्यता होती है। संगतकार का त्याग उसकी मनुष्यता का परिचायक है।

विकल्पः

(*i*) कथन ग़लत है, किंतु कारण सही है।

(*ii*) कथन और कारण दोनों ही ग़लत हैं।

(*iii*) कथन सही है और कारण कथन की सही व्याख्या है।

(*iv*) कथन सही है किंतु कारण कथन की सही व्याख्या नहीं है।

(घ) संगतकार किस प्रकार मुख्य गायक को अहसास दिलाता है कि वह अकेला नहीं है?

(*i*) मुख्य गायक के समान भारी स्वर में गाकर।

(*ii*) मुख्य गायक को प्रेरित करके।

(*iii*) मुख्य गायक से ऊँचे स्वर में गाकर।

(*iv*) मुख्य गायक के टूटते स्वर में अपना स्वर मिलाकर।

(ङ) संगतकार के स्वर में हिचक सुनाई देने का क्या कारण है?

(*i*) संगतकार में आत्मविश्वास का अभाव है।

(*ii*) संगतकार मुख्य गायक का मान बनाए रखना चाहता है।

(*iii*) संगतकार को गायन में अभी प्रवीणता नहीं आई है।

(*iv*) संगतकार में भय और हीनता का भाव है।

उत्तर– (क) (*iv*) मुख्य गायक के लिए

(ख) (*i*) कथन (*i*) और (*ii*) सही हैं।

(ग) (*iii*) कथन सही है और कारण कथन की सही व्याख्या है।

(घ) (*iv*) मुख्य गायक के टूटते स्वर में अपना स्वर मिलाकर।

(ङ) (*ii*) संगतकार मुख्य गायक का मान बनाए रखना चाहता है।

10. निर्धारित कविताओं के आधार पर निम्नलिखित चार प्रश्नों में से किन्हीं *तीन* प्रश्नों के उत्तर लगभग 25-30 शब्दों में लिखिए– **$3 \times 2 = 6$**

(क) *गोपियों को उद्धव से क्यों कहना पड़ा–'हरि हैं राजनीति पढ़ि आए'। 'सूरदास के पद' के आधार पर उत्तर लिखिए।*

(ख) *''सो बिलगाउ बिहाई समाजा। न त मारे जैहहिं सब राजा'–परशुराम जी के मुँह से ऐसा सुनकर लक्ष्मण की क्या प्रतिक्रिया रही?*

(ग) *'उत्साह' और 'अट नहीं रही है' कविताओं के आधार पर सूर्यकांत त्रिपाठी 'निराला' जी के प्रकृति चित्रण का वर्णन अपने शब्दों में कीजिए।*

(घ) *'आत्मकथ्य' कविता के माध्यम से कवि श्री 'जयशंकर प्रसाद' जी के व्यक्तित्व की जो झलक मिलती है, वह उनकी ईमानदारी और साहस का प्रमाण है, स्पष्ट कीजिए।*

उत्तर– (क) गोपियाँ कृष्ण का योग-संदेश सुनकर आहत हो गईं। वे कृष्ण से मिलना चाहती थीं किंतु आए ऊधौ। अत: दु:ख और क्रोध के कारण वे व्यंग्य से भर गईं। उन्होंने कहा–कृष्ण तो हमसे राजनीति करने लगे।

(ख) लक्ष्मण को परशुराम के बड़बोलेपन पर क्रोध आ गया। उन्होंने परशुराम को तुरंत खरी-खोटी सुनाई और उन्हें लड़ने की चुनौती दे डाली।

(ग) निराला ने 'उत्साह' में बादलों को मानव के रूप में दिखाया है। वे उसे क्रांतिकारी के रूप में प्रस्तुत करते हैं। *'अट नहीं रही है'* में फागुन की सुंदरता का वर्णन है। इसमें फागुन को नायक के रूप में दिखाया गया है।

(घ) 'आत्मकथ्य' कविता के माध्यम से जयशंकर प्रसाद के सच्चे और साहसी व्यक्तित्व की छाप मिलती है। उन्होंने अपनी इस कविता में अपने प्रेम, संघर्ष, दुविधा, निंदा-प्रशंसा के भय का खुलकर चित्रण किया है। वे अपनी कमज़ोरियों को भी जानते हैं जिन्हें सुनकर लोग हँसी उड़ाते हैं। यह कविता इनके साहस का परिचय देती है।

11. पूरक पाठ्य-पुस्तक के निर्धारित पाठों पर आधारित निम्नलिखित तीन प्रश्नों में से किन्हीं दो प्रश्नों के उत्तर लगभग 50-60 शब्दों में लिखिए– **2 × 4 = 8**

(क) *'माता का अँचल' पाठ में ग्राम्य संस्कृति के जिस रूप का चित्रण है–वह आधुनिक युग में पर्याप्त अंशों में परिवर्तित हो चुका है। परिवर्तित रूप से कुछ उदाहरण देते हुए इस कथन के समर्थन में अपने विचार लिखिए।*

(ख) *'यंत्रों की दुनिया ने मनुष्य को यांत्रिक व भाव शून्य बनाने का कार्य किया है, जबकि यात्राएँ मनुष्य को भाव शून्य होने से रोकती हैं।' 'साना-साना हाथ जोड़ि' पाठ के आधार पर आप अपने विचार लिखिए।*

(ग) *'मैं क्यों लिखता हूँ' पाठ के आधार पर बताइए कि भीतरी विवशता क्या होती है? लेखक श्री अज्ञेय जी ने इसे स्पष्ट करने के लिए किसकी चर्चा की है?*

उत्तर– (क) 'ग्राम्य संस्कृति' आजकल शहरी रंग-रूप में बदल गई है। आज के बच्चे मिट्टी में न खेलकर लेपटॉप और मोबाइल के खेल खेलते हैं। माँ-बाप भी उन्हें साफ-सुथरा और सभ्य बनाने के चक्कर में आपसी प्रेम के रिश्तों से बचाते हैं।

(ख) यात्राएँ मनुष्य के हृदय को विशाल बनाती हैं। यात्राओं से मनुष्य प्रकृति के सुंदर और नए-नए दृश्यों में रमता है। इससे उसकी जड़ता, मशीनीपन और स्वार्थी स्वभाव कम होता है। वह भाव के संसार में जीता है।

(ग) भीतरी विवशता का अर्थ है–मन से कुछ लिखने के लिए विवश होना। मन में भावों का ऐसा उमड़ना कि लिखने को मन करे। कवि ने जब पत्थर पर मानव का पिघला हुआ शरीर छपा देखा, तो वह करुणा से भर गया। तब उन्होंने कविता की रचना की।

खंड 'घ'

(रचनात्मक लेखन) (20)

12. निम्नलिखित तीन विषयों में से किसी *एक* विषय पर संकेत-बिंदुओं के आधार पर लगभग 120 शब्दों में एक अनुच्छेद लिखिए– 1 × 6 = 6

(क) ऑनलाइन गेमिंग का बढ़ता जाल

- ऑनलाइन गेमिंग क्या है? • बच्चों और किशोरों पर बढ़ती पकड़ • ऑनलाइन गेमिंग के दुष्परिणाम

(ख) स्वास्थ जीवन शैली

- स्वस्थ जीवन शैली की आवश्यकता • स्वस्थ आदतें जिनका पालन किया जाना चाहिए
- स्वस्थ जीवनशैली के लाभ

(ग) हाल ही में देखी फ़िल्म/नाटक की समीक्षा

- कहानी, पात्र, संवाद, अभिनय कैसा लगा? • क्या वास्तविक जीवन के निकट थी?
- क्या प्रेरणा मिली?

उत्तर– **ऑनलाइन गेमिंग का बढ़ता जाल**

[विचार-बिंदु-• परिभाषा • लाभ • हानियाँ • उपसंहार]

मोबाइल, इंटरनेट या कंप्यूटर पर खेल खेलना ऑनलाइन गेमिंग कहलाता है। आज ताश, शतरंज, कार-रेस, वालीबाल तथा अन्य अनेक मनोरंजक खेल ऑनलाइन उपलब्ध हैं। कुछ खेल केवल मनोरंजन के लिए मुफ्त हैं तो कुछ फीस भरकर। ऑनलाइन व्यापार करने वाले कुछ लोगों ने खेलों को भी कमाई का साधन बना लिया है। वे लोगों को उलझाए रखने के लिए तरह-तरह के आकर्षक, मनोरंजन तथा उत्तेजक आयोजन करते हैं। वे बच्चों और युवकों में प्रतियोगिता करवाते हैं। उन्हें ललचाते हैं, ललकारते हैं और पुरस्कार जीतने का दाना डालकर फँसाए रखते हैं। बच्चे उनकी गिरफ्त में आ जाते हैं। कई बार वे अपनी पढ़ाई-लिखाई भी भूल जाते हैं। नशेड़ियों के समान उनका पूरा समय खेलों की भेंट चढ़ जाता है। यदि उसमें कुछ पैसा भी दाव पर लगा हो तो सर्वनाश हो जाता है। इधर पैसे हारते जाते हैं, उधर जीतने की इच्छा प्रबल हो उठती है। यह हार-जीत का खेल एक मकड़जाल बन जाता है। इसके कारण कई बच्चों और युवकों का जीवन बर्बाद हो जाता है। समाज और सरकार दोनों को चाहिए कि वे नवयुवकों को जागरूक करें। यदि कोई खेल युवकों के जीवन के साथ खेल कर रहा हो तो उस पर प्रतिबंध लगवाएँ।

13. निम्नलिखित में से किसी *एक* विषय पर लगभग 100 शब्दों में एक पत्र लिखिए– 1 × 5 = 5

(क) आप आनंदी/आनंद हैं। अपने क्षेत्र में बिजली की कटौती से उत्पन्न समस्याओं का उल्लेख करते हुए किसी लोकप्रिय दैनिक समाचार-पत्र के संपादक को लगभग 100 शब्दों में पत्र लिखिए।

अथवा

(ख) आप आनंदी/आनंद हैं। छोटे-मोटे रोगों के लिए आपकी दादी माँ द्वारा बताए गए घरेलू नुस्खों को संकलित करके आपने एक पुस्तक बनाई है। जिसका नाम आपने 'दादी माँ के घरेलू नुस्खे' रखा है। पुस्तक के प्रकाशन के अवसर पर अपनी दादी माँ को आमंत्रित करते हुए उन्हें लगभग 100 शब्दों में पत्र लिखिए।

उत्तर–(क) **आनंद**

325, सुभाष नगर

कोलकाता

20.01.2026

सेवा में

मुख्य संपादक

राजस्थान पत्रिका

कोलकाता।

विषय–*बिजली कटौती की समस्या*

महोदय,

मैं आपके प्रतिष्ठित पत्र के माध्यम से अपनी आवाज़ जनता तक पहुँचाना चाहता हूँ। कृपया इसे छापकर कृतार्थ करें।

आजकल हमारे क्षेत्र में बिजली की लगातार कटौती हो रही है। इस कारण हमारा जीवन कठिन हो गया है। रसोई में जाते हैं तो ग्राइंडर नहीं चलते। भोजन पकना कठिन हो जाता है। बच्चे नहाने को खड़े रह जाते हैं। गीजर नहीं चलता। फ्रिज़ में रखी चीजें खराब हो जाती हैं। पढ़ाई के समय अँधेरा हो जाता है– न टी.वी. चलता है, न प्रैस। सच में बिजली-कट से जीना दुश्वार हो गया है।

कृपया शीघ्र ही बिजली बहाल करें। हम 24 घंटे बिजली पाने के लिए कुछ भी करने को तैयार हैं।

भवदीय

आनंद

अथवा

(ख) **आनंदी**

235, डी.एल.एफ.

जयपुर।

15.08.2026

पूज्य दादी जी!

सादर चरण-स्पर्श!

आप कैसी हैं? आशा है, आप अपने घरेलू नुस्खे अपना-अपना कर खूब स्वस्थ होंगी।

दादी माँ! आप जो नुस्खे मुझे बचपन से बताती रही हैं, मैंने उन्हें लिखकर एक पुस्तक बनाई है। उसका नाम रखा है–दादी माँ के घरेलू नुस्खे। अब ये नुस्खे बहुत-बहुत लोगों के पास जाएँगे। आपकी सलाह हज़ारों लोगों तक पहुँचेगी। लोग इन्हें पढ़कर स्वस्थ होंगे और आपको आशीष देंगे।

20 अगस्त को 11 बजे हिंदी भवन में इस पुस्तक का लोकार्पण होगा। नगर के कई लेखक और प्रियजन आएँगे। मैं चाहता हूँ कि आप अपने हाथों से इस पुस्तक का लोकार्पण करें। मुझे आपकी उत्सुकता से प्रतीक्षा रहेगी। आप अवश्य पधारें।

भवदीया

आपकी आनंदी

14. निम्नलिखित में से किसी *एक* विषय पर लगभग 80 शब्दों में स्व-वृत उत्तर लिखिए– **1 × 5 = 5**

(क) आप प्रेरणा/प्रेरक हैं। आपने हिंदी विषय में एम.ए. किया है साथ ही आपके पास बी.एड. की डिग्री भी है। आपके शहर के एक प्रतिष्ठित विद्यालय में हिंदी विषय के स्नातक शिक्षकों के कुछ पद रिक्त हैं। आपको उस पद के लिए आवदेन करना है। इसके लिए लगभग 80 शब्दों में अपना एक स्ववृत लेख तैयार कीजिए।

अथवा

(ख) आप प्रेरणा/प्रेरक हैं। आपके क्षेत्र में सफ़ाई व्यवस्था चरमराई हुई है। सफ़ाई कर्मचारी अक्सर अनुपस्थित रहते हैं। नगर निगम अधिकारी को इससे अवगत कराते हुए लगभग 80 शब्दों में ई-मेल कीजिए।

उत्तर– (क) **स्व-वृत्त**

नाम : प्रेरक

पिता का नाम : श्री कांतिलाल सिंहल

माता का नाम : श्रीमती कांता

जन्मतिथि : 02.02.2002

पत्र-व्यवहार का पता : 235, कीर्ति नगर, दिल्ली।

स्थायी पता : वही

मोबाइल नं.: : 0234567891

ई-मेल पता : Prerak123@gmail.com

शैक्षणिक योग्यताएँ

क्र. सं.	परीक्षा	वर्ष	प्रतिशत	विद्यालय	बोर्ड/वि.वि.	विषय
1.	मैट्रिक	2017	82	डी.ए.वी. स्कूल हमीरपुर	हिमाचल प्रदेश	हिंदी, अंग्रेजी, गणित, विज्ञान, संस्कृत, सामाजिक विज्ञान
2.	बारह	2019	74	डी.ए.वी. स्कूल हमीरपुर	हिमाचल प्रदेश	हिंदी, अंग्रेजी, अर्थशास्त्र, राजनीति शास्त्र
3.	बी.ए.	2022	73	हिंदू कॉलेज, दिल्ली	दिल्ली	हिंदी, अंग्रेजी, राजनीति शास्त्र, अर्थशास्त्र
4.	एम.ए.	2024	68	हिंदू कॉलेज, दिल्ली	दिल्ली	हिंदी
5.	बी.एड.	2025	80	राजस्थान वि.वि.	राजस्थान	हिंदी-सामाजिक पाठ्य विषय

अन्य योग्यताएँ

- वाद-विवाद प्रतियोगिता में अनेक पुरस्कार
- कहानी-लेखन में रुचि

अनुभव

डी.ए.वी. स्कूल में अध्यापन का अनुभव

अथवा

(ख) From: Prerna456@gmail.com

To: ndmcajmer.co.in

Subject: सफाई-व्यवस्था की दुर्दशा

Compose: email:

सेवा में

नगर निगम अधिकारी

स्वच्छता विभाग

महोदय!

मैं, प्रेरणा अजमेर के मोहननगर की निवासी हूँ। मेरा घर गली नंबर चार में है। यहाँ स्वच्छता और सफाई की दशा शोचनीय है। कूड़ाघर कूड़े से भरा पड़ा है। दो-दो दिन सफाई नहीं होती। कभी सफाई-कर्मचारी छुट्टी पर होते हैं, कभी कूड़ा पूरा साफ़ नहीं होता है। लोग अपना कूड़ा सड़क पर डाल देते हैं। सूअर तथा अन्य पशु वहाँ घुर्र-घुर्र करते रहते हैं। आस-पास गधे, खच्चर और आवारा पशु घूमते रहते हैं।

आपसे निवेदन है कि सफाई-व्यवस्था को संभालें। बारिश शुरू होने को है। बीमारी फैलने का खतरा बना हुआ है। आशा है, आप शीघ्र कार्यवाही करेंगे।

भवदीया

प्रेरणा

13.05.2026

15. निम्नलिखित में से किसी *एक* विषय पर लगभग 40 शब्दों में आकर्षक विज्ञापन तैयार कीजिए–

1 × 4 = 4

(क) सौर ऊर्जा के प्रयोग को प्रोत्साहन देने के लिए एक आकर्षक विज्ञापन लगभग 40 शब्दों में विद्युत मंत्रालय की ओर से तैयार कीजिए।

अथवा

(ख) आपके हिंदी शिक्षक/शिक्षिका का नया 'काव्य संग्रह' प्रकाशित हुआ है। उन्हें इस अवसर पर बधाई देते हुए लगभग 40 शब्दों में एक बधाई संदेश लिखिए।

उत्तर– (ख) **बधाई-संदेश**

पूजनीय गुरुवर!

सादर चरणस्पर्श!! आपका नया काव्य-संग्रह पढ़कर मन बहुत प्रसन्न हुआ। ऐसा लगा, जैसे हम अभी भी आपकी छत्रछाया में हों। आपका यह काव्य-संग्रह सारे संसार को प्रेरणा, आशा और आस्था का संदेश देता रहे। आपका यश चाँदनी की तरह चारों दिशाओं में फैले।